日本哲学资料选编

上册

魏常海　孙彬 —— 主编

Selected Materials of
JAPANESE
PHILOSOPHY

北京大学出版社
PEKING UNIVERSITY PRESS

图书在版编目（CIP）数据

日本哲学资料选编：上下册 / 魏常海，孙彬主编 . — 北京： 北京大学出版社， 2023.8

ISBN 978-7-301-34167-4

Ⅰ . ①日… Ⅱ . ①魏… ②孙… Ⅲ . ①哲学 – 文献 – 汇编 – 日本 Ⅳ . ① B313

中国国家版本馆CIP 数据核字（2023）第 122252 号

书　　　名	日本哲学资料选编（上下册） RIBEN ZHEXUE ZILIAO XUANBIAN（SHANGXIACE）
著作责任者	魏常海　孙　彬　主编
责任编辑	陈军燕　沈莹莹
标准书号	ISBN 978-7-301-34167-4
出版发行	北京大学出版社
地　　　址	北京市海淀区成府路 205 号　100871
网　　　址	http：//www. pup.cn　新浪微博：@ 北京大学出版社
电子邮箱	编辑部 dj@pup.cn　总编室 zpup@pup.cn
电　　　话	邮购部 010-62752015　发行部 010-62750672 编辑部 010-62759634
印　刷　者	三河市博文印刷有限公司
经　销　者	新华书店 650 毫米 ×980 毫米　16 开本　58.75 印张　868 千字 2023 年 8 月第 1 版　2023 年 8 月第 1 次印刷
定　　　价	236.00 元（全二册）

未经许可，不得以任何方式复制或抄袭本书之部分或全部内容。
版权所有，侵权必究
举报电话：010-62752024　电子邮箱：fd@pup.pku.edu.cn
图书如有印装质量问题，请与出版部联系，电话：010-62756370

总　目　录

前言 ································· 1

上册

第一编　古代

一、古事记 ···························· 3

二、日本书纪（选录）················· 11

三、圣德太子 ························ 14

四、最澄 ···························· 18

五、空海 ···························· 29

六、源信 ···························· 49

七、*法然 ···························· 58

八、荣西 ···························· 66

九、道元 ···························· 73

十、亲鸾 ···························· 119

十一、日莲 ·························· 129

十二、一遍 ··· 156

十三、北畠亲房 ·· 159

十四、虎关师练 ·· 161

十五、中岩圆月 ·· 168

十六、一条兼良 ·· 178

第二编　德川时代

十七、藤原惺窝 ·· 189

十八、林罗山 ··· 198

十九、山崎暗斋 ·· 201

二十、安东省庵 ·· 219

二十一、贝原益轩 ··· 225

二十二、新井白石 ··· 233

二十三、室鸠巢 ·· 235

二十四、雨森芳洲 ··· 241

二十五、富永仲基 ··· 249

二十六、中井履轩 ··· 264

二十七、伊藤仁斋 ··· 270

二十八、伊藤东涯 ··· 282

二十九、荻生徂徕 ··· 289

三十、山县周南 ·· 307

三十一、太宰春台 ··· 309

三十二、中江藤树⋯⋯⋯⋯⋯⋯⋯⋯⋯⋯⋯⋯⋯⋯ **315**

三十三、*熊泽蕃山⋯⋯⋯⋯⋯⋯⋯⋯⋯⋯⋯⋯⋯ **327**

三十四、佐藤一斋⋯⋯⋯⋯⋯⋯⋯⋯⋯⋯⋯⋯⋯⋯ **333**

三十五、大盐中斋⋯⋯⋯⋯⋯⋯⋯⋯⋯⋯⋯⋯⋯⋯ **347**

三十六、吉田松阴⋯⋯⋯⋯⋯⋯⋯⋯⋯⋯⋯⋯⋯⋯ **367**

三十七、安藤昌益⋯⋯⋯⋯⋯⋯⋯⋯⋯⋯⋯⋯⋯⋯ **374**

三十八、三浦梅园⋯⋯⋯⋯⋯⋯⋯⋯⋯⋯⋯⋯⋯⋯ **389**

三十九、山片蟠桃⋯⋯⋯⋯⋯⋯⋯⋯⋯⋯⋯⋯⋯⋯ **414**

四十、*本居宣长⋯⋯⋯⋯⋯⋯⋯⋯⋯⋯⋯⋯⋯⋯⋯ **423**

下册

第三编　明治时代

一、西周⋯⋯⋯⋯⋯⋯⋯⋯⋯⋯⋯⋯⋯⋯⋯⋯⋯ **3**

二、福泽谕吉⋯⋯⋯⋯⋯⋯⋯⋯⋯⋯⋯⋯⋯⋯⋯ **20**

三、西村茂树⋯⋯⋯⋯⋯⋯⋯⋯⋯⋯⋯⋯⋯⋯⋯ **53**

四、加藤弘之⋯⋯⋯⋯⋯⋯⋯⋯⋯⋯⋯⋯⋯⋯⋯ **73**

五、涩泽荣一⋯⋯⋯⋯⋯⋯⋯⋯⋯⋯⋯⋯⋯⋯⋯ **97**

六、中江兆民⋯⋯⋯⋯⋯⋯⋯⋯⋯⋯⋯⋯⋯⋯⋯ **127**

七、村上专精⋯⋯⋯⋯⋯⋯⋯⋯⋯⋯⋯⋯⋯⋯⋯ **149**

八、井上哲次郎⋯⋯⋯⋯⋯⋯⋯⋯⋯⋯⋯⋯⋯⋯ **157**

九、井上圆了························172

十、冈仓天心························192

十一、森鸥外························205

十二、大西祝························223

十三、夏目漱石······················243

十四、北村透谷······················259

十五、幸德秋水······················275

第四编　大正时代、昭和前期

十六、内藤湖南······················297

十七、西田几多郎····················306

十八、津田左右吉····················319

十九、波多野精一····················334

二十、深田康算······················340

二十一、河上肇······················355

二十二、左右田喜一郎················382

二十三、阿部次郎····················391

二十四、九鬼周造····················399

二十五、和辻哲郎····················418

二十六、三木清······················473

二十七、户坂润······················478

前　　言

　　《日本哲学资料选编》是在我主持的教育部2003年至2007年人文社会科学重点研究基地重大项目结项的基础上修订完成的。承蒙北京大学出版社正式出版，至为感谢。日本哲学是东方哲学特别是东亚哲学的重要组成部分，而且与中国哲学的联系十分紧密，日本的思想文化古来即属于汉字文化圈（或称中国文化圈、大乘佛教文化圈等），因此很有必要深入进行研究。现在许多大学都开设了日本哲学课程，研究的广度和深度不断得到开拓，新的研究成果也不断出现。但是，至今国内还没有一套系统、完整的从古代到近现代的日本哲学资料出版，这与日本哲学的研究现状很不相衬，是亟须弥补的一大缺憾。基于这种情况，我们认为，编选一套从古代到近现代的较系统的、完整的日本哲学资料，不仅对于推进日本哲学的教学和研究工作，而且对于深入研究东亚哲学，开展中、日、韩（朝）等国的比较哲学研究以及东西方哲学的比较研究，对于开展国际学术交流、扩展学术视野，都是十分必要的。

　　日本哲学方面的资料选编成果，最早有1962年、1963年北京大学哲学系东方哲学史教研组编写的两集《日本哲学资料选集》（以下简称《选集》）（古代之部和德川时代之部），该《选集》前言说："第一集古代之部和第二集德川时代之部均由朱谦之负责编译，并于原文比较难读的地方加以注释。就中安藤昌益，采用了中山大学马采教授的注释。"这是日本哲学资料选编方面的开创性和奠基性的工作。然而这两本资料当时印量很少，现在很难见到，而且这两本资料的内容已不能完全适应现在日本哲学教学和研究的需要，有必要加以修改、补充。该《选集》只编了古代部分和德川时代部分，没有近现代部分，也不够完整。自此之后，没有类似的学术成果问世。

这部《日本哲学资料选编》分为上下两册，上册包括第一编古代和第二编德川时代，是在上述《选集》的基础上增补、修改而成的。其一，增加了有代表性的人物及其著作（选录），如增加了日本佛教净土宗的创始人法然及其著作《选择本愿念佛集》；日本儒学阳明学的重要人物熊泽蕃山及其著作《集义和书》；日本复古国学的代表性人物本居宣长及其《古事记传》。他们和他们的著作在日本哲学史上是不可忽视的。其二，增补选录了原《选集》中已收人物的代表性著作，如最澄的《守护国界章》、空海的《即身成佛义》、道元的《正法眼藏》、日莲的《观心本尊钞》、中江藤树的《翁问答》、佐藤一斋的《〈传习录〉栏外书》、吉田松阴的《松阴文抄》（梁启超编）等，都是这些人的代表作。其三，对原《选集》进行了校勘，收录的文献于文义有明显影响的错漏处改正并出校记；对注释中不当或不够明确之处作了必要的修改。

《日本哲学资料选编》保留了《选集》的内容，凡增补的文献皆在目录中用*号标出，增补的校勘记以及对原内容的改动处，则用中括号标明。原《选集》中标点有不当处，径改不出校。

下册包括第三编明治时代和第四编大正时代与昭和时代前期（第二次世界大战结束前），主要由孙彬负责修改，编选、翻译了这段时期二十七位有代表性哲学思想家的重要著作，为深入研究日本近现代哲学提供了较为系统和可靠的文献依据。下册所收译注文献，凝聚了诸多学者的心血，有一部分已发表过，我们按"选编"的体例和内容要求进行了选择、整理加工；还有相当多的译文没有发表过，甚至迄今没有中文译本，是译者的新成果。

《日本哲学资料选编》在每篇资料前加"史料简介"，资料内加简略注释，以便阅读。可以用做大专院校日本哲学、日本思想文化等相关学科的讲授教材或阅读教材，可为相关学术领域的研究者或从事比较哲学研究的学者提供一套基础文献，也可为对日本哲学和日本思想文化感兴趣的各界读者提供一套便于阅读的较系统的原著选文。书中不当之处，诚望读者指正。

魏常海
二〇二〇年六月十日

目　　录

第一编　古代

一、古事记 …………………………………………………… 3
　　上古事记表 ……………………………………………… 3
　　古事记原文 ……………………………………………… 7

二、日本书纪（选录）……………………………………… 11

三、圣德太子 ………………………………………………… 14
　　十七条宪法 ……………………………………………… 14

四、最澄 ……………………………………………………… 18
　　愿文 ……………………………………………………… 18
　　*守护国界章卷上之下（节录）………………………… 20

五、空海 ……………………………………………………… 29
　　*《三教指归》序 ………………………………………… 29
　　声字实相义 ……………………………………………… 32
　　*即身成佛义 …………………………………………… 41

六、源信 ……………………………………………………… 49
　　往生要集 ………………………………………………… 49

七、*法然 …………………………………………………… 58
　　*选择本愿念佛集 ……………………………………… 58

八、荣西 ... **66**
兴禅护国论 ... 66
兴禅护国论本文 ... 69

九、道元 ... **73**
普劝坐禅仪 ... 73
*正法眼藏 ... 78

十、亲鸾 ... **119**
显净土真实教行信证文类 ... 119

十一、日莲 ... **129**
立正安国论 ... 129
*如来灭后五五百岁始观心本尊钞 ... 139

十二、一遍 ... **156**
播州问答集 ... 156

十三、北畠亲房 ... **159**
神皇正统记 ... 159

十四、虎关师练 ... **161**
济北集 ... 161

十五、中岩圆月 ... **168**
中正子 ... 168
中正子外篇 ... 169
中正子内篇 ... 174

十六、一条兼良 ... **178**
日本书纪纂疏 ... 178

第二编　德川时代

十七、藤原惺窝 ... **189**
四景我有解 ... 189

*《古今医案》序 …… 191
　　*五事之难 …… 193
　　答林秀才书 …… 195

十八、林罗山 198
　　随笔 …… 198
　　告禅徒 …… 199
　　排耶稣 …… 200

十九、山崎暗斋 201
　　辟异 …… 201

二十、安东省庵 219
　　悼朱先生文 …… 219

二十一、贝原益轩 225
　　大疑录 …… 225

二十二、新井白石 233
　　排佛论 …… 233

二十三、室鸠巢 235
　　与游佐木斋议神道书 …… 235

二十四、雨森芳洲 241
　　橘窗茶话 …… 241
　　芳洲口授 …… 246

二十五、富永仲基 249
　　出定后语 …… 249

二十六、中井履轩 264
　　大学杂义 …… 264
　　中庸逢原 …… 265
　　论语逢原 …… 266
　　孟子逢原 …… 267

二十七、伊藤仁斋 ··· **270**
- 语孟字义 ··· 270
- 童子问 ··· 275

二十八、伊藤东涯 ··· **282**
- 辨疑录 ··· 282
- 古学指要 ··· 284
- 闲居笔录 ··· 288

二十九、荻生徂徕 ··· **289**
- 辨道 ··· 289

三十、山县周南 ··· **307**
- 为学初问 ··· 307

三十一、太宰春台 ··· **309**
- 论语古训外传 ··· 309
- 内外教辩 ··· 312

三十二、中江藤树 ··· **315**
- 经解 ··· 315
- *翁问答上卷之本 ··· 322

三十三、*熊泽蕃山 ··· **327**
- *集义和书·义论之一 ··· 327

三十四、佐藤一斋 ··· **333**
- 言志四录 ··· 333
- *《传习录》（卷上）栏外书 ··· 338

三十五、大盐中斋 ··· **347**
- 洗心洞札记 ··· 347
- 古本大学刮目自序 ··· 355
- 儒门空虚聚语自序 ··· 358
- 增补孝经汇语叙 ··· 361
- 檄文 ··· 363

三十六、吉田松阴 ····· **367**
  读李氏焚书藏书评 ····· 367
  *松阴文抄(选录) ····· 369

三十七、安藤昌益 ····· **374**
  良演哲论 ····· 374
  自然世论 ····· 382

三十八、三浦梅园 ····· **389**
  玄语 ····· 389
  复高伯起书 ····· 407

三十九、山片蟠桃 ····· **414**
  无鬼(节录) ····· 414

四十、*本居宣长 ····· **423**
  *古事记传·直毘灵 ····· 423

第一编　古代

一、古 事 记

史料简介

《古事记》是日本最初的国史,共三卷,记日本神武至推古天皇。上卷从天地开辟,至神武天皇诞生,其中包括天地初开的神话,国土生成的神话,天照大神的出现,天岩屋户的故事,大国主命的国土献让,天神降临等神话。中卷从神武天皇东征至应神天皇,虽主要以人物历史为中心,实亦带神话的色彩。下卷记从仁德天皇至推古天皇的诸传说。此书传为元明皇后为继天武天皇修史遗志,命稗田阿礼口诵,大朝臣安万侣撰录,于和铜五年(712)正月廿八日撰成。兹据《古事记新讲》本原文选录卷首安万侣所上表及上卷第1—3、第18数段,以见日本古代神话的世界观之一斑。

上古事记表

臣安万侣①言。夫混元既凝②,气象未效,无名无为,谁知其形?然乾坤初分,参神③作造化之首;阴阳斯开,二灵④为群品之

---

① 安万侣:传为神武天皇皇子神八井耳命之裔,壬申之乱功臣多朝臣品治之子。据《续日本纪》于文武天皇庆云元年正月叙从五位下,和铜四年四月进位一级,是年九月奉诏撰《古事记》,明年正月完成。八年进从四位,灵龟二年九月为氏长者,其后拜为后民部卿。养老七年[723]七月卒。

② 混元既凝:混元,世界开辟之始。《云笈七签》:"混元者,记事于混沌之前,元气之始也。"既凝乃指混沌元气已成之意。

③ 参神:天之御中主神,高御产巢日神,神产巢日神。

④ 二灵:伊邪那岐、伊邪那美二神。

祖；所以出入幽显①，日月彰于洗目；浮沈海水，神祇呈于涤身②。故太素杳冥③，因本教④而识孕土产岛之时；元始绵邈，赖先圣而察生神立人之世。实知悬镜吐珠⑤，而百王相续；吃剑切蛇⑥，以万神蕃息⑦欤！议安河⑧而平天下，论小滨⑨而清国土。

是以番仁岐命，初降于高千岭⑩。神倭天皇，经历于秋津岛⑪。化熊出爪⑫，天剑获于高仓⑬；生尾遮径⑭，大乌导于吉野⑮。列舞攘贼，闻歌伏仇⑯。即觉梦而敬神祇，所以称贤后⑰；望烟而抚黎元⑱，

---

① 出入幽显：此指伊邪那美神往黄泉国，伊邪那岐努力使其返回显国，即伊邪那美命出入黄泉国的神话。

② 日月彰丁洗目二句：此指伊邪那岐神在阿波歧原，临水祓除的神话。

③ 太素杳冥：与下文"元始绵邈"义同，皆形容宇宙初起时，荒渺难稽之态。

④ 本教：指《神代卷》所传启示。

⑤ 悬镜吐珠：悬镜指天石屋户的神话，吐珠谓天安河之誓约。

⑥ 吃剑切蛇：吃剑指天照大神啮须佐之男命的十拳剑事，切蛇指于出云之簸川上斩八俣之大蛇事。

⑦ 万神蕃息：指须佐之男命的子孙繁荣于出云国的神话。

⑧ 议安河：指天孙降临前八百万神会议于天安河事。

⑨ 论小滨：指建御雷神与天岛船神于伊那佐之小滨，完成大国主神国土献上议事。

⑩ 番仁岐命二句：以下神代故事告终，男神名番仁岐命从高天下降，此为日本历史的开端。

⑪ 神倭天皇二句：神倭伊波彦命即神武天皇，为经营国土东征，至秋津岛大和国。

⑫ 化熊出爪：爪乃"山"字之误，此指神武天皇到熊野时，大熊出现的故事。

⑬ 天剑获于高仓：指于熊野之高仓下，得灵剑以献天皇的故事。

⑭ 生尾遮径：指在吉野有生尾之人从井中出现的故事。

⑮ 大乌导于吉野：指八尺乌为向导的故事。

⑯ 列舞攘贼二句：据《书纪》神武天皇时有"道臣命乃起而歌之"为后久米舞等之起源。

⑰ 觉梦而敬神祇，所以称贤后〔"后"原误为"公"〕：指神功皇后的故事。

⑱ 望烟而抚黎元：指仁德天皇之行仁政，黎元即黎民。

于今传圣帝。定境开邦，制于近淡海①；正姓撰氏，勒于远飞鸟②。虽步骤各异，文质不同，莫不稽古以绳风猷③于既颓，照今以补典教于欲绝。

暨飞鸟清原大宫④，御大八洲天皇御世。潜龙体元，洊雷应期⑤；闻梦歌而想纂业⑥，投夜水而知承基⑦。然天时未臻，蝉蜕于南山⑧；人事共洽，虎步于东国⑨。皇舆忽驾，凌渡⑩山川；六师雷震，三军电逝。杖矛举威，猛士烟起；绛旗耀兵，凶徒瓦解⑪。未移浃辰，气沴自清⑫。乃放牛息马⑬，恺悌归于华夏⑭；卷旌戢戈，舞咏停于都邑。岁次大梁，月蹱夹钟⑮。清原大宫，升即天位。道轶轩后，

---

① 定境开邦，制于近淡海：指成务天皇制定国郡及君临近江志贺之高穴穗事，制与下"勒"字义同。

② 正姓撰氏，勒于远飞鸟：指允恭天皇正姓氏之混乱事，远飞鸟乃允恭天皇之都，即大和之飞鸟，对于河内之飞鸟，故称远。

③ 风猷：风俗、道德。

④ 飞鸟清原大宫：指天武天皇宫在飞鸟之净见原。

⑤ 潜龙体元，洊雷应期：语见《易经·乾卦》初九"潜龙勿用"，《震卦》"洊雷震"，潜龙与洊雷均意谓天皇为太子时，盛德已具。

⑥ 闻梦歌而想纂业：指梦告登天位的故事，业谓帝业。

⑦ 投夜水而知承基：天皇从吉野下东国时，夜半到伊贺之隐（名张），空中起十余丈黑云，怪而亲占之，吉。

⑧ 蝉蜕于南山：南山，吉野山。蝉蜕指天皇曾避帝位入佛门事。

⑨ 虎步于东国：当天皇闻近江朝臣起兵事与妃共出吉野，下美浓，以备万一事。

⑩ 凌渡：凌，越。

⑪ 绛旗耀兵，凶徒瓦解：指近江朝廷败绩之事，凶徒谓近江军。

⑫ 未移浃辰，气沴自清：浃，周匝；辰，十二辰，此不满十二日之意。沴，妖气、恶气，此谓妖气消亡则天下太平。

⑬ 放牛息马：《书经·武成篇》周武王灭殷"乃偃武修文，归马于华山之阳，放牛于桃林之野，示天下弗服"。

⑭ 恺悌归于华夏：恺悌即《诗经·小雅·青绳》之"岂弟"，安乐之意。华夏指帝都言。

⑮ 岁次大梁，月蹱夹钟：岁，岁星，大梁乃十二次中之昴宿，即指酉年。夹钟十二律之一，配为二月，案上八字，即指即天位于癸酉年二月事。

德跨周王①，握乾符而总六合，得天统而包八荒②。乘二气③之正，齐五行之序。设神理以奖俗，敷英风以弘国。重加智海浩瀚，潭探上古，心镜炜煌，明睹先代。

于是天皇诏之。朕闻诸家之所赍④，帝纪及本辞⑤，既违正实，多加虚伪。当今之时，不改其失，未经几年，其旨欲灭。斯乃邦家之经纬，王化之鸿基焉。故惟撰录帝纪，讨核旧辞，削伪定实，欲流后叶。时有舍人姓稗田名阿礼，年是廿八，为人聪明，度目诵口，拂耳勒心⑥。即敕语阿礼，令诵习帝皇日继，及先代旧辞。然运移世异，未行其事⑦矣。

伏惟皇帝陛下⑧，得一光宅⑨，通三亭育⑩，御紫宸⑪而德被马蹄之所极，坐玄扈⑫而化照船头之所逮。日浮重晖，云散非烟⑬，连柯并穗之瑞⑭，史不绝书；列烽重译之贡⑮，府无空月；可谓名高文

---

① 道轶轩后，德跨周王：轩后，轩辕即黄帝。周王，文王、武王。
② 握乾符而总六合二句：乾符，天之祥瑞。六合谓天地四方。天统，皇统。八荒，八方极远处即指天下。
③ 二气：阴阳二气。
④ 赍：齎。
⑤ 帝纪及本辞：帝纪与下所称"帝皇日继"即天皇纪，与中国史书之本纪相当，本辞与下所称"先代旧辞"即古纪录。
⑥ 度目诵口，拂耳勒心：谓过目即能成诵，一闻于耳即能记之于心。
⑦ 运移世异，未行其事：此指阿礼诵习帝纪及本辞，欲编成国史之事，适天皇驾崩，事遂不成。
⑧ 皇帝陛下：指元明天皇。
⑨ 得一光宅："得一"语本《老子》"侯王得一以为天下贞"，"光宅"语本《尚书·尧典》"光被四表，格于上下"。
⑩ 通三亭育："通三"谓通天地人三才，"亭育"语本《老子》"长之育之亭之毒之"。
⑪ 紫宸：唐代帝王宫殿，名紫宸殿。
⑫ 玄扈：山名，《寰宇记》："帝在玄扈山上，有凤衔图以至帝前，其文可晓，黄帝再拜受图。"
⑬ 日浮重晖，云散非烟：谓天下太平故在日浮出重重光辉，云散非烟，而为庆云之显现。
⑭ 连柯并穗之瑞：连柯，连理枝。并穗，指嘉禾。
⑮ 列烽重译之贡：指言语不通之远国皆来朝贡事。

命、德冠天乙①矣。于焉惜旧辞之误忤，正先纪之谬错。以和铜四年九月十八日，诏臣安万侣，撰录稗田阿礼所诵之敕语旧辞，以献上者。

谨随诏旨，子细采摭。然上古之时，言意并朴，敷文构句，于字即难。已因训述者，词不逮心；全以音连者，事趣更长②。是以今或一句之中，交用音训；或一事之内，全以训录。即辞理叵见以注明，意况易解更非注③，亦于姓目下谓玖沙诃，于名带字谓多罗斯，如此之类，随本不改④。大抵所记者，自天地开辟始，以讫于小治田⑤御世，故天御中主神以下，日子波限建鹈草葺不合尊以前，为上卷。神倭伊波礼毘古⑥天皇以下，品陀⑦御世以前，为中卷。大雀皇帝⑧以下，小治田大宫以前，为下卷。　录三卷，谨以献上。臣安万侣、诚惶诚恐顿首顿首。

和铜五年正月二十八日
正五位勋五等太朝臣安万侣谨上

古事记原文

（一）

天地初发之时，于高天原⑨成神名。天之御中主神，次高御产巢

---

① 名高文命、德冠天乙："文命"谓夏禹，《史记·夏本纪》"夏禹名曰文命"，"天乙"谓殷汤，《史记·殷本纪》"天乙立，是谓成汤"。

② 全以音连者，事趣更长：此述撰此书的困难，如只借用汉字之音缀成日本语，文章未免冗长，是亦不便之至。

③ 辞理叵见以注明二句："叵"同"难"，即对汉字汉语加以日本语注。"意况"同"意义"，更非注、疑即不加注之意。

④ 于姓目[日]下谓玖沙诃四句：此谓如"目[日]下""带"等固有名词均采用古记录日本语不再更改。

⑤ 小治田：指推古天皇朝，小治田乃宫之所在地。

⑥ 神倭伊波礼毘古：即神武天皇。

⑦ 品陀：品陀和气命，即应神天皇。

⑧ 大雀皇帝：大雀命即仁德天皇。

⑨ 高天原：与天、太空义同，泛指神之所在的地方。

日神，次神产巢日神①，此三柱神②者，并独神成坐而③，隐身④也。次国稚如浮脂而⑤，久罗下那洲多陀用币琉⑥之时，如苇牙因萌腾之物而⑦，成神名。宇麻志阿斯诃备比古迟神⑧，次天之常立神⑨，此二柱神亦独神成坐而，隐身也。

上件五柱神者别天神⑩。

（二）

次成神名。国之常立神⑪，次丰云野神⑫。此二柱神亦独神成坐而，隐身也。次成神名。宇比地迩神，次妹须比智迩神⑬，次角

---

① 天之御中主神三句：御中、真中，此谓生于天之真中的神灵。高御产巢日神、神产巢日神，此二神乃宇宙生成力之神格化。"产巢日"《书纪》一书作"产灵"。以上三种为宇宙创造之根本神，产灵神二柱对立，高御产巢日神为男神，神产巢日神为女神：此系本中国之阴阳说。

② 三柱神：日本上代以森林为神之住处，神宿于树木之内，故以木柱计数神之数目。

③ 并独神成坐而：此论三柱皆为独神，即作为一柱神而独立存在。"而"字转接语，无义。

④ 隐身：此对现身正身而言，幽冥界之神，即不现形于现世之神之意。

⑤ 国稚如浮脂而：此指国土尚未形成，如油浮水面的状态。

⑥ 久罗下那洲多陀用币琉：此即用汉字缀日本音之例，意谓如水母之漂浮。

⑦ 如苇牙因萌腾之物而：谓如春天水边的苇牙，《书纪》"狀如苇牙，便化为神"。萌腾，状其茁出的情形。

⑧ 宇麻志阿斯诃备比古迟神：《书纪》一书作可美苇牙彦舅尊。宇麻志，美；阿斯诃备，苇牙；比古，男子之美称；迟，敬称之接尾语。

⑨ 天之常立神：案即《书纪》之国常立尊与天上所成之二神。

⑩ 别天神：合以上为天地创造之三神，共五柱神，是谓天神，与次段地上所成之七神相区别。

⑪ 国之常立神：国对天而言，从国之常立神以下十二柱，皆产生于如浮脂之物中，为在地上所成之神。

⑫ 丰云野神：此状如浮脂之物渐渐凝成之状态，为大地形成第一阶级之神名。

⑬ 宇比地迩神、妹须比智迩神：此为一对男神女神，即《书纪》"土煮尊、沙土煮尊"，亦曰泥土根尊、沙土根尊。比地，比智，义即泥土，此指大地形成混入泥沙的状态。

杙神，次妹活杙神①，次意富斗能地神，次妹大斗乃辨神②，次淤母陀琉神，次妹阿夜诃志古泥神③，次伊邪那岐神，次妹伊邪那美神。④

上件自国之常立神以下，伊邪那美神以前，并称神世七代⑤。

（三）

于是天神⑥诸命以，诏伊邪那岐命⑦，伊邪那美命二柱神，修理固成是多陀用币琉之国⑧，赐天沼矛⑨而，言依赐也。故二柱神立天浮桥⑩而，指下其沼矛以画⑪者，盐许袁吕许袁吕迩画鸣而⑫，引上时，自其矛末垂落之盐，累积成岛，是淤能棋吕岛⑬。

---

① 角杙神、活杙神：此亦一对神名。杙，橛子，木桩。此指泥土凝固生物开始发育的状态。

② 意富斗能地神、妹大斗乃辨神：斗指大地，地，男性，辨，女性，皆美称之接尾语，此二神指大地正达凝固状态时之神格化。

③ 淤母陀琉神、阿夜诃志古泥神：淤母陀琉神，即《书纪》之"面足尊"，男神；阿夜诃志古泥神，即《书纪》之"惶根尊"，女神。此为大地表面完成齐整时之二神。

④ 伊邪那岐神、伊邪那美神：此二神出现在大地完成之时，伊邪那有互"诱"之义，岐，男性，美，女性，基于此二神之互相诱合，而有国土创成诸种现象发生。

⑤ 神世七代：原注上二柱独神各云一代，次双十神，各合二神之一代也。

⑥ 天神：指天之御中主神以下造化三神，诸命即诏命，此谓承纪宇宙创生之神们的意志。

⑦ 伊邪那岐命：即前之伊邪那岐神，命与尊同义，乃神之尊称。

⑧ 多陀用币琉之国：此指巩固了完成了前所称"国稚如浮脂而"之国。

⑨ 天沼矛：《书纪》"天之琼矛"注"琼玉也、此曰努"，按即饰玉之矛。

⑩ 天浮桥：天与地间升降时所设架空之桥，一云天浮桥指虹。

⑪ 画："搅"之假字。

⑫ 盐许袁吕许袁吕一句："盐"乃"潮"之假字，"鸣"乃"成"之假字，许吕、许袁[吕]乃搅动滴沥之潮的形容词。

⑬ 淤能棋吕岛：自凝岛之义。案《日本书纪·神代上》："伊奘诺尊、伊奘冉尊立于天浮桥之上，共计曰：底下岂无国欤？乃以天琼矛指下而探之，是获沧溟。其矛锋滴沥之潮，凝成一岛，名之曰磤驭卢岛。"与此可互证。

（十八）

　　最后，其妹伊邪那美命，身自追来焉①。尔千引石②，引塞其黄泉比良坂③，其石置中，各对立而，度事户④之时，伊邪美命言：爱我那势命⑤，为如此者，汝国之人草，一日绞杀千头，尔伊邪那岐命诏：爱我那迩妹命，汝为然者，吾一日立千五百产屋⑥。是以一日必千人死。一日必千五百人生也。（选文为上卷1，2，3，18段）

---

　　① 伊岐那美命，身自追来焉：按此段乃述黄泉国故事，黄泉国指黑暗世界，即死之国。伊邪那美命行往黄泉国时，伊邪那岐命努力使其返回显国，以喻生与死之斗争中，生之最后胜利。
　　② 千引石：《书纪》一书作"千人所引磐石"。
　　③ 黄泉比良坂：死之国与现国的边界，如佛经中所云三途川之类。
　　④ 度事户：交通断绝之意。
　　⑤ 那势命：此与下"那迩妹命"为男女之间相称呼语。"势"字女称男，"迩"字男称女。
　　⑥ 产屋：古代习惯为产妇特造之产儿小屋。

二、日本书纪（选录）

史料简介

日本哲学在七世纪中叶大化革新以前，还没有以纯粹的哲学形式出现的世界观，但如《古事记》和《日本书纪》，却开始了古代神话传说的世界观。《日本书纪》［亦称《日本纪》，安万侣等编撰，成书于养老四年（720）。］共三十卷。卷一、卷二为神代史，卷三至卷三〇记神武天皇持统天皇的历史。卷一、卷二中关于世界创成的神话，国土生成的神话，和皇室谱系的神话，其书成书较晚，故颇受中国古代哲学的影响，兹据河村秀根《书纪集解》本卷一录其开卷所选天地开辟、国土生成及四神出生的神话。

古天地未剖，阴阳不分，浑沌如鸡子，溟涬而含芽，及其清阳者薄靡而为天，重浊者淹滞而为地，精妙之合抟易，重浊之凝竭难，故天先成而地后定，然后神圣生其中焉①。故曰开辟之初，洲壖浮漂②，譬犹游鱼之浮水上也，于时天地之中生一物，状如苇牙③，便

---

① 本文借用《淮南子》"天文训""俶真训"、《三五历纪》、《礼记》"月令""正义"等书，如《三五历纪》云："天地混沌如鸡子，盘古生其中，万八千岁。天地开辟，阳清为天，阴浊为地，盘古在其中，一日九变神于天，圣于地。"又《淮南子·天文训》云："宇宙生气，气有涯垠，清阳者薄靡而为天，重浊者凝滞而为地，清妙之合专易，重浊之凝竭难，故天先成而地后定。"合专即合抟，《一切经音义》引《通俗文》"手团曰抟"。

② 洲壖浮漂：一作洲壤。垠，《楚辞·九叹》王逸注"垠，岸涯也"。《日本书纪纂疏》卷二："洲：水中可居之地，壤：土块也，犹言国土是阳气之所凝结也。浮漂：摇荡之义，阳气之所发动也。鱼虽夜不寐，水流而不舍昼夜，盖二气循环无有一息之间断，故取鱼水之喻也。"

③ 苇牙：一书作"如苇牙之抽出"。苇，芦苇，《本草纲目》云："北人以苇与芦为二物，水旁下湿所生者皆名苇。"

化为神，号国常立尊，次国狭槌尊，次丰斟亭尊，凡三神①矣。

伊奘诺尊、伊奘冉尊②立于天浮桥之上，共计曰：底下岂无国欤？乃以天琼矛指下而探之，是获沧溟③。其矛锋滴沥之潮，凝成一岛，名之曰磤驭卢岛④。

（一书曰：天神谓伊奘诺尊、伊奘冉尊曰："有丰苇原千五百秋瑞穗之地⑤，宜汝往循之。乃赐天琼矛。"于是二神立于天上浮桥，投矛求地，因画沧海，而引举之，即矛锋垂落之潮结而为岛，名曰磤驭卢岛。

一书曰：伊奘诺尊、伊奘冉尊二神，立于天雾之中曰："吾欲得国。"乃以天琼矛指垂而探之，得磤驭卢岛，则拔茅而喜之曰："善乎国之在矣。"）

于是阴阳始构，合为夫妇，及至产时，先以淡路洲为胞，意所不快，故名之曰淡路洲。乃生大日本丰秋津洲⑥，次生伊豫二名洲，次生筑紫洲，次双生亿岐洲与佐渡洲，世人或有双生者，象此也。次生越洲，次生大洲，次生吉备子洲，由是始起八大洲⑦国之号焉。即对马岛，壹岐岛及处处小岛，皆是潮沫凝成者矣（亦曰水沫凝而成也）。

---

① 国常立尊……三神：至贵曰尊，此为日本神话中乾道独化之三神。

② 伊奘诺尊、伊奘冉尊：《日本书纪纂疏》卷二："伊奘诺、伊奘冉，第七代耦生神也，伊奘者犹言去来，和语也，诺父、册母也，此二神往来于二仪之间，而为造化之父母。"案此二神创生国土的神话，疑从琉球神话搬来，《球阴外卷》"遗老说传"卷二："太古之世，宫古岛茫茫旷野，人物未始生，草木亦未毕生，时有一男一女之神，降下于平良涨水地，而人物生于此岛也，男名曰恋角，女名曰恋玉，自此之后，万象毕成，人物繁伙，遂乘清风而去焉。"日本古时海滨一片苇原，天浮桥疑即影射船之类。

③ 沧溟：谓海水，杜甫诗"鲸力破沧溟"。

④ 磤驭卢岛：和训"自凝"，犹言自然凝成之岛。

⑤ 丰苇原千五百秋瑞穗之地：案此即日本古称丰苇原之瑞穗国的由来。丰，美称之接头语。瑞穗国，五谷丰穰之国之义。

⑥ 丰秋津洲：日本国名之一，《书纪纂疏》云："神武帝始命之，蜻蛉名曰秋津，此洲似此虫形。"

⑦ 八大洲：即《古事记》上卷第六段所称"八大岛国"，乃群岛之义。八本数名，此借作数多之义。一说八大洲指淡路、伊豫、筑紫、壹岐、对马、隐岐、佐渡、丰秋津洲而言。

既而伊奘诺尊、伊奘冉尊共议曰："吾已生大八洲国及山川草木,何不生天下之主者欤?"于是共生日神,号大日灵贵①,此子光华明彩照彻于六合之内。故二神喜曰："吾息虽多,未有若此灵异之儿,不宜久留此国,自当早送于天而授以天上之事。"是时天地相去未远,故以天柱举于天上也。次生月神②,其光彩亚日,可以配日而治,故亦送之于天。次生蛭儿,虽已三岁,脚犹不立,故载之于天磐橡樟船,而[顺]风放弃〔1〕。次生素戋鸣尊③。

(一书曰:伊奘诺尊曰:"吾欲生御宙之珍子。"乃以左手持白铜镜,则有化出之神,是谓大日灵尊;右手持白铜镜,则有化出之神,是谓月弓尊。又回首顾眄之间,则有化神,是谓素戋鸣尊。)

校记:
〔1〕顺:原误为"须",今据日本国会图书馆藏庆长十五年活字本改。

---

① 大日灵贵:一书云天照大神,一书云天照大日灵尊。
② 月神:一书云月弓尊、月夜见尊、月读尊。
③ 素戋鸣尊:一书云神素戋鸣尊、速素戋鸣尊。天磐橡樟船:《书纪纂疏》卷二云:"天者自然之名,磐者坚确之义,橡樟木名,此船舟楫济不通以利天下者也,蛭儿足不起,故使之载船而行。"案上三贵子分治神话,《古事记》以天照大神治高天原,月读命治夜食国,素戋鸣尊治海原;《书纪》则天照大神天上,月读命配日,素戋鸣尊治国。又一书第六第十一亦有以天照大御神治高天原,此天照大御神,即日本之皇祖大神。从天照大神到神武天皇,传说历三代,年数合百七十九万二千四百七十七年,这当然只是神话,然而日本旧历史教科书所谓万世一系的神皇正统,实即根基于此。

三、圣德太子

史料简介

圣德太子［574—622］即厩户皇子，［传说］是给日本文化开新纪元的人，［用明天皇第二子，推古天皇侄子，死后谥"圣德太子"。］他向隋朝派遣留学生学习中国的思想文化，直接给日本输入了佛教思想和儒教思想，准备了大化革新的思想条件。推古天皇十二年（604），他曾发布《十七条宪法》，原文见《日本书纪》卷二二，今据《群书类从》第四百七十四加以校正。本文的思想系统是以儒佛二教为根本，如第二条"笃敬三宝"项与第十条"绝忿弃瞋"项属佛教思想，其余各条多据五经四书及子史资料，可见其受儒家思想的影响。圣德太子兴隆佛教，著有《三经义疏》（《胜鬘经》《维摩诘经》《法华经》），均收入《大日本佛教全书》。此《十七条宪法》则基本上是将中国思想文化介绍给日本，以为当时开明的统治阶级服务。

十七条宪法

一曰：以和为贵[①]，无忤为宗。人皆有党，亦少达者，是以或不顺君父，乍违于邻里。然上和下睦[②]，谐于论事，则事理自通，何事不成？

---

① 以和为贵：本《礼记·儒行》及《论语》"礼之用，和为贵"。
② 上和下睦：本《左传》"上下和睦"与《孝经》"民用和睦，上下无怨"。

二曰：笃敬三宝①。三宝者佛法僧也，则四生②之终归、万化之极宗，何世何人，非贵是法，人鲜尤恶，能教从之，其不归三宝，何以直枉？

三曰：承诏必谨。君则天之，臣则地之③，天覆地载④，四时顺行⑤，万气得通。地欲覆天，则致坏耳。是以君言臣承，上行下靡⑥，故承诏必慎，不谨自败。

四曰：群卿百寮，以礼为本。其治民之本，要在乎礼，上不礼而下不齐⑦，下无礼以必有罪，是以君臣有礼，位次不乱，百姓有礼，国家自治。

五曰：绝餮弃欲，明辨诉讼。其百姓之讼，一日千事；一日尚尔，况乎累岁？顷治讼者，得利为常，见贿听谳，便有财之讼，如石投水；乏者之诉，似水投石⑧；是以贫民，则不知所由，臣道亦于焉阙。

六曰：惩恶劝善⑨古之良典，是以无匿人善，见恶必匡。其谄诈者，则为覆国家之利器，为绝人民之锋剑。亦佞媚者，对上则好说下过，逢下则诽谤上失，其如此人，皆无忠于君，无仁于民⑩，是大乱之本也。

七曰：人各有任，掌宜不滥。其贤哲任官⑪，颂音则起。奸者有

---

① 三宝：佛、法、僧。佛宝指一切佛陀，觉知之义。法宝指佛陀所说教法，法轨之义。僧宝指随其教法而修业，和合之义。

② 四生：胎生、卵生、湿生、化生。

③ 君则天之，臣则地之：语本《左传》宣公四年"君天也"。

④ 天覆地载：本《礼记·中庸》"天之所覆，地之所载"。

⑤ 四时顺行：本《易·豫卦》"天地以顺动，故日月不过而四时不忒"。

⑥ 上行下靡：本《说苑》。靡，披靡。

⑦ 上不礼而下不齐：本《韩非外传》及《论语》"道之以德，齐之以礼，有耻且格"。

⑧ 有财之讼四句：本《文选·[李]萧远运命论》"其言也，如以石投水，莫之逆也"。

⑨ 惩恶劝善：本《左传》成公十四年。

⑩ 无忠于君，无仁于民：本《礼记·礼运》"君仁臣忠"。

⑪ 人各有任掌宜不滥三句：本《尚书·咸有一德》"任官惟贤才"。

官，祸乱则繁，世少生知，克念作圣①，事无大小，得人必治，时无急缓，遇贤自宽；因此国家永久，社稷勿危。故古圣王，为官以求人，为人不求官。

八曰：群卿百寮，早朝晏退。公事靡盬②，终日难尽，是以迟朝不逮于急，早退必事不尽。

九曰：信是义本③，每事有信。其善恶成败，要在于信。君臣共信，何事不成？君臣不信，万事悉败。

十曰：绝忿弃瞋，不怒人违。人皆有心，心各有执，彼是则我非④，我是则彼非。我必非圣，彼必非愚，共是凡夫耳！是非之理，讵能可定。相共贤愚，如环无端⑤，是以彼人虽瞋，还恐我失；我独虽得，从众同举。

十一曰：明察功过，赏罚必当。日者赏不在功，罚不在罪，执事群卿，宜明赏罚。

十二曰：国司国造，勿敛百姓。国无二君，民无两主⑥，率土兆民，以王为主。所任官司，皆是王臣。何敢与公，赋敛百姓。

十三曰：诸任官者，同知职掌。或病或使，有阙于事，然得知之日，和如曾识，其以非与闻，勿妨公务。

十四曰：群臣百寮，无有嫉妒。我既嫉人，人亦嫉我，嫉妒之患，不知其极。所以智胜于己则不悦，才优于己则嫉妒，是以五百岁之后，乃令遇贤⑦，千载以难待一圣⑧，其不得圣贤，何以治国。

十五曰：背私向公，是臣之道矣⑨。凡人有私必有恨，有憾必非

---

① 克念作圣：本《尚书·说命》上。克，胜之义。
② 公事靡盬：本《诗经·唐风·鸨羽》，《四牡》"王事靡盬"。盬，息之义，谓公事不能止息。
③ 信是义本：本《论语》"信近于义"。
④ 彼是则我非：本《庄子·齐物论》。
⑤ 如环无端：本《史记》"田单传"。
⑥ 国无二君，民无两主：本《礼记·坊记》"天无二日，土无二主"及《孟子》。
⑦ 五百岁之后，乃令遇贤：本《孟子·公孙丑下》"五百年必有王者兴"。
⑧ 千载以难待一圣：本《文选·三国名臣传序》。
⑨ 背私向公二句：本《韩非子·五蠹篇》"自环者谓之私，背私者谓之公"与《左传》文公六年"以私害公，非忠也"。

同；非同则以私妨公，憾起则违制害法。故初章云：上下和谐，其亦是情欤！

十六曰：使民以时①，古之良典。故冬月有间，以可使民。从春至秋，农桑之节，不可使民。其不农何食，不桑何服？

十七曰：大事不可独断，必与众宣论。少事是轻，不可必众，唯逮论大事，若疑有失，故与众相辨，辞则得理矣。

---

① 使民以时：本《论语·学而》"节用而爱人，使民以时"。

四、最　　澄

史料简介

最澄（767—822，神护景云元年—弘仁十三年）［是日本天台宗开祖］，近江国滋贺郡人。十七岁出家学唯识，旁通经论，尝以未见台教为憾，后偶于奈良得读《天台四教仪》《法华玄义》等写本，［心向天台宗。］十九岁登比叡山，建草舍，读《法华》《金光明》等诸大乘经。延历七年（788）在建山山顶创一乘止观院，为后来延历寺的发祥。延历二十三年受往唐求法之诏，随遣唐使渡唐，就天台山国清寺道邃，佛陇寺行满等修天台教义，归国后弘布天台教，得朝廷皈依，卒后谥传教大师。所著书现有一百六十部，重要者有《愿文》《照权实镜》《法华去惑》《守护国界章》《山家学生式》《显戒论》等。最澄是日本富有斗争精神的佛教理论家，其所传播和发展的天台教学，即在佛教中具有显著的辩证法思想。兹据《传教大师集》卷一选出《愿文》一篇，［据《传教大师全集》卷二选出《守护国界章》上卷之下］。

愿　　文

悠悠三界，纯苦无安①也。扰扰四生，唯患不乐也。牟尼之日久隐，慈尊月未照，近于三灾之危②，没于五浊③之深。加以风命难

---

① 三界纯苦无安：三界即欲界、色界、无色界，纯苦谓三界八苦，即生老病死之四苦与爱别离苦、怨憎会苦、求不得苦、五阴盛苦之四苦。

② 三灾之危：危本作厄，三灾谓劫末所起三种灾害，有大小二种，小三灾谓刀兵、疾疫、饥馑，大三灾谓火灾、水灾、风灾。

③ 五浊：劫浊、见浊、烦恼浊、众生浊、命浊。

保,露体易消。草堂虽无乐,然老少散曝于白骨;土室虽暗迮①,而贵贱争宿于魂魄。瞻彼省己,此理必定,仙丸未服,游魂难留;命通未得,死辰何定。生时不作善,死日成狱薪,难得易移、其人身矣,难发易忘,斯善心焉。是以法皇牟尼,假大海之针,妙高②之线,喻况人身难得。古贤禹王,惜一寸之阴、半寸之暇,叹劝一生空过。无因得果,无有是处;无善免苦,无有是处。伏寻思己行迹,无戒窃受四事③之劳,愚痴亦成四生之怨④。是故《未曾有因缘经》⑤云:施者生天,受者入狱,提韦女人四事之供,表末利夫人⑥福;食著利养五众⑦之果,显石女担舆⑧罪。明哉善恶因果,谁有惭人,不信此典。然则,知苦因而不畏苦果,释尊遮阐提⑨;得人身徒不作善业,圣教喷空手。于是,愚中极愚,狂中极狂,尘秃有情,底下最澄,上违于诸佛,中背于皇法,下阙于孝礼,谨随迷狂之心,发三二之愿。以无所得而为方便,为无上⑩第一义,发金刚不坏不退心愿。我自未得六

---

① 迮:迫也,《后汉书·陈忠传》"邻舍比里,共相压迮"。
② 妙高:妙高山,即须弥山之译名。
③ 四事:四事供养之意,指衣服、饮食、卧具、汤药。
④ 四生之怨:四生为胎生、卵生、湿生、化生之总称。
⑤ 《未曾有因缘经》:十二部经之一,一名《未曾有经》,梵名阿浮陀达磨,记佛菩萨现种种神力不可思议事。
⑥ 末利夫人:舍卫国波斯匿王的夫人,为自末利华园来的,故称末利夫人,见《四分律》十八,又《唯识述记》八末之"摩利迦名鬘者,即末利夫人也,此夫人之女名摩利室罗,即胜鬘也"。
⑦ 五众:谓出家五众。一比丘,受具足戒的男子;二比丘尼,受具足戒的女子;三式叉摩那,译言学法女,将受具足戒而学六法的女子;四沙弥,出家受十戒的男子;五沙弥尼,出家受十戒的女子。
⑧ 石女担舆:指不通人道的女子,《因明入正理论》"如言我母,是其石女"。
⑨ 阐提:一阐提之略,不成佛义,《楞伽经》一云:"一阐提有二种,一者舍一切善根,及于无始众生发愿。"
⑩ 无上:一本下有"菩提"二字,按菩提有三等,声闻、缘觉、佛,此以佛所得之菩提为无上。

根相似①位以还，不出假。自未得照理心以还，不才艺。自未得具足净戒以还，不预檀主②法会。自未得般若心③以还，不著世间人事缘务，除相似位。三际④中间，所修功德，独不受己身，普回施有识，悉皆令得无上菩提。伏愿解脱之味独不饮，安乐之果独不证；法界众生，同登妙觉；法界众人，同服妙味。若依此愿力至六根相似位，若得五神通⑤时，必不取自度，不证正位。不著一切，愿必所引导今生无作无缘四弘誓愿⑥，周旋于法界，遍入于六道⑦。净佛国土，成就众生，尽未来际，恒作佛事。

*守护国界章卷上之下（节录）

弹粗食者谬总破四教章第八⑧

夫法华⑨未说，诱引三乘⑩于四教，莲华开敷，去来五乘⑪于一

---

① 六根相似：六根谓眼耳鼻舌身意之六官，天台所立菩萨之行位六即位，其中第四为相似即，谓得六根清净之德位，此智虽为有漏，而能断烦恼，悟真如中道，与佛之地位相似，故云。

② 檀主：施主，又称檀家。

③ 般若心：即智慧心，《大智度论》四十三："般若者，秦言智慧，一切诸智慧中最为第一，无上无比无等，更无胜者。"

④ 三际：指天台宗所立一家之观门，即三观。空观，观诸法空谛；假观，观诸法之假谛；中观，观诸法之非空非假亦空亦假即中谛。〔三际亦指三世，即过去、现在、未来。〕

⑤ 五神通：天眼通、天耳通、他心通、宿命通、如意通。

⑥ 四弘誓愿：案此为一切菩萨初发心时所发总愿，以所愿广普故曰弘，自制其心故曰誓，志求满足故曰愿。此四愿，一、众生无边誓愿度；二、烦恼无数誓愿断；三、法门无尽誓愿学；四、佛道无上誓愿成。

⑦ 六道：指地狱、饿鬼、畜生、阿修罗、人间、天上的六世界，此六世界乃众生轮回之路，故称六道。阿修罗容貌丑陋之义，似天而非天，为常与帝释战斗之神。

⑧ 粗食者：指当时日本佛教法相宗的代表人物德一。四教：天台智顗所立。分为化法、化仪二种。化法四教为藏、通、别、圆四教；化仪四教为顿、渐、秘密、不定四教。

⑨ 法华：指《法华经》。下文"莲华"，亦指《法华经》。

⑩ 三乘：佛教术语，指声闻、缘觉、菩萨。

⑪ 五乘：佛学术语，指人、天、声闻、缘觉、菩萨。

辙。机渐教渐，因机渐而先三。机顿教顿，坐塔中而后一。举三乘之芭蕉臂，拒一乘之金刚轮，怜悯粗食摧破苦，强与不轻佛性记①云尔。

洗除如来使所传四教文伪垢

粗食者曰：彼云声闻藏，即三藏教也，菩萨藏，即通别圆教也。为决定声闻②说教，名三藏教；为退大声闻说教，名通教；为渐悟菩萨③说教，名别教；为顿悟菩萨说教，名圆教。今谓不尔，若为退大声闻说教名通教，为渐悟菩萨说教名别教者，《法华》应名通教，亦名渐教。何以故？退大声闻即名渐悟菩萨故。若许尔者，《法华》不应妙教摄，以为退菩提心之舍利弗④等说教故，当知《法华》是渐教，非摄圆顿。何以知者？《摄论》⑤云：为引接一类不定种性声闻诸佛说一乘。由此故知法华是渐教，非圆顿教。法华会中，授佛记别⑥舍利弗等八千声闻，是退菩提心类，是名一类不定种性声闻，此回心向大以后，复转名渐悟菩萨，非别异类。悯喻曰：《法华》应名通教，亦名渐教。何以故？退大声闻即名渐悟菩萨故。此亦不尔，渐悟有多种故，若为退大声闻说教名通教者，谓未开通教也。今已开以后，无隔别通教，虽有四教名，同见佛性故。虽有渐教名，而圆家之

---

① 不轻佛性记：语出《法华经·常不轻菩萨品》。据说释迦之前身即常不轻菩萨，又称不轻菩萨，此菩萨每见出家人或在家信众，即礼拜赞叹，说："我深敬汝等，不敢轻慢。所以者何？汝等皆行菩萨道，当得作佛。"此菩萨之授记，即是示现众生皆有佛性。

② 决定声闻：据智𫖮《法华文句》卷四，声闻分为五种，即决定声闻、退菩提声闻、应化声闻、增上慢声闻、大乘声闻。所谓决定声闻，指久习小乘，只证得小乘果者。退大乘声闻，《法华文句》中所说五种声闻之一。所谓退大乘声闻，指本习大乘，积劫修行，后遇恶缘，退转大乘，取证小乘果者。

③ 渐悟菩萨：法相宗说，具有菩萨定性者，不须经声闻、缘觉过程，可直登菩萨阶位，称为顿悟菩萨。而不定性者则要经声闻、缘觉过程才能入菩萨道，称为渐悟菩萨。

④ 舍利弗：佛之十大弟子之一。《智度论》卷一二说，舍利弗遇乞眼婆罗门，向其乞得一眼，又踩在地上，舍利弗感慨如此人之不可度，不如自谓早脱生死，乃退菩萨道，回向小乘。

⑤ 《摄论》：《摄大乘论》，印度无著撰，阐释大乘教义，注重瑜伽行派的观点。

⑥ 记别：又作"授记"，指佛对众弟子之未来所作的证言。

渐，非渐家之渐。今《法华经》者，正已开经故，不摄隔别通，非是引渐教，不摄渐家渐。又渐悟菩萨者，谓历劫修行菩萨，名为渐悟菩萨，为此渐悟菩萨说历劫修行，名为别教。非是回小向大等，新名为渐菩萨等。今《法华经》者，退大二乘①者，调熟②前通教，令进入宝所，非诱引之渐，非是通教渐。法华一乘者，摄圆融三谛，随自意语教。《摄论》云为引接一类等，如来五乘，救济乘故，故定不定性，虽未到得受记位，而密意说真一乘，保任决定成佛心，直修更练虽有进退别，究竟皆成佛。如来全身，髻中明珠，何夺圆顿名，伪与分渐称？岂为释迦子耶？是渐顿之教，非是渐渐教，将来后哲，幸照如来所赞之经也。粗食和上，必当作佛，不敢轻慢，但为守护一乘道，助照恭加指鬘③辨，莫怪莫怪，普贤证知也。

助照如来使所传五味教章第九

夫五味之喻，亘四教而各五，四阶④之人，运七乘而唯一。一点虽谬六，然勘决指文，卷次虽上下，而义旨不谬。粗食者见取意文，喷⑤分明文，今为后学示其大略云尔。

粗食者曰：又彼云，《涅槃》第六云：凡夫如乳，须陀洹如酪，斯陀含如生酥，阿那含如熟酥，阿罗汉⑥、辟支佛、佛如醍醐。《大论》云：声闻经中，称阿罗汉名为佛地，故三人同是醍醐。（此譬三藏教五味也）今检南北《涅槃》第六卷，都无此文。悯喻曰：汝勘南北《涅槃经》第六卷都无此文者，汝不能捡他家记，徒劳南北第六

---

① 退大二乘：退失大乘而堕于二乘。

② 调熟：佛教术语。佛教化众生三阶段：下种（将成佛种子播于众生心中）、调熟（传播教法）、解脱。

③ 指鬘：央掘摩罗，佛陀弟子之一，原为凶人，受邪师指使，欲杀千人，各取一指作鬘，才得涅槃法。杀至九百九十九人，欲杀其母，佛陀为其说法，悔过而入佛门，后得阿罗汉果。

④ 四阶：四阶成道，又称四阶成佛，指小乘菩萨得道成佛的四个阶段，参见《大乘义章》《四教仪集注》等。

⑤ 喷：吵叫。

⑥ 须陀洹、斯陀含、阿那含、阿罗汉：小乘声闻修道的四个阶段，意译为预流、一来、不还、无学。

卷耳。《摩诃止观辅行传弘决》①第三卷云：第六捡文未见，恐是文误。不见此文，卷经尽梦力②，言恐是文误，此则恐六一字点，彼草书六字，若上点细小，下点稍粗大，其下八之点，似彼八之字。未解书经生，多有写错谬。今案数处文，都无空引失经卷，指第八喻文，取意证耳。问：何以得知但六字点误，亦卷指第八耶？答：所以得知者，谨案往年将来天台山禅林寺银地道场，智者大师所造十二卷《四教义》云：《大涅槃经》明五味譬不同，乃至经云：凡夫如乳等，不指卷次。又案往年将来章安所录十卷《法华玄义》云：九引涅槃五譬，成四教位，乃至云：彼文云：凡夫如乳，亦不指卷次。又案招提真大和上并东大寺法进僧都及普照法师等将来第二本十卷《圆顿止观》③，江州梵释寺一切经内所写正本云：《涅槃》第八云：凡夫如乳，须陀洹如酪，斯陀含如生酥，阿那含如熟酥，阿罗汉、辟支佛、佛如醍醐。故《释论》④云：声闻经中，称罗汉名为佛地，是故三人同醍醐。此本分明指第八，明知不解书经生，率尔见草书八字，谬书六耳。问：其取意文如何？答：南北《涅槃经》第八同云：如因乳生酪，因酪得生酥，因生酥得熟酥，因熟酥得醍醐（已上经文）。言因缘不二之义，如五味相生。第三十二卷云：众生佛性如杂乳，须陀洹、斯陀含如净乳，阿那含如酪，阿罗汉如生酥等。云云。影傍两处文，以立此一譬。问：汝宗决文云第六捡文未见，恐是文误。已云文误，不云字误，何以强立取意义，固留无文为会释耶？答曰：文即是字，岂不知乎。其决云文误者，但六一字点，非是法譬文。问：何以得知非是法譬文耶？答：便其决文云：文中不云菩萨者，以不断惑，同凡夫故，明知，恐六一字点非斥法譬等。又往年将来《法华玄义》中，转释譬文云：何者，凡夫全生，未能除惑，菩萨亦尔，但得如乳，须陀洹破见，革凡成圣，如乳变为酪，斯陀含侵六品思，故如生

---

① 《摩诃止观辅行传弘诀》：湛然撰，注释智顗之《摩诃止观》。
② 卷经尽梦力：此五字难解，恐有脱误。
③ 真大和上：指唐代名僧鉴真，应日人恳请，决意赴日传法弘律，历经十二年磨难，终于到达日本，曾为日本天皇等授戒，是日本律宗的开祖，为中日文化交流做出了重大贡献。法进是其随行弟子。普照是到扬州迎请鉴真之日本僧人，随同鉴真回到日本。
④ 《释论》：《大智度论》之略称，因此论是解释《大品般若经》之作，故称。

酥，阿那含欲界思尽，故如熟酥，阿罗汉、辟支佛、佛皆断三界见思尽，故同称醍醐。故《释论》云：声闻经中 阿罗汉地为佛地，故共为一味也。问：此经以三藏菩萨为上草，彼经云何以菩萨为乳味？答：经取化他边强喻之上草，此中自证力弱同凡为乳（已上玄文）。《释签》云：先引中二，先引，次何者下释又二，初正释，次故释论下，引证罗汉同佛（已上签文）。明知玄中无六字，不指文误，但譬文科段也。止观有六字，即指文误耳。问：取意证文，其意难得，何必如言耶？答：取意证文诸宗俱用，何但山家独用耶？问：取意证文，虽诸宗俱用，今所引尚似疏远，何可归信耶？答：佛性与中道，名异体即同，我无我不二，三乘同所观，出世间之位，假有浅深异，何以不归信。疑者云：虽说种种义，不足证藏教，是故不归信。反质云：汝宗所引涅槃经旧医服乳等，不足证明三时教。所以者何？左降鹿苑能说主，喻况旧医大愚者，阿含四谛转法轮，类同一向服乳术。大云虽相求，镬汤遂堕误，其核乳喻意，为破彼四倒，不相似教时，疏中之疏远，岂得增汝证哉。山家所引喻，不关异道法，法喻亲相似，义理不相违。粗食者曰：又阿罗汉、辟支佛喻醍醐，此亦不然。二乘无学，未断所知障，未得法空智。未断习气，未证法空真如，云何喻醍醐。醍醐练已无余垢秽，故喻佛无上。又佛得百四十不共佛法，已圆满已，故喻醍醐。二乘无学，未得百四十不共佛法，何得喻醍醐？若声闻独觉无学譬醍醐者，即是醍醐，须更练治，如何可名无上药？悯喻曰：此难不尔，未解当分故。阿罗汉辟支佛喻醍醐者，是当分故，非是跨节，断烦恼障，究竟尽时名阿罗汉，亦喻醍醐，阿罗汉位，通摄三乘无学果位，皆已永害烦恼贼故，应受世间妙供养故，永不复受分段生故①，跨节之故，更喻酪生熟。所望有别，何得难言未断所知障，未得法空智，未断习气，未证法空真如，云何喻醍醐哉？约分段死，喻佛无上，非望变易，故无过失。又果头灰断佛②，当分名已圆，一百四十不共法，示现圆满非实报，非是本体真实佛，声闻独觉少分喻，望变易死更练根，望分段死解脱同。吹毛之失，不

---

① 分段生故：佛教术语。二种生死之一，指三界众生之生死，与"变易生死"对称，变易生死指声闻、缘觉、大力菩萨之生死。

② 果头灰断佛：天台宗之语，指四教各果上之佛。《四教仪》："钝则但见偏空，不见不空，止成当教果头佛。"

可得。粗食者曰：又彼云：《涅槃》三十二云：众生如杂乳，须陀洹、斯陀含如净乳，阿那含如酪，阿罗汉如生酥，辟支佛、菩萨如熟酥，佛如醍醐（此譬通教五味）。今谓不尔，此显一阐提佛性有无，现在世无，未来世有。既涅槃会以前，未说阐提悉有佛性，此则应涅槃圆教喻，何喻通教。悯喻曰：此难不尔，汝未了知引喻法故。喻有分全，火其一物，或喻般若，或喻烦恼共行。七地如生酥，第八第九支佛、菩萨如熟酥，佛第十地如醍醐，但取各位边，未取佛性边。佛性与阶级有同亦有异，阶位上中下，为护增上慢，假立此次位，何夺喻体佛性义，伪致应圆，何通难哉。粗食者曰：又彼云：《涅槃》九卷云：众生佛性，如牛新生，血乳未别，声闻如乳，缘觉如酪，菩萨如生熟酥，佛如醍醐（此譬别教五味也）。此亦不然，此文意显一乘之外无别二乘，终必同得一涅槃。迦叶菩萨曰：若使三乘无别体性，云何而得别说三乘明别有佛性？答：三乘人同一佛性，更无别性，无别性故，一乘之外无别二乘，终必同得一大涅槃。准此文，法华一乘其意不别，尔则应汝所立，圆教之喻，何喻别教，是彼一处文，妄分作三文，而为藏通别教证，唯有虚言，都无实义，故不可依。悯喻曰：迷喻体失，已如上说，凡夫杂乳未发心，声闻下根如净乳，缘觉中根如酪味，菩萨上根如生熟，如来上上根如醍醐。为示历别之圣位，假立五味次第位，五味之文虽似同，凡圣次位前后异。何汝偏执五味边，不了喻阶差别义。虚言之过有汝口，无实之失亦汝心。粗食密卖迦罗迦[①]，智者慎诫不可买也。粗食者曰：又彼云：《涅槃》二十七云：雪山有草，名为忍辱，牛若食者，即成醍醐。草喻八正[②]，能修八正见佛性（此譬圆教不历五味也）。此亦不然。谬引寿命《涅槃》第二十九文而为第二十七卷。二十九云：佛言：众生佛性，不一不二，佛性平等，犹如虚空，一切众生同共有之。若有能修八圣道者，当知是人则得明见。雪山有草，名曰忍辱，牛若食之，则成醍醐。众生佛性，亦复如是。此是问答佛性不一不异。第二十七云：雪山有草，名曰忍辱，牛若食者，则出醍醐。更有异草，牛若食者，则无醍醐。佛性亦尔。雪山者名为如来，忍辱草者名为大涅

---

① 迦罗迦：类似沉香的一种香木，但实际与沉香有异，不能如沉香一样药用。

② 八正：八正道，八种通向解脱的正确途径，即正见、正思维、正语、正业、正命、正精进、正念、正定。

槃，异草者十二部经（小乘经也）。众生若能听受咨启大涅槃，则见佛性。十二部中，虽不闻有，不可说言无佛性也。二十七卷忍辱草者，喻《涅槃经》，二十九卷忍辱草者，喻八正道。故知谬指卷数。二十七卷忍辱草者，显学大小乘教佛性有无，二十九卷忍辱草者，显众生依佛性不一不异。悯喻曰：汝云谬引寿命《涅槃》第二十九文而为第二十七卷者，此亦不尔。何者？山家引南经本二十七以为圆教之位譬，汝今不能勘经文，南经之喻以为北经。所观佛性，能观八圣，虽义门别，然今但取位边，分喻圆教位，何有不可哉？又粗食者，妄谓山家所引二十七卷经为北经二十七卷，然则还以北经二十九，伪令相违为谬卷。佛性有无者，北经二十七，佛性不一不异，南经二十七。山家不引北，南经何相违哉。粗食者曰：又彼云：序品《涅槃》二十七云：置毒乳中，遍于五味，皆能杀人（譬于秘密及不定教也）。毒譬佛性了因种子，五味譬受报五道，杀人譬值佛闻法断惑。此亦不然，寿命《涅槃》二十九卷亦有此文，是喻显众生佛性常一无变，如何以此喻秘密及不定教？悯喻曰：此亦不尔，汝引北经夺佛性义，伪难譬秘密及以不定教，但取能杀边，示现断惑位。汝偏执佛性，未了置毒意，岂可为智士哉。粗食者曰：又《大法鼓经》说：譬如从乳出酪，酪出生酥，生酥出熟酥，熟酥出醍醐。凡夫邪见如初生乳，乳血共杂。受三归者，犹如纯乳，随信行等，及初发心菩萨，住解行地，犹如成酪，七种学人及七地菩萨，犹如生酥，意生身阿罗汉辟支佛，得自在力九住十住菩萨，犹如熟酥，如来正觉，犹如醍醐。准此经文，不配汝八教，如何任已情辄分别五味？悯喻曰：汝有余眼目，强示别意喻，汝所设之难，三十三过中，摄在何过中，汝今举铅刀，拒向水火阵，未下手之顷，摧碎笑七分。粗食者曰：又彼八教，摄教不尽。所以者何？彼唯简取《华严》、《楞伽》、《大集》、《宝积》、诸部《般若》、《维摩》、《阿含》、《金光明》、《法华》、《涅槃》而分配八教，诸余《深密》《阿毗达磨》《无量寿》《灌顶经》等不摄八教，既无等字，故致此征诘。悯喻曰：八教摄经无等字，征难八教不摄经，汝无等字不摄余，照见五蕴无等字，彼已摄余，此何不摄，舍理执文，暗者常事矣。

助照如来使所传止观章第十

夫所乘止观,随机而异名,能乘行者,顺教而诠理。于是大小名同,行人难别,权实义别,发心不易,是故开三止三观于一心,导十界十境于十乘。粗食者未了释名,疑中指失,今为止息迷名失,示现心境相即义。云尔。

洗除如来使所传止观伪垢

粗食者曰:边主释止观名云:法性寂然名止,寂而常照名观。虽言初后,无二无别,是名圆顿止观。渐与不定置而不论。又彼释名义云:复以何义立止观名?止观各二义①,息义、停义。息义者,诸恶觉观,妄念思想,寂然休息,是止息义。停义者,缘心谛理,系念现前,停住不动,是停止义也。观亦二义,贯穿义、观达义。贯穿义者,智慧利用,穿灭烦恼,是贯穿义也。观达义者,观智通达,契会真如,是观达义。今谓不尔。释名有二失,一违圣教失,二违正理失。违圣教失者,《瑜伽论》云:止名静虑、等持、等至、心一境性。如此诸名唯约心名,非约境说。观名思择,智慧通达观照。如此诸名,亦约心名,非约境名。违教失。悯喻曰:汝释名失,此亦不尔。所以者何?未了法名同异故。法门名义,新旧不同,自后汉孝明皇帝永平十年岁次丁卯,至大唐神武皇帝开元十八年庚午之岁,凡六百六十四载,一十九代,中间传译缁素,总一百七十六人,见传译经律论等,一千七十六部,五千四十八卷,四百八十帙,佛名、法名,翻译各异。汝但得知止观八名,未了余名。华严四谛,其名无量,山家所略。彼远离等,止观异名,宁违圣教乎?汝造违失,还害汝智也。粗食者曰:违正理失者,凡建立止观意,为止息修行者之散乱心故,约所观理,显示止观时,于修行者有何胜利?是名释名失。悯喻曰:此亦不尔。粗食者云:约所观理,显示止观时,于修行者有何胜利者,此粗食者呓语矣。若无所观理,立能观行,无有是处。诸佛所师,所谓法也,以法常故,诸佛亦常。法以为师,证无上果,非是胜利,更有何胜哉。违正理失,还著会津,不及台岳也。粗食者曰:释名义中,亦有二失,一不简有无心失,二名义相违失。不简有无心失者,若唯说有心定者,应如所说,无心定中,皆灭转识,谁缘

---

① "各二义"下疑脱"止二义"三字。

谛理系念现前，故为不可。名义相违失者，释名之中，俱约境说，释义之中，皆据心语，故成相违。悯喻曰：此亦不尔，有心无心，三界梦事，大止妙观，一真所乘，所对境界无不乘，不起灭定现威仪，性心顺教出三界，但信法性观实相，岂论闷绝无想天哉。愿力熏心务利生，圆智开发离梦怖，缘何怖畏入无想，相似以还十境界，有心无心十乘转。汝不简有无心失，界内发心有此烦耳。又释名者明得名故，释义者诠解行故，故不相违。

五、空　　海

史料简介

空海（774—835，宝龟五年—承和二年）是日本真言宗开祖，俗姓佐伯直，赞岐国人。幼时从外舅学《论语》《孝经》，十八岁入太学学儒学。[并博览中国的经、史、子、集，服膺钻仰。后读到《虚空藏闻持法》，转信佛教，乃作《三教指归》，表明以佛教为皈依。]初落发时名教海，及受东大寺具足戒后，改名空海，时年二十二。延历二十三年（804）随遣唐使来中国，学于长安青龙寺惠果（746—805）治真言宗。惠果为译《大毗卢遮那经》（即《大日经》）善无畏、金刚智之孙弟子，[不空之弟子，]为真言宗第七祖，卒时空海受推撰墓碑，文情并茂。空海于平城天皇大同元年（806）归国，开真言宗。在纪州高野山上创建峰寺，又建灌顶寺。卒后谥弘法大师。其撰述据《本朝高僧传》（卷三）总计一百四十余部、二百二十余卷，重要的如《十住心论》《辨显密二教论》《即身成佛义》《声字实相义》[《吽字义》]及关于汉文学著作如《性灵集》《文镜秘府论》等，其中[《即身成佛义》《声字实相义》《吽字义》是空海教理体系的代表作，]《十住心论》与《二教论》皆为此宗判教之作。以显密为横判一代教者本《金刚顶经》，空海据之作《二教论》；以十住心为竖判诸家者本《大日经·十住心品》，空海据之作《十住心论》。今依《弘法大师全集》选录[《三教指归》序、]《声字实相义》[与《即身成佛义》]。

*《三教指归》序

文之起，必有由。天朗则垂象，人感则含笔。是故鳞卦、聘篇、周诗、楚赋①,动乎中,书于纸,虽云凡圣殊贯,古今异时,人之写愤,何不言志。

余年志学②,就外氏阿二千石文学舅③,服膺钻仰。二九游听槐市④,拉雪萤于犹怠⑤,怒绳锥之不勤⑥。爰有一沙门,呈余《虚空藏闻持法》⑦,其经说,若人依法诵此真言一百万遍,即得一切教法文义暗记。于焉信大圣之诚言,望飞焰于钻燧⑧,跻攀阿国大泷岳⑨,勤念土州室户崎⑩,谷不惜响⑪,明星⑫来影。

---

① 鳞卦:指《易经》八卦。据传伏羲氏人首龙身,仰观天文、俯察地理而作八卦,故八卦号之曰鳞卦。泛指《周易》。聃篇:指《老子》书。《史记·老庄申韩列传》载:老子姓李,名耳,字聃,故此称《老子》为聃篇。周诗:指《诗经》。楚赋:楚国人屈原、宋玉、唐勒之俦以赋见称,故曰楚赋。

② 志学:十五岁。《论语·为政》:"孔子曰:吾十有五而志于学。"

③ 外氏:指其舅父阿刀大足。二千石:俸禄。 文学:《汉书注》颜师古云:"为文学,谓学经书之人。"皇侃《论语义疏》卷六:"范宁曰:文学,谓善先王之典文。"

④ 二九:十八岁。《艺文类聚》卷三八《礼部上》:"《尚书大传》曰:十八始入大学。" 槐市:汉代长安太学旁读书人聚会与经书、货物买卖之处,因其地多槐而得名。后借指学宫、学舍。

⑤ 拉:摧折。雪:指孙康家贫而映雪读书的故事(《蒙求集注》引《孙氏世录》)。 萤:指车胤家贫不得油,夏日以囊盛数十萤火而照书的故事(《晋书》列传第五十三"车胤"传)。 此句意谓:映雪、对萤犹恐怠惰,必欲摧折怠惰之劣心。

⑥ 怒:奋发、策励之义。绳:指孙敬读书,睡则以绳系头悬之梁上的故事(《蒙求集注》卷上引《楚国先贤传》)。锥:指苏秦读书欲睡,引锥自刺其股的故事(《战国策·秦策》)。此句意谓:悬梁、刺股复恐不勤,弥加奋发、策励。

⑦ 《虚空藏闻持法》:佛教经名,即《虚空藏求闻持法》,全称《虚空藏菩萨能满诸愿最胜心陀罗尼求闻持法》,唐代善无畏译。

⑧ 飞焰:犹言出火。燧:取火之木。 此句以欲钻木火来比喻欲精进成就"闻持法"。《成实论》卷一八有"辛勤精进,如钻燧得火"。

⑨ 跻:登。阿国:国名。大泷岳:山名。

⑩ 土州:国名。室户:山名。

⑪ 谷不惜响:声彻幽谷,必有响应,以喻感应不虚。

⑫ 明星:佛教中有说,日月星配观音、势至、虚空藏之三菩萨,以明星为虚空藏菩萨之化身,故修《虚空藏求闻持法》者祈祷明星来临。

遂乃朝市荣华，念念厌之①，岩薮烟霞，日夕饥之②。看轻肥流水③，则电幻之叹忽起；见支离悬鹑④，则因果之哀不休。触目劝我，谁能系风⑤？

爰有一多亲识⑥，缚我以五常⑦索，断⑧我以乖忠孝。余思物情不一，飞沉异性，是故圣者驱人教网三种，所谓释、李、孔也，虽浅深有隔，并皆圣说，若入一罗，何乖忠孝？

复有一表甥⑨，性则很戾⑩，鹰犬酒色，昼夜为乐，博戏游侠⑪，以为常事。顾其习性，陶染所至也。彼此两事，每日起予⑫。所以请龟毛以为儒客，要兔角而作主人，邀虚亡士张入道旨，屈⑬假名儿示出世趣。具陈盾戟，并箴蛭公⑭，勒成三卷，名曰《三教指归》。惟写愤懑之逸气⑮，谁望他家之披览。

于时延历⑯十六年腊月之一日也。

---

① 朝市荣华，念念厌之：意谓朝廷官禄市廛衣食，喻如春林百华之荣须臾散灭，由此而生厌离悲情。

② 岩薮烟霞，日夕饥之：意谓山岩薮泽烟霞曳曳，是修行者宜栖息之所，是以朝暮欣慕，如饥思食。

③ 轻肥流水：指衣轻裘乘肥马或乘高车络绎往来等富荣事。

④ 支离悬鹑：谓生活贫苦，衣服随破随补，悬结如鹑鸟之羽毛。《荀子·大略篇》："子夏贫衣若悬鹑。"

⑤ 触目劝我，谁能系风：富荣贫苦无常幻化之景触目皆是，由此引发的出尘之志如风之不可系留。

⑥ 亲识：亲戚朋友。 一：指其舅父阿刀大足。多：指与大足见解一致的亲朋。

⑦ 五常：指仁、义、礼、智、信。

⑧ 断：断定。

⑨ 表甥：外甥。此处可能是假设，不一定实有其人。

⑩ 很：违逆，不听从。戾：乖张。

⑪ 游侠：此谓闲荡不务正业。

⑫ 彼此两事，每日起予：亲识拘挛与外甥很戾之彼此二缘，促使他撰写本论。

⑬ 屈：请。

⑭ 蛭公：假设之名。《金光明最胜王经》有"假使用龟毛织成上妙服""假使水蛭虫口中生白牙""假使持兔角用成于梯蹬"等语。

⑮ 逸气：秀逸之气，即出尘之志。

⑯ 延历：日本桓武天皇年号，延历十六年即公元797年。

声字实相义[1]

一叙意，二释名体义，三问答。

初叙意者。夫如来说法必借文字，文字所在，六尘其体；六尘[2]之本，法佛三密[3]即是也。平等三密，遍法界而常恒，五智[4]四身[5]，具十界[6]而无缺，悟者号大觉，迷者名众生。众生疑暗，无由自觉；如来加持[7]，示其归趣。归趣之本，非名教不立；名教之兴，非声字不成；声字分明而实相显。所谓声字实相者，即是法佛平等之三密，众生本有之曼荼[8]也。故大日如来[9]说此声字实相之义，惊彼众生长眠之耳。若显若密，或内或外，所有教法，谁不由此门户？今凭大师

---

[1] 原文据《弘法大师全集》卷一（页519—534）并参考《日本哲学思想全书》第九册（页25—43）。

[2] 六尘：指色、声、香、味、触、法的六境，此六境缘眼、耳、鼻、舌、身、意等六根，以染污自己心性，故称尘。

[3] 法佛三密：法佛即法身佛，《二教论上》云"法佛谈话谓之密藏"。三密即一切形色皆身密，一切音声皆语密，一切理皆意密，此三密乃二乘、凡夫，至显教之等觉十地所不能见闻，故称密。

[4] 五智：指真言行者发心修行结果所得的智体，同时亦大日如来内证之智，即一法界体性智，二大圆镜智，三平等性智，四妙观察智，五成所作智。据贤宝《声字实相义口笔》云："一一诸法，从因至果论其始终，必有五转之阶级，五转即是五智，在天名五星，在地名五行、五气、五方、五谷、五云、五龙、五音，皆是五智之所管，五大之所起也。"

[5] 四身：四身有各种说，台家所立一法身、二报身、三应身、四化身。唯识论所说，一自性身、二他受用身、三自受用身、四变化身。此据赖瑜《声字实相义开秘钞》即《菩萨心论》所云"毗卢遮那佛之自性身、受用身、变化身、等流身，即佛界所具四身之义"。

[6] 十界：谓上自佛界，下至地狱界之十界。

[7] 如来加持：《即身成佛义》云："佛日之影现众生心水，曰加；行者心水能感佛日，曰持。"

[8] 曼荼：曼荼罗之略语，又作曼陀罗，《秘密记》末云"曼荼罗谓三密圆满具足之义也"。又曼荼罗一译"真言"，故真言教一称曼荼罗教或曼荼罗藏。

[9] 大日如来：真言宗之本尊，为梵名"摩诃毗卢遮那"之译名，《大日经疏》一云："梵音毗卢遮那者，是日之别名，即除暗遍明之义也。然世间日，则别方分，若照其外不能及内，明在一边不至一边。又唯在昼，光不烛夜，如来智慧日光，则不如是……故加以大，名曰摩诃毗卢遮那也。"

之提撕①，抽出此义，后之学者，尤研心游意而已。叙大意竟。

次释名体义。此亦分二，一释名、二出体义。初释名者。内外风气才发必响，名曰声也，响必由声，声则响之本也；声发不虚，必表物名，号曰字也；名必招体，名之实相，声字实相三种区别名义。又四大相触，音响必应，名曰声也。五音八音②，七例八转③皆悉待声起，声之诠名，必由文字，文字之起，本之六尘，六尘文字如下释。若约六离合释④，由声有字，字则声之字，依主⑤得名。若谓实相由声字显，则声字之实相，亦依主得名。若谓声必有字，声则能有字，则所有能有字财，则有财⑥得名，声字必有实相，实相必有声字，互相能所⑦，则得名如上。若言声外无字，字则声持业释⑧。若言声字

---

① 大师之提撕：当指空海之师长安青龙寺惠果。提撕，教导之义。

② 五音八音：五音谓阿、伊、宇、衣、于，或宫、商、角、徵、羽之五音。八音谓金、石、丝、竹、匏、土、革、木八种乐器之音，或如《贤愚经》所云鸟声、释鸟声、破声、鼓声、雷声、金银声、梵行声。［大正藏《贤愚经·快目王眼施缘品》谓八声为鸟声、三尺鸟声、破声、雁声、鼓声、雷声、金铃声、梵。］

③ 七例八转：此指梵语文法的格，案《唯识枢要》上，梵语苏曼多声说即八转声也，八转声中除呼声谓之七例。八转声指：一、体声，此为主格，乃泛说物体之语；二、业声，此为宾格或目的格；三、具声，属于具格，乃表示能作者之具之词；四、所为声，属于与格，乃表示能作者所对之词；五、所从声，属于夺格，乃表示其物所从来之词；六、所属格，属于物主格，乃举物主以示所属之格；七、所依声，此为于格，乃表示物之所依（此谓依之第七转，即所依声）及物之所对（此谓境之第七转，即所依声）之词；八、呼声，乃但为指呼物体之格。

④ 六离合释：又称六种释，六合释，乃梵语文典上的名称，谓解释语句有六种关系，即一持业释、二依主释、三有财释、四相违释、五邻近释、六带数释。

⑤ 依主：谓从所依之体而立能依之法之名，例如眼识为依眼而生之识故名眼识，是眼为所依之体，识为能依之法，本为别种之法，别法从所依之法而立能依之名，故云依主。

⑥ 有财：财，财物。乃全取他之名而为自之名，如世之有财者之有财物者然。

⑦ 互相能所：此谓声字与实相二者，声字以实相为能所，实相以声字为能所。

⑧ 持业释：持谓存在即体，业谓作用，体能持用，义虽二而同依一体，故名持业释，又名同依释。

外无实相，声字则实相，亦如上名。此义《大日经疏》①中具说，临文可知。若道声字实相极相，迫近不得避远，并邻近得名②。若道声字假而不及理，实相幽寂而绝名。声字与实相异，声空响而无诠，字上下长短而为文，声将字异，并相违立名③，带数阙无④。如上五种名中，相违约浅略释，持业、邻近据深秘释，余二通二释。

二释体义又二：初引证，后释之。初引证者，问曰今依何经成立此义？答据《大日经》有明鉴，彼经何说？其经法身如来说偈颂曰：

等正觉真言⑤，言名成立相。如因陀罗⑥宗，诸义利成就。有增加法句⑦，本名行⑧相应。

问此颂显何义？答此有显密二意。显句义者如疏家释，密义中又有重重横竖⑨深意。故颂中引喻说如因陀罗宗诸义利成就。因陀罗者亦具显密义。显义云：帝释异名，诸义利成就者，天帝自造声论，能于一言具含众义，故引以为证。世间智慧，犹尚如此，何况如来于法自在耶。若作秘密释者，一一言、一一名、一一成立、各能具无边义

---

① 《大日经疏》：《大日经》本名《大毗卢遮那成佛神变加持经》，以毗卢遮那为日之别名，故称《大日经》，唐善无畏译其七卷，收入《大藏经》闰帙，又《大日经疏》二十卷、唐善无畏讲，唐一行记，收入同上余帙，此书日本学者称为本疏或大疏，无畏疏等，所传有二种本，一为空海携回的二十卷本，称为《大日经疏》，一为慈觉携回的十四卷本，称为《大日经义释》。

② 邻近得名：此指邻近释，从邻近法之强物而得名，例如四念处，念处之体虽为慧，而与之相应而起之念力强，故名念处等是。

③ 相违立名：此指相违释，乃二体相违而集各别者为一名，例如教观，教与观本别，合相违之物为一名，故称相违立名。

④ 带数阙无：此指带数释，例如五蕴十二处，带数量的名称。但亦有不带涉数量之名者，故云阙无。

⑤ 等正觉真言：梵语三藐三菩提，译云等正觉，此以佛所证得平等法为名。"真言，梵云曼荼罗，即是真语、如语、不妄不异之音。龙树《释论》谓之秘密号，旧译云咒，非正翻也。"（《大日经疏》）

⑥ 因陀罗：天帝释的异名。天帝释自作声论，能于一言而包含多义。

⑦ 增加法句：例如为修法的目的，在真言之句末，增加相应的语句，如息灾法之类。

⑧ 本名行：辨别真言所立的名义和意识而修行。

⑨ 重重横竖：谓通过横和纵而见一层层的深意。

理。诸佛菩萨起无量身云,三世常说一一字义,犹尚不能尽,何况凡夫乎?今且示一隅耳。颂初等正觉者,平等法佛之身密是也。此是身密,其数无量,如即身义①中释,此身密则实相也。次真言者,则是声、声则语密;次言名者,即是字也。因言名显,名即字故,是则一偈中声字实相而已。故约一部中显斯义,且就《大日经》释。此经中所说诸尊真言,即是声也。阿字门②等诸字门,及字轮品③等即是字;无相品④及说诸尊相文,并是实相。复次约一字中释此义者,且梵本初阿字开口呼时,有阿声即是声,阿声呼何名?表法身⑤名字,则是声字也。法身有何义?所谓法身者,诸法本不生义⑥,即是实相。已闻经证,请释其体义。颂曰:

五大皆有响,十界具言语。六尘悉文字,法身是实相。

释曰:颂文分四,初一句竭声体,次颂极真妄文字,三尽内外文字,四穷实相。初谓五大者,一地大、二水大、三火大、四风大、五空大;此五大具显密二义。显五大者如常释,密五大者五字五佛⑦及

---

① 即身义:此指《即身成佛义》本文,如云:"彼身即是此身,此身即是彼身,佛身即是众生身,众生身是佛身,不同而同,不异而异。"
② 阿字门:悉昙十二母韵最初之韵,五十字门之一。《大日经疏》七:"阿字是一切法教之本,凡最初开口之音,皆有阿声,若离阿声,则无一切言说,故为众声之母。"同书十二"阿字为一切字之种子",真言宗提倡观念阿字的方法,谓托于阿字可知一切诸法不生之义,门犹人家门口,盖阿字观为入法之门。
③ 字轮品:此指《大日经》卷五字轮品,《大日经疏》十四:"所谓字轮者,从此轮转而生诸字也。""当知此字轮,即遍一切真言之中,若见阿字当知菩提心义,若见长阿字,当知修如来行;若见暗字当知成三菩提,若见噁字当知证大涅槃,若见长噁字,当知是方便力也。"又谓:"观此阿字之轮,犹如孔雀尾轮光明围绕,行者而住其中,即是住于佛位也。"
④ 无相品:此指《大日经疏》卷二〇无相三昧品。
⑤ 法身:密教所立有四种法身,一自性法身,二受用身,又有二种,一自受用身,二他受用身,三变化法身,四等流法身。
⑥ 诸法本不生义:据真言宗根本教义,凡物之为元初根本者,必为不生之法,生法必为能生之因,有能生之因,即非根本元初,如阿字为字之根元,即无能生之因,此即为不生之义。
⑦ 五字五佛:五字即五字门,一我觉本不生,即阿字门;二出过言说道,即啭字门;三诸过得解脱,即囉字门;四远离于因缘,即诃字门;五知空等虚空,即结字门。五佛有胎藏界的五佛,又有金刚界的五佛。

海会①诸尊是。五大义者，如即身义中释。此内外五大，悉具声响；一切音声，不离五大；五大即是声之本体，音响则用，故曰五大皆有响。次十界具言语者，谓十界者，一、一切佛界，二、一切菩萨界，三、一切缘觉界，四、一切声闻界，五、一切天界，六、一切人界，七、一切阿修罗界，八、一切傍生界，九、一切饿鬼界，十、一切捺落迦界②，自外种种界等摄天鬼及傍生趣③中尽。《华严》及《金刚顶》《理趣》④释经有十界文，此十界所有言语皆由声起；声有长短高下音韵屈曲，此名文。文由名字，名字待文；故诸训释者云文即字者，盖取其不离相待耳，此则内声文字也。此文字且有十别，上文十界差别是。此十种文字真妄云何？故约竖浅深释，则九界妄也。佛界文字真实，故经云真语者、实语者、如语者、不诳语者、不异语者，此五种言，梵云曼荼罗，此一言中具五种差别故；龙树⑤名秘密语，此秘密语则名真言也，译者取五中一种翻耳。此真言诠何物？能呼诸法实相，不谬不妄，故名真言。其真言云何呼诸法名？虽云真言无量差别，极彼根源，不出大日尊海印三昧⑥王真言。彼真言王云何？《金刚顶》及《大日经》所说字输字母等是也。彼字母者梵书阿字等乃至呵字等是。此阿字等则法身如来⑦一一名字密号也，乃至天龙鬼⑧等，亦具此名。名之根本，法身为根源，从彼流出稍转为世流

---

① 海会：指众圣尊会合之所，喻德之深与数之多，故称海。
② 捺落伽界：即地狱与地狱罪人的梵名。
③ 傍生趣：傍生指边行之生类即畜生。傍生趣为五趣之一，五趣为一地狱、二饿鬼、三畜生、四人、五天，《文句》十二云："从一至一，故名为趣。"
④ 《华严》及《金刚顶》《理趣》：《华严》为《大方广佛华严经》之略名，《金刚顶》为《金刚顶一切如来真实摄大乘现证大教王经》之略名，《理趣》又名《般若理趣经》，空海所著有《理趣经开题》五卷。
⑤ 龙树：显密八家的祖师，真言付法的第三祖，关于真言著述有《发菩提心论》《释摩诃衍论》等。
⑥ 海印三昧：谓佛所得三昧名，如于大海中印象一切的事物。《大集经》十五"譬如阎浮提一切众生身及余外色，如是等色，海中皆有印象，以是故，名大海印"。
⑦ 法身如来：法身虽无去来，而依隐没之如来藏显现为法身，故称法身如来。
⑧ 天龙鬼：案天龙八部、一天二龙三夜叉等，天龙为八部众中之上首二众。

布言而已。若知实义，则名真言；不知根源，名妄语。妄语则长夜受苦，真言则拔苦与乐，譬如药毒迷悟，损益不同。

问曰：龙猛①所说五种言说②，今所说二种言说③，如何相摄？答相梦妄无始者属妄摄，如义则属真实摄。已说真妄文字竟。次释内外文字相。颂文六尘悉文字者，谓六尘者，一色尘、二声尘、三香尘、四味尘、五触尘、六法尘；此六尘各有义字相。初色尘字义差别云何？颂曰：

> 显形表等色，内外依正具。法尔随缘④有，能迷亦能悟。

释曰：颂文分四，初一句举色差别，次句表内外色互为依正，三显法尔随缘⑤，二种所生，四说此种种色于愚者为毒，于智者为药。初句显形表等色者，此有三别：一显色、二形色、三表色。一显色者，五大色是。法相家说四种色不立黑色，依《大日经》立五大色；五大色者，一黄色、二白色、三赤色、四黑色、五青色；是五大色名为显色。是五色即是五大色，如次配知。影光明暗云烟尘雾及空一显色，亦名显色；又若显了眼识所行，名显色；此色具好恶俱异等差别。《大日经》云：心非青黄赤白红紫水精，色非明非暗，此遮心非显色。次形色者，谓长短粗细正不正高下是，又方圆三角半月等是也；又若色积集长短等分别相是也。《大日经疏》云：心非长非短非圆非方者，此遮心非形色。三表色者，谓取舍屈伸行住坐卧是；又即此积集色生灭相续，由变异因，于先生处不复重生，转于异处；或无间、有间、或近或远、差别生；或即于此处变异生是。又业用为作⑥

---

① 龙猛：旧译云龙树，新译云龙猛，真言宗常依新译用"龙猛"之名。
② 五种言说：相言说、梦言说、妄执言说、无始言说、如义言说。
③ 二种言说：谓今之真妄二种言说。
④ 显形、内外、法尔：说明见本文下。
⑤ 法尔随缘：法尔与自然、天然、自尔同。《宗圆记》四："法尔者，尔此也，谓不构造，其法自如此，犹云自然也。"随缘，谓自体应外界事物之机缘如水应水之缘而起波之谓。
⑥ 业用为作：《俱舍光记》十三"造作名业"，业有二种，如身之取舍屈伸等造作，名身业；音声之屈曲造作，名语业；有业用造作而后有形形色色之转动差别可言。

转动差别、是名表色。《大日经》云：心非男非女者，亦遮心非表色，是亦通显形色。又云云何自知心？谓或显色或形色，若色受想行识，若我、若我所、若能执、若所执，中求不可得者，此明显形表色之名。显形如文可知，自下即表色也。取舍业用为作等故，如是一切显形表色是眼所行眼境界，眼识所行眼识境界眼识所缘①；意识所行意识境界意识所缘。名之差别，如是差别，即是文字也。各各相、则是文故，各各文、则是各各名字，故名文字。此是三种色文字，或分廿种差别，前所谓十界依正色差别故。《瑜伽论》②云：今当先说色聚诸法，问一切诸法生，皆从自种③而起。云何说诸大种④能生所造色耶？云何造色依彼，彼所建立，彼所任持，彼所长养耶？答由一切内外大种及所造色种子⑤，皆悉依附内相续心⑥，乃至诸大种子未生诸大以来，造色种子终不能生造色，要由彼生造色，方从自种子生，是故说彼能造色，由彼生为前导故。由此道理说诸大种为彼生因。云何彼所建立？由大种损益彼同安危故。云何彼所任持？由随大种等量不坏故。云何彼所长养？由因饮食睡眠修习梵行三摩地⑦等，依彼造色倍复增广故，说大种为彼长养因。如是诸大种望所造色，有五种作

---

① 所缘：缘，攀缘，《俱舍光记》二"缘谓攀缘，心心所法名能缘，境是所缘"。

② 瑜伽论：《瑜伽师地论》的略名。

③ 自种：即自种子，参照下"种子"项。

④ 大种：《俱舍论》一"大种谓四界即地水火风"，因此四者周遍于一切色法，故名大；能造色法，故名种；色香等一切物质不能离此四大而生，故称大种。

⑤ 种子：种子譬如草木之种子，真言宗言阿等一字生无量之义称种子。《秘藏记钞》一："胎藏界以真言初字为种子……金刚界以真言终字为种子。"唯种子之说有种种，法相宗对于现行法，指在第八识（八识，眼耳鼻舌身意，末那，阿赖耶诸识）中生一切有漏无漏有为法的功能，而谓之种子，真言宗与此不同，但亦取其关于种子之相续、转变、差别之义。

⑥ 内相续心：《俱舍论》四"何名相续，谓因果性"，相续心乃就心体而言因果连续之义。据《口笔》此即"第八识也"。

⑦ 梵行三摩地：梵，清净之义，《智度论》云："断淫行法名为梵行。"三摩地旧称三昧，译曰定、等持、正定，心念定正故云定，离掉举故云等，心不散乱故云持。

用①应知。复次于色聚中曾无极微②生,若从自种生时唯聚集生,或细或中或大,又非极微集成色聚,但由觉慧分析诸色极量边际,分别假立,以为极微。又色聚亦有方分,极微亦有方分,然色聚有分非极微。何以故?由极微即是分,此是聚色所有,非极微复有余极微,是故极微非有分相。又不相离有二种:一同处不相离,谓大种极微与色香味触等,于无根处有离根者,于有根处有有根者,是名同处不相离。二和杂不相离,谓即此大种极微与余聚集能造所造色处俱故,是名和杂不相离。又此遍满聚色,应知如种种物石磨为末,以水和合,互不相离,非如胡麻绿豆粟稗等聚。又一切所造色皆即依止大种处,不过大种处量,乃至大种所据处所诸所造色,还即据此。由此因缘说所造色,依于大种,即以此义说诸大种名为大种。由此大种其性大故,为种生故。又于诸色聚中略有十四种事,谓地水火风色声香味触及眼等五根,唯除意所行色云云,又立十种色,具如彼说,如是种种色差别,即是文字也。又以五色书阿字等,亦名色文字;又彩画种种有情非情亦名色文字,锦绣绫罗等,亦是色文字也。《法华》《华严》《智度》等亦具说种种色差别,然不出内外十界等,如是色等差别是名色文字,此是文字于愚能着能爱,发贪瞋痴等种种烦恼,具造十恶五逆③等,故颂曰能迷。于智则能观因缘不取不舍,能建立种种法界曼荼罗④作广大佛事业,上供诸佛,下利众生,自利利他,因兹圆满,故曰能悟。次内外依正具者,此亦有三。一明内色具显形等三,二明外色亦具三色,三明内色非定内色,外色非定外色,互为依

---

① 五种作用:即上文所云诸大种能生所造色,造色依彼,彼所建立,彼所住持,彼所长养等五种作用。

② 极微:极微依《俱舍论》十二"分析诸色,至一极微故,一极微为色极少",真言宗所云极微,亦指最微微小而言,但无积小至大之义,《口笔》云"极微者,无体也"是与他宗单纯色聚之微意不同。

③ 十恶五逆:十恶:杀生、偷盗、邪淫、妄语、两舌、恶口、绮语、贪欲、瞋恚、邪见。五逆:杀父、杀母、杀阿罗汉、由佛身出血、破和合僧。

④ 法界曼荼罗:法界谓总该万有,穷事边际。曼荼罗即真言,密教立四种曼荼罗,以该一切法,其中之一名法曼荼罗,画诸尊之种子真言及一切经之文字义理是。

正①。言内色者有情，外色②者器界。经云：佛身不思议，国土悉在中；又一毛示现多刹海③，一一毛现悉亦然，如是普周于法界；又一毛孔内难思刹，等微尘数种种住，一一皆有遍照尊④，在众会中宣妙法，于一尘中大小刹，种种差别如尘数，一切国土所有尘，一一尘中佛皆入。今依此等文，明知佛身及众生身大小重重，或以虚空法界为身量，或以不可说不可说佛刹为身量，乃至以十佛刹一佛刹一微尘为身量，如是大小身土互为内外，互为依正，此内外依正中必具显形表色，故曰内外依正具。法然随缘有者，如上显形等色或法然所成，谓法佛依正是。《大日经》曰：尔时大日世尊入于等至三昧⑤，即时诸佛国土地平如掌，五宝间错，八功德水，芬馥盈满，无量众鸟，鸳鸯鹅鹄，出和雅音，时华杂树，敷荣间列，无量乐器，自然谐韵，其声微妙，人所乐闻，无量菩萨随福所感，宫室殿堂，意生之座，如来信解愿力所生，法界幖帜大莲华王出现，如来法界性身安住其中。此文现显何义？谓有二义，一明法佛法尔身土，谓法界性身法界幖帜故；二明随缘显现，谓菩萨随福所感，及如来信解愿力所生故。谓大日尊者，梵云摩诃毗卢遮那佛陀，大毗卢遮那佛者是乃法身如来也。法身依正则法尔所成，故曰法然有；若谓报佛或亦名大日尊，故曰信解愿力所生。又云时彼如来一切支分无障阂力，从十智力信解所生无量形色庄严之相，此文明报佛身土。若谓应化佛⑥或名大日尊，应化光明

---

① 互为依正：依为物之依止或依凭，正对依而言，互为依正即互为因缘之义。

② 内色、外色：内色，眼耳鼻舌身之五根，是属于内身，故名内色。外色，色声香味触之五境，是属于外境，故名外色，见《宗镜录》七十五，本文"内色者有情，外色者器界"，义同。

③ 刹海：刹，梵语译作"土田"，经中或言国或言土，义同。刹海如言水陆，《华严经》二"刹海微尘数"。

④ 遍照尊：即遍照如来，大日如来之异名。

⑤ 等至三昧：见《大日经》入秘密曼荼罗位品，此谓大日如来示现大悲胎藏曼荼罗庄严大会之三昧。等至，即定之别名，梵名三摩钵底，在定中身心平等安和谓之等，定能令至平等位，故名等至。三昧本为佛家修养法，《智度论》五"善心一处住不动，是名三昧"。

⑥ 报佛、应化佛：报佛与报身佛同，对于应化佛而言，应化佛随众生机根所应见而示现，报佛为报酬愿行，得常涅槃证。

普照法界，故得此名。故经云或名释迦，或名毗卢遮那，《大日经》云无数百千个俱胝那由他①劫六度②等功德所资长身，此明应化佛行愿身土。若谓等流身③亦名大日尊，分有此义故。经云即时出现者，此文明等流身暂现速隐，身既有，土岂无乎？此明等流身身及土。上所说依正土，并通四种身，若约竖义，有大小粗细；若据横义，平等平等一。如是身及土并有法尔随缘二义，故曰法然随缘有。如是诸色皆悉具三种色，互为依正，此且约佛边释；若约众生边释，亦复如是。若谓众生亦有本觉法身与佛平等，此身此土法然有而已。三界六道④，身及与土，随业缘有，是名众生随缘。又经云：染彼众生界，以法界味，味则色义，如加沙味，此亦明法然色。如是内外诸色，于愚为毒，于智为药，故曰能迷亦能悟。如是法尔随缘种种色等，能造所造云何？能生则五大五色，所生则三种世间，此是三种世间有无边差别，是名法然随缘文字。已释色尘⑤文竟。

*即身成佛义

问曰：诸经论中皆说三劫成佛，今建立即身成佛义有何凭据？答：秘密藏中如来如是说。彼经说云何？《金刚顶经》说：修此三昧⑥者，现证佛菩提。（此三昧者谓大日尊一字顶轮⑦三摩地）又云：若有众生遇此教，昼夜四时精进修，现世证得欢喜地，后十六生⑧成

---

① 俱胝那由他：俱胝，俱致，数名，译曰亿。那由他亦数名，《本行经》十二："那由他，隋言数千万。"
② 六度：即六波罗蜜，一布施、二持戒、三忍辱、四精进、五禅定、六智慧。
③ 等流身：密教所立四身之一（见第35页注5），此等流身为九界随类之身，佛身变化现与人天诸畜同类之形，平等流出，九界等同，故名等流出，如曼荼罗中外金刚部之诸众及观音之三十三身是。
④ 三界六道：凡夫生死往来的三种世界是欲界、色界、无色界。众生轮回的六种途径是地狱、饿鬼、畜生、阿修罗、人间、天上。
⑤ 色尘：六尘之一，指青黄赤白等显色及男女形色等的染污情识等。
⑥ 三昧：这里是指密教三摩地。密教修三密平等，即身成佛之法，称三摩地法。
⑦ 一字顶轮：指《一字顶轮王经》，密教经典，不空译。
⑧ 十六生：真言行者的修行过程，因、行、证、入四转功德渐次而生，成就圆满大觉，如月之十六分渐生而至月圆。这十六生分别以东、南、西、北四方佛所最亲近的十六菩萨表示，故又称十六大菩萨生。

正觉。

谓此教者，指法佛自内证三摩地大教王；欢喜地者非显教所言初地，是则自家佛乘之初地，具说如地位品中。十六生者指十六大菩萨生，具如地位品说。

又云：若能依此胜义修，现世得成无上觉。

又云：应当知自身，即为金刚界①，自身为金刚，坚实无倾坏，我为金刚身。《大日经》云：不舍于此身，逮得神境通，遊步大空位②，而成身秘密。又云：欲于此生入悉地③，随其所应思念之，亲于尊所受明法，观察相应作成就。

此经所说悉地者，明持明悉地及法佛悉地。大空位者，法身同大虚而无碍，含众象而常恒，故曰大空；诸法之所依住，故号位。身秘密者，法佛三密，等觉④难见，十地⑤何窥，故名身秘密。又龙猛菩萨《菩提心论》说：真言法中即身成佛，故是说三摩地法，于诸教中阙而不书。是说三摩地者，法身自证三摩地。诸教者，他受用身⑥所说显教。又云：若人求佛慧，通达菩提心，父母所生身，速证大觉位。依如是等教理证文，成立此义。如是经论字义⑦差别云何？颂曰：

> 六大无碍常瑜伽（体），四种曼荼各不离（相），
> 三密加持速疾显（用），重重帝网⑧名即身（无碍）。

---

① 金刚界：真言密教所说大日如来内证之智德。

② 大空位：密教所说大空不生之法身大觉位，法身具有无碍、包容、常恒三德，如同广大虚空。法身又为诸法之所依，故加"位"字。

③ 悉地：意译成就。真言密教称始觉因位之悉地为持明悉地（持明，意谓诵持真言），称本觉果满之悉地为法佛悉地。

④ 等觉：又称等正觉，菩萨修行至于极位，其所遍悟之真理，与诸佛所悟菩提内容等同，但实际上比佛修行略逊一筹。菩萨修行五十二阶位中之第五十一位。

⑤ 十地：菩萨修行五十二阶位中第四十一至五十位，即欢喜地、离垢地、发光地、焰慧地、难胜地、现前地、远行地、不动地、善慧地、法云地。

⑥ 他受用身：佛以大慈悲而应十地菩萨之根性，现身说法，使诸菩萨受大乘之法乐。

⑦ 字义：真言宗用以解释梵字真言意义的"十六玄门"之一，十六玄门是：遮情、表德、浅略、深秘、字相、字义等。

⑧ 帝网：因陀罗网，帝释天宫殿之珠网，无数宝珠重重相互辉映，重重无尽。

法然具足萨般若，心数①心王过刹尘，
　　各具五智②无际智，圆镜力故实觉智（成佛）。

　　释曰：此二颂八句以叹即身成佛四字，即是四字含无边义，一切佛法不出此一句，故略树两颂显无边德。颂文分二：初一颂叹即身二字，次一颂叹成佛两字。初中又四：初一句体，二相，三用，四无碍。后颂中有四：初举法佛成佛，次表无数，三显轮圆，后出所由。谓六大者，五大及识。《大日经》所谓我觉本不生，出过语言道③，诸过④得解脱，远离于因缘⑤，知空等虚空，是其义也。彼种子真言曰：阿嚩囉诃欠 （梵字）。为阿字诸法本不生义者，即是地大。嚩字离言说谓之水大。清净无垢尘者，是则囉字、火大也。因业⑥不可得者，诃字门、风大也。等虚空者，欠字字相⑦，即空大也。我觉者，识大，因位⑧名识，果位谓智，智即觉故，梵音没驮冒地（梵字）一字之转，（梵字）没驮名觉，（梵字）冒地曰智。故诸经中所谓三藐三冒地（梵字）者，古翻遍知，新译等觉，觉知义相涉故。此经号识为觉者，从强得名，因果之别本末之异而已。此经偈约五佛三摩地作如是说。

　　又《金刚顶经》云：诸法本不生，自性离言说，清净无垢染，因业等虚空。此亦同《大日经》。诸法者，谓诸心法。心王心数其数无量，故曰诸心识名异义通，故天亲等以三界唯心成立唯识义。自余同上说。又《大日经》云：我即同心位，一切处自在，普遍于种种，有

---

① 心数：心所，与心王相对应，心王为主，心所为伴，主伴相应，产生种种生灭变化、种种复杂的精神作用。
② 五智：密教所谓大日如来之智体分而为五，并配五佛，即法界体性智配大日如来、大圆镜智配东方阿閦、平等性智配南方宝生、妙观察智配西方阿弥陀、成所作智配北方不空成就。
③ 出过语言道：言语道断，意谓真理深妙不可言说。
④ 过：过失。佛教有破戒五过、肉食十过、饮酒十过等说法。
⑤ 因缘：一物生成的直接原因和外部条件，内因外缘合称因缘。佛教有六因四缘、十二因缘诸说。
⑥ 因业：与因缘意同。
⑦ 字相：真言宗用以解释梵字真言意义的"十六玄门"之一，文字本身。
⑧ 因位：又称因地，未得佛果之前的修行阶位，与果位相对。果位又称果地，指修行至妙觉果满的极位。

情及非情，𑖀阿字第一命，𑖪嚩字名为水，𑖨囉字名为火，𑖮吽字名为风，𑖐佉字同虚空。此经文初句我即同心位者，所谓心，则识智也。后五句即是五大。中三句者，表六大自在用无碍德。《般若经》及《璎珞经》等亦说六大义，如是六大能造一切佛及一切众生、器界等四种法身、三种世间①，故大日尊说如来发生偈曰：

能生随类形，诸法与法相②，诸佛与声闻，救世因缘觉，勤勇菩萨众，及人尊亦然，众生器世界，次第而成立，生住等诸法，常恒如是生。

此偈显现何义？谓表六大能生四种法身、曼荼罗及三种世间。谓诸法者，心法。法相者，色法。复次，诸法者，法曼荼罗。法相者，三昧耶身③。诸佛乃至众生者，大曼荼罗身。器世界者，表所依土。此器界者，三昧耶曼荼罗之总名也。复次佛菩萨二乘者，表智正觉世间。众生者，众生世间。器世界者，即是器世间也。复次，能生者，六大也。随类形者，所生法也，即四种法身三种世间是也，故次又言，秘密主④有造曼荼罗圣尊分位种子幖帜，汝当谛听吾今演说。即说偈曰：

真言者圆坛⑤，先置于自体，自足而至脐，成大金刚轮，从此而至心，当思惟水轮，水轮上火轮，火轮上风轮。谓金刚轮者，阿字，阿字即地。水火风如文可知。圆坛者，空。真言者者，心大也。长行中所谓圣尊者大身，种子者法身，幖帜者三昧耶身，羯磨身者三身各各具之，具说者经文广说之临文可知。又云：大日尊言：金刚手有诸如来意生作业戏行舞⑥，广演品类，摄持四界，安住心王，等同虚空，成就广大见

---

① 四种法身：真言密教把大日如来的法身分为自性法身、受用法身、变化法身、等流法身四种。三种世间：佛教把世界万事万物分成三个大的方面，称之为"世间"，即器世间、众生世间、智正觉世间。
② 法相：诸法之体相或义相。
③ 三昧耶身：三昧耶曼荼罗之佛身。
④ 秘密主：《大日经》中所说执持诸佛秘密的金刚萨埵。
⑤ 圆坛：安置诸尊之坛场。
⑥ 金刚手：即秘密主、金刚手秘密主。意生：由意而生。作业：作身、口、意三业。作业戏行舞：大日如来为供养四方佛而由心中流出嬉、缦、歌、舞四菩萨，此四菩萨"一一歌咏皆是真言，一一舞戏无非密印"。（见唐代僧一行记《大日经义释》）

非见果,出生一切声闻辟支佛诸菩萨位。此文显何义?谓表六大能生一切。何以得知?谓心王者识大,摄持四界①者四大,等虚空者空大,此六大能生。见非见者,欲、色界、无色界,下如文,即是所生法。如此经文皆以六大为能生,以四法身三世间为所生,此所生法上达法身下及六道,虽粗细有隔大小有差,然犹不出六大,故佛说六大为法界体性。诸显教中以四大等为非情,密教则说此为如来三摩耶身。四大等不离心大,心色虽异其性即同,色即心心即色,无障无碍,智即境境即智,智即理理即智,无碍自在,虽有能所二生,都绝能所,法尔道理,有何造作。能所等名,皆是密号,执常途浅略义不可作种种戏论。如是六大法界体性所成之身,无障无碍互相涉入相应,常住不变同住实际,故颂曰六大无碍常瑜伽。无碍者涉入自在义,常者不动不坏等义,瑜伽者翻云相应,相应涉入即是即义。

四种曼荼各不离者,《大日经》说一切如来有三种秘密身,谓字、印、形像。字者法曼荼罗,印谓种种幖帜即三昧耶曼荼罗,形者相好②具足身即大曼荼罗。此三种身各具威仪事业,是名羯磨曼荼罗。是四种曼荼罗,若依《金刚顶经》说,四种曼荼罗者,一大曼荼罗,谓一一佛菩萨相好身,又彩画其形像名大曼荼罗,又以五相成本尊③瑜伽,又名大智印。二三昧耶曼荼罗,即所持幖帜刀剑轮宝金刚莲华等类是也,若画其像亦是也,又以二手和合金刚缚发生成印是,亦名三昧耶智印。三法曼荼罗,本尊种子真言,若其种子字各书本位是,又法身三摩地及一切契经文义④等皆是,亦名法智印。四羯磨曼荼罗即诸佛菩萨等种种威仪事业,若铸若涅等亦是,亦名羯磨智印。如是四种曼荼四种智印其数无量,一一量同虚空,彼不离此,此不离彼,犹如空光无碍不逆,故云四种曼荼各不离,不离即是即义。

---

① 四界:指地、水、火、风四大。

② 相好:佛的微妙体相,大别为三十二种相,细分为八十种好。

③ 五相成本尊:真言行者要成就本尊身,应具备通达菩提心、修菩提心、成金刚心、证金刚身、佛身圆满等五相之修行,此五相配大圆镜智、平等性智、妙观察智、成所作智、法界体性智五智。

④ 契经:佛经按形式和内容分为十二种类型,其中第一即契经,是以散文形式直接记载佛陀的教说,又称长行经。文义:文字与义理。

三密加持速疾显者，谓三密者，一身密，二语密，三心密。法佛三密甚深微细，等觉十地不能见闻，故曰密。一一尊等刹尘三密，互相加入，彼此摄持，众生三密亦复如是，故名三密加持。若有真言行人观察此义，手作印契，口诵真言，心住三摩地，三密相应加持故早得大悉地。故经云：此毗卢遮那佛三字密言共一字无量，适以印密言，印心成镜智，速获菩提心，金刚坚固体。印额应当知，成平等性智，速获灌顶地①，福聚庄严身。密语印口时，成妙观察智，即能转法轮②，得佛智慧身。诵密言印顶，成成所作智，证佛变化身，能伏难调者。由此印密言，加持自身成，法界体性智，毗卢遮那佛，虚空法界身。又云：入法身真如观一缘一相平等犹如虚空，若能专注无间修习，现生则入初地，顿集一大阿僧祇劫福智③资粮。由众多如来所加持故，乃至十地等觉妙觉④，具萨般若，自他平等，与一切如来法身共同，常以无缘大悲⑤利乐无边有情，作大佛事。又云：若依毗卢遮那佛自受用身⑥所说内证自觉圣智法，及大普贤⑦金刚萨埵他受用身智，则于现生遇逢曼荼罗阿阇梨，得入曼荼罗，为具足羯磨，以普贤三摩地引入金刚萨埵，入其身中，藉加持威德力故，于须臾顷当证无量三昧耶无量陀罗尼⑧门，以不思议法能变易弟子俱生我执种子，应时集得身中一大阿僧祇劫所集福德智慧，则为生在佛家，其人从一切如来心生，从佛口生，从佛法生，从法化生，得佛法财。法财者谓

---

① 灌顶地：灌顶本为古印度帝王即位或立太子时所进行的一种仪式，国师以水（四大海水）灌于帝王或太子头顶，表明地位晋升。佛教中菩萨于十地中的第九地入第十地时，诸佛以智水灌其顶，称为受（授）职灌顶，第十地名为灌顶地。真言密教特别注重灌顶，有结缘灌顶、学法灌顶、传法灌顶等多种。

② 转法轮：指佛为众生说法，使众生得道。这是借用回轮战车之轮即可粉碎敌人之意，比喻佛法回转即可破灭众生迷妄。

③ 福智：福德与智慧。菩萨为得佛果，需具备福智二行（福智二业），二行具体又别为布施、持戒、忍辱、精进、禅定、智慧六度，前五为福行，后一为智行，或前三为福行，后一为智行，中二为福智之间。

④ 妙觉：菩萨修行五十二位中的最上位，觉行圆满，得究竟佛果。

⑤ 无缘大悲：指佛的慈悲遍及一切众生，无任何条件，无特定对象。

⑥ 自受用身：佛自受法乐之身。

⑦ 普贤：处于等觉门的菩萨，主诸佛的理德、定德、行德，在佛右侧。

⑧ 陀罗尼：指摄持无量佛法而不忘失。

三密菩提心教法。（此明初授菩提心戒时由阿阇梨加持方便所得之益）才见曼荼罗能须臾顷净信，以欢喜心瞻睹故，则于阿赖耶识中种金刚界种子。（此文明初见曼荼罗海会诸尊所得益）灌顶受职金刚名号，从此已后受得广大甚深不思议法，超越二乘十地。此大金刚萨埵五密瑜伽①法门，于四时行住坐卧四威仪之中无间作意修习，于见闻觉知境界人法二空执悉皆平等，现生证得初地，渐次升进，由修五密涅槃于生死不染不着，于无边五趣②生死广作利乐，分身百亿遊诸趣中，成就有情令证金刚萨埵位。（此明依仪轨法则修行之时不思议法益）又云：三密金刚以为增上缘③，能证毗卢遮那三身果位。如是经等皆说此速疾力不思议神通三摩地法，若有人不阙法则昼夜精进，现身获得五神通④，渐次修练，不舍此身进入佛位，具如经说。依此义故曰三密加持速疾显。加持者表如来大悲与众生信心，佛日之影现众生心水曰加，行者心水能感佛日名持，行者若能观念此理趣，三密相应，故现身速疾显现，证得本有三身，故名速疾显，如常即时即日即身义亦如是。

重重帝网名即身者，是则举譬喻以明诸尊刹尘三密圆融无碍，帝网者因陀罗珠网也，谓身者我身佛身众生身是名身。又有四种身，言自性、受用、变化、等流是名曰身。又有三种字、印、形是也。如是等纵横重重，如镜中影像灯光涉入，彼身即是此身，此身即是彼身，佛身即是众生身，众生身即是佛身，不同而同不异而异，故三等无碍真言曰：（归命句。如常。阿三迷底哩三迷三昧曳莎呵。）

---

① 五密瑜伽：指密教金刚界的金刚萨埵与欲、触、爱、慢四金刚菩萨同为一体，也就是众生的欲、触、爱、慢等妄体与真言菩提心同体，这染净不二、因果同体之理深妙难知，所以称五密瑜伽。

② 五趣：佛教所谓有情五种所趣，又称五道，即地狱、饿鬼、畜生、人、天。

③ 增上缘：四缘（因缘、等无间缘、所缘缘、增上缘）之一，是一切有为法生起或结束的间接原因。

④ 五神通：五种神力，又称五通，即身通、天眼通、天耳通、他心通、宿命通。

སམཡོགསམམསམཔཏཡཧཱ

初句义云无等，次云三等，后句云三平等。佛法僧是三，身语意又三，心佛及众生三也。如是三法平等平等一也，一而无量，无量而一，而终不杂乱，故曰重重帝网名即身。

法然具足萨般若者，《大日经》云：我一切本初，号名世所依，说法无等比，本寂无有上。谓我者大日尊自称，一切者举无数，本初者本来法然证得如是大自在一切法之本祖。如来法身众生本性，同得此本来寂静之理，然众生不觉不知，故佛说此理趣觉悟众生。又云：诸乐欲因果者，非彼愚夫能知真言真言相，何以故？说因非作者，彼果则不生，此因因尚空，云何而有果，当知真言果，悉离于因果。上文所引我觉本不生乃至远离于因缘偈，及诸法本不生乃至因业等虚空，如是等偈皆明法然具足之义。又《金刚顶》云：自性所成眷属金刚手等十六大菩萨，乃至各流出五亿俱胝微细法身金刚，如是等文亦是此义也。言法然者显诸法自然如是，具足者成就义无阙少义，萨般若者梵语也，古云萨云者讹略，具云萨罗婆枳娘曩，翻云一切智智。一切智智者，智者决断简择义，一切佛各具五智三十七智乃至刹尘智，次两句即表此义，若明决断德则以智得名，显集起则以心为称，显轨持则法门得称。一一名号皆不离人，如是人数过刹尘，故名一切智智，不同显家一智以对一切得此号。心王者法界体性智等，心数者多一识①，各具五智者明一一心王心数各各有之，无际智者高广无数之义。圆镜力故实觉智者，此即出所由。一切诸佛因何得觉智名？谓如一切色像悉现高台明镜之中，如来心镜亦复如是，圆明心镜高悬法界顶，寂照一切不倒不谬，如是圆镜何佛不有，故曰圆镜力故实觉智。

---

① 多一识：密教所说十识中的第九识，第十识为一一识。

六、源　　信

史料简介

　　源信（942—1017，天庆五年—宽仁元年）是日本净土宗的先驱，俗姓卜氏，大和国葛木下郡人，以惠心僧都著名。幼聪慧，壮年登叡山，师事慈慧（良源），天禄年中，居横川，从事著述。曾设天台宗教义二十七疑，寄问宋南湖智礼法师，礼见问叹道"不意东域有此深解之人"，乃答释，其后往来音问不绝。著有《往生要集》三卷，《空观》一卷，盖以净土思想而混合天台与真言的先行思想，实现了佛教的日本化。《往生要集》强调佛教的无常观与厌世观，确立了与六道相对立的极乐世界形象，其思想虽不足取，而对后世的影响极大。兹［据《大正藏》第三十四册］选录其重要之一部分，以见此宗意旨所在。

往 生 要 集

　　夫往生极乐①之教行，浊世末代②之目足③也；道俗贵贱，谁不归者。但显密教法，其文非一，事理业因④，其行惟多，利智精进之

---

　　①　往生极乐：谓去婆婆世界（现实世界）往生弥陀如来的极乐净土，此为净土宗之重要节目。

　　②　浊世末代：浊世谓五浊恶世，《法华经·方便品》云："诸佛出于五浊恶世，所谓劫浊，烦恼浊，众生浊，见浊，命浊。"末代谓去佛世长远而教法转微末的时期。

　　③　目足：譬喻语，比智于目，比行于足。《法华玄义》二云："智为行本，因智目起于行足。"

　　④　业因：谓善业为乐果之因，恶业为苦果之因。

人，未为难，如予顽鲁之者，岂敢矣。是故依念佛一门①，聊集经论要文，披之修之，易觉易行，总有十门。分为三卷。一厌离秽土，二欣求净土，三极乐证据，四正修念佛，五助念方法，六别时念佛，七念佛利益，八念佛证据，九往生诸业，十问答料简②。置之座右，备于废忘矣。

〇大文第一。厌离秽土者，夫三界无安，最可厌离。今明其相，总有七种：一地狱，二饿鬼，三畜生，四阿修罗，五人，六天，七总结。

△第一，地狱③亦分为八：一等活，二黑绳，三众合，四叫唤，五大叫唤，六焦热，七大焦热，八无间。

△第二，明饿鬼道者，住处有二：一者在地下五百由旬④，阎魔王界；二者在人天之间，其相甚多。

△第三，明畜生道者，其住处有二，根本住大海，支末杂人天。别论有三十四亿种类，总论不出三：一者禽类，二者兽类，三者虫类，如是等类，强弱相害。

---

① 念佛一门：指称弥陀名号而愿往生之宗门，本唐道绰、善导等诸师所倡，称净土宗，日本称[净土宗、]净土真宗。

② 料简：即解释之异名，《安乐集记》上："料简之言，人师不同，今家标章犹名料简，和尚总以解释皆名料简，天台唯局问答名料简也。"

③ 地狱：梵名那落迦、泥犁等，译为不乐、可厌、苦具、苦器、无有等，其依处在地下，因名地狱。此下所述即八大地狱。据《俱舍论》八云，一等活地狱，彼有情遇种种斫刺磨捣，被凉风所吹则苏如故，等于前活，故名等活。二黑绳地狱，先以黑绳秤量支体，而后斩锯，故名黑绳。三众合地狱，众多苦具俱来逼身，合党相害，故名众合。四号叫地狱，逼于众苦发悲号怨叫之声，故名号叫。五大号叫地狱，逼于刑苦，更发大哭声，故名大号叫。六炎热地狱，火随身起，炎炽周围，苦热难堪，故名炎热。七大热地狱，为热中之极，故名大热。八无间地狱，受苦无间，故名无间。

④ 由旬：《西域记》二："夫数量之称谓踰缮那，旧曰由旬。……踰缮那者自古圣王一日军行也、旧传一踰缮四十里矣，印度国俗乃三十里，圣教所载，惟十六里。"

△第四,明阿修罗道①者有二:根本胜者,住须弥山北,巨海之底;支流劣者,在四大洲间,山岩之中,云雷若鸣,谓是天鼓,怖畏周章,心大战悼,亦[常]为诸天之所侵害〔1〕,或破身体,或夭其命。

△第五,明人道者,略有三相,应审观察。一不净相,二苦相,三无常相。

△第六,明天道者,有三:一者欲界,二者色界,三者无色界。其相既广,难可具述,且举一处,以例其余。如彼忉利天②,虽快乐无极,临命终时,五衰相现:一头上华鬘忽委,二天衣尘垢所著,三腋下汗出,四两目数眴③,五不乐本居,是相现时,天女眷属皆悉远离,弃之[如草,偃卧林间]〔2〕。

△第七,总结厌相者,谓一箧偏苦④,非可耽荒,四山⑤合来,无所避遁;而诸众生,以贪爱自蔽,深著于五欲⑥,非常谓常,非乐谓乐,彼如洗痈置睫,犹盍厌,况复刀山火汤渐将至,谁有智者宝玩此身乎?

○大文第二:欣求净土者,极乐依正功德无量,百劫千劫说不能尽,算分喻分,亦非所知。然《群疑论》⑦明三十种益,《安国

---

① 阿修罗道:六道之一,多由瞋慢疑之三因而生,见《法苑珠林》五,《三界义》云:"若依《起世经》须弥东西面,去此一千由旬外有毗摩质多罗宫,纵横八万由旬;"又云修罗中极弱者在人间山地中住,即今西方山中有大深窟,多是非天(阿修罗)宫也。"

② 忉利天:梵云怛唎耶怛唎奢天、多罗夜登陆舍天,译言三十三天,欲界六天中之第二,在须弥山之顶,阎浮提之上,八万由旬之处,此天之有情身长一由旬,衣重六铢,寿一千岁,以世间百年为一日一夜计。

③ 眴:目摇貌,《汉书·项籍传》注:"眴……动目而使之也。"

④ 一箧偏苦:譬喻语。谓以一箧盛四蛇,喻一身之四大和合,四卷《金光明经》一云:"地水火风,合集成立,随时增减,共相残害,犹如四蛇,同处一箧,四大蚖蛇,其性各异。"《止观》一云:"三界无常,一箧偏苦。"

⑤ 四山:《涅槃经》二十七云:"有四大山,从四方来,欲害人民,四大山者,即生老病死也。"

⑥ 五欲:一财欲、二色欲、三饮食欲、四名欲、五睡眠欲,见《华严大疏钞》二十七。

⑦ 《群疑论》:《释净土群疑论》的略称,《宋僧传》谓《决疑论》七卷,唐千福寺怀感撰。

钞》①标二十四乐,既知。称扬只在人心,今举十乐,而赞净土,犹如一毛之滴大海。一圣众来迎乐,二莲华初开乐,三身相神通乐,四五妙境界乐,五快乐无退乐,六引接结缘乐,七圣众俱会乐,八见佛闻法乐,九随心供佛乐,十增进佛道乐也。

△第一,圣众来迎乐者,凡恶业人命尽时,风火先去,故动热多苦;善行人命尽时,地水先去,故缓慢无苦。何况念佛功积,运心年深之者,临命终时,大喜自生。所以然者,弥陀如来以本愿②故,与诸菩萨,百千比丘众,放大光明,皎然在目前。

△第二,莲华③初开乐者,行者生彼国已,莲华初开时,所有欢乐,倍前百千;犹如盲者始得明眼,亦如边鄙忽入王宫,自见其身。身既作紫磨金色,体亦有自然宝衣,镮钏宝冠,庄严无量,见佛光明,得清净眼。

△第三,身相神通乐者,彼土众生,其身真金色,内外俱清净,常有光明,彼此互照,三十二相④,具足庄严,端正殊妙,世间无比。

第四,五妙境界乐者,四十八愿⑤庄严净土,一切万物,穷美极妙,所见悉是净妙色,所闻无不解脱声,香味触境,亦复如是。谓彼世界,以琉璃为地,金绳界其道,坦然平正,无有高下,恢廓旷荡,无有边际,晃耀微妙,奇丽清净,以诸妙衣,遍布其地,一切人天,践之而行。众宝国土,一一界上,有五百亿七宝所成,宫殿楼阁,高下随心,广狭应念,诸宝床座,妙衣敷上,七重栏楯,百亿华幢,垂

---

① 《安国钞》:未详。[传为安艺(广岛)安国寺利涉著,北宋延寿《万善同归集》卷上引。]

② 弥陀、本愿:弥陀,如来名,即阿弥陀佛的省称。《无量寿经》上弥陀如来立四十八愿而成极乐,以救一切众生。

③ 莲华:天竺有青黄赤白四色莲华,通常称为莲华,指芬陀利的白莲华。此华有三时,未敷之时名屈摩罗,敷而将落之时名迦诃罗,处中盛时,称为芬陀利,见《法华游意》。

④ 三十二相:详见《无量义经》及《三藏法数》四十八,此三十二相不限于佛,总为大人之相,具此相者在家为轮王,出家则开无觉,可见印度人的骨相学。

⑤ 四十八愿:此为阿弥陀如来于因地为法藏比丘时,在世自在王佛所建立的誓愿,其一一愿名,诸师所说颇有不同。

珠璎珞①，悬宝幡盖，殿里楼上，有诸天人，常作伎乐，歌咏如来。讲堂精舍，宫殿楼阁，内外左右，有诸浴池，黄金池底白银沙，白银池底黄金沙，水精池底琉璃沙，琉璃池底水精沙，珊瑚琥珀，砗磲玛瑙，白玉紫金，亦复如是。八功德水②，充满其中，宝沙映彻，无深不照，四边阶道，众宝合成，种种宝华，弥覆池中，青莲有青光，黄莲有黄光。赤莲白莲，各有其光，微风吹来，华光乱转。一一华中，各有菩萨，一一光中，有诸化佛；微澜回流，转相灌注，安祥徐逝，不迟不疾。其声微妙，无不佛法，或演说苦空无我，诸波罗蜜，或流出十力无畏不共法③音，或大慈悲声，或无生忍声，随其所闻，欢喜无量。

第五快乐无退乐者，今此娑婆世界④，无可耽玩，轮王⑤之位，七宝不久，天上之乐，五衰早来，乃至有顶⑥，轮回无期，况于世人乎？事与愿违，乐与苦俱，富来未必寿，寿者未必富；或昨富今贫，或朝生暮死。故经言：出息不待入息，入息不待出息，非唯眼前，乐去衰来，亦临命终，随罪堕苦。彼西方世界，受乐无穷，人天交接，两得相见，慈悲薰心，互如一子。共经行于琉璃地上，同游戏于旃檀⑦林间，从宫殿至宫殿，从林池至林池；若欲寂时，风浪弦管，自隔耳下；若欲见时，山川溪谷，尚现眼前，香味触法，随念亦然。或渡飞梯作伎乐，或腾虚空现神通，或从他方大士而迎送，或伴天人圣

---

① 璎珞：梵语枳由罗，乃印度邦俗贵人男女所佩的编玉。

② 八功德水：《称赞净土经》云："何等名为八功德水。一者澄净，二者清冷，三者甘美，四者轻软，五者润泽，六者安和，七者饮时除饥渴等无量过患，八者饮已定能长养诸根四大增益。"

③ 十力无畏不共法：十力谓如来十力，详《大智度论》二十五，无畏又云"无所畏"，佛于大众中说法，泰然无畏之德，不共法，谓如来的功德与众不同。

④ 娑婆世界：《法华文句》二："娑婆此翻忍，其土众生安于十恶，不肯出离，从人名土，故称为忍。"《悲华经》云："云何名娑婆？是谓众生忍受三毒及诸烦恼，故名忍土，亦名杂会，九道共居故。"

⑤ 轮王：即转轮王，此王即位时，传由天感得轮宝，转其轮宝而降伏四方，故称转轮王。

⑥ 有顶：天名，此指无色界之第四处，非想非非想天。《妙句解》六云："非非想天，名为有顶，是于三界有漏世间极顶之故。"

⑦ 旃檀：印度香木名。

众以游览，或至宝池边，慰问新生人，汝知不？是处名极乐世界。是界主，号弥陀佛。

△第六引接结缘乐者，人之在世，所求不如意；树欲静而风不停，子欲养而亲不待；志虽舂肝胆①，力不堪水菽，君臣师弟妻子朋友，一切恩所，一切知识，皆亦如是。空劳痴爱之心，弥增轮回之业，况复业果推迁，生处相隔，六趣四处②，不知何处，野兽山禽，谁辩旧亲。如《心地观经》③偈云：世人为子造诸罪，堕在三途④长受苦，男女非圣无神通，不见轮回难可报，有情轮回生六道，犹如车轮无始终；或为父母为男女，世世生生互有恩。若生极乐，智慧高明，神通洞达，世世生生，恩所知识，随心引接，以天眼见生处，以天耳闻言音，以宿命智忆其恩，以他心智⑤了其心，以神境通⑥随逐变现，以方便力教诫示导。

△第七圣众俱会乐者，如经云：众生闻者，应当如愿愿生彼国，所以者何？得与如是诸上善人俱会一处。彼诸菩萨，圣众德行，不可思议。普贤菩萨⑦言：若有众生，未种善根，及种少善，声闻菩萨，犹尚不得闻我名字，况见我身？若有众生，得闻我名，于阿耨菩提⑧，不复退转，乃至梦中，见闻我者，亦复如是。

△第八见佛闻法乐者，今此娑婆世界，见佛闻法甚难。师子吼菩萨言：我等无数百千劫，修四无量三解脱⑨，今见大圣牟尼尊，犹如

---

① 舂肝胆：舂，撞击、冲，舂肝胆即冲肝胆。

② 六趣四处：趣谓众生由业因的差别所向的处所，六趣即地狱趣、饿鬼趣、畜生趣、阿修罗趣、人趣、天趣，四处即四恶趣，指前四者，又称四恶道。

③ 《心地观经》：《大乘本生心地观经》的略名。

④ 三途：一火途，指地狱趣猛火所烧之处；二血途，畜生趣互相食之处；三刀途，饿鬼趣以刀剑杖逼迫之处。

⑤ 他心智：十智之一，知他人心念之智。

⑥ 神境通：神境智证通之略，即变现不可思议界的通力。

⑦ 普贤菩萨：传为释迦如来之二胁士，一文殊驾狮子，侍佛左方；普贤乘白象，侍佛右方；普贤主理，文殊主智。

⑧ 阿耨菩提："阿耨多罗三藐三菩提"之略，旧译无上正遍知，即一切真理之无上智慧。

⑨ 四无量三解脱：四无量即四梵行，一慈，二悲，三喜，四舍；三解脱即三禅定，一空解脱，二无相解脱，三无愿解脱。

盲龟值浮木。又儒童①舍全身，而始得半偈，常啼②割肝府，而远求般若，菩萨尚尔，何况凡夫？佛在舍卫③，二十五年，彼九亿家，三亿见佛，三亿才闻，其余三亿不见不闻，在世尚尔，何况灭后？故《法华》云：是诸罪众生，以恶业因缘，过阿僧祇劫④，不闻三宝⑤名；而彼国众生，常见弥陀佛，恒闻深妙法。谓严净地上有菩提树，枝叶四布，众宝合成，树上复宝罗网，条间垂珠璎珞，风动枝叶，声演妙法，其声流布，遍诸佛国，其有闻者，得深法忍⑥，住不退转。

△第九随心供佛乐者，彼土众生，昼夜六时，常持种种天华，供养无量寿佛⑦。又有意欲供养他方诸佛，即前长跪，〔叉〕手白佛〔3〕，则可之，皆大欢喜。

△第十增进佛道乐者，今此娑婆世界，修道得果甚难。何者？受苦者常忧，受乐者常著，苦云乐云，远离解脱，若升若沈，无非轮回。适虽有发心修行者，亦难成就；烦恼内催，恶缘外牵，或发二乘心⑧，或还三恶道，譬犹水中之月，随波易动，陈前之军〔4〕，临

① 儒童：梵名磨纳缚迦，此云儒童，相传有吉祥御宇，儒童衍教之说，乃据伪《清净法行经》以儒童菩萨称孔子。〔儒童菩萨，据《太子瑞应本起经》说，这是释迦前生为菩萨时之名。北本《大般涅槃经》载，释迦如来于过去世为凡夫时，入雪山修菩萨行，从帝释天所化现的罗刹得半偈：诸行无常，是生灭法。欢喜而求后半偈，罗刹不允，于是誓约舍身于彼，才得后半偈：生灭灭已，寂灭为乐。《心地观经》卷一有："时佛往昔在凡夫，入于雪山求佛道，摄心勇猛勤精进，为求半偈舍全身。"〕

② 〔常啼：即常啼菩萨，《大品般若经》卷二七载，此菩萨生于无佛之世，为利益众生，追求佛道，在林中忧愁啼哭七日七夜。其事又见于《道行般若经》卷九。〕

③ 舍卫：城名，佛在世时波斯匿王居此，城内有祇园精舍，在今印度西北部拉普的河南岸。

④ 阿僧祇劫：无数劫名。

⑤ 三宝：佛、法、僧。

⑥ 法忍：如信认无生之理，谓之无生法忍之类。

⑦ 无量寿佛：阿弥陀佛的译名。

⑧ 二乘心：声闻乘闻佛声教因断烦恼，缘觉乘又名独觉乘，乃机根锐利独自观十二因缘而生真空智，因断烦恼。

刃则还；鱼子难长，庵果少熟①，如彼身子②等，六十劫退者是也。唯释迦如来于无量劫，难行苦行。积功累德，求菩萨道，未曾止息。观三千大千世界，乃至无有如芥子计，非是菩萨，舍身命处为众生故，然后乃得成菩提道，其余众生，非已智分，象子力微，身殁刀箭。故龙树菩萨云：譬如四十里冰，如有一人，以一升热汤投之，当时似冰减，经夜至明，乃高于余者；凡夫在此，发心救苦，亦复如是。以贪瞋境，顺违多故，自起烦恼，还随恶道。彼极乐国土众，有多因缘，故毕竟不退，增进佛道。一佛悲愿力，常摄持故。二佛光常照，增菩提心故。三水鸟树木，风铃等声，常令生念佛念法念僧之心故。四纯诸菩萨以为善友，外无恶缘，内伏重惑故。五寿命永劫，共佛齐等，修习佛道，无有生死之间隔故。《华严偈》云：若有众生一见佛，必使净除诸业障。一见尚尔，何况常见？由此因缘，彼土众生，于所有万物，无我我所心，去来进止，心无所系，十诸众生，得大悲心，自然增进，悟无生忍，究竟必至一生补处③，乃至速证无上菩提。为众生故，示现八相④，随缘在于严净国土，转妙法轮⑤，度诸众生，令诸众生，欣求其国，如我今志愿极乐，亦往十方⑥引接众生，如弥陀佛大悲大愿，如是利益，不亦乐乎。一世勤修，是须臾间，何不弃众事，求净土哉？愿诸行者，努力匪懈；《龙树偈》云：彼尊无量方便境，无有诸趣恶知识，往生不退至菩提，故我顶礼弥陀佛，我说彼尊功德事，众善无边如海水，所获善根清净者，愿共众生生彼国，愿共诸众生往生安乐国。

---

① 鱼子难长，庵果少熟：譬喻语。《大智度论》四有偈"菩萨发大心，鱼子庵树华，三事因时多，成果时甚少"，二喻皆比信法之难。鱼子，鱼之子。庵树，庵摩罗树花多而结子甚少。

② 身子：舍利弗的译名，是佛弟子中第一智者。

③ 一生补处：谓以一转生补佛处，如弥勒，传为生于南天竺婆罗门家，继释迦如来的佛位，称为补处的菩萨。

④ 示现八相：佛陀以成道为中心，示现由始至终的成道八相，一从兜率天下，二托胎，三出生，四出家，五降魔，六成道，七转法轮，八入涅槃。

⑤ 转妙法轮：法轮，佛的教法。转妙法轮，乃喻佛说教，回转一切众生界，摧破诸烦恼，恰如妙转法轮一般。

⑥ 十方：指东西南北，四维上下，十方诸佛净土。

校记：

〔1〕常：原误作"当"，今依《大日本佛教全书》卷三一改。

〔2〕原"弃之"后误丢"如草，偃卧林间"六字，今依《大日本佛教全书》卷三一补。

〔3〕叉：原误为"义"，今依《大日本佛教全书》卷三一改。

〔4〕陈：建长五年本、西教寺本及接引寺本均作"阵"。

七、*法　　然

史料简介

　　法然（1133—1212）俗姓漆间氏，幼年其父遇害，临终时嘱其出家。他十三岁登叡山学天台思想，同时研究一切经，遍游奈良佛教界。四十三岁后专弘念佛法门，开创日本净土宗。今据《大正藏》第八十三册，节录其主要著作《选择本愿念佛集》中之一重要部分，以见其净土思想理论。

*选择本愿念佛集

南无阿弥陀佛（往生之业念佛为先）

　　道绰①禅师立圣道净土二门、而舍圣道正归净土之文

　　《安乐集上》云②：问曰：一切众生皆有佛性，远劫以来应值多佛，何因至今仍自轮回生死不出火宅③？答曰：依大乘圣教良由不得二种胜法以排生死，是以不出火宅。何者为二？一谓圣道，二谓往生净土。其圣道一种今时难证，一由去大圣遥远，二由理深解微，是故大集月藏经云：我末法时中亿亿众生，起行修道未有一人得者。当今末法（现）是五浊恶世④，唯有净土一门可通入路，是故大经⑤云：

---

①　道绰：唐代名僧，广习佛教经论，尤精《大涅槃经》，后转弘净土教。
②　《安乐集》：道绰撰，提倡念佛，劝人相信念佛能往生极乐。
③　火宅：语出《法华经·譬喻品》，意谓众生在三界之中，受各种迷惑烦恼之苦，但却不自知，如同宅舍起火，宅内小儿依然玩乐嬉戏，全无知觉。
④　末法：佛教把佛陀灭后的佛教传播期分为正法、像法、末法三期，末法期去佛久远，信行和证悟者极少。五浊：劫浊、烦恼浊、众生浊、见浊、命浊。
⑤　大经：此指《大无量寿经》。

若有众生，纵令一生造恶，临命终时，十念①相续称我名字，若不生者不取正觉。又复一切众生都不自量，若处大乘真如实相第一义空曾未惜心②，若论小乘修入见谛修道乃至那含罗汉断五下除五上③，无问道俗未有其分，纵有人天果报皆为五戒十善④能招此报，然持得者甚希。若论起恶造罪，何异暴风驶雨，是以诸佛大慈劝归净土，纵使一形造恶，但能系意专精常能念佛，一切诸障自然消除，定得往生，何不思量都无去心也。

私云：窃计夫立教多少随宗不同，且如有相宗⑤立三时教而判一代圣教，所谓有、空、中是也。如无相宗⑥立二藏教以判一代圣教，所谓菩萨藏、声闻藏是也。如华严宗立五教而摄一切佛教，所谓小乘教、始教、终教、顿教、圆教是也。如法华宗立四教五味以摄一切佛教，四教者所谓藏、通、别、圆是也。五味者所谓乳、酪、生、熟、醍醐是也。如真言宗立二教而摄一切，所谓显教、密教是也。

今此净土宗者若依道绰禅师意立二门而摄一切，所谓圣道门净土门是也。问曰：夫立宗名本在华严、天台等八宗九宗，未闻于净土之家立其宗名，然今号净土宗有何证据也？答曰：净土宗名其证非一，元晓⑦《遊心安乐道》云：净土宗意本为凡夫，兼为圣人。又慈恩⑧《西方要决》云：依此一宗。又迦才⑨《净土论》云：此之一宗，窃为要路。其证如此，不足疑端。

---

① 十念：这里指十声称名念佛。

② 真如实相第一义空：指大乘涅槃境界，为中道实相之空，与小乘涅槃"偏真但空"有所不同。曾未惜心：此四字恐有误。

③ 见谛修道：见谛即见道，三道（见道、修道、无学道）之一，小乘修行之初果，见道后继续修习即修道，见道与修道合称学道，经第三果（那含果）至第四罗汉果，即为无学道。五下：欲界五种烦恼，即欲贪、瞋恚、有身见、戒禁取见、疑。五上：色界与无色界五种烦恼，即色贪、无色贪、掉举、慢、无明。

④ 五戒：戒杀生、偷盗、邪淫、妄语、饮酒五事。十善：不杀生、不偷盗、不邪淫、不妄语、不饮酒、不两舌、不恶口、不绮语、不贪欲、不瞋恚、不邪见。

⑤ 有相宗：即法相宗。

⑥ 无相宗：即三论宗。

⑦ 元晓：新罗著名的佛学大师，在中朝日佛教发展史上有重要地位。

⑧ 慈恩：唐代名僧窥基。

⑨ 迦才：唐代僧人。

但诸宗立教正非今意，且就净土宗略明二门者，一者圣道门，二者净土门。初圣道门者就之有二：一者大乘，二者小乘。就大乘中虽有显密权实等不同，今此集意唯存显大及以权大，故当历劫迂回之行，准之思之应存密大及以实大，然则今真言、佛心①、天台、华严、三论、法相、地论、摄论此等八家之意正在此也，应知。次小乘者，总是小乘经律论之中所明声闻缘觉断惑证理入圣得果之道也，准上思之亦可摄俱舍、成实诸部律宗而已。凡此圣道门大意者，不论大乘及以小乘，于此娑婆世界之中修四乘道得四乘果也，四乘者三乘之外加佛乘。

次往生净土门者就此有二：一者正明往生净土之教，二者傍明往生净土之教。

初正明往生净土之教者，谓三经一论是也。三经者一《无量寿经》，二《观无量寿经》，三《阿弥陀经》也。问曰：三部经名亦有其例乎？答曰：三部经名其例非一。一者法华三部，谓《无量义经》《法华经》《普贤观经》是也。二者大日三部，谓《大日经》《金刚顶经》《苏悉地经》是也。三者镇护国家三部，谓《法华经》《仁王经》《金光明经》是也。四者弥勒三部，谓《上生经》《下生经》《成佛经》是也。今者唯是弥陀三部，故名净土三部经也，弥陀三部者是净土正依经也。

次傍明往生净土之教者，《华严》《法华》《随求》《尊胜》等明诸往生净土之诸经是也。又《起信论》《宝性论》《十住毗婆论》《摄大乘论》等明诸往生净土之诸论是也。

凡此集中立圣道净土二门意者，为令圣道入净土门也。就此有二由：一由去大圣遥远，二由理深解微。此宗之中立二门者独非道绰，昙鸾②、天台③、迦才、慈恩等诸师皆有此意。

且昙鸾法师《往生论注》云：谨案龙树菩萨《十住毗婆娑》云：菩萨求阿毗跋致④有二种道，一者难行道，二者易行道。难行道者谓

---

① 佛心：佛心宗，即禅宗。
② 昙鸾：南北朝僧人，著名的四论（中论、百论、十二门论、大智度论）师，后转弘净土思想。
③ 天台：指中国天台宗创始人智顗。
④ 阿毗跋致：无比大法。

五浊之世于无佛时求阿毗跋致为难,此难乃有多途,粗言五三以示义意:一者外道相善乱菩萨法,二者声闻自利障大慈悲,三者无顾恶人破他胜①德,四者颠倒善果能坏梵行,五者唯是自力无他力持。如斯等事触目皆是,譬如陆路步行则苦。易行道者谓但心信佛因缘,愿生净土,乘佛愿力便得往生彼清净土,佛力住持即入大乘正定之聚,正定即是阿毗跋致,譬如水路乘船则乐(已上)。此中难行道者即是圣道门也,易行道者即是净土门也。难行易行圣道净土,其言虽异,其意是同,天台、迦才同之,应知。

又《西方要决》云:仰惟释迦启运,弘益有缘,教阐随方,并沾法润,亲逢圣化,道悟三乘,福薄因疏,劝归净土,作斯业者,专念弥陀,一切善根,回生彼国,弥陀本愿,誓度娑婆,上尽现生一形,下至临终十念,俱能决定皆得往生(已上)。

又同后序云:夫以生居像季,去圣斯遥,道预三乘,无方契悟,人天两位,躁动不安,智博情弘,能堪久处也,若识痴行浅,恐溺幽途,必须远迹娑婆栖心净域(已上)。此中三乘者即是圣道门意也,净域者即是净土门意也。三乘净土,圣道净土,其名虽异,其意亦同,净土宗学者先须知此者。

设虽先学圣道门人,若净土门有其志者,须弃圣道归于净土,例如彼昙鸾法师舍四论讲说一向归净土,道绰禅师阁涅槃佛业偏弘西方行,上古贤哲犹以如此,末代愚鲁宁不遵之哉。

问曰:圣道家诸宗各有师资相承,谓如天台宗者,慧文、南岳、天台、章安、智威、慧威、玄朗、湛然,次第相承,如真言宗者,大日如来、金刚萨埵、龙树、龙智、金智、不空,次第相承。自余诸宗又各有相承血脉,而今所言净土宗,有师资相承血脉谱乎?答曰:如圣道家血脉,净土宗亦有血脉,但于净土一宗,诸家亦不同,所谓庐山慧远法师、慈悯三藏、道绰、善导等是也。今且依道绰、善道之一家论师资相承血脉者,此亦有两说,一者菩提流支三藏、慧龙法师、道场法师、昙鸾法师、大海禅师、法上法师(已上出《安乐集》),二者菩提流支三藏、昙鸾法师、道绰禅师、善导禅师、怀感法师、少康法师(已上出唐宋两传)。

---

① 他胜:恶法名他,善法名自,恶法胜善法称他胜。

善导①和尚立正杂二行舍杂行归正行之文

《观经疏》第四云：就行立信者，然行有二种，一者正行、二者杂行。言正行者，专依往生经行行者，是名正行。何者是也？一心专读诵此《观经》《弥陀经》《无量寿经》等，一心专注，思想观察，意念彼国，二报②庄严，若礼即一心专礼彼佛，若口称即一心专称彼佛，若赞叹供养即一心专赞叹供养彼佛，是名为正。又就此正中复有二种，一者一心专念弥陀名号，行住坐卧不问时节久近，念念不舍者，是名正之业，顺彼佛愿故，若依礼诵等即名为助业。除此正助二行已外，自余诸善悉名杂行。若修前正助二行，心常亲近，意念不断，名为无间也，若行后杂行，即心常间断，虽可回向得生，众名疏杂之行也。

私云：就此文有二意，一明往生行相，二判二行得失。初明往生行相者，依善导和尚意，往生行虽多，大分为二，一正行，二杂行，初正行者，就此有开合二义，初开为五种，后合为二种。

初开为五种者，一读诵正行，二观察正行，三礼拜正行，四称名正行，五赞叹供养正行也。第一读诵正行者，专读诵《观经》等也，即文云一心专读诵此《观经》《弥陀经》《无量寿经》等是也。第二观察正行者，专观察彼国依正二报也，即文云一心专注，思想观察，意念彼国，二报庄严是也。第三礼拜正行者，专礼弥陀也，即文云若礼即一心专礼彼佛是也。第四称名正行者，专称弥陀名号也，即文云若口称即一心专称彼佛是也。第五赞叹供养正行者，专赞叹供养弥陀也，即文云若赞叹供养，即一心专赞叹供养是名为正是也。若开赞叹与供养而为二者，可名六种正行也，今依合义故云五种。

次合为二种者，一者正业，二者助业。初正业者，以上五种之中第四称名为正定之业，即文云一心专念弥陀名号，行住坐卧不问时节久近念念不舍者，是名正定之业，顺彼佛愿故是也。次助业者，除第四口称之外以读诵等四种而为助业，即文云若依礼诵等即名为助业是也。

问曰：何故五种之中独以称名念佛为正定业乎？答曰：顺彼佛愿

---

① 善导：唐代名僧，继道绰后之中国净土宗祖。

② 二报：依报与正报。正报谓由过去善恶业因而得的果报正体，依报是依于正报而相应得到的环境果报。

故，意云称名念佛是彼佛本愿行也，故修之者乘彼佛愿必得往生也，其佛本愿义至下可知。次杂行者即文云除此正助二行已外自余诸善悉名杂行是也，意云杂行无量，不遑具述，但今且翻对五种正行，以明五种杂行也，一读诵杂行，二观察杂行，三礼拜杂行，四称名杂行，五赞叹供养杂行也。第一读诵杂行者，除上《观经》等往生净土经已外，于大小乘显密诸经受持读诵，悉名读诵杂行。第二观察杂行者，除上极乐依正已外，大小显密事理观行，皆悉名观察杂行。第三礼拜杂行者，除上礼拜弥陀已外，于一切诸余佛菩萨等及诸世天等礼拜恭敬，悉名礼拜杂行，第四称名杂行者，除上称弥陀名号已外，称自余一切佛菩萨等及诸世天等名号，悉名称名杂行。第五赞叹供养杂行者，除上弥陀佛已外，于一切诸余佛菩萨等及诸世天等赞叹供养，悉名赞叹供养杂行。此外亦有布施、持戒等无量之行，皆可摄尽杂行之言。

次判二行得失者，若修前正助二行，心常亲近意念不断，名为无间也。若行后杂行即心常间断，虽可回向得生，众名疏杂之行，即其文也。案此文意，就正杂二行有五番相对，一亲疏对，二近远对，三有间无间对，四回向不回向对，五纯杂对也。

第一亲疏对者，先亲者，修正助二行者，于阿弥陀佛甚为亲昵，故疏上文云：众生起行，口常称佛佛即闻之，身常礼敬佛佛即见之，心常念佛佛即知之，众生意念佛者佛意念众生，彼此三业不相舍离，故名亲缘也。次疏者杂行也，众生不称佛佛即不闻之，身不礼佛佛即不见之，心不念佛佛不知之，众生不意念佛者佛不意念众生，彼此三业常舍离，故名疏行也。

第二近远对者，先近者，修正助二行者，于阿弥陀佛甚以为邻近，故疏上文云：众生愿见佛佛即应念现在目前，故名近缘也。次远者杂行也，众生不愿见佛佛即不应念，不现目前，故名远也。但亲近义是虽似一，善导之意分而为二，其旨见于疏文，故今所引释也。

第三无间有间对者，先无间者，修正助二行者于弥陀佛意念不间断，故云名为无间是也。次有间者，修杂行者于弥陀佛意念常间断，故云心常间断是也。

第四不回向回向对者，修正助二行者，纵令不别用回向，自然成往生业，故疏上文云：今此观经中十声称佛即有十愿十行①具足。云何具足？言南无者即是归命，亦是发愿回向之义，言阿弥陀佛者即是其行，以斯义故必得往生（已上）。次回向者，修杂行者必用回向之时成往生之因，若不用回向之时不成得往之因，故曰虽可回向得生是也。

第五纯杂对者，先纯者，修正助二行者，纯是极乐之行也。次杂者是非纯极乐之行，通于人天及三乘，亦通于十方净土，故云杂也。然者西方行者，须舍杂行修正行也。

问曰：此纯杂义于经论中有其证据乎？答曰：于大小乘经律论之中立纯杂二门其例非一，大乘即于八藏②之中而立杂藏，当知七藏是纯，一藏是杂。小乘即于四含③之中而立杂含，当知三含是纯，一含是杂。律则立二十犍度④以明戒行，其中前十九是纯，后一杂犍度也。论则立八犍度⑤明诸法性相，前七犍度是纯，后一是杂犍度也。《贤圣集》中唐宋两传立十科⑥法明高僧行德，其中前九是纯，后一是杂科也。乃至《大乘义章》⑦有五聚法门，前四聚是纯，后一是杂聚也。亦非显教，密教之中有纯杂法，谓山家佛法血脉谱云：一胎藏界曼陀罗血脉谱一首，二金刚界曼陀罗血脉谱一首，三杂曼陀罗血脉谱一首，前二首是纯，后一首是杂。纯杂之义虽多，今略举小分而已。当知，纯杂之义随法不定，因兹今善导和尚意，且于净土行论纯杂也，此纯杂义不局内典，外典之中其例甚多，恐繁不出矣。

但于往生行而分二行，不限善导一师，若依道绰禅师意者，往生

---

① 十愿：初学菩萨所发愿度一切众生等十弘愿。十行：菩萨之信、悲、慈、舍、不疲倦、知经书、知世智、惭愧、坚固力、供养等十种修行。

② 八藏：即胎化藏、中阴藏、摩诃衍方等藏、戒律藏、十住菩萨藏、杂藏、金刚藏、佛藏八种。

③ 四含：原始佛教根本经典，有杂、中、长、增一四阿含。

④ 二十犍度：犍度即篇章。四分律有受戒、说戒、安居、自恣、皮革等二十犍度，最后是杂犍度。

⑤ 八犍度：《阿毗达磨发智论》有杂、结使、智、行、四大、根、定、见八犍度（篇章）。

⑥ 十科：唐道宣《续高僧传》分十科记述高僧德行，十科之最后为杂科。

⑦ 《大乘义章》：隋慧远撰，佛教类书，把佛教教法分为五类，称五聚，第五为杂法聚。

行虽多,束而为二,一谓念佛往生,二谓万行往生。若依怀感①禅师意,往生行虽多,束而为二,一谓念佛往生,二谓诸行往生(惠心同之)。如是三师各立二行摄往生行,甚得其旨,自余诸师不然,行者应思之。

《往生礼赞》云:若能如上念念相续毕命为期者,十即十生百即百生,何以故?无外杂缘得正念故,与佛本愿相应故,不违教故,随顺佛语故。若欲舍专修杂业者,百时希得一二,千时希得五三,何以故?由杂缘乱动失正念故,与佛本愿不相应故,与教相违故,不顺佛语故,系念不相续故,意想间断故,回愿不殷重真实故,贪瞋诸见烦恼来间断故,无有惭愧悔过故,又不相续念报彼佛恩故,心生轻慢虽作业行常与名利相应故,人我自覆不亲近同行善知识故,乐近杂缘自障障他往生正行故。何以故?余比日自见闻诸方道俗解行不同,专杂有异,但使专意作者十即十生,修杂不至心者千中无一,此二行得失如前已弁,仰愿一切往生人等善自思量已能,今身愿生彼国者,行住坐卧必须励心克己昼夜莫废,毕命为期,正在一形似如少苦,前念命终后念即生彼国,长时永劫常受无为诸乐,乃至成佛不迳生死,岂非快哉,应知。

私云:见此文弥须舍杂修专,岂舍百即百生专修正行、坚执千中无一杂修杂行乎?行者能思量之。

---

① 怀感:唐代净土宗僧人。

八、荣　　西

史料简介

　　日本禅宗开祖荣西（1141—1215，永治元年—建保三年）即千光国师，号明庵，备州吉备津人。本宗台密，在叡山八年，欲来唐。在筑前博多遇宋通事李德昭，闻禅宗盛况，仁和三至四年（1168—1169）乘商船至明州访广慧寺，登天台山巡礼灵迹，同年九月携还天台章疏三十余部而归。文治三年（1187）再入宋，传佛心宗，欲再往印度，为关塞所阻，后登天台山，参万年寺虚庵禅师，乃传临济宗法脉。荣西留宋五年，建久二年（1191）归日，在博多肆开圣福寺，在镰仓开寿福寺，在京都开建仁寺，盛唱临济禅，所著《兴禅护国论》三卷，主张主观的唯心主义之外，更继承了最澄、空海的护国主义，其理论虽贫弱，亦可见当时镇护国家的传统思想。今依频伽精舍校刊《大藏经》本选录其中之一部分。

兴禅护国论

　　大哉心乎！天之高不可极也，而心出乎天之上；地之厚不可测也，而心出乎地之下；日月之光不可蹒也，而心出乎日月光明之表；大千沙界①不可穷也，而心出乎大千沙界之外。其太虚乎！其元气乎！心则包太虚而孕元气者也。天地待我而覆载，日月待我而运行，四时待我而变化，万物待我而发生。大哉心乎！吾不得已而强名之

---

　　① 大千沙界：即三千大千世界，佛经说世界有小千中千大千之别，合四大洲日月诸天为一世界，一千世界名小千世界，小千加千倍为中千世界，中千加千倍为大千世界。

也，是名最上乘，亦名第一义，亦名般若实相①，亦名一真法界②，亦名无上菩提，亦名楞严三昧③，亦名正法眼藏，亦名涅槃妙心④。然则三轮八藏⑤之文，四树五乘⑥之旨，打併在个里。大雄氏释迦文⑦以是心法，以传金色头陀⑧，号教外别传⑨。洎鹫峰回面⑩，鸡岭笑颜⑪，拈华开千枝，玄源注万派，竺天继嗣晋地法徒，束⑫以可知矣。实先佛弘宣之法，法衣⑬自传，曩圣修行之仪，仪则已实；法之

① 般若实相：《大智度论》四十三："般若者，秦言智慧，一切诸智慧中最为第一，无上无比无等，更无胜者。"般若实相即观照实相无相，此为般若宗说。
② 一真法界：《三藏法数》四："无二曰一，不妄曰真，交彻融摄，故曰法界，即是诸佛平等法身，从本以来，不生不灭，非空非有，离名离相，无内无外，惟一真实，不可思议，是名一真法界。"案此华严宗说。
③ 楞严三昧：首楞严三昧的略称。首楞严译为健相，乃佛所得三昧之名。《首楞严三昧经》云："菩萨得首楞严三昧，能以三千大千世界入芥子中，令诸山河日月星宿悉现如故，而不迫迮，示诸众生。首楞严三昧不可思议势力如是。"案此密宗说。
④ 正法眼藏、涅槃妙心：《释氏稽古略》一："佛在灵鹫山中，大梵天王以金色婆罗华持以献佛，世尊拈华示众，人天百万悉皆罔措，独有迦叶破颜微笑。世尊曰：吾有正法眼藏，涅槃妙心，……付与摩诃迦叶。"正法眼藏又云清净法眼。涅槃旧译灭度、寂灭、无为、安乐、解脱等，新译圆寂，案此为禅宗教外别传的心印。
⑤ 三轮八藏：三轮，惑、业、苦三者如轮转而不止。〔三轮又指佛以身、口、意三业，摧碾众生之惑业，《光明文句记》一云："身业现化名神通轮，口业说法名正教轮，意业鉴机名记心轮。三皆摧碾众生惑业，故名轮。"三轮又指三法轮、三种法轮，教判之名。真谛、玄奘以转、照、持之三法轮判释如来三时说法，吉藏则以根本、枝末、摄末归本之三法轮判教。〕八藏，八万四千法藏之略称。
⑥ 四树五乘：四树，未详。〔用以比喻声闻、缘觉、菩萨、佛之出世间四乘，取《法华经·药草喻品》以三草二木喻五乘之意。〕五乘，人间、天上、声闻、缘觉、菩萨。
⑦ 大雄氏释迦文：佛有大力，能伏四魔，故称大雄氏，释迦文乃释加牟尼的讹略。
⑧ 金色头陀：摩诃迦叶的别称，传迦叶身相有金色，为头陀行第一，故名。
⑨ 教外别传：达磨祖师《悟性论》云"直指人心，见性成佛，教外别传，不立文字"，即指禅宗而言。
⑩ 鹫峰回面：灵鹫山的异名，佛尝住此。回，回转。
⑪ 鸡岭笑颜：鸡岭，迦叶入定的鸡足山，此指迦叶拈花微笑事。
⑫ 束：约束。
⑬ 法衣：禅家称表传法之信的金襕衣为法衣。

体相，全师弟子编①；行之轨仪②，无邪正之杂。爰西来大师，鼓棹南海③，杖锡东川④以降，法眼逮高丽⑤，牛头迄日域⑥，学之诸乘通达，修之一生发明，外打涅槃扶律⑦，内并般若智慧，盖是禅宗也。我朝圣日昌明，贤风遐畅，鸡贵象尊之国⑧，顿首丹墀；金邻［玉］岭之乡〔1〕，投信碧砌⑨；素臣⑩行治世之经，缁侣弘出世之道，四韦⑪之法，犹以用焉，五家之禅⑫，岂敢舍诸。而有谤此之者，谓为暗证禅⑬，有疑此之者，谓为恶取空⑭；亦谓非末世法；亦谓非我国要；或贱我之斗筲⑮，以为未征文；或轻我之机根⑯，以为难兴废；是则持法者灭法宝，非我者知我心也。非啻塞禅关之宗门，抑亦毁叡岳之祖道⑰，慨然悄然，是耶非耶！仍蕴三箧⑱之大纲，示之时哲；

---

① 弟子编：声闻菩萨通称弟子，此指声闻菩萨所记佛语。
② 轨仪：法度、轨则。
③ 西来大师，鼓棹南海：西来大师，指此上禅宗初祖菩提达磨，于梁普通元年泛海至广州，南海即广州。
④ 杖锡东川：谓禅教传入四川之南一带。
⑤ 法眼逮高丽：禅宗五家之一为法眼宗，源出六祖弟子，八传至文益禅师，谥称大法眼禅师大智藏大导师，此宗流入高丽。
⑥ 牛头迄日域：指以牛头山法融为祖的禅派，又称牛头宗，此宗传入日本。
⑦ 涅槃扶律：扶助戒律，说佛性常住的教法，天台宗教称之为涅槃经教说。
⑧ 鸡贵象尊之国：鸡贵语见《南海寄归传》一，"鸡贵者西方名高丽国，为俱俱吒医设罗，俱俱吒是鸡，医设罗是贵"。又印度国王皆尊象，故别名象尊国。
⑨ 丹墀、碧砌：《汉官仪》"以丹漆阶上地曰丹墀"，碧砌，青绿色的阶甃。
⑩ 素臣：指左丘明。［孔子修鲁史作《春秋》，汉代人尊为素王。左丘明作《春秋传》，后人称其为素臣。］见杜预《春秋左传序》。治世之经指《春秋》。
⑪ 四韦：婆罗门四种《吠陀经》的略称。
⑫ 五家之禅：即禅门五宗，六祖之后之临济宗、沩仰宗、云门宗、法眼宗、曹洞宗。
⑬ 暗证禅：［系教宗等禅宗以外的宗派嘲讽禅宗之语，尤］指不依教法而只坐禅工夫为事的独证盲悟禅徒。［（见《摩诃止观》卷五）］
⑭ 恶取空：《地持论》二："云何为恶取空？若沙门婆罗门谓此彼都空，是名恶取空。"
⑮ 斗筲：语本《论语·子路》篇，此喻才器量浅为斗筲之器。
⑯ 机根：众生的根性、性质。
⑰ 叡岳之祖道：指天台教义，荣西本宗台密，在叡山八年，故云。
⑱ 三箧：即经、律、论三藏。

记一宗之要目，贻之后昆；述为三卷，分立十门也，名之《兴禅护国论》，为称法王仁王①元意之故也。唯恃狂语之不违于实相，全忘缁素之弄说，忆临济②之有润于末代，不耻翰墨之讹谬也。冀传灯③句无消，光照三会④之晓；涌泉义不穷，流注千圣之世。凡厥题门支目，列于后云尔。

兴禅护国论本文

（上略）第二镇护国家门者。《仁王经》⑤云：佛以般若付嘱现在未来世诸小国王等，以为护国秘宝。其般若者禅宗也，谓境内若有持戒人，则诸天守护其国云云。《胜天王般若经》⑥云：学般若菩萨，若作国王等，有贫贱人，来骂詈耻辱，时王不示威刑云：我是国王，法应治剪。即作是念：我于往昔，诸佛世尊前，发大誓愿，一切众生我皆济拔，令得阿耨菩提⑦，今起瞋则违本愿。《四十二章

---

① 法王仁王：《释迦方志》上："凡人极位名曰轮王，圣人极位名曰法王。"[《无量寿经》卷下："佛为法王，尊超群圣……普为一切天人之师"。]仁王指《仁王护国般若经》，此经古来以为护国三部经之一。

② 临济：临济宗，禅宗六家之一，自六祖慧能，历南岳、马祖、百丈、黄檗至临济的义玄，张一家，称临济宗。

③ 传灯：禅宗传法，以法能破暗，故以灯为喻，宋沙门道彦系释迦以来祖祖的法脉，为《传灯录》三十卷。

④ 三会：为说法及供佛、施僧的集会。

⑤ 《仁王经》：有二本，旧本姚秦鸠摩罗什译，题为《佛说仁王般若波罗蜜经》二卷（《大藏经》月帙）；新本不空译，题为《仁王护国般若波罗蜜多经》，亦二卷（同上闰帙）。又隋智顗说，灌顶记《仁王护国般若经疏》五卷（同上吕帙）。仁王指当时十六大国的国王，佛对诸王谓受持讲说此经，则七难不起，灾害不生，万民丰乐云云。

⑥ 《胜天王般若经》：《大般若》第六会的别译，七卷，陈月婆首那译，五部般若之一，收入《大藏经》月帙。

⑦ 阿耨菩提：阿耨多罗三藐三菩提之略，《法华玄赞》云："阿云无，耨多罗云上，三云正，藐云等。"又"三云正，菩提云觉，即是无上正等正觉"。

经》①云：饭恶人百，不如饭一善人；饭千善人，不如饭一持五戒②者；饭万持五戒者，不如饭一须陀洹③；饭十万须陀洹，不如饭一斯陀含④；饭百万斯陀含，不如饭一阿那含⑤；饭千万阿那含，不如饭一阿罗汉⑥；饭一亿阿罗汉，不如饭一辟支佛⑦；饭十亿辟支佛，不如饭一三世诸佛⑧；饭百亿三世佛，不如饭一无念无住⑨无修无证之者。所谓无念等者，是此宗之意也。《楞严经》⑩云：佛言：阿难⑪，持此四种律仪⑫，皎如冰霜，一心诵我般怛罗呪⑬，要当选择戒清净者以为其师，著新净衣，燃香闲居，诵此心佛所说神咒，一百八

---

① 《四十二章经》：相传为后汉摩腾、竺法兰共译，是佛教流入中国的第一部经，收入《大藏经》藏帙。

② 五戒：戒杀生、偷盗、邪淫、妄语、饮酒，共五戒。

③ 须陀洹：旧译入流，新译预流，为声闻四果中初果之名，入流乃初入圣道之义。

④ 斯陀含：译云一来，乃谓其断欲未尽尚当一度受生于欲界之人间与天界（六欲天）之义。

⑤ 阿那含：旧译不来，新云不还，乃谓断绝欲惑后不再还来欲界之位，尔后受生必为色界无色界之义。

⑥ 阿罗汉：译作杀贼、应供、不生。以其断绝一切见思三惑，故谓杀贼；既得极果，应受人天供养，故谓应供；一世的果报尽，永入涅槃，不再来生三界，故谓不生。以上须陀洹、斯陀含、阿那含、阿罗汉，总称四果。

⑦ 辟支佛：辟支迦佛陀的略称，旧译缘觉，新译独觉，《大智度论》十八："辟支佛有二种，一名独觉，二名因缘觉。"可见实具此二义。

⑧ 三世诸佛：三世谓过去、现在、未来，过去佛为迦叶诸佛，现在佛为释伽牟尼佛，未来佛为弥勒诸佛。

⑨ 无念无住：无念，无妄念即正念的异名；无住，谓法无自性，无自性故无所住着，随缘而起。

⑩ 《楞严经》：一名《大佛顶如来密因修证了义诸菩萨万行首楞严经》，唐般剌密帝译，十卷，收入《大藏经》秘密部成帙。

⑪ 阿难：阿难陀之略，从侍佛二十五年为佛的从弟，十大弟子之一。

⑫ 四种律仪：律，法律；仪，仪则。《大乘义章》十："言律仪者，制恶之法，说名为律，行依律戒，故号义律。"四种律仪据《楞严经》第六指不杀、不盗、不淫、不妄语四律仪。

⑬ 般怛罗呪：悉怛多般怛罗的略名，白伞盖呪的梵名。

遍，然后结界①建立道场②，求于悉地③速得现前，于道场中发菩萨愿，出入澡浴，六时行道④，如是不寐，经三七日，我自现身至其人前，摩顶安慰令其开悟，诵持众生，火不能烧，水不能溺，乃至心得正受⑤，一切呪诅一切恶星不能起恶。阿难当知，是呪常有八万四千那由他⑥等金刚藏王⑦菩萨种族，一一皆有诸金刚众而为眷属，昼夜随侍，设有众生于散乱心，心念口持，是金刚王常随从，何况决定菩提心⑧者。阿难，是娑婆界有八万四千灾变恶星，二十八大恶星，出现世时能生灾异，有此呪地悉皆消灭，十二由旬成结界地，诸恶灾祥永不能入。是故如来宣示此呪，于未来世，保护初学者诸修行者，禅院恒修，此是白伞盖法⑨也，镇护国家之仪明矣。智证大师⑩表云：慈觉大师⑪在唐之日发愿曰：吾遥涉苍波，远求白法⑫，倘得归本朝，必建立禅院，其意专为护国家利众生之故云云。愚亦欲弘者，盖

---

① 结界：建迦蓝或作戒坛，行一种作法，来定其区域境界，即其作法所限之地，称结界地。

② 道场：供佛之处与学道之处均可称道场，又为法座的异名，如慈悲道场，水陆道场等是。

③ 悉地：译云成就，《大日经疏》十二："悉地是真言妙果，为此果故而修因行故，此中成就者作业成就。"

④ 六时行道：昼三时、夜三时合为六时，昼三时为晨朝、日中、日没，夜三时为初夜、中夜、后夜。

⑤ 正受：梵语三昧，《观经玄义分》云："言正受者，想心都息，缘虑并亡，三昧相应，名为正受。"

⑥ 那由他：数目名，当此方之亿，亿有十万、百万、千万三等，诸师所定数不同。

⑦ 金刚藏王：金刚藏是执金刚的总名，与金刚萨埵（秘密王）异名同体，金刚藏王即金刚萨埵的变化身。

⑧ 菩提心：菩提旧译为道，新译为觉，即求正觉之心。

⑨ 白伞盖法：又称佛顶咒。白伞盖，佛顶尊之名，白顶盖佛顶尊所说神咒，即白伞盖法。《楞严经》所说总有四百二十七句，其中最后八句，称为心咒者是。

⑩ 智证大师：圆珍，俗姓和气公，赞岐国那珂郡人，弘法大师之侄，叡山第五座主。

⑪ 慈觉大师：即圆仁，俗姓壬生氏，下野人，最澄弟子，为平安朝来唐八家之一，承和五年（838）从遣唐使来唐，在中国九年七个月，著有《入唐求法巡礼行记》。

⑫ 白法：即白伞盖法的略称。

是从其圣行也,仍立镇护家国门矣。

校记:
〔1〕玉:原误作"王",今依《大正藏》第八十卷校改。

九、道　　元

史料简介

　　道元（1200—1253，正治二年—建长五年）是日本禅宗曹洞宗的开祖，号希元，俗姓源氏，幼时曾往建仁寺谒荣西。贞应二年（1223）与荣西弟子明全及廓然、亮照等同来宋，时年二十四，历游育王、径山等诸名刹，从明州天童山如净禅师传禅三年。安贞元年（1227）归日，宽元二年（1244）建越前永平寺，为开山始祖。所著书有《正法眼藏》《普劝坐禅仪》《学道用心集》及《语录》等，盛唱心外无别法即心是佛的主观唯心主义，这种实际乃是人的自我掏空的行为（参照《马恩论宗教》页3、4），分明是颠倒现实的理论。[其说禅方式扬弃了传统的语录体，直说禅理，其思想理论继承和发展了中国的禅宗哲学，多有开新之处。]今据岩波文库本录其《普劝坐禅仪》，以见此宗参禅学道的宗旨的一斑。[并选录何燕生教授译注的《正法眼藏》（宗教文化出版社，2003年），以见其禅佛教的哲学思想。]

普劝坐禅仪

　　原夫、道本圆通①，争假修证②，宗乘③自在，何费功夫？况乎，

---

　　① 圆通：有二义，就所证理体而言，性体周遍为圆，妙用无碍为通。就能证行门而言，以觉慧周遍，通解通入法性谓为圆通。

　　② 修证：修行与证之义。

　　③ 宗乘：宗乃禅宗自成一家师资相承之称，如宗门、宗风之类；乘为乘车，以喻佛的教法，有一乘、二乘、三乘、四乘、五乘等，如华严、天台二家均称一乘家之类。

全体回出尘埃，孰信拂拭之手段①；大都不离当处②，岂用修行之脚头？然而毫厘有差，天地悬隔，违顺才起，纷然失心③。须知历劫轮回④，还因拟议之一念；尘世迷道，复由商量之无休。欲超向上之彻底，唯解直下之承当。直饶夸会丰悟，获瞥地之智通⑤；得道明心，举冲天之志气⑥。虽有入头之量，尚欠出身之路。矧彼释迦老子⑦之为生知⑧，已在六年端坐⑨之迹；达磨大师之传心印，更贻九岁面壁⑩之踪。古圣既然，今人盍办？所以翻寻言逐语之解行⑪，须回光返照⑫之退步。自然身心脱落⑬，本来面目⑭现前。欲得恁么、急务坐

---

① 全体回出尘埃，孰信拂拭之手段：此谓宇宙本体本超出一切物质境界，尘埃、拂拭等语，见《六祖坛经》。禅宗五祖弘忍曾令僧众各述一偈，时神秀书一偈云："身是菩提树，心如明镜台，时时勤拂拭，莫使惹尘埃。"慧能亦请人书一偈云："菩提本无树，明镜亦非台，本来无一物，何处惹尘埃。"

② 当处：即当下，当下便是、动念即乖之义。

③ 毫厘有差天地悬隔四句：语本三祖僧璨大师《信心铭》，见《景德传灯录》卷三〇（《大藏经》云帙）"毫厘有差，天地悬隔，欲存现前，莫存顺逆，违顺相争，是为心病……二见不住，慎莫追寻，才有是非，纷然失心"云云。

④ 历劫轮回：此谓众生无始以来旋转于六道（地狱、饿鬼、畜生、阿修罗、人间、天上）的生死，犹如车轮的转动无穷。

⑤ 瞥地之智通：瞥地，一瞥、倏忽，形容迅捷，此谓顿悟。

⑥ 冲天之志气：同师《兴圣禅寺语录》云"上堂、人人尽有冲天志，莫向如来行处行"与此相发明。

⑦ 释迦老子：老子敬称语，此犹言释尊。

⑧ 生知：《论语》"生而知之者上也"，此谓释迦生而具有无师智、自然智。

⑨ 六年端坐：端坐指坐禅，释迦十九岁出家，三十岁成道，在十二年修行期间，初六年从外道之法修苦行，此指后六年专修诸佛正行的禅定而言。

⑩ 九岁面壁：面壁亦指坐禅，初祖达磨住嵩山少林寺，面壁而坐凡九年，不发一语，世称面壁九年。

⑪ 解行：知解与修行。

⑫ 回光返照：同师《永平寺语录》云："人人握夜光之珠，个个抱荆山之玉，若不回光返照，甘为怀宝迷邦，不见道，应耳时，如空谷大小音声无不足；应眼时，如千日万象不能逃影质；若非声色外边求，达磨西来也大屈。"

⑬ 身心脱落：同师《兴圣禅寺语录》云："身心脱落，声色俱非，个中无悟，何处着迷。"

⑭ 本来面目：语本《六祖坛经》"惠能云不思善、不思恶，正与么时，那个是明上座本来面目"。

禅。夫参禅者，静室宜焉饮食节矣，乃放舍诸缘，休息万事，不思善恶，莫管是非。停心意识①之运转，止念想观②之测量。正坐之时，厚敷坐物③，上用蒲团④。然后，结跏趺坐，或半跏趺坐⑤。谓结跏趺坐，先以右足安左胜上，左足安右胜上；半跏趺坐，但以左足压右胜矣。宽系衣带可令齐整，次右手安左足上，左掌安右掌上，以两大拇指面相柱，乃正身端坐，不得左侧右倾，前躬后仰。要令耳与肩对，鼻与脐对，舌挂上腭，唇齿相著，目须常开。身相既定，气息亦调，念起即觉，觉之即失⑥，久久忘缘，自成一片，此坐禅之要术也。谓坐禅则大安乐法门也。若得此意，自然四大⑦轻安，精神爽利，正念分明，法味⑧资神，寂然清乐，日用天真也。已能发明，可谓如龙得水，似虎靠山。当知正念现前，昏散曷到？若从坐起，徐徐动身，安祥⑨而起，不应卒暴。于一切时护持定力⑩，参究之超上

① 心意识：《六波罗蜜经》十："集起说为心，思量性名意，了别义为识，是故说唯心。"
② 念想观：指心意识的作用，念谓心之发动，如前念后念，念念之类；想谓于境取差别相，如九想之类；观谓任运了别，如十六观之类。
③ 坐物：坐具，《四分律》十九云："为三缘制之，一为护身，二为护物，三为护众人床席卧具。"
④ 蒲团：僧人坐禅及跪拜所用织蒲圆形坐具。许浑诗："吴僧诵经罢，败衲依蒲团。"
⑤ 结跏趺坐，或半跏趺坐：《智度论》七云："诸坐法中，结跏趺坐，最安稳不疲极，此是坐禅人坐法。"慧琳《音义》八云："结跏趺坐略有二种，一曰吉祥，二曰降魔。凡坐皆先以右趾押左股，后以左趾押右股，此即左押右，手亦左在上，名曰降魔坐。诸禅宗多传此坐。……其吉祥坐，先以左趾押右股，后以右趾押左股，令二足掌仰于二股之上，手亦右押左，安仰跏趺之上，名为吉祥坐。"《大日经不思议疏》以上之吉祥坐名莲华坐，以半跏坐为吉祥坐，道元所云结跏趺坐，实指降魔坐，半跏趺坐中，足之坐方指吉祥坐，手之置方，同于降魔坐。
⑥ 念起即觉，觉之即失：《禅源诸诠集都序》卷上云："若觉诸相之空，心自无念，念起即觉，觉之即无，修行之妙门唯在此耳。"
⑦ 四大：地、水、火、风，此指吾人身体为此四元素所成。
⑧ 法味：妙法的滋味，咀嚼妙法而心生快乐故云。
⑨ 安祥：安稳、保养之义。同师《正法眼藏》中《法华转法华》有"安祥三昧"之语。
⑩ 定力：谓禅定之力，语本宗颐《坐禅仪》"护持定力，如护婴儿，则定力易成矣"。

关，无本可据，证放之被自碍，所以未留①，乃道之十成也。诚禅定一门，最为高胜。先以十分之会举，次转一半之证来②，只在此法。拈花破颜③，礼拜得髓④，皆承他之恩力而获大自在者也。学般若菩萨，讵不随顺者乎。尝观超凡越圣⑤，必假静缘，坐脱立亡⑥，能任定力；况复指竿针鎚之转机⑦，拂拳棒喝之证契⑧，未是思量分别之

---

① 参究之超上关无本可据四句：谓获定力的结果，超越了不透得的关门，脱落一切妄想，而一切罪福皆空无所住；相反地，若不安祥静虑，而宛然流浪，则是自碍自己，当面蹉过了。

② 会举、证来：会，会得；举，悟入；证，证信。此谓禅定功夫，十分由于自悟，一半由于众生知所闻的确又显然无误而起信。

③ 拈花破颜：此指禅门以心传心的故事。《联灯会要·释迦牟尼佛章》云："世尊在灵山会上，拈花示众，众皆默然，唯迦叶破颜微笑，世尊云：吾有正法眼藏，涅槃妙心，实相无相，微妙法门，不立文字，教外别传，付嘱摩诃迦叶。"

④ 礼拜得髓．《景德传灯录》卷二：达磨大师面壁迄九年，已欲西返天竺，乃命门人曰："时将至矣，汝等盍各言所得乎？"时门人道副对曰："如我所见，不执文字不离文字而为道用。"师曰："汝得吾皮。"尼总持曰："我今所解，如庆喜见阿閦佛国，一见更不再见。"师曰："汝得吾肉。"道育："四大本空，五阴非有，而我见处无一法可得。"师曰："汝得吾骨。"最后慧可礼拜后，依位而立，师曰："汝得吾髓。"乃顾慧可而告之曰："昔如来以正法眼付迦叶大士，展转嘱累而至于我，我今付汝，汝当护持。并授汝袈裟以为法信。"

⑤ 超凡越圣：凡，六凡（地狱、饿鬼、阿修罗、人间、天上）；圣，四圣（声闻、缘觉、菩萨、佛）。此谓禅定的境界，超越此十类境地。

⑥ 坐脱立亡：坐脱如初祖达磨、四祖道信、五祖弘忍、六祖慧能，皆端居安座示寂，立亡如三祖立于大树下合掌而终。

⑦ 指竿针鎚之转机：此述祖师之临机应变的事迹。指乃俱胝禅师故事。凡人发问于师，俱胝每立一指，临终之际向大众云"我得天龙一指头之禅，一生受用不尽"。竖一指头而寂。次竿乃南泉普愿禅师故事，僧问"百尺竿头，如何进步"？南泉曰"更进一步"。次针指印度传灯的祖师迦那提婆尊者的故事，其将为龙树弟子而访其门时，龙树命侍者将水一碗，呈于面前，提婆乃取一针投之，龙树喜。次鎚与槌同，世尊升座说法之时，文殊打槌云"谛观法王法，法王法如是"。以上例皆可见祖师所示机宜。

⑧ 拂拳棒喝之证契：此述祖师使学人证契佛法所用的手段。拂乃石头希迁禅师初参青原行思禅师时故事，青原问"你从甚处来"？石头答"从曹溪来"，青原把拂子竖起。次拳，黄檗希运禅师一日自捏拳云"天下老和尚怎在这里"的故事。次棒喝，棒始于德山宣鉴禅师，喝来自临济，临济问黄檗，如何是佛法的大意，檗便打，如是三问，三度被击，后参大愚，得黄檗宗旨，却回黄檗，机锋敏捷，檗便打，师便喝，以接后人，棒喝交驰，故今称警醒人的迷悟者曰当头棒喝。

所能解也，岂为神通①修证之所能知也。可为声色之外威仪，那非知见之前轨则②者欤。然则不论上智下愚，莫简③利人钝者，放下六根见转全道，不生一念坐断十方。凡其自界他方④，佛法本无异法，西天东地⑤，祖门遂开五门⑥。等持佛印⑦，各擅宗风，唯务单传直指⑧，专事翻身回头⑨。虽谓千差万别，但喜归程详参⑩，何忘却自家之坐床，谩去来他国之尘境⑪。若错一步，当面蹉过，即得人身之应会⑫。莫虚度光阴，必忆佛道之当行，谁浪乐石火⑬。加以形质如草露，运命似电光，悠忽便空，须臾即失，冀其参学高流，久习摸

---

① 神通：神通谓不可测又无碍之力用，如天眼、天耳、他心、宿命、心意、漏尽之六通是。

② 声色之外威仪，那非知见之前轨则：此谓禅定工夫乃超乎声色之外的威仪，出乎知见之前的轨则。

③ 莫简：即不要分别之义。

④ 自界他方：自界指作为释尊化土的娑婆世界，他方指作为阿弥陀佛化土的极乐世界，或作为药师如来化土之琉璃光界等十方佛土。

⑤ 西天东地：西天指中国之西的西天竺即印度，东地指西天之东，即中国。

⑥ 五门：即指中国禅宗的五分派，已见前。

⑦ 持佛印：持，护持；印，决定不变之义，诸法实相为诸佛的大道，决定不变，故名佛印。

⑧ 单传直指：禅家宗旨，不依经论文句，单传心印之谓，碧岩初则评唱云："达磨遥观此土有大乘根机，遂泛海得来，单传心印。"直指，谓直指人心见性成佛。

⑨ 翻身回头：同师《永平寺语录》云"打失眼睛无处觅，梅花新发旧年枝"即此意。

⑩ 归程详参：归程亦退步翻身之义；详参，熟参。

⑪ 忘却自家之坐床二句：此谓学人不知自己本来是佛，徒驰心外境，以求佛法，详见《法华经·信解品》长者穷子的譬喻故事。

⑫ 人身之应会：应会，适应会通之义，一切万物之中，唯人身最难得，故云。

⑬ 浪乐石火：譬燧石所出的火光，起灭迅速，不可久乐。

象①,忽怪真龙②,早向直指端的之正道③,速成绝学无为之真人④,方遵百丈之规绳⑤,遍通少林之消息⑥。莫劳指耳之风,更惊击舌之响耶?但能正开宝藏⑦,受用使如意。

*正法眼藏

第一,现成公案⑧

诸法之为佛法时节⑨,即有迷有悟,有修行,有生死,有诸佛,有众生。万法非属我之时节⑩,无迷无悟,无诸佛,无众生,无生无死。

---

① 摸象:此以盲人摸象为喻,盲人于象所争纷纷,《六度集经》卷八《镜面王经》:"王问之曰:'汝曹见象乎?'对言:'我曹俱见。'王曰:'象何类乎?'持足者对言:'明王,象如漆筒。'持尾者言:'如扫帚。'……持头者言:'如魁。'持牙者言:'如角。'持鼻者对言:'明王,象如大索。'复于王前共讼言:'大王,象真如我言。'"镜面王大笑之曰:"瞽乎瞽乎,尔犹不见佛经者矣。"

② 忽怪真龙:此为浮慕无实者之喻,《新序杂事》:"叶公子高好龙,钩以写龙,凿以写龙,屋室雕文以写龙。于是天龙闻之而下,窥头于牖,施尾于堂,叶公见之,弃而还走,失其魂魄,五色无主。是叶公非好龙也,好夫似龙而非龙者也。"

③ 直指端的之正道:直指,直指人心、见性成佛之略,端,端直;的,射的;此指不亘多歧,不假方便,单刀直入的捷径,即只管打坐的法门。

④ 绝学无为之真人:绝学、无为均出《道德经》语,以此形容达到一切成就身心脱落的妙境的真实人之义。

⑤ 百丈之规绳:指马祖道一禅师的法嗣百丈怀海禅师所著《禅门规戒》,即所称《古清规》,今不传,后元百丈山德辉禅师奉敕改修,即世传敕修《百丈清规》八卷。

⑥ 少林之消息:《大明一统志》二十九云:"河南府少林寺在登封县西少室北麓,后魏时造,梁时达磨居此面壁九年。"案此即以少林为达磨的代名词,消息有禅风之意。

⑦ 宝藏:累积珍宝的库藏,此以喻人人所具有的智慧佛性。

⑧ 公案:原指"公府之案牍",即法规和条文。禅宗借其以表达事物的绝对性或佛祖开示的道理、语录问答。现成公案,意指现前的一切事物、语言、行为等都表达着佛祖开示的道理,凸现着该事物的绝对性和真实性。

⑨ 法:梵语dharma,在佛教中有多层意思,这里意指事物。诸法,即诸种事物,一切事物和存在。

⑩ 万法:与"诸法"同义,即万事万物之意。

佛道原本跳出丰俭①，故有生灭，有迷悟，有众生与佛。虽言如是，花于爱惜而凋落，草于弃嫌而丛生②。

强运自己修证万法为迷，万法进前修证自己为悟。大悟迷者为诸佛，大迷悟者为众生。更有悟上得悟之汉，迷中又迷之汉。

诸佛正为诸佛之时，毋需知觉自己之为诸佛。然则，其为证佛者，证佛而不休止。举身心见取（形）色③，举身心听取音声，虽为会取，然非如镜中映影，非如水与月之喻。证一方时④，另一方则暗。

所谓学佛道者，即学自己也。学自己者，即忘自己也。忘自己者，为万法所证也。为万法所证者，即令自己之身心及他人之身心脱落也⑤。若有悟迹休歇⑥，即令休歇之悟迹长长流出。

人始求法时，则远离法之边际；法既正传于自己时，即为本分人⑦也。人乘舟而行，举目视岸，误以为岸移，俯视舟时，即知舟行。如是之理，乱想身心而辨肯⑧万法，则误执自心自性为常住。如能亲归行李于个里⑨，则可了知万法不属我之道理。

薪燃成灰，不复更成薪。虽然如是，不得见取灰后薪前。当知薪住薪之法位⑩，有先有后；虽有前后，前后际断。灰住灰之法位，有后有前。如彼之薪燃成灰后不复再成薪故，人之死后，不复回生。然

---

① 丰俭：丰，即丰富；俭，即节俭，意指多与寡或有与无的对立关系。《宏智广录》卷二曰："家门丰俭临时用。"

② 花于爱惜而凋落二句：《嘉泰普灯录》卷二五曰："问：如何是和尚家风？师（牛头精）云：花从爱惜落，草逐弃嫌生。"

③ 色：梵语rupa，原意指"有形之物"，即眼睛所能见到的一切有形的物质存在和现象。

④ 证：即悟证、彻悟。

⑤ 脱落：在这里，可作"解脱"解；身心脱落，即身心得到解脱，亦即禅宗经常常讲的"开悟"或"悟道"。

⑥ 悟迹：即悟证的迹象。

⑦ 本分人：在这里，即指已彻悟到自己之本来面目的人。

⑧ 辨肯：即思辨首肯。此一词，常见于《正法眼藏》各卷。

⑨ 亲归：可解释为贴近，不分离。行李：同"行履"，在禅宗，即指禅僧们的修行生活和行为事迹。个里：俗语，"这里"的意思，意指当处、本来面目。

⑩ 法位：即事物的本体、本身。

则，不言生而死者，佛法之定说也，故言不生。死而不复回生者，法轮之所定之佛转①，故云不灭。生乃一时之法位也，死亦乃一时之法位也，比如冬春。不思冬后而春，不言春后而夏。

人之得悟，如月映水，月不湿，水不破。光虽广大，映于寸尺之水。全月弥天，既映草露，亦宿一滴之水。悟不破人者，如月不穿水。人不碍悟者，如滴露不碍天月也。深者，高之份量也。时节之长短，当检点大水小水，辨取天月之广狭也。

法尚未参饱②于身心，以为法已满足；法若充足身心，尚觉法之不足。如人乘船出无山之海，眺望四方，则见海唯圆形，更不见不同之相。然则大海既非圆形，亦非方形，以其海德③，无有穷尽，（见）如宫殿，（见）如璎珞④。唯眼所及，而见海为圆形。如彼故，万法亦然，尘中格外⑤，虽备诸多样相，人皆只见取会取参学眼力之所及也。若欲知晓万法之家风，当知方形圆形之外，更有海德山德⑥，无穷无尽，眼外更有世界。非但身旁如此，当知当下一念、一滴之水，亦皆如是。

鱼游水中，水无际涯；鸟飞天空，天无界限。然自昔以来，鱼不离水，鸟不离天。唯用大之时则使大，用小之时，则使小而已。如是头头无有不尽之边际，处处无不踏翻，然鸟若出天，当即死之；鱼若出水，亦当即死之。当知（鱼）以水为命，（鸟）以天为命。有以鸟为命者，有以鱼为命者。以命为鸟，以命为鱼。此外，更可进步（言之）。有修证，有寿者命者⑦，（其理）亦皆如是。然则，倘若鱼穷究水后而游水，鸟穷究天后而飞天，则于水于天皆不得道，不得处。若得此所，则此行李随之而现成公案；若得是道，则此行李随之而现

---

① 法轮：即转轮圣王所持的一种可以砸碎任何东西的武器，在佛教，转指佛陀的说法。佛转：即佛转"法轮"之意。

② 参饱：在这里可作"充满""足够"解。

③ 海德：即海的功用和特质。

④ 璎珞：梵语keyura，用珠玉、金银等编制而成的一种装饰品。佛经讲，鱼见水如璎珞或如宫殿。

⑤ 尘中：即尘世之中；格外：即尘世之外。尘中格外：在这里，即指世间与出世间，或世间法与出世间法。

⑥ 山德：即山的功用和特质。

⑦ 寿者命者：《大智度论》卷三五云："命根成就，故名为寿者、命者。"

成公案①。此道此所，非大非小，非自非他，非先有，亦非今现，故有如此（之理）也。

然则人若修证佛道，即得一法通一法也，遇一行修一行也。以之有处所，道通达，而所知之境之不明者，盖此知与佛法之究竟同生同参故也。切勿以得处为自己之知见，以虑知为知之。证究虽即现成，然密有②未必现成；现成不必（如此）也。

麻谷山宝彻禅师③用扇子，时僧来问："风性常住，无处不周，和尚以何更用扇子。"师曰："汝只知风性常住之理，却不知无处不周底道理。"僧曰："如何是无处不周底道理？"时师只管使扇。僧礼拜④。

佛法之证验，正传之活路，其如是也。以是常住者而言无须使扇，不用时而言有风吹者，实不知常住，亦不知风性也。风性以其常住故，佛家之风现成大地之黄金，参熟长河之酥酪⑤。

正法眼藏现成公案第一。是为天福元年⑥中秋顷书与镇西⑦之俗弟子杨光秀⑧。

建长壬子拾勒⑨

第二，摩诃般若波罗蜜⑩

观自在菩萨⑪行深般若波罗蜜多时，浑身照见五蕴⑫皆空也。五

---

① 现成公案：在这里当作动词解，指令自己之本来面目得以现成。
② 密：内在之意；密有：即内在的内容。在这里，即指内证所得的东西。
③ 麻谷山宝：麻谷宝彻（生卒不详），马祖之法嗣。
④ 此问答见于《联灯会要》卷四"麻谷"章。
⑤ 大地之黄金二句：佛经中常见"变大地为黄金，变海水为酥酪"句。《圆悟语录》卷一三也说："搅长江为酥酪，变大地为黄金。"
⑥ 天福元年：公元1233年。此年，道元创建兴圣寺。
⑦ 镇西：日本地名，即今九州的太宰府。
⑧ 杨光秀：不详是何许人。
⑨ 建长：日本年号；建长壬子：即公元1252年，翌年，道元逝世。
⑩ 摩诃般若波罗蜜：梵语maha-prajna-paramita的音译，一般作"成就大智慧"或"成就甚深之智慧"。摩诃，即"大"；般若，即"智慧"；波罗蜜，即"成就"或"到彼岸"。
⑪ 观自在菩萨：梵语Avalokitesvara，旧译为"观世音"或"观音"等。
⑫ 蕴：即要素；五蕴：即五种要素。

蕴者，色、受、想、行、识也①，即五枚之般若也。照见是般若（照见）也。此宗旨之开演现成，曰：色即是空也，空即是色也；色是色也，空即空也。百草也，万象也。般若波罗蜜十二枚，是十二入也②。复有十八枚般若，即眼耳鼻舌身意、色声香味触法及眼耳鼻舌身意识等也。复有四枚般若，即苦、集、灭、道也③。复有六枚般若，即布施、净戒、安忍、精进、静虑、般若也④。复有一枚般若波罗蜜而今现成，即阿耨多罗三藐三菩提也。复有般若波罗蜜三枚，即过去、现在、未来也。复有般若六枚，即地、水、火、风、空、识也。复有四枚般若，即寻常所行之行、住、坐、卧也。

释迦牟尼佛如来会中，有一比丘，偶作是念："我应敬礼甚深般若波罗蜜多。此中虽无诸法生灭，而有戒蕴、定蕴、慧蕴、解脱蕴、解脱知见蕴施设可得，亦有预流果、一来果、不还果、阿罗汉果⑤施设可得，亦有独觉菩提⑥施设可得，亦有无上正等菩提施设可得，亦有佛法僧宝施设可得，亦有转妙法轮、度有情类施设可得。"佛知其念，告诸比丘言："如是如是。甚深般若波罗蜜，微妙难测。"⑦

而今"一比丘"之"偶作念"者，于其"敬礼""诸法"处，"虽无生灭"之般若，然是敬礼也。是正当敬礼时，乃因"施设可得"之般若现成也。所谓"戒定慧"乃至"度有情类"等也，是谓无。无之施设，如是可得也。是即"甚深""微妙难测"之般若波罗蜜也。

---

① 色：即形色，意指物质或身体；受：即感觉作用；想：即思维作用；行：即意志作用；识：即认识作用。佛教认为，此五种作用是人身体和精神方面的基本活动。

② 般若波罗蜜十二枚：即眼、耳、鼻、舌、身、意（俗称"六根"）和色、声、香、味、触、法（俗称"六境"）的总和。入：即涉入，在这里，意指相互之间的关系。

③ 苦、集、灭、道：俗称"四谛"，即佛陀关于人生的四种说教。

④ 布施、净戒、安忍、精进、静虑、般若：此六种，俗称"六度"，即六种修行方式。

⑤ 预流果、一来果、不还果、阿罗汉果：此四种，俗称"四果"，即通过修行而得到的等级不同的四种果位。

⑥ 独觉菩提：不依师教，通过自己独力的修行而证得的果位。

⑦ 此文见于《大般若经》卷二九一"著不著相品"。

天帝释问具寿善现言："大德，若菩萨摩诃萨①欲学甚深般若波罗蜜多，当如何学？"

善现答言："侨尸迦②，若菩萨摩诃萨欲学甚深般若波罗蜜多，当如虚空学。"

是故，"学般若"者，是虚空也；虚空者，"学般若"也。

天帝释复白佛言："世尊，若善男子善女人等，于此所说甚深般若波罗蜜多，受持读诵，如理思维，为他演说，我当云何而守护？唯愿世尊，垂哀示教。"尔时具寿善现谓天帝释言："侨尸迦，汝见有法可守护不？"天帝释言："不也。大德，我不见有法是可守护。"

善现言："侨尸迦，若善男子善女人等作如是说，甚深般若波罗蜜多，即为守护。若善男子善女人等作如是说，甚深般若波罗蜜多，常不远离。当知一切人、非人等，伺求其便，欲为损害，终不能得。侨尸迦，若欲守护作如是说，甚深般若波罗蜜多，诸菩萨者无异，为欲守护虚空。"

当知受持读诵，如理思维，即是守护般若也。"欲守护"者，"受持读诵"等也。

先师古佛③云："浑身似口挂虚空，不问东西南北风；一等为他谈般若，滴丁东了滴丁东。"

是佛祖嫡嫡之谈般若也。浑身般若也，浑他般若也，浑自般若也，浑东西南北般若也。

释迦牟尼佛言："舍利子④，是诸有情，于此般若波罗蜜多，应如佛住供养敬礼。思维般若波罗蜜多，应如是供养敬礼佛薄伽梵⑤。所以者何？般若波罗蜜多，不异佛薄伽梵；佛薄伽梵，不异般若波罗蜜多。般若波罗蜜多，即是佛薄伽梵；佛薄伽梵，即是般若波罗蜜

---

① 天帝释：亦称"帝释天"，即佛教的守护神。摩诃萨：梵语mahasattva，意译"大士"。

② 侨尸迦：梵语kausika的音译，即帝释天的姓。

③ 先师古佛：在这里，指天童如净（1162—1227）。此偈，见《如净语录》卷下"风铃颂"。

④ 舍利子：即舍利弗，梵语sariputra，释迦牟尼佛十大弟子之一，称"智慧第一"。

⑤ 薄伽梵：梵语Bhagavat，意译为"世尊"。

多。何以故？舍利子，一切如来应正等觉，皆由般若波罗蜜多得出现故。舍利子，一切菩萨摩诃萨、独觉、阿罗汉、不还、预流等，皆由般若波罗蜜多得出现故。舍利子，一切世间十善业道、四静虑、四无色定、五神通①，皆由般若波罗蜜多得出现故。"

是故，佛薄伽梵者，般若波罗蜜多也；般若波罗蜜多者，是诸法也。此诸法者，空相也，不生不灭也，不垢不净也，不增不减也。此般若波罗蜜多之现成者，即佛薄伽梵之现成也。当问取！当参取！供养礼敬者，是奉觐、承事于佛薄伽梵也。奉觐承事之为佛薄伽梵也。

正法眼藏摩诃般若波罗蜜多第二尔时天福元年②夏安居日在观音导利院示众。

宽元二年③甲辰春三月廿一日在越宇吉峰精舍侍司④书写之 怀奘⑤

第三，佛　性

释迦牟尼佛言："一切众生，悉有佛性；如来常住，无有变易。"⑥

此乃吾等大师释尊狮子吼之转法轮，亦是一切诸佛、一切祖师之顶颠眼睛也。参学以来，已二千一百九十年（当于日本仁治二年⑦辛丑岁），正嫡才五十代（至先师天童净和尚）。西天二十八代，代代住持；东地二十三世，世世住持；十方诸佛，共皆住持。

世尊（所）道之"一切众生，悉有佛性"，其宗旨如何？此即

---

① 十善业道：又称"十善戒"，即不杀、不盗、不邪淫、不妄语、不两舌、不恶口、不绮语、不贪、不瞋、不邪见十种。四静虑：又称"四禅定"，修禅的阶位，即初禅、二禅、三禅和四禅。四无色定：又称"四空定"，依次是"空无边处""识无边处""无所有处""非想非非想处"。五神通：即五种神通，分别是"天眼通""天耳通""他心通""宿命通"和"如意通"。

② 天福元年：即公元1233年。

③ 宽元二年：即公元1244年。

④ 越宇：即越前，指今日本福井县；吉峰精舍：即今吉田峰永平寺的前身；侍司：别本作"侍者寮"。

⑤ 怀奘（1198—1280），道元的皈依弟子，除《正法眼藏》外，还编辑整理了《正法眼藏随闻记》等道元的其他主要著作。

⑥ 见《涅槃经》卷二五"狮子吼品"。

⑦ 仁治二年：即公元1241年。

"是什么物怎么来"①之道转法轮也，或云众生，或云有情，或云群生，或云群类。悉有之言，即众生也，群有也②；即悉有者，佛性也。悉有之一悉，谓之众生。正当恁么时，众生之内外，即是佛性也之悉有也。非唯单传之皮肉骨髓，盖因汝得吾皮肉骨髓之故。③

当知今之佛性悉有之有，非有无之有。悉有者，佛语也，佛舌也。佛祖眼睛也，衲僧鼻孔也。悉有之言，更非始有，非本有，非妙有等，何况缘有、妄有哉？④（悉有）不关心、境、性、相等⑤。然则，众生悉有之依正，全不在业增上力，不在妄缘起，不在法尔⑥，不在神通修证。若众生之悉有乃为业增上及缘起、法尔等，诸圣之证道及诸佛之菩提、佛祖之眼睛亦应为业增上力及缘起法尔。非然也。尽界皆无客尘，直下更无第二人，盖因"直截根源人未识，茫茫业识几时休"⑦之故也。非妄缘起之有，盖因"遍界不曾藏"⑧之故。所

---

① 是什么物怎么来：即禅宗六祖慧能对南岳怀让的问语。"（南岳）乃直诣曹溪六祖。祖问：'什么处来？'曰：'嵩山来。'祖曰：'什么物怎么来？'"见《景德传灯录》卷五"南岳怀让"章。

② 悉有：依汉语，即"皆有"或"都有"之意，但是，道元在这里将其作名词解，理解为"众生"和"群有"。这种理解，无疑违背了汉语的常识，可以说是一种"误读"。然而，道元正是通过这种"误读"来阐述佛性的含义的。其佛性论，自然颇富新意。比如下文，他将"悉有佛性"读作"悉有者，佛性也"，就说明了这一点。

③ 非唯单传之皮肉骨髓二句：相传，达磨的四位弟子经过九年的修行，分别向达磨汇报各自的悟境时，达磨对道副说："汝得吾皮。"对尼总持说："汝得吾肉。"对道育说："汝得吾骨。"对慧可说："汝得吾髓。"详见《景德传灯录》卷三"达磨"章。

④ 有：梵语bhava，佛教的基本概念，意指事物、存在。从某时开始而有，名"始有"；本有：即本来就有；妙有：即"空而有"，又称"真空妙有"；由因缘合和而有，名"缘有"；妄执一切为有，名"妄有"。

⑤ 心：即内心。境：即外境、客体。性：即事物的本质。相：即事物的表象和行为活动。

⑥ 业：即指身、口、意三个方面的活动，俗称"三业"。业增上力：即通过身、口、意三者的活动，使万事万物发生变化的力量。妄缘起：即指通过虚妄不真实的因缘、条件而发生的变化。法尔：即指事物自然而存在；法：即事物。

⑦ 直截根源人未识二句：永嘉玄觉《证道歌》有"直截根源佛所印"句，见《景德传灯录》卷三〇。《联灯会要》卷八"仰山"章有"业识忙忙本无可据"句。

⑧ 遍界不曾藏：《碧岩录》第五十三有"遍界不曾藏，全机独露"句。

言"遍界不曾藏"者，非谓满界是也。遍界我有者，外道之邪见也。非本有之有者，因亘古亘今故；非始起之有者，因不受一尘故。非条条有者，因合取故。非无始有之有者，因"是什么物怎么来"故。非始起有之有者，因吾常心是道故。当知于悉有中，众生快便难逢①也。如此会取悉有，悉有即透体脱落也。

闻及佛性之言，学者多邪计其如先尼外道之我。此因不逢人，不逢自己，不见师之故也。误以风火动着之心意识为佛性之觉知觉了。谁言佛性有觉知觉了？虽觉者知者为诸佛，然佛性非觉知觉了。况言诸佛为觉者知者之觉知，非以汝等所云之邪解为觉知，非以风火之动静为觉知，唯一个、两个之佛面祖面，是觉知也。

往昔古老先德，或往还于西天，或化道于人天，自汉唐至宋朝，如稻麻竹苇（之众），多以风火之动著为佛性之知觉，实为可悲！因学道转疏，故有今日之误失。今佛道之晚学初心，不应如是。设若学习觉知，然觉知非是动著；设若学习动著，动著即非怎么。若有会取真个之动著，应当会取真个之觉知觉了。佛之与性，达彼达此也。佛性必为悉有也，以悉有为佛性故。悉有非百杂碎，悉有非一条铁。以拈拳头故，亦非大小。既言佛性，不应与诸圣齐肩，不应（另立一佛性）与佛性齐肩（并论）。

有一类人以为佛性有如草木之种子。法雨润湿时，芽茎生长，枝叶花果茂盛，果实更孕怀种子。如此之见解，乃凡夫之情量也。设若如是见解，须当参究种子及花果皆为条条之赤心也。果里有种子，种子虽不可见，却生根茎等。虽不可集取，却能长为枝条大围。此非内外之论，乃亘古亘今之不虚也。然则，设使全任凡夫之见解，根茎枝叶皆当同生同死，同是悉有之佛性。

佛言："欲知佛性义，当观时节因缘。时节若至，佛性现前。"②今云"欲知佛性义"者，非但言知也，亦言欲行、欲证、欲说、欲忘等也。彼之说、行、证、亡、错、不错等，悉皆为时节因缘也。欲观时节之因缘，当以时节之因缘观之，当以拂子、拄杖③相

---

① 快便难逢：《从容录》第十八则评唱有"一槌两当，快便难逢"句。
② 见《联灯会要》卷七"百丈"章，百丈引《涅槃经》语。
③ 拂子、拄丈：即禅僧修行时使用的禅具，在这里有象征禅林生活的含义。

观之。如以有漏智、无漏智①、本觉、始觉②、无觉、正觉者，不得观之。

所云"当观"者，不关乎能观、所观，不应准与正观、邪观等准之。是为当观也。以是当观故，即是不自观也，不他观也。时节因缘聻也，超越因缘也。佛性聻也，脱体佛性也，佛佛聻也，性性聻也③。

古今之凡夫往往误认"时节若至"之言为以待佛性将来先前之时节，如是修行之，自然逢遇佛性现前之时节；时节若未至，即便参师问法，即便功夫办道，（佛性）不会现前。怎么见取，徒还红尘，空守云汉。如此之辈，恐乃天然外道④之流类。所云"欲知佛性义"者，即"当知佛性义"之谓也。所云"当观时节因缘"者，即"当知时节因缘"之谓也。欲知所谓佛性者，即当知时节因缘是也。所谓"时节若至"者，即"时节既至，何有疑著之处"之谓也。若疑著时节，还我佛性来。当知所谓"时节若至"，即十二时中不空过也。

"若至"者，即"既至"也。时节若至者，佛性不至也⑤。然则时节已至，此即佛性之现前也，或即其理自彰也。大凡皆未有时节不至之时节，未有佛性不现前之佛性也。

第十二祖马鸣尊者⑥为十三祖⑦示说佛性海，云："山河大地皆依建立，三昧六通由兹发现。"⑧然则此山河大地皆为佛性海也。所

---

① 有漏智、无漏智：漏，即烦恼；有漏智，即指尚未脱离烦恼的智慧，属世俗的智慧；无漏智，即指已脱离烦恼的真实智慧，属佛的智慧。

② 本觉、始觉：本觉，即本有的觉性；始觉，即指由学习教义后而始得的觉性。

③ 聻：口语，在这里无特别含义。常见于禅师们的问答中，同"呢"，属疑问词。

④ 天然外道：即自然外道，十种外道之一。他们否定一切存在由因缘而生，主张自然而有。

⑤ 道元在这里对《涅槃经》"欲知佛性义，当观时节因缘；时节若至，佛性现前"一语的解释，如同前面的"悉有佛性"一样，颇富创意。

⑥ 马鸣尊者：梵语Asvaghosa之意译，生于公元1—2世纪，中印度人，著有《佛所行赞》。

⑦ 十三祖：名迦毗摩罗（Kapimala）。

⑧ 《景德传灯录》卷一"马鸣"章。

云"皆依建立"者，谓建立之正当恁么时，即乃山河大地也。既云"皆依建立"，当知佛性海之形相即如是也，无须更关乎内外中间也。既是恁么，见山河者，即见佛性也，见佛性者即见驴腮马嘴也。"皆依"者，即会取不会取之为全依也、依全也。"三昧六通由兹发现"者，当知诸三昧之发现未发现，同为皆依佛性也。全六通之由兹不由兹，皆为皆依佛性也。六神通者，非但阿笈摩教所云之六神通[1]。所云六者，意谓前三三后三三，是六神通波罗蜜也。然则切勿参究六神通为"明明百草斗、明明佛祖意"也[2]。虽被六神通所滞累，然乃挂碍于佛性海之朝宗也。

五祖大满禅师，蕲州黄梅人也[3]。无父而生，童儿得道，乃栽松道者也。初在蕲州西山栽松，遇四祖出游，告道者："吾欲传法与汝，汝已年迈，若待汝再来，吾尚迟汝。"师诺。遂往周氏家女托生。因抛浊港中，神物获持，七日不损，因收养矣。至七岁为童子，于黄梅路上逢四祖大医禅师[4]。祖见师，虽是小儿，骨相奇秀，异乎常童。祖见问曰："汝何姓？"

师答曰："姓即有，不是常姓。"

祖曰："是何姓？"

师答曰："是佛性。"

祖曰："汝无佛性。"

师答曰："佛性空故，何以言无？"祖识其法器，俾为侍者，后付正法眼藏。居黄梅山，大振玄风[5]。

然则参究祖师之道取，"四祖曰汝何姓"者，有其宗旨也。昔有何国人之人，何姓之姓。汝者，即为说之为何姓也，比如道取"吾亦如是，汝亦如是"。五祖曰："姓即有，不是常姓。"所言有即姓

---

[1] 阿笈摩教：梵语Agama，另译作"阿含"，在这里，即指小乘佛教。六神通：即"五神通"之外，加上"漏尽通"，合称"六神通"。五神通，前出，见《摩诃般若波罗蜜多》卷。

[2] 语见《宏智广录》卷一。

[3] 大满禅师：即五祖弘忍。蕲州黄梅：即今湖北省黄梅县。

[4] 四祖大医禅师：名道信（580—651），谥大医。

[5] 此一段文字，可能是从几种《灯录》中合成的，前半部见《续灯录》卷一"弘忍"章，后半问答部分见《景德传灯录》卷三"道信"章。

者,非常姓也;常姓者,不是即有也。"四祖曰是何姓"者,何者,是也,将是何之也。此即姓也。令其为何者,是之故也。令其为是者,何之能也。姓者,是也,何也。点之于蒿汤,亦点之于茶汤,亦为家常之茶饭也。

五祖曰:"是佛性。"

此言之宗旨,谓是者,即佛性也。以何之故,即为佛性也。是者,岂限之于究取何姓,既为不是之时,是亦即佛性也。然则是者,虽为何为佛,脱落、透脱者,必为姓也。其姓者,即周也。然非受之于父,非受之于祖,非相似之于母氏,更不与旁观者比肩。

四祖曰:"汝无佛性。"

此道取者,乃开演汝非谁,虽全任汝,然无佛性也。当知当学:而今是如何时节而为无佛性?是佛头而无佛性乎?是佛向上而无佛性乎?切勿逼塞七通,切勿摸索八达。亦有修习无佛性为一时之三昧者。盖当问取道取:佛性成佛时,是无佛性乎?佛性发心时,是无佛性乎?当令露柱问取,当向露柱问取,当令佛性问取。

然则,无佛性之言,遥闻于四祖之室也,见闻于黄梅[1],流通于赵州[2],举扬于大沩[3]。无佛性之道,必得精进,切勿趑趄。无佛性虽难以穷究,然有"何"之标准,有"汝"之时节,有"是"之投机,有"周"之同生,直趣(佛性)也。

五祖曰:"佛性空故,所以言无。"

明白道取:空非无。道取佛性空,不言半斤,不说八两,言取无也。空故不言空,无故不云无,佛性空故,即云无。然无之片片,乃即道取空之标榜也;空者,乃道取无之力量也。所言空者,非"色即是空"之空。所云"色即是空"者,非强为色为空,非分别空而造作为色。当为空是空之空也。所谓"空是空之空"者,即空里一片石也。然则,佛性无与佛性空及佛性有,乃是四祖五祖之问取道取。

震旦第六祖曹溪山大鉴禅师,昔参诣黄梅山,五祖问:"汝自何来?"

---

[1] 黄梅:即指五祖大满。前出。
[2] 赵州:即指赵州从谂(778—897),谥真际禅师,临济宗人,有语录行世。
[3] 大沩:即指沩山灵祐(771—853),创沩仰宗,有语录行世。

六祖曰:"岭南人也。"

五祖曰:"来求何事?"

六祖曰:"求作佛。"

五祖曰:"岭南人无佛性,如何作佛?"[①]

此"岭南人无佛性"之语,非谓岭南人无有佛性,非谓岭南人有佛性,乃谓"岭南人,无佛性"也。所言"如何作佛",即谓如何期待作佛也。盖佛性之道理,明晓之先达甚少。非诸阿笈摩教及经论师之所知晓,唯佛祖之儿孙单传也。佛性之道理者,非谓佛性于成佛之前具足,乃谓于成佛之后具足也。佛性必与成佛同参。此道理,须当功夫参究。须当功夫参究三二十年。非十圣三贤所能明了。道取"众生有佛性、众生无佛性"者,乃此道理也。参学其为成佛以来所具足之法者,正鹄也。不怎么参学者,非佛法也。不如是参学,则佛法不应传至今日。若此道理不明,则不明成佛,不能见闻(佛法)也。是故五祖向他道时,为之道:"岭南人,无佛性"也。见佛闻法之初,难得难闻者,"众生无佛性"也。或从知识或从经卷,所喜者,众生无佛性也。不于见闻觉知中参饱一切众生无佛性者,佛性尚未见闻觉知也。六祖专求作佛,五祖善使六祖作佛,既无别之道取,亦无善巧,但云"岭南人,无佛性",当知无佛性之道取问取,此乃作佛之直道也。然则无佛性之正当怎么时,即作佛也。于无佛性尚未见闻,尚未道取者,即尚不能作佛也。

六祖曰:"人有南北,佛性无南北。"

须当举此之道取,功夫于句里。南北之言,当赤心照顾。六祖道得之句中,有宗旨。即有所言"人虽作佛,佛性不须作佛"之一隅之理趣。六祖知之否?

五祖、四祖道取之"无佛性",遥有承受一隅之无穷力量;迦叶佛及释迦牟尼佛等诸佛,作佛转法轮,有道取"悉有佛性"之力量也。悉有之有,何不嗣法于无无之无?盖无佛性之语,遥闻自四祖五祖之室。尔时,六祖若是其人,当功夫此无佛性之语。须当问取"有无之无暂且不管,如何是佛性",须当询问"何者是佛性"。今人闻及佛性,不问取"如何是佛性",而言佛性有无等之义,乃仓卒也。

[①] 此问答,见《景德传灯录》卷三"大满弘忍"章。

然则诸无之无者，须当向无佛性之无参学。六祖道取之"人有南北，佛性无南北"，须当久久再三捞鹿。捞波子①里应有力量也。六祖道取之"人有南北，佛性无南北"，须当静静拈放。愚辈以为：若质碍于人，虽有南北，而佛性虚融，非南北之论之所及。如此推度六祖之道取，实为五分之愚蒙。须当抛却此等邪解，直须勤学。

六祖示门人行昌云："无常者，即佛性也；有常者，即善恶一切诸法分别心也。"②

所谓六祖道之"无常"，非外道二乘等能所测度。二乘外道之鼻祖鼻末虽云无常，而彼等未能穷尽（其义）。然则无常之亲自说著、证著、行著无常，皆应是无常。今以现自身得度者。即现自身而为说法也③。此即佛性也。更当或现长法身，或现短法身。常圣者，是无常也；常凡者，是无常也。若是常凡圣者，则不应是佛性，是小量之愚见也，是测度之管见也。其佛者，小量身也；其性者，小量作也。是故六祖道取："无常者佛性也。"

常者，未转也。所言未转者，即便变为能断，即便变为所断，则不关乎去来之踪迹，故是常也。然则草木丛林之无常，即是佛性也；人物身心之无常，是即佛性也。国土山河之无常，是依佛性之故也。阿耨多罗三藐三菩提，此是佛性，故无常也。大般涅槃，此是无常，故是佛性也。诸般二乘之小见及经论师之三藏等，皆当惊疑怖畏此六祖之语。若惊疑者，即是外道之类也。

第十四祖龙树尊者④，梵云那伽阏剌树那，唐云龙树亦龙胜，亦云龙猛，西天竺人也。至南天竺国，彼国之人，多信福业。尊者为说妙法，闻者递相谓曰："人有福业，世间第一。徒言佛性，谁能睹之。"

尊者曰："汝欲见佛性，先须除我慢。"

彼人曰："佛性大耶小耶？"

---

① 捞波子：即一种捞水中东西的工具。
② 行昌：号志彻，亦称江西志彻。相传，受北宗神秀的指示，试图谋害慧能，后却做了慧能的弟子。此一段文字，见《景德传灯录》卷五"志彻"章。
③ 此语见《法华经》"普门品"。
④ 龙树尊者：梵语Nagarjuna，公元1—2世纪人，被尊为大乘佛教中观学派之始祖。

尊者曰："佛性非大非小，非广非狭，无福无报，不死不生。"彼闻理胜，悉回初心。尊者复于座上现自在身，如满月轮。一切众会，唯闻法音，不睹师相。于彼众中，有长者子迦那提婆者，谓众会曰："识此相否？"

众会曰："而今我等目所未见，耳无所闻，心无所识，身无所住。"

提婆曰："此是尊者，现佛性相，以示我等。何以知之？盖以无相三昧，形如满月。佛性之义，廓然虚明。"言讫，轮相即隐。复居本座，而说偈言："身现园月相，以表诸佛体；说法无其形，用辨非声色①。"

当知真个之"用辨"者，非"色声"之即现；真个"说法"者，即"无其形"也。尊者曾广说佛性，不可数量也。今且略举一隅。"汝欲见佛性，先须除我慢。"此说之宗旨，不得忽视，当须辨肯。"见"者，非无，其见，是"除我慢"也。"我"亦非一，"慢"亦多般，除法亦千差万别。然则此等皆是见佛性也，可与同眼见目睹并比。

"佛性非大非小"等之道取，切莫与世间之凡夫二乘相例等。但偏乱思佛性之为广大，此即邪念所蓄也。正当恁么时所道取之"非大非小"，不被道理所挂碍，如今所听，当思量也！以使得思量之听取故。

且当闻取尊者所道著之偈，谓"身现园月相，以表诸佛体"既是"以表""诸佛体"之"身现"，故是"园月相"也。然则一切长短方圆，须当学习此身现。于身于现而转疏者，非只昧于园月相，亦非诸佛体也。愚者以为：尊者假现化身，谓之园月相。此乃未相承佛道之傥类之邪念也。何处何时，非（此）身之他现哉？当知尔时尊者唯高座也。身现之仪，有如今之众人之座。此身，是园月相现也。身现者，非方圆，非有无，非隐显，非八万四千蕴，只身现也。谓园月相者，"这里是什么处在，说细说粗月"也！此身现者，先须除我慢②，故非龙树，乃诸佛体也。"以表"故，即透脱诸佛体。是故不

---

① 此一段文字，取意于《景德传灯录》卷一"龙树"章。

② 我慢：即固执己见，自我尊大。

关乎佛边。虽佛性"月满","形如虚明",然非排列"园月相"。况乎"用辨"亦非"声色","身现"亦非色心,非蕴处界①。虽一似于蕴处界,然是"以表"也,"诸佛体"也。此是说法蕴也,其"无其形"也。无其形而更为"无相三昧"时,即是"身现"也。一众虽今望见园月相而"目所未见"者,即是说法蕴之转机也,"现自在身",而"非声色也"。即隐即显者,轮相之进步退步也。"复于座上现自在身",正当怎么时,即是"一切众会,唯闻法音"也,"不睹师相"也。

尊者之嫡嗣迦那提婆尊者,明识此满月相,识此园月相,识此身现,识此诸佛性,识此诸佛体。人室泄瓶之众虽多,皆不能与提婆齐肩。提婆乃半座之尊也,众会之导师也,全座之分座也。正传正法眼藏无上大法者,如灵山摩诃迦叶尊者之元座也。龙树未回心之前,虽为外道之法,弟子尚多,龙树既作佛祖时,独以提婆为附法之正嫡,正传大法眼藏。此即无上佛道之单传也。然僭伪之邪群,往往自称:"我等亦是龙树大士之法嗣";造论集义者,多借龙树之手,非龙树之造也。此乃昔所抛弃之群徒,惑乱人天也。佛弟子须当深知,非提婆所传者,即非龙树之道也。此乃正信可及达也。然则知是伪而禀受者多。谤大般若之愚蒙众生,可怜可悲!

迦那提婆尊者,因指龙树尊者之身现而告众会曰:"此是尊者现佛性相,以示我等。何以知之?盖以无相三昧,形如满月。佛性之义,廓然虚明。"

前后之皮袋,见闻流布于现今天上人间及大千法界之佛法,谁能道取"身现相即是佛性"。大千世界中,唯提婆尊者乃能道取。余者只知佛性非眼见耳闻心识等。因不知身现即佛性,故不能道取。此虽非祖师之惜,然眼耳被碍塞,不得见闻也,身识未起,了识不能也。无相三昧望见之形如满月而礼拜,则"目未所睹"。"佛性之义,廓然虚明"也。然则,身显之为说佛性者,虚明也,廓然也。说佛性之为"身现"者,"以表诸佛体"也。何之一佛二佛,不以此以表为佛体耶?佛体者,身现也,身现之有佛性也。道取会取四大无蕴之佛量祖量,亦还有身现之造次也。既云诸佛体,蕴处界亦复如是也。一切

---

① 蕴:积聚义,即要素。处:即指认识对象。界:即指各种存在。

之功德，即此之功德也。佛功德者，此身现之究竟囊括也。一切无量无边之功德往来者，即此身现之一造次也。

然自龙树、提婆之后，三国诸方之前代后代，往往学佛之人物，未尚如龙树、提婆之所能道取。多少经师论师，磋过佛祖之道。大宋国自昔以来，欲画此因缘，画身画心，画空画壁而不能；乱画笔头，于法座上图以如镜之一轮相，为今之龙树之身现园月相也。数百年来，岁月之霜花开落，为入眼之金屑，然无人言其误。可怜万事蹉跎，如彼然矣！若会取身现园月相为一轮相，乃真个之画饼一枚也。如是弄他，乃笑也笑杀人也。可悲大宋一国之在家出家，不管谁人，都不闻不知龙树之语，不通不见提婆之道，况乎亲切（龙树）之身现哉！隐暗园月，亏缺满月。此即稽古之疏略，慕古之不至也。古佛新佛，更须会取真个之身现，切莫玩赏画饼。

当知欲画身现园月相之相，法座上即有身现相。扬眉瞬目，其为端直。皮肉骨髓之正法眼藏，必得兀坐。破颜微笑①，须当流传。以作佛作祖故。此画未尚为月相者，乃无形如，不说法，无声色，无用辨也。若求身现，当画园月相。若图园月相，当图园月相，以身现园月相故。画园月相时，当图满月相，当现满月相。然则不画身现，不画园月，不画满月相，不图诸佛体，不体"以表"，不图"说法"，乱图画饼一枚，用作什么？急著眼看之，谁是直至如今饱不饥？月者，园形也；园者，身现也。学园切莫学如一枚钱，切莫与一枚画饼相似。身相园月身也，形如满月形。一枚钱、一枚饼，当向"园"学习。

予往昔云游时，至大宋国。嘉定十六年②癸未秋，始到阿育王山广利禅寺③，见西廊壁间画有西天东地三十三祖之变相，当时未领览。后于宝庆元年④乙酉安居中再至，与西蜀之成桂⑤知客行步廊下时，予问知客："这个是什么变相？"

---

① "扬眉瞬目""皮肉骨髓""破颜微笑"：分别是关于释尊、达磨和迦叶三人的故事。

② 嘉定十六年：公元1223年。

③ 广利禅寺：即今浙江省宁波阿育王寺。

④ 宝庆元年：公元1225年。

⑤ 成桂：生平不详。

知客曰:"龙树身现园月相。"

(知客)如此道取,(其)颜色无鼻孔,声里无语句。

予曰:"真个是一枚画饼相似。"时知客大笑,然笑里无刀,破画饼不得也。乃知客与予至舍利殿及六殊胜地①等之间,虽数番举扬,然(知客)未及疑著,虽有前来下语之僧侣,多都不是也。

予曰:"且问堂头。"时堂头,乃大广和尚也。

知客曰:"他无鼻孔,对不得,如何得知?"故未问广老。桂兄虽怎么道取,亦不会。闻(此)说之皮袋(愚辈),亦不得道取。前后之粥饭头,见之而不怪,不更亦不改。又,画不得法者,皆不可画。当画者,须画端直。然则身现之园月相者,未曾画也。盖佛性者,以领解为现今之虑知念觉而不醒悟,故"有佛性"之说、"无佛性"之说,皆失通达之端绪。学习道取者,亦稀少也。当知此之疏怠,以废故也。诸方之粥饭头,有一生不言佛性之语而空过者。或云:听教之辈谈佛性,参禅之云衲不得言之。如此之辈,乃真个是畜生也!何等魔傥,混污于我佛如来之道!佛道在听教乎?佛道在参禅乎?当知佛道中,无所谓听教、参禅者也。

杭州盐官县齐安②国师,马祖下之尊宿也。因示众曰:"一切众生有佛性。"

所谓"一切众生"之言,须即参究。一切众生,其业道,依正非一,其见亦殊。凡夫外道,三乘五乘,各不相同。今佛道所云一切众生,有心者皆是众生,以心是众生故。无心者亦同为众生也,以众生是心故。然则心皆是众生也,众生皆是有佛性也。草木国土是心也。以是心故,即是众生也。以是众生故,即有佛性也。日月星辰是心也。以是心故,即是众生也。以是众生故,即有佛性也。国师道取之有佛性,其如是也。若非如是,即非佛道所道取之有佛性也。今国师道取之宗旨者,唯"一切众生有佛性"而已。更非众生者,即非有佛性也。且问国师:"一切诸佛有佛性也无?"须当如此问取、试验之。不云"一切众生即佛性",须当参学"一切众生有佛性"之谓。有佛性之有,当脱落之。脱落者,一条铁也。一条铁者,鸟道也。然

---

① 六殊胜地:即阿育王山的六处景地。

② 盐官县齐安:生卒年不详,传载《景德传灯录》卷七等。以下所引句,见《古尊宿语录》。

则一切佛性有众生也。此道理非但说透众生，亦说透佛性也。国师虽未以会得承当之为道得，然不无承当之期。今日之道得，并非徒无宗旨。又，自己所具足之道理，虽未必能亲自会取，然有四大五蕴，亦有皮肉骨髓。是故道取者，有一生之道取，亦有关乎道取之生生。

大沩山大圆禅师，有时示众曰："一切众生无佛性。"

听闻此语之人天（众生）中，有喜悦之大根机者，亦有惊疑之辈众。释尊所说者，"一切众生悉有佛性"也。大沩之所道者，"一切众生无佛性"也。"有""无"之言理，极相殊异。道得之当否，须当疑之。然则，唯"一切众生无佛性"之言于佛道为长也。盐官"有佛性"之语，虽相似于古佛同展一只手，然仍尚为一条拄杖两人升也。今大沩不然，此是一条拄杖吞两人也。况国师为马祖之徒，大沩是马祖之徒孙！然法孙于师翁为老大也，法子于师父之道为年少也。今大沩所道之理致，以"一切众生无佛性"为理致。尚不言旷然绳墨之外，（以）自家屋里之经典，（故）有如是受持。更须摸索，一切众生如何是佛性？如何有佛性？若有佛性，是为魔傥，似将来魔子一枚强加于一切众生。佛性若是佛性，众生亦即是众生也。非众生从本以来具足佛性。设求具足，然佛性乃非始来之宗旨也。莫言张公吃酒李公醉。若自有佛性者，则更非众生。既有众生，终非佛性。是故百丈曰："说众生有佛性，亦谤佛法僧。说众生无佛性，亦谤佛法僧。"[①]然则，言有佛性，言无佛性，皆成谤也。虽成谤，然非（谓）不必道取也。且问你，大沩，百丈且听著。谤则非无，佛性说得也未？设若说得，即挂碍说著。有说著，即与闻著同参。复须向大沩问曰：设若道得"一切众生无佛性"，然未说一切佛性无众生，未说一切佛性无佛性，况乎（说）一切诸佛无佛性者，梦也未见在。试举看！

百丈山大智禅师示众云："佛是最上乘，是上上智。是佛道立此人，是佛有佛性，是导师。是使得无所碍风，是无碍慧。于后能使得因果，福智自由。是作车，运载因果。处于生不被生之所留，处于死不被死之所碍，处于五阴如门开，不被五阴碍。去住自由，出入无难。若能怎么，不论阶梯胜劣，乃至蚁子之身，但能怎么，尽是净妙

---

① 见《天圣广灯录》卷九"百丈怀海"章。

国土，不可思议。"①

此即百丈之道处也。所言五蕴者，即今之不坏身也。今之造次者，门开也，不被五阴碍也。使得生而不被生所滞，使得死而不被死所碍。切莫徒爱生，切勿乱畏死。既为佛性之处在，动著、厌却者，外道也。认得现前之众缘，使得无碍之风，此乃最上乘，"是佛"也。是佛之处在，即是净妙国土也。

黄檗在南泉茶堂内坐。南泉问黄檗："定慧等学，明见佛性。此理如何？"

黄檗云："十二中时不依倚一物始得。"

南泉云："莫便是长老见处么？"

黄檗曰："不敢。"

南泉云："浆水钱且致，草鞋钱教什么人还？"黄檗便休②。

所谓"定慧等学"之宗旨者，即若定学不碍慧学，于等学之处，无有明见佛性，乃于明见佛性之处而有定慧等学之学也。道取"此理如何"，比如道取"明见佛性，为谁所作"，亦当同义也。黄檗曰"十二时中不依倚一物"之宗旨者，即谓十二时中虽处在十二时中，然不依倚也。不依倚一物，是即十二时中故，佛性明见也。此十二时中，是何时节到来耶？是何国土耶？今云之十二时，当是人间之十二时耶？他那里有十二时耶？是白银世界之十二时且来耶？设若此土，设若他界，然不依倚也。既是十二时中，当不依倚。

所谓"莫便是长老见处么"者，如言"恐不便谓此是见处"。设若道取长老见处么，然不得回头看作是自己（之见处）。虽的当于自己，然非黄檗。黄檗未必只是黄檗自己，盖以长老见处为露回回故。

黄檗曰："不敢。"

此言于宋土，意谓当问取自己之能力时，虽欲言能之为能，然说不敢也。所以，不敢之道，非不敢也；此道得不可计之是道取也。长老见处虽是长老，长老见处虽为黄檗，然道取时，当为不敢也。

当如一头水牯牛出来道牛牛。如是道取者，即是道取也。道取之宗旨，更又为道取之道取，当试道取看！

---

① 见《古尊宿语录》卷一"百丈"章。

② 见《景德传灯录》卷七"南泉普愿"章，《天圣广灯录》卷八"黄檗希运"章。

南泉曰："浆水钱且致，草鞋钱教什么人还？"

谓：浆水钱暂且不说，草鞋钱让谁来付？此道取之意旨，须当久久力尽生生（世世）而参究！浆水钱之如何暂且不管，当留心勤学草鞋钱为何管得。行脚之年月，踏破几多草鞋。今当云："如不还钱，未著草鞋。"又可云："两三两。"当是如此道得，当是如此宗旨。

"黄檗便休。"此休也，非不被肯认而休，亦非不肯而休。本色之衲子，则不然也。当知休里有道者，如笑里有刀也。此是佛性明见，粥足饭饱也。

举此因缘，沩山问仰山曰："莫是黄檗构他南泉不得么？"仰山曰："不然。须知黄檗有陷虎之机。"沩山云："子见处，得怎么长？"

大沩之所道，即谓昔黄檗岂非构不得南泉耶？仰山曰"黄檗有陷虎之机"，既是陷虎，当捋虎头。陷虎捋虎，异类中行。明见佛性也，开一只眼。佛性明见也，失一只眼。速道速道！佛性见处，得怎么长？

是故，半物全物，是不依倚也。百物千物，不依倚也。百时千时，不依倚也。是故曰："箩笼一枚，时中十二。依倚不依倚，如葛藤依树。中天及全天，后头未有语。"

有僧问赵州真际大师："狗子还有佛性也无？"此问之意趣，须当明究。狗子者，即狗犬也。非问取彼有佛性，亦非问取无，乃问取"铁汉又学道耶"？虽误遇毒手，怨恨深重，然此乃三十年来，更见半个圣人之风流也。

赵州曰："无。"闻此语，当有习学之方路。佛性自称之无当怎么，狗子自称之无亦当怎么道。旁观者所唤作之无，亦当怎么道。其"无"必有消失之日。

僧曰："一切众生皆有佛性，狗子为什么无？"此语之宗旨，谓一切众生若无，佛性亦应无，狗子亦当无，其宗旨作么生？狗子佛性，为何待无哉？

赵州曰："为他有业识在。"此道之旨，谓"为他有之"者，即"业识"也。虽"业识有""为他有"，然狗子无，佛性无也。业识不会狗子，狗子何会佛性哉？设若双放双收，然此，尚是业识之始终也。

赵州有僧问:"狗子还有佛性也无?"此问取,当为此僧构得赵州之道理。然则佛性之问取道取,乃佛祖之家常茶饭也。

赵州说:"有。"此"有"之样子,非教家之论师所云之"有",亦非有部所论之"有"也。须当进前学习佛有。佛有者,赵州有也。赵州有者,狗子有也。狗子有者,佛性有也。

僧曰:"既有,为什么却撞入这皮袋?"此僧之道得,乃问取今有耶?古有耶?既有耶?"既有"者,虽言相似于"诸有",然"既有"乃孤明也。"既有"者,当撞入耶?当不撞入耶?撞入这皮袋之行履,乃非徒然蹉跎之功夫。

赵州曰:"为他知而故犯。"①此语为世俗之言语流布于世上,然今此是赵州之道得也。所说者:知而故犯。此道得,不予疑著者当少。今"人"之一字虽难以明究,然"人"之一字亦用不得也,况乎"欲识庵中不死人,岂离只今这皮袋"?②不死人设是阿谁,然何时莫离此皮袋耶?故犯非必是人皮袋,撞入这皮袋不必是知而故犯。以"知而"故,当有"故犯"也。须知此故犯焉能覆藏脱体之行履?说之力撞入也。脱体之行履,其正当覆藏时,亦覆藏于自己,亦覆藏于他人。虽然如是,且莫言尚未解脱,驴前马后之汉。况乎云居高祖③曰:"直饶学得佛法边事,早是错用心了也。"

然则,半枚学佛法边事,虽久错来,日深月深,然此当是撞入这皮袋之狗子也。虽为知而故犯,当为有佛性也。

长沙景岑和尚之(集)会上,有竺尚书问曰:"蚯蚓斩为两断,两头俱动。未审佛性在那个头?"

师云:"莫妄想。"

书云:"争奈动何?"

师云:"只是风火未散。"④

今尚书所曰之"蚯蚓斩为两断"者,当决定未斩时为一断乎?佛

---

① 以上关于赵州佛性有无的问答,见《宏智广录》卷一所收《崇福禅院语录》。其问答形式与临济宗所传承的有所不同,即临济宗的传承没有后半部分。

② 语见《景德传灯录》卷三〇所收《草庵歌》。

③ 云居高祖:即云居道膺,曹洞宗人。高祖,此处即指曹洞宗的高祖。语见《联灯会要》卷二二。

④ 此问答见《景德传灯录》卷一〇"长沙景岑"章。

祖之家常，不恁么也。蚯蚓本非一断，亦非蚯蚓被斩而为两断。

一、两之道取，须功夫参学！

所言"两头俱动"之"两头"，以未斩之前为一头耶？以佛向上为一头耶？"两头"之语，不关尚书之会与不会，（意在）莫舍此话语也。已斩为两断，是一头？而或更有一头？曰其动谓俱动，定动智拔，皆应是动。

"未审佛性在阿那个头？"盖当曰："佛性斩为两断，未审蚯蚓在阿那个头？"此道取，须审细（参究）之。所谓"两头俱动，佛性在阿那个头"者，当谓若是俱动，则不堪佛性之处在乎？或当曰俱动者，虽动者共动之，然佛性之所在当为其中那一头？

师曰："莫妄想。"此宗旨当作么生？谓莫妄想也！然则，是谓两头俱动而无妄想耶？非妄想耶？或言唯佛性无妄想耶？此乃不及佛性之论，亦不及两头之论，但道取无妄想耶？复须参究！

"争奈动何"之谓者，乃道取若动之，则更加佛性一枚乎？或道着动之即非佛性乎？

谓"风火未散"者，即当令佛性出现。是佛性耶？是风火耶？佛性与风火，不得言俱出；不得言一出一不出，不得言风火即佛性。故长沙未言蚯蚓有佛性，未云蚯蚓无佛性。只道取"莫妄想"，只道取"风火未散"。佛性之活计，当卜度长沙之道。风火未散之言语，须当静静下功夫（参究）！"未散"者，有何道理？谓道取风火既集而散期未至，曰之为未散乎？非然也。风火未散，即佛说法；未散风火，乃法说佛。比喻说一音法之时节到来也。说法之一音者，到来之时节也。法者，一音也，以一音之法故。

又，以为佛性乃生时有，死时乃无者，最为少闻薄见也。生时亦是有佛性，是无佛性也。死时亦是有佛性，是无佛性也。若论风火之散与未散，佛性亦当（有）散与不散。设使散时，亦当是佛性有，佛性无。设使未散时，亦当有佛性、无佛性。然则邪执佛性因动不动而在不在，因识不识而神不神，以知不知而性不性者，外道也。

无始劫来，痴人多以识神为佛性，为本来人，笑杀人也。更道取佛性者，虽不拖泥带水，盖墙壁瓦砾是也。向上道取时，作么生是佛性？还委悉么？三头八臂。

正法眼藏佛性第三

同四年①癸卯正月十九日书写之 怀奘

尔时仁治二年辛丑十月十四日在雍州②观音导利兴圣宝林寺示众再治御本之奥书也

正嘉二年③戊午四月廿五日以再治御本交合了。

第四，身心学道

佛道者，拟不道而不得，拟不学而转远。

南岳大慧禅师曰："修证非无，污染不得。"④

不学佛道，则堕于外道、阐提⑤等之道。是故，前佛后佛，必修行佛道也。

学习佛道，且有二种，所谓以心学，以身学也。谓以心学者，即以所有诸心而学也。谓其诸心者，质多心、汗栗驮心、矣栗驮心等也⑥。又，感应道交，发菩提心之后，则皈依佛祖大道，习学发菩提心之行李也。设若尚未发真实之菩提心，然先当发菩提心，修学佛祖之法。发菩提心也，赤心片片也，古佛心也，平常心也，三界一心也。

有放下此等之心而学道者，有拈举（此等心）而学道者。是时，思量而学道，不思量而学道。或正传金兰衣，或禀受金兰衣⑦。或有汝得吾髓者⑧，或有三拜依位而立者，有碓米传衣⑨，以心学心者。

---

① 同四年：据考证，即是仁治四年（1243）。

② 雍州：即今京都宇治。

③ 正嘉二年：公元1258年。

④ 南岳大慧：即南岳怀让（677—744），六祖慧能的法嗣。此句是怀让回答六祖慧能问话时讲的一句，见《景德传灯录》卷五"南岳怀让"章。污染，此指烦恼。

⑤ 阐提：即"一阐提"之略称，梵语icchantika，译作"断善根"，极恶之意。

⑥ 质多：梵语citta的音译，意指思维、认识作用，一般翻译作"心"。汗栗驮：梵语hridaya，意指心脏，也指情绪。矣栗驮：在含义上，比"汗栗驮"较抽象，一般理解为心意识，或"心"。

⑦ 指佛陀传给迦叶的佛法印证。详见《景德传灯录》卷一"释尊"章。

⑧ 汝得吾髓：即指达磨传给二祖慧可的法。详见《景德传灯录》卷三"达磨"章。

⑨ 碓米传衣：即五祖弘忍与六祖慧能之间付法传衣的故事。详见《景德传灯录》卷三"弘忍"章。

剃发染衣，即回心也，明心也。逾城出山①，是出一心、入一心也。山之所入者，是思量个不思量底也。世之所舍者，是非思量也。团之于眼睛二三斗，弄之于业识千万端也。如是学道，有功赏自来，有赏而功若未至，然当私借佛祖之鼻孔令其出气，拈起驴马之脚蹄令其印证，则是万古之榜样也。

且山河大地、日月星辰，是心也。此正当怎么时，如何保任现前？谓山河大地者，山河比如山水也。大地非只在此处。山亦当多，有大须弥、小须弥；有横处，有竖处。有三千界，有无量国。有关乎色者，有关乎空者。河亦当更多，有天河，有地河，有四大河，有无热池。北俱庐洲有四阿耨达池②，有海，有池。地非必是土，上非必是地。亦当有土地，又当有心地，当有宝地。虽谓万般，然地不可无，亦有以空为地之世界。日月星辰者，人天所见当有不同，诸类所见亦不同。怎么故，一心之所见，是一齐也。此等既是心也。为内耶？为外耶？为来耶？为去耶？生时增一点耶？不增耶？死时去一尘耶？不去耶？此生死及生死之见，欲置之于何处？向来但是心之一念二念也。一念二念者，一山河大地也，二山河大地也。山河大地等，既不是有无，亦非大小，非得不得，非识不识，非通不通，不变悟不悟。

须当决定信受，如是之心自以学道为习惯，即谓心学道。此信受，其非大小有无。今知家、非家、舍家、出家之学道，其非大小之量，非远近之量。远离鼻祖鼻末，亦远离向上向下。有展事，七尺八尺也；有投机③，为自为他也。怎么者，即是学道也。学道者以怎么故，墙壁瓦砾是心也。更非三界唯心，亦非法界唯心，墙壁瓦砾也。造于咸通④年前，破于咸通年后。拖泥带水也，无绳自缚也。有引玉之力，有入水之能。有溶解之日，有破碎之时，有极微之极之时。不

---

① 逾城出山：即释迦牟尼佛出家的故事。详见《景德传灯录》卷一"释尊"卷。

② 北俱庐洲：梵语uttarakuru，即须弥山四大洲中的北部洲。阿耨达池：梵语Anavatapta，意译"无热池"。

③ 有展事、有投机：《无门关》"庭前柏树"条有"言无展事，语不投机"句。

④ 咸通：唐懿宗的年号，公元860—874年。此外，则应作代名词解，指某年前或某年后，非指咸通年间。

与露柱同参，不与灯笼交肩。以如是故，赤脚走而学道者，谁人著眼看？翻筋斗而学道者，各有随他去。此时，壁落是令学十方，无门是令学四面。①

"发菩提心"者，或有于生死中而得之，或有于涅槃而得之，或有于生死涅槃之外而得之。虽不待处，然亦不碍发心之处。非境发，非智发，是菩提心发也，是发菩提心也。发菩提心者，非有非无，非善非恶，非无记。非由报地而缘起，天有情不定可得。以唯正随时节而发菩提心也，不关依报故。发菩提心之正当恁么时，法界悉发菩提心也。虽相似于转依，然非被依所知。共出一只手也，自出一只手也，异类中行也。于地狱、饿鬼、畜生、修罗等中，发菩提心也。

谓"赤心②片片"者，片片皆是赤心也。非一片两片，片片也。"荷叶团团团似镜，菱角尖尖尖似锥。"虽似镜，然片片也。虽似锥，片片也。

谓"古佛心"者，昔有僧问大证国师③曰："如何是古佛心？"时国师曰："墙壁瓦砾。"

是故，当知古佛心者非墙壁瓦砾，非以墙壁瓦砾谓古佛心。古佛心，其如是学之也。

谓"平常心"者，不言此界他界，（但言）平常心也。昔日由此处去，今日从此处来。去者漫天去，来者尽地来，是平常心也。平常心开门于此屋里，千门万户一时开闭故，是平常也。今此盖天盖地者，如不觉之词，如喷地之一声。语等也，心等，法等也。寿行生灭，虽刹那生灭，然最后身之先曾不知。虽不知，然若发心，必进菩提之道也。既有此处，不得更疑。既有疑事，即平常也。

谓身学道者，以身学道也，赤肉团之学道也。身者，从学道而

---

① "师到灌溪，有僧举溪语云：'十方无壁落，四面亦无门，净裸裸，赤沥沥，没可把。'"见《联灯会要》卷一〇"灌溪志闲"章。

② 赤心：即指无垢无缚的心，亦即真实心。

③ 大证国师：即南阳慧忠（？—775），谥号"大证禅师"。语见《景德传灯录》卷二八"南阳慧忠"章，原文是："僧又问：'阿那个是佛心？'师曰：'墙壁瓦砾。'"

来；从学道而来者，皆是身也。尽十方是个真实人体也①，生死去来真实人体也。睨视此身，离诸十恶，奉持八戒，皈依三宝而舍家出家者，是真实之学道也。故言真实人体。后学莫同自然见之外道！

百丈②大智禅师曰："若执本清净本解脱自是佛，自是禅道解者，即属自然外道。"

此等，非闲家之破具，是学道之积功累德也。跛跳而玲珑八面也，脱落如藤倚树也。或现此身得度而为说法也，或现他身得度而为说法也，或不现此身得度而为说法也，或不现他身得度而为说法也，乃至不为说法也。

然则舍身之处，有扬声止响者；舍命之处，有断肠得髓者。设发足学道于威音王之先，然是自为儿孙增长也。

谓"尽十方界"者，即十方面皆是尽界也。东西南北四维上下，云之十方。须当思量彼之表里纵横之究尽之时节。言思量者，人体设挂碍于自他，然谛观、决定尽十方也。是闻未曾闻也。以方等故，以界等故。"人体"者，四大五蕴也③；大尘皆非凡夫所能究尽，是圣者之所参究也。又，当于一尘谛观十方，然十方不囊括于一尘。或于一尘建立僧堂、佛殿，或于佛堂、佛殿建立尽界。由是建立，建立由是也。怎么之道理，乃尽十方界真实人体也。不可学自然天然之邪见。若非界量，亦非广狭。尽十方界者，八万四千之说法蕴也，八万四千之三昧也，八万四千之陀罗尼也。八万四千之说法蕴者，以是转法轮故，法轮之转处，是亘界也，亘时也。非方域无，是"真实人体"也。今之汝，今之我，皆是尽十方界真实人体之人也。不得磋过此等而学道。设使三大阿僧祇劫，十三大阿僧祇劫④，乃至无量阿僧祇劫，舍身受身者，必为学道之时节，进步退步而学道。礼拜问

---

① "（福州安国院慧球禅师）问了院主：'只如先师（玄砂师备）道"尽十方世界是真实人体"，你还见僧堂么？'了曰：'和尚莫眼花。'师曰：'先师迁化，肉犹暖在。'"见《景德传灯录》卷二一"安国慧球"章。

② 百丈：即百丈怀海（唐代人，生卒不详），马祖道一的法嗣。

③ 四大：即佛教认为构成一切事物存在的地、水、火、风四种要素。五蕴：即认为构成人生命存在的五种要素，指色、受、想、行、识。

④ 阿僧祇：梵语asamkhya，译作"无数"。劫：即时间单位，即无数的时间。

讯，即动止威仪。图画枯木，磨砖死灰，无些许间断。历日短促，学道幽远。舍家出家，虽风流萧然，然不得与樵夫混同。活计设竞头，然非佃户齐比。不得比之迷误善恶之论，不得滞之邪正真伪之边。

谓"生死去来真实人体"者，谓生死虽为凡夫之流转，然是大圣之所脱（落）也。欲超凡超圣，不限以此为真实体。其有二种、七种之品类，然究尽之，则面面皆是生死，故当不恐怖。何以故？谓虽未舍生，然今已见死；虽未舍死，然今已见生。生不挂碍死，死不挂碍生。生死皆非凡夫之所知。生如柏树子，死如铁汉（儿）。柏树虽为柏树所碍，然生不被死所碍，故学道也。生非一枚，死非两足。死不相对于生，生不相待于死。

圆悟禅师①曰："生也全机现，死也全机现。闭塞太虚空，赤心常片片。"

此道著，须当静下功夫点检。圆悟禅师虽曾怎么道，然（其）未不知生死之胜于全机。参学去来，去有生死，来有生死，生有去来，死有去来。去来以尽十方界为两翼三翼而飞去飞来，以尽十方界为三足五足而进步退步。以生死为头尾，尽十方界真实人体者，能翻身回脑。翻身回脑，如一钱大，似微尘里。平平坦坦，其壁立千仞也。壁立千仞处，其平平坦坦地也。是故，有南洲、北洲之面目②，检之而学道。有"非想非非想"之骨髓，唯抗之而学道也。

正法眼藏身心学道第四尔时仁治三年壬寅③重阳日在于宝林寺④示众仁治癸卯⑤仲春初二书写 怀奘

第五，即心是佛

佛佛祖祖之悉皆保任者，唯"即心是佛"也。然则，西天⑥无"即心是佛"，乃于震旦⑦始闻之。学者多以此误失而不得将错就

---

① 圆悟禅师：圆悟克勤（1063—1135），五祖法眼的法嗣。语见《圆悟颂古》五十一则，但有删略。
② 南洲、北洲：即指须弥山的"南瞻浮洲"和"北俱庐洲"。
③ 仁治三年：公元1242年。
④ 宝林寺：即兴圣宝林禅寺。
⑤ 癸卯：即仁治四年，公元1243年。
⑥ 西天：即指印度。
⑦ 震旦：即指中国。有时也写作"神丹""真丹"等，皆指中国。

错。以不得将错就错故，多零落于外道①。闻所谓"即心"之话，痴人以众生虑知念觉之未发菩提心为佛。此乃因曾未遇正师之故也。

谓外道之类者，西天竺国有外道，名曰"先尼"②。彼之见处曰："大道在我等之今身，故其情形易知。谓识别苦乐，自知冷暖，了知痛痒，不冥万物，不关诸境。物虽去来，境虽生灭，然灵知常在而不变。此灵知，广周遍之，无凡圣含灵③之隔异。就中，虽且有妄法空花，然若一念相应之智慧现显，则物亦亡，境亦灭，独灵知之本性，了了常镇也。设若身相破灭，然灵知不破而出也。如人舍失火，舍主逃出。以其昭昭灵灵，云之曰觉者、智者之性。亦言之曰佛，亦称之曰悟。自他同具足，迷悟皆通达。不管万法诸境之如何，灵知则不与境为侣，不与物同，历劫而常住也。今现有之诸境，既依灵知之所在，即可谓之真实。依本性而缘起，故是法也。虽然如是，然不如灵知而常住者，以是存灭故。不关明暗，以灵知故。谓此曰灵知，又称真我，云觉元，称本性，称本体。了悟如是之本性，谓归常住，谓归真之大士。自此之后，不再流转生死，证入不生不灭之性海。此外即非真实。此（本）性不现，则三界六道竞起。"④此即先尼外道之见也。

大唐国大证国师慧忠和尚⑤问僧："从何方来。"

僧曰："南方来。"

师曰："南方有何知识⑥？"

僧曰："知识颇多。"

师曰："如何示人？"

僧曰："彼知识，直下示学人即心是佛。佛是觉义，汝今悉具见

---

① 外道：即指佛教以外的学派或宗教，佛教将它们视为邪说，予以批判。

② 先尼：一作"仙尼"，梵语Seniya。《杂阿含经》卷五记载"仙尼出家"，说曾参访佛陀，请教"五蕴"和"如来"义。大乘经论中，常以"胜论梵志"的名字出现，其观点，与此处所讲的大体相同。

③ 凡圣：即凡夫和圣人；含灵：即指一切有情或众生。

④ 此一段文字，出处不详。三界：即欲界、色界和无色界，意指众生生活往来的世界的三种形态。六道：即地狱、饿鬼、畜生、阿修罗、人、天堂，指众生来世往生的六种去向，称作"六道轮回"。

⑤ 慧忠和尚：即南阳慧忠（？—775），谥号"大证国师"，六祖慧能法嗣。

⑥ 知识：在这里，指"善知识"，即高僧大德。

闻觉知之性。此性善能扬眉瞬目，去来运用，遍于身中，捏头头知，捏脚脚知，故明正遍知①。离此之外，更无别佛。此身即有生灭，心性无始以来，未曾生灭。身生灭者，如龙还骨，似蛇脱皮，人出故宅。即身是无常，其性常也。南方所说，大约如此。"

师曰："若然者，与彼先尼外道，无有差别。彼云：我此身中有一神性，此性能知痛痒，身坏之时，神则出去。如舍被烧舍主出去，舍即无常，舍主常矣。审如此者，邪正莫辨，孰为是乎？吾比游方，多见此色，近尤盛矣！聚却三五百人，目视云汉云：是南方宗旨。把他坛经改换，添糅鄙谭，消除圣义，惑乱后徒，岂成言教？苦哉，吾宗丧矣！若以见闻觉知是为佛性者，净名②不应云法离见闻觉知，若行见闻觉知者，是则见闻觉知，非求法也。"③

大证国师，乃曹溪古佛④之上足也，天上人间之大善知识也。当明究国师之所示宗旨，以为参学之龟鉴。切勿识先尼之见处而从之。

近代大宋国有诸山主人之辈，然不如国师者也。自昔以来，可与国师相齐之（善）知识者，未曾出世。然则，世人误谓："临济""德山"⑤当与国师相齐。如是之辈尚多。可怜，不得明眼之师！

谓佛祖保任之即心是佛者，非外道、二乘⑥梦之所不见，唯佛祖与佛祖，究尽即心是佛，有闻著，有行取，有证著。

"佛"拈却、打失百草，然不得说似于丈六之金身⑦。

"即"有公案，非相待现成，非回避败坏。

"是"有三界，非退出，非唯心。

"心"有墙壁，不曾拖泥带水，不造作。

---

① 正遍知：佛号之一，也作"正等正觉"，是梵语Samyaksambodhi的意译。

② 净名：梵语Vimalakirti，即佛经中常说的"维摩诘"。《维摩诘经》曰："法不可见闻觉知，若行见闻觉知，是则见闻觉知，非求法也。"

③ 此一段文字，见《景德传灯录》卷二八"南阳慧忠国师语录"。

④ 曹溪古佛：即指六祖曹溪慧能。

⑤ 临济：此指临济义玄（？—867），谥号慧照，创临济宗。德山：即德山宣鉴（780—865），临济宗人。

⑥ 二乘：即"声闻乘"和"缘觉乘"，皆属小乘。

⑦ 丈六之金身：即指佛陀本人。《从容录》第四十七则评唱有"将一茎草作丈六金身"语。

或参究"即心是佛"①，参究"心即是佛"，参究"佛即是心"，参究"即心佛是"，参究"是佛心即"。如是参究，当为即心是佛；如是举之，则于即心是佛是正传也。如是正传，方至今日。谓正传之心者，一心一切法，一切法一心也。是故古人曰："若人识得心，大地无寸土。"②当知识得心时，盖天扑落，匝地裂破。或识得心，大地更增三寸之厚。古德云："作么生是妙净明心？山河大地，日月星辰。"③

当明知：心者，山河大地也，日月星辰也。然则，此之所道取，进之不足，退之尚余。山河大地心，唯山河大地，更无波浪，无风烟。日月星辰心，唯日月星辰，更无雾无霞。生死去来心，唯生死去来，更无迷无悟。墙壁瓦砾心，唯墙壁瓦砾，更无泥无水。四大五蕴心，唯四大五蕴，更无马无猿。椅子拂子心，唯椅子拂子，更无竹无木。以如是故，即心是佛不污染即心是佛，诸佛不污染诸佛。

所以，谓即心是佛者，乃发心、修行、（证）菩提、涅槃之为诸佛也。未发心、修行、（证）菩提、（得）涅槃者，不是即心是佛。设于一刹那中发心修证，亦是即心是佛也。设于一极微中发心修证，亦是即心是佛也。设于无量劫中发心修证，亦是即心是佛也。设于一念中发心修证，亦是即心是佛也。设于半拳里发心修证，亦是即心是佛。然则，谓长劫修行作佛而非即心是佛者，未见即心是佛也，不知即心是佛也，未学即心是佛也，未见开演即心是佛之正师也。

所谓诸佛者，释迦牟尼佛也。释迦牟尼佛是即心是佛也。过去、现在、未来之诸佛皆为佛时，必为释迦牟尼佛，此乃即心是佛也。

正法眼藏即心是佛第五

尔时延应元年④五月二十五日在雍州宇治郡观音导利兴圣宝林寺

---

① 道元在这里将"即心是佛"四字拆开来理解，并用"百草""公案""三界""墙壁"说明它们的意思，颇富新意。

② 语见《景德传灯录》卷二三所收《常灵守卓禅师语录》。

③ 此一句，见于沩山与仰山的问答，载《禅林类聚》卷一〇。曰："沩山问仰山：'妙净明心，汝作么生？'仰山曰：'山河大地，日月星辰。'"

④ 延应元年：公元1239年。

示众于时宽元三年①乙巳七月十二日在越州吉田县②大佛寺③侍者寮书写之 怀奘

第六，行佛威仪

诸佛必行足威仪，此是行佛也。④行佛非报（身）佛⑤，非化（身）佛⑥，非自性身佛，非他性身佛。⑦非始觉本觉佛，非性觉无觉佛。⑧如是等佛，绝不得与行佛齐肩。

当知诸佛在佛道，不待悟觉。于佛向上之道，通达行履者，唯行佛也；自性佛等，梦也未所见在也。此行佛，以头头威仪现成，故身前威仪现成，道前化机漏泄者，乃亘时、亘方、亘佛、亘行也。若非行佛，则为佛缚、法缚⑨，不得解脱，当属佛魔、法魔之党类也。

谓"佛缚"者，即知见、会解菩提为菩提而被知见、会解所缚之意也。（如此）经历一念，则尚不得期解脱之期，即胡乱错解。见解菩提即为菩提，此即是与菩提相应之知见。谁人不云此为邪见，此乃无绳自缚也！缚缚绵绵，非树倒藤枯。唯胡乱活计佛边之巢窟，不知法身之病，不知报身之穷。

远闻教家⑩、经师、论师等之佛道尚云："即于法性，起法性

---

① 宽元三年：公元1245年。

② 吉田县：今日本福井县吉田郡。

③ 大佛寺：即永平寺的前身。

④ 威仪：即指在行、住、坐、卧中，合乎佛教戒规的行为。行佛：此卷的主题。行，此处作动词解，即修行、实践；行佛，即通过修行而成道的佛，是《正法眼藏》中比较独特的用词之一。

⑤ 报（身）佛：三种佛身之一，即佛通过过去的愿行而显现的佛身。

⑥ 化（身）佛：即佛以其神通力量而显现的佛身。

⑦ 自性身佛：即法身佛，无形无色，佛身的抽象性存在。他性身佛：一作"他生身佛"，是佛根据众生的根机等而显现的佛身，也称"应身佛"。

⑧ 始觉：该觉性，始觉悟而变成现实，即称"始觉"。本觉：众生本来具有的觉悟的可能性称"本觉"，也称"自性清净心"。性觉：即体悟到真理的本体，本来就已觉悟的。《楞伽经》卷四曰："如来宣说，性觉妙明，本觉明妙。"无觉：即无觉性。

⑨ 佛缚：即一味地执着于佛而被佛所束缚。在这里，意指对佛的理解不得有执着心。法缚：即一味地执着于佛法而被佛法所束缚。意指对佛法的理解，不得有执着心。

⑩ 教家：在这里，即指天台宗。

解，即是无明。"①此教家之说者，谓于法性起法性之见时，不云法性之缚，更补以无明之缚，不知有法性之缚。虽可怜，然其知有无明之缚，当为发菩提心之种子也。今（所云）之行佛，不曾被如是之缚所缚也。是故，"我本行菩萨道，所成寿命，今尤未尽，复倍上数"②。

当知菩萨之寿命，非今之连绵；佛之寿命，非遍布过去。今云"上数"者，即全"所成"也。言"今尤"者，即全"寿命"也。"我本行"，设若万里一条铁，百年抛却任纵横③。

然则，修证非无，修证非有，修证非污染。无佛无人之处在虽有百千万，然不污染行佛。是故，行佛不被修证所污染。修证之非不污染，此不污染，其不无也。曹溪④曰："只此不污染，是诸佛之所护念，汝亦如是，吾亦如是，乃至西天诸祖亦如是。"

然则，以"汝亦如是"故，（汝亦）是诸佛也；以"吾亦如是"故，（吾亦）是诸佛也。（以是诸佛故），实非我，非汝也。于此而不污染，如吾是吾，诸佛所护念，是行佛威仪也。如汝是汝，诸佛所护念，此即是行佛威仪也。以"吾亦"故，师胜也；以"汝亦"故，资强也，是行佛之明行足⑤也。当知"是诸佛之所护念"者，"吾亦"也，"汝亦"也。曹溪之道得，虽非吾，岂非汝哉？行佛之所护念，行佛之所通达，其如是。是故当知，修证非性、相、本、末等⑥。行佛之去就，是若果然令其行佛，佛则被行也。

兹有为法舍身者，有为身舍法者，有不惜身命者，有但惜身命者。不但为法舍法，乃有为心舍法之威仪。舍为无量（舍），不可忘记。不得拈来佛量而测量度量大道。佛量是一隅也，比如花开。不得

---

① 语句出处不详，不过，观点与《摩诃止观》相近。
② 语见《法华经》"寿量品"。不过，道元的解释，与经文原意不同，颇有新意。
③ 《景德传灯录》卷三〇所收石头希迁《草庵歌》曰："万里抛却任纵横。"
④ 曹溪：即曹溪慧能。语见《景德传灯录》卷五"南岳怀让"章。
⑤ 明行足：原指佛号，即十佛号之一，意指智慧、修行具足的佛。明，指智慧；行，指修行；足，指具足。道元在此借以解释"行佛"。
⑥ 性：即事物的本性。相：即事物的本性所显现的形象、作用和力量。本、末：即根本与枝末。此句意思是说，"修证"不能用从本体和现象上去把握。

举来心量而摸索威仪，拟议威仪。心量是一面也，比如"世界"①。一茎草量，明是佛祖心量也，是认得行佛踪迹之一片也。虽见彻一心量包含无量佛量，若拟度量佛之容止动静，则自有过量之面目。以是过量之行履故，即不中也，使不得也，量不及也。

于行佛威仪，且有一究。若怎么道来即佛即自，谓"吾亦""汝亦"之威仪者，其虽关乎唯我之所能，然则十方诸佛亦如是脱落，此非唯同条。是故古佛曰："体取那边事，却来这里行履。"②既是恁么保任，诸法、诸身、诸行、诸佛，即亲切也。此行、法、身、佛，唯有如是承当。以如是承当故，于承当唯有脱落。眼前明明百草头，切莫动着曰：不见一法，不见一物。若至这法，若至那法，拈来拈去，出入同门行履，以遍界不曾藏故，即有世尊之密语、密证、密行、密附等。

"出门便是草，入门便是草，万里无寸草。"③入之一字，出之一字，这头也用不得，那头也用不得。今之把捉，虽不待放行，然是梦幻空花也。谁人欲将错就错，以此为梦幻空花耶？进步也错，退步也错，一步也错，两步也错，故为错错也。天地悬隔故，至道无难也。须当究竟：威仪威仪，大道体宽！

当知出生合道出，入死合道入。其头正尾正，则玉转珠回之威仪现前也。遣有佛威仪之一隅，是尽乾坤大地也，是尽生死去来也。是尘刹也，是莲花也；此尘刹、莲花，各是一隅也。

学者多谓：言"尽乾坤"者，拟是谓南瞻部洲④，又拟是谓全四洲，唯又思神旦一国，或意想日本一国，如此驰念之。又云"尽大地"者，或如但思三千大千世界，或如但思一州一县。欲参学"尽大地""尽乾坤"之言句，须当三番五次巡思量，切莫只思其乃广而休

---

① 世界："心地生诸种，因事复生理；果满菩提圆，花开世界起。"（《景德传灯录》卷二"般若多罗尊者"章）

② 语见《联灯会要》卷二二"云居"章。"古佛曰"，即指云居道膺（？—902）。云居道膺，曹洞宗人。又，《宏智广录》卷五有"了却那边，却来者里行履"语。

③ 语见《景德传灯录》卷一五"石霜庆诸"章。原文是问答语，此处属取意。

④ 南瞻部洲：即佛教所说的"四洲"之一，传说位于须弥山的南部。

止。如是道得，即是极大同小，极小同大，超佛越祖也。大非有，小非有，虽似疑着，然是威仪行佛也。须当参究佛佛祖祖所道取之尽乾坤之威仪、尽大地之威仪者，皆是言不曾藏为遍界，非但遍界不曾藏也。此乃行佛中之一威仪也。

说起佛道，胎生、化生等虽是佛道之行履，然未道取湿生、卵生等①，况乎于此胎生、湿生、化生外尚有生者，梦也未见也。况于胎、卵、湿、化生之外，更见闻觉知有胎、湿、卵、化生哉？而今佛佛祖祖之大道，胎、湿、卵、化生之外更有胎、湿、卵、化生，不曾藏而正传之，亲密而正传之。此道得，不闻不学，不知不明者，为何之觉类？四生既闻，死有多少？四生必有四死乎？又必有三死二死乎？又当有五死六死乎、千死万死乎？此道理，设若些许疑著，是参学之分也。

且当功夫（参究）：此四生众类中，当有生而无死者乎？又，有单传死而不单传生者乎？单生单死类之有无，须当参学！有但闻无生②之言句，而不明究（其义），不作身心功夫者，是愚钝之甚者也，可谓是不及信、法、顿、渐之论之畜类也③。何以故？虽言闻无生，而此道得之意旨当作么生？当更是无佛、无道、无心、无灭乎？当是无无生乎？无法界、无法性乎？当是无死乎？以不如是功夫参究，胡乱但念水草④之故也。

当知生死乃佛道之行履，生死乃佛家之调度。使也要使，明也明得。是故佛道于此通塞乃明明也；此要使，乃得得也。若不明生死，谁能叫汝为汝？谁能称汝为了达生死汉？不可问沉迷于生死，不得识处在生死之中，不得信受生死之为生死，亦不得不会，亦不可不知。

---

① 湿生、卵生等："胎生""化生""湿生""卵生"，一般称作"四生"，佛教对一切生命诞生的概括。
② 无生：即指不生不灭，与"空"同义。
③ 信、法、顿、渐之论：即将人的根机分为"信机""法机""顿机"和"渐机"四种来论述的理论。信机：即指从信仰方面理解佛教的人；法机：即基于对佛法的研究，从理性上理解佛教的人；顿机：即基于先天的悟性，当下理解佛教的人；渐机：即经过一定时间的学习和修行，循序渐进地理解佛教的人。
④ 但念水草：原著作"水草但念"。《法华经》"譬喻品"有"但念水草"句。今依《法华经》改之。

或云：诸佛只出世于人道，更不出现于余方、余道。若如是言之，佛之所在，皆当为人道么？此即人、佛唯我独尊之道得也。（然则）当更有天佛，亦当有佛佛也。若言诸佛唯出现于人间者，即不至在佛祖之阃奥也。

祖宗曰："释迦牟尼佛，自从迦叶佛所传正法，往兜率天，化兜率陀天，于今有在。"①

须当诚知，人间之释迦，此时虽已化现灭度，然上天之释迦"于今有在"而化天者也。学人当知，人间之释迦，有千变万化之道着，有行取，有说着者，是人间一隅之放光瑞现也。愚而不可不知上天之释迦，其教化更是千品万门。佛佛祖祖正传之大道，超越断绝，脱落无始无终之宗旨，独正传于佛道，是其余之诸类所不知不闻之功德也。行佛设化之处，有非四生之众生。当有非天上、人间、法界等处。欲觑见行佛之威仪时，莫用天上人间之眼睛，不可使天上人间之情量，不得举之而拟测量。十圣三贤尚不知、不明此，况人中天上之测量之所能及哉？人量短小，则识智亦短小也；寿命短促，则思量亦短促也，如何测量行佛之威仪耶？

然则，但举人间而为佛法，举人法而局限佛法之家门，皆不得许彼等是佛子，只是业报之众生也。未有身心之闻法，亦无行道之身心。非从法生，非从法灭，非从法见，非从法闻，非从法而行住坐卧。如是之党类，曾无法之润益。谓行佛不爱本觉，不爱始觉，非无觉，非有觉者，即是此道理也。

今凡夫所活计之有念无念、有觉无觉、始觉本觉，但是唯凡夫之活计也，非佛佛之所相承。凡夫之有念与诸佛之有念迥异，不得比拟。凡夫活计之本觉与诸佛所证之本觉，乃天地悬隔，非比论之所及。十圣三贤之活计，亦尚不及诸佛之道。胡乱算沙之凡夫，何以计量？然则，只活计凡夫外道之本末邪见以为诸佛境界之徒者，多矣！

诸佛曰："此辈罪根深重，可怜悯者。"②"深重"之罪根虽无端，然是"此辈"之深重担也。此深重担且当放行而着眼看！虽言把定，而碍自己，然非起首。今行佛威仪之为无碍，虽被佛所碍，然其

---

① 此语出处不详。
② 语见《法华经》"方便品"。

以是通达拖泥带水之活路，故无挂碍也。在上天而化天，在人间而化人。有花开之功德，有世界起之功德①，曾无间隙者也。是故，自他迴脱，往来独拔。即往兜率天，即来兜率天，即即兜率天②。即往安乐，即来安乐，即即安乐③。即迴脱兜率，即迴脱安乐。即打破百杂碎安乐兜率，即即把定放行安乐兜率，一口吞尽也。

当知言安乐、兜率者，与净土、天堂同般，悉皆轮回④。若（谓）行履，净土、天堂同是行履。若（谓）大悟，亦同是大悟。若谓大迷，亦同是大迷。且是行佛鞋里之动指也。有时是一道之放屁声也，放屎香也。有鼻孔者，可臭得；有耳处、身处、行履处，则可听取也。又有得吾皮肉骨髓之时，更于行得，则不由他而得者也。

了生达死之大道既豁达，古来有道取："大圣任生死于心，任生死于身，任生死于道，任生死于生死。"⑤究明此宗旨，虽非古今之时，然行佛之威仪忽尔行尽也。以其道环⑥之生死身心之宗旨涑当辨肯也。行尽明尽，此非强为之为，大似于迷头认影也，一如回光返照。其明上又明之明者，于行佛乃弥纶也。是一任于行取也。此任任之道理，须用心参究！其兀尔之参究，万回是心之明白也。知及、会取三界但是心之大隔也。如此知及、会取，虽更言是万法，然其是行取自己之家乡，便是当人之活计也。

然则，句中取则，言外求巧，再三捞撸，其有过于把定之把定，有过于放行之放行。其功夫者如何是生？如何是死？如何是身心？如何是与夺？如何是任运？是同门出入之不相逢乎？是一颗明珠么？是一大藏教么？是一条拄杖么？是一枚面目么？是三十年后么？是一念万年么？当仔细捡点，捡点仔细！当如此仔细捡点，则满眼闻声，满

---

① 花开之功德二句：《景德传灯录》卷二"般若多罗尊者"章云："心地生诸种，因事复生理；果满菩提圆，华开世界起。"
② 兜率天：即佛教所说的"欲界六天"中的第四天，认为弥勒菩萨现住在此山。兜率，梵语Tusita。
③ 安乐：梵语Sukhavati，即"安乐净土"之略称，又称"安养净土"或"极乐净土"，即阿弥陀佛所住的佛国净土。
④ 轮回：梵语samsara，一作"流转"，指众生于"六道"中生死流转。
⑤ 此语出处不详。
⑥ 道环：即袈裟上挂的玉环。此处是比喻义，即比喻生死流转，无始无终。

耳见色。更于沙门一只眼之开明时，则不是目前法也，不是目前事也。有雍容之破颜、瞬目，此即行佛威仪之暂时也。不被物牵，亦不牵物也。缘起非无生无作，非本性、法性，非住法位，非本有然，非只是如是，唯是威仪行佛也。

然则，为法为身之消息，善任于心；脱生脱死之威仪，且全任于佛。故有道取："万法唯心，三界唯心。"若欲更向上道得，即有唯心之道得，谓"墙壁瓦砾"也。非唯心，故亦非墙壁瓦砾。此是行佛威仪之为任心任法、为法为身之道理也。更非始觉、本觉等之所及，况乎外道二乘、三贤十圣之所及。此威仪，只是面面之不会也，枚枚之不会也。即便活泼地，是条条呢？是一条铁么？是两头动么？一条铁，非长短；两头动，非自他。由此展事投机之后而得功夫，则威掩万法，眼高一世。有不碍收放之光明，即僧堂、佛殿、厨库、山门。更有非收放之光明，即僧堂、佛殿、厨库、山门①。更有通十方之眼，有大地全收之眼。心之有前，心之有后。如是眼耳鼻舌身意，以是光明功德之炽然故，则有保任"不知有"之三世诸佛，有投机"却知有"之狸奴白牯。此有巴鼻，有眼睛者，即解法之行佛，许法之行佛。

雪峰山真觉大师示众云："三世诸佛在火焰里转大法轮。"玄砂院宗一大师云："火焰为三世诸佛说法，三世诸佛立地听。"圆悟禅师云："将谓猴白，更有猴黑；互换投机，神出鬼没。烈焰亘天佛说法，亘天烈焰法说佛；风前剪断葛藤巢，一言勘破维摩诘。"②

今谓"三世诸佛"，即一切诸佛也。行佛即是三世诸佛。十方诸佛，皆无不是三世。佛道所说之三世，乃如是说尽也。今所问之行佛，此即三世诸佛也。即便是知有，即便是不知有，皆必是三世诸佛之行佛也。然三位古佛③，皆同道得三世诸佛，故有如是之道也。且言雪峰之谓"三世诸佛在火焰里转大法轮"，此道理当学之！三世诸

---

① 厨库、山门：《云门广录》中卷云："人人尽有光明在，看时不见暗昏昏，作么生是光明？代云：'厨库、三门。'"

② 此问答见《圆悟佛果禅师语录》第十九。真觉大师：即雪峰义存（822—908）的谥号。因住雪峰山，故又称雪峰。玄砂院宗一大师：即玄砂师备（835—908），宗一大师，是谥号，雪峰义存的法嗣。因住玄砂山，故又称玄砂。

③ 三位古佛：即指雪峰、玄砂和圆悟三人。

佛所转法轮之道场，必是火焰里也；火焰里，必是佛道场。经师论师不可闻，外道二乘不可知。当知诸佛之火焰，不得是诸类之火焰。又，须当照顾：诸类有无火焰？"三世诸佛""在火焰里"之化身威仪，须当习之！处在火焰里时，火焰与诸佛，是亲切耶？是转疏耶？有依报、止报耶？依止①同条耶？依止同隔耶？"转大法轮"者，当有转自转机；展事投机，当有转法法转。既言转法轮，即便尽大地是尽火焰，当有转火轮之法轮，当有转诸佛之法轮，当有转法轮之法轮，当有转三世之法轮。

然则，火焰是诸佛转大法轮之道场也。以界量、时量、人量、凡圣量等测量之，则不中。若不为此等之量所量，则"三世诸佛在火焰里转大法轮"也。既云三世诸佛，是能超越量也。三世诸佛，以其有转法轮之道场故，有火焰。有火焰故，有诸佛之道场也。

玄砂曰："火焰为三世诸佛说法，三世诸佛立地听闻。"闻此之道，云玄砂之道比雪峰道得是者，未必然也。当知雪峰之道与玄砂之道，别也。谓雪峰之道，乃是三世诸佛转大法轮之处在；玄砂之道，乃是三世诸佛之听法也。雪峰之道，虽证道取转法，然转法之处在，必非听法、不听法之论也。然则，于转法不闻必有听法。又，当有不言"三世诸佛为火焰说法"，不言"三世诸佛为三世诸佛转大法轮"，不言"火焰为火焰转大法轮"之宗旨。言"转法轮"，言"转大法轮"者，有其别么？转法轮者，非说法；说法者，必是为他么？是故雪峰之道，非未道尽当道取之道也。

雪峰之"在火焰里转大法轮"，须委悉参学之。不得与玄砂之道混乱。通雪峰之道者，即是威仪佛之威仪。火焰令三世诸佛之在里，此但非一无尽法界、二无尽法界之所能周遍，亦但非一微尘、二微尘之所能通达。以转大法轮为量，不得拟以大小广狭之量。转大法轮，非为自为他，非为说为听。

玄砂之道者，云"火焰为三世诸佛说法，三世诸佛立地听"。此虽言火焰"为三世诸佛说法"，然不言转法轮，又未言转三世诸佛之法轮。虽言三世诸佛立地听，然火焰如何转三世诸佛之法轮哉？为三

---

① 依正：即"依报""正报"。基于过去的行为（因）而得到的现在的生命体（果），称为"正报"；该生命体赖以生存的世界，称为"依报"。

世诸佛说法之火焰，又转大法轮么？玄砂未云转法轮者，是此时也。（亦）未云无转法轮。然则，想料之，玄砂岂非糊涂会取转法轮即是说法轮么？若如是，尚昧于雪峰之所道。（玄砂）虽知火焰为三世诸佛说法时，三世诸佛立地听法，然不知于火焰转法轮处，火焰立地听法；（亦）未言于火焰转法轮处，火焰同转法轮。三世诸佛之听法者，是（听）诸佛之法也，非由他受。莫认火焰为法，莫认火焰为佛，莫认火焰为火焰。诚然师资之道，不可等闲！岂但将谓赤胡须哉？更是胡须赤也！①

玄砂之道虽然如是，然有当为参学之力量处。不关经师论师所谓大乘、小乘之狭量之性相，当参学佛佛祖祖正传之性相，所谓三世诸佛之听法也。此非大乘小乘之性相也。（彼等）但知诸佛有逗机缘之说法，不言诸佛听法，不言诸佛修行，不言诸佛成佛。（然）今玄砂之道，既言"三世诸佛立地听法"，则有诸佛听法之性相。勿必以能说为优，莫以能听是法者为劣。说者若尊，听者亦尊也。释迦牟尼佛曰："若说此经，则为见我；为一人说，是则为难。"②

是故，能说法者，见释迦牟尼也，以"则为见我"者，以是释迦牟尼佛故。

又曰："于我灭度，听受此经，问其义趣，是则为难。"③

当知听受者同是为难也，非有胜劣。立地听虽是最尊之诸佛，然亦当有立地闻法者，以立地听法是三世诸佛故。诸佛是果上也，非言因中④听法，以既有三世诸佛故。当知三世诸佛者，以其立地听闻火焰之说法而为诸佛也。（诸佛）一道之化身威仪，不可寻之。若欲寻之，则箭锋相拄。火焰决定为三世诸佛说法，赤心片片，铁树花开⑤世界香。且道：立地听闻火焰说法，将毕竟现成个什么？所谓智胜于

---

① 南泉有"将谓胡须赤，更有赤须胡"句，见《天圣广灯录》卷八。此语意思是说：不管是说红胡须的外国人，还是说外国人的胡须是红的，其实是一个道理。

② 语见《法华经》"见塔品"。

③ 同上。

④ 果上：指通过修道而得的果报，即成佛之意。因中：即指尚在修行的道路中。

⑤ 铁树花开：《碧岩录》第三十九有"铁树开花"句。

师，智等于师者也①。更参究于师资之阃奥，而为三世诸佛也。

圆悟曰："将谓猴白"，更不碍"猴黑"，互换投机，其是"神出鬼没"也。此虽与玄砂同调相出，但有不与玄砂同调之路。然则，火焰之为诸佛乎？以诸佛为火焰乎？（如是）黑白互换之意，虽"出没"于玄砂之"神鬼"，然雪峰之声音，则不留黑白之边际。虽且如是，当知玄砂有道得是，有道得不是也；雪峰有"道拈"，有"道放"也。

今圆悟更有不同玄砂、不同雪峰之道，曰："烈焰亘天佛说法，亘天烈焰法说佛。"此道，真个是晚进之光明也。虽暗于"烈焰"，若"亘天"覆盖，则吾有其分，他亦有其分。"亘天"所覆盖之处，既是烈焰也。厌这个而用那头，但作么生也？

可喜者，此皮袋子，所生之地虽去圣方远，今生虽去圣时远，然尚可亲逢亘天之化导也。虽闻谓"佛说法"之言，然"法说佛"之事，则劳心于几重之无知。然则三世诸佛，（亘）三世而说法；三世之诸法，亘三世而说佛。但有葛藤巢之风前剪断亘天；"一言"者，不隐而勘破维摩诘，勘破非维摩诘。是故，即是法说佛也，法行佛也，法证佛也，佛说法也，佛行佛也，佛作佛也。如是者，皆是行佛之威仪也。亘天亘地，亘古亘今，得者不轻微，明者不贱用。

正法眼藏行佛威仪第六

仁治二年②辛丑十月中旬记于观音导利兴圣宝林寺　沙门道元

---

① 《景德传灯录》卷六"百丈怀海"章有"见与师齐，减师半德；见过于师，方堪传授"句。

② 仁治二年：即公元1241年。

十、亲　　鸾

史料简介

　　净土真宗始祖亲鸾（1173—1262，承安三年—弘长二年），俗姓藤原，四岁丧父，八岁丧母，幼少即感人世无常，有出尘之志。出家后随师登比叡山，学天台教理，旁通诸家，对于信仰与现实的隔离，有不满之感。建仁元年（1201）皈依法然（源空），法然处流罪时，亲鸾亦连坐流配，改姓名自号愚秃亲鸾。建历元年（1211）赦归京师，住常陆国稻田乡，向其地农民宣传其信仰。元仁二年（1225）著《显净土真实教行信证文类》六卷，简称《教行信证》，始倡绝对他力的净土真宗的教义。其后移居京都，卒时年九十岁，赐号见真大师。亲鸾肉食带妻，有四男三女，尝自称"非僧非俗"，当时佛教者认为破戒。所著尚有《愚秃钞》《和赞》等，皆以本愿为宗，名号为体，假释迦之说，说出弥陀本愿，真宗所以又称弥陀宗或本愿宗者以此。今依天保庚子重刊本《显净土真实教行信证文类》选录其文。

显净土真实教行信证文类

显净土真实教文类一

　　谨按净土真宗[①]有二种回向，一者往相，二者还相。就往相回

[①] 净土真宗：净土宗为中国佛教一派，主于念佛往生，著名者如晋之慧远、魏之昙鸾、唐之道绰，皆专修此道。净土真宗常略称真宗，乃日本净土宗所分出，以他力回向的信心，为净土往生的正因，以信后相续的称名，为佛恩报谢的行业，其宗规许蓄妻食肉，不别持戒，日常生活与居士同，以亲鸾为教主。

向①,有真实教行信证②。

夫显真实教者,则《大无量寿经》③是也。斯经大意者,弥陀超发弘誓,广开法藏,致哀凡小,选施功德之宝。释迦出兴于世,光阐道教,欲拯群萌,惠以真实之利,是以说如来本愿④,为经宗致,即以佛名号为经体也。

显净土真实行文类二

谨按往相回向,有大行,有大信。大行者,则称无碍光如来⑤名,斯行即是摄诸善法,具诸德本,极速圆满真如一实⑥功德宝海,故名大行。然斯行者,出于大悲愿,即是名诸佛称扬之愿,复名诸佛称名之愿,复名诸佛咨嗟之愿,亦可名往相回向之愿,亦可名选择称名之愿也。

显净土真实信文类三

谨按往相回向有大信。大信心者,则是长生不死之神方,忻净厌秽之妙术,选择回向之直心,利他深广之信乐,金刚不坏之真心,易往无人之净信,心光⑦摄护之一心,希有最胜之大信,世间难信之捷

---

① 往相回向:谓以己功德,周施一切众生,愿共往生安乐净土。

② 教行信证:真宗所立法门尽摄于此。教,教法;行,修行;信,信仰;证,证果;就中以信为最要。教指《无量寿经》,行指南无阿弥陀佛,信为信南无阿弥陀的信心,证为往生极乐,得涅槃的证果。

③ 《大无量寿经》:《无量寿经》二卷,曹魏康僧铠译,在净土三部经中为最大本,故称大,又略称大经。此经说无量寿佛的因地修行,果满成佛,国土庄严,摄受十方受佛众生往生彼国等事,赅括无遗。此经特点即所说释迦和余经的释迦不同,是给弥陀使唤的释迦,是弥陀的代言人,而亲鸾开宗的立脚点,即从他弥陀本愿的大海出发,从此建立净土真宗。

④ 如来本愿:梵语多陀阿伽陀,译言如来,佛十号之一。《成实论》一云:"如来者乘如实道,来成正觉,故曰如来。"如来本愿,本为根之义,谓根本的誓愿,以如来的誓愿为根本,故称本愿。《无量寿经》卷上:"我建超世愿,必至无上道,斯愿不满足,誓不成等觉。"

⑤ 无碍光如来:无碍光谓阿弥陀佛的光明,无论山河云雾等外障,即贪瞋痴慢等内障,皆不能障蔽,且为照破,故称无碍光如来,是阿弥陀如来十二异名之一。

⑥ 真如一实:《唯识论》二:"真谓真实,显非虚妄,如谓如常,表无变易,谓此真实于一切法,常如其性,故曰真如。"一实、平等之义,号真如平等的实相,为真如一实。

⑦ 心光:自佛的慈悲心所照的光明。《观念法门》云:"但或专念阿弥陀佛众生,彼佛心光,常照是人,摄护不舍,总不论照摄余杂业行者。"摄护原本误作构护。

径，证大涅槃①之真因，极速圆融之白道②，真如一实之信海也。斯心即是出于念佛往生之愿，斯大愿名选择本愿③，亦名本愿三心④之愿，复名至心信乐⑤之愿，亦可名往相信心之愿也。然常没凡愚，流转群生，无上妙果不难成，真实信乐实难获。何以故？乃由如来加威力⑥故，博因大悲广惠力⑦故。〔遇〕获净信者是心不颠倒〔1〕，是心不虚伪，是以极恶深重众生，得大庆喜心，获诸圣尊重爱也。

问：如来本愿已发至心信乐欲生誓⑧，何以故论主言一心也？答：愚钝众生解了为令易，弥陀如来虽发三心，涅槃真因，唯以信心，是故论主合三为一欤。私窥三心字训，三即合一，其意何者？言至心者，至者即是真也，实也，诚也，心者即是种也，实也。言信乐者，信者即是真也，实也，诚也，满也，极也，成也，用也，重也，审也，验也，宣也，忠。乐者即是欲也，愿也，爱也，悦也，欢也，喜也，贺也，庆也。言欲生者，欲者即是愿也，乐也，觉也，知也。生者即是成也，作也，为也，兴也。明知至心即是真实诚种之心，故疑盖无杂也。信乐即是真实诚满之心，极成用重之心，审验宣忠之心，欲愿爱悦之心，欢喜贺庆之心，故疑盖⑨无杂也。欲生即是

---

① 大涅槃：大般涅槃之略，梵语"摩诃般涅槃那"，译言大入灭息，或大灭度大圆寂入等。《涅槃玄义》上云："摩诃此翻为大，般涅此翻为灭，槃那此翻为度，是为大灭度也。"

② 白道：即白法，白净之法，乃一切善法的总称。《大集经》五十一："后五百年斗争坚固，白法隐没。"

③ 选择本愿：法藏菩萨在世自在王佛所，自二百一十亿佛土中能选择而立的本愿，总为四十八愿（大阿弥陀为二十四愿）别为第十八念佛往生之愿。

④ 三心：《观无量寿经》云："一者至诚心，二者深心，三者回向发愿心，具三心者，必生彼国。"

⑤ 至心信乐：信顺所闻之法而生欢喜之义。净土真宗以弥陀十八愿有云"至心信乐，欲生我国"，其至心与欲生之二，摄于信乐之一，谓之一心。盖信喜心诚，即为至心，其心即为欲生净土之欲生心。

⑥ 加威力：佛菩萨加彼的威力。

⑦ 博因、广惠力："博"字疑衍，广惠力即广慧力，言广大智慧有能除烦恼的力用。

⑧ 已发至心信乐欲生誓：按指《无量寿经》卷上："设我得佛，十方众生，至心信乐，欲生我国，乃至十念，若不生者，不取正觉。"下云论主，指论之作者。

〔⑨ 疑盖：五盖之一。五盖谓贪欲盖、嗔恚盖、昏眠盖、掉举恶作盖、疑盖。盖即烦恼义。〕

愿乐觉知之心，成作为兴之心，大悲回向之心，故疑盖无杂也。今按三心字，训真实心而虚假无杂，正直心而邪伪无杂，真知疑盖无间杂故，是名信乐。信乐即是一心，一心即是真实信心，是故论主建言一心也。应知！

信知至心信乐欲生，其言虽异，其意惟一。何以故？三心已疑盖无杂故，真实一心，是名金刚真心①。金刚真心是名真实信心，真实信心必具名号，名号必不具愿力信心也。是故论主建言，我一心。又言如彼名义，欲〔如〕实修行相应故〔2〕，凡按大信海者，不简贵贱缁素，不谓男女老少，不问造罪多少，不论修行久近，非行非善，非顿非渐，非定非散，非正观非邪观，非有念非无念，非寻常非临终，非多念非一念，唯是不可思议、不可称不可说信乐也。喻如阿伽陀药②，能灭一切毒，如来誓愿药能灭智愚毒也。然就菩提心有二种③：一者竖，二者横。又就竖复有二种，一者竖超，二者竖出。竖超出，明权实显密大小之教④，历劫〔迂〕回之菩提心〔3〕、自力

---

① 真实一心，是名金刚真心：此言真实一心如金刚坚固不能破坏，故云。
② 阿伽陀药：梵名一作阿揭陀，译云普去、无价、无病，或作不死药、丸药。
③ 菩提心有二种：菩提旧译为道，求真道之心。新译为觉，求正觉之心，净土真宗分菩提心为竖横二种，竖横亦各有二种，以此判教，即所称为二双四重的判释。如下图：

```
                  ┌ 竖超—难行道—圣道门—实大乘教  佛心、真言、天台、华
          ┌ 顿教 ┤                              严等即身成佛之教。
          │      └ 横超—易行道—净土门 弘愿—大无量寿经 第十八选择本愿
          │                                              净土真宗之教。
大乘 ┤
          │      ┌ 竖出—难行道—圣道门—权大乘之教 法相宗等
          └ 渐教 ┤                                历劫修行之教
                  └ 横出—易行道—净土门 要门 观无量寿经 第十九愿第二十愿
                                        真门 阿弥陀经   净土假宗之教

小乘—缘觉教—声闻教
```

就中二超：圣道教的顿门，即身是佛即身成佛等教，叫做竖超；净土门的顿教，选择本愿的念佛，叫做横超。二出：圣道门自力教，历劫修行而出生死的，叫做竖出；净土门他力教，不历修行地位，但念弥陀而生净土的，叫做横出。

④ 权实显密大小之教：适于一时权宜之法名为权，究竟不变之法名为实，以权智初开三乘之教为权教，后示一乘之理为实教，此权实二教。又《净土指归》上云："诸佛法藏，有显有密。显谓十二部经，三藏圣教；密谓坛场作法，诵持秘咒，决取神效。"此显密二教。又一切经教，以对于小机说罗汉之道为小乘，以对于大机说作佛之法为大乘，此大小二乘之教。

金刚心、菩萨大心也。亦就横复有二种：一者横超，二者横出。横出者，正杂定散①他力中之自力菩提心也。横超者，斯乃愿力回向之信乐，是曰愿作佛心。愿作佛心，即是横大菩提心，是名横超金刚心也。横竖菩提心其言一，而其心虽异，入真为正。要真心为根本，邪杂为错，疑情为失也。忻求净刹，道俗深了，知信不具足之金言②，永应离闻不具足〔之〕邪心也〔4〕。

经言闻者，众生闻佛愿生起本末，无有疑心，是曰闻也。言信心者，则本愿力回向之信心也；言欢喜者，形身心悦豫之貌也；言乃至者，摄多少之言也；言一念者，信心无二心，故曰一念，是名一心，一心则清净报土③真因也。获得金刚真心者，横超五趣八难道④，必获现生十种益。何者为十？一者冥众护持益，二者至德具足益，三者

---

① 正杂定散：就往生净土的行业分二种，一正行，二杂行，此谓横出者于正行之外，或杂定散二门。《观经主分》云："其要门者，即此观经定散二门是也，定即息虑以凝心，散即废恶以修善，回斯二行，求愿往生也。"

② 不具足之金言：如来之口舌如金刚坚固不坏，故称金口，其言称金言，然而金口相承，所传不全，有不具足之感。

③ 清净报土：〔即极乐净土，是法藏比丘（阿弥陀佛因位之名）四十八愿所成之报土。〕净土真宗判教有真假相对二门，就此二门又有三愿、三经、三机、三往生之别，其名目如下图：

	三愿	三经	三机	三往生	三土	
弘愿	第十八愿	大经	正定聚机	难思议往生	报土	净土真宗
要门	第十九愿	观经	邪定聚机	双树林下往生—懈慢		净土假宗
真门	第二十愿	小经	不定聚机	难思往生—疑域		净土假宗

又以教行信证四法分别净土门的真假，即：

弘愿真实四法	教—大经	行—南无阿弥陀佛	信—至心信乐欲生	证—报土往生	净土真宗
要门方便四法	教—观经	行—万善诸行	信—至心发愿欲生	证—懈慢往生	净土假宗
真门方便四法	教—小经	行—称名念佛	信—至心回向欲生	证—疑域往生	净土假宗

就中报土即实报无障碍土，指证行真实之法，感得胜报，色心不相妨，故称。此土清净，无有凡夫二乘，纯为菩萨所居。

④ 五趣八难道：五趣即地狱、饿鬼、畜生、人、天五恶趣。八难道谓见佛闻法有障难八处，《维摩·方便品》天台疏云："言八难者，三恶道为三，四北郁单越，五长寿天，六盲聋瘖哑，七世智辩聪，八佛前佛后。"

转恶成善益，四者诸佛护念益，五者诸佛称赞益，六者心光常护益，七者心多欢喜益，八者知恩报德益，九者常行大悲益，十者入正定聚①益也。宗师云：专念即是一行，云专心即是一心也。然者愿成就一念即是专心，专心即是深心，深心即是深信，深信即是坚固深信，坚固深信即是决定心，决定心即是无上上心，无上上心即是真心，真心即是相续心，相续心即是淳心，淳心即是忆念，忆念即是真实一心，真实一心即是大庆喜心，大庆喜心即是真实信心，真实信心即是金刚心，金刚心即是愿作佛心，愿作佛心即是度众生心，度众生心即是摄取众生生安乐净土心。是心即是大菩提心，是心即是大慈悲心，是心即是由无量光明慧生故。愿海②平等故发心等，发心等故道等，道等故大慈悲等。大慈悲者是佛道正因，故论注曰：愿生彼安乐净土者，要发无上菩提心也。又云：是心作佛者，言心能作佛也；是心是佛者，心外无佛也。譬如火从木出，火不得离木也；以不离木故，则能烧木，木为火烧。光明云：是心作佛，是心是佛③，是心外，无异佛。

言横超断四流④者，横超者，横者对竖超竖出；超者对迂对回之言。竖超者，大乘真实之教也，竖出者，大乘权方便之教，二乘三乘、迂回之教也⑤。横超者，即愿成就一实圆满之真教真宗是也。

---

① 正定聚：《无量寿经》下"其有众生生彼国者，皆悉住于正定之聚，所以者何？彼佛国中无诸邪聚及不定之聚"。又《观经散善义》云："一心专念弥陀名号，行住坐卧，不问时节久远，念念不舍者，是名正定之业，顺彼佛愿故。"

② 愿海：此譬喻菩萨的愿事深广如海，故云。

③ 光明云是心作佛是心是佛：案《观无量寿经》云"是心作佛是心是佛"，光明当指善导的《观经疏》，善导死后高宗赐以光明的寺额，自此称为光明大师，故云。

④ 四流：一见流，二欲流，三有流，四无明流，谓四情为此四法漂流而不息，故名为流。

⑤ 二乘三乘、迂回之教：同书行卷云："大乘者无有二乘三乘，二乘三乘者入于一乘，一乘即第一义乘，唯是誓愿一佛乘也。"此誓愿一佛乘，即具往生即成佛之意义，故与迂回之教不同。同书信卷云："大愿清净报土，不立品位阶位，一念须臾顷，速疾超证无上正真道，故曰横超。"对于此"一念发起，平生业成之真教真宗，故称竖超、竖出为迂回之教"。

夫据诸大乘说难化机①。今大经言，唯除五逆②，诽谤正法，或言唯除造无间恶业，诽谤正法及诸圣人。《观经》明五逆往生，不说谤法。《涅槃经》③说难治机与病，斯等真教云何思量耶？报道论注曰：问曰：《无量寿经》言愿往生者皆得往生，唯除五逆诽谤正法；《观无量寿经》言五逆十恶④，具诸不善，亦得往生。此二经云何会？答曰：一经以具二种重罪，一者五逆，二者诽谤正法，以此二种罪故，所以不得往生；一经但言作十恶五逆等罪，不言诽谤正法，以不谤正法故，是故得生。问曰：假使一人具五逆罪，而不诽谤正法，经许得生；复有一人但诽谤正法，而无五逆诸罪，愿往生者，得生以不？答曰：但今诽谤正法，虽更无余罪，必不得生，何以言之？经言五逆罪人堕阿鼻大地狱中，具受一劫重罪，诽谤正法人堕阿鼻大地狱中，此劫若尽，复转至他方阿鼻大地狱中，如是展转，经百千阿鼻大地狱⑤，不记得出时节，以诽谤正法罪极重故。又正法者即是佛法，此愚痴人既生诽谤，安有愿生佛土之理，假使但贪彼生安乐，而愿生者，亦如求非水之冰，无烟之火，岂有此理？

显净土真实证文类四

谨显真实证者，则是利他圆满之妙位、无上涅槃之报果也⑥，即是出于必至灭度之愿，亦名证大槃之愿也。然烦恼成就凡夫生死罪浊

---

① 难化机：教化济度无望的三种恶机，即谤大乘与五逆罪及一阐提，或曰难治病，此《涅槃经》说。

② 大经言，唯除五逆：案《无量寿经》云："诸有众生闻其名号，信心欢喜乃至一念，至心回向，愿生彼国，即得往生，住不退转，唯五逆诽谤正法。"五逆谓一杀父，二杀母，三杀阿罗汉，四由佛身出血，五破和合僧，以其罪恶极逆于理，故称逆。

③ 《涅槃经》：此指《大般涅槃经》，北凉昙无谶译四十卷称为北本涅槃，后刘宋慧观等再治前经为《大般涅槃经》三十六卷，称为南本涅槃，此经说佛之涅槃非灰身灭智，佛今虽现入灭之相，然佛身常住不灭。

④ 《观无量寿经》：《佛说观无量寿经》的略名，一卷，南朝宋畺良耶舍译，又略称《观经》。十恶：即十不善业，杀生、偷盗、邪淫、妄语、两舌、恶口、绮语、贪欲、嗔恚、邪见。

⑤ 阿鼻大地狱：《观佛三昧经》云阿云无，鼻言救，案即无间地狱。经：原文作"迳"，此校改。

⑥ 无上涅槃之报果：对于三乘所得的涅槃，此以大乘的涅槃为无上。报果，新译为异熟果，即酬报善恶业因的苦乐结果。

群萌，获往相回向心行，即时入大乘正定聚之数，住正定聚故，必至灭度；必至灭度，即是常乐①；常乐即是毕竟寂灭；寂灭即是无上涅槃；无上涅槃即是无为法身②；无为法身即是实相；实相即是法性；法性即是真如；真如即是一如③。然者弥陀如来从如来生，示现报应化种种身④也。必至灭度愿文大经言，设我得佛，国中人天不住定聚必至灭度者，不取正觉。无量寿如来会言：若我成佛，国中有情若不〔决〕定成等正觉⑤证大涅槃者〔5〕，不取菩提。

案王舍城⑥所说《无量寿经》，三辈生⑦中虽行有优劣，莫不皆发无上菩提之心；此无上菩提心即是愿作佛心，愿作佛心即是度众生心，度众生心即是摄取众生生有佛国土心。是故愿生彼安乐净土者，要发无上菩提心也。若人不发无上菩提心，但闻彼国土受乐无间乐故愿生，亦当不得往生也。是故言不求自身住持⑧之乐，欲拔一切众生苦故住持乐者，谓彼安乐净土为阿弥陀如来本愿力之所住持，受乐无

---

① 常乐：大乘大般涅槃所具四德为常乐我净。一常德，涅槃之体恒不变而无生灭，故云常，又随缘化用不绝名之为常。二乐德，涅槃之体寂灭永安，故云乐；又运用自在所为道心，名之为乐。

② 无为法身：《净土论》注下云："无为法身者，法性身也。法性寂灭，故法身无相也，无相故能无不相。"

③ 一如：一者不二之义，如者不异之义。《三藏法数》四："不二不异名曰一如，即真如之理也。"

④ 报应化种种身：经论所说二身三身乃至十身，如天台立法报应三身"所谓理法聚名法身，智法聚名报身，功德法聚名应身"；《最胜王经》所说则于应身之中，别应与化，即他受用身为应身，变化身为化身。

⑤ 等正觉：梵语"三藐三菩提"的译语，又译"正遍知"。《大经净影疏》云："等正觉者，余经中亦名正遍知也。正是理，于理究照，故名遍知。今言等者，是彼遍也，称理名等，正者还是余经正也，言其觉者，是彼知也。"《翻译名义集》卷一引"什师言正遍觉也，言法无差故言正，智无不周故言遍，出生死梦故言觉"。

⑥ 王舍城：梵名"昌罗阇结利咽城"，在中印度摩伽陀国，频婆娑罗王自上茅城之旧都迁居于此，围王舍城有五山，五山之第一即灵鹫山。

⑦ 三辈生：《无量寿经》下，凡有三辈众生，上辈舍家弃欲，而为沙门，发菩提心，一向专念无量寿佛，修诸功德，愿生彼国。中辈虽不能行作沙门大修功德，但一向专念无量寿佛多少修善。下辈不能作诸功德，一向专念乃至十念乃至一念念于彼佛，以至诚心，愿生彼国。

⑧ 住持：谓安住于世而保持佛法，《圆觉经》云"一切如来，光严住持"，此与禅门奉其一寺主僧为住持的意义有别。

间也。凡释回向名义，谓以已所集一切功德施与一切众生，共向佛道巧方便①者，谓菩萨愿以已智惠火烧一切众生烦恼草木，若有一众生不成佛，我不作佛。而众生未尽成佛，菩萨已自成佛，譬如火燧，欲摘一切草木烧令使尽，草木未尽、燧已尽，以后其身而身先②，故名方便。此中言方便者，谓作愿摄取一切众生共同生彼安乐佛国，彼佛国即是毕竟成佛道路无上方便也。

显净土方便化身土文类六

言门余③者，门者即八万四千假门也，余者则本愿一乘海也。凡就一代教，于此界中入圣得果，名圣道门，云难行道。就此门中，有大小渐顿、一乘二乘、三乘权实显密、竖出竖超，则是自力利他、教化地方便权门之道路也。于安养净刹、入圣证果，名净土门④，云易行道⑤。就此门中，有横出横超，假真渐顿助正杂行⑥杂修专修也。正者五种正行也，助者除名号已外，四种是也。杂行者除正助已外，悉名杂行，此乃横出渐教定散三福、三辈、九品⑦自力假门也。横超者，忆念本愿离自力之心，专修者唯称念佛名，离自力之心，是名横

---

① 巧方便：谓善巧使用契于一切众生之机的方法。
② 后其身而身先：《老子》第七章语。
③ 门余：经中法有种种差别，能使人趣入涅槃，故称法为门，在此八万四千法门之外，更有念佛为因果超绝之教，道理以外之法，不可思议之道，故称门余。
④ 圣道门、净土门：圣道门，此土由凡至圣修道的教门，除净土三教，其余诸经皆是。净土门，往生弥陀净土而证圣果的教门，三部经所说皆是。《选择集》云："道绰禅师，立圣道、净土二门。"
⑤ 难行道、易行道：《婆娑论》云："于此世界修道有二种：一者难行道，二者易行道。"难行道者，在于五浊恶世，于无量佛时求阿毗跋致，甚难可得，此难无数尘沙说不尽。易行道者，谓信佛语，教念佛三昧，愿生净土，乘阿弥陀佛愿力摄持，决定往生，名易行道。案所判二道，难行道谓于此土积修行之功入圣得果的教道，易行道谓念佛往生净土，于彼土成佛得道。详见《净土十疑论》。
⑥ 助正杂行：唐善导就往生净土的行业，分为正行杂行二种，正行又分五种，一读诵正行，二观察正行，三礼拜正行，四称名正行，五赞叹供养正行。助正杂行指除以上五正行，而修其余诸善万行，回向净土行业称杂行，又助行说明见下文。
⑦ 三福、三辈、九品：三福，一世福，孝养父母、奉事师长、持十善戒；二戒福，持三归五戒乃至具足戒；三行福，发菩提心而行佛道。三辈九品皆出《无量寿经》下，三辈见第126页注7，九品即上上、上中、上下、中上、中中、中下、下上、下中、下下，即九种品类之意。

超他力①也。

　是以愚秃释鸾仰论主解义，依宗师劝化，久出万行诸善之假门，永离双树林下之往生②，回入善本德本真门，偏发难思往生之心。然今特出方便真门，转入选择愿海，速离难思往生心，欲遂难思议往生③果，遂之［誓］〔6〕，良有由哉。爰久入愿海，深知佛恩，为报谢至德，录真宗简要，恒常称念不可思议德海，［弥］喜爱斯特顶戴斯也〔7〕。信知圣道诸教为在世正法，而全非象末法④灭之时机，已失时乖机也。净土真宗者，在世正法象末法灭浊恶群萌齐悲引⑤也。

校记：

〔1〕遇：原误作"适"，据《大正藏》卷八三改。
〔2〕如：原脱漏，据《大正藏》卷八三补。
〔3〕迁：原误作"迁"，据《大正藏》卷八三改。
〔4〕之：原脱漏，据《大正藏》卷八三补。
〔5〕决：原误作"变"，据《大正藏》卷八三改。
〔6〕誓：原误作"担"，据《大正藏》卷八三改。
〔7〕弥：原误作"称"，据《大正藏》卷八三改。

---

① 自力、他力：佛道以自力所修的善根，为自力；佛之本愿力加被为他力。
② 双树林下之往生：双树，娑罗双树的略称，乃指佛入灭处。
③ 难思往生、难思议往生：难思与难思议均为赞叹法之词，谓其法广大深远，而有难思、难思议之小别。
④ 正法、象末法：正、象、末三时法，象法谓与佛灭后五百年一千年间所行的正法相似的佛法，末法谓去佛世长远而教法转微末的时期。嘉祥《法华义疏》四云："大论佛法凡有四时：一佛在世时；二佛虽去世，法仪未改，谓正法时；三佛去世久，道化讹替，谓像法时；四转复微末，谓末法时。"正、象、末三时年数，经论颇多异说。据亲鸾本书说："按三时教法者，勘如来般涅槃时代，当周第五主穆王五十一年壬申，从其壬申至我元仁元年甲申，二千一百八十三岁也。又依《贤戒经》《仁王经》涅槃等说已入末法六百八十三岁也。"
⑤ 齐悲引：《大乘义章》十一"爱怜名慈，恻怆曰悲"。引，接引，此作者在此书所发的悲引众生的誓愿。

十一、日　　莲

史料简介

　　日莲宗一称法华宗，开祖立正大师日莲（1222—1282，贞应元年—弘安五年），安房国长狭郡人。初学真言宗，后登叡山研究慧心流的天台。建长五年（1253）归故乡，登清澄山，向旭日高唱"南无妙法莲华经"，由此开教，谓天台传教，弘迹门迹化之理的法华，我则弘本门本化之事的法华，痛骂不信奉法华经的诸宗，谓"念佛无间""禅天魔""真言亡国""律国贼"。正嘉元年至文应元年（1257—1260）作《立正安国论》，约满三年而成，献于幕府，因犯忌讳，流配伊豆，二年后归镰仓。文永五年（1268）蒙古遣使来，日莲上书幕府，谓不依法华功德，国家不能得救，为幕府所捕，将处斩罪，适遇大风烈，乃改流配佐渡。入佐渡后，著《开目钞》《观心本尊钞》等以教弟子。三年遇赦，归镰仓。日莲一生以唱题"南无妙法莲华经"为宗旨，与净土真宗虽名号不同，而同为绝对信仰主义，唯于信仰主义之外更继承了护国主义的传统，此其特色。今据《日莲圣人全集》选录《立正安国论》［与《观心本尊钞》］。

立正安国论

　　旅客来叹曰：自近年至近日，天变地夭，饥馑疫疠，遍满天下，广迸地上；牛马毙巷，骸骨充路，招死之辈，既超大半，不悲之族，敢无一人。然间或专利剑即是之文，唱西方教主之名①；或恃众病悉

---

①　利剑即是之文，唱西方教主之名：此指念佛宗言。利剑即是之文，待考，西方教主指西方净土的阿弥陀佛。

除之愿,诵东方如来之经①;或仰病即消灭不老不死之词,崇《法华》真实之妙文②;或信七难即灭七福③即生之句,调百座百讲之仪④。有因秘密真言之教,洒五言之水⑤;有全坐禅入定之仪,澄空观之月⑥;若书七鬼神之号,而押千门;若图五大力⑦之形,而悬万户。若拜天神地祇,而企四角四界⑧之祭祀;若哀万民百姓,而行国主国宰之德政。虽然唯摧肝胆,弥迫饥疫,乞客溢目,死人满眼,卧尸为观,并尸作桥。观夫二离合璧,五纬连珠⑨,三宝⑩在世,百王未穷,此世早衰,其法何废?是依何祸,是由何误矣?

主人曰:独愁此事,愤悱胸臆,客来共叹,屡致谈话。夫出家而入道者,依法⑪而期佛也,而今神术不协,佛威无验,具觇当世之体,愚发后生之疑。然则仰圆覆而吞恨,俯方载⑫而深虑,倩倾微管,聊披经文,世皆背正,人悉归恶。故善神舍国而相去,圣人辞所

---

① 恃众病悉除之愿,诵东方如来之经:东方如来指东方净琉璃医王称药师如来,医王即药师,其国名净琉璃,在东方,其经即唐玄奘译《药师琉璃光如来本愿功德经》药师十二誓愿,第七除一切众生众病,全身心安乐证得无上菩提之愿。

② 《法华》真实之妙文:法华即《妙法莲华经》的略称,姚秦鸠摩罗什译,法华权法悉为方便,而实法之外无权法,权法悉为实,犹如实成而华落,华落而莲成,故云真实之妙文。

③ 七难、七福:此二句出《仁王经》卷下"受持品",七难,一火焚,二水漂,三罗刹,四刀杖,五恶鬼,六枷锁,七怨贼称,菩萨皆得解脱。七福依文意乃七难之反。

④ 百座百讲之仪:座,座位,讲,讲席,皆为讲说佛经义而设,百座百讲言其多。

⑤ 秘密真言之教,洒五言之水:此指密教真言的教法,即大日如来的教法,非显露可说示,故称秘。五言即"阿缚罗贺佉"五字,真言行者修密法时,布此五字真言的秘法。

⑥ 空观之月:观诸法皆空之理,譬如水中捞月,无法可得,此禅宗说。

⑦ 七鬼神、五大力:《金光明经文句》六云:"鬼者威也,能令他畏其威也,神者能也,大力者能移山填海,小力者能隐显变化。"

⑧ 四角四界:犹言四望。

⑨ 二离合璧,五纬连珠:二离谓日、月,五纬谓金、木、水、火、土五行星。《汉书·律历志》"日月如合璧,五星如连珠",此皆古称祥瑞,不易见。

⑩ 三宝:佛宝、法宝、僧宝。

⑪ 依法:谓依法而可入道,佛法四依,其一即依法不依人。

⑫ 圆覆、方载:圆覆指天,方载指地。

而不还，是以魔来鬼来，灾起难起，不可不言，不可不恐。

客曰：天下之灾，国中之难，余非独叹，众（人）皆悲，今入兰室，初承芳词，神圣去辞，灾难并起，出何经哉？闻其证据矣。

主人曰：其文繁多，其证弘博。《金光明经》①云：于其国土，虽有此经，未尝流布，生舍离心，不乐听闻，亦不供养尊重赞叹，见四部众、持经之人，亦复不能尊重乃至供养，遂令我等及余眷属，无量诸天不得闻此甚深妙法，背甘露味②，失正法流③，无有威光及以势力，增长恶趣，损灭人天，坠生死河，乖涅槃路。世尊，我等四王，并诸眷属及药叉④等，见如斯事，舍其国土，无拥护心。非但我等舍弃是王，必有无量守护国土诸大善神，皆悉舍去。既舍离已，其国当有种种灾祸，丧失国位，一切人众，皆无善心，唯有系缚，杀害嗔诤、互相谗诳，枉及无辜，疫病流行，彗星数出，两日并现，薄蚀无恒，黑白二虹表不祥相，星流地动，井内发声，暴雨恶风，不依时节，常遭饥饿，苗实不成，多有佗方怨贼侵掠，国内人民受诸苦恼，土地无有可乐之处。《大集经》⑤云：佛法实隐没⑥，须发爪皆长，诸法亦忘失，当时虚空中，大声震于地，一切皆遍动。犹如水上轮，城壁破落下⑦，屋宇悉圮拆，树木根枝叶，华叶果药尽，唯除净居

---

① 《金光明》经：有三译，一北凉昙无谶译四卷题《金光明经》，一隋宝贵等补译八卷，题《合部金光明经》，一唐义净译十卷题《金光明最胜王经》，均收入《大藏经》黄帙九。本文所引见唐译本卷六"西天王护国品"。

② 甘露味：此以甘露比喻如来的教法。《法华经药草喻品》云："我为世尊，无能及者，安稳众生，故现于世，为大众说甘露净法，其法一味，解说涅槃。"

③ 正法流：言正法相续不绝，如水之流。

④ 四王、药叉：四天王即毗沙门天王、提头赖吒天王、毗留勤叉天王、毗留博叉天王，药叉即夜叉，参照《金光明经》卷二"四天王品"。

⑤ 《大集经》：具名《大方等大集经》六十卷隋僧就集，收入《大藏经》玄帙，《合部大方等大集经》中，卷一至卷二六、又卷三一至卷三三北凉昙无谶译，本文所引见卷五六"法灭尽品"第二十，高齐那连提耶舍译，文句与藏本稍有异同。

⑥ 佛法实隐没：实，据藏本当作"宝"，即佛宝、法宝之意。

⑦ 城壁破落下：破，藏本作"碎"。

天①，欲界一切处，七味三精气②，损减无有余，解脱诸善论，当时一切尽，所生华果味，稀少亦不美。诸有井泉池，一切尽枯涸，土地悉咸卤，敌裂成丘涧，诸山皆焦燃，天龙不降雨，苗稼皆枯死，生者皆死尽，余草更不生，雨土皆昏暗，日月不现明，四方皆亢旱，数现诸恶瑞，十不善业道③，贪嗔痴倍增，众生于父母，观之如獐鹿，众生及寿命，色力威乐减，远离人天乐，皆悉堕恶道，如是不乐业④，恶王恶比丘，毁坏我正法，损灭天人道，诸天善神王，悲民众生者，弃此浊恶国，皆悉向余方。《仁王经》⑤云：国土乱时，先鬼神乱；鬼神乱，故万民乱。贼来劫国，百姓亡丧，臣君太子，王子百官，共生是非。天地怪异，二十八宿⑥、星道日月，失时失度，多有贼起。亦云我今五眼明见三世⑦一切国王，皆由过去世，待五百佛，得为帝王主。是为一切圣人罗汉⑧而为来生彼国土中，作大利益，若王福尽时，一切圣人皆为舍去，若一切圣人去时，七难必起。《药师经》⑨云：若刹帝利、灌顶王⑩等，灾难起时，所谓人众疾疫难，佗国侵逼难，自界叛逆难，星宿变怪难，日月薄蚀难，非时风雨难，过时不雨

---

① 净居天：为证不还果之圣者所生之地。

② 七味三精气：七味当指七种食。眼以色为食，耳以声为食，鼻以香为食，舌以味为食，身以细滑为食，意以法为食，涅槃以不放逸为食。三精气：三魂、三精，道教谓三魂为胎光，太清阳和之气；爽灵，阴气之变；幽精，阴气之杂。此三魂又称三精。

③ 十不善业道：案即十恶，参照第39页注3。

④ 如是不乐业："乐"字藏本作"善"，与上文"十不善"句照应。

⑤ 《仁王经》：有二译本，旧本罗什译，题《佛说仁王般若波罗蜜经》二卷，新本不空译，题《仁王护国般若波罗蜜多经》，亦二卷，本文引据旧本，收入《大藏经》月帙，共三节，第一节见卷下"护国品"第五，第二、三节见"受持品"第七。

⑥ 二十八宿：参照下所引本经"六难"中之第二难。

⑦ 五眼、三世：五眼，一肉眼，二天眼，三慧眼，四法眼，五佛眼。见《智度论》三十三。三世，又云三际，过去、现在、未来，见《宝积经》九十四。

⑧ 罗汉：阿罗汉之略。小乘之极果，世所传有十八罗汉、五百罗汉等。

⑨ 《药师经》：参照第130页注1，收入《大藏经》黄帙四。

⑩ 刹帝利、灌顶王：依藏本作灌顶刹利王，天竺国王即位时以四大海之水灌于顶而表祝意，刹帝利，印度四姓之第二。

难。《仁王经》云：大王，吾今所化百亿须弥①、百亿日月，一一须弥，有四天下，其南阎浮提②，有十六大国，五百中国，十千小国。其国土中有七可畏难，一切国王为是难故。云何为难？日月失度，时节返逆；或赤日出，黑日出，二三四五日出；或日蚀无光，或日轮一重，二三四五重轮现，为一难也。二十八宿失度，金星、彗星、轮星、鬼星、火星、水星、风星、刁星、南斗、北斗、五镇大星，一切国主星、三公星、百官星，如是诸星，各各变现，为二难也。大火烧国，万姓烧尽，或鬼火、龙火、天火、山神火、人火、树木火、贼火，如是变怪，为三难也。大水漂没百姓，时节返逆，冬雨夏雪，冬时雷电霹雳，六月雨冰霜雹，雨赤水、黑水、青水，雨土山石山，雨沙砾石，江河逆流，浮山流石，如是变时，为四难也。大风吹杀万姓，国土、山河、树木一时灭没，非时大风、黑风、赤风、青风、天风、地风、火风、水风，如是变，为五难也。天地国土亢阳，炎火洞燃，百草亢旱，五谷不登，土地赫燃，万姓灭尽，如是变时，为六难也。四方贼来侵国，内外贼起，火贼、水贼、风贼、鬼贼，百姓荒乱，刀兵劫起，如是怪时，为七难也。《大集经》云：若有国王于无量世，修施戒慧，见我法灭，舍不拥护，如是所种无量善根，悉皆灭失，其国当有三不祥事：一者谷贵，二者兵革，三者疫病，一切善神，悉舍离之。其王教令，人不随从，常为邻国之所谋叛。其王不久当遇重病，寿终之后，生大地狱中，乃至如王夫人、太子、大臣、城主、柱师③、郡守、宰官亦复如是。夫四经文朗，万人谁疑？而盲瞽之辈，迷惑之人，妄信邪说，不辨正教，故天下世上于诸佛众经生舍离之心，无拥护之志，仍善神圣人，舍国去所，是以恶鬼外道成灾致难矣。

---

① 须弥：译言妙高山，传其顶上为帝释天所居，其半腹为四天王所居，周围有七香海七金山，其第七金山外有海，外围曰铁围山，南赡部洲等四大洲即在此海的四方。

② 南阎浮提：新译称南赡部洲，在须弥山的南方，即吾人今的住处，详见《智度论》三十五。

③ 柱师：疑即柱史，即柱下史。《史记索隐》："周秦皆有柱下史，谓御史，所掌及侍立恒在殿柱之下。"

客作色曰：后汉明帝者，悟金人之梦，得白马之教①；上宫太子②者，诛守屋之逆，成寺塔之构，尔来上自一人，下至万民，崇佛象，专经卷。然则叡山、南都、园城、东寺③，四海一州五畿七道④，佛经星罗，堂宇云布，鹜子之族，则观鹫头之月⑤，鹤勒之流，亦传鸡足之风⑥。谁谓褊一代之教，废三宝之迹哉。若有其证，委闻其故矣。

主人喻曰：佛阁连甍，经藏并轩，僧者如竹苇，倡者似稻麻，崇重年旧，尊贵日新，但法师诡曲而迷惑人伦，王臣不觉而无辩邪正。《仁王经》云：诸恶比丘多求名利，于国王太子王子前，自说破佛法因缘，破国因缘，其王不别，信听此语，横作法制，不依佛戒，是为破佛破国因缘。《涅槃经》云：菩萨于恶象等，心无恐怖，于恶智

---

① 后汉明帝者，悟金人之梦二句：《后汉书·西域传》："明帝梦见金人，长大，顶有光明，以问群臣，或曰西方有神名曰佛，其形长六尺而黄金色。"按《法华经·安乐品》有"诸佛身金色"语，金人即指佛。又白马之教，据杨衒之《洛阳伽蓝记》云："白马寺汉明帝所立也，佛入中国之始，寺在西阳门外三里，御道南，帝梦金人，长丈六，项皆日月光明，胡神号曰佛，遣使向西域求之，乃得经像焉，时白马负经而来，因以为名。"

② 上宫太子：指圣德太子即厩户皇子，当时有苏我氏与物部氏两党之争，物部氏反对佛教，苏我氏则舍宅为佛寺，尤其苏我马子造塔于大野丘北，为日本造塔之始。物部氏终于为苏我氏所灭，佛教在圣德太子的维护之下得到繁荣。圣德太子宣布十七条宪法，第二条即有笃敬三宝之语，其关于佛教事迹及造大伽蓝事，详见师蛮《本朝高僧传》卷六九。

③ 叡山、南都、园城、东寺：比叡山为天台宗发祥地。南都指奈良旧都，传华严、法相、三论诸宗。园城当指高野山之高山寺。东寺，东大寺，设戒坛，为日本佛教的总本山。

④ 五畿七道：指日本全土而言。五畿为畿内五国，即山城、大和、河内、和泉、摄津。七道为东海道、东山道、北陆道、山阴道、山阳道、南海道、西海道。

⑤ 鹜子之族，则观鹫头之月：鹜子即鹜鹭子，为舍利弗的名。玄应《音义》四云："梵言舍利弗，旧文言舍利子，此言鸲鹆子，从母为名，母眼似鸲鹆，或如鹜鹭鸟眼，因以名焉。"鹫头山名，王舍城之耆阇崛山，又云灵鹫山，鹫峰山。

⑥ 鹤勒之流，亦传鸡足之风：鹤勒、鹤勒那之略，西天付法藏第二十三祖之名，月支国人，年二十二出家，遇摩拏罗尊者而得法眼，至中印度行化，得师子尊者付法而寂，见《付法藏传》。鸡足地名，在摩揭陀国，《西域记》九云："至屈屈吒播陀山，唐言鸡足。"

识，生怖畏心。为恶象杀不至三趣①，为恶友杀，必至三趣。《法华经》②云：恶世中比丘，邪智心谄曲，未得谓为得，我慢③心充满，或有阿练若④，纳衣⑤在空闲，自谓行真道，轻贱人间者。贪著利养故，与白衣⑥说法，为世所恭敬，如六通罗汉⑦。乃至常在大众中，欲毁我等故，向国王、大臣、婆罗门、居士，及余比丘众，诽谤说我恶，谓是邪见人，说外道论议，浊劫恶世中，多有诸恐怖。恶鬼入其身，骂言毁辱我。浊世恶比丘，不知佛方便，随宜所说法，恶口（而）颦蹙，数数见摈出。《涅槃经》⑧云：我涅槃后，无量百岁四道⑨圣人，悉复涅槃。正法灭后，于象法中，当有比丘，似象持律，少读诵经，贪嗜饮食，长养其身，虽著袈裟，犹如猎师，细视徐行，如猫伺鼠。常唱是言，我得罗汉，外现贤善，内怀贪嫉，如受哑法婆罗门⑩等，实非沙门，现沙门象，邪见炽盛，诽谤正法。就文见世，诚以然矣。不诫恶侣者，岂成善事哉。客犹愤曰：明王因天地而成化，圣人察理非而治世，世上之僧侣者，天下之所归也。于恶侣者，明王不可信；非圣人道，贤哲不可仰；今以贤圣之尊重，则知龙象⑪

---

① 三趣：对于三善趣，而立三恶趣，即地狱、饿鬼、畜生。
② 《法华经》：《妙法莲华经》之略称，本文据后秦鸠摩罗什本卷三"劝持品"第三节录。
③ 我慢：自高自大，轻蔑他人。
④ 阿练若：又作阿兰若，寺院总名。《大日经疏》三："阿练若名为意乐处，谓空寂行者所乐之处，或独一无侣，或二三人，于寺外造限量小房，或施主为造，或但居树下空地，皆是也。"
⑤ 纳衣：拾取人弃不顾与粪扫的物，缝纳作法衣，名粪扫衣，亦名纳衣。
⑥ 白衣：俗人之称，以天竺婆罗门及俗人多服鲜白之衣故云，以与沙门之服缁衣或染衣相分别。
⑦ 六通罗汉：即六神通，天眼通、天耳通、他心通、宿命通、神足通、漏尽通。《法华经》："如世所慕敬，如六通罗汉。"
⑧ 《涅槃经》：《大般涅槃经》有南北二本，本文引自诸宗一般通用之北本涅槃。
⑨ 四道：道谓涅槃的道路，四道，一加行道，二无间道，三解脱道，四胜进道。
⑩ 哑法婆罗门：当指哑羊外道，如哑羊不语，以为胜行的婆罗门。
⑪ 龙象：梵语那伽，诸阿罗汉中，修行勇猛有最大力者，佛氏称为龙象。《维摩诘经·不可思议品》云："譬如龙象蹴踢，非驴所堪。"

之不轻，何吐妄言，强成诽谤以谁人谓恶比丘哉。委细欲闻矣。

主人曰：后鸟羽院御宇①，有法然作《选择集》②矣，则破一代之圣教，遍迷十方之众生。其《选择》云：道绰禅师③立圣道净土二门，而舍圣道，正归净土之文。初圣道门者，就之有二：乃至准之思之，应存密大及以实大④，然则今真言、佛心、天台、华严、三论、法相、地论、摄论，此等八家⑤之意，正在此也。昙鸾法师《往生论注》云⑥：谨案龙树菩萨《十住毗婆沙》⑦云，菩萨求阿毗跋致⑧，有二种道：一者难行道，二者易行道。此中难行道者，即是圣道门也；易行道者，即是净土门也。净土宗学者，先须知此旨。设虽先学圣道门人，若于净土门有其志者，须弃圣道归于净土。又云：善导

---

① 后鸟羽院御宇：镰仓时代天皇，即位在1183年，当南宋孝宗淳熙十年。

② 法然作《选择集》：法然（1132—1212，长承二年—建历二年）俗姓漆间氏，美作国久米人，后称源空，倡念佛法门，以现身成佛为宗旨。所著《选择本愿念佛集》第十六章所得结论是："欲速离生死，二种圣法中，且搁圣道门，选入净土门；欲入净土门，正杂二行中，且抛诸杂行，选应归正行；欲修于正行，正助二业中，犹傍于助业，选应专正定；正定之业者，即是称佛名，称名必得生，依佛本愿故。"

③ 道绰禅师：唐并州玄中寺道绰，为莲宗第四祖，十四出家，讲《涅槃经》，后读昙鸾碑，大有所感，乃专事念佛，讲《观无量寿经》二百余遍，所撰有《安乐集》二卷。

④ 密大、实大：密大指深密秘奥的密教，实大指显了真实之说的显教，二大均圣道门中说。

⑤ 真言等八家：真言宗依秘密真言为宗。佛心宗，禅宗的别名。天台宗，隋智者大师所立，此宗以《法华经》为本经。华严宗以《华严经》为所依，唐贤首法藏所立，又称贤首宗。三论宗依《中论》《百论》《十二门论》立论，即般若宗。法相宗为穷明万法性相之宗，乃依《解深密经》一切法相品而立名，又依《唯识论》明万法唯识之理，名唯识宗。地论宗以学世亲的《十地论》而立名，摄论宗以学无著的《摄大乘论》而立名。

⑥ 昙鸾法师《往生论注》：《往生论》乃《无量寿经》婆提舍愿生偈的异名，又名净土论，或往生论偈。昙鸾雁门人，所著《往生论注》外，有赞阿陀佛偈，自号为有魏玄鉴大士，是净土真宗七祖的第三祖。

⑦ 《十住毗婆沙》：即《十住毗婆娑论》，又云《十生论》十七卷，龙树造，姚秦鸠摩罗什译。

⑧ 阿毗跋致：当即阿毗达磨之异译。玄应《音义》十七云："阿毗昙或言阿毗达磨，此译云胜法，或无比法。"

和尚①立正杂二行,舍杂行归正行之文。第一读诵杂行者,除上《观经》等往生净土经已外,于大小乘显密诸经,受持读诵,悉名读诵杂行。第三礼拜杂行者,除上礼拜弥陀已外,于一切诸佛菩萨等及诸世天②等,礼拜恭敬,悉名礼拜杂行。私云见此文,须舍杂修专,岂舍百即百生专修正行,坚执千中无一杂修杂行乎?行者能思量之。又云:《贞元入藏录》③中,始自《大般若经》六百卷,终于《法常住经》④,显密大乘经总六百三十七部,二千八百八十三卷也,皆须摄读诵大乘之一句。当知随佗之前,暂虽开定散门⑤,随自之后,还闭定散门。一开以后,永不闭者,唯是念佛一门。又云:念佛行者,必可具足三心之文⑥。《观无量寿经》云:同经疏云:问曰若有解行不同邪杂人等,防外邪异见之难,或行一分二分⑦,群贼等唤回者,即喻别解别行⑧恶见人等。私云:又此中言一切别解别行异学异见等者,是指圣道门。又最后结句文云:夫速欲离生死,二种胜法中,且阁圣道门,选入净土门。欲入净土门,正杂二行中,且抛诸杂行,选应归正行。就之见之,引昙鸾、道绰、善导之谬释,建圣道净土难行易行之旨,以《法华》真言总一代之大乘,六百三十七部,二千八百八十三卷,一切诸佛菩萨及诸世天等,皆摄圣道难行杂

---

① 善导和尚:唐光明寺善导称光明寺和尚,著有《观经疏》《往生礼赞》《法事赞》《观念法门》《般舟赞》。

② 世天:世主天之略,玄应《音义》二十二云"世主天是梵天之异名"。

③ 《贞元入藏录》:《贞元入藏录》收入《大藏经》结帙有三种,《大唐贞元续开元释教录》三卷、《贞元新定释教目录》三十卷,均唐圆照于贞元十六年奉敕撰。

④ 《大般若经》、《法常住经》:《大般若经》即《大般若波罗蜜多经》之略,唐玄奘译六百卷,《法常住经》当即《法住经》之异称。

⑤ 定散门:唐善导以《观经》一部所明十六想观之行,摄之定散二善。又《观经·玄义分》云:"其要门者,即此观经定散二门是也。"

⑥ 具足三心之文:《观无量寿经》云:"一者至诚心,二者深心,三者回向发愿心,具三心者,必生彼国。"又《无量寿经》第十八愿所说至心、信乐、欲生我国之三者,亦谓三心。又道绰禅师依《净土论注》之意,而立三心,一淳心,二一心,三相续心。

⑦ 一分二分:《璎珞本业经》下云:"有受一分戒者名一分菩萨,乃至二分三分四分,十分名具足受戒。"

⑧ 别解别行:《观经散善义》云:"一切异见异学别解别行人。"

行等，或舍或闭，或阁或抛，以此四字，多迷一切，剩以三国①之圣僧，十方之佛弟，皆号群贼，并令骂詈，近背所依净土三部经，唯除五逆诽谤正法誓文，远迷一代五时之肝心②。《法华经》第二③若人不信毁谤此经，乃至其人命终入阿鼻狱诫文者也。于是代及末代，人非圣人，各容冥衢，并忘直道，悲哉不树瞳矇④，痛哉徒催邪信，故上自国王，下至土民，皆谓经者无净土三部之外经，佛者无弥陀三尊⑤之外佛，仍传教、义真、慈觉、智证⑥等，或涉万里之波涛，而所渡之圣教，或回一朝之山川，而所崇之佛象，若高山之巅，建华界以安置；若深谷之底，起莲宫以崇重。释迦药师之并光也，施威于现当⑦；虚空地藏⑧之成化也，被益于生后。故国主寄郡乡以明灯烛，地头⑨充田园以备供养，而依法然之《选择》，则忘教主，而贵西土

---

① 三国：指印度、中国、日本。

② 一代五时之肝心：此指一代五时佛法，天台宗区别释迦一代的教法为华严、阿含、方等、般若、法华涅槃之五时。

③ 《法华经》第二：案指《法华经》第二"譬喻品"云："若佛在世、若灭度后，其有诽谤如斯经典，见有读诵书持经者，轻贱憎嫉而怀结恨，此人罪报，汝今后听其人命终，入阿鼻狱。"

④ 瞳矇：蒙昧之义。《后汉书·蔡邕传》"童子不问，疑于老成，瞳矇不稽，谋于先生"。

⑤ 弥陀三尊：弥陀如来为中尊，观音菩萨为左胁侍，势至菩萨为右胁士，见《观无量寿经》。

⑥ 传教、义真、慈觉、智证：日本天台宗始祖传教大师名最澄，生平详《愿文》前言。弟子义真，相州人，继传教为叡山座主，号修禅大师。慈觉大师名圆仁，下野人，年十七师传教大师之门，曾入唐、礼五台山，逢志远法师，写得台宗诸书，在唐九年七个月，著有《入唐求法巡礼行记》。智证大师圆珍，叡山第五座主，赞岐国那珂郡人，弘法大师之姪，年十五归义真门下，仁寿年间入唐，回国后盛兴台密。

⑦ 现当：现在与当来，当来即未来。

⑧ 虚空地藏：虚空藏、地藏均菩萨名，日本东寺观智院国宝中有惠运自唐请去之瑜祇五大虚空藏菩萨本像，地藏传为在忉利，受释如来付嘱，每日晨朝入恒沙禅定观察众机，于二佛中间无佛世界教化六道众生的大悲菩萨。

⑨ 地头：地主。

之佛驮①；抛付嘱，而阁东方之如来②；唯专四卷三部之经典③，空抛一代五时之妙典。是以非弥陀④之堂，皆止供佛之志，非念佛之者，早忘施僧之怀。故佛堂零落，瓦松之烟老⑤，僧房荒废，庭草之露深。虽然各舍护惜之心，并废建立之思，是以住持圣僧行而不归，守护善神去而无来，是偏依法然之选择也。悲哉！数十年之间，百千万之人，被荡魔缘，多迷佛教，好傍忘正，善神不为怒哉。舍圆好偏，恶鬼不得便哉。不如修彼万祈⑥，禁此一凶矣。

*如来灭后五五百岁始观心本尊钞

《摩诃止观》第五云："世间与如是一也，开合异也。"

夫一心具十法界，一法界又具十法界百法界，一界具三十种世间，百法界即具三千种世间，此三千在一念心，若无心而已，介尔有心即具三千。乃至，所以称为不可思议境，意在于此等云云（或本云一界具三种世间）。

问曰：《玄义》明一念三千名目乎？答曰：妙乐⑦云：不明。问曰：《文句》明一念三千名目乎？答曰：妙乐云：不明。问曰：其妙乐释如何？答曰：并未云一念三千等云云。问曰：《止观》一二三四等明一念三千名目乎？答曰：无之。问曰：其证如何？答曰：妙乐云：故至《止观》正明观法，并以三千而为指南等云云。疑云：《玄义》第二云：又一法界具九法界、百法界千如是等云云。《文句》第

---

① 教主、佛驮：教主，开教之本主；西土佛驮，即佛陀，如来十号之一。

② 阁东方之如来：阁即搁，东方如来指东方净琉璃医王即药师如来，已见第130页注1。

③ 四卷三部之经典：指净土三经，即一《佛说无量寿经》二卷，二《佛说观无量寿经》一卷，三《佛说阿弥陀经》一卷。

④ 弥陀：即阿弥陀佛之省称。

⑤ 瓦松之烟老：瓦松即昨叶何草，生屋瓦上或石缝中，叶细长，其下部之叶密生作复瓦状，夏月开白色小花，作长穗状，烟老谓其远望之如暮烟。

⑥ 万祈：祈谓于佛前祈求福祐，此指以万种方便，随宜说法修行事。

⑦ 妙乐：指妙乐大师湛然。

一云：一入具十法界①，一界又十界，十界各（十）如是即是一千等云云。《观音玄》②云：十法界交互即有百法界，十种性相③冥伏在心，虽不现前宛然具足等云云。

问曰：《止观》前四明一心三千名目乎？答曰：妙乐云：不明。问曰：其释如何？答：《弘决》第五云：若望正观全未论行，亦历廿五法约事生解，方能堪为正修方便。是故前六皆属于解等云云④。又云：故至止观正明观法，并以三千而为指南，乃是终穷究竟极说。故序中云：说己心中所行法门⑤，良有以也，请寻读者、心无异缘⑥等云云。夫智者弘法三十年，廿九年之间说玄文等诸义，明五时八教百界千如，前五百余年之间责诸非，并天竺论师显未述⑦。章安⑧大师云：天竺大论尚非其类，震旦人师何劳及语，此非夸耀，法相然耳等云云。无墓哉，天台末学等，华严真言元祖盗人，盗取一念三千重宝⑨，还成彼等门家。章安大师兼知此事，叹言：斯言若坠，将来可悲云云。

问曰：百界千如与一念三千差别如何？答曰：百界千如限有情

---

① 一入具十法界：是说十二入（眼、耳、鼻、舌、身、意六根，色、声、香、味、触、法六境）都具十法界。

② 《观音玄》：即《观音玄义》，智𫖮述，门人灌顶记，天台五小部之一，立《法华经》普门品为释名、出体、明宗、辨用、教相五重玄义。

③ 十种性相：即十如是，如是性，如是相，如是体，如是力，如是作，如是因，如是缘，如是果，如是报，如是本末究竟等，此十如是用"如是性+如是相"代表，称十种性相。

④ 若望正观全未论行四句：意思是说，与"止观"第七之正观章相比较，前六章全未论及观心之行（实践），第六章之方便章，虽说二十五法之修行，但那是就事相而使人理解，可称正修止观的方面。所以六章属于理解，不是修一念三千的观法。

⑤ 说己心中所行法门：指智𫖮说自己内心证得的教理。

⑥ 心无异缘：不要有一念三千的观法以外的其他心念。

⑦ 前五百余年之间责诸非，并天竺论师显未述：责备在智𫖮之前的五百余年间中国论师所立之非义，而且天竺论师们的大论也不能与智𫖮所说相比。

⑧ 章安：章安大师，俗姓吴，字法云，名灌顶，智𫖮门人。

⑨ 华严真言元祖盗人二句：指华严宗四祖澄观向天台宗六祖湛然学止观而著《华严经疏》时用一念三千之教理，以及真言宗师善无畏与天台宗的一行翻译《大日经》时引入天台教理之事。

界，一念三千亘情非情。不审云：非情亘十如是，草木有心如有情可为成佛，如何？答曰：此事难信难解也。天台难信难解有二：一教门难信难解，二观门①难信难解。其教门难信难解者，于一佛所说，尔前诸经二乘阐提未来永不成佛。教主释尊始成正觉，来至《法华经》迹本二门坏彼二说②。一佛二言水火也，谁人信之，此教门难信难解也。观门难信难解，百界千如一念三千，非情之上色心二法十如是是也。虽尔于木画二像③者，外典内典共许之为本尊，于其义出自天台一家。草木之上不置色心因果，木画像奉恃本尊无益也。疑云：草木国土之上十如是因果二法出何文乎？答曰：《止观》第五云：国土世间亦具十种法④，所以恶国土相、性、体、力等云云。《释签》第六云：相唯在色，性唯在心，体、力、作、缘义兼色心，因果唯心，报唯在色等云云。《金錍论》云：乃至一草一木一砾一尘各一佛性，各一因果具足缘了等云云。

问曰：出处既闻之，观心之心如何？答曰：观心者，观我己心见十法界，是云观心也。譬如虽见他人六根，未见自面六根，不知自具六根，向明镜之时始见自具六根。设诸经之中所所虽载六道并四圣，不见《法华经》并天台大师所述《摩诃止观》等明镜，不知自具十界百界千如一念三千也。问曰：《法华经》何文，天台释如何？答曰：《法华经》第一方便品云：欲令众生开佛知见等云云，是九界所具佛界也。寿量品云：如是我成佛已来，甚大久远，寿命无量阿僧祇劫，常住不灭，诸善男子，我本行菩萨道，所成寿命今犹未尽，复倍上数等云云。此经文佛界所具九界也。经云：提婆达多⑤，乃至天王如来等云云，地狱界所具佛界也。经云：一名罗波⑥，乃至汝等但能护持法华名者，福不可量等云云，是饿鬼界所具十界也。经云：童

---

① 教门：明教相的教理门、教相门；观门：于心观一念三千之理的实践门、观心门。
② 彼二说：指二乘阐提永不成佛之说和教主释尊始成正觉之说。
③ 木画二像：木像（雕像）和画像。
④ 十种法：即"十如是"。
⑤ 提婆达多：是犯五逆罪堕地狱的人，在《法华经》里说这样的人也可成佛。
⑥ 罗波：兰婆，发誓守护《法华经》行者的十罗刹女之一。

女，乃至成等正觉等云云，此畜生界所具十界也。经云：波稚①阿修罗王，乃至闻一偈一句得阿耨多罗三藐三菩提等云云，此修多罗所具十界也。经云：若人为佛故，乃至皆以成佛道等云云，此人界所具十界也。经云：大梵天王，乃至我等亦如是必当得作佛等云云，此天界所具十界也。经云：舍利弗，乃至花光如来等云云，此声闻界所具十界也。经云：其求缘觉者，比丘比丘尼，乃至合掌已敬心欲闻具足等云云，此即缘觉界所具十界也。经云：地涌千界，乃至真净大法等云云，此即菩萨所具十界也。经云：或说己身，或说他身等云云，即佛界所具十界也。

问曰：自他面六根共见之，于彼此十界者未见之，如何信之？答曰：《法华经》法师品云：难信难解。宝塔品云：六难九易②等云云。天台大师云：二门悉与昔反③，难信难解。章安大师云：佛将此为大事，何可得易解也等云云。传教大师云：此《法华经》最为难信难解，随自意④故等云云。夫在世正机过去宿习厚之上，教主释尊多宝佛十万分身诸佛地涌千界文殊弥勒等，扶之令谏晓，犹不信者有之，五千去席，人天被移，况正像、何况末法初哉！汝信之者非正法⑤。问曰：经文并天台妙乐（章安）等解释无疑罔，但以火云水，以墨云白，设虽为佛说，难取信，今数见他面，但限人界不见余界，自面亦复如是，如何立信心乎？答：数见他面，或时喜，或时嗔，或时平，或时贪现，或时痴现，或时谄曲。嗔，地狱；贪，饿鬼；痴，畜生；谄曲，修罗；喜，天；平，人也。于他面色法六道共有，四圣冥伏不现，委细寻之可有之。问曰：于六道虽不分明，粗闻之似备之，四圣全不见，如何？答曰：前人界六道疑之，虽然，强言之出相

---

① 波稚：《法华经》经文无此二字。
② 六难九易：《法华经·宝塔品》说，佛灭后弘经有六难九易。六难指弘《法华》有六难，即能说难、书持难、读诵难、为一人说难、听受问义难、奉持难。九易是说弘传《法华》以外的诸经有九个方面的容易，并不是真的容易，只是与弘《法华》相对而言比较容易。
③ 二门悉与昔反：指《法华经》的迹门、本门与尔前所说相反。
④ 随自意：佛随自悟的境界而说。
⑤ 汝信之者非正法：意思是说，《法华经》是难信之经，如果很容易信，就不是正法了。

似言，四圣又可尔欤，诚添加道理万一宣之，所以世间无常在眼前，岂人界无二乘界乎①？无顾恶人②犹慈爱妻子，菩萨界一分也。但佛界计难现，以具九界强信之，勿令疑惑。《法华经》文说人界云：欲令众生开佛知见。《涅槃经》云：学大乘者虽有肉眼，名为佛眼等云云。末代凡夫出生信《法华经》，人界具足佛界故也。

问曰：十界互具佛语分明，虽然，我等劣心具佛法界，难取信者也。今时不信之，必成一阐提，愿起大慈悲令信之，救护阿鼻苦。答曰：汝既见闻唯一大事因缘经文，不信之，自释尊已下四依菩萨并未代理即③我等，如何汝救护不信乎？虽然，诚言之，值佛不觉者阿难等边得道者有之，其机有二，一见佛法华得道，二不见佛法华得道也。其上佛前，汉土道士月支外道，以儒教四韦陀等为缘入正见者有之，又利根菩萨凡夫等，闻《华严》《方等》《般若》等诸大乘经以缘，显示大通久远下种者④多多也。例如独觉飞花落叶，教外得道⑤是也。无过去下种结缘者，执着权小者，设奉值《法华经》，不出小权见，以自见为正义故，还以《法华经》或同小乘经，或同《华严》《大日经》等，或下之，此等诸师劣自儒家外道贤圣者也。此等且置之，十界互具立之，石中火木中花，难信值缘出生信之。人界所具佛界，水中火火中水，最甚难信，虽然，电火出自水，龙水生自火，不得心有现证用之⑥。既人界八界信之，佛界何不信之？如尧舜等圣人

---

① 世间无常在眼前，岂人界无二乘界乎：意谓人间世界无常，是眼前的事实，声闻、缘觉二乘就是以这无常为契机而得悟者。

② 无顾恶人：不顾忌善恶是非的恶人。

③ 四依菩萨：指众生堪信任的四种人，即出世凡夫、声闻之预流果和一来果、不还果、阿罗汉。理即：智顗《摩诃止观》六即（理即、名字即、观行即、相似即、分真即、究竟即）之最初修行阶位，指凡夫。

④ 显示大通久远下种者：大通，即大通智胜佛。《法华经》载，此佛在过去三千尘点劫以前演说《法华》，其十六子继之，释迦是其第十六子。所以这里说是显示出大通佛在久远的过去就种下了佛种。

⑤ 独觉飞花落叶，教外得道：意思是说，如同在无佛之世独自观察飞花落叶等自然变化而证无常、空之理一样，以《法华经》以外的教说为缘而得道。

⑥ 不得心有现证用之：意谓，虽难理解，但如有现实证据则信用之。

者，于万民无偏颇，人界佛界一分也。不轻菩萨①于所见人见佛身，悉达太子②自人界成佛身，以此等现证可信之也。

问曰：教主释尊〈自坚固秘之〉，三惑③已断佛也，又十方世界国主，一切菩萨二乘人天等主君也，行时梵天在左，帝释侍右，四众八部耸后，金刚导前，演说八万法藏，令得脱一切众生，如是佛陀，以何我等凡夫之令住己心乎？又以迹门尔前之意论之，教主释尊始成正觉佛也，寻求过去因行者，或能施太子，或儒童菩萨，或尸毗王，或萨埵王子，或三祇百劫，或动喻尘劫，或无量阿僧祇劫，或初发心时，或三千尘点④等之间，供养七万五千六千七千等之佛，积劫行满，今成教主释尊，如是因位诸行，皆我等已心所具菩萨界功德欤。以果位论之，教主释尊始成正觉佛，四十余年之间示现四教色身⑤，演说尔前迹门《涅槃经》等，利益一切众生，所谓华严之时十方台上卢舍那，《阿含经》三十四心断结成佛道⑥，《方等》《般若》千佛等，《大日》《金刚顶》等千二百余尊，并迹门宝塔品四土⑦色身，《涅槃经》或见丈六，或现小身大身，或见卢舍那，或见身同虚空四种身，乃至八十御入灭，留舍利利益正像末，以本门疑之，教主释尊五百尘点以前佛也。因位又如是，自其已来分身十方世界，演说一代圣教，教化尘数众生。以本门所化比校迹门所化，一滴与大海，一尘与大山也。本门一菩萨对向迹门十方世界文殊观音等，以猿猴比帝释尚不及，其外十方世界断惑证果二乘并梵天帝、日月四天四轮王、乃

---

① 不轻菩萨：即常不轻菩萨。在过去世，曾有增上慢之比丘们得势时，有一菩萨比丘出现，每见到那些得势的比丘及四众便礼拜，说："我深敬汝等，不敢轻慢，所以者何？汝等皆行菩萨道，当得作佛。"比丘们称这菩萨为常不轻。

② 悉达太子：释尊出家前的称谓。

③ 三惑：见思惑（对真理和事象迷惑）、尘沙惑（如尘沙一样无数的迷惑，成为菩萨教化的障碍的各种烦恼）、无明惑（一切烦恼之根本烦恼）。

④ 三千尘点：《法华经》化城喻品所说，大通智胜佛灭度以来久远无数之劫量。

⑤ 四教色身：应藏、通、别、圆教之教理而显现的佛身。

⑥ 三十四心断结成佛道：即以三十四种刹那之心（八忍、八智、九无碍、九解脱）顿除见思习气，断尽烦恼而成就佛道。

⑦ 四土：四种佛土，即凡圣同居土、方便有余土（二乘和菩萨的居处）、实报无障碍土（只有菩萨居住之住所）、常寂光土（佛的住所）。

至无间大城大火炎等，此等皆我一念十界欤，己心三千欤，虽为佛说，不可信之，以此思之，尔前诸经实事也，实语也。《华严经》云：究竟离虚妄，无染如虚空。《仁王经》云：穷源尽性妙智存。《金刚般若经》云：有清净善。马鸣菩萨《起信论》云：如来藏中有清净功德。天亲菩萨《唯识论》云：谓余有漏劣无漏种，金刚喻定现在前时，引极圆明纯净本识，非彼依故，皆永弃舍等云云。尔前经经与《法华经》校量之，彼经众无数也，时说既长，一佛二言可付彼，马鸣菩萨付法藏第十一佛记有之，天亲千部论师、四依①大士也，天台大师边鄙小僧，不宣一论，谁信之，其上舍多付小，《法华经》文分明少有恃怙，《法华经》文何所十界互具百界千如一念三千分明证文有之，随开拓经文，断诸法中恶等云云。天亲菩萨《法华论》、坚惠菩萨《法性论》十界互具无之，汉土南北诸大人师、日本七寺末师之中无此义，但天台一人僻见也，传教一人谬传也，故清凉国师云：天台之谬。惠菀法师云：然以天台呼小乘为三藏教，其名谬滥等云云。了洪云：天台独未尽《华严》之意等云云。得一云：咄哉，智公，汝是谁弟子，以不足三寸舌根而谤覆面舌之所说教时等云云。弘法大师云：震旦人师等净盗醍醐，各名自宗等云云。夫一念三千法门，一代权实削名目，四依诸论师不载其义，汉土日域人师不用之，如何信之？

答曰：此难最甚甚甚。但诸经与《法华》相违，自经文事起分明，未显与已显，证明与舌相，二乘成不，始成与久成等，显之诸论师事。天台大师云：天亲龙树内监冷然，外适时宜，各权所据，而人师偏解，学者苟执，遂兴矢石各保一边，大乖圣道也等云云。章安大师云：天竺大论尚非其类，真旦人师何劳及语，此非夸耀，法相然耳等云云。天亲、龙树、马鸣、坚惠等内鉴冷然，虽然，时未至故不宣之欤。于人师者，天台已前或含珠，或一向不知之，已后人师或初破之后有归伏人，或一向不用者有之，但可会断诸法中恶经文也。彼《法华经》载尔前经文也，往见之，经文分明十界互具说之，所谓欲令众生开佛知见等云云。天台承此经文云：若众生无佛知见，何所论开？当知，佛之知见蕴在众生也云云。章安大师云：众生若无佛之知

---

① 四依：依法不依人，依义不依语，依智不依识，依了义经不依不了义经。

见，何所开悟？若贫女无藏，何所示也等云云。但所难会上教主释尊等大难也，此事佛遮会①云：已今当说②最为难信难解。次下六难九易是也。天台大师云：二门悉与昔反，难信难解，当鉾难事。章安大师云：佛将此为大事，何可得易解耶？传教大师云：此《法华经》最为难信难解，随自意故等云云。夫自佛至于灭后一千八百余年，经历三国，但有三人始觉知此正法，所谓月支释尊，真旦智者大师，日域传教，此三人内典圣人也。

问曰，龙树天亲等如何？答曰：此等圣人知而不言之仁也，或迹门一分宣之，不云本门与观心，或有机无时欤，或机时共无之欤。天台传教已后知之者多多也，用二圣智故也。所谓三论嘉祥南三北七③百余人，华严宗法藏清凉等，法相宗玄奘三藏慈恩大师等，真言宗善无畏三藏金刚智三藏不空三藏等，律宗道宣等，初存反逆，后一向归伏也。但遮初大难者，《无量义经》云：譬如国王夫人新生干子，若一日若二日若至七日，若一月若二月若至七月，若一岁若二岁若至七岁，虽复不能领理国事，已为臣民之所宗敬，诸大王子以为伴侣，王及夫心爱心偏重，常与共语，所以者何？以稚小故。善男子，是持经者亦复如是，诸佛国王是经夫人，和合共生是菩萨子，若菩萨得闻是经，若一句若一偈，若一转若二转，若十若百若千若万若亿万恒河沙无量无数转，虽复不能体真理极，乃至已为一切四众八部之所宗仰，诸大菩萨以为眷属，乃至常为诸佛之所护念，慈爱偏覆，以新学④故等云云。《普贤经》云：此大乘经典诸佛宝藏十方三世诸佛眼目，乃至出生三世诸如来种，乃至汝行大乘不断佛种等云云。又云：此方等经⑤是诸佛眼，诸佛因是得具五眼⑥，佛三种身从方等生，是大法印⑦印涅槃海，如此海中能生三种佛清净身，此三种身人天福田⑧等

---

① 遮会：遮疑难而会通。
② 已今当说：已说、今说、当说。
③ 南三北七：天台智颛所整理的南北朝时南地三师与北地七师的教判（见《法华玄义》卷一）。
④ 新学：新学教法者。
⑤ 方等经：大乘经，这里指《法华经》。
⑥ 五眼：肉眼、天眼、慧眼（二乘之知见空理）、法眼、佛眼。
⑦ 法印：佛法的印记。
⑧ 福田：生出福德之田（源），佛身是利益人天的福田。

云云。夫以释迦如来一代显密大小二教，华严、真言等诸宗依经，往勘之，或十方台叶毗卢遮那佛①，大集云集诸佛如来②，般若染净千佛示现③，大日金刚顶等千二百尊，但演说其近因近果，不显其远因果，速疾顿成说之，亡失三五远化④，化导始终⑤削迹不见，《华严经》《大日经》等一往见之，似别圆四藏等，再往勘之，同藏通二教，未及别圆。本有三因⑥无之，以何定佛种子？而新译译者等，来入汉土之日，见闻天台一念三千法门，或添加自所持经经，或自天竺受持之由称之，天台学者等，或同自宗悦，或贵远蔑近，或舍旧取新，魔心愚心出来，虽然所诠非一念三千佛种者，有情成佛木画二像之本尊有名无实也。

问曰：上大难未闻其会通，如何？答曰：《无量义经》云：虽未得修行六波罗蜜，六波罗蜜自然在前等云云。《法华经》云：欲闻具足道等云云。《涅槃经》云：萨者名具足等云云。龙树菩萨云：萨者六也等云云。《无依无得大乘四论玄义记》⑦云：沙者决云六，胡法以六为具足义也。吉藏疏⑧云：沙者翻为具足。天台大师云：萨者梵语，此翻妙等云云。私加会通如黙本文，虽尔文心者，释尊因行果德二法妙法莲华经五字具足，我等受持此五字，自然让与彼因果功德。

---

① 十方台叶毗卢遮那佛：《华严经》以十方诸佛显现在莲华的千叶上，叶中莲华台上是教主毗卢遮那佛。

② 大集云集诸佛如来：《大集经》载，佛说法时诸佛从十方世界云集而来。

③ 般若染净千佛示现：《般若经》中说，释尊说染净融通和空理时有千佛示现。

④ 速疾顿成说之，亡失三五远化：意谓诸经中说速疾成佛、顿悟成佛，而未说其速疾成佛之远因在三千尘点劫、五百尘点劫之久远的化导。

⑤ 化导始终：智𫖮《法华玄义》判一代佛教有三种教相，一是根性的融不融，即教法和众生的一致不一致，示《法华经》的圆融；二是化导的始终不始终，即探究佛的化导的首尾一贯，只有《法华经》显示佛的本意；三是师弟远近不远近，即久远的本佛和近成道的新佛的关系，及其所教化的弟子的远近因缘，这只在《法华经》本里才说。

⑥ 三因：菩萨修行之三因，即异熟因、福因、智因。本有三因：众生本来具有的三因佛性，即正因佛性，众生潜在的成佛的可能性；缘因佛性，靠善根功德之缘而成佛的性质；了因佛性，由缘而使潜在的佛性达成佛果、现成决了的性质。

⑦ 《无依无得大乘四论玄义记》：唐僧慧均著，今佚。

⑧ 吉藏疏：指吉藏《法华义疏》。

四大声闻①领解云：无上宝珠不求自得云云。我等已心声闻界也，如我等无异，如我昔所愿今者已满足，化一切众生皆令入佛道。妙觉释尊我等血肉也，因果功德非骨髓乎？宝塔品云：其有能护此经法者，则为供养我及多宝，乃至亦复供养诸来化佛庄严光饰诸世界者等云云。释迦多宝十方诸佛我世界也，绍继其迹受得其功德，须臾闻之即得究竟阿耨多罗三藐三菩提是也。寿量品云：然我实成佛已来，无量无边百千万亿那由他劫等云云。我等已心释尊五百尘点乃至所显三身，无始古佛也。经云：我本行菩萨道，所成寿命今犹未尽，况复倍倍上数等云云。我等已心菩提等也，地涌千界菩萨已心释尊眷属也，例如太公周公旦等者，周武臣下成王幼稚眷属，武内大臣神功皇后栋梁，仁德王子臣下也。上行、无边行、净行、安立行②等，我等已心菩萨也。妙乐大师云：当知身土一念三千，故成道时称之本理③，一身一念遍于法界等云云。夫始自寂灭道场华藏世界终于沙罗林④五十余年之间，华藏密严三变四见等之三土四土⑤，皆成劫之上无常土所变化方便实报寂光安养净琉璃密严等也。能变教主入涅槃，所变诸佛随灭尽。土又以如是，今本时娑婆世界，离三灾出四劫常住净土，佛既过去不灭，未来不生，所化以同体，此即已心三千具足三种世间也。⑥迹门十四品未说之，于《法华经》内时机未熟故欤。此本门肝心于南无妙法莲华经五字，佛犹文殊药王等不付嘱之，何况其已下

---

① 四大声闻：指法华会上受佛授记的迦叶、须菩提、目犍连、迦旃延四大佛弟子，以下引语见《法华经·信解品》。

② 上行、无边行、净行、安立行：本化四菩萨，即佛在久远本时所教化的四位菩萨。见《法华经·从地涌出品》。

③ 本理：指十界互具之理。

④ 寂灭道场：释尊始悟而说《华严经》的场所。华严世界：《华严经》里所说的净土，释尊教化之始。沙罗林：释尊入涅槃的场所，于此说《涅槃经》，是教化之终。

⑤ 密严：密严世界，密严净土，《密严经》所说的净土，密教特指大日如来之净土。三变：三变秽土为净土，见《法华经·宝塔品》。四见：把沙罗林之土看作四土（四土见前注）。三土：弥陀法、报、应三身土。

⑥ 今本时娑婆世界六句：此为"四十五字法体段"，即用四十五字所表现的法门。

乎？但召地涌千界，说八品①付嘱之，其本尊为体，本师娑婆上宝塔居空，塔中妙法莲华经，左右释迦牟尼佛多宝佛、释尊胁士上行等四菩萨，文殊弥勒等四菩萨眷属居末座，迹化多宝大小诸菩萨、万民处大地，如见云阁月卿，十方诸佛处大地上，表迹佛迹土故也。如是本尊在世五十余年无之，八年之间但限八品，正像二千年之间，小乘释尊迦叶阿难为胁士，权大乘并《涅槃经》《法华经》迹门等释尊以文殊普贤等为胁士，此等佛造画正像，未有寿量佛，来入末法始此佛像可令出现欤。

问：正像二千余年之间，四依菩萨并人师等，建立余佛小乘权大乘尔前迹门释尊等寺塔，本门寿量品本尊并四大菩萨三国王臣俱未崇重之由申之，此事粗虽闻之，前代未闻故，惊动耳目迷惑心意，请重说之，委细闻之。答曰：《法华经》一部八卷二十八品，进前四味，退《涅槃经》等一代诸经，总括之但一经也。始自寂灭道场终至于《般若经》序分也，《无量义经》《法华经》《普贤经》十卷正宗也，《涅槃经》等流通分也。正宗于十卷中亦有序正流通，《无量义经》并序品序分也，自方便品至于分别功德十九行偈十五品半正宗分，分别功德品自现在四信至于《普贤经》十一品半一卷流通分也。又于《法华经》等十卷有二经②，各具序正流通也，《无量义经》序品序分，自方便品至于入记品八品正宗分，自法师品至于安乐行品五品流通分。论其教主，始成正觉佛，说本无今有百界千如，超过已今当随自意难信难解正法也。寻过去结缘、大通十六之时下佛果种，进者以《华严经》等前四味为助缘，令觉知大通种子，此非佛本意，但毒发等一分③也。二乘凡夫等前四味于缘，渐渐来至法华显种子，遂开显机④是也。又于在世始闻八品人天等，或闻一句一偈等为下种，或熟、或脱，或至《普贤》《涅槃》等，或正像末等以小权等为缘入法华，例如在世前四味者。又本门十四品一经有序正流通，涌出品八

---

① 八品：指《法华经》本门的八品。
② 二经：这里指《法华经》迹门、本门。
③ 毒发等一分：如毒药有偶断烦恼的作用一样，只对一分（一部分）机根者发挥作用。
④ 开显机：开显佛的正机。

半为序分，寿量品前后二半此为正宗①，其余流通分也。论其教主，非始成正觉释尊，所说法门亦如天地，十界久远之上国土世间既显，一念三千殆隔竹膜②。又迹门并前四味、《无量义经》《涅槃经》等三说③，悉随他意易信易解，本门三说外难信难解随自意也。又于本门有序正流通，自过去大通佛法华经，乃至现在《华严经》，乃至迹门十四品《涅槃经》等，一代五十余年诸经，十方三世诸佛微尘经经，皆寿量序分也。自一品二半之外，名小乘教邪教未得道教覆相教④，论其机，德薄垢重幼稚贫穷孤露同禽兽也。尔前迹门圆教尚非佛因，况《大日经》等诸小乘经，何况《华严》《真言》等七宗等论师人师宗，与论之，不出前三教⑤；夺云之，同藏通，设法称甚深，未论种熟脱⑥，还同灰断⑦，化无始终是也。譬如虽为王女怀妊蓄种，其子尚劣旃陀罗⑧。此等且阁之，迹门十四品正宗八品，一往见之，以二乘为正，以菩萨凡夫为傍；再往勘之，以凡夫正像末为正，正像末三时之中以末法始为正中正。

问曰：其证如何？答曰：法师品云：而此经者如来现在犹多怨嫉，况灭度后。宝塔品云：令法久住，乃至所来化佛当知此意等。劝持安乐等可见之。迹门如是，以本门论之，一向以末法之初为正机，所谓一往见之时，大通以久种为下种，大通前四味迹门为熟，至本门令登等妙，再往见之，不似迹门，本门序正流通俱以末法之始为诠，在世本门末法之初一同纯圆也。但彼脱、此种也，彼一品二半，此但题目五字也。

问曰：其证文如何？答云：涌出品云：尔时他方国土诸来菩萨摩

---

①　寿量品前后二半：指寿量品与其前地涌品后半、其后分别功德品前半，总称"一品二半"。

②　一念三千殆隔竹膜：是说本门一念三千与迹门一念三千，日莲的事（实践）一念三千和智顗、最澄的理一念三千，虽如天地悬隔，又如只隔着一层竹膜。

③　三说：已说（前四味诸经）、今说（《无量义经》《法华》迹门）、当说（《涅槃经》）。

④　覆相教：覆隐真实之教的教说。

⑤　与论之，不出前三教：即是肯定地说，也不出藏、通、别三教。

⑥　种熟脱：佛化益众生三阶段，即下种、调熟、解脱。

⑦　灰断：灰身灭智，小乘佛教的最高境界。

⑧　旃陀罗：古代印度四种姓外以渔猎、屠宰、狱卒为业的最下级种族。

诃萨,过恒河沙数,于大众中起立合掌作礼而白佛言:世尊,若听我等于佛灭后在娑婆世界,勤加精进,护持读诵书写供养是经典者,当于此土而广说之,尔时佛告诸菩萨摩诃萨众:止,善男子,不须汝等护持此经等云云。自法师已下五品经文,前后水火也①。宝塔品末云:以大音普告四众,虽能于此娑婆国土广说妙法华经等云云。设虽为教主一佛将劝之,药王等大菩萨梵帝日月四天等可重之处,多宝佛十方诸佛为客佛②谏晓之,诸菩萨等闻此殷勤付嘱,立我不爱身命誓言,此等偏为叶佛意也,而须臾之间佛语相违,誓止过八恒沙此土弘经,进退惟谷,不及凡智,天台智者大师作前三后三六释会之③,所诠迹化他方大菩萨等以我内证寿量品不可授与,末法初谤法国恶机故止之,召地涌千界大菩萨,寿量品肝心以妙莲华经五字令授与阎浮④众生也。又迹化大众非释尊发心弟子等故也。天台大师云:子弘父法,有世界益。妙乐云:是我弟子应弘我法。甫正记云:以法是久成法故,付久成之人等云云。又弥勒菩萨疑请云:经云:我等虽复信佛随宜所说,佛所出言,未曾虚妄,佛所知者皆悉通达,然诸新发意菩萨,于佛灭后,若闻是语⑤,或不信受,而起破法罪业因缘,唯愿世尊愿为解说,除我等疑,及未来世诸善男子闻此事已,亦不生疑等云云。文意者,寿量法门为灭后请之也。寿量品云:或失本心,或不失者,乃至不失心者,见此良药色香俱好,即便服之,病尽除等云云,久远下种大通结缘乃至前四味迹门等一切菩萨二乘人天等,于本门得道是也。经云:余失心者,见其父来,虽亦欢喜问讯求索治病,然与其药而不肯服,所以者何?毒气深入失本心故,于此好色香药而谓不美,乃至我今当设方便令服此药,乃至是好良药今留在此,汝可取服,勿忧不差,作是教已,复次他国遣使还告等云云,分别功德品云,恶世末法时等云云。

---

① 自法师已下五品经文,前后水火也:是说自法师品以下的五品经文与上引五品之后地涌出品的经文水火相违。

② 客佛:与释尊主佛相对,从他方世界来的佛。

③ 前三后三六释会之:见《法华文句》九上。制止他方菩萨弘经的理由有三,召唤地涌菩萨的理由亦有三。

④ 阎浮:这里泛指人间世间。

⑤ 是语:指明言佛久远实成之语。

问曰：此经文遣使还告如何？答曰：四依也。四依有四类，小乘四依多分正法前五百年出现，大乘四依多分正法后五百年出现，三迹门四依多分像法一千年、少分末法初也。地涌千界末法始必可出现，今遣使还告地涌也，是好良药寿量品肝要名体宗用教①，南无妙法莲华经是也。此良药佛犹不授与迹化，何况他方乎？神力品云：尔时千世界微尘等菩萨摩诃萨从地涌出者，皆于佛前一心合掌，瞻仰尊颜而白佛言：世尊，我等于佛灭后世尊分身所在国土灭度之处，当广说此等云云。天台云：但见下方②发誓等云云。道邃（暹）云：付嘱者此经唯付下方涌出菩萨，何故尔，由法是久成之法故，付久成之人等云云。夫文殊师利菩萨东方金色世界不动佛弟子，观音西方无量寿佛弟子，药王菩萨日月净明德佛弟子，普贤菩萨宝威佛弟子，一往为扶释尊行化，来入娑婆世界，又尔前迹门菩萨也，非本法所持人，不足末法弘法者欤。经云：尔时世尊，乃至一切众前现大神力，出广长舌③上至梵世，乃至十方世界众宝树下师子座上诸佛亦复如是，出广长舌等云云。夫显密二道一切大小乘经中，释迦诸佛并坐舌相至梵天文无之，《阿弥陀经》广长舌相覆三千④有名无实，《般若经》舌相三千⑤放光说般若全非证明，此皆兼带⑥故，覆相久远故也。如是现十神力⑦，地涌菩萨嘱累妙法五字云，经云：尔时佛告上行等菩萨大众，诸佛神力如是无量无边不可思议，若我以是神力，无量无边百千万亿阿僧祇劫，为嘱累故说此经功德，犹不能足。以要言之，如来一切所有之法，如来一切自在神力，如来一切秘要之藏，如来一切甚深之事，皆于此经宣示显说等云云。天台云：从尔时佛告上行下，

---

① 名体宗用教：智𫖮《法华玄义》一上，解释《法华经》题目的五个范畴，又称五重玄义，即释名、辨体、明宗、论用、判教。
② 下方：指地涌菩萨。见《法华文句》十下。
③ 广长舌：佛三十二相之一，表所说真实之相。
④ 《阿弥陀经》广长舌相覆三千：《阿弥陀经》载："舍利弗，如我今赞叹阿弥陀佛不可思议功德……出广长舌相，遍覆三千大千世界……"
⑤ 《般若经》舌相三千：见《摩诃般若经·舌相品》。
⑥ 此皆兼带：五时判教兼带前四时的说相，圆教为主兼带权教。
⑦ 十神力：《法华经·神力品》所示的十种神力。

第三①结要付嘱云云。传教云：又神力品云：以要言之，如来一切所有之法，乃至宣示显说〈已上经文〉。明知果分一切所有之法，果分一切自在神力，果分一切秘要之藏，果分一切甚深之事，皆于法华宣示显说也等云云。此十神力，以妙法莲华经五字授与上行安立行净行无边行等四大菩萨，前五神力为在世，后五神力为灭后，虽尔再往论之，一向为灭后也，故次下文云：以佛灭度，能持是经故，诸佛皆欢喜现无量神力等云云。次下嘱累品云：尔时释迦牟尼佛从法座起现大神力，以右手摩无量菩萨摩诃萨顶，乃至今以付嘱汝等等云云，以地涌菩萨为头，迹化他方，乃至梵释四天等嘱累此经，十方来诸分身佛各还本土，乃至多宝佛塔还可如故等云云。药王品已下，乃至《涅槃经》等，地涌菩萨去了，为迹化众他方菩萨等重付嘱之，捃拾遗嘱②是也。

疑云：正像二千年之间，地涌千界出现阎浮提流通此经乎？答曰：不尔。惊云：法华经并本门以佛灭为本，先地涌千界授与之，何正像出现不弘通此经乎？答云：不宣。重问云：如何？答：不宣之。又重问：如何？答曰：宣之，一切世间诸人，如威音王佛③末法，又我弟子中粗说之皆可为诽谤，默止。求云：不说汝堕悭贪④。答曰：进退惟谷。试粗说之：法师品云：况灭度后。寿量品云：今留在此。分别功德品云：恶世末法时。药王品云：后五百岁于阎浮提广宣流布。《涅槃经》云：譬如七子，父母非不平等，然于病者心则偏重等云云。以已前明镜惟知佛意，佛出世非为灵山八年诸人⑤，为正像末人也。又非为正像二千年人，末法始为如予者也。云：然于病者，指灭后法华经诽谤者也。今留在此者，指于此好色香药而谓不美者也。

---

① 第三：《法华文句》把《法华经·神力品》的长行部分分为三段，认为第三段即结要付嘱。

② 捃拾遗嘱：捃，采、拾取。智顗以《法华经》为大收教，《涅槃经》为捃拾教，意谓《法华》之大收后拾取落穗，《法华经·药王品》以下乃至《涅槃经》皆为捃拾教，是与正宗分相对的流通分。

③ 威音王佛：见《法华经·不轻品》。威音王佛（过去最早的佛）灭后，有常不轻菩萨出，赞叹礼拜所有人，反遭人们用杖木瓦石投打，这样，如果宣说教法，人们便会犯谤正法之罪。

④ 悭贪：大乘十重戒之一，贪惜法财而不施人。

⑤ 灵山八年诸人：佛在世时在灵山说《法华》八年的听众。

地涌千界不出正像者，正法一千年之间小乘权大乘也。机时共无立，四依大士以小权为缘，在世下种令脱之，多谤可破熟益①故不说之，例如在世前四味机根也。像法中末，观音药王示现南岳天台等出现，以迹门为面，以本门为里，百界千如一念三千尽其义，但论理具，事行南无妙法莲华经五字并本门本尊未广行之，所诠有圆机无圆时②故也。今末法初，以小打大以权破实，东西共失之，天地颠倒，迹化四依隐不现前，诸天弃其国不守护之，此时地涌菩萨始出现世，但以妙法莲华经五字令服幼稚，因谤堕恶必因得益是也。我弟子惟之，地涌千界教主释尊初发心弟子也，寂灭道场不来，双林最后不访，不孝失有之，迹门十四不来，本门六品③立座，但八品之间来还，如是高贵大菩萨约束三佛受持之④，末法初可不出欤。当知此四菩萨现折伏时成贤王诫责愚王，行摄受时成僧弘持正法。

问曰：佛记文⑤云：答曰：后五百岁于阎浮提广宣流布⑥。天台大师记云：后五百岁远沾妙道⑦。妙乐记云：末法之初冥利不无⑧。传教大师云：正像稍过已，末法太有近等云云⑨。末法太有近释，我时非正时云意也。传教大师日本记末法始云：语代则像终末初⑩，寻地唐东羯西，原人则五浊之生斗诤之时。经云：犹多怨嫉，况灭度后，此言良有以也。此释斗诤之时云云，今指自界叛逆西海侵逼二难也⑪。此时地涌千界出现，本门释尊为胁士，一阎浮提第一本尊可立

---

① 多谤可破熟益：即使说《法华经》，因谤者居多，所以会妨碍佛种成熟之益。
② 有圆机无圆时：有一部分人具有接受圆教（即五字题目、本门本尊）能力，但弘通圆教的时候未到。
③ 六品：指药王品以下六品。
④ 约束三佛受持之：向释迦、多宝、十方诸佛约定受持在末法世弘通要法五字。
⑤ 佛记文：未来记，预言未来的记文。
⑥ 后五百岁于阎浮提广宣流布：见《法华经·药王品》。
⑦ 天台大师记云句：见《法华文句》一上。
⑧ 妙乐记云句：见《文句记》一上。
⑨ 传教大师云句：见《守护国界章上之上。》
⑩ 语代则像终末初：语见《法华秀句》下。
⑪ 自界叛逆西海侵逼二难：指1272年日本北条时辅之乱和蒙古的入侵。

此国，月支震旦未有此本尊，日本国上宫建立四天王寺，未来时以阿弥陀他方为本尊，圣武天王建立东大寺，华严教主也，未显《法华经》实义。传教大师粗显示《法华经》实义，虽然，时未来之故，建立东方鹅王①，不显本门四菩萨，所诠为地涌千界让与此故也。此菩萨蒙佛勅近在大地下，正像未出现，末法又不出来，大妄语大士也。三佛未来记亦同泡沫，以此惟之，无正像出来大地震大彗星②等，此等非金翅鸟修罗龙神等动变，偏四大菩萨可令出现先兆欤。天台云：见雨猛知龙大，见花盛知池深等云云③。妙乐云：智人知起，蛇自识蛇等云云④。天晴地明，识法华者可得世法欤。不识一念三千者，佛起大慈悲，五字内裹此珠法，令悬末代幼稚颈，四大菩萨守护此人如周公摄扶文王、四皓⑤侍奉惠帝不异者也。

文永十年⑥太岁癸酉卯月二十五日　日莲注之

---

① 东方鹅王：鹅王，佛的异称，这里指东方净琉璃世界的教王药师琉璃光如来。

② 大地震大彗星：1257年日本大地震，1264年出现大彗星。

③ 天台云句：见《法华文句》九上。

④ 妙乐云句：见《文句记》九中。

⑤ 四皓：商山四皓，汉初商山四隐士，后辅保太子。

⑥ 文永十年：1273年。

十二、一　遍

史料简介

　　时宗的创立者证照大师一遍（1239—1289，延庆元年—正应二年）名智真，姓越智，伊豫国住人，其所倡教义，亦属于净土宗系统，时宗之名乃据《阿弥陀经》"临命终时"念佛往生之义，为主张他力往生之一派。一遍曾为弘佛法，游行诸国，著有《语录》二卷、《播州问答集》二卷。此宗人好游行，颇多以和歌、连歌、谣曲等著名，亦其特色。兹据《大日本佛教全书》《播州问答领解钞》选录其《播州问答集》之要语如下。

播州问答集

　　问曰：圣道净土二门，其相如何？答曰：先圣道门者，谈说烦恼即菩提，晓谕生死即涅槃①，然此法门不可契于当今之机，所以者何？立还烦恼本执，可有自损损他之失也，故以今我所不教之也。次净土门者，放下身心，乐欲往生，三界六道之中，无一希望也；故知万物不足可用，特地思量于此界中保护此身，而无出离生死之期也〔卷一〕。

　　凡立净土，为欲令生欣慕心也；劝欣慕心，为称名也；劝称名者，为往生也。若夫有人闻说净土庄严微妙之相，发愿往生之心，此心若发必称名号，若称名号即得往生也。然则愿往生心者，欲称名号

---

①　谈说烦恼即菩提，晓谕生死即涅槃：《止观》一云："无明尘劳即是菩提，无集可断……生死即涅槃，无灭可证。"又"生死即涅槃，是名苦谛。烦恼亦即是菩提，是名集谛"。此烦恼即菩提，生死即涅槃之义，为大乘至极之谈。

初发心位①也。此心者则六识分别妄心②故，非净土生因。唯称名号位，即是往生也，是则离自妄心，故云他力往生③也。是故当知，欣慕心位，全非往生也［卷四］。

问曰：往生者其义如何？答曰：往者理也，生者智也，理智契当云往生也。夫虽信罪福、疑佛五智④，偏以自性愿往生者，虽得往生有华合障⑤，又虽以六识凡情修诸功德，凝于观念，能缘心既虚妄，所缘⑥净土亦以无实体，极乐世界无我真实国土，自力我执诸善，总不能生，弘愿一行⑦以得生焉。然则以凡夫意乐不可愿往生，唯须毕命为期，称佛名，称名之外，求觅种种意乐，不知真实佛法故，更以不可往生也。又念佛之机而有三品，其上根者带于妻子，虽励家业，不著往生；其中根者，虽舍妻子，带于住处衣食，不著往生；其下根者，舍离诸缘，得往生也。如吾辈者既是下根之一分也，若不舍一切，必定命终时耽著诸事，可损往生，常忆常念应当思量者也。寻云：大经三辈之中，上辈说舍家弃欲而作沙门，违今释义如何？答云：一切佛法心品为本，故以心品不著，全是舍家弃欲者哉！若夫居家不著者，可谓上上根人也，此是今就于离著强弱，且分三品，各据一义，并不相违也［卷八］。

问曰：不离衣食住三，不可往生乎？答曰：衣食住三，则三恶道

---

① 初发心位：谓初发求菩提之心，《十住毗婆娑论》举初发心四十一义，又晋《华严经·梵行品》"初发心时，便成正觉"。本文则以念南无阿弥陀佛名号为初发心分位。

② 六识分别妄心：六识谓眼识、耳识、鼻识、舌识、身识、意识，乃六根对于色、声、香、味、触、法六境而生见闻嗅味觉知之分别作用。

③ 他力往生：此指以他力之一法使众生成佛，如弥陀本愿云：唯愿信我者往生我土，使成佛道。故舍自力而信弥陀的人，与此本愿相应，唤起往生成佛的愿果，而此信心亦为依佛的本愿而发，故称他力往生。

④ 佛五智：佛陀五种智慧，一大圆镜智，二平等性智，三妙观察智，四成所作智，五法界体性智。

⑤ 华合障：障，烦恼的异名，烦恼能障碍圣道，故名障。障有种种，此华合障，乃以莲华不开的故障为喻。

⑥ 能缘、所缘：称心识为能缘，心识之所对为所缘，《俱舍光记》二云："缘谓攀缘，心心所法名能缘，境是所缘。"

⑦ 弘愿一行：谓一切众生成佛的真实法，惟有阿弥陀佛成就的弘大誓愿念佛一道。

业也。求庄衣装，畜生道业；贪求食物，饿鬼道业；构设住处，地狱道业；欲离三恶趣，可离衣、食、住三也。其离三者，离著是也，然则勿于自求，应任天运也。空也上人①云：三业任天运，四威仪②让菩提矣；是则归他力行相也。本来无一物，将求何事？万物如梦幻，勿生实有念，当舍离一切，归入名号也〔卷一一〕。

问曰：一代圣教所诠，可云唯是名号耶？答曰：一代圣教所诠，唯是名号也。故《观经》说持是语者，即是无量寿佛名，付嘱阿难；亦小经说难信之法，付嘱舍利弗；复大经③说，乃至一念无上功德，付嘱弥勒。因兹天台④释诸经所赞，多在弥陀，故以西方而为一准矣。善导释，是故诸经中，广赞念佛功德云云。须抛于诸余万行，归于名号一法者也。然顷学人偏好学解，而曾无行称名矣，是恐如为千金券契不取其金，犹若日夜数他宝，自无半钱分也。冀学者须留心思量之者也〔卷一二〕。

---

① 空也上人：名光胜，俗姓未详，或云醍醐天皇的皇子，于尾张国分寺出家，自称空也，周游天下以利济为事，或架桥梁，或修道路，穿井、兴废寺等。天庆元年入京师，专唱弥陀的佛号，巡化市井，人呼市圣，或称弥陀圣。

② 三业、四威仪：三业，身、口、意所造业。四威仪指一行、二住、三坐、四卧。

③ 观经、小经、大经：此净土三经。观经，《观无量寿经》；小经，《阿弥陀经》；大经，《无量寿经》。

④ 天台：按天台有二种解释，一指天台大师，名智颛，天台宗的开祖，传所著有《佛说观无量寿佛经疏》一卷，《阿弥陀经义记》一卷，《净土十疑论》一卷等，惟皆真伪未决。孤山智圆的《弥陀经义疏》云："世有弥陀经疏，自日东传，来言智者说者非也，词俚义疏，谅倭人之假托乎。"又证真的《玄义弘记》第五卷评《十疑论》云："且如极乐十疑等，非是天台所出，而和汉皆云大师说，彼引唐译《杂集论》故，定非隋时之所述也。"又其一天台指天台宗，湛然《止观弘决》中有云"诸经所赞，亦在弥陀"可证。

十三、北畠亲房

史料简介

北畠亲房（1293—1354，永仁元年—正平九年）是玄惠法印弟子，玄惠从僧归儒，又从儒参禅，但在后醍醐帝时，实始倡程朱之学，且以《资治通鉴》《朱子纲目》传授。北畠亲房受其影响，所著《神皇正统记》，即对《资治通鉴》的一种发挥，从神代至后村上，著述宗旨也正明皇统的正闰，期名教的振作，因神器的传授，论皇位的继承，这是一部带有浓厚的封建主义历史哲学色彩的著作，为文正元年僧周凤所编《善邻国宝记》所本，今录其所译首一节，以见其国体观，及其受宋儒理学所影响的基本观念。

神皇正统记

大日本者，神国也。天祖创基，日神传统①焉，在神代曰丰苇原，千五百秋瑞穗国②，盖自天地开辟初有此名矣。天祖勅伊弉诺伊弉册二神曰：有丰苇原千五百瑞穗地，汝往修之。又天照大神勅皇孙

---

① 日神传统：日神即《日本书纪》大日霎尊号天照天神，以素戋鸣尊子为嗣，是为天穗耳尊，生天津彦彦火琼琼杵尊，大神使琼琼杵尊统治中州，勅诸神为辅，赐之以三种神宝，先豫勅皇孙曰："此丰苇原之千百秋之瑞穗国，我子孙可王之地也，宜尔皇孙就而治焉，行矣，宝祚之隆当与天壤无穷者矣。"又大神手持宝镜授皇孙祝曰："吾儿视此宝镜，当犹视吾，可与同床共殿，以为斋镜。"又副八坂琼之曲玉，与天之丛云剑，三者遂为传国之重器云。

② 瑞穗国：参照《日本书纪》第12页注5。

天津彦彦火琼琼杵尊①曰：丰苇原千五百秋瑞穗国，是吾子孙可王之地也，此名所自来久矣。

---

① 天津彦彦火琼琼杵尊：案《日本书纪》神武纪"及年四十五岁，谓诸兄及子等曰：昔我天神高皇产灵尊大日灵尊，举此丰苇原瑞穗国而授我天祖彦彦火琼琼杵尊，于是火琼琼杵尊辟天门披云路，駈山跸以戻止，是时运属鸿荒，时锺草昧，故蒙以养正，治此西偏，皇祖皇考，乃神乃圣，积庆重晖，多历年所，天祖降迹，以逮于今，一百七十九万二千四百七十余岁"云云。天津彦彦火琼琼杵，"天津彦彦"犹言天孙；"火琼琼杵"，称其性德，如火之明，如琼之灵，如杵之坚。

十四、虎关师练

史料简介

从元弘建武（1331—1335）以至文禄庆长（1592—1596）二百七十余年间，有五山僧侣兴起，鼓吹汉文学，在佛教思想里，加上了宋儒之学。他们对于宋学的造诣虽浅，但是日本儒学的种子，就中虎关、圆月尤为著名。虎关（1278—1346，弘安元年—贞和二年）以一禅僧之身，于书无所不读，通四书六经乃至九流百家之书，主张儒道一致，儒佛一致，所著《济北集》虽于程朱少所许可，却极推服周濂溪一人。在《元亨释书》荣西传赞云："仲尼没而千有余岁，继接之者几许乎？惟周濂溪独擅兴继之美矣。"今据昭和十一年五山文学全集刊行会本《五山文学全集》之《济北集》选录其《通衡》之二、之三、之四、之五，以见其与宋儒之学关系之始。

济 北 集

通 衡 之 二

宝庆、绍定①之间，有匿姓名而品藻吾道者，号曰圭堂。书之曰《大明》②，其布置伤之烦碎焉，其评论多有乖戾，摘其一二列于此焉。

净行上曰：如彼洞山价辞亲书，刻恩无天，读之毛竖，长芦颐，递效其颦。陋哉圭堂之见乎！岂不闻乎？有高世之功者，负遗俗之

---

① 宝庆、绍定：均南宋理宗年号，宝庆（1225—1227），绍定（1228—1233）当日本嘉禄至宽喜年间。

② 圭堂、书之曰《大明》：圭堂，宋僧，所著《佛法大明录》，阐明三教相互关系问题。

累，新丰老人之谓乎。大伯虞仲，断发文身，仲尼称之至德乎。堂之毛竖之言，其偏心之见者也。堂只以净名父母不听不得出家为言也；夫吾教设训也，有通有别，通被小器，别被大根。摩诘应俗不可无此训矣，新丰长芦岂轨辙之所拘乎。曰圭堂于净行出此言，宁有违哉？曰然者何不出世人而出高德乎？如子之言，堂益惑矣。

又举程明道语，佛氏之教，滞固者入于枯槁，疏通者归于恣肆。曰此大贤之语也。夫程氏主道学排吾教，其言不足攻矣。堂已飯我，当辨是等之虚诬，还称是何哉。吾徒多焉，枯槁恣肆者实不少矣，然评其道者，剽索其徒之不善者托言焉，宁为公议乎？孔子垂名教也，王莽学之篡汉祚；荀卿弘大论也，李斯承之焚秦书；世只罪莽、斯，未闻归咎于孔、荀矣。彼程氏何为者乎？出言之不经也。痛哉堂之拙于取舍焉。

通 衡 之 三

三家章①曰：厥初人道之始生，而儒教已为之主，既而两教乃入，特为之伴焉，非主也。又曰儒教本为人道之宗主；此等之言，其失不寡矣。夫儒者支那一域之化也，岂阎浮②之通典乎哉？支那亦非阎浮之本邦，堂言人道之始，儒教为主者，是偏狭之言也。又儒为主两家为伴者，历代天子多顺奉礼乐文物，四海则之之谓乎？以天子顺奉言之，亦有不然者。秦烧儒书，此时不可为主矣，汉文景贵黄老，此时岂为主乎？魏晋之代尊虚玄，亦不得主。因此而言，时势也，非定主也，堂何定主伴耶？夫道者以理为主，不以迹为主，以佛教见儒道者，人天乘③耳；犹不与二乘竞，况佛乘哉。堂之论，不学之过也。堂又引伊川语合之曰：真具正眼者，终不妄摘其一二句之相似者，强合附会，以絷儒宗立天地正人心之大统，所谓不同之同，此言又疏阔之甚也。夫儒之五常，与我教之五戒④，名异而义齐，不得不合，虽附会何絷儒哉。其余合句，先辈之书多矣，请先取嵩公《辅教

---

① 三家章：圭堂所著《大明录》中之章名。
② 阎浮：又称阎浮提，新称瞻部州，即指吾人所住大陆。
③ 人天乘：乘是乘人使各到其果地的教法，有五乘之称，一人乘、二天乘、三声闻、缘觉二乘、四菩萨乘、五佛乘。
④ 五常、五戒：五常谓父义、母恕、兄友、弟恭、子孝之伦常，此儒家说。五戒谓不杀生、不偷盗、不邪淫、不妄语、不饮酒的戒法，此佛家说。

编》①见一遍。虽然儒释同异，只是六识之边际也，至七八识②儒无分焉，何合会之有？故曰儒释之同异者，六识边也，非七八识矣。

通衡之四

《论语》曰：齐一变至鲁，鲁一变至道③，吾以为非孔子之言矣。何也？我见齐鲁之兴也且尚之始，圣贤之治，非无降杀矣，而至于春秋之时未有优劣焉，然齐犹有桓公树霸业焉，鲁未能霸乎，其余主者互有失得，鲁遂未胜齐矣。只孔子之时三千七十二五之徒，讲道艺，学礼仪，是鲁之胜齐之见者也，其间多是在下者也，上者不然。粗言一二焉，田恒之弑简公④者，齐之事也；意如之逐昭公⑤者，鲁之事也；弑之与逐虽不易优劣，而昭公之死乾侯也，季氏之畜害深矣。因此而言，齐鲁之衰匹也，未有差降矣。唯以孔徒一时道艺之学，有在下之赢耳，是齐之一变而所以为鲁乎！下者且随之，上未焉矣耳。续以鲁变道而为言，岂圣人之者，发兹阔大之吻哉。所谓至道者何时乎，三皇乎五帝乎？三王之始乎？我谓孔子柄鲁政，或令如伯禽⑥之治可也。何也？伯禽之治者，周公之治也，仲尼犹言甚矣吾衰也久，吾不复梦见周公⑦。仲尼者慕周公者也，周公以叔父之权，大圣之姿，致鲁国之治，尚三年而成，假令孔子治鲁而圣如周公，如无周公权何？周公之圣权治鲁也，其时未必大过于齐，当初尚有寝微之兆，孔子后出而欠权，岂迈姬公⑧而致至道之治乎，孔子必不能尚于周公矣。吾谓《论语》不经圣删，诸徒交记，其文大醇而小疵，然则鲁人夸国而矫圣言乎？若又孔子一时之戏谑，而赝徒暗识布简牍耶。

----

① 嵩公《辅教编》：《辅教编》三卷，宋藤州镡津释契嵩撰，天宁寺本。

② 六识、七八识：法相宗以耳、目、鼻、口、舌、身意为六识，末那识为七识，阿赖耶识为八识。

③ 《论语》曰二句：见《论语·雍也》篇。

④ 田恒之弑简公：《左传》"甲午，齐陈恒弑其君王于舒州"，《史记》三二《齐世家》作田常执简公于徐州，田常即田恒，徐州即春秋舒州。

⑤ 意如之逐昭公：意如，季孙意如。昭公，鲁昭公，乃鲁国衰颓不振之君，在位二十五年，客乾侯三年，春秋昭公三十二年十有二月己未，公薨于乾侯。

⑥ 伯禽：周，周公子，受鲁之封，淮夷、徐戎并反，率师伐之，遂平徐，定鲁，作《费誓》。

⑦ 仲尼犹言二句：见《论语·述而》篇。

⑧ 姬公：周公姓姬，名旦，故称姬公。

仲尼犹云前言戏之耳①，若鲁变之言出圣吻者，前言戏之耳之流乎。

通衡之五

或曰：庄生立道为自然尔乎？曰：不。道非自然，自然德也，庄生不知道，故以德为道而为言也。夫物无自然，自然德也，德随物而有，随物而有者岂自然乎？今其金砂合淘，沙在上金在下者，自然也；金重沙轻，金之重，金之德也。因此而言德也，非自然也。若言自然者，沙又可在下，实不尔也；盖沙无重德也。凡物昔有各德，以德故有自然用，非自然之自然也。我教中有言：人中造作，天上自然，盖福业有浅深，故果报有造作自然之异矣。天上择虽自然，亦是旧业之所作也。以三世而言，非自然也，作业之德也。鸦鹭之羽②，荆棘之刺，各德也，非自然也。

始予读庄子，爱其玄高奇广，以为诸子之所不及也。后得列子，向之玄高奇广，昔列子之文也，只周加润色。故令我爱其文耳矣。夫文者立言者难矣，好言者易矣，盖列子先而庄子后，故列子之文简易者，立言而已，周秉撷而修饬③焉，故周文奇艰婉丽。或曰：庄周识高才博，岂必采于御寇乎？只其所载事偶同乎？予曰：不然。庄子已立《列御寇》一篇，不为不见列子，多收其事，周不廉矣。中世以来文章陵迟，沿袭剽窃出己者鲜矣，庄子者中古剽窃之文乎。

佛教举一身之用者六焉，益而不上七，损而不下五，谓眼耳鼻舌身意也。变为十八界④，广为八万四千之总持三昧⑤，皆统于六，是曰内训。外书说得或过或不及，百家皆是也。只《荀子·天论》曰：耳目鼻口形能各有接而不相能⑥也，夫是之谓天官，心居中虚，以治

---

① 前言戏之耳：见《论语·阳货》篇。

② 鸦鹭之羽：《庄子·齐物论》"鸱鸦耆鼠"。鹭，《诗·陈风·宛丘》"值其鹭羽"，传"鹭鸟之羽可以为翳"，笺"翳，舞者所持以指麾"。

③ 撷、饬：撷，采取；饬，整治。

④ 十八界：谓六根六境六识，盖眼识色处为眼识界；耳闻声处为耳识界，并鼻识界、舌识界、身识界、意识界，谓之六识界，总为十八界。

⑤ 总持三昧：梵语陀罗尼，译言总持，《维摩经注》一："僧肇曰：总持，谓持善不失，持恶不生，无所漏，总谓之持。"三昧，译言定，《智度论》五："善心一处住不动，是名三昧。"

⑥ 能各有接而不相能：谓耳能听，目能视，鼻能嗅，口能味，不相能则耳不能视，目不能听之类。

五官,夫是之谓天君。《正论》又有之。荀况者,战国之士也,我教不入支那之前三百年矣,然言六根者如是备也。唐宋诸儒剽窃五教①而立言者,皆不及况者远矣。

司马温公②答韩秉国书云:如佛老之言,则失中而远道矣,光所以不好佛老者,正谓其不得中道,可言而不可行故也。借使有人,其能独居宴坐,屏物弃事,以求虚无寂灭,心如死灰,形如槁木,及有物欻然来感之,必未免出应之,则其喜怒哀乐,未必皆能中节也。温公不学佛书,只以凡心议圣境,可笑也。盖我法中,定心智有数种矣。定之种者,欲定、色定、无色定③,乃至三乘④之诸定也。心之种者,六识、七识、八识,乃至三乘诸圣位也。智之种者,散位、定位⑤诸智通,三乘凡圣位也。今光之谓有人宴坐心身如死灰槁木,有物来感必出应之者,欲定边事也,其喜怒哀乐,未必中节也者,六识心边事也;其可言而不可行者,散智边事也。光未知欲定,况色定乎?未知六识,况七八乎?未知散智,况定智乎?我常恶儒者不学佛法谩为议,光之朴真犹如此,况余浮矫类乎。降至晦庵益张,故我合朱氏而排之云。

晦庵《语录》云:释氏只《四十二章经》⑥是他古书,其余昔中国文士,润色成之,《维摩经》⑦亦南北朝时作。朱氏当晚宋称巨儒,故《语录》中,品藻百家乖理者多矣,释门尤甚。诸经文士润色者,事是而理非也,盖朱氏不学佛之过也。夫译经者十师⑧成之,十

---

① 五教:华严宗统收世间出世间判为五教,即人天教、小乘教、大乘法相教、大乘破相教、一乘显性教。

② 司马温公:宋司马光,有《司马文正公集》。

③ 无色定:此对于欲界、色界而言住居于无色界之深妙的禅定。

④ 三乘:三乘有各种说,大乘的三乘指声闻乘,又名小乘;二缘觉乘,又名中乘;三大乘,又名菩萨乘。

⑤ 散位、定位:散位,散乱之地即欲界。定位即禅定之地,谓色界无色界。

⑥ 《四十二章经》:传为后汉摩腾、竺法兰共译,是佛教流入中国的第一部经。

⑦ 《维摩经》:此经有三译,此当指吴支谦所译题为《维摩诘经》者,为南北朝时作。

⑧ 十师:比丘受具足戒,要三师七证,三师是一戒和尚,正授戒者;二羯磨师,读表白及羯磨文者;三教授师,教受以威仪作法者。七证者七人之证明师,合称十师。

师之中润文者，时之名儒，奉诏加焉者多有之矣。宋之谢灵运，唐之孟简①等也。文士润色实尔，然汉文也，非竺理②矣；朱氏议我而不知译事也。又《维摩经》南北时作者，不学之过也；盖佛经西来，皆先上奏，然后奉敕译之，岂闲窗隐几伪述之谓乎。况贝叶③梵字不类汉书，故十师中有译语，有度语④，汉人之谬，妄不可纳矣。是朱氏不委佛教，妄加诬毁，不充⑤一笑。又云：《传灯录》⑥极陋。盖朱氏之极陋者，文词耳，其理者非朱氏之可下喙处。凡书者其文虽陋，其理自见，朱氏只见文字不通义理，而言佛祖妙旨为极陋者，实可怜愍。夫《传灯》之中，文词之卑冗也，年代之错违者，吾皆不取；然佛祖奥旨，禅家要妙，舍《传灯》犹何言乎。朱氏不辨，漫加品藻，百世之笑端乎。我又尤责朱氏之卖儒名而议吾焉。《大惠年谱序》云：朱氏赴举入京，箧中只有《大惠语录》⑦一部，又无他书，故知朱氏剽大惠机辨，而助儒之体势耳。不然百家中独特妙喜⑧语邪？明是王朗得《论衡》⑨之谓也。朱氏已宗妙喜，却毁《传灯》何哉？因

---

① 宋谢灵运、唐孟简：南朝宋谢灵运，阳夏人，初为永嘉太守，后隐会稽东山，著有《辩宗论》，见《广弘明集》中。又明正统三年洪莲编《金刚般若波罗蜜多经注解》四卷，保存《金刚经》五十三家注，其中谢灵运一家约十六则。又宇井伯寿考现传僧肇注，亦实为谢灵运作，而肇注已散失。唐孟简，字几道，平昌人，工诗。

② 竺理：竺，天竺，此指印度人的说法。

③ 贝叶：贝多罗叶，印度人用以写经文。

④ 度语：谓意度之语。

⑤ 不委、不充：不委犹言不悉。不充犹言不值。

⑥ 《传灯录》：三十卷。宋真宗景德元年沙门道彦，系禅宗祖师传法法脉，并录法语，又名《景德传灯录》。

⑦ 《大惠语录》：大惠，宋杭州径山之佛日禅师，名宗杲，赐号大慧禅师，有语录三十卷，具名《大慧普觉禅师语录》，宋蕴闻集。

⑧ 妙喜：《居士分灯录》载朱熹就大慧宗杲之嗣道谦问道，熹尝致书道谦曰："向蒙妙喜开示。"

⑨ 王朗得《论衡》：《后汉书·王充传》唐章怀太子注云：《袁山松书》曰充所作《论衡》，中土未有传者，蔡邕入吴始得之，恒秘玩以为谈助。其后王朗为会稽太守，又得其书，及还许下，时人称其才进。或曰不见异人，当得异书，问之，果以《论衡》之益，由是遂见传焉。

此而言，朱氏非醇儒矣。又云《东都事略》①陈无己、黄鲁真②传，他好处都不载，谓不见章子厚、不著赵挺之衺③等，此论为未尽耳？夫选述之法，有寻得其人全事，或半事或只事，随得缀传者，史人之常也。王尔④先也，朱熹后也，黄、陈事迹，隐于先显后者可知矣，朱氏何偏责之乎。予撰《释书》⑤，始不载传之事，后多得焉，虽欲添入，然进奏之书，不容易改移。后世有朱氏之偏见者，我《释书》恐遭此议。

（见《五山文学全集》第一卷《济北集》通衡之二、页315，之三、页334—335，之四、页347—348，之五、页354—356，362，364—365，昭和十一年五山文学全集刊行会本）

---

① 《东都事略》：书名，凡一百三十卷，宋王称撰，述北宋九朝之事，凡本纪十二、世家五、列传百五、附录八，其书论断持平，为考史者所宝贵。

② 陈无己、黄鲁真：宋陈师道，彭城人，字履常，一字无己，著《后山集》。黄庭坚，分宁人，字鲁直，"真"乃误字，号山谷道人，工文章，尤长于诗。

③ 章子厚、赵挺之衺：宋章惇字子厚，赵挺之衺未详。

④ 王尔："王称"之误，王称即《东都事略》之作者，宋眉州人，字季平。

⑤ 《释书》：《元亨释书》二十三卷，收入《大日本佛教全书》中。

十五、中岩圆月

史料简介

虎关门下时称精通程朱学泰斗的是中岩圆月(1300—1375,正安二年—天授元年),号中正子,相模镰仓人,八岁入寿福寺为僧,从道惠和尚学《孝经》《论语》,元亨元年(1321)往谒虎关。中岩好读《扬子法言》,其学术于五山僧侣中称第一。所著《中正子》十篇,内篇四说佛教,外篇六说儒道。此书为其心血所注,但与虎关之排斥宋儒不同,虎关称朱子为朱氏,而中岩则尊称其为朱文公,如《中正铭》《窒欲铭》简直是一个儒家口吻。今据昭和十一年刊《五山文学全集》之《东海一沤集》选录《中正子》的叙篇,及仁义、经权、性情各篇,以见其内释外儒的宗旨。

中 正 子

中正铭并序

道之大端有二:曰天曰人,天之道诚也,人之道明也。夫惟诚明之合乎体,则中也,正也。正也者遵道而不邪,中也者适道而不偏,适故能通,遵故不失,不失者微乎理而正也,能通者精乎事而中也。中正也者,道之大本也已,予所居皆以中正扁焉,庶几乎道也不可须臾离也之训也。且系以铭,铭曰:

执中乎性,以行厥正。惟道之盛,天锡尔庆。遵之以正,恒而毋病,行正乎躬,以执厥中。惟道之通,天锡尔丰。适之以中,变而无穷,中兮弗过,正兮不颇。驯致大和,毋以丛脞。惟道之大,行之毋堕。

窒欲铭并序

孟子曰：无羞恶之心非人也，天下之可羞可恶者，皆由不窒欲也。作窒欲铭。铭曰：

化母之产，万汇殊质，性变之情，以丧之情，以丧醇实，动物之凡，所欲如一，君子于斯，止不纵迭。好恶中节，中和莫失，乃能保之，受天阴鹭。小人反之，禽兽之匹，爪牙争利，猛螫娟嫉，人而非人，可丑可恤。戒哉铭乎，欲也宜窒。

中正子外篇

叙　篇

中正子与二三子，语以仁义之道，乃及性命死生之理。或请著诸书以广流传，中正子不可，而曰：久矣书不见信也，如吾困何！非用言之时而言，则穿之道也哉。二三子！毋复俾吾久处乎困穷则可也。在昔扬雄[①]于汉代用文之时，生蜀郡毓秀之地，博究群书，文冠天下，议论至理出乎天，入乎渊，不诡圣人，度越诸子，而作《太玄》[②]五千文，苞罗元气，通达无伦，又以为诸子其知舛驰，诋訾圣人，辄为怪诡之辞，以挠世事，虽云小辩，终破大道，故作《法言》[③]，洞彻古今，有补于世也。以子望之，由泰山北斗不可及也。且夫西汉之为代，文物全盛之时也；成都之为土，人才炳灵之处也。雄生

---

① 扬雄：汉扬雄（前53—18），字子云，蜀郡成都人，成、哀、平间与王莽、刘歆共事。莽为三公，权倾人主，而他三世不升官，到莽自称帝，用符命称功德获封爵的人很多，而他只是以耆老久次转为大夫，后病危。他的两种重要著作是《太玄》与《法言》。

② 《太玄》：桓谭《新论》以《太玄》次五经，谓："玄者天也，道也……故宓牺氏谓之易，老子谓之道，孔子谓之元，而扬雄谓之玄。"《汉书·扬雄传》解嘲亦云："大者含元气，纤者入无伦。"

③ 《法言》：此书批评诸子之陋，如"五百篇"反对卜筮信时日之说，"君子篇"以阴阳家之言为"巫鼓"之说，又反对神仙方术，"重黎篇"云："神怪茫茫，若存若亡，圣人曼云。"

于兹，得时而不失处者也，然亦官为郎，给侍黄门，校书天禄阁①，刘棻从而学奇字②，新室③召而为大夫，实非微而不显者也。然当初之人，以为子云禄位容貌，不能动人，故轻其书。呜呼！甚矣人之贱近贵远也如此，言之难见信也久矣！甚矣哉！呜呼子云之人，而有其禄位也者犹病之，况予非若子云之人也。且髠废毋用之体④，生乎地脉不连之洲⑤，而距用文全盛之代，千有余岁，失时而不得处，全无禄位容貌者乎！言不见信也宜矣，何流传之有？或者曰：子以释为髠废毋用，抑有激而自弃耶？抑有激而云尔乎？昔者惠远、惠皎、道安、道宣⑥、一行⑦之术，仲灵之文⑧，昭昭然若日月星辰附于天，而照四国也，未尝以释为髠而已，子曷为弃也？中正子曰：是八师⑨者，有其道有其德，非髠也释也，如予者何人？斯无其道且德，而髠非释也，实髠废毋用之谓也。且也八师者，时亦得矣，处亦得矣，不肖者敢望乎？或者曰：上下无常，非为邪也；进德修业，欲及时也⑩；何谓时乎？圣人欲居夷而曰：何陋之有？胡为择乎处也。中正子曰：俞、用言之时而言，是及时也；当潜之时而潜，是无邪也；

---

① 黄门、天禄阁：黄门，官署名，以禁门黄闼故称黄门。汉以来有黄门侍郎、给事黄门侍郎等官。天禄阁，汉阁名。《三辅黄图》"天禄阁藏典籍之所，萧何所造"，汉刘向、扬雄曾校书其中。

② 奇字：王莽时六体书之一，《东观余论》下《跋玏氏篆后》："奇字怪巧而差易工，若汉刘棻从扬雄所学及近世夏郑公集《四声韵》所载是已。"

③ 新室：指王莽，王莽篡汉，国号新，世称新莽，扬雄病免后，莽复召为大夫，故云。

④ 髠废毋用之体：指削发为僧。

⑤ 地脉不连之洲：指日本为岛国言。

⑥ 惠远、惠皎、道安、道宣：惠远，晋庐山东林寺慧远，见《高僧传》六。慧皎，会稽上虞人，住嘉祥寺，梁天监十九年撰《高僧传》十四卷。道安，晋常山扶柳人，见《高僧传》五。道宣，唐丹徒人，撰《广弘明集》等二百卷。

⑦ 一行：唐一行，直隶钜鹿人，姓张，本名远，从善无畏习密宗，所撰《大日经疏》之外，有《大衍历》九卷，并制黄道仪等。

⑧ 仲灵之文：指契嵩所著《辅教编》。宋陈舜愈《镡津明业大师行业记》盛称"仲灵独居，作《原教》《孝论》十余篇，士大夫既爱其文，改谤佛而信佛"云。

⑨ 八师：案上文所述惠远、惠皎、道安、道宣、一行、仲灵共六师，八师疑六师之误。

⑩ 上下无常四句：见《易·系辞》。

君子而言必通，小人而言必穷。月也①小人矣，去汝毋复言之。或者出，数日而复来请问，用则行、舍则藏可乎？曰可。曰：今二三子，虽不能广行子之道于天下，然可以自用而行之，亦不可舍也。又曰：在则人，亡则书，今子在则见有二三子，酷爱子之言，用而行之，推而知之；子之亡，则不可必无如二三子者而已，于是中正子许之。中正子以释内焉，以儒外焉，是以其为书也，外篇在前，而内篇在后；盖取自外归内之义也。或曰贱近贵远，人之凡也，所以子云之书，轻乎昔而重乎今也欤！中正子艴然作色曰：汝言过矣，吾敢望子云者哉！吾敢望子云者哉！子云之人，犹未免覆瓿之嘲②，吾岂无知之人乎！勉强而塞二三子之责而已。或问诸子。中正子曰：子思诚明，孟子仁义，昔醇乎道者哉。问荀卿如何？曰荀也醇而或小漓。问扬子：曰扬雄殆庶乎？其文也紧。请问文中子③。曰正氏后夫子千载而而，然甚俏焉，其徒过之，亶夫子之化愈远愈大，后之生孰能跂焉。问退之，曰韩愈果敢小诡乎道，然文起于八代之衰④。可尚。曰：子厚如何？曰柳也渊，其文多骚。

或问欧阳，曰修也宗韩也。问苏子兄弟⑤，曰轼也龙，辙也善文。或问庄老。中正子曰：二子爱清爱静，庄文甚奇，其于教化不可。或曰：释氏能文者谁？曰潜子⑥以降，吾不欲言，非无也，吾不欲言。

仁 义 篇

或问仁义。中正子曰：仁义而已矣。曰：毋以尚乎？曰何尚之

---

① 月也：中岩圆月自称。

② 覆瓿之嘲：《汉书·扬雄传》："钜鹿侯芭常从雄居，受其《太玄》《法言》焉，刘歆亦尝观之，谓雄曰，空自苦，今学者有禄利，然尚不能明易，又如玄何？吾恐后人用覆酱瓿也。"

③ 文中子：隋王通，字仲淹，号文中子，著《元经》《中说》等书，传唐初魏征、杜如晦、房玄龄等佐命大臣皆出其门。

④ 文起于八代之衰：宋苏轼《韩文公庙碑》谱，八代谓东汉、魏、晋、宋、齐、梁、陈、隋。

⑤ 柳、欧阳、苏：唐柳宗元，字子厚，有《柳河东集》。宋欧阳修有《欧阳永叔集》。苏子兄弟指苏轼、苏辙，眉山人。轼字子瞻，有《东坡全集》；辙字子由，有《栾城文集》；与父苏洵称三苏。

⑥ 潜子：宋藤州镡津释契嵩著《辅教编》，自称潜子。

有。子曰：墨翟之仁，而可尚之。问何尚？曰义。杨朱之义，而可尚之。问何尚？曰仁。子曰哗哗之仁①，可谓仁乎，小仁也哉！琐琐之义，可谓义乎，小义也哉！圣人之道大也，仁义而已矣，何尚之为？惟仁义之道大矣哉。子曰：惟天之春秋，犹人之仁义与！仲明问曰：墨也春与，杨也秋与，圣之道也，春而秋与。子曰：白也，可以与语仁义之道矣。或者疑。子曰春而不秋，不可成也；秋而不春，不可生也。或者出，问之仲明，曰何谓？仲明答曰：杨朱以离仁为义，人而无仁，何以能生？墨翟以离义为仁，人而无义，何以能成？无仁则非人也，无义则非人也，有仁而生，生而必亨，有义而成，成而必贞②；譬如天有春夏秋冬而成期耳。中正子曰：元者生乎仁，故曰善之长。亨者其礼哉，嘉之会也。利者成乎义，故曰义之和也。贞者其信哉，事之干也。子曰：春元夏亨秋利冬贞，天之行也；仁以生，礼以明，义以成，信以诚，人之行也。仁也者天生之性也，亲也，孝乎亲也；义也者，人伦之情也，宜也，尊也，忠乎君也；忠孝之移，以仁义相推耳，名异而实一也。仁义之离，杨墨之道也，邪之道也，偏之道也；杨也为我，墨也无亲；无亲，何以为仁？为我，何以为义？是故墨之仁，非仁也；杨之义，非义也；杨墨之道，不能推而移，所以仁义离之者，臣弑君，子弑父，权舆乎杨墨。惟圣人者，与能推而移之，是以仁义不离，正之道也，中之道也。子曰：仁义者，天人之道与！天之道亲亲，人之道尊尊③，亲亲之仁，生乎信也；尊尊之义，成乎礼也；天人之道虽殊，推而移之一也，一之者可谓知也哉。仲明曰：由冬而春，由夏而秋，天之道也；由信而仁，由礼而义，人之道也；此之谓乎，曰斯而已矣。仲明曰：诚行仁义则礼也，信也，孝也，忠也，在其中矣。曰：何惟四者而止，推而行之，万善之道备矣。仲明曰：子言乎仁义礼信忠孝，明矣详矣，而未闻之言乎知何也？曰：知之之谓知也已，仁义之道，推而移之，可谓知之而已

---

① 哗哗之仁：哗疑作啍，即罗唣之义。

② 有仁而生生而必亨四句：语意本《易·乾卦》元亨利贞，又《文言传》："元者善之长也，亨者嘉之会也，利者义之和也，贞者事之干也，君子体仁足以长人，嘉会足以合礼，利物足以和义，贞固足以干事。"

③ 亲亲、尊尊：《礼记·中庸》："仁者人也，亲亲为大；义者宜也，尊贤为大。亲亲之杀，尊贤之等，礼所生也。"

矣。或者曰：孟子曰：何必曰利①？而子谓元仁亨礼利义贞信，以利为义，何其与孟子相反之为？子曰：孟子恶乎恶利，恶夫梁惠王所以为利之利而已。利者义之和也，宜也通也之利，孟子宁舍诸。敢问惠王之利何如？曰：财用功泽之利，孟子不取尔；诚王侯卿大夫士庶人交征利，则国家之危，不待终日，亦何利之有？孟子不取也宜矣。孟子曰：未有仁而遗其亲者也，未有义而后其君者也，义者宜也，天下行宜，不亦利乎；惟利之大，义莫之甚。中正子曰：凡天下之事，靡不有弊；仁之弊也无威，义之弊也无慈；无威则教导隳之，无慈则化育夷之，教导之隳，何以治之；化育之夷，何以尼②之；教而不治，义不之为也；化而不尼，仁不之施也；教化之张，仁义之行也；教化之弛，仁义之弊也。或问杨墨而论，孰贤？曰墨子哉。孟坚之书③取之九流，有由矣夫。

经 权 篇

中正子适乌何之国，其君包桑氏为迎而问曰：夫天下之动，非武不止，是以寡人自幼好武，国中之民亦好武，民生而七岁能舞剑，十岁者可以出征，是寡人于武，可言尽心焉耳矣。然国之盗贼未去，四边甲兵未休，何如？对曰：大王且知夫经权之道乎？王曰：未也，愿闻其说。对曰：经权之道，治国之大端也。经常也，不可变；权者非常也，不可长。经之道不可秘吝也，示诸天下之民可也；权也者，反经而合其道者也，反而不合则非权也。经者文德也，权者武略也，武略之设，非圣人之意，圣人不获已而作焉，作而不止，非权之道也；作而止则归文德，是权之功也。文德经常之道，诞敷④天下，而武略权谋之备，不行于国，则尧舜之治，可以坐致。吾尝论之，大王请听。王曰：寡人之望也，凡人生天地之间，实与禽兽相异，无爪牙以供嗜好，无羽毛以御寒暑，必假他物，以养其生，于是聚而有求，求

---

① 孟子曰何必曰利：《孟子·梁惠王上》"仁义而已矣，何必曰利"下引"未有仁而遗其亲"二句，见同上。

② 尼：有二义，上句"何以尼之"止义，《孟子·梁惠王》"止或尼之"。下句"化而不尼"近义，《集韵》"眠近也，通作尼"。

③ 孟坚之书：指班固《汉书·艺文志》。

④ 诞敷：诞，大之义。《书·大禹谟》"帝乃诞敷文德"，传"大布文德"。

之不足，争心将作。古之圣人，卓然而行以仁爱礼让之文德，众心之化而附之，附而成群，谓之君。君以文德，普施天下，天下之人，归而往之，谓之王。王者专修文德，旺化诸人者也，是以为常，而不可变者经之道也。王者之心，苟怠而失常，则民心亦怠而不守常，由是小则鞭扑之刑行之，大则甲兵之威征之，是则权谋之道也。是故经之道欲举，权之道欲措①；可举之道，治世而施；可措之道，乱世而为。夫尧舜之治，不能常有，所以权之道不能措之，由是刑罚行焉，甲兵兴焉；然而戡定祸乱，以合经常之道，故甲兵之以有威惩也，然而示诸天下则不可也。示则玩，玩则无威惩之心，故盗贼不去，四边不安，宜也。如此则不惟无经之道而已，兼失权之道也。权之道失之，而谓于武尽心焉耳矣，月也窃为大王惜之。凡经常之道，欲普行诸天下，不可秘也。权谋之事，不欲普示诸天下，不可不秘。今则修文者寡，讲武者众；讲武者达，修文者穷；卿大夫士庶人农工贾客，昔为武者，不夺不厌，而国危矣。假令有一家者，以仁义之经，普教诸儿及臧获，其儿若臧获，或有悖者，委其长子不用者，叱之鞭之，而威惩之，则权谋之道也；若其诸儿及臧获，咸乎鞭挞，而叱则抗叱，鞭则抗鞭，何威惩之有？而自以为吾家能武，则大乱之道也。大王以治家之喻，推而知之于国且天下则可也。王大喜，厚币遗之。中正子不受而去。

中正子内篇

性　情　篇

中正子居，桑华子侍。中正子曰：桑，女知性情之理乎？曰未。敢问何如？曰：居吾语女，《乐记》曰：人生而静，天之性也，感物而动，情之欲也。《中庸》曰：天命之谓性。又曰：喜怒哀乐之未发谓之中，发而皆中节谓之和。以予言之，所谓中则静也，喜怒哀乐未发，则性之本也。天命禀之者，性之静，本乎天也。是性也，灵明冲虚，故曰觉。喜怒哀乐之发，则情也；情者人心之欲也。是情也，蒙郁暗冒②，故曰不觉。人之性情，犹天之四时也乎。桑华子曰：何

---

① 措：施布，《易·系辞》："举而措之天下之民，谓之事业。"
② 蒙郁暗冒：蒙，蒙昧；郁，沉郁；暗，暗昧；冒，冒昧。

谓也？曰四时之行，终而复始，周于冬至，冬至之月建子。冬者终也，子者始也，是月也，动息地中，商旅不行，后不省方①，则天之静也；然春阳之来，草木之生，亦以天命之性也。既生者，必求长养之道，故夏之草木，蒙郁暗冒者，天之欲也；欲之长不可涯，故秋杀之气，击彼草木之蒙郁暗冒者，发而中节之义也。然而冬之至也，静焉而复，复其见天地之心乎！是故曰：人生而静，天之性也。桑华子曰：旨哉子之言乎！人之性情，则天之寒燠也。请问性也静矣，何缘感物而动？中正子曰：静者性之体也，常也；感而动，则其用也变也；耳目之官，引物而内诸心府，于是其性不能不感动也，是以善恶取舍之欲生矣，苦乐逆顺之情发矣。恻隐之仁，羞恶之义，则情之善者也；敓攘之暴，骄佚之邪，则情之恶者也；噍杀怨怼之音，情之苦也；宽胖绰裕之容，情之乐也；皆无不本于性，而发于情。情之发也不和不能节，是亦天人之道也，以言乎人道，则和则能明，明则能断，断则能正，正贞人道之常也。以言乎天道，则春和、夏明、秋断、冬正，正中天道之极也。人守常则天之极；天之极，静而已。静天之性，寒燠雷雨，天之变也；静人之性，喜怒哀乐人之情，情者性之变也。和而节之，则归性，犹天道之复于冬至也，是故动极则静，静故能动，天人性情之道也。孔子曰：利贞者性情，言俾情能复其性，利者秋之断也，贞者冬之正也，正者极也中也，静也而已矣。天之道非贞正，则万物之动不靖；人之道非贞正，则万行之业不成；故俾情复于性者，静而已。静而极中，天地以此富有万物，人道以此修证万行，是孔子子思之言乎性也，不与吾佛之教相睽也，如此。孟轲氏以降，言性者差矣，或善焉，或恶焉，或善恶混焉，或上焉、中焉、下焉而三之，皆以出乎性者言之耳，舍本取末也。性之本静而已，善也恶也者，性之发于情而出者也，末也；混焉者，兼二末而言之，亦是末也。东汉之前，佛法未行诸中国，故儒者之言性，或不能辨也宜矣；然其不稽之孔子子思之教则失也。佛法既来，凡蕴灵知之士，咸归吾也。当知孔子之道，与佛相为表里，而性情之论，如合双璧然。然世之儒生，犹不欲同焉，则无他，以其欲异于释氏故也；是

---

① 商旅不行，后不省方：《易·复卦》中语，《本义》："安静以养微阳也，《月令》，是月斋戒掩身，以待阴阳之所定。"

非君子之道也。君子党理，同人于宗，吝之道也；韩子甚矣不党理，而好异也如此。孔子子思犹不宗焉，而兼并善焉混焉之言三之而曰：上焉中焉下焉，不亦甚乎。上焉而善，下焉而恶，中焉而混，可善可恶者混也，皆非性之本也，情也已。性之本静，静之体虚，虚故有灵，灵故有觉故有知，知感于物，感则动，动则欲，欲不可量也。欲而得之则喜，喜则心平，心平则善也；欲而不得则怒，怒而无度则暴恶也。一喜一怒，可以善可以恶者，情之混；韩子所言，中焉者是也，但非性也。性也者，非善，非恶，非混；善者，恶者，善恶混者，皆情也，性之末也，性之本静而已。孟子以善为性，非也；荀子以恶为性，非也；杨子以善恶混为性，亦非也。之三子者，不见正于佛教，故误也宜矣，然其不稽之孔子子思之教则失也。但韩子出乎佛教之后，当见正于佛教，当知孔子之道，与佛相为表里者也。然独区区别之。甚哉韩子舍本而取末，与孔子子思之道，相远也如此。甚矣哉！有客过中正子门者，难中正子曰：潜子作《非韩》以降，儒之欲害于佛者自诎矣，况于今此海外鬼方①，无复宗韩如欧阳公②者乎？假使有之，但用潜子之书，可以屈其人足矣。然今彼书，尚无攸用，而人不欲观之，又如子何？子独如星尔，目如电尔，舌叨叨怛怛，力发于言，而又笔于书，何其徒为？中正子曰：然，客之待予太过也，如予者岂敢望客之所待者乎？客曰：何谓也？对曰：如子者，么么朴樕③不足道者也，岂复有望以言若书，能拙人者哉？庸人尚不可拙，而况如欧阳公者乎！纵使今吾佛教不幸，而或复有若此人者，予不敢欲以言若书抵排其人也。然今所为书者，以二三子未明性情之理故，笔而著之，偶引孔子子思之言，以合吾佛教者而谕之也。由是纠彼孟

---

① 海外鬼方：鬼方，古种族名，《诗·大雅·荡之》篇"内全于中国，覃及鬼方"，此以日本自云海外鬼方，亦即以鬼方与中国对举之意。

② 宗韩如欧阳公：欧阳公即宋欧阳修，于庆历元年（1041）读韩愈《原道》，本其排佛论旨趣作《本论》三篇，但欧阳修虽攻击佛教，至晚年心理一变，传其嘉祐六年（1061）为参政时，同时兼译经润文使，又临终时诵《华严经》至八卷而卒。又《辅教编》序文，韩琦以明教嵩禅师之《辅教编》示公，公览其文，谓韩公曰不意僧中有此，遂与韩琦同访契嵩，共语终日大喜云云。

③ 么么朴樕：么，俗借作麼，渺小之意。"朴"见《诗·召南·野有死麕》"林有朴樕"，毛传"朴樕，小木也"，又杜牧《贺平党项表》云："臣僻在小郡，朴樕散材。"

轲氏以降，言性者之差异，以至韩愈氏《原性》之言，或未能无误，故言及此耳。本不欲用此书，行于时以为名誉之衔也。客退。桑华子曰：子尝言仁义，力排杨墨，鄙心惑之，以谓孟子以后杨墨之徒不作，今子何必区其言为，今见子对客之言，释然不复惑之。中正子曰：古之言性情者，于其理也一矣，固不欲异诸人，亦不欲党也，但于理而已。桑华子曰：何理？对曰：节情复性而已。凡人之情欲，无穷于物而至暴恶，故圣人欲使节其情欲，而复其天性而已，于是制设戒，以使人能养其欲而不过度者也。故礼者，养也；戒，禁也；味能养乎口，而禁其嗜者也；香能养乎鼻，而禁臭者也；声能养乎耳，而禁其淫哇①者也；色能养乎目，而禁其冶容者也；床榻卧具衣服能养乎身，而禁其奢而不俭者也；仁义孝弟忠信能养乎心而禁其情而不节者也。

（据《五山文学全集》第二卷《东海一沤集》卷二页83、84，卷四《中正子·外篇》页120—124，126—128，《中正子·内篇》页133—137，昭和十一年五山文学全集刊行会刊本）

---

① 淫哇：淫，过。《书·大禹谟》"罔淫于乐"。哇，谐声，《说文》徐锴注"古人言淫哇之声也"。

十六、一条兼良

史料简介

室町时代公卿中第一程朱学者,当推一条兼良(1402—1431,应永九年—文明十三年),世称一条禅阁,号桃华,又号三关,历任摄政、关白之职。文明五年(1473)剃发,号觉慧,著《文明一统记》说主道,十二年著《樵谈治要》说政道。兼良博学多闻,精儒佛,通神道,又熟朝仪,能和歌,时人称其才学绝伦。在所著《文明一统记》里,首先倡导日本为神国,故先须敬神,次崇儒佛。又所著《日本书纪纂要》二卷,以神道为主,调和儒佛,从儒佛二教一致,更进而主张神儒佛三教一致,这样一种广大并容的唯心主义观点,给后来日本思想界造成绝大纷乱,但在当时之现实意义上说,却暂时解决了那时候的神儒佛三教间的矛盾冲突,使它们在神国的虚伪旗帜之下统一起来,而且在三教调和论的掩护之下,助长了程朱学的新兴势力,使它为巩固武家的制度而服务。这里节录其昭和十年日本国民精神文化研究所刊行的《日本书纪纂疏》卷一〔,以见其思想特色〕。

日本书纪纂疏

叙曰:混沌元气[①],冲漠无朕[②],廓神明之本体,圆法界[③]之真

[①] 混沌元气:混沌亦作浑沌,元气未分貌。《云笈七签》混沌:"《太始经》云昔二仪未分之时,号曰洪源,溟涬濛鸿,如鸡子状,名曰混沌。玄黄无光无象,无音无声,无宗无祖,幽幽冥冥,其中有精,其精甚真,弥纶无外,湛湛空虚,于幽原之中,而生一气焉。"

[②] 冲漠无朕:朕,即朕兆,《说文新附通谊》"凡言朕兆者,谓其几甚微,如舟之缝,如龟之坼",无朕即无此朕兆可见。

[③] 法界:诸法之本质,又总该万有,亦称法界。

机。寂尔赴感①，譬鉴含像，动而滋萌，如壳裹黄。清浊判位，谓之器界；中和发识②，名以情分。纯粹全气，合天地为同根；杂糅③离性，见善恶于异途。推前后而三世可了，通幽明而六趣④历然。知非归正，授先觉之模范；泽物利生，启来蒙之辅相⑤。至施变化之妙用，必归诚信之极功。盖思玄古之事，岂能青史⑥而传，神灵凭人宣言，圣贤操觚纪载⑦，以三教之可证，知一书⑧之不诬。自古解释虽多，鲜穷要旨，方今狂斐⑨而述，庶效流通。辟吾土以神州⑩，跻斯民于寿域。

夫一心者，混沌之宫，神明之舍也。此书曰：天地未剖，阴阳不分，混沌如鸡子。盖天地阴阳，是气之名，未剖不分，是理之表。理气混融，合一不测，谓之混沌。理者寂然不动，即心之体；气者感而遂通，即心之用。寂出感，体起用耳。且就出世教论之，则本觉真性⑪，是万法所依之体也；不觉一念动者，是妄情之异名。

---

① 寂尔赴感：语本《易·系辞》："寂然不动，感而遂通。"
② 中和发识：《礼记·中庸》："喜怒哀乐之未发谓之中，发而皆中节谓之和。"识，心之异名，心对于境而了别名为识。
③ 纯粹、杂揉：纯粹，不杂；杂糅，糅杂。
④ 三世、六趣：三世，过去、现在、未来。六趣，地狱、饿鬼、畜生、阿修罗、人、天。
⑤ 辅相：辅助也，《易》泰卦"辅相天地之宜"。
⑥ 青史：古以竹简记事曰杀青，后因称史册为青史，李白《过四皓墓诗》："紫芝高咏罢，青史旧名传。"
⑦ 操觚纪载：操觚犹云执简，李善注《文选》陆机《文赋》："觚木之方者，古人用之以书，犹今之简也。"
⑧ 三教、一书：三教此指神、儒、佛，一书指《日本书纪》。
⑨ 狂斐：《论语·公冶长》"吾党之小子狂简，斐然成章，不知所以裁之"，朱注"狂简志大而略于事也"。
⑩ 神州：邹衍称中国为赤县神州，虞世南《吴都诗》"三分开霸业，万里宅神州"皆指中国，日本学者则有欲以神州为日本者，实从北畠亲房与本文作者开始。
⑪ 本觉真性：就相言曰本觉，就性言曰真性，本觉为能证之智，真性为所证之理，真性亦称真心，即真如。

由此一念，无明心①起，即有能有所。内既所感，识想②纷然。外之所成，有风轮，有金轮，有水轮③，结为山石，抽为草木。《楞严经》④曰：想澄成国土，知觉乃众生，众生有情为正报，山河无情为依报⑤，原此情与无情二报，皆从一念起。故云：三界唯心，万法唯识。又云阿赖耶识，即是真心⑥，不守自性，随染净缘⑦，不合而合，能含藏一切真俗境界。又《楞严经》曰：外泊⑧山河大地，色空明暗，皆是妙明心中物。又曰：空生大觉中，如海一沤发。诸经论中，多明如此之旨。盖心与混沌，其体全一，又名曰神，故《尚书·洪范五行传》⑨曰：心藏神也。夫天地人物之理气，蕴在混沌中，譬犹本觉真心，含藏一切真俗境界也。及其开辟而为天、为地、为人、为物、为有情、为无情，皆一气之分，神理之变也。阴阳二神，体此理故，孕山河于胎内，现日月于掌中，穿天入地，自在无

---

① 无明心：即妄心。《大乘起信论》："是故一切众生不名为觉，以无始来，恒有无明妄念相续，未曾离故。"又"以依阿赖耶识，有无明不觉起"，此皆就根本无明而言。

② 识想：识，心识；想，谓于境取差别相，识想纷然而起，譬如波浪。《楞伽经》云："水流处，藏识转，识浪生。"

③ 风轮、金轮、水轮：依《俱舍论》十说，世界的最底为风轮，此风轮依止虚空，其厚为十六亿由旬，风轮之上有水轮，深八亿由旬，水轮之上有金轮，厚三亿二万由旬，由轮形的金刚而成，金轮之上有九山八海为地轮云。

④ 《楞严经》：《大佛顶如来密因修证了义诸菩萨万行首楞严经》的略称，唐般剌密帝译十卷，收入《大藏经》秘密部。

⑤ 正报、依报：《三藏法数》二十七："依谓依报，即世间国土也，为身所依，故名依报。正谓正报，即五阴身也，正由业力，感报此身，故名正报。既有能依之身，即有所依之土，故国土亦名报也。"

⑥ 阿赖耶识，即是真心：阿赖耶乃八识中之第八，译曰藏，含藏一切事物种子之义，盖以其集诸法种子，又生起诸法，故名真心。《唯识论》三三"或名心，由种种法薰习种子所积集故"。

⑦ 染净缘：《十不二门指要钞》下云："以在缠心变造诸法，一多相碍，念念执著，名之为染。以离障心，应赴众缘，一多自在，念念舍离，名之为净。"

⑧ 泊：及。

⑨ 《洪范五行传》：《洪范》，《尚书》篇名。《洪范五行传》伏生作，其书已佚，《古微书》有辑本。

碍。所谓天地同根，万物一体，毛吞巨海，芥纳须弥①者也。譬诸明镜，至虚至静之中，具当感物之理，故至事物方来，而莫不现其影像，混前一气，含众物之理，亦复如是。神明之道，以明镜为正体，则有取于此在者也。

混沌一气，分而为二，峙而为三，所谓轻清者为天，重浊者为地，冲和者为人。此三者莫不各具阴阳，而其气之变，神理亦随焉。则在天者为天之神，在地者为地之神，在人者为人之神。《周礼》曰②：祀大神，享大鬼，祭大祇。郑玄注曰：大神者天也，大鬼者人也，大祇者地也。孔安国《孝经传》③曰：天精曰神，地爽曰祇。又《说文》曰：神字从示申。徐曰④：申即引也，阴阳二气，引出万物，故曰神。《周易大传》曰：阴阳不测之谓神。程子曰：鬼神天地之功用，而造化之迹也。张横渠曰：鬼神者二气之良能也。朱晦庵曰：以二气言，则鬼者阴之灵也，神者阳之灵也；以一气言，则至而伸者为神，反而归者为鬼，其实一物而已。又《史记》注⑤云：阳魂为神，阴魄为鬼。或统阴阳而谓之神，或分阴阳而谓之鬼神，或配三才而谓之神祇鬼，其实一气之精灵耳。郑康成曰⑥：木神则仁，金神则义，火神则礼，水神则智，土神则信，盖二气变而又变，为五行之神，兼说其德也。

所谓鬼神，无形与声，而天下之物，莫非鬼神之所为者。故《中

---

① 毛吞巨海，芥纳须弥：《华严探玄记》说十玄门，一同时具足相应门，二广狭自在无碍门，三一多相容不同门，四诸法相即自在门，五隐密显了俱成门，六微细相容安立门，七因陀罗网法界门等，此云毛吞巨海芥纳须弥即其例证。

② 《周礼》曰一节：见《周礼·春官·大宗伯》。

③ 孔安国《孝经传》：《孝经》有古今文，郑康成注今文，孔安国传古文，此书中国久佚，后由日本传入，刊入《今古文孝经纂刻》中，有太宰春台享保十六年序，乾隆四十一年卢文弨、吴骞、郑辰等序。

④ 《说文》、徐曰：《说文》，汉许慎所著《说文解字》之略称，为言小学者所宗。徐铉等于宋雍熙三年重加刊定，补录新附字，凡三十卷，世称大徐本，铉弟锴著《说文系辞》四十卷，世称小徐本。

⑤ 《史记》注：汉司马迁《史记》，宋裴骃为《集解》，唐司马贞作《索隐》，张守节作《正义》，皆颇有发明，称三家注。

⑥ 郑康成曰：案此郑玄注《礼记·中庸》"天命之谓性"句中语。

庸》曰：体物而不可遗；先儒曰：唯妙万物而无不在①；是则二气之良能，万物之主宰者也。以其在人者言，则《易大传》曰：精气为物，游魂为变。盖阴阳合则魂凝魄聚而有生，阴阳判则魂升为神，魄降为鬼；故人之死也，则其形渐尽，而亦唯有是气而已。是以孝子祭其神也，必能致其诚心，则彼神之气，与孝子之气相接，而有享其祭祀，谓之郊则天神格，庙则人鬼享也。礼有事于天地鬼神，则七日戒三日斋②，欲人诚其意，洁其身，而交于鬼神。故《中庸》曰：使天下人，齐明盛服，以承祭祀，洋洋乎，如在其上，如在其左右。《传》曰：苟有明信，涧溪沼沚之毛，可荐于鬼神③。盖世教之所宗，不言人之死，更禀是形，而唯有气而已。但气之在天，或时而致灵者，故子产曰④：鬼有所归，乃不为厉；其为福、为祸，皆唯气之所为耳。

天地以形而言，阴阳以气而言。未剖者，未见上下之位；不分⑤者，未见流行之渐也。太极之前，一理浑然，形气未萌，清浊相混，于此时虽不得天地阴阳之名，而既合上下往来之理也。若依小乘说，则所谓空劫之时⑥也。劫有四种：一成、二住、三坏、四空，各有二十增减。八万四千岁，减至十岁。岁岁增至八万四千岁，谓之一辘轳。二十辘轳是为二十中劫，四劫⑦有八十辘轳，是为八十大劫，故前劫之终，即后劫之始，四劫始终，循环不已，盖今空时也。浑沌如外书说⑧，则指阴阳未分之一气。《列子》曰⑨：有太易，有太初，

---

① 唯妙万物而无不在：《易·说卦传》"神也者妙万物而为言也"，杨氏《易薁》云："鬼神体物而不遗，盖其妙万物而无不在也。"

② 七日戒三日斋：《礼记·礼器》："七日戒，三日宿，慎之至也。"《集说》："七日戒散斋也，三日宿致斋也，敬慎之至如此。"

③ 《传》曰苟有明信三句：见《左传》隐公三年三月。涧溪，山夹水；沼沚，池停水。

④ 子产曰：公孙侨，字子产，郑国政治家。

⑤ 未剖、不分：语本《日本书纪》神代卷上"古天地未剖，阴阳不分"句。

⑥ 空劫之时：小乘佛法谓此世界坏灭已二十中劫之间，唯为空空云。《俱舍论》十二"谓此世间，灾所坏已，二十中劫，唯有虚空"。

⑦ 四劫：见《俱舍论》十二。

⑧ 浑沌如外书说：下释《日本书纪》"浑沌如鸡子"句，外书指《书纪》以外之书。

⑨ 《列子》曰：见《列子·天瑞篇》。

有太始，有太素。太易者未见气也，太初者气之始也，太始者形之始也，太素者质之始也，气质具而未相离，故曰浑沦。浑沦者，万物相浑沦而未相离也。此意则浑沌之内，气形质渐备，譬犹人在母胎中，初禀气质，渐成诸根，十月已满，生来名人也。《礼记·月令·正义》①曰：天地浑沌如鸡卵。《三五历记》曰：未有天地之时，混沌状如鸡子，溟涬始牙，蒙鸿滋萌，岁起摄提②，元气肇始。《浑天说》曰③：天地之体，状如鸟卵，天包地外，犹壳之裹黄，周旋无端，其形浑浑然，故曰浑天。此等诸说，言气而已，未及神理，但浑沌如鸡子等文势，自彼而生来。鸡卵言形似者，言鸡子则不止形而已。盖鸡子在卵内，未辨牝牡，譬诸气在混沌，未分清浊也。又《孝经左援神契》④曰：元气混沌，孝在其中。《老子》曰⑤：有物混成，先天地生，寂兮、寥兮，独立而不改，周行而不殆，可以为天下母，吾不知其名，字之曰道。又曰：道生一，一生二。老子意以为混沌一气，自此道而生也。《庄子》曰⑥：南海之帝为儵，北海之帝为忽，中央之帝为混沌，儵与忽时相遇于浑沌之地，浑沌待之甚善；儵与忽谋报浑沌之德曰：人皆为七窍，以视听食息，此独无有，尝试凿之；日凿一窍，七日而浑沌死。简文《释文》⑦曰：儵忽取神速为名，浑沌以合和为貌，神速譬有为，合和譬无为，如此说，则浑沌不止义，已亦有至神之理也。若不有神理者，何以言孝在其中乎？又譬之无为道哉。是以吾不先言乎，曰一心者，浑沌之宫，神明之舍也。盖浑沌元气，则一真理之心也。其不觉一念之动，分而为二，一分则

---

① 《礼记·月令·正义》：《礼记·月令》第六，唐孔颖达等撰《正义》。

② 岁起摄提：摄提，星名，《史记·天官书》："大角……两旁各有三星，鼎足句之，曰摄提，摄提者直斗杓所指以建时节。"又为岁星之称。

③ 《浑天说》曰：王蕃所作《浑天说》语。案中国古言天体者三家，一曰周髀，二曰宣夜，三曰浑天。虞喜云："浑天者以为地在其中，天周其外，日月初登于天，后入于地。"

④ 《孝经左援神契》：纬书之一，《隋书·经籍志》谓梁有《孝经杂纬》十卷，宋均注，已亡，今《古微书》及《玉函山房辑佚书》辑有《援神契》《钩命决》《中契》《左契》《右契》等篇。

⑤ 《老子》曰一节：见《老子》二十五章及四十二章。

⑥ 《庄子》曰一节：见《庄子·应帝王篇》。

⑦ 简文《释文》：指陆德明《释文》所引梁简文帝《讲疏》。

偏清偏浊，不与心合，是为天地。一分则清浊中和，与心识和合，是为人。天地者依报，人者正报①，此二报之因，蕴在混沌之中，圆应无主，妙尽无名，感物而动，假数而行，故谓之神者也。

　　人生于天地之间，故得此中和气，而与心识相合。周子所谓无极之真，二五之精，妙合而凝者也②。神圣，犹言神人之圣也，神者不测之名，圣者通明也③，通达此理而应变无穷，故曰神圣也。此有四等：一圣人，二神人，三圣神，四神圣。初二则可知。三圣神者，《尚书》曰：乃圣乃神④；《孟子》曰⑤：大而化之之谓圣，圣而不可知之谓神；神谓圣人之心，是圣之神也。四神圣者，三五历记曰：盘古神于天，圣于地，所谓此书神圣也；圣谓神人变化之迹，是神之圣也。若依三才之名，则可道人生其中焉，何道神圣乎？曰人者有情之总名，故昌黎韩子曰⑥：命于两间之谓人；又曰夷狄禽兽皆人也；其神圣者，人中得道者之称。盖人为万物之灵，而其所禀之气，则混一之元气；所起之心，则真一之灵心；全此气具此心，则人孰不为神圣哉。然为气质之所拘，人欲之所蔽，其离性已远，而失所以为其灵者。是以虽有人之形，不异于禽兽，可大哀者在此。故不道人而道神圣者，激发之言也；生其中者，生于天地之中间也。邵康节曰⑦：天开于子，地开于丑，人生于寅，盖生者迹之始，中者道之

---

①　天地者依报，人者正报：正报与依报皆为应于前业的果报，故亦称二果或二报。正报为由过去之业而受之我的心身，故以人言。依报为其心身所依止之一切世间事物，故以天地言。

②　周子所谓三句：周敦颐《太极图说》语。朱熹注："夫天下无性外之物，而性无不在，此无极二五所以混融而无间者也，所谓妙合者也。"案二五谓阴阳五行，此承上文"五行一阴阳也，阴阳一太极也，太极本无极也"而言。

③　圣者通明也：案《书·洪范》"睿作圣"传"于事无不通谓之圣"。又《白虎通》："圣者，通也、道也、声也。道无所不通，明无所不照，闻声知情，与天地合德，日月合明，四时合序，鬼神合吉凶。"

④　《尚书》曰乃圣乃神：见《书·大禹谟》，按此言尧德之大。

⑤　《孟子》曰大而化之之谓圣二句：见《孟子·尽心下》。

⑥　昌黎韩子曰一节：见《韩昌黎集》卷一一原人"形于天者谓之天，形于下者谓之地，命于其两间者谓之人"。又云"命于其两间夷狄禽兽皆人也"而"人者夷狄禽兽之主也"。

⑦　邵康节曰：宋邵雍，字尧夫，语见《皇极经世书》。

极。《中论》曰①：因缘所生法，我说即是空，亦名为假名，亦为中道义。《尚书》曰：人心惟危，道心惟微，惟精惟一，允执其中②。朱熹谓：中者③不偏不倚，无过不及之名也。故二教之所宗，神道之所本，唯中而已。

三种神器④者，神书之肝心，王法之枢机也。何谓王法？盖儒佛二教，一致之道理，除此之外，岂有异道哉。一致之理，亦在于一心，心外无法，法外无心，心即是神，法即是道。一而三，三而一，故三器则一心之标帜也。三器次第：玉一，镜二，剑三，此则出生之次如此，见上卷文。三器之为物，如伊字之三点，魔醯之三目⑤，又三种在天下，犹三光丽天，镜日，玉月，剑星也。鉴之圆规，则日之象，其照物亦然，故名曰日像矣。珠生于水，月亦阴精，玉名夜光，月亦照夜，明月之珠，夜光之璧，同是玉也。剑者星也，故曰：星者金之散气，丰城之光，射斗牛间⑥，神剑所在，常有云气，剑星同气，可见矣。故以有三光而为天，以传三器而为天子。又三器，儒佛

---

① 《中论》曰：《中论》，龙树造，青目释，姚秦鸠摩罗什译。此论主破空破假，说八不中道，即无所得之中道，共四卷二十七品，此见破因缘品。

② 《尚书》曰四句：见《书·大禹谟》。朱熹云："人心，人欲也；道心，天理也。所谓人心者，是血气和合做成；道心，是本来禀受得仁义礼智之心。"

③ 朱熹谓中者：此见《中庸章句》第二章云："中庸者，不偏不倚，无过不及，而至常之理，乃天命所当然，精微之极致也。"

④ 三种神器：案日本以三种神器为神的征信，即一玉、二镜、三剑。栗山潜锋《保建大记》卷上云："古昔三器通谓之玺，玺者信也，皇祖之授玺也，持宝镜曰吾儿视此当犹视吾。又曰莫思尔祖，吾在镜中。又曰如八坂琼之妙，如白铜镜之明。且提神剑平天下，建神武都于橿原，奉安三物，亲祭不懈，以为祖先之神，以为天位之信，又以为修己之具，又以为驭天下之器。"

⑤ 伊字之三点，魔醯之三目：案梵书伊字之形似三点成，谓之伊字之三点。《涅槃经》二云："何等名为秘密之藏，犹如伊字三点，若并则不成伊，纵亦不成，如魔醯首罗面上三目，乃得成伊三点，若别亦不得成。我亦如是，解脱之法亦非涅槃，如来之身亦非涅槃，摩诃般若亦非涅槃，三法各异亦非涅槃。"此以伊字三点譬之涅槃之须兼有解脱、法身、般若之三德，魔醯即"魔醯首罗"之略，译曰"大自在天"。

⑥ 丰城之光，射斗、牛间：斗牛谓斗宿、牛宿。《晋书·张华传》：晋惠帝时广武侯张华见斗牛之间常有紫气，乃邀雷焕仰观，焕曰丰城宝剑之精上彻于天耳，因以焕为丰城令，令寻之，焕掘狱屋基，得一石函，中有双剑，并刻题，一曰龙泉，一曰太阿，精芒炫日。

二教之宗诠也，孔丘之言曰：仁者不忧，智者不惑，勇者不惧①。子思中庸之书，谓之三达德②，圣人之道虽大，而博究而言之，不过此三者。镜照研媸，则智之用也；玉含温润，则仁之德也；剑能刚利，则勇之义也。佛教谓三因佛性③者，法身也，般若也，解脱也。法身即真如德，正因性开发；报身即般若德，了因性开发；应身即解脱德，缘因性开发。如此三身④，发得本有之德。镜之能照，般若也；玉之能洁，法身也；剑之能断，解脱也。儒宗三德，本于天性；佛教三因，具于本有；统而言之，不离一心。一心者，众生之心；天孙⑤以三器随吾身，而降于下土者，显而王法，隐而佛法，使一切群生，普悟有此秘而已。

（据昭和十年日本国民精神文化研究所刊本卷一页9—12，17—21，卷五页135—136）

---

① 孔丘之言曰三句：见《论语·子罕》篇
② 三达德：《礼记·中庸》："知、仁、勇三者，天下之达德也，所以行之者一也。"
③ 三因佛性：《涅槃经》所说，一、正因佛性，离一切邪非的中正真如，依之成就法身的果德；二、了因佛性，照了真如之理的智慧，依之成就般若的果德；三、缘因佛性，缘助了因，开发正因的一切善根功德，依之成就解脱的果德。
④ 三身：即法身、报身、应身。天台光明《玄义》云："法报应是为三，三种法聚故名身，所谓理法聚名法身，智法聚名报身，功德聚名应身。"又三身与三德配对，法身即法身之德，报身即般若之德，应身即解脱之德。
⑤ 天孙：天神的子孙，天神的后裔，此指天照大神之孙琼琼杵尊奉天照大神之命，从高天原降临日向国高千穗之事。

第二编　德川时代

十七、藤原惺窝

史料简介

藤原惺窝（1561—1619，永禄四年—元和五年）名肃，字敛夫，号惺窝，又号柴立子，播磨人，为日本近世儒学史上开山人物。黄遵宪《日本国志》卷三二"学术志"一云："自藤原肃始为程朱学，师其说者，凡百五十人。"又注云："时海内丧乱，日寻干戈，文教扫地，而惺窝独唱道学之说。先是，讲宋学者，以僧元惠为始，而其学不振；自惺窝专奉朱说，林罗山、那波活所皆出其门，于是乎朱学大兴。"物茂卿曰："昔在邃古，吾东方之国，泯泯乎罔知觉，有王仁氏而后民始识学，有真备氏而后经艺始传，有菅原氏而后文史可诵，有惺窝而后人知称天语圣，四君子者虽世尸祝乎学宫可也。"真备氏即吉备真备，菅原氏即菅原道真。然自惺窝离佛教就儒学，而日本哲学始大有可观。著有《文集》五卷（林道春编）、《续编》三卷（管得庵编），又《续群书类从》第十三"诗文部"有《惺窝文集》十二卷（藤原为经编，源光国校，卷首有后光明天皇撰序）、《和歌集》五卷，及《千代茂登草》等。兹从《日本伦理汇编》第七册《惺窝先生文集抄录》中，录出"四景我有解"（叙述其放浪山水之后所开辟的新世界观，气象似周濂溪）、["《古今医案》序" "五事之难"] 及"答林秀才书"（为代田玄之答林罗山书，宗朱而不悖于陆、王，此亦可见日本朱子学开始时之兼容并包的态度）四篇。

四景我有解

何地无山，山之无色者，意之懒也。何地无水，水之不清者，心之忙也。所谓意懒山无色，心忙水不清，古人云，我亦云。我曰本六十州之间，夸游观广览之美者，以关以东之八州为甲，八州之美者，以士峰、武野、隅田、筑波之四景为冠，故不到者非人矣，予亦以斯游为意久矣。尝闻佳山水者，触发道机，仲尼之登泰山、在川上①，有所以哉。文禄癸巳②，蒙八州牧伯源君亚相之佳招，而游武之江城，而逾年矣，旅寓环堵之室中，书"我有"之二大字而扁之。有客笑曰：子之萧然之行李，未有尺地，未有小屋，未有一物，何以为我有哉。予曰：甚哉汝之拘矣，陋哉汝之隘矣。我有一〔宇〕〔1〕，不假工巧，不费修补，汝却不知哉。圆颅于上，是我栋宇也，方趾于下，是我基址也，载我佚我，到处有我屋，不可〔无言〕矣〔2〕；我屋之所在者，乃我地也，不可言无矣；瞻前忽后者，皆我尤物也，悉我珍具也，不可言无矣。夫雪之于冬，虽爽未足奇焉，夏雪皎洁之朝，一由旬之士峰之高悬也，仰成一个吴笠，则却不重。花之于春，虽美未足奇焉，秋花撩乱之日，数百里之武野之横铺也，俯成一个楚鞋，则又能香。隅田之水、泂泂而贮月者，瓢中之物也；筑波之山、扰扰而抹云者，诗中之料也；岂止是而已哉，万象者屋里之有也，不可与人。客曰：吁，子之言者，杨子之为我也，君子者不可称矣。曰：然也，众人者屋里之人也，可以与之。客曰：子之言者，墨子之兼爱也，君子者不可语矣。曰：然也，然则何如？曰：物皆有主，岂无主也耶，欲自有不可得，欲与人亦不可得，物皆有主，属主而已。曰：主为谁乎？曰：府君。问府君，府君不有；问众人，众人不有。于戏，人之所欲者，我所不有也；我之所有者，人所不欲也，于是乎室有空虚，心有天游，纳隅河于瓢中，挟筑山于诗中，士峰之笠，武野之鞋〔3〕，鞋袜从此始，瓢饮乎此，诗兴乎彼，恍然自适，则非四景而已，非八州而已，非六十州而已，四极八纮，游览之美，举在一身。天下之山色，不入而目染；天下之水清，不洗而耳濡；天下之至理，不思而心得：心广体胖，而初是为人而已。斯游乐哉，地其不广乎！屋其不大乎！物其不备乎，斯游不亦悦乎、不亦乐乎！实威武

---

① 仲尼之登泰山、在川上：《孟子·尽心上》："孔子登东山而小鲁，登泰山而小天下。"《论语·子罕》："子在川上曰，逝者如斯夫，不舍昼夜。"此与文末"子其学登而小天下，临而叹昼夜之人"之句相对应。

② 文禄癸巳：文禄，日本年号，1592—1595年。"癸巳"疑"癸丑"之误，当即文禄二年（1593）八月。

不能屈，富贵不能夺，贫贱不能移，意必固我既绝之后，优哉，游哉，我以为我有云。客幡然起，而敛衽谢曰：子其学登而小天下，临而叹昼夜之人者欤，非杨与墨矣。

（据《日本伦理汇编》第七册第11—13页选）

校记：

〔1〕宇：原误作"字"，据《日本伦理汇编》第七册《惺窝先生文集抄录》改。

〔2〕无言：原误作"言无"，据《日本伦理汇编》第七册《惺窝先生文集抄录》改。

〔3〕原"武野之鞋"后衍一"鞋"字，据《日本伦理汇编》第七册《惺窝先生文集抄录》删。

*《古今医案》序

学者之访论稽古也，以嘉言穷其理，以善行实其事，是为稽古。盖言行岂二哉。虽学空言，治己治人，施及物，则实行也，非空言矣；虽学实行，口言之心不知之，心知之身不践之，则又空言也，非实行矣。可谓言行一也，二之则非稽古，非学者矣。虽然，初学者徒然守空言，则临事变貌然不知所以处之，故不如见行事之实验矣。圣人修《春秋》有曰：我欲载之空言，不如见之于行事之深切著明也。学医之道，亦犹若斯乎。虽学常法，不知发明之术，则又徒法耳。夫是行之善也，以在家而事亲为始。事亲者以侍病为大。故程子云：事亲者不可不知医。《春秋》遗许止之戒，亦在兹欤。近世世降俗薄，而不知事亲之道，渐将成无父母国。既不知治己，安能治人，安能及物哉。纵终日能言，鹦鹉也，猩猩也。吁，止矣。大医局法眼，名恂，意安其字也。缵绍父师之箕裘①，而跨灶出蓝②，当世之司命也。学必稽古，知其理践其实，奇效灵验不可尽，此家乘也日录也③，绣之于梓玉之于轴矣。先是，母呕吐，鼎茵不佳六十日，疾

---

① 箕裘：意谓父之事业。《礼记·学记》："良冶之子，必学为裘；良弓之子，必学为箕。"

② 跨灶：意谓子胜于父。出蓝：即"青出于蓝而胜于蓝"之意。

③ 家乘：家史之记录。日录：即日记。

革①而不纳药水，况食饵乎。恂昼夜不解衣带，奉承颜色，不少怠。谨慎之余，不恃我能术，拜迎阖国诸医。诸医与万方，无寸效，伎穷计竭，皆辞去。气息奄奄，俟属纩②。恂无地措手足，不克止，自检诸方书，偶尔默察虞恒德治呕之验例，忽有所感悟，扩充其法，别处一方宥③之，服一盏不吐，不耐喜跃，又宥二服，而后稀粥亦不吐。调摄数旬，脱然痊愈。奇哉其术，稽古践实者，其效亦如此也耶。彦修之养母之方，子和之事亲之义，可并按焉。恂叹曰：我不稽古，奚得个入处哉。因为后学校雠古今诸医按，而笔削编纂为此书。一论一法，于此亲切也；一行一节，于是著明也。善之可劝，恶之可惩，于是判然也、释然也，焕焉炳如也。晞④骥之马，亦骥之乘也；晞恂之人，亦恂之徒也。学者于此书有得，则必养亲、必救人。人而已哉，有秋夫于鬼，鬼而已哉，思邈于蛇，师皇于马、于龙，始于事亲，中于救人，终于利物。博哉医之利，至哉医之道，唯非一世之利，即是万代之道也，岂不知而可乎。程子之言，于是可征焉；《春秋》之戒，于是可守焉。所谓五经如药方，《春秋》犹用药治病。然则以此书，谓医家青史之法，亦宜也，非溢美矣；为医家素王之业，亦得也，非过誉矣。予自幼多病，衰惫不胜衣，就恂聆医家之余论，染指丹鼎，炼性药炉，荷嘉惠者不为不多，以至今日。所愧者，人而尚不能尽龙马蛇鬼之报矣。恂不以予为卑，以所嘱焉。予朴而不文，俗而不韵，何言哉。然亦详成书之起本，无如予，不可敢辞。叨叨至此，更有一事足为惩芥，因记。甲午之岁，余以人事游关左，不幸而母以病终，不果定省，不侍汤药，空平生之志，贻终身之忧，痛恨彻骨，九原不可作。今见此书，溅泪于蓼莪⑤，余悲于风树⑥。后之见此书

---

① 疾革：病危。
② 属纩：纩即新丝绵，质轻。人之将死，用丝绵在口鼻处试其有无呼吸，称为属纩，意谓病重将死。
③ 宥：劝，辅助。
④ 晞：仰慕。
⑤ 蓼莪：《诗·小雅》篇名，孝子为追念父母而作，后用以指对亡亲的悼念。
⑥ 风树：语出《韩诗外传》九："树欲静而风不止，子欲养而亲不待。"后人以"风树"喻父母早逝之悲。

者，于恂之孝一以喜；于予之悔，一以惧。一喜一惧，必有感发兴起乎，岂无感发哉。　文禄五年丙申二月十日，惺窝敛夫以肃书于城中草药堂。

*五 事 之 难

一曰天道；二曰灾难；三曰因果；四，有正直而贫贱者，有邪曲而富贵者；五，恶人之荣。

一曰，夫天道者理也。此理在天，未赋于物，曰天道。此理具于人心，未应于事，曰性。性亦理也。盖仁义礼智之性，与夫元亨利贞之天道，异名而其实一也。凡人顺理，则天道在其中，而天人如一者也。循欲，则人欲胜其德，而天是天、人是人也。是故君子用力，以知复乎天命之实理；小人肆欲，而不知近乎禽兽。《中庸》曰："致中和，天地位焉，万物育焉。"实以我之心而通天地之心，则范围有道，而天地自我位焉。以我之心而通万物之心，则曲成有道，而万物自我育焉。不惟是子思，子贡亦曰："夫子之文章，可得而闻也；夫子之言性与天道，不可得而闻也[①]。"是即理与天道无二之征也。今举此二说，以对言之者。

二曰，灾难者，吉祥之对也。此其是非善恶大小得失，亦皆如此也。有人于此，将自室到堂，挂于屋墙之团扇，偶尔下而中人之头上，是小灾也。小灾也者，小变也。将下堂出门，措于门上之瓦石，遽然转来而伤人之颠顶，是大灾也。大灾也者，大变也。此天之所为欤，人之所为欤？盖天之所为者，我之所为；我之所为者，天之所为也。然此变不知自何处来者也。《书》曰："天道福善祸淫，降灾于君，以彰厥罪。"然则大小之灾祥，皆在乎己，而依然不离其身者也。如夫天变者亦灾也，日月之食，地震疾风等是也。盖上天当于此小变，而遂不失其所。孔子厄于陈蔡之间[②]，而是亦小灾，而遂尽其正命者也。夫天地之间，人物共有变有灾，但变者将变而未终祸也，灾者既成而有迹者也。故君子不防微而召变，而巽辞以谢，君子过而知改岂终于祸。历代思禹、汤、文、武、周公，至孔、颜、子思、孟

[①] 子贡亦曰四句：语见《论语·公冶长》。

[②] 孔子厄于陈蔡之间：事见《论语·卫灵公》。

子等有小变而无大变矣。其余假仁义而好霸业者，与用夫权谋术数以说人者，皆遭大变，或被罪，或为天下之大戮矣。此所谓白所召之效也。此以书墨揭之。

三曰，因果之字义未详。《说文》："因：记也，缘也。"又犹根本。果与菓同，凡有木之根本者，必结其实，因彼来此之谓也。譬有人于此，昨日盗人之物而今日遭害者，昨是因而今即果也。又列朝之士，以加无礼于此，则己亦以报无礼于彼。加于人因，而见报于人果也，是出乎尔者反乎尔①之义也乎。今论其虚远，则过去因，而现在是果也。既语其浅近，则动静云为，日用默语之中，而有因有果，有善有恶，孰可不敬畏之哉。此借《孟子》之辞，以私考之，未知其可否。

四曰，有正直而贫贱者，有邪曲而富贵者。凡正直者近乎义，故常知羞于己，而未知走于利，是以必不富矣。邪曲者溺乎欲，故日夜处于污秽，而放于利，是故必富矣。阳虎曰："为富不仁，为仁不富②。"孟轲氏曰："鸡鸣而起，孳孳为善者，舜之徒也；鸡鸣而起，孳孳为利者，跖之徒也③。"正直而依于仁义者，岂独舜以为圣也；邪曲而走于利欲者，岂惟跖以为贼也。是故邪曲者必富矣，正直者必不富矣。或曰：然则舜亦有邪曲乎？曰：舜当常天已定，且得气之最通正，以乘乎时日吉星之运，故圣而富矣。如夫邪曲者亦幸乘乎时日吉星之运，而当变天未定，且得气之偏塞，故邪曲而富矣。一就人事以论之，一以日月星辰之向背而推之。

五曰，观恶人之显荣，莫大乎夏桀殷纣，此亦幸乘乎年月吉星之运，然偏塞之气及邪恶之气最重，而正通之气最轻，故有禄无德矣。膏油将消，而火光益明也；桀纣将灭，而显荣太盛也。此阴阳消长、吉凶祸福、人事得失之定理也。以此推之，则天下善恶之人，尊卑大小俱然也。详察此五事之难，皆出乎圣贤之言外，而其理甚精微也。今领命以不得已而聊述其大概，必多差误而已，实圣人之罪人也。

---

① 出乎尔者反乎尔：《孟子·梁惠王下》："曾子曰：戒之戒之，出乎尔者，反乎尔者也。"
② 阳虎曰二句：语见《孟子·滕文公上》。
③ 孟轲氏曰六句：语见《孟子·尽心上》。

答林秀才书

朔日所贶之手柬,十数日之后落手里,裁谢迟怠莫为怪。于是薰浴至于三,开阖至于数。琅琅璨璨,葺荜生光晖,为慰为幸矣。余于足下,始而慕风采也,望梅而遥止渴,埃中而聆余论也,嚼蔗而渐入佳境,今而问以言,责以善,忽如饮暝眩药,而狂愚之病癖,将有少瘳也耶。会遇一回,面未熟,情既亲,不以余无似,欲置责言之地,岂不为慰乎,不为幸乎。顾我孑然无友,孤陋寡闻,其故如何?方今世降俗薄,而物论不公,咕咕然动其喙,高者入空虚,卑者入功利,有隋窳者;有胯肶者,有突梯卷臠者,故交乎人者,炎而附,寒而弃,朝而真,暮而伪,甚者仅有间,则挥舌上之龙泉,而刺人于背后不见血。悲夫矣!夫是所以无友寡闻也。传曰:人之大伦是五,然亦朋友之于人伦,其势若轻,而所系甚重;其分若疏,而所关至亲;其名小而所识甚大也,是足下生平素蕴,而所以问言责善而已矣,自今得讲磨之力,濡染之益,则不可谓无友,不可谓寡闻,不可谓无公论,然则余虽不敏,亦不剖露肝肠忠告哉。今见来书,楚则失矣,齐亦未为得也,讲述焉。来书所谓儒服之制,非不为荣,足下之称许,虽然,他人见之,则彼指议曰,足下悦人以溢美之言,余受人以不虞之誉,然则彼此无益,而却有害。且夫儒服之制,以余为滥觞者亦奚为?本邦居东海之表,大阳之地,朝曒晨霞之所辉焕,洪涛层澜之所荡浴,其清明纯粹之气,锺以成人才,故昔气运隆盛之日,文物伟器,与中华抗衡,诸儒居大学寮者,砥节砺行,孜孜不倦,屹屹不怠,释奠之礼,试科之制,昭昭乎菅右相遗录[①]。当此时,若诸儒不服儒服,不行儒行,不讲儒礼者,何以妄称儒哉,抑亦儒名墨行乎,墨名而儒行乎。呜呼,猿而服周公之服,鹤而乘大夫之轩,余第恐其服不称其身,何暇论他衣服哉。若又礼义不误,何忧人言,来书所谓排佛之言,更不待劳颊舌。唐有傅大士、韩吏部,宋有欧阳子[②],余子不可胜计焉,程朱已往,诸儒皆有成说,足下之所讲,余无斯意

[①] 菅右相遗录:菅原道真(845—903,承和十二年—延喜三年;唐会昌五年—天复三年)所著《菅家遗训》,唱和魂汉才说。

[②] 傅大士、韩吏部、欧阳子:唐傅奕《减省寺塔僧尼益国利民事十一条》,韩愈《原道》及《谏迎佛骨表》,宋欧阳修《本论》,均提倡排佛。

哉。虽然，上有治统之君，下有道统之师，则渠何妨我，若其无则奈渠何。且如余者，坚白未足，而妄试磨涅①，还为渠所议，可愧莫甚焉，唯自警自勤而已。来书又有二事，请扬榷言之云云，其一件者，朱陆辨也。足下所辨者，诸彦排陆之绪余也，我亦阅焉，如朱夫子者，继往圣、开来学、得道统之傅者也，后生区区置异论哉。如陆文安②者，有信而最学之者，有疑而未决之者，有排而斥之者，信者排者，置不论焉。以其疑者言之，在同时者，张敬夫、吕伯恭③，于紫阳为丈人行，而共发挥我道为己任者也，然亦以文安不为全非。在有元者，北有许文正，南有吴文清④，又共发挥我道为己任，如文清，亦于朱陆左之右之，未偏执。在皇明者，儒门一代巨擘，皆有冤陆之疑，故余亦疑而已，非信而学。唯见罗整庵、霍渭崖、陈清澜⑤等，党同伐异，排陆之诸编，未见金溪家乘文集语录年谱及门人故旧之手录，故曰非敢信者，疑而未决者。足下辩陆不遗余力，不顾讳，不回护，想是于两家之学，穷阃奥，抽扃钥，见地坚定而若斯矣，余姑以疑者论之，则盐梅相济，瑕瑜不掩，亦复有此理，微、箕、比干⑥、周武、伯夷所为，各如不同，而所欲亦如不异，故仲尼兼称并取，

---

① 坚白未足，而妄试磨涅：语本《论语·阳货》篇孔子答子路问曰："然，有是言也。不曰坚乎，磨而不磷；不曰白乎，涅而不缁。"《集注》引"杨氏曰：磨而不磷，涅而不缁，而后无可无不可，坚白不足而欲自试于磨、涅，其不磷、缁也者几希"。

② 陆文安：即陆象山（1139—1192，宋高宗绍兴九年—光宗绍熙三年），名九渊，字子静，江西抚州金溪人，著有《象山全集》三十三卷、《语录》二卷。

③ 张敬夫、吕伯恭：张南轩，名栻，字敬夫，著有《张宣公集》四十四卷。吕祖谦，字伯恭，著有《东莱左氏博议》《吕氏家塾读诗记》及《古周易》等，二人皆与朱熹相讲论启发。

④ 许文正、吴文清：许衡，字仲正，号鲁斋，谥文正，著有《鲁斋遗书》。吴澄，字幼清，号草庐，谥文清，著有《五经纂言》《草庐精语》及《文集》等。

⑤ 罗整庵、霍渭崖、陈清澜：明罗钦顺，字允升，号整庵，著有《困知记》《整庵存稿》。霍韬，字渭先，始号兀崖，后更号渭崖，著有《诗经解》《象山学辨》《程朱训释》《渭崖集》等。陈建，字廷筆，号清澜，著有《学蔀通辨》十二卷。

⑥ 微、箕、比干：《论语·微子》篇："微子去之，箕子为之奴，比干谏而死，孔子曰：'殷有三仁焉。'"微子，纣庶兄；箕子、比干，纣诸父。

不偏废。睠夫风雩日省，父子异气象①，异中有同。故元气周流之先圣，与其志传其道，座春门雪之伯叔②，异天资，异中有同。故光风霁月之先生③，授其图接其统，同气尚然，况他人哉，由是推之，紫阳质笃实而好邃密，后学不免有支离之弊，金溪质高明④而好简易，后学不免有怪诞之弊，是为异者也。人见其异，不见其同。同者何哉，同是尧舜，同非桀纣，同尊孔孟，同排释老，同天理为公，同人欲为私。然则如阿？学者各以心正之，以身体之，优柔餍饫，圆机流转，一旦豁然贯通，则同欤异欤，非见闻之智，而必自知然后已矣。尝闻有因周程张朱之言，讥谤韩子者，敬轩薛氏论曰："在周程张朱诚可也，在他人不免不识己量之罪。"至哉昌言！余所惧又在兹矣。其二件者，《大学》纲领也。前回余虽卒然道着，而复非无所承，足下今所言，余先所言，衡决不合何哉。余偶口嗫嚅，而言不尽意欤？抑亦足下偶耳听荧而意不晓言欤？必俟他日面布。于戏！壁阴之窗，灯雨之床，我往叩之乎，足下来订之乎？狂愚之言，叨叨至兹，病癖未瘳也，尚莫吝瞑眩之药，幸之又幸，蔑以加焉。不宣。

庆长甲辰⑤三月十有二日

（据《日本伦理汇编》第七册第23—26页选）

---

① 风雩日省，父子异气象：曾点字皙，曾参父。《论语·先进》篇："曾点侍孔子。孔子曰：言尔志。点曰：春服既成，冠者五六人，童子六七人，浴乎沂，风乎舞雩，咏而归。孔子喟然叹曰：吾与点也。"又《学而》曾子曰："吾日三省吾身，为人谋而不忠乎，与朋友交而不信乎，传不习乎？"案曾子名参，字子舆。此二节可见父子异气象。

② 座春门雪之伯叔：程明道名颢，字伯淳。程伊川名颐，字正叔。二程同师周敦颐，而气象不同，明道宏大，伊川谨严。《朱子语录》："游（酢）、杨（时）初见伊川，伊川瞑目而坐，二子侍。既觉，曰：'尚在此乎，且休矣。'出门，门外雪深一尺。"

③ 光风霁月之先生：此指周敦颐。案黄庭坚［《濂溪诗序》］云："濂溪先生胸怀洒落，如光风霁月。"李侗谓："山谷此言，善形容有道者气象。"

④ 紫阳质笃实、金溪质高明：紫阳指朱熹，金溪指陆九渊。惺窝之学大略取朱氏，而认陆九渊亦不可掩，故佐藤一斋《言志晚录》称"余谓我邦首唱濂洛者藤公，而是已并取朱陆如此"。

⑤ 庆长甲辰：庆长九年，公元1604，当明万历三十二年。

十八、林　罗　山

史料简介

　　林罗山（1583—1657，天正十一年—明历三年）名忠，一名信胜，字子信，号罗山，剃发称道春。［早年即倾心朱子学，］入惺窝之门后，［益］崇奉朱子学，反对佛教甚力。那时候封建武士阶级需要一种现实本位武士本位的严格维持当时身份制度的御用学说，而罗山所创立的日本朱子学，正适应了这种要求。著书甚多，传世较广的是《罗山文集》七十五卷，《诗集》七十五卷。其中《随笔》一卷，共三百四十三条，乃其壮年所作，颇具怀疑主义的精神。兹据宽文元年序刊本《罗山文集》录其《随笔》批判老庄一条，及《告禅徒》与《排耶稣》二文，以见其反对非现实的非社会的各宗教之封建社会的保卫战。

随　　笔

　　李耳曰："道可道，非常道。"①其所谓道者，言清净无为也，言天地未分也。夫人生乎今之世，不可为上古之无事，而况何以置此身于天地未判之先乎？若以天地为譬喻，以混沌未开为不起一念，则一息未断之间，何以不起一念乎？人本活物也，争与枯骸似欤！蒙叟之槁木死灰及柴立之说②，亦如是异端之言语也。圣人之道则不然，

---

　　① 李耳曰道可道非常道：《史记·老子本传》"老子姓李氏名耳，著书《道德经》上下篇，言道德之意"，此其第一章语。
　　② 蒙叟之槁木死灰及柴立之说：《史记》庄子蒙人，故此称蒙叟，"槁木死灰"之说见《齐物论》"形固可使如槁木，而心固可使如死灰乎"。"柴立"之说见《达生》篇"无入而藏，无出而阳，柴立其中央"。

其道不在君臣、父子、男女、兄弟、朋友之外，所以行之者五常也，五常本在一心，此心所具之理，即是性也。人人所共由者道也。得道于心谓之德，故道德仁义礼智，其名异实一也，非李耳所云道也。若弃人伦别谓有道，则非儒道也，非圣人之道也，非尧舜之道也。

（据宽文元年序刊本《罗山文集》第六八卷第24—25页选）

告 禅 徒

大灯国师初为丐人，时居五条桥下，有年矣。其门徒作行状、年谱皆讳而不载，独狂云子宗顺作赞曰："风飧宿露无人犯，第五桥边十五年。"世传妙超侍者播磨国人也，弱龄问法显密之家，而不快于心，欲入元求法，遂赴霸家台，适过僧绍明归自元，于是参禅嗣法。超有妻子，为断恩爱之欲，故使妻买酒，因闭户杀其二岁儿，串炙之，及妻还，见之怪焉，乃瞰炙儿以饮，妻熟视大叫唤而出，超亦便出，是乃紫野大灯国师也。吁，佛氏之蔽心，至于兹酷乎！虎狼仁也，不食其子故也。彼灭人伦而绝义理，啜羹不及放麑①，况于此哉？与夫大义渡颠杀其所生之母者，同大罪于天地之间，诚可惩焉。

（据《罗山文集》第五六卷《杂著》第29—30页选）

---

① 啜羹不及放麑：啜，尝也，食也。[《韩非子·说林上》："乐羊为魏将而攻中山，其子在中山，中山之君烹其子而遗之羹。乐羊坐于幕下而啜之，尽一杯。文侯谓堵师赞曰：'乐羊以我故而食其子之肉。'答曰：'其子而食之，且谁不食？'乐羊罢中山，文侯赏其功而疑其心。]孟孙猎得麑，使秦西巴持之归，其母随之[而啼]。秦西巴弗忍而与之。[孟孙适至而求麑，答曰：'余弗忍而与其母。']孟孙大怒，逐之。居三月，复召以为其子傅。[其御曰：'曩将罪之，今召以为子傅，何也？'孟孙]曰：'夫不忍麑，又且忍吾子乎？'故云放麑违命，退其仁可以托国。[故曰：巧诈不如拙诚。乐羊以有功见疑，秦西巴以有罪益信。"后因以"啜羹"喻残忍而不仁，此处借以]指紫野大灯国师事。[而"放麑"成为仁德的典故。《后汉书·公孙述传》："仰视天，俯视地，观放麑啜羹，二者孰仁？"宋黄庭坚《有怀半山老人再次韵》之二："啜羹不如放麑，乐羊终愧巴西。"]

排　耶　稣[①]

春问曰：利玛窦曰天地鬼神及人灵魂有始无终[②]，吾不信焉。有始则有终，无始则无终可也，有始无终不可也。然又殊有可证者乎？

于不能答。

春曰：天主造天地万物云云，造天主者谁耶？

于曰：天主无始无终，天地曰造作，天主曰无始无终。

罗山以其为遁辞甚明，乃更追问一步：

春曰：理与天主有前后乎？

于曰：天主者体也，理者用也。体者前，理者后也。

春指面前之器曰：器者体也，所以作器者理也，然则理者前而天主者后也？

于不解曰：灯者体也，光者理也。

春曰：所以火为灯者理也，光者非理也，唯云之光而已。

于犹不解曰：作器之一念起处为理，一念不起以前元无想无念而有体，然则体前理后也。

春曰：不可也。不谓无想无念，唯言理与天主而已。无想无念之时，有理而存。

（据《罗山文集》第五六卷第33—34页选）

---

① 排耶稣：此文依赖古来儒家思想来排击耶稣教，下文乃与天主教宣教师不于氏（葡萄牙人Frois）的对答。

② 利玛窦曰天地鬼神及人灵魂有始无终：利玛窦（Matteo Ricci）字西泰，意大利耶稣会教士，以明万历年间来中国传教。其"天地鬼神及人灵魂有始无终"之说，见所著《天主实义》。

十九、山崎暗斋

史料简介

　　山崎暗斋（1618—1682，元和四年—天和二年）名嘉，字敬义，小字嘉右卫门，号暗斋，遵朱子，晚年信神道，号垂加，平安人。是一个局量狭小、傲慢严厉近于滑稽的朱子学派中人。所著书如《文会笔录》《垂加文集》等，皆宣扬封建主义唯心哲学。他最显著的特点，即崇奉朱子学如宗教一般。因尊崇朱子，便不能不排斥老佛之说、陆王之说，完全以朱子之是非为是非。今依《日本伦理汇编》第七册录其所辑《辟异》一书，以见其教条主义的学风所在。

辟　　异

　　子朱子曰：正道异端，如水火之相胜，彼盛则此衰，此强则彼弱，熟视异端之害，而不一言以正之，亦何以去习俗之弊哉。观孟子所以答公都子好辩之问①，则可见矣。

　　子曰：攻乎异端，斯害也已②。或问：攻乎异端，斯害也已，何也？朱子曰：攻者，是讲习之谓，非攻击之攻。这处须看他如何是异端，如何是正道，异端不是天生出来，天下只是这一个道理，缘人心不正，则流于邪说。习于彼必害于此，既入于邪必害于正，异端不止是杨墨佛老，这个是异端之大者。胡云峰③曰：唐虞三代之隆，斯道

---

　　① 孟子所以答公都子好辩之问：《孟子·滕文公下》："公都子曰：外人皆称夫子好辩，敢问何也？孟子曰：予岂好辩哉，予不得已也。"

　　② 攻乎异端二句：见《论语·为政》。

　　③ 胡云峰：元胡炳文，朱子学者，字仲虎，世称云峰先生，著有《易本义通释》《书集解》《四书通》《大学指掌图》《五经会义》等。

如日中天，《中庸》可无作也。至孔子时，始曰攻乎异端；然其说犹未敢盛行，至子思时，则有可忧者矣。忧异端之得肆其说，所以忧道学之不得其传也。或问：《中庸》天命之谓性，率性之谓道，修道之谓教，何也？朱子曰：此先明性道教之所以名，以见其本皆出乎天，而实不外于我也。天命之谓性，言天之所以命乎人者，是则人之所以为性也。盖天之所以赋予万物，而不能自己者，命也。吾之得乎是命以生，而莫非全体者，性也。故以命言之，则曰元亨利贞，而四时五行，庶类万化，莫不由是而出。以性言之，则曰仁义礼智，而四端五典①，万物万事之理，无不统于其间。盖在人在天，虽有性命之分，而其理则未尝不一。在人在物，虽有气禀之异，而其理则未尝不同，此吾之性，所以纯粹至善，而非若荀扬韩②之所云也。率性之谓道，言循其所得乎天以生者，则事事物物，莫不自然，各有当行之路，是则所谓道也。盖天命之性，仁义礼智而已；循其仁之性，则自父子之亲，以至于仁民爱物，皆道也。循其义之性，则自君臣之分，以至于敬长尊贤，亦道也。循其礼之性，则恭敬辞让之节文，皆道也。循其智之性，则是非邪正之分别，亦道也。盖所谓性者，无一理之不具，故所谓道者，不待外求，而无所不备；所谓性者，无一物之不得，故所谓道者，〔不〕假人为〔1〕，而无所不周。虽鸟兽草木之生，仅得形气之偏，而不能有以通贯乎全体，然其知觉运动，荣悴开落，亦皆循其性，而各有自然之理焉。至于虎狼之父子，蜂蚁之君臣，豺獭之报本，雎鸠之有别③，则形气之所偏，又反有以存其义理之所得。尤可以见天命之本然，初无间隔，而所谓道者，亦未尝不在是也。是岂有待于人为，而亦岂人之所得为哉。修道之谓教，言圣人因是道而品节之，以立法垂训于天下，是则所谓教也。盖天命之性，率性之道，皆理之自然，而人物之所同得者也。人虽得其形气之正，然其清浊厚薄之禀，亦有不能不异者。是以贤知者或失之过，愚不肖者或不

---

① 四端五典：四端见《孟子·公孙丑上》，谓人皆有仁义礼智之端，可扩充之。五典见《书·舜典》，谓五常之教，父义、母慈、兄友、弟恭、子孝。

② 荀扬韩：荀，荀况；扬，扬雄；韩，韩愈。荀主性恶，扬主性善恶混，韩主性有三品，皆与孟子性善之说不合。

③ 雎鸠：《诗集传》云："雎鸠，水鸟，状类凫鹥，今江淮间有之。生有定耦而不相乱，耦常并游而不相狎，故《毛传》以为挚而有别。"

能及；而得于此者，亦或不能无失于彼，是以私意人欲或生其间，而于所谓性者，不免有所昏蔽错杂，而无以全其所受之正。性有不全，则于所谓道者，因亦有所乖戾舛逆，而无以适乎所行之宜；惟圣人之心，清明纯粹，天理浑然，无所亏阙，故能因其道之所在，而为之品节防范，以立教于天下，使夫过不及者，有以取中焉。盖有以辨其亲疏之杀，而使之各尽其情，则仁之为教立矣。有以别其贵贱之等，而使之各尽其分，则义之为教行矣。为之制度文为，使之有以守而不失，则礼之为教得矣。为之开导禁止，使之有以别而不差，则智之为教明矣。夫如是，是以人无知愚，事无大小，皆得有所持循据守，以去其人欲之私，而复乎天理之正；推而至于天下之物，则亦顺其所欲，违其所恶，因其材质之宜，以致其用；制其取用之节，以遂其生，皆有政事之施焉。此则圣人所以财成天地之道，而致其弥缝辅赞之功。然亦未始外乎人之所受乎天者，而强为之也。子思以是三言著于篇首①，虽曰姑以释夫三者之名义，然学者能因其所指，而反身以验之，则其所知岂独名义之间而已哉。盖有得乎天命之说，则知天之所以与我者，无一理之不备，而释氏所谓空者非性矣。有以得乎率性之说，则知我之所得乎天者，无一物之不该，而老子所谓无者非道矣。有以得乎修道之说，则知圣人之所以教我者，莫非因其所固有，而去其所本无；背其所至难，而从其所甚易；而凡世儒之训诂词章，管商之权谋功利，老佛之清净寂灭，与夫百家众技之支离偏曲，皆非所以为教矣。由是以往，因其所固有之不可昧者，而益致其学问思辨之功，因其所甚易之不能已者，而益致其持守推行之力；则夫天命之性，率性之道，岂不昭然日用之间，而修道之教，又将由我而后立矣。

《白鹿洞书院②揭示》

父子有亲，君臣有义，夫妇有别，长幼有序，朋友有信。

右五教之目。尧舜使契为司徒，敬敷五教③，即此是也。学者

---

① 子思以是三言著于篇首：指《中庸》首三句：天命之谓性，率性之谓道，修道之谓教。

② 白鹿洞书院：在江西庐山白鹿洞，朱熹知南康军，尝讲学于此。

③ 契为司徒，敬敷五教：《尚书·舜典》："帝曰：'契，百姓不亲，五品不逊，汝作司徒，敬敷五教在宽。'"司徒掌教之官，敷布也，五教如上文。

学此而已，而其所以学之之序，亦有五焉，其别如左：

　　博学之，审问之，谨思之，明辨之，笃行之。

　　　　右为学之序。学问思辨四者，所以穷理也；若夫笃行之事，则自修身以至于处事接物，亦各有要，其别如左：

　　言忠信，行笃敬。

　　惩忿窒欲，迁善改过。

　　　　右修身之要。

　　正其义，不谋其利。

　　明其道，不计其功。

　　　　右处事之要。

　　己所不欲，勿施于人。

　　行有不得，反求诸己。

　　　　右接物之要。

熹窃观古昔圣贤所以教人为学之意，莫非使之讲明义理，以修其身，然后推以及人，非徒欲其务记览为词章，以钓声名取利禄而已也。今人之为学者，则既反是矣。然圣贤所以教人之法，具存于经，有志之士，固当熟读深思，而问辨之。苟知其理之当然，而责其身以必然，则夫规矩禁防之具，岂待他人设之，而后有所持循哉。近世于学有规，其待学者，为已浅矣；而其为法，又未必古人之意也。故今不复以施于此堂，而持取凡圣贤所以教人为学之大端，条列如右，而揭之楣间。诸君其相与讲明遵守，而责之于身焉，则夫思虑云为之际，其所以戒谨而恐惧者，必有严于彼者矣。其有不然，而或出于此言之所弃，则彼所谓规者，必将取之，固不得而略也。诸君其亦念之哉。

朱子《跋黄仲本朋友说》曰：人之大伦，其别有五，自昔圣贤，皆以为天之所叙，而非人之所能为也。然以今考之，则惟父子兄弟为天属，而以人合者，居其三焉，是则若有可疑者。然夫妇者，天属之所由以续者也；君臣者，天属之所赖以全者也；朋友者，天属之所赖以正者也；是则所以纪纲人道，建立人极，不可一日而偏废。虽或以人而合，其实皆天理之自然，有不得不合者，此其所以为天之所叙，而非人所能为者也。然是三者之于人，或能具其形矣，而不能保其生；或能保其生矣，而不能存其理；必欲君臣父子兄弟夫妇之间，交尽其道而无悖焉，非有朋友以责其善辅其仁①，其孰能使之然哉。故朋友之于人伦，其势若轻，而所系为甚重；其分若疏，而所关为至亲；其名若小，而所职为甚大；此古之圣人，修道立教，所以必重乎此，而不敢忽也。然自世教不明，君臣父子兄弟夫妇之间，既皆莫有尽其道者，而朋友之伦，废阙为尤甚。世之君子，虽或深病其然，未必深知其所以然也。予尝思之，父子也，兄弟也，天属之亲也，非其乖离之极，固不能轻以相弃；而夫妇君臣之际，又有杂出于物情事势，而不能自已者，以故虽或不尽其道，犹得以相牵联比合，而不至尽坏；至于朋友，则其亲不足以相维，其情不足以相固，其势不足以相摄而为之者，初未尝知其理之所从，职之所任，其重有如此也，且其于君臣父子兄弟夫妇之间，犹或未尝求尽其道，则固无所借于责善辅仁之益，此其所以思疏而义薄，轻合而易离，亦无怪其相视漠然，如行路之人也。夫人伦有五，而其理则一，朋友者，又其所借以维持是理，而不使至于悖焉者也。

由夫四者之不求尽道，而朋友以无用废，然则朋友之道尽废，而责善辅仁之职不举。彼夫四者，又安得独立而久存哉！呜呼，其亦可为寒心也已！非夫强学力行之君子，则孰能深察而亟反之哉，始予读王深甫告友之篇，戚其言若有补于世教者；徐而考之，则病其推之不及于天理之自然，顾以夫妇君臣，一出于情势之偶合，至于朋友，则亦不求其端，直以为圣人强而附于四者之间也。诚如是也，则其残坏废绝，是乃理分之当然，无足深叹，而其至是亦晚矣。近得黄君仲本《朋友说》读之，其言天理人伦之意，乃若有会于予心者，然于朋友之道废，所以独至于此，则亦恐未究其所以然也，因书其后如此，庶乎其有发云。《论语课会说》曰：古之学者，潜心乎六艺之文，退而考诸日用，有疑焉则问，问之弗得弗措也，古之所谓传道授业解惑者，如此而已。后世设师弟子员，立学校以群之，师之所讲，有不待弟子之问，而弟子之听于师，又非其心之所疑也，泛然相与，以具一时之文耳，学问之道，岂止于此哉。自秦汉以迄今，盖千有余年，所谓师弟子者，皆不过如此，此圣人之绪言余旨，所以不白于后世，而后世之风流习尚，所以不及于古人也。然则学者欲求古人之所至，其

---

① 辅其仁：《论语·颜渊》"以友辅仁"。

可以不务古人之所为乎。今将以《论语》之书，与诸君相从学，而惟今之所谓讲者，不足事也。是以不敢以区区薄陋所闻告诸君，诸君第因先儒之说，以逆圣人之所志，孜孜焉蚤夜以精思，退而考诸日用，必将有以自得之，而以幸教熹也。其有不合，熹请得为诸君言之。诸君其无势利之急，而尽心于此，一有得焉，守之以善其身，不为有余，推之以及一乡一国，而至于天下，不为不足，熹不肯不敢以是欺诸君也。或问：大学之道。吾子以为大人之学，何也？朱子曰：此对小子之学言之也。曰：敢问其为小子之学，何也？曰：愚于序文已略陈之，而古法之宜于今者，亦既辑而为书矣，学者不可以不之考也。曰：吾闻君子务其远者大者，小人务其近者小者，今子方将语人以大学之道，而又欲其考乎小学之书，何也？曰：学之大小，固有不同，然其为道则一而已。是以方其幼也，不习之于小学，则无以收其放心，养其德性，而为大学之基本；及其长也，不进之于大学，则无以察夫义理，措诸事业，而收小学之成功。是则学之大小所以不同，特以少长所习之异宜，而有高下浅深先后缓急之殊，非若古今之辨，义利之分，判然如薰莸①冰炭之相反，而不可以相入也。今使幼学之士，必先有以自尽乎洒扫应对进退之间、礼乐射御书数之习，俟其既长，而后进乎明德新民，以止于至善，是乃次第之当然，又何为而不可哉。曰：幼学之士，以子之言，而得循序渐进，以免于躐等陵节之病，则诚幸矣；若其年之既长，而不及乎此者，欲反从事于小学，则恐其不免于扞格不胜，勤苦难成之患；欲直从事于大学，则又恐其失序无本，而不能以自达也，则如之何？曰：是其岁月之已逝者，则固不可得而复追矣，若其工夫之次第条目，则岂遂不可得而复补邪。盖吾闻之，敬之一字，圣学之所以成始而成终者也，为小学者，不由乎此，固无以涵养本原，而谨夫洒扫应对进退之节，与夫六艺之教；为大学者，不由乎此，亦无以开发聪明，进德修业，而致夫明德新民之功也。　是以程子发明格物之道，而必以是为说焉。不幸过时而后学者，诚能用力于此，以进乎大，而不害兼补乎其小，即其所以进者，将不患于无本而不能以自达矣。其或摧颓已甚，而不足以有所兼，则

---

① 薰莸：薰，香草；莸，臭草，十年有臭，言善易消、恶难除，见《左传》僖四年注。

其所以固其肌肤之会，筋骸之束，而养其良知良能之本者，亦可以得之于此，而不患其失之于前也。顾以七年之病，而求三年之艾，非百倍其功，不足以致之。若徒归咎于既往，而所以补之于后者，又不能以自力，则吾见其扞格勤苦，日有甚焉，而身心倾倒，眩瞀迷惑，终无以为致知力行之地矣，况欲有以及乎天下国家也哉。曰：然则所谓敬者，又若何而用力邪？曰：程子于此尝以主一无适言之矣，尝以整齐严肃言之矣；至其门人谢氏之说，则又有所谓常惺惺法①者焉。尹氏②之说，则又有所谓其心收敛不容物者焉。观是数说，足以见其用力之方矣。曰：敬之所以为学之始者然矣，其所以为学之终也奈何？曰：敬者，一心之主宰，而万事之本根也。知其所以用力之方，即知小学之不能无赖于此以为始；知小学之赖此以始，则夫大学之不能无赖乎此以为终者，可以一以贯之而无疑矣。盖此心既立，由是格物致知以尽事物之理，则所谓尊德性而道问学；由是诚意正心，以修其身，即所谓先立其大者，则小者不能夺；由是齐家治国，以及乎天下，则所谓修己以安百姓，笃恭而天下平，是皆未始一日而离乎敬也。然则敬之一字，岂非圣学始终之要也哉。曰：子谓正经，盖夫子之言，而曾子述之；其传则曾子之意，而门人记之，何以知其然者？曰：正经辞约而理备，言近而指远，非圣人不能及也，然以其无他佐验，且意其或出于古昔先民之言也，故疑之而不敢质。至于传文，或引曾子之言，而又多与《中庸》《孟子》者合，则知其成于曾氏门人之手，而子思以授孟子无疑也。盖《中庸》之所谓明善，即格物致知之功，其曰诚身，即诚意正心修身之效也。《孟子》之所谓知性者，物格也；尽心者，知至也；存心养性修身者，诚意正〔心〕修身也〔2〕。其他如谨独之云，不慊之说，义利之分，恒言之序，亦无不吻合焉者。故程子以为孔氏之遗书，学者之先务，而《论》《孟》犹处其次焉，亦可见矣。曰：程子之先是书，而后《论》《孟》，又且不及乎《中庸》，何也？曰：是书垂世立教之大典，通为天下后世而言者也；《论》《孟》应机接物之微言，或因一时一事而发言也；是以

---

① 谢氏所谓常惺惺法：宋谢良佐字显道，寿春上蔡人，因号上蔡，程门高弟，其《上蔡语录》云："敬是常惺惺法。"

② 尹氏：尹焞，字彦明，洛阳人，程颐弟子，称和靖处士，著有《论语解》《门人问答》《和靖集》等。

是书之规模虽大，然其首尾赅备，而纲领可寻，节目分明，而工夫有序，无非切于学者之日用。《论》《孟》之为人虽切，然而问者非一人，记者非一手，或先后浅深之无序，或抑扬进退之不齐，其间盖有非初学日用之所及者，此程子所以先是书后《论》《孟》，盖以其难易缓急言之，而非以圣人之言为有优劣也。至于《中庸》，则又圣门传授极致之言，尤非后学之所易得而闻者，故程子之教，未遽及之；岂不又以为《论》《孟》既通，然后可以及此乎。盖不先乎大学，无以提挈纲领，而尽《论》《孟》之精微；不参之《论》《孟》，无以融贯会通，而极《中庸》之归趣；然不会其极于《中庸》，则又何以建立大本，经纶大经，而读天下之书，论天下之事哉。以是观之，则务讲学者，固不可不急于《四书》，而读《四书》者，又不可不先于《大学》，亦已明矣。今之教者，乃或弃此不务，而反以他说先焉，其不溺于虚空，流于功利，而得罪于圣门者，几希矣。薛敬轩①曰：《四书》当先以《集注》《章句》为主，参之于《或问》，如辑释诸书，固多有发明处，但《语录》，或因人浅深而发，或有未定之论，诸儒又或各持所见，间有与朱子异者；若经文《集注》《章句》未通，而泛观此，则本义反为所隔，使人将有望洋之叹。若经文《集注》《章句》《或问》既已通贯，在己之权度既定，然后兼考诸书，则知所择矣。又曰：《四书集注》下小注脚，程朱外诸家，固有发明《集注》者，而穿凿者尤多。许鲁［斋］②所谓弥近理而大乱真者〔3〕，不独异端为然。又曰：《四书集注》《章句》《或问》，皆朱子萃群贤之言议，而折衷以义理之权衡，至广至大，至精至密，发挥先圣贤之心，殆无余蕴，学者但当依朱子精思熟读，循序渐进之法，潜心体认，而力行之，自有所得。切怪后人之于朱子之书之意，尚不能遍观而尽识，或辄逞己见，妄有疵议，或剽拾成说，寓以新名，衒新奇，而掠著述之功，多见其不知量也。又曰：朱子语录杂论散见于诸书者甚多，当时门人从傍记录，岂无一二之误，况传写之久乎。尝窃谓读朱子语录杂论，不若读朱子手笔之书为无疑。然语录杂论中，

---

① 薛敬轩：薛瑄，号敬轩，著有《诗文集》《读书录》。
② 许鲁斋：元许衡，字仲平，号鲁斋，河内人，谥文正，著有《鲁斋遗书》。

有义理精确明白，发手笔之未发者，则不可不考也。黄东发①曰：读朱子之书者，其别有三：如《语类》，则门人之所记也；如书翰，则一时之所发也；如论著，则平生之所审定也。《语类》之所记，或遗其本旨，则有书翰之详说在；书翰之所说，或异于平日，则有著述之定说在。又曰：门人所记，或主静坐，或以静坐为非，或主博览，或以博览为杂，均一朱子之言，而相反类如此，盖随其人之病，而药之耳；要之静而可施之动，博而必求其要，此中持其衡之说，观者谨毋执其一为据。其间亦有门人记录之太过者，又当参以朱子平日自著之言。蔡虚斋②曰：大抵万世学者，谓书解义之法，不出孟子所谓不以文害辞，不以辞害意，以意逆志，是为得之③之说矣。不然鲜有不泥其辞，而病于理。又曰：大抵圣贤所说，多有不同，而其指同，或其指异，而其归同者。盖万古一理，千圣一学，自有不容不同者，若不同，则异端矣。问：昔有一禅僧，每自唤曰：主人翁惺惺着，《大学或问》亦取谢氏常惺惺法之语，不知是同是异？朱子曰：谢氏之说，地步阔于身心事物上，皆有工夫。若如禅者所见，只看得个主人翁便了，其动而不中理者，都不管矣。且如父子天性也，父被他人无礼，子须当去救，他却不然；子若有救之之心，便是被爱牵动了心，便是昏了主人翁处，若如此惺惺，成甚道理。向曾览《四家录》，有些说语极好笑，亦可骇说。若父母为人所杀，无一举心动念，方始名为初发心菩萨，他所以唤主人翁惺惺着，正要如此。惺惺字则同，所作工夫则异，岂可同日而语。谢上蔡曰：吾曾历举佛说，与吾儒同处，问伊川先生。先生曰：怎地同处虽多，只是本领不是，一齐差却。朱子《答吴人杰书》曰：佛学之与吾儒，虽有略相似处，然正所谓貌同心异，以是而非者，不可不审。明道先生所谓句句同，事事合，然而不同者，真是有味。非是见得亲切，如何敢如此判断邪。圣门所谓闻道，闻只是见闻，玩索而自得之之谓，道只是君臣父子日常行当然之理，非有玄妙奇特，不可测知，如释氏所云，豁然大悟，通身汗出之

---

① 黄东发：宋黄震，字东发，慈溪人，朱子学者，著有《古今纪要》《黄氏日钞》。

② 蔡虚斋：明蔡清，字介夫，学者称虚斋先生，成化进士，著有《四书蒙引》《易蒙引》《虚斋集》。

③ 孟子所谓不以文害辞四句：见《孟子·万章上》。

说也。如今更不可别求用力处，只是持敬以穷理而已。参前倚衡①，今人多错说了，故每流于释氏之说。先圣言此，只是说言必忠信，行必笃敬，念念不忘，到处常若见此两事，不离心目之间耳。如言见尧于羹，见尧于墙②，岂是以我之心，还见我心别为一物而在身外邪。无思无为，是心体本然，未感于物时事，有此本领，则感而遂通天下之故矣③。恐亦非如所论之云云也。所云禅学悟入，乃是心思路绝，天理尽见，此尤不然。心思之正，便是天理，流行运用，无非天理之发见，岂待心思路绝，而后天理乃见邪。且所谓天理，复是何物？仁义礼智，岂不是天理？君臣父子兄弟夫妇朋友，岂不是天理？若使释氏果见天理，则亦何必如此悖乱殄灭，一切昏迷其本心而不自知邪？凡此皆近世沦陷邪说之大病，不谓明者亦未能免俗，而有此言也。《答廖德明书》曰：圣门之学，下学而上达，至于穷神知化④，亦不过德盛仁熟而自至耳。若如释氏理须顿悟，不假渐修之云，则是上达而下学也，其与圣学亦不同矣。而近世学者，每欲因其近似，而说合之，是以为说虽详，用心虽苦，而卒不近也。《中庸》所谓喜怒哀乐之未发谓之中，发而皆中节谓之和，只是说情之未发，无所偏倚，当此之时，万理毕具，而天下万物，无不由是而出焉，故学者于此涵养栽培，而情之所发，自然无〔不〕中节耳〔4〕。故又曰：中者天下之大本，和者天下之达道。此皆日用分明底事，不必待极力寻究，忽然有感，如来喻之云，然后为得也。必若此云，则是溺于佛氏之学而已。然为彼学者，自谓有见，而于四端五典，良知良能，天理人心之实然而不可易者，皆未尝略见彷佛，甚者披根拔本，颠倒错谬，无所不至。则夫所谓见者，殆亦用心大过，意虑泯绝恍惚之间，瞥见心性之影象耳，与圣门真实知见，端的践履，彻上彻下，一以贯之之学，

---

① 参前倚衡：《论语·卫灵公》："立则见其参于前，在舆则见其倚于衡也，夫然后行。"《集注》："参，读如'毋往参焉'之'参'，言与我相参也。衡，轭也。言其于忠信笃敬，念念不忘，随其所在，常若有见，虽欲顷刻离之而不可得，然后一言一行，自然不离于忠信笃敬，而蛮貊可行也。"

② 见尧于羹，见尧于墙：二语所出未详。[《后汉书·李固传》："昔尧殂之后，舜仰慕三年，坐则见尧于墙，食则睹尧于羹。"]

③ 无思无为五句：本《易·系辞上》"寂然不动，感而遂通天下之故"。

④ 穷神知化：《易·系辞下》："穷神知化，德之盛也。"

岂可同年而语哉。程子曰：释氏之学更不消对圣人之学比较，要之必不同，便可置之，今穷其说，未必能穷得他；此至穷得，自家已化而为释氏矣。今且以迹上观之，佛逃父出家，便绝人伦，只为自家独处于山林，入乡里岂容有此物。大率以所贱所轻施于人，此不惟非圣人之心，亦不可为君子之心。释氏自己不为君臣父子夫妇之道，而谓他人不能如是，容人为之，而己不为，别做一等人；若以此率人，是绝类也。至如言理性，亦只是为死生，其情本怖死爱生，是利也。又曰：释氏之说，若欲穷其说，而去取之，则其说未能穷，固已化而为佛矣。只且于迹上考之，其设教如是，则其心果如何？固难为取其心，不取其迹，有是心则有是迹。王通言心迹之判①，便是乱说，不若且于迹上断定，不与圣人合；其言有合处，则吾道固已有；有不合者，固所不取；如是立定，却省易。又曰：昔谓异教中疑有达者，或是无归，且安于此，再尝考之，卒不达；若达则于其前日所处，不能一朝居也。观曾子临死易箦②之意，便知其不达。朝闻道夕死可矣③，岂能安其所未安，如毁其人形，绝其伦类，无君臣父子之道，若达则不安也。只夷言左衽④，尚可言随其国俗，至若人道，岂容有异？又曰：旧尝问学佛者，《传灯录》⑤几人？云千七百人。某曰：敢道此千七百人，无一人达者，果有一人见得圣人朝闻道夕死可矣，与曾子易箦之理，临死须寻一尺布帛，裹头而死，必不肯削发胡服而终，是诚无一人达者。禅者曰：此迹也，何不论其心。曰：心迹一也，岂有迹非而心是者也。正如两脚方行，指其心曰，我本不欲行，他两脚自行，岂有此理？盖上下本末内外，都是一理也，方是道。

---

① 王通言心迹之判：《文中子·周公篇》："斋戒修而梁国亡，非释迦之罪也，《易》不云乎，苟非其人，道不虚行。"又"或问佛，子曰：'圣人也！'曰：'其教何如？'曰：'西方之教也，中国则泥，轩车不可以适越，冠冕不可以之胡，古之道也'"。此即从心迹之判上对佛教取融合调和的态度。

② 曾子临死易箦之意：易箦谓更换寝席。[《礼记·檀弓》记载，曾子临终时，以寝席为季孙所赐，过于华美，大夫之所用，曾子未尝为大夫，不合礼制，即令其子扶起易箦。后世即以易箦指病危临终。]

③ 朝闻道夕死可矣：见《论语·里仁》。

④ 左衽：《论语·宪问》"微管仲，吾其披发左衽矣"，《集注》"披发左衽，夷狄之俗也"。

⑤ 《传灯录》：禅宗要籍，三十卷，宋真宗景德元年吴沙门道彦所作。

庄子曰：游方之内、游方之外①者，方何尝有内外？如此则是道有隔断，内面是一处，外面则又是一处，岂［有］此理〔5〕？禅者曰：草木鸟兽之生，亦皆是幻。曰：子以为生息于春夏，及至秋冬，便却变坏，便以为幻。故亦以人生为幻，何不付与他物；生死成坏，自有此理。何者为幻？朱子《答李宗思书》云：来书云：释氏本死生，悟者须彻底悟去，故祖师以来由此得道者多。熹谓：彻底悟去之人，不知本末内外，是一是二；二则道有二致，一则死生人事一以贯之，无所不了，不知《传灯录》中许多祖师，几人做得尧舜禹稷，几人做得文武周孔，须有征验处。来书云：儒佛见处既无二理，其设教何异也？盖儒教本人事，释教本死生；本人事故缓于见性，本死生故急于见性。熹谓：既谓之本，则此上无复有物矣，今既二本，不知所同者何事，而所谓儒本人事，缓见性者，亦殊无理。三圣作《易》，首曰：乾，元亨利贞。子思作《中庸》，首曰：天命之谓性。孔子言性与天道，而孟子道性善，此为本于人事乎，本于天道乎？缓于性乎，急于性乎？俗儒正坐不知天理之大，故为异说所迷，反谓圣学知人事，而不知死生，岂不误哉！圣贤教人，尽心以知性，躬行以尽性，终始本末，自有次第，一皆本诸天理，缓也缓不得，急也急不得，真是尽性至命，方是极。则非如见性之说，一见之而遂已也。上蔡云：释氏之论性，犹儒者之论心；释氏之论心，犹儒者之论意；此语剖析极精，试思之，如何？程子曰：佛氏不识阴阳昼夜死生古今，安得谓形而上者与圣人同乎？詹艮卿②曰：天地间，其生生不穷者，理也；其气聚而生，散而死者，气也；气聚于此，则理亦寓于此，故人之形体，为精气所寄之具也。精气聚则属阳而为人，魂游魄降；精气散则属阴而为鬼，形体既亡，则精气亦散；岂精气既散，而复聚为人哉。推而极之，气化真实一往遂尽，其来者方生之气，自十一月一阳生而为复，至四月换尽六阴，而为纯阳之乾，则已往之阴遂尽，而方来之阴已生，至五月成一阴而为姤，至十月换尽六阳，而为纯阴之坤，则

---

① 游方之内、游方之外：语本《庄子·大宗师》篇。
② 詹艮卿：未详，下文詹艮卿同。［明詹陵，字艮卿，著有《异端辩正》。］

已往之阳遂尽，而方来之阳已生，至十一月成一阳，而又为复①。以是见天地之气，往者遂消而向尽，而来者方息而无穷，初非已往之气又为方来之气也，释氏谓人死而为鬼，鬼复为人，是不明天地阴阳之气，造化人鬼之理也。朱子尝喻，月影在盆水里，除盆水，这影便无了，岂是这影又飞上天去归月里邪？又如这花落，便无这花了，岂是这花归去那里，明年又复来生枝上哉。此辨人死为鬼，鬼复为人之妄，尤为明快。呜呼，释氏又谓死而精魂不散，复借父精母血以生其形体，如此则父母之名皆假托之具，以启天下后世不慈不孝之心，其忍心害理之言，亦何其谬妄哉。朱子曰：宇宙之间一理而已，天得之而为天，地得之而为地，而凡生于天地之间者，又各得之以为性，其张之为三纲，其纪之为五常，盖皆此理之流行，无所适而不在。若其消息盈虚循环不已，则自未始有物之前，以至人消物尽之后，终则复始，始复有终，又未尝有顷刻之或停也。儒者于此既有以得于心之本然矣，则其内外精粗，自不容有纤毫之间，而其所以修己治人垂世立教者，亦不容其有纤毫造作轻重之私焉，是以因其自然之理，而成自然之功，则有以参天地赞化育，而幽明巨细，无一物之遗也。若夫释氏，则自其因地之初，而与此理已背驰矣，乃欲其所见之不差，所行之不谬，则岂可得哉。盖其所以为学之本心，正为恶此理之充塞无间，而使己不得一席无理之地以自安，厌此理之流行不息，而使己不得一息无理之时以自肆也。是以叛君亲弃妻子，入山林损躯命，以求其所谓空无寂灭之地而逃焉，其量亦已隘，而其势亦已逆矣。然以其立心之坚，用力之精专，亦有以大过人者，故能卒如所欲，而实有见焉。但以其言行求之，则其所见虽自以为至玄极妙，有不可以思虑言语到者，而于吾之所谓穷天地亘古今，本然不可易之实理，则反瞢然②，其一无所睹也。虽自以为直指人心，而实不识心；虽自以为见性成佛，而实不识性；是以殄灭彝伦，堕于禽兽之域，而犹不自知其有罪；盖其实见之差，有以陷之，非其心之不然，而故欲为是惑世而

---

① 姤：易姤卦，巽下乾上。复卦，震下坤上。《易本义》："姤，遇也，决尽则为纯乾，四月之卦，至姤然后一阴可见，而为五月之卦。"又"复，阳复生于下也，剥尽则为纯坤，十月之卦，而阳气已生于下矣。积之逾月，然后一阳之体始成而来复，故十有一月，其卦为复"。

② 瞢然：神识不清明之貌，瞢音蒙。

罔人也。至其为说之穷，然后乃有不舍一法①之论，则似始有为是通词以盖前失之意，然亦其秉彝之善，有终不可得殄灭者，是以剪伐之余，而犹有此之仅存。又以牵于实见之差，是以有其意而无其理，能言之，而卒不能以践其言也。凡释氏之所以为释氏者，始终本末不过如此，盖亦无足言矣。然以其有空寂之说，而不累于物欲也，则世之所谓贤者好之矣；以其有玄妙之说，而不滞于形器也，则世之所谓智者悦之矣；以其有生死轮回之说，而自谓可以不沦于罪苦也，则天下之佣奴爨婢鲸髡盗贼亦匍匐而归之矣。此其为说，所以张皇辉赫，震耀千古，而为吾徒者，方且蠢焉，鞠躬屏气，为之奔走服役之不暇也。幸而一有间世之杰，乃能不为之屈，而有声罪致讨之心焉，然又不能究其实见之差，而诋以为幻见空说；不能正之以天理全体之大，而偏引交通生育之一说以为主，则既不得其要领矣，而徒欲以戎狄之丑号加之。其于吾徒，又未尝教之以内修自治之实，而徒骄之以中华列圣之可以为重，则吾恐其不唯无以坐收摧陷廓清之功，或乃往遗之禽②，而反为吾党之诟也。呜呼惜哉。詹艮卿曰：天堂地狱之事，唯是浮屠设以诱愚民，为善去恶之意，而实非中国有此阴府之事，尤见浮屠之伪也。盖尝考之，佛之国在极西之境，其所居谓之天堂，犹后世天朝天阙之称，其犯法者，皆掘地为居室而处之，谓之地狱，如南宋主子业囚其诸王为地牢，亦此类耳。其法有判烧舂磨之刑，如书所载九黎三苗之为也；阎罗则后世之刑官也，金刚则后世之卫士也，皆其蕃国处生人之制，而学佛者不察，谓施于已死者，则世相传流，本非佛氏真教也。

所谓夜叉罗刹鬼国者，皆其西方土名，其地去中国既远，风化不及，故其所生亦多异状，无复人类，如史所谓狗国、罗施鬼国者，可考也。此唯其初学佛者不察本非中国之所有者，而流传之久，后之异教者，亦以为真，愚民亦不觉其为伪，而水陆道场，写经造像，修建塔庙者，皆惧此苦楚之祸，以求快乐之福，何异教中之伪伪以陷愚民之不知如此邪，呜呼哀哉！或曰：释氏地狱之类，皆是为下根之人设此，怖令为善。程子曰：至诚贯天地，人尚有不化，岂有立伪教而

---

① 不舍一法：如天台宗所立不断烦恼得涅槃，即此义。
② 往遗之禽：禽通擒，捉也，即自投罗网之意。

人可化乎。滕璘问：人生即是气聚，死则气散，浮屠氏不足信，然世间人为恶死，若无地狱治之，彼何所惩？朱子曰：吾友且说，尧舜三代之世，无浮屠氏，乃比屋可封①，天下太平，及其后有浮屠，而为恶者满天下，若为恶者必待死然后治之，则生人立君，又焉用？云：尝记前辈说，除却浮屠祠庙，天下便知向善，莫是此意？曰：自浮屠氏入中国，善之名便错了，渠把奉佛为善，如修桥道造路，犹有益于人，以斋僧立寺为善，善安在？所谓除浮屠祠庙，便向善者，天下之人，既不溺于彼，自然孝父母，悌长上，做一好人，便是善。朱子《崇安县学田记》曰：崇安县②故有学而无田，遭大夫之贤而有意于教事者，乃能缩取他费之赢，以供养士之费，其或有故而不能继，则诸生无所仰食，而往往散去，以是殿堂倾圮，斋馆芜废，率常更十数年，乃一闻弦诵之声，然又不一二岁，辄复罢去。淳熙七年③，今知县事赵侯始至，而有志焉，既葺其宫庐之废坏，而一新之。则又图所以为饮食久远之计者，而未知所出也。一日视境内浮屠之籍，其绝不继者凡五：曰中山，曰白云，曰风林，曰圣历，曰暨历。而其田不耕者，以亩计凡若干，乃喟然而叹曰：吾知所以处之矣，于是悉取而归之于学，盖岁入租米二百二十斛，而士之肆业焉者，得以优游卒岁，而无乏绝之虑，既而学之群士十余人，相与走予所居之山间，请文以记其事。曰不则惧夫后之君子莫知其所始，而或至于废坏也。予惟三代盛时，自家以达于天子诸侯之国，莫不有学，而自天子之元子④，以至于士庶人之子，莫不入焉，则其士之廪于学官者，宜数十倍于今日，而考之礼典，未有言其费出之所自者，岂当时为士者，其家各已受田，而其入学也有时，故得以自食其食，而不仰给于县官也欤。至汉元、成间⑤，乃谓孔子布衣养徒三千，而增学官弟子，至不复限以

---

① 比屋可封：谓国多贤也。《汉书·王莽传》："故唐虞之时，可比屋而封。"

② 崇安县：晋建阳县地，南唐置崇安场，宋升为县，明清皆属福建建宁府，今为崇安县。

③ 淳熙七年：南宋孝宗年号，公元1180年，日本治承四年。

④ 元子：嫡长子。

⑤ 汉元、成间：前汉元帝初元一年至竟宁一年（公元前48—前33），成帝建始一年至绥和三年（公元前32—前7）之间。

员数。其后遂以用度不足，无以给之，而至于罢。夫谓三千人者聚而食于孔子之家，则已安矣；然养士之需，至以天下之力奉之而不足，则亦岂可不谓难哉。盖自周衰，田不井授，人无常产，而为士者，尤厄于贫，反不得与为农工商者齿，上之人乃欲聚而教之，则彼又安能终岁裹饭，而学于我，是以其费虽多，而或取之经常之外，势固有所不得已也。况今浮屠氏之说，乱君臣之礼，绝父子之亲，淫诬鄙诈，以殴诱一世之人，而纳之于禽兽之域，固先王之所必诛而不听者也，顾乃肆然蔓衍①于中国，丰屋连甍②，良畴接畛，以安且饱，而莫之或禁，是虽尽逐其人，夺其所据，而悉归之学，使吾徒之学为忠孝者，得以无营于外，而益进其业，犹恐未足以胜其邪说，况其荒坠芜绝，偶自至此，又欲封植而永久之乎，赵侯取之，可谓务一而两得矣。故特为之记其本末与其指意所出者如此，以示后之君子，且以警夫学之诸生，使益用力乎予之所谓忠且孝者。职其事者，又当谨其出内③，于簿书之外，而无龠、合④之私焉，则庶其无负乎赵侯之教矣，赵侯名某，材甚高，听讼理财，皆辨其课，又有余力以及此；诸使者方上其治，行于朝云。

　　子既述此篇，佛氏引泰伯之迹，以难程子迹断之言，有理障之说⑤，以难朱子宇宙之章，而谓程朱之学佛老，而以其身为儒者，阴用之阳辟之，而轻信述之也。或以告。吾谓之曰：程朱之门，千言万语，只欲使学守正道辟异端而已矣，窃历考之，未有若迹断之言要而的者也，未有若宇宙之章明而备者也，彼能三复致思，则亦可以感悟兴起也。惜乎不能然也，今且辨之。夫天下之道，有经有权；经万世之常，人皆可以守也，权一时之用，非圣贤不能用也。朱子曰：如汤

---

① 蔓衍：广延之义。《旧唐书·武宗纪》："因缘染习，蔓衍滋多。"

② 甍：音萌，屋脊也。《说文》"甍，屋栋也"欧注："栋者，极也，屋之高处也。栋自屋中言之，故从木；甍自屋表言之，故从瓦。"

③ 出内：出纳。

④ 龠、合：龠、合均量器名，《汉书·律历志》："量者龠、合、升、斗、斛也。"

⑤ 佛氏引泰伯之迹、理障之说：此指佛教徒引泰伯奔荆蛮，文身断发以让季历之事。又理障之说，乃应佛家术语，以根本无明，碍正知见而不达本觉真如之理，谓之理障。

放桀,武王伐纣,伊尹放太甲,此是权也。若日日时时用之,则成甚世界了。泰伯之逃,亦是权也,故无伊尹之志,而放其君,是无君者也;无泰伯之心,而逃其父,是无父者也;无父无君,春秋之所必诛也,孟子之所必辟也。夫理障之说,程子答人问此曰:释氏有此说,谓既明此理,而又执持是理,故为障;此错看了理字也。天下只有一个理,既明此理,夫复何障,若以理为障,则是已与理为二。朱子《答李宗思书》曰:来书云:以理为障者,特欲去其私意小智。熹谓认私意小智作理字,正是不知理字。来书又谓:上蔡云:佛氏不肯就理者为非,熹谓若不识理字,则此亦未易以口舌争也。他日解此,乃知所言之可笑耳。夫程朱之学,始末得其要,是以出入于佛老,及其反求而得诸六经,岂用佛老哉。其辟之也有废纲常之罪也,若有可用之实,无可辟之罪,而阴用阳辟,则何以为程朱矣。朱子尝讥温公吾排佛欲扶教之言,则可以观其不欺我也。吾幼年读《四书》,成童为佛徒,二十二三本于空谷之书,作三教一致之胡论。二十五读朱子之书,觉佛学之非道,则逃焉归于儒矣,今三十而未能立,深悔吾之不早辨,又惧人之可终惑,故此篇之述不得已也。或曰:异端之学,亦不攻之,安知彼之非道,而致辟之之功,然则冠首之章,与名篇之意,毋乃相碍乎。又《洞规》以下数章,非辟异之说而述之,何也?曰:窃有意焉。盖道者纲常而已矣,彼既废之,则其学之非道,可不攻而知矣。但纲常道昧,而人不知,所以不可废之。世之所谓儒者,形体识趣,不异乎亲鸾①之徒。务记览,而寄于圣贤博学之言;为词章,而托于诗书载道之文;是以纲常之道遂不明,而不化于佛氏之教者,未之有也。故取夫子之言冠首,以使人先知攻之之为害也。《洞规》以下数章,所以明纲常也。苟能守夫子之言,而通一篇之说,则知废纲常之非道,而辟之之功,可坐致也。曰:夫子之时,佛氏未出于中国矣,而如子之言,则所谓异端,似指佛氏也。曰:固哉言也,以昔时夫子之言,为今日学者之戒,尚何怪哉。抑以不出于夫子之时,以为不可以异端辟之乎。朱子曰:异端之害道,如释氏者极矣,然则使彼出于夫子之时,则岂免春秋之诛哉。如近世蛮学天主

---

① 亲鸾:日本净土真宗开祖,生于承安三年(1168),卒于弘长二年(1262),京都人,著有《亲鸾上人全集》。

之教①，春秋之所必诛也，亦以不出于夫子之时，以为不可以异端诛之，而可哉。国法若不禁而诛之，儒者必可辞以辟焉者也。曰：智顗②记佛之言曰：我遣三圣，化彼真丹。列御寇记孔子之言曰：西方有圣者③。《史记世家》曰：孔子问礼老子。二氏之徒，引此以谓孔子吾师之弟子，盍述辟之之说？曰：此皆不足述而辟也，智顗之记，刘谧④护佛者，犹颇知其诞，况他人乎。列氏之记，《黄氏日钞》《方氏千一录》⑤之中，论之详矣。问礼之事，张子朱子有说焉，王氏詹氏有论焉，参考而知之哉。山崎嘉识。

（据《日本伦理汇编》第七册第354—375页选）

校记：

〔1〕不：原误作"是"，据《日本伦理汇编》第七册《辟异》改。

〔2〕心：原脱漏，据《日本伦理汇编》第七册《辟异》补。

〔3〕斋：原误作"齐"，据《日本伦理汇编》第七册《辟异》改。

〔4〕不：原脱漏，据《日本伦理汇编》第七册《辟异》补

〔5〕有：原脱漏，据《日本伦理汇编》第七册《辟异》补。

---

① 蛮学天主之教：指传入日本之兰学与耶稣教。

② 智顗：天台大师名智顗，字德安，事迹详见《智者大师别传》，唐《高僧传》十七。

③ 《列御寇》记孔子之言二句：见《列子·仲尼篇》："西方之人有圣者焉，不治而不乱，不言而自信，不化而自行。"

④ 刘谧：宋刘谧，号静斋，所著《三教平心论》二卷，乃为佛教辩护之作，法藏寺刊本。

⑤ 黄氏日钞、方氏千一录：《黄氏日钞》，黄东发撰，参照第209页注1，《方氏千一录》，未详。

二十、安东省庵

史料简介

安东省庵（1622—1701，元和八年—元禄十四年）名守约，字鲁默，通称市之政，省庵其号。明永历九年（1655，明历乙未）朱舜水赴长崎，时人未知其学，惟省庵往就师。时舜水甚贫，乃割禄之半为赠，当时共称一大高谊，舜水为学近实际，自云"不佞之学，木豆瓦登布帛菽粟而已"。省庵则更进而有朴素唯物主义的倾向。兹据稻叶君山编《朱舜水全集》录其《悼朱先生文》，并附《朱舜水与孙男毓仁书》，以见中日文化思想交流史中之一段佳话。

悼朱先生文

天和二年秋七月，今井氏书①至曰：四月十七日，朱先生易箦②。门生守约，愁绝哭擗，谨置灵座设魂帛，挥泪告之曰：万治二年③，守约自京归乡，长崎友人来授以鸿文二篇，其一所示交趾将相诸大臣节文④，其一所赐守约也。友人曰此是中国大人，年高德邵，

---

① 天和二年秋七月，今井氏书：公元1682年四月十七日（康熙二十一年）明朱舜水逝于日本，今井氏即今井弘济以书告安东省庵，天和三年（1683）省庵有《祭朱先生文》，见马一浮编《舜水遗书·文集》附录。又作《悼朱先生文》，见稻叶君山编《朱舜水全集》附录第746—751页。

② 朱先生易箦：朱舜水名之瑜，字鲁屿，号舜水，明浙江余姚人。易箦乃人将死之称。曾子病革，因床箦为季孙所赐，大夫之所用，曾子未尝为大夫，于礼不当寝，命举扶而易之，反席未安而没，事见《礼记·檀弓上》。

③ 万治二年：1659年，当明桂王永历十三年，清顺治十六年。

④ 交趾将相诸大臣节文：案即《舜水遗书》第六册中所收《安南供役纪事》，此书乃舜水将其在安南时逐日问答行略书札录为一卷者。

姓朱字鲁，崇祯十七年被征二次不就，即授付使兼兵部郎中，复不拜，其不就不拜者，非洁身乱伦，以国事日非，势不可为故也。及在安南国王欲拜，长揖而退，王怒将杀，守礼不屈，且有鲁王敕书①在，子受知是人，荣逾于华衮②，守约不胜铭肝，即时奉谢书及拙稿，特恐称呼失礼，涉冒渎，乃用弟子奉师之礼，且闻归期之迫，献俚言曰，远避胡尘来海东③，凛然节出鲁连雄。励忠仗义仁人事，就利求安众俗同。昔日名题九天上，多年身落四边中。鹏程好去图恢复，舟楫今乘万里风。此时送文籍书札于通事所，公同封验，不及裁答。翌年中国赐累幅之书，书词恳款，至千数百言，不敢以师自居。其略曰：读来教，踊跃忭羡，元定真吾老友，而乃谦以自牧，退就弟子之列，然而不敢辞者，亦有故焉。学术之不明，师道之废坏，亦已久矣，世不问以仁义礼乐为宗，况乎其言行而身化之，且子牙之圣，不过于周公，常为文武之师，尚父④贱卒之智，不逮于安平君，亦为田单之神⑤，此其中未必无意也。英材教育，古人乐得，至比之天伦无恙、名德允孚。又曰：王天下不与存焉，亦綦乎重且大矣。不肖性行，质直一无所长，惟此与人为善之诚，迫于饥渴十四年，惓惓望切，而今一旦意外遇之，其敢阻进修之志哉？敦冬敦春⑥，俱非百全之举，国主国藩，远在南北，不肖一见之后，即当告辞，儗于明夏专来贵国，与足下横经往复，互为开发，万一敝邑徼天之幸，乾坤再造，亦必特奏当今，备陈贵国之忠诚明信，敬来修睦，当与足下相见于玉帛之坛，畅论圣贤传心之秘，必不虚今日恳恳之诚。其真切之

---

① 鲁王敕书：《舜水遗书·文集》卷三有《上监国鲁王辞孝廉疏》，及《上监国鲁王谢恩疏》，并录敕文，见第1—2页。

② 华衮：王公之服，以喻荣宠之极。

③ 远避胡尘来海东：朱舜水为明遗臣，数次往日本乞师，及明亡，仿鲁仲连义不事秦之例，拟永住日本讲学，此即指其事。

④ 尚父：吕尚本姜姓，字子牙，年老隐于钓，文王出猎，遇于渭水之阳，与语，大悦曰吾太公望子久矣，因号太公望，载与俱归，立为师，及武王，尊为师尚父。

⑤ 贱卒之智，不逮于安平君：安平君即田单封号，《史记》卷八二《田单列传》：燕人围即墨，田单诡言曰：当有神人为我师。有一卒曰：臣可以为师乎？因反走，田单乃起还东乡坐，师事之。

⑥ 敦冬敦春：敦疑为"或"字之别体。

情，溢乎言表，虽木石岂不感动乎。明年果来崎赐书招我，时寡君在东，不得私逾境，乃奉书曰：守约尝读文丞相①，我亦东随烟雾去，扶桑影里看金轮诗，慨叹以为假令丞相来，则虽为之执鞭所忻慕焉。然惜丞相不来，又不得同时也，今先生之来，盖丞相之意，而幸得同时，然不往见，则向之所慕亦叶公之龙②耳。且引孟子原委任之事，以请宥罪，自后天假良缘，得往见，遂定师弟之约。彼时有欲留先生者，连署名呈镇公③，许之，守约喜而不寐，归家乃分禄之半，以给日夕，先生辞以其多，答曰：先贤有以麦舟救朋友之急④者焉。守约初以师事之，古人称师并君父，其所在致死，况其余哉。然则义当悉献年俸，自取其三之一，然爱情之课，恐不受之，故今取其中，以分其半，若非其义，非其道，则奉者受者，犹之匪人，先生之节虽穷死而不受不义之禄，岂守约之微忱，为不义之禄乎。守约百事不如人，惟于取与欲尽心以合理，若拒之则是为匪人也。岂相爱之理乎？重谕以心不安，答曰：守约为生，丰于先生，则岂于心安耶？纵使坏家奉之，志则在矣。难以致久，故酌其宜以中分之，有余则不在此限，不足则亦不必如此，敬丐不过为虑也。守约尊先生本非为名，先生爱守约亦岂有私，惟欲斯学之明而已矣。自是书翰往来，虑其浮沉，书上题以杜诗为字号，互为查考，先生以瞿塘峡口之诗，守约以白也诗无敌⑤，盖取诸万里风烟接素秋与春树暮云也。两诗已尽，继以他

---

① 文丞相：宋文天祥（1236—1282）号文山，吉水人，有《文山诗集》《指南录》《指南后录》《吟啸集》等。

② 叶公之龙：《新序·杂事》，子张有叶公好龙之喻。"叶公子高好龙，钩以写龙，凿以写龙，屋室雕文以写龙，于是天龙闻而下之，窥头于牖，施尾于堂，叶公见之弃而返走，走其魂魄，五色无主"云云。

③ 镇公：《舜水遗书·文集》卷三有《上长崎镇巡揭》。

④ 麦舟救朋友之急：范仲淹遣尧夫往姑苏，取麦五百斛。舟载次丹阳，遇石曼卿。曼卿云三丧在浅土，欲葬而北归，无可与谋者，尧夫以麦舟与之。到家，文正曰东吴见故旧乎，曰曼卿三丧未举，方滞丹阳，时无可告者。文正曰何不以麦舟与之，尧夫曰已付之矣。事见《夜话》。

⑤ 瞿塘峡口之诗，守约以白也诗无敌：杜甫诗《秋兴八首》之一："瞿塘峡口曲江头，万里风烟接素秋。花萼夹城通御气，芙蓉小苑入边愁。朱帘绣柱围黄鹄，锦缆牙樯起白鸥。回首可怜歌舞地，秦中自古帝王州。"又《春日忆李白》诗："白也诗无敌，飘然思不群。清新庾开府，俊逸鲍参军。渭北春天树，江东日暮云。何时一樽酒，重与细论文。"云云。

诗，未尝不出乎忠愤之咏，其流离颠沛之间，不忘本可见焉。尝问中原致乱之由，及逆虏之兵势，乃选书一卷，赐之名曰《中原阳九述略》①，卷末引申包胥之事，曰：孤臣饮泣十七载，鸡骨支离，十年呕血，形容毁瘠，面目枯黄，而哭无其廷，诚无所格，言言句句，莫非中兴之志也。其于忠诚为何如哉！或每相思，一苇航之沐教爱，有年于兹矣。宽文三年②，长崎大灾，几乎焦土，存者仅百分之一耳，人曰先生寄寓于皓台寺詹楹之下，风雨不蔽，盗贼充斥，饥在旦夕。守约曰：我养先生，四方所俱知也，使先生饿死，则我何面目立乎世哉？将俱与生死，即时赴之，幸而茅舍既成，书籍什器皆无恙，数日谈论，尽欢而还。居二年水户宰相上公，卑礼厚币招先生③，当其发轫，路过敝邑，谨邀行驾于蜗庐，虽惟千里之别，喜斯道之兴隆，既至东武，宠遇日隆，上公是不世出之明君，道德文章，卓超千古，尝命先生，斟酌古今，选释奠之书④，教诸士，习其礼，三代礼仪，悉备于斯时。见者闻者，无不称赏叹服，曰：不图礼仪之美至于此矣。或曰，一至此地，不严而肃，骄慢之气，不觉锁镕顿尽，其间老成人至有泣下者，明德之馨，使人熏陶兴起者如此，谁不尊崇焉。奉别以往，自想先生既已升进，守约西鄙贱人，不以寒暄无用之谈叨烦左右，且加以东关万里乏便风，从此通信亦不如在崎，至有经年不奉书者，先生不罪以疏节，动赐黄金及衣服等。守约领其轻，璧其重，缕缕谕以踽踽凉凉匹夫之小谅，乃换金以绢帛，曰：昔及相见，分微禄以其半，赡不佞，贤契敝衣粝饭，乐在其中。盖以我为能贤，以为道在是也；岂有有道之人，而忘人之德者乎？贤契而忘之则可也，不

---

① 《中原阳九述略》：见《舜水遗书》第六册，内容：一、致虏之由；二、虏势二条；三、虏害十条；四、灭虏之策；末题辛丑年六月望日明孤臣朱之瑜泣血稽颡拜述。

② 宽文三年：1663年，即清康熙二年。

③ 水户宰相上公二句：此指水户学的创立者源光国（1628—1700，宽永五年—元禄十三年），德川家康之孙，时为水户城主，据《桃源遗事》云："朱之瑜来长崎也，公遣使征聘，竟以为师，问道讲学，自执弟子礼，之瑜时有所规谏，言甚剀切，公尝嘉纳焉。"

④ 选释奠之书：《礼·文王世子》："凡学春秋释奠于其先师，秋冬亦如之，凡始立学者，必释奠于先圣先师。"注"释奠者设荐馔酌奠而已"。《舜水遗书》第六册有《改定释奠仪注》一卷。

佞而忘之，尚得谓之人乎。大凡贤者处世，既当量己，又当量人，贤契自居高洁，则不佞处于不肖矣。不几与初心相纰缪乎？况非所谓高洁乎。其末曰：往年宰相上公，亲调鼎鼐①，赐以美馔，一康侯贶以珍禽，又一儒医惠以佳肴，一时三者并至，乃他人之所喜，不佞对之不能下筯，门人再三诘问，不佞但含糊应之，晦明风雨，无日不思，冗剧燕间，无时不思，思之不得，将如之何！岂料地北天南，辽阔遂如斯乎，岂料匆匆一别，终身不复相见乎。书札常通，徒虚语耳。不佞非中原廓清，必不得归，若得贤契千里相思，袪从前鄙俗之小见，慨然命驾，一旦惠临，无昼无夜，联床话旧，则十三年之郁积，可以顿舒。读之呜咽，五内如裂，闻者亦为流涕。呜呼痛哉！光阴如流，所谓十三年，今既十八年，其在崎在东武，寄来书札，积累如山，一一点检，昔日之事，宛在目前，先生不忘，今成吾永不忘之追思，九原可起，捧我此文，以陈不忘之诚，先生定当不厌其词之浅陋，而嘉其情之诚切矣。昔者在崎赐书曰：世人于知己两字，以为寻常赠遗语，不佞绝不肯许人，两老师如少宰朱闻老大宗伯吴霞老，骨肉之爱，最真最切，不佞亦未尝用此，惟少司马全节完勋王先生，足以当之，今得贤契而再矣。如武林张书绅庶近之，而未可必，敝友陈遵之者，有无相共，患难相恤，胤息相子，未尝有形骸尔我之隔，不佞往时面谓之云，若足下可称相厚矣，不可言相知也。他若威虏侯黄虎老，知之而未尽，其余比比皆知敬爱，或者称许过当，总未能相知，不佞于二字之严如此。从兹每赐书，贱名下必题用此二字，顾守约有何德得蒙许之。古人曰：士为知己者死，只愧未能酬相知万分之一，今也高山流水之调永绝矣。更恐守身不谨，徒负知己之名于幽冥之中，并忝所生也。尝闻明万历以降，聚徒讲学，各创书院，名为道学，分门别户，各是其师，圣贤精一之旨未阐，而玄黄②水火之战日烦，高者未胜于德性良知，下者徒袭夫峨冠广袖，优孟抵掌，世以为笑。先生出于道术坏烂，暴胡蹂躏之间，慨然以斯文为己任，其来吾朝也，鲁仲连踏东海，文文山随烟雾之意，而上公好贤之诚，始终不渝，可谓千载之胜遇也。如其行状碑铭，上公鸿儒之任，而非菲才所

---

① 鼐：大鼎，古时烹饪之器。
② 玄黄：《易·坤文言》"夫玄黄者天地之杂也，天玄而地黄"，玄黄即指天地。

敢能也，今叙其情，谨舒哀诚云。

（据稻叶君山编：《朱舜水全集》附录页746—751选）

（附）朱舜水与孙男毓仁书

日本禁留唐人，已四十年，先年南京七船同住长崎、十九富商连名具呈，恳留累次，俱不准，我故无意于此，乃安东省庵苦苦恳留，转展央人，故留驻在此，是特为我一人开此厉禁也。既留之后，乃分半俸供给我，省庵薄俸二百石，实米八十石，去其半止四十石矣。每年两次到崎省我一次，费银五十两，二次共一百两，苜蓿先生①之俸，尽于此矣。又士仪时物，络绎差人送来，其自奉敝衣粝食饭菜羹而已，或时丰腆则鱼鰯②数枚耳。家止一唐锅，经时无物烹调，尘封铁锈，其宗亲朋友咸共非笑之，谏阻之，省庵恬然不顾，惟日夜读书乐道已尔。我今来此十五年，稍稍寄物表意，前后皆不受，过于矫激，我甚不乐，然不能改也，此等人中原亦自少有，汝不知名义，亦当铭心刻骨世世不忘也。奈此间法度严不能出境奉候，无可如何，若能作书恳恳相谢甚好，又恐汝不能也。

（据稻叶君山编：《朱舜水先生文集》卷一页13—14选）

---

① 苜蓿先生：指安东省庵。
② 鰯：日本字，读如衣华西，中国名鰮，亦名沙丁鱼。

二十一、贝原益轩

史料简介

贝原益轩（1630—1714，宽永七年—正德四年）名笃信，字子诚，通名久兵卫，号益轩，又号损轩，筑前人。早年专讲程朱之学，晚年从周茂叔《太极图说》以至对二程、朱熹皆有所疑，因而有《慎思录》与《大疑录》之作。益轩著书甚多，前二书外，有《初学知要》《自娱集》《益轩十训》，乃至树艺、文学、神祇、医学、卫生、制造之类共百余种，但以《大疑录》最可表现其唯物主义的思想体系。益轩虽号朱子学派，而此书实际乃继承张横渠、罗整庵的唯物主义传统的世界观。兹据《日本伦理汇编》第八册选录其书卷上十四条、卷下四条，并全录其《理气不可分论》。

大 疑 录

宋儒之说：以无极为大极之本，以无为有之本，以理气分之而为二物，以阴阳为非道，且以阴阳为形而下之器，分别天地之性与气质之性以为二，以性与理为无死生。是皆佛老之遗意，与吾儒先圣之说异矣，学者不可不精证明辨也。且论守心法，曰主静，曰静坐，曰默坐澄心，体贴天理，以静坐为平生守心之工夫，是皆偏于静而不能时动静，即是禅寂习静之术，非儒者之所宜言也。且论心体为虚灵不昧，论天理为冲漠无朕，此佛老之遗意，与孔孟之所教异矣。凡宋儒之说，固是祖述于孔孟，又有不本乎孔孟而出于佛老者，学者不可不拣择去取。夫宋儒之排斥，于佛老极谨严，而何以外道为祖述如此邪？是皆愚之所以疑惑而不能解也。

孔子之后，传圣人之教，而学到至处者，特孟子一人而已矣，盖由有三幸也。一曰：以其命世之才也，二曰：其生也近圣人之世也，三曰：其所处近圣人之居也。孟子之后，周程张及司马①并是贤哲，有功乎斯道之人；而程朱之所传，最得其正，其学术亦比之诸儒，特广大精详，可为后学之模范，故孟子以后，程朱之功甚高矣，而朱子之功最大矣。然则孔孟之后，唯此二子，诚可以为知道之人，学者之所当为宗师也。

予幼年诵朱子之书，尊其道，师其法，服其教，然于其所不解则致疑思而审择，未尝阿所好，是欲俟他日之开明耳。

道是阴阳之流行，纯正而有条理之谓，是阴阳之本然不纷乱者。理是气之理，理气不可分而为二物，且无先后，无离合，故愚以谓理气决是一物。朱子以理、气为二物②，是所以吾昏愚迷而未能信服也。

朱子曰：身有死生，而性无死生。李退溪《自省录》③亦曰，气有生死，理无生死。夫朱子之贤，李氏之学，其所说不容有差，然而予之昏愚，于此等说，未能通晓，故于此姑述臆说，记所疑如左，以俟识者之开示，是亦欲就有道而正之意耳。窃谓人身气聚则生焉，气散则死焉，性者人所受天之生理也，理者气之理也，非有二也，苟身死，则生之理亦何处在耶。盖人身以气为本，理即气之理，故生则此理在矣，死则此理亦亡矣，故无身死性存之理，有此身则有此性，无此身则此性亦随而亡，无所寄寓。譬如水火有寒热润燥之性，而水火既竭熄，则其寒热润燥之性，亦随而亡，尚何可存耶。

古今天下唯有一夫子，若伯夷柳下惠④，虽有高世之节行，清和之圣德，不能无隘与不恭之病，所以不及夫子也。况不及夷惠者乎，如宋儒之于孔子亦然，虽称有继往开来之功，而不能无偏僻蔽固之

---

① 周程张及司马：周敦颐、二程（颢、颐）、张载及司马光。

② 朱子以理、气为二物：《朱子文集》卷四六："所谓理与气决是二物。"又《语类》卷一"有是理后生是气"，"未有天地之先，毕竟也只是理……有理便有气，流行发育万物"云云，皆认理、气为二而理先气后。

③ 李退溪《自省录》：朝鲜朱子学者，李滉字退溪（1501—1570），著有《退溪先生文集》四十九卷，《续集》八卷，朝鲜古书刊行会铅印本。

④ 伯夷柳下惠：《孟子·公孙丑上》："孟子曰：'伯夷隘，柳下惠不恭，隘与不恭，君子不由也。'"

病，同异得失之差，故其说间有与圣言睽违者，亦当然之理也。故程朱虽贤哲，岂可得与孔子同班乎？然则于其说也，学者亦当知所取舍也。

圣人者，百世之师也，孟子有功乎圣学者，由循夫子之道而不违也，宋儒之说苟本乎孔孟之说，而源流相同，统纪不异，同条共贯者，是诚发明其道也，所当依据也。苟不本孔孟，而无统纪，其源流不同，而别立异论者，亦往往有之，虽贤者之言，不可曲从矣。

权然后知轻重，度然后知长短①，苟欲知学术之异同得失者，亦当如此。盖圣人与贤者自有轻重，有长短，虽先儒之言，苟有不同条共贯，则不可概乎枉从矣，须要胸中有权度，而后知其轻重长短也。然则宋儒虽贤哲，不可与圣人同班，恐不免有出入，若夫自宋季以降，至元明曲学之士，往往有阿谀于朱子，而与圣人乖戾者，可谓无权度也。凡后儒之阿谀于朱子而为雷同者，习而为风何耶？此岂可为善学朱子者乎？

如宋季以后学者，尊信程朱者固好，然蔽固者，不知有圣贤之别，故同异得失，不能取舍乎其间，以宋儒之说与圣人之言为一样看，虽背戾于义理不为患，只恐不合于朱子，是以委曲迁就，而雷同从谀者，未免阿所好耳，是后世之学者，习而为俗也。

宋季学者，往往拘其所闻，私其所好，不本乎孔孟之正宗，别立门户，不免于一副当②习熟缠绕，可谓所蔽固之深也。是以其说与孔孟所立之教往往龃龉者多矣。学者无主张于彼说，而虚心思之，则知鄙言之不僭妄。然而如曲士束教之辈，其蔽塞深矣，苟不能洗去其旧见而来新意，则此弊不能改，而终身必昏迷于此。

宋儒之说，往往与圣人不同，易以一阴一阳为道，立天之道，曰阴［与］阳③〔1〕，是可见阴阳之流行，正而不变者，即是道也，非以变乱者为道也；故圣人未尝以理气为二物，然朱子以为理气

---

① 权然后知轻重二句：《孟子·梁惠王上》。
② 一副当：当即家当，一副家财之意。
③ 易以一阴一阳为道三句：《易·系辞上》"一阴一阳之谓道"，《说卦传》"立天之道曰阴与阳"。

决是二物。孔子说：性相近①。子思曰：天命之谓性②。孟子曰：形色天性也，又曰性善③。此言禀受之本然，同受天者，本无有二性，孔子、子思、孟子其立言无不同，盖性相近者，言性善之中，其禀受虽有高下厚薄贤愚不同，其所禀皆有恻隐羞恶辞让是非之心，是以人之生也，秉彝之性皆有之，故曰性善，是以天下古今之性不相远，故曰性相近。盖天下古今之人，只有一性，不要分析于天地之性与气质之性，其天地之性亦岂非气质之禀乎？苟非气质，则何处禀受天性乎？气质之性亦岂非所受天地者耶？然则气质之性亦是天地之性耳，不可分而为二，故孔孟未尝说二性，不分析天地与气质而自分明。盖性者，便人之所受天之名，董子所谓性者生之质④者，为庶几矣。盖论性之本源则同善也，是为一本，论其末流则为万殊。然尧舜之性与众人之性为不异者，恐非是。何则？尧舜自有尧舜之性，众人自有众人之性，其所受不同，不可混为一性。盖物之不齐者，物之情也，所以有万殊也。夫性者受于有性之初者也。天之降命也固是善，其初无有不善，是一本也。然既成之而有性，则其初受气时，自有清浊厚薄之不齐一，既禀受而在人身，则各一定而成性，故圣愚之初自不同，宋儒示人欲其详审，故以理气为二物，且分天地之性与气质之性为说，所以分析大过也。只孔孟之言性，不分析而其理自明，孔子谓相近者，性善者之相近也。故孔孟之说性，不可为有异，盖不分析而其理明也。是便所以浑融之胜于分析也，凡后世为说辞者，与孔孟之源流相同则可也。苟与孔孟之所说，源流不同，而别为异，则不可也。夫天地之开物，发微以渐，是气运之势，自然之理也。故事固有古人所未言，而俟后世者，尧舜之所未言，而孔子言之，孔子之所未言，而孟子言之，孔孟之所未言，而宋儒言之者多矣。宋儒之论说，与孔孟源流相同，而发明孔孟之说者，是宋儒之所以有功于圣门也。而其

---

① 孔子说性相近：见《论语·阳货》。
② 子思曰天命之谓性：见《中庸》首句。
③ 孟子曰形色天性也，又曰性善：《孟子·尽心上》"形色天性也"。又《滕文公上》"孟子道性善，言必称尧舜"。
④ 董子所谓性者生之质：董仲舒《春秋繁露·深察名号》篇"性之名非生与，如其生之，自然之资谓之性，性者质也。……性之名不得离质，离质如毛，则非性已，不可不察也"云云。

中亦有与孔孟所言源流不同者，以无极说太极，以理气为二物，以阴阳为非道，且以阴阳为器，为有天地之性、气质之性。说性善之言曰性即理也之类，此皆与孔孟之本旨不同，其源流不相贯通者也。学者于宋诸先生，无阿谀偏主之私意，而公平其心而观之，则庶乎看其有异同矣。

宋儒之学虽纯正，亦未到圣处，宜乎不免有偏僻也，故其说往往有与孔孟之教不同者，以无极为太极之本，以理气决为二物，判断天地之性、气质之性，分之为二，以一阴一阳为非道，以阴阳为形而下之器，以所以一阴一阳者为道，以气与体为有死生，以理与性为无死生，以静坐为常时工夫，以主静为立人极之工夫，且以孔子之说性与孟子之说性为气质天地之异，此皆意之所以不能无疑也。

明王阳明是天下之英才，一时之人迷溺于彼学者，滔滔皆是，比之晋人之清谈其害太过。罗整庵与王阳明同时之人，以阳明为非，而与彼论辨①，可谓聪明英俊之人也。罗钦顺之学，其说不阿于宋儒，其言曰，理只是气之理。又曰，理须就气上认取。窃谓宋儒分开理气为二物，其后诸儒阿谀于宋儒，而不能论辨，只罗氏师尊程朱，而不阿所好，其所论最为正当，宋季以下元明之诸儒所不言及也，可为豪杰之士也。如薛瑄、胡居仁②二子，虽为明儒之首称，然其所见不及钦顺远矣。（卷上）

《易·系辞上》曰，形而上者谓之道，形而下者谓之器云云。阴阳之气，在天为道，所谓形而上也。其发育流行，一为阴一为阳，其气生生不息，纯正而不邪，有理而不乱，非道乎？天之气一着地则成形，人物是也，至于山川草木禽兽虫鱼霜雪雨露亦皆然，是乃形而下者，凡在地成形者，皆此器也。

朱子曰：未有天地之先，毕竟是有此理。又曰：当初无一物，只是有此理。笃信窃谓可怪先贤正大光明之学，而有斯言，即是老子

---

① 罗整庵与王阳明论辨：罗钦顺（1466—1547）号整庵，江西泰和县人，主气一元论。《罗整庵存稿》卷一有与王阳明书，反对阳明格物之说，又阳明有《古本大学》之作，整庵亦站在程朱派立场加以反驳。

② 薛瑄、胡居仁：薛瑄字敬轩，据《明史》卷二八二本传："瑄学一本程朱，尝曰自考亭以还，斯道已大明，无烦著作，直须躬行耳。"胡居仁字叔心，余干人，学者称敬斋先生，其学得力于敬，著有《居业录》。

道生天地，有生于无①之说也。

古之圣人以阴阳为道，未尝废阴阳而言道。宋儒废阴阳，别以一个空无虚寂，无生气，无权力者为道、为万物之根抵；又以为太极之妙者，非圣人之所谓道也。圣人之所谓道也者，天地之生理，而太和元气，常生生不息，故《中庸》曰：大哉圣人之道，洋洋乎发育万物，盖流行于四时，万古不息，是便万化本源，品物之所出，性命之源也，与佛老之所说空无不同。

理即是气之理，一气之行于四时也。生长收藏而不变乱者，自顺正不乖戾，故理须就气上认取。譬〔如〕水〔2〕，其清洁而就下者，是水之本然，故水与其清洁流行者，非二物，不可分而为二物也明矣。故二气之顺正而不变乱者，即为道。不顺正者，非气之本然也，为非道。

理气不可分论

天地之道，原其所自，其初两仪溟涬②而未开，一气浑沌而未分，是至理之所会，而阴阳之象未著，名之为太极。太者太上之谓，极者至极之名，太极是为此道之本源，万物之根抵，凡天下之事物，莫尊于此，不可得而名焉，故名之为太极也，宜矣。一气动而运转，名之谓阳，此太极之动也，动而后静，静而凝聚，名之为阴，此太极之静也。静而后复动，一动一静，循环而不息，是阴阳者由一气之动静而分焉，非有二气也。故阳者一气发动也，阴者一气之凝聚也，二者即是太极之动静也。夫子所谓"易有太极，是生两仪"③者是也。盖气未分，则以一气浑沌为太极，阴阳既分，则阴阳之道为太极之流行，太极阴阳，虽有前后之分而异其名也，然有至理而存则不异焉。盖太极是一气浑沌，阴阳是太极既分之名，其实非有二也。因太极之动静而阴阳分焉，则阴阳之流行，亦可为太极之理，故《易》曰：一阴一阳之谓道。盖道犹路也，以所通行名之焉，是一气之所流行，故

---

① 老子道生天地，有生于无之说：《老子》四十二章："道生一，一生二，二生三，三生万物。"四十五章："有物混成，先天地生，吾不知其名，字之曰道。"又四十章："天下万物生于有，有生于无。"

② 两仪溟涬：《论衡·谈天篇》："溟涬濛澒，气未分之貌也。"案此即天地混茫一气浑沌而未分之象。

③ 易有太极二句：见《易·系辞上》。

名之曰道。所谓一阴一阳者，以一气之动静，一为阴，一为阳，交流行而不息言之也。故以浑沌时名之谓太极，以流行之言，名之谓道。太极与道，其实一也。道则太极之所流行，太极则一气未流行之尊号，非有二也。盖二气之流行，有条理而不乱。常而正者，名之为道，是二气之本然也，纷乱而不正者，不可以谓道，因非本然也。如春温夏热秋凉冬寒，是其常而正者，为天之道；如伏阴愆阳，失其常者，非道也。盖阴阳正，则阴阳便为道，是阴阳之本然，所谓立天之道，曰阴与阳是也。如一年之中，有生长收藏之序而不变乱，是阴阳之流行，即是道也。非阴阳之中别有一物，而称之为道也。故柯尚迁①曰：气之运动而自然者为理，此言宜矣。夫天地之间，都是一气，而以其动静称之为阴阳，其生生不息之德谓之生。故《易》曰：天地之大德曰生。以其流行而一为阴一为阳谓之道，以其有条理而不乱，又谓之理，虽由所指不同，而姑异其名，然其实皆一物而已矣。是以阴阳流行而纯正者，即是道。故理气决是一物，不可分而为二物焉。然则无无气之理，又无无理之气，不可分先后，苟无气则何理之有，是所以理气不可分而为二，且不可言先有理而后有气，故不可言先后。又理气非二物，不可言离合也。盖理非别有一物，乃气之理而已矣。气之纯正而流行者谓之道，以其有条理而不纷乱，故谓之理，其实道与理一也。苟以理为别有一物而寓气中，则是与老氏所谓有物混成，先天地生，佛氏所谓有物先天地，无形本寂寥，常为万物主，不逐四时凋者，何以异乎哉？天地太和之气，是阴阳之正者，故能生万物，为万品之根柢，至贵之理，不可贱之而为形而下之器也。故理气根是一物，以其运动变化有作用，而生生而不息，谓之气，以其生长收藏，有条贯而不紊乱，谓之理，其实一物而已。然命之谓理，则气之纯粹至善，而无不正之名，是以无常变之可言。命之谓气，则有时而杂糅紊乱为灾沴②，失其常度，是乃由运动变化而不定故常也。然此非阴阳之本然，语其气之常，则无不正，其常者，是气之本然，即是理而已矣。譬诸水，水本清洁，然过于泥土之中，则溷浊污

---

① 柯尚迁：明柯尚迁，长乐人，字乔可，自号阳石山人，嘉靖二十八年（1549）贡生，官邢台县丞，著有《周礼全经释原》。

② 灾沴：谓灾殃。《左传》宣十六年"凡火，天火曰灾"。沴，水不利也。段玉裁注《说文》案语"坻碍水，令水不行，故谓之沴"。

秽，失其清洁，然不可以其浊秽为水之本然也。故气能生万物，而谓理能生万物亦可也。苟谓理能生气，则不可也。何则？理者气之理也，非有本末先后。朱子《答刘叔文书》曰：理与气决是二物。其余平生所说，亦皆此意。此与圣人所说一阴一阳之谓道，其意相乖戾者，予之所迷而未解也。（卷下）

（据《益轩全集》卷二第150—175页选，明治四三年刊本，又《日本伦理汇编》第八册第209—240页同。）

校记：

〔1〕与：原误作"为"，据《日本伦理汇编》第八册《大疑录》改。

〔2〕如：原误作"喻"，据《日本伦理汇编》第八册《大疑录》改。

二十二、新井白石

史料简介

新井白石（1657—1725，明历三年—享保十年）名君美，字在中，初名璵，号白石，江户人，仕幕府，任筑后守。游学于朱子学领袖木下顺庵之门，所著书七十九种，一百九十三卷，其中关于哲学的有《鬼神论》一卷，代表当时儒者关于神、灵魂、宗教之较开明的见解，但亦充分显出儒学者与宗教思想妥协的态度。兹据《甘雨亭丛书》选《白石先生遗文拾遗》中《排佛论》一篇，也是站在儒家立场反对佛教的。

排 佛 论

教化之于风俗，所系大矣，岂可不慎哉！顾其导之之术何如耳。佛氏之教，传自百济①，初我俗未习，或废或行，独有苏我氏之家，世尊信其法，及上宫皇子升于储位，与大臣马子大倡其教②，造塔庙，度僧尼，讲其书为之疏。乃至制《宪法十七条》③，曰：是我所以流布诸恶莫作之教也。天下靡然向风成俗矣。夫天下之恶，臣弑其君莫大焉，上宫已能为佛讨贼（事详于发愿文中），莫能为君报仇

---

① 佛氏之教，传自百济：钦明天皇十三年（552）十月百济明王始献金铜释迦佛像一躯并经论幡盖等，为日本传佛教之始。

② 苏我氏之家信佛教事：《大日本史赞薮》第五卷有逆臣苏我马子及子孙传赞云："盖从苏我稻目藏经论于其家，马子惑溺滋甚，事之尤谨，当时佞佛者，无过马子，而忍为弑逆大事，此其不知有君父之效也。"与此议论可相发明。

③ 《宪法十七条》：推古天皇十二年（604）圣德太子发布《十七条宪法》，第二条"笃敬三宝"、第十条"绝忿弃嗔"皆提倡佛教思想。

何也（马子杀崇峻弟）？大抵佛氏之教，其言善云者，归之也；其言恶云者，反之也。忍辱柔和，是为人因，报怨无愤。《瑜伽论》①二因缘云：何等为二因缘，一忍辱，二柔和。云忍辱者，谓于他怨终无返报，柔和者，谓心无愤性、不恼他，而纲常伦理，置之不问，遂率天下，俾莫知有礼义廉耻之节矣。

（据《甘雨亭丛书》本《白石先生遗文拾遗》卷下第1页选）

---

① 《瑜伽论》：《瑜伽师地论》之略称，原著百卷，弥勒菩萨说，唐玄奘译。

二十三、室　鸠　巢

史料简介

　　室鸠巢（1658—1734，万治元年—享保十九年）名直清，字师礼，号沧浪，又号鸠巢，东都人。著有《骏台杂话》《赤穗义人录》《太极图述》《鸠巢集前后编》等，其学崇奉朱熹，却坚持与朱子学右派的理气二元论相对立的理气一元论的唯物主义观点。今据《日本道学渊源录》第四卷附录，选录其《与游佐木斋议神道书》一篇，此篇作于元禄十年（1697），最可代表其无神论的进步思想。内容可分为五段落，首先指出"道"是有普遍性的，次述神道和圣人之道的矛盾不合，次直斥山崎暗斋的垂加神道，再次表明自己立场是孔孟程朱之道，最后以老佛异端为旁证，说明神道当一并排斥的理由。

与游佐木斋议神道书

　　神道[①]为高明所信，而直清窃尝疑之，今来书以为直清之所讳，则有未敢奉命者。……直清……素性愚陋，不知神道之可喜耳。无所讳，为国讳则有之，为君父讳则有之，今足下以神道为我道，而直清从而议之，恐区区之论，遂为高明之所讳也。然道之公，非我国之所私，又非如法令政事有不可议。窃谓为国讳之义，非所以施于此也。故略论之。

　　盖道之大原出于天[②]，是道一本者也。惟我圣人为能继天之为教

---

①　神道：日本固有的宗教信仰，由此发生的重要学派，有唯一神道派（吉川惟足）、垂加神道派（山崎暗斋）、古神道派（贺茂真渊、本居宣长、平田笃胤）。

②　道之大原出于天：语见《汉书·董仲舒传》。

于天下后世，则天下后世由之以为圣人之道，是道一统者也。故天之所复，地之所载，日月所照，霜露所坠，人无异道，道无二称，特百姓日用而不知耳。及至后世，有杨墨之道，有老佛之道，道其所道，其实反道者也，安有与我圣人之道两立于天地间，可以为道者哉？尝谓足下儒者也，其素讲之宜详。今观来书一曰"我神州①之道"，一曰"我国之神道"，其尊奉之意殆出于吾儒之上矣，直清窃惑焉。

且其所谓道者，果何道也？使其不合于圣人之道，则是异端也。为吾儒者，当力辨其异而力排之，不使人有陀岐之惑，不当苟有阿附，以为我国之道；使其合于圣人之道，则神道亦儒也，其犹为道者，犹曰尧舜之道、文武之道云尔，为吾儒者当引而进之，以归诸儒，而明道一统之理，不当与儒并称而左右之。

尝闻为神道者言曰：道一而已，我国有神人者，犹不由中国之传而先得之，故谓之神道，不得使中国专此道之统。今观高明之意，得无亦出于此乎？

呜呼此为"我国"二字所局耳，请无持此二字于胸中而公言之。道之大宗在神耶在圣耶？直清于神道末之学焉，不知其所谓传授者，亦有开物成务②如上古圣人否？亦有礼乐刑政典章文物如唐虞三代否？亦有立言垂训明白深切如四书五经否？今皆不闻此，而其他天文、历数、卜筮、医药、兵术之书，凡资民生而不可无者，亦莫不待中国圣人之法，虽使其所谓传授者有契于道焉，亦不过至要之义，至约之言而已，有体而无用者也，自成而不成物者也，安得与圣人之道相为统哉？

古之圣人固有行道于一方者，泰伯被发文身以化荆蛮，箕子约法八条以治朝鲜，盖因其俗以为教于国，其详不可得而闻也，意无为之化简易之法，未必为践唐虞之迹，规规于中国之治，然圣人推其至德，许其仁，而《洪范》③之言，列之于书，亦将引而进之以合于

---

① 神州：此处为日本之自称。
② 开物成务：《易·系辞》："夫易开物成务，冒天下之道，如斯而已者也。"疏："言易能开通万物之志，成就天下之务，有覆冒天下之道。"
③ 《洪范》：《书》篇名。"《史记》曰武王克殷，访问箕子以天道，箕子以《洪范》陈之。"《书传》："洪大，范法也，言天地之大法。"

尧舜之道也，后世配《洪范》于《易》，以为一家之学则有矣，未闻并之于道以为朝鲜之道。设使我国洪荒之世有圣人而传其道焉，则以泰伯箕子待其人，以《洪范》待其书可也。况人未必泰伯箕子，书未必《洪范》者乎？伯夷伊尹亦圣人也，其得道在于孔子之先，然孟子论二子之道必附孔子，以道之大成在孔子也；今以神道不由圣人，欲必别于儒，不敢附圣人之道，又不察道无古今无彼我也。

又闻山崎氏①言曰：神道不可以儒杂焉，苟杂以儒，其与以佛何异？不知有此言否？若信也，是何谓也？道固不可杂，然曰不可以儒杂焉，则其道似儒而非儒者也，非儒而有以为道，则是道二本者也，而可乎哉？若曰不可杂以儒家之言，则犹之可也，然道则不在言辞之间，今以不杂儒家之言，以为我国之道，则是不知道之所以为道也，山崎氏谓之不知道者则不可，盖以其得之于国，颇有不谋而合于儒，乃珍异而张大之，欲以抗衡中国而不相下，以与夫奉正朔受号令者比焉，此恐我国俗好勇尚气得小自足之习，虽贤者亦有不免焉，故直清窃谓为我国二字所局耳。

若直清之愚，惟知遵孔孟之道，学程朱之学而已，誓以此终一生，以为天下之道莫尚焉。司马温公②不喜释老曰："其微言不能及吾书，其诞吾不信也。"直信窃取以为法，凡诸非圣贤之道者，不愿学焉，亦庸人安故之情也。今足下称山崎氏则登之于元明巨儒之上，以为朱子后一人，又推尊神道，则加之于圣人之道之上，以为我国之至贵，此皆旷世不闻之言，非夫信耳不信目者所及也。直清能无骇乎？然足下为当世醇儒，吾徒之所取咨决，而其为神道左袒如此，直清能无失望乎？

夫杨墨之害，孟子排之，犹有儒名而墨行者也。老佛之害，程朱排之，犹有阳儒阴佛者。世之滔滔者，固不足论，儒者斥为异端而心犹溺焉，何也？岂非有逼真而难辨，近理而不易惑者乎？杨墨之害，今已久矣，其害世道者，惟老佛为然。盖老子之道，主气者也；佛氏之道，主心者也；吾儒之道，主性以治心者也；此其所以异也。然三者之于人，当相因不相离，而二家之说与我所谓存心养气者，其

---

① 山崎氏：山崎暗斋，名嘉，字敬义，号垂加。
② 司马温公：宋司马光，字君实，其排佛语见《温国文正司马公文集》中。

相去毫发之间耳，非至明不能察也，非至刚不能决也。佛氏离绝伦理，离外国家，此一事大与圣人之道背驰，故吾徒有狂简豪荡者，虽心悦焉，口耻言之，其明允笃诚者，则深恶而绝之，畏避不敢近。惟老子不绝伦理，不外国家，其处世接事物，无与儒异，而所谓全神气尚清静者，吾儒亦有取焉。故程子曰："老子谷神一章最佳。"朱子亦注《参同契》①，又往往引老庄之言以赞道体之妙，惟以吾儒本于性，老子本于气，其所以为言者，有公私之不同，故谓老子为异端，其旨微矣。

今所谓神道者，不知与圣人之道同耶异耶？然其书多幽隐之言，而少明白之训，进神气之说，而退理义之言，则直清未信其同于儒而异于老耳。《易》曰："差若毫厘，谬以千里。"②其几不可不审也。又前书所谓有王者起者，足下以为此言在异域则可，在我国则不可。我国一王之神统，当与天壤无终穷，非有王者易姓如异域者。此为神道者之常谈，乃以此为我国之盛事，足下之言固当出此。直清谓此事果盛德之所致，天命之所与也，则我国之德与道，出唐虞三代，且万万焉。尧舜禹汤之法，何足法哉？以直清所闻则不然。

凡物有始必有终，此天地之常理也。君子创业垂统为可继而已，未尝以不亡为荣也。保生谨疾为可寿而已，未尝以不死为贵也。何则？永祚永年者，理所有也；不亡不死者，理所无也。故国无兴而不亡，人无生而不死，虽三代之盛，更世必亡；虽大德之尊，终年必死。惟我国有一王之统，神仙有不死之道，岂其无故而然乎？我国以壤地偏小，民俗倥侗③，而有尚鬼崇神之教以诱之，民化其教二千余岁，常以天子为神孙而不敢亵。虽强主迭起，国柄递移，亦敬而远之，置诸度外，使无轻重于天下，其所自来者渐矣。向使上世有礼乐刑政，以开阳明之化，而变奴鬼之俗，则其享国亦当如三代之久耳。

---

① 《参同契》：道教书名，魏伯阳作。朱熹有《参同契考异》一卷，署名为空同道士邹䜣。

② 差若毫厘二句：《礼记·经解》引《易》曰"君子慎始，差若毫厘，谬以千里"，案所引《易》，乃《纬书》之言。

③ 倥侗：《法言·学行》"倥侗颛蒙"注"倥侗无知也"。倥音空，侗音同。

由此观之，所谓一王之统者，谓是我国风化之所致则可也，若夸此以为圣德之报，至道之应，则恐使中国之人闻之，反生讥议也。

神仙之道，亦殆类此，弃民彝①，废事业，专心啬神②练气以致不死，使其修身以俟命，处顺而受正，则其何由得之？然生理已尽，徒然以存，其死也久矣。故君子谓神仙窃造化之机，又谓其逆天理而偷生矣，何足尚哉？且终始之理，物莫能遁，自古神仙终于无闻焉，则虽其徒存者亦亡耳。

所谓与天壤无终穷者，古人言道德之至则有，此类语多，惟道德则然。天地间形而下者岂有与天地终始乎耶？神亦人也，国亦物也，王统远近，国祚长短，皆造化之迹也。苟有国而与天地为终，则是为造化之所信而不受造化之屈也，岂有此理乎？殆似祝嘏之词③耳。废兴存亡之谈，自古有之，亲指当世之事则讳之可也，泛论百世之后，则不必讳可也。

孔子生周之时，而曰："其或继周者，虽百世可知也。"又曰："如有王者，必世而后仁。"孟子亦曰："有王者起，必来取法。"后汉光武初作寿陵曰："使迭兴之后，与丘陵同体。"先儒以为明达之言，此理所必至者。直清亦不得强为国讳焉。不然，圣人不讳于前，而学者欲讳于后，人君不讳于前，而为人臣欲讳于百世之后，则亦惑矣。

传曰："惟善人能受尽言。"顾神道之辨，一王之议，足下之所尊信，国人之所讳言，直清不宜施之非人以招凶咎之祸，今乃恣为言论，无毫发顾虑者，虽素疏直之使然，亦知足下能受人尽言也。

藤井懒斋④，直清亦闻其人，此地有自京师来仕者，素识懒斋，为直清语其为人，有言有德，隐君子也。孟子以王说齐梁之君，而懒斋心慕之。其言有条理，今不克具录。常居家慨然曰：江都若有命召隐士，虽老死于行必往，至江都一以此义陈亦足矣。一言之后，使在京缙绅闻之，虽为断舌亦无悔焉。此足下所绝于言议，而彼乃平生之

---

① 民彝：《诗经·烝民》"民之秉彝，好是懿德"，彝，常也。
② 啬神：《韩非子·解老》"少费谓之啬"，啬神即不妄费精神。
③ 祝嘏之词：《礼记·礼运》"修其祝嘏，以降上神"，又"祝以孝告，嘏以慈告"。祝嘏指古宗庙祭祖之事，今谓祝寿亦曰祝嘏。
④ 藤井懒斋：名藏，字季廉，号懒斋，又号伊蒿子，著有《本朝孝子传》。

志在此，想足下闻之，必大恶之。……

元禄十年丁丑二月十有六日室直清顿首再拜木斋游佐先生几前。

（据《日本道学渊源录》第四卷附录第52—58页选）

二十四、雨森芳洲

史料简介

雨森芳洲（1665—1755，宽文八年—宝历五年）名东，字伯阳，号芳洲。平安人或云伊势人。从学木下顺庵，称为后进领袖。他的重要思想是他的封建社会的定命论，所著书均拥护名教，即以拥护墨守成规的阶级制度为其宗旨。兹选录其《橘窗茶话》（据《日本伦理汇编》第七册）及《芳洲口授》（《甘雨亭丛书》本）各若干条。

橘 窗 茶 话

余平素揭示书生曰：学者所以学为人也。自以为一生所得只有此一句，顷阅丘琼山《学的》①，有云：此乃尹侍讲②之语，朱子以为至要。乃知原出于古人，私心忻喜，如获至宝。吾十四五岁时读《学的》一过，盖久而忘之，误认以为出于自己也。可见奥妙之言，古人未尝不说耳。

或曰：学者所以学为人也，此意人人知之，何得谓之奥妙？曰：是。人人知之，而人人未必知耳。

曰：上天之载，无声无臭③；无声者无形也，无臭者无体也。佛家谓之虚空，道家谓之自然，儒家谓之理。曰：然则三家同门乎？

---

① 丘琼山《学的》：明丘濬，字仲深，琼山人，卒谥文庄，著有《大学衍义补》《学的》等书。

② 尹侍讲：宋尹焞，字彦明，少师事程颐，绍兴初召为崇政殿说书，兼侍讲，著有《论语解》《门人问答》《和靖集》。

③ 上天之载，无声无臭：语见《诗经·大雅·文王》及《礼记·中庸》。

曰：立教有异，自修不一。五官四肢谓之形，凑而名之谓之体。

老聃者虚无之圣者也，释迦者慈悲之圣者也，孔子者圣之圣者也，三圣人之言形而上也，不谋而同，盖天唯一道，理无二致故也。其言形而下也，则差矣。孔子后释迦殆将四百年，以孔子之智能知防风氏之骨、肃慎氏之砮①，岂不知西方有佛者之教乎。其所谓西方之强君子居之②者，直指佛也。列子以佛为西方之圣人③，而未识其真也，文中子以佛为西方之圣人④，未必以孔子并称也。

天惟一道，理无二致，惟立教有异，故自修不一。释子之法干燥，儒门之教滋润，彼以为与其滋润也宁干燥，此以为与其干燥也宁滋润。

或问儒释之辨。曰：形而上者谓之道，释老以为教，所谓第一义，佛法也。形而下者谓之器⑤，吾儒以为教，所谓第二义，王法也。

圣贤千言万论，无非存天理而遏人欲，大藏一部，止是修菩提⑥而祛烦恼，其他举皆封皮带纽耳。

老子曰虚无，释子曰无一物，圣人曰无声无臭，皆推本之言也，非今日之事矣。

---

① 防风氏之骨、肃慎氏之砮：《国语·鲁语下》吴伐越，坠会稽，获骨焉，节专车，吴子使来好聘，且问之仲尼……曰：敢问骨何为？仲尼曰：丘闻之，昔禹致群神于会稽之山，防风氏后至，禹杀而戮之，其骨节专车，此其大矣云云。又仲尼在陈，有隼集于陈侯之庭而死，楛矢贯之，石砮，其长尺有咫，陈惠公使人以隼，如仲尼之馆，问之，仲尼曰：隼之来也远矣，此肃慎氏之矢也。若武王克商，通道于九夷百蛮，使各以其方贿来贡，使无忘职，于是肃慎氏贡楛矢石砮，其长尺有咫云云。

② 西方之强君子居之：案语本《礼记·中庸》："宽柔以教，不报无道，南方之强也，君子居之。"此误以"南"字作"西"字。故有西方之强直指佛之说。

③ 列子以佛为西方之圣人：《列子·周穆王篇》"西极之国有化人来"，又《仲尼篇》"西方之人有圣者焉，不治而不乱，不言而自信，不化而自行"，论者疑皆指佛。

④ 文中子以佛为西方之圣人：隋王通撰《文中子·中说》十卷，他虽排佛教而尊重释迦，《中说》："或问佛，子曰：'圣人也！'曰：'其教何如？'曰：'西方之教也，中国则泥。'"

⑤ 形而上者谓之道、形而下者谓之器：见《易·系辞上》。

⑥ 菩提：旧译为道，新译为觉，觉悟之义。

夫书不可以不读，所以师圣而友贤者，于是乎得，何可以废焉。人不以圣人为师，贤人为友，则平生如胶如漆者，皆是庸夫俗子，几何而不染为庸俗之人乎。人生虽得，百岁易过，撸憧鹘突①，不明道理，大则为狗彘，小则为虫蛭，欧阳公所谓立德立功立言②，三者一无所得，草木禽兽同归澌尽者，岂非可惭之甚者哉。

天下之事，是中必有非，非中必有是，无全是焉，无全非焉。人之于人也，先是彼之所是，非彼之所非，然后徐而是我之所是，非我之所非，争论庶乎息矣。有争气者，遽非彼之所是，而欲厌之；是彼之所非，而欲张之；终朝竟夕，相压相张，呶呶然不能归于一，岂非惑乎。

君臣上下，尊卑大小，各尽其分而已，无侵渎之患，则天下治矣。

人有四等，曰士农工商。士以上劳心，农以下劳力；劳心者在上，劳力者在下。劳心者心广志大而虑远，农以下劳力自保而已。颠倒则天下小者不平，大者乱矣。

明儒以为宋儒迂腐，故有假道学头巾气之说。夫三代以降，经学经济歧为两途，盖专主理学，而不知处变用权之道，则或未免乎用舟于陆，故一旦临于经济，则或有枘凿③之病焉？然宋朝诸贤自甘迂腐，卓为一世之教主，其旨深矣。明儒之于学也，动或杂用申韩老庄之说，骎骎乎将流于诡谲，如此而不已，则圣人之道不几于熄乎。故宋儒之学如迂如腐者，实圣人之意；而明儒之以为不迂不腐者，乃异端之说，非圣人之意也。如薛文清④公者，粹然一出于正，可谓贤矣。

---

① 撸憧鹘突：撸憧乃"懵憧"之误，鹘突犹胡涂，宋儒语录用之，二者皆不明道理之貌。

② 欧阳公所谓立德立功立言：案即三不朽，语出《左传》襄二十四年，宋欧阳修引之。

③ 枘凿：按枘刻木端以入凿者，凿受枘之孔。语本《楚辞·九辩》"圆凿而方枘兮，吾固知其鉏铻而难入"。

④ 薛文清公：明薛瑄，字德温，号敬轩，山西河津人，谥文清，著有《诗文集》《读书录》。

洙泗①之后，唯闽洛之学可以垂于不朽，本末巨细，靡不悉备，诸家纷纷之说，如陆象山之顿悟，陈同甫之事功，王阳明之良知，皆在其范围之中。彼其务为一偏之说者，卒然见之，非不竦动，究竟去圣人也远矣。

　夫至理之所在，见识明而本心正，则天下无可废之学，亦无可退之术，兼容并包，统会融通，咸可以为正修治平之资。今夫芫青斑猫②，杀人之物也，医官犹收之于药笥。彼其恶而斥之，固是也，然收而藏之，亦未必非也。或曰：如子之所言，似乎不置皂白于胸中者。孟子曰：能言而辟杨墨者，圣人之徒也③。韩子曰：不塞不流，不止不行④。孟之与韩犹未尽邪？曰：何为乎其然哉！彼一时也，此一时也，然斯道也，以孔孟为标，程朱为准，慎独自省，无愧于天地鬼神，而后可得而行矣，岂容易也耶。

　老子之言，未可非也；禅子之言，亦未可非也；所以为异端者，事业差耳。故程子曰：即就迹上断便了。

　老释之于我道也，立教有异，自修不一。余尝言三圣一致，而未敢言三教一法也。然为斯言也，自知其为洛闽之罪人也（以上卷上）。

　或问佛法冥助政教。曰：文王之治政也，先恤鳏寡孤独之民；佛子与其弟子，立万世衣食之法，虽非公于天下，然其所谓冥助政教者，实在于此也耶。

　或问儒释之别。曰：天惟一道，理无二致；立教有异，自修不一。又从而言曰：佛子所为，孔子不为；孔子所能，佛子不能。古学翁⑤能知圣人，亦能知佛子，故其言皆着实。曰：子学古学翁耶？曰：吾学程朱。

　神道者三：一曰神玺，仁也；二曰宝剑，武也；三曰镜，明也。我东尚质，未有以文之者。虽然，深信笃行，而有得焉，则何必

---

① 洙泗：鲁二水名，自孔子设教于鲁后，成为鲁文化之代称。
② 芫青斑猫：芫青，动物名，见《本草》，为有名之发泡剂；斑猫，昆虫类，即斑蝥。
③ 能言而辟杨墨者二句：见《孟子·滕文公下》，辟，本作拒。
④ 韩子曰二句：见唐韩愈《原道》。
⑤ 古学翁：指伊藤仁斋。

言语文章之为哉。或不得已，而欲求其说，则求之孔门六艺之学可也。所谓三器者本经也，邹鲁之所述者，我注脚也，人或有杂以释老异端之说者，其去神道也远矣。

宋儒之学，务欲令人近于迂腐。天下事有不从乖滑处坏者耶？或致疑于格物之学。曰：今世学者不知格物之义，而泥于一草一木之说，动或流于支离，子之致疑于此，固宜也。《章句》有云：物犹事也[①]。详味此句，以格物为格事，以下学人事，先务为急之言，参而考之，则其为疑也，涣然自释矣。盖所谓事者，人事也；人事者，诚意正心修身齐家治国平天下是也。而人事中亦有缓急大小之序，故先务之为急。天下无理外之物，虽一草一木之微，至其所以然之故，则固已罔攸遗漏，然此乃格物之极功，在贯通之后。日积月累之效，有自然而得之者，非所以责望于方学之人也。尝阅《闽书》，陈北溪[②]学于朱文公，无书不读，无物不格，凡经传史之所裁，纪纲制度之详，礼乐刑政之用，古今兴衰治乱之原，得失利害之机，与夫异端邪说，似是之非，浅深疏密，难明之辨，周匝究勘、彻上彻下而一于文公所以教，无复遗恨。由是观之，则朱先生之所教，陈北溪之所学，何曾汲汲于一草一木之微哉。

释子生于西域，虽穷一生之力，所言不出于中国圣人之说。余有十六字以为儒释之断案，曰：天惟一道，理无二致；立教有异，自修不一。

宋朝濂洛诸贤，只要铸出个端正忠厚的人。末世儒者，只要做个伶俐乖巧的人。非乎？

或问虚无寂灭，曰：皆指心而言，形而上之事也。盖老佛之学，极其高，则髣髴乎无声无臭无思无虑之说，而无纲常之实也。孟子曰：仁之实，事亲是也；义之实，从兄是也；智之实，知斯二者弗去是也；礼之实，节文斯二者是也；乐之实，乐斯二者[③]，云云。当以孟子所谓实字为此序解，《大学》乃下学人事之事；异端之说，所

---

① 物犹事也：《大学章句》："格至也，物犹事也，穷至事物之理，欲其极处无不到也。"

② 陈北溪：宋陈淳，字安卿，龙溪人，朱熹门人，著有《论孟大学中庸口义》《礼诗女学》《性理字义详讲》等书，有集五十卷。

③ 孟子曰仁之实事亲是也十句：见《孟子·离娄上》。

以其高过于《大学》也（以上卷中）。

曰：圣人之所以切切于心者，其志在修身也。故曰：欲修身者，先正其心。又曰：自天子以至于庶人，一是皆以修身为本。古学翁有见于此，可谓卓矣。然山崎诸贤之学①，最又不可废也。

仆不肖，窃立三家断案曰：天惟一道，理无二致；立教有异，自修不一。一生所得，惟有此十六字耳。未知果然耶否耶？

庄子曰：能儿子乎②。孟子曰：大人者，不失其赤子之心者也③。同以小儿为言，然庄子之言则虚无，孟子之言则伦理。

夫身心之外，事之不关于天下国家者，其理之不穷，未足为歉也。昔有一君曰：吾欲学天官。一儒言曰：君上之所当务者天下也，非天上也。虽似诙谐，又有意思。

强健之人，夏则爱日之长，冬则爱夜之长，所爱常在其身。若夫疾病尪羸④之人者，夏亦苦，冬亦苦，昼亦苦，夜亦苦，无所往而不苦。君子之处世也，其犹健人之于四时乎？富贵贫贱安荣忧患，无所往而不乐，虽有少不快者，如室之有蚊蝇，躯之有蚤虱，驱逐之而已矣。盖心无所累也。余已老耄，虽无君子之乐，亦无小民之累，从今以后，纵有一二年之寿，目可以读书，耳可以辨音，而手可以写字，如此而一旦无病，溘焉以死，则真可谓全幸之人也。脚之疼，齿之毁何伤，未知可得而如愿邪否邪？（以上卷下）

（据《日本伦理汇编》第七册第312—353页选）

芳洲口授

曰：庄子云：静则明，明则虚，虚则无为，无为而无不为也⑤。由是观之，何曾不为。又曰：贱而不可不任者物也，卑而不可不因者民也，粗而不可不陈者法也⑥，云云。又云：上无为，而下有为，古

---

① 山崎诸贤之学：指山崎暗斋及其学派。
② 庄子曰能儿子乎：见《庄子·庚桑楚》篇。
③ 孟子曰大人者二句：见《孟子·离娄下》。
④ 尪羸：尪，短小；羸，瘦弱。
⑤ 庄子云静则明四句：见《庄子·庚桑楚》篇。
⑥ 又曰贱而不可不任者三句：见《庄子·在宥》篇。

今不易之道也①。可以洞见此老之肺腑矣。但圣人则为之于仁义，而此老乃为之于虚无耳。

曰：夫教人之术有三焉，一曰身，二曰言，三曰书。三代而下，斯道大衰，而所以为教者，书先之，言次之，而身教则无有矣，此其所以世无君子，民无良俗，而祸乱相寻者也。《诗》云：如彼筑室于道谋，是用不溃于成②；斯之谓也。后世所谓学者，大约不过于记诵词章耳！师教之，弟子学之，又从而诘问盘驳之，又从而夸诩张皇之，浅末之言耳！无用之辨耳！不急之察耳！《诗》云：哀哉为犹，匪先民是程，匪大犹是经，维迩言是听，维迩言是争③；斯之谓也。其间或有高谈性命以为学者，非不美矣；然古之谈性命者，先求之于行与事，而后及之，今也外乎行与事，而凌节躐等之是趋，何可得乎。《诗》云：如匪行迈谋，是用不得于道④；斯之谓也。

曰：以死为乐，以老为佚者，昔自宽之词也。天地之理，以生生为吉，则死不如生，老不如少，乃理之常，而人之情也。但终之不得不终，犹生之不得不生，彼愚惑之人，唯欲恒其生尽其终，故设宽慰之言以谕之。庄子曰：虽南面王乐，不能过也⑤。佛子曰：极乐世界是也。然皆非其实也，故达生之人，既无贪恋之心，又无厌恶之情，如人之赴筵席，俎彻则散；如病者之灼艾，火着身而不言痛；泊焉淡焉，无容心于其间而已耳。然则以长生久视为乐耶？杜牧之曰：浮生工夫食与眠⑥，一休⑦又添撒屎二字，千岁万岁只此而已。长生久视，亦不几于多事耶。

曰：以死生为言者，不忘死生者也。然则死生意忘之而后可乎？曰：何当忘焉，亦何得而可忘也，死生不忘，而有启手启足之心

---

① 又云上无为三句：本《庄子·天道》篇而变其词。
② 《诗》云如彼筑室二句：见《诗经·小雅·节南山之什·小旻》。
③ 《诗》云哀哉为犹五句：见《诗经·小雅·节南山之什·小旻》。
④ 《诗》云如匪行迈谋二句：见《诗经·小雅·节南山之什·小旻》。
⑤ 庄子曰虽南面王乐二句：见《庄子·至乐》篇。
⑥ 杜牧之曰浮生工夫食与眠：唐杜牧，字牧之，当晚唐政衰民困之时，多伤时感事之作，此所云盖即《杜秋娘诗》中"己身不自晓，此外何思惟"之意。
⑦ 一休：一休宗纯，日本禅僧，号狂云子。好危言奇行，著有《狂云集》。

者，圣贤之学也，死生不忘，而无贪恋之情者，释老之教也。

曰：圣人之教，下学而上达①。道释以为既已上达，下学则不屑而自成矣。

曰：释氏以天地万物为妄相，所以欲人之去烦恼也。儒者以天地万物为实理，所以欲人之修彝伦也。

物有固然，事有必至（皆不得不然之语）。有春必有夏，有秋必有冬者，物有固然也。春去夏来，夏去秋来者，事有必至也。少壮老死，一呼吸亦然。

---

① 下学而上达：见《论语·宪问》篇。

二十五、富永仲基

史料简介

富永仲基（1715—1762，正德五年—宝历十一年）名德基，后改仲基，字仲子，号南关、蓝关，后号谦斋。父德通，以酿造酱油为业，为大阪怀德堂创立人之一。仲基幼时曾师事三宅石庵，十五六岁著《说蔽》，批判儒家诸子，被摈师门。父死后开家塾，从事学问，著有《出定后语》及《翁之文》二种，均收入《日本哲学思想全书》中。

《出定后语》为延享元年（1744）作，据序文"基持此说，且十年所"，是立说于二十岁时。内容为对佛教经典的批判。分上下二卷。上卷十三章，今选（一）教起前后、（二）经说异同、（十一）言有三物三章。下卷十二章，今选（十八）空有、（二十四）三教二章。

出 定 后 语

教起前后第一

今且考教起之前后，盖如于外道，真立言者，凡九十六种，皆宗天曰：修之因，乃上生天，是已。

《因果经》①云：太子因入雪山，遍扣诸仙，欲求何果，仙人答言，为欲生天，乃是。

卫世师外道②，在佛前八百年，是最久远，其最后出，阿罗逻、

---

① 《因果经》：鸠摩罗什译，《过去现在因果经》之略称。
② 卫世师外道：印度六派哲学之一，即胜论宗。

郁陀罗也①，盖二十八天②，以非非想③为极，是郁陀所宗，为度无所有而生于此也。是本上于阿罗以无所有为极，而无所有则本上于识处，识处则本上于空处，空处则本上于色界，空处色界，欲界六天，皆相加上以成说，其实则漠然，何知其信否？故外道所说，以非非想为极；释迦文欲上于此，难复以生天胜之，于是上宗七佛，而离生死相，加之以大神变不可思议力，而示以其绝难为，乃外道服而竺民归焉，是释迦文之道之成也。释迦文既没，僧祇结集，迦叶始集三藏，而大众亦集三藏，分为两部，而后复分为十八部，然而其言所述，以有为宗，事皆在名数④，全无方等⑤微妙之义，是所谓小乘也。于是文殊之徒，作般若以上之，其言所述，以空为相，而事皆方广，是所谓大乘也。

《智度》《金刚仙》二论云，如来在此铁围山外，共文殊及十方佛，结集大乘法藏，乃是。

此时，大小二乘，未有年数前后之说，其张大乘者，则曰自得道夜至涅槃⑥夜，常说般若。

《智度论》文然，论又说迦文⑦初成道事云，是时世界主梵天王名式弃、及色界诸天等释提桓因、及欲界诸天等，皆诣佛前，劝请世尊初转法轮，亦是菩萨念本所愿，及大慈大悲，故受请说法，诸法甚深者，般若波罗密是，是故，佛说《摩诃般若波罗密经》，乃是。

其张小乘者，则曰，从转法轮经，至大涅槃，集作《四阿含》。

《智度论》云，大迦叶语阿难，从转法轮经，至大涅盘，集作《四阿合》：《增一阿合》《中阿含》《长阿含》《相应阿含》是名

---

① 阿罗逻、郁陀罗：释迦出家曾访外道仙人阿罗逻迦兰和郁陀迦罗摩子求解脱道。

② 二十八天：外道所说三界之天之总称，即欲界六天，色界十八天，无色界四天。

③ 非非想：非想非非想天居三界之最上位，为无色界之第四天。

④ 名数：同法数，如三界，五蕴、五位等带数之法门的数量。

⑤ 方等：大乘经之总称，方者广之义，等者均之义，合言之即方广普遍而生佛平等之义。

⑥ 涅槃：此翻为灭，即圆寂之谓。

⑦ 迦文：释迦。

修跢路法藏①，乃是。

是各命其终始，未有年数前后之说也，故其《仁王般若序》云，世尊前已说四般若，三十年正月说《仁王》者，亦唯泛尔言之，非言《阿含》后正当三十年也。然而《法界性论》说之云，十二年说《阿含》，三十年说《大品》，八年说《法华》，是为《法华》四十余年之文所转而云尔，其实非也。于是，法华氏之言兴，其言云，从成正觉②来，过四十年，无数方便，引导众生，我所说诸经，《法华》最第一，但为菩萨，不为小乘，观诸法实相，是名菩萨行③。《无量义经》亦云，四十余年，未显真实，种种说法，以方便力。是可见其托诸四十年后，而愚法从前诸家，亦托诸实相，而破从前有空，是法华氏，乃大乘中别部，并从前二乘而斥之者也。然而后世学者，皆不知之，徒宗法华以为世尊真实之说经中最第一者，误矣。年数前后之说，实昉于《法华》，并吞权实之说④实昉于《法华》，广大方便力，荧惑古今人士者，何限。呜呼孰蔽之者，非出定如来⑤不能也。

《解深密经》云，初小乘，中空教，后不空，亦法华氏之党也。又案三藏之目⑥始起于迦叶，而《法华》文有三藏学者，是知《法华经》出于后。又案《法华》，盖普现之徒作，大论遍吉之语⑦可见。

于是华严氏之言兴，乃托之二七日后说圆满修多罗⑧，以斥从前小乘。又譬之日轮之先照诸大山王，以斥从前大乘，而特作一家经王矣，诚加上者之魁也。后世或复信此方便，而曰此经最上至极顿之顿者，亦误矣。

① 修跢路法藏：小乘经典之总称。同修多罗。
② 成正觉：成等正觉之略，即成佛义。
③ 菩萨行：求自利利他圆满佛果之菩萨众大行。
④ 并吞权实之说：权指方便譬喻，实即真实，并吞此二说而立一派，即《法华经》开权显实之说。
⑤ 出定如来：《出定后语》著者之自称。
⑥ 三藏之目：指经、律、论之分类。
⑦ 大论遍吉之语：大论指《大智度论》，遍吉乃普贤菩萨之异译。
⑧ 圆满修多罗：《华严经》之别名，《华严》世主妙严品有"所住甚深其法性，所说圆满修多罗"之语。

舍利弗目连，异时异处，共入佛法，然此会即有舍利弗等五百声闻。祇洹林①普光法堂②，此时并未建立，而此文具述之，是皆作者方便逗漏处。又案《华严》有诸法实相般若波罗密之语，是知此经亦出于二经后。

于是，《大集》《泥洹》兼部氏③之言兴，乃作为其二经，以合大小二乘，且以归重于其涅槃，如其云十六年始说《大集》，是暗托般若之前，而出二乘中间也。且如其说律云，如是五部，虽各别异，而皆不妨诸佛法界，及大涅槃，是合五部律之异也。然而五部律，皆本出于八十诵中，后世五师，分为五部，去佛灭度几何，是知此经后出，《涅槃》亦同手作，故言语多类，是则托之佛灭，以证此经之出在年数最后。又譬之以醍醐，以明此经之义最纯粹，又举毗尼④并戒乘缓急，以说大小二乘之并难远，如后世名捃舍教⑤者，不知此为兼部氏也。

按《法显传》云，某国小乘学，某国大乘学，某国兼大小乘，此兼云者，乃兼部氏也。又按《哀叹品》⑥以新体伊字譬秘密之藏，是知《涅槃》亦后出。

于是，顿部氏⑦之说兴，其契经⑧凡二十，《楞伽》其尤也，以从前诸经，言皆烦重，其趣牛毛而迂远，故更立激切语云：一切烦恼，本来自离，不可说断及与不断，一切众生，皆是一切，毕竟不生，离诸名字，即一切法，唯一真心，一念不生，即是佛，不从一地至一地，初地乃八地。其言直切，然复环回说，以破从前因陀罗⑨，

---

① 祇洹林：祇树给孤独园之略称。

② 普光法堂：普光明殿之异名。

③ 《大集》《泥洹》兼部氏：《大集经》《佛般泥洹经》，兼部氏此指《大集》及《泥洹经》的作者。

④ 毗尼：新译毗奈耶，乃律藏之梵名。

⑤ 捃舍教："舍"为"拾"字之误。天台宗称《涅槃经》之教说为捃收教。

⑥ 《哀叹品》：《涅槃经》中之品名。

⑦ 顿部氏：指顿教之作者。

⑧ 契经：指重要经典，案《大乘义章》一："以其圣教称当人情，契合法相，从义立目，名之为契。"

⑨ 因陀罗：此以因陀罗网形容从前佛说，其网之线珠玉交络，以譬物之交络涉入、重重无尽者。

其穷离披，为菩提达磨氏，其东来，以《楞伽》印众生心，亦可征焉。依于义，不依文字，终始不说一字，实禅家之鼻祖，其穷变幻奇怪，乃至以干屎橛①语佛性，以拭疮疣②斥经卷，是皆所谓顿部氏也，于是秘密曼陀罗金刚手氏之教兴。

《六度经》③云，我灭度后，令阿难陀受持所说素咀缆藏，邬波离受持所说毗那耶藏，迦多衍那受持所说阿毗达磨藏④，曼殊师利菩萨受持所说大乘般若波罗密多，其金刚手菩萨⑤，受持所说甚深微妙总持门⑥矣。

其教云，世尊得一切智智，为无量众生，广演分布，随种种趣，种种欲性，种种方便道。宣说一切智智，或声闻乘道，或缘觉乘道，或大乘道，或五通智道，或愿生天，或生人中及龙夜叉、乾闼婆⑦，乃至说生摩睺罗伽⑧法，各各同彼言音，住种种威仪，而此一切智智道一味。又云，契经如乳，调伏如酪，对法如生酥，般若如熟酥，总持门如醍醐。是可见此教摄诸家以一切智智，乃合之其所谓曼陀罗，遂以归重于其所谓毗卢遮那阿字门⑨者也。意者，此经王最后出。不空师⑩云，经夹藏于铁塔数百年，龙猛⑪始获焉。然而龙猛所说无一言及焉者，唯秘密之号，出于龙猛，故后世崇奉之至，盖依以

---

① 干屎橛：《五灯会元》十五："僧问云门，如何是佛？门云：干屎橛。"此即庄子"道在屎溺"之意。

② 拭疮疣：《碧岩录》禅宗见性大师即德山言"十二分教者拭疮疣纸也"。

③ 《六度经》：《大乘理趣六波罗蜜多经》之略称。

④ 素咀缆藏、毗那耶藏、阿毗达磨藏：即经、律、论之称，阿难陀、邬波罗、迦多衍那各为其道之权威者。

⑤ 金刚手菩萨：即金刚萨埵，又名普贤。《大日经疏》九："以见如是金刚界故，名为金刚手。以见如是法界故，名为普贤。"

⑥ 总持门：总持之法门，此密教所称，乃就咒总持而言，或曰陀罗尼藏。

⑦ 乾闼婆：司天帝释之雅乐之神名。

⑧ 摩睺罗伽：即摩睺睺伽，乐师之类，其形人身而蛇首。

⑨ 毗卢遮那阿字门：毗卢遮那乃佛真身显现之称，此指《大日经》。阿字门为《大日经》所记密教之重要观法之一。

⑩ 不空师：真言宗付法之第六祖，金刚智三藏弟子。

⑪ 龙猛：龙树之新译名，《妙法莲华经玄赞》卷十《本日嘱累品》龙树解"余经非秘密，唯《法华》秘密说，二乘作佛，唯大菩萨能用行之，如大良医方能用毒"，云云。

为然也。是诸教兴起之分，皆本出于其相加上，不其相加上，则道法何张，乃古今道法之自然也。而后世学者，皆徒以谓诸教皆金口所亲说，多闻所亲传，殊不知其中却有许多开合也，不亦惜乎。

（据教学书店本选，下同）

经说异同第二

《大论》①云，佛灭百年，阿输迦王作般阇于瑟大会②，诸大法师论议异，故有别部名字。又云：佛法过五百岁后，各各分别，有五百部。又《婆娑序说》云：如来灭后四百年初（古论作六百年），北印度境，健驮罗③国王，每习佛经，日请一僧，入室说法，僧说莫同，王用深疑，问胁尊者④，尊者答曰：如来去世，岁月逾邈，弟子部执，据闻见为矛盾。因问曰："诸部立范，孰最善乎？"答曰：莫越有宗。王曰：此部三藏，今应结集，须召有德共详议之。于是世友等五百人，释三藏，凡三十万颂，即《大毗婆沙》⑤是也。

《大论》又云，问：经说有五道，云何言六道？答：佛去久远，经法流传，五百年后，多有别异。部部不同，或言五道，或言六道，若说五者，于经文回文说五，若说六者，于佛经回文说六。又摩诃衍⑥中《法华经》，说有六趣众生，观诸义意，应有六道。《法显传》⑦云，法显本求戒律，而北天竺诸国，皆师师口传，无本可写，是以远步，乃至中天竺，于是得一部律，是《摩诃僧祇众律》⑧，复得一本抄律，可七千偈，是《萨婆多众律》⑨，亦皆师师口相传授，

---

① 《大论》：《大智度论》，百卷。龙树造，鸠摩罗什译。

② 般阇于瑟大会：每五年所设大斋会，阿输迦王（阿育王）曾召集此会作第二佛典结集。

③ 健驮罗：即犍陀罗国，北印度古王国名。

④ 胁尊者：小乘有部宗人。

⑤ 《大毗婆沙》：《阿毗达摩大毗婆沙论》，为说一切有部宗之根本经典，二百卷，唐玄奘译。

⑥ 《摩诃衍》：大乘之称。

⑦ 《法显传》：东晋法显著，亦称《佛国记》。

⑧ 《摩诃僧祇众律》：四十卷，东晋佛陀跋多罗、法显共译，为小乘教犊子部所传之律。

⑨ 《萨婆多众律》：即《十诵律》，六十一卷，后秦弗若多罗、罗什共译，为小乘教萨婆多部所传之律。

不书之于文字。又云：法显尔时欲写此经，其人云，此无经本，止口诵耳。

今以此六者推之，是知佛灭久远，人无定说，亦无可依凭之籍，皆随意改易，口相传授，宜哉一切经说皆不胜其异，亦其不可信从如是也。禅家之言曰，不立文字，意岂在此乎。又阅《婆沙》，其解义必举数说云，某故、又某故，毕竟是无定说也。又迦叶波①之集三藏，大论皆云诵出，亦知此但托口诵。

《金刚般若》云一切诸佛及诸佛法，皆从此经出。《无量义》②云，我说是经，甚深甚深，令众疾成无上菩提③故。《金光明》④云，十方诸佛，常念是经。《大品》云，一切善法，助道法，若三乘法⑤，若佛法，是一切法，皆摄入般若波罗密⑥中。又云，欲学声闻乘者，当学般若；欲学缘觉乘者，当学般若；欲学菩萨乘者，当学般若。《华严》云，一切世间诸群生，尟有欲求声闻道，求缘觉者，转转复少，趣大乘者，甚难遇。趣大乘者，犹为易，能信是法，甚为难。《法华》云：我所说诸经，《法华》最第一。《法鼓》⑦云，一切空经⑧，是有余说，唯有此经，是无上说。凡如此类何限，皆各部自胀者之说也。

又如其《胜曼》云⑨，摩诃衍出生二乘法，如阿耨池⑩出八大河，及文殊问⑪云、十八及本二⑫，皆从大乘出，则是大乘以小乘为所目者。又如其《法华》云，四十余年，未显真实，则是大乘以小乘

---

① 迦叶波：即摩诃迦叶，所集三藏为经、律、论。
② 《无量义》：《无量义经》，萧齐昙摩伽陀耶舍译。
③ 无上菩提：五种菩提（发心、伏心、明心、出到、无上）之最上位。
④ 《金光明》：《金光明经》，四卷，北凉昙无谶译。
⑤ 三乘法：声闻、缘觉、菩萨三乘之行法。
⑥ 般若波罗密：此译智度，六波罗密之一，波罗密意为到彼岸。
⑦ 《法鼓》：《法鼓经》，二卷，刘宋求那跋陀罗译。
⑧ 空经：般若部经典，说诸法皆空。
⑨ 《胜曼》：《胜曼狮子吼一乘大方便方广经》之略称，一卷，刘宋求那跋陀罗译。
⑩ 阿耨池：阿耨达池，在大雪山北，或云即喜马拉雅山殑伽之水源。
⑪ 文殊问：《文殊师利问经》二卷，梁僧伽婆罗译。
⑫ 十八及本二：小乘十八部，本二指上座、大众之二部。

为假权者。又如其《华严》云，佛成道第二七日，说圆满修多罗，则是大乘以小乘为后说者，其实皆大乘诱小乘之说，后世学者不知之，有所云云者，误矣。

余尝云，大小部乘，各作经说，皆上证之迦文，亦方便已。昔者秦缓死，其长子得其术，而医之名，齐于秦缓，其二三子者，不胜其异，于是各为新奇，而托之于父，以求胜其兄；非不爱其兄也，以为不有异于兄，则不得以同于父，天下未有以决也。他日其东邻之父，得缓枕中之书；而出以证焉，然后长子之术，始穷于天下，此事出于毛元仁①《寒檠肤见》，是则似之。

言有三物第十一

《般若》无佛性语，《阿含》无陀罗尼名②，《金光明》三身③，《佛地》《本业》二身④，《楞伽》《摄论》四身⑤，《华严》二种十身⑥，《大论》四魔⑦，《骂意》五魔⑧，《大论》三天⑨，《涅槃》四天⑩，《维摩》不可思议，《金刚》无住，《华严》法界，《涅槃》佛性，《般若》一切种知，《金光明》法性，《法华》

---

① 毛元仁：号甬东，所著随笔书名《寒檠肤见》。
② 《般若》、《阿含》：般若，《般若经》之总称；阿含，《阿含经》，陀罗尼译为总持。
③ 《金光明》三身：《金光明最胜王经》卷二："一切如来有三种身，一化身，二应身，三法身。"
④ 《佛地》《本业》二身：《佛地经论》七卷，玄奘译，说二身一生身，二法身。《菩萨璎珞本业经》，姚秦竺佛念译，说二身一法性身，二应化身。
⑤ 《楞伽》《摄论》四身：《楞伽经》四身即应化佛、功德佛、智慧佛、如如佛。梁译《摄论》说自性身、受用身、变化身与法身。
⑥ 《华严》二种十身：《华严经》分佛身为解境十佛身与行境十佛身二种，又云菩萨摩诃萨有十种身。
⑦ 《大论》四魔：《大智度论》卷六八说四魔，即烦恼魔、五众魔、死魔、天子魔。
⑧ 《骂意》五魔：《佛说骂意经》，一卷，后汉安世高译。五魔，即灭魔、罪魔、行魔、恼魔、死魔。
⑨ 《大论》三天：《大智度论》卷五说三种天，一假号天，二生天，三清净天；又卷二七说三天，为欲天、色天、无色天。
⑩ 《涅槃》四天：《涅槃经》第十说有四种天，即世间天、生天、净天、义天。

诸法实相,是皆其家言,各各主张者,所谓言有人也,诸藏经中,传梵语者,多有异,而说者云梵之楚夏,罗什恒河,玄奘殑伽,罗什须弥,玄奘苏迷卢①,如此之类何限,皆或指为旧讹。夫言语随世异矣,音声与时上下,其讹云者,非真讹也,所谓言有世也。《维摩》云:一念知一切法,是道场。《禅要》②云:性定自离,即是道场,是乃变幻张大之说。道场自道场,固不与念性相关,譬之神道者流,以高天原③为心体。又如《增含》《起世》④等所谓四食⑤,唯段食⑥,乃人中所食,可食瞰者。其他更乐食乃衣裳缯盖香华熏火等,念食乃意中所念所想所思惟等,识食乃意之所识,以识为食,是岂皆食之真哉。张大食而然,譬之俗云吃棒、吃拳等之吃。又如《大论》以经卷为法身舍利⑦,舍利自舍利,固不与经卷相关,是亦张舍利而然。又如其芥子纳须弥,毛端现宝刹云者⑧,是张理而然。凡如此类,皆张说也。凡说仍实而不滥者,所谓偏也,偏乃实也。古今说道者,张说殊多,学者知之,何啻一咫一尺。如来之义,如而来也,本是心体之名,善恶未分,于类为泛。《楞伽》云:如来藏者,是善不善因。《般若》云:一切众生皆如来藏,是也。或就以为成德之名,众妄既止,如如而来也,于类为矶。《胜鬘》云:如来法身,不离烦恼藏,是如来藏。如来藏云,一切众生,瞋痴诸烦恼中,有如来身,是也。又如翻钵剌婆剌拿为自恣者,自恣之语,本在恶,而此局善,于类为反。凡此五类⑨,所谓言有类也。凡言有类有世有人,谓之言有三物。一切语言解以三物者,吾教学之立也。苟以此求之,天

---

① 梵之楚夏五句:楚夏指方言不同,如罗什译须弥山,玄奘译为苏迷卢之类。
② 《禅要》:《禅要经》一卷,别名《诃欲经》,说色欲之可厌恶。
③ 高天原:传为日本上古神代诸神所在之处。
④ 《增含》《起世》:《增一阿含经》《起世经》。
⑤ 四食:《起世经》卷七,三十三天品,"一切众生有四种食,一者粗段及微细食,二者触食,三者意思食,四者识食"。案更乐食即触食。
⑥ 段食:旧译抟食或团食,乃常用之食物,如饭、面、鱼、肉之类。
⑦ 法身舍利:法身指佛之真身,舍利指佛骨。
⑧ 芥子纳须弥二句:"芥子纳须弥"说见《维摩诘经》卷中,"毛端现宝刹"说见《楞严经》与《华严经》。
⑨ 五类:张、偏、泛、矶、反即五类,张为张大、夸张,偏与中反,泛有泛通义,矶有激义。《孟子·告子章》"是不可矶也"。反有与从前意味相反之义。

下道法，一切语言，未尝不错然而分也。故云，三物五类，立言之纪，是也。又如卢舍那毗卢舍那①新旧有异，亦言有世也。是本赞迦文之辞，遂以为号，犹如儒者称尧以放勋。后世学者，或依新旧以分三身者，非也。又如那落捺落②，亦取音同，《婆沙》《正理》③并无定文，后世学者，或因字异解者，亦非也。又如真丹、震旦、支那、指难，亦同。琳师④云，东方属震，亦因字生解，可笑。又如洛叉俱底，俱大数名，翻为亿者，假以合之也。或惑其不合，乃解云，西国有三种亿，有四种亿，亿是汉名，竺土何曾有三种四种之亿，亦非也。且如阿僧祇⑤积数，亦皆异部托言，互相变改以牟人己，是何必和会。又如玄奘师论五种不翻，以如薄伽梵⑥具六义者，不知者乃云：梵语多含，实非他所及，是大不然。如汉语亦皆多含，阅字书可见。凡其注云，某也某也者，皆是多含，非一义所尽也。何止汉语如此，方语亦皆多含。如谓放荡者为达曰结⑦，亦放荡一义，岂能尽之乎，类推可知。

空有第十八

空有之说久矣，迦文⑧之时，未之有也。何也？是乏于实理也。其为有之者，亦托之也。小乘二十部⑨，皆以有为宗；大乘文殊之徒，作《般若》，以空为宗；深密、法鼓、法华⑩氏之徒，皆以不

---

① 毗卢舍那：佛真身之尊称，又译文为大日如来。
② 那落捺落：此云苦具、苦器，乃地狱受罪之处。
③ 《婆沙》《正理》：此谓《大毗婆沙论》和《阿毗达摩正理论》，均混用那落和捺落。
④ 琳师：唐名僧法琳，著有《破邪论》《辨正论》等。
⑤ 阿僧祇：无数之意。
⑥ 薄伽梵：《佛地经》举其六义，一自在，二炽盛，三端严，四名称，五吉祥，六尊严。
⑦ 达曰结：日语たはけ之汉译音。
⑧ 迦文：释迦牟尼。
⑨ 小乘二十部：此指北方佛教所传小乘佛教之二十派，内大众部九派，上座部十一派。
⑩ 深密、法鼓、法华：《解深密经》《大法鼓经》《妙法莲华经》。

空实相为宗。摩诃迦旃延①之徒，则作《昆勒论》②，以亦空亦有为宗，车匿③之徒，则作《离有无经》④，以非空非有为宗，此二宗不传于汉，空有之说，盖至此而极矣。其实皆乏于实理，诸家互言所无，以相压已。《大论》云，恶口车匿，如心儒伏者，应教《那陀迦旃延经》，即可得道。又云，摩诃迦旃延，佛在世时，解佛语作蜫勒，秦言箧藏，乃至今传于南天竺。又云，摩诃迦旃延分别修多罗⑤第一。以是观之，盖亦一部之魁也，其不传于汉可惜。《大论》又云，方广道人⑥，亦以空为宗，可见空有之说，诸家仍此，然而是乏于实理。譬之儒家有性之说，世子云，性有善有恶；告子云，性无善无不善；孟子云，性善；荀子云，性恶；杨子云，性善恶混；韩子云，性有三品；苏子⑦云，性未有善恶。性善恶之说，盖亦至此而极，然而其实皆空言也。何也？苟于其身为善则可，亦何择乎性之善恶；苟于其心，无恶则可，亦何察乎理之空有，徒以其说互相喧豗⑧者，事皆属于无用，故曰，其实乏于实理。性相近也，习相远也，是真孔子之说，性善恶，此时未之有也。诸恶莫作，众善奉行，自净其意，是诸佛教，是真迦文之教，理空有，此时未之有也。是事诚乎相类，足以譬焉。又案，《般若》空言，《法华》不空，固异其归，然而龙树作《大论》，以解《般若》云，实般若波罗蜜，名三世诸佛母，能示一切法实法，而又命《华严》以不共般若⑨，是则合异宗，其实失之。然而其作《中论》以明八不⑩，诚法性所宗，道法加上之

---

① 摩诃迦旃延：南印度人，佛陀十大弟子之一人。
② 《昆勒论》：论藏之名，小乘四门之一，说亦有亦空。
③ 车匿：佛出城时之驭者，后出家。
④ 《离有无经》：《迦旃延经》。
⑤ 分别修多罗：分别说经之意。
⑥ 方广道人：指大乘中附佛法的外道。
⑦ 韩子、苏子：韩愈、苏轼。
⑧ 喧豗：哄声，李白诗"飞湍瀑流争喧豗"，苏舜钦诗"一夜大雪风喧豗"。
⑨ 不共般若：佛说《般若经》有共和不共二者，不共是不共通于声闻缘觉而唯谈菩萨所行之法。
⑩ 八不：不生不灭，不断不常，不一不异，不去不来。

极也。法性乃清辨所始，智光①所述，全宗般若空言者也。《三藏传》云，无著夜升睹史陀天②，于慈氏③所受《瑜伽师地论》《庄严大乘论》④《中边分别论》⑤，昼则下天，为众说法，是高尚其事云尔，其实《瑜伽》《庄严》诸论，皆无著亲造，非托之慈氏，则人不信也。

吕子《博志篇》⑥云，孔丘墨翟，昼日讽诵习业，夜亲见文王周公旦而问焉，是事亦相类。其意全承《法华》《楞伽》《深密》，而述不空唯识之理，名此为法相宗，亦各立一家而相争者也，礼师⑦云：普是有相，无相云者，是尽染碍，非如太虚空无一物。岳师⑧云：无相不相，小乘犹太虚无生理，大乘犹明镜具像。或云三千⑨即空假中，或云三千唯假。何谓空中，辨争不一，要皆六龙之舞⑩已。余尝蔽之曰，一家称空，谓实皆空；一家称不空，弃之无空；其实特立言，以相拗已。其争色具⑪可否者亦然，何则？弃色无空，弃空无色，山川楼阁，本空中物，亦无此物，空无所在，谓之空可也，谓之不空可也。空不空皆人所命，大道泛焉。如《大论》云：如无明指⑫，亦长亦短，观中指则短，观小指则长，长短皆实，有说无说亦如此，是足以解之。余又尝蔽之曰：空有之说久矣，皆非佛意，而皆有理不妨佛意，佛说内外中间之言，遂即入定，时有五百罗汉，各释此言。佛出定后，同问世尊，谁当佛意。佛言：并非我意。又白佛言，既不当佛意，将无得罪。佛言：虽非我意，各顺正理，堪为正

---

① 清辨、智光：清辨，南天竺学者，著有《大乘掌珍论》《般若灯论》等。智光，清辨弟子，唐玄奘入天竺时，同住那烂陀寺。
② 史陀天：兜率天。
③ 慈氏：弥勒。《瑜伽师地论》百卷为所造，有唐玄奘译。
④ 《庄严大乘论》：即《大乘庄严经论》十五卷，马鸣造。
⑤ 《中边分别论》：天亲造，三卷本，有玄奘译，此书仲基断为无著所作。
⑥ 吕子《博志篇》：《吕氏春秋·不苟论》第四、五"曰博志"章。
⑦ 礼师：智礼，中国天台宗的中兴者。
⑧ 岳师：仁岳，著有《楞严经集解》。智礼、仁岳皆宋时人。
⑨ 三千：三千世界。
⑩ 六龙之舞：《易经·乾卦》"时乘六龙以御天"。
⑪ 色具：天台宗说心具三千诸法，色亦具三千诸法。
⑫ 无明指：无名指，明乃名字之误。

教，有福无罪，此事出于《成实论》①，此则似之。《大论》亦云：问曰：上种种人，说般若波罗蜜，何者为实。答曰：有人言，各各有理，皆是实，如经说，五百比丘，各各说，二边及中道义②，佛言皆有理。

以是观之，此事本经说，然而不知是何经说，出定之义，实出于此。

三教第二十四

三教之有争久矣，是何争也，儒者守其名数，道者修其卫生③，佛者离其生死，亦各立其言以说道者也。今试蔽之，儒之所因淫者文，佛之所淫者幻，而道之以天为宗，或谓海外有神仙之居，亦以幻进者，乃竺土外道之类也。其称道亦最污下，固非儒佛之列，其经说亦皆后出，《西升》《化胡》，三十六天，大罗天帝之居，要皆幻而加上于佛者也。此方不传。今所不论。静斋刘学士④作《平心录》论三教，余执读之，全以幻定其优劣。又或（人）问三教优劣于李士谦⑤，曰：佛日也，道月也，儒星也；时以为至论。然是实无所当，吾不解何意何在，其为至论，此皆小辈，何知大道。或（人）问佛于龙门王子⑥，曰：圣人也；其教如何？曰：西方之教也，中国则泥；是得之矣。其中国则泥者何？所贵在幻也。或（人）问儒于余，曰，圣人也；其教如何，曰：西方之教也，此方则泥。此方则泥者何？所贵在文也。夫言有物，道为之分；国有俗，道为之异；儒之教且在此方则泥，何况佛之教在西方之西方乎。故佛之所淫在幻，儒之所淫在文，舍之则几于道矣。昔者何承天作《达生论》诋佛道，颜延之复作书折之。又僧慧琳著《白黑论》，而宋昺难之⑦，是儒佛之争也。至赵宋时，欧阳修作《本论》，石守道作《怪说》，胡寅作《崇正

---

① 出于《成实论》：《成实论》十六卷，诃梨跋摩造，姚秦罗什译，此句似出卷二"立论品"或卷一五"一切缘品"。
② 二边及中道义：二边指有边无边，中者不二之义。
③ 名数、卫生：名数指《四书》《五经》之类，卫生指不老长生之术。
④ 静斋刘学士：宋刘谧，号静斋。
⑤ 李士谦：南北朝时人，语见《佛祖历代通载》卷一〇。
⑥ 龙门王子：隋王通，龙门道人，语见《文中子·周公篇》。
⑦ 何承天作《达生论》四句：并见《弘明集》。

辨》，皆攘斥佛氏，时有明教大师①契嵩作《辅教编》答之，亦儒佛之争也。吾执读之，要亦不过争其幻与文。明教之言云，佛之道何外于天下国家，但其所出，不自吏而张之，亦化之理也，隐而难见，故世不得而尽信。又云：佛以神道设教感其内，是其隐而难见云。神道感其内云者，皆言因果报应之理已。是所谓幻，而非佛之真也。明教不知之，可惜。且佛是婆罗门一种，掌民之教者，犹儒云司徒卿儒师。国家天下，乃刹利王种所治，竺土之俗然，明教今为何外之言，是并其俗而不知者，亦可惜。明教又作调停之说云：十善五戒②，与所谓五常仁义一体，圣人为教不同，而同于为善，天下之教化者，善而已矣。佛之法非善乎，而诸君必排之，吾欲诸君为公而不为矜，圣人之教，善而已矣。夫圣人之道，正而已矣，不必僧，不必儒，僧儒者迹也。古者有圣人焉，曰佛，曰老，曰儒，其心则一，其迹则异。夫一焉者，其皆欲人为善者也。异焉者，分家各为其教者也。天下不可无儒，不可无老，不可无佛，亏一教则损天下之一善道，损一善道则天下之恶加多，吾谓三教者，乃相资而善世也。俱在冥数自然，人不可得而辄见。是其意谓三教皆善道，欠一失一善，是乃冥数自然。呼，亦何愚也！如以善概之，何限三教，数十外道，数十异端，岂皆非善乎。其心则一，其迹则异，独奈其使人有荧者，是可思。儒之教人在善，佛之教人在善，其教人在善者则一也。独奈其使人有淫于幻与文者，呼！亦是可思已。宋真宗亦尝谓王旦曰：三教之设，其旨一也，大抵皆劝人为善，唯识达之士，能一贯之，滞情偏执，于道益远，是亦调停之说，要不足言。石门慧洪③谒明教塔诗亦云：吾道比孔子，譬若掌与拳，展握固有异，要之手则然；是亦信明教云尔。殊不知幻之与文，实有胡越之异。明教又见张载、二程诸儒有复性之说，乃以谓是出于唐李翱《复性书》，复性出于药山惟俨④，是诸儒

---

① 明教大师：名契嵩，云门禅宗。《辅教编》见所著《镡津文集》卷一至卷三。
② 十善五戒：不犯十恶之谓，即不杀生、不偷盗、不邪淫、不妄语、不两舌、不恶口、不绮语、不贪欲，不瞋恚、不邪见；五戒，即戒杀生、偷盗、邪淫、妄语、饮酒。
③ 石门慧洪：宋禅僧慧洪居石门，著有文集《石门文字禅》。
④ 药山惟俨：唐禅僧惟俨，住澧州药山。

说，本与佛氏无异。今阅其《复性书》者，其言曰：情不作，性斯统矣；弗虑弗思，情则不生；情既不生，乃为正思。是以情属恶，情之不生为复性，乃禅那①之末说也。张、程之意殊不然，张、程之意，固不以情属恶，又固不欲情之不生，性复于本然，情依而善，名此为复性也。明教眩于其文同，以为无异者非也。近世如伊藤仁斋，亦此为然，不啻佛氏，儒亦昧于文。明教又云，韩子以佛法独盛，恶时俗奉不以方，虽以书抑之，至其道本而韩亦颇推之。屏山②亦云：刘、张、吕、朱③，皆近代伟人也。梦幻死生，尘垢富贵，皆学圣人而未至者。其论佛老也，实与而文不与，阳挤而阴助，盖有微意存焉，是实骗局手段，竺土幻变之习，皆取法于法华氏者已。如韩及刘等而然，则是穿窬之盗已，何以为儒。韩与大颠④三书，载在本集，亦僧伽假托，苏轼论之得矣。与孟简者，乃其真也。明教又云，徒张布施报应，以衣食于人，知先生之门论德义而计工力乎。又云：以道报恩，以德嗣德，虽不娶以资父母，虽毁形以济乎亲，泰伯岂不亏形乎，伯夷叔齐岂不不娶长往乎。此二云者，明教之言甚佳。儒固或以疚乎佛氏者非也。

吾非儒之子，非道之子，亦非佛之子，傍观乎其云为，且私论之然。

---

① 禅那：新译静虑，与禅定同义。
② 屏山：金李屏山，名子纯，字纯甫，著有《鸣道集》五卷。
③ 刘、张、吕、朱：刘谧、张载、吕与时、朱熹。
④ 韩与大颠：大颠，唐僧，韩愈文集中有《与孟尚书书》激赏大颠，孟尚书即孟简，字几道。

二十六、中井履轩

史料简介

中井履轩（1732—1816，享保十七年—文化十三年）名积德，字处叔，号履轩，乃大阪怀德堂创始者中井秋庵之次子，与兄中井竹山齐名。著有《七经雕题》《七经雕题略》《七经逢原》各种。尤以《日本名家四书注释全书》中所收《大学杂义》《中庸逢原》《论语逢原》《孟子逢原》等篇，最可代表怀德堂的经学特征，展现其是如何排斥理气心性之说，而接近于合理主义的研究倾向。兹从中选录若干条，不但从此可窥见履轩的经说，且反映大阪的市民社会思想。

大 学 杂 义

古圣贤之于物，适用之外，无论其理也。若以一人之心，百年之功，而欲推穷万事万物之理，其亦难矣。圣贤必不其然矣。天下事物之理与我无干涉者不必讲求也。知之无益，不知无损，何必劳思费功之为，唯我之所以应物之方，则不可弗知也。五谷树艺蚕桑苎麻，五母鸡，二母彘，数罟不入，斧斤以时①，栋宇御风雨，弧矢威暴乱，马则羁首，牛则穿鼻，皆明其理以应之，古圣贤之道也。烧埴熔金，虽我随物理而应之，而物理反随应而存焉。若夫蚕何由而生丝，麻何由而生缕，鸡豚何以养人，酒醴②何以醉人，鱼所以游泳，禽所以飞翔，皆置而弗论也，禽则缯之、鱼则钓之而已矣，何曾其理之问。是理也者，在我以应，而不在物矣。

格物谓躬往践其地，莅其事，执其劳也。譬如欲知稼穑之理，

---

① 五母鸡二母彘四句：语本《孟子·尽心上》。
② 醴：甜酒。

必先执耒耜，亲耕耘，然后其理可得而知也；若欲知音乐之理，必先亲吹竽击钟，进退舞蹈。乃厌其烦劳，徒在家读谱按节，梦想于金石之谐和，凤凰之来仪，终世弗可得已。学算之牙筹，学书之笔墨皆然。故欲孝欲弟欲信者，弗亲莅其事而得焉哉，此知行并进之方也，若夫暝搜妄索，徒费精神而已矣。

中 庸 逢 原

中庸为学者而作，皆人理也，人道也。

人者人道之谓也，此对禽兽而言，乃于亲亲尤为切矣。

禽兽唯知营食字子避害趋利而已，无仁义之性。人则异乎此，自五伦之亲爱，推而至于博爱，所谓人道也，即是仁矣。人道中又以亲亲为大耳，不得着高妙理解。

人即人道矣，与上文仁者人也之人同。

程说活泼泼地①盖指所以然之理，即其所谓道体者，而浮虚妄谬，不当入讲。

孔子一生所主张，唯在"仁"一字矣，未尝主张"中"字也。若孔子爱惜"中"字，不肯告诉门人，唯传之颜曾者，则"中"字可秘亦甚矣，子思乃著书遍告世人，何祖孙之不同心也。

人心道心②与孔孟之言不合，今载于故《尚书》，不足据。……大抵周末汉魏世俗之学，其言往往类乎此，程张子谬承俗说，以定其理气之说，可惜夫！

如在者③其实不在也，设合其实在焉，何用如字为，洋洋乎唯是想象之光景矣，其实视之而弗见也，何发见昭著之有？注大谬，

---

① 活泼泼地：极活泼之义。《中庸》："诗云'鸟飞戾天，鱼跃于渊'。言其上下察也。"《章句》引程子曰："此一节子思吃紧为人处，活泼泼地，读者宜致思焉。"

② 人心道心：《尚书·大禹谟》："人心惟危，道心惟微，惟精惟一，允执厥中。"

③ 如在者：《论语·八佾》篇："祭如在，祭神如神在。"

体物而无验，不当援。若昭明焄蒿凄怆①，是愚昧妄诞之甚者，不当采入。

人能诵得"如在"两字，然后始可与语鬼神矣，不劳多言。

论 语 逢 原

至闻性与天道则不为此，过论骇人②，岂以性天道为浮屠氏印可之类耶？有人于斯，不仕官受禄，又无田货资业，唯转易货资以为生也，一闻性与天命之说，忽辍业废生，以冻饿其父母妻子可乎？赐也③一家之主人，妻子童仆仰衣食，乃以知命安贫，废其生业，徒手受饥饿，相率委顿于道路，其可以为人乎哉！抑回与赐也，其家业生理不可考，而后儒皆在仕途中发议论，曾弗察乎农商隐沦之流，宜乎硬塞不通。

人之所宜践行谓之道，注人外无道，得之。然愚不肖不能践焉，至于悖戾弗肯践者，谓之无道之人，岂得言道外无人哉？及有觉无为，张氏心性之说，并未稳。

道如君子之道，尧舜之道，夫子之道，此与人伦日用当行者非两事，然文辞所指，各有谓也。

商贾之家，万货纷纷，必有帐籍以统之，其立部分门，家各有法，而徽号不同，虽同业者，东家之人不能理西家之帐，西家亦然。夫帐籍之便利，彼岂不自尽哉，然而犹人面之不同也。天理人欲者，程张家④之徽号也，欲持此以理孔孟家之帐，必有不合者。故学者弗若先熟于孔孟家之帐，而得其徽号也，若程张家之徽号，不必理焉。

"道体"二字，是后儒之杜撰，当否姑舍之，殊非可以解古经

---

① 昭明焄蒿凄怆：《礼记·祭义》："众生必死，死必归土，此之谓鬼。骨肉毙于下，阴为野土，其气发扬于上，为昭明，焄蒿凄怆，此百物之精也，神之著也。"《集说》引朱子曰："如鬼神之露光处是昭明，其气蒸上处是焄蒿，使人精神悚动是凄怆。"又孙希旦《集解》："焄蒿谓其香臭之发越也。"

② 至闻性与天道则不为此，过论骇人：案此程子解《论语·先进》"赐不受命而货殖焉，亿则屡中"一节语，《集注》引程子曰"子贡之货殖，非若后人之丰财，但此心未忘耳，然此亦子贡少时事，至闻性与天道则不为此矣"云云。

③ 赐也：端木赐，卫人，字子贡。

④ 程张家：指二程（程颢、程颐）与张载二家。

者,他并仿之。

天理人欲复初之说炽,而孔孟之言失其纯粹,可叹夫!鬼神之理难知也,然不之知,亦未为不知矣。唯易知之民义,而能务之,乃足以为智矣。反之,则舍当务之民义,而讲求难知之鬼神,是〔不〕智也〔1〕。圣人盖不欲人溺心于茫洋恍惚之域。

后世厚葬之风盛矣,皆是奢侈,与风水之惑而已,并非慎终之谓,尤所宜先明辨。

古人或忽于丧祭,而生事不敢不勉,今人则黾勉于丧祭,而忽忘于生事,噫!学之偏驳,其可不惧哉!

夫子不欲祷,因问其事之有无,即不屑之意矣,非问祷之理,亦非实未知其事之有无而问焉。

丘之祷久矣①,是不拒之拒也,益见祷之无益矣。

先王之不禁祷,亦从人情也,其实决无有应验之理,即不若弗为之愈者,故众人为之不足非也,至子路欲为孔子祷,则近乎惑矣。

命是穷通夭寿之目,人力尽处,才可以言矣,人力未尽,辄托之命,则不可,故此非可常言者也。

大夫之富每与贵相连,故在彼而不在此,不可力求焉。商贾之富与贵背驰,故在己而不在人,善求者必得焉。是故命亦有两样,儒者不通商贾之理,混说而可否,以其求富,为不知天道之过,故程子有骇人之过论也。其谬由混同两命焉耳。

孟子逢原

通商贾,来百工,皆与聚之事矣。铜铁布帛皮毛材木菅苇之类,凡其国所〔乏〕者〔2〕,皆豫聚蓄焉,以待民用,或令商贾得聚蓄,皆是。

道元假往来道路之名,人之所宜践行,故谓之道也。所谓圣人君子之道,尧舜文武之道,皆弗离乎人矣。《易传》诸书乃更假论易道天道,及阴阳鬼神,莫不有道焉,并离乎人而为言矣。至于异端之言,则又已甚。盖立言之不同,随言而着解,斯可矣。孔孟之言道,弗离乎人,乃以离乎人之言作解,焉可也?

---

① 丘之祷久矣:见《论语·述而》。

善言天者必验于人，元来妄说，不当援解经。夫灾异之异端，何足措于齿牙间。

道未尝离人，但人未自识耳。

仁者德名也，德名亦有数，唯仁为能尽人之理矣，故仁之为言人也。字亦从人，尽人之理，而合乎人之性情，斯谓之道也。

大而礼乐刑政，小而书算医药，百工之事我皆可以应之，而亦可施处置。以我之才识，足明其数，量其宜故也，非备于我而何？若以为当然之理①，则理在于物，而不在于我，岂得言备于我哉，我唯识其理而应接处置焉已。

譬工正督百工之事，剑戈则辨其利钝，布帛则审其精粗，而上下其稍，岂必待亲操炉锤，弄机杼而后能焉哉，人皆可能矣。他事亦由此而推焉可也。注"当然之理"，失［綮］〔3〕；"性分之内"，浮虚。

性即理也，元来机锋之言矣。理字何曾有此等义哉？是一家之私言，非可通乎天下古今者。在其流派者，私［讲］之可也〔4〕，不得［采］入于经［解］〔5〕。

性字，经唯以人而言，注乃以穷理为解，乃是包万物，笼天地，其义泛然，不切于人。

夫性，孔子所罕言，非人人而聒之也。盖以不识性亦无大害故也。后世学者，焦唇弊舌，朝夕论性，恐非善学孔子者也。

复性之本，殊非孔孟之旨，若孟子唯有扩充而已矣②。扩充者进往也，复初者还家也，其道犹阴阳矣。凡复初诸说，并不得采入于七篇解中。

---

① 非备于我而何？若以为当然之理：此节驳《孟子·尽心上》"万物皆备于我矣"，《集注》："此言理之本然也，大则君臣父子，小则事物细微，其当然之理无不具于性分之内也。"

② 孟子唯有扩充而已矣：《孟子·公孙丑上》："凡有四端于我者，知皆扩而充之矣，若火之始然，泉之始达。苟能充之，足以保四海；苟不充之，不足以事父母。"又《告子上》："若夫为不善非才之罪也。……或相倍蓰至无算者，不能尽其才也。"此皆扩充之证。戴震《孟子字义疏证》云："不能尽其才，言不扩充其心知而长恶遂非也。"陈澧《东塾读书记》卷三"孟子道性善，又说扩充，性善者人之所以异于禽兽也，扩充者人皆可以为尧舜也"，与履轩之说可相发明。

凡孔孟论性，时有泛切之分，曾无本然气质之别。

在后世，唯程张论性最优，然亦自五行家一转而来者，且不全废五行，故其理气，本然气质，天理人欲等，犹带泥曳水未脱洒耳。

天理人欲是宋贤之见解，与孟子之言元不符合，不当以解七篇。

血气理义，天理人欲，皆后世之配当，非所以解七篇。

圣人遭否塞之运，亦有挽回之方，其有不能者，有命存焉，然不敢托命而慭视焉。

凡事无大小，皆有命存焉，鸟雀之一饮一啄，有时乎亦有命矣。

（据《日本名家四书注释全书》中所收《大学杂义》，《论语、孟子、中庸逢原》选）

校记：

〔1〕不：原误作"否"，据《日本名家四书注释全书》《论语逢原》改正。

〔2〕乏：原误作"令"，据《日本名家四书注释全书》《孟子逢原》改正。

〔3〕窾：原误作"窥"，据《日本名家四书注释全书》《孟子逢原》改正。

〔4〕讲：原误作"议"，据《日本名家四书注释全书》《孟子逢原》改正。

〔5〕采：原误作"录"；解：原误作"术"；均据《日本名家四书注释全书》《孟子逢原》改正。

二十七、伊藤仁斋

史料简介

伊藤仁斋（1627—1705，宽永四年—宝永二年）名维桢，字源佐，号仁斋，又号古义堂。初奉宋儒性理之学，著有《心学原论》《太极论》《性善论》等，均收入《古学先生文集》中，年三十七，乃疑宋学和孔孟之旨不同，改提倡古学，草定《语孟字义》及《中庸发挥》等书，尝言孔孟血脉尽于《语》《孟》二书，而《论语》是"最上至极宇宙第一书"。《语孟字义》劈头即反对宋儒有理而后有气之说，标出天地之间只是物质本源气的第一性，和《童子问》一书基本上均属于唯物主义和无神论世界观的思想体系。

《语孟字义》二卷，有宝永二年刻本，又《日本伦理汇编》第五册，又敬所批校本见《日本儒林丛书》第六册解说部。《童子问》三卷，有宝永四年和文化十二年两种刊本，又见《日本伦理汇编》第五册，此据《日本伦理汇编》选录。

语 孟 字 义

盖天地之间，一元气而已。或为阴，或为阳，两者只管盈虚消长往来感应于两间，未尝止息，此即天道之全体，自然之气机，万化从此而出，品汇由此而生。圣人所以论天者，至此而极矣，可知自此以上更无道理，更无去处。

天道有流行，有对待，《易》曰一阴一阳之谓道①，此以流行

---

① 一阴一阳之谓道：见《易·系辞上》，朱熹注，阴阳迭运者气，其理则所谓道。仁斋反之，以为此以流行言，即是道。

言；立天之道曰阴与阳①，此以对待言，其实一也。流行者，一阴一阳往来不已之谓；对待者，自天地日月山川水火，以至于昼夜之明暗，寒暑之往来，皆无不有对，是为对待。然对待者，自在流行之中，非流行之外又有对待也，故［知］天地之间〔1〕，只是此一元气而已矣。可见非有理而后生斯气，所谓理者，反是气中之条理而已。夫万物本乎五行，五行本乎阴阳，而再求乎所以为阴阳之本焉，则不能不必归之于理，此常识之所以必至于此不能不生意见，而宋儒之所以有无极之论也。苟以前譬喻见之，则其理彰然明甚矣。大凡宋儒所言谓有理而后有气，及未有天地之先毕竟先有此理等说，皆臆度之见，而画蛇添足，头上安头，非实见得者也。

《易》曰天地之大德曰生②，言生生不已，即天地之道也，故天地之道，有生而无死，有聚而无散，死即生之终，散即聚之尽，天地之道一于生故也。父祖身虽殁，然其精神则传之子孙，子孙又传之其子孙，生生不断，至于无穷，则谓之不死而可。万物皆然，岂非天地之道有生而无死耶。故谓生者必死，聚者必散，则可，谓有生必有死，有聚必有散，则不可，生与死对故也。

或以为自天地既辟之后观之，固一元气而已。若自天地未辟之前观之，只是理而已。故曰：无极而太极③，适圣人未说到一阴一阳往来不已上面焉耳。曰：此想象之见耳矣。夫天地之前，天地之始，谁见而谁传之邪，若世有人生于天地未辟之前，得寿数百亿万岁，目击亲视，传之后人，互相传诵，以到于今，则诚真矣。然而，世无生于天地未辟之前之人，又无得寿数百亿万岁之人，则大凡诸言天地开辟之说者，皆不经之甚也。所谓清者升为天，浊者降为地，邵康节以十二万九千六百年为一元，及天开于子，地辟于丑，人生于寅

---

① 立天之道曰阴与阳：见《易·说卦传》。
② 天地之大德曰生：见《易·系辞下》，又《系辞上》"生生之谓易"与"大生""广生"之说，皆与此相发明。
③ 无极而太极：周敦颐《太极图说》语，朱熹图解："此所谓无极而太极也，所以动而阳、静而阴之本体也。"

等说①，皆汉儒以来，狃闻战国杂家谶纬诸书，迂怪不经之故说，互相附会耳。均之佛氏所谓无始，老氏所谓无极之前，亦皆妄诞而已矣。夫四方上下曰宇，古往今来曰宙，知六合之无穷，则知古今之无穷。今日之天地，则万古之天地，万古之天地，即今日之天地，何有始终，何有开辟，此论可以破千古之惑，但可与达者道，不可与痴人道。

　　道犹路也，人之所以往来也，故阴阳交运，谓之天道；刚柔相须，谓之地道；仁义相行，谓之人道；皆取往来之义也。又曰：道犹途也，由此则得行，不由此则不得行，所谓何莫由斯道也，及道也者不可须臾离也②，是也。盖取于由此则得行之义，惟以其足以往来，故不得不由此而行矣。虽有二义，实一理也。又有以人之所行而言者，若尧舜之道及三子者不同道等是也。又有以方法言者，若大学之道③，及生乎今之世而反古之道④是也。然皆因通行之义，而假借之，故有天道，有地道，有人道，及异端小道百艺之末，皆得以道言之也。……《易》说一阴一阳之谓道……是说天道；如率性之谓道，及志于道，可与适道，道在迩⑤等类，是说人道。《说卦》明说，立天之道，曰阴与阳；立地之地，曰柔与刚；立人之道，曰仁与义；不可混而一之，其不可以阴阳为人之道，犹不可以仁义为天之道也。倘以此道字为来历根源，则是以阴阳为人之道也，凡圣人所谓道者，皆以人道而言之，至于天道，则夫子之所罕言，而子贡之所以为不可得

---

① 邵康节以十二万九千六百年为一元四句：邵雍《皇极经世》中以"元会运世"解释历史时间，一元十二会，会三百六十运。一会三十运，为三百六十世。一运十二世，有三百六十年。以当时的算数通算，恰合一元共计十二万九千六百年。

② "道犹路也"至"不可须臾离也"一节：道有路义，《论语·阳货》"道听而涂说"。《说文》"一达谓之道"。《易·系辞下》："有天道焉，有人道焉，有地道焉。"《说卦》"是以立天之道……立地之道，立人之道"皆取往来之义。《论语·雍也》"何莫由斯道也"，《礼记·中庸》"道也者不可须臾离也"皆有行之义。

③ 大学之道：《礼记·大学》："大学之道在明明德。"

④ 生乎今之世而反古之道：《礼记·中庸》："子曰愚而好自用，贱而好自专，生乎今之世，反古之道。如此者，灾及其身者也。"

⑤ 率性之谓道四句：《礼记·中庸》"率性之谓道"，《论语·述而》"志于道"，《子罕》"可与适道"，《孟子·离娄上》"道在近而求诸远"。

而闻也。其不可也必矣。

道字本活字，所以形容其生生化化之妙也。若理字①，本死字，从玉里声，谓玉石之文理，可以形容事物之条理，而不足以形容天地生生化化之妙也。盖圣人以天地为活物，故《易》曰：复其见天地之心乎②。老氏以虚无为道，视天地若死物然。

圣人每以道字为言，而及于理字者，甚罕矣。若后世儒者，倘舍理字，则无可以言者矣。其所以与圣人相龃龉者，何哉？曰后世儒者，专以议论为主，而不以德行为本，其势自不能不然；且以理为主，则必归于禅庄③。盖道以所行言，活字也，理以所存言，死字也。圣人见道也实，故其说理也活，老氏见道也虚，故其说理也死。圣人每曰天道，曰天命，而未尝曰天理；曰人道，曰人性，而未尝曰人理。唯《庄子》屡言理字④，不胜其多，彼盖以虚无为其道故也，所以措词自不能不如此。吾故曰：后世儒者以理为主者，为其本从老氏来也。

程子曰：冲漠无朕⑤，万象森然已具，未应不是先，既应不是后。"冲漠无朕"四字，出于《庄子》，"万象森罗"⑥四字，多见佛书，盖即维摩所谓芥子纳须弥之理也。维摩之室设三万二千狮子座，亦即此理；譬犹悬镜室中，人畜器用，皆历历可见，其数有限，不增不减，而后可也。然而建诸天地则皆悖，盖天地之化，生生无

---

① 理字：《说文》"理治玉也，从玉里声，顺玉之文而剖析之"，仁斋以文理释理字亦有所本，《荀子·正名》"形体色理以目异"，注"理文理"。《解蔽》"则足以见须眉而察理矣"，注"肌肤之文理"。《素问·举痛论》"寒则腠理闭"，注"谓文理逢会之中"。

② 复其见天地之心乎：见《易·复卦》彖辞。

③ 禅庄：禅，禅宗；庄，庄子。

④ 《庄子》屡言理字：如《缮性》"道理也""而和理出其性"，《秋水》"是未明天地之理""知道者必达于理"，《则阳》"理不可睹""与物同理"，《盗跖》"不顺于理""从天之理"，《天下》"析万物之理""动静不离于理""其理不竭"，又屡言"天理""调理"。

⑤ 冲漠无朕：案《庄子》书中无此语，《应帝王》篇有"游心于淡，合气于漠"之说，疑指此。

⑥ 万象森罗：案此当指华严宗教义言，《维摩经·不可思议品》有芥子纳须弥之语，芥子喻极小，须弥山名，喻极大。

穷，有则愈有，无则愈无，当其有之盛，则愈相倍蓰，虽极天下之巧，不能算焉。倘至于无之极，则灭而又灭，泯然澌尽，无迹之可寻，此天之妙也。故圣人之道，所以为真实正当之教，而老庄所谓冲漠无朕，芥子纳须弥等说，实出于世俗陋见。饰以硬语耳，本甚浅近易到。《程传》则谓动静无端，阴阳无始，非知道者，孰能识之，盖指佛老而言，可谓至言矣。

仁义礼智四者，皆道德之名，而非性之名。道德者，以遍达于天下而言，非一人之所有也。性者，以专有于己而言，非天下之所该也，此性与道德之辨也。《易》曰：立人之道，曰仁与义。《中庸》曰：知[1]仁勇三者，天下之达德也。《孟子》曰：既饱以德，言饱乎仁义也。仁义为道德之名，彰彰矣。自汉唐诸儒，至于宋濂溪先生，皆以仁义礼智为德，未尝有异议，至于伊川始以仁义礼智为性之名，而以性为理，自此而学者，皆以仁义礼智为理为性，而徒理会其义，不复用力于仁义礼智之德。至于其功夫受用，则别立持敬、主静、致良知①等条目，而不复徇孔氏之法，此予之所以深辩痛论，繁词累言，聊罄愚衷，以不能自已者，实为此也，非好辩也。

仁、义二者，实道德之大端，万善之总脑。智、礼二者，皆从此而出。犹天道之有阴阳，地道之有刚柔，二者相须相济，而后人道得全。

仁与义，犹阴阳之相济，而不可相胜，水胜火，则不济用，火胜水，则熬而竭。仁义之不可偏胜，亦如此。仁而无义，则非仁，墨子之仁是也。义而无仁，则非义，杨子之义是也。故圣人曰仁则有义在，曰义则有仁在。②

（据《日本伦理汇编》第五册第11—73页选）

校记：
〔1〕知：原脱漏，据《日本伦理汇编》第五册《语孟字义》补。

---

① 持敬、主静、致良知：持敬、主静，均程朱说。致良知，王阳明说，惟程颢（明道）亦教人以良知良能，元不丧失，实为致良知说所本。
② 仁则有义在、义则有仁在：《礼记·礼运》"仁者，义之本也"，《孟子·尽心上》"仁义而已矣"，儒家以仁、义并言，故云。

童 子 问

　　孔孟之直指①,见于《论》《孟》二书者,炳如丹青,包含天下之理而无缺,荟萃百家之典而不遗,出于此,则旁径也,他歧也。子欲识予之意,则观《论》《孟》二书足矣。今虽为子倾囷倒廪,以尽告之,亦莫能出于二书之外者矣。子能熟读玩味有得焉。则虽与予生相睽违,阻地隔世,犹相聚一堂,终日论议,心心相照,若合符节,自莫相违,勉旃,勿怠。

　　天下之理,到《论》《孟》二书而尽矣,无可复加焉,勿疑。

　　《论语》之书,圣人以大中至正之心,说大中至正之道,故唯大中至正之人能知之,子必以难知难行高远不可及者为至道,而不知易知易行平正亲切者,却是万世不易天下极至之理。盖难知难行高远不可及之说,乃异端邪说,而易知易行平正亲切者,便是尧舜之道,而孔子立教之本原,《论语》之宗旨也。昔在孔子旁观古今,历选群圣,特祖述尧舜,宪章文武,尽黜夫难知难行,磅礴广大不可窥测之说,而立其易知易行,万世不易之道,以为生民之极,传之门人,诏之后世,故《论语》一书,实为最上至极宇宙第一书;而孔子之圣,所以为生民以来未尝有,而贤于尧舜远者,以此也。而《孟子》之书,又亚《论语》,而发明孔子之旨者也。其言曰:尧舜之道,孝弟而已矣②。又斥其难知难行,高远不可及之说,以为邪说为暴行,痛拒绝之,而专唱仁义之旨,盖《论语》之义疏也。故学者实知得斯理,而后当读《论》《孟》二书。不然,则虽字解句释,精若蚕丝,密若牛毛,实侮《论》《孟》者也,岂可谓尊信之乎。从前学者,皆以《论语》,徒为孔门一时问答之语,而不知其高出于六经之上矣。道之所以不明不行于天下后世者,职此之由,学者不可不审诸。

　　学者不熟读《孟子》,必不能达于《论语》之义,盖《论语》之津筏也。《论语》专说修仁义礼智之方,而未尝发明其义。孟子时,圣远道湮,大义既乖,故孟子为学者,谆谆然剖别其义,阐明其理,丁宁详悉,无复余蕴,故通七篇之义,而后《论语》之理,始可明矣。

---

① 直指:直有不曲不斜不偏之义,直指即正指。
② 尧舜之道,孝弟而已矣:见《孟子·告子下》。

问何谓人外无道？曰：人者何？君臣也，父子也，夫妇也，昆弟也，朋友也。夫道者一而已，在君臣谓之义，父子谓之亲，夫妇谓之别，昆弟谓之叙，朋友谓之信，皆由人而显，无人则无以见道，故曰：人外无道。何谓道外无人？曰：道者何？仁也，义也，礼也，智也。人囿于其中，而不得须臾离焉。离焉则非人也，故曰道外无人。凡说天地之外古今之远，而无资于人伦，无益于天下国家之治焉者，皆邪说之魁也。

道至矣大矣，固不待论，然不能使人为圣为贤，所谓非道弘人是也。其所以使人为圣为贤，开来学而致太平者，皆教之功也。所谓人能弘道①是也。故道为上，教次之。然而使人之性顽然无智如鸡犬然，则虽有百圣贤，不能使其教而之善，惟其善，故其晓道受教，不啻若地道之敏树②，故性亦不可不贵。此性道教之别也。汉末儒先，多于此颠倒错说，甚害于道，子其审诸。

问：然则教贵于性欤？曰：奚其然。虽有善教，然而使人之性不善，若犬马之与我不同类，则与道扞格不相入。惟其善，故见善则悦，见不善则嫉，见君子则贵之，见小人则贱之，虽盗贼之至不仁，亦莫不然，是教之所以由而入也。虽蛮貊无教之邦，叔季③绝学之世，人不皆化为鬼为蜮者，性之善故也。性之善，岂可不贵耶。

问：然则性贵于教欤？曰：不然。人皆有性，性皆善，然学以充之，则为君子矣；不能充之，则众人而已耳。性之不可恃也如此，故云：苟不充之，不足以事父母④。孔子亦曰：性相近也，习相远也⑤。盖君子小人之分，不由性而由教，故夫子不责性，而专责习，其意可见矣。又曰：人能弘道，非道弘人，亦此意也。吾夫子以生民以来未尝有之至圣，旁观古今，洞视天人，创为生民建大教法，曰学而已矣。故曰：学而时习之，不亦说乎。又曰：吾尝终日不食，终夜

---

① 非道弘人，人能弘道：见《论语·卫灵公》。
② 地道之敏树：《中庸》"人道敏政，地道敏树"，朱熹注："以人立政，犹以地种树，其成速矣。"
③ 叔季：谓衰乱将亡之世，朱熹《白鹿洞赋》："在叔季而且然，矧休明之景运。"
④ 苟不充之，不足以事父母：见《孟子·公孙丑上》。
⑤ 性相近也，习相远也：见《论语·阳货》。

不寝，以思无益，不如学也①。盖言天下之至益莫如学问，而夫悬空臆想者，实无所获，勉旃。

圣门学问第一字，是仁。义以为配，礼以为辅，忠信以为之地。仁之与义也，犹阴之与阳也，故曰：义以为配，言相离不得也。

礼者防闲之所在，故曰：礼以为辅，言非礼，则无以存仁也。尽己之谓忠，以实之谓信，乃学问之基本，故曰：忠信以为之地，犹造屋之有基址也。是其总要也，皆所以成夫仁之德也。

仁之为德，大矣，然一言以蔽之，曰爱而已矣②。在君臣谓之义，父子谓之亲，夫妇谓之别，兄弟谓之叙，朋友谓之信，皆自爱而出。盖爱出于实心，故此五者自爱而出，则为实，不自爱而出，则伪而已。故君子莫大于慈爱之德，莫戚于残忍刻薄之心，孔门以仁为德之长，盖为此也，此仁之所以为圣门第一字也。

问：孔孟所谓仁者，其旨果如何？曰：仁者，人道之大本，众善之总要；人道之有仁义犹天道之有阴阳也。故曰：仁，人之安宅也；义，人之正路也③。两者不相离，而以仁为要。

问：仁之成德，亦可得而闻之乎？曰：可矣。慈爱之心，浑渝通彻，从内及外，无所不至，无所不达，而无一毫残忍刻薄之心，正谓之仁；存于此，而不行于彼，非仁也。施于一人，而不及于十人，非仁也。存乎瞬息，通乎梦寐，心不离爱，爱全于心，打成一片，正是仁，故德莫大于爱人，莫不善于忮物。孔门以仁为学问宗旨，盖为此也。

由夫子到于今，殆二千有余岁，四海九州岛，人皆善善而恶恶，君臣父子夫妇昆弟朋友之交，各得叙其伦，而不为左衽之俗者，悉皆夫子之赐也。人皆在于夫子之教之中，而不知夫子之教之大，犹人囿于天地之内，而不知天地之为大也。微夫子，借令人不皆化为鬼

---

① 学而时习之六句：首二句见《论语·学而》，后四句见《论语·卫灵公》。

② 仁之为德四句：案仁斋以"爱"字释仁，亦有所本。《易·系辞》"安土敦乎仁故能爱"；《论语·学而》"泛爱众而亲仁"《颜渊》"樊迟问仁，子曰爱人"；《周子通书》"爱曰仁"；韩愈《原道》"博爱之谓仁"皆其例。

③ 仁人之安宅也二句：见《孟子·离娄上》。

为蜮，而三纲沦九法斁①，天下不得其为天下。于戏大矣哉！宋人见于一古刹梁上书，天不生孔子，万古如长夜，十大字，终为千古之名言，宜矣［以上卷上］。

儒者之于王道，犹孙吴之于兵，卢扁②之于医，盖专门之业也。学问以王道为本，故《中庸》曰：仲尼祖述尧舜，宪章文武，盖孔子之学，即尧舜文武之道，孟子之说，即孔子之学，皆尧舜文武治天下之道，外此而岂有所谓学问者邪？盖非以王道为主而行之修己治人万般功夫，皆由王道而出，故孔子曰，君子修己以安百姓③。又曰：一日克己复礼，天下归仁④。凡存心养性，忠信笃敬，条目虽多，皆莫不以王道为本，而乃以仁为要。其独善其身，岂圣人之本心也哉？

问：圣门之学，以王道为本。其意如何？曰：子能识圣人之学与佛老之学，所由而分如何，则自知之矣。圣人从天下上见道，佛老就一身上求道；就一身上求道，故不顾天下之从否，专要清净无欲，以成就一己之安，卒至于弃人伦，废礼乐，此所以为异端也。圣人从天下上见道，故就天下之所同然而见道，不欲离乎天下，而独善其身，故其学为经世，其道为达道，其教为仁义忠信，其言曰：吾非斯人之徒与而谁与，天下有道，丘不与易也⑤。其修己立德，将以安天下之人，故不以天下之所不能而强人，亦不以天下所不从而为教，所以为王道也。

圣人以天地为活物，异端以天地为死物，此处一差，千里之谬。盖天之所以为活物者，以其有一元之气也。一元之气，犹人之有元阳，饮食言语，视听动作，终身无息，正为其有元阳也。若元阳一绝，忽为异物，与木石无异。唯天地一大活物颠，生物而不生于物，悠久无穷，不比人物之有生死也。夫无太虚则已，有太虚则不能无斯

---

① 九法斁：《周礼·夏官·大司马》"掌建邦国之九法"。斁，笃误切，音妒，败也。九法斁与《书·洪范》"彝伦攸斁"之义略同。

② 卢扁：古良医扁鹊，家于卢，世称卢医，亦称卢扁。

③ 君子修己以安百姓：《论语·宪问》"曰修己以安百姓"。"君子"二字，仁斋所加，盖本《论语·卫灵公》"君子求诸己"，《礼记·学记》"君子如欲化民成俗"之义。

④ 一日克己复礼二句：见《论语·颜渊》。

⑤ 吾非斯人之徒与而谁与三句：见《论语·微子》。

气；斯气也，既无所生，亦无所不生，万古独立，颠扑不破，岂容以虚无目之邪？故曰：大哉乾元，万物资始，乃统天；至哉坤元，万物资生，乃顺承天①。圣人之论天，至此而极，从此以上，更不说一层之理，汉儒以太极为一元气②，是也。此是千古不传之秘，大易之露泄天机者也。

理本死字，在物而不能宰物，在生物有生物之理，死物有死物之理，人则有人之理，物则有物之理，然一元之气为之本，而理则在于气之后，故理不足以为万化之枢纽也。万物本乎五行，五行本乎阴阳，再推而至于阴阳之所以然，则不能不归之于理；既归于理，则不能不陷于虚无，所谓万法归一，一归何所③，是也。此常识之所以必至此，而与圣人自相违也。

凡天地之间，皆一理耳，有动而无静，有善而无恶。盖静者动之止，恶者善之变，善者生之类，恶者死之类，非两者相对而并生，皆一乎生故也。凡生者不能不动，惟死者而后见其真静也：其生也昼动而夜静，然虽熟睡之中，不能无梦，及鼻息之呼吸，无昼夜之别，手足头面，不觉自动摇，是皆其动处，《字义》所谓死者生之终，散者聚之尽，是也。验之天地，亦益信然，日月星辰，东升西没，昼夜旋转，无一息停机，日月相推而明生焉，寒暑相推而岁成焉④。天地日月，皆莫不乘斯气而行，若走马灯然，兵卒舆马，随火气而往来驱逐，旋而不已也。流水之为物也，亘昼夜而不舍，草木之有生也，虽隆冬亦有花，皆为有动而无静也，有善而无恶，亦然。

心学之称，亦自禅学来，禅家以其法名心宗，性学之号亦然。盖理学者流，以其非配诵词章之学，创建斯名，以标榜于世，然实非

---

① 大哉乾元六句：首三句《易·乾》象传，后三句《坤》象传。
② 汉儒以太极为一元气：《易·系辞》"是故易有太极"。《文选·张茂先励志诗》注引郑玄注"极中之道，醇和未分之气也"。又《春秋》隐公元年何休《公羊传解诂》"元者，气也。无形以起，有形以分，造起天地，天地之始也"，此均汉儒以太极为一元气之说。
③ 万法归一，一归何所：此禅家语，万法指染净之诸法，归法指离染净之一味实体，由一味实体应缘而现万法之相，是万法归一；而一亦无有自性，则不能不陷于虚无，故云一归何处。
④ 日月相推而明生焉二句：本《易·系辞下》。

圣人之意也。禅者本不知本然之德，硬就己心上用功，后世儒者虽知由本然之德，而其工夫却亦就心上见道，遂以心学称之。殊不知人具斯形，则必有斯心，自圣人至于愚夫愚妇一也。本非贵，亦非贱，故圣人言德而不言心，其千言万语，皆莫非所以使人由本然之德也。孟子虽屡言心，亦皆指仁义之良心而言，所谓本心恒心是也。盖圣人从天下上见道，佛者从一身上见道，从天下上见道，故见天下所同然之理，所以贵德而不贵心也。从一身上见道，所以知心而不知德也。故其学自霄壤，而卒至离人伦，可不察耶。

夫道也者，夏葛而冬裘，晨兴而夜寐，虽无吾说，后来固当有知之者，此予之所以自恃而自安也。至于性学之非，则予死之后，千岁之远，不知复有实见得之者乎否，予所以呶呶然不得已，正以此也〔以上卷中〕。

孟子之意，本非谓天下之性皆善而无恶也。就气质之中，而指其善而言之，非离气质而论其理也。而其所谓善者，就四端之心而言，非谓未发之时有斯理也。故曰：人性之善也，犹水之就下也①；夫水之就下，在流水之时而可见焉，则人性之善，亦就发动之时而言之，可知矣。又曰：人之有四端也，犹其有四体也②。言四端之心，人人具足，不假他求，犹四体之有于其身，而相离不得也。可见孟子之学，本无未发已发之别，而以四端之心，比四体之有于其身，则性善者，即以四端之心而言，而非本然之理也。下文又曰：无恻隐之心，非人也；无羞恶之心，非人也；无辞让之心，非人也；无是非之心，非人也③。则知孟子之意，以谓凡人必有耳目四体，而后谓之人，四端之在于吾身也，犹四体之有于其身，非天下之性皆善而无恶乎？

夫人之所当修焉者，人伦而已矣；人之所当务焉者，人事而已矣。天下非仁不亲，非义不行，故外人伦而无道，外仁义而无教。万世之远，四海之广，不得一日离，故居仁由义，则虽不坐禅，不面壁，然身自修，家自齐，国自治，天下自平，无往而不可矣。苟不居仁由义，则设其心如明镜，如止水，无一毫人欲之私，无益。此圣人

---

① 人性之善也二句：见《孟子·告子上》。
② 人之有四端也二句：见《孟子·公孙丑上》。
③ 无恻隐之心非人也四句：见《孟子·公孙丑上》。

之道，所以度越诸子百家，而宇宙之间为独尊也。

问：先生学问之家法。曰：吾无家法，就《论语》《孟子》正文理会，是吾家法耳［以上卷下］。

（据《日本伦理汇编》第五册第74—167页选）

二十八、伊藤东涯

史料简介

伊藤东涯（1670—1736，宽文十年—元文元年）名长盾，字原藏，号东涯，又号慥慥斋，私谥绍述，为仁斋长子，继其父在家讲学，终身不仕。所著书五十三种，关于哲学有《辨疑录》四卷，《古学指要》二卷，《学问关键》一卷，《天命或问》一卷，《复性辨》一卷，《古今学变》三卷。余如《闲居笔录》《东涯漫笔》亦可见其思想。兹选录其与唯物主义哲学有关者，《辨疑录》六则（据亨保十九年京都刻本），《古学指要》五则（据正德四年序刊本），《闲居笔录》一则（据《日本儒林丛书》第一部）。

辨 疑 录

道者百行之统名也，达于天下，准于万世，凡为人者之所由焉，而行者本自道路上立言，先儒邵子既有其说①，《语孟字义》中亦详述往来通行之义②，分而言之，而仁义礼智孝弟忠信等目立焉。言其常则唯圣人之道，彝伦之实，可以谓之道，而异于此者不可以为道。

---

① 邵子既有其说：邵子即宋邵康节，名雍，所著《观物篇》之五十三（内篇之三）以"道为天地之本，天地为万物之本"，五十九（内篇之九）申其说云："天由道而生，地由道而成，物由道而形，人由道而行。天地人物则异矣，其于道一也。夫道也者，道也。道无形，行之则见于事矣。如道路之道坦然，使千亿万年行之，人知其归者也。"

② 通行之义：《语孟字义》卷上："道犹路也，人之所以往来通行也。故凡物之所以通行者，皆名之曰道。"

孟子以耳目口鼻之欲为性，而亦必言性善者，盖就耳目口鼻之欲而见其善也①。目之欲色，口之欲味，是人之性，而不搂东家之处子，不受嗟来之食，亦是性之善也。然则外人心而复有所谓道心之可言哉？故《论语》中所云心者，皆指人心，而孟子言本心者，亦就人心而见其善焉耳。

人心道心，先儒之说不一。程子曰：人心人欲，道心天理②。朱子本于性命为道心，出于形气为人心③，上智下愚之所同，而又于人心中分天理人欲。阳明王子是程子之说，其言曰：心一也，未杂于人伪谓之道心，杂以人伪谓之人心，人心之得其正者即为道心，道心之失其正者即人心，初非有二心也。程子谓人心即人欲，道心即天理，语若分析，而意实得之。今曰道心为主，而人心听命，是二心也。天理人欲不并立，安有天理为主，人欲又从而听命者④。叶少蕴《避暑录话》云⑤：所谓人心者，喜怒哀乐之已发者也；道心者，喜怒哀乐之未发者也。人能治其心，常于未发之前，不为其发之所乱，则不流于人心，而道心常存，非所谓中乎。予谓人非有二心也，道心自在人心之中，假如人有好色之心，亦有畏礼义之心，此二者皆一心也。

鬼神之称原其本义，则有天神地祇之别，又有阳灵阴灵之说，散而言之，则无甚异别。祭神如神在⑥，岂必阳之灵？非其鬼而祭之⑦，岂必阴之灵？盖人死曰鬼，鬼者对人之称，故天地之灵谓之上

---

① 孟子以耳目口鼻之欲为性三句：《孟子·尽心上》"形色天性也"。又《告子上》以人之耳目口鼻之同嗜同听同美，证明人之心性皆同。戴震《孟子字义疏证》云："孟子之所谓性，即口之于味，目之于色，耳之于声，鼻之于臭，四肢于安佚之为性。"

② 程子曰二句：人心道心语本《虞书》'人心惟危，道心惟微'，《二程粹言》二"子曰人心私欲也，危而不安；道心天理也，微而难得"：盖本于此。

③ 朱子本于性命为道心，出于形气为人心：朱熹《中庸章句序》："心之虚灵知觉，一而已矣，而以为有人心道心之异者，则以其或生于形气之私，或原于性命之正，而所以为知觉者不同，是以或危殆而不安，或微妙而难见耳。"

④ "阳明王子"至"人欲又从而听命者"：见《传习录》上"答徐爱问"。

⑤ 叶少蕴《避暑录话》：宋叶梦得，吴县人，字少蕴，号石林，著有《石林居士建康集》《石林词》《避暑录话》等。

⑥ 祭神如神在：见《论语·八佾》。

⑦ 非其鬼而祭之：《论语·为政》下有"谄也"二字。

帝后土，未闻谓之鬼也。神者尸祝俎豆，寓报本反始之诚者也。故通天地人总谓之神，犹后世之称某大王，此间称某明神也。先儒亦要之于理，或云造化之迹，或云二气之良能①，则非古者之义也。

鬼神之有无享否，夫人之所必置疑，而千古竟无定论，圣贤亦无明辨，要之与后世说性谈命同一弊，徒供研究之资，而竟无受用之益。圣人之言命也，将以使人安分而不奔竟，何必溯其在天之初。言性也，将以使人进修而不自弃，何必问其赋畀之本，盖人在彝伦之间，尊者事之以恭敬，卑者畜之以慈爱，其人既故，而其心不已，主重以奉之，牲牢以供之，事之如事存，此人之至情也。假使其论究之于必无，则废而不祭乎，此人之所不忍言，而人道灭矣。故圣人之事鬼神也，祭如在，祭神如神在，使其著于言亦如斯焉而已矣。事之以诚意，正是受用之实，未尝研究其理，问有无享否也。

圣人之于天道也，必参之于人，不离人而徒求之于天也。故《书》曰，天视自我民视，天听自我民听②，其于鬼神亦然。故务民之义，敬鬼神远之③，两者相须而后可以谓之智矣。盖人事之著也，善恶得失，其迹可知，而天道鬼神，茫昧难测，苟离人事而徒求之于鬼神，则信者渎焉，详于鬼而略于人，疑者慢焉，得于人而失于鬼，慢则非敬也，渎则非远也，圣人信而不渎，有之而不惑，所以曰敬而远之，事鬼神之道，万世莫以尚焉。

古 学 指 要

训　道

然斯道也，岂待有人而后始有乎哉，本来自有，万古不可泯灭，圣人特为之节文条目以指导人焉耳。譬诸九域④之中乾开坤辟以还，自有一条平坦去处。古之圣人因其形便，就以为道，设之桥梁，

---

① 或云造化之迹，或云二气之良能：朱熹《答吴公济书》"鬼神者造化之迹"注伊川语，"乃二气之良能也"注横渠语。
② 天视自我民视二句：见《书·泰誓》《孟子·万章上》。
③ 务民之义二句：见《论语·雍也》。
④ 九域：九州，古分天下为九州。

置之关隘，使尽天下之人，由其中往来奔走焉；其或山嘴海澨，崎岖阻绝之地，虽欲通之径遂途路，而亦可得乎？是知所谓道者，非具于己心之理也，亦非存于事物之理也。在天下千万人上，而天下千万人之所取以为法者，是道，盖在其相交上立言，本非有别件事也。

因情知性说

情也者，性之欲，而人心之不涉思虑安排者也，不唯善心，凡人之好色甘食以及欲富贵、好货财等项，其性之所欲，而不涉思虑安排者，皆谓之情；天下之所同然，谓之同情，人心之所实然，谓之情实；而人之可为善亦然，故孟子以此知性之善也[1]。先儒以为性未发而情已发[2]，孟子因情以言性，是以已发而明未发也，苟如其说，则志意念虑亦皆已发，孟子何以偏执情而晓性之善耶。盖凡物致饰则失其性，损坏则亦失其性，此皆难见其实矣。情也者，人心之不致饰，不损坏者也，则可以见其性之实矣。何者，人心之动，若有所矜饰，则其事虽善，本非情也，如曰，伪貌饰情是也。或有所陷溺，则其事之恶，亦非情也，如曰，不近人情是也。皆非其实也。唯其无所矜饰，则真而非伪，无所陷溺，则未失其本，此可谓之情，而可以认性之真矣。譬诸木之生也，未蟠结以取观美，亦不斧斤以致戕贼，则曲直之性可见矣。此孟子之所以因情以知性之大端，而非已发未发之谓也。

心就已发言说

夫是心未发之时，寂然不动[3]，未有善恶之可言，及其已发而后善恶邪正判焉，故从古圣贤之教人多就言行事实示之方法，而及心者甚希。其言心者，亦必就已发为说，使之向善而远恶，而未尝使向

---

[1] 孟子以此知性之善：《孟子·告子上》"乃若其情则可以为善矣，乃所谓善也"，颜元《四书正误》卷六云："孟子明言其情可以为善，宋儒却说情恶，甚至论气质之性，并性亦谓有恶，非孟子之罪人与。"

[2] 先儒以为性未发而情已发：《朱子文集》"答张敬夫"云："喜怒哀乐之未发谓之中，性也；发而皆中节谓之和，情也。子思之为此言，欲学者于此识得心也，心也者其妙性情之德者与。"

[3] 寂然不动：《易·系辞上》"寂然不动，感而遂通，天下之故"，《周子通书》云："寂然不动者诚也。"

未发之先施工夫也。故《洪范》列五事，曰：貌言视听思[①]；《诗》亦曰思无邪[②]；《诗书》之言，虽非说心者，而其就思为说，则古圣贤以已发言心可知也。且夫子自道曰：七十而从心所欲，不逾矩[③]。其称颜子曰，其心三月不违仁[④]。夫心之逾距与违仁，皆已发以后之事也，而夫子以此言心，则夫子之言心，亦就已发而言明矣。《孟子》之书言心者尽多，其言曰：心之官则思，思则得之，不思则不得也[⑤]，以思为心之职，则其就已发而言心亦明矣。且曰恻隐之心[⑥]，仁之端也。又曰：人皆有不忍人之心，先王有不忍人之心，斯有不忍人之政矣[⑦]。又曰：今人乍见孺子将入于井，皆有怵惕恻隐之心[⑧]。又曰，人能充无欲害人之心，而仁不可胜用也；人能充无穿腧之心，而义不可胜用也[⑨]。此孟子之言心，亦皆就发用上立言，而未尝就未发之时为说，其见于诸章者，班班如此。《大学》述正心之目，亦举忿懥、恐惧、好乐、忧患四者以实之[⑩]，其余圣贤书中言心者，不可胜计，而未尝有就未发为言者也。

生之谓性章说

今玩孟子之旨，其所谓善者，亦就气质上认善，而非外气质而

---

① 《洪范》列五事：《尚书·洪范》："初一曰五行，次二曰敬用五事。"注："五事一曰貌、二曰言、三曰视、四曰听、五曰思。"
② 思无邪：见《诗·鲁颂》《论语·为政》。
③ 七十而从心所欲二句：见《论语·为政》。
④ 其心三月不违仁：《论语·雍也》："回也，其心三月不违仁，其余则日月至焉而已。"
⑤ 心之官则思三句：见《孟子·告子上》。
⑥ 恻隐之心二句：见《孟子·公孙丑上》。
⑦ 人皆有不忍人之心三句：见《孟子·公孙丑上》。
⑧ 今人乍见孺子将入于井二句：见《孟子·公孙丑上》。
⑨ 人能充无欲害人之心四句：见《孟子·尽心下》。
⑩ 《大学》述正心之目二句：《礼记·大学》："所谓修身在正其心者，身有所忿懥则不得其正，有所恐惧则不得其正，有所好乐则不得其正，有所忧患则不得其正。"

为言也。《告子》篇论性①诸章，班班可见。……盖犬牛之与人，同有所禀之性，然犬之性如彼，牛之性如彼，而人之性，则解为善，此固不同也。若如告子之说，徒曰生之谓性，而人畜所禀，漫尔无别，则谓犬牛与人，其性不异可乎？……是知孟子所言之性，与告子所言者，其就气质为说则一，而唯孟子以为善，告子以为无善无不善，此为不同焉耳。然则孟子所谓性善，亦就气为言，而不与世之所谓性异也，断然可知矣。

心法道法论

古之学问求法于道，后之学问求法于心；盖古人之所谓心也者，专就思虑发动上而言，则其运用之间，虽可以使为善，而亦不免有是非得失，邪正过不及之差，所以不可不取法于物焉。故古昔先王，发一号令，制一器服，必象天地，准四时，仪五行，莫不有所取则，如今之《月令》《吕纪》所载②，虽未全先王之法，盖亦其遗意也。以今日人情观之，则虽如迂而不经，其质实敦厚，不敢自是，事必有所法而稽，亦可见矣。故其当时言行事为之是非得失，必稽之于道，能不违其则而后敢行。古云：有言逆于汝心，必求诸道；有言逊于汝志，必求诸非道③；此其心之与道相背驰，虽未必至于如是之甚，而所以激人使不自师其心，而事必稽之于道者，其意可见矣。三代以降，其法益详，或曰中，或曰礼，或曰仁义，或曰中庸，皆所以使人有所持循，而合而言之，则曰道。……凡圣贤之教人，举皆以道为规矩准绳，欲使心之所思不违于此，而未尝以心为法也。自汉而后之学者，质而为笺传训诂之学，华而为文章词赋之学，趋事功者，骛乎便近，厌繁丽者，溺乎空寂；讲圣人之学者，不过考究制度文物，而至于身心之说，则还诸老佛家物。而佛氏之教，剥落虚文，洗剔枝

---

① 《告子》篇论性：《孟子·告子上》："告子曰：'生之谓性。'孟子曰：'生之谓性也，犹白之谓白与？'曰：'然。''白羽之白也，犹白雪之白；白雪之白，犹白玉之白与？'曰：'然。''然则犬之性犹牛之性，牛之性犹人之性与？'"孟子之意盖谓天地之性人为贵，人与犬牛气质不同。

② 《月令》《吕纪》：《月令》，《礼记》篇名；《吕纪》，《吕氏春秋》。《礼记·月令》疏引郑氏《目录》曰："名曰'月令'者，以其纪十二月政之所行也。本《吕氏春秋》十二月纪之首章也，礼家好事，抄合为此篇。"

③ 有言逆于汝心四句：见《尚书·太甲下》。

叶，专澄莹其一心，不为声色货利汩乱，故其工夫似简约，而得其本矣，世之贤儒才士，翕然趋之。宋兴诸老崛起，革前世之浮靡，还之真淳，屏异端之空寂，务其事实，其功固伟矣。然余习剩论，沦浃已深，欲之禽狝①，还被浸淫，于是乎以仁义礼智之德，为具于吾心之理，或主乎理，或主乎心，其立旨虽有不同，而毕竟欲扫灭蔽障以复其初，则是以心为法者，而与以道为法，有进反生死之别矣。譬诸制器，必由规矩，谓规矩出于器乎？谓器出于规矩乎？苟如其说，则不由规矩以制器，而就器以取规矩也，岂有此理乎？

闲 居 笔 录

　　心与血肉相待以有生，犹匏竹相围而声出，破之则哑，金石相戛②而火发，离之则已。人之一身，四肢百骸，完具无缺，饮食不失其养，血气不失其平，阴阳不失其和，而后心灵能明矣。苟体饥气乏，则心为之病。况乎肢体变灭，骨肉消散，心何所寓哉。且初生小儿，虽能活动，未有知识，肤革日充而精神日灵，及其壮长也，形躯壮实则知虑随长，其老也，须眉皓白，筋力枯瘁，则精爽③亦荒废，斯身变灭之后，斯心亦从而变灭可知已。故，心与血肉相待而生，有血肉而后有心，非有心而后有血肉也。（卷下）

---

　　① 欲之禽狝：禽通擒，捉也；狝，杀也；此谓为欲望的俘虏。
　　② 戛：吉揠切，犹击也。
　　③ 精爽：《左传》昭七年："用物精多则魂魄强，是以有精爽至于神明。"疏："精亦神也，爽亦明也。精是神之未著，爽是明之未昭，言权势重，用物多，养此精爽至于神明也。"

二十九、荻生徂徕

史料简介

荻生徂徕（1666—1728，宽文六年—享保十三年）即物茂卿，名双松，小字总右卫门，号徂徕，又号蘐园，江户人。他和伊藤仁斋一样，都属于古学派，同反对宋儒，但仁斋以仁义为道，徂徕则以礼乐为道。他是蘐园学派的创始人，蘐园学派宣扬汉文学，提倡经史考证，对后来学术界影响颇大。他关于道的认识，以为道即孔子之道，而孔子之道又即先王之道，而先王所造之道，实际即礼乐刑政，即先王治天下的道术。"夫道者所以平治天下也，所以陶冶天下也。"认为道即仁者安民之道。同时又指出："君子以安民为己任。"这在当时是有实际意义的。

他著书很多，尤以《辨道》《辨名》《论语征》等书自成一家之学。《辨道》一卷，见《日本儒林丛书》第四册《论辨部》，兹据文化丁卯刻本，全部选录。

辨 道

道难知亦难言，为其大故也。后世儒者，各道所见，皆一端也。夫道，先王之道也。思孟而后，降为儒家者流，乃始与百家争衡，可谓自小已。观夫子思作《中庸》，与老氏抗①者也。老氏谓圣人之道伪矣，故率性之谓道，以明吾道之非伪，是以其言终归于诚焉。中庸

---

① 子思作《中庸》，与老氏抗：案《朱子语类》卷六二："老子以圣人之道为伪，是故子思说诚抗之，《中庸》之书，实与老子争辩之书也。"又《中庸章句》朱序"异端之说日新月盛，以至于老佛之徒出，则弥近理而大乱真矣，然而尚幸此书之不泯……盖子思之功于是为大"云云，是徂徕之说亦有所本。

者，德行之名也，故曰择①。子思借以明道，而斥老氏之非中庸，后世遂以中庸之道者误矣②。古之时，作者之谓圣③，而孔子非作者，故以至诚为圣人之德。而又有三重之说④，主意所在，为孔子解嘲者可见焉。然诚者，圣人之一德，岂足以尽之哉。至于孟子性善，亦子思之流也。杞柳之喻⑤，告子尽之矣，孟子折之者过矣。盖子思本意，亦谓圣人率人性以立道云尔，非谓人人率性，自然皆合乎道也。它木不可为桮棬，则杞柳之性有桮棬。虽然，桮棬岂杞柳之自然乎。恻隐羞恶，皆明仁义本于性耳。其实恻隐不足以尽仁，而羞恶有未必义者也。立言一偏，毫厘千里。后世心学，〔胚〕胎于此〔1〕。荀子非之者是矣。故思孟者，圣门之御侮也；荀子者，思孟之忠臣也⑥。然当是时，去孔子未远，风流尚存，名物不爽。及乎唐韩愈出，文章大变，自此而后，程朱诸公虽豪杰之士，而不识古文辞，是以不能读六经而知之，独喜《中庸》《孟子》易读也。遂以其与外人争者言，为圣人之道本然。又以今文视古文，而昧乎其物，物与名离，而后义理孤行，于是乎先王孔子教法不可复见矣。近岁伊氏⑦亦豪杰，颇窥其似焉者，然其以《孟子》解《论语》，以今文视古文，犹之程朱学耳。加之公然歧先王孔子之道而二之，黜六经而独取《论语》，又未免和语视华言，我读其所为古义⑧者，岂古哉！吁嗟先王

---

① 中庸者，德行之名也，故曰择：《中庸》"子曰回之为人也，择乎中庸，得一善则拳拳服膺，而弗失之矣"，又"人皆曰予知，择乎中庸而不能期月守也"。

② 以中庸之道者误矣："之"字当作"为"。

③ 作者之谓圣：见《礼记·乐记》。

④ 三重之说：《中庸》"王天下有三重焉，其寡过矣乎"章句引吕氏曰："三重谓仪礼、制度、考文，惟天子得以行之，则国不异政，家不殊俗，而人得寡过矣。"

⑤ 杞柳之喻：《孟子·告子上》："告子曰：'性犹杞柳也，义犹桮棬也，以人性为仁义，犹以杞柳为桮棬。'孟子曰：'子能顺杞柳之性而以为桮棬乎？将戕贼杞柳而后以为桮棬乎？如将戕贼杞柳而以为桮棬，则亦将戕贼人以为仁义与？'"杞柳，植物名，亦名柜柳、樫柳；桮棬，亦作杯圈，屈木所为，依《大戴礼》卢注"杯、盘、盏、盆、盏之总名也"。

⑥ 荀子者，思孟之忠臣也：徂徕轻孟子，重荀子，此以荀子为能纠子思、孟子之失，故称忠臣。

⑦ 伊氏：指伊藤仁斋，此书即为欲压伊氏之《童子问》而作。

⑧ 古义：伊藤仁斋号古义堂。

之道，降为儒家者流，斯有荀孟，则复有朱陆，朱陆不已，复树一党，益分益争，益繁益小，岂不悲乎！不佞籍天宠灵，得王李二家之书①以读之，始识有古文辞。于是稍稍取六经而读之，历年之久，稍稍得物与名合矣。物与名合，而后训诂始明，六经可得而言焉。六经其物也，《礼记》《论语》其义也，义必属诸物，而后道定焉，乃舍其物，独取其义，其不泛滥自肆者几希。是韩柳程朱以后之失也。予五十之年既过焉，此焉不自力，宛②其死矣，则天命其谓何。故暇日辄有所论著，以答天之宠灵，且录其纲要者数十，以示入门之士者乎尔。孔子之道，先王之道也，先王之道，安天下之道也。孔子平生欲为东周③，其教育弟子，使各成其材，将以用之也。及其终不得位，而后修六经以传之，六经即先王之道也。

故近世有谓先王孔子其教殊者，非也。安天下以修身为本，然必以安天下为心，是所谓仁也。思孟而后，儒家者流立焉，乃以尊师道为务。妄意圣人可学而至矣。已为圣人，则举而措诸天下，天下自然治矣。是老庄内圣外王之说④，轻外而归重于内，大非先王孔子之旧也。故儒者处焉不能教育弟子以成其材，出焉不能陶铸国家以成其俗。所以不能免于有体无用之消者，亦其所为道者有差故也。

道者统名也。举礼乐刑政凡先王所建者，合而命之也。非离礼乐刑政别有所谓道者也。如曰贤者识其大者，不贤者识其小者，莫不有文武之道焉⑤。又如武城弦歌，孔子有牛刀诮，而子游引君子小人

---

① 王李二家之书：王元美（世贞）有《四部稿》，李于麟（攀龙）有《沧溟集》，均明代学者。徂徕五十岁以后，因读此二家书有所感发，尽废旧学而治古文辞。

② 宛：凡状貌可见曰宛。

③ 孔子平生欲为东周：《论语·阳货》："子曰：夫召我者而岂徒哉，如有用我者，吾其为东周乎。"

④ 老庄内圣外王之说：语本《庄子·天下》篇。

⑤ 贤者识其大者三句：《论语·子张》："子贡曰：文武之道，未坠于地，在人，贤者识其大者，不贤者识其小者，莫不有文武之道焉。"

学道①，可已见。孔安国注：道谓礼乐也②。古时言语，汉儒犹不失其传哉。后世贵精贱粗之见，昉于濂溪，濂溪乃渊源于《易》道器之言③，殊不知道谓易道也，形谓奇偶之象也，器谓制器也。《易》自卜筮书，不可与它经一视焉，如宋儒训道为事物当行之理，是其格物穷理之学，欲使学者以己意求夫当行之理于事物，而以此造礼乐刑政焉。夫先王者圣人也，人人而欲操先王之权，非僭则妄，亦不自揣之甚。近世又有专据《中庸》《孟子》，以孝弟五常为道者，殊不知所谓天下达道五者，本谓先王之道可以达于天子庶人者有五也，非谓五者可以尽先王之道也。尧舜之道，孝弟而已矣，亦《中庸》登高必自卑意④，非谓尧舜之道尽于孝弟也。又如以中庸为道，亦欲以己意择所谓中庸者，苟不学先王之道，则中庸将何准哉。又如以往来弗已为道⑤，是其人所自负死活之说，犹尔贵精贱粗之流哉。凡是皆坐不识道为统名故耳。

先王之道，先王所造也，非天地自然之道也。盖先王以聪明睿知之德，受天命，王天下，其心一以安天下为务，是以尽其心力、极其知巧，作为是道，使天下后世之人由是而行之，岂天地自然有之哉。伏羲神农黄帝亦圣人也，其所作为，犹且止于利用厚生之道，历颛顼帝喾，至于尧舜，而后礼乐始立焉。夏殷周而后粲然始备焉。是更数千年，更数圣人之心力知巧而成焉者，亦非一圣人一生之力，所能办焉者。故虽孔子亦学而后知焉，而谓天地自然有之而可哉！如《中庸》曰：率性之谓道，当是时，老氏之说兴，贬圣人之道为伪，

---

① 武城弦歌三句：《论语·阳货》："子之武城，闻弦歌之声，夫子莞尔而笑曰：割鸡焉用牛刀。子游对曰：昔者偃也闻诸夫子曰，君子学道则爱人，小人学道则易使也。子曰：偃之言是也，前言戏之耳。"

② 孔安国注道谓礼乐也：孔安国，汉曲阜人，孔子十二世孙，著有《书传》及《古文孝经传》《论语训解》。此注在《论语·阳货篇》子游语下。

③ 濂溪乃渊源于《易》道器之言：此谓周敦颐《太极图说》，假设一最高绝对的本体而为一切化生之根原，实本于《易·系辞下》"形而上者谓之道，形而下者谓之器"之言。

④ 尧舜之道四句：尧舜之道二句见《孟子·告子下》，又《中庸》："君子之道，辟如行远必自迩，登高必自卑。"

⑤ 以往来弗已为道：指伊藤仁斋说，《语孟字义》卷上："道犹路也，人之所以往来通行也。故凡物之所以通行者，皆名之曰道。"

故子思著书，以张吾儒，亦谓先王率人性而作为是道也，非谓天地自然有是道也，亦非谓率人性之自然不假作为也。辟如伐木作宫室，亦率木性以造之耳。虽然，宫室岂木之自然乎？大抵自然而然者，天地之道也，有所营为运用者，人之性也。后儒不察，乃以天理自然为道，岂不老庄之归乎。

先王聪明睿知之德，禀诸天性，非凡人所能及焉，故古者无学为圣人之说也。盖先王之德，兼备众美，难可得名，而所命为圣者，取诸制作之一端①耳。先王开国制作礼乐，是虽一端，先王之所以为先王，亦唯是耳。若唯以其在己之德，则无天子之分矣。若以平治天下之仁命之，则后贤王皆尔。制作礼乐是其大者，故以命先王之德尔。其实圣亦一德，如《书》曰乃圣乃文②，《诗》曰圣敬日跻③，及《周礼》六德④，圣居其三，是岂先王之德之全哉，然既已以命先王之德，自此之后，圣人之名，莫以尚焉，至于子思推孔子之为圣，而孔子无制作之迹，又极言道率人性，则不得不言圣人可学而至矣，故以诚语圣也。至于孟子劝齐梁王，欲革周命，则不得不以圣人自处矣，以圣人自处，而尧舜文周嫌于不可及矣。故旁引夷惠⑤，皆以为圣人也。子思去孔子不远，流风未泯，其言犹有顾忌。故其称圣人，有神明不测之意。若孟子则止言行一不义杀一不辜而得天下不为也⑥，是特仁人耳，非圣人也。要之孟子亦去孔子不甚远，其言犹有斟酌者若此。只二子急于持论，勇于救时，辞气抑扬之间，古义借以不传焉，可叹哉！盖后王君子，奉先王礼乐而行之，不敢违背，而礼乐刑政，先王以是尽于安天下之道，是所谓仁也。后王君子，亦唯顺

---

① 所命为圣者，取诸制作之一端：原始公社制度下的生产力低下，只要对于生产工具或生活资料有所发明，人民就歌颂他们为圣人，即劳动英雄。《易·系辞》"备物致用，立成器以为天下利，莫大乎圣人"，《礼记·乐记》"作者之谓圣"，均此义。

② 《书》曰乃圣乃文：《尚书·大禹谟》"乃圣乃神，乃武乃文"。

③ 《诗》曰圣敬日跻：见《诗经·商颂·长发》篇。

④ 《周礼》六德：《周礼·地官·大司徒》："教万民而宾兴之，一曰六德：知、仁、圣、义、忠、和。"

⑤ 夷惠：《孟子·万章下》："伯夷圣之清者也，伊尹圣之任者也，柳下惠圣之和者也，孔子圣之时者也。"

⑥ 行一不义杀一不辜：见《孟子·公孙丑上》。

先王礼乐之教，以得为仁人耳。是圣人不可学而至焉，仁人可学而能焉。孔子教人以仁，未尝以作圣强之，为是故也。大抵后人信思孟程朱，过于先王孔子，何其谬也。

后儒多强学者，以高妙精微凡人所不能为者，而曰圣人以是立极也，妄矣哉！先王立极，谓礼也。汉儒训极为中①，礼者所以教中也。又解《中庸》书，而谓子思说礼意矣②。其说虽未当，要之去古未远，师弟所传授，古义犹存者尔。盖先王制礼，贤者俯而就之，不肖者企而及之，是所谓极也，是凡人所能为者也。不尔，务以凡人所不能为者强之，是使天下之人绝望于善也，岂先王安天下之道哉。故所谓事理当然之极，及变化气质，学为圣人类，皆非先王孔子之教之旧矣。近世伊氏能知其非是，而乃以孝弟仁义谓为规矩准绳，果若是乎，则人人自以其意为孝弟仁义也，亦何所准哉？可谓无寸之尺，无星之称已。

孔门之教，仁为至大，何也？能举先王之道而体之者仁也。先王之道，安天下之道也，其道虽多端，要归于安天下焉。其本在敬天命。天命我为天子、为诸侯、为大夫，则有臣民在焉。为士，则有宗族妻子在焉。皆待我而后安者也，且也士大夫皆与其君共天职者也。故君子之道，唯仁为大焉。且也相亲相爱、相生相成、相辅相养、相匡相救者，人之性为然。故孟子曰：仁也者人也，合而言之，道也③。荀子称：君者群也④。故人之道非以一人言也，必合亿万人而为言者也。今试观天下，孰能孤立不群者，士农工商、相助而食者也，不若是则不能存矣。虽盗贼必有党类，不若是则亦不能存矣。故能合亿万人者君也，能合亿万人而使遂其亲爱生养之性者，先王之道也。学先王之道而成德于我者，仁人也。虽然，士欲学先王之道以成

---

① 汉儒训极为中：《文选·张茂先励志诗》注引《易·系辞传》"是故易有太极"，郑注曰"极中淳和未分之气也"。

② 又解《中庸》书，而谓子思说礼意矣：《三礼目录》曰："名曰中庸者，以其记中和之用。庸，用也。孔子之孙子思伋作之，以昭圣祖之德"，又曰"过与不及，使道不行，唯礼能为之中"。（《礼记·中庸》正义引）。

③ 仁也者人也二句：见《孟子·尽心下》。

④ 荀子称君者群也：《荀子·王制篇》："君者，善群也。群道当，则万物皆得其宜。"

德于我，而先王之道亦多端矣，人之性亦多类矣，苟能识先王之道要归于安天下，而用力于仁，则人各随其性所近，以得道一端，如由之勇，赐之达，求之艺①，皆能成一材，足以为仁人之徒，共诸安天下之用焉。而其德之成，如夷齐之清，惠之和，尹之任②，皆不必变其性亦不害为仁人焉。若或不识用力于仁，则其材与德，皆不能成，而诸子百家由此兴焉。此孔门所以教仁也。孟子恻隐以爱语仁③，是其性善之说，必本诸人心，故不得不以爱言之耳。虽有爱人之心，而泽不及物，岂足以为仁哉。故虽孟子亦有仁政之说④矣。后儒乃不识孟子实为劝世之言，而谓用力于仁，莫切于孟子也。则辄欲推其恻隐之心以成圣人之仁，可谓妄意不自揣之甚已。主张其学者，遂至谓佛有仁无义也⑤。夫佛无安天下之道，岂足以为仁哉。墨子乃有见先王之道，仁莫以尚焉，遂谓仁足以尽一切矣。殊不知天地大德曰生，仁亦圣人大德也。虽然，亦一德也，若天地一于生，则何以有夏秋冬乎；圣人一于仁，则何以有勇智信义乎。孟子举义折之者是矣，然仁义并言，而仁由是小矣，安在其为大德乎？宋儒又欲合二者之异，乃造专言偏言之目⑥，专言足以尽一切，偏言足以与众德对立，庶足以孔孟之教并行而不相悖也，是其理学之说，欲了然于言语之间者已，安足

---

① 由之勇，赐之达，求之艺：《论语·雍也》："季康子问：仲由可使从政也与？子曰：由也果，于从政乎何有。曰：赐也可使从政也与？曰：赐也达，于从政乎何有。曰：求也可使从政也与？曰：求也艺，于从政乎何有。"集注："从政谓为大夫，果有决断，达通事理，艺多才能。"

② 夷齐之清，惠之和，尹之任：见《孟子·万章下》，参照第293页注5。

③ 孟子恻隐以爱语仁：《孟子·公孙丑上》言人皆有不忍人之心，又言恻隐之心，仁之端也，皆以爱语仁之证。

④ 孟子亦有仁政之说：《孟子·梁惠王上》"仁者无敌"与施仁政于民之说，又屡言保民、保百姓、保四海，皆仁政之说。

⑤ 遂至谓佛有仁无义也：此驳伊藤仁斋。《童子问》上第四十章："佛老之所以与吾儒异者，多在于义，而后儒之所以与圣人殊者，专在于仁。"又《童子问》下第二十七章："佛以慈悲济度为主……其主慈悲济度；似乎仁，然不知义则一也，殊不知义者，天下之大路，不可一日离也，老氏亦然。"

⑥ 造专言偏言之目：其说始于河南程氏，偏言如仁义礼智以仁对义礼智而言。专言如《朱子文集》"答张钦夫书"："仁乃天地生物之心，而在人者，故特为众善之长，虽列于四者之目，而四者不能外焉，《易传》所谓专言之则包四者，亦是正指生物之心而言，非别有包四者之仁，而别有主一事之仁也。"

以知先王孔子之道乎。先王之道多端矣，且举其尤者言之，政禁暴，兵刑杀人，谓之仁而可乎？然要归于安天下已。先王之教多端矣，智自智，勇自勇，义自义，仁自仁，岂可混合乎。然必不与安天下之道相悖，而后谓之智勇与义已。如孔子曰：据于德，依于仁①，人各据其性之德而不失之，性之德虽多端，皆不害于仁，只未能养而成之，故悖于道。养之道，在依于仁、游于艺。依者，如声依永②之依也，乐声必与咏歌相依，清浊以之，节奏以之，依之谓也。依于仁亦尔，人虽各据其德，亦必和顺于先王安天下之道，不敢违之，然后足以各成其德，此孔门之教也。大抵先王孔子之道，皆有所运用营为，而其要在养以成焉。然后人迫切之见，急欲以仁尽一切，是以不得不跳而之理，而究其说乃不过浮屠法身遍一切③之归，悲哉！

多谓人有仁义，犹天有阴阳也，遂以仁义为道之总，是后世之言也。当先王孔子之时，岂求一言以尽乎道焉。求一言以尽乎道者，务标异圣人之道也。先王孔子之时，岂有是哉！古者礼义对言④焉耳矣，仁者圣人之大德，岂礼义之伦乎。故孔门之教，仁是为上，至于孟子并言仁义，以是而辨杨墨之非可也，以教学者不可也。如仁义礼智，亦孔子时所无，孟子始言之，亦备杨墨所不有者，以见吾道之备已。其实礼义人之大端，而仁于斯为大，如知者，人喜以才智自高，是其情也，故圣人未尝以知为教矣。如曰知者，仁者成德之名，各因其性所禀殊焉。若夫仁义礼智，就一人之身言之者，未之尝闻

---

① 据于德，依于仁：见《论语·述而》。
② 声依永：《尚书·舜典》："诗言志，歌永言，声依永，律和声。"刘濂《乐经玄义》云："歌生于言，永生于歌，引长其音而使之悠扬回翔，累然而成节奏，故曰歌永言也。乐声效歌非人歌效乐，当歌之时，必和之以钟声琴瑟之声，故曰声依永也。"
③ 浮屠法身遍一切：法身，佛之真身。《华严大疏钞》言虚空法身，称其大则弥满虚空，包括万有云。
④ 古者礼义对言：如《尚书》"以礼制心，以义制事"，《论语·卫灵公》"君子义以为质，礼以行之"皆是。

也。汉儒以属五行①，或智为土，信为水，或智为火、为水，未有定说，可见非古道已。《论语》屡以好仁、好义、好礼、好德、好善、好学、好古为言，而未尝以好知好信为教，故其非孔门之旧也。荀子讥子思、孟子造五行②，岂诬乎哉。

仁者，养之道也，故治国家之道，举直错诸枉，能使枉者直③矣。修身之道，亦养其善而恶自消矣，先王之道之术也。后世儒者不识先王之道，乃逞其私智，以谓为善而去恶，扩天理而遏人欲也，此见一立，世非唐虞，人非圣人，必恶多而善少，则杀气塞天地矣。故《通鉴》④之于治国，性理之于修身，人与我皆不胜其苛刻焉。遂使世人谓儒者喜攻人，岂不悲哉！大抵商鞅之后，不啻朝廷，虽庠序亦用其法，宜其不及三代矣。

先王之道，安天下之道也，后世言经济者，莫不祖述焉。然后世更封建而郡县，而先王之道为世赘旒⑤，故世之称先王者，乃所谓以经术缘饰吏治是已。大抵封建之道，其于民犹且有家人父子意，至于郡县则唯法是仗，截然大公，无复恩爱，加之隋唐后，科举法兴，士习大变，所务䛒列，详备明畼⑥是其至者已。士生于其世，法家之习，沦于骨髓，故其谈道解经，亦从其中来，是乌知所谓道术者乎。宋儒所贵，纲目悉举，巨细曲尽，岂足以为先王之道也。

先王之道，立其大者，而小者自至焉。故子夏曰：大德不踰

---

① 仁义礼智四句：《礼记·中庸》"天命之谓性"下，郑玄注"木神则仁，金神则义，火神则礼，水神则信，土神则知"。又《汉书·天文志》："岁星曰东方春木，于人五常仁也……荧惑曰南方夏火，礼也……太白曰西方秋金，义也……辰星曰北方冬水，知也……填星曰中央季夏土，信也。"

② 荀子讥子思、孟子造五行：《荀子·非十二子篇》"案往旧造说，谓之五行，甚僻违而无类，幽隐而无说，闭约而无解，案饰其辞而祇敬之曰：此真先君子之言也，子思唱之，孟轲和之"云云。

③ 举直错诸枉二句：见《论语·颜渊》。

④ 《通鉴》：此指朱熹根据司马光《资治通鉴》而编成之《通鉴纲目》，王柏作序，称此书"正统无统之分甚严，有罪无罪之别亦著"，"开历古之群蒙，极经世之大用"云。

⑤ 赘旒：言虚居其位而无实权，语本《公羊传》襄公十六年"君若赘旒然"。

⑥ 明畼：畼同畅，即明畅。

闲，小德出入可也①。盖不若是，不可以进道也。子贡曰：贤者识其大者，不贤者识其小者；故识大者为贤，识小者为不贤。后人之不贤唯小是见，铢铢而称之，至石必差，寸寸而度之，至丈必过。其论务欲穷精微之极，析蚕丝，剖牛毛，而不知其大者，已先失之也。是何能养人才、安国家哉！其论圣人，亦谓浑然天理，无一毫人欲之私矣，是亦以一己之见，窥圣人者也。传曰：一张一弛，文武之道也②。孔子曰：可以无大过矣。子思曰：虽圣人有所不知不能焉③。不尔尧之用鲧而舜殛之，舜征三苗而禹班师，周公杀管蔡，孔子堕三都而不能克，吾不知其以何解嘲也。孔子不撤姜④，以其嗜之也。传所载文王嗜昌歜⑤，庸何伤乎。朱子引通神明，岂不傅会之甚乎。大抵圣人之德，与天地相似焉，圣人之道，含容广大，要在养而成之，先立其大者而小者自至焉，后人迫切之见，皆其所识小故也。修德有术，立其大者而小者自至焉，此孔门所以用力于仁也。去恶有术，如童牛之牿，如豮豕之牙⑥，今人则欲一日而众善傅诸身也，袭而取之，矜以持之，譬诸揠苗⑦，岂知油然以生之道乎。又欲一日而众慝如澡也，抉而剔之，吹毛求疵，譬诸庸医治疾，岂知标本⑧之道乎。何况化之道乎。

① 子夏曰二句：见《论语·子张》。
② 传曰一张一弛二句：见《礼记·杂记下》。
③ "孔子曰""子思曰"二句："孔子曰"句，见《论语·述而》。"子思曰"句，见《中庸》"夫妇之愚，可以与知焉，及其至也，虽圣人亦有所不知焉"。
④ 孔子堕三都、孔子不撤姜：一《史记》卷四七《孔子世家》定公十三年夏，孔子言于定公将堕三都，三都郈、费、成，堕郈、费，围成弗克。又《论语·乡党》"不撤蕴食"集注"姜通神明，去秽恶，故不撤"。
⑤ 文王嗜昌歜：《吕氏春秋·孝行览·遇合篇》："文王嗜昌蒲菹，孔子闻而服之，缩頞而食之，三年，然后胜之。"昌通菖，歜字感切，昌歜即昌蒲菹，菖蒲根切之四寸为菹。
⑥ 童牛之牿、豮豕之牙：《易·大畜》"六四，童牛之牿元吉"，此谓童犊始有角，而施横木于角以防其触，则大善之吉也。又"六五，豮豕之牙吉"，豕去势谓之豮，此谓豮豕牙虽存而刚躁自止，故吉也。
⑦ 揠苗：《孟子·公孙丑》"宋人有闵其苗之不长而揠之者"，注"揠，挺拔之欲亟长也"。
⑧ 标本：后起者为标，原始者为本，见《本草纲目》序例。又《闻见前录》"诊察有标本，治疗有先后"。

言性自老庄始，圣人之道所无也。苟有志于道乎，闻性善则益劝，闻性恶则力矫。苟无志于道乎，闻性恶则弃不为，闻性善则恃不为，故孔子之贵习①也。子思孟子，盖亦有屈于老庄之言，故言性善以抗之尔。荀子则虑夫性善之说，必至废礼乐，故言性恶以歼②之尔，皆救时之论也，岂至理哉。欧阳子谓性非学者之所急，而圣人之所罕言也③，可谓卓见。

变化气质，宋儒所造，渊源乎《中庸》，先王孔子之道所无也。传所谓变者，谓变其习也。夫先王孔子之道，安天下之道也。安天下非一人所能为矣，必得众力以成之矣。譬诸春夏秋冬备，而后岁功可成焉。椎凿刀锯备，而后匠事可为焉。寒热补泻备，而后医术可施焉。锥欲其锐，椎欲其钝，石膏大寒，附子大热，不尔先王治天下莫有所用其材也。虽然，石膏煅、附子煨④，是则在礼乐哉。石膏虽煅，不损其大寒之性；附子虽煨，不减其大热之性；故知变化气质之说非矣。且气质者，天之性也，欲以人力胜天，而歼之，必不能焉。强人以人之所不能，其究必至于怨天尤其父母矣。圣人之道，必不尔矣。孔门之教弟子，各因其材以成之，可以见已。祗如君子不器⑤，仁人之谓也，君相之器也，比诸匠者与医焉。或谓可舟可车者，万万无此理矣。据于德、依于仁，各随其性所近以成其德，苟能得其大者，皆足以为仁人焉，不器之谓也。

思孟以后之弊，在说之详，而欲使听者易喻焉，是讼者之道也，欲速鬻⑥其说者也。权在彼者矣。教人之道则不然，权在我者矣。何则？君师之道也，故善教人者，必置诸吾术中，优游之久，易其耳目，换其心思，故不待吾言，而彼自然有以知之矣。犹或不喻

---

① 孔子之贵习：《论语·阳货》："性相近也，习相远也。"三浦梅园《赘语·善恶帙》上引此云"夫性者民之素，习者君之教化，其说主教化，重在习矣"，又"性者自然也，习则成自然，故古人不言之于性而言于习"，与此可相发明。

② 歼：好之反也。

③ 欧阳子谓性二句：欧阳修《答李翊第二书》："夫性非学者之所急，而圣人之所罕言也，《易》六十四卦不言性，其言者动静得失吉凶之常理也……"

④ 石膏煅、附子煨：石膏性大寒，拌暇过，或糖拌炒过，则不妨胃。附子大辛大热有毒，宜文武火中炮令皴。折擘破用。

⑤ 君子不器：见《论语·为政》。

⑥ 鬻：卖也，音育，通作鬻。

也，一言以启之，涣然冰释，不待言之毕焉，故教者不劳，而学者深喻焉。何则？吾不言之前，思既过半故也。先王孔子以之，故先王之教礼乐，不言举行事以示之，孔子不愤不启、不悱不发①，岂不然乎。至于孟子，则强辨以聒之，而欲以是服人。夫以言服人者，未能服人者矣。盖教者，施于信我者焉，先王之民，信先王者也，孔子门人，信孔子者也，故其教得入焉。孟子则欲使不信我之人，由我言而信我也，是战国游说之事，非教人之道矣。故曰：思孟者与外人争者也。后儒辄欲以其与外人争者言，施诸学者，可谓不知类已。

后儒之说天理人欲、致知力行、存养省察，粲然明备矣，以我观于孔门诸子，盖有未尝知其说者焉，是何其儱侗②也。孔子之教，盖亦有未尝及其详者焉，是何其卤莽也。然先王孔子以彼，而不以此者教之，道本不可若是也。后世乃信思孟程朱过于先王孔子，何哉？盖先王之教，以物不以理，教以物者，必有事事焉，教以理者，言语详焉。物者众理所聚也，而必从事焉者，久之乃心实知之，何假言也。言所尽者，仅仅乎理之一端耳，且身不从事焉，而能了然于立谈，岂能深知之哉。释氏犹谓如饮水冷暖自知，曾谓先王不及释氏乎。故不先之以事，而能有成焉者，天下鲜矣，不啻先王之道，凡百技艺皆尔。

古者道谓之文，礼乐之谓也。物相杂曰文③，岂一言所能尽哉。古谓儒者之道，博而寡要，道之本体为然，后世贵简贵要，夫直情径行者，戎狄之道也，先王之道不然。孔子曰：文王既没，文不在兹乎④，后儒谓谦辞。夫文者，文王之文也，假使孔子自谦而谦文王哉，是自理学者流二精粗之见耳。又有文质之说。文者道也，礼乐也，质者学者之质也。贵忠信者谓受教之质耳，忠信而无文，不免为

---

① 孔子不愤不启、不悱不发：见《论语·述而》。《集注》："愤者心求通而未得之意，悱者口欲言而未能之貌。"

② 儱侗：未成器也，见《集韵》。亦作"笼统"，统括浑同之义。

③ 物相杂曰文：《易·系辞下》："道有变动故曰爻，爻有等故曰物，物相杂故曰文，文不当故吉凶生焉。"

④ 孔子曰文王既没三句：见《论语·子罕》，《集注》："道之显者谓之文，盖礼乐制度之谓，不曰道而曰文，亦谦辞也。"

乡人矣。故孔子十室之邑，不贵忠信，而贵好学也①。后儒仅能言精粗本末一以贯之，而察其意所向往，则亦唯重内轻外，贵精贱粗，贵简贵要，贵明白，贵齐整，由此以往，先王之道借以衰飒②，枯槁肃杀之气，塞于宇宙，其究必驯致于戎狄之道，而后已焉。盖坐不知古之时道谓之文，而其教在养以成德故也。

善恶皆以心言之者也，孟子曰：生于心，而害于政③，岂不至理乎。然心无形也，不可得而制之矣。故先王之道，以礼制心，外乎礼而语治心之道，皆私智妄作也。何也？治之者心也，所治者，心也，以我心治我心，譬如狂者自治其狂焉，安能治之。故后世治心之说，皆不知道者也。

理无形故无准，如理学者流，以中庸为精微之极，其言诚然，然其人若先识先王之道，而后赞叹之，谓是中庸也则可矣；若其人未尝识先王之道，独以己意择中庸之理，而谓是与先王之道不殊，则不可也。又如训道为当行之理，亦以赞叹先王之道也，则可矣；若独以己意求所谓当行之理于事物，而合于先王之道也，则不可矣。是无它也，理无形故无准，其以为中庸，为当行之理者，乃其人所见耳。所见人人殊，人人各以其心谓是中庸也，是当行也，若是而已矣。人间北看成南，亦何所准哉。又如天理人欲之说，可谓精微已，然亦无准也。辟如两乡人争地界，苟无官以听之，将何所准哉。故先王孔子皆无是言，宋儒造之，无用之辨也，要之未免坚白④之归耳。

先王之道，古者谓之道术，礼乐是也。后儒乃讳术字而难言之，殊不知先王之治，使天下之人，日迁善而不自知焉，其教亦使学者日开其知，月成其德，而不自知焉，是所谓术也。乐正崇四术，春秋教以礼乐，冬夏教以诗书⑤，是之谓也。如后世所谓格物穷理，克治持敬，其意非不美矣，只其不学无术，事不师古，欲袭而取之，

---

① 十室之邑三句：见《论语·公冶长》。
② 衰飒：犹言衰落。
③ 孟子曰生于心而害于政：见《孟子·公孙丑上》。
④ 坚白：《庄子·骈拇》篇："游心于坚白异同之间……而杨墨是也。"又《德充符》篇："天选子之形，子以坚白鸣。"公孙龙子有《坚白》篇，此泛指诡辩之徒。
⑤ 乐正崇四术三句：见《礼记·王制》。

骤有诸已，可谓强也。大抵人物得其养则长，不得其养则死，不啻身已，才知德行皆尔。故圣人之道，在养以成之矣，天地之道，往来不已，感应如神，为于此而验于彼，施于今而成于后，故圣人之道，皆有施设之方，不求备于目前，而期成于它日，日计不足，岁计有余①，岁计不足，世计有余，使其君子有以自然开知养材，以成其德，小人有以自然迁善远恶，以成其俗，是其道与天地相流通，与人物相生长，能极广大而无穷已者也。近世颇有言宋儒之非者，而顾其所为道德者，则亦不出言语讲说之间，仅能削其已甚者，而稍傅以温柔之旨云尔，吁！终未免五十步之诮②哉。

先王之道，莫不本诸敬天敬鬼神者焉，是无它，主仁故也。后世儒者尚知务穷理，而先王孔子之道坏矣。穷理之弊，天与鬼神皆不足畏而已，乃傲然独立于天地间也，是后世儒者通病，岂不天上天下唯我独尊乎。且茫茫宇宙，果何穷极，理岂可穷而尽之乎。其谓我尽知之者，亦妄已。故其所为说，皆阳尊先王孔子，而阴已悖之，其意自谓能发古圣人所未发者，而不自知其求胜先王孔子以上之焉。夫圣人之教至矣，岂能胜而上之哉。凡圣人所不言者，乃所当不言者已，若有所当言者，则先王孔子既已言之，岂有未发者而待后人乎？亦弗思也已。

先王四术、诗、书、礼、乐是三代所以造士也③，孔氏所传是已。然其所以为教者，经各殊焉，后儒辄以一概之说解之，则奚以四为也。盖《书》者先王大训大法，孔子所畏圣人之言是也。古之时舍此则无书，书唯此耳。后王君子所尊信，学者所诵读，先王安天下之道具是矣。后儒乃以为朴学，而它求高妙精微者，其病坐弗思耳。古圣人一言之微，皆系乎天下之大，盛衰治乱所由起焉，非疏通知远④者，不能读之，孟子不信书⑤，其称述尧舜，将何所睹记，宜其昧于

---

① 日计不足，岁计有余：见《庄子·庚桑楚》篇。
② 五十步之诮：见《孟子·梁惠王上》以五十步笑百步之喻。
③ 先王四术、诗、书、礼、乐：《礼记·王制》"乐正崇四术，立四教，顺先王诗、书、礼、乐以造士"，四术、四教皆指诗、书、礼、乐。
④ 疏通知远：《礼记·经解》："疏通知远，书教也。"又"疏通知远而不诬，则深于书者也"。
⑤ 孟子不信书：孟子有"尽信书，则不如无书"之说，见《孟子·尽心下》。

先王安天下之道也。《诗》则异于是矣，讽咏之辞，犹后世之诗，孔子删之，取于辞已。学者学之，亦以修辞已。故孔子曰：不学诗无以言①。后世乃以读书之法而读诗②，谓是劝善惩恶之设焉，故其说至于郑卫淫奔之诗而穷矣。且其所传义理之训，仅仅乎不盈掬③焉，果若其说，圣人盍亦别作训戒之书，而以是迂远之计为也。故皆不知诗者之说矣。如《诗序》④则古人一时以其意解诗之言叙其事由，而意自见焉，何假训诂。然诗本无定义，何必守序之所言，以为不易之说乎。如大序乃关雎之解，古人偶于关雎敷衍以长之耳，后儒不解事，析为大小序，可笑之甚也。大抵《诗》之为言，上自庙堂，下至委巷，以及诸侯之邦，贵贱男女、贤愚美恶，何所不有，世变邦俗、人情物态，可得而观。其辞婉柔近情，讽咏易感，而其事皆零碎猥杂，自然不生矜持之心，是以君子可以知宵人⑤，丈夫可以知妇人，朝廷可以知民间，盛世可以知衰俗者，于此在焉。且其为义，不为典要，美刺皆得，唯意所取，引而伸之，触类而长之，莫有穷已。故古人所以开意智、达政事、善言语，使于邻国专对酬酢者，皆于此得焉。《书》为正言，《诗》为微辞。《书》立其大者，《诗》不遗细物，如日月之代明，如阴阳之并行，故合二经而谓之义之府也。若夫礼乐者，德之则也⑥，中和者，德之至也，精微之极，莫以尚焉。然中和无形，非意义所能尽矣，故礼以教中，乐以教和，先王之形中和也。礼乐不言，能养人之德性，能易人之心思，心思一易，所见自别，故致知之道，莫善于礼乐焉。且先王所以纪纲天下，立生民之极者，专存于礼矣。知者思而得焉，愚者不知而由焉，贤者俯而就焉，不肖者

---

① 孔子曰不学诗无以言：见《论语·季氏》。

② 后世乃以读书之法而读诗：《论语·为政》"诗三百"句下《集注》"凡诗之言善者可以感发人之善心，恶者可以惩创人之逸志，其用归于使人得其情性之正而已"。

③ 掬：古量名，《小尔雅·广量》"两手谓之掬"注"半升也"。

④ 《诗序》：《诗经》各篇首之序，今传《毛诗序》，朱子《诗序辨》说以自诗者志之所至，诗之至也为大序，其余首尾为《关雎》序，《诗正义》则自《关雎》以后每诗一篇即有一序，皆谓之小序。

⑤ 宵人：《庄子·列御寇》"宵人之离外刑者"注"不由明坦之涂者谓之宵人"。俞樾云："宵人犹小人也。"

⑥ "《书》为正言"至"德之则也"一段：见《左传》僖公二十七年赵衰语。

企而及焉，其或为一事，出一言也，必稽诸礼，而知其合于先王之道与否焉。故礼之为言，体也①，先王之道之体也。虽然，礼之守太严，苟不乐以配之，亦安能乐以生乎，故乐者生之道也。鼓舞天下，养其德以长之，莫善于乐。故礼乐之教，如天地之生成焉，君子以成其德，小人以成其俗，天下由是平治，国祚由是灵长，先王之教之术神矣哉，四术之尽于教也。

　　吾道一以贯之，岂特参赐乎②，孔门诸子皆闻而知之矣。宋儒推尊思孟，而又推本诸曾子，是其道统之说也，岂可据乎。或以一理言之，或以一必言之，或以诚言之。以一理言之者，天地人物皆尔，浮屠法身遍一切之见耳；以一心言之，以诚言之者，知归重于圣人之德，而不知归重于先王之道焉。孔子明言吾道，吾道者先王之道也。故孔子曰：文王既没，文不在兹乎。夫先王之道，安天下之道也，安天下之道在仁，故曰一以贯之。何以谓贯之？仁，一德也，然亦大德也，故可能贯众德焉。先王之道多端矣，唯仁可以贯之矣。辟如襁贯钱然，故曰贯。若一理也，一心也，诚也，则一而已矣。何必曰贯。故曾子曰：忠恕而已矣。忠恕为仁之方③故也。曰而已矣者，犹之尧舜之道，孝弟而已矣④，孝弟岂尽于尧舜之道乎，则忠恕岂尽于道乎。然由是以求之，庶足以尽之矣。古人言语皆如此，后世理学者流，无有运用营为之意，急欲尽其理于目前也，故忠恕为理之虚象，而有天忠恕、圣人忠恕、学者之忠恕种种之说，岂曾子时语意邪。

　　后世人不识古文辞，故以今言视古言，圣人之道不明，职是之由。且举其大者言之，《易》太极谓圣人作《易》有此太极耳，故曰易有太极，初不以天地言之。穷理研几⑤，皆赞圣人作《易》耳，后

---

① 礼之为言，体也：《礼记·礼器》："礼也者犹体也。"
② 吾道一以贯之，岂特参赐乎：《论语·卫灵公》："子曰：赐也，女以予为多学而识之者与。对曰：然，非与？曰：非也，予一以贯之。"又《里仁》"子曰：参乎，吾道一以贯之。曾子曰：唯。子出门，人问曰：何谓也？曾子曰：夫子之道，忠恕而已矣。"
③ 忠恕为仁之方：《礼记·中庸》："忠恕违道不远，施诸己而不愿，亦勿施于人。"以爱己之心爱人，故云为仁之方。
④ 尧舜之道，孝弟而已矣：见《孟子·告子下》。
⑤ 穷理研几：《易·说卦传》："穷理尽性以至于命。"《系辞上》："夫易，圣人之所以极深而研几也。"

儒以为学者事，误矣。天者上天也，性者性质也，贞者不变之谓，训正而属诸智者［牵］强矣〔2〕，嘉会者，如婚姻宾客之事，合礼犹合乐之合，婚姻宾客之事，所以大合礼也；利物者，利用利器类，和义谓和顺于义也，谓义之合宜处者非也。不变其守，乃所以干事，岂智哉。故下文曰：行此四者。故元亨利贞，配诸仁义礼智①者，傅会之甚矣。继之者善，如继天之继，善者谓善人也，训流行者失继字义矣。成之者性②，谓人各随性所近而成务也，凡言德者，有对怨言者，有对财言者，其单言者，皆性之德也，不尔据于德何其荒唐③。人心者，民心也，如朽索之驭，故曰危；道心者，导民心也，其机甚微，故曰微④。大学者，古大学有养老序齿等礼，是其义也。明德者，君德也，《左传》诸书可稽焉，明者举而明之也，非磨而明之之谓也，即谓养老序齿之事也。人伦明于上而小民亲于下，故曰亲民，何必改新民，新民出《康诰》，革命之事也，大学之教，岂以之乎。物者礼之善物也，格者来之也，致者使之来至也，非极致之谓也。礼之善物至，而吾之知自然明矣，先王之教之术为然。朱子引《易》穷理，不成字义，强矣。阳明训正，引格君心之非，殊不知格皆有感格义，亦误矣⑤。敬者敬天为本，敬君、敬民、敬身皆然，岂徒然持敬乎。克己者，约身之解是矣，克犹克家之克，不尔克己由己字义相

---

① 元亨利贞，配诸仁义礼智：《易·文言传》《本义》"元者生物之始，天地之德莫先于此，于人则为仁；亨者生物之通，物至于此莫不嘉美，于人则为礼；利者生物之遂，物各得宜，不相妨害，于人则为义；贞者生物之成，实理具备，随在各足，于人则为智"云云。

② 继之者善五句：语见《易·系辞上》，《易本义》："道具于阴而行乎阳。继言其发也，善谓化育之功，阳之事也。成言其具也，性谓物之所受，言物生则有性，而各具是道也，阴之事也。"

③ 据于德何其荒唐：见《论语·述而》，《集注》"据者执守之意"。故云。

④ 人心者民心也八句：此释《尚书·大禹谟》"人心惟危，道心惟微"二句。

⑤ "大学"至"亦误矣"：此释《礼记·大学》首章，朱子《章句》"格至也，物犹事也，穷至事物之理，欲其极处无不到也"，此引《易》穷理，徂徕斥之为不成字义。王阳明《大学问》："凡意之所发，必有其事，意所在之事谓之物，格者正也，正其不正以归于正之谓也。"此训格为正，徂徕亦以为误。

犯，凡此类皆失古义之大者也。

六经残缺，纵其完存，亦古时言也，安能一一得其义弗谬乎。故后之解六经者，皆牵强耳。大抵后儒以一物不识为耻，殊不知古所谓知者，贵知于仁也。孔子未尝以好知为教焉。今之学者，当以识古言为要，欲识古言，非学古文辞不能也。前汉去孔子时未远，故解经多传授之说，至后汉渐失古义，然韩愈未出，文章未变，古言尚有存者，故博读秦汉至六朝之书，熟读玩味以求之，庶或得之哉。然吾亦不欲学者因吾言以废宋儒及诸家之说也。古今邈矣，六经残缺，要不得不以理推之，以理推之者，宋儒为之嚆矢焉，只其理之未精也，是以滞乎理，精之又精之，岂有宋儒及诸家之过哉。且学问之道贵乎思，方思之时，虽老佛之言，皆足为吾助，何况宋儒及诸家之说乎。

享保丁酉^①秋七月望

校记：

〔1〕胚：原误作"胝"，据《日本伦理汇编》卷六《辨道》改正。

〔2〕牵：原脱漏，据《日本伦理汇编》卷六《辨道》补。

---

① 享保丁酉：即享保二年，公元1717年，康熙五十六年，时徂徕五十二岁。

三十、山县周南

史料简介

山县周南（1687—1752，贞享四年—宝历二年）名孝孺，字次公，号周南，长门人。与安藤东野二人实为最早受业徂徕之门。徂徕没后，经术推太宰春台，文学推服部南郭，而传其唯物主义哲学的，则唯独周南。所著《为学初问》二卷，收入《日本伦理汇编》第六册，兹选译其论心一节。

为 学 初 问

心者身之主宰，《大学》说正心诚意①，心正则身修，心学岂非耶？《易》有穷理尽性②，理学岂非耶？有曰出入无时莫知其乡，惟心之谓欤③。生物之习，从见闻而心发动，如风来而草木动，波浪涌，自然之势也。于此境而有未发已发、明镜止水④等微妙之说，皆属空理无益之论也。无论如何，心无形，有何把柄可治，不治亦我心，欲治之者亦我心，欲治欲悟均出于其人之妄想；即非妄想而若为真实，心无形，将以何体作证，此无益之论也。故圣贤无心法之教，

---

① 《大学》说正心诚意：《大学》首章："欲修其身者先正其心，欲正其心者先诚其意。"又"意诚而后心正，心正而后身修"。

② 《易》有穷理尽性：见《易·说卦传》。

③ 出入无时莫知其乡二句：见《孟子·告子上》。

④ 未发已发、明镜止水：《中庸》"喜怒哀乐之未发谓之中，发而皆中节谓之和"。朱熹据此乃有"心为已发，性为未发"之说。又陆王之学以心虚无物，洞照如镜，有明镜止水之说。

形有长短则心随之长短，形病则心亦病，形尽则心亦尽，离气血无所谓心，心者血气之精灵也。

（据《日本伦理汇编》第六册第361页《为学初问》卷下选）

三十一、太宰春台

史料简介

太宰春台（1680—1747，延宝八年—延享四年）名纯，字德夫，小字弥右卫门，号春台，又号紫芝园，信侬人。其学重视六经，以道为先圣王治天下之道，均可认为徂徕学的继承。著书数十种，重要者有《辨道书》《圣学答问》《紫芝园漫笔》，尤以《论语古训外传》与《斥非》中之《内外教辩》，极端反对宋儒理学，主张功利主义，最可代表其伦理思想，今特为选录《论语古训外传》（据延享元年嵩山房刊本）和《内外教辩》（据《斥非》附录论文，延享年间文英阁刊本）。

论语古训外传

仁以为己任①，仁者安民之事，故其任重。朱熹以为人心之全德，非也。人心之全德，岂谓之重任哉。（卷八）

仁乃凡百君子之所志，夫子何不敢焉。盖孔子言仁，必以事功言，观《论语》中论仁诸章可见。夫子平日不敢轻与人仁，其敢轻自许乎？夫君子虽有仁心，苟不行其事，何以见仁之功；苟不见仁之功，则不敢轻称其仁。他人既然，孔子独不然乎？此夫子之所以不敢

---

① 仁以为己任：《论语·泰伯》："曾子曰：士不可以不弘毅，任重而道远，仁以为己任，不亦重乎，死而后已，不亦远乎。"《集注》："仁者人心之全德，而必欲以身体而力行之可谓重矣，一息尚存，此志不容少懈，可谓远矣。"

也，岂徒谦云尔哉。朱熹专以心德解之，所以不通也①。（卷七）

如其仁②。朱熹曰：盖管仲虽未得为仁人，而其利泽及人，则有仁之功矣。纯谓此说非也。孔子凡说仁，必以事功言。若有仁心而未见其功，则夫子未尝许其仁也。宋儒则专就心上说，故不肯以管仲为仁人。夫孔子明言如其仁，许者至矣。宋儒犹未之信，何也？且仁如管仲，而谓之非仁人，甚无谓也。然则宋儒之所谓仁人者，果何如哉？此亦可以捧腹矣。（卷一四）

夫仁莫大于安民，故孔子论仁必以事功③。自孟轲引曾西之言，以管仲不足为，而宋儒因之，亦皆贱管仲④，岂不悖哉！曾西、孟轲皆未得居管仲之所居，而为管仲所为，纵有仁心，未尝行仁者之事，而极口薄管仲之功，可谓妄矣。宋儒又信孟轲之言，而不信孔子，何其畔也？且宋儒何足与言仁乎？（卷一四）

仁者德也。藏于内而难见，故唯于事功上见之，夫子常言不知

---

① 仁乃凡百君子之所志一节：见《论语·述而》："子曰若圣与仁，则吾岂敢。"《集注》："此亦夫子谦辞也。圣者大而化之，仁则心德之全而人道之备也。"

② 如其仁：《论语·宪问》："子曰：桓公九合诸侯，不以兵车，管仲之力也，如其仁，如其仁。"朱熹语见《集注》。

③ 仁莫大于安民，故孔子论仁必以事功：案《尚书·皋陶谟》"安民则惠，黎民怀之"，孔传"惠，爱也，爱则民归之"。与《太甲》"民罔常怀，怀于有仁"，均可见仁莫大于安民之旨。《论语》言仁以事功，如《宪问》"或问管仲，曰人也"。人、仁通。又称管仲"如其仁，如其仁"。《雍也》："子贡曰：如有博施于民而能济众，何如？可谓仁乎？子曰：何事于仁，必也圣乎，尧舜其犹病诸。"皆其例。

④ 孟轲引曾西之言四句：见《孟子·公孙丑上》。"或问乎曾西，曰：'吾子与管仲孰贤？'曾西艴然不悦曰：'尔何曾比予于管仲？管仲得君如彼其专也，行乎国政如彼其久也，功烈如彼其卑也，尔何曾比予于是？'"《集注》："孟子引曾西与或人问答如此；曾西，曾子之孙。……桓公独任管仲四十余年，是专且久也，管仲不知王道而行霸术，故言功烈之卑也。"

其仁①，意皆如此。孔子以仁为教，门人谁不力行者，况仲弓孔门高弟，夫子何不知其仁，唯有其德，而未见其功，则夫子亦不敢轻与其仁耳。朱熹以心说故不通也②。如以心则孔门诸子谁非仁人，而夫子亦何难其人如此哉！余故曰：宋儒之学乃释氏之学也，为其以心法为学也。（卷五）

夫仁在安民，君子之道或出或处，或进或退，苟其德足以安民，则可以为仁，尚何暇问其果无私心否。君以义制事，以礼制心，义则不必寻理，礼则不必去私，然则所谓当理而无私心者，浮屠之教也③，以是说仁，愈说愈差。（卷六）

人性万殊，约有三品：④曰上智、下愚、中庸是也。上智固寡，下愚亦不多，其余皆中庸之性也。上智不必教，下愚不可教，中庸之性不可不教。教之善则善，教之不善则不善。教之善而善，为贤人，为君子；教之不善而不善，为不肖，为小人。若初不教，亦终于不肖小人而已。是知人性有教无有种类，故曰有教无类⑤，此特论中庸之性云尔。荀子曰：于越夷貊之子，生而同声，长而异俗，教使之然也⑥；此之谓也。（卷一五）

人性万殊，约有三品：三品者上中下也，人性万殊者以好恶言，目之于色，耳之于声，臭之于臭，口之于味，各有好恶；至若身体有便不便，做事有能不能，亦皆系性，性人人殊，故云万殊。子

---

① 夫子常言不知其仁：《论语·公冶长》："或曰：'雍也仁而不佞。'子曰：'焉用佞。御人以口给，屡憎于人。不知其仁，焉用佞。'"又"孟武伯问：'子路仁乎？'子曰：'不知也。'又问。子曰：'由也，千乘之国可使治其赋也，不知其仁也。''求也何如？'子曰：'求也，千室之邑，百乘之家，可使为之宰也，不知其仁也。赤也何如？'子曰：'赤也，束带立于朝，可使与宾客也，不知其仁也。'"

② 朱熹以心说故不通也：《集注》："雍，孔子弟子，姓冉字仲弓，为人重厚简默，而时人以佞为贤，故美其优于德而病其短于才也。"春台谓朱以心说故不通。

③ 所谓当理而无私心者，浮屠之教也：延平李氏（李侗）"仁即是理，当理而无私心即仁矣"。春台以此为佛氏说。

④ 人性万殊，约有三品：唐韩愈《原性篇》："性之品有上中下三，上焉者，善焉而已矣；中焉者，可导而上下也；下焉者，恶焉而已矣。"春台本此。

⑤ 有教无类：见《论语·卫灵公》。

⑥ 荀子曰于越夷貊之子四句：见《荀子·劝学篇》，于越犹言吴越。

产曰：人心之不同，如其面焉①；此名言也。心之不同，即性之不同也，所以为万殊也。其品有上中下者，为善为上，恶为下，可以善可以恶为中，上者不待教，下者不必教，中者不可不教。举天下之人，上者盖寡，下者亦甚寡，除二者外，皆中者也。圣人之教，盖为中者设也，所谓性相近者，语中品之性也。相近者，言中品之性，其初不甚相远也。（卷一七）

内 外 教 辩

盖尝闻释氏之说曰：域外治心，谓之内教；域中修身，谓之外教②。此言诚然，无可讥者也。夫吾所谓道者，仲尼所诏，古之圣帝明王所以治天下之道也。然天下之本在国，国之本在家，家之本在身③，孟子固言之。《礼·大学》记云：自天子以至于庶人，一是皆以修身为本。孟子之言止于身不及心，与记之言合而观之，可以见古训也。孔子曰：操则存，舍则亡，出入无时莫知其乡，其心之谓与④。孔子之说心，唯此一语，他不经见，亦可以见先王之治，不务治心也，孔子特语心之居无定处尔。夫人心者善动之物也，其动伊何？感之亦兴，不感亦兴，有欲有思，与夫喜怒爱恶哀乐无非心之动者，唯其若斯，是以难治，是以圣人明治心之不可治，故不教人治心也。然则圣人弗治心乎？曰：圣人未始不治心，而不必治耳。《仲虺之诰》曰：以义制事，以礼治心⑤。此先王之法言也，圣人之道乃尔。夫人心有欲，见色则悦之，见财则欲之，贤愚所同也。然弗敢戏人之妇女，弗敢苟取者，礼义所制而士君子所守也。《诗》云：出其

---

① 子产曰人心之不同如其面焉：见《左传》襄公三十一年。
② 内教、外教：《佛祖统纪》三十九云："沙门道安作《二教论》，以儒道九流为外教，释氏为内教。"
③ 天下之本在国三句：见《孟子·离娄上》。
④ 孔子曰操则存四句：见《孟子·告子上》引。
⑤ 《仲虺之诰》曰二句：仲虺，奚仲之后，为汤左相，见《尚书·商书》以礼治心，治乃制之误。

东门，有女如云，虽则如云，匪我思存，缟衣綦巾，聊乐我员①。此守礼义之言也。是故守礼义者为君子，犯礼义者王法所诛也。圣人既立礼义以治人民，视其守之与犯之而行之刑罚，不复问其心如何。宋华父督见孔父之妻于路，目逆而送之曰"美而艳"遂杀孔父而取其妻②。夫见人妻于路，目逆而送之固非，杀其夫而取之尤非，其谓之美而艳，岂非乎？假使他君子见之而人问焉，曰何若？则君子亦且曰美而艳。何则？实不可掩也。若观孔父之妻而不见其美，则无目者也。若见其美而告人曰不美，则诈也。已见美者目，美之者心，虽圣人岂有以异哉？但制之以礼义，弗敢纵欲，斯之谓君子，心目之罪在所不问，先王之道乃尔。释氏则不然，务在治心，虽身不敢行非度，苟心有不善，即以为罪，故其笃行者，虽睹毛嫱西施③，则闭目想其腐肉朽骨以内自禁其欲，难矣哉。人心之灵，何所不至，苟身弗为不善，斯可已矣，更问其心之所思过矣。圣人以礼制心，心不须治而靡不治；释氏以心治心，予以为非治之，乃乱之也。何则？所治固心，治之者亦心，一而不二，治之而治者重治矣，其治之之扰，不可胜言也，予故曰治之所以乱之也。

近时我日本独有伊藤氏之学④，能辟宋儒而倡古学，海内好古之士，皆为之吐气。惜也所见之小，废六经而弗读，尽取孟子之言以解《论语》，且信孟子之甚，至以配孔子⑤而不疑焉。知心性之谈始于孟氏，非复洙泗遗训乎？原佐⑥尝谓宋儒为禅儒当矣，然其所见如是之小，而其学亦以心性为本，则犹未出宋儒之党也。……宋儒不奉文礼之教，而以心性为学，是名为仲尼之徒而实畔之也。及我荻生氏

---

① 《诗》云出其东门六句：见《诗经·郑风》郑注"缟衣，白色男服也，綦，苍艾色，女服也，愿室家得相乐也"。

② 宋华父督见孔父之妻于路四句：事见《左传》桓公元年。

③ 毛嫱西施：古美女。《庄子·齐物论》："毛嫱丽姬，人之所美也。"西施，春秋越美女，事详《吴越春秋》。

④ 伊藤氏之学：指伊藤仁斋之古义学。

⑤ 信孟子之甚，至以配孔子：伊藤仁斋尊重《语》《孟》，以此二书高出六经之上，谓"《论语》是最上至极宇宙第一书"。《孟子》和《论语》好像一幅布，有表里而无精粗。"学者不可于圣人言语上增一字，又不可减一字，若《语》《孟》二书实包括天下古今道理尽矣，所谓彻上彻下者是也"，说见《仁斋日札》。

⑥ 原佐：仁斋之字，亦作源助。

学①作，力排宋儒心法之说，而以诗书礼乐为教，则仲尼所传先王治天下之道，既隐复显，炳若日星，岂不愉快哉。

（据《斥非》附录论文，延享年间文英阁刊本第22—25页）

---

① 荻生氏学：指荻生徂徕之古文辞学。

三十二、中江藤树

史料简介

中江藤树(1608—1648,庆长十三年—庆安元年)名原,字惟命,通称与右卫门,号默轩,又号颐轩,讲学于藤树下,世称藤树先生。他是日本阳明学派的开山祖,初奉朱子学,年三十七,购读《阳明全书》,思想乃大改变。所著《大学考》《大学解》《中庸解》《论语解》《古本大学全解》等书,皆就阳明学加以发挥,而他的根本思想实际上也即建立于以《学》《庸》《论》三书之一贯理论上面。所以他说"心法者无如《大学》《中庸》《论语》"。现在即本此观点,从《藤树先生全集》中(昭和十五年岩波书店本)特选出其《经解》一篇中之若干条。[从《日本伦理汇编》中选译其《翁问答》之一部分。]

经　　解

格 物 致 知

格者正也。物者事也。事物之变,虽无纪极,而未有出视听言动思之五事者。故《洪范》举五事,以统万事①,是以正视听言动思之不中节者,此之谓格物。致者至也,与至于命之至同义,至于此而不违之意也。天性之灵昭明觉之谓知。天性本中和而不倚,无偏

---

① 《洪范》举五事,以统万事:《尚书·洪范》注:"二五事:一曰貌,二曰言,三曰视,四曰听,五曰思。"

无党，无有作好，无有作恶①，毋意毋必毋固毋我②，无内外，无将迎，无才识，无伎俩，无终始，无死生。五性之用，知最先，而所以妙众理，而宰万物者也，故明明德之工程，以此为准。《孝经》所开示膝下亲严③，孟子所谓良知④是也。吾人之身心，至于此而不违，苟日新，日日新，又日新⑤，此之谓致知。盖学者格物，而身心须臾不离知，则明德昭明，而光于四海，通于神明；如视听言动思不中节，则与知相离而昏乱迷妄，而视而不见，听而不闻，食而不知其味。是故致知在格物，而格物者，正五事之非礼，而皆至性之灵觉而不违者也。夫然，故致知之外无格物，格物之外无致知。致知之功，必在格物；格物之主宰，必在于知。致知以格物，格物以致知，犹眼目手足之相为用也。而知本也，物末也，本立而道生，知本末之先后，则近道矣。

格物致知

物者事也。《洪范》所谓貌言视听思五事是也。格者正也，正其不正而复其正之义也⑥。五事中节之谓正，不中节之谓不正。节者自然天则，所谓知也。知者下愚而不息之天机，孟子所谓良知此也。致者至也，五事不离良知之谓致知。致知之功在格物。格物之主宰，良知是也。是故格物之外，无致知之工夫；致知之功在格物，犹言五事不离知之功在五事上用也。此是千古不易之学脉，入圣之正路，善得其窍可也。

---

① 无偏无党三句：语本《洪范》："无偏无陂，遵王之义；无有作好，遵王之道；无有作恶，遵王之路；无偏无党，王道荡荡；无党无偏，王道平平。"
② 毋意毋必毋固毋我：见《论语·子罕》。
③ 《孝经》所开示膝下亲严：《孝经·圣治章》"夫圣人之德，又何以加于孝乎？故亲生之膝下，以养父母日严"，明皇注："亲犹爱也，膝下谓孩幼之时也。言亲爱之心生于孩幼，比及年长，渐识义方，则日加尊严，能致敬于父母也。"
④ 孟子所谓良知：《孟子·尽心上》："人之所不学而能者，其良能也；所不虑而知者，其良知也。"
⑤ 苟日新、日日新、又日新：《大学》引《汤之盘铭》。
⑥ 格者正也，正其不正而复其正之义也：此本阳明《大学问》"格者正也，正其不正以归于正之谓也"。

格 物 致 知

艮其背，不获其身，行其庭，不见其人①。非礼勿视，非礼勿听，非礼勿言，非礼勿动②。所以养性以立命也。恬淡虚无，真气从之，精神内守，病安从来？饮食有节，起居有常，不妄作劳，所以修命以养性也。

诚 意

诚者本心之实德，所谓赤子之心，孩提之爱敬③，当下不昧之良知此也。意者，凡心之实体，好恶之凝滞于物，是非之素定于迹者，所谓适莫④此也。以诚为宝鉴，而照于鬼窟，则意我之魍魉，无所逃匿；以诚为主将，攻伐贼巢，则意我之奸雄，不能出一筹。依着这工程而无间断，则鬼窟复灵台，贼巢做安宅，天君泰然，五宦敬事⑤；八荒在我闼⑥，四海运我掌，此之谓诚意意诚也。盖凡心昏迷，颠倒错乱，虽无纪极，究竟其病根，归着意我一路。故明明德之功无他，诚意而已；诚意之功无他，格物而已矣。夫自欺者，意之运用卜度也，以诚照察而禁止自欺，则意我净尽，而本体诚斯立矣，所谓格致工程是也。初学之时，于五事上不省察，则不能识得意知之辨，故诚意后说格物，以示用力下手之实地。圣贤教人千言万语，总归于诚

---

① 艮其背四句：《易·艮卦》艮以一阳止于二阴之上，有止之义。陆九渊曰："艮其背不获其身，无我。行其庭不见其人，无物。"

② 非礼勿视四句：见《论语·颜渊》。

③ 赤子之心，孩提之爱敬：赤子，婴儿，《书·康诰》疏"子生赤色，故言赤子"；《孟子·离娄下》："大人者，不失其赤子之心者也。"又《尽心上》："孩提之童，无不知爱其亲者；及其长也，无不知敬其兄也。亲亲，仁也；敬长，义也。"

④ 适莫：《论语·里仁》"无适也，无莫也，义之与比"，皇《疏》引范宁曰："适莫犹厚薄也，君子与人，无有偏颇厚薄，唯仁义是亲也。"

⑤ 天君泰然，五宦敬事：《荀子·天论》："心居中虚，以治五官，夫是之谓天君。"杨注："心居于中空虚之地，以制耳目鼻口形之五官，是天使为形体之君也。"五宦，宦当作官，即耳目鼻口形之五官。

⑥ 八荒在我闼：八荒犹八极，《说苑·辨物》："八荒之内有四海，四海之内有九州岛。"闼，门也，《诗·齐风·东方之日》"在我闼兮"传"闼，门内也"。

意一路，舍此更无别事可做，无别路可走，所谓一贯宗①是也。《大学》传者，虑后学诚意外别求格致之功，故传首章单举诚意，而以慎独为要领。又恐就意里面而求诚，故以"毋自欺"解"诚意"二字②之义，厥旨深矣，仁也哉！

诚　　意

这个是善恶之关。以人十己千之功，可急急透得了。

诚　　意

一而不贰，实而不欺之谓诚。意者心之思量运用不定往来念也。心之思量运用，一于率性，而不贰于怀居；实于爱敬，而不欺于恶侮；而一定而不逞来，此之谓诚意，诚意而不已，则所谓有斐君子③也。以此事亲则孝，以此事君则忠，以此事兄则弟，以此爱弟则友，以此帅妻则义，以此交友则信，以此事天地则明察。孝弟之至，通于神明，光于四海。夫然，故克诚意则人皆敬之，天道佑之，福禄随之，众邪远之，神灵卫之，所作必成，无所不利。

明　明　德

明德之全体充塞于太虚，是以虽具于方寸，光于四海，通于神明，平天下治国齐家，无所不通。然明之之要在致知格物。知者明德之最先发者，而是非之鉴也。其体段中和④而无偏倚，无过不及，无将迎，无内外，毋意毋必毋固毋我，无终始，无死生，无加损，不屑蹴尔之良知⑤，虽乞人犹未泯，而况其余乎。此乃自乡人所以可至于圣人之种子脉路也。是故学问之道无他，致知而已矣；而致知之工程在格物。格物者，察貌言视听思之五事，常不离德惠乎否乎，而至于

---

① 所谓一贯宗："一贯"二字本《论语·卫灵公》《里仁》，参照荻生徂徕，第304页注2。

② 以"毋自欺"解"诚意"二字：《大学》："所谓诚其意者，毋自欺也。"

③ 有斐君子：《诗·卫风·淇奥》："有匪君子，如切如磋，如琢如磨。"匪、斐通，文章著见之貌。

④ 中和：本《中庸》"喜怒哀乐之未发谓之中，发而皆中节谓之和"。

⑤ 不屑蹴尔之良知：《孟子·尽心下》"欲得不屑不絜之士而与之"，赵注"屑，絜也"。又《孟子·告子上》："一箪食，一豆羹，得之则生，弗得则死，呼尔而与之，行道之人弗受，蹴尔而与之，乞人不屑也。""蹴，践踏也"，言践踏之食，乞丐亦以为不洁。

此而不违之谓也。克存此而常惺惺①，则万事中天则，假饶虽失眼前之利，必得不朽之益，是以败亦成，死亦生也。失此而不索，则万事不中节，纵虽有一旦之成，其中必有无穷之损，是以成亦败，生亦死也。格致之功，日新而不息，则天理之真乐，常坦荡荡②，而顺境无入而不自得。故子曰：学而时习之，不亦说乎；有朋自远方来，不亦乐乎；人不知而不愠，不亦君子乎③。

明 明 德

譬如平地，虽复一篑④，进，吾往也。

明 德

本与大虚同体，故天地万物尽包在明德里面。圣人明德明，故与天地合其德，与日月合其明，与鬼神合其吉凶⑤。学问之道无他，明明德而已矣。

明 德

坎离交泰⑥，心之本体也，故命之曰明德。明字从日从月，月为坎，日为离，县象著明，莫大乎日月⑦。明德之义，真哉！至哉！大哉！

艮其背，不获其身；行其庭，不见其人。无咎⑧

艮者居其所而不迁之意，背者中和不倚不易之象；不获其身者，谓不顾厥身利害存亡如遗失然也。庭者接物应事之地，行其庭者，谓对应接物之境也。不见其人者，谓不见人之不是，而尽吾可行之道也。盖凡夫之溺于财色也，不顾其身利害存亡，如遗失然也。君子之于中和，犹小人之于财色，故全体精神内守，而无一毫渗漏，而艮其背，是以于其身利害存亡如遗失然也。所谓逐兽者不见山，攫金

---

① 常惺惺：常常机警之意，谢良佐《上蔡语录》"敬是常惺惺法"。
② 坦荡荡：《论语·述而》："君子坦荡荡，小人长戚戚。"
③ 子曰学而时习之六句：见《论语·学而》。
④ 篑：《论语·子罕》"譬如为山，未成一篑"，郑注"篑盛土器"。
⑤ 与天地合其德三句：见《易·乾·文言传》。
⑥ 坎离交泰：易，坎、离相交而二气通，为既济，不交则为未济；泰，通也，言水火相交通也。又坎为月，离为日，日月二道，阴阳之经，故亦有交泰之义。
⑦ 县象著明，莫大乎日月：见《易·系辞上》。
⑧ 艮其背五句：见《易·艮卦辞》。

而不见市人①，此厥心专在兽金上，故于山与人也见而不见。君子之心，亦专在中和，故于人之不是也，见而不见，必尽其道。夫财与色虽祸机之所伏，而见其可欲则如彼，况中和之为德也，有无上大乐，而百福之源乎。福与乐小人之所甚希也，若见其可欲，不获其身，不见其人。虽小人岂难乎哉，只昏迷而不见其可欲之实而已。是以圣人以德与色对算，而常提撕警觉，其意可知矣。

艮其背，不获其身；行其庭，不见其人。无咎

右千圣心法之秘妙，林子②发明未得其真。林兆思著《艮背心法》，林子以背为洗心之水，水有凝冰之变，与火有炎焦之变相对，是以其说未莹。背止之象也，神水神火交泰，既济③之妙窍，所谓背也。是以艮其背，则得无我之本然，而无焦火凝冰之变，未知是也否。

艮其背，不获其身；行其庭，不见其人。无咎

背者中之象，止之义，不睹之地，故以为天性之象。兼山为艮④，不迁不变，莫止于山，而兼之，故以为工夫之准则。盖人之昏迷颠倒，生于形气之私，故以不获其身示艮背之效，且以明万物一体之本心。庭者人伦交会之地，故以行其庭为应接之象。无事静坐，虽惺惺而存养不固，则不能对境而不堕落也。其堕落必在由人，故揭不见其人一句以示时习吃紧之工程也。

艮背敌应⑤

艮，山也，山不动不变，而随时而见其色，故以为执中之象。

---

① 攫金而不见市人：《吕氏春秋·去宥篇》："齐人有欲得金者，清旦，被衣冠，往鬻金者之所，见人操金，攫而夺之。吏搏而束缚之，问曰：人皆在焉，子攫人之金，何故？对吏曰：殊不见人，徒见金耳。"

② 林子：林兆恩，明莆田人，字懋勋，号龙江，又号子谷子，又称三教先生，著有《林全子集》，《艮背心法》主张以艮背之法治病。

③ 既济：《易·既济》卦离下坎上，为卦水火相交，水在火上。

④ 兼山为艮：《易·艮》象传："兼山艮，君子以思不出其位。"艮两山并立，故为兼山；不相往来，故有止之象。

⑤ 艮背敌应：《艮·彖传》："艮其止，止其所也，上下敌应，不相与也。"孔颖达云："《易》背为止，以明背者无见之物，即是可止之所也。艮其止，是止其所止也。故曰'艮其止，止其所也'。凡应者一阴一阳，二体不敌，今上下之位，爻皆峙敌，不相交与，故曰上下敌应，不相与也。"

背不见未发之所，故以为中之象；存天性之灵明，而不为境遇所迁，不为情欲所污，不为才识所昏，此之谓艮背，以阳应阳，以阴应阴，为敌应。应事接物，无意必固我之私，以物应物，中节不与，此之谓敌应。艮背敌应，《中庸》所谓致中和，天地位焉，万物育焉者是也。

人心惟危，道心惟微，惟精惟一，允执厥中[①]

人心道心二句，所以开示所用精一之功实地也。惟精者，所谓博学、审问、慎思、明辨，所以辨意欲之惑而求本体之精实也。惟一者，所谓笃行[②]，所以克去适莫之私，而立不倚之大本也。精一则允执厥中矣，精一而后又非有执中一层工夫，执中一言简奥，故揭精一之工程以便学者之择执而已。精一亦是一个工程，非两般工夫，所谓惟一是惟精主意。惟精是惟一工夫也。

公孙丑问曰：何谓浩然之气？曰：难言也。其为气也，至大至刚，以直养而无害，则塞于天地之间，其为气也配义与道，无是馁也[③]

按《素问》曰：恬淡虚无，真气从之。《灵枢》曰[④]：真气者，所受于天与谷气并而充身者也。以此考之，浩然之气，指《灵》《素》所谓真气而言。谷气者，宗荣卫之气[⑤]，人身知觉运用之机也，知愚贤不肖所同有也。真气者，唯君子之所能，而小人之所不能有也。无是之是，指浩然之真气而言也，馁言谷气无精神而不能立也。盖浩然之真气，在大虚则配天道，在人身则配仁义，本乘呼吸气机而出入合同无间者也。然人欲炽而天理灭，则义气共如亡，故与大虚之道气隔绝而不能相通，而荣卫饥乏而不能立，疑惧畏缩，而位苦

---

① 人心惟危四句：见《尚书·大禹谟》。
② 博学、审问、慎思、明辨、笃行：《中庸》："博学之，审问之，慎思之，明辨之，笃行之。"
③ 公孙丑问曰八句：见《孟子·公孙丑上》。
④ 《素问》、《灵枢》：古医书，《素问》二十四卷，《灵枢》十二卷，合称《黄帝内经》。
⑤ 荣卫之气：荣卫即营卫，《灵枢·营卫生会篇》："谷气入于藏府，清者为营，浊者为卫，营在脉中，卫在脉外，营周不休，五十而复大会，阴阳相贯，如环无端。"

转深，此之谓鄙夫。以直养，而恬淡虚无，则义气相通融合同，而塞乎天地之间，故荣卫有精神而心不动，位苦尽灭而得天理之真乐，此之谓大人也。

保合大和乃利贞①

学而入得这里，则体大造而超小劫②，故不以天地之成毁而成毁；获大身而忘小形，故不以躯壳之存亡而存亡。此中大有真乐，盎然春融，熙然宇泰，既利且贞，活泼泼地，即《易》之黄中通理，正位居体，美在其中，畅于四肢，发于事业，美之至也③。此乃儒教中不死之神方，长生之正术，不可与守空寂而坐枯禅，弄精魂而希升举者同日而语也。是以子曰：朝闻道，夕死可矣④。

（据《藤树先生全集》第一册卷一《文集》一《经解》第1—16页选）

*翁问答上卷之本

体充问曰：人心各别，品行多端，其间是非淆乱，不知去从，人之一生，当依何道为业耶？

师曰：吾人之身中，自有至德要道，此乃天下无双之灵宝，当用此宝，以为存心行身之要领也。此宝上通天道，下照四海，是故用此宝以交五伦，则五伦和睦而无怨憎；以事神明，则神明纳受；以治天下，则天下太平。治国则国安，齐家则家齐，修身则身正，存心则心明。舒之广及天地之外，卷之则退藏于我心之密，诚神妙至极之灵宝也。是故善护此宝，则天子永保四海之富，诸侯永享一国之荣，卿大夫兴其家，士显其名、得其位，庶人财谷积而享其乐也。若舍此宝，则人道不立；非止人道不立，天道亦不立；非止天道不立，太虚之神化亦不能起。太虚三才宇宙鬼神造化生死，皆涵在此宝内也。探究此宝，乃儒者之学问。生而善护此宝谓之圣人，学而能守此宝谓之

---

① 保合大和乃利贞：见《易·乾·彖传》。
② 小劫：劫，梵语劫簸之略，译言分别时节。劫有大中小，合一增一减而为小劫。
③ 《易》之黄中通理六句：见《易·坤·文言传》。
④ 朝闻道，夕死可矣：见《论语·里仁》。

贤人。孔子为光照万世之暗，作《孝经》以为探明此宝之镜，然自秦代迄今千八百余年间，罕有通彻学透之人。今至大明之代，推尊此经者颇多。大舜善护此宝，自庶人登天子之位；文王善护此宝，列于天帝之左右；董永能守此宝，迎娶天上织女；吴二能守此宝，幸免宿恶天刑。古来灵验事不胜枚举，当真切信仰而受用之也。

体充曰：如此之宝，诚愿探求，然所论太过广大，只恐吾辈无此天分。

师曰：此种心思有误也。广大故我人无不及，如日月之光，正因其广大，故触目皆得见，此宝亦因其广大，故不论贵贱男女老幼，凡有本心之人，皆以此为普守遍行之道也。此宝在天为天道，在地为地道，在人为人道，本来无名，然为教化众生，古之圣人拟其光景，强名曰孝。由是以至愚痴不肖之贱男贱女亦知其名，然其真实道理，即便老师宿儒知见拔群之人亦鲜有悟得者，故世俗视孝止于事亲一事，以为道理浅近也。予有感于此，为开万世之心盲，乃因《孝经》而发明孝德神妙不测广大深远、无始无终之神道。即孝德之感通而言，可略称为爱敬二字。爱者恳切亲密之意也，敬者尊上而不傲下之义也。孝譬如明镜，因其所照之物形色不同，镜中影像亦有各种变化，然皆清晰显现，镜之体无改也。且如父子君臣之人伦交接，其事有千千万万之不同，然爱敬之至德无不贯通。概而论之，先就五伦而言，爱敬亲乃感通之根本，故以此本分之名直曰孝行。由此依感通之景象而立名设教，无二心而爱敬君曰忠，正礼义而爱敬臣曰仁，善教育而爱敬子曰慈，和顺而爱敬兄曰悌，责善而爱敬弟曰惠，守正节而爱敬夫曰顺，守义而爱敬妻曰和，无伪而爱敬朋友曰信。即一身而言，耳目之聪明，四肢之恭重，行住坐卧之法则，无非孝德爱敬之感通。如此亲切之道德，即愚痴不肖之男女，膝下之赤子，亦皆能知能行，然其至极之全体，即圣人亦难穷尽也。此实为不二之要道、无双之重宝，然如卞和之璧，不为世俗所知，诚可叹也。

体充曰：此前只以善待双亲为孝行，普世间亦多如此。今听先生教诲，方知孝之为物，其大无外其小无内，唯愿详闻持守此无上妙理之术。

师曰：孝本以太虚为全体，经万劫而无终无始，无时无孝，无物无孝。全孝科以太虚为孝之体段，天地万物皆从中萌发，如此则是广大无边之至德，万事万物之中，孝之道理无所不备。就中，人为天地之德、万物之灵，故人之身心全具孝之实体，是以立身行道为工夫之要领。离身无孝，离孝无身，故立身行道乃孝行之总领也。善事父母，则立身行道之一事也。云立身者，即知我身本来受之父母，常思我身即父母之身，无纤毫不义无道之常，视父母之身为己身，珍重爱敬，以立物我无隔、大通一贯之身也。若寻根究源，我身受之父母，父母之身受之天地，天地受之太虚，如此我身则本为太虚神明之分身变化也，故明太虚神明之本体而不失，谓之立身；以明太虚神明本体之身而交人伦应万事，谓之行道。如此立身行道，即孝行之总领也。对亲尽爱敬之诚，对君尽忠，对兄行悌，对弟施惠，对友守信，对妻施义，对夫守顺，无缘毫诈伪，无些小不义之事，视听言动皆合之道，即孝行之条目也。是故一举手一投足，皆有孝纾之道理在，人之迷惑有千千万，皆因自私而起，因有我而起，孝乃摧破其私之主人公，故不悟孝德之本然，纵使博学多才，亦非真实儒者，况愚不肖，则几近乎禽兽矣。

体充曰：何故孝行有五等之别？

师曰：人间尊卑之位有五等，天子一等、诸侯一等、卿大夫一等、士一等、庶人一等，凡五等也。天子居治理天下之御门御位，诸侯处治国之大名之位，卿大夫于天子诸侯之下处理政务，士随卿大夫各司其职。耕作者曰农，匠人曰工，买卖人曰商，此农工商三者同在庶人之位也。孝德同为一体，然由位之不同，事有大小，故位与位有分际，有相应之道理，后世凡夫须明辨。孝德譬如大海，五等之位譬如容器，水在器有大小方圆之不同，然同为一水。古昔圣人之世，人之地位只此五等，故发明五等之孝也。

体充曰：《孝经》之首章言"忠于事君"，说忠之一典，是何意耶？

师曰：君父之恩等同，"父生之，君食之"，皆保全性命之恩也。亲为始，故为孝之根本，恩等同，故曰"忠于事君"。孝德于万事万物不感通，兄弟夫妇朋友之道兼含其中。《孝经》之发明事君之一义，亦是此意也。

体充曰：天子之孝行如何？

师曰：推明爱敬之《孝经》于天下，即天子之孝行。光自明其德而为万化之大本，爱敬贤人以为宰相，爱敬善人量材授官，不轻慢小国之臣下，礼乐刑政学校教育皆得其正，使天下人皆发其本心之孝德，利其利，乐其乐，爱敬万民，万国欣庆，奉侍其先王，此天子孝行之大概也。

体充曰：诸侯之孝行如何？

师曰：推明爱敬之《孝经》于其国，即诸侯之孝行。先正身心，不可稍有骄奢，行止中节，善理国政，尊敬家臣大老，真情对待臣下，不做无礼之举，善察臣下之心地器量，因材授职，体恤百姓，使鳏寡孤独之无寄托者皆有所常，得国中臣民之欢心，国家富足，社稷永固，奉侍其先君，此诸侯孝行之大概也。

体充曰：卿大夫之孝行如何？

师曰：推明爱敬之孝德于其位之职分，即卿大夫之孝行。正心修身，一言一行为人楷模，谦虚谨慎，专意为君主为天下为国家，不计个人利害，天下国家太平时居安思危，天下国家有事时将兵出征，通兵法识谋略，建百姓胜之功，坚守其位，善护其宗庙，此卿大夫孝之大概也。

体充曰：士之孝行如何？

师曰：事君决无二心，虽舍身而不失爱敬君之心，各守其职，各尽其事，尊其长者，信托同僚，宽厚待人，言行举止，无不得体，心行身持，皆合义理，必要之礼法艺能不可荒疏，临军陈或遇君长之难，武勇胜似樊哙，建立武功，保其禄位，守护祭祀，此武士孝行之大概也。

体充曰：庶人之孝行如何？

师曰：农工商各尽其业，积蓄财谷，用度节俭，端正身心，奉公守法，以父母衣食为第一要事，自身妻子则次之，尽心尽力侍奉父母，使父母欢悦，此即庶人之孝行也。

体充曰：五等之孝之中，何故只说庶人瞻养父母事。

师曰：自士以上财物无匮，故养亲之事不待言。庶人财物匮乏，倘不十分尽心劳力，则衣食无足，故只对庶人说养亲事。五等皆说其位中紧要事，道理皆相通，须仔细体认。

体充曰：如师所说五等之孝，则孝行非止于爱敬父母，明其德而各志其业各尽其事，可谓孝行之本意乎？

师曰：然。毕竟明明德乃孝行之本意，心有轻狂之念，不当怒而怒，不当喜而喜，不当求而求，不当悔而悔，不当惧而惧，皆不孝也。一言虚伪，亦是不孝，况身行不义无道，当死而不死，不当死而死，不当取之物而贪求，当取之物不取而受饥寒，如此皆大不孝也，应慎加留意。辨明此道理，身体力行，谓之儒者之学问也。世间作学问者多矣，然悟得此本意者鲜矣。

体充问曰：五伦之道其名既知，然其道理仍有未详，全孝心法既为日用之急务，愿说加指教。

师曰：伦者，次弟也。人间之次弟差别有五，故谓之五伦。五伦之道常在，无始无终，则谓五典。典者，常也。以五典行教化谓之五教，五典之具于人心谓之五常之性。亲子，一伦也；君臣，一伦也；夫妻，一伦也；兄弟，一伦也；朋友间，一伦也。此谓之五伦，人之次疵差别尽于此五，世间无一人在五伦之外也。亲慈子孝，亲子相敬爱乃亲之道；君仁臣忠，君臣交泰乃义之道；夫义妻顺，夫妇和合乃别之道；兄惠弟悌，兄弟和睦乃序之道；朋友之交，无为守信乃信之道。此亲义别序信五者曰五典。人心本具仁义礼智信五常之性，是为一身之主，此五常之性感通则成五典之道。父子之亲即仁，君臣之义即义，夫妇之别即智，长幼之序即礼，朋友之信即信也。五伦在外，故不知至理之人谓五伦之道皆在外，非在我心之中，迷惑之甚也。天地万物皆造化于神明灵光之中，我心之孝德明，则通神明照四海，故天地万物皆在我本心孝德之中也。迷人只谓心在身中，然究其根本，即是心内所生身也。是故悟者所见，无内外幽明有无之差别。以五伦之道为外，起内外幽明有无之二见，乃似悟而实迷也。（下略）（魏常海译）

三十三、*熊泽蕃山

史料简介

　　熊泽蕃山（1619—1691）是中江藤树弟子，德川前期著名的阳明学者，名伯继，字了介，号蕃山、息游轩，平安（今京都）人。著有《集义和书》等，皆为日文著作。今据《日本伦理汇编》选译其《集义和书》之一部分。

*集义和书·义论之一

　　心友问：《论语》之教主仁，《大学》之主知，有何差别？

　　答曰：《论语》乃圣人在世时直接之教诲，故主仁，仁者德之本也。《大学》则圣人已去，后圣难得出世，乃有先知而主知也。知乃德之神明，性之先见者也。《大学》辨天下之惑而明人伦，以知为主宰，乃自反慎独之本。圣人不在世时，求学问之人，以《大学》为入德之门，以《论语》为入德之室。

　　心友问：贵老以《易》与《孝经》相提并论，然《易》乃玄妙深远广大高明之书，《孝经》则是童子初学始问之书，如此不能无疑。

　　答云：所谓言近而旨远者善言也，即《孝经》之属也。《易》依乎天地而发明道德，故其语势幽远也；《孝经》就人伦而教道德，故其语势亲切也。善观《易》者，近取于身，受用亲切，非为幽远之事；善学《孝经》者，不因词近而失幽深玄远之旨。当知致中和而天地位、万物育①之极功，神圣之能事即在此也。读《孝经》不可只留心于字句上，即有当留心处，亦应先通晓其全体。《易》自然有大

---

① 天地位、万物育：语出《礼记·中庸》。

意，然而句句有无穷道理。归根到底，《易》当近观，《孝经》当高远看。何者？《易》，天道也，而近应合人道；《孝经》，人道也，而远应合天道。程子云："《易》因爻象论变化，因变化论神，因神论人，因人论德行。大体通论易道，而终于默而成之，不言而信存乎德行。"是故《易》毕竟归于人之成德行也，人之德行莫大乎孝。

心友问孝之心法。

答曰：孝在天地未画之前，大虚之神道也。天地人物皆由孝生，春夏秋冬风雷雨露无不在孝。仁义礼智，孝之条理也；五典十义^①，孝之时节也。神理之含蓄处为孝，不可以言语名之，取象而强为之名曰孝。"孝"之字，"老""子"二字合而成，"老"字为偏傍时省画也。天地未开大虚廖阔之时，理为老气为子；天地已开之后，天为老地为子，乾坤为老，六子为子，日为老月为子，"易"之字合日月而成，日月老子其义一也。《易》与《孝经》无隔碍的道理。以山为老以川为子，以中国为老以东夷、南蛮、西戎、北狄为子，以君为老以臣为子，以夫为老以妇为子。就德性这感通而言，仁为老爱为子。以此理观万事万物，则万事万物莫不生于孝之理。取此神理之在我心者而受用之，则为爱敬也。"孝"字从上往下看，为老夫携幼子之体，爱之象也；从下往上看，为子之戴老之体，敬之象也。爱其母亲之心于天下则无憎恶，敬其亲之心于天下则无轻慢。爱敬施于亲而尽于一心，则天地同根万物一体之性命明矣。善于日日灭私欲存天理时，则知其大无外、其小无内，方可谓之仁。义者孝之勇也，礼者孝之品节也，智者孝之神明也，信者孝之实也。赤子孩提之时，孝之初发自爱亲，如花蕾之绽开；及其长，子之心尊亲而生敬，如花之清香。此爱敬之德初现于亲，故不改本分之名，以事亲之道谓之孝。事母爱现而敬存，对子则用爱而敬伏于内，以是为父之慈，父之慈与子之孝合，谓之"父子有亲"。此孝德在于事君，则外敬而内爱，在于使臣，则爱敬伏于内而备威严行仁政，君之仁与臣之忠合，谓之"君臣有义"。在于妻，则先爱而敬存，在于夫，则用敬而爱存，夫之和义与妻之贞顺合，谓之"夫妇有别"。并非有心如此而为，实是此心

---

① 五典十义：五典，即五教、五常，父义、母慈、兄友、弟恭、子孝，亦指仁、义、礼、智、信。十义，即父慈、子孝、兄良、弟悌、夫义、妇听、长惠、幼顺、君仁、臣忠，语出《礼记·礼运》。

之妙自然有此变化也，其中自有本末浅深之天则。事兄如事父，怜弟如爱子，兄之惠与弟之悌合，谓之"长幼有序"。朋友如兄弟，皆以真实无妄之天道为父母，朋友间不可无实，是以谓之"朋友有信"。同一个人，遇子为父，遇父为子，君前称臣，对家臣又称君，毕竟还是这个人，随处境不同而名称变化。本心一德，依位而神通变化，其义无极也。

有学士问云：如颜子"不贰过"①之事，实是大贤之心地，亦有可受用之道乎？

答曰：在甲所犯过失在乙不再重犯，此后世学者诚难企及，处亚圣之位方能事事如此也。然即便吾人心有一念之善而犯过，若能痛加悔悟，知其非而后不再重犯，自己今日之感受，亦可警戒他人。无心而离道谓之过，有心而成过谓之恶。不思不知而一念离道为过，既知此过而速即克去，无稍滞留于心，如向洪炉中撒下一把雪，火势自不会减，雪则因火而消融也。若心存稍许离道之念而不克去，则会重复犯过，重复犯过则近于恶。吾人尚未变化气质，未曾脱出常人境界之时，心中那此闲思杂虑，昼夜几度萌发，然即使萌发百度，若善于一念独知上觉悟，速即克去私念，不使暂留，如此受用，可谓"不远复"②。

问：圣学之心法不当在此之外，如此受用不间断，终可至君子之位乎？

答：此乃尊德性之工夫也。若止于此而弃辨惑之学问，则难脱常人之位，是故以上工夫亦不进而退。若辨惑而真智照，则可脱凡位，是故只今昼夜几度发生之闲思杂虑，即一次、十次、二十次，亦会灭去，诸种妄念皆隐而不现，如太阳一出，夜间出没之狐狸蚊虫之类皆逃无踪影。爱有步士（步兵），觉步行者其风卑欲，思欲正之，费心尽力脱出旧习。若乘马而行，则不知不觉中去掉本来步行者之风俗。省察我身之品格，深知已在凡位，时时辨惑，心法受用不间断，若如此，则渐脱其位，入德而终达于君子之位，此可谓变化气质。

问云："不迁怒"③之间，谓即或因某人生怒，亦不把怒气加于

---

① 不贰过：语见《论语·雍也》。
② 不远复：语出《易·复卦》初九卦辞。
③ 不迁怒：语见《论语·雍也》。

其人。常人对人有怒，终日其气不消；而颜子之怒，在其不义、其恶逆，不在其人，故其怒气不迁，如镜之照，美恶自现，去之则不留痕迹。此解如何？

答：诚如所言。然其境界难为今日受用，只是过去圣贤之事也。即今日吾人，亦有怒时，此怒有同于圣人之怒。古有物语（故事），说长田、义朝合谋杀镰田，对此人皆心生憎恶而发怒。即在今时，若有不义无道者，仍会心生愤怒，此怒本于性命之正，无私欲掺杂，故其气广大刚强，无自傲，内心较平日更清明，如此我等亦几近圣人之心地，是为"不迁怒"。圣人若处今日，应事接物无私欲掺杂，万事皆自性命上发出，故如此。吾人之聪明即或超乎常人之上，若遇事挟私欲私愤，其所怒即便有道理，而自傲之心暗而不明，心亏气短，言语有失，事过之后，后悔无及，此可谓"迁怒"。文王一怒而安天下，圣人不怒，则已若怒则在于存天理灭人欲，止恶扬善，如雷雨之动，使恶人惧而丧胆。非只是怒，即便是哀，吾人亦有近于圣人之处。千五百岁以来，无论汉、倭，若闻说可哀之事，或闻道理之至极，则泪流不止，一体之心真实恻怛之情动，而本心之灵台①无稍损益，常人之心仅较平日更无恶念妄思而近善，无私欲之杂故也。

学友问：格物致知之心法，不在古昔之经，亦不见于孔圣之语，此子思之发明乎？

答曰：《易》之六十四卦，应其位不可谓无格致之心法，易简明白，无所不通，最初之发明，即尧传舜"执中"②之心法也。孔子之传颜子非礼勿视听言动③，是皆格物致知之义也。曾子以"一贯"为"忠恕"④，子思又述孔、曾所传之心法，作经一章，谓格物致

---

① 灵台：指心。《庄子·庚桑楚》有"不可内于灵台"，郭象注"灵台"为"心"。

② 执中：《尚书·大禹谟》有："人心惟危，道心惟微，惟精惟一，允执厥中。"《论语·尧曰》有："尧曰：'咨！尔舜！天之历数在尔躬，允执其中。四海困穷，天禄永终。'"

③ 非礼勿视听言动：《论语·颜渊》有孔子答颜渊问礼之目，谓："非礼勿视，非礼勿听，非礼勿言，非礼勿动。"

④ 一贯、忠恕：语出《论语·里仁》。孔子对曾子说："吾道一以贯之。"曾子谓："夫子之道，忠恕而已矣。"

知①。

问：谓"视听言动"，而遗纲要之"思"，其意如何？

答：说四时而不言土用，说元亨利贞而不言诚，说仁义礼智而不言信，应四而不离者，虽不言而在其内。视听言动四者，无不以思为主，而孔子对于颜子，不必明言思格位。中人以下之学，思善而行善，思恶而为恶，心思躬行皆善而无恶谓之善人，此脱俗之初也，由此可进于信美大圣神。颜子既已为大人，心中非只无恶念往来，亦无善念往来，何有思之格位？然有三月不违仁②之语。春夏秋冬皆以三个月而转，故所谓三月，即一年中也，经年月日时而终不违仁也。然既谓三月不违，则在短暂间有善念萌发也，比之无思无为、寂然不动，感而遂通之圣人心地，仍稍有不及。不过在颜子，只如一片浮云过太虚，连常人所当举扬之善，亦不在其自然之体，其善念须臾不停住，即"不远复"也。

问：若心上尚且如此，何以告视听言动之末事？

答：颜子于高明广远之事与圣人同，只今不须告。由常人进于圣人者，急在务本，而于末事心不在意，或有所遗。仁者以天地万物一体，无所遗也，因此而告以末事，颜子问治国之论，以辂冕③答，即可知。

问：先生之论，似阳明子之传。朱子王子论格致，有黑白之别，先生以为如何？

答：愚不取朱子，亦不取阳明，只取法古之圣人。道统之传，朱、王共之；其言皆因时而发，于其真则若合符节，朱、王又无别也。朱子为矫时弊而重穷理辨惑，非无自反慎独之功；王子亦因时弊而重自反慎独之功，非无穷理之学。愚以自反慎独之功向内受用，取阳明良知之发起；而辨惑之事，则依朱子之学。朱、王之世，学者之惑异也，若易地则同。于穷理，若空言事事物物之理，人或有疑，学者当就心有所惑之事物而穷其理也，此是初学时事，若知得大意在

---

① 格物致知：语出《礼记·大学》之经一章。
② 三月不违仁：语见《论语·雍也》。
③ 辂冕：辂，大车；冕，祭服之冠。《论语·卫灵公》有：颜渊问为邦。子曰："行夏之时，乘殷之辂，服周之冕，乐则《韶》《舞》。放郑声，远佞人。郑声淫，佞人殆。"

心，则即有不辨不知之事，千万之事物现前，亦无可惑，异学之一生尽心求悟者，于圣学则不费力不劳神，优游自得也。

学友问云：同是圣贤，自当皆有孝行，因何只大舜、文王、曾子、闵子数人入孝之列耶？

答云：岁寒，乃知松柏之后凋也。平生无事时，圣贤之善行无甚奇特，圣贤之行道，与人无病时同，于理为常也，其时难见与凡夫之别。即如明者之目，能辨黑白，然若有大不孝、大恶人在，亦如夏日遍山翠绿，夏木冬木无从分辨，只是满目青山而已。若遇大难、逢大变，凡人君子皎然可别，圣贤入孝子之列者，皆遇非常境之故也。（下略）（魏常海译注）

三十四、佐藤一斋

史料简介

佐藤一斋（1772—1859，安永一年—安政六年）名坦，字大道，称拾藏，一斋其号，又号爱日楼，江户人。[日本阳阴学的复兴者。]他的贡献是在朱子学派教团的包围之下发展了阳明学，虽本阳明学，实自成一家之言，与邵康节、陈白沙之学相近。他从事教育七十年，为儒官十九年，虽一生为封建统治阶级服务，但其感化所及，则及于统治阶级的反对派，造就明治维新的许多人物。著有《言志四录》与《栏外书》《爱日楼文》。一斋的机械主义世界观，否认人的意志自由，教人俯首听命于剥削社会的重重压迫，这种思想根源，一方面和他出身剥削社会有关，一方面也由于所用观念论辩证法思想的结果。今据《大日本思想全集》第十六册选录《言志四录》[据1975年松云堂书店本节录《〈传习录〉栏外书》上卷之一部分]。

言 志 四 录

言 志 录

凡天地间事，古往今来，阴阳昼夜，日月代明，四时错行①，其数皆前定。至于人富贵、贫贱、死生、寿夭、利害、荣辱、聚散、离合莫非一定之数，殊未之前知耳。譬犹傀儡之戏，机关已具，而观者不知也。世人不悟其如此，以为己之知力足恃，而终身役役，东索西求，遂悴劳以毙，斯亦惑之甚。

天道以渐运，人事以渐变，必至之势，不能却之使远，又不能

---

① 日月代明，四时错行：《礼记·中庸》："辟如四时之错行，如日月之代明。"

促之使速。

栽者培之，雨露固生生也。倾者复之，霜雪亦生生矣。少年时当着老成工夫，老成时当存少年志气。容物美德也，然亦有明暗。人言，须容而择之；不可拒，又不可惑。

能容人者，而后可以责人，人亦受其责。不能容人者，不能责人，人亦不受其责。

富贵，譬则春夏也，使人心荡。贫贱，譬则秋冬也，使人心肃。故人于富贵，则溺其志，于贫贱则坚其志。

知分，然后知足。

得意时候，最当着退步工夫；一时一事，亦皆有亢龙①。

勤之反为惰，俭之反为奢。余思：酒能使人生惰，又使人长奢。勤俭可以兴家，则惰奢足以亡家。盖酒为之媒也。

凡所遭患难、变故、屈辱、谗谤、拂逆之事，皆天之所以老吾才，莫非砥砺切磋②之地，君子当虑所以处之，欲徒免之不可。

已死之物，为方生之用；既过之事，为将来之鉴。

欲知性之善，须先究为恶之所由。人之为恶，果何为也？非为耳目鼻口四肢乎，有耳目而后溺于声色，有鼻口而后耽于臭味，有四肢而后纵于安逸，皆恶之所由起也。设令躯壳去耳目鼻口，打做一块血肉，则此人果何为恶耶？又令性脱于躯壳，则此性果有为恶之想否，盍试一思之。

性虽善而无躯壳，不能行其善，躯壳之设，本趋心之使役以为善者也。但其有形者滞，则既承乎心以为善，又有由过不及而流于恶。孟子云：形色，天性也，惟圣人然后可以践形③；可见躯壳亦本无不善。

圣人安死，贤人分死，常人畏死。

---

① 亢龙：《易·乾卦》"上九亢龙有悔"，《象传》"亢龙有悔，盈不可久也"。亢者过于上而不能下之意。

② 砥砺切磋：砥砺，磨石也，砥细而砺粗，引申为磨砺之义。切磋，治骨曰切，治象曰磋，《诗·卫风·淇奥》"如切如磋"，引申为学问观摩之义。

③ 孟子云形色天性也三句：见《孟子·尽心下》。《集注》：践如践言之践，盖众人有是形而不能尽其理，故无以践其形。惟圣人有是形，而又能尽其理，然后可以践其形而无歉也。

生物皆畏死，人其灵也，常从畏死之中，拣出不畏死之理。吾思：我身天物也，死生之权在天，当顺受之。我之生也，自然而生，生时未尝知喜矣；则我之死也，应亦自然而死，死时未尝知悲也。天生之而天死之，一听乎天而已，吾何畏焉。吾性即天也，躯壳则藏天之室也，精气之为物也，天寓于此室。死之后，即生之前；生之前，即死之后；而吾性之所以为性者恒在于死生之外，吾何畏焉。夫昼夜一理，幽明一理，原始反终，知死生之说①，何其易简而明白也，吾人当以此理自省焉。

古往历史，是现世界，今来世界，是活历史。

民非水火不生活，而水火又能焚溺物，饮食〔男女〕人之所以生息，而饮食〔男女〕又能戕害人〔1〕。

人与万物，毕竟不能离地，人物皆地也。今试且游心六合外，以俯瞰世界，但见世界如一弹丸黑子，而人物不可见，于是思察，此中有川海，有山岳，有禽兽，草木，有人类，浑然成此一弹丸，着想到此，乃知人物之为地。

人罹灾患，祷鬼神以禳之，苟以诚祷，或可以得验，然犹惑也。凡天来之祸福，有数，不可趋避，又不能趋避。鬼神之力，纵能一时禳之，而有数之祸，竟不能免，天必以他祸博之。譬如头目之疾，移诸腹背，何益之有？故君子顺受其正。

看来宇宙内事，曷尝有恶，有过不及处，即是恶②。看来宇宙内事，曷尝有善，无过不及处，即是善。

万物相待为用，不能相兼，是亦其所以为一体。

经之妙于用处，是权。权之定于体处，是经。程子权只是经一句，诠极妙。

物固活也，事亦活也；生固活也，死亦活也。

天定之数，不能移动，故人生往往负其所期望，而趋其所不期望，吾人试反顾过去履历可知。

世有君子，有小人，其迭相消长者，数也。数之所以不得不然者，即理也。理〔有可测之理〕有不可测之理〔2〕，要之皆一理

---

① 原始反终，知死生之说：见《易·系辞上》。
② 看来宇宙内事曷尝有恶一节：案黄宗羲《孟子师说》卷三："刚柔皆善，有过不及，则流而为恶，是则人心无所为恶，止有过不及而已。"与此相发明。

也。人当安于可测之理，以俟于不可测之理，是人道也，即天命也。

言志后录

宇是对待之易，宙是流行之易，宇宙不外我心①。

人一生所遭有险阻，有坦夷，有安流，有惊澜，是气数自然，竟不能免，即易理也。人宜居而安焉，玩而乐焉，若趋避之，非达者之见。

物有荣枯，人有死生，即生生之易也。须知躯壳是地，性命是天，天地未曾有死生，则人物何曾有死生？死生荣枯，只是一气之消息盈虚，知此则通乎昼夜之道而知。

进步中不忘退步，故不踬②。《临》之繇曰：元亨利贞。至于八月有凶③，是也。

处晦者能见显，据显者不见晦。

顺境如春，出游观花。逆境如冬，坚卧看雪。春固可乐，冬亦不恶。

释静为不动者，训诂也。静何曾不动？释动为不静者，训诂也，动何曾不静？

山以实为体，而其用虚也。水以虚为体，而其用实也。

气运有小盛衰，〔有〕大盛衰〔3〕，其间亦迭相成倚伏，犹海水有小潮，有大潮，天地间大抵不能逃数，即活易也。

言志晚录

我身一也，而有老少焉。知老少之为一身，则知九族④之为我身；知九族之为我身，则知古往今来之为一体。万物一体，是横说；古今一体，是竖说；须善忘形骸而自得之。

---

① 宇宙不外我心：说本陆象山"宇宙便是吾心，吾心即是宇宙"。
② 踬：颠蹶。
③ 《临》之繇曰元亨利贞三句：临，易卦名。繇音宥，卦占之占辞，案临兑下坤上，二阳方长而盛大。宜大亨而正，然以阳逼阴，亦有如临深渊之戒。张载说："临言有凶者，易之于爻，变阳至二，便为之戒，未过中已戒，犹履霜坚冰之义，及泰之三，曰无平不陂，无往不复，过中之戒也。"
④ 九族：《书·尧典》"以亲九族"，《释文》："九族上自高祖，下至玄孙，凡九族。"

宇宙间一气斡旋①，开先者必有结后，持久者必有转化，抑者必扬，滞者必通，一隆一替，必相倚伏，恰是一篇好文辞。

天地间事物必有对，相待而固，不问嘉耦怨耦，相为资益，此理须商思。

言志耋录

喜气犹春，心之本领也；怒气犹夏，心之变动也；哀气犹秋，心之收敛也；乐气犹冬，心之自得也。自得又复于喜气之春。

能变，故无变。常定，故无定。天地间都是活道理。无时不本体，无处不工夫，工夫本体，归于一项。

大而世运之盛衰，小而人事之荣辱，古往今来，皆旋转而移，犹五星之行，有顺有逆，以与太阳相会。天运人事，数无同异，不可不知也。

天道无变化，而有变化，地道有变化，而无变化。我立于两间，仰观俯察，裁成而辅相之②，乃是人道之变化，所以参天地也。

天地间事物，必有配合之理。有极阳者出，必有极阴者来配，人之与物皆然。

寒暑荣枯，天地之呼吸也，苦乐荣辱，人生之呼吸也，即世界之所以为活物。

身劳则心逸，身逸则心劳，劳逸竟不相离异。

人须着忙里占闲，苦中存乐工夫。

感应一理。应又感于感，感又应于应，所以一也。

豫，是要终于始。谦，是全始于终。涉世之道，无若谦与豫③。

遭逆境者，宜以顺处之，居顺境者，宜不忘逆境。

（据《佐藤一斋集》页7—248选录，《大日本思想全集》第十六册本）

---

① 斡旋：挽回事势，弥缝缺失之义。斡，乌括切，转也。

② 仰观俯察，裁成而辅相之：《易·系辞下》："仰则观象于天，俯则观法于地。"《易·泰·象传》："天地交泰，后以财成天地之道，辅相天地之宜。"《释文》"财，荀作裁"。《汉书·律历志》引《易》亦作裁，意谓剪裁成就天地之道，佐助天地化育之功。

③ 谦与豫：均《易》卦名，谦艮下坤上，豫坤下震上。豫取逸豫之义，然鸣谦则吉，鸣豫则凶，故豫之初六"鸣豫凶"，是要终于始。"谦亨君子有终"，是全始于终。

校记：

〔1〕以上两句均脱漏"男女"两字，据《日本伦理汇编》卷三《言志四录》补。

〔2〕原脱漏"有可测之理"五字，据《日本伦理汇编》卷三《言志四录》补。

〔3〕有：原误作"育"，据《日本伦理汇编》卷三《言志四录》改。

*《传习录》（卷上）栏外书

爱问条{"爱问在亲民"条}。①

（"然非新字义。"）② 然字，指如是也，非转词。《全书》"新"讹做"亲"。诸本亦多讹。南本、间本、杨嘉酉本作"新"。（"说亲民便是兼教养义。"）程明道亲民如字读，意盖亦如此。

至善条{"爱问至善"条}。

（"心即理也。"）彭定求《密证录》曰："程子言：性即理也；陆子言：心即理也。"夫性，即心所具之理，则以心为理，是就心之本体言也。若心放而人欲起，乃失其所以为理，初非心之本体然也。心即理之言，原是无弊，而罗整庵是程非陆，援洗心易心说心等语为辩，多就心之放后言之耳。若孟子言"理义之悦我心"③，固以礼义为心所同然。试观"仁，人心也"④一语，仁非理而何？（"且如事父不成去父上求个孝的理"一段。）爱亲敬君之心人皆有之。敬君之心在于未仕之前，爱亲之心存于亲没之后，则见此理在吾心，不在君亲之身矣。交友治民以至万事，莫非此心之理所联络，故至善只求诸心而无不足耳。（"如何不讲求，只是有个头脑"一段。）学有个头脑，不得不讲求。讲求此心，即根本也。讲求真切，自然能咨诸

---

① {}括号内文字是编者所加。以便于读者查阅《传习录》原文。下同。
② 圆括号内文字是佐藤一斋所引《传习录》原文。下同。
③ 理义之悦我心：语见《孟子·告子上》："理义之悦我心，犹刍豢之悦我口。"
④ 仁，人心也：语见《孟子·告子上》："仁，人心也；义，人路也。"

父兄，自然能问诸师友，自然能求诸圣贤。先民之遗训，弗可御已。然则读书稽古，孰非此心之讲求？文成急于救时，因病药之，故不及于读书，然本旨亦如此而已。施邦曜《阳明集要》曰："人苟无真实孝亲忠君信友爱民之心，终日讲求亦是虚话。必实实有此心后讲求，具是天理发见流行处。"只是说讲求者不可不知头脑，非谓尽孝忠信爱者不必讲求也。

郑朝朔条{"郑朝朔问至善"条}

郑朝朔，名一初，揭阳人，弘治乙丑进士。阳明在吏部，因陈士杰请受学。《文成外集》有祭郑朝朔文。"看"字，俗语如"示"字用。

爱因条{"爱因未会先生知行合一"条}

陈龙正《阳明要书》曰："俗称能为会，如能歌云会歌，能书云会书。会本是解悟字，而以当能字，大有妙理。宗贤，黄氏，名绾，号久庵，台之黄岩人。惟贤，顾氏，名应祥，号若溪，湖之长兴人。（"见好色属知，好好色属行。"）王龙溪曰："知非见解之谓，行非履蹈之谓，只从一念上取证。"（"一行做知的功夫。"）行，平声，列也。下"一行"同。（"即功夫"，）朱文启校本"即"作"则"。（"知是行之始，行是知之成。"）自行之分别处谓之知，故曰主意；自知之作为处谓之行，故曰功夫。始字是方始，非初始。成字是作为，非完成。若解为初始、完成，若于主意、功夫有碍。季彭山《说理会编》曰："自发端而言，则以明觉之几为主，故曰知者行之始；自致极而言，则以流行之势为主，故曰行者知之终。虽若以知行分先后，而知为行始，行为知终，所知者即是行，所行者即是知也。"（"必说个知"，）执斋谓"个"上脱一字，可从。然检诸本，无异同。（"知行本体，原是如此。"）"乾以易知，坤以简能。"归之于太极，则知能一也。惟人聚地天以成此躯，而易简之善配至德，则知行本体原亦合一也。（"即说两个亦不妨。"）知字、行字所指不同，合其二以为一，故曰合一。果能一之，即说两亦不妨。

昨闻条{"爱问昨闻先生至善之教"条}

（"格物是止至善之功。"）诚意之极，止至善而已，故格物为止至善之功。（"博是约之功。"）施邦曜曰："要知博学不仅是多闻多见之谓，盖道无往不在，圣贤无往非学，即瞑目静坐与视听言动，皆博学也。慎思、明辨、笃行，总成就得一个博学。（"知州知县"，）太守谓之知州，县令谓之知县。（"意之所在便是物。"）此义最精。盖一念未萌，则万境俱寂，念之所涉，境则随生。且如念不注于目前，则虽泰山觌面而不睹；念苟注于世外，则虽蓬壶遥隔而成象矣。故意之所在为物，此物非内非外，是本心之影也。施邦曜曰："人看物字是死的，先生看物字是活的。"（"不诚无物。"）凡物以诚始、以诚终，若无实心以终始此事，则事物亦坏堕无有。故事物必因诚而有之也。意与章句稍异。

先生条{"先生又曰格物"条}

本体之正即天理，去不正而全其正即穷理。朱子则以格物字直为穷理字，所以为异也。

又曰条{"又曰知是心之本体"条}

《姚江学案》注此条曰："既云至善是心之本体，又云知是心之本体，益知只是知善知恶。知善知恶，正是心之至善处。既谓之良知，决然私意障碍不得。常人亦与圣人同。"彭永求曰："程子曰：知者吾之所固有，然不致则不能得之。先生致知之说本此。"（"充其恻隐之心，而仁不可胜用矣。"）《孟子》作"人能克无欲害人之心，而仁不可胜用也"。今取其意耳。薛录、梁日孚问条同。

道心条{"爱问道心"条}

（"杂以人伪谓之人心。"）"人伪"，施邦曜本、俞嶙本、张问达本并作"人为"，非是。案，文成《万松书院记》曰："道心也者，率性之谓也，人心则伪矣。"据此，作"人伪"为正。（"程子谓"止"听命者"，）文成本意，在不歧道、人为二，非直认人为欲。虽在朱子，未尝谓有二心，而其语过于分析，则遂启错认为二之弊。故兹引程子，明人心为人欲之原耳。"今日"以下，始本程子辨之。

文中子条{"爱问文中子"条}

（"拟经"，）司马光补传曰：《礼论》二十二篇，《乐论》二十篇，《续书》百有五十篇，《续诗》三百六十篇，《元经》五十篇，《赞易》七十篇，谓之"王氏六经"。朱彝尊《经义考》引。

（"惟简之而不得"，）"之"字句，执斋①训"惟"为"思"，非是。"不得"字宜连下文。（"人出己见，新奇相高。"）"己见"句绝。（"歇后"，）温史胡三省注：歇后语不发。（"仲尼之门无道桓文之事者。"）王贻乐本"门"作"徒"，是《孟子》原文也。作"门"误。贻乐，清人，文成公五世孙。孔子删述六经，自司马迁而始言之。果有是事，则其意决当如文成所论矣。然而孔子作《春秋》，孟子明言之，而其删《诗》、序《书》、正《礼》《乐》、赞《周易》，在先秦古书所未见，则史迁之言，无乃为创此典故乎。先儒狃传闻，不容疑其实。夫子虽崇《诗》《书》《礼》《乐》，而务在躬行，不仅凭诵读而已。则吾窃疑其所谓删述，亦或无是事也。至于《文中子》，其书出于子弟门人之手，真伪固难定，古人亦尝言之，文成今不过姑用沿袭之说以论之，而至于此学不求繁文之意，则真能洞见千古圣贤心事。要取其意而略其语可也。（"其事阔疏"，）宋本"阔疏"作"疏阔"。

唐虞条｛"又曰唐虞以上之治"条｝

（"不明其本而徒事其末"，）明德、亲民是本，制度、器数是末。

先儒条｛"爱问先儒论六经"条｝

陈几亭谓："《易》不涉一事，未可称史。"愚则谓：道外无事，事外无道。圣人之心，天地同体，其动静语默，与二气而消息，其理一发之于《易》，故曰和顺于道德而理于义，又曰观其会通以行其典礼。则《易》何曾无事？虽曰庖牺氏起居注可也。几亭之言，泥矣。

爱因条｛"爱因旧说汨没"条｝

执斋以此条为跋，低书一格。然检诸本皆平头，但《明儒学案》引此低书。"右曰仁所录"，南本作"门人徐爱曰仁录"。此后有小题如下："曰仁所纪凡三卷，侃近得此数条并两小序，其余俟求其家附录之。正德戊寅春，薛侃识。"

陆澄条｛"陆澄问主一之功"条｝

南本分此以下为上卷二。陆澄，字原静，又字清伯，湖之归安

---

① 执斋：即日本三轮执斋（1669—1744），日本阳明学派学者。

人，正德丁丑进士，授刑部主事。《传习录》自曰仁发端，其次即为原静所记。朋友见之，因此多有省悟。盖数条皆切问，非原静莫肯如此吐露，就吐露，亦不能如此曲折详尽也。故阳明谓："曰仁殁，吾道益孤。"致望原静者不浅。（"陆澄问"）闾本、宋本无"陆"字。南本、施本此前尚有一条如下："先生曰：持志如心痛，一心在痛上，岂有工夫说闲话、管闲事。"施邦曜曰："君子之戒慎恐惧，只是一心天理上。"此条《全书》并朱本、陈本载在"问上达条"之后，执斋本脱。

问立志条

查毅斋曰：仙家所谓结胎，岂真有形？亦只精神凝聚，即谓之圣胎。

日间条｛"日间工夫觉纷扰则静坐"条｝

"日间工夫"，句绝。以下就工夫举两事。"纷扰"，因人事纷扰，心随纷扰也。纷扰、懒看，是病；静坐、看书，是药。此亦是格物。

处朋友条｛"处朋友务相下则得益，相上则损"条｝

"相下"，谓以谦虚之怀相承。"相上"，谓以骄慢之气相加。

孟源条｛"孟源有自是好名之病"条｝

此条南本、施本、宋本载在薛录之末。孟源，字伯生，滁州人。（"此方是寻着源旧时家当。"）寻着，是按索。家当，俗语，谓什器。意谓友人今所请正者，便是源昔日所用工夫条件也。是见其自是好名处。

圣人条｛"问圣人应变不穷"条｝

（"讲求事变，亦是照时事。"）讲求非可废，然既谓之事变，则亦临时制宜，即心镜照物时事，非可预先讲求。（"只不善看亦便有病痛。"）陈龙正曰：无朕中须有个明的工夫，便无病。只守冲漠，便是养成骏汉。

义理条｛"义理无定在无穷尽"条｝

前一段言善无穷，后一段言善恶俩无穷。毕意见物理与天地同一无穷之意。

静时条｛"问静时亦觉意思好"条｝

静养时亦须用克己工夫在事上磨，尤其实际处，克己一串动静，故能动静常定。

上达条｛"问上达工夫"条｝

陈龙正曰："工夫皆下学，自然会心处乃上达。"如此看，人人有上达，时时有上达。此条之后，南本、施本、俞本并有一条，《全书》诸本皆脱，今录于下："千古圣人只有这些子。又曰：人生一世，惟有这件事。""只有这些子"，谓全得性种也，即良知也。"惟有这件事"，谓集义也，即致良知也。《答周道通》曰："凡人为学，终身只为这一事，自少至老，自朝至暮，不论有事无事，只是做得这一件，所谓'必有事焉'者也。"此可以为此条疏诠。

知者条｛"知者行之始"条｝

"始"字"成"字，诠出于徐录。

漆雕开条

学在于成己，终能及物。欲人信己，莫如自信焉。欲己服人，莫如自服焉。自信自服，即自得之谓也。君子无入而不自得，感应之机，盖在于此。故圣贤干旋地旋一大事业亦皆自一己立。观此条可以领其意矣。

宁静条［"问宁静存心"条］

陈龙正曰："静中无事，如何去人欲以存天理，即所谓探寻好货好色好名之根也。"施邦曜曰："以宁静为至，便是靠着宁静一边，心已驰于宁静矣，安得谓中。"

孔门条｛"问孔门言志"条｝

（却似耍的事。）宋本"似"作"是"。"耍"，俗字，音"洒"，谓少年佼利气象。

知识条｛"问知识不长进如何"条｝

（"圣人到位，天地"至"养来"。）戒惧慎独，乃修道之事，所以致中和之功也。"致中和，天地位焉，万物育焉。"此所云从未发上养来，正指致中和之功。《大学》格物，亦无非是此功。（"怕没有枝叶花实。"）"怕"字做反语看。

看书条｛"问看书不能明如何"条｝

（"他到看得多，解得去。"）南本"到"作"倒"，陈、施、宋、俞并同。（"凡明不得"止"体当"。）陈本"凡"作

"有"。南本"须"上有"便"字，施、宋、俞并同。

虚灵条{"虚灵不昧，众理具而万事出"条}

心外无理，故众理具；心外无事，故万事出。晦庵旧语，点铁成金。

或问条{"或问晦庵先生曰人之所以为学者"条}

彭定求曰："心即性，性即理。"与程子"性者心之理"之说无异也。物虽同一，所指各异，则两字间插一"与"字以分之，如孟子曰"配义与道"是也。朱子原来判心理为二，因下一"与"字，则为有病耳。善观之，盖在此处。

析之条{"问析之有以极其精而不乱"条}

《大学或问》"析之极精不乱"，说条目工夫。"然后合之尽大无余"，说明明德于天下。文成之意，盖曰身、心、意、知、物，只是一物，特因所指而异其名，即惟精工夫也。此理无二，工夫可谓之精，不可谓之析。朱子既曰"析之"，复曰"合之"，毕竟见涉支离耳。

澄尝问条{"澄尝问象山在人情事变上做工夫之说"条}

视听言动、富贵贫贱、患难死生，皆人情所遭之境也。文成尝曰："天下事虽万变，吾所以应之，不出乎喜怒哀乐四者，此为学之要。"即此所云事变亦只在人情里是也。彭定求曰："《大学》于诚意既两言慎独，《中庸》于戒慎不睹恐惧不闻之下，亦言慎独，明乎曾子、子思授受心传，在慎独也。邹东廓先生问于阳明先生曰：'子思受学曾子者，《大学》先格致，《中庸》首揭慎独，何也？'阳明先生曰：'独即所谓良知也，慎独者所以致其良知也，戒慎恐惧所以慎其独也。《大学》《中庸》之旨一也。'于是言下了然。"所引邹东廓问答出处未考。

仁义条{"澄问仁义礼智之名"条}

以仁义礼智为表德，前人所未发，此意最宜深思体察而自得之。盖知此则知未发之中矣。

一日条{"一日论为学工夫"条}

"拴缚"，只是把捉字。（"不可姑容与他方便。"）姑容，张本句。"与"犹"为"。（"非初学时事。"）陈本"非"上有"要"字。"必须思"，陈本句绝。"到得天理纯全"，是所谓不勉而中，不思而得，从容中道者，故曰"何思何虑"。

有人条{"澄问有人夜怕鬼者"条}

施邦曜曰："怕鬼者只是心怯，故夫子说敬鬼神而远之。敬者，惟恐一事有乖天理，即是集义。若近而媚之，即是怕矣。"子莘，马氏，名明衡，隋人。陈龙正曰："观子莘之续问，怕鬼者其即子莘邪。"

定者条

此条诠《定性书》之旨。时有动静，理无动静，故睹闻思为，常一于理，则所遇动静，亦常定也。

学庸条{"澄问《学》《庸》同异"条}

天命之性，即明德也。率性修道，即明德亲民之止于至善也。戒慎恐惧，即格致诚正修也。天地位，万物育，即治国平天下也。

孔子条{"问孔子正名"条}

正名之说，与苏子由《古史》所论略类，而此为理更精矣。《古史》论曰："灵公黜其子而子其孙，出公不父其父而称其祖，人道极矣。孔子于是焉而欲正之，何为而可。灵公之死也，卫人立公子郢，郢不可，则卫人立辄，使辄而知礼，必辞，辞而不获必逃。辄逃而郢立则名正矣，虽以拒蒯聩可也。虽然，孔子为政岂将废辄而立郢邪，其亦将教辄避位而纳蒯聩耳。蒯聩得罪于父，生不养，死不丧，然于其人也，《春秋》书曰：晋赵鞅帅师纳卫世子。蒯聩干戚，非世子而以世子名之，以其子得立于卫，成其为世子也。若辄避位而纳其父，是世子为君也，名有不正乎？名正而卫定矣。"

在鸿条{"澄在鸿胪寺仓居"条}

仓居，犹言暂时寓居。文成以正德甲戌升南京鸿胪寺卿，澄事盖在此时。（"天理当爱。"）朱本"爱"作"忧"。（"必须调停适中始得。"）陈龙正曰："涵养全在未发，何故说调停适中？盖未发之养未纯，发之时不能自然中节，则须着意节之，此随时克治之实功也。"

不可条{"不可谓未发之中"条}

彭定求曰："文成教人，要于发处验其未发，殊非凿空堕虚莽莽荡荡之比。若论源头，未发即性体，圣凡无异耳。但常人之心有所昏蔽，不能全其本体，则不可谓之未发之中，故学者当务戒慎恐惧，以全其本体，则性复矣。性复然后谓之未发之中。"

易之条{"《易》之辞"条}

言者之辞，动者之变，制器之象，卜筮之占，其实一也。余卦皆以此例推。

夜气条{"夜气是就常人说"条}

良心萌动处是夜气，说之者毕竟不过为常人点示善端。学者既能致知集义，用功如此，则无非此气作用。至于圣人清明在躬，气志如神，那消从夜气说起。

操存条{"澄问操存舍亡"条}

人心活动变化，其寂然无事为静，感通有事为动。然常动常静，不见其端倪，不知其方所，故操之安诸腔子，则谓之存；舍之放诸腔子，则谓之亡耳。《密证录》引高存之曰："腔子者是在中之义，不放于外而非有所着也。"又曰："天地之心，充塞于人心者，为恻隐之心；人心充塞天地者，即天地之心。人身，秀一小腔子也；天地即大腔子也。"

王嘉秀条{"王嘉秀问佛以出离生死诱人入道"条}

（"有由传奉"，）诠选不由吏部，夤缘内臣受官，谓之传奉，唐宋谓之内降书。由科、由贡是入仕正路，由传奉非入仕正路。施邦曜曰："儒与佛俱向心上问消息，但佛只说个明心，不知穷理，便归空寂。儒者只是能穷理，不越一心而万物皆备，参赞事业俱本于一心。"《大易》云："穷理尽性以至于命。"学者舍穷理亦何事哉。

王嘉秀，字号、乡贯未考。《年谱》载王嘉秀萧惠好谈仙佛事。

蓍固条{"蓍固是《易》"条}

朱子《启蒙》曰："以卜筮者尚其占，莫大乎蓍龟，《易》之书岂有龟与卜之法乎，言其理无二而已。"则朱子之意既与此条同，冯柯求是编驳之，何邪？

三十五、大盐中斋

史料简介

大盐中斋（1794—1837，宽政六年—天保八年）名后素，字士起，通称平八郎，所居书屋名洗心洞，因又号洗心洞主人。他是日本近代史上有名的1837年大阪农民和城市贫民联合起义的领导者，也是王学左派，把致良知之学，从理论提到实践的一人。他的基本思想虽从虚无主义的世界观出发，是无元哲学，但其中却包含着观念论的辩证法。他和佐藤一斋有些不同，即一斋辩证法旨在对立物的统一，教人忘形骸、通彼我，教人如何各安其分，这是完全为封建社会服务的；中斋则以辩证法讲明事物变化，告诉我们宇宙的道理都是由比较而成，而辩证法对于任何事物总要看到它的反面，就在这里，在封建思想里却唤起了反封建思想的萌芽。中斋所著的《古本大学刮目》《洗心洞札记》《儒门空虚聚语》《增补孝经汇语》合称"洗心洞四部书"，尤以《洗心洞札记》最可代表其辩证法思想，选录特多；并录其用汉文体日文写的檄文，作为其起义运动的最直接的史料参考。

洗心洞札记

天不特在上苍苍太虚已也，虽石间虚，竹中虚，亦天也。况老子所云谷神①乎？谷神者，人心也，故人心之妙与天同，于圣人可验矣。常人则失虚，焉足语之哉，躯壳外之虚，便是天也。天者，吾心也。心葆含万有，于是焉可悟矣，故有血气者至草木瓦石，视其死，

---

① 谷神：《老子》六章"谷神不死"。司马光说"中虚故曰谷，不测故曰神，天地有穷而道无穷，故曰不死"。严复说"以其虚故曰谷，以其因应无穷故称神，以其不屈愈出，故曰不死"。

视其摧折，视其毁坏，则令感伤吾心，以本为心中物故也。若先有欲而塞心，则心非虚；非虚则顽然一小物，而非天体也，便与骨肉既分隔了，何况其它耶？名之以小人，不亦理乎？

本诸身，征之庶民，考诸三王而不谬，建诸天地而不悖，质诸鬼神而无疑，百世以俟圣人而不惑①；人一言一动，必如此而后心性晶亮广大，与天地一般。若从私情，任我意以言动，则虽胸富万卷，要书库②而已，不足贵也。

身外之虚者，即吾心之本体也，故曰：语大天下莫能载焉③。

自形而言，则身裹心，心在身内焉；自道而观，则心裹身，身在心内焉。其谓心在身内者，一遗操存④之功，则物异我。其觉身在心内者，常得超脱之妙，而我役物，役物与累于物之别，学者宜知之。

颜子屡空⑤，心屡归乎太虚，而犹有一息。圣人彻始彻终，一太虚而已矣。

人心归乎太虚，亦自慎独克己而入焉。如不自慎独克己而入，则禅学虚妄，所谓毫厘千里，故心学者动误之也。

夫道也者，太虚而已矣，故学而归乎太虚，则人能事毕矣。常人方寸⑥之虚，与圣人方寸之虚，同一虚，而气质则清浊昏明，不可同年而语也。又如贫人室中之虚，与贵人室中之虚，同一虚，而四面墙壁，上下屋床，则美恶精粗之不同。而方寸之虚者，便是太虚之虚；而太虚之虚，便是方寸之虚也。本无二矣，毕竟气质。墙壁之也，故人学而变化气质，则与圣人同者，宛然遍布照耀焉，无不包涵，无不贯彻，呜呼！变化气质而从事于学者，其所学将何事？可谓陋矣。

---

① 本诸身六句：见《礼记·中庸》。
② 书库：《隋书·循吏传》："公孙景茂少好学，博涉经史，时人称为书库。"
③ 语大天下莫能载焉：见《礼记·中庸》。
④ 操存：《孟子·告子上》："操则存，舍则亡。"
⑤ 颜子屡空：《论语·先进》："子曰：回也其庶乎屡空。"
⑥ 方寸：指心，《三国志·蜀书·诸葛亮传》："（徐）庶辞先主而指其心曰：'本欲与将军共图王霸之业者，以此方寸之地也，今已失老母，方寸乱矣。'"

孟子"万物皆备于我"①之说，不心归乎太虚者，安分明通其义哉。
　　无求生以害仁②。夫生有灭，仁，太虚之德，而万古不灭者也。舍万古不灭者，而守有灭者，惑也。故志士仁人，舍彼取此，诚有理哉，非常人所知也。
　　心不归乎太虚，则必有物，有物而谓不动者，便是告子强制之道③，而非孟子之所云也。孟子之不动④，以即太虚也。入火不热，入水不濡⑤，何况区区富贵贫贱，而足动之乎？
　　心不归乎太虚必动矣，何则？有形者，虽凌云之乔岳⑥，无底之大海，必动摇于地震也，而地震不能动太虚焉，故心归乎太虚，而始可语不动也已矣。
　　心体虚灵而已矣，恶固无，虽善不可有；如先有善而塞焉，则神明终不能为用也。宰我礼乐之念，常在于心，此乃善而非恶也，然欲短父母之丧，则于不安事忍以安焉，而不自知不仁之罪，斥于圣师也⑦。其塞于善之害即如此，况恶乎？阳明先生曰："无善无恶，心之体。"⑧以此故也，非拘迂者之所能知也，而哓哓訾议之，何也？

---

① 孟子"万物皆备于我"：语本《孟子·尽心上》。
② 无求生以害仁：《论语·卫灵公》："子曰：志士仁人，无求生以害仁，有杀身以成仁。"
③ 告子强制之道：《孟子·公孙丑上》"告子之不动心"是"不得于言，勿求于心；不得于心，勿求于气"；即于心有所不安，即当强制其心，而不必更求其助于气。
④ 孟子之不动：同上"孟子曰我四十不动心"，其所以异于告子的是"我善养吾浩然之气"。
⑤ 入火不热，入水不濡：语本《庄子·大宗师》篇。
⑥ 乔岳：语本《诗·周颂·时迈》，后因称高山为乔岳。
⑦ 宰我礼乐之念七句：参照《论语·阳货》："宰我问：'三年之丧，期已久矣。君子三年不为礼，礼必坏；三年不为乐，乐必崩。旧谷既没，新谷既升，钻燧改火，期可矣。'子曰：'食夫稻，衣夫锦，于女安乎？'曰：'安。''女安则为之。夫君子之居丧，食旨不甘，闻乐不乐，居处不安，故不为也，今女安，则为之！'宰我出，子曰：'予之不仁也！子生三年，然后免于父母之怀。夫三年之丧，天下之通丧也，予也有三年之爱于其父母乎！'"
⑧ 阳明先生曰无善无恶心之体：《王阳明年谱》，嘉靖六年九月，王阳明告钱德洪与王畿"二君已后与学者言，务要依我四句宗旨：无善无恶是心之体，有善有恶是意之动，知善知恶是良知，为善去恶是格物"。

以灯烛喻良知似矣，而灯烛有起灭，良知无起灭也。以日月喻良知近矣，而日月有晦蚀，良知无晦蚀也。然则以何喻近？无喻者。

夫良只是太虚灵明而已矣。然而有时以灯烛喻之，亦无不可，有时以日月喻之，亦无不可。开导教诲于中人以下之方法，不可以不如此也。如直以太虚灵明说之，则与魏文侯听古乐①同矣。唯恐卧，唯恐卧，故不能入耳存心也。其极至于世无善人，为人师者宜用心于教法矣。

春夏秋冬，自太虚来，以终始万物，而循环不息，毫无迹也。仁义礼智与此一般。故心虚则谓之天，非大言也。

开眼俯仰天地以观之，则壤石即吾肉骨，草木即吾毛发，雨水川流即吾膏血精液，云烟风籁即吾呼吸吹嘘，日月星辰之光即吾两眼之光，春夏秋冬之运即吾五常②之运；而太虚即吾心之蕴也。呜呼！人七尺之躯，而与天地齐乃如此，三才之称，岂徒然哉？宜变化气质，以复太虚之体也。

或曰：子动以心归乎太虚为言，自张子《正蒙》来否？曰：吾太虚之说③，自致良知来，而不自《正蒙》来矣。然不能逃于《正蒙》，只读《正蒙》，知太虚之说，则亦特解得其言语而已，而必不能归乎太虚也。故致良知其臻焉之道乎。

非积阳明先生所训致良知之实功，则不可至于横渠先生所谓太虚之地位；故欲心归乎太虚者，宜致良知矣，不致良知而语太虚者，必陷于释老之学，可不恐哉！

吾以为常人熟睡时反生，而明觉时反死矣。何者？熟睡时身虽如死，然心无一念矣，心无一念，则心德全焉，吾故以为反生；而明觉时身固生活，而心起杂念矣，心起杂念，则心德亡焉，吾故以为反死。因思，人学而不到觉时如睡时无一念之地，则岂《大学》之定

---

① 魏文侯听古乐：魏文侯，战国魏主，名斯，周威烈王时与韩并列为诸侯。《礼记·乐记》："魏文侯问于子夏曰：'吾端冕而听古乐，则惟恐卧；听郑卫之音，则不知倦。'"

② 五常：五常之道，仁义礼智信也，见《论衡·问孔篇》。

③ 张子《正蒙》来否？曰：吾太虚之说：张载《正蒙》十七篇，《太和篇》"太虚无形，气之本体，其聚其散，变化之客形尔"云云。

静①云乎哉，岂周子之无极而太极云乎哉。

或曰：于经明言虚有乎？曰：有。《大学》曰：其心休休焉，其如有容焉，人之有技，若己有之，人之彦圣，其心好之，不啻若自其口出，实能容之②。此两个容字，心之量也；心之量，非太虚而何？《中庸》曰：语大天下莫能载焉。又曰：上天之载，无声无臭至矣，其大也至矣。此非太虚而何？孔子曰：君子不器③。又曰：吾道一以贯之④。子绝四，毋意，毋必，毋固，毋我⑤。子曰：我有知乎哉，无知也，有鄙夫问于我，空空如也，我叩其两端而竭焉⑥。又曰：回也其庶乎屡空⑦。又曰：天何言哉，四时行焉，百物生焉，天何言哉⑧。其不器也，一也，绝四也，空空也，屡空也，天何言也，此皆非太虚而何？孟子曰：我善养吾浩然之气⑨，其浩然也者，非太虚而何？而《易》《书》《诗》《礼》《春秋》，亦及其至也，则皆不外于太虚之德也。《易》曰：太极⑩。《书》曰：无偏无陂，遵王之义；无有作好，遵王之道；无有作恶，遵王之路；无偏无党，王道荡荡；无党无偏，王道平平；无反无侧，王道正直；会其有极，归其有极⑪。《诗》亦曰：上天之载，无声无臭⑫。《礼》曰：无声之

---

① 《大学》之定静：《大学》："知止而后有定，定而后能静，静而后能安，安而后能虑，虑而后能得。"

② 《大学》曰其心休休焉八句：案此《大学》引《书·周书·秦誓》。《集传》："休休，易直好善之意，容，有所受也。彦，美士也。圣，通明也。技，才。圣，德也。心之所好，甚于口之所言也。"

③ 孔子曰君子不器：见《论语·为政》。

④ 吾道一以贯之：见《论语·卫灵公》《里仁》。

⑤ 子绝四五句：见《论语·子罕》。

⑥ 子曰我有知乎哉五句：同上，上"我"字作"吾"。

⑦ 回也其庶乎屡空：见第348页注5。

⑧ 天何言哉四句：见《论语·阳货》。

⑨ 我善养吾浩然之气：见《孟子·公孙丑上》。

⑩ 《易》曰太极：《易·系辞上》"是故易有太极"。

⑪ 《书》曰无偏无陂十四句：见《书·周书·洪范》。

⑫ 《诗》亦曰上天之载二句：见《诗·大雅·文王之什·文王》，又《礼记·中庸》引。

乐，无体之礼①。《春秋》曰：春王元年②。其太极也，有极也，无声臭也，无声体也，元也，此皆亦非太虚而何？此凡所举，经之明征也，子犹疑之乎？呜呼！太虚之妙不可言述者也，然而了理气合一，则太虚亦惟理气焉耳。如离理气，而言太虚者，非四书五经圣人之道也，学者宜知之。

不致良知，则仁决不熟也。

心归乎虚，则诚意慎独入焉，而意诚则无有所忿懥、恐惧、好乐、忧患③，故心归乎虚，一有所，则非虚。

不心归乎太虚，而谓良知者，皆情识之知，而非真良知也。真良知者，非他，太虚之灵而已矣；非知道者，孰能悟之。

先天者理焉耳，而气在其中矣。后天者气焉耳，而理在其中矣。要理与气一而二，二而一者也，非实知易者，孰能见之也哉。

庆云④鸣雷，凄风和气，皆是太虚之象，而不常有，然有时出焉。喜怒哀乐，皆是人心之情，而不常有，然有时起焉。故喜怒哀乐，便是天之庆云鸣雷凄风和气，而庆云鸣雷凄风和气，便是人之喜怒哀乐也，元是不二矣。然而人不归乎太虚，而喜怒哀乐，任情起灭，亡德丧身之基也。故君子慎独，归乎太虚，惟是之务，是以当喜怒哀乐之境，尤忍而不轻起焉。如吾者则反之，宜慎也。

无善无恶，心之体也，故君子致知格物，以归乎其体，便是太虚；而万事万物，皆涵于其中矣。以是日用应酬，故得遂位育参赞⑤之功德也。

月之障乎树叶，而虽叶间漏于光叶之当处遮了，乃似亏月体而非亏焉。是可悟常人良知之障于气质，而隐见断息之义也。故学不至变化气质，则良知虽存于内，焉能照彻于外也哉。

天地之道，一顺一逆而已矣，如顺境，则虽不心归乎虚者，亦

---

① 《礼》曰无声之乐二句：见《礼记·孔子闲居》。
② 《春秋》曰春王元年：《春秋》隐公元年"春王正月"。
③ 意诚则无有所忿懥恐惧好乐、忧患：《大学》："身有所忿懥则不得其正，有所恐惧则不得其正，有所好乐则不得其正，有所忧患则不得其正。"
④ 庆云：瑞气也。《汉书·礼乐志》："甘露降，庆云集。"
⑤ 位育参赞：《礼记·中庸》"致中和，天地位焉，万物育焉"郑注："位犹正也，育生也长也。"参赞谓参与其谋，赞助其功。

善应焉。而至逆境，则非心归乎虚者不足应之也。姑以即《论语》首章言，则学顺习朋来①即顺境，故犹易。而人不知而不愠即逆境，故难。然而虚心之君子处之，则又犹与顺境无异矣。其它以此可类知也。

《说卦》曰：山泽通气。《象》曰：山上有泽，咸，君子以虚受人②。夫山也者，实物而非虚也，而泽气彻其顶，草木滋润生育焉，由是观之，则不特虚为虚，虽实物皆虚也。故君子观其象，心归乎太虚，以容天下之善，则天下之善，皆为我有，岂不亦大乎。

心归乎太虚，则太虚乃心也，然后当知道与学之无崖际也。夫人之嘉言善行，即吾心中之善，而人之丑言恶行，亦吾心中之恶也，是故圣人不能外视之也。

水孰令流之哉？石孰令坚之哉？山孰令峙之哉？海孰令潮之哉？云雨孰令翕张③之哉？日月孰令往来之哉？视而不见，听而不闻，一言之蔽之，太虚之德。善孰令劝之哉？邪孰令惩之哉？父子孰令亲爱之哉？上下孰令泰和之哉？此亦太虚之德之所致耶！嗟夫，吾不知其何如也。

心归乎太虚，非他，去人欲存天理，乃太虚也。

颜子之乐④，以万生之乐为乐。朱子曰，人之所以不乐者，有欲耳。无欲便乐。夫心当无欲时，只虚而已。虚则以万生之乐为乐，何者？以万生存吾虚中也。颜子亚圣，既至其境，故乐焉。虽吾人如无欲，则必与颜子同其乐矣。

仁也者，即太虚之生；义也者，即太虚之成；礼也者，即太虚之通；智也者，即太虚之明；信也者，即太虚之一。是皆太虚之德之用也，而人皆备之。不学则昏黑如长夜，与不生无异矣，是故学而率其德以行之，始谓之生人也。

---

① 学顺习朋来：此指《论语·学而》"学而时习之""有朋自远方来"。
② 《说卦》曰山泽通气五句：《易·说卦传》："天地定位，山泽通气。"《咸·象传》："山上有泽，咸。君子以虚受人。"
③ 翕张：《易·系辞上》："夫坤，其静也翕，其动也辟。"翕，敛；辟，张。
④ 颜子之乐：《论语·雍也》："子曰：贤哉！回也，一箪食，一瓢饮，在陋巷，人不堪其忧，回也不改其乐，贤哉回也。"《程子遗书》：昔受学于周茂叔，每令寻仲尼颜子乐处，所乐何事？

昨阴而今晴，予偶与弟子步园地，忽仰天曰：今即阴，而昨乃晴也哉？弟子骇曰：先生岂狂矣乎，今晴而反谓之阴，昨阴而反谓之晴，何也？曰：此非尔辈所知也，夫今之晴，特散焉耳；昨之阴，只聚焉耳。今虽散也，其所以聚者，亦充塞乎太虚中矣。昨虽聚也，其所以散，亦遍布乎太虚中矣。是故虽聚必散矣，故曰昨晴；虽散必聚矣，故曰今阴。言奇而非奇，是常理也。如能了悟之，则未发已发之理亦一般，而当知戒惧慎独之为功也夫。

或问太虚之气象？曰：天则仰视，即太虚焉，人则难言矣，非难言，其人未尝见，故难言也。然于古人或见之，以能问于不能，以多问于寡，有若无，实若虚①，犯而不校②，是乃太虚之气象也欤。

陈眉公③曰：以太虚为体，以利济为用，斯人也天乎。诚哉是言也。故利济不出乎太虚，则管商之政也；太虚而无利济，则佛老之道也。如偏于一，则非《大学》明德亲民之学矣。故吾人宜着眼于明体适用之全美也已矣。

后儒以一气之说，辩驳张子气质之性，然三复张子之言，形而后有气质之性，善反之，则天地之性存焉，故气质之性，君子有弗性④者焉；此说确乎其不可易者也。何则？一气之说，人在先天则然，至后天则明有善恶焉，而谓之本然之性可乎？故不得不谓之气质；不得不谓之气质，则强名焉非以此，则将谓何？是乃非张子之本意，故又曰：善反之，则天地之性存焉云云。于是可见非概以气质为性矣，只为人虑也深矣，而其辨驳之，何也？吾则以气质之性之说，为天下不可缺之宝也。

当平生至安之时，不可无危难之念；而当仓卒危难之时，不可无至安之乐也。

（据《大盐中斋集》第329—448页选，《大日本思想全集》第十六册本）

---

① 有若无，实若虚：见《论语·泰伯》。
② 犯而不校：同上。
③ 陈眉公：陈继儒，明松江华亭人，字仲醇，号眉公，又号乐公，有《眉公全集》。
④ 形而后有气质之性五句：见张载《正蒙·诚明篇》。

古本大学刮目自序

余闻诸前哲，学之益于人也，以穷理云，诚意正心修身也，虽读四子五经穷万物之理，而无诚意正心修身之实，则岂益于人哉，岂亦是贵学哉。或引世儒相传之说谓余曰：格物致知穷物理，然后下诚意正心之功，以至修身，是大学之序，而朱子之教也，心与理为二，知与行为歧，既明明焉，如子之言，不亦异学耶？曰：以余之言为异学，则非但姚江，伊洛亦异学也，非但伊洛，洙泗亦异学也①。程子曰：理与心一也，而人不能会为一者，有己则喜自私，私则万殊，宜其难一也②；心理之不二于是乎可见矣。又曰：未有知之而不能行者，谓知之而未能行，是知之未至也③；知行之合一，于是乎可见矣。心理不二，知行合一，即是伊洛之学要也，而目之以异学可乎。经曰：在明明德。朱子解之曰：明德者，人之所得乎天，而虚灵不昧以具众理云④；则心理之不二于是乎可见矣。如恶恶臭，如好好色，朱子解之曰：使其恶恶则如恶恶臭，好善则如好好色，皆务决去，而求必得之以自快足于己云⑤；则知行之合一于是乎可见矣。心理不二，知行合一，洙泗之学要也，而目之以异学可乎。由是观之，则以心理为二，知行为歧，而教学者反异学，而非洙泗伊洛之嫡派也。夫朱子亦遵伊洛而溯洙泗，既极其渊源，即于其明德好恶之解，可见未尝有与之异流矣。然则心理不二，知行合一，紫阳之本旨也，但其即物穷理之工，则盖其意以为中人已下皆当以企及，然而茫乎似无要，启后学之惑，而其弊也，趋务外遗内，博而寡要之俗学，于是焉洙泗伊洛之学，终庶几乎湮晦薄蚀，而朱子之本旨，亦不暴于百世之下，岂非可惜哉，岂非可悲哉？古有言与仁同过，然后其仁可知也⑥；

---

① 姚江、伊洛、洙泗：姚江指阳明，伊洛指二程，洙泗指孔孟。
② 程子曰理与心一也五句：见《二程粹言》下卷"心性篇"。
③ 又曰未有知之而不能行者三句：见《二程粹言》上卷"论学篇"。
④ 朱子解之曰三句：见《大学章句》首章，又"答曾兴宗问"云"明德是自家中是许多道理，如恻隐羞恶辞让是非是从自家心里出来"（《朱子全书》卷七《大学》），亦可见其心理不二之说。
⑤ 朱子解之曰四句：见《大学章句》六章。
⑥ 与仁同过二句：见《礼记·表记》。

此岂非谓仁者之过者耶，只知是义而忧之者，董文正、王鲁斋、车玉峰①之外，慈溪黄子、正学方子、虚斋蔡子数人而已②，故皆曰：《大学》无阙，何事补？而其说虽各有小异，总删去其补传。要一家之言，而不能明之于天下，故虽阳明子之高明，初未尝知是义，犹一意尊信即物穷理之说，用工以至格竹子之拙，况宋以降学者支支离离，焉得看破即物穷理之无要，而微有隔心理不二知行合一之旨哉。而阳明子龙场者，诚万死一生之地，动心忍性之余，阐明格物致知之旨，继心理不二知行合一之坠绪，而去分章，复旧本③，虽如与朱子相反，以理推之，则因此朱子之本旨，亦暴于天下万世，然则非朱子之仇人而朱子之益友也，岂如董文正诸子之仅去补传，求莞尔④于朱子之比哉。是故前乎阳明子，朱学纯儒如敬轩薛子、敬斋胡子及许鲁斋⑤，皆信心具众理，则固知心理之不二也。然至于其论学，则皆亦显袭先知后行之误。而后乎阳明子，朱学老儒如陆清献、李文贞及吕晚村⑥，不但知心理之不二，虽至于其论学，亦皆暗入知行并进之

---

① 董文正、王鲁斋、车玉峰：董文正未详，疑董文清之误。董文清即宋董槐，谥文清，顾亭林曰："董文清改'大学知止而后有定'二节，于'子曰听讼吾犹人也'之上，以为传之四章，释'格物致知'，而传止于九章，则《大学》之文原无所阙，其说可从。"疑即其人。王鲁斋即宋王柏，字会之，著有《读易》《书疑》《诗疑》《鲁斋集》等。车玉峰即宋车若水，字清臣，师事王柏，自号玉峰山民，著有《宇宙略记》《玉峰冗稿》。

② 慈溪黄子、正学方子、虚斋蔡子：宋黄震，慈溪人，字东发，著有《古今纪要》《黄氏日钞》。明方孝孺，字希直，一字希古，名其庐曰正学，著有《侯成集》《希古堂稿》。明蔡清，晋江人，字介夫，其学初主静，后主虚，故以虚名斋，著有《四书蒙引》《易蒙引》《虚斋集》。

③ 而去分章，复旧本：王阳明《大学古本序》，见《王阳明全集》卷七"文录"四。

④ 莞尔：小笑貌，《论语·阳货》"夫子莞尔而笑曰"。

⑤ 敬轩薛子、敬斋胡子及许鲁斋：明薛瑄，字德温，号敬轩。胡居仁，字叔心，学者称为敬斋先生。元许衡，字仲平，号鲁斋。

⑥ 陆清献、李文贞及吕晚村：清陆陇其，字稼书，浙江平湖人，卒谥清献，著有《三鱼堂集》《剩言》《松阳讲义》《读朱随笔》等。李光地，字晋卿，号厚庵，安溪人，卒谥文贞，著有《周易通论》《尚书解义》《诗所》《孝经全注》《古乐经》《大学古本说》等数十种。吕留良，字用晦，号晚村，浙江石门人，所著书为清廷所销毁，今传《四书讲义》与《吕用晦文集》。

正。而薛子曰：道至濂洛关闽而明，今其书虽存，吾不知道要何在，此无他，壅于紫阳之格物也。清献大极之说①，归之于心而握要，简易直截无支离之见，此无他，启于姚江之致知也。否则清献诸子之学，未必出乎薛子诸贤之上，薛子诸贤之识，未必屈乎清献诸子之下，而于儒者一大紧要事，岂有其识如彼，其学如此之理哉。清献诸子幸而出于阳明子之后，而熟观其全书，闻见其行实，无是非之心非人，安得不心伏其继坠绪之大力，而钦慕其确论雄文不在孟子之下哉。而旧习缠绕其心，不忍遂订朱学之是非，此可亦谓非人情哉。不意各挟胜心，强说刚辩，剽窃其头脑之说，以追补朱子《章句》等之所不及，则岂非实皆陶冶于阳明子者乎。谓之阳朱阴王而可也，然而反以戈入室，攻击如仇雠②，是何心也？汤文正③《答清献书》曰：恐朱子亦不乐有此报复矣。程鱼门④曰：清献攻陆王太过，犹坠讲学习气也。彭南畇⑤曰：陆侍郎早以排击王文成为事，意在尊朱也。然文成之绪言几绝，而朱子之学卒未有明也，是岂侍郎初志哉。以三家之说观之，则清献之胜心不容掩也。余之言非耶，余子姑置不论。呜呼，心理不二，知行合一，真是洙泗伊洛之学要，初朱子之本旨亦所同也，若使薛子诸贤出于阳明子之后，亦必启于其致知，虽论学乃入知行并进之正，而又握学之要矣。使清献诸子出于阳明子之前，亦必壅于夫格物，至论学即袭先知后行之误，而又叹要何在。然则继往圣开来学，其机只在阳明子而已矣，亦何疑哉。而如其功业文章非人之所及也，只心理不二，知行合一，虽涂人得学而臻之，然不明其致

---

① 清献大极之说：陆稼书作《太极论》以为论太极者，不在乎明天地之太极，在乎明人身之太极。又以朱子解太极推本于敬，惟能敬然后能静虚动直，而太极在我。

② 攻击如仇雠：此指陆稼书所著《学术辨》三篇，斥阳明之学为禅，其继起者直以禅自任，此所以为祸于天下。

③ 汤文正：清汤斌，字孔伯，号荆砚，晚号潜庵，谥文正，著有《洛学编》《诗文集》《语录》等，有"答稼书书"，与稼书往复辨论。

④ 程鱼门：清程晋芳，初名廷璜，字鱼门，歙人。乾隆时为《四库全书》纂修官，著有《周易知旨》《尚书今文释义》《春秋左传翼疏》《礼记集释》《勉行斋文集》。

⑤ 彭南畇：清彭定求，字勤止，一字南彭，尝师事汤斌，著有《阳明释毁录》《儒门法语》《南畇文集》。

知格物之训，则如瞽者无相①，跛者无杖，决难入其门矣，况上其堂乎。其人唯唯退。而余读《古本大学》有年于兹，非径读《大学》白本也，读昔人读《大学》以所著之群书而治白本，服膺其致知格物之训，近破迷心，犹如刮目然。因又就白本成节次，每节次置阳明子及儒先之说，而余按语亦附焉，名曰《古本大学刮目》②，正将之死以修心理不二知行合一之学，然则不但不负阳明子之教，庶几亦不叛孔子程子之学要，与朱子之本旨矣。呜呼，从吾游之徒，亦将刮目，则不可不读之也。今以夫所答之言并书简端，刻之于家塾，世之君子看之，则必罪芜陋之多言，降伏者自少，而攻击者却多矣。然因论学集矢于吾身，固所甘心也。于时天保三岁次壬辰（90）③夏六月，浪华大盐后素题于洗心洞中。

（据《日本伦理汇编》第三册第143—146页选）

儒门空虚聚语自序

张南轩④先生尝类聚《论语》中言仁处为《言仁录》，真西山⑤先生尝亦摭取圣贤格言为《心经》一篇，仁之理，心之德，于是详且尽矣。然心有仁心道心之别，不了精一之功，则安能去其危，入其

---

① 如瞽者无相：《礼记·仲尼燕居》曰：治国而无礼，譬犹瞽之无相与，伥伥乎其何之。

② 《古本大学刮目》：《大学》本《礼记》四十九篇中之第四十二篇，北宋时与《中庸》《论语》《孟子》合称四书，于是有改本发生，依李恭《大学辨业》所记有宋程颢改《大学》一本，程颐改一本，朱熹改一本，即今行世《章句》，元王柏改一本，明蔡清改一本，季本改一本，高攀龙宗崔铣论改一本，甬东丰氏伪正始石经一本，葛寅亮改一本，王世贞改一本。此诸改本，均载王草堂《二经汇刻》。但《古本大学》，仍借十三经中郑注孔疏而传，明王阳明有《古本大学》之刻，即为大盐中斋此书所本。此书首载王子古本白文傍注，乃抽出于李氏《涵海》，王文则录自《百陵学山》中。书名为刮目者，乃应用《三国志·吴书》吕蒙答鲁肃语"士别三日，即更刮目相待"，谓不当再以旧时眼光观察《大学》也。

③ 天保三岁次壬辰：公元1832年，当清道光十二年。

④ 张南轩：南宋张拭字敬夫，号南轩，广汉人，今所传有《张宣公集》四十四卷，又其中《论语解》十卷，《孟子说》四卷，收入《通志堂经解》。

⑤ 真西山：南宋真德秀，字景元，后更希元，福建之浦城人，学者称西山先生，著有《文集》《读书记》《四书集编》《文章正宗》《大学衍义》等。

微，以执其中也哉，而中者果为何物乎？仁者子贡、子路之所未易至焉①，而中心安之者天下一人而已矣，则又安能得遽安仁也哉，而仁者果为何物乎？呜呼，执中②之难亦如彼，安仁③之难亦如此，是无他，以太虚故也。夫太虚无形而灵明，包括万理万有，而播赋流行，人禀之以为心，心即虚而灵，中于是乎在焉，仁于是乎存焉，而万事出焉。故横渠张子曰：虚生仁④。东城林子⑤曰：中者我之本体，我之太虚也。然则中也，仁也，皆太虚而不可捕捉者也，宜哉，执其中安仁之难矣。故不悟中与仁之所由然，而谩从事于执中安仁之业，则不知其源而毙者，盖不尟矣。故若悟焉而修，则往往窥得其髣髴；不悟焉而修，则后进犹如既毙人，空送此生，岂非可惜乎。余故于陋撰《札记》⑥中，每每僭述太虚之理，而今收以孔子空空、颜子屡空等之经文⑦，与先儒之注释论说系之者，萃编斯书而示诸一友。其友曰：空虚二字，佛氏之学，而儒者之所忌也，然子不唯口之，萃编新书，独何心哉？纵虽欲令后进知中与仁之所由然也，受百世之诽，贻万代之笑，必其所不免，岂非顽愚之至矣乎。曰：佛氏不入中国以前，孔子既空空，颜子屡空，佛氏入中国后，其亦言空，于是我空，与彼真混焉；而论其极，则我空与彼空本一物，只有死活之异耳。譬之果实，我空则寻常人家之李实也，其仁虽固空，然活而不死，埋之地而时至，则生芽焉，生干焉，生枝叶焉，收生花实焉，生机次第发

---

① 仁者子贡、子路之所未易至焉：说见《论语·公冶长》篇，参照太宰春台，第311页注1。

② 执中：谓守中道而无过不及，《书·大禹谟》"允执其中"，《孟子·尽心上》："子莫执中。执中为近之。执中无权，犹执一也。"

③ 安仁：《礼记·表记》《论语·里仁》"仁者安仁"。《易·系辞》"安土敦乎仁，故能爱"。

④ 虚生仁：《张子全书》："虚则生仁，仁在理以成之。"

⑤ 东城林子：林春，明嘉靖时泰州人，字子仁，著有《东城文集》《四书标摘》。

⑥ 《札记》：指《洗心洞札记》。

⑦ 孔子空空、颜子屡空等之经文：《论语·子罕》："子曰：吾有知乎哉，无知也，有鄙夫问于我，空空如也，我叩其两端而竭焉。"又《先进》："子曰：回也其庶乎屡空。"经文注释见《儒门空虚聚语》卷上第451—466页。

出即如此。彼空乃王家经赞①之李实也，其仁固亦空，然死而不活，虽埋之地而时至，不生芽焉，不生干焉，不生枝叶焉，安收生花实焉，生机槁寂断灭如此。是故儒中之圣贤，古尝有克己复礼②，以全乎本然之空，而中也仁也，皆无恙焉，孝弟忠信喜怒哀乐，齐家治国平天下之事，尽自此空中出，以获遂位育之功③者矣。佛氏之徒侣，大抵凿心刳性，终为槁寂之空，而中也，仁也，皆灭矣，故孝弟忠信，喜怒哀乐，齐家治国平天下之事，不能发出，岂亦获遂位育之功也哉？于是乎可见我空与彼空相去千万里，而儒者昧斯义，概忌言空，遂以〔之〕奉佛氏〔1〕，而其所为则才止于方策文字间，不期跻圣贤之域矣，故终身沦溺义袭外饰④之霸学，可谓惑矣。虽惑之极，若亦各反求之，则其理固明明，心空无论，耳目为空，口鼻为空，运用身体所亦为空，造筑家室处亦为空，无一不空者，而不之觉，何也？世适有言之者，目之以佛，是岂非反为顽愚乎？呜呼！儒者曾割空虚以奉佛氏，而佛氏固槁寂其空，则彼此共失焉者也，故空虚之实学，依然只在于上帝而不渝⑤而已矣。呜呼！孰学孔子之空空颜子之屡空，不失上帝所赐之太虚，而执中安仁，以遂位育之功哉。天下之广，四海之大，而来世之远，必有儒门有其人矣，余是以有斯编之辑，非子等之所知也，遂名曰《儒门空虚聚语》。天保四年癸巳⑥冬十二月大盐后素题于洗心洞。

（据《日本伦理汇编》第三册第443—444页选）

---

① 经赞：佛经中以偈颂赞叹佛德者曰赞，《寺塔记》："呗赞未毕，满天现舍利。"
② 克己复礼：《论语·颜渊》："颜渊问仁，子曰：克己复礼为仁，一日克己复礼，天下归仁焉。"
③ 位育之功：语本《礼记·中庸》"天地位焉，万物育焉"，位安其所，育遂其生。
④ 义袭外饰：《孟子·告子上》："告子曰：'义，外也，非内也。'"《公孙丑上》"非义袭而取之也"，焦循《正义》引《淮南子·氾论训》高诱注"以兵伐国不击鼓，密声取敌曰袭"。义有外饰之义，如世言义父、义子以及义手、义足、义齿，皆其类。
⑤ 不渝：不变也。《诗·郑风·羔裘》"舍命不渝"传"变也"。
⑥ 天保四年癸巳：公元1833年，当道光十三年。

校记：

〔1〕之：原脱漏，据《日本伦理汇编》卷三《儒门空虚聚语自序》补。

增补孝经汇语叙

《孝经》有古今文①异，主古文者，则非今文，主今文者，则非古文，论辨纷乱，不能归一。然去其章第以读之，不过只一字二字之增减，与古文有"闺门"一章②之多而已，其它之经旨，何尝有异哉。宋黄慈溪③诸儒，亦既有是论，而孔氏原本，固无章第矣。余故常要获去章第以一贯说下之注书，既久之，然古今注家，大抵训释文字，解说义理耳，而不免支离蚀经也，乃与至德要道之义相反矣。亦忧之久之，曾得明江元祚④所刻《今文孝经汇注》以阅之，是乃无章第，其汇注云者，删辑子渐朱鸿氏、初阳孙本氏、淡然虞淳熙氏⑤三子之注书者也。熟读玩味，数日卒业，乃掩卷叹曰：以孝贯万善，以良知贯孝，以太虚统良知，而天地圣人易简之道，于是偶获之焉，遂偿宿志，不亦幸乎。因复窃考，朱孙虞三子之注，盖以阳明王子及杨慈湖、罗近溪⑥

---

① 《孝经》有古今文：太宰纯《孔传古文孝经》自序："《孝经》有二本，其一河间王所得十八章者，谓之今文；其一鲁王坏孔壁所得竹牒科斗文二十二章，孔安国所为作传，谓之古文。"

② 古文有"闺门"一章：案郑康成注乃今文《孝经》十八章，古文《孝经》据汉桓谭、唐李士训皆称有千八百七十二言，今孔传止一千八百六十一言，当有遗漏。卢文弨序："至唐明皇亲注《孝经》，虽兼收孔、郑二家之说，然其经则用今文，取其阙'闺门'章也，于是古文《孝经》遂废不行，至宋邢昺依明皇御注作《正义》，然后《孝经》唯御注本行于世，郑注遂亡，古文《孝经》亦亡。"

③ 宋黄慈溪：宋黄震，字东发，慈溪人，参照第356页注2。

④ 明江元祚：未详。

⑤ 子渐朱鸿氏、初阳孙本氏、淡然虞淳熙氏：据本书引用姓氏，朱氏鸿，字子渐；孙氏本，字初阳；虞氏淳熙，字淡然，号道园，右三子为明末人。

⑥ 杨慈湖、罗近溪：南宋杨简，字敬仲，慈溪人，学者称慈湖先生，著有《甲乙稿》《杨氏易传》等。明罗汝芳，字维德，号近溪，南城人，著有《孝经宗旨》《盱坛真诠》《近溪子文集》等。

三贤所说之孝似为其根抵者。而后又购石斋黄公①《孝经集传》以读之，其大传也，虽以《论》《孟》及《仪礼》大戴小戴《礼记》②错综为纬，而至其特释是经之小传，则亦易简而一贯，与朱孙虞三子之说相类焉。而如黄公，则真能移诸君而忠，故匡救其恶，遂以中心所藏之爱献身殉难，扬名于后世，以显父母，实有明一代之孝子忠臣矣，虽南宋文、谢③，岂出其右哉，固不可与口耳经文者同年语也。而其学渊源，亦自姚江来。姚江者，祖述孔子，宪章孟陆，而慈湖之学，自陆子来，若夫近溪，即亦姚江之私淑，宜哉夫数君子，虽各异世殊时，而其所以说孝之简易一贯，微旨奥义，彼此同揆，后先合符。余故欲同刻诸说，以授我徒之蒙士，而奈何王子、慈湖、近溪三子，无说全经之书也。不得已，而特采黄公之小传，以增补诸汇注，而其大传，则不采入焉，以有浩博望洋之叹④故也。然复选王子、慈湖、近溪三贤之说若干，乃别标于其上，而又以鄙说一二疏经及传注者为按语〔1〕，刻诸家塾。书肆某等闻之，来请曰：汇注既在《孝经大全》中，而和版向既烧亡矣，其间出于坊间者，乃其烧亡之余物，而仅仅如也，人虽愿观之，安可容易获之。黄公之《孝经》，亦未尝有翻刻者也，故与刻之家塾，不如刻诸书林，以弘流传也，是以相谋梓之云。余因思孝者不学不虑之性⑤，而存于人心者也，然在士人，犹有行之而不着焉，习矣而不察焉者⑥，况日用而不知如百姓者，焉知孝即万善，良知即孝，太虚即良知，而一贯之义乎哉。然则，必有小视之者焉，有小视之者，则要君而无上者，非圣人而无法

---

① 石斋黄公：明黄道周，字幼玄，一字螭若，号石斋，漳浦人，明亡兵败不屈死，谥忠烈，著有《易象正义》《洪范明义》《孝经集传》《石斋集》等，事迹详《明史》及《南疆绎史》。

② 大戴小戴《礼记》：《礼记》有汉戴圣所录的《小戴礼记》与戴德选辑的《大戴礼记》。《小戴礼记》四十九篇，即今通行本《礼记》；《大戴礼记》原本八十五篇，今存三十九篇。

③ 文、谢：文天祥，号文山，宋吉水人，有《文山集》。谢枋得，号叠山，宋弋阳人，有《文章轨范》《叠山集》。

④ 望洋之叹：语本《庄子·秋水》篇。

⑤ 孝者不学不虑之性：本《孟子·尽心上》："人之所不学而能者，其良能也；所不虑而知者，其良知也。"中斋以良知统括孝，故有此说。

⑥ 行之而不着焉二句：见《孟子·尽心上》。

者,非孝而无亲者,往往必出矣,虽草芽如我者,窃不可不忧患之也。故虑不及再,即许其请,而与其稿本焉。时一友谏曰:此书流传海内,触世儒之目,则必有起其好名之诽者矣,然则,毁伤不但逮子躬,亦毁伤父母之名,即经曰:士有争友,身不离于令名[1],故不敢不告。曰:好名之诽我岂敢辞,倘海内之人因之学焉,有如黄公者一人勃起,则亦当为维持风化,裨益政教之大助者也。夫如此,则毁伤我躬,所甘心也,父母有灵,亦奚恨其名之毁伤哉。今虽不用吾子之争,然拜其志云。而不日刻就,书肆请序,题之简端。呜呼!一友之先见诚卓矣,而我所欲有大焉者,自非皇天之鉴是肝膈,孰能孚[2]之也哉,噫。天保甲午[3]冬十一月南至日,大盐后素题于洗心洞。

(据《日本伦理汇编》第三册第549—551页选)

校记:

〔1〕"以"字后,原衍"垫"字,据《日本伦理汇编》卷三《增补孝经汇语叙》删。

檄　文

四海困穷,天禄永终[4];小人治国,灾害并至,此盖往圣之深诫于后世人君人臣者也。东照神君[5]亦尝谓:"怜恤鳏寡孤独,是为仁政之本。"然而,于此二百数十年太平之世,在上者日益骄逸,穷奢极侈,达官要人之间,贿赂公行,交相赠纳,甚且不顾道德仁义,以内室裙带[6]之缘,奔走钻营,得膺重任;于是专求一人一家之私肥,课领内百姓以重金。多年以来,百姓于年贡诸役本已极难应付,今再遭此搜刮,民用日益枯竭。似此情况,自幕府以至于各藩,相习成

---

① 士有争友,身不离于令名:见《孝经·谏争章》,言受忠告,故不失其善名。
② 孚:信也,见《尔雅·释诂》。
③ 天保甲午:公元1834年,当道光十四年。
④ 四海困穷,天禄永终:见《尚书·大禹谟》,又《论语·尧曰》引。
⑤ 东照神君:德川家康,谥号东照宫,此尊称东照神君。
⑥ 裙带:指妇女亲戚关系。

风,终至于四海困穷,人人怨嗟。天皇自足利家①以来,如同隐居,久失赏罚之柄;下民之怨,告诉无门,遂相率成乱。民怨冲天,今年乃有地震、火灾、山崩、水决等等,五谷不登,饥馑相成,是皆天之所以深诫于吾人者也。然而在上者仍多不察,小人奸邪之徒续掌政事,日惟以榨取金米为谋,恼恨天下。我等草野寒士,虽有鉴于庶民之疾苦,悲愤抑郁,然自顾无汤、武之势,孔、孟之德,乃唯有徒然蛰居而已。然而近者,米价一再高涨,大阪府尹暨诸官吏②,罔顾万物一体之仁,恣意行事,惟将米粮运往江户,而于天皇所在之京都则不与焉。甚而于购米五升或一斗之民,亦以动用贡米而妄加逮捕。昔有诸侯名葛伯③者,夺民人之食而杀民人之子。以此与今相较,伤天害理,实无稍异。今之国内,凡我人民,均在德川家统治之下,本无差别可言;而乃相待若斯悬殊者,此皆府尹等之不仁所致也。更有甚者,府尹等一再滥发告谕,对于大坂城中游手好闲之辈,反而优渥倍加,此盖因府尹等之进升,乃由于奔走钻营而得,本不顾道德仁义,遂致有此等乖戾背理之事也。近年以来,大阪富商借款于三都④,各大名⑤由是得以攫取巨额之利息与禄米,其生活之豪奢,实为旷古所未有,彼辈以商人身分,竟进为大名门下之司库家臣。彼辈富有田产及新垦土地等,丰衣足食无所匮乏,而乃目睹天灾天罚不知自检,置平民乞食于不顾。至于彼辈自身,或则山珍海味,妻妾围侍,或则引诱大名家臣于青楼酒肆,饮宴无度,一掷千金。际此民生艰难时节,彼辈依然锦衣玉食,游乐于优伶娼妓之间,一如往昔,此情此景,实同纣王长夜之宴⑥也。然而,职掌当地政务之府尹暨诸官吏,竟复与之相互勾结,朝夕蝟聚堂岛⑦,计议米价行情,而置下民于不顾,此

---

① 足利家:日本室町幕府的始祖足利尊氏(1345—1358)入据京师,南北朝之战自此而兴,天皇等于虚设。
② 大阪府尹暨诸官吏:此指迹部山城守等贪官污吏。
③ 葛伯:《书·商书·仲虺之诰》"葛伯仇饷",《集传》:"葛,国名;伯,爵也;饷,馈也,仇饷与饷者为仇也。"
④ 三都:指江户、大阪、京都三大城市。
⑤ 大名:封建时代的诸侯。
⑥ 纣王长夜之宴:《史记·殷本纪》:"(帝纣)以酒为池,悬肉为林,使男女倮相逐其间,为长夜之饮。"
⑦ 堂岛:大阪市内街名,是当时米谷商人的集中地。

实盗禄之贼而违于天道圣心者也。我等蛰居草野，虽无汤、武之势，孔、孟之德，然而事至此，忍无可忍，不得已敢以天下为己任，冒灭族之祸患。今结集有志之士，起而诛戮此辈殃民官吏，并于骄奢已久之大阪富商，亦将一并加以诛戮。此辈富商所藏之金银财货以及米粮等物，当悉数散发于百姓。凡摄、河、泉、播①等处无田之人，或有田而不足供父母妻子者，均可前来领取。为此，无论何日，凡闻及大阪城中骚动一起，各村百姓即须不问路途之远近，火速驰来大阪，共分金米，效古贤散发钜桥鹿台②财米，以济下民之遗意，以救今日饥馑困顿之百姓。四乡来集诸人之中，若有才能者，当予起用，参加军伍，共同征伐。我等兴师问罪，不同于乱民之骚扰，既欲减轻各处年贡诸役，并欲中兴神武天皇③之政道，待民一以宽仁为本，重建道德纪纲，一扫年来骄奢淫逸之风。俾四海共沐天恩，得养父母妻子，救当前之苦难，使来生之安乐世界得见于今日。尧舜天照大神④之盛世，虽或难于重现，而中兴气象，当可光复也。此文应即传达于各村，并为使多数百姓皆能见及，应将此文张贴于热闹大村之神殿，又须从速通知各村，嘱其注意勿为往来大阪间之吏役所悉。万一已被知悉，并将报告于大阪奸人之时，应即当机立断，予以斩杀。城中骚动既起之后，村人若有疑虑不定，或有不至大阪或迟至大阪者，则富豪之金米财物，已化为灰烬不可复得，为此应即通告百姓，勿于事后以为我等乃毁物弃财之人，而徒有怨言也。各村于地头村长处，本置有纪录年贡租役之账册，毁帐之事虽然每多顾虑，但为拯救百姓之穷困，此项账册文件，应即全部烧毁之。今日之举，既不同于本朝平将

---

① 摄、河、泉、播：大阪附近地名。
② 钜桥鹿台：《书·周书·武成》："散鹿台之财，发钜桥之粟，大赉于四海，而万姓悦服。"钜桥，仓名，遗址当在今河北省曲周县东北。鹿台，殷纣积财之所，当今河南省淇县境。
③ 神武天皇：日本第一世天皇，当公元前721—前585，其即位之年（公元前660）即为日本纪元之始。
④ 天照大神：日本神话中太阳之神，被信为日皇的祖先。

门、明智光秀①；汉土刘裕、朱全忠②之谋反叛逆，更非由于窃取天下国家之私欲。我等宗旨，日月星辰当能明鉴，盖惟在效法汤、武、汉高祖、明太祖吊民伐罪之诚心而已。若有见疑于斯举者，请观诸我等事业完成之日可也。

此文应由寺院神社之僧侣或医者，宣读之于小百姓③，村长乡老中，若有惧于眼前祸患而私自隐匿此文者，一经发觉，当即处罪。

奉天命，行天罚。

致摄、河、泉、播各村村长、乡老、小百姓等。

天保八年④丁酉月日

（原作见《大盐中斋集》第470—475页，此译文据《世界史资料丛刊初集》第50—52页选，三联书店，1957）

---

① 平将门、明智光秀：平将门，称相马小二郎，平良将之第三子，于承平五年（935）至天庆二年（939）发起公开的叛乱，僭称平亲王。明智光秀是织田信长用以屠戮比叡山僧侣的主要人物，后来忽反戈起而抗拒信长，并自做了三日将军。

② 刘裕、朱全忠：刘裕即南朝宋武帝，在位三年。朱全忠，五代梁开国帝，本名温，在位六年。

③ 小百姓：指没有土地的农民，包括雇农与佃农。

④ 天保八年：公元1837年。

三十六、吉田松阴

史料简介

吉田松阴（1830—1859，天保一年—安政六年）名矩方，字义卿，通称寅次郎，号松阴，又号二十一回猛士。提倡尊王攘夷，于安政六年就义，年三十。先一年因再入狱，接触李卓吾的思想，乃接近王学左派。他著书甚多，［有《讲孟余话》等。］其《李氏焚书抄》《李氏藏书抄》二种，又与友人书亦多涉及李贽。今选录其《读李氏焚书藏书评》［及梁启超所选《松阴文抄》（清光绪三十二年上海广智书局铅印本）之一部分］。

读李氏焚书藏书评

吾曾读王阳明《传习录》①，颇觉有味，顷得《李氏焚书》②，亦阳明派，言言当心。向借日孜以《洗心洞札记》③，大盐亦阳明派，取观为可。然吾非专修阳明学，但其学真，往往与吾真会耳。（《与入江杉藏书》）

向日萧海借示《李氏焚书》，卓吾居士一世之奇男子，其言往往与仆之心合，反复甚喜。（《与土毅书》）

---

① 《传习录》：王守仁弟子记录从老师传授下来的学问，共三卷，上卷徐爱、陆澄、薛侃所记，中卷论学书信，下卷钱德洪编定。

② 《李氏焚书》：明李贽（1527—1602），号卓吾，又号宏甫，龙湖叟，秃翁，温陵居士，泉州晋江县人，他是十六世纪中国反封建思想的先驱者，著有《焚书》六卷、《藏书》六十八卷、《李氏文集》二十卷等。

③ 《洗心洞札记》：大盐中斋于天保四年所著，与《古本大学刮目》《儒门空虚聚语》《增补孝经汇语》，合称为《洗心洞四部书》。

评《焚书》卷一《答李见罗先生》①云：余顷始认定此间消息，温陵先生之思也。

评《杨定见》②云：夫卓老七十之老人犹能如此，况吾甫三十，安可遽为衰飒老人之态哉。

评《复宋太守》③云：学有讨论订证，吾于温陵先生始得之，古人离群索居之叹，盖非徒然也。

评《答周友山》④云：李卓吾曰：以良友为生，甚同余心。

评《与耿司寇告别》⑤云：卓老可羡，嗟吾唯求友于古人之一道耳。

顷读李卓吾之文，有趣味之事甚多，《童心说》⑥尤妙。（《与入江杉藏书》）

人生欻忽⑦，百年梦幻也。唯人参天地，与动植物，去不朽更无别法。寄示手抄李卓吾之文，反复披玩，足下颇有道气，必能发悟。（《与子远书》）

读《李氏焚书》三遍，此论未必是，唯与仆心事符合。（寄作间、增野品川书）

抄《李氏藏书》，卓吾之论大抵不泄，谁不一读而不与吾同拍案叫绝者哉。（《寄某书》）

贵问曰丈夫所可死如何。仆去冬以来，死之一字，大有发明。《李氏焚书》之功为多，其说甚长，约言之，死非可好，亦非可恶，道尽心安，便是死所。世有身死而心死者，有身亡而魂存者。心死生无益也，魂存亡无损也云云。（《与高抄晋作书》）

（据《吉田松阴书简集》及其他选译）

---

① 《答李见罗先生》：《李氏焚书》卷一"书答"第7—8页，贝叶山房版。
② 《杨定见》：同上书卷一"书答"第21页。
③ 《复宋太守》：同上书卷一"书答"第25—26页。
④ 《答周友山》：同上书卷一"书答"第28—20页。
⑤ 《与耿司寇告别》：同上书卷一"书答"第30—31页。
⑥ 《童心说》：同上书卷三"杂述"第110—112页。
⑦ 欻忽：急速貌。欻忽即焱忽，《文选·思玄赋》"乘焱忽兮驰虚无"。

*松阴文抄(选录)①

《松阴文抄》序(梁启超)

日本维新之业,其原因固多端,而推其本,其原动力必归诸吉田松阴。松阴可谓新日本之创造者矣。日本现世人物,其啧啧万口者,如伊藤博文、桂太郎辈,皆松阴门下弟子不待论,虽谓全日本之新精神皆松阴所感化焉可也。夫松阴生三十二年,而见僇于政府,生平所为事业无一不失败,其学问又非有以远过于侪辈,若近世之新学理,无洪无纤,皆松阴所未尝梦见也。顾其力之及于一国者,何以若是?固知事业与学问皆枝叶也,而有为事业学问之本原者。本原盛大,则枝叶不必出自我而不啻出自我。而不然者,日修其枝叶,本则拨矣,夫安所丽。吾平生好读松阴文,乃抄其最足为我国人厉者著于篇。丙午二月梁启超抄竟记。

示冈田耕作

正月二日,冈田耕作至,余为授《孟子》,读《公孙丑》下篇讫。<u>村塾第一义,在一洗闾里礼俗为枕戈横槊之风。</u>(梁批:日本尚武之风,松阴养之实多。)是以讲习彻除夕,未尝放学也。何如年一改,士气顿弛,三元之日有来修礼者,未见来请业者。今墨使入府,义士下狱,天下之道迫矣,何有于除新,然而松下之士,犹皆如此,何以唱天下。耕作之至,适为群童魁。魁群童,乃魁天下之始也。耕作年甫十龄,厚自激励,其前途宁可测哉。书以励之。

与高杉畅大

<u>仆与足下纳交,非徒为读书稽古而已,固将建报国之大计也。</u>足下与清太思虑周详,仆固所推许而倚赖焉。但如近日之议,清太诸友不无其说,然锐甚过,乃失之疏脱,无足下一言沮之,仆殆将误大事。事过思之,如大梦一觉,仆何感荷尚焉。仆平生交友,亦不为鲜少矣,自以为得人,无奈亡邸入海二举之后,诸友乃以仆为暴为狂,为刚愎自用,不听人言。仆盖有此病矣,然人苦不自知,如近日言,仆诚所乐闻,而不肯自吝改。足下为仆忠告,从前非一,而此最为危机,是以特书言谢。足下愿不弃,更有诲焉。<u>当今天下之事,万不可</u>

---

① 文中下画横线处原标有重点号,是梁氏眉批所指。

为而不可不为者，臣子之责也。知不可为而不为，与有所为而不成，皆非俊杰之为也。（梁批：松阴之成败观，固非委心任运者。）而仆乃幽囚，事非其时，愿足下更深思熟虑，于大计有所发明焉。辱足下眷厚，仆遂言及之也。寅白，不宣。二月十二日。

与清狂

昨辱枉顾，见传政府意，至慰至慰。微上人言，政府遂以吾党为狂妄轻锐不解事，而吾党遂以政府为宴安姑息不恤国。二者之隙，其孰释之。当今天下大势，已可知矣，藩干诸侯宜建立国是，预备大变，断不宜雷同顾望，苟偷一时。政府已决此议，群材宜有所用，群策宜有所旋。当是时，苟忧国任难者，其趋向虽千差万别，要不害于其为大同。（梁批：日本维新，诸杰咸有此气度，故能相反相成以建大业。）书生同多狂论而政府诸位蚤朝宴退，寝食不安，则其或遇余闲，诗酒消忧，书画排闷，无宁为伤焉。此以其同不同在彼不在此也。仆已以此说遍告同志，同志翕然以为然。因谓，果以为然不有其实，亦空言耳，其内遂不为然也。上人愿约周布公辅，卜定一日，会吾党士某某。若而入于其宅，欢然晤言，以证其大同，政府之意大流于吾党，吾党之情大通于政府，庶几吾党狂妄轻锐，不见怪于政府，而吾党不敢疑政府宴安姑息也。上人已通二者之情，请遂谋之，幸甚不宣。二月廿六日寅再拜。

送竹下琢磨归邑叙

大丈夫行事，当磊磊落落，如日月皎然，是英雄男儿语也。吾少小喜此语，是以待人不设城府，沥肝吐胆，二见如故，以是交游天下，非有奇才异能，而天下之士过见许与。遘亡幽囚，流离颠沛，人所贱恶，而天下之士或为之爱慕者，皆为是耳。（梁批：所谓"至诚而不动者未之有也"。）近日国事益艰，筹略益困，有志之士，隐计密算，欲以成大事。余顾以曩时磊落处于此，于是彼交咎余，为狂为愚、为讦直好名。吾退而思之，人言诚当，吾默而已矣。会塾生竹下琢磨将去，琢磨户田邑人，先是，与同邑士二十余名来松下塾，演习铳阵，二十余名已去，琢磨独留，读书数日，然后去。吾历观户田人士，淳素质朴，犹有古色，然谨敕谦让，乏磊落之风，是以终日相对，不见其臧否所在。间叩以一事，唯唯而已。人非虫蚁，孰无智识，有矣而不肯语人者，虽云谨敕谦让，抑大丈夫之行哉。琢磨留读有日，颇得相尽，故吾不敢默，复发曩时磊落之习，且望以英雄男儿以告别，并告在邑诸士。虽人之咎吾，吾之素其终可变乎哉。八月二十五日。

复轰木武兵卫

六月廿五芳牍以八月下旬达，承老台东上之意，有所抵牾，迁延不果憾憾何止。目下时势切迫，幕府不特违敕调印，复将发私使于夷国。正议幕议，一毙不见再起之色，所赖者天朝元气，凛凛不挠，公卿亦皆蹇蹇匪躬，是可贺也。而在下之士，梁星岩病殁，梅云滨就幕捕系伏狱，使人惊怛耳。<u>士生此间，欲为杨柳则杨柳矣，欲为松柏则松柏矣</u>，排霜凌雪，枝折干摧，宁无阳春之回哉。（梁批：常读此语，可令气王。）老台社中长者，性素沉毅，今日之务，必有至当不易之论，仆愿预闻焉。<u>仆之肤见，诚谓观望持重，今正义人比比皆然，是为最大下策，何如轻快拙速，打破局面，然后徐占地布石之为胜乎</u>。因室臆度，时势论以下数通写致，一一垂教。宫部、永鸟二君近日如何情态，并此书及所致数篇示之，何幸加焉。但机密一事，仆虽平日同志，不敢辄告，今突然示三君，三君谅仆困苦，幸有处于此，实为望外奇幸焉。来原此次蒙命往崎，中村近进政府，白井坪井无异旧日，幸放念。多事卒卒，万未既。十月八日，寅再拜白。

与八十（佐世）

<u>生死离合人事倏忽，但不夺者志、不灭者业。天地间可恃者独是而已</u>。吾不见公而投狱，狱不可脱，公不得见吾而志之寓于天地，吾与公当务焉耳。陆务观有言：<u>死生原是开阖眼，祸福正如反复手</u>。呜呼，大丈夫之所重在彼不在此也。（梁批：松阴深有所得于生死观，此其一斑也。）二十二日，戊午十二月廿六日投狱。

示 诸 生

<u>村塾宽略礼法，摆落规则，非以学禽兽夷狄也，非以慕老庄竹林也，特以今世礼法末造，流为虚伪刻薄，欲诚朴忠实以矫揉之已。新塾之初设，诸生皆率此道以相交，疾病艰难相扶持，力役事故相劳役，如手足然，如骨肉然，增塾之役不多烦工匠，乃能有成，职是之由。</u>（梁批：可想见当时学风，后此能历大难，相与有成，皆此精神为之也。）吾曾访大和谷翁三山，三山曰：吾以充耳讲学欹亩，所喜者诸生相亲爱，如兄弟骨肉然。因举数事诵之，余时歆羡不已，谓亦

有德之言也，数为诸生道之。诸生幸深谅此意，久次相授，虽广川之门无以加也，因谓是不难矣。又尝读《王阳明年谱》，谓其警发门人，多于山水泉石间，窃服其理矣。吾非阳明也，然朋友切磋，亦当如斯，是以会讲连业，未尝设绳墨，交以谐谑滑稽，如匡稚圭说诗故事，如近春米锄圃之举，亦寓此意耳。至击剑踏水二事，武技之最切要者，时方盛夏，边警又殷，不可一日弛然徒视为游戏。不尚实用，消光阴，荒学业，亦可虑也。要之学之为功，气类先接，义理从融，非区区礼法规则所能及也。学者无所自得，呶呶多言，是圣贤之所戒，而偶有一得，沉默自护，余甚丑之。凡读书何心，非欲以有为乎？书，古也；为，今也。今与古不同，为与书何能一一相符。不符不同，疑难交生，开悟时有，乃同友相质，宁得已哉。然则沉默自护者，非无自得可语，则以人为不足语矣。吾志则不然已，<u>苟有可语，虽牛夫马卒，将与语之，况同友乎？</u>（梁批：如宗教家之传教其可矣。）诸生来村塾者，要皆有志之士，又能卓立俗流，吾无憾焉。然意偶有所感，故聊言之。六月二十三日，二十一回生书。

送杉藏叙

胥徒杉藏以飞脚归，归数日，复又上途。杉藏以胥徒之微，慨然谈天下之事，急遽造次，犹能从吾徒，上下议论，娓娓不倦，其志亦奇矣，而其说亦颇与吾同，吾深喜之。然是皆读书人之习气，何足甚贵焉。吾所甚贵于杉藏者，其忧之切、策之要，吾有不能及者也。当今幕府之心，路人所知，诸侯之在府下，其为策亦难矣，况吾世子独留府邸，侍卫番士，下及铳枪轻卒，不能百人，一旦变起，何能处于此，是诚可忧也，而莫敢忧焉，唯杉藏是策是忧。余因谓曰：士卒百人，独立浩流中，不沉则漂矣。然天下诸侯亦有正论者，岂独我也哉，忠孝节义与雄才大略者，或隐于刀笔，或隐于技艺，或隐于市井田野之间，亦独我乎。奉敕旨，清胡尘，吾志一定，不沉不漂，其必有来助者，而况吾往求之，其宁有不应者乎。人归天与，百人古固可以得千万人矣，而何难于此。杉藏亦深然之。余乃告曰：当今江邸长井为世子番头，来岛为大检使，皆有志之士也。桂赤川日下与无逸无穷，虽高下深浅各自不同，要皆有智识，知顺逆，是则杉藏之所熟知也。而高山尾寺亦有东行志，且闻近江邸有会约，一月数次，凑合志士，各竭其所闻知，然则何待吾言焉。吾幽囚废锢，虽不能有为，近蒙恩旨，得允建言不讳，其徐具上之。杉藏往矣，月白风清，飘然上马，三百程，十数日，酒可饮，诗可赋。今日之事诚急矣，然天下大物也，非一朝奋激之所能动矣，其唯积诚动之，然后有动焉耳。（梁批：今日吾国民党之不振，毋亦徒有奋激而未积诚耶。）七月十一日。

与子远，正月念七夜。

桂生使吾绝诸友，今谨奉其言矣。独汝有不可绝者存焉，故不绝，汝其察之。防长绝无真尊攘之人，虽吾不得复言尊攘也。然则防长唯汝一人而已矣，切勿自轻焉。

……

吾曾读王阳明《传习录》，颇觉有味。顷得《李氏焚书》，亦阳明派，言言当心。向借日孜以《洗心洞札记》，大盐亦阳明派，取观为可。然吾非专修阳明学但其学真，往往与吾真会耳。

哭无逸心死

古语曰：惨莫惨于心死。该身死而心不死者，古圣贤之徒、不朽之人也。身不死而心死者，今鄙夫之流、行尸之人也。世人以身死生为大小大事，而不知心之死生关系万世，其大小更大。（梁批：其责难于友，不避嫌怨也如此。）亦安知吾哭无逸之哀痛哉。嘱无穷无咎，代余焚好香一采，率村塾诸生，往哭送无逸，至痛至恨。无逸奇才觏所希，膏梁仁义久困饥，人间莫惨如心死，今日为而双泪挥。

三十七、安藤昌益

史料简介

　　安藤昌益（1707—？，宝永四年—安永年间），幼名三之丞，后名良中，号确龙堂，江户樱田人。研究医学，本草学，后移居典州八户，业医。他是日本近代有名的被遗忘的思想家（参照 E. Herbert Norman: *Ando Shoeki and the Anatomy of Japanese Feudalism*），但经人发现之后，评价很高，苏联东方学家拉都尔·拉士洛夫斯基认为他是"日本人民伟大的儿子，是唯物主义者，战斗的无神论者和各民族历史上最初的空想共产主义理论的作家"。著书有《自然真营道》百卷九十二册，今传十五册，又《统道真传》五卷五册，为其晚年之作。今从《大日本思想全集》第十一册《安藤昌益集》中选出《自然真营道》第一卷之《自然世论》及第二十五之《良演哲论》二篇（第421—461页），原文均汉文，以昌益用语特别，颇不易解。马采曾略加注释，兹因之。

良 演 哲 论①

（良子门人问答语论）

---

　　① 良演哲论：《自然真营道》第二十五卷卷头题目，是安藤昌益思想的中心。《自然真营道》是一部百卷九十二册的大著。大部分于一九二三年日本关东大震灾时焚毁，现在只存大概，第一卷至第九卷、第二十卷、第二十五卷、第三十五、第三十六、第三十七卷。关于《良演哲论》这个题目，昌益门人仙确这样解释道："良是确龙堂良中（安藤昌益）的名字，演是先生自演，哲是门人了解先生的意见，论是门人进行辩论。"

转定①人身一活真一序也。人道转活真②与直耕③一道也。转真万物生生直耕谷精男女④一极道矣。此外道云绝无矣。故古书圣释老医巫凡转下⑤万书言知非活真转走互相妙道而悉清偏精生偏惑说也。一切文字以偏惑知作非道象。悉盗转道器知之。一字一句不拘古说，古人作文字失道故纠其失，乃假失字见道。非贵字失以字弃失见活真妙互性，具真道矣。

　　故此哲论无始无终活真自感互性妙道也，活真互性故无微偏正统矣。古说不知活真互性妙道，故悉偏言耳诵学者迷横业俟形化耳矣。故明哲论为人也。

　　良曰：无始无终活真转定人物之备道，向外非寻工夫者，具于己面部八门互性妙道矣。是以悉极尽备矣。

　　仙确⑥曰：此一章以转定回日星月谷男女四类草木极尽。良中开口活真。

　　良曰：昧于进退互性一气之感，而语言三阴三阳者偏惑矣。

　　良曰：不知互性行尽万物之气行，而论能毒者偏惑矣。

　　良曰：不知互性妙行气道、而论干支迷转下农时者偏惑矣。

---

① 转定：昌益的新用语，天地的意思。

② 互性活真：互性、活真都是昌益的新用语，《自然真营道》的根本概念。渡边大涛在他所著《安藤昌益与自然真营道》一书中这样解释道："安藤昌益用互性活真这个新术语来说明自然真营道的根本概念。互性就是一切相对存在的万有的性质，活真就是生活的自然的事实。比如善与恶、真与伪、苦与乐、天与地、男与女等一切对立物，都受着互性这个真理支配。照他的说法，就是这些对立物都是二别而一真，好像形与影一样。他在这二别而一真当中，看出活生生的事实，所以用活真两个字来说明它。他说：有互性而始有活真，无互性而无活真。他把这互性活真作武器，对儒佛神道以至所有妄自尊大，自以为是永恒不变的真理的一切，进行尖锐的批判。他认为了解了这互性活真，然后才能了解自然之道。"

③ 直耕：昌益的新用语，自耕自食的意思。昌益一派的哲学惯用这个直字，如直耕自食、直织等。

④ 男女：在昌益的相对哲学里，没有男性、女性之别。他认为男女相合而成为完全的人，所以读作"人"，表示中性或无性。虽然有时要用"男和女"，但大多数是指"人"的一般概念。

⑤ 转下：昌益的新用语，天下的意思。

⑥ 仙确：即神山仙庵，他取确龙堂的"确"字，自号仙确。奥洲南部八户人，昌益的高足。

良曰：不知心互性一心、而论道人二心者偏惑矣。

良曰：一男犯多女野马业矣。不知之为之者偏惑矣。

良曰：不知三阴三阳失为龟卦者偏惑矣。

良曰：不知新旧互性一道日日新①耳谓之者惑也。

良曰：不知三阴三阳之失为重卦者偏惑也。

良曰：荡情虚神不戏言为善事作诗者妄，惑偏失也。

良曰：不知不住一、不出二、活真自感互性妙道论一贯者，偏惑妄失也。

良曰：木金华实互性活真之生道矣。不知之春秋为赏罚永后世之杀业，偏惑甚也。

良曰：神互性妙道主矣，常测无止也。不知之不测神云偏惑也。

良曰：于互性妙道中绝无也。不知之而作中庸者，偏惑也。

良曰：气活真自感互性妙行矣。不知之养浩然气②，偏惑也。

良曰：活真大退气具四行互性水矣。不知之而玄玄大道察者，偏惑也。

良曰：不知玄玄溺水迷贵之为寓言者，重偏惑也。

良曰：不知八气互性妙道备，而论凡十二品者，杀人偏惑也。

良曰：不知心者心知互性一心妙具而为唯一心，佛心众心不生不灭直指人心等，悉偏惑也。故一切书说皆偏惑也。

良曰：不知日月互性一神，而为偶生私作神法者，偏惑也。

仙确问曰：夫子皆谓偏惑者何乎？良曰：冥暗明德性矣。明德冥暗性矣。不能冥冥之明德而耳为者即偏知偏惑矣。曰：古说皆然乎？良曰：不谓互性备道六家之法言，皆偏惑而已。

六家：儒家、兵家、道家、医家、佛家、巫家六法也。

良曰：正人行备道不欲私法书学矣。贵耕真道而不犯上食矣。上食立上不耕贪食也。故正人不犯之。

良曰：不求习学自行达于道矣。

良曰：无求朋友而无非友人矣。

---

① 日日新：见《大学》《汤之盘铭》曰："苟日新，日日新，又日新。"

② 浩然气：见《孟子》"我善养吾浩然之气"。昌益对此加以痛烈的批判，认为浩然之气乃自然的真感，而孟子不知自然的直耕，不会有自然的真感。

良曰：不谤人、不慢己、不颂人、不屈己，可谓为人耳。

静可曰：诒于他为转真盗也。为有于己义者乃自死也。为盗自死者，有不耕食不织衣罪辈，而无于真道也。

慈风①曰：不憎他不为己有慈也。不为多语而言品有道也。不多艺有备能，不奇行有备行也。

静香曰：憎他者必沈罪，己为有慈者必亡身上，为多语者必为言迫得贱也，好多艺者必牢也，为奇行者必迷也。此五者不能立身持家，故慈风去之。言品有道者能修转道，有备行者必贵直耕合转道，故慈风来之。

良曰：众无敬而不为疏略也。不语亢慢不言，伪虚也。

龙映②曰：此爱敬则彼必疏之，疏略之则必得憎。语亢慢则必得诽，言伪虚则必被贼，是皆偏惑也。此故夫子此断四偏也，则不失活真互性乃转道吾矣。

良曰：不为讲谈说法，不谙于人道，不教人不习于人矣。

映确③曰：古书皆不知互性备道偏惑也，是以夫子禁古书讲谈说法也。既绝讲谈则乃无教人习人也。不习不教而人备互性妙道自行也。故良中开口活真自行矣。圣人开口讲仁，佛开口说一心，仁与一心非互性妙言。

仙确曰：为道语而为私不言也。为私问而不答，为道不问而说。

良曰：不好用于世，不患不用于世矣。不好不患活真耳矣。

湛香④曰：好用于世者，必不耕贪食转道盗直耕流牢也，故正人不好也。不患不用于世者正人也，故能行转道也。

良曰：不争善恶、不语迷悟也。人不观二人，不偏一人矣。

良曰：善恶进退互性一气矣。不知之而争善恶者私法迷吟学者也，故必乱亡也。迷悟心知互性一心也，不知之而语之者，必偏惑心也。故夫子悲乱亡偏惑心语之。人万万人而一人，一人而万万人也。二人观失也，一人极偏失也，不出二、不住一耳。

---

① 慈风：即乌盛伊兵卫，昌益的门人，奥洲南部八户人。
② 龙映：即明石龙映，昌益的门人，京都三条人。
③ 映确：森映确，大阪道修町人。
④ 湛香：即波边湛香，是昌益的门人，奥洲须贺河人。

良曰：心不杀一心、不决二心矣。身心不为二别、不为杂一矣。

中香曰：活真非二，互性非一。是明暗自知者转下吾夫子耳。观转下书、言书活真互性备妙道者绝无也。

良曰：不言转定始终也。不语人之生死。不背转定互性妙道，不失男女互性妙道矣。

信风曰：转定活真全体无始无终也。故言始终如古说皆生转定而不知转定也。生死道互性无始无终也。人之以力知非生死者，故任活真进退而非言语工夫。工夫语者不知生死迷也，此故无语有任也。

中香问曰：治乱法乎道乎？良曰：道不知治乱，私法始治乱也。故不欲治、不起乱、不期兵用兮。

荣泽曰：论治乱纠盗乱根者，夫只确门哲生问答乎。

静香曰：转地不二别、万物不为一品也。男女不万人、转定不为上下矣。

静香曰：万物活真自耕进退互性生于所不止，故万物也。此以不一品也。男女小而转定矣。转定无二别，男女一人备也。故不万人一人也。一人故无所指上下也。

良曰：不明日月、明不冥、神灵冥，明冥不二别，冥明不备一极矣。

定幸①曰：日明月冥也。日月明冥互性一神也。故以日月之明耳为明，如古说不知日月也。

慈风曰：色不为五色②，不决一色也。味不限一味，不偏五味③也。

良曰：食知饱而行不知止矣。善恶不为二别、而不决一物也。理非不为二事、不昧一事也。

良曰：勿为仁、勿为罪矣。

定幸曰：此章最活真达道也。为仁则必有不仁，故不仁仁罪也。为罪则必有怨故怨，罪之罪也。此故仁乃怨也，怨出于所为仁

---

① 定幸：即福田六郎，同是昌益的门人，奥洲南部八户人。
② 五色：青、黄、赤、白、黑。
③ 五味：辛、酸、咸、苦、甘。

也。圣人不出异前无仁名也。

荣泽^①曰：不立义利、不为耻业也。勿为仁慈悲，勿为夺贪盗也。不言信实，不语虚伪也。

湛香曰：不为此六者，则无一罪乃真道也。

信风^②曰：不欲立上勿屈于下也。不盗转道不怠人道也。

亦曰：不贪世上不忽己业也，勿立法、勿盗道也。

慈风曰：此四者皆盗也，故禁之矣。

静可^③曰：不诳众、不利己、不谄于上、不责下、不慢他、不亢己也。

龙映曰：吾行转道而不为私失，不知求于师，不羡他、不屈己也。

信风曰：如是人有于确门夫子真力甚所致也。

龙映亦曰：不为慈悲、不知得报也。转为何乎？只生生直耕。吾为何乎？一直耕矣。

静香曰：不迫于转定道，不昧于人身道也。亲不为孝，不行不孝也。

映确曰：转定人身互性妙道、不迫不昧则不为孝，不行不孝。亲子一和，不知孝不孝名与真人也。埋真迷吟教罪也。

又曰：子不为慈爱不为增疏也。

贞中^④曰：不亲于九族，不疏于他门，是如何？良曰：转下谁独为九族之外乎？

亦曰：不慈万物，己不为放逸也。

映确曰：不憎游民，不失己业也。

湛香曰：不耕贪食者，上下俱游民实国虱也。憎之则为之夺心己业怠也。不憎之己业正，则不背转道不己转真也。

亦曰：不喜生、不患死也。不为生死二别，不昧一致矣。

中香^⑤曰：不语苦乐、不怠直耕也。耕谷之外不为二心二行矣。

---

① 荣泽：即高桥大和守，昌益的门人，奥洲南部人。
② 信风：即中村右助，昌益的门人，奥洲南部八户人。
③ 静可：即北田静，昌益的门人，奥洲南部八户人。
④ 贞中：即志津贞中，昌益的门人，大阪西横堀人。
⑤ 中香：即村井中香，昌益的门人，江户本町二丁目人。

亦曰：不为长寿、不作短命矣。

定幸曰：百姓土治活真乎亦否？良曰：宜可矣。足于语道也。

良曰：欲富兮，不招贫矣。思有贮兮，不为无舍矣。

慈风问曰：不好圣贤佛萨不暗人道则无失乎是如何？良答曰：何谓人人道乎？慈曰：转与耕矣。诺。

湛香曰：圣贤佛祖萨罗①等不耕盗道辈也故不好之。

湛香曰：不求于浮屠心道常则如何？良曰：何谓心道常乎？湛曰：了耕而已。良归备。

亦曰：不因于巫者不迫明暗神也。是如何？良曰：何曰神？湛曰：活真通感。良曰：备神诺。

良曰：欲疗治兮不作疾病焉。

仙确曰：不知谷神患身知身神活真进退矣。

信风曰：谷神②不死，有身故有患云不，知神身互性备道甚偏惑也。

慈风曰：不谋亢知，不言寓伪也。为狂言者已惑，自白寓者谤人，以无为为极也，迷甚者也。

湛香曰：以何乎、解心惑为通活妙真乎？良曰：勿欲不生不灭成佛，勿盗生死活真常。湛通。

静香曰：人元来活真自感进退互性妙道全体而转定小者也。故转定万物无不通知者人也。然清偏精合生偏惑主宰者，出立佛法以不生不灭偏心为成佛迷世人，此故通活真妙众人不生不灭迷说被迷引上横气为主宰，故世举偏心成也。

湛亦问曰：吉凶卜筮以何乎为明乎？良曰：吉凶互性一事乎？知之则绝卜常活真矣。湛感发。

贞中曰：吉凶互性一事非二别、无二别，吉凶为二别，去凶来吉耳，妄想狂乱偏惑也。

湛又问曰：道观活真自感妙如何？良曰：一食无外无内真矣。

慈风问曰：易历合于转定妙道乎？亦否乎？良曰：转定日月互性妙道矣。易历私作三阴三阳也。备于汝以活知之。风通感。

---

① 萨罗：菩萨、阎罗。

② 谷神：见《老子》"谷神不死"。

仙确问曰：五常道乎法乎？良曰：五常法之法今。道不知仁不仁之名矣。确真通。

慈风曰：五常妄失故万万儒书悉妄失也。故夫子以法之法示确。确此示以活真互性妙道自得达矣。

静可问曰：军术愚思，为不为道①否乎？良曰：非道则何足问乎？

荣泽问曰：释五戒②道乎法乎？良曰：无道象私法之又法。已立已破乱法偏惑自见也。

信风曰：医术法乎道乎？良曰：私作黄歧杀人罪法也。为道怨也。

静香问曰：道家道乎法乎？良曰：迷溺水入山、非道非法已惑耳。

映确问曰：七代五代神论道乎法乎？良曰：似浮屠说重迷戏法也。无备道妙神大罪私法也。

中香曰：天神七代、地神五代、论厩子③似佛说七佛④五时⑤，如来私作则神名等妄戏、不足不言作法也。备道互性妙神梦不知也。

慈风问曰：以善心救恶心，以美行救恶行，自他心行为一则如何？良答曰：善恶心行勿出二品，勿住一品矣。

坚卫⑥问曰：人贫富转道之所为乎？人法之所为乎？良曰：贫富人之非备道矣，金银有无附名也，故知道者不据于贫富间矣。

慈风问曰：转下国家以何乎无限平安乎？良曰：勿治转下国家，勿盗转道人道矣。

仙确问曰：以何转下无乱国家绝盗贼乎？良曰：勿为私，勿外

---

① 军术愚思，为不为道云云：昌益反对军事，反对战争，他认为军学是无用之学，在无治乱互耕之世，是没有军学的必要的。他要求消灭军学，要求消灭刀剑、弓矢、枪炮等军事工具。

② 五戒：不杀生、不偷盗、不邪淫、不妄语、不饮酒。

③ 厩子：即圣德太子。

④ 七佛：毗婆尸、尸弃、毗舍浮、拘留孙、俱那含牟尼、迦叶、释迦。

⑤ 五时：分释迦一生为五期，各用一部经典专代表它：华严时、阿含时、方等时、般若时、法华时。此为天台宗的教判思想。

⑥ 坚卫：即葛原坚卫，昌益的门人，虾夷松城下人。

于道。确曰：法以何为邪乎？良曰：为法则上植盗乱根，故下不绝枝叶贼矣。确通叹。

中香问曰：转下以何为常乎？良曰：众人举与转下而勿受矣。受立上既失常盗乱矣。不得止受立上即决上领令耕不仁不罚矣，然则无盗无乱也。

自 然 世 论①

自然世转定②与人业行转定与微无异矣。

（大意）使这个社会摆脱"法世"，回归到"自然世"，是昌益哲学的基本命题，那么，"自然世"到底是怎样情况呢？以下说明它的大概。首先，在自然世，人类与天地共同生活，进行人类的劳动，决不与天地分离。

转定春，万物生花笑③，是与耕田畑莳五谷④十种。转定夏，万物育盛，是与艺耨⑤十种谷令长大。转定秋，万物坚刚，是与令实十谷收取之。转定冬，万物枯藏，是与枯十谷壳藏实为来岁种来谷实成为食用。转定又春来生花、夏盛、秋坚刚、冬枯藏，是与莳种为艺耨收取藏，无何始之何时无是终，真转定万物生耕道人伦直耕⑥十谷生与行，而无始无终转定人伦一和矣。

（大意）到了春天，天地生万物，开花，人类与之同时耕田，

---

① 自然世论：《自然世论》是《自然真营道》第一卷"私制字书卷"里头一章。昌益一面批判了当时的封建社会，一面却在自己心中描绘着一个理想的"自然"社会，他把这个社会叫做"自然活真之世"或"自然世"，以与当时封建社会"私法盗乱之世"或"法世"相对立。与自然共同生活，共同劳动，无治无乱，无忧无患，无上无下，无贵无贱，无压迫，无剥削，这种社会，就是昌益所理想的"自然世"。他抱着这个"自然世"的愿望，否定了当时一切的虚伪和"私制"，而且衷心希求这个"自然世"的实现。

② 转定：昌益的新造语，天地的意思。

③ 花笑：花开。

④ 五谷：《周礼》以稻、黍、稷、麦、菽为五谷，《汉书》以麻、黍、稷、麦、豆为五谷，这里所谓五谷、十种是指一般农作物。

⑤ 艺耨：除草追肥。

⑥ 直耕：昌益的新造语，直接参加农业生产的意思。

播种各种农作物。到了夏天，万物旺盛成长，人类与之同时除草追肥，使庄稼长大。到了秋天，万物坚实结果，人类与之同时收取结实的农作物。到了冬天，万物枯落，人类与之同时使谷物脱粒，把它收藏起来，以备明年春天作种子和明年秋收以前的口粮。天地再来春生、夏长、秋稔、冬枯，人类与之同时春播、夏长、秋收、冬藏。过去几千万年以前，人类与天地的关系是这样，再过几千万年以后，人类与天地的关系也是这样。不能断言从何时起，也不能断言到何时终。天地产生万物之道，与人类进行生产劳动收获谷物之道，同时并举，无始无终，所谓天地与人伦完全一致，就是这个意思。

转定自然也。人伦自然也，故自然世云，生死十谷实枯枯实同理，而生人死、转定生、转定死，男女①一真、自然进退②常行也。

（大意）天地自然地营为上述的作用，人类也自然地进行农业生产。因此，我们把它叫做自然世。农作物到了每年冬天枯干，春天发芽，人类的生死也完全一样。天地既然有生死，人类当然也有同样的现象，毫不足怪，它和自然的进退，步调是完全一致的。

中平土人伦十谷盛耕出。山里人伦取薪材出之平土，海滨人伦取诸鱼出之平土，薪材十谷诸鱼易之而山里薪材十谷诸鱼食之家作之。海边人伦作家谷食鱼菜。平土人相同而平土无过余，山里无少不足。海滨无过不足。彼无富，此无贫，此为上，彼无下。夫妇道互相应，自感合，无犯他妻，无交他夫。转定无二转二定，转定一夫妇，无二夫二妻，故人伦相同，无二夫交，无二妻淫。

（大意）住在平地的人多耕种些农作物，住在山里的人多采些薪材运到平地。住在滨海的人多捕些鱼虾运到平地，在那里进行物物交换，使到各处对于这些物品无不足，无过剩，无贫富上下之别。夫妇之道，严格遵守一夫一妇制，互相信赖，如天地无二天二地一样，无犯他人之妻，无交他人之夫。

转定一岁十二感合，生万物以十月成就。人伦以四日八日十二交，生子以十月出生矣。居于地上，观地下转、地上转，居于地下，观意相同，故转定无上下一体，故男女无上下一人也。

---

① 男女：昌益认为男女互性，把男女看作一人，所以男女常作"人"解。

② 自然进退：自然不断运动着。

（大意）天地每年十二次相交，经过十月，万物成熟。人类以四日八日，十二次交合，经过十月，产生子女。如从地上看地下。则地上为天，地下为地，如从地下望下，则地下为天，其下为地；如从天上望上，则我们现在所谓天者为地，其上为天。故天地不是绝对的名称，著者不把天地分为上下，而是把他看作一体。人类也一样没有上下之别，是一体的，平等的。可是在法世，到处都不平等，根据这个理由，著者希求一个绝对平等，无剥削，无压迫的"自然世"的理想社会。

无上责取下，无奢欲；无下无上谄巧，故无恨争；故无乱军出也。无立上盗转道①植上盗根者，无下在盗货财者，无上立法，无刑罪下，无下犯上法受上刑，无患无立上教导圣人。闻教犯不耕贪食徒者无之，法地狱极乐贪食众人心施，无卖僧佛法，诳虚伪利己巧言，无迷狂者，无卖僧法，为不耕贪食，乞食非人②念佛钵愿人③山伏④等贼徒。无卖神法，无卖祈祷诳食徒者，无卖佛卖神，无寺社建立等天下安窖大费，无道家仙法妄惑奸佞徒者，无空天飞上样妄狂者，无私法医术无盲配剂毒杀者。

（大意）在自然世，因为没有上掠夺下，所以也就没有下逢迎上了，互相怨恨，互相争夺也根本消除了。因为没有盗窃天道进行剥削的大盗，也就没有窃取他人财货的小偷了。因为没有上立法以罚下，也就没有下犯法而为恶事了。因为没有在上说教的圣人，也就没有听信其教而对他人进行剥削的了。因为没有任意制造地狱极乐欺骗群众的卖僧佛法，也就没有虚伪利己的善男善女，不耕贪食的乞丐、贱人、念佛僧、修行僧以及从事祈祷做买卖的了。因为没有卖神，也就没有浪费物资建筑壮大的神社佛阁了。因为没有空谈长生不老的毫无价值的老庄哲学，也就没有欲飞上天的夸大妄想家了，因为没有毫无根据的医学专家，也就没有庸医杀人之事了。

---

① 转道：天道。
② 非人：贱人。
③ 念佛钵愿人：托钵僧。
④ 山伏：修道僧。

立上不耕责取^①众人直耕贪食，而无礼乐音曲游戏溺女色者。无下优羡之酒宴游兴溺卖女妄禽兽业^②者，立上贪食间居而无碁^③双六^④等妄兴戏者。无下空居轻多^⑤博奕负事等无知之者。无卖佛法无利迷争宗旨狗喧间似^⑥者。无私迷独身出家绝女犯淫肛门者。无隐犯他妻淫童子者。

（大意）因为没有上掠夺下，耽溺于无聊的礼乐、音曲和女色，也就没有下羡慕他们，摹仿他们，干起欲宴游兴，戏弄娼妓等禽兽之行了。因为没有上不劳而食，把宝贵的时间浪费在围棋、升官图等游戏，也就没有下游荡而为博奕及其它赌事了。因为没有卖佛之法，也就没有争权夺取如犬争骨头打起架来了。因为没有借口悟道独身出家断绝女色，也就没有私通人妻或耽溺男色的了。

立上不耕贪食，盗天神道制卖神法无卖种种神者。无迷山野家内品法神^⑦恃之息己家业为色色愿者。无金银钱通用^⑧，无立上为富贵荣华思欲者。无下落践贪患难义者。凡一切欲心无有之者。无欲盗无乱逆盗贼者。无五常五伦四民^⑨等利己教圣贤愚不肖隔，无下民刑虑外扣其头士^⑩。

（大意）因为没有站在上面盗窃天道，不耕贪食，制造卖神之法，贩卖种种的神，也就没有迷信内外各种淫祠，而至荒废家业的了。因为没有金钱的通用，也就没有企图挤上去求富贵荣华，或落下来而患艰难贫苦的了。因为没有一切欲心，也就没有偷窃个人财物的

---

① 责取：掠夺。
② 禽兽业：禽兽之行。
③ 碁：围棋。
④ 双六：一种游戏，升官图。
⑤ 轻多：日本式纸牌，一称歌留多，每张印有一首和歌，日本人爱玩抢纸牌为戏。
⑥ 间似：仿效。
⑦ 法神：私制之神，淫祠。
⑧ 无金银钱通用：在自然世，实行物物交换无使用金钱之必要。昌益主张重农轻商，认为金钱是万恶之根源。"商道不耕而好利，诸恶之始也"，"商家多，耕家少，则天下乱"。
⑨ 四民：士、农、工、商身份制。
⑩ 士：武士。

小偷或扰乱天下国家的大盗了。因为没有五常、五伦、四民等利己的教育，也就没有圣贤愚不肖的悬隔，或在下风头上加以一击的武士了。

无一切奢贲无上手①大工②、细工③人入用。无衣裳贲模样，无染屋④、仕立屋⑤入用。忽无织屋入用，绫罗锦绣织职曾无用。无知利倍欲，无商人用。凡无欲心，无强盗杀人犯人徒者。无溺色欲，无肾虚病者。无酒无饮，故无内损风中气中风等病。直耕勤身动，故无食伤、痞积、水肿、胀满⑥等病者。不知欲心，无一切气病者。常耕使身无倦，故无难产等患。无凡饮食珍味美膳酒狂淫欲，无不耕贪食倦身，无劳症虚病者。偶得寒风湿等外邪有之，而常身坚固，故少寝则发汗乃愈也。故如《灵枢》《素问》⑦自然转定人身一进退异真感梦，不知妄夫杀人医术等无有之，而妄无失转年⑧。无孝不孝教，无诣父母恶亲杀亲者。无慈不慈法教，无溺子慈爱父义无恶子父母。人死则为引道，云年历则为年忌吊，云无卖佛诳之任，死后卖佛贪心施为己不成，为死者不成，为其卖佛不成，无总迷愚人。凡制法私失不耕贪食盗转道，无放逸徒者。

（大意）没有一切骄奢，也就没有大工、细工等工人的必要了。没有衣服竞尚豪华，也就没有染庄、成衣局之设了。没有绸缎庄，也就没有制造绫罗锦绣的职工了。不知从事营利，也就没有商人了。不起欲心，也就没有强盗杀人等事了。不耽溺色欲，也就没有肾虚等疾病了。不饮酒，也就没有各种脏病和中风了。因为参加生产劳动，所有由于食物不消化而生的疾病也消灭了。没有欲念，也就没有一切心病了。经常参加劳动，身体壮健，难产等苦痛也没有了。大家都实行与天地共同生活，一切饮食之欲，女色之欲，也都消除

---

① 上手：高明的。
② 大工：盖房子的木匠。
③ 细工：制造细小精巧的物品的工人。
④ 染屋：染庄。
⑤ 仕立屋：成衣局。
⑥ 食伤、痞积、水肿、胀满，都是不消化疾病。
⑦ 《灵枢》《素问》：传是黄帝与大臣问答的医书。
⑧ 转年：天年。

了，大家都参加劳动，也就没有不劳而食，神经衰弱、肺结核、虚弱等疾病也都消除了。虽然偶得伤风感冒，但因为身体壮健，只要稍微躺一下，出出汗就痊愈了。没有像《灵枢》《素问》那样与自然天地、人类的原理相反的医术，因而也就没有庸医杀人的事了。没有人说孝不孝，也就没有谄事父母或憎恶父母的儿子了。没有人说慈不慈，也就没有纵容儿子或憎恨儿子的父母了。人死，也没有卖僧来麻烦你，要求捐献布施，同时也没有受其迷惑，对于自己、死者、卖僧各方面都没有好处的怪事了。总之，在自然世，不立私法，不剥削他人的劳动，因而也就没有盗窃天道放逸无赖之徒了。

自然真自感①进退无始无终全体转定，而转定精气穗谷鞘谷成。为气血基转通定横中土谷逆气极发通气人生，食谷耕谷生精于谷转定，与谷进退生死祖父祖母父母吾子孙五伦一身矣，吾此五伦，彼此五伦。是乃自然五行自为，而转下一是，无全二别。各耕育子壮能耕，养亲育子，一人为之，万万人为之，而无贪取者，无被贪者。转定人伦无别转定生人伦耕，此外一点无私事，是自然世有样②矣，故为学问世、自然世，结绳为觉云失也，无遗取利倍私欲，则无可为觉用也。无结绳觉用世，则况无文字义，曾无学问言。及历世异相者出生，始文字也③。

（大意）自然不断地运动着，一时也不停止。这自然有节奏的运动，就成为人类的大道。我们是把天地作为无始无终的全体而加以认识的。人类依靠受天地精气而产生的米谷养活，由此感受到它的微妙的道，故能使天地所生的谷物成长，由此维持自己的生活，把天地给予谷物的生死的现象，作为自己的现象，来综合地观察祖父、祖母、父母、自己、子孙这个五伦关系。知道自己有这种关系，因而不得不承认他人也都有同样的关系，自己在这五伦之中，他人也都保持各自的五伦。这正是自然五行自发的原理，此外别无什么原理，故在自然世，任何人都要参加耕作，依靠自己的直耕养活亲子。一人如此，千万人也都如此，没有任何例外。这样，就没有剥削别人，也没有受

---

① 自感：自己运动。
② 有样：状态。
③ 及历世异相者出生，始文字也：昌益认为文字是圣人的私作，用以盗窃天道的工具，是天真之大敌。

别人剥削，完全消除了贫富的差别。天地与人伦在这里完全一致，天地生万物，人类耕作，此外没有任何一点利己的行为。现在学者说太古自然世，以结绳为计算之法，这是极端错误的观念，在实行物物交换不夹杂半点私欲以前，还有什么计算之必要吗，这个时候当然也没有文字，也没有什么叫做学问。到了私法盛行，违反自然的圣人出来，才发明文字，可以断言，在自然世是没有使用文字之必要的。

三十八、三浦梅园

史料简介

三浦梅园（1723—1789，享保八年—宽政元年）名晋，字安贞，号梅园，别号孪山，洞仙，丰后富永村人。其学自成一家，即所称为独立学派。著书有《玄语》《赘语》《敢语》，号"梅园三语"，人比之为康德之三批判书，其价值可知。《玄语》十余万言，换稿二十三次，此书号难读，但研究梅园之学，必以此为依据。兹依笔稿写真版，选录其《例旨》与《附言》两篇，又另录出其《复高伯起书》以明其思想之独立性。

玄　语

例　旨[①]

蔽必由明，塞必由通，一一之态，不得不然。盖人之为生，必染于所习，染于所习，则失其所素，是以俗习之蔽，学为之砭针[②]。学习之蔽，殆掷药石，染之也易，素之也难；蔽之也易，复之也难。夫因循熏蒸之久，犹臭人之不臭其臭，屠人之不膻其膻[③]。数发简[④]毛，非说之不精微；超天越地，非教之不广大，惟各德其所得而有，

---

① 例旨：与例言、凡例同。
② 砭针：砭石名。《后汉书·赵壹传》注"古者以砭石为针"，又以石刺病亦作砭。
③ 膻：羊臭也。羊肉膻腥，居人习而不觉其臭。
④ 简：分别也，选也。

道其所由而行。拾珠而遗玉，恶珷玞而弃琼瑶①，异同纷缊，一护一讦②，各据其门，各守其户，区域相画，是非互殊，于是乎或相睨视，或相仇雠，学习之所以蔽人之聪明，病人之才力也。善恶之择，是非之折，自非圣人，则弗能无得失矣。择而不审，将以紫乱朱；恶而不学，将以瞽忌相③；学而弗党，思而弗偏，获则而履焉，斯道也，虽我知其弗可及，而可以射之拙废鹄哉。晋自垂髫，所触总疑，解者咻④耳梦寐之语难征，思而偏也，以思念塞胸，无权之衡⑤作偏。人之言曰：火阳也故热，水阴也故寒，晋则以为阳者奚为热，阴者奚为寒？人之言曰：阳轻而升，阴重而降，人之思也，至此而止，晋之疑也，于是已甚。隆焉乌者⑥何为视？邃乎谷者⑦何为听？目何为弗听？耳何为弗视？人则至是而释，晋则不能释。不得己之所得而有，而有之者，非之；不由己之所由而行，而行之者外之，人则于是能断，晋则惑焉。人闻诸古，得诸书便言⑧焉，晋则未能全信。于天地也，荒唐散漫而托于死生也，恍惚暧昧而言，取验于僻，悬舌于空⑨，人则不介于意，晋则不能怪然。反复思之，沉潜绎之，似有小窥⑩于俯仰之间，竟不自量，此有斯述。盖斯述，由一一之条理⑪。以取则于天地，则不敢与古计校，造语由己，一气，阴阳也。大地，天地也。世曰方圆，此曰直圆；世曰日月，此曰日影。或其命名也

---

① 珷玞、琼瑶：珷玞，石似玉者，《汉书·董仲舒传》"犹珷玞之与美玉"。琼瑶，玉之美者，《诗·卫风·木瓜》"报之以琼瑶"。
② 一护一讦：护，辩护；讦，谓攻发人之阴私。
③ 瞽、相：《礼记·仲尼燕居》"譬犹瞽之无相，伥伥乎其何之"。相，赞导，佐助。
④ 咻：音休，喧哗也，《孟子·滕文公下》："一齐人傅之，众楚人咻之。"
⑤ 无权之衡：权衡，称物之具，《庄子·胠箧》"为之权衡以称之"。权，锤；衡即秤杆，此喻无锤的秤杆，不能评量轻重。
⑥ 乌者：黑色曰乌，见《韵会》。此以喻目。
⑦ 邃乎谷者：邃，深远貌。谷，沟谷。此以喻耳。
⑧ 便言：便，即也，如《庄子·达生》"则未尝见舟而便操之也"之便。
⑨ 僻、空：僻，不恒见者；空，虚而无物之处。
⑩ 小窥：小有所见之意。
⑪ 条理：《孟子·万章下》："金声也者，始条理也；玉振之也者，终条理也。"戴震《孟子字义疏证》："在物之质曰肌理，曰腠理，曰文理，得其分则有条而不紊，谓之条理。"

新，或其取义也殊，惟求与天地合，而不暇顾定说，惟冀人之不病于所习，以活于所向，而是非之以天地，取合之以天地，弗护门户，画区域，御他贤哲而外此赤子矣。故倘读此语者，专证于旧见闻，专据于旧训诂，则晋之获罪①，亦将多焉。

其书四册，曰本宗，曰天册，曰地册，曰小册。本宗唯一册，他之三册，各分册于两两。本宗则语郁淳②之神，混沦③之物，然而物之所若立，则以神之若活④也。神之所若活，则以物之若立也。立者露物，活者没物，没为天，露为地。天册则其郁淳，故郁淳活者，举系此。地册则其混沦，故混沦立者，举系此。虽条理粲然相判，而说没入露，说露入没者，混成罅缝也。含则开焉，开则含焉，故郁淳之神，混沦之物，已开于一焉。神开天地，阴阳絪缊，故大乃一容小，小乃能居大，大乃能给，小乃能资⑤，故自小观大，则容者居者，各自张势；故自小观佗，则佗则大焉，大能统小，小能散大，大者不可穷，小者不可尽。夫人者，万物中之一物也，心者，众神中之一神也，我遂开其境，则郁淳混沦，皆给我境，故以人统小，举我措佗，是之为小册。于是乎本宗包天地之两册，为我为大册。大无所不给，小无所不资，故小册，以活者为人部，以立者为物部。物部者分别大小者，便我地册也。人部分别天人者，便我天册也。天地即一宇宙，语宙之经通，则序有先后，语宇之纬塞⑥，则语无先后，故天册分部于活立，地册分部于没露。天册其一乃活部，天与神也；其一乃立部，神与本也。地册其一乃没部，说通塞；其一乃露部，

---

① 晋之获罪：晋即三浦梅园自号，获罪其谦辞。
② 郁淳：气盛貌，淳与勃同，应场《杨柳赋》"纷郁勃以登阳"。《广雅·释诂》："淳，盛也。"
③ 混沦：《文选·郭璞江赋》"或混沦乎泥沙"，注"混沦，轮转之貌"。亦作浑沦，《列子·天瑞》："气、形、质具而未相离，故曰浑沦。浑沦者，万物相浑沦而未相离也。"
④ 立、活：立，直其身而不动；活，生动。
⑤ 给、资：给，供给；资，资取。
⑥ 经通、纬塞：凡织纵曰经，横曰纬，见《正字通》，此以喻天地之错居以相成，天经地纬。《淮南子·原道》注"四方上下曰宇，往古来今曰宙，以喻天地"。又《易·系辞》"往来不穷谓之通"，此云经通。塞，充实也。即《孟子·公孙丑》"则塞于天地之间"之塞，此云纬塞。

说复载①。小册物露人没者，以分大分天也。故将欲读斯语者，与沂流②，与沿流，与自左，与自右，与自中提，与自端起，犹环从手之所触而起转。若次序之，则本宗有统，郁淳能活，混沦能物，人开小境，亦与天张势。盖人如欲于天地达观，但要观于天而获之于天，观于人而获之于人，书与图，若赘疣，姑为鱼兔设筌蹄③尔。故读此书者，观于天而有合也则宜取之，观于天而有误也，于天则宜舍之，晋何与焉。

物有经纬，寓诸文辞者，经可由先后而序，纬不可两辞齐发。气有混粲④，托诸图书者，粲可由条理而分，混不可罅缝绽开，故文错综于变化，图整齐于条理。夫物有统散之分，于具一天地，则小犹大也。故大物，一有二，二成一。性物剖对，往无限焉。置诸一尘埃，求诸一秋毫，亦犹同也。爰为图书；以求彷佛，盖大物于天，则天无不统；于地则地无不统，所往皆然。故读斯语者，言天则徒天之，言地则徒地之，从指徒之，非能读玄者也。玩圆而遗直，观表而忘里，非能玩圆者也。读得一声，须剖对性物，观一天地之成此；及重得一声，亦须剖对性物，成一天地于此，以得其粲，以得其混。一事一际，一物一境，已入其境而天地尽于其境，举甲也，乙丙丁皆来，系甲举乙也，甲丙丁皆来系乙。自丙丁戊己壬癸，所往皆然焉。是故，居机也，则天地皆机，居体也，则天地皆体；由此而后精粗⑤相得，统散偏全相融，一事一际，万物万境，欲以言语尽之，则不啻以蠡测海⑥。且言有统散，有反比，有先后之可序，有不用次序，有专指其主，有举一而例万。专指其主者何？以体露物，则截然殊其物，故其如说天说地，说水说火，专执其主。举一而例万者何？以性

---

① 复载：谓天复地载，语本《礼记·中庸》"天之所复，地之所载"。

② 沂流：沂音遡，逆流。

③ 筌蹄：即荃蹄，语本《庄子·外物》。荃，取鱼具；蹄，捕兔器，筌、蹄所以取鱼、兔，此以喻得鱼忘筌，得意忘言。

④ 混粲：混，谓揉合夹杂也，《老子》"故混而为一"，注"合也"。粲，鲜明貌，《诗·唐风·葛生》"角枕粲兮"，疏"粲然而鲜明"。

⑤ 精粗：精，精择，《庄子·人间世》注"简米曰精"。粗，粗糙。梅园论气之精粗，以精没为天，粗露为地。

⑥ 以蠡测海：见《汉书·东方朔传》注"蠡，瓠瓢也"，此用为见识浅陋之喻。

见气者，混然容万物，故其如曰德曰道，曰性曰才，混融万物。言语之道，有譬谕，有譬谕者，假彼晓此之术也。今举一而例万者，示其端也，非譬谕也。故其言曰：言之于某，又曰：移之于某，故说露者，多专指其主，说没者，多举一而例他。盖混成粲立，天地之态然。于是其言有上统而下剖者，有不待偶而直下者，有句中自对者，有隔章相对者，有辞对而意泛者，有主对而辞泛者，有实对而句有长短者，有一只则主孤，一只则主多者。且对有反，有比，有互，有泛，①有彼此相证者，不审则将失，是斯语之文法也。图有直圆，有大小，大圆拟混成，小直拟粲立，大直为剖析，小圆列对待。文有反合，图有表里，文有剖对，图有双歧，是图之大意，有合于书者也。噫夫，画华极妙丽，而不复含子；刻鸟致彷佛，岂为其睍睆②。于是，天巧不假于人，人巧不肖于天，所获则鱼兔，所失则筌蹄。

块块焉③，洋洋焉，靡往匪物也，物可见而气则漠然，漠然难见，故其粲然亦不易知之。气有精粗，察粗以渐精，犹高远之自卑近始也。盖人坐于块洋絪缊之间，观视之弗见，听之弗问，触之弗得者，或以为空，或以为无，其未知条理，认为空无，不亦宜乎。盖阴阳之态，反物而同居④，故充与空成，无与有偶，故其所谓空者，空于体而不空于气焉；其所谓无者，无于质而不无于气焉。试观制水注⑤，必凿二孔，一孔通气，一孔通水，出一勺之水，纳一勺之气。水尽则气充，气不出则水不入，故不地者皆天也，不质者皆气也。已与质相拒而不相居，水以门户出入，则气亦以门户出入，既已空无，岂以门户为哉。已有由门户，已与物争居，非严然充且有者哉。虽充而有，而阒⑥无声臭，是乃气之谓也。而物与我，亦游斯中，而鸟兽之所居，鱼鳖不居，彼来此辄死。此之彼辄死，以此观彼，以彼观

---

① 有反，有比，有互，有泛：此与黑格尔之将纯粹反省诸规定分为同一、同等、区别、反对、差别、对立及矛盾等，所用逻辑范畴略同。
② 睍睆：《诗·邶风·凯风》"睍睆黄鸟，载好其声"传"睍睆，好貌"笺"睍睆以兴颜色悦也"。
③ 块块焉：尘埃广大之貌，见《说文》段注。
④ 反物而同居：此谓阴阳二物，相反而相成。
⑤ 水注：以玉石或陶瓷所制注水于砚之器，亦名砚滴。
⑥ 阒：静也。《易·丰卦》"阒其无人"。

此，反而能同焉。我在此中，试执绳一条垂之，无压无援，而垂下正立；观此气之直，试以革囊鞠①，充气于内，塞外出之罅缝，则虽千钧以压之，而不垫②焉。观此气之时，囊破，则爆然为风，以知此者，风气之动焉。隔风则觉煦煦然，以知温者，此气之静矣。物入水则溼③，在此则燥，故余名曰燥，观其与水相拒，则虽气乎有体，体者得处而居，今此虽空于质，而空以成体也。夫已得其处而居，已与物争其处，则气亦物也已。是故物莫非气，气莫非物，是气以散而虚体，非无体也；物以气而结实，非不气也。前之可见之体者，粗体也，漠然者精体也，知粗而不知精，讵在知物？其未知物，讵在知气？气粗则体露，气精则体没，没而为郁淳之神者，德性；成而露混沦之体者，天地。露阴也，没阳也，阴阳无先后，举没则露从，举露则没从，读者从拈④，不必序先后，且说没则入露，说露则入没，求诸絫立混成之间。

夫人以蜉蝣之年，眇处天地，病于视听之弗广，苦于应接之弗徧，苟弗之审察熟体；则犹破镜之不能炤⑤物之全形，击火之不能察物之全体，盖虽世不乏颖悟，而未能审天地之所以然。见天地之偏半，以为全体，见块洋之纲缊，以为空无。盖天混圆其形，虚实物于其中，今世实测与推步渐精，则于知其形颇熟，虽颇熟其形，而未能审天地之所以然者，何耶？以囿于阴阳之故也。夫阴阳者，对待之一一也，人其孰不窥其一斑焉，未见其全体也。已窥其一斑，而未见其全体者，何邪？未得条理之所归也，已得条理之所归，四肢百骸，得其所统，而知其所分，奏刀骓然，肯綮自分，虽至族之难为，而视止行迟，謋然而解⑥。

---

① 以革囊鞠：蹋鞠也，见《说文》钮树玉校录"蹋鞠，以革为之，今通谓之毬子"。

② 垫：下也，见《说文》段注"地之下也"。

③ 溼：同湿。

④ 拈：取。

⑤ 炤：同照。

⑥ 奏刀骓然肯綮自分五句：《庄子·养生主》："庖丁为文惠君解牛，手之所触，肩之所倚，足之所履，膝之所踦，砉然向然，奏刀騞然……技经肯綮之未尝……每至于族，吾见其难为，动刀甚微，謋然已解。"騞然，騞音画，进刀之声；肯綮，骨肉连结处；族，筋骨盘结处；视止，视其所止；行迟，行刀少缓也。謋，划也裂也，謋然，骨肉离之声也。

一一者，阴阳也，之为条理①，气物分，体性合，故合者合乎分中，而气则阴阳。物则天地，靡往匪阴阳天地。人开口，则皆曰阴阳天地，未知条理，何以知阴阳天地？于戏尚哉！庖牺氏之后我未见能述阴阳者，盖知之有道，未得其通，欲强知之，犹瞽者之思文采，聋者之思律吕，终以所思想者为之言哉。谓之窥窬②，瞽聋欺人，窥窬之说，为政于天下，窥窬，五家为魁③。五行，自《洪范》以来，数千百年，汗牛充栋之书，皆为之羽翼，则因循熏蒸，何与臭人之臭，屠人之羶异。虽然，彼失征于天地，则仰观俯察之久，不能不生疑焉。于是世稍有议五家之妄者，知妄未遇真，焉在秉烛于夜行④。条理者，一一也，分而反焉，合而一焉，是以反观合一，依征于正⑤，非可以私调停也。夫人者，以有意，能知能思。天者以无意，能为能成，是亦其反也。先达推心观物，终为心所私，虽美虽善，非天地之本然，况非美与善乎。夫反观合一，试剪刀裁纸观之，一坳一突，一倾一欹，合之则混一无间，天虚地实，气动物静，火热冰寒，云升雨降，无往不然者。反观合一，则窥窬之罅漏，不能白掩，人虽博洽，虽聪明，不自反观门来者，则不上之于堂。嘻，窥窬之所繇，创于推己，窥不同于己者。夫天者反人者也，推人窥天，于是天人混焉。故其谭天地，言二亦合，言三亦合，言四亦合，言五亦合，有无真妄，惟雄辨者胜。天人之辨，学者之急务也。未辨天人，安分瞽聋与总

---

① 一一者，阴阳也，之为条理：此谓灿然而立之一一，即阴阳之两方面，这乃是自然的条理。一一如天与地，物质与精神，此二元即一元，一元分而为一一，一一合而为一元，本一元而一气一物相分，一性一体相合，似此条理的活动实现，即以阴阳之原理贯通宇宙一元气的辩证法。

② 窥窬：谓窥伺间隙。

③ 五家为魁：指五行之家为之首，观下文《洪范》"五行"可见。《书·周书·洪范》：五行，一曰水、二曰火、三曰木、四曰金、五曰土。

④ 秉烛于夜行：《文选·古诗十九首》："昼短苦夜长，何不秉烛游。"又魏文帝《与吴质书》："少壮真当努力，年一过往，何可攀援，古人思秉烛夜游，良有以也。"

⑤ 反观合一，依征于正：《复高伯起书》："盖绎条理有法，其法则反观合一，依征于正也。""反观"二字本邵康节《观物内篇》卷一二："圣人之所以能一万物之情者，谓其圣人之能反观也；所谓之反观者，不以我观物也；不以我观物者，以物观物之谓也。"征，证也，验也，依征于正，即取征验于对立物之统一。

明，人苟有志于办事物，须先自此始也。

物者，体成而立，条理井然，事者动而相交，故运为纷若①；虽条理井然，而在运为纷若之中，古人终不能探穷条理之原者，运为变错，目为之眩也。此故斯书之文，于物务条理整齐，于事出运为变错，苟欲从事于斯，读中须先辨，此也天，此也人，此也事，此也物也，而后可以始读斯语。

声名也，主实也，主天也，声人也。以人呼天，或相称，或相乖；或声异而主同矣，或声同而主异矣。故一一之各，亦阴阳也；天地之性，亦阴阳也。经纬亦天地也，没露亦天地也。分日影②，亦气象也，合日影而对虚动，亦气象也。分水燥③亦气质也，合水燥而对实静，亦气质也。水火亦象质也，天地亦象质也。生化之化亦曰化，化生之化亦曰化。精灵之精亦曰精，精力之精亦曰精，精粗之精亦曰精，精乳之精亦曰精。岁运之运亦曰运，运转之运亦曰运，知运之运亦曰运，运输之运亦曰运。嘑噏④之噏亦曰噏，噏嚏之噏亦曰噏，噏吐之噏亦曰噏。故外转内转亦曰转持，横转竖转亦曰转持。自嘑噏者亦曰发收，自郁肃者亦曰发收。出纳者亦曰食吐，含开者亦曰食吐。露中对持谓转，则合东西谓之转。对运谓转，则属象者运，属气者转。没中⑤，以昼夜冬夏者，为转；则以古今终始者，为运。意为之意则兼心性，意智之意则分心，是声同而主异也。曰一一，曰阴阳，曰气物，曰天地，曰睡觉，曰寝寐，曰营为，曰营施，是虽非无差别，而毕竟一也。一曰酬醋黜陟⑥，一曰取舍予夺，一曰握步，一曰舞踏，一曰言行，一曰言动，一曰云为，则声主不同，而其归一

---

① 运为纷若：运为犹运用，纷若犹纷纭。

② 分日影：参照上文"世曰日月，此曰日影"。又《附言》又"日影以色气播"，又"性界则日影明暗之色，播寒热之气"。

③ 分水燥：所谓"反日见影，反水见燥"，又参照《附言》"水燥以性才布"，"水燥布干润之性，滋煦之才"。

④ 嘑噏：嘑或作呼，噏同吸，嘑噏即呼吸，噏嚏即喷嚏，噏吐，口吐也。

⑤ 露中、没中：露中，意就显而可见之空间现象言；没中，意就隐而可知之时间现象言。

⑥ 酬醋黜陟：酬醋谓应对报名，亦作"酬酢"，酬主人劝酒，醋客酌主人。黜陟，谓进退人材，《书·舜典》"三考黜陟幽明"，传"黜退其幽者，升进其明者"。

也。倪欲审声主之义,须以所偶推之,绎条理之法也。故言气,则有气物、气体、气形、气质、气象、天气、心气、气色之类;言神,则有天神、本神、神物、神灵、鬼神、神人、圣神之类;言天,则有天地、天神、天物、天人、天命之类。全天地之规矩,亦有东西南北,半天地之衡从,亦有东西南北。不由所偶,则将误其主。且一气亦有气物,大物亦有气物,而万物各有气物。是以,虽没为天,露为地,而没亦天地,露亦天地,天亦天地,地亦天地,所往皆然。故声主之间,在推所偶,以辨所混,条理明则不惑于其主,不惑于其主,则不投杼于曾参之杀人①矣。是以比熠耀②于暗则曰明,比之焰焰则曰暗。比火于冥冥则曰明,比之昭昭则曰暗。 分转持言之,转曰气,持曰质,持中分之,无质曰气,有质曰质。分运转言之,转曰气,运曰象,象中分之,曜曰象,影曰气。月,象也,或曰质;水,质也,或曰气;犹狗小于牛,而比鼠曰大,蟓③短于蛇,而比蛭④曰长,勿惑呼东家之西,为西家之东。

人之遇物,必命其名,此命之,则彼亦命之,名之所以每多于物也。虽然,物者,其体严然,人之所共睹而言也。气者漠然,弗可得而睹矣,不视则不识,不识则安得而命之,是气之所以每乏于名也。盖条理之剖析,虽若弗可睹,而粲然立于前,已获其粲立者,未得其名,竟自我命之,其如气物曰没露,天地曰通塞。反日观影,反水观燥,虽是古人所未命名也,条理自有其主,虽欲不言而不得,新名之所以不可已也。故不拘定说古训,由条理而言,谓之条理之言。先达未详条理,以似乱真,如以方正对圆,以月正对日者,是未识对有反比也。故正揭直换方,揭影换月。木者,以草相为植,对鸟兽之动;白者,日之色,以对黑;赤者,白带黑,对暗接明之青。而今以木对金,以赤对黑,是错乱条理者也。阴阳之位,则右阳左阴。赤白之色,则白阳赤阴;脏腑之分,则脏阳腑阴;而举世倒置之焉。已有

---

① 投杼于曾参之杀人:杼,织具。曾参居费,费有同姓名者杀人,人遽告曾子之母曰:曾参杀人。母初不信,俄而告者有三,其母投杼逾墙而走。见《战国策·秦策》。

② 熠耀:光明貌。见《诗·豳风·东山》。

③ 蟓:虫名,与"蚓"字同。

④ 蛭:虫名,属环虫类,如水蛭、马蛭(马蟥)。

天地条理在，虽获罪于先达而不敢从。

伯乐①使弟子求良马，弟子散之四方，才见其高踏善鸣者，便以为骏，相与争其良，久而不决，一人直走得尤种，见乎高踏善鸣而不顾，是得其真，而不良不能自撑也。世之谭天地论造化者，未逢其真，以自得者为是，窥窬立准，使人据之，非取准于天地也。世之未见真龙者，以意认华骝绿耳②，宜哉，骏驽眩人！如夫五家，亦配当而已，而阴阳则对待也，对待者，天地之条理；配当者，人为之处置。天地安知彼配，是以男女偶也，夫妇配也。以男女配夫妇，配之善者也，虽善亦人也，故夫妇有转，男女无变，天人之别也，其善者犹转，况其不善者乎。汇万品，配之于五行，其言曰：东，木也；西，金也；东青，西白，是谓之混声主也。东东、木木、西西、白白，主当名称，而无所眩，偶之真也。由配病安，学而得蔽也，是故欲知事物之所然，则须观水为水，观火为火，观幽为幽，观明为明，宜以对待而反观，宜就一一而剖析，晋虽无似，窃有见于兹，其确乎固执者，征在天地也。征在天地者，何邪？今尝举日问人，曰是乃阳而聚体，能使地上灼然昼，索反之之状，则彼必得其状曰，阴而散体，能使天下瞑焉夜；既探得其主，影之体具其人。又举雪问人，是乃冬而水之凝而白天降地者，索反之之状，则彼必得其状曰，夏而火之发而自地升天者，既探得其主，雹③之体具其人。于是我言其半，而人知其半，征果在天地。

虽征果在天地，而条理之道微矣，岂易言焉哉。我非造物者，讵能尽条理？讵能尽条理，则斯编岂恃恃哉。虽然，条理则天地之准也，若有所不得者，则晋之未遇良马也。若有人于此，执条理之正，以质晋之所弗得，则天地安护晋之不能。是地者，条理之所在，圣人复起，岂得易之哉？是以是非之道，取舍之行，幽明之途，善恶之性，门设户张，千古不了，条理之不讲也。条理一立，宇宙为一匹之文锦，虽若文采灿烂，雪飞霞涌，鸾凤华卉，郁乎盈目，一经一纬，

---

① 伯乐：古之善相马者，《韩诗外传》："使骥不得伯乐，安得千里之足。"

② 华骝绿耳：马名，《史记·秦本纪》："造父以善御，幸于周缪王，得骥、温骊、骅駵、騄耳之驷。"

③ 雹：冰雹。

有所由来，巧妇之意匠，奚得而逃，而后知火烧之一于水渍，鳞潜之不妨翼飞，川流敦化①，左右逢源，是图之所示，剖析反合也。惟其所习，目濡心染，执窥窬而驳条理，所谓是亦一无穷，非亦一无穷，而亦物之所有偶也。

《玄语》已草，直说其所见，重著《赘语》数万言，会众说，断之条理。赘者，赘于玄也，善读玄者，莫用赘焉。天地已在，而又属役于笔砚，则玄亦已赘，善观察者，又莫用玄。虽然，观察之征，条理灼然，而人至于今而不之讲，竢晋言之，则此语亦弗可废，此语弗可废者，果是乎？赘亦可用焉。以赘虽赘于玄，而事则相出入。彝伦之教，自司徒②之职已设，其道无遗漏，形骸之议，自《素》《灵》③之学行，举世为表准。虽然，彝伦之教则备，其条理则遗；形体之说则有，其条理则罔；于是，至如彝伦之次序，形骸之分属，则略乎玄，而详于赘矣。盖夫人虽学穷天人，目空天地，然亦斯躬还在此，此故舍斯人，瞠目于彝伦之外，旷矣哉。申明彝伦，有《敢语》一卷，已毕，如《玄语》，则言论无假古人，《赘》《敢》为与世酬醋之态，便《玄》之所无，而《赘》《敢》之所设也，则亦不可不并读。盖所引之语，有全者，有略者，有取意换文者，有记所出者，有不记所出，有箝我文中者，若无失其本志，君子幸恕；而其引古典，考众说，犹眇视蹩行，将大招博洽之笑。

天地洪荡，实非笔墨之所尽也，故读此书之人，须先知条理之分，统属之所在，譬如举火言之，则知雷霆陨流④，皆此属也。举马言之，则知羊鹿驼麋，皆此属也。亦须必知，轻重浮沉者，虚实之间；奇偶多寡者，数中之事；没露有无者，体中之事；长短大小者，形中之事。而能辨统与散，故解结聚散，荣枯死生，名则各有所当，事则各有所统，至其零碎，不能尽纪。于事物之散者，要在以条理统之，零碎以属之。且天地者，天地也已，观而论之者，人也，故举我以对天地，所举之我者，有意也，所对之天地者，无意也。天人之

---

① 川流敦化：《礼记·中庸》："小德川流，大德敦化。"
② 司徒：官名，周制，地官大司徒为六卿之一。
③ 《素》《灵》：《素问》《灵枢》。
④ 雷霆陨流：疾雷为霆。陨，从天下坠也，《春秋》庄七年"夜中星陨如雨"。

间，意之有无而已。混意之有无，则识皆坠窥窬，故知言之要，辨在天人。其死生通塞，天也；杀活予夺，人也。自人之私而观天之公，自天之为，而分人之伪，天成偶为，人成偶败，而人中死生睡觉则天，运用营为则人，是天人之辨也。是以悦怨，得于天之德也。仁义，在于人之道也，学礼修之之物也，荣辱成之之事也。苟不触类推之，引而伸之，纷若事物，非言之可尽也。

　　有人必有言，言必有名，是以我方之名物，固无假西土。盖汉字之入我国，史以为创于应神①之朝，然《山海经》②而下，《论衡》有出郁之事，《魏史》有通书之文③，则其来旧矣，和汉言之异，彼则一皆具一义，上下主客，以运用之，如我则皆不具义，合数音而成一义；转声变化，以致运用。我已获彼字以用之，其用乃二，一以用其字，一以假其音，故以我言，合彼字则おお合天，つち合地。犹彼间，大合摩诃，智慧合般若，洪荡霄壤，事物纷若，其译或当，或拟，或得或失，今之务博物者，将欲得汉名之正从之，业已用汉字，欲正名于汉称者，其志善矣。虽然，汉字用于我，殆二千年，有方称已定，而不可改者；有虽方称已定而可改者；有我称俗，而彼雅者；有彼称俗，而我雅者；有误不可从者，有虽误而可通者；亦有可彼此共用者，于是或彼此能合，或考合纷纷，是本邦用汉字之难也。盖人之博物，实须认其真，名须从主人，况诸方出物不一，则彼此何胳合，粗举一二例之。世有称川童者，形如猕猴，出没水草之际，命正名者，揭水虎、鱼虎而标，又揭水蝈④而标，而不以川童而标，以异名变本称，欲正名而反失。其实此间无猿，呼猕猴为猿，又以疾风为岚，以烟为霞，以洋为滩，以海口为江，不用之，则不能通俗也，而临文，则不可不取舍。如彼称蟏蛸⑤，我称长脚蛛类，则彼

---

① 应神：日本第十五代之应神天皇。
② 《山海经》：书名，《汉书·艺文志》作十三篇，今合《大荒经》为十八篇，晋郭璞注。
③ 《论衡》有出郁之事，《魏史》有通书之文：《论衡》，后汉王充撰。案唐王维送秘书晁监还日本国诗序有"扶桑若荠，郁岛如萍"之语，当本《论衡》。魏史指《魏志·倭人传》，载魏明帝景初二年倭女王卑弥呼遣大夫诣京都事。
④ 蝈：童蛇。
⑤ 蟏蛸：见《尔雅·释虫》，小蜘蛛长脚者。

雅。如彼称棘鬣鱼，我称鲷，称平鱼类，则我雅，亦何让乎彼。如以胄为甲，以锄为锹，则误之甚者，岂得从哉，如我之莺、樱、枫，久专其称，我之所为莺者，非彼谓仓庚，于是正名者，曰剖苇，曰婆饼焦，曰报春鸟，以莺标则定，以人所见，甲乙丙丁，名常转矣，樱、枫皆然。夫龙者，鳞类也，而马亦曰龙；斗者，量器也，而星亦曰斗；则同名何嫌焉？今我之称椿者，国史称海石榴，海石榴者，出《酉阳杂俎》①，则盖李唐所传之名也。或曰，今我之椿，即彼之山茶，而我之山茶，即彼之海红也。虽然，彼邦之人，称我邦之事，曰樱，曰椿，亦从我之称，此间之杜若，误彼燕子花也，虽误，而难以本称改古籍。则我之杜若，乃彼燕子花也，犹今之兰，非古之兰，而可共称，而名不可夺焉。苟知其真，则何惑乎仙陀婆，如神木，铿鱼，海鼠之类，我自有正称；如海雀，稻即等，我自有雅呼；又彼曰薜②，我曰野老；彼曰鰕，我曰海老；收诸汉和名等书，则可共通称。又苇鹿之从训而书，于胡之假音而书，亦可共通矣。是以操觚③之间，不能不消息，朝廷考文之治久废，尔雅之举未有，则虽欲消息分晓之业，又出晋之私，则复将使所见者，混淆鼠璞④，故用方名者，以双黑系分之。且条理之道未讲，从见命名，随意分类，于是，庶物品类，未合条理。此书业在条理，虽杜撰也，无旧称者，新命名焉。分类者，专由条理，日之分，以星属之，月之分，以辰立名，岁年之别，《周官》注曰，朔数曰年，中数曰岁，其说分晓，故以日之一周天者，曰岁，以月之十二会者，曰年。草木者，植之分，软小以岁荣枯者，曰草；坚大度岁生化者，曰木。虽然，草木者，正于枝干之体者也；苞蔓⑤者，变于枝干之体者也。正于枝干之体者，名曰卉

---

① 《酉阳杂俎》：书名，二十卷，续集十卷，唐段成式撰，书中多怪异不经之谈。

② 薜：音蟹，植物名，见《尔雅·释草》。

③ 操觚：犹言执简，《文选·陆机文赋》注："觚，木之方者，古人用之以书，犹今之简也。"

④ 混淆鼠璞：《尹文子》："郑人谓玉未琢者为璞，周人谓鼠未腊者为璞，周人谓郑贾人曰：'欲买璞乎？'郑贾曰：'欲之'。出璞视之，乃鼠也，因谢不取。"

⑤ 苞蔓：苞当作苞，草也。蔓，植物茎细长能缠绕或攀附于他物者，统谓之蔓，若析言之，则木本曰藤，草本曰蔓。

树；变于枝干之体者，名曰苞蔓。卉树分草木，苞蔓异草木，类之所不得不分也。虫有飞走之二，飞曰虫，走曰豸①。菌有坚软之二，软曰菌，坚曰寓。陆有鸟兽草木，而水得鳞倮藻树。坚中②，植有金石土卤③，而动有螺甲龟蟹之类。造名则出于晋之私，而分类则由条理之天。质者，雨水土石草木之类，有实体之称也。象者，日月云烟之类，无实体之称也。形者，直圆块歧之类；体者，虚实刚柔之类。对气举物，对理说故，宇宙复载，天神本神，虽如出私意，实正之于条理，故有声同而主不同矣。是其所以专据古训诂也。世之儒家，或斥言体用者曰，是非先王之法言，斥说心思则曰，是浮屠氏之事业。今夫西学入，则天下之谭天者，舍己从之，有所获于真也；火器入，则天下之用武者，甘而习之，利莫善于此也，苟征诸天地而有，则蒭荛④狂夫之言奚废。

有书难通，传注之所起也，《周易》之十翼，鲁史之三传，《尔雅》⑤为训诂，《夏小正》⑥为解通，后世之注，皆训诂通解也。独裴松之于《三国志》，刘孝标之于《世说》，以辑补为注，亦一体也。

晋之于斯书，大者提，小者从，则与后世纲目之设，相似而亦不同。目者专守纲，如此书者，本书未尽，引演其义。故或出于本文之所未尝言，或收于本文之所既言，出入先后，不复规规，故谓之演义，《赘语》亦同例，读者须融而通之。

夫天地之化育，虽水火异性，而并育而不相害，圣人之治天下，能容众情，而陶冶于模范之中。惟读《周礼》，而后知圣人之心若天地，盖圣人之心，在悯愚容异，贤愚利钝，各伸其情，各竭其力，各得其所也。先王道衰，诸士以口舌说天下之治，以己之所见，

---

① 豸：虫豸，谓昆虫也，有足谓之虫，无足谓之豸，见《尔雅·释虫》。
② 坚中：接上文对软而言，在坚之中。
③ 卤：音鲁，西方碱地也，东方谓之斥，西方谓之卤，见《说文》。
④ 蒭荛：蒭，刍之俗字。刍荛谓采薪者。《诗·大雅·板》"先民有言，询于刍荛"，谓谋于取刍取荛之人。
⑤ 《尔雅》：书名，《汉志》三卷二十篇，今传十九篇，"十三经"之一。
⑥ 《夏小正》：《大戴礼记》之一篇，记每月物候，《隋书·经籍志》始别出一卷。

排己之所非，门户互设，是非各张，加之以佛老，道与政离，欲以其相是非者为治天下。于是，从政者亦以此为心，以水恶火，以裘忌葛，分赤子而置诸爱外，大非周公治天下之设，而与天地化育之道异也。《周礼》之六官，有治，有教，有礼，有政，有刑，有职，将备而用之，疏人情于其中，不然，则如占赠梦，傩①殴疫，人死则复，年旱则雩②，大丧则方相氏③，入圹④殴方良⑤，日食则击鼓而救日，何为儿戏也。以此治之，不以聪明先天下，与后世之撰异也。后世以先王之道曰儒，然儒者，《周礼》九两之一⑥，流为学者之称，老墨申韩互兴，相抗相攻，欲以议论胜诸家，势不得不与先王之道异焉。孔子栖栖于乱世，其志将成东周，辙环天下，莫之敢宗者，终取先王之法，修而传之，是乃孔子也。孟子起于战国纵横之间，抑霸扬王，亦其新意也，至论君臣之义，则与孔子不合。庄子虽放浪，而至论殷汤周武，则不出孟子之下，则虽诸家，而弗可废也。夫天下之扰扰于善恶利钝，犹天地间云雾烟霞，山泽江湖，竹树鸟兽之杂然，是天能容此杂然者，是君能保此扰扰者。自《周礼》观之，则老墨申韩，亦儒也。自分道观之，则儒者服先王之法服，诵先王之法言者也。其道虽善，而不出九两之一，各德其所德，各道其所道，以为分界，分界一立，其地狭矣。狭、争，争、斗，斗则相见其非，不相知其是，是非不中，不足以相服，愈攻愈叛，愈广愈狭，扰扰生民，与我同胞，奚为区域相争？夫善者，人之所悦，恶者，人之所怨，是者人之所荣，非者人之所辱，推之四方，建诸古今，公然者也。今夫为善者，将治人之不善；将治人之不善，而危行于绝不善，不善失路于入善，竞激而害，其名则美，其实则损，孰执其咎焉。晋寒乡一农，幸遇日月之休明，窃仰圣泽之洪荡，德与天地并行，物各得其所，处众之所悦怨，而知善恶；众之所荣辱，而考是非；无贤无愚，无同无异，四海

---

① 傩：驱逐疫鬼也，见《论语·乡党》孔注，音娜。
② 雩：虹也，音芋。
③ 方相氏：官名，《周礼》夏官之属。
④ 圹：墓穴也。
⑤ 方良：与魍魉同。《说文》：魍魉，山川之精物。
⑥ 儒者，《周礼》九两之一：《周礼·天官·大宰》"以九两系邦国之民……四曰儒，以道得民"。注："两，犹耦也，所以协耦万民。"

兄弟，而教育于大父膝上。伏惟晋则王者之民，窃有窥天地，亦相与乐，优游卒岁，开其门户者入，闭其门户者不入，各置好尚于大同之中，故不能守各家之学，专据一门，我弃而彼拾之，我非而彼是之，非大同也。故是非之以天地，取舍之以天地，言而有失，晋之不肖天地也；言而有得，晋之与天地肖也。

《玄语》之次目，一从条理。如《赘语》，曰天地，曰阴阳，曰身生，曰死生，曰善恶，曰天人，举其要者言之，以条理次之者非。纲训诸篇从之，是亦因要次之，以条理者非，是《玄》《赘》之异也，《敢语》同《赘语》。

宝历癸酉①之岁，晋年三十一，肇草此篇，继有《赘》《敢》二语，《赘》自宝历丙子至癸未②，八逾年，十换稿，至今之本，凡七册。《敢》自宝历庚辰至癸未③，四逾年，四换稿，至今之本为一册，今之门人上之于梓。此语自癸酉至明和乙酉④，换稿十五，竟觉大愦愦，尽弃旧稿，新起草，越四年，至戊子⑤，三换草，稍若安焉。休一年，再思之，于天地大不合焉。庚寅⑥之冬，又弃旧稿，起此稿；又经六年，今兹乙未⑦，五换才得此稿，四册七本，并《例旨》凡八本，十余万言，一百六十有余图。通前后历年二十三，换稿亦二十三，物大事众，犬马之齿，已过半百，鬓发皤皤，加之以心胸之病，不知天假之年，将卒其业与？将夺其志与？于是不能无感，书以竢他日，安永四年⑧端午识。

附　言

天册之天者性也，郁淳之活也。地册之地者体也，混沦之立也。地册二部为没为露，二部四界，天界之目，曰宇宙，曰方位；机界之目，曰转持，曰形理，之为没部。体界之目，曰天地，曰华液。

---

① 宝历癸酉：宝历三年，公元1753年。
② 宝历丙子至癸未：宝历六年至十三年，公元1756—1763年。
③ 宝历庚辰至癸未：宝历十年至十三年，公元1760—1763年。
④ 癸酉至明和乙酉：宝历三年至明和二年，公元1753—1765年。
⑤ 戊子：明和五年，公元1768年。
⑥ 庚寅：明和七年，公元1770年。
⑦ 乙未：安永四年，公元1775年。
⑧ 安永四年：公元1775年，当乾隆四十年。

性界之目,曰日影,曰水燥,之为露部。而方位者,宇宙之痕;形理者,转持之静,于是宇宙转持为纲。天地华液者,性体之物;日影水燥者,性体之气,于是天地华液为纲。自一二分合之别剖之,宜先以转持之动,形理之静,探没中动静天地,而以天地之体,华液之性,偶露中体性天地,以绎其条理焉。宇宙者精,自以方位为天地,而宇宙则衮衮之通,能潜宇内,一宇容没露之为一球者,而天地立焉。天地以体成物,华液以性成物,日影以色气播,水燥以性才布;华即日影,液即水燥,水火者,本持中之物,或以为华液,盖水火之称于地有专主,扩称华液,在天言日月,皆因其性而言。于体界既言华液,于性界亦言华液,唯言有详略,然一者对而合,以成其条贯,二者分而反,以观其理析;火之虚之象,水之实之质,皆物也。天地华液,虽隔体性,而同有体,而华液以反对反,以具向阙,不合彼则不能成此,故体界之华液者,以虚象之物偶实质之物,而其所成,合此成彼,合彼成此。华液既于体界为物,物自有己之气,故性界则日影明暗之色,播寒热之气,水燥布干润之性,滋煦之才。故条贯观岻①之通,理析观用之别,是以天地华液,相得成一球,而日影水燥,各领不占心之圈,布政于上下,于是宇一容没露之一球;一球分连环,于是宇者含而一,日影水燥者吐而二,以成大物。宇则一中具方位,合转持天地,容之,而其华液,既立其体,体立而施其性气其才用。读地册者,宜先识此意,而后探天地。

一者不数而足,故剖之至不可破,犹不尽一;加之至不可截,犹不至一;一元玄气,举一阙一,言具见阙,亦玄也。或曰,玄而玄,则何待子之言,玄而不玄,则何用言玄?待言玄而后玄,玄不足为玄,玄不待言玄,何益子之言。曰:故玄也。

以天地剖阴阳,天地各具阴阳,以阴阳观天地,阴阳各具天地,分合之道,无适不然也。

讲条理,须审剖析对待之经纬,剖析有混錾食吐之观,对待有反比分合之态,剖析则一而二,对待则一偶一。

阴成阳成之圈,与阴成阳成之天地不同焉。曰天圈,曰日影之圈,便阳成之圈也;曰地圈,曰水燥之圈,便阴成之圈也。共不占心

---

① 岻:音麦,与脉通。

之环，分而成二，转持形理之没，天地华液之露，共占心于中，合而成一。圈者就外圆言，环者依中虚言，天地之形其圆如毯，故地球即地毯也，水火之地袭其上，或并谓之实毯。或分地毯实毯。日月之毯袭水燥之上，或并天谓之虚毯，或分天毯虚毯。曰圈曰环，意稍异也。

直圆就其正而言，规矩由持平而言，西中东中，西线东线，即黄道赤道也。守轴环轴，即赤轴黄轴也。从处异其声，非主之异也。曰轮轴曰弦弧，所假而譬不同焉尔矣。

体界，所言则天地华液之体，性界，所言则色气性才之用也。然而性中，色属明暗，性属干润，则亦对色界之性界也。

明暗曰色，黑白曰彩，气曰交，物曰接，条理之言也，然散言①者从通称。

人身之液有数义，曰气液之液者，对气之名，身中之滑泽也；血液之液者，对血之名，在表者也；在里则浊而赤，血之谓也。出表则清而淡，液之谓也。故液之可分者皮表也，血之可分者肉里也。而经中之气，脉中之液亦称气液，与骨肉之气有别。

一者不数而足，故剖之至不可破犹不尽。一加之至不可载，故强命之曰一元气。举一阙一，言具见阙，故曰玄。或曰：既玄也，何言玄以言而示，何示玄焉。玄而玄焉，何待乎子？玄而不玄焉，徒观子之劳。予答曰：故玄也。

以天地观阴阳，天中亦具阴阳，地中亦具阴阳；以阴阳观天地，阴中亦具天地，阳中亦具天地，分合之道，无适不然也。露中分色体之二界，色者性之见也，体者天地也，性者华液也，之为体性之分，液则水燥合地球，华则日影合天球，为之天地之分。读露部者不辨之则将迷其辨焉，故水火在地上。言者字之正诂②也，通天地而言指华液，读者宜寻绎声主分之，勿以死声认活主。

比者反之偶，谓反则有于此者无于彼也。谓比则有于此者有于彼也，而比方之比与反比之比别。

交接之义，于气言交，于质言接。

---

① 散言：大致而言。
② 正诂：正当的解释。

东西之天行，西曰转，东曰运，岁时之行成于日月者曰岁，成于水燥者曰运。心之营，出于意作者曰为，出于感应者曰运。

象者在天可见者之称，质者在地可取者之称，气象或分日影，而称大言则曰影，其象虚动者曰气，气质或分水燥，而称大言则水地，其质粗浊者曰气。火者在地而对水者，而大言则曰在天之火也。然曰火自有专主，故天曰地水之偶，自古无专称，故今称华液，以为偶名①。

（据昭和十六年第一书房刊《笔稿玄语》全册写真本见《三浦
梅园之哲学》附录第629—809页选）

复高伯起书

（上略）

晋生长乎僻［地］〔1〕，以定省无人，家累堷益②，不能游观质问之于四方，三余③偶读一二典籍，无复所请益，于是，势不得不是其自得者。而今也，犬马之齿，五十过四，自是者痼，弗可复医。晋垂髫④未知读书之前，怀疑于天地造化，有时废寝食，既而知读书，求诸书，得接人，探诸人，疑块弗融。年过弱冠，始得天地之形体于西学而喜，虽形体有所征，亦不过言地体如此，天行如此，则唯依样画葫芦，向所喜者，无益于所疑。岁二十有九，始有观于气，渐知天地有条理，于是觉世之说天地，说阴阳，皆隔痒于靴⑤。尝由与人谭之不尽意，为著《玄语》，起草于宝历癸酉⑥，唯求诸天地，不遑于援古。览者不察，执旧套转责，竟有事于颊舌⑦，之为《赘语》，创于宝历丙子⑧。唯才驽事广，《玄》者换稿二十有三，

---

① 偶名：偶数的名称。
② 堷益：堷，增也，见《说文》。
③ 三余：三国魏董遇尝语学者，读书当以三余，曰："冬者岁之余，夜者日之余，阴雨者时之余也。"见《三国志·魏书·王肃传》注引。
④ 垂髫：小儿垂发，此为童年之称。
⑤ 隔痒于靴：隔靴搔痒，不贴切之喻。
⑥ 宝历癸酉：见《玄语》，第404页注1。
⑦ 颊舌：面两旁曰颊，此谓口舌之劳。
⑧ 宝历丙子：见《玄语》，第404页注2。

《赘》者至十有一，于今不成矣。《敢》①则长者已寓目，乃《赘语》之余意，考彝伦之所叙，不自量，窃有竢后世作者之意，斯肇宝历庚辰，四换稿，至癸未②成。并为"梅园三语"。盖绎条理有法，其法则反观合一，依征于正也，其既得之，自一剖析，一纲万目，有条不紊，溯流合脉，犹周之子孙，其丽不亿，归诸一后稷③。夫条理者，一一也，一一之为阴阳，一一者，阴阳之未有各名也，阴阳者，一一之各有定名也，一一本一，一即一一，合无罅缝，分有条理，而其态也，同居异道，均力反迹④。群儿聚庭弄独乐⑤，就此观之，莫遗此态。夫独乐之动同居于一转中，分道于来去，去者不能尚诸来者，来者不能尚诸去者。而至其颠倒，去与来同已。其分有条理，合无罅缝者，非邪？虽世不乏颖悟，不为以此合符于天地，欲执得于其臆者，推之于天地。人之异于天地，即如人之于天地。苟推水欲识火，推冬欲识夏，亦智之拙也。禅徒有言曰：隔山看烟，早知是火；隔墙看角，早知是牛。是虽捷，亦推之术也。苟反观之，则其望烟也，可知水矣；见角也，足知马矣。请试举一一例之。盖以月对日，以木对金，古今之定议也，虽然，非条理之正，对有反比，反为正，比为傍。盖日者，聚于天之阳物也，反之则观散于地之阴气，其阳丽天而充地，则其阴就地而充天，日之所照，有物蔽之则影矣，影乃其物也。唯人未推之于天，瞻彼苍者，终归之于天，庄子或疑远之所致⑥，西洋之学，以天文地理，独步四海，乘人之不知，绐之曰：月下水气，积为青，至日天，则火气为赭。呜呼西人，虽有奇巧，岂

---

① 《敢》：即《敢语》，其自序云："故人之所惮于言，而我敢之，故名曰敢。"

② 宝历庚辰，四换稿，至癸未：见《玄语》，第404页注3。

③ 周之子孙，其丽不亿，归诸一后稷：本《孟子·离娄上》引《诗·大雅·文王》"商之子孙，其丽不亿"。丽，数也，此谓周之子孙，数不止于亿，而皆出于后稷。

④ 夫条理者一一也十四句：此一节梅园从一元气之中看出条理，条理本有法则的意思，自然、社会乃至思维本身均有法则，这法则即指"反观合一"的辩证法，所谓"同居异道，均力反迹"。

⑤ 独乐：陀螺，儿童玩具。

⑥ 庄子或疑远之所致：此指《庄子·逍遥游》"天之苍苍，其正色邪？其远而无所至极邪"等语。

作羽翼，凌彼苍苍，以至日边哉？瞎人骑驴，不见其驴，侮其不见，谓之曰驼，岂其可焉哉。日以物发明，影以气收暗，日力所尽，暗散围之，以酿彼穹隆之书①；酿书者，近取言之于水，水色本淡，以淡彻底，维石维鱼，历历可辨，积而又积，鼋鼍蛰与，龙鳄藏与，深碧不见底。盖水虽淡也，积厚则势遮明焉，明之所遮，乃暗之所畜，相得为青，犹青黄酿绿，青红酿紫。今尝举对问人曰：反于阳象系天，能照地上，使尽者之状如何，孰岂得不言阴气就地，能蔽天下使夜者哉。于是乎，日与影偶，是以，虽月于日有水火之分，已比象比行，同周天而照地，斯焉能为夜焉。木者草之偶，并草木为植，与彼并鸟兽为动者对，是以动者有意有作，气温体动，离地而纵横焉；植者无意无作，气冷体止，着地而竖立焉。于是动则上本下末，分肢而下垂，所下垂者，其数有定；植则下本上末，分枝而上仰，所上仰者，其数无定。动则内虚，故取饮食之养于内，植则内实，故取水土之养于外，而其取也，动则自上降，植则自下升，动则牝牡相感，托子于内，植则独立有应，结子于上头。若目眩于扰扰②，霄壤之间，物弗可纪极矣。若以条理推之，天地立体，水火成性；性体氤氲，唯化一动一植，天地亦简矣哉。唯水陆分居，鱼龙藻树与鸟兽草木分立，反此内骨者，观外骨③者于龟蟹，反此歧然者，得块然者于螺蚌，反陆植之生着土，观水植之生着石。夫天者，虚而动焉；地者，实而止焉。实止之体，分坚软于土石，土体软而脆，其粘者为埴，石体坚而脆，其粘者为金。天者气也，地者，物也，气没其体，物露其体，人观其没体者，生空无之见。案上赖有水注④，苟留意玩之，此一顽物，可为我以解惑。水注之制，必凿二孔，一孔通气，一孔通水，水入则气出焉，气入则水出焉，已与水并立，各争其居，出有门，居有室，空无其然焉乎。今没体斥⑤曰无，露体斥曰有，是犹不察明则能

---

① 酿彼穹隆之书：穹隆之书指天，《太玄·玄告》"天穹隆而周乎下"，言天之形，穹然而隆高也。酿，酝也，作酒曰酿，此借用。

② 扰扰：《庄子·天道》"胶胶扰扰乎"，成疏"胶胶扰扰皆扰乱之貌也"。

③ 内骨、外骨：此就骨之有在内者与在外者而言。

④ 水注：见《玄语》，第393页注5。

⑤ 斥：指也。

通地彩，而蔽天象，暗则能通天象，而蔽地彩，徒曰明能见物，暗弗能见物矣，思之不精也。没而虚矣，露而实矣，并虚实之体，大物正成。近取言之于人，其体，立于饮食地质，其神，活于嘑噏天气。夫鱼虽游潜跳跃极于水，而其技尽于水；若揩己之水，舍己之鱼，反之出水，乃知水外有斯天地。今使鸟入水则死，使鱼出水则死，我之所活，施之于彼则死，彼之所活，施之于此则死，则正对者，可反观之也，不可推扩之也。故人推在己者于人，乃执柯伐柯①之事，乃接人之道也，推在己者于天，乃缘木求鱼②之术，非知天之道也。萤之腹，入夜则耿耿，日出见之殷③矣，携夜之所视，欲施之于昼，虽是于夜也，于昼则非也。故人以人之神，用人之物，提己适非己之地，终不得非己者。有人于斯，其手秉烛，其意索暗，岂可得哉。是故，死者生之友④，不提生而往，死何难知，而不尔为，淑慝⑤忧虞，相携而去，弗见泰山令，必为阎罗王⑥。念头畜之，瞍瞍⑦之间，生种种之奇怪，生者眼里之华，化者何与焉。人者有意也，天者无意也，天者无意而成，人者有作而不成，天而能容人，人而能居天，天而能给人，人而能资天，未辨天人，无益于智。天非人，则天能反人，人资天，则人能应天，以应而有于天者，具于人，以反而有于我者，殊于彼，是以，天以神而活，人亦以神而活，为则神之道，成则天之道。成而弗掩，天道诚也⑧；为而弗测，神道神也⑨。神且诚，洋洋乎日临我焉。有意想象其掩弗测，洋洋乎日临我者，以人得之。见彼

---

① 执柯伐柯：柯，斧柄也，《礼记·中庸》引《诗·豳风·伐柯》篇云"伐柯伐柯，其则不远"，下云："执柯以伐柯，睨而视之，犹以为远。"

② 缘木求鱼：见《孟子·梁惠王上》。

③ 殷：赤黑色。

④ 死者生之友：语本《庄子·天运》"死生相与邻"。《知北游》"生也死之徒，死也生之始"等语。

⑤ 淑慝：淑，善也，如称女子为贤淑、贞淑之类。慝，恶也，《书·毕命》"旌别淑慝"。

⑥ 泰山令、阎罗王：泰山令，东岳之神；阎罗王，地狱之主。

⑦ 瞍瞍：疑为瞍瞍之误。瞍，目无精，见《类篇》。

⑧ 成而弗掩，天道诚也：语本《礼记·中庸》"鬼神之为德其盛矣乎"至"夫微之显，诚之不可掩如此夫"一段。

⑨ 为而弗测，神道神也：语本《易·系辞》"阴阳不测之谓神"。

小儿所弄家鼠嫁娶之图，其舅姑夫妻，朋友仆从，鼠其首尾手足，人其衣带裳服，屋宅器械，自纳币亲迎，至献酬之礼，歌舞之欢，莫非人者矣，斯图固可笑矣。虽然，人提人以往，于是人魅于人，亦与斯图似。是故推扩人至天地，天地皆为人，自造化约至人，人居造化。盖物者立焉，神者活焉，神者，没体于物，而见用于气，一感一应，鬼神之情状也，而人不以神为神，推人观神。故风者，风而风也，雷者，雷而雷也，而不能物其物。雷公提槌，风伯负囊。日则天子，龙则龙王，不缠天衣，则垂衣裳，或乃丑状可畏，或乃和煦美好，于是天地山海，至祸福死生之为，人其容貌，人其情态，泥塑木偶，人事之，天人混久矣。犹五家①不以春为春，还为木；不以秋为秋，还为金；礼之谓火，信之谓土，窥窬失征于正也。颇与怯人②之夜行，认芒华藤蔓③，为滞魄山鬼者类。呜呼，长于胡者，不得不胡语；长于越者，不得不越语。宜乎儒佛及诸子百家，熏染乎所习，其以为素者，未在其素焉。故夫人携己之所习，而适非己者，虽自夸曰，我独贤也，不能如何，彼亦自夸曰我独贤也。辩而弗胜，曰唯在自得，彼亦曰，唯在自得。故天地者，容水火，容动植，生圣贤，生愚不肖，生醴泉，生砒石，运发收之气，行瘴疠之毒，于是竖立之人，横走之兽，潜水之鳞，御风之翼，倒立之螺，旁行之蟹，同容而成其天地。人容身于此间，以其意智之长，大用天地万物，业已用天地万物，于是天地万物，皆为我之有，以故历象日月星辰，区画山川河海，灌溉其水，燔灼其火，土木鸟兽，莫不入己之用者，唯以我长于有意。情欲之感应，意智之思辨，杀活予夺，动于此，而安危治乱，与此从。于是心之所运为，有善恶之可悦怨；智之所分辨，有是非可荣辱，于是圣人率性立教，道德之所修，仁义之所生也。故配偶中之男女，而成夫妇，序生生之尊卑，而成父子，分统属，而立君臣，由教学，而成师弟，往来有宾主，交际有朋友，苟不如此，则不能安其间。有物

---

① 五家：此指五行家，如《汉书·五行志》，以春为木，夏为火，秋为金，冬为水之说。
② 怯人：与《史记·张仪传》"怯夫"义同，即懦夫。
③ 芒华藤蔓：芒即莽草，藤蔓见《玄语》第401页注5。

有则^①，人之奉天也。天唯无意，一一并立，人自有意，偏以济偏；天给我以其神，反我以意之有无。是以，治亦斯天地也，乱亦斯天地也，修之从人，荒之从人，唯天以神转机，以诚收迹。是以，人主为道，考于天，择于人，学于古，行于今，退以修己，进以安人，修己则定己，安人则修人，于是，其善之奉，其恶之屏^②，其是之荣，其非之辱，势然也。是以，其为世立教之人，其意同在修己安人，而其设则意匠不同，好尚或异。各家相分，各守其是非。虽已颦蹙曰彼非也，彼之视己，犹我于彼，而岐生岐，派生派，取之于己之臆，妄引古人，兄弟阋墙^③，室家反目，修安之道，如讼庭，卒各为怨家，譬之，是犹斯嗜味之人，欲尚己之所嗜于人，各忘自家之炮炙。然则晋无所嗜好乎？我已有己，与人分立，则我亦犹人焉，何为独无嗜好？唯不以自家鼎鼐之物^④，强之于傍人尔。若有人欲染指，亦何惜其一豆之羹。晋之生于孖溪之上，乃天之所赐晋也，晋之老于孖溪之上^⑤，乃亦天之所赐晋也。其自知其量之弗人若，而安蹇劣^⑥，乃己之分也，日出而作，日入而息，华吐则对［华］〔2〕，实结则咀实，乐夫天命，附身于造物。《诗》有之，曰：昊天曰明，及尔出往，昊天曰旦，及尔游衍^⑦。今兹喋喋言，烦左右者，非质诸左右，亦非冀为左右所是，唯业已忝存问，但欲通晋是何物。千里相报，聊以娱余年，长者如无摈斥，晋之幸至矣。（下略）

（据《日本伦理汇编》第十册第181—188页选）

---

① 有物有则：《诗·大雅·烝民》"天生烝民，有物有则，民之秉彝，好是懿德"，又《孟子·告子上》引。
② 屏：除也，弃也。
③ 兄弟阋墙：见《诗·小雅·常棣》。阋，斗狠也。
④ 自家鼎鼐之物：鼐，大鼎，此以喻自己烹调之物。
⑤ 孖溪：地名，孖古文"李"字，音字。
⑥ 蹇劣：蹇有不顺之义，言不通利谓之蹇吃，时运不利谓之蹇剥，困顿不远谓之蹇滞，迟钝不顺谓之蹇涩，蹇劣乃自称低能之意。
⑦ 《诗》有之曰昊天曰明五句：《诗·大雅·板》，郑笺：王，往；旦，明；游，行；衍，溢也。孔疏："以王与出共文，故为往也，既有出往，则亦有入来，故笺言出入往来。此出门游衍，还是上戏豫驰驱之事，故云游行衍溢，亦自恣之意也。"

校记：

〔1〕地：原误作"他"，据《日本伦理汇编》卷一〇《复高伯起书》改正。

〔2〕华：原误作"毕"，据《日本伦理汇编》卷一〇《复高伯起书》改正。

三十九、山片蟠桃

史料简介

　　山片蟠桃（1748—1821，宽延元年—文政四年）本姓长谷川氏，名芳秀，字子兰，通称升屋小右卫门，播州印南郡人。受业中井竹山，旁从麻田刚立受天文学，又喜兰学，以博学闻。他是大商人，也是大学者，于天文、地理及西洋历算无所不学，为人亦极豪迈，尝自云："先天下之忧而忧，后天下之乐而乐，是事君处事之节操，平生所以自任。"所著《梦之代》共十二卷，起稿于享和二年（1802），成稿则在18年后，当大政三年（1820）。内容含括天文、地理、神代、历代、制度、经济、经论、杂书、异端、无鬼上下、杂论等，尤以《无鬼篇》为其代表作。此书附录有歌云："无地狱，无极乐，无我，所有者只是人和万物。""在世间没有神，佛，化物，也没有奇妙不可思议的事。"可见本书的宗旨。兹选录马采原节录译文，第一、十五、十六、十七各节。

无鬼（节录）

　　《晋书》四十九《列传》曰："阮瞻[①]字千里，性清虚寡欲。（中略）瞻素执无鬼论，物莫能难，每自谓此理足可以辩证幽明。忽有一客通名诣瞻，寒温毕，聊谈名理。客甚有才辩，瞻与之言，良

---

① 阮瞻：阮咸之子，阮籍之从孙。《世说新语·德行篇》引王隐《晋书》："阮瞻、王澄、谢鲲，胡毋辅之之徒，皆祖述于籍，谓得大道之本，故去巾帻，脱衣服，露丑恶，同禽兽，甚者名之曰通，次者名之为达。"瞻属于西晋的旷达派，与儒家的礼法不能相容，故有此讥评，其《无鬼论》之作，《晋书·列传》谓见鬼得病而死，亦同为诬蔑之辞。

久,及鬼神之事,反复甚苦,客终屈。(这个客人如果真是鬼,他和阮瞻辩论,是应该没有被屈的道理的。如果真是有鬼的话,被屈的应该是阮瞻。又既然真是鬼,那还用得着引据圣贤所传来证明这个事实吗?)乃作色曰:鬼神古今圣贤所共传,君何得独言无,即仆是鬼,于是变为鬼形,(这个鬼形应该作何状呢?是头上生角,三只手指,下体遮着虎皮的兜裆布呢,还是里头白衣的幽灵呢?不得而知。)须臾消灭。瞻默然,意色大恶,后岁余,病卒于仓垣,年三十。"云云。同篇又曰:"阮修①字宣子,好易老,善清言。尝有论鬼神有无者,皆以人死者有鬼,修独以为无,曰:今见鬼者曰,着生时之衣服,若人死有鬼,衣服有鬼耶?论者服焉。"唐太宗修《晋书》,现在从这篇传记看来,可知太宗和他的史臣也都相信有鬼了。可是历史来源自古史,其中有许多是很荒谬的,并不只限于这篇传记。阮瞻年三十就已学成,主张无鬼神论。他的见识这么高,坚定不移,有如泰山一般,是没有理由受到这个客人迷惑的。尤其是说他岁余病死,并不是由于鬼的所为。传记里说他因见鬼得病而死,显然是著者瞎说。又圣贤所传的鬼(圣贤所说的鬼是无形的,鬼形起源于佛教传入后的图画。)是指阴阳不测②,而这里所说的鬼却是恶鬼。这里所说的鬼形应该是头上生角的鬼脸。现出鬼形的,阮瞻尚且不怕,不现出鬼形的就更不用说了。没有人会变成鬼形的道理,也没有鬼会变成客人来访的道理。把这种谎话写在历史上面,实在太愚蠢了。这不外是那些痛恨阮瞻作《无鬼论》(如果有《无鬼论》这部书,一定载在《汉魏丛书》。)的佛教徒的伪造,著者不察,把它照抄在书上罢了。可惜就这样污蔑了一个有卓识的人的品德了。又书里没有说明当他和客人辩论的时候有人在场,可知没有他人看到这个情形。阮瞻自己也不会说出这种谎话来。所以这无疑是死后的毁谤。阮瞻所说的鬼是指幽灵。(幽灵没有实体,由于看见的人神魂颠倒,假借死后余气与身体结合,如蜃气一般。若以火葬土葬论之,也不过以五十步笑百步。人

---

① 阮修:阮咸从子,字宣子。《世说新语·文学》篇:"阮宣子有令闻,太尉王夷甫见而问曰:'老庄与圣教同异!'对曰:'将无同。'太尉善其言,辟之为掾。世谓三语掾。"盖亦旷达者流,同书《任诞》篇,说他不喜与俗人应酬,"常步行,以百钱挂杖头,至酒店,便独酣畅"。

② 圣贤所传的鬼是指阴阳不测:当指《易·系辞》"阴阳不测之谓神"。

死了，死体怎么会活动呢？衣服就更不用说了。在梦中看见的人的衣服又怎样呢？理学者的管见真是可笑，说世界上有幽灵错误，说没有幽灵也只是推测。住在深山的人不信有海洋，这只是把自己没看到的说成是没有罢了。依我看来，我不曾看过幽灵，所以不说有，如果有人看到了，也很难说没有。又有一说，有名一定有形，有物然后定名。）这实在是不会有的。如果真有幽灵，那应该是裸体，不应该穿着衣服。所以就用衣服也有鬼吗来难倒它。说看过幽灵的人，都是根据图画，相信他人的话，说是活着的姿态。说穿着白衣，是埋葬以后的姿态。衣服埋在土中，佛教传人后又多用火葬，衣服和身体都被焚化成灰，那里还有什么形呢？穿着常服官服的幽灵，他的衣服放在箱里，那能拿出来穿呢，所以说衣服也有鬼吗。由此可见幽灵是没有的事。说实在看过，全是瞎说。不知究竟有没有《无鬼论》这部书，没有流传下来，倒很可惜。古来所谓鬼神，圣贤虽然也同时传说，但圣人的所谓天，所谓鬼，所谓神，不外都是为了尊重行事，为公不为私，说天下国家的事受命于天，一家的事受命的祖先的鬼，表示对于行事慎重不苟，用来训戒子孙百官百姓。虽然用了这个办法来防治后世，可是人民还是不畏天，不顾祖先，把国家公事当作自己的私事，这虽然也像一种方便，但要知它和神道佛家所立的虚谈方便有着云泥之差。又自古圣贤所不曾抛弃的东西，都各有着它存在的根据。这只要参看本书下篇，就可以明白了。但后世没有本领的儒者却死抱着圣人所不曾抛弃的东西不放，疑惑而误信。这是因为他们心里糊涂，倒也无可奈何。在孔孟时代，没有佛法，也没有道家，日本也没有神道，其他异端也并不怎样猖獗，所以也就没有谈到无鬼。如果孔孟生在今世，一定会狠狠地加以训诲一番的。就是在异端不怎样猖獗的那时候，孟子也早就说防止杨朱，是圣人之徒的责任①。我现在这篇议论，就是为了训诲后世子孙不要误入异端。虽然说不上有益于天下国家，也可以为天下国家减轻祸害。……首先引据经书，是为了训诲那些说这是古来圣贤所共传的人们。其次引用日本神庙，是为了训诲那些说我国是神国，可以违背王法的人们。最后谈到佛寺淫祀以及妖

---

① 孟子也早就说防止杨朱，是圣人之徒的责任：《孟子·滕文公下》："能言距杨墨者，圣人之徒也。"

怪，是为了训诲无知的妇人女子。一定要好好领会，以免受鬼神妖怪的迷惑。(《梦之代》卷第一〇"无鬼上"第一节)

　　日本研究鬼神的有山崎氏的《社语》①，但这部著作没有什么可取之处。此人初学佛，后转学儒，崇拜朱子，写了好多著作，其中也有不少可取的。晚年转入神学，虚妄百出，一点都不像研究儒学时那样。这可能是因为老的缘故。梁田氏②皈依佛教，不能以儒学来衡量他。林先生的《神社考》③，当其最初记述伊势的时候，提出佛者荒谬、调和的论说，一点都不加以批判。其他大社也都一样。最后把方便巫僧之徒，混在一起，不成其说，只能迷惑读者于怪诞，对于"道"的危害性很大。白井宗因④虽是神道者，但不像林氏，其《神社启蒙》的著作，有些倒有可取；又他的著作颇有条理。大概研究神社的，首先可举出这两部书。新井白石的《鬼神论》⑤，不根据经书，而根据《家语》《左传》《山海经》《神异经》《搜神记》《述异记》《博物志》《幽明录》《白泽图》《五杂俎》《列仙传》《草李》《夏鼎志》《楚辞》《说苑》《列子》《抱朴子》《齐东

---

① 山崎氏的《社语》：山崎暗斋，名嘉，字敬义，朱子派学者，晚年信神道，号垂加。所著《垂加社语》，收入《日本哲学思想全书》第十册第113—118页。

② 梁田氏：梁田蜕岩，名邦美，本名彦产，字景鸾，小字才右卫门，武藏人。仕赤石侯。既为朱子学，又信神道，又博读佛典，恒言"宣圣之学，东方之道，乾毒之教，鼎足不相悖"。

③ 林先生的《神社考》：林罗山名忠，号道春，朱子派学者。所著关于神道，有《神道传授》《本朝神社考》《中臣祓抄》，三书内容相类似。《神道传授》收入《日本哲学思想全书》第十册第13—69页。

④ 白井宗因：号白云散人，浪华人，以医为业。著有《神代卷私说》《中臣祓白云抄》《神社启蒙》等。

⑤ 新井白石的《鬼神论》：新井白石名君美，字在中。所著《鬼神论》见《新井白石全集》第六册第1页以下，又《大日本思想全集》《新井白石集》第9页以下，又收入《日本哲学思想全书》第八册第23—58页。

野语》①等怪书，进行研究。其信怪有如佛者一般。此人著述已经不少，大都校正得很好，一点都不马虎，为什么一到鬼神论就这样怪诞呢，实在令人费解。大儒如朱子，还难免前述溺于鬼神之说，白石氏就更不用说了。战国以来，儒学渐废，至宋始盛行起来。周、程、张、朱等大儒辈出，一时就更加高涨，但此时发明还是很少。因为儒学到元明始大成，所以朱子的时候应该这样，日本也是一样。战国之交，天下识字的人只限于佛者，辨别一字，都只有请教僧人，而僧人所教的却都采自佛经。此时只有人学佛，没有人学儒。虽然到了惺窝、罗山两先生，开始学儒，但仍没有推广。元和时②修文偃武，天下太平，文字大盛，学者辈出，但佛学的臭味仍未消除，一般人还都皈依佛氏。虽不全信，也不能全免。故谈论鬼神者，虽不完全相信，但还是不能摆脱这种臭味。现在能够完全摆脱这种臭味的，只有我们中井一门③，虽五尺童子，都能免受鬼神的迷惑。我每读新井氏的《鬼神论》，就不禁掩卷叹息，觉得此人治学只是求博而不知约，对其所涉猎书籍的记载，全部信以为真，一点都不加以取舍。新井氏尚且这样，其他的人就更不用说了。难怪世间迷信鬼神的人那么多。此时如果有人破除迷信，提倡无鬼，世人就要说他不对，即使死于天年，也要硬说是鬼神弄死的。任何人都难免有意外之死，如果万一死于非命，就会有人造谣，此时如果佛者把它牵强附会，写在书上，以后就很难指望有人敢持无鬼论了。晋的阮瞻是一个很好的例子。

---

① 《家语》《左传》《山海经》《神异经》至《齐东野语》：《孔子家语》十卷，魏王肃注；《左传》亦名《左氏春秋》，春秋左丘明撰；《山海经》十八篇，晋郭璞注；《神异经》一卷，旧题汉东方朔撰，晋张华注；《搜神记》二十卷，旧题晋干宝撰；《述异记》二卷，旧题梁任昉撰；《博物志》十卷，旧题晋张华撰；《幽明录》二卷，南朝宋刘义庆撰；《白泽图》，未详；《五杂俎》十六卷，明谢肇淛撰，分天、地、人、物、事五部；《列仙传》二卷，旧题汉刘向撰，纪古来仙人七十一人；《草李》当为《草木子》之误，四卷，明叶子奇撰；《夏鼎志》，未详；《楚辞》，汉刘向辑屈原、宋玉、景差诸赋，附以贾谊《淮南》及自作《九叹》等为《楚辞》十六篇，王逸又加以自作《九思》及班固二叙，为十七卷，且为作注；《说苑》二十卷，汉刘向撰；《列子》八卷，旧题周列御寇撰；《抱朴子》八卷，晋葛洪撰；《齐东野语》二十卷，宋周密撰。

② 元和时：元和乙卯至癸亥，当公元1603—1615年。

③ 中井一门：指中井竹山、履轩兄弟及其门徒。

("无鬼上"第十五节)

后世迷信鬼神之说者，动不动就说根据《家语》①《左传》以及诸子、神仙传说，引据这些来证明鬼神的存在，不知这怎么值得凭作论证呢？把《家语》的谬论归于孔子，不亦诬乎？所以必须一一和后世对证。如果当真把《家语》当作孔子所作，那就不成其为圣人了。后儒不加订正，妄信为孔子所作，因而也就迷信左氏及其怪说。《山海经》一部是最好的例子。此书所记中山、诸国、诸山，以及人首、蛇身、羽民、虎尾、一目、三足之类，都必须一一考证其有无，批判其荒谬。所有四方中的山都在九州岛之内，这在著书当时就已清楚地知道它的虚妄。好像伊势、源氏等②把当时并无其人的名字合写在一起，大家也都很清楚，还说它写得很好。现在的净琉璃③也是一样。可是拿经过数百年之久的古书当做证据，信以为真，这是顺着自然之势。一般人可能是这样，但以儒者自居，不能用批评的态度去对待古书，一味顺着自然之势，那是由于浅学所致。日本庆长④以来学者多是这样，这是由于只管求博而不知约所致。郭璞、抱朴子、王世贞⑤之徒，是蒙蔽后人的头子。相信他们的学者，倒是顶糊涂的。白石氏说：子孙的精神都是祖考的精神，因为彼此都是一气，所以能起共感。（丹朱是舜的儿子，非一气也。舜是瞽叟的儿子，非一气也。禹是鲧的儿子，非一气也。桀纣是禹汤的子孙，非一气也，一点都不起共感，白石氏错了。应该说非一心一德，怎能说是一气呢？）种子是继续生出来的，所以祭者就必须体会先祖想念子孙的心，来祭祀先祖。可是白石氏的用意，却并不在此，他是企图以此来证明鬼神的存

---

① 《家语》：原书久佚，据《汉志》有二十七卷，今传十卷，乃晋王肃伪撰，王柏《家语考》云"《家语》乃王肃取《左传》《国语》《荀》《孟》《二戴记》割裂织成之"。

② 伊势、源氏等：伊势指《伊势物语》，作者未详，或推定为在原业平，源氏指紫式部的《源氏物语》。

③ 净琉璃：日本近世一种以三弦伴奏的说唱曲艺，或其说唱的故事。

④ 庆长：庆长丙申至甲寅共十九年，当公元1596—1614年。

⑤ 郭璞、抱朴子、王世贞：郭璞字景纯，晋闻喜人，著有《尔雅注》《山海经注》《穆天子传注》《子虚上林赋注》等。抱朴子即葛洪，字雅川，晋句容人，著有《抱朴子》《神仙传》及《诗文集》等。王世贞，字之美，自号凤洲，又号异州山人，明太仓人。著有《兖州山人四部稿》《王氏书苑》《画苑》等。

在的。他主张应该本着这种精神来祭祀祖考，不可祭祀外神。好像日本用养子来继承他姓，就用不着参与祭祀了。不管子孙是他的种子，血脉一点都没有不同，但一气之论却是圣人所不取的。物精多少以及宗庙多少之说，是由于受着《左传》的影响，如说天子王侯的幽灵多，庶人的幽灵少。普通人寿命较长，多死于天年，因为是慢慢病死的，死后魂气即散。而壮烈的战死，或被处惨毒的死刑，或自刎而死，顿死，妬死，修心养性的和尚以至富贵权势的暴死之类，死后其气不散，魂魄在天地间作怪，传播病疫，故先王之礼，为群姓祭祀泰厉①。按照这种说法，桀纣武乙②，贵为天子，富有四海，壮烈暴死，而无子孙，为什么他的亡魂不会作怪呢？这种见识的人，动不动就说谁的厉鬼。黑夜走过坟场，一看见人影，就害怕起来，疑心是鬼。这正证明了他的学力不足，也就是孟子所谓气馁③。说水明冰不明，魂明魄不明，梦灵寝不灵，死灵久而生灵暂，如出入家屋一般，这话错了。这里所谓明不明、灵不灵，都是不通的。水，生水也；冰，死水也，明不明，不亦宜乎？五体、百骸、心志、脏腑具足，灵也。（以梦为灵，是错误的。这是指殷高庄子、卢生④呢，或指妙药针灸的梦想呢，不得而知。以此为灵梦，自是妄诞。死灵久而生灵暂，很像莲如⑤所说人间是不定世间，极乐是常往之国。这是佛氏的说法，白石氏也照着说，多么没见识呢？死后又灵在哪里呢？寝，灵也，梦还有什么灵呢？梦里，一下子在江户，一下子不在长崎，一下子和甲说话，一下子又和乙说话，捕风捉影，我不知为什么说它灵？足不出户而知千里之外，测千岁之日至⑥，这才真是灵呢。白石氏不知生，不知死，那里还有谈论鬼神的资格呢。说雀化为蛤，田鼠化为

---

① 泰厉：古代王为群姓所立七祀之一，见《礼记·祭法》疏："泰厉者，谓古帝王无后者也。"

② 武乙：殷王，见《史记·殷本纪》。

③ 孟子所谓气馁：《孟子·公孙丑上》："其为气也，配义与道，无是馁也。"

④ 殷高庄子、卢生：高庄子，未详。卢生，秦燕人，始皇时受命入海求仙药，不获，遁去。

⑤ 莲如：日本真宗山城本愿寺第八代中兴之僧。

⑥ 千岁之日至：语见《孟子·离娄下》，言日至者谓夏至、冬至也。依天文学谓日行赤道南北，冬至至极南，夏至至极北，故谓之日至。

鴽，蝉化为蜣蜋，孑孓化为蚊。雀化为蛤，田鼠化为鴽①，是瞎说。孑孓化为蚊，蝉化蜣蜋，不是化生，而是成长。蚊初生在水中，没有翅膊，后来生翅膊就飞，于是便没有孑孓的名称，而成为蚊子了。未生出翅膊以前才叫做孑孓，长出翅膊化成蝶子，看的地方不同，名称也就不同了。好像小儿变为成童，换齿，长出胡子，变成壮年，老人头发脱落变白一般……《搜神记》说孔子厄于陈蔡，有九尺长的鲶鱼出来作怪②；究竟不知出自哪部书。哎，干宝③（干宝是《搜神记》著者），你真爱说怪话呀。白石氏采用《搜神记》，不采用六经，可说是僻学。他的《鬼神论》没有一点可取的地方。多么糊涂呀，其他著作虽多，但没有像这样的。此外，诸儒之论鬼神的不少，这里从略。（"无鬼上"第十六节）

所以关于圣贤感应神奇的事，大概都可以看作后儒的附会。诸书满载孝子、节妇、忠臣、义士的感应，如《列女传》《二十四孝》④以及其他诸书都记载得很多，但这都是出于偏爱，千万别信为真。正书也偶尔有这种记载，必须注意地读。《左传》《国语》《史记》《汉书》以及历代历史、诸子百家，都是一样。大体上孔、曾、

---

① 雀化为蛤，田鼠化为鴽，蝉化为蜣蜋，孑孓化为蚊：案此为古代解说生物起源之自然发生说，他们深信各种生物能从气或水或泥土自然变成。《礼记·月令》"爵入大水为蛤""田鼠化为鴽"。蝉蚊均属昆虫类、有吻类，《方言》"蝉陈郑之间谓之蜋蜩"。孑孓，蚊之幼虫。

② 孔子厄于陈蔡，有九尺长的鲶鱼出来作怪：《搜神记》十九"孔子厄于陈，弦歌于馆中，夜有一人，长九尺余，着皂衣，高冠大咤，声动左右，子贡进问何人邪，便提子贡而挟之。子路引出，与战于庭，有顷未胜，孔子察之，见其甲车间，时时开如掌，孔子曰：何不探其甲车？引而奋登。子路引之，没手仆于地，乃是大鲶鱼也，长九尺余"云云。

③ 干宝：干宝字令升，晋新蔡人，著《晋记》，又世传《搜神记》，旧亦题干宝撰。

④ 《列女传》《二十四孝》：《列女传》七卷，汉刘向撰，附《续传》一卷，或曰班昭作。《二十四孝》，书名，元郭居敬辑，乃辑大舜、汉文帝、曾参、闵损、仲由、董永、郯子、江革、陆绩、唐夫人、吴猛、王祥、郭巨、杨香、朱寿昌、庾黔娄、老莱子、蔡顺、黄香、姜诗、王哀、丁兰、孟宗、黄庭坚二十四人孝行。日本阳明学者熊泽蕃山有《二十四孝或问小解》，见《日本人思想全集》《熊泽蕃山集》第426—454页。

思、孟之外，记载怪事的很多。（"无鬼上"第十七节）

（据《日本经济丛书》第二五册第479—660页及《日本哲学思想全书》第五卷第19—133页选）

四十、*本居宣长

史料简介

本居宣长(1730—1801,享保十五年—享和元年),日本江户时期"国学四大人"(荷田春满、贺茂真渊、本居宣长、平田笃胤)之一,日本国学(复古神道)的集大成者。出生在伊势松坂的商户小津家,幼名富之助,号铃迺屋。早年曾学儒典、习医术,后改姓本居,名宣长。长期钻研《源氏物语》《古事记传》等日本古典文献。主张运用实证的方法,按照古典记载的原貌,排除儒家和佛家的解释和影响,探求"古道",彰显日本精神。一生著述颇丰,《古事记传》是其最重要的代表性著作。今据中国社会科学出版社2015年版《日本重要哲学家著作编译和研究》(史少博、[日]土田健次郎、许家晟著)选录《古事记传》卷一《直毗灵》。

*古事记传·直毗①灵

我国日本,是令人敬畏的皇祖天照大神显圣之国,我国与他国相较更为优秀的最大原因首先在此。普天之下,没有不受天照大神恩惠之国。天照大神手持日嗣之玺,作为天皇的象征而代代相传的三种神器便是此玺。随着天照大神的诏令:"未来千年万世,这里都将是我的子孙统治的国度。"在此便已确定了皇位与天地共存的不可动摇性。直到云的彼端,蟆蛙生息的遥远大地尽头为止,都被划入皇孙统治的国度,天下没有敢反抗的神祇,也没有敢不臣服的人民。即便历时万载,又有哪些不逞之徒敢违背天皇?历朝历代,即便偶尔出现几

---

① 直毗:日语原意为斋后恢复到平时的生活中,又或当日之意。《古事记传》第一卷最末的《直毗灵》一篇,为本居宣长神道学说及国体观的综合性总论。

名恶党反贼，也与神代①时的事例一样，在闪耀的御稜威②面前，也显得不堪一击，转瞬便被消灭。即便到千载未来的时代，天皇都是天照大神的后代。无须赘言，历代天皇都是天照大神的后裔。因此也被称为天神之子或太阳之子。以天神的旨意为我的意志，无论何事都不能凭个人自身的聪明智慧来处理，必须遵照神代的传承来治理世界，如果心中抱有疑问，则通过占卜来祈请天神的旨意，然后再处理。神代与今日并无相隔，并非仅局限于皇位，诸大臣、文武官员等，也都重视氏姓（家系）传承，子子孙孙，也都继承其家系代代相传的职业，与祖先神祇并无不同，完全就像同一个时代那样，保持着神代的秩序侍奉着天皇。我国是遵守神祇旨意的安稳之国，也是因此得到平安治理的太平国度。

《日本书纪》孝德天皇卷中记载的"'随神'是指遵从神祇之道、又或那里本身自有神之道之意"之处，需要仔细思索体会。遵从神之道是指，治理天下这一事业，必须遵照神代时已经存在的事例来进行，不得有丝毫自作聪明的成分。如果按照神代的事例豁达地治理天下，神之道也就自然会充足，别无他求。此称之为"神之道自在"。而"现御神止大八洲国所知"③，这句话所指的，便是历朝历代天皇的政治就是神祇的政治之意。《万叶集》中的歌词有"随神云云"，也是同样的意思。朝鲜人将日本称为神国④也是理所当然的。

上古天神的时代，完全没有"道"这一词汇的存在。因此古代的记录里有"芦原水穗国者神在随事举不为国"⑤。说到"道"这个词汇，仅仅只是指通行的道路而已。"道"这个词汇，在《古事记传》记载中有如"味御路"⑥般，有"山路""野路"等在"路"字前加上"御"字而已，仅仅指通行的道路，除此以外上古时代并无"道"这样的东西。事物的道理以及实际情况等，将各种各样的教条

---

① 神代：指《古事记传》等古代著作中的神话时代。
② 御稜威：天皇与神祇的威严、荣光之意。
③ 现御神止大八洲国所知：文武天皇即位宣命中的一句。
④ 神国：指《日本书纪》第九卷，神功皇后纪所载新罗国王语。
⑤ 芦原水穗国者神在随事举不为国：见《万叶集》第十三卷，总第三二五三首，意为：芦原的瑞穗之国，随神之旨意，不用个人私言私智。
⑥ 味御路：指良好的平坦道路。

理论称为"什么什么道",这是异国的思维做法。

……

然而,当时间略为经过时代变得更近时,书籍这一事物传到日本,并开始被传诵学习之后,开始学习彼国的风俗习惯,逐渐进入什么事都是中国式与日本式并用的时代,此时我国古代的风格便被定名为"神道"。这是因为容易与外国的各种"道"混淆,所以称为"神",同时我国也开始借用中国的名词从而有了"道"这个称呼。关于为何被称为神之道,我将在后面详述。如此这般随着时间的流逝,世风变得越来越羡慕中国,各种模仿行为也十分盛行,终于连治理天下的政治方式也变得彻底的中国化。到了孝德天皇、天智天皇的时代,天下的制度也完全变得中国化。到了这个时候,我国古代的风俗仅仅保留在了宗教(神道)方面。因此直到今天,只有宗教方面保存了很多外国的风格。连国民的心态思维,也变得中国化了。因为接受了中国的思维方式,所以大家都不以天皇的圣意为己意,而自作聪明地以各自的智慧自作主张。

……

而且原本这个世界上万事万物都是天神的旨意。世上之事,无论季节交替、下雨刮风之类,还是国家个人身上的吉凶祸福,都是出自神的旨意。同时,神有善神也有恶神,其所作所为也是与此相对应,所以用这个世界上通常的道理去推测的话,是难以理解的。

……

世界上之所以有很多损害、破坏事物,无论何事都不是按照正确道理的邪恶行为,都是因祸津日神的旨意而来。以天照大神与高木大神的力量有时也无法压制他,何况人的力量就更加无可奈何了。善人遭到不幸而恶人却欣欣向荣,这类违反正常道理的事都是此神的所作所为……

然而,当天照大神莅临高天原,伟大的光芒不见一丝阴影,照耀世界的每个角落,同时神授的象征,即三种神器也庄严地传承下来,随着天照大神的委任,天下便被其子孙天皇所治理。天地诞生之初便决定此处为天皇统治的天下,天照大神的诏令中也没有天皇为恶则勿听的部分,因此无论是好还是不好,都无法从一旁篡权夺位,皇统与天地共存,只要日月依旧照耀,即便历经万载也不会动摇。因此古代的典籍中也以当时的天皇为神。天皇事实上就是神，因此不需要区分善恶，只管敬畏侍奉，才是真正的道理。然而到了中世乘着天下大乱之际，胆敢对抗朝廷、忤逆天皇的北条义时、北条泰时与足利尊氏等不逞之徒，明明是不顾天照大神恩惠的大逆不道之辈，却因不可推测的祸津日之神之心，世人却对他们望风归顺，子孙后代也享受着一时的荣华富贵。

虽知要尊崇照耀这个世界的天照大神，却不知道天皇也必须敬畏的宵小出现在这个世上……却对皇国之道一无所知，这肯定是因为不信照耀世界的太阳之神便是天照大神，忘记今上天皇便是天照大神子孙的缘故。天津日嗣①高高在上。之所以将皇统称为日嗣，是因为天皇以太阳之神天照大神的旨意为己意，继承其事业的缘故。另外，之所以称天皇的皇位高高在上，并不是单指地位崇高，而是因为那是太阳之神的御座。将太阳的各种古语名词如高照、高日、日高等结合起来考虑一下便明白了。如此这般太阳之神的御座被代代传承，而天皇也坐在御座上，因此天皇毫无疑问与太阳之神同一级别。既然如此，凡是受太阳之神恩惠之人，又有谁敢不敬畏侍奉天皇呢？我国的"道"与天地共存、永恒不变，这是其灵妙神秘，正确而高贵。

……

原本如果要深究"道"到底是何物的话，它不是天地自然之道，此处必须认识清楚，与中国的老庄思想区别开来。也不是人为制作之道。而是基于伟大的高御产巢日之神的御灵，世间万事万物，都是基于此神祇的御灵而诞生。由神祖伊邪那岐、伊邪那美两大神所创造，世间万事万物，都是从此二神创造天地之时开始，经由天照大神接受、保留、传承下来的"道"，因此被称为神之道。"神之道"这个词汇最早出现在《日本书纪》用明天皇之卷②中，但这仅仅只是指斋戒祭祀神祇的行为。而孝德天皇之卷③中则有"惟神者，谓随神道。亦谓自有神道也"的说明，这正是广义的阐明皇国之道的最初的论述。其详细的含义则如上面所引述的那样，使用"道"这个单词并不代表它有什么特殊的手法诀窍，因此与仅仅只是指斋戒祭祀神祇的

---

① 天津日嗣：天津即指天，天津日嗣则指皇统继承。
② 用明天皇之卷：指《日本书纪》卷二一。
③ 孝德天皇之卷：指《日本书纪》卷二五。

行为的意思相同。

……

然而关于"道"这个词汇的意义，只要熟读细思以《古事记传》为首的各种古代典籍，即便今天也应该明白无误才对。但世间的知识分子们的心却都被祸津日之神所蒙蔽，一心痴迷于汉籍，其所思所言都跳不出佛教式思维跟中国式思维两种，没有体会到真正意义上的"道"的内容。

……

我国的学说从神话时代传承至今，没有混入丝毫自作聪明的人为篡改，因此表面上看上去很浅薄，但实际上却深邃无限，有着远非人智所能企及的深远妙理，但世人只知所以不知其所以然。……只要皇国精神坚实不动，无论做什么都不会有害处。

随后各人虽然将所获得的神道传承扩散开来，但内容都是因羡慕异国的各种"道"的教说，而在近来捏造出来的私说而已。夸张的号称秘传，需要择人而授秘密传承的类型，都是后世捏造出来的东西。基本上凡是善事，应该无论如何都要想办法传播到世间才对，将之私有化秘而不传不愿广为人知的做法，是非常肮脏的心态。敬畏的天皇统治天下之"道"，却被下面的小人私有化，简直不成体统。身处下位者凡是服从上面的指示，便是符合"道"的行为。即便神之道在实施上有具体内容，将其授受传习个别实施，也属于不遵从上意的自说自话行为。

世上所有的人，都是基于产巢日①之神的御灵所生，这才来到这个世间的，生来就知道什么样的行为合适自己。所有的生命，包括鸟兽鱼虫在内，都受到产巢日之神的恩惠，生来就知道什么样的行为合适自己。其中，人类作为特别优秀的存在而来到这个世界，基于优秀的程度，该知道的事情都生来就知道，该做的事情也生来就做得到。那么又为何在此之上再强制性地要求其他事情呢？若不进行教育便什么都不知道什么都做不到的话，岂不是说人类比鸟兽鱼虫更加劣等吗？所谓的仁义、礼让、孝悌、忠信之类的东西，都是人生来就具有没有必要借助教育也能自发地认识、实施之事。然而那个被称作"圣

---

① 产巢日：日语中为"结合"之意。

人之道"的东西，因为是为了将原本就难以治理的国家强行治理而制作的，所以超过了人类天生就具有的程度，变成了更为严格的强制性制度，因此不符合真正意义上的"道"。所以大家嘴里都啰啰嗦嗦地讲着，但实际上按照要求行的人几乎代代皆无。将这种东西视作基于天理之"道"的想法简直岂有此理。

……

上古时代，即便是最下层，也以天皇的圣意为己意，以天皇的圣心为己心，不混入丝毫私心。只管敬畏遵从天皇的旨意，在其慈爱的庇护下，人人祭祀祖神，就如同天皇祭祀皇祖神一般，从诸臣百官到黎民百姓，都需祭祀各自的祖先神。另外，如同天皇为朝廷为天下祭祀天地神祇一般，下面的众人也向善神求福，为免除祸患祭祀恶神使之平静，若偶然身染污秽不净则需被除洗净。这些都是人之常情，正可谓自然而然。

……

神道与佛教之类不同，不只有善神也有恶神，心之所思与身之所行都有善恶二途，为恶者昌为善者祸的事情世间也不少见。因此神道不是以是否符合逻辑来考虑问题，仅仅只需畏惧神灵的愤怒，只管祭祀便是。而祭祀时也是同样的讲究，即如何让神灵高兴。首先是万事都要清净污垢，然后献上自己所能献出的最好的东西，或是弹琴或是吹笛，或是唱歌跳舞等助兴之事来祭祀神灵，这些都是神代的遗风，上古之道。

……

祭神之时首先最紧要避讳的是火，观《日本书纪》《古事记传》等书中神代卷目关于黄泉的记载便知。这不仅仅是祭神的时候，平时的生活中也必须谨慎小心，绝不可玩忽草率。若身染火之污秽，那就会见到祸津日之神得意扬扬的表情到处作乱，世间将发生各种祸患。因此为世为民，在此苍天之下都需要谨慎火之污秽。今天只有在祭神之时又或是神社等处才有这种关于火的忌讳，一般社会则完全没有这方面的忌讳。

……

符合身份且竭尽所能地做事，过着平稳快乐的生活，没有什么特别之处，如此生活之外还需要什么教说呢？教婴儿各种事情、匠人间传授技巧及其他各种手艺技巧的传授等，自古以来便是如此。虽然儒佛的说教表面上看来与此并无差别，但仔细考察便知两者截然不同。事到如今说什么"道"之类的，不得不接受教导并实施的理由又在何处呢？

……

以上并非一己独断专行之论。全都是根据古典而来，认真阅读的人自然没有疑问。

明和八年①十月九日，伊势国饭高郡住民，平朝臣宣长，谨记。

---

① 明和八年：即1771年。

日本哲学资料选编

下册

魏常海 孙彬 —— 主编

Selected Materials of
JAPANESE
PHILOSOPHY

目　　录

第三编　明治时代

一、西周 ······················· 3
　百一新论（节译）··············· 4
　人生三宝说（节译）·············· 12
　西洋哲学史讲义片断············· 18

二、福泽谕吉 ················· 20
　劝学篇（节译）················· 20
　文明论概略（节译）·············· 25
　学问的独立（节译）·············· 30
　脱亚论（节译）················· 51

三、西村茂树 ················· 53
　日本道德论（节译）·············· 54

四、加藤弘之 ················· 73
　自然界的矛盾与进化（节译）······ 74
　自然与伦理（节译）·············· 80
　立宪政体略····················· 86

五、涩泽荣一 ················· 97
　《论语》与算盘（节译）·········· 97

六、中江兆民 ······ 127
续一年有半（节译）······ 128
三醉人经纶问答（节译）······ 141

七、村上专精 ······ 149
日本佛教史纲（节译）······ 149

八、井上哲次郎 ······ 157
明治哲学界的回顾（节译）······ 158

九、井上圆了 ······ 172
哲学新案（节译）······ 173
纯正哲学讲义（节译）······ 178

十、冈仓天心 ······ 192
东洋的理想——关于日本美术（节译）······ 193

十一、森鸥外 ······ 205
审美论（节译）······ 206

十二、大西祝 ······ 223
批评论（节译）······ 223
当今思想界的要务（节译）······ 231
良心起源论（节译）······ 236

十三、夏目漱石 ······ 243
文艺的哲学基础 ······ 244

十四、北村透谷 ······ 259
万物之声与诗人 ······ 260
内部生命论 ······ 263
人生相涉论（节译）······ 269

十五、幸德秋水 ······ 275
神会主义神髓（节译）······ 276

第四编　大正时代、昭和前期

十六、内藤湖南 ··· **297**
　　何谓日本文化（节译） ··· 297

十七、西田几多郎 ··· **306**
　　场所（节译） ·· 306

十八、津田左右吉 ··· **319**
　　日本人的生活与中国思想（节译） ······························ 319

十九、波多野精一 ··· **334**
　　宗教哲学序论（节译） ··· 334

二十、深田康算 ··· **340**
　　美的灵魂（节译） ··· 341

二十一、河上肇 ··· **355**
　　马克思主义的理论体系（节译） ·································· 355

二十二、左右田喜一郎 ·· **382**
　　文化主义的论理 ·· 382

二十三、阿部次郎 ·· **391**
　　人格主义（节译） ··· 392

二十四、九鬼周造 ·· **399**
　　"粹"的结构（节译） ·· 399

二十五、和辻哲郎 ·· **418**
　　风土（节译） ·· 419
　　孔子（节译） ·· 463

二十六、三木清 …… **473**
　　人学的马克思形态（节译） …… 473

二十七、户坂润 …… **478**
　　作为思想的文学（节译） …… 478

第三编　明治时代

一、西　　周

史料简介

　　西周（1829—1897，文政十二年—明治三十年），生于石见国津和野（今岛根县）。祖上世代为藩医。幼年起受严格的朱子学（山崎闇斋系统）训练，具有扎实的汉学修养基础。十八岁时偶然读到《论语征》，遂对朱子学进行了反省，倾向于带有唯物主义倾向的徂徕学。二十一岁开始学习洋学。后入"蕃书调所"专事洋学研究。1862年受幕府派遣赴荷兰留学，在莱顿大学学习"五科"（社会科学），1865年回国。先后任幕府直参、开成所教授、沼津兵学校校长等职。明治维新以后，受新政府之召，从1870年起先后在兵部省、文部省、宫内省、参谋本部任职。晚年任元老院议官、贵族院议员，授男爵勋位，赐瑞宝章。一生为显赫的官僚学者。

　　在政府任职的同时，讲授洋学，翻译书籍。1870年开设私塾育英舍，教授汉文、英语、笔算诸科。还每月开讲六次百科全书式的讲座，讲义就是《百学连环》，这标志着西周作为近代学者学术活动的新起点，从此开始了他丰富的著述活动。1873年明六社成立，西周为发起者之一，并频频在其刊物《明六杂志》上发表论文，进行启蒙活动。此时起至1878年（明治十一年）前后，是他的哲学思想和启蒙活动的繁盛期。西周的主要哲学著作，都是在此期间发表的。明六社解散以后，东京学士会院成立（1878年），西周亦为发起者之一。并继第一任会长福泽谕吉之后，连任七届会长。

　　西周一生著译书籍、论文八十余种。此外尚有大量序跋文、诗稿、书简、杂记、日记等。其中关于哲学的著作，主要有《述对徂徕学志向之文》《津田真道〈性理论〉（稿本）之跋文》《西洋哲学史讲义片断》《开题门》《灵魂一元论》《百学连环》《生性发蕴》《生性札记》《尚白札记》《百一新论》《致知启蒙》《知说》《美妙学说》《教门论》《人生三宝说》《论理新说》《心理学说之一斑》等。将西方哲学系统地介绍到日本，是从西周开始的。他被称为"日本近代哲学之父"。今据1958年西周纪念会编三卷《西周全集》第一卷选译其著述三篇。

百一新论①（节译）

现在有人一说到道理，就以为事君尽忠、事亲尽孝是道理，雨从天上落下、太阳照耀大地也是道理，仿佛在当然之理与自然之理之间没有任何差别。必须说在它们之间是有区别的②。

如同可以治人者为法，以导人化善者为教来区分法与教一样。对于道理来说，也要弄明白有两种。

因为在中国和日本，自古以来就没有这种区别。所以至今大多数人都认为它们是没有区别的。这种看法一旦延伸下去，就会产生很大的错误。例如在中国，人们认为日食是因为当时的人君之政不正，故天垂异象以惩戒。同样在日本，有许多人认为伊势神风或由日莲祈请之法力刮起的台风致使蒙古舰队覆没③，净藏贵

---

① 《百一新论》初版于明治七年（1874）三月，相应斋刊行，山本觉马作序。以后，先后被收入《明治名著集》（《太阳》杂志增刊，1907年）、《明治文化全集》思想篇（1929年）、《西周哲学著作集》（1933年）、《西周全集》（1960年）。本文据《西周全集》第一卷所收版本译出。全文分上下卷，篇幅较长。本文选译其下卷的后半部分。其中关于学问体系论以及首次将"Philosophy"定译为"哲学"的有关段落，在西周的哲学思想中具有重要的意义和地位。

② 据全集版本，到此为一段落。下段另行时无空格。下同。

③ 日莲：1222—1282，日本佛教日莲宗开山之祖。生于安房（今千叶县），曾于睿山、奈良、高野山各宗佛教寺院游学修行，1253年开创日莲宗。认为只要口唱《法华经》题目（南无《妙法莲华经》），即可获得拯救。因此与旧有各派佛教对立。著《立正安国论》献给镰仓幕府，并预言国难将至。因此受到流放和迫害。1274年（文永十一年）、1281年（弘安四年），忽必烈两度发兵攻打日本，恰遇台风，元军舰队覆没于博多湾，日本称之谓"神风"。日莲宗称此完全是日莲祈请法力之功。

所以真言秘法之法力祈起将要倾倒之八坂塔①，伊势神歌可祈雨解旱等。这些看法就是因为没有弄清楚道理有两种的缘故。所以在佛教的经文里会出现许多拼凑起来的有关诸天神佛、鬼怪、夜叉及释迦说法的故事。基督教也有依靠魔法使得六月降雪、隆冬开花的形形色色不可思议的稀奇古怪的事情。此耽溺不除，正确的道理就不能成立。所以必须知道，于此各种道理，虽一样地言说，其实道理有两种类型。为表示这种区别，今将其一个叫做心理，一个叫做物理。物理是天然自然之理。说它大，大到整个宇宙、远到遥远的星辰。说它小，小到一滴水、一撮土。从禽兽到人类的动物、草木等的植物，无论哪一个，皆备此性，均不能外于此理。若违背此理，则任何事情也不能成功。然而所谓心理就没有这样广泛，唯是行于人类上之理，非人类不能领悟此理，也不会遵奉此理。虽然心理亦本于天然，但由于它并不是不可违背之故，所以一些浅见肤识者便认为，对于此理，人类是可以擅自作为、酌量加减、随心所欲地改变的。若物理称A priori，是先天之理，心理称A posterieri，是后天之理，那么在先天之理里面，首先只有人类才有可能。就人类后天之心理来说，因其备于自然之故，称之为Necessity（必然）②，是出于不得已之理。然而，此理与先天的物理的一定不动之理有所不同。对于每一具体事物来说是千差万别和形形色色的，必须抓住其中的最关至要之点。

可以譬喻和举例来说明此两种理。首先物理是物质一般之理，从离心力、向心力、变方为圆③、光照射、热传导、光的色散、地磁的阴阳两极等道理，到化学的化合、原子量等道理。从无机体的金石灰土物质，到产生有机体草木人兽，有机体分动静两体，地壳地表，众行星都环绕太阳旋转，森罗万象的星辰天

---

① 净藏：日本天台宗僧人，平安初期汉学家、政治家三善清行（847—918）之子，世称净藏贵所（869—964），曾从玄昭受密乘（台密）。八坂塔：位于京都东山八坂法观寺内之五重塔。

② 此处的拉丁文a priori、a posterieri，及英文necessity三词，西周分别用片假名ア、プリオリ；ア、ポステリオリ；ネセシテ表示。

③ 古代中国和日本的天体观都认为天方地圆。随着近代西方自然科学知识传入，这种天体观逐渐为太阳中心说所取代。

空、风、雨、雪、虹等林林总总现象的百般道理称之为物理。这是人力所不能为的，不管你愿意不愿意均不能外于此理。譬如把石头抛向空中，由于地心引力的缘故，必定落到地上。把金属投入火中，必定因化学之力而熔化。这些是众所周知的、确定无疑的道理。万物均不能外于此理。即使是被称为唯我独尊的天子那样掌握大权的人物，拥有大量财富能大把大把花钱的陶朱公、猗顿、鸿池、鹿嶋屋等富豪，孔子、孟子、楠公等圣人贤者，能够力拔山河的樊哙、吕布、小柳、不知火等武士，都不能使抛向空中的石块不落，不能使投入烈火中的铅块不熔。即使是鬼神也不能做到这一点。推而论之，如出现风、雨、雷、电、彗星等现象，其原理亦是确实的、有规律的，其全部原因也是可以预见的。上述的这些现象即使千百万遍地祈祷、礼拜、念佛也无法改变。可以一例来说明。室町时期北条氏执权期间，忽必烈发十万大兵攻打日本，当时有许多人到伊势神宫祈祷。日莲和尚上书幕府，说为退蒙古大军而致力祈祷，恰好此时刮起了大风，将蒙古舰队刮散并沉入海底，生还者无几，因而认为这是神佛的护佑。今天大家都知道，日本近海的暴风每年大体有二百多天，这种大风的原因亦已知晓。每年夏至以后，太阳的直射线从北回归线向赤道移动，赤道附近海域的温度升高，赤道以北处海面的海水蒸发上升，大气变得稀薄。来自其周围的大气迅速流向此稀薄处，形成气旋。这种强劲的气旋从西南方向东北方刮来，成为刮向日本的台风。大概在每年秋分之前，有一两次这样的台风。尽管每年的早晚时间不一样，但大体接近，而且可以推知。所以上面所说的发生于弘安四年（1281）闰七月的大风，就不足为怪了。很清楚这完全是由于上述的原因形成的。若把如此清楚明白的道理说成是由于托祈祷、祈念的福的缘故，那么上面所说的在什么时候、向什么地方、刮什么样的风的道理也就不能分辨了。如果真是祈祷可以起作用，那么每年的台风也就可以被止住了。即使祈祷可令刮风是真的，那么除了希望刮风的地方之外，其他地方不是还照样受害吗？风是大气流动的缘故。日本的风不断地刮，北边可影响到中国东北，南边可影响到无人岛。哪一个和尚即使是高僧的祈祷，也不能改变天地的规律。这是以与物理完全不同的心力，无论如何也不能改变物理规律的证据。如果以心理之力能够撼动物理的话，那么忠臣义士、孝子顺孙的头也就不会随便被砍了，就会出现《法华经·观世音普门品》中所说的"刀刃段段坏"的结果，乱臣贼子们也不能依靠他们的强大势力恣意施暴了。此乃是物理和心理不同之故。

然而，后天之心理是只存在于人类心里之理。人类存在，则此理也存在。人类不存在，则即使天地不变，此理也就湮灭。然而，正因此理乃基于人之所以为人之一般之性，只要人类存续，此理亦不会湮灭。然其理之体与物理相去甚远，物理亦不能犯其一寸。向天上抛石头必定落地，将铅块置于火中必定熔化。而心理在一定程度上是可以违反的。所以会产生不义不道之事，有时行不义不道之事者还能躲过惩罚。此乃心理和物理的差别。物理是普遍的一定无二的，每事必然有度，可用数字测之。所以抛石落地时间的数据可自成而得。也可用仪器测出铅块熔于火中的温度、铅块的体积重量、熔化时间等的数据。然而，心理是不通行一定无二的，相反，常存有两极。若有所谓善的一极，则必有其相反的所谓恶的一极。若有所谓正的一极，就有所谓不正的另一极。在此两极之间又有许多程度的差异，从至善至恶到重善重恶、少善少恶之间，有千差万别之度。这些是不能用仪器测得的。法律是极其细微的东西，但是与用尺子测量街道的长度宽度来比，还是属于粗糙的。法律上区分善恶往往是因时、因地、因人和所处的地位而定，实在难测。像公孙杵臼为救扶赵氏遗孤那样当场死去，或是程婴隐忍再活十年，还是各种行道者，虽然他们的情况千差万别，但同样符合被称为忠的标准。所以物理和心理是不同的，而道理和理又向来没被加以区别。

从上面所述的道理可以看出，心理是后天的，虽然完全是存在于人类的东西，但是后天还仍然是天。即使是世界上的大圣贤聚集在一起，也不是他们想改变就可以改变的。之所以说不能随便改变它的理由，是因为从天到人是不能任意改造的，不但当今世界上任何一个国家的人都不能，而且从四千多年人类历史看也不能，这就是证据。人类具备有同一性的东西，所谓"率性之谓道"（《中庸》），这是丝毫不会被撼动的。其同一在何处呢？

从人之好恶就能明确看出，人之好恶即便千人、万人亦是相同，这是任何人都不能改变的。

如果有人突然殴打我或追杀我，或是以恶口杂言藐视我，对此我们应当表示喜欢还是憎恶呢？我们必定认为是恶的。而这种感情的产生于禽兽也是同样的。在世界上未必会有想被殴打或踢打的人，这乃是人类自主自立之权的根源，这存于人性之智。由此推知别人也不希望被人殴打或踢打，这就是所谓的忠恕之道，执柯以伐柯的譬喻也于兹。若自己不想被打，则不可打人之义亦随即产生。若有人夺取我之物品或趁我不备盗取我之物品，那么我们会产生什么样的感情呢？必然会产生愤怒和讨厌其人的感情，并且这种感情会毫不隐晦地表现于颜面。这是人类存有所有权之根源，以此忠恕之情推之，则又产生了不可违反人之所有权之义。此两者恒存于人类的万事万行中，丝毫也不能否定。即使在狄夷蛮貊之邦，没有一个人喜欢殴打、偷盗的，大概这就是法之根源吧。

又或是有人遭到意外的灾难，或是溺水掉到水沟里，或是因某种原因而缺少饮食衣服，或是旅行者到了晚上没有住宿之地。无论是认识还是不认识，若给予救助或给予借宿，那么受助之人会生气发怒吗？会觉得救助之人可恨吗？会存有想杀掉救助自己之人的感情吗？不仅不会如此，还会产生极其喜悦、感恩的感情。这是无论东西南北都会产生的具有同一性的感情，这正是仁道的根源。

又或是当养育自己的亲人死去或可爱的孩子死去时，一定不会产生喜悦，而是产生悲哀之情。不仅如此，当路上有人倒下时，当别人作出不义之事时，当污秽臭物摆在面前之时，人们都会产生厌恶之情。这些积累起来正是教育之根源。

人类不能像虎狼那样独居独栖，而是与鸿雁牛羊相同。若有为群之性，则必定会产生互相生养之道。互相生养之道始于夫妇，父子者为一半，君民政府者亦成立。从此，在以往的各种情况里均通行上述的权义与仁爱，因此从古到今，这个世界并没有在瞬间毁灭掉。

在后天的心理流行的场合，虽然心理唯存于人类之中，但它不是物，与物理是不同的。可是心理与物理同样是不能随便违背的。例如，走钢丝的杂技演员在高处表演各种各样的动作，尽管他时刻在注意寻找和保持良好的重心，但是一旦有差之毫厘的错误而导致重心破坏，就会突然坠落并导致受伤。虽然心理与物理不同，无需一丝不苟，但因其原本基于天理之故，若将此微小差异积累起来，则同样是有危害的。譬如不为人知的为盗者，虽侥幸未被人发现，但因常在良心①独知之处受谴责，故迟早会被发现。又上述为盗之事，皆因出于欲火之炽，往往以为能得侥幸而铤而走险。但是往往被发现，最后必定伤害自己。又小人自己不知修德，欲侥幸地得益，欲得大家的原谅，或欲以阴谋诡计骗人。但是很快就会暴露真相，与天下人情相左，终会暴露破绽，征诸于历史亦是显而易见。历史上虽有奸臣得势和名分颠倒权倾于世的情况，但终不免其祸。正所谓古人所说"人众而胜天，天定而胜人"。

然而，有些情况也不能一概而论。虽然奸臣违反名分、擅自专权时，做下上述侵犯权义之事，但如果其心情与世间同好恶，若其所为在当时的昏君之上，则人心归向于他们。即便当时的正统君王名正言顺，但如其暗弱而不能奉天职，或是骄奢而失去人心，不能与世间同好恶，亦会被奸臣乘机所为。若这样的情况持续二十年，权力往往倾向于奸臣方面，因此丝毫不能以名分和些微之德来倾覆奸臣。因为这里所说的名分是虚的东西，不是实理。而实理在任何时候都是胜出的东西。譬如钵子里因为有饭，才被称为饭钵。即使钵子用黄铜箍起来非常漂亮，但如果把其中的饭倒入研钵中，钵子就空了。人们的注意力马上被吸引到研钵上，虽然研钵很不像样子，但因为其中有饭，人们的注意力就被吸引过来，就是这样的道理。所以名分是虚的东西。人君奉天职，在于能与天下人民共好恶，以公平正直为政，以真善美教化百姓。只要这样地尽力，就是实理。奸臣也和研钵、木桶之类一样，只要其中有饭，就算符合天理。《书经》里有"天视自我民

---

① 良心：此处西周用片假名"コンシァンス"表示"Conscience"（良心）一词。

视，天听自我民听"，也是这个意思。原本称天者不是像头领对待伙计那样——指挥——赏罚，而只是赋予同一性并置于人心之上者的一个概念。只要有其性，此实理就不会熄灭。像中国的三家压鲁、六卿分晋、田氏夺齐、曹操与司马懿为政那样，日本的北条氏以陪臣身份执国命、足利尊氏抗衡后醍醐天皇等，都是高明的谋略和做法。大体看来，与物理很不同的心理，在某种程度上不能绵密地流行。虽然心理不像物理那样显现于眼前，但其与时俱进，无论何种乱世和污世，亦不妨碍其理之流行，始终是符合其规律的，这就是天定而胜人。

如上所述，相信大家对于心理已经有所了解。接下来，从人类的万事入手来说明一下物理和心理的几点差别。今有一单身者，想娶一个妻子，此妇能三曲①，巧针线，精通烹调之事，且孝顺姑舅，顺从夫君，善于使役仆人，遵守妇道。是位德才俱能的妇女，具有物理上的优点，又具有心理上的优点。尽管巧三曲不能成为孝顺姑舅的证据。又有一位木匠师傅，他巧细工，又有许多徒弟。巧细工是物理上的优点，善待弟子是心理上的优点，是同存于人的两个方面的东西，而不能说是一个东西。又如所见之歌舞伎、狂言、杂技和变戏法之类。歌舞伎、狂言要学习模仿人的喜怒哀乐而启动人的心理活动。杂技则是要表演出被常人所不能为的希世绝代的动作来。虽然同样被认为非常有趣，但必须知道其内里是两个不同的东西。一个是以感动的心理为主，另一个是物理的，即弄明白为什么必落的东西落不下来，为什么不能转动的东西转动起来了等不可思议的现象的原理。虽然好与不好因人而立，但首先要知道心理和物理之差别，然后才可论其巧拙可否。所以说这样的事例不胜枚举，涉及人间万事。我们平常只知有理而不知其区别，混同物理和心理，结果还想以人的心力来改变天然的物理上之力。这样的想法不是很大的错误吗？

又如圣人所说的易学，虽有本于物理之说者，但其套用的是心理上的事情，因此说物理与心理是相通的。虽说其乃是伏羲、文王、周公、孔子四圣人所作所为，但是在比古代人文开化、天

---

① 三曲：指日本的琴、三弦、箫（或胡琴）三种乐器的合奏。

地之理稍明的后世，却是很奇怪的说法。虽说上述人物乃圣贤，但其并不能作出超越自身时代的预言。在西洋，如古希腊人的文明之世，有如今天相信巫女那样的相信德尔斐①神所开示的宣扬神喻和神灵附体之人（神汉、巫师或传死灵与生灵口谕者）。在古罗马，也有相信流传的占卜师祭司团②以星象和鸟的脏腑进行占卜之事，诸如西塞罗（罗马政治家、历史学家）等人亦有所参与。现今西洋亦完全不相信这些了。前面所说的法和教皆为心理的东西，是以人的心情为本的，与物理之事没有关系。这样，教这个概念的范围就愈来愈窄了，是有限的。

弄清楚了物理和心理的关系，是不是就认为"教"就一点儿也不需要考虑参考物理了吗？所谓"教"原本必须分观、行两门来论。若其行门是专根据性理而立法，则不涉及物理之论。而从观门方面来说，就必须参考物理的东西，但是不能混论物理和心理。至于说不能不参考物理，是因为只要人类也是天地间的一物，则不能不参考物理。在物理之内，以自然史③学为主。自然史首先要论金石、草木、人兽三个领域的诸种道理。自然史又旁分地质学、古生物学④，复原地球产生之初的情况。又在人兽之部里，Anthropologie译作人类学⑤，总论从比较解剖学到生理学、性理学、人种学、神理学、美学⑥、历史等学术。这些学术都必须

---

① 德尔斐：（Delphi）：是全希腊的宗教中心，位于福克斯的帕耳那索斯山麓，以当地设有德尔斐神示所（Delphi oracle）及阿波罗神庙而闻名。神庙的内殿是神示所的所在地，皮提亚（Pythia，又名女祭司，从公元6世纪起设为三名）居其中。饮卡索提斯圣泉之水，啖圣月桂之叶，坐在金鼎上，如痴如狂，高声谵语。男祭司把这些话语作为阿波罗神的意旨作出解释。

② 占卜师祭司团（Augurs）：古代罗马的祭司团，根据天象、气象、飞鸟出现的方向、祭牲宰杀前的动作、内脏的形状等进行占卜。

③ 西周在书中将Nature译作汉字"造化"。

④ 西周在书中将Paleontology（古生物学）译作汉字"古体学"，并在旁注片假名"バレント"。

⑤ 西周在书中将Anthropologie（德）人类学，以片假名"アントロホジ—"表示，并译作汉字"人性学"。

⑥ 西周在书中将Esthetics（美学）译作汉字"善美学"，并旁注片假名"エステチ—キ"。

分别参考物理。参考这些而征诸于心理，则将阐明天道人道，兼立教法的Philosophy①译为哲学。在西洋，自古以来就是这样论述的。今设百教一致的题目。若从分类上说，则此论教者也必是此哲学的一种。若要详细地说，遵奉某一教门者，往往是以其教义为是，以他教为非。在概论百教而阐述同一之旨时，必须从众多的侧面俯视百教。所以此哲学上之论，也必须是兼论物理与心理之事，但兼论并不是混同论。

（王守华译注）

人生三宝说②（节译）

一

欧洲哲学上的道德论自古以来经历了种种变化，至今始终未能归于一辙。可以看到过去各种学说颇为盛行（柯尼斯堡学派康德的纯粹理性批判③，费希特、谢林、黑格尔④的观念论等），然而自从实证主义⑤（法国的孔德）产生以来，颇使人耳目为之一

---

① Philosophy：此地西周以片假名"ヒロソヒー"表示。

② 本文首次连载发表于《明六杂志》第三十八、三十九、四十、四十二号上（1875年6—10月）。由于该刊于四十三号后停刊，只发表了一至四章。1890年萱生奉三编、土居光华评《偶评西先生论集》出版，将该文的五至八章增补收入，为该文的第一次全本。后来的《明治文化全集》第十八卷杂志篇（1929年）也仅收一至四章。《西周哲学著作集》（1933年）、《西周全集》（1970年）均全文收入。本文据《西周全集》第一卷版本，参考《明六杂志》第十八版版本选译其一、二章。

③ 西周在文中将"I. kant"（康德）译为汉字"韩图"，并旁注片假名"カント"。将"Kritik der reinen vernunft"（纯粹理性批判）译为汉字"绝妙纯然灵智说"，并旁注片假名"トランスセンデンタルライキンフェルニコンフト"。

④ 西周在文中将"J. G. Fichte"（费希特）译为汉字"非布垤"，并旁注片假名"フィフト"；将"F. W. J. Schelling"（谢林）译为汉字"酒儿林"，并旁注片假名"シルリンク"；将"G. W. F. Hegel"（黑格尔）译为汉字"俾歇儿"，并旁注片假名"ヘィゲル"。

⑤ 西周在文中将"Positivism"（实证主义）译为汉字"实理学"，并旁注片假名"ポシチヒズム"。

新，诸大家之说根据实证主义的也逐渐多起来。其中，J. S. 密尔①发展了边沁的功利主义②的道德论（此亦可见于古希腊的伊壁鸠鲁学派③），可看成近时道德论上的一大变革（十年前，我留学荷兰时，当时荷兰著名哲学家奥普周默尔就推崇孔德、费尔巴哈、密尔等）。功利主义认为人生最大的目的是获取最大的幸福，既然这是诸大家最妥帖的确论，就不容晚辈后学们草率地议论（此点留待于论述密尔的功利主义时再说）。而今天这里所论的旨趣，是欲以人类的一般幸福作为第一要点，并论及达到此目的的方略，此即为人生三宝说之起由。所以三宝并非人生最高极处之要点，而作为欲达其最高极处的一般幸福的要点的方略和媒介，应当把它作为第二等的要点。然而，此三宝说只是我个人之管见、心中之臆想，决不是期望继承西哲诸家之说。又，将它列为第二位的要点，在人类道德上能否达至所谓的一般幸福地位呢？诸大家在九泉之下会不会产生疑问，能否首肯呢？我不敢保证。也许我过于放肆，欲请社内诸位先生④严厉地批评指正。

今天所说的主要意思是人生有三件宝贝，人能珍重其以帮助道德之旨，可以其为重点履行于修己治人之事。而此三宝是什么东西呢？这三样东西，第一是健康，第二是知识，第三是富有⑤（此富有的字眼平常稀有使用，姑且可理解为金钱，金钱与财富的区别必须由经济学来论述，然而从道德学上来讲，向往金钱，也算是一种道德吧）。所以今在道德论上，将此三者作为宝贝，

---

① 西周在文中将"John Stuart Mill"（J. S. 密尔）译作汉字"约翰士低瓦的弥尔"，并旁注片假名"シォンスチワルドミル"。
② 西周将"J. Bentham"（边沁）译作汉字"宾杂吾"，并旁注片假名"ベンサム"。将"Utilitarianism"（功利主义）译作汉字"利学"，并旁注片假名"ゥチリタリアニズム"。
③ 西周将"Epicurus"（伊壁鸠鲁）译作汉字"埃比哥列斯"，并旁注片假名"エビクレス"。
④ 指明六社内的诸位先生。
⑤ 原文西周用汉字"富有"，并旁注片假名"トミ"（财富、财产之意）。从其注"トミ"（名词），而不注"トム"（动词，富有之意），应译作"财富"为妥。但为尊重原作者所使用的汉字，和尊重先辈的翻译（朱谦之先生译作"富有"），仍保持"富有"的译法。

把重视它、尊重它，想获得它、向往它、追求它，作为达到所谓的最大幸福的方略。然而，当今世上所谓的道德，以温柔、敦厚、恭谦、揖让、寡欲、无欲等诸德为入门之第一义。所以突然听说此三宝论，也许会讥笑它吧。认为如此道德所讲的必定是赌徒、人力车夫之类的哲学。因为以力气大、强硬、知识、魁伟，欲取得金钱，必定培养赌徒、人力车夫，它是贪欲的巢穴。以这些为道德的要点，必定教唆天下人为盗贼。我的看法与此不同。我认为达到人生此三个要点是天所赋予斯人的，我们追求、保全、享受天赋的最大的康乐幸福之基本内容乃是理之自然，不要随便糟蹋了天授。

说到三圣（耶稣、释迦、孔子）所教，如关于来世的祸福之类，绝非是我们所能知道的。然而关于本世之道，即使是三圣也不能离此三大要点，何况赌徒、人力车夫、仆人、雇工们，他们的所为亦出于追求此三宝，正是合乎人道的。又所谓夫妇之不肖亦非真存于此吧。老庄、禅家和奉神使者①恰恰是去除了这些要点，而求诸于其他，此即为异端邪说，遗害人道。虽然孔孟之道尚未明言人生三宝之事，但亦非于三宝之外行其道。所以我把三宝作为达至人生一般的最大幸福的三大纲领，当追求、保全三宝之道极其盛大时，则人生的美和善可达到越来越进步昌明的程度。除了所谓的来生的祸福之外，人生的百般诸事皆不能外于此三者，人们的修身齐家、治国平天下哪一个也不能外于它。

再来进一步说明其中的道理。为何以健康为宝？一切有生命者无不珍惜其生命，这是我们所看到的事实。即此为天禀之德性。以保护健康、拥有健康来保全生命，是人对于天的第一义，这是非常清楚明白的。为何以知识为宝？一切有生命者无不喜欢胜过别人，这也是我们看到的事实。即此为天禀之德性。然而，人是能辨别道理的，所以与以体力胜出的禽兽不同，必须努力以心力胜出（这一点从近代战争的胜负越来越决定于心力，即可说明）。今天每一个欲以心力相胜者，哪一个不是靠拥有知识？所

---

① 奉神使者：西周原用汉字"教仙者"，旁注片假名"ヘルメツト"（Hermes），原指希腊神话中神的使者——海尔梅斯。在此泛指一切神使、巫师。

以追求扩大自己的知识是人对于天的第二义。为何以富有为宝？一切有生命者无不取物供己使用，这也是我们所看到的事实。即此为天禀之德性。禽兽唯求食足矣，但对于人来说，除了每日不可缺少的衣食住之必需外，还要获取百般之快乐。为此需要财物百货供给，又为方便储蓄流通（此属经济学之论）而需要货币。即欲富裕乃人对于天之第三义。这些是每个人都日夜不厌其劳地尽己力而孜孜以求的。各人躬行之目的没有比珍重此道德之大本三宝更为大的了。若颠覆了此大本，则天降灾殃无法回避。此即为天律、天之法理，能使每一个人于此畏天命、敬天威、日夜戒慎恐惧。今夫物理之事，人孰得以轻蔑之？如踏白刃，如饮砒霜，人亦孰甘于侵之乎？虽然对于心理之事，人们或许能疏忽之，然而如果人们敢轻视此三大宝，其祸殃会接踵而至。如果对从来所传之恭敬、温厚、无欲、寡欲等道德规范稍稍违反一些，其祸不至于顷刻而至吧。然而如果轻视了三宝，其报应马上即来，岂能不使人戒慎恐惧呢？简而言之，违反了第一义将导致什么样的祸殃呢？人若忽略了第一义，放纵淫荡、不知节身摄生、嗜欲惟耽、情欲惟逞，则天殃接踵而至，小则危害健康，大则伤及生命。我们把这个祸鬼叫做疾病。自古以来圣贤们谆谆垂诫示训者盖在于此。违反第二义将导致什么样的祸殃呢？人若忽略了第二义，不好问好学、见善不能迁、听义不能服、喜刚愎自用、自暴自弃，则天殃接踵而至，此人终身不知人生之快乐为何物。我们把这个祸鬼叫做愚痴。自古以来圣贤们不遗余力地劝学，努力诱导奖掖谦虚者盖在于此。违反第三义将导致什么样的祸殃呢？人若忽略第三义，懈惰怠慢、厌劳动、惮勤勉、贪逸乐而玩遏此生，则天殃接踵而至。我们把这个祸鬼叫做贫困。纵令有万金之富，旦夕间亦会散尽而被逼到饥饿之境。自古以来，圣贤们亦屡屡言及此理（孔门之教虽有说安贫者，但只是说不可贪不义之富贵，并非是说不要尽力储金）。所以，每一个人若能珍重三宝，莫负天赐，于此建立道德之大本，必能达到最大幸福之境界。何况品行端正、气宇充裕，此大本之始立是可以期盼的。若在立大本时，仅简单地以戒慎诚意为宗旨，欲克己复礼，则将每天陷于不堪忍受的互相抵触的矛盾之中。何况若违反了三宝，则三祸鬼在其背后，疾病、愚痴、贫困三者将把我们反搏倒曳押送到阎王殿上。大概每一个人的祸殃没有比此三者更为大、更为首、更为惨了。所以我们必须努力地以驱逐此三穷鬼为道德之大本，这是每个人躬行之要诀，履道修德之本，谁能外之？上面所说的是道德论中每个人自己所行之要点，而对于待人接物即与同事同人相交之道，并推而及至治人之要，及受同人同事之委托任公共事务之道，也同样不出珍重此三宝之外。这个将在后面进行论述。当着诸君之面，感到非常惭愧和遗憾的是，自己的身体衰弱有负于第一义，知识偏窄有负于第二义，家道未富有负于第三义。

二

上面已经论述了每一个人履道修德之本，接下来要论述待人接物之要，即我们与同事同人相交之道。此道在道德学上讲亦是在于与同人一起珍重三宝。举其梗概，第一条规则是勿危害他人之健康，如能帮助达到的则帮助达到之。第二条规则是勿危害他人之知识（骗人、钳制言论、逸言、诬陷等皆在此勿危害他人的知识之中），如能帮助达到的则帮助达到之。第三条规则是勿危害他人之富有，如能帮助达到的则帮助达到之。遵守此三条规则，那么我们与同人的交谊就极其广泛密切，即所谓的仁至义尽。现在来论述这三条规则。凡是个人躬行之事，如果只涉及自己一身，无关乎他人，那么专珍重自己的三宝足矣，其心里也是单一的彼我无别。然而，一旦涉及待人接物，则有了彼我之别，心里单一的彼我无别也就不能不成为彼我二者，不能不带来偏重就轻的毛病和厚此薄彼之差别。虽然这只是表现于事业上的差异，但就其内心而论，珍重别人的三宝在根本上丝毫无异于珍重自己的三宝。古代的圣人曾为此而垂大训诫世，如同昭然观火。耶稣说爱人如爱己，孔子说己欲达而达人。即使是后世的圣人们也不能改变此言，真是万世之至理名言。然而，即便从其事，为何不能无次序，彼我有别呢？例如今有一人能至仁至诚地爱人，有一天在途中遇到一位病者，即取出其平时备在怀中的药包，突然塞入病人口中，人们岂不将他称为狂人。并且不只将他称为狂人，还会怒其人，痛恨地视之。孔子说丘未达而不敢尝。所以既有彼我之别，心则服同一视之事，不能无次序。所以在提规则时，首先从勿害人健康、勿害人知识、勿害人富有三句话开始，称它为规则上的消极三纲。为何皆命以"勿"字，因为关于人的三宝还只是表示制己、慎己、守己之意，尚未以此及人。而后的规则以"如能帮助达到的则帮助达到之"一句，称它为积极三纲。为何皆命以"帮助达到之"呢，是说要扶助人的三宝，辅翼之、赞成之。消极三纲是道德论的东西，也是法律之源。积极三纲即是所谓的道义。进一步来论述，今天法律之条款已知有千万条。在东方首推唐律为初具者，我国以往的律法也以它为据。而后有明律、清律，愈后愈完备。在西方首推罗马法，其后有拿破仑法、英吉利法，其他各国现行之法律大同小异。而法律与宗教相关联者，有如犹太法、伊斯兰法，不胜枚举。然而归其要，各种法律条款均在于规范人生的今生之事，也在于保护此三宝不受危害，条条款款的法律目的全在于此。用现今法律的用语说，戕害三宝者，戕害人的健康和生命称之谓凶贼。戕害人的知识称之谓诈伪。人的富有称为所有，侵夺人的所有称之为窃盗。虽然天下一切恶过千态万状无有穷极，但皆是戕害此三宝的凶贼、诈伪、窃盗之变形和变态。而此凶贼、诈伪、窃盗哪一个也可变形为疾病、愚痴、贫困三祸鬼，逞势害人，把它称之为人间的三恶魔。所以，每个人珍惜自己的三大宝，努力驱除三祸鬼，又努力防止他人的三恶魔的行为，用法律术语来说叫做权利。又珍重他人的三大宝，制止自己的三恶魔，使之丝毫不侵犯他人的行为，称之为义务。如此的权义相立其间，若无侵犯之事，则人道之大本即立，德行之基础即备。虽然还不能说是尽善尽美，但其善美则在此珍惜他人的三大宝，驱除其三祸鬼之中。此即是爱人如爱己，己欲达而达人的规则。是人世至大至高至美至善之德。此德始终植根于人性之中，发自蔼然至情。所以当见到有人攻击疾病、死伤、愚痴的他人时，我们的心里不满足于怜悯之情，此同事同人与我本是同体，这足以证明与我的三大宝为敌者无彼我之别。怜悯他人的疾病，吊死丧，教导愚惑者，体恤贫穷者等的德行皆出于此。这些正好是积极三纲之开示处，每个人的待人接物之道亦以此道为至要之点。然而，为何把积极三纲都作为主语写成合同体的文字呢？这正好表明了彼我之别，明确了着手的顺序，因时因地为人们制定了最为相宜的措施，并加了一个"能"（"能帮助达到的则帮助达到之"）字来表示。所以，即便我们满腔怵惕恻隐，忘却彼我之别，珍重保护三大宝，驱逐三祸鬼，其急如弦，其切如刀，但仍需领会着手的顺序。即作为此道义与前面所提的权义是不可相混的。虽然从道义角度讲，要求珍重人的三大宝，但是珍重三大宝也完全在于保全其道义。所以自己还有其他许多的规则皆属其下，犹如天亮后众星星失去光辉一样。当有人虽遭到人世之变、碰到困难，而自己道义正旺时，却能为同事同仁而奋不顾身地保全道义，这种情况也是有的。此为舍弃三宝之二宝，以保全其一宝。孔子说的杀身成仁，西方圣贤们以自己行动的示范即是这样。从上可见，此道义岂不至大乎。所以每个人以珍重三大宝作为与同事同仁相交之准则。当受同事同仁之委托而出任公共事务时，其道亦不外于珍重此三宝之外。这正是后面所要论述的。

（王守华译注）

西洋哲学史讲义片断

承蒙诸位今天来听鄙人的讲演，不胜感谢。对于学识浅薄的鄙人来说，承担人间第一之哲学①讲义，有点力不从心。况且"讲演"在外国叫"Lecture"②，除了那些伶牙俐齿、具有丰厚学力才力、能将道理融会贯通的人能为之外，对于学力、才力不逮的人，即使为之，但观其哼哼哈哈、假装咳嗽的样子，以及厚得像榻榻米一样的脸皮，确实是件为难之事。所以，我今天不知是喜悦还是献丑。然而，俗话说"千里之旅，始于足下"，由于钦佩而生起了想到外国去看看的念头。一旦决定行动并到了起程的日子，就与大家一起奋勇前往。

……③

---

① 哲学：原文用的是片假名"ヒロソヒ"。
② Lecture：原文用的是片假名"ィロコエンシ"。
③ 此处原稿有脱漏，故省略。

听说是有位叫毕达哥拉斯的贤者所创之名（从将他的徒弟及其团体成员称为哲学家开始，使用哲学这个词①）。与此人同时，有位叫苏格拉底的贤者，继续使用此词。此时，奉此学的人们（贤者们）②自称智者，意为贤哲，诚然是夸称。苏格拉底较为谦逊，用Philosopher③之词时，意为爱贤德之人，与所谓的希贤之意相通。此Philosopher可谓希哲学之开基。这位大人在希腊受尊敬的程度与孔子在中国的地位相同。当时的希腊是信仰邪说、尊信荒诞的神佛④之世。这位大人敢于不信这些，（因信无神而受到责难）遂被判处死刑。此事发生的年代，正值我国第五代天皇孝昭天皇⑤七十六年时。这位大人面对死刑，毫无悔恨悲怨之色，悲惨地死去。其后，其道愈盛，名声愈高，被尊为希腊之亚天。在其高足弟子中，有位叫柏拉图的，以及柏拉图的弟子叫亚里士多德的人。亚氏被当时有名的马其顿王聘为亚力山大王子的老师。在当时的希腊，为此学作出贡献的人很多，其他方面的贤者也很多。希腊之后，罗马继之。罗马虽是人文俱备之国，但此时耶稣之道盛行，希哲学与耶稣教混杂。虽然希哲学在本质上与耶稣教不同，是耶稣教的障碍，但同为教化人类之道的方法。如同耶稣教内部，在诠释其教义教理时，有各种各样派别的差异。然而，它们均以仁爱慈惠为宗，以尊神怜人为道。而在希哲学内部，也不是没有差异，其差异是在……⑥

（王守华译注）

---

① 括号内的文字，在原文中用小号字体表示。"哲学家（Philosopher）"、"哲学（Philosophy）"，原文分别用片假名"フロソフル"和"フロソフ"表示。

② 括号内的字为作者在"人们"两字旁注的小字。

③ 原文用的是片假名"フロソフル"。

④ "神佛"二字原文如此。泛指与哲学相对的神怪邪说，"佛"字无"佛教"之意。

⑤ 原文为"孝照天皇"，"照"应为"昭"。在日本历史上，从第1代（神武）至第35代（皇极）天皇的年代均系推算，故不太可靠。从第36代孝德天皇开始，才比较可靠起来。

⑥ 文稿以下缺失。

二、福泽谕吉

史料简介

福泽谕吉（1834—1901年，天保五年—明治三十四年）是明治时代杰出的启蒙思想家、教育家，也是日本近代文化的缔造者之一。福泽一生勤于笔耕，著书多达六十部一百一十六册，另有论文不胜枚举，均收入《福泽谕吉全集》（共二十一卷，别卷一，庆应义塾编，岩波书店1958—1971）。后又出版了精选本《福泽谕吉选集》（共十四卷，富田正文、土桥俊一编，岩波书店1980—1981），这里选译的两篇是从《福泽谕吉选集》第三卷和第七卷中节选的。依著作出版年代，可把福泽思想分为三个时期：第一时期以1862年《唐人往来》问世后约七年间，均以介绍西方文明为主；第二时期是其代表作《劝学篇》（1872—1876）和《文明论概略》（1875）公刊时期，亦可谓他作为启蒙思想家最具光辉的时期；第三时期是以出版《帝室论》（1882）为标志的晚期，是他政治思想趋向保守的时期。今选译《劝学篇》（商务印书馆1984年版）《文明论概略》（商务印书馆1959年版）《学问的独立》（岩波书店1980年版《福泽谕吉选集 第三卷》）以及《脱亚论》（岩波书店1981年版《福泽谕吉选集 第七卷》）之部分内容。

劝学篇（节译）

第 一 篇

"天不生人上之人，也不生人下之人"，这就是说，人生而一律平等，并不是生来就有贵贱上下之别的。人类作为万物之灵，本应依凭身心的活动，取得天地间一切物资，以满足衣食住的需要，大家自由自在、互不妨害地安乐度日。但如环顾今日的人间世界，就会看到有贤人又有愚人，有穷人又有富人，有贵人又有贱人，他们之间似乎有天壤之别。这究竟是怎么一回事呢？理由很明显。《实语教》①说："人不学无智，无智者愚人。"所以贤愚之别是由于学与不学所造成的。加之，世间有困难的工作，也有容易的工作，做困难工作的叫作身份高的人，做容易工作的叫作身份低的人。大凡从事操心劳神和冒风险的工作是困难的，使用手足从事劳力的工作是容易的。因此把医生、学者、政府官吏、做大买卖的巨商和雇用许多帮工的富农叫作身份高的贵人。由于身份高贵，家里也自然富足起来，从下面的人看来就高不可攀了。但如追根溯源，就可以知道这只是其人有无学问所造成的差别，并不是天命注定的。俗语说"天不给人富贵，人们须凭勤劳来获得富贵"。所以如上所述，人们生来并无富贵贫贱之别，唯有勤于学问、知识丰富的人才能富贵，没有学问的人就成为贫贱。

所谓学问，并不限于能识难字，能读难懂的古文，能咏和歌和做诗等不切人世实际的学问。这类学问虽然也能给人们以精神安慰，并且也有些益处，但是并不像古来世上儒学家和日本国学家们所说的那样可贵。自古以来，很少汉学家善理家产；善咏和歌，而又精于买卖的商人也不多。因此，有些具有心机的商贾农人，看到子弟全力向学，却担心家业中落，这种做父亲的心情是可以理解的，这就是这类学问远离实际不切合日常需要的明证。所以我们应当把不切实际的学问视为次要，而专心致力于接近世间一般日用的实学②，如学习伊吕波③四十七个字母，练习写信

---

① 《实语教》：日本古代的蒙学读本。全书由"山高故不贵，以有树为贵"开始，到"是学文之始，终身勿忘失"结束，系用汉诗式五言连句组成。内容强调智慧之道在于学习。

② 实学：是福泽谕吉常用的术语，不仅指社会生活中必需的、实用的知识、技能，也意味着实验和实证的科学。

③ 日文字母按"伊吕波歌"顺序排列的一种读法，文中指日文字母表，一般常作序数词使用。

记账，学会打算盘和使用天秤等。更进一步，还有很多要学习的学科。例如地理学介绍日本国内及世界万国的风土情况，物理学考察大地万物的性质并探究其作用，历史是详记年代研究古今万国情况的典籍，经济学是从一身一家的生计讨论到国家世界的生计的学问，修身学则阐述合乎自然的修身交友和处世之道。在学习这些学问时，均可参考西洋的译本，书中内容大多用日本字母书写，学习至便，至于有才能的青年，则可兼学外文，对各项科学都实事求是，就每一事物深切追求真理，以满足当前的需要。以上是世间一般的实学。如果大家不分贵贱上下，都爱好这些学问，并有所体会，而后士农工商各尽其分，各自经营家业，则个人可以独立，一家可以独立，国家也就可以独立了。

  治学的要道在于懂得守本分。人们自降生到自然界以来，本来不受任何拘束。生为一个男人就是男人，生为一个女人就是女人，并且是自由自在的。但如仅仅高唱自由自在，而不懂得守本分，则易陷于恣情放荡。所以本分就意味着基于天理，顺乎人情，不妨害他人而发挥自己的自由。自由与恣情放荡的界限也就在于妨害他人与否。譬如花自己的钱，即使耽于酒色，放荡无忌，似乎是个人的自由，其实绝对不然。由于一个人的放荡能成为众人的榜样，终至于紊乱世间风俗，有伤教化，因此他所花的虽然是自己的钱，而其罪是不可宽恕的。

  自由独立又不限于个人，还适用于国家。我们日本是远处亚洲东部的一个岛国。自古不与外国交接，仅凭本国的物产自给衣食，也并没有感到不足。自从嘉永年间美国人来日以后才开始对外交易①，一直演变到今天这种情况。开禁后议论纷纭，其中有人叫嚣锁国攘夷，但所见异常狭隘，有如俗语所谓"井底之蛙"，其议论是不足取的。日本和西洋各国都存在于同一天地之间，被同一太阳所照耀，观赏同一月亮，有着共同的海洋与空气，要是人民情投意合，将彼此多余的物资相互交换，并进行文化交流，就不会发生耻辱和骄矜的感觉，而能同获便利，共谋幸

---

① 嘉永：日本年号（1848—1854）。1853年美国海军提督佩里（Perry, M.C., 1794—1858）率舰来日，迫使日本开港通商，从此日本打破了锁国状态。

福,并本诸天理人情而互相友好。只要真理所在,就是对非洲的黑人也要畏服,本诸人道,对英美的军舰也不应有所畏惧。如果国家遭到侮辱,全体日本国民就应当拚着生命来抗争,以期不使国威失坠。只有这样才可以说是国家的自由独立。……我们日本自从王政维新①以来,政风大改。对外基于国际公法与各国建立邦交,对内向人民宣示自由独立的原则,例如允许平民冠姓和骑马,就是开天辟地以来的盛举,可以说是奠定了士农工商四民平等的基础。今后在日本,除各人因才德地位而有相应的身份外,再也不会看到生下来就有的等级了。譬如人们不能对政府官吏无礼,虽然是理所当然的事,但并不是因为其人可贵,而只是因为他们具有才德,忠于职守,为国民执行可贵的国法,方才值得尊重,所以不是人贵而是国法之贵。在旧幕府时代,装有将军所用茶叶的御用茶壶在东海道②上通行无阻,是众所周知的。此外,将军饲养的鹰比人还要尊贵,在路上碰到"御用"的马都要让开,总之,只要加上"御用"两个字,就是砖石瓦片也看成非常可贵的东西。这是因为人们从数千百年的往古以来,一方面虽然憎恶,另一方面又自然相习成风,从而在上下之间造成恶习。但究竟都不是出于法的可贵与物的可贵,而只是政府施逞威力,使人生畏,以图妨害人们自由的卑鄙作法,即所谓不具实质的虚威罢了。到了现在,这种浅薄的风俗制度早已在日本国内绝迹。因此,人人可以安心,即使对政府怀有不满情绪,也不必隐瞒起来,暗中埋怨,而应遵循正路,按照程序,心平气和,也提出来,并毫不客气地加以批评。只要合乎天理人情,就是舍生拚命也要力争,这就是作为一国人民的本分。

如前所述,基于天理,个人和国家都是应当自由和不受拘束的。假如一国的自由遭到妨害,就是与全世界为敌亦不足惧,假如个人的自由遭到妨害,则政府官吏亦不足惧。何况近来四民平等的基础已经建立,更可以人人安心,只要依凭天理就可以放胆

---

① 王政维新:指1868年的明治维新。
② 东海道:德川时代由东京经名古屋到京都的驿道。

行事。不过每个人都有他相应的身份，并须按照身份而具备相应的才德，要具备才德就须明白事理，要明白事理则须求学，这就是学问之所以成为首要任务的缘故。

照现在的情形看来，农工商三民的身份已经比以前提高百倍，而呈现与士并肩之势，如果这三民中出现人才，政府已经开辟擢用之路。他们就应当重视自己的身份，再莫做出卑劣的事来。大概世界上再没有像无知文盲那样又可怜又可恶的了。由于无知之极，就会不知耻辱，由于自己无知而陷于贫穷与饥寒交迫之境，但又不求诸自己，反而妄自怨恨邻近的富人，甚至纠集徒党，进行暴动，酿成变乱，真可谓恬不知耻，憨不畏法了。这些人一方面尽量依赖国家的法制来保障本身的安全并维持一家人的生活，而另一方面又从自己的私欲出发来破坏所依赖的法制，岂不是自相矛盾，还有些出身清白和有相当财产的人，只顾发财，而不知教育子孙。这些子孙既未受到教育，其愚蠢自不足怪。结果有不少流于游惰放荡，使继承的祖业一朝化为烟云。统治这样的愚民，决不能采取讲道理来唤醒他们的方法，只有用威力来使他们畏服。西洋的俗语说：愚民之上有苛政，就是指此而言。这并不是政府严厉，而是愚民自招的祸殃。由于愚民之上会有严厉政府，而良民之上会有良好政府乃是自然之理，因此现在我们日本国内既有这样的人民，也就有这样的政治。假如人民的品质比今天还要差，而且陷于不学文盲，那么政府的法制就会比现在更为严厉。又如人民都有志于学，明白事理，并能趋向文明风气，那么政府的法制就会达到宽厚大度的地步。可见法制的宽严，只按人民的德与无德来自然伸缩。没有人喜欢苛政而嫌恶仁政，也没有人不愿本国富强而甘受外国欺侮，这是人之常情。生于今世，具有报国之心的人，谁也不必身心交瘁，忧虑不安，只要他的主要努力方向是基于人情，首先端正本身的品行，笃志博学，并具备适应其身份的智德，则政府施政即易，人民也不会以受其统治为苦，从而各得其所，大家同心协力来维护全国的安宁秩序。现在我们劝学的宗旨也就在于此。

文明论概略（节译）

第二章　以西洋文明为目标（节译）

前章已经说过，事物的轻重是非是相对的，因而文明开化也是相对的。提及现代世界的文明，欧洲各国和美国为最文明的国家，土耳其、中国、日本等亚洲国家为半开化的国家，而非洲和澳洲等国家算是野蛮的国家。这种说法已经成为世界的通论，不仅西洋各国人民自诩为文明，就是那些半开化和野蛮的人民也不以这种说法为侮辱，并且也没有不接受这个说法而强要夸耀本国的情况，自认为胜于西洋的。不但不这样想，而且稍识事理的人，对事理懂得越透彻，越能洞悉本国的情况，越明了本国情况，也就越觉得自己国家远不如西洋，而感到忧虑不安。于是有的就想效仿西洋，有的就想发奋图强以与西洋并驾齐驱。亚洲各国有识之士的终身事业似乎只在于此（就连守旧的中国人，近来也派遣了西洋留学生，其忧国之情由此可见）。所以，文明、半开化、野蛮这些说法是世界的通论，且为世界人民所公认。那么，为什么能够这样呢？这是因为人们看到了明显的事实和确凿的证据。兹将其情况说明如下。这是人类的必经阶段，也可以说是文明发展的过程。

第一，既没有固定的居处，也没有固定的食物，因利成群，利尽而散，互不相关；或有一定的居处从事农渔业，虽然衣食尚足但不知改进工具，虽然也有文字但无文学，只知恐惧自然的威力，仰赖他人的恩威，坐待偶然的祸福，而不知运用自己的智慧去发明创造。这样的人就叫作野蛮，可以说距离文明太远。

第二，农业大有进步，衣食无缺，也能营造房屋建设城市，在形式上俨然成为一个国家，但察其内部则缺欠太多；文学虽盛而研究实用之学的人却很少；在人与人的交往中，猜疑嫉妒之心甚深，但在讨论事物的道理上，却没有质疑发难的勇气；模仿性工艺虽巧，但缺乏革新创造之精神；只知墨守成规不知改进；人与人相处虽有一定规矩，但由于习惯的力量压制尚不成体统。这叫做半开化，尚未达到文明的程度。

第三,这里已经把社会上的一切事物纳于一定规范之内,但在这个规范内人们却能够充分发挥自己的才能,朝气蓬勃而不囿于旧习;自己掌握自己命运而不必仰赖他人的恩威;敦品励学,既不怀慕往昔,也不满足现状;不苟安于目前的小康,而努力追求未来的大成,有进无退,虽达目的仍不休止;求学问尚实用,以奠定发明的基础;工商业日益发达,开辟幸福泉源;人的智慧似乎不仅能满足当时的需要,而且还有余力为将来打算。这就叫作现代的文明,这可以说远远地摆脱了野蛮和半开化的境界。

像以上这样分成三个阶段,就可以划清文明、半开化和野蛮的界限。但是,这些名称既然是相对的,那么,在未达到文明的时期,也不妨以半开化为最高阶段。这种文明对半开化来说固然是文明,而半开化对野蛮来说,也不能不谓之文明。例如,以现在的中国与西洋各国相比,不能不说中国是半开化的。但是,把中国与南非各国相比,或取更近的例子来说,以日本近畿地方的人民与虾夷民族相比,那么,前者就可以称做文明了。现在称西洋各国为文明国家,这不过是在目前这个时代说的,如果认真加以分析,它们缺陷还非常多。例如,战争是世界上最大的灾难,而西洋各国却专门从事战争;窃盗和杀人是社会上的罪恶,而西洋各国窃盗和杀人案件层出不穷;此外西洋各国还有结党营私争权夺利的,也有因丧失权力而互相攻讦吵嚷不休的;至于在外交上耍手段,玩弄权术,更是无所不为。只是大体上看来,西洋各国有朝向文明方面发展的趋势,而决不可认为目前已经尽善尽美了。假如千百年后,人类的智德已经高度发达,能够达到太平美好的最高境界,再回顾现在西洋各国的情况,将会为其野蛮而叹息的。由此可见,文明的发展是无止境的,不应满足于目前的西洋文明。

既然不能以西洋文明为满足,那么,我们就可以舍弃西洋文明而不效法它吗?如果这样,我们将要处于何等地位呢?既不能安于半开化,更不能退回野蛮的地位。要摆脱这两个落后地位就必须另寻出路。人们期待中的百年后所谓太平盛世的最高境界,不过是人类的空想罢了。况且,文明并不是死的东西,而是不断变化发展着的。变化发展着的东西就必然要经过一定的顺序和阶段，即从野蛮进入半开化，从半开化进入文明。现在的文明也正在不断发展进步中。欧洲目前的文明也是经过这些阶段演变而来的。现在的欧洲文明，仅仅是以现在人类的智慧所能达到的最高程度而已。所以，现在世界各国，即使处于野蛮状态或是还处于半开化地位，如果想使本国文明进步，就必须以欧洲文明为目标，确定它为一切议论的标准，而以这个标准来衡量事物的利害得失。本书全编就是以欧洲文明为目标，而讨论对这种文明的利害得失的，希望学者不要误解本书这种主要的旨趣。

有人说，世界各国彼此分立，各自形成独特的体制，人情风俗也互有差异，国体政治也各有不同，现在为追求本国的文明，而完全以欧洲为衡量利害得失的标准，岂不是不合理吗？应该适当地汲取外国文明，研究本国的人情风俗，根据本国的国体和政治制度，选择其合乎国情者，当取则取，当舍则舍，这样才能调和适宜。我对这个问题的回答是这样。半开化的国家在汲取外国文明时，当然要取舍适宜，但是文明有两个方面，即外在的事物和内在的精神。外在的文明易取，内在的文明难求。谋求一国的文明，应该先攻其难而后取其易，随着攻取难者的程度，仔细估量其深浅，然后适当地采取易者以适应其深浅的程度。假如把次序颠倒过来，在未得到难者之前先取其易，不但不起作用，往往反而有害。所谓外在的文明，是指从衣服、饮食、器械、居室以至政令法律等耳所能闻眼所能见的事物而言。如果仅以这种外在的事物当作文明，当然是应该按照本国的人情风俗加以取舍。西洋各国即使国境毗连，其情况也互有差异，何况远离在东方的亚洲国家，怎么可以全盘效法西洋呢？即使仿效了，也不能算是文明。例如，近来我国在衣、食、住方面所流行的西洋方式，这能说是文明的象征吗？遇到剪发男子，就应该称他为文明人吗？看到吃肉者，就应该称他为开化的人吗？这是绝对不可以的。又如在日本的城市仿建了洋房和铁桥；中国也骤然要改革兵制，效法西洋建造巨舰，购买大炮，这些不顾国内情况而滥用财力的做法，是我一向反对的。这些东西用人力可以制造，用金钱可以购买，是有形事物中的最显著者，也是容易中的最容易者，汲取这种文明，怎么可以不考虑其先后缓急呢？必须适应本国的人情风俗，斟酌本国的强弱贫富。某人所谓研究人情风俗，可能就是指此而言。关于这一点，我本来没有异议，不过，某人似乎只谈文明的外表，忽视了文明的精神。那么，究竟所谓文明的精神是什么呢？这就是人民的"风气"。这个风气，既不能出售也不能购买，更不是人力所能一下子制造出来的，它虽然普遍渗透于全国人民之间，广泛表现于各种事物之上，但是既不能以目窥其形状，也就很难察知其所在。我现在愿意指出它的所在。学者们如果博览世界历史，把亚欧两洲加以比较，姑且不谈其地理物产，不论其政令法律，也不问其学术的高低和宗教的异同，而专门寻求两洲之间精神上的不同之处，就必然会发现一种无形的东西。这种无形的东西是很难形容的，如果把它培养起来，就能包罗天地万物，如果加以压抑，就会萎缩以至看不见其形影；有进退有盛衰，变动不居。虽然如此玄妙，但是，如果考察一下欧亚两洲的实际情况，就可以明确知道这并不是空虚的。现在暂且把它称作国民的"风气"，若就时间来说，可称作"时势"；就人来说可称作"人心"；就国家来说可称作"国情"或"国论"。这就是所谓文明的精神。使欧亚两洲的情况相差悬殊的就是这个文明的精神。因此，文明的精神，也可以称为一国的"人情风俗"。由此可见，有人说要汲取西洋文明，必须首先研究本国的人情风俗这句话，虽然在字句上似乎不够明确，但是，如果详细加以分析，意思就是：不应单纯仿效文明的外形而必须首先具有文明的精神，以与外形相适应。我所主张的以欧洲文明为目标，意思是为了具有这种文明的精神，必须从它那里寻求，所以两种意见是不谋而合的。不过，某人主张寻求文明应先取其外形，但一旦遇到障碍，则又束手无策；我的主张是先求其精神，排除障碍，为汲取外在文明开辟道路。两种见解的差异即在于此。有些人并非厌恶文明，只是爱好得不如我辈殷切，议论还不够透彻而已。

  前面论述了文明的外形易取而文明的精神难求的问题，现在来阐明其中道理。衣服、饮食、器械、居室以至政令法律，都是耳目可以闻见的东西。然而，政令法律若与衣食居室相比，情况便有所不同，政令法律虽然可以耳闻目见，但终究不是可以用手来捉摸或者用金钱可以买卖的东西，所以汲取的方法也较困难，不同于衣食房屋等物。所以，仿效西洋建筑铁桥、洋房就容易，而改革政治法律却难。我们日本虽然已经有了铁桥、洋房，但是政治法律的改革直到现在还未能实行，国民议会未能很快地成立，其原因即在于此。至于更进一步想要改变全国人民的风气，更是谈何容易，这决不是一朝一夕所能奏效的。既不能单靠政府命令来强制，也不能依赖宗教的教义来说服，更不能仅仅通过衣食房屋等的改革从外表来引导。唯一方法是顺应人民的天性，消除弊害，排除障碍，使全体人民的智德自然发展，使其见解自然达到高尚的地步。假使这样能够打开改变人心的端绪，则政令法律的改革自然可以畅行无阻了。人心有了改变，政令法律也有了改革，文明的基础才能建立起来，至于那些衣食住等有形物质，必将随自然的趋势，不招而至，不求而得。所以说，汲取欧洲文明，必须先其难者而后其易者，首先变革人心，然后改革政令，最后达到有形的物质。按照这个顺序做，虽然有困难，但是没有真正的障碍，可以顺利达到目的。倘若次序颠倒，看来似乎容易，实际上此路不通，恰如立于墙壁之前寸步难移，不是踌躇不前，而是想前进一寸，反而后退一尺。

以上所述仅限于谋求文明的顺序，但我决不是说有形的文明完全无用。有形也好无形也好，不论求之于国外或是创造于国内，都不应有所轩轾。只是要看当时的情况，察其先后缓急，而决不是全然否定。人的才能是无限的，既有身体的才能，也有精神的才能，它所涉及的范围极广，需要的方面极多，因为人的天性本来是趋向于文明的，所以只要不伤害天性就可以了。文明的真谛在于使天赋的身心才能得以发挥尽致。例如，在原始时代，人们都重视膂力，它支配了人与人的关系，在人与人的关系上势必要偏重于权力这一方面，而运用人的才能的范围则是非常狭窄的。后来文化稍微进步，人的精神渐渐发展起来，智力也自然取得了地位，而与膂力相提并论，两者互相制约，取得均势，于是才稍微克服了偏重权威的倾向，而发挥人们才能的范围也有所扩大。但是在古代，由于膂力和智力并用的机会很少，膂力只用于战斗，而无暇顾及其他。至于对衣食住所需物资的取得，只不过是利用战斗的余力罢了。这就是所谓尚武的风俗。当时智力虽然逐渐有了地位，但因忙于维系野蛮的人心，致使智力未能运用于康乐和平的事业，而只是用作治人的手段，并且还得和膂力互相依存，以至于未能取得独立的地位。试看今天世界各国，不仅在野蛮的国家，即使在半开化的国家，凡是智德兼备的人，都是通过种种关系而服务于政府，并依靠政府的力量从事于治人的工作。即或偶尔有不从属于政府而为自身工作的，也不过是研究古典，或陶醉于诗歌等文艺之中，可以说并未能充分发挥人的才能。后来，社会上的事情逐渐复杂起来，身心的需要也逐渐增加了，于是社会上有了发明和研究，工商业日益繁荣，学术的发展也越来越多样化了，因此不能再满足于往日的简单状况。于是，战斗、政治、古学和诗歌等，只不过是人事中的一个项目，而丧失了独霸的权威。最后，千百种事业同时并举，互相竞争，形成彼此势均力敌的状态，互相影响互相推动，使人的品德进步到高尚的境界。直到这个时候，智力才跃居上位，文明才有了显著进步。人类的活动越单纯，用心也就越专，用心越专，而权力也就不能不偏于一隅。在古代，由于事业较单纯，人的才能无处发挥，因而它的力量只局限于一隅。但是，日积月累，恰如单纯的环境变成了复杂的世界，给身心开辟了新的活动场所。现在西洋各国，可以说正是如此复杂的世界。所以促进文明的要领，在于尽量使各种事务繁忙起来，各种需要不断增多，不问事物的轻重大小，多多益善，从而使精神的活动日益活跃起来。这样只要无碍于人的天性，各种事物就必然会日趋繁荣，各种需要也必定日见增长，这从世界古今各种实际经验上可以得到证明。因为人的天性自然趋向于文明，这样决不是偶然的，也可以说这是造物的本意。

学问的独立（节译）

绪　言

近年在我日本国，学问之盛行，无城乡上下之别，盛况空前，可谓文运隆盛之秋。然则，伴随时运的发展，人民开始识字。与此同时，国民的政治思想亦被唤醒，因而世事渐趋繁多。

在此种态势下，政治家的一举一动都会左右天下学问之进退。为国家着想，此实不足为叹。福泽先生立案写就论文一篇，中上川先生为之笔记，题为《学问应与政治分离》。近日在《时事新报》社论中连载，引起众多学者以及政治家的极大关注，成为时下社会所议论的实际问题之一。因此，今将其结集为一册，再版发行，以飨读者（明治十六年二月编者记）。

无论学问还是政治，其目的都是为了增强一国的幸福。但是，学问并非政治，而学者也并非政治家。那么，其相异之处究竟在哪里呢？（我认为）学者所作的工作与现代社会的现实相距甚远；而政治家的作用却表现在日常的人事方面。打个比方来说，国家正如人们的身体，而学者和政治家共同来保护、保养这个身体。政治家的作用就是当这个身体生病时，想办法尽力为其治疗；而学者的作用却是教授人们平日的保养方法。从人类社会产生开始直到现今为止，可以说，人类社会无论在智慧还是在道德方面都是很不健全的，这正如一个人的身体总有某一部分会出现病痛一样。当然，以治疗为己任的政治家的繁忙就可想而知了。然而，因为学者的任务就是平时传授、倡导养生的方法，以此来警示社会，这样，一来可以未雨绸缪，防患于未然；二来就算是不幸发病，也能使之不至于病入膏肓，从而能够尽早痊愈。也就是从这一间接的作用来看，可以说学问的力量也是很大的。

正如前几天《时事新报》的社论（1月11日社论《牛场卓藏君赴朝鲜》，收录在《福泽谕吉选集》第七卷）中所说的那样，在我们日本开国之初，即攘夷论盛行之时，如果没有洋学者平日介绍西洋各国的情况（而这种情况犹如给日本人传授开国的养生之法）的话，那么，我们日本很有可能早已死于锁国攘夷这一病症，而无药可救。学问的效用，虽然如上述那样巨大而深远，但是，古今中外却很少有让学者们管理现今的时事、发挥这种实效性的作用的情况。这与不能让以养生学为专业的医师来治疗实际的病症是同样的道理。所以，将学问与政治完全分离，使之不会相互混杂在一起，对整个社会有利，对其双方本人亦是件幸福之事。从历史上来讲，就连西欧各国也不乏有执政的当权者指导文学的发展方向，或者是有名的硕学登上政坛成为舆论的笑柄这样的例子。就是在我们日本也有类似的例子。即起用德高望重的儒者，使其成为朝廷中的高官，但是他们却起不到任何作用，有时反而会对藩士们产生不利的影响，以致招来杀身之祸。这样的例子不在少数。从根本上说，这些都是将养生方法和治疗方法相互混淆的罪过。

将学问与政治相分离，对于国家来说非常重要。所以，我希望并且期待能够将日本的学问从日本的政治领域中分离出去。也就是说，要将文部省以及工部省直接管理的学校从其管辖中分离出去。溯其本源，在明治维新之初，百废待兴，许多事情都处于创业阶段，当时对于各项事业应该作为官属还是私属没有明确区分，在那种情况下，一切新兴的事业都归于政府管理，甚至就连工商方面细微的事情也要政府插手管理。这就是将学校设置在文部省和工部省管辖之下的原因。这种情况到现在已经有16年了，现在正是应该重新看待、重新整顿这种状况的时候。如果对照国内外的各种情况，并且参考欧美各个文明国家的现状，可知，现在日本政府直接开设学校，招收学生，并且使之归于行政部门管理，由担任行政官职的学者来教授学生。然而，在外国却很难看到类似的例子，并且这种情况也与现在的时局与形势不符。

从根本上说，如果要学习学问的话，不论在行政官僚的学校里学，还是在其他任何教授学问的地方学，都是一样的。但是，在政治社会中，其实际情况却并非如此。所谓国家的政治，正如上面所述，可以说在现今的人事支配下处于一种随机应变的状态。例如，为防饥荒，就要做救助的准备工作；为防外患，就要准备兵马；当纸币下跌时，就要做好黄金白银的储备；还要根据贸易的兴衰情况来调整税关等。用通俗语言来对其作评价的话，国家在忙于作各种策略性的调整工作。如果国立学校被编入行政内部的话，那么，其学风也会受到这种政策性调整工作的影响。政策性的调整工作，时时处于随机应变的状态，这是政略上最重要的部分，也是政治家们所不能懈怠的工作。但是，学问却并不是一蹴而就的，也不是轻易就会发生变化的。

本来，现今文部省的学制绝不能说和政治没有关系。其学校的教规等，与我的看法并无多大差异。无论是其重视德育与智育的做法，还是其教授科技学问的做法，大概都取之于西洋文明的元素。就连其体育养生之法也无一遗漏，都可以称为完美。不仅实施这样完美学制的人是政府的官吏，而且直接教授学生的人也是官吏；并且，学校这种教育场所的所有事务及其学风都并非学则中所写的那样，而其学风精神产生的根源在于现今的行政。所谓行政，从其整体性质上来看，并非能够持续长久。而且，正因为其不能持续长久，所以伴随着政治方针的变化，学校的学风及其精神也不能不发生变化。可以说，这是违背学问的根本原则的。

总之，政治是灵活变化的，而学问则是深沉静止的。如果要使静止的事物与活动的事物步调一致，则必见其弊。比如说，我认为不应该让青年学生漫谈政治，也不应该让其阅读探讨政治问题的报纸并且指点江山。如果制止这种情况的话，就会使静者为静者，这是为成为学者而欲得学者之本色的旨趣。但是，如果负责制止这种情况的人是行政官吏的话，那么此人就会有在做学者之事的时候兼顾行政之便的嫌疑。而且，因为行政从性质上来讲是活跃变化的，所以，行政随时都在变化，因此，就算行政官吏命令学者们守其静的话，（从其行政性质上而言）有时反倒也会有劝说学者们走向动的一面的可能。还有一种可能就是，如果这种反对活动、赞同静止的做法走向极端的话，就会有可能超越静止的境界，反而转向了反动的态势。总之，这就是学问和政治相互混淆的弊害。这就是我祈求并且盼望学问与政治相分离的理由。

提出学问与政治关系密切、不可分割的弊端并不是我个人的发明。从历史上来看，在我们日本国，虽然没有人明确阐述、提出这种原因和理由，但是不可思议的是，在实际的运作中人们却都遵循这一规则。我们暂且不谈远古的情况。单说德川时代，无论在中央政府还是在三百个藩中都会设有儒官这一职位，作为惯例，他们主要负责子弟教育，人们对其都深表敬意，就连藩主也要对儒官以师相称，其荣誉可以说无以复加。但是，对其尊敬只限于学问方面，在政治上却不容儒官插嘴。而在其身份方面，以"长袖"作为其身份的象征，将其与神官、僧侣、医师之辈同等对待。这样，不仅不允许儒官参与政治，也不允许他们与其他士族称兄道弟、互拉关系。比如，德川时代的儒官林罗山大学头，其家族世世代代都作大学头，论其身份，虽然仅在老中、若年寄之下，却在旗本之上，但是其在德川幕府的施政方面却没有丝毫的权力。虽然有时候在国家大事上，政府有可能会向其咨询政事，但是其身份地位也仅限于顾问而已。虽然有人会对此发出感叹，认为这是武士执掌的政府轻视学问的弊端，而我的看法与其正好相反。我认为，无论政府是文官管理的还是武官管理的，让掌管子弟教育的学者来参与政事，这本身就是国家之大害，而德川政府的这种制度与惯例才是妥当的，值得信赖的。

当时，如果让大学头来担当实际的行政职务的话，那么，林家就会出现众多党羽，由于他们都能言善辩，政府中很快就会形成林家这一政党。如果该党派的势力不足以压倒全国的话，那么反而就会产生与此相对立的敌对势力。而且，作为林家支配的官立学校会产生这样那样的政治主张、声称实施其主张的政治方针应如何如何，若如此，处于都市的家塾自不必说，就连地方各藩公立和私立的学校也会分成两派，要么从属于林家，要么反对林家。这样，学问上的论辩就会直接与政治的各种主张相关联，这不仅会导致中央政府内部的不和，而且还有可能会导致全国性的动乱以及反叛。德川政府从始至终都没有发生这样的动乱，这主要归功于其采取了使掌管教育的学者始终处于政治领域之外的做法。

有人认为，学问与政治在根本上有所不同，而且正因其不同，所以应该制定法律法规来明确区分二者。即在做学问等教育场所禁止政论，不允许阅读政治方面的书籍。但是，这其实只是一种纸上谈兵的做法，在实际的教育中不能够实行。就算我们制定这样的法规与章程来约束从事学问与教育的场所，如果让行政人员来掌管教育，而此人主要的责任如果是禁止那些接受教育的学生思考政治、谈论政治的话，先不管此事难易如何，这首先就是不可能的。因为在他们训诫学生使其不谈论政治的时候，他们会举出很多例子，比如，这个社会上有谈论这样那样事情的人、有对这样那样的事情热心的人。他们会劝告说因为这些人的做法都是错误的，所以禁止大家这样做。那么，他们在禁止别人时所使用的话语中自然就会包含有反对其他党派、对其有嫌恶之感的意思。所以，就算他们的禁令暂时发生作用，禁止了学生们对政治的议论，但是，如果学生中有人能够听得出其禁止学生们的语言中包含有政治因素的话，那么，这些学生尽管在口头上不谈论政治了，可从其实际行动上来看，他们恰是不谈论政治的政党。

本来，要想特别主张一种政治路线和方针，就要提倡另外一种主张。比如说，现在虽然法华宗的僧侣只是劝说众人不要唱念佛号，却并不是劝说人们唱念本宗教的偈语题目，但就在其禁止大家唱念佛号之时，我们就能足以看出其教化民众皈依法华宗的意图。总之，要想教育学生们处于政治领域之外的话，掌管教育的人必须是真正处于行政之外，远离中心的无党派人士，否则，这种教育从根本上来说就是行不通的。如果真心想要民众们不再唱念佛号、排除佛法之念的话，就应该或者既禁止人们唱念佛号也禁止其唱念偈语题目，或者既不忌讳其唱念佛号也不禁止其唱念偈语题目，让民众随意唱念，使其不只信仰一家宗教。可以说除此之外别无他法。如果管理教育场所的人的立场和地位与任何政党无关、没有任何偏颇的话，那么其提出的在学校应该读什么书、应该谈论什么事的指导，就不会带来任何害处。不仅如此，这种做法也符合做学问的原则，因为其不拘泥于社会的实际情况。这种以长远的眼光看待问题，以永远的利害为目的的做法，使其在教育学生读书以及交谈时，反倒带有一种旁观者的品格，在告诫、教育其他实业家之时足以奏效。上述林家及其当地的儒者之流，以及德川时代初期的天海僧正虽不曾参与幕政，却对当时的政局起到了巨大的作用，这绝不是偶然的情况。

与此相反，在中国宋代曾出现学者的朋党政治，在近世日本的水户藩也出现正党与奸党的骚乱，这些都是任凭教育家参与国政、任凭学校的朋党参与政治、任凭以政治上的党派论争煽动学校的学生而导致其余毒蔓延到整个国家和社会的反面例证。毋庸讳言，教育指导者在教育、指导学校的学生时，原本就应逐步贯彻自己的意见，使之与其他学校在指导宗旨上有所不同。这样就有可能导致学派的不同，甚而会导致学校之间的相互敌视。尽管如此，只要这种不同与敌视仅限于学问上的不同与敌视而与政治无关的话，那么，这就与武术的流派或书画的风格的不同是一样的道理，不仅对于社会没有丝毫妨害，反而有利于相互竞争。不过，如果其学派带有政治上的性质或色彩的话，那么其沉静的性质会在瞬间改变，而呈现剧烈变动的动态特征。这种情况所导致的不良后果实在是不可估量，所以经世学家对于这点一定要引起注意。

在我国，数年之后也要开设国会，这就意味着社会上会出现许多政党和党派。我想国会开设以后，大概会出现某一党派控制国家而公然推行其政治主张的情形。这虽然在日本并没有这方面的先例，我们也无法臆测国会开设之后的情况，但是由于政治主张不同，一定会出现各种派别及其互相争斗的情形。或者也许会像西欧各国那样政权会随时更迭。但是，不管政权是否随时更迭，其政治上的方针、路线也会随时改变的。如果在那时全国的学校都附属于政府的文部省①，就连从事教育工作的教员也都是由政府官吏来担任的话，那么只要政府的方针、路线有所变化的话，学风也会随之改变。这真可以称得上是天下文运的一大不幸。

我们来做一个假设，如果政府的当局者对于贸易不景气所导致的近一两年间进出口不平衡有所担忧，并认为这是由于我国国民在殖产兴业等工商业的振兴方面的不足等原因造成的话，就会感到有必要振兴工业、向国民传授商法，并且大力奖励殖产兴业，教育后进青年致力于工商产业。但是，如果正在此时，政府又接到了外国政治方面的报告，其中提到欧洲各国政局不稳，形势如何如何，同时还报告说在近邻中国某某大臣执掌政权，其政治方针及其策略如此这般，那么，就会有人认为，因为东亚全面的风波不可预测，所以应该未雨绸缪，早作打算。由此就会主张：眼前急务是应该扩张武备、振奋士气，使学校教育之风不流于文弱，激励人们尚武的风气才是最重要的。在这种情况下，国家就会改变其方针政策，让那些原来学习工艺商法、致力于殖产

---

① 文部省：相当于中国的教育部。——译者注

兴业之路的学生废掉经济书籍，研读兵书，使其投笔从戎。但是少年的意志正如杞柳一样软弱，极易受到外界的影响而发生巨大的变化。而这种外界影响也只不过是一两年间贸易进出口的不平衡或是邻国的一个大臣政治上的进退而已。国内贸易的情况，与邻国相处的方针策略等情况对于当权的政治家来说的确是非常重要，不能等闲视之，但是，因为这种区区变化就影响作为百年大计的教育，实在是教育上的一大憾事。如上所述，如果政治与学问如此紧密相连、密不可分的话，那么甲的变动就一定会引起乙的动摇，这种变动越大，则对于以后的影响越加深远。

在这里援引一例。在旧幕府时代曾在江户设立开成学校，教育学生。其组织机构可谓非常庞大，称得上日本国内的一个西学中心。然而，幕府一旦倾覆，其学生教员立即四散，不知所向。东征的王师虽然并无以开成学校为敌、置其于死地的想法，但学者们却如此狼狈，仅一日时间，偌大的学校就空无一人。日本国的西学为什么与幕府一道灭亡了呢？这是因为开成学校是幕府设立的学校，与当时的政治有着紧密的联系。换句话说，当时的开成学校与幕府政党关系密切，其学生教员也全都是该党派中的成员。这些人忘却了学者的本色，为世事所迷惑，为了眼前的利益而东奔西走，他们或者以"勤王"为旗号，或者以"佐幕"为幌子，以学者之身而行政治家之事，实在是一大罪过。如果当时让开成学校远离幕府的政权，使之逍遥于政治社会之外，成为一个真正的无党无派的独立学校，使其教员等人真正成为具有独立意志的学者的话，那么，又如何会惧怕东征的骚乱呢？这样，即使在枪林弹雨之中仍旧能使读书之声不断，从而能够维持学问的命脉。然而，现在出现这种不堪入目的丑态完全是由学校组织的不完备以及学者们意志不强所造成的。直到明治维新之后，政府才开始着手设立文部省，终使日本的学问得以复活，而这前后数年的空白，可以说是学术上的一大不幸。当然，现在的政府与旧幕府完全不同，不可能再度带来骚乱，但是我认为，不管政局的好坏与否，只要政治和学问还保持紧密联系的话，就是不利的，这在古今中外都是无可辩驳的事实。

我们再来看看在明治维新之初神道家们又对日本社会作了什

么吧!他们的功德直到现在都没有任何体现。他们首先发出废除佛教的提议,在实际操作中禁止神佛同居,迫使僧侣生活困苦,伤害信徒的感情,破坏全国各地神社佛阁的美丽景观,导致了今天这种大煞风景的状态。虽然我对神道并不太了解,但从根本上来讲,所谓神道只是一种学问而已。因为它是一种学问,所以其本身包含着某种主义是很正常的事情,当然这种学问既可以用自己的主义来和其他学派进行竞争,也可以和其他学派互相敌视,这些学术上的竞争与敌视都是可以允许的。在尚未和政治有密切联系之时,可以任凭其学派自然的力量来发展自身。但是,在王政维新之时,神道学家们却竭力接近政府、参与并依赖政权,并且大逞其能,带来了与其学问不符的巨大变化,并且波及日本全国,可以说这就是学问和政治互相联系、互相依附的弊害。

上述情况都可以说是维新前后的重大事件。现在我们先暂且不提这些重大事件,就是在平时,如果社会上谈论政治的热度要是逐步增加的话,那么其风气自会波及学校,难免促使学校中谈论政治的势头自然升温。现在全国的学校都被行政官员所支配,并且由行政官员来传授学问、教育学生。综合来看,各地的政治家,有时会出现和政府意见不一致而提出反对的情况,其反对的作用不只限于政治的事项,还会波及隶属于行政部门的各个学校,导致对于本来无辜的学问也会出现无缘的政敌。

即使在今天,在采用学校教员时,也要询问其政治主张如何,与某某政党有瓜葛的人难以采用,如此等强调这些极无意义的问题;另外,就是在聘用小学教员时,也会因为某人曾经在某次政治演说中博得听众的喝彩,就给予高薪的优厚待遇,完全不顾其学识的深浅,只凭着在这种小的政论上的巧拙来评价一个人的能力。可以说,这是一种双方都以其政治热心来摆布学校的做法,也是一种双方都为了学问而树敌的做法。所谓学问,原本就和武艺或者美术等领域一样,与政治完全没有关系,不管此人持何种政治主张和见解,只要他在学术上有一定的修养和水平,就可以采用为教员。可是,如今在采用教员之时,却询问其政治上的主张如何,并且评判其政谈的巧拙,以此作为采用标准。现在,虽然人们并不认为这种情况有多么严重,可实际上这恐怕是带来祸乱的前奏。如果让我来预测将来日本的社会情况的话，那么由于日本的学问不幸地依附在政治上，所以将来日本社会可能会重蹈昔日宋代与旧水户藩的覆辙，其惨状决不亚于以上二者，国民会生活在水深火热之中，不堪其苦。

那么，眼下的燃眉之急就是防患于未然，决不能懈怠。我们应该采取什么办法呢？我始终认为，应该将现在隶属于文部省或工部省的学校从本省中分离出去，让其暂时归帝室御有，然后再将其分配给民间的有志有识之士，使之在形式上成为官民共同私有的私立学校，或者从帝室一次性地划拨出巨额的款项作为其长久支持下去的基本保证，或者帝室每年都从预算中划拨出一定数额的款项来维持学校的各种开支。这二者之中可以任选其一，我认为，就算一次性的拨款也不是什么特别的难事。比如说，如果现在本省（指文部省和工部省）每年为其直属学校的各项开支拨款五十万元的话，那么就可以一次性地拨给资金五百万元，作为官民共有基金，然后用这笔款项买下价值为五百万元的公债，并将这些公债存根交与政府收存，学校只要每年领取五十万元的利息就可以了。这样，虽然名义上是拨款五百万元，但实际上却不是现金的交付关系，只不过将其改记为大藏省存储的公债而已。而且，此项巨款虽然说是拨给人民，但这并不是某人将其据为己有，中饱私囊，而是以私立的名义来兴办官民共同的事业，所以，从根本上可以明确地说，这并不是为了某个人的私有利益。

这样，私立学校如果得到五百万元资金的话，那么其维持学校的各种开支就很容易了。然后，再在全国范围内召集才识广博、德高望重的硕学，经常召开各种学术会议，使其成为学术界的中心，授之以学术自由的全权，任其自由研究教育方法、审查各种著述的优劣、探索历史、研究新学说、制定语法、编撰辞书等，统管各种学术问题，一切都不容政府干涉，使其在名实上都符合学术界中心这一地位。下面我将以德川政府当年的勘定所（江户幕府为管理各藩与旗本武士而设立的掌管财政等事务的机构——译者注）为例作进一步的说明。当时旗下（旗本）之士接收到廪米后，在没有请示上级的情况下，就在标志"白米几石"的牌子上按照当时民间通行的写法写上"※"的字样。后来，林大学头在其收据中以楷书的形式按照正式的标准写上了"米"字。然而,勘定所的普通官吏们看到了"米"字的这种写法,认为这一写法违法常规,说道"这怎么能容忍呢",就拒收这一收据。林家对此也感到不服,起初林家的下人和勘定所的普通官吏进行了一场争论。这场争论最终导致了勘定奉行和大学头之间直接谈判的重大事件。大学头认为,日本国文字方面的情况只有他一人最清楚,所以"米"字就应该写作"米"字,而号称为政府中全权人物的勘定奉行则因此而遭到了失败。上述的情况究竟是事实还是好事者的传闻尚不得而知,但是,从这件事就足以推知当时的文教大权属于林家这一事实。

现在,国内形势和过去有所不同,当然不会再出现上述那种奇闻轶事,但是,如果在日本有幸能够成立学会的话,我希望其权利也能够像昔日的林家一样。我还希望,学会在学术问题上应该掌握全权。相反,在政治方面则不给予其任何权利,不管在什么情况下,都应该禁止掌管学校教育事务的人员兼有政治上的权力。因为从政权方面来看,学者就应该是所谓的"长袖"身份,也是我的愿望所在。总之,就是不能用学问来干涉政治上的方针政策,也不能以政治来妨碍学术的方向,政权应该与学权相互区分、并立而行,使之各得其所。这样,既便于施政,又易于治学,两相得益,成效之大,无可比拟。

在具体的做法方面应该采取上述的方法,但是文部省却不能完全废掉。因为文部省作为行政部门,在管理全国的文教工作上,有许多事情需要行政权力。例如,向全国各地发送指令,要求其调查入学适龄人员;普查入学人数;调查总人口与入学者的比例;调查各个学校的地位履历以及其资金的出处和保存方法;必要时还要派官吏去地方监督这些工作的执行等。也就是说,只要与学校管理有关的所有事项都属于文部省的管辖范围。更何况所谓"强迫教育法",一定要在政府的权威下才能得到执行。我从来就赞同"强迫教育法"。我认为,全国的男女到了规定的年龄要强迫其必须入学,这对于现在的日本来说是非常紧要的事情。但是,如果对于学校的学风应该如何,应该使用什么样的教材来教授学生,应该阅读什么样的书籍等事情,甚至是教育场所的教学方法都要强制的话，那就不合适了。概言之，学术上的一切事务都应该由学者们组成的学会来管理，而关于学校的监督报告等问题则由政府来负责。也就是说，学术上的事情与日常事务应该既相互分离又相互依赖，这样才能达到全面的完美的结合。

以海陆军为例来说，乘坐军舰在海上作战或者骑马指挥军队作战这样的事完全是军人的责任。而如果不懂用兵打仗的方法，没有实地作战经历的人则不能担当这样的重任。尽管如此，对于海陆军来说，未必只由军人指挥。比如说，在军事纪律的审判方面，没有法律方面的专业人士是不行的；如果出现伤患的话，没有专业的医护人员也是不行的；在行军时，还需要专人来管理粮草辎重；即便在平时，还需要会计出纳等方面的人才；另外，各项杂事，千头万绪都需要军人之外的专门事务人员来管理，虽然其重要性与军务的重要性不太一样，但是只有庶务和军务互相配合、互相帮助，才能在全方位上维持海陆军的各项事务，这是众所周知的。然而在全国学术方面，只有从少年时代就亲身接受过教育，又有教育他人的有实际教学经验的人，才能担负起制定教育方针、指导后进学生、传授文化知识的任务。这就是之所以要让学者来掌管文教事务的原因。但是，从另一方面来看，还不能将全国的教育事务完全交给学者。在学校管理以及统一步调方面，还需要行政权力，也就是不得不依赖所谓事务家（相当于现在的行政人员）们所发挥的作用。如果学者依靠政权将学问强加于人，或者行政人员不懂学问却企图任意支配学问的话，那么这正如军人兼管军队的庶务而管理庶务的官吏却企图指挥作战一样。这样，不仅两方面的力量都没有产生任何作用，而且反倒会对整体的成功产生负面影响。人们既然知道军医、法官或者财会官员们无法指挥战士操练，也无法根据战争的时机来指挥军队的进退，难道就不知道政治家不懂得制定教育方法、编撰书籍、规定学校课程的时间安排以及学生具体的学习方法这一道理吗？我的上述这些看法以及提议绝对不是信口雌黄，而是通过真正发自内心的思考而得来的，对此，我深信不疑。

针对学校隶属帝室管理这一提议，也许有人会提出资金应该怎么办的问题。我想这是一件最容易解决的事情，不需要在这样的问题上花费精力。的确，现在帝室在经费上非常短缺。我一直主张或者增加帝室的经费，或者制定帝室御用的不动产，每当谈论到这个问题时，我都会这样陈述我的看法。如果将来有一天我的意见有幸被采纳，那么如同保护私立学校一样，全国仅需经费几十万元足矣。或者就算给学校一次性地划拨巨额资本的话，那也不过是将几百万元的资金以无利息长期借贷的形式借给民间。对于帝室来讲，这绝对不能算得上是多么重大的事情。也许有人会说现今政府正处于财政困难的时期，没有精力来增加帝室的经费开支。但是，从极端的情况上来看，（增加帝室的经费开支）绝对不会影响国库开支，且在实际操作中是可能的。其办法在于，如果文部省、工部省将学校划分给帝室所有的话，那么，原本应划拨给有关部门的那部分用于教育的资金当然就要交还给大藏省。那么，这部分资金对于大藏省来说就是没有预算的多余资金，无形中就等于减少了开支。所以，大藏省可以用这部分资金来增加帝室的经费，将这笔经费用于帝室的学校管理方面。这样一来，政府就不必为经费的开支而烦恼，这是一个很明白的道理。实际上，政府对此不仅不必担心，而且还能感受到这样做的好处。也就是说，当学校由官立（国立、公立）改为私立后，学校的负责人会将学校看成自己的私有财产，无论在做什么事时，都会带有一种勤俭持家的作风。这样，比起原来作为官立学校的时候自然会减少一大笔经费的开支，而且就算在经费使用上没有减少，也会比原来多做了许多实事。对于现在的官立学校，虽然我们不能说其浪费、乱用经费，但大家都知道，在实际操作中，如果有官立和私立之区别的话，那么在所花费用方面自然就会出现差别，这是社会上不可避免的现象。所以，如果这次真的能够有幸产生官、私的变革的话，那么我想从国库的开支上来看，学校的经费一定会比原来有所增加。

也许有人还会提出以下问题。那就是撤销原来的官立学校，将其变为（官民）共同（兴办的）私立的学校，在人员任免上，如果从私立学校的校长直至教员还采用从前的原班人马，并且同样召开教学会议、探讨学术的方针路线并且提出指导性的意见，那当然是最好不过了，但是，那些作为校长或教员的人，如果从原来拥有官职的荣誉一下子变成有辱原来身份的私立职称的话，那就等于失去了原来的荣誉，可以说这是令人心痛的事情。但是，我认为上述说法完全是庸俗官吏们的言论，他们完全不懂得学者们的心理。不过，退一步而言，学者中也并不是没有世俗之人，甚至也许还会有以自己当过什么官、官至几品为荣而炫耀的人。尽管如此，就算学者中存在这样俗不可耐之人，安置他们也是很容易的事。先从利禄上来说，对于学校，不论官立还是私立，其俸禄仍然和以前一样。其次，从身份上说，帝室网罗天下学者，只要给其授予位阶勋章的话，就足以使之满意。原来，所谓位阶勋章是只能授予政府官员的荣誉。官吏们在辞职的时候，虽然离开了政府，但并没有失去位阶勋章。他们如同华族（日本近代贵族阶级）一样，尽管不能再次步入仕途，却一定会被赐予位阶，这是表明其家族荣誉的标志。也就是说，位阶勋章并不是官吏们在担当政府职务时所获得的酬劳，而仅仅是作为一个普通日本人具有担当政府职务这样一种出类拔萃的才能的象征。在官吏之中，一品官是最不容易担当的官职，没有超常才能的人是不可能担任此官职的。担当此职的人如果能够胜任其职，并且没有过失的话，那就是日本国中的稀世奇才，为了表彰其一流的天赋才能以及所受过的一流的教育，才授予其一等勋章并且授予其尊贵的地位。而向官吏们发放月薪则是作为对其秉公奉职的酬劳，从数量上来看，一百的劳动与一百的酬劳正好成正比，这与金钱上的买卖主义并无不同。从这点上来看，也可以把做官看成是为了生存的一种经营手段。但是，对于这些政府官吏除了发放薪水作为酬劳之外，还不论其功劳大小，授予其位阶勋章。这正如把日本国中人物区分等级进行排列一样，由于为官者中优秀人才很多，所以他们之中获得位阶勋章的人也多。政府并非故意将位阶勋章授予做官的人，官职所起的作用犹如评价人物水准高低的测量器，人们的水平一旦经过其测量并以表示其水平的位阶勋章作标志的话，那么此人的地位则被固定下来，其后不管此人所起的实际作用如何，其地位终生都不会改变。也就是说，官员们就算辞去官职，其位阶勋章也会跟随其终生而不会有任何改变。

位阶勋章是由帝室直接授予官员们，不受政府官吏的丝毫干预。帝室是日本全国的帝室，决不仅是政府的帝室，帝室原本就不应为政府所私有。不偏向于任何政治党派的帝室，其恩泽照耀整个日本帝国，决不厚此薄彼。所以，只要是帝室下达的，不论在政治领域还是在学术领域中，也不论是大政方针还是道德、技艺、农商方面，所有的事务都是重要的。也就是说，如果在这些方面有技能超群之人的话，那么帝室就会有所赏赐来奖励其超群的能力。授予位阶勋章的宗旨也就在于此。

人类社会之事千头万绪，仅靠政治是不能将其囊括的。与此相应，人的作用也是千差万别的。也就是说，人类社会中存在着各种分工。那么，按照个人的能力与特长给每个人以适当的分工是自然的道理。既有擅长于农商事务的人，也有擅长于工艺技术事务的人，既有擅长于学问的学者，也有擅长于政治的政治家。因为人们各有分工，不会产生任何纷争，所以，在某方面擅长的人就自然作为此方面的带头人而被众人所尊重，在某专业上擅长的人就会作为该专业的领导者而被授予最高荣誉，这也是自然之理。比如说，"大关"是相扑这一体育运动中的最高荣誉，而九段是围棋或象棋的最高荣誉。以上这种最高荣誉者实际上与一品官作为从政者的最高荣誉没有任何差别。而学术方面的带头人则是生来就有志于学问，将毕生的精力投入到自身的学术研究以及对他人的教育上。他们作为学术方面的最高权威同样也与一品官作为政府的最高长官没有丝毫区别，这本来就是不言自明之理。但是，相扑运动的大关或者围棋或象棋的九段为什么没有取得与太政大臣相同的荣誉呢？这是因为相扑运动以及围棋象棋与政事相比有轻重的区别，所以从其轻重的差别上来看，双方的作用是不可同日而语的。然而，若从现今一个国家的文明进步这一目的上来看，为政与为学相比较，我们就很难判断二者孰轻孰重。

如果让学者谈论学问之重要的话，他们就会说所谓政事如同小儿游戏，不足以论之；而政治家们也会轻视学问，认为这是没有实用价值的老朽们的空论。虽然这些都是双方的偏颇之论，如果公平地予以评论的话，政治与学问都是人们需要解决的重要问题，二者缺一不可。人们需要政治家来解决实际问题，所以政务很重要；而学问则着眼于人类社会的长远发展，故学问也很重要。政治家应该维持现在政局的长治久安，使学者能够安居乐业；而学者则应该用学问来教育人们，培养政治家。双方没有丝毫轻重之别，对于这样的判断，我想二者都不会感到有什么不平了吧。

既然明确了学问对于一个国家文明的重要性，那么对于学术界人士表示敬意并且授予他们位阶勋章，确实是一件寻常之事，决不是什么足以惊动天下之耳目的事情。也就是说，学术界中的上流人物与政界的上流人物拥有同等的地位，没有丝毫轻重之分。只不过双方不能互相干涉各自的事业。所谓"朝廷贵位，乡党贵龄"，意思是说政府中官职的贵贱不足以左右乡党民间中人际交往的贵贱。更何况对于学术界来说呢？也就是说，即使在政府中供职，其地位的尊卑对于学术界也不能产生丝毫的影响。比如说在法国，拿破仑一世曾经得到学会会员的资格，而拿破仑三世却被拒之门外，这足以证明法国学权是如何强大。在我们日本也应该这样，即政府中的官职仅仅是任职期间一种等级的表示，在官职之外不应该再设立位阶勋章制度。官员的尊卑只是就政府中官吏相互的等级而言的，这种等级不能在政府之外的领域中通用。这就如同在私营企业中管理人员的等级一样，其等级对于其他领域没有任何影响。但是，如果存在着决定人们身份轻重而与其人的事业无关的制度的话，那么，这种制度应该通用于全国人民，不应存在政府内外的差别。这样，官员就是日本政治社会的官员，学者就是日本学问社会的学者，两者间只有事业上的不同，而在本身身份的轻重这一点上则没有任何差别。学者只不过致力于学问，偶然当上了学者，并不能就此表明其身份的贵贱及其荣誉；而政府中的官员也只不过致力于仕途，偶然当上了政府官员，如果因此兼得利禄和荣誉的话，那就谈不上人间的公平。本来，从高尚的理论来看，位阶勋章才是俗物中的俗物，其价值不足挂齿。但这只是学者普通的公论，其实未必如此。真正能够超凡脱俗，逍遥于荣华之外，居天下之高处而睥睨天下之俗的人，在学者中却是百中难见其十，千万中难觅一二。更何况在日本国内，面对得不到荣誉的事，学者们往往退避三舍；就算其所得和其他国民一样的话，他们也会挑三拣四，往往会因得不到某些东西而感到耻辱。所以，我们只能期望今天的学者摆脱这些欲望而超脱于尘世之外。

如上所述，为了表彰学者们的荣誉而给他们授予位阶勋章是很平常的事，而将大多数的位阶勋章都授予政府官员才是真正令人吃惊的事情。所以，如果这一次真的有幸能够将行政官员所管辖的各学校改革为私立学校的话，那么，虽然其教员是非政府官员的普通百姓，但因为他们都是从小就致力于学问、具有自身钻研学问以及教育他人的本领的人物，所以在日本学术界中，他们可以称得上是学术带头人，赐予他们与其本身业绩相当的位阶勋章，也就是自然而然之事。这样一来，不仅他们本人会得到满足，而且还能以之彰显帝室的无偏无党，使人相信即便纵览日本全国，无论在政治方面还是在学问方面帝室都采取一视同仁的态度。

帝室已经成为日本私立学校的保护者，希望在此基础上进一步甄选天下知名学者，向其提供特别的荣誉以及薪水，使之能够潜心研修其专长。近年来，西欧科学技术发展异常迅猛，不仅富于物理方面的发明，而且其发明都已被应用于实际的生活之中并取得显著效益，变化可谓日新月异。不用说在工厂或农耕中所需的各种机械，就连称得上是日常生活中的小把戏的那些灌水、烹饪、煎茶、点灯等各种细微的事情都无一不依靠学理并且利用了自然的原则。概言之，近年来西欧已经度过了研究学理的时期，如今可以说进入了应用学理的时期。举例来说，这就好像处于军人正要从军事学校毕业即将奔赴战场的时期一样。与此相反，我们日本的学术技艺在这十几年来虽大有进步，但尚未毕业，宛如其他国家的操练演习的阶段，尚未奔赴战场。并且在物理方面尚未有任何新的发明，距其应用发明的时代尚有很长一段路要走。再比如说日本的医学，其发展渊源已很长久，其医疗技术也已远远超过了本国的其他学科领域。尽管如此，从现今的情况来看，其医术远不能与西欧日新月异的发展相媲美，这一点难免令人感叹。提到医学上的新发明，我们也只能说说几百年前的新发明。然而，在我国甚至就连对于被称为我国固有的疑难病症——脚气的病理还没有研究清楚，这并非我国医生学艺不精，而是因为我国的医务人员没有时间和经费从事学术研究。

我国医务人员往往有这样的经历。即刚刚学得初步的医学基础知识，有的就走向仕途，有的自己开业。他们或者整日奔走于患者之家，或者供职于政府、开业。他们之所以这样做并非出于本意，只是为了糊口求生。为了糊口就无暇研修医术，而不钻研医术则无以糊口。就这样，许多人在一年三百六十五日中挤不出半日研修医术的时间而终其一生（我曾说过，"望闻问切"中的"切"在病情诊断中起到的作用非常大。然而，如果医生的听力没有那么灵敏的话，就一定会有所遗漏。所以我建议，应该在盲人中挑选精通声音学的人来钻研此法。首先，让他们听健康的心脏、肺脏的声音，然后再让他们尝试诊听患者们心肺的异常声音，让他们区别两者的差异。这样一来，比如说原来的医生的耳朵只能区分出五种声音，而盲人的耳朵却可以将原来医生听到的一种声音进一步区分出二三种来。也就是说，如果说原来的医生只有五种看病的方法，而现在的医生却可以得到五乘以三的十五种诊断方法。如果这一方法真的有效的话，那么医学部应该将声音学作为一门专业课程来开设。并且此课程必须趁医学院的学生们年轻的时候开设，使他们能够早日适应判断各种声音的变化。或者还可以选用聪敏灵活的学生，让他们以"切诊"为专业进行更进一步的研修。我认为，医学的诊断秘密就是从留心这些细微的变化而发明出来的）。

不仅医学如此，理学、文学亦是如此。应该给学者们一定的空闲时间，随之再解决其生计问题，使之没有后顾之忧。这样一来，学者多不是白白消磨岁月的不学无术之徒，基于生来好学的习惯以及其对于研究的热情，他们会将自己的精力加倍地投入学习和研究中去的。如果他们通过研究有所发明的话，就不仅仅是学者们个人的利益，也是日本学术界的成就，可以说这也为国家增添了荣誉和光彩。再从著作上看，近来问世的巨著很少，只是种类有所增加；从内容上看，其思想内容越来越浅显。其原因不在其他，只在于学者们没有深入思考学术问题的时间。还有一点就是，内容深刻、学术性强的著作的读者少，所以在出版发行上很难获得相当的利润。尽管作者投入了很大的精力，付出了诸多辛劳，但是，这样的著作与现今流行的内容浅显的杂书相比，其所得利益却相去甚远。所以，现今学术界缺乏巨著决非偶然现象。无论如何，这都是学术界出现的值得我们忧虑的现象。而出现这种值得忧虑的现象的原因在于学者们身无闲暇、家无恒产。因此，我认为如果把学校变成由帝室保护的私立学校，而且由帝室甄选笃学的学者，给其发放一定的年金，使之能够得到一生安身立命的地位的话，那么通过学者们的努力，我们自然就能改变现在学术界的面貌，使我国能够跻身于日新月异的西洋各国之列。这样，才能伸张我国的学术权力，乃至向海外势力展示我们的锋芒。不过如果从财政方面来看，也许有人会认为每年向没有正式官职的人发放年金是一件很不经济的事情，但是，就算正式的官员实际上也不一定人人都忙于现今的政务。政府中还有许多闲官，而在这些闲官中学者并不在少数。有些人即便不是闲官，因其生来就适合于做学者的工作，所以让其从政可以说实在是没有充分利用其才能。学者适于做一些咨询性的事务，而不宜任命其做具体的政务。与其让学者进入政府中做事，用其所不适应的条条框框来束缚他，倒不如将其安置于事务之外，发给薪水，使其没有任何后顾之忧。而元老院中有二三学者并不能为其议事添色，陆海军中有一二文人与战场上的胜败也没有任何关系。如果有需要向学者咨询的事项的话，随时都可以向其询问，这是很容易办到的事。所以，从国家的大计上来考虑的话，给学者们发放年金，决不是不经济的做法。

由帝室保护私立学校并且给学者们以优待，不仅有助于学术上的进步，而且还显示了我国政治上的一大优越性。从广义上讲，政治也是学问中的一个领域，政治家也必然从学者中产生出来，而学校就是培育政治家的摇篮。从工从商以及从政等分工的不同仅是因其从学校毕业、在走向社会的时候，每个人所走的方向不同而已。也有人虽学有所成，却仍然不弃学问，而将毕生精力都用于学理的研究或者教育，成为纯粹的学者。如果说从事工商业者或者政治家们是将其所学应用于社会实际的话，那么学者就是毕生以学问为业的人。如上所述，政治对于国家的重要性与学问对于国家的重要性没有任何区别。政治学应该不断进步；全体国民不能缺乏政治思想；人们必须关心政治，经常谈论时事。没有政治思想的国民犹如唐虞三代的愚民，名义上虽被称作人民，实际上却与动物无异。这样的国民在守卫国家时不足以发挥作用，所以只要对于国家有赤胆忠心的话，就应该关心国家内外的政治与时事。

尽管政治非常重要，但普通百姓只要一般了解就可以了，而被称作政治家的人才需要将政治作为自己的专业，他们应该掌握一部分政权，亲自参与政事。这与从事工商业的人经营自己的家业、学者专心研究学问别无二致。总之，若想培养国民具备一般政治思想的话，只要让其致力于学问就可以了。这并不是说要让全体国民都成为学者。对于一个人来说，政治思想的确很重要，但这并不意味着全国人民都要成为政治家。许多人往往并不懂这个道理，只要一提起政治思想重要，立刻就想象自己成为登上政坛、亲自执政的政治家，从而决心毕生从政。反之，只要一提起学问来，就想象自己忽然成为大学者，终生与书为伴。这种决心固然可嘉，可每个人的天赋有所不同，其出身经历也千差万别，有志于政治的人虽有成千上万，但并不是每个人都能当上政治家。同样，也不是每个人都能当上学者的。纵观古今中外，能够证明这种道理的事例不胜枚举。也就是说，不论是政治还是学问，只要不是自身的专业，略知其大概就可以了。人们只要受到一定的教育后，就可以依其所长，居住于世界各地，随意从事自己的事业。这不仅是为了一身一家的幸福，也是为了国家的繁荣。

政治与学问其领域各不相同，作为社会中不同学科领域，各个领域之间不应该相互干涉，这一点自不必说，而且每个人应该学习自身的专业，不必顾及其他。比如说，所谓政治家，既然已经超过了接受学问教育的年龄，就应该致力于政治。在参与政事的时候，虽然对于学问的追求不应懈怠，但是对于学校教育，则应如同忘却，必须学会放弃。而学者既然决意毕生以学问为业，虽要不断培养自身的政治思想，但却必须斩断并放弃叱咤政坛的志向。然而，从最近的社会风潮来看，政治家利用从事教育的学校为自己谋方便，而且政治的风气也自然渗透到校园。这就导致学校教员让学生按照自己的好恶来这样那样地评价时政以及各种主义。可以说这是政治家们的疏漏。政治的风气不仅传染到学问领域，还会波及更为广泛的其他领域。这时，人间万事都会以政党区分敌我。比如说，工商业都会被政党所笼络，甚至医生在给病人看病时，或者寺院僧人和召开会议的主人在给香客或客人分配座位时，都要询问大家是否是不同政治派别的敌我两方。如果出现这种情况的话，这简直就是一大奇观。这种情况可以说违背了社会和睦、人类相爱的大义。另一方面，就学者而言，由于社会风潮偏向关心政治这一方，所以学者们假如也谈论政治的话，就会受到他人的尊敬，可以名利双收；相反，学者们若只从事学术研究的话，那就不仅连维持生计都要出问题，而且忍受了寒窗数载的辛苦，成为学者反而得不到人们的敬爱，还不如弃笔从政。如此，青年学生们就会争先恐后地参与政治。这并不是当事人的罪过，而是时局使然。现在的风潮驱赶众多学生加入政治，而社会上的评论者却不追究其原因，只是惊叹于现在的时局，盲目地怪罪学生。他们批评说，现在的年轻人过于浮躁、过于不逊，是一些漫谈政治、不知深浅之辈。假若我们听其言，把年轻人都视为疯子的话，那么，这种疯狂的风潮亦非徒然出现而是从明治年间一直延续至今的。其狂必有其因。其因究竟是什么呢？那就是因为学生没有能够藉以在学问社会中安身立命的地位。其实例无须求诸他处。有些左倾的评论认为，这是因为学生不想失去其赖以寄身的地位；而有些右倾的观点认为，这是因为学生试图获得这样的地位。我认为，那些认为学生为了得到地位的右倾评论家，只要学生失去这一地位，他们就会又转向左倾了。所以现在又有什么必要来评价其行为的左右呢？推己及人，伐柯其则不远，我们要将自心比他心。安抚人心的关键在于安其身。安身为安心之术。所以，现在只要将学校交给帝室保护，由帝室维持学校的开支并且优待学者的话，只要开此先例，社会上自然就会形成尊师重教的风气，学者们自然能够得到安身立命的地位。学者们自然如同专业的工、农、商或政治家一样，安心将毕生精力投入到学术领域，而不会去政坛推波助澜。我曾讲过，如要立刻制止现今政坛上的纷争，就像消防队员灭火一样，与其以杯水灭车薪之火,不如除去燃烧的材料。所以,在扑灭学者们为安身立命而流于政谈这一大火,这是要采取去除其燃料的方法。

(孙彬译注)

脱亚论(节译)

现今世界交通四通八达,可谓非常方便,而西洋文明之风,日趋东渐,所到之处,草木也无不风靡于此。西洋之人,古今虽无大异,但从其举动上来看,古人迟钝而今人活泼,这是由于今人善于利用交通以及时势之便的缘故。在这种情况下,东洋各国的为政者有可能会因此文明东渐的趋势激烈而决心要彻底预防其侵入。我认为这种想法固然可嘉,但是如果我们纵览世界全局的话,就会发现彻底预防西洋文明的东渐是不可能的。我们只有在世界形势的推移变化中,与西洋国家一道,共同畅游文明的海洋,共同掀起文明的波涛,共同享受文明所带来的苦乐。

文明的传播,犹如麻疹的传染。从西边长崎东渐而来的文明,犹如眼下东京的麻疹,在春暖花开之时正在渐次蔓延。正当此时,就算我们憎恶此流行病而试图阻止其传播的话,那么阻止其传播的方法又在哪里呢?对于这一问题,我们可以断言:没有任何方法。因为就算对于有百害而无一利的流行病来说,我们也不能盲目打击消灭,更何况对于利害相随而且利益往往占比重较大的文明呢?所以我认为对于西洋文明的东渐,我们不仅不能预防,而且还要尽力使其蔓延,以便国民能够早日沐浴在其文明的阳光里。这才是智者的做法。

西洋的近代文明以嘉永年间的开国事件为开端开始传入到日本。在其影响下,我国国民逐渐开始认识到取西洋文明之长的好处,渐次开始出现活跃开放的形势。但是,在前进的道路上尚且存在着保守、腐化政府这一拦路虎。对此,我们处于进退两难的境地。如果要保存政府的话,那么文明绝对不能传入到日本;如果放任不管的话,那么近代文明与日本的保守传统又不能够同时并存;而且如果要脱离其保守的传统的话,政府也会因此而覆灭。如果我们预防并且阻止西洋文明的传入的话,那么日本就不能够独立。然而世界文明这台好戏又怎能允许日本这一东洋孤岛独自沉睡呢?

  在这种情况下,我们日本国的士人基于重国家轻政府的这一大义,加之有幸依赖于皇室的神威,断然打倒旧政府,建立了新政权。在新政权的统治下,国中无朝野之分,万事皆取近代西洋之文明,不仅脱离了日本旧有的保守传统,而且在整个亚洲区域内一枝独秀,其所遵循的宗旨唯在"脱亚"二字。

……

明治十八年三月十六日
(孙彬译)

三、西村茂树

史料简介

西村茂树（1828—1902），幼名平太郎，后称芳在、茂树，晚年以伯翁为号，佐仓藩人。少年时期学儒习武，二十四岁到江户，跟随佐久间象山学习西方炮术，后又学习兰学。1861年三十四岁时，痛感学习洋学的必要，遂又进入手冢律藏的学塾学习英语。明治维新前，曾作为藩主的家臣参与藩政；明治维新以后，曾任佐仓藩大参事，废藩置县后，任印幡县权参事等职。1872年辞官，到东京开办学塾。1873年与森有礼、福泽谕吉、加藤弘之、西周等人创建"明六社"，发行《明六杂志》。同年复出再登仕途，任文部省编辑科长，以后又入宫内省，任宫中顾问官、贵族院议员等职。

西村茂树从1867年开始译书，在以后的十年中，翻译了许多历史、经济、地理、天文、教育、道德的书籍。著作也很多，大多限于道德、教育方面，如《小学修身训》《心学讲义》《国家道德论》《道德学讲义》《日本道德论》《自识录》《续自识录》等。1876年，西村茂树与阪谷素、杉亨二等人一起创立"东京修身学社"（后来改名为"日本弘道会"），开始以道德论专家的身份，着眼于日本道德的重建活动。由此也使西村茂树成为日本近代最有影响的道德学家。《日本道德论》是西村茂树于1886年（明治十九年）12月11日、17日、26日三天在东京帝国大学所作的讲演，翌年4月出版，这是他的一部代表作，是其道德理论的集中表现。

这里据平凡社1957年版《日本哲学思想全书》第十四卷选译《日本道德论》的部分内容。

日本道德论（节译）

自今日开始的连续演讲，是本人为日本国民、为每个日本国民，尽最大努力所作的讲解，希望听众诸君不要把它看成是一场聊天。若认为本人的讲解有道理，请与我齐心协力在全国推广，若对我的讲解持有疑义、或认为本人所言不合道理，请不要客气地提出反驳。本人决不会抱怨。道德论问题从来就是一个重大论题，非千言万语不能说清楚，若一气讲完，反而其中心意思不容易明白，故分成几段逐一讲解。

一、道德学在当今日本为何重要

盖天下说道德之教虽多，通观之，不过两种：一为世教，一为世外教（又称之为宗教）。中国的儒道、欧洲的哲学皆属世教；印度的佛教，西方的耶稣教皆属世外教。为何称之为世教？乃因儒道、哲学说的都是今生之事，修此现身之道，故而其是治理当今国家及社会之理也。为何称之为世外教呢？乃因佛教和耶稣虽非不言今世之事，但其归着点在未来的报应和死后灵魂所归之处也。既为世界万国之一国，必具世教或世外教之一，无不以此二教固结人心，教人去恶从善，即无不教人道德。世教以道理为主，世外教以信仰为主。西方诸国多以世外教固结中等以下者的人心，以世教（哲学）开发人智。而在东方，如中国，自古以来以世教（儒道）为上下共同之教，世外教（佛教）虽自一世纪中叶传入中国，但其势远不及儒道，直至今日。如日本，世教、世外教相继由外国传来，其中佛教同时盛行于上下一般，儒道唯盛行于上层社会，其势力初期远不及佛教。自三百年前开始，儒道盛行于武门之家，全国的大名、士族无不依从于儒道教育。此大名、士族位于其他三民之上，全国的权力皆掌握在他们手里，因而儒道的流行达到鼎盛。所有的大名大抵都在自己的辖区开设儒道学校，政治、法律制度都根据儒道来定。而佛教只限于下等人民的信仰，其势力远不及儒道。此种状况一直延续到德川幕府末期。

王政维新之初尽扫一切旧物，改变了原来的面貌，由此废黜过去士人奉为道德标准的儒道，另建神儒混淆之教取而代之（明治二年十二月创立大学教育，明治三年二月颁布学则六条）。儒道一旦被废黜不可能复兴，由此日本中等以上人士失去道德的根据。与封建时代相比，人心凝聚力变得松弛，国民道德渐渐显露颓败之兆。神道一时得到政府的大力扶植（设神祇官，位在太政官之上），颇具兴盛之势，然而终究其说不能跟上当时的人智之发达。佛教长期以来流行于下等民众之中，中等以上人士信仰者极为罕见，不能发挥凝聚人心之功力。因此，就道德一事而言，日本成了世界上一个特殊的国家。世界上所有国家，或以世教或以世外教来维持道德，唯独日本失去了作为道德标准的东西。其后，或有信仰耶稣者，或有推崇西方道德学者，但耶稣教受到佛教界的排斥，道德学只被学士作为嗜好，都没有成为全国的公共之教。封建时代以儒道为公共之教，政府、人民皆以其为标准，而王政维新以来完全没有了公共之教，没有了固定的国民道德标准。这种状况直至今日。不仅止于今日，照现在的状况，日本没有道德标准，说不定今后还要持续几十年。即使没有一定的主义，只要道德之教盛行于国中，也足以维护国家的安定。但在没有一定主义的状态下，人心又不注重道德，即在不注重道德的状态下，有道德的人得不到奖赏，没有道德的人得不到批评，此时即道德将要沦丧或已经沦丧之时，国家的危亡也指日可待了。

　　近年来，西方列强不是没有把其势力向东方延伸之意，法国占领了越南，英国灭亡了缅甸，又抢占了朝鲜的巨文岛，德国吞并了东南亚诸岛，俄国也企图把其版图向南延伸，这都是有目共睹的。日本屹立在东海之滨，地势良好，物产富饶，西方列强早就垂涎欲滴。位于如此危殆之地，要维持其独立决非容易，况且世上的论者偏爱西方文明之风俗，欲早日归之者颇多。当然，文明开化自来是大家所希望的，国存文明开化才有其用，倘若国已不复存在，文明开化自然也就无的放矢了。因而就今日之势来说，合全国之民力，保本国之独立，于他国面前耀我国威乃当务之急。若问以何方法可达如此愿望？余对之答曰：唯提高国民之智德勇，即提高道德别无其他方法。即使有军舰数百艘，大炮数千门，若无国民之道德也不能使用此兵器；即使诗歌文章秀美，理化诸学达到奥妙，若无国民之道德也决不能受到他国敬畏。德国某学者说，过去普法大战的胜败是道德的胜败，德国士兵忠勇爱国之心甚强，而法国士兵的忠勇爱国之心远不及德国士兵。日本如今处于危殆之地，没有了进行道德教育的标准，忧国者岂能不心寒！

上面就与外国的关系方面讲了道德学的重要性，下面就国内的情况讲一下它的必要性。盖国家之盛衰治乱不外乎人心之聚散离合。国中之人心聚合一致时，其国力就强盛，从外部观之其状茂实，此时国治民安，国势隆盛。反之，若人心涣散懈怠，其国力衰弱，从外部观之其状荒凉。此时其国即将发生动乱，危在旦夕。若问人心之聚散或离合起于何因？答曰：无不起因于国民道德之盛衰。虽说人心之聚合或离散起因于政府政令的正确与否的情况也不在少数，但若是由于政府的政令不好而出现人心离散，那么如果改正坏的政令，或罢免执行恶政的大臣，人心仍旧会重新聚合；但若由于国民道德衰败而造成人心涣散，形成土崩之势，就不可挽救了。昔日西罗马的灭亡，完全起因于其国民丧失道德、人心涣散，这在历史上已是定论。另外，波兰的人心涣散虽不像罗马人那么严重，但众人各持己见，不懂得联合一致保卫国家。有的人通俄国，有的人依靠普鲁士，企图以此实现自己的意志。结果，俄普二国乘其人心涣散举兵来犯，扶植亲信势力，打击其他势力，灭亡了波兰。俄普奥三国瓜分波兰是近代史上最悲哀的事件，已为世人皆知。国中人心涣散，国人不顾国家大计，顽固坚持自己的个人私见，导致国家灭亡，原因在于国民道德的衰废即智德勇的衰废。

回首审视我国现今的道德状况，虽说农工商三民自来没有受过教育，原本就不具备讨论道德问题的水平；但士族以上之民自祖先以来数代受到儒学的熏陶，加上本邦一种固有的武道，人心得到很好的锻炼，具有尽护国之职的力量。自王政维新以来作为国教的儒道大失其势力，武道今天已再无人提及。不过，四十岁以上的士族中还有受过旧时教育的，至少受祖先之遗传，有不少人铭记人伦五常之道或忠君爱国之教，没有把这些完全忘记。但是这些人缺乏对文明的学术研究，而且其中多数居住在乡下，交际面过窄，其见识陈旧，不适合当世之用，再加上失去了常禄，家境困窘，衣食等比其他三民更为粗劣者不在少数。因此这些人自然无力影响社会，其原有的道德观念也淡薄了。如此来说，政府方面没有一定的国教，民间方面也没有赢得全国人心的道德之教。后辈懂得武士道德是什么的人极少，且不免为浅智者。轻躁之风肆虐，讥讽道德，视其为陈旧迂腐。殊不知文明之本家的欧美诸国都在用宗教来维持其国民的道德。原来国人天资敏捷伶俐者虽多，但思虑浅薄缺乏远见，犹如与雷同来的风，自立之志不强。近来，见西方学术精妙、国力强盛富饶，为其所心醉，没有自己的立场，张口闭口皆是西方如何如何，没有识别美丑的能力。在学术、政治、法律方面，西方人做了许多探索和研究，如说比东方优越还算在理，但由于人情风俗不同，西方的学术等不能原原本本用于东方。如风俗习惯等，即使在西方也是偶然形成的，有些成为旧习，已不可改变，与东方的风俗习惯相比虽有很多好的东西，但差的东西也不少。国人应该认真对其加以辨别，取其优者，弃其劣者，若优劣相当，则应取本国的弃外国的。然而当今的轻薄之流根本不辨优劣，只要是西方的东西，连其丑陋的风俗也模仿，有些人还在得意地向身边人吹嘘。西方诸国人都有夸耀自己国家的习惯，英国人说自己的祖国比德国、法国好，法国人说自己的祖国比德国、英国好，德国也是一样。这些都是去过欧洲的国人亲眼所见，读过外国人著作的人知道这种情况。夸耀自己的国家似乎有背道德，但由于它出自爱国心，因而是值得称道的感情。日本人却完全相反，本国的事不分善恶美丑都不如外国（西方），丢弃祖先传下来的旧风遗教毫不吝惜，其心看似公平，其实不能不说这是爱国心淡薄。这些看起来虽都是小事，但关系重大。所谓国家的独立不是由单一的元素形成的，多种元素相聚合才形成独立的形体性质，即诸如语言、文字、风俗、宗教、好尚、法律、文学等，都是铸成国家独立的元素。譬如，人的形体由二十个元素聚合才形成整体，若除掉其中若干元素，人体就不能保障完整，或变性或死亡。再譬如说城郭，由于有三重五重屏墙才使本城坚固。若除掉语言文字等元素，那么独立与不独立的界限就只剩下政治这一个元素了。把自己独立的元素剥去，就像拆掉屏墙独守本城那样难以做到。往昔荷兰刚独立时（拿破仑一世被流放后），其政府会议认为维持国家独立在于确定本国的语言文字，遂命令学者规定文法，编纂词典。这是在荷兰历史中可以找到的事实。其他欧洲诸国没有一个不要自己国家语言文字、宗教风俗的。过去俄国某驻日公使对日本的某高官说，我国国民中图谋不轨者不是不想颠覆帝国，但我们有必保国家安全的措施：一是全国宗旨已定，二是全国语言已定。日本的语言文字在一千多年前就固定下来，它在维护国家完整方面发挥了很大的作用，但近年来听说有人想改变语言文字，实在不知其意何在。

凡国民的知识发展之时，文学、工艺同时追求其精妙，人心的轻躁浮薄也随之而起，一旦不能以道德之力对其进行约束，不知会奔逸流荡到何种地步。我想读过西方历史的人都知道古希腊的事，古希腊昌盛时，其文学、工艺比以前更精妙，并且国民的爱国心甚强，以其区区小国打败波斯之大敌，耀国威于近邻。其后，种种原因造成国民道德大衰，贪图奢侈、人心乖离，被罗马人吞并，很快就灭亡了。其国家灭亡之前虽其文学、工艺之精妙没有消灭，但由于作为国家脊梁的道德已丧失，最终导致亡国。既然国已亡，文学、工艺不可能单独存在，最终灰飞烟灭，荡然无存。这确实是前古留下来的鉴戒。

本来日本人民（特别是受过教育的人民）有勇气，不乏爱国心，如果政府近年来重视修身伦理的教育，今天就不会出现如此严重的道德破坏（比起封建社会道德有所衰败）。国家中若没有道德之教，民心所向不定，造成重道德之心淡薄，连学士在自己的本职工作中都贬低甚至嘲弄道德（据说在西方一旦被称为学士，绝对不会认为其嘲弄宗法）。少年子弟向来好恣意表现自己的情欲，他们讨厌道德的约束，所以听到学士蔑视道德大喜，相继沉入轻薄之渊者甚多。若顺从今天的状态，不改变这种状况，国民道德一天天向下流滑去，想象二十年后的状况实在令人担忧。

某人问：国民道德衰颓时其国家必然会危乱灭亡吗？答曰：丧失国民道德时，从道理上说，其国家必然危乱灭亡，实际上出现危乱灭亡的甚多，但并不是没有幸免灭亡的，即使没有面临危亡败灭之祸，国民道德衰颓下的国家状态又会是怎样呢？现在做一个假设性的描绘：官吏贪图贿赂，专事诡谀；贵族富民长于奢侈，沉于淫佚；商贾行骗；农民怠惰，田野荒芜；工人制造粗劣器物；书生放荡，不修学业；妇女淫奔；盗贼横行全国。这即是道德衰败的社会状态。若某国其国民之风俗、社会之状态果真如此，把它写在历史、地理书中，外人读它定会厌恶其国丑陋，对其贱侮轻蔑，见其国人时会冲其面而唾之。如此国家即使不被敌国侵占，实际上已成人心腐败、社会污秽之国，荣誉、品格在其国民中已荡然无存。试看日本今日的社会状态，虽决无达到此等丑陋，但不能说此种因素一分也没有，哪怕有一分此种因素，那就像草木禾谷中发生蛀虫，其蔓延之势不可预测。在日本这样的旧道德学已衰落，新道德学尚未产生的国度中，不能不特别警惕。世间造成道德之害者大致有四：

其一，不知而违背道德者。

其二，明知而违背道德者。

其三，找借口掩盖自己违背道德之罪者。

其四，公然诋毁道德且肆无忌惮者。

第一种情况罪最轻，因为其违背道德是由于自己不知，知后会改过。第二种及以下情况都属于沉沦于恶道不可救药者，其罪都比第一种情况重，但第二、三种情况其恶限于自己一身，没波及他人，还属轻科。第四种情况不仅本人已沉沦于恶道，而且还带领他人步入恶道，用佛家话说，是下阿鼻地狱之罪。观日本今日之状态，第一种情况自来很多，第四种情况也不少。不破此邪说，道德无期得以伸张，孟子所说"欲正人心息邪说，距跛行放淫乱以承三圣者"，正适用于此。

依据以上各段所论进行思考便会明白，在当今的日本道德至重至要。稍微有思想的人都知道必须申明道德。以下本人将要说明应采用何种道德。

二、今天日本的道德学应依据于世教还是世外教

一国之中道德之教衰落，国民之风俗颓败之时，小者，国民

沉迷于奢侈，贪图享乐、欺诈成风、好打官司、淫乱不轨、学术委靡、盗贼横行，降低国家品位；中者，或人心浮薄，或人心凶险，官民相憎、党派相轧，引起内乱；大者，人心瓦解，国力衰弊，或受外国侵略，或被削减领地，或亡国。如前所述，诸类事件在世界史上屡见不鲜。却说救民心之颓败，治风俗之邪恶应用何药剂？法律不能奏其功，物理化学不能得其益，天文学、算术不能建其勋，美术不能显其利，小说、戏剧皆无救亡之效。那么要问，救如此国家之大病，使其健壮之药剂是什么？答曰：道德学。此外不会有其他回答。国中贤人决无一人说出否字来。

可能有人认为，法律学不同于其他学术，治此社会大病有效。诚然，法律学是治理国家所不可缺的，但法律是治国平天下的机器，而不是治国平天下的精神；治国平天下的精神只有道德学。譬如汽车、汽船，蒸汽作为精神如同道德，蒸汽机作为机器如同法律，虽然若没有蒸汽机，蒸汽也就不能使其运动，但本末轻重之分是非常分明的。并且，法律虽有防止人陷于恶的效力，但无劝人为善的效力。因此，无论法律如何健全，也不能代替道德发挥社会改良的作用。

如果说支持风俗、人的精神的是道德，那么就会产生这样一个大问题：其道德应该依据于世教还是世外教？众所周知，在西方诸国依据宗教来支持国民的道德，在中国依据世教来支持国民的道德。不用说，欧洲诸国与中国在文化强度上有很大不同。若文明且强盛之国所用之教为优等，半开化且不强盛之国所用之教为劣等的话，那么把宗教作为国家的道德岂不就可以了。然而，采用宗教或世教，都要看其是否适合本国的开化顺序、教祖的生地以及教义是否适合民心，取决于政治与宗法的关系，即要遵循其国的自然之势。中国不采用世外教，也是因为在孔子（世教之始祖）以前中国没有世外教，孔子之后经过数百年，到后汉时期，世外教（佛教）才传入中国。此时，儒道已为君民共同信奉，且由于中国人的气质长于思考形而上之理，无论佛教如何高妙，也不能取代儒道成为全国公共之教。在欧洲，耶稣教在其民智尚处蒙昧之时已进入其国，起到把蒙昧之民智引向文明的作用。此时世教还未传入其国，自来就无人知道世教是什么。

一千五六百年时希腊哲学才在欧洲传播开来，但此时耶稣教已深入人心，加之罗马教皇大施其教威，把一切人事、政事尽收自己管辖之下，所以无论哲学如何精妙，也不可能排除宗教，取而代之。这即是欧洲以宗教支持道德的原因。因此，中国采用世教，欧洲采用世外教皆出于其本国的自然之势，并非把二教放在眼前先考虑其优劣，然后进行取舍。如果说用宗教战胜了世界的话，那么非洲、澳洲的土著可以说没有不信宗教的，但这并不能说这些土著人战胜了中国人。中国和欧洲，一个采用世教，一个采用世外教，其理由如上所述。如今我国欲立道德之教，二教之中采用哪一方呢？本人认为无需考虑二教精粗优劣，唯需考虑是否适合本国现今之势，以此定取舍。我国没有固有的教法，世教最初从朝鲜传来，世外教也从朝鲜传来。世教说道理，世外教说祸福吉凶。与前者比较，后者之教法更早在君民之间得到信仰，天皇亲自剃度，自称法皇，赐予宗教高僧国师号，曾经一时佛教形成国教之势。然而，在皇室势力减弱的同时佛教也走向衰落，尔后虽有净土、法华等诸宗兴起，但佛教仍不像奈良朝那样兴隆。之所以说不如那时兴隆，那是因为，往昔天皇以下公卿官人即上层社会人物大多尊崇佛教；而今日，尊信者大多是下层人民，上层社会的人物不多。自足利高之乱开始佛教日益衰落，信徒完全限于下层社会的人民。德川幕府初期，儒道豪杰辈出，因此很快得到上层社会的接受。王侯贵人学习儒道者颇多，儒道在上层社会流行；佛法在下层社会流行。上层人物的精神品行受到儒道的陶冶，制度、法律多数也都依据儒道而定。自这时开始到明治维新时期，儒道常在士人以上社会得势，所以至今人民的精神品行中仍保留的优点，源于祖先以来的儒道教育。直至今日，士族以上者信道理而不信神异，可以说就是因为儒道教育之余德尚存。方今，在国民中只要一提到道德，多数想到的必然是儒道，可见儒道渗入人心之深。

如此说来，今天日本立道德之教，抛弃世外教，采用世教更合适。更加详细解释其意义的话，即今日世外教只在下层社会得到信奉，在上层社会得不到信奉，而政府的官吏、学校的教师皆为上层社会的人物，可以把上层社会信奉的东西在下层社会实施；但把下层社会信奉的东西推广到上层社会，使其信仰相同的东西是不可能的。所谓"君子之德风也，小人之德草也"者是也。更何况随着人智的日益开启，信神异之念日渐消退，信道德之念日渐增长，下层社会的信仰不会永远不变。再说，宗教有同为宗教但彼此相斥的固疾，佛教排斥耶稣教，耶稣教排斥佛教，互为敌教，总想消灭对方。在日本国，不用消灭佛教或基督教便能赢得和平，况且此二教何时灭亡难以预料，甚至其争斗何时休止也没有指望。很清楚，以如此教法为道德基础肯定不合适。而世教与其不同，前文已说过，三百年来盛行于上层社会，士人以上精神品行皆受其陶冶，其遗传力不可能消除。今日的轻薄之流贬低日本旧来的世教，认为其迂阔固陋，是文明世界中应排除的东西。此说并没有深入了解儒道，对儒道妄加诽谤。姑且不谈儒道的性质，从效果上来说，此教有重人伦五常之道，贵社会之秩序，坚人之志操，抑轻薄之风的优点。三百年间学习此教的人中出现了很多人杰，不仅学力深邃、志行敦笃，还出现了熊泽伯继、野中兼山等精通经济的人才；德川光国、池田光政等治国之才；松平定信、新井君美等政治家；本居宣长、平田笃胤等通晓国典的国学家；林子平、近藤重藏等关注海外情况的人；山鹿素行、平山行藏等兵学家；小野兰山等植物学家；佐藤信渊、二宫尊德等擅长农学的人：这些人皆以儒学为基础而成才。不仅如此，废霸府再兴王政者也皆自儒士而出。今天在外交中国家不受凌辱亦乃儒士所为。特别是今天建学校，使全国的士族接受文明之教育也都是学过儒道之士人。我国维持三百年之太平，在与外国的交往中不受屈辱，并且建立了文明的基础，不能不说都是儒学的功劳。今天观之，认为其固陋迂阔，只是因其缺乏文明的学术。

　　依据以上所论之旨趣，我认为，要建日本之道德应舍世外教取世教。但在世外教中应取其嘉言善行为道德教之补充，唯世外教之名目和其整体结构不可取。若有人问：先生把儒道之利说得淋漓尽致，你的用意是说采用世教即是采用儒道吧？下文对此给予回答。

三、世教之中采用何者为宜

要建日本国之道德，由于世外教多不利，应采用世教，这在前文中已说定。下面我想谈及在世教中应选择何者的问题。从来日本、中国的世教除儒道之外没有其他，因此旧来只读汉籍的人，一提起道德，必然想到以儒道为依据。然而言道德之世教，除儒道之外还有西方的哲学。西方的哲学比耶稣早三百余年，其中杰出者是亚里士多德。亚里士多德出生的时代比孔子稍晚，与孟子是同一时代的人。希腊哲学家人数很多，而亚氏为其巨擘已得到公认。亚氏的道德论、心性论、政治论、经济论、逻辑已成后世之法，时至今日，虽其中小部分经过修正，但其大体经历数千年也未被废除，所以我认为以孔子和亚里士多德为世教中的东西方两圣人最合适。希腊哲学传到罗马，随着罗马的灭亡而衰落，自公元1600年前后开始迎来复兴之运，出现了许多大学者，其中有人主张哲学脱离宗教而独立，有人主张在宗教的基础上建立哲学，还有人摇摆于二者之间，但决没有人主张哲学与宗教的统一。哲学与宗教其道统之传各异。宗教大家圣彼得、格列高利七世等不可能进入哲学传统；哲学大家培根、笛卡尔等也不可能进入宗教传统。时至近代，哲学的进步非常突出，法国哲学家孔德提出实证哲学之说，其考究更加精密，其学理更加微妙，达到千古无比的境界。

如此说来，以哲学为今天日本道德的基础未尝不可，但哲学传入日本的时日尚浅，欠缺精通此学的学士，并且以此学之道德说广泛用于民间之例也甚少。因此，以此学为日本道德之基本疑者甚多。或曰，西方哲学是主张功利之学，或曰，是蔑视君亲之学。与其相反，如上所述，儒道造成了三百年来全国上层社会的风气品行，并且其所教的主要是父子、君臣、夫妇、长幼、朋友之五伦。由致知格物开始，直至诚意、正心、修身、治国、平天下。在有关现世之事方面，儒道可谓包罗万象。并且，在儒学方面，国中还有不少老成的宿儒，承担教导之任者不乏其人。况且忠孝之教在护万世一系之天位、正君臣之分、美国民之风俗方面没有能与其相比者。因此，有人说，今日以儒道为本国道德之基础胜过哲学。此言颇在理。我非常尊重儒道，但只以儒道为我国的道德基础，在今天来说是不可能的。

今天不能只行儒道，其理由有五：

其一，近年来西方诸学特别是生器心性（形而下与形而上）等学问极为考究，已至精微，而儒道理论与此等诸学不同，免不了与其相互抵触。

其二，儒道多禁戒之语少劝奖之语，教人安于退守，有缺乏进取之弊，而如今之时势，若不培养进取之气便不能振张国威。

其三，儒道利于尊贵者而不利于卑贱者。尊贵者有权力而无义务，卑贱者有义务而无权力。管理国家虽不能不如此，但总有偏颇之弊。

其四，儒道多讲男尊女卑，在男女关系上不讲平等。男子有妻妾数人不受谴责，而教妇女夫死不再嫁。从今后的时势来看，抵牾者肯定会多。

其五，儒道以古为是，以今为非，凡事必效法唐虞三代之治。孔子讲唐虞三代自有深意，但后世儒者未达其意。生于数千年后而欲效法唐虞者颇多。就今日日本时势来说，自来就不可效法唐虞三代，现在仍不应该效法。

以上五条是今日不能仅采用儒道的主要原因。这即是说仅以儒道作为日本道德的基础不适当，并非是说儒道之教中有瑕疵。儒道向来作为世上大教之一具备至正至醇之理，其道理之中绝对没有容后生置喙的地方，并且学习儒道者推尊孔子为其道教主，称孔子为圣人。孔子的言行至善至美，包含万理而无疏漏，后世之人若有背离孔子之意者则作为异端被摒弃。虽然，拥立儒道并以其教化全国是有必要的，但今天在我国采用其教千万不可如此拘泥。孔子虽为圣人，但同样也是人，其所言虽至善至美，并不是说其外再无至善至美，《中庸》也说"及其至也，虽圣人亦有所不知焉"。再说，今日信奉儒道者多数人不通西方哲学，认为孔子之外世界上没有圣人。此种看法不免井蛙之见。亚里士多德、释迦牟尼、耶稣、穆罕默德等人之说虽与孔子不同，但不能说他们不是圣人。总之，不限于儒道，以人为师之教（所谓以人为师，即仅以教祖一人为至善至美之极，认为其人之言行也同样无瑕疵,并且其学问目的仅在于推崇效法某一人)都免不了其弊害。宗教的弊害之所以多,原因之一就是其以教祖一人之言行为天下独尊者并加以信奉,因而不免多有牵强附会。

西方的哲学与中国的儒道相比有前面说过的长处。由于其以理为师而不以人为师,每出一个卓识之士便会在古人之上产生更高的发明,因而随着岁月的积累,其学问渐渐变得精微深远。并且,其教的原本就不是宗教而是世教。所以可以其为我国道德之基础。不过,经过反复考虑,我认为哲学比其他三教(儒教、佛教、耶稣教)有明显的长处,但仅以其为我国的道德基础也不免有阙失之处。首先就大的方面而言:

其一,重论知而轻论行。虽道德之初在于知,但其重点在于行,故古语说"知之非难,行之实难"。无论一两个学士如何深通道德之理,若不能使国民皆奉行之,道德自然无益,所谓形成国民之品行风俗,也皆就行方面而言。西方也把天文、算术称为知识之学,道德、政治称为实行之学。实际上这之中也出现了差异,即研究哲学者不太注意自己的品行,甚至有些著名哲学家的品行不堪入目。

其二,哲学中无治心之术。中国的儒道自古以来讲诚意正心。孟子有养气之说,宋儒时期习练治心之术(有人认为宋儒的治心之术来自禅学,其言有一定道理),身处穷苦而不改其乐,安于天命而无外慕之念。《中庸》说:"素富贵行乎富贵,素贫贱行乎贫贱,素夷狄行乎夷狄,素患难行乎患难,君子无入而不自得焉。"由于其心镇定不动摇,不逐利、不畏害,心中无愧,有的人即使被押赴刑场时亦"颜色不变阳阳如平生"。这些皆儒道治心之功。信奉耶稣者此类情况也很多。但为哲学者此类情况则不多,因为其不是养心之教。

其三,哲学家皆欲超越古人之上,故而建异说否定古人之说。其实其异于古人之处很少,但否定古人之言语尖刻。儒者之病在于拘泥圣贤之言,哲学之病在于否定古人之言,二者都不免有失其中。

其四,哲学之中有几多流派,其学派不同,道德的原理也不同。有主张利益者,有主张良知者,有主张天命者,有主张为己者，有主张为人者。由于原理不同，其实行的条目也不同。如今要以哲学建立道德之基础，必须确定以哪个学派为依据，然而依据某一学派又有偏依一方之患。以上四条说明哲学不适合作日本道德的基础。但是哲学原本是至精至妙之学，广大深远，其蕴奥并非容易窥得。我对哲学的批评也同对儒道一样，并非否定其学本身，而是说不能以其为日本道德之基础。

诸教之中最完全者是哲学，而哲学之中又有不适合之处，不予采用。可能有人会问：那么先生欲立之道德该依据何种教义呢？答曰：天下之理无以一教义穷尽者，教义有种种学派，故有种种见道理之方法。若只取其中之一个，而舍弃其他多个，对天下道理的认识必然出现遗漏，而若此遗漏很多，就不能说其是完全之教，若要使其达到完全，非取诸教之集成不可。故，我认为道德之教的基础既不在儒教，也不在哲学，当然更不在佛教、耶稣教；但亦不离儒道、哲学，甚至也不离佛教、耶稣教。佛教、耶稣教亦有可取之处。有人问曰：先生所言像是诸教之教义的错杂混淆，有如古董店之感。难道不是吗？ 答曰：若在没有一定之主义的情况下，妄取诸教，自然有您所问之弊，而若在确立一定的主义后，取诸教之说，无论诸教之说如何之多，皆为我主义之脚注，可使主义之本义越发明确。譬如，大将之规矩俨然，纵令有兵士百万也要听其指挥，如同手臂驱动手指一般。可能又会有人问：先生所说的一定之主义指什么？答曰：我所说的一定之主义，是取二教（儒教、哲学）之精粹，去其粗杂；取二教之精神，去其形骸；取二教一致之处，去其非一致之处。此为何者？答曰：天地之真理也。真理即儒道所说的诚（天理又称天道），即《中庸》所说"诚者天之道"是也。我认为日本道德之基础即此真理。真理之外天地间没有完美无缺的东西。真理就高贵而言，三千年来的哲学、五千余卷的佛经都不能超越其上；就其浅近而言，愚夫愚妇也皆能很好地理解和奉行。真理既无宗门又无学派，放之四海皆准，正如《中庸》所谓"舟车所至，人力所通，天之所覆，地之所载，日月所照，霜雾所堕，凡有血气者莫不尊亲"，唯真理可当之。所谓真理者，原本为无形无臭之物。按照人们的想象认定真理，其真理不能不因人而异，因此虽真理至善，人人皆知，但其所定真理不可能没有谬误。真理虽为无形无声之物，但并非如同梦幻泡影，而是可以认识和把握的。认识并把握真理有一个要诀，可以说，要知事物之真理，必须于事实中求之，符合事物之事实者为真理，不符合事实者不是真理，事实是检验真理的测量器。现在从古训中找出一二个例子予以说明。

《大学》说："物有本末，事有终始，知所先后则近于道矣。"此言谁都清楚，其义极为平易。但自古以来英雄竖子的成败与此言相关者颇多，纵令其谋善良，但因误于先后而坏其事之先例甚多。一事之中有一时之先后和长期之先后，其成败亦如此。举出东西方历史有记载的事实与此言相比较，会更加明白此言非常符合事实（今天日本主张一切都仿效外国的开化者必须注意其采用外国事务的先后顺序）。再就人们身边的事来说，把应先办之事置于后，应后办之事置于先而招致悔恨者不在少数。《中庸》这一段训言非常符合事实，故应称其为符合真理之言。《礼记》中说："古者天子后立六宫、三夫人、九嫔、二十七世妇、八十一御妻，以听天下之内治。"汉代的儒者说："天子三夫人、九嫔，诸侯一妻、八妾，卿大夫一妻、二妾，士一妻、一妾。"此言是否符合真理，没有经过事实检验。大凡天下诸国，无论何地，男女的出生人数大抵相均，通常男子人数略多于女子人数，这是事实。据此事实而论，以一男配一女为真理即符合天理，若男娶妻妾数人，国中会出现许多不能娶妻的男子。这种情况难道能得天理？故应定为此种情况不符合真理。再来说一下佛书。《四十二章经》中说："财色于人，人之不舍，譬如刀刃有蜜，不足一餐之美，小儿舐之，则有割舌之患。"观今世之人大抵惑溺于财色，恼乱烦躁欲求之，为此暗昧其灵智，如盲人走险路，所得到的不足其所期望的十分之一，遭割舌之祸者比比皆是。不仅今时之人，打开古来历史观之，此种实迹甚多。此言符合古今之事实，故应定其为符合真理之言。另外，《阿弥陀经》说"是西方有过十万亿佛土世界，名曰极乐，其土有佛，号阿弥陀，今现在说法，其国众生无有众苦，但受诸乐，故名极乐"云云。此国土自古就有前往去观者，但无归来报告其状者。"北极近旁之地有夜国，南海洋中有珊瑚岛"之说是事实，因为有人亲自前往观之并回来讲过此事。只有人去观看，没有人回来谈论的国土不足为信。此经文的诠释者附上种种说明，以使其符合道理，但不免为牵强之说。因此，由于极乐没有事实验证，所以不能认作为真理。

寻求真理的方法，除以事实来验证之外，还有五种方法：一曰推度法，二曰折中法，三曰权衡法，四曰良心判断法，五曰多闻阙疑法。此五种方法皆能间接地与事实相契合。所谓"推度法"，如见到流水必然推度其有源头。所谓"折中法"，如东西两端之论各有道理时，取其中为真理，譬如出现性善性恶之两端理论时，要站在其中央。所谓"权衡法"，就是在出现两种相反的意见并且都有道理时，权衡其轻重，取其重者。《孟子》中的"紾兄之臂而夺之食则得食，不紾则不得食"的比喻非常恰当。所谓"良心判断"，就是以自己的良心可以直接判断真理。譬如，途中看到有人从强壮男子手中夺下抽打幼弱儿童的器物时，以自己的良心立刻就能判断其曲直。所谓"多闻阙疑法"，是说出现疑其与道理不符之事时不能决断，此时应广泛听取名家之言，取其可信部分，不可信部分姑且放到日后处理。如今的达尔文学派诸说即是如此。

真理虽至高至妙，但若依此法度，必能确认真理。在已确认的真理中，我认为应取世教与真理相符的教义为日本道德的基础。本来也应该从世外教中取其与真理相符的部分，但由于宗教原本是以来世之事为主建立其学说的，即便是论及现世之事且与事实相符的学说，也不及世教。所以，宗教中值得汲取的部分不会很多。如此来说，选定的道德基础应是合天理、近人情、至醇至精者。我相信在人类的精神和身体构造没有发生改变的时候，其道理也不会改变。如果说要给此教起个名字，别无他名，唯称其为道。此道乃天地之道、人类之道，我辈深信之，誓死不会改变。《论语》说"笃信好学，守死善道"，正是也。

有人说，道德之教应于人类之上树立神异者，以定其信仰之所，并且应该将死后魂魄归着之所纳入其谈论范围，以定其安心之地。若不如此，守世道之心不会坚固。此乃西方国家以宗教为道德之基本的原因。今以泛泛之道理为道德之基本，既没有上帝，死后魂魄归着之所也不明白。这样恐怕不能使学者笃信道。我不这样看。信宗教者多有以身殉道者，信世教者同样多有以身殉道者。中国宋代的文天祥、明代的方孝孺都是以死卫道者，他们并非信宗教之人。就日本来说，德川氏族在参河时出现了一向宗门徒叛乱，德川谱代之士拼死防御，终以世教之力击败宗教之狂热。另有赤穗四十七士以死成君主之志，也非信宗教之人所为。即使在西方国家中，专心学术的人中也出现了不少以生命殉其学术者。近年富兰克林（并非发明避雷针的富兰克林）饿死在北冰洋、李宾斯敦客死热带之地等，均是为地理学研究献身者。他们决不是为了宗教。可能有人会说，此二人原本是信教法之人，其研究学术的热衷是教法培养的结果。果真如此的话，那么我再举其他例子，伽利略提出的地动说违背了教旨，二次受到罗马教徒的拘讯；布鲁诺由于提出以万物为上帝的主张，触怒了耶稣教徒，被处以焚杀之刑，然而他至死不改自己的观点。他们都是对抗宗教建立其学说者，其志如此坚定！因此，以道理为基础而创建的道德之教培养不出笃信者的说法纯属无稽之谈。相反，我相信必定会培养出更多的笃信者。

四、实施道德学应依据何种方法

虽道德之原理已经确定，但不能只靠原理实施道德，并且还有可能出现不遵守者。因此必须设定条目。譬如法律，确定法律原理固然重要，但只确定原理没有条目，法律则不能应用。就道德的条目而言，儒道中有五伦，哲学中有对己、对人、对国、对上帝的条目，耶稣教中有天主之十戒，佛教中有五戒、十戒、十善等条目，各教都以其设定的条目形成教义。其中宗教的条目从贯彻其教旨之意出发，与一般人民之道德的关系淡薄，今天可不采纳，因此道德的条目必然取自世教。儒道除五伦之外，还有六德、六行、五常、三戒、三省，都是道德的重要条目。其内容或出自圣贤一时之语，或不能包含道德之全体，或只适用于古代而不适用于今天。大凡道德之教不仅要求条目完整，并且要求整体结构严谨，如大厦高楼之结构，从梁栋柱楹到基础，百材皆必须按其顺序准确到位。然而中国的儒道教义中缺乏如此结构，虽说把很多种书合起来可以获得完整的条目，但多有前后其义相左者。此种情况不仅儒道，佛教、耶稣中也存在，古代经典大都如此。其教义或前后错出，或在后世重新复出，由此，后世之学者则重新考虑其顺序，纠正其脉络，以确定其教的完整性。就中国的儒道来说，（朱子学）虽是后世之学问，但其《小学》结构完整，条目筛选也很适宜。不过，于今天观之仍有不足之处，不能照搬为现今之道德条目。而西方的哲学是古代之教即古希腊时代之教，如同中国古代的儒道，其条目有仁智勇节，以人之德加以区分，但到近代则根据人的产生和人所遇到的各种境况建立其教，条目虽简易却包罗远近而无遗漏，并且其结构亦非常整齐、无混杂之患。所以，（在西方）道德学的实施结构及其条目大意完全是按照西方哲学之法而规定的。但是，由于西方哲学出自学者的意见，民众多少总有不同看法，不能达到众人意见统一。如果在其上再补充其他教义，将其中符合真理的内容引进到我国，则必须进行必要的折衷或增减。如此说来，似乎道德的条目非常难以理解，但其实既不难也不怪，平平凡凡，谁都能理解。即大体区分如下：

第一，善待我身。

第二，善待我家。

第三，善待我乡亲。

第四，善待我祖国。

第五，善待他国人民。

上述五条之外无可附加。第一、二、四的意义一目了然，第三条看似虽无也可，但作为其居住地的城市或农村（特别是农村）介于家与国之间，不能没有这一层关系，所以也列为其中一条。第五条可以说是可言不可行的条目。真理所覆盖之处没有此国彼国之别，上帝对全世界人民一视同仁。所以，尽我力之可能把受歪理邪说蒙蔽的外国人教化成良善之民，本来当属此学目的中之事。不过凡事有缓急远近之别，首先实现第一到第四条，成其功后扩展到第五条。大凡儒道、哲学、佛教、耶稣教等道德之教无一不是这样，因此可以说，天下众教之道德条目的数量不外乎这些（虚无荒诞之说不包括在内）。

　　在如此区分之上，若要进一步列出道德细目，每一条又可分为数十条，需要对其条目的设置和解说做许多精确的考究，那样仅这五条的解释也要讲三天。然而此次演讲仅限于概述日本道德论之纲要，具体实行方面的问题他日以文字形式向各位同仁汇报。现在我想讲一下实行的顺序。

　　在以上解说中，我想大家已经了解了我所说的道德之大意，即明确了何为道德。但仅知道这些还无济于事，把它付诸实践才成道德之用。法律、医术亦如此，此等学问包括知行两个方面，其知是为行而知，不像天文学或算术那样，仅做到了知便就完成了其学。儒道中有"君子欲讷于言而敏于行"之说，还有"载之空言者，不若见之于行事之深切著明也"之说，此类说法甚多。不论如何善知善言，若不将其见于实行，便如同画中食物，外貌无论多美亦不为食物之用。就实行道德来说，如在儒哲诸书中所看到的那样，首先是修其身，其中当然要务即仁义礼智孝悌忠信等德行。然而，现今所谓实行主旨在于把道德之教在我国弘扬，并不是我辈各自修自身之德便完事大吉。自身善修其德，天下自然归之。此话有理。但从今天的实际情况来看未必如此。已往宗教的开祖都尽力布教，想方设法教化人民。今天向全国布道德之教当以何种方法为最宜呢？以招生授课方式影响面甚窄，著书宣传会花去很多时间且读者不会很多。眼下之良方应像其他学术那样，采取组织学会（协会）的方式弘扬此教的方式为最佳良方。本人明治九年以来开创修身学社至今，历经十年之星霜，可收效很小。有人怀疑学会无益，也没有把以前迷惑不解的道德之主义说清楚，同仁聚在一起只泛泛空谈，从未付诸实践。我想今日以后改变方法，同仁一同努力实践，收效必然与旧日不同。

　　方今文运兴盛，各种学术学会、协会纷纷建立，如文学会、大日本教育会、德国协会、佛学会、地学协会、大日本农会、东方哲学会、卫生会、法律会、医学会、数学会、化学会、物理学会、统计学会、地震学会等，还有其他类似组织，不计其数。然而唯应为人道之大本、国家之基础的道德学举国不见有一会（除本会之外）出现，实在令人奇怪。有人说，修身道德之事得到文部省的重视,把其置于诸学科之前加以强调就足以了,没有单独成立民间学会的必要。此言差矣。现今已有的卫生、医学、化学、物理、数学、法律等,无一不是文部省在官校中非常重视的科目,然而又都建立了自己的学会,以发展各自的学术,岂有唯道德学不需要建立民间学会之理!并且学校里所教授之道德只面对在校学生,照顾不到离开学校的学生以及不能入学的人。目前,在中年以上的国民中没有受过学校教育的人难说有几百万,即便是受过学校教育的人,其在学期最长的不过十年,短的只有二三年。按人的寿命五十年计算,其中有四十年或四十七八年为听不到道德之教时期,所以建立道德会是为日本国民办事,是必须做的事。大凡学术和职业,从其门类上说并非不相互妨碍,譬如以医术为业者加入法律学会无益,博物学者加入统计学会无诠,从商者加入农会无利,地理协会的人再加入文学会也益少,这种情况不仅没有利益,并且还有为此徒费本业时间之患。唯独道德学与此不同,无其不适应的学术或职业。若把道德比喻为坚固的基础,可以在其上建造宫殿、神社的佛阁、观象台、灯塔;若把道德比喻为良田,在其上可以生产五谷、栽种树木。所以,可以说道德学对于研究任何学术的人、从事任何职业的人,都不会对其本业有丝毫妨碍;不仅没有妨碍,以道德为根据的学术或职业都安全坚固,且其职业或学术的品位会变得崇高。

既然已明确道德学会于社会有利,我希望有志于道德建设的诸君齐心协力在全国弘扬此道。诸君可能会问:我等已知道德之必要,且于己、于家、于国中都行此道,还有组建学会的必要吗?虽说如此,但一人严守此道并不能使全国之人成为善良之民,独善其身不管他人并非道德之本意。在佛教中把如此之人称为小乘,道德之教不能安于小乘,必须树立佛教中所谓大乘(救人)那样的目标。孟子曰:"天之生此民也,使先知觉后知,使先觉觉后觉也。"由此说来,有志于道德之士必须以觉后学为己任。

(刘文柱译)

四、加藤弘之

史料简介

加藤弘之(1836—1916)出身武士家庭,幼时在藩学弘道馆接受过严格的儒学教育。十七岁到江户,从佐久间象山学习兵法,从平井芳州学习兰学。1860年入蕃书调所任职,又受幕府之命学习德文,成为日本最早研究德语的学者。明治维新之后服务于新政府,历任大学大臣、文部大臣、外务大臣、大外史。担任过御前侍读、元老院议官、宫中顾问官、枢密顾问官。被封为男爵,授"旭日桐花绶章"。在学术方面,担任过东京大学校长,还先后担任过该校文、理、法三个学院及研究生院的院长,东京学士会院会员、干事长及会长,帝国学士院院长。获文学博士、法学博士。以官僚、学者的双重身份参与了从幕末经明治到大正初年三个历史时期的政治、学术活动。

加藤弘之一生从事著述活动的时间长达五十多年。思想上由主张天赋人权论到主张进化论,从启蒙主义到自然观上的唯物主义、社会观上的社会达尔文主义、政治上的国家主义的转变。今选译其有代表性的著作《自然界的矛盾与进化》(据金港堂1906年版本)、《自然与伦理》(据1912年实业之日报社版本)及《立宪政体略》(据日本公论社1972年版《日本名著》第三十四卷)。

自然界的矛盾与进化①（节译）

"绪论"之"第六章"②

在以上的论述中③，可粗略地明白我所执的主张。我的观点可归结为，在此宇宙间没有神秘，没有不可思议，没有绝对意志，没有目的，没有超自然法，只有一定不动的自然法即因果法而已。虽然以我们的知识确实还有许多不能明白理解之处，但是不能把这些称为神秘和不可思议。在原来被称为神秘和不可思议的事情中，由于十九世纪学问的进步，有些事情变得十分明白了，还有些事情以后也会逐渐变得清楚明白的。即使对于有些人智尚不可及的事情，也不能把它们称为神秘和不可思议，只是目前人智尚未及而已。正如哥德所说："我们同样被万古不易的金刚大法（即自然法、因果法）所支配，在完善我们的生存环境之外，不存在别的事情。"我们人类与其他万物一样完全是金刚大法的奴隶，不允许一点自由意志。正如其他万物没有丝毫自由意志一样，我们人类也没有丝毫自由意志。对于我们人类和其他动物来说，被授予利己的根本动向这一点是十分幸运的。然而，在共同生存的关系中，由于没有另外被授予利他的根本动向，所以产生这种现象是十分可悲的。只是为了能够勉强地共同生存，才从利己派生了利他，才能互相得到幸福。

必须知道金刚大法如同一个大奴隶主，他不具一点仁心，也不具一点慈悲心，实在是无情至极。然而古来的宗教家或哲学家们，把此无情至极的奴隶主错误地认为是仁心深厚者，或错误地认为即使他对万物无情，但却独对我们人类颇垂仁慈，因而命名为"神""造物主""绝对""实在"等，并信仰之。

---

① 本书是加藤弘之七十一岁（1906）时所著。全书较长，包括绪论六章、本论九讲二十九章、附录二章，共三十七章。本文根据金港堂书籍（株）1906年12月初版的版本选译。

② 《绪论》较长，共分六章（1—117页）。本文选译《绪论》中的《第六章 结论》。

③ 指《绪论》的一至五章，分别论述了目的的宇宙观与因果的宇宙观、超自然法与自然法、二元论与一元论、意志自由与意志必然、造化与进化、关于有机体的根本动向的二元论与一元论等方面的宇宙观。

这是极大的谬误。尤其是那些与"神""造物主"等名称不同的没有人格的叫做"绝对""实在"等名称，听起来还好像是学术语言，尤为谬误。一些学者仍然把此"绝对""实在"作为如同"神""造物主"一样的正善的大意志，与具有人格的神是一样的东西。幸好近世进化之学渐开，此新学理逐渐一扫万古之迷谬，将金刚大法介绍给我们，我认为这实在是值得我们庆幸的。

如上所述，虽然此金刚大法是无情无慈悲的奴隶主，但决不能认为我们是可怜的不幸者。有此大法的支配，才有万物的进化，万物才能进步发展。我想这样的道理通过本书后面的论述，是可以明白的吧。如果我们在"神""造物主"或其他种种深厚的仁慈心的支配下，终究也不能有所进化，这才是十分不幸的。所以，我们能够处在无情无慈悲的金刚大法的支配之下，倒是十分值得庆幸的。

"第二讲有机界的生存竞争自然淘汰及进化"之第一章三大矛盾及生存竞争

诸君！如果有机界没有以上所述的三大矛盾[①]，则有机界大概完全是像极乐天国那样的无量圆满的世界了吧。各有机体大概能实现绝对的安乐的生存了吧。可惜哉，因为有三大矛盾，所以有机界终于成了修罗巷、地狱。详细地说，如果地球上时时刻刻诞生着的有机体的数量与其生存需要的物的数量能够获得平衡的话，又假如动物不再必须把自己的近同类、远同类的动植物作为食饵，而有其他特别的食饵的话，并且拥有唯一的利己动向的所有有机体在身、心、力上没有强弱优劣的差异的话，那么世界就将成为无事的太平乐土、绝对的幸福净土了。然而，因为有上述的三大矛盾，所以终究成了修罗巷、地狱。

然而，我们究竟是向往太平无事的乐土呢，还是向往修罗巷和地狱呢？释迦和基督是向往前者的，而我们则完全期待后者。

---

① 三大矛盾：加藤弘之在本论的第一讲中说，在自然界存在有三大矛盾，即"时时刻刻产生着的有机体的数量与其生存所需要的物的数量的矛盾""动物的生存与其食饵的矛盾""有机体的根本动向与其身心力的矛盾"（见《自然界的矛盾与进化》第120—138页）。

为什么呢？因为我最期待的进化是发生在后一种情况下的，而这种进化又必然是生存竞争和自然淘汰，即修罗巷的结果。这种生存竞争自然淘汰又是因何种道理而产生的呢？它完全是以有机体的利己的根本动向为其原因的，但又决不是仅以此为原因。因为还有一个另外的诱因即缘，进化才得以发生。这个缘又是什么呢？它就是有机界的三大矛盾。即利己的根本动向是因，有机界的三大矛盾是缘。完全是由于此因和缘才产生了生存竞争，而生存竞争的结果就形成了自然淘汰，才产生了进化。

我们毕竟是盼望进化的，所以也就无条件地喜欢三大矛盾和修罗巷。因为如果没有三大矛盾和修罗巷，终究也不能期盼进化。不管怎么说，诸君果真会赞同我们的观点的吧。然而，假如诸君不赞成我们的观点，则不管怎么说，结果也就不能得到进化。释迦和基督只管教人慈悲忍辱，还教导人们如果有人打你的左脸，那么你再把右脸让他打。在三四千年间其结果似乎一点也没有显现。不仅如此，其实连释迦和基督也驰骋于修罗之巷。他们排斥其它教派，扩张自己的宗派，所行的一切也不外乎是修罗道。实际上是自相矛盾。既然在有机界存在着唯一利己的根本动向和三大矛盾，那么生存竞争最终是不可避免的。

然而，对于我这样的说法是否会有反对的意见呢？我是经常遇到反对意见的。它们是些这样的反对意见，"虽然不能说生存竞争完全都是恶的，但是那些任意侵害他人利益的生存竞争是恶的"。此即是一种反对意见。然而如前所述，所谓善恶正邪只是就共同生存上而论的，而在孤立生存者相互之间，则无从评定善恶正邪。即使在共同生存上，也因为根据进化的次序和程度，善恶正邪的标准是变化的，完全不是一成不变的。所以，不能说唯有像侵害他人利益那样的竞争是恶的。为什么说善恶正邪不是一成不变的，而是变化的呢？其理由通过后面的详细论述也许就会更加清楚明白了。现在在这里先不说。可是，即使有些在当时实际上被认为是恶的竞争，但对其后代是十分必要的，大大促进了后代的开化。这种现象在历史上并不鲜见。所以不能轻易地说这样的竞争是绝对的恶、那样的竞争是绝对的善的。

不仅如此，这样的反对意见还完全是废话。因为在有机体最高的进化中产生的是人，而这样的反对意见也发自人。如果有机体没有进化的话，那么今天的人类也不可能产生。不只是人类，在整个宇宙内除原始有机体以外是否还有别的呢？恐怕连原始有机体也没有吧。由此可见，说进化是恶的，或者说侵害他人利益的生存竞争是恶的话的人，其自身也仍然是托竞争和进化之福才能够出现在此地球上的。一方面是托竞争和进化的福才能够来到此世界上，同时又反对竞争和进化，这会起什么样的作用呢？实在叫人费解。

发表上述愚论的人，大概对有机界存有三大矛盾也感到十分惊讶吧。因为他们认为神、天、上帝、造物主或绝对，实在是全知全能的，最为仁慈圆满的。所以当他们发觉存有三大矛盾时就十分惊讶。然而，这是不争之事实，所以没有办法。这种人认为造化是一视同仁的、公平无私的观点，本来就是错误的。完全陷于目的论的谬误之中。其实，仁与不仁、公平与不公平与造化毫无关系。在生存竞争中的胜者看来造化是仁慈的，而在失败者看来则是不仁慈的。能够因为今日是幸福多开之世而认为造化颇垂仁慈，而在古代因幸福甚少而认为十分不仁慈吗？生于尚未进化的古代的人们所承受的辛劳困苦，正是成为今天我们的幸福的原因。所以说古代人为今天的人们作出了牺牲，此话十分恰当。今天，我们与后世人的关系依然如此。

坚信造化有一大意志，认为其仁慈、公平是造化的至德，这是十分错误的。之所以错误，是因为不懂得道德和善恶正邪是只存于共同生存上的道理。而坚信它们是天然存在的则是迷妄的观点。以目的论的观点来观察宇宙，就产生了这种错误的观点。若以因果论的观点来观察宇宙，就决不会有产生上述错误之忧了。

虽然作为生存竞争大原因的有机体的唯一利己根本动向，对于所有的有机体来说，没有什么不同，然而在它之外还有三大矛盾。若没有这个缘，则生存竞争就不会发生。然而在生存竞争中三大矛盾不一定都成为缘。其中只有第三个矛盾（即有机体的根本动向与其身心力的矛盾）才成为所有生存竞争的缘。尽管所有的有机体都同样固有唯一利己根本动向，可是运用此动向的有机体的身力和心力，却是因其个体的差异而不同。有优强者，也有劣弱者。凡是竞争必定是根据此道理而发生的，不根据此道理而发生的竞争是没有的。

第一矛盾（即时时刻刻诞生着的有机体的数量与其生存所需要的物的数量的矛盾）和第二矛盾（即动物的生存与其食饵的矛盾）只是种类竞争之缘，不是所有一切竞争之缘。即第一矛盾只是欲获得生存需要而发生的竞争的缘，第二矛盾只是动物间互相欲把同类作为食饵的竞争的缘。可是此两大矛盾都不能单独地成为其竞争之缘，必须在其中加上第三矛盾，竞争才会发生。假如有机体的需要不十分充足，即使动物以其他动物作为食饵的所谓同类相食是必然的，而如果有机体的身心力无优劣强弱的差别即完全等同的话，那么大概竞争也不会发生吧。即便发生了竞争，也是双方不分胜负，互相地瞪眼敌视着，相持到最后只好双方一起饿死。除此以外没有别的办法。

然而还有另一面，即使具有优劣强弱的差异，但如果生存的需要物十分充足，又如果充作动物食饵的自然物十分充足而没有必要同类相食的话，那么也就不会因此而发生竞争。但是，这仅仅是针对因生存需要和因食饵的竞争——即因第一矛盾和因第二矛盾而产生的竞争而言。而其他的百般生存竞争还是可以只以第三矛盾单独作为缘而发生。这是与第一、第二矛盾没有关系，而唯因第三矛盾而产生的竞争，此类竞争主要发生于人类，对于动物界而言是很少有的。这一点通过后面的论述就会明白。

生存竞争的直接结果是自然淘汰，即优强者胜出，劣弱者败北。我用一句简单的话说，叫做优胜劣败。然而，此优劣强弱又总是很难解释清楚的。详细地说，即使在某些场合某些时间是优强者，而到了某些场合和某些时间又变为劣弱者。反之，在某些场合和某些时间的劣弱者，而到了某些场合和某些时间又变为优强者。例如，在平地很容易成活的植物，移植到山中会突然枯死。也有在寒带很难生育的动物，到了热带却能繁盛地生育。反之，也有在寒带能繁盛生育的动物，到了热带却很难生育。在人类也是同样。例如，在古代僧侣曾经很吃香，而在今天则是学者吃香。也是这样的道理。这样的情况是因时因地或因种种其他情况而改变其优劣强弱的。换而言之，凡适应环境的为优强者，不适应环境的为劣弱者，这是必须知晓的道理。回想一下这个道理，斯宾塞把它叫做"适者生存"①是既真实又恰当的。

尚有一论，即对于第三矛盾（有机体的根本动向及其身心力的矛盾）是否也有反对论，它又是什么样的反对意见呢？这种意见认为，虽说以身心力的优劣强弱的差异会引发生存竞争，而其优劣强弱的差异不又是生存竞争的结果吗？所以，这种反对意见认为，优劣强弱不是引起生存竞争的原因，却是生存竞争的结果，即生存竞争是产生优劣强弱的原因。

暂且把这种议论作为正确的。它确实也可算作是一个真理，但决不能仅仅这样说。因为在地球上，生物的始祖单细胞有机体开始从无机体产生时，是仅仅产生一个呢，还是同时产生几个？关于这个问题虽然我们不清楚，但是如果同时产生几个，那么我想在其各个个体之间已经多少具有优劣强弱的差异了吧。如果只产生一个，那么它一定是靠分裂增殖法，一下子增殖为二、四、八……个（如第一讲第一章所述）。所以我想在其各个个体之间，在分裂的同时已经多少具有优劣强弱的差异了吧。因为凡是有机体其在遗传和变异方面或多或少具有异同，所以它们的所有状态也不是完全一样的，一定或多或少具有差异。"有相似的东西，没有相同的东西"，这就是自然法。从这个道理来考虑，各个单细胞有机体也必定同样或多或少有所差异。如果或多或少有所差异，则可相信也必定同样或多或少具有优劣强弱的差异。由此可见，此优劣强弱虽不能说是由生存竞争产生的结果，但此优劣强弱的差异却首先必定会引起为获取生存需要而发生的生存竞争。至于到了后来，优劣强弱的差异和生存竞争便互为因果了。因为本来就有优劣强弱的差异，所以不但会引起生存竞争，又因发生生存竞争而产生自然淘汰，从而又加深了优劣强弱的差异。

这里还有一件事必须很好地知晓。虽然因为自然界存有第一、第二矛盾，而在优劣强弱之间必然会产生生存竞争，然而如前所述，如果没有优劣强弱，力量完全相同的话，那么即使发生竞争，结果也不能分出胜负。即不会产生引起优劣强弱的差异的

---

① 原文为德文"Des überleben des passendsten"。

手段。若不会产生引起优劣强若的差异的手段，则就与从一开始就不会产生生存竞争的观点完全一样。可见，从此道理来考虑，虽然可以说由于优劣强弱之差异，必然产生生存竞争。但是不能说由于生存竞争，必然产生优劣强弱。我想这个道理也是十分清楚明白的。

（王守华译注）

自然与伦理[①]（节译）

序

我在四十岁（明治八九年[②]）之前，专信二元论，认为在物质上是自然力起作用，在精神上是超自然力起作用，不仅如此，还把我们人类和其他动物完全视为别种，认为我们人类存有与其它动物不同的天赋人权，又具有天命的伦理，这是一种迷想式的世界观。然而，至四十余岁，偶读巴克尔氏的《英国开化史》[③]始得悟其非之端绪。

巴克尔氏在其著作里，详细地论述了地理、地势、气候、风土及其他自然现象对人类社会发展进步的重大影响。又批判了从来形而上学十分重视的意志自由论的严重错误。论述了我们人类的身体、精神也和其他动物一样，是绝对地被唯一的自然力支配的，主张不依靠自然科学的帮助而谈历史终究是不可能的。

我初次读到这样的自然论，颇感动其著作之成绩。巴克尔氏之说绝非前古所未发。一元论是不言而喻的事，又意志自由为非的主张、排斥天赋人权说及天命的伦理的主张，虽然古来多少已有存在，可是我从来还不知道有这些学说。从巴克尔氏的著作中，才知道有这样的学说，所以非常敬服他的卓见。

---

① 《自然与伦理》：本书是加藤弘之的封笔之作，可以说是总结其毕生思想的著作。全书共有五十二章。本文据1912年初版（实业之日报社）选译其序章。从中可以看出加藤一生思想之变化过程、类似海克尔的一元论思想、达尔文主义思想，以及对哲学、自然科学、社会科学等学问的看法。

② 1875年、1876年。

③ 《英国开化史》：Thomas Buckle, *History of Civilisation England*。

后又读孟德斯鸠氏的《论法的精神》①,他也在书中论及了地势、气候及其他自然现象,对于法律的重大影响,然而不如巴克尔氏那样详密。巴克尔氏主张在历史研究中,应用自然科学之所以十分必要的论述,实在令人惊叹不已。

从此,我感到在精神科学中应用自然科学十分重要,逐渐地喜欢读达尔文、斯宾塞、海克尔及诸硕学者关于进化论的书籍,随之更深地懂得宇宙是唯一的自然,绝无超自然的东西。对于我们人类本来也不是万物之灵长,完全是由于进化才成为万物之灵长等问题,更加确信无疑了。

于是我在四十岁前后,几乎成了两种人。四十岁以前的观点和四十岁以后的观点,大体上是表里相反的。换而言之,四十岁前我是二元论者,其后完全变成一元论者。所以如明治初年出版的《真政大意》《立宪政体略》及《国体新论》等专以人类的天赋人权为基础论述的书籍,已经不能把它原封不动地作为我的著作,终于将它们绝版了。因此,必须尽快地发表我的新主张,我在四十七岁时(1882年)写了一本题为《人权新说》的小册子,根据进化论重新论述了我们的权利决不是天赋的,完全是于国家的生存中渐渐地进化发展的。此事恰好是距今三十年前之事。

可是从今天来看,这些还是十分不成熟的东西。其后经过十一年,我于1893年(五十八岁)著述出版了《强者权利的竞争》。然后又将它译为德文,题为 Der kampfums Recht des Stärkeren。在这本书里,论述了我们的权利,完全是自然的竞争的结果,被国家法制所确认,才成为权利这个东西,并从历史上举出了详细的例证。此书的著述耗费了我几年的精力,我认为这也是应该的。接着在翌年,即1894年(五十九岁)著述出版了《道德法律之进步》。在此书中,我专主张利己主义(虽然利己主义在《强者权利的竞争》中,已是我的论旨的实质),然后论述了由于生存竞争逐渐从唯一利己派生利他的原因,并且论述了由于生存竞争而引起道德法律进步的原因。

又于1900年(六十五岁)著述了《道德法律进步之理》,又

---

① 《论法的精神》:Montesquieu, De L'esprit des Lois。

经三年，于1903年（六十八岁）将该书作了很大的增补和修订，出版了第三版。再经三年，于1906年（七十一岁）著述出版了《自然界的矛盾与进化》。《道德法律进步之理》是对旧著《道德法律之进步》的更详细的论述。《自然界的矛盾与进化》论述了唯一利己的根本动向是我们固有的，自然界具有三大矛盾。以唯一利己的根本动向为因，以三大矛盾为缘，是之所以发生进化的理由。

其后，觉察到上述的几部书中令人不满意之处颇多。于是两年前再度动笔，后又几经易稿，如今终于完成了本书。尽管如此，由于我从来就缺乏系统的学习积累，虽然不能说本稿已经十分完美，但是我认为首先是个人的力所能及，所以应该可以暂时完稿了。如上所述，虽然我的主张三十年来是一贯的，但也不是没有一点变化。当诸位读到本书与我以前著作的观点有矛盾时，请以我以前的观点为非，以本书的观点为准。从我幼年时起，虽不能说是多病，但也不是太健康，属弱体质，所以不好说能否期待长寿。在执笔《自然界的矛盾与进化》时已经七十一岁，当时想可能这是我最后的纪念工作。岂料尚能延年至七十七岁的今天，还能发表虽不能说是十分完美的本书，想来实在是幸福的。如果还能延年，即多少还能搞点研究的话，我想它们必定是些片断的东西，就作为对本书的补充吧。

在上述书籍之外，我在1907年（七十二岁）著述了《吾国体与基督教》，1908年（七十三岁）著述了《迷想的宇宙观》，1909年（七十四岁）著述了《基督教徒窘困》（此三书又于1911年合订出版，题名为《基督教之毒害》）。虽然这三本书专以批判基督教的教义为宗旨，但是作为批判的武器，仍然是我的一元论，即不外乎是唯一的自然主义和进化论。

上述为著述本书的由来。然而，还想讲一讲关于把伦理作为唯一自然的进化物来加以研究的事情。即使在今天，也有许多学说认为，凡是精神科学，尤其是伦理学，大抵是超自然科学，几乎与自然科学无缘，自古以来就有这些观点。我以为这种观点是没有道理的。如本书所详论，宇宙是唯一的自然，唯一的自然是宇宙，丝毫不容超自然的东西。凡可称为学问的东西不论是自然科学、精神科学还是哲学，都同样必定是以唯一的自然为研究目的，这原本是理所当然的。例如物理学必定是研究物理的自然法，化学必定是研究化学的自然法，生理学必定是研究生理的自然法，心理学必定是研究心理的自然法，社会学必定是研究社会的自然法，伦理学必定是研究伦理的自然法。其他的一切科学也必定是分别研究自然法的各个部分。而哲学被认为是接受了所有科学的研究成果，更加以进一步的研究、综合和统一这些研究的成果的科学。

按照这样的说法，决不是说各种自然法是个别地存在着的。自然法是存在于唯一自然界的法则，原本当然是唯一的。并且此自然法，随其运动领域的不同，表现出各种各样不同的运动状态，可以分别知道它们的种种道理。关于此道理将在本书末尾特别加以论述。

如上所述，所有的学问均不外乎是自然法的研究。如果将自然法置之不顾，而研究超自然法，则完全是宗教和独断主义，决不是学问。然而，自然科学完全是关于物质的，所以比较容易经验和实验；而精神科学和哲学是专从精神上来研究，所以经验和实验的手段是十分困难的。

因此便有人认为精神上的事不是自然的，它的运动和变化完全是不可思议的、超自然地发生的。可是这种道理是没有任何证据的，没有证据的道理我们是无论如何也不能相信的。

然而，物质和精神完全由唯一自然法支配的道理，每一件事现在都已可举出证据来。特别是从上个世纪下半期以来，自然科学的迅猛发展，逐渐不断地证明了精神、社会、伦理上的事情果然完全是自然的，丝毫也没有超自然的东西。这也是本书的论述所要阐明的。

于是在我看来，宇宙是唯一自然的道理，即物质和精神同受一个自然法支配的道理，大概在不久的将来，能由数理来证明的吧。换而言之，我认为尽管自然科学与精神科学的研究对象和领域不同，但是都是研究唯一自然的，只有依靠数理的手段才能成为清楚明白的道理。

在自然科学里，缺少数理是不可能的。其中如物理、天文、化学，尤可谓完全依赖数理的手段，研究的证据才能确凿可靠。至于其他自然科学，例如生物、地质、医学等，虽然尚未发展到充分利用数理的手段来进行研究的程度，可是既然是自然科学就必定多少要借助数理之力，这已经是十分明白的了。

然而，精神科学能以数理的手段来进行研究的情况还几乎没有，至于哲学更是如此。对于我们这些对数理十分无知的人，他们虽然可以任意提出种种繁多的理由来搪塞我们，说它们是不同的，即使不用数理也能研究精神科学和哲学等。但是在今天，精神科学和哲学尚未应用数理的手段，也仅仅是尚未达到这种进程而已。

又如心理学，向来只是完全停留在形而上学的研究上，丝毫也没有考虑把数理作为必要的研究手段，然而近来心理学的发展已多少能够将数理作为实验上的必要手段，使得今日之心理学几乎成为生理学的一部分。换而言之，今日之心理学几乎已经脱离了精神科学，成为自然科学。

统计学自从诞生以来，在自然科学之外，也是社会学、政治学、经济学等必不可缺的手段。依靠统计，各种实验证明才得以成立。这是数理对于一切学问确实是必须的一个明确的证据。总之没有比数理更加确实的了。"二二得四"，什么时候也是"二二得四"，而决不会是"三"或"五"。"三三见九"，什么时候也是"三三见九"，而决不会是"八"或"十"。

物理学、天文学、化学是以此"二二得四""三三见九"来研究的，所以错误自然少。而即便同样是自然科学的其他学问，今天也还有相当多的学科不能充分利用数理，何况是精神科学和哲学更不能利用数理了。可是以我之见，这种情况决不是绝对的，在不远的将来，终究要成为可能的吧。

而且我认为数理的应用，从自然科学波及精神科学和哲学，其媒介大概是生物学吧。虽然生物学本来是自然科学之一，因为它也把脊椎动物和我们人类列为研究对象，于是必定要涉及精神作用的研究，尤其是关于进化作用和心理的研究是十分重要的。所以我认为，将来的生物学宛如位于自然科学和精神科学之间，成为横跨于此两学科之间的沟渠上的桥梁。

如果未来的生物学，成为沟通自然、精神两大学科间的桥梁的话，那么，首先使自然科学研究中的最必要条件数理同样成为精神科学研究中的必要条件的，必定是生物学。

于是，若等到在精神科学的研究中，数理也能成为必要条件时，则在不远的将来，精神科学的研究终于与自然科学研究成为相同的、完全必须根据实证实验的东西了。所以，以为有自然和精神两大学科的观点，大概本来就是一个大谬误吧。在唯一自然的宇宙里，存在唯一的自然科学，原本是理所当然的。而认为另外还独存有精神科学的观点是毫无道理的。其实只是由于其研究对象的差异，为了方便，而分为自然、精神两个学科而已。这样的道理将来终究会明白的。

可是今天许多学者不承认这样的道理，认为自然和精神当然是独立并存的两个学科，对于自然科学来说数理是必须的，而对精神科学来说数理几乎是不必要的。这种主张实为不足取的愚论。

最后必须提一下的是我的主张和尼采氏的主张，乍看起来有很大相似，但又有不同。虽然尼采氏在憎恶一切宗教、排斥超自然力、专信自然力等方面，与我没有什么不同。尼采的"主人道德""奴隶道德""超人哲学"[①]与我的"强者的权利论"和"利己主义"多少也有些相似之点，但是他的这些观点几乎是狂人所见之主义，决不合乎进化主义。相信阅读本书的读者们会很容易地觉察到，在尼采和我之间是有天壤之别的。

1912年（明治四十五）2月1日　七十七岁翁　加藤弘之
（王守华译注）

---

① 主人道德、奴隶道德、超人哲学：分别为"Herrenmoral""Sklavenmoral""Übermensch"。

立宪政体略[1]

引 言

我曾写过一本题为《邻草》的书,梗概地论述了政体问题。然而那是一本初学之作,文字极其拙劣,论述极其粗糙。所以想另外再写一本题为《论立宪政体》的书,详细地进行论述。该书已于两年前动笔,尔后因公务、私事多忙,至今书稿尚未过半。因此觉得与其求详而不能迅速地完成,莫如从简而迅速地成功。所以本书决定采取从简的论述。于是从数日前开始利用公务之余暇动笔写作,题为《立宪政体略》。若能另有空暇,想再另写一本《政体论》,进行详尽的论述。

立宪政体是制定光明正大、确然不拔的国家宪法,是人民和政府共同追求真正长治久安的政体。立宪政体有两类,本文将详细地给予说明。

庆应四年戊辰(1868)七月

加藤弘之志

政体总论

虽然世界各国的风俗、人情自然而然地各不相同,但是它们的政体概括起来只不过两类,即所谓的君政和民政。君政又分三种,即君主专制、君主专治(《邻草》里称为君主掌权)、上下共治(还译为君民同治,《邻草》里称为上下分权)。民政也分两种,即显贵专治(《邻草》里称为豪族专权)、万民共治(《邻草》里称为万民同权)。下面概略地论述各种政体。

君 政

君政是在亿兆百姓之上有一君主,由君主来统御国家的政体。

---

[1] 加藤弘之早期关于政治的著作有《邻草》(1861)、《立宪政体略》(1868)、《真政大意》(1870)、《国法泛论》(1872)、《国体新论》(1874)。以天赋人权论为基础,倡导立宪政治。该文初版于1868年(谷山楼),后收入《明治文化全集》第七卷政治篇(日本评论社,1929)。本文据《日本的名著》第三十四卷,中央公论社1972年所收版本译出。

君主专制——君主私有天下，专制亿兆百姓，生杀与夺之权任君王一人之想法。

君主专治——君主私有天下，一人专礼乐、征伐之权，不让臣民参与国事。唯习俗自然而然地成为法律，对君权稍有限制作用。此乃其不同于专制之原因。

上下共治——还译为君民同治。虽然君主在亿兆百姓之上并统御国家，但不把国家作为私有，必须制定光明正大、确然不拔的宪法，万机必须按照宪法来施行，并且臣民具有参与国事的权利。

民　　政

民政是在亿兆百姓之上没有君主，人民掌握政权。

显贵专治——国中的若干亲贵、显族世袭掌握政权，即显贵私有天下。

万民共治——国中无君臣尊卑之别，唯选择国中之有德君子一人或数人掌握政权。如同上下同治政体一样，要制定光明正大、确然不拔的国家宪法，万机无不以宪法为准则，并且国内的庶民具有参与国事的权利。但是也还有在这种政体的国家里，尚未制定确然不拔的宪法的，这种政体尚不能称为立宪政体。古昔之制度皆如此。

以上是五种政体的概略。此外，虽然还有代天政治、联邦、封建、郡县等制度，但是这些制度莫不属于此五种政体之一。

在此五种政体中，君主专制、君主专治、显贵专治等均是尚未接近文明开化的政体。其中的专制作为蛮夷政体，最应憎恶藐视。君主专治制，国内之人文未开，多愚蠢之民，虽然也可算作一种比较适宜的政体，勉强接近开化，所以还不可能被立即废除。显贵专治也是这样。以往的欧洲各国都建立了这样的政体，君主独自专肆朝廷大权，竭力将人民作为愚人，频施酷虐之政。随着中古时代逐渐接近开化，人民就更不服其私政。特别从一二百年前开始，名彦鸿儒辈出，为此而慷慨陈言者不少。其中有英国人密尔、洛克，法国人孟德斯鸠、卢梭，德国人康德、费希特，几代人不断批判王公们私有天下亿兆百姓之错误，主张上下共治或万民共治的政体。百姓赞成此公论者颇多，拒否王公之虐政，屡屡产生骚乱。因此王公之威暴日衰，终于原有的政体自然而然地呈现出衰败之势。从此各国都改变了它们的政体，建立了上下共治或是万民共治的政体，人民和政府共同发挥作用。我皇国两千多年间，虽存有固有的政体，而从去年开始旧幕府察时势而将政权归还于朝廷，万机一新、光明正大的政体即将产生，开始了真正的中兴皇国之伟业，百姓之幸福莫大于此。

如前所论，在五种政体中，制定光明正大、确然不拔的宪法，追求真正的安治者，唯独上下同治和万民共治两种。因此把它称为立宪政体。下面概论这两种政体。这也是本书的本旨。

上下同治

一君主掌握天下之大权，即为天下之元首。但是他不是像君主专制、君主专治那样据天下为其私有，据亿兆百姓为其仆妾，而是把天下作为天下亿兆百姓之天下。所以政府仅仅是以代替天下亿兆百姓治理天下作为本旨。它的政令不是君主的独自专制，首先必然要制定一个光明正大、确然不拔的宪法，一切万机无不以此为准则，并且臣民具有参与国事的权利。不仅如此，为了防止容易造成君权专肆的危险，把天下的权利分成三部分，分摊给不同的官员，而由君主统括之。第一是立法权，第二是行政权（又称行法权），第三是司法权。下面概论宪法及三大权力。

宪　法

国家的宪法即治国的大法，政体的一切制度大纲完全录载于此，一切万机均根据它来施行，政府决不敢任意变更。如有欲变更的，则必须要将它提交立法机构商议，想必是因为确然不拔之故吧。其他的法律有许多种类，都是此宪法的枝叶。

三大权力

立法权力

宪法即治国之基础。在立法权中制定宪法的权力自然是最为重要的。所以君主决不敢专擅此权力，必定与臣民分享它，君民上下相互共同掌握此权力。然而征聚天下亿兆百姓，听取他们的议论并不是一件容易的事。并且即便尽量这样做，天下也是智贤者少而愚蠢不肖者多，要让愚蠢不肖者议论天下之事，恐怕不但无利，反而害处不少。所以要设置立法机构使之掌握立法权，代替天下亿兆百姓，与君主一起制定宪法、议定大事。立法机构大致分为上下两院。总之，以亲贵、显族、教长、官吏、富商、豪农等为上院议员者居多。当然以庶民为上院议员的国家也是有的。这些议员有世袭的，有由君主任命而为终身制或定期任职的，或由庶民选举而定期任职的，也有根据年龄来选举的。各国都不一样。下面举三四个国家的例子。

英国的上院：由王族、贵族、主教等组成，王族及英格兰贵族为世袭，苏格兰贵族每年改选，爱尔兰贵族为终身制。由英格兰选出的主教为终身制，由爱尔兰选出的主教每年轮换。上院约有议员四百四五十人。设议长，称为Councilor（评议员）。

法国的上院：由王族、贵族、富商、豪农、大学的代表以及大城市的市长等各界人士组成。有世袭的，有终身的，还有有任职年限的。

荷兰的上院：只有缴纳直接税（由本人直接向政府缴纳地产税、房产税的。详细可参考我的《西洋各国盛衰强弱一览表》以及神田孝平《经济小学》）的人，以及年龄超过三十岁的人，才能任此议员。选举者是国内各州的议员，大体每三千人选出一人，任期九年。每三年改选全体的三分之一。人数大约四十名。

各国下院均以庶民充当议员。议员以代表天下百姓议国事为己任。所以在各国议员皆由庶民进行选举，有一定的年龄、任期的规定。选举议员的人叫选举人。但是也有国家将选举人的权利以及被选举人的权利一起授予所有的人民。也有国家用若干条规定限定其权利。各国的情况不尽相同。下面还以四个国家为例。

英国的下院：在城市，若年收入不满三百英镑者，没有被选举权。在州县，若其土地、房产的年收入不满六百英镑者，没有被选举权。人数总共为六百五六十人，任期七年。之后降低为凡具有年收入十英镑以上的土地、房屋、仓库等财产持有者，皆有选举权。

法国的下院：所有庶民都有选举权、被选举权。但是年龄在二十一岁以下者没有选举权。议员任期十年。每三千五百个居民选举一名议员。

普鲁士的下院：凡年龄在三十岁以上者都有被选举权。议员总数三百五十名，任期三年。该国的选举法与其他国家不同，选举人分两类，其一称初选举人，其二称后选举人。首先由初选举人集会选出后选举人，再由后选举人集会选出议员。这种方法叫做复式选举。伊斯巴尼亚以及德意志诸州都采用此选举法。若不详细地介绍这种选举法，则不可能理解其中的道理，好在这是一本概略的小册子，所以详细的介绍留给《立宪政体论》。

荷兰的下院：所有年龄在三十岁以上的庶民都有被选举权。议员任期四年，每两年改选一半。议员总数约七八十人。以缴纳直接税的多寡限定选举权。由于是根据土地来决定直接税的多寡，所以在城市或其他繁华地区居住的居民，如不缴纳直接税就不能成为选举人。相反一些在偏远小镇或偏僻地区的居民，与居住在繁华地区的居民相比，仅仅是由于他们缴纳了直接税而能够成为选举人。税额最高一百六十（荷兰）盾，最低二十（荷兰）盾。

设立两院的方法，虽然各国十分悬殊，但都是代替天下亿兆百姓，有权与君主共同制定宪法、议定国家大事，这一点大体相同。唯独像法国，皇帝的权力非常大，立法机构的权力也因此受到很大的压制。

各国都事先规定两院每年开会的时间，并必定按时开会。但当有突发事件时，君主也可召集议会开会。召集两院开会是君主的权力。并且有时君主有权解散议会，但是此时必须马上下令重新选举立法机构，召开新的议会。

议会的议事，全都以采用全体议员表决的办法作为常法，决不许仅仅采取少数人的意见。但是有时表决虽然通过了，但君主有权拒绝、不采纳。详情留待《立宪政体论》中详论。

行政权（又称行法权）

实行已由君主和立法机构两院互相商议制定的宪法，或是根据宪法来执行万机政事的权力，称为行政权或行法权。这个权力由君主一人掌握，百姓决不参与。可是包含这种权力的职务范围很广，不可能仅由一个人来管理。因此将这种职务分为若干类，分设各种部门，每个部门任命一位大臣，以辅助君主。这属于君主任命权的范围。并且再给这些部门配备数十、数百名属吏，让他们分掌各种具体工作。分设多少部门,虽然各国不尽相同,但大约有七八个部门。即外交部、内务部、国防部(也有国家将陆、海两军分开,分设两个部)、司法部(虽然司法一般由司法机构所司掌,但仍有需君主司掌之事,所以设置这个部门)、财政部、殖民事务部、教育部(掌管教育与学术事务。但也有单独设立教育部,而学术事务由内务部掌管的国家)。虽然也有国家还要多设几个,达十多个部的,但也有将数部合并,仅设四五个部的国家,情况不尽一样。合此数部而称辅院。辅院之外尚有参议院,侍于君侧参议大政。这也属君主任命权的范围。

君主依理而任治国之责。因此,当其政令有悖于宪法时,立法机构两院要问其罪,不用说这时立法机构的"问罪"比君主的"依理"更为理所当然。尽管这种事情在事实上不大可能出现,但据此建立了大臣代替君主分别在各部执掌各种责任的制度。所以当政令违背宪法时,立法机构不一定向君主问罪,而是向参与此事并负有连署责任的大臣问罪。因此,行政权虽说是属君主专掌之范围,但若大臣不同意,也是必定不能实行的(详细情况在《政体论》里再详论)。宣战、议和、签订条约等事,皆君主之权力,立法机构不得干涉。

司法权

司掌法律的权力叫做司法权。想必国家制定法律、设立法官,是为了制止人们的恶念,允许人们自治。所以将此权力与立法、行政两大权力并列,单独设置司法机构来掌此权力。分设大、中、小数院,有司掌全国法律的,有司掌州内法律的,还有其他性质的法院,各国不尽相同。

此机构的官吏唯根据宪法来听断诉讼,丝毫没有论断法律之正邪当否的权力。所有的诉讼完全由该机构来进行,君主几乎不干预它。君主只拥有任免该机构官员、批准死刑、调停治罪等二三种权力。

万民共治

如上所述,建立此种政体的各国无君臣尊卑之别,全国人民完全以议会来施行国政作为此政体的本旨。在古代就已经有如古希腊的雅典等国的制度,对于议定宪法和其他一切重要的事情,都由全国人民集会来决定之,唯有日常之庶政才另置官员委托之(此即万民共治之名的起源)。但这种制度若不是在像雅典这样极小的国家里,则是不能实行的。假如能够实行,也不可能是十分完美的制度。所以在今天建立这种政体的美国和瑞士等国都不用此制度,而是必定制定像上下同治那样的确然不拔的宪法,还将三大权力分离,立法权设置立法机构两院,根据选举法选出议员。行政权也是根据选举法选举出一个或几个有德才之君子委托之,使其成为天下之元首。不论出身和资历,唯以取有德才识之士为本旨。当然有被选举人的年龄和任职年限的规定,期满则另选他人。如美国把掌握行政权并任统领百姓责任的人叫做总统,只限一人,但另有一名副总统。如果总统在任期间死亡,或是因故退职时,取代他继任总统职务的预备者,通常是上院议长。年龄在三十五岁以上者才能被选为总统。总统的任期为四年。如果众望所归,百姓不希望他退职,则允许延任达八年,但决不允许超过八年。大概是怕导致权威专横的结果。瑞士的制度与此不同,掌握行政权任统领百姓的责任者有七人,共同商议治理天下,称为合议府。任期为三年。不问出身、资历,唯举众望所归者。因为建立这种政权的国家,大多是由原来几个自主的邦联合成为一个国家的缘故,所以这些邦不是上下同治国家的州县,各个邦必定有自己的政府,邦内的所有政务均由邦政府来执行,唯有关系到全国之事才由全国的大政府来执行。总之,在很大程度上与封建制有相类似之处,全国的大政府如同朝廷,自主的各邦如同诸侯。所以在原封建制的国家里欲建立立宪政体,与上下同治相比,大多采用这个政体的制度。

宪法与三大权力,虽然说大体与上下同治大同小异,但还需在下面进一步论述。

宪　　法

大体与上下同治的宪法一样。只是因政体的不同而自然而然地有小异。

三 大 权 力

立法权

大体如上下同治的国家,也分上下两院。只是其上院与上下同治国家的上院不同，其成员不是贵族、主教、豪农、富商，而是由国内各邦政府分别选出两位议员进入上院，算是代表各邦商议国事之人。下院与上下同治国家的下院没有什么不同，即议员还是由庶民按人口选举。国内所有庶民都有选举权，决不因地位高低、财产多寡而剥夺其选举权。唯有妇女、儿童、精神病患者以及服刑者除外。

两院议员的任期以及有被选举权者的年龄有一定的规定。如美国上院议员任期为六年，年满三十岁才有被选举权。下院议员任期两年，年满二十五岁才有被选举权。每十二万四千居民选出一人。议员总数约二百四五十人。瑞士的两院也仅有小小的不同。议会开会通过的事情，总统有认为不可行而加以拒绝的权力，这点与上下同治的君主相同。但是如果立法机构不服还坚持自己的意见时，则可再度提请议会议决，若三分之二以上通过，则总统必须采纳之。但是瑞士的合议府没有这样的权力。凡是立法机构议决的事情，合议府不能论其可否，要立即执行。

其他的事情大体上与上下同治国家的立法机构没有什么大的不同。

行政权

有一个人或几个人掌握权力，如美国是总统一人掌握权力，瑞士是合议府七个人掌握权力。

行政机构的职务分为若干类，分别设置若干部，这和上下同治国家没有不同。如美国由总统任命各部部长，辅佐其工作。部长的黜陟均由总统一人决定。在瑞士，设置七个部，合议府的七人分别兼任部长，掌握各部职务。平常事务由各部长决定施行，唯有少数特别重要的事情，由合议府七人商议决定。但是合议府七人中有首领一人，每年改选。

在上下同治的国家里，由君主单独负治国之责任实际上是不可能的，往往由大臣们来代替。而在建立万民共治政体的国家里则不然。所以在美国是总统，在瑞士是合议府负治国之责任。若政令有违背宪法时，则理所当然地会受到来自立法机构的问罪。

宣战、议和、签订条约的权力，在美国虽然由总统掌握，但也不是一个人专擅，必定要由立法机构议决。可是在瑞士，这种权力完全属于立法机构，合议府完全不能参与。

司法权

如同上下同治的国家，这种权力完全在此机构的委任官员，不在立法机构、行政机构的范围。但在美国，像上下同治的各国一样，任命司法机构的官员、批准死刑、调查治罪等二三种权力，由总统掌握。而在瑞士，合议府没有这样的权力。

其他与上下同治的国家无大差异。

国民公私二权

君主专制、君主专治、显贵专治把天下亿兆百姓作为君主、显贵们私有的仆妾。仆妾们唯将奉主命作为理所当然的事。所有仆妾们是丝毫没有权利可言的。上下同治和万民共治这两种立宪政体则不然。不将天下作为君主、显贵们的私物，而是作为天下百姓之天下。因此作为臣民者自身自然而然地存有权利。权利有两类：一类称为私权，另一类称为公权。私权是关系到自身范围的权利，也称为任意自在的权利。公权是参与国事的权利。

私权

私权有许多种，虽然不能一一枚举，但重要的私权可梗概地列举如下。

第一，生活的权利。生活是天赐的，人不能任意地剥夺它，要剥夺它者还在天。生存权是人生诸权利的基础。如在野蛮时代，君主有任意生杀的权力，臣民没有生存的权利，更谈不上其他的权利。即便在文明时代，对于犯了重罪的人必须处以死刑，大概这也是出于不得已吧（18世纪，意大利的贝卡利阿提出废除死刑论，获得众多欧洲硕学鸿儒的赞同。在瑞士联邦之内已经废除了死刑。恐怕此说在后世可达至实用吧。详论此说留待《政体论》中）。

第二，人身自由的权利。它是不随便被逮捕，不随便被关入监狱的权利。

第三，行事自由的权利。唯宪法所禁止的以外，一切人生诸业均能无碍地任其所意的权利。

第四，结社及集会的权利。结社的权利是几个人能够结成社团（公司），合众力、集财物，成就以个人之力不能干成的事业的权利。集会权是众人能够集合于一地，或是同欢乐，或是互相商量谋求其利益的权利。

第五，思想、言论、出版自由的权利。它是能够任己意进行思想、言论、出版的权利。对于思想（思考）自由即便是在桀纣时代也是决不能禁止的。然而禁止将其思想（思考）的内容自由地说出来，或是写出来并出版公布，是君主专制、君主专治时代的寻常之事。准许这种自由的唯在实行两种立宪政体的各国。大概是这些国家日益趋于文明开化的缘故吧。可是这种自由权也不是允许随便地滥写。若其所写的内容是蛊惑人心、妨害治安，则作者理所当然地要被问罪。由于这样的原因，这些国家往往另有任作者为己辩解的法度。

第六，信仰自由的权利。这是不管何种宗教及派别，能够任人之意自由地信仰的权利。但是在中古时代没有这种权利，有的国家尊古宗、贱新宗，因此屡屡发生国乱。近来废除了这样的禁令，政府丝毫也不去评论宗教派别之是非善恶，确立唯任人们之意，能够自由地信仰任何宗教派别的权利。所以近来因宗教而发生国乱之事没有了。大概这是欧洲的文明开化大大地进步的原因吧。

第七，平等权。这是不因出身、资历的差别，法律平等地保护各公民的权利。大概这才是足以看出立宪政体的大公、至正、无私之处吧。

第八，自由处置自己私有物的权利。它是各人能自由地处置自己的私有物，决不受他人妨碍的权利。所以在实行立宪政体的国家里，即使是罪人的房屋、物品，也决不没收，必定把它给予他的妻子、亲属。大概因为没收不能叫作刑罚，相反可以说是盗贼之业吧。

公权

公权是参与国事的权利，其中最为重要的是选举权，即是选举立法机构官员的权利，以及被选为官员的权利。本来选举立法机构官员是天下亿兆百姓理所当然的权利。所以，有的国家对于国民不分地位高低、财产多寡，统统给予这种权利，也有的国家设立几条规定限定之，情况不尽相同。但是，即便在丝毫也不加限制的国家，对于妇女、少年、精神病患者、服刑者以及其他不能自立者，是不给予这个权利的。

担任诸官的权利，原本也是万民平等的。各国都尊卑无别，唯根据其才能提拔任用大小诸官。所以，贤愚各得其所，天下不劳而治。但是，妇女、少年、精神病患者、服刑者、无学识者等，原本是不得提拔任用的。但是也有国家把某种官职特准于某种品位的人担任。如在普鲁士，若不是贵族则不能担任将帅。然而这项规定不是公明正大的，有碍于治安，必须废除。

（王守华译注）

五、涩泽荣一

史料简介

涩泽荣一（1840—1931，天保十一年—昭和六年），日本近代著名的实业家、社会活动家。对日本近代工商业的发展、近代教育的建设，以及社会福利、文化事业、国际友好关系等方面都作出过重要的贡献，被誉为"日本近代实业界之父""日本近代化之父"。他生于武藏国榛泽郡血洗岛村（今琦玉县深谷市）的富家，二十二岁到江户（东京）参加倒幕活动。后仕于一桥家（德川三卿之一），成为幕府官员。1867年随德川昭武赴欧，接触并研究了西方近代的工商业，回国后在静冈创设了日本最早的股份公司"商事会社"。1869年应明治新政府之聘，在大藏省任职。1873年辞去大藏省职务，创立第一国立银行、王子造纸厂、大坂纺织会社等，随后不断扩大经营范围和规模，与他有关的经济事业达五百项之多。1916年从商业界隐退，致力于社会公益事业、文化教育事业。梶山彬收集整理涩泽荣一的讲演资料，编纂出版了《〈论语〉与算盘》一书。这里选录该书第一章（范鹏依据东京忠诚堂昭和二年即1927年版本译）和第四章（天地出版社2023年出版的王中江译本），以见其思想特色。

《论语》与算盘（节译）

一、处事与信条

《论语》和算盘虽远在天涯却近在咫尺

从当今的道德来看，要说最重要的，便是孔子的门人们所编撰的有关孔子的《论语》一书了。但凡是读过的人都会知道。

这《论语》和算盘，二者虽说极不相称，又相距甚远。但我却不断地凭借《论语》而让算盘打得更好。《论语》也是依靠算盘才能使得财富得以真正运转。也就因此，我才始终认为，《论语》和算盘远在天涯却又近在咫尺。有一次，我的朋友在我七十岁的时候，给我画了一幅画。这幅画上画着《论语》和算盘，边上画着"大礼帽"和朱色刀鞘大小两个图案。有一天，学者三岛毅先生光临我家，看到了这副画之后感觉甚是有趣，说道："我是读《论语》的人，你是钻研算盘的人，手握算盘之人都能如此努力读书，我在读《论语》时也更不得不努力钻研算盘了，争取和你一起将《论语》和算盘结合起来。"他还写了一篇关于《论语》和算盘的大作，他通过各种例证得出了道理、事实和利益必须相一致的观点。我一直认为，事物的发展，如果仅靠强烈的欲望来谋取利益，则是不可能实现的。仅靠趋迎空理、追求虚荣的国民，也是绝不可能让真理得到发展的。因此，我们希望政治界、军事界等尽可能不要总是独断专横，而实业界也要尽可能地提升力量，努力实现物质增长。如果做不到一点，国家也就无法变得富足。要说富足的根源是什么？那就是仁义道德。如果不是合乎正道的财富，这财富便不可能永存。因此我认为，让《论语》和算盘这两种相距甚远的东西变得一致，就是今日的要务。

士 魂 商 才

菅原道真曾经提出过"和魂汉才"。我觉得这是很有意思的。为此，我也常提倡"士魂商才"。"和魂汉才"是说，日本人虽然应贯彻日本所特有的日本精神，但因为中国历史悠久，文化较早发展，出过孔子、孟子这样的圣人、贤者，所以在政治、文学以及其他的方面，比日本有一日之长，因而，也就意味着必须要修习汉地的文物学问，并培养才艺。而汉地的文物学问，虽然相关书目繁多，但却都以记录孔子言行的《论语》为中心。虽然还有《尚书》《诗经》《周礼》《仪礼》等，书写禹汤、文武、周公的书，但这些也都相传是孔子编纂的，因此要说到汉学便是孔子之学。孔子就是其中心。记录了孔子言行的《论语》，道真公也很爱诵读，他还亲手抄录了应神天皇时期百济王仁所献并于朝廷流传的《论语》《千字文》，将其进献给了伊势的大庙，这也就是现存于世的《菅本论语》。

"士魂商才"也有着同样的意义。立于人世之中，需要武士精神是毋庸置疑的。但是，仅倚重武士精神而无商才，则会在经济上导致自我毁灭。因此，有士魂也必须要有商才。要培养士魂，可以从书本上借鉴很多，但我认为还是《论语》最能彻底地培养士魂。那要说到商才又如何培养？商才也是能够靠《论语》来充分培养的。虽说道德上的书和商才貌似没有任何关系，但这种商才，本就是以道德为根本的。而偏离道德的不道德、欺诈、浮华、轻佻的商才，也就是所谓的小聪明、小机灵，绝不是真正的商才。因此，商才是离不开道德的，而作为道德书的《论语》也是可以用来培养商才的。人的处世虽说是极其艰难，但熟读玩味《论语》之后也定会有许多的领悟。因此，我平生在尊信孔子教诲的同时，也将《论语》作为处世的金科玉律，常不离身。

我国也有很多贤人豪杰。其中最擅长战争，精于处世之道的，就是德川家康公了。正是因为其精于处世之道，才使得众多英雄豪杰臣服，因而开创十五代之霸业，使得二百余年间，人人皆可高枕无忧，实在是伟大。也因此，精于处世之道的家康公，留下了许多训诫。他的《神君遗训》一书，就很好地阐述了我们的处世之道。此外，我曾将《神君遗训》和《论语》相比照，简直完全一致，也就明白了其中大部分都出自《论语》之中。就比如，其中"人的一生有如负重远行"，和《论语》中"士不可以不弘毅，任重而道远。仁以为己任，不亦重乎？死而后已，不亦远乎？"这一曾子的言论完全一致。

此外，"责人不如责己"，是取用了"己欲立而立人，己欲达而达人"一句的意思。还有"不及胜于过之"，则和那孔子所教导的"过犹不及"相一致。"忍耐乃无事长久之本，以愤怒为敌"则是"克己复礼"的意思。"人应自知，草叶之露重则落"则是说要安分守己。"常思不自由，则无不足，心有所愿，当念穷困之时"，"只知胜而不知败，则害其身"等，这类含义的言论在《论语》的各章之中都有反复提到。

此外，家康公精于处世，开创二百余年之伟业，恐怕也是因为《论语》。

世人认为汉学所授乃是承认禅让讨伐，不符合我们的国体，而这不过是只知其一不知其二的说法。看看孔子所说的"子谓《韶》：尽美矣，又尽善也；谓《武》：尽美矣，未尽善也"，就能够明白。《韶》这种音乐记述了尧舜之事，也就是尧十分欣赏舜的品德，而让位于他。因此，歌颂此事的音乐实则是尽善尽美。然而，《武》这种音乐是歌颂武王之事的，尽管武王品德高尚，但却是以兵力掀起革命而上位的，因而这音乐就被认为是不尽善。这也足可以看出，孔子并不期待革命一事。无论怎样，但凡讨论到人，就必须要考虑到其所处的时代。孔子是周代的人，因而不能充分、露骨地谈论周代的恶事，只能使用像是尽美却不尽善，这种委婉的说法。不幸的是，孔子未曾见过日本这样万世一系的国体，也不曾知晓。如果是生在日本，或是来日本见到我们这种万世一系的国体，不知会如何赞叹。不止是像在听《韶》之后赞赏其尽善尽美一般，必定会表现出更高的赞赏尊敬之意。世人谈论孔子的学问时，如果不能认真探求孔子的精神，也就是没有以能够洞见底蕴的见识来观察，则难免有流于表面之虞。

　　因此我认为，想要在处世之道上避免误入歧途，首先就要熟读《论语》。随着当今世界的发展，欧美各国的新学说也纷纷到来。要说这种新，在我们看来也不过是旧东西，和东洋数千年前就谈论的东西是相同的，多数不过是在语言上措辞更巧妙些罢了。虽说需要去研究欧美诸国日新月异的新东西，但也不能忘记东洋过去旧东西中也有不能割舍之物。

天 不 罚 人

　　孔子所说的"获罪于天，无所祷也"中的"天"，究竟是什么？我认为，"天"就是天命的意思，孔夫子也是基于此种意思，使用了"天"这个词。

　　人处于世，生存工作就是天命。草木有草木的天命，鸟兽有鸟兽的天命。这天命也就表现为上天的安排，同处人类之中，有卖酒之人，亦有卖饼之人。对于无论何等的圣人贤者来说，也不得不服从天命。即使是尧，也不能让自己的孩子丹朱继承帝位。即便是舜，也不能让太子商均继位。这都是天命所致，人力所不能及。草木终为草木，不能成为鸟兽。至于鸟兽，无论如何也不能成为草木。终究都是天命。由此想来，人必须要顺从天命而行动也就不言自明了。

因此，我认为孔子所说的"获罪于天"，就是指做出不合常理的举止、违背自然的行为之意。如果做出不合常理的举止、违背自然的行为，则必定会招致恶果。到那时，就算想要逃避，但由于这本就是不合常理、违背自然之事所自行招致的报应，因而也无法逃脱。这也就是"无所祷也"的意思。

就如同孔夫子在《论语·阳货》中说到："天何言哉？四时行焉，百物生焉。天何言哉！"孟子也在《万章章句上》中说到"天不言，以行与事示之而已矣"，两位圣人都指出了人做了不合常理的举止、违背自然的行为而获罪于天，天也不会说什么，或是对此人施加惩罚；而只会通过周围的事情，来让此人感受痛苦，这也就是所谓的天罚。无论人如何想要逃避天罚，都绝无法逃脱。就像自然之中四季运转，孕育天地万物，天命也会在人的身上显现。因此，孔夫子也在《中庸》的开头说到，"天命之谓性"。无论人如何向神祈祷，向佛祈求，做了不合常理的举止、违背自然的行为，就必定有因果报应会降临到此人身上，终是无法逃脱的。因此，遵守自然的大道，不做不合常理的行为，成为内省且无愧疚之人，才能像孔夫子所说的"天生德于予,桓魋其如予何！"一样产生自信，才可以做到真正的安心立命。

人物观察法

佐藤一斋先生认为，通过人初次见面之时的印象来判断此人如何，是最不会出错的最正确的人物观察法。先生著述的《言志录》之中就有"初见之时观察，多半不会出错"的说法。在初次见面时认真观察一个人，就如一斋先生所说，多半是不会出错的。见了几次之后再观察就会考虑过多，反而容易陷入误区。初次见面之时，认为此人大概就是如此的感觉，不会掺杂各种顾虑和私情，是极其纯粹的。如果此人有所伪装，其伪装之处，在初见之时也会像照在你心中的镜子里一样清晰可见。但是，见过几次之后，就会因这样那样的事，或是听到他人的传言，或掺杂各种顾虑，或为私情所困，因而考虑过多，反而会在观察人上犯错。

此外，孟子说过："存乎人者，莫良于眸子。眸子不能掩其恶。胸中正，则眸子了焉；胸中不正，则眸子眊焉。"这里介绍了孟子一派的人物观察法，即根据人的眼来鉴别此人如何。心术不正者总会有些许眼神迷离，而内心刚正者，眼睛自然会澄澈明亮。可以以此来判断此人的人格如何。这种人物观察法是相当准确的方法，只要仔细观察人的眼，就可以大致分辨此人的善恶正邪了。

《论语》中有讲到，"子曰：视其所以，观其所由，察其所安，人焉廋哉？人焉廋哉？"无论是初见之时观察人的佐藤一斋先生的观察法，还是看人的眼眸来观察人的孟子的观察法，都是相当简易便捷的方法。用这些方法不会有大错，可以准确地辨别一个人。但要真正地了解一个人，这些观察法都有做不到的地方。就像此处提到的《论语·为政》的论述一样，必须要以视、观、察三点，来辨别人，这也是孔夫子的遗训。

虽然"视"和"观"都读做"miru"，但是"视"指的是单纯地从外形用肉眼来看，"观"则是比从外形更进一步，要进入其内部，不单单用肉眼，更要打开心眼来观察。即孔夫子的《论语》中所说的人物观察法是，首先从一个人的外部表现出的行为的善恶正邪来观察，再从此人的行为是因何种动机来观察。再进一步，如果能知道什么可以让此人安心，能让此人满足地生活之类的，就能够知晓此人的真实形象。无论此人如何隐藏，都是隐藏不住的。无论外部表现出的行为看上去多么正确，如果其行为的动机不纯，则此人也绝谈不上是正直之人。有时，反而会刻意去做坏事。又或是外部表现出的行为正确，其动机也纯正，但其安心之处却在于饱食、暖衣、逸居，有时则会被诱惑而犯下意想不到的恶事。因此，如果行为和动机以及满足这三点不能全部端正，那么此人也就不能说是完完全全的、永远的正直之人。

《论语》是万人共通的实用箴言

我于明治六年辞官，投身到向往已久的实业以来，就与《论语》建立了特殊的关系。我最初成为商人之时，心中偶然感叹道，从此之后就必须要靠锱铢之利来谋生了，因而也思考了应该如何保持自己的志向，于是想到了之前学过的《论语》。《论语》讲的是修身、与人交往的日常道理。由于《论语》是缺点最少的教训，我就想着能不能拿这《论语》来经商。我也认为遵循《论语》的教训来经商，是能够谋取利益的。

那时，正好有一个叫做玉乃（世履）的岩国人。他之后成为了大审院院长，字写得好，文章也写得好，是个极其认真的人。在官员之中，玉乃和我被称为循吏。我们两人为官十分随和，官位也一同晋升，做到了勅任官。因为两人都是怀着将来成为国务大臣的志向而努力，所以在听闻我突然辞官成为商人时，他甚是惋惜，非得要来劝阻我。我在那时是井上（馨）先生的次官。井上先生因为官制的事与内阁意见相左，怒不可遏地退了下来。于是我也和井上先生一同辞了官，看上去就像是我也和内阁发生争执才辞官的。当然我虽然也和井上先生一样，与内阁意见不同，但我辞官时却不是因为与内阁发生争执。原因是不同的。我辞官的原因则是因为我认为，当时我国的政治也好、教育也好都需要逐步改善，然而在我们日本，商业却最为不振。如果商业不振，便无法增加日本的国家财富。我认为在其他方面发展的同时，一定要振兴商业。在那时，经商是不需要学问的。掌握学问的话反而有害。人们认为"富不过三代"，而第三代是危险的一代。于是，我背上不肖之名，抱着必须要以学问来谋求利益的决心，成为了生意人。但在那时，就是我的朋友也不理解，断定我是因为争执而辞职，对我误会颇深并加以斥责。玉乃忠告我道："你不久也会成为长官，成为大臣。咱们都是做官为国家尽忠的人，然而你却被下贱的金钱迷了眼，弃官从商，实在是令人咋舌。没想到你现在竟是这样的人。"当时我极力地辩驳、劝说了玉乃，我还引用了《论语》，引用了赵普以半部《论语》而做宰相，又以半部来修身的例子。我会将《论语》贯彻一生。摆弄金钱为什么就卑贱？像你这样将金钱视为卑贱，那国家要如何立足？高官厚爵，也并没有就很高尚。人们应该从事的高尚事业到处都是。关于不是只有做官才高尚这一点，我还援引了许多《论语》的内容来辩驳说明。也因此，我认为《论语》是最没有瑕疵的，并决心将《论语》的训诫作为标准，一生从事商业。这是明治六年的五月发生的事。

在那之后，我也不得不拼命读《论语》了，也听了中村敬宇先生、信夫恕轩先生的讲演。但都因过于繁忙，而没有坚持到最后。最近又拜托了大学的宇野先生重新开始。虽然这些课程主要都是为了孩子开设的，我却必定出席去听，然后提各种问题，又对解释发表意见，相当有趣又获益颇多。因为是一章一章地讲解，在大家思考并真正地理解之后，才向下推进，因此也就很难推进下去。但换来的则是能够彻底理解其中含义，孩子们也觉得甚是有趣。

至今为止我已寻求五人之手，请他们为我讲解《论语》了，但并非是学术性的，因而有时会不明白其中深意。比如，就像《泰伯篇》中"邦有道，贫且贱焉，耻也；邦无道，富且贵焉，耻也"所讲的，我到了现在才知道其中蕴含深意。由于这次仔细地钻研《论语》，我注意到了许多的点，也领悟了很多。但是《论语》绝不是复杂的学理。也并非是只有阅读深奥著作的学者才能理解的东西。《论语》的道理是在广阔的世间皆行之有效的，本就是简单易懂的东西。不过是学者将其复杂化，变成了不能传授于农工商等人的东西。彻底地使商人和农民不能够触碰《论语》，这是极大的错误。

就好像，把学者比作吹毛求疵的看门人，对孔夫子来说是障碍。求见孔子而去拜托这样的看门人，是不可能见到孔夫子的。孔夫子也绝非高不可攀，反而是通情达理之人。无论是商人也好农民也罢，不管是谁都可以见到他，得到他的教导。孔夫子的教诲也是实用的、浅显易懂的。

等待时机的诀窍

既然生而为人，特别是在青年时代，就那种彻底地避免斗争的卑躬屈膝的秉性来说，终究是无法看到其进步的可能，也无法看到其发展的可能。况且社会进步也需要竞争，这是毋庸置疑地。不去强行躲避竞争的同时，耐心等待时机的到来，也是处世所不可或缺的。

我凭借半辈子以来的长期经验，得到了些许领悟，就算是今天也不例外，有不得不争之事就要去争。我认为像年轻的时候，不应过多与人争斗。这世间之事，该如此就必定如此，要善于领会这种因果关系。由于某一原因而将产生某种结果时，突然想要去改变形势，无论怎样去争取，因果的关系也不会突然终止。在到达某一时期之前，人力终究是无法改变形势的。人处于世间，要观望形势，耐心等待时机的到来，这一点绝不能遗忘。但如果有要歪曲事实、背信弃义之人，就要坚决与其争斗。在劝诫各位青年子弟之时，我仍认为耐心等待时机到来的耐力也是不可或缺的，这一点也请各位青年子弟务必慎重考虑。

对于当今日本的现状，我也并不是没有要去极力争斗的想法。而且这种想法很强烈。特别是日本的现状之中，我感到最遗憾的，便是官尊民卑之弊仍未根除。在官者，无论做出多么不当之事，基本上都可以放过。尽管其中一些偶尔引起世间的非议，或遭受审判，或是到了不得不隐居的境地。但与所有做了不当之事的官员相比，也实则是九牛之一毛，大海之一滴。在官者的不当行为，在某种程度上，说是被默许的也不为过。

与之相反的，民间之人，有些许不当的行为，就会立刻被揭发，即刻遭受到惩罚。有不当行为的人，如果都必须惩罚的话，就不该设有这种在朝和在野的差别，对一方宽容，另一方严苛。如果是可以放过的话，应该不管民间之人还是官家之人都同样放过。然而就日本的现状来说，至今仍因官民之差，而有宽严之别。

此外，民间之人，无论为国家的发展做出多大贡献，其功绩也不会轻易地被政府所承认。相反的，在官之人虽只有寸功，却立刻会被认可并加以恩赏。这几点，是我在现在想要极力争取的，但我认为不管我如何争取，在某一时期到来之前，大势也不会彻底改变。当下，我也只是偶尔吐露不满，却不争斗，而是静待时机。

人应平等

要审查才能了解合不合适，要做到适材适所之类的话，或多或少都会常挂在用人者嘴边。但这也常是其心头所难。然而，在适材适所的背后，往往有着玩弄权谋的情况。要扩张自己的权势，就要先做到适材适所，一步一步，一节一节，逐步扶植自己的势力，逐步巩固自己的立足之地。如此苦心经营，终能构建起一方的权势。无论在政治界，还是在事业界，甚至是在社会的任何一处，都俨然可以彰显霸者的权威。然而这样的做法，绝对不是我所要效仿的。

纵观我国古今，再也找不到德川家康这样能够做到适材适所，巧妙地扩张自家的权势的权谋家了。就拿他的居城江户的警备来说，关东让深受谱代恩惠的郎党来巩固。将大久保相模守配置到小田原，从而控制箱根的关所。再有所谓的三家，水户家来镇守东国的门户，尾州家来遏制东海地要冲，纪州家戒备畿内的后方。将井伊扫部头布置在彦根，来镇守平安王城，人物的配置实在是巧妙至极。此外还有，越后的榊原，会津的保科，出羽的酒井，伊贺的藤堂，更不用说中国、九州，日本国内，但凡重要地点必定安排受自家恩惠的郎党。这样一来，也就使得大名畏手畏脚不可动弹。完美地构筑了德川三百年的社稷。至于由此得来的家康的霸道，是否适合我们的国体，我无法加以评价。总之，其适才适所的手段，古今之中能够企及家康的人，在我国历史上绝无仅有。

我在适才适所方面，想要效仿家康的智慧，也不断地苦心学习。但目的却完全没有效仿家康。我无论何时都是以我的真心，来对待与我相处之人的。我也从未有将他人作为道具来构建自家势力的私心。我平素的志向也仅仅是做到适才适所。做到适才适所，并做出一定的成绩，这才是让人才贡献国家社会的正途。这也是我贡献国家社会的方式。我就是在这种信念下为人处世的。我也绝不以权术色彩来侮辱人，也绝不将他人当作自家药箱中的药丸一般压制起来。活动的天地一定是自由的。如果感觉在我身边的舞台狭窄，那就立刻与我分道扬镳，去往自由自在的广阔的大舞台，我衷心地希望能看到这样忙碌的工作姿态。即使有人因为我有一日之长，而主动屈尊为我做事，我也不会以人的一日之所不能及，而瞧不起此人。人必须是平等的。必须是节制、礼让的平等。人以德待我，我也以德待人。总之在这世上是要互相扶持的，我不傲慢，他不轻蔑，我也努力做到相互容忍毫不偏离。

可 否 相 争

世间上，有的人彻底排斥竞争，认为无论在什么情况下，争斗都是不好的。还说"如果有人打你的右脸，那就将左脸也给他打"。由此下去，与他人争斗一事，究竟还是否是有利的呢？还是说是会带来不利的呢？这成为实际问题的话，我觉得会因人不同，意见也会有很大差别。有的人觉得不应当排斥争斗，也有人认为应该彻底排斥。

就我的一己之见来说，我认为竞争非但是绝不应该彻底排斥的，而且是处于世上所极其需要的。对于我来说，我听到过世上有人非难我太过圆滑，我虽不随意掀起争斗，但也不是像世人所认为的，是将彻底避免竞争当作唯一处世原则般圆滑的人。

孟子也在《告子章句下》中说到，"无敌国外患者，国恒亡"，确实是如此，要实现国家的健全发展，不管是在工商业方面，在学术技艺方面，在外交方面，就必须要有常与外国竞争且必胜的气魄。不单单是国家，对于一个人来说，也常苦于四面受敌，要是没有与敌人争斗并取胜的信心，也是绝无法发展进步的。

诱掖后进者的前辈，大致看上去，我觉得分为两种人。其中之一就是，在任何事上都对后进者表现得温柔亲切。绝不指责后进者，不会做出苛刻之事，始终是诚恳亲切地引导后进者，绝不会做出成为后进者敌人的举动。不管有怎样的不足和疏忽，都不会放弃站在后进者的立场上，处处都会庇护后进者。这样的前辈，非常受后进者的信赖，就如慈母一般令人仰慕，但这样的前辈究竟是否真的是对后进者有益呢？不禁让人怀疑。

另一种则正好与之相反，总是对后进者以敌国般的态度，并以给后进者挑刺儿为乐。后进者有些许不足，便大发雷霆，严厉斥责，骂的他体无完肤。一旦有所疏忽，便毫无顾忌般严厉责备。这种看上去态度就很残酷的前辈，往往会招致后进者的怨恨，在后进者中也缺乏人望，但这样的前辈真的不会对后进者有益吗？我觉得这一点是值得各位青年子弟认真思考的。

不管有怎样的不足，或是疏忽，都彻底维护的前辈的诚恳亲切之心，当然是值得感激的。但如果只有这样的前辈，后进者的奋进心便会受挫。即使有疏漏，前辈也会原谅。更甚者，无论是何种疏漏，前辈也会来解决，就没有必要去担心了，变得毫无顾虑。在事业上也变得欠缺缜密的意识，做事也变得浮躁，终会使得后进者的奋进心变得迟钝。

与此相反的，若是在上面有个严厉斥责后进者，总给后进者挑刺儿的先辈，其麾下的后进者，则丝毫不会懈怠，一举一动都会惦记着不要出差错。为了不让那个人挑刺儿，自然就会去注意自身品行，不做有悖品行之事，谨慎行事不懈怠，这样一来也就约束了自身。特别是以给后进者挑刺儿为乐的前辈，斥责后进者的欠缺疏漏，并不满足于只对其嘲弄，甚至是连带着对其父母也恶言相加。常将"你爸妈就不是什么好东西"之类的话挂在嘴边。如此一来，在这种前辈手下的后进者，一旦失败或有疏漏的话，就不单单是自己无颜立于世，也会有辱父母之名，成为一家的耻辱，因而就变得无论如何都要努力奋进。

大丈夫的试金石

真正的逆境是什么样的情况？我想尝试着引用实例来说明一下。世上大多都是以保持顺利，平安无事为常态。就像水会有波动，空中会起风一样，就算是在平静的国家社会，有时也不能断言其不会发生革命和动乱。但是，这与平静无事之时相比，明显是不同的。人有时也会生逢这种动乱的时代，而被迫卷入这种漩涡之中的人则是不幸的。这种情况是否就是真正的处于逆境呢？如此说来，我也是一个从逆境而来的人。我生逢维新前后这一世间最动乱的时代，至今为止遭遇了各种各样的变迁。回顾起面对维新时世间的变化之际，无论多么有智慧的人，或是好学的人，都可以说是处于意料之外的逆境，或是说在走向顺境。我最初主张尊王讨幕、攘夷锁港，并为之东奔西走。之后成为一桥家的家臣，成为幕府的臣子，之后又随民部公子远渡法国。还朝之时幕府已亡，世上也已变为王政。在这期间的变动之时，虽说我的智慧不够，但在学习方面，我认为我已经尽力了，并没有不足。然而遇到了社会的变迁、政体的革新，却也是无可奈何，我也真的成为了身处逆境之人。那时处于逆境之中遇到的最困难的事，我现在也记忆犹新。当时遇到困难的也不只是我一个人，众多人才之中，和我有相同境遇的人也一定有很多。这类遭遇，毕竟是处在重大变迁之际，也是难以避免的结果。虽说这种大波澜很少，但是随着时代的推进，也难免在人生之中常常遇到小波澜。因此，常有人被投入这漩涡之中而身处逆境，所以我也不能断言这世间绝无逆境。只是身处逆境之人，最好去探究其由来，看看这是人为造成的逆境吗？要与自然形成的逆境区别开来，再定制相应的对策。

然而，虽说自然形成的逆境是大丈夫的试金石，但处于这种逆境的情况下又要如何应对呢？我也并非神体，也没有对此的特殊秘诀。并且我觉得怕是社会上也没有知晓此种秘诀之人。然而，就我处于逆境之时，自己的经验，以及从常理上的思考来说，无论是谁在处于自然形成的逆境之时，都首先要知晓自己的本分，才是唯一的对策。要知足、守本分，这种情况不管如何焦虑，由于是天命，也只能无可奈何地放弃。因而无论身处何种逆境，心中也一定会毫无波澜。然而，如果将这种情况都作为人为造成的来解释，认为凭借人力一定可以做到些什么，不单是徒增苦恼，而且徒劳无功，终为逆境所累，也会无法考虑将来的对策。因此，在身处自然形成的逆境之时，首先要安天命，静静等待即将到来的命运，不屈不挠地学习就好。

与此相反的，陷入人为造成的逆境时又要如何做呢？如果多是自发形成的，那么除了反省自身、改正缺点之外也别无他法。世间之事多是自发形成，只要自己如此那般地去奋进努力的话，大概就会如愿做到。然而，多数的人不会去努力抓住自身幸福的命运，几乎都在自寻烦恼，反而招致逆境。这样一来，即使想要立于顺境，得到幸福的人生，恐怕也是无法实现的。

量力而行是关键

拿我的处世方针来说，我一直坚持忠恕的思想并贯彻至今。曾经，宗教家、道德家之类的硕学鸿儒之士辈出，我觉得他们虽说也传道立法，但终究只是为了是修身，即修养身心一事。这种修身要展开来说可以很复杂，但简单地说，取放筷子之时的心思，就满含其意。在这种意义上，我不管是对待家人，还是对待客人，还是处理别的信件，都会以诚相待。孔子也在"入公门，鞠躬如也，如不容。立不中门，行不履阈。过位，色勃如也，足躩如也，其言似不足者。摄齐升堂，鞠躬如也，屏气似不息者。出，降一等，逞颜色，怡怡如也；没阶，趋进，翼如也；复其位，踧踖如也"中毫无保留表达了这种意思。并且，对享礼、聘招、衣服、起卧等也进行了谆谆教诲，至于食物的一段则说道，"食不厌精，脍不厌细。食饐而餲，鱼馁而肉败不食，色恶不食，嗅恶不食，失饪不食，不时不食。割不正不食，不得其酱不食"。这些都是极其细微的例子，我觉得道德或伦理就包含在在这些细微之事中。

可以做到留意取放筷子，接下来就该留心自知一事了。世上有的人过分相信自己的力量从而产生非分之想，只知道发展，不知道遵守本分，以致引发重大错误。我主张一种"螃蟹照着自己的甲壳挖洞穴"的主义，并一心恪守我的本分。距今十年之前，我接到了出任大藏大臣以及出任日本银行总裁的邀请。然而我在明治六年就决心，要在实业界挖洞并投身其中，我觉得如今就更不能爬出这洞穴，便果断谢绝了。孔子也说过，"进吾进也，止吾止也，退吾退也"。实际上对于人来说，出入进退是十分重要的。然而，虽说要安分守己，但忘记了进取之心就会一事无成。虽说有"业不成则死不还"，"大行不顾细谨"，"男子下定决心，则当为乾坤一掷之壮举"等说法，但此时也绝不能忘记自己的本分。孔子说过"从心所欲，不逾矩"，也就是说，要安守本分努力进步。

接下来是青年最需要注意的事，也就是喜怒哀乐。也不单单是青年，但凡是在处世之道上犯错之人，主要都是因七情发作所导致，孔子说过"《关雎》，乐而不淫，哀而不伤"，阐述了好好调节喜怒哀乐的重要性。我们也曾饮酒玩乐，但一直以不淫不伤作为底线。总而言之，我坚持的主义就是诚意诚心，除了任何事都以诚为律之外，别无其它。

得意之时和失意之时

但凡人的灾祸，大多数都是在得意之时所萌生的。得意之时谁都会有忘乎所以的倾向，祸害就会从此趁虚而入。然而，处于人世之中就要注意这一点，得意之时也不能放松，失意之时也不能胆怯，保持常操，按道理行事。与此同时，必须要考虑的事，就是关于大事和小事。失意之时小事就更需要重视，多数人在得意之时的想法是与此完全相反的，像"就这么点儿事儿"之类的，对小事常常都是极其轻蔑的态度。但是不要忘记，与得意之时和失意之时无关，如果总对大事或小事没有缜密的准备，就会陷入意想不到的过失。

不管谁，处理眼前的大事的时候，都会全神贯注地思考要如何去处理。但对小事却相反，一开始便毫不在乎，不知不觉间就忽略过去了，这是世间的常态。但是拘泥于取放筷子这种劳心的小事，则会徒劳有限的精力，当然也不必事事都如此费心。再有虽说是大事，也有不用那么担心就可以解决的。因此，事情的大小，也不能从表面观察就立刻判断。小事反而会变成大事，大事也可能令人意外地变成小事，不管大小，都要好好考虑其性质，之后做出相应的处置。

然而，说到大事要怎样处理才好。首当其冲的，就是要考虑能不能妥善处理此事。但是这也是由人们的想法决定的，有的人将自己的得失放在第二位，一心思考解决此事的最好办法。也有的人优先考虑自己的得失。又或是可以牺牲任何东西，也一心想要做成此事。与此相反的，以自家为主，完全不将社会之类的放在眼睛里。但是就像人们各自的样貌都会改变，人心也是不同的，不能一概而论。如果要问我是怎么想的，我会这样回答，也就是，要首先考虑事情怎样才能契合道理，再考虑这契合道理的做法是否会对国家社会有益。之后再去考虑这样一来是否对自己有帮助。如此思考之时，如果对自己没有帮助，但却契合道理，也会对国家社会有利，我会断然舍弃自己，选择遵从道理。

对于这样的事来说，我觉得要先考察探究是非得失，合不合道理，然后再着手，才是处理事情最恰当的方法。但是从思考这点来看，都必须要谨慎地去思考。一看契合道理的就遵从，或者觉得有悖公益就放弃，这样草率决定可不行。即使看上去像是合乎道理的，并无不合理之处，也最好要左右思量。此外，即使看上去违反公益，难保将来或许会对世间有益，所以必须要去深入思考。总的来说就是，不能仓促判断是非曲直、是否合理，一旦判断不当，反而会枉费苦心得不到任何结果。

如果是小事的话，也许就会不深思熟虑便草率决定。这相当不好。由于只是小事，只能看到眼前所显示的极其细微之事，谁也不会将其当一回事儿，也不会放在心上。但是不要忘记，这些未被重视的小事，积累起来也会变成大事。有的小事当场就能够解决。有时小事也会变成大事的开端。有的觉得是很小的事，日后却会引发大问题。又或者，也有由细微之事逐渐变为坏事，最终使得人也变成坏人的。与此相反的，也有由小事儿不断发展向好的方面推进的。有最开始觉得是细微的事业，一步一步发展，最终酿成大祸害的，也有因此而成就一身一家的幸福的。这些都是积小成大的。人的不亲切、任性，也是由小积累逐渐变大的。如果不断地积累，政治家就会对政治界造成坏的影响，实业家在事业上会做不出成绩，教育家会变得误人子弟。因此小事也不一定小。我认为世上并无大事或是小事之分，谈论大事小事的种种区别，也终究并非君子之道。因而，并无大事还是小事的区别，但凡遇到事，都要以同样的态度、同样的考虑，来进行处理。

我还想再说一句，那就是人忘乎所以并非好事。古人也这样说过"成名每在穷苦日，败事多因得志时"。这句话是真理。身处困难之时，就要抱着正好碰上大事一样的态度来面对，成名之事也多产生在这种情况下。世上以成功者而闻名的人，必定是"很好地克服了困难"，"很好地摆脱了痛苦"。这也就是，其苦心经营的证据。然而失败多是在得意的日子里便显现了征兆。人在得意之时，就像是面对小事，抱着一种天下何事不能成的气概，潦草地应付一切，往往会脱离预想，最终陷入严重的失败。这和由小事酿成大事乃是同一道理。因此，人在得意之时不要忘乎所以，对待大事小事，都要以同样的思维、辨别力去面对。水户黄门光国公的壁画之中也有"明辨小事，大事不惊"，真可称得上是智慧之言。

夫材有分而用有当，所贵善因时而已耳。

——《亢仓子》

众人之智，可以测天，兼听独断，唯在一人。

——《说苑》

四、仁义与富贵

真正的生财之道

应如何看待实业呢?不错,实业一般是指社会上的商业、工业等生财图利的事业。如果说工商业不具有生财图利的效能,那么工商业的存在就变成毫无意义了,也不会带来什么公共利益。但是话说回来,生财求利如果只图自己有利,对别人无论如何都可不管,那么结果会如何呢?虽然很难以说明,但如果真的如同上述的那样,就是孟子所言:"何必曰利?亦有仁义而已矣。""上下交征利而国危矣。""苟为后义而先利,不夺不餍。"(《孟子·梁惠王上》)因此,我认为真正的谋利而不以仁义道德为基础的话,那么就决不会持续久远。这样说,搞不好也许会陷入轻利、不顾人情、不理世俗的观念中。坚持这种观念,看待社会中的利益虽然未尝不可,但是人世间一般都是根据自身的利益而工作的,这样就会忽视仁义道德。而缺乏仁义道德,社会就会不断衰落下去。

说到学者们痛心的事,在中国的学问中,尤其是一千年前时,宋代的学者也经历了像现在这样的情形。但由于他们倡导仁义道德的时候,没有考虑按照这种顺序去发展,完全陷入了空论,认为利欲之心是可以去掉的。可是发展到顶点,就使个人消沉,国家也因而衰弱。结果到宋末受到元的进攻,祸乱不断而最终被元所取代,这是宋的悲剧。由此可知,仅仅是空理空论的仁义,也挫伤了国家元气,减弱了物质生产力,最后走向了亡国。因此,必须认识到,仁义道德搞不好也会导致亡国。要说以求利为目标,只要自己有利就行,不管他人,那么,现在邻国的一部分,就正和宋末的情形一样。不管他人,也不管国家,只要自己满足就行,国家最终就会丧失一切权利,名声扫地。现在在那里考虑个人利益时能顾及国家利益的人并不多。宋代因对仁义道德的空论而亡国,现在他们又将因利己主义而危及自身。这情形不仅我们的邻国有,其他国家莫不如此。总之,谋利和重视仁义道德只有并行不悖,才能使国家健全发展,个人也才能各行其所,发财致富。

试就石油、制粉或者人造肥料等工业来看，如果没有图利的观念，一切听任自然，那么，很明显，事业就决不会发展，也不能增加财富。或者说，如果这些事业与自己的利害无关，每个人不管是赚钱，还是赔钱，都不影响自己的前途，那么所从事的事业就不会有所进展。如果是自己的事业，就想使其有所进展，使这工作顺利，这是一个不容争辩的事实。但是，这种观念若被其他想法凌驾其上，或因不了解大势所趋，或者不察实情，认为只要自己好就行，那么事情的结果又将如何呢？那一定是大家同遭不幸。只想自己一人的利益，也必然会使自己遭到不幸。在事物不发达的过去，或许会有侥幸的事，随着社会的进步，尤其是在一切事物都必须按照规则进行的时代，如果认为只要自己方便就行，那么举个例子就可知道结果如何。比如过火车站的检票口，大家如果都想自己先通过这狭窄的地方，于是你挤我，我挤你，结果是谁也不好过去。这个浅显的例子告诉我们，如果人只为自己打算，一定不能获取利益。这一点，从上面的例子就可以知道。我所希望的是，人们的心目中，应该有增加财富的欲望，但必须以遵守道理的活动来达到这一目的。所谓道理，就是和仁义相符合。如果不这样的话，那么道德就可能像上面所说的那样，让宋朝陷于衰弱。而欲望，由于违反道理，所以无论其如何发展，都会造成"不夺不餍"的可悲结果。

　　　　　　效力的有无在于人

自古以来，有不少格言、谚语是有关珍惜金钱的，有人在诗中这样写道："世人结交以黄金，黄金不多交不深。"黄金被看成是具有支配友情这种形而上的精神的力量。不过，东洋古来的习惯是尊重精神、卑视物质，因此把友情被黄金所左右的情形，看作是人心的堕落，从而对此颇为寒心。不过，友情和金钱相关，却是我们日常生活中所遇到的问题。例如，开联谊会就要聚餐，这是因为饮食能帮助发展友情；又如，对于久别的友人来访不用酒菜接待，也难以打开欢叙友情的窗口。而这些都是和金钱有关的。

俗语说"钱能使佛光彩夺目"，投十钱就能放十钱的光，投二十钱放二十钱的光，计算得一清二楚。又说："有钱能使鬼推磨。"这些话虽有些讽刺,但由此也能说明金钱有多大的效能。举一个例子来看,到东京车站买火车票,无论是多大的富豪,买了三等票,就只能坐三等车,而不管多么贫穷,买了一等票,就能坐一等车,这完全是金钱的效能。总之,我们必须承认金钱有强大的力量。但是,不管你花多少钱,也不能使辣椒变甜,不过用无限多的砂糖就能消除其辣味。在社会上也是这样,即使平常十分刻薄,不近人情的人,可一看到钱,就会立即笑脸相迎。这在政界中更屡见不鲜。

这样说来,钱真是有力量的东西。不过,钱原是无心的,用得好、用得坏完全在于使用者之心灵,所以对是不是应该用钱,不能遽下结论。钱自身没有判别善恶的能力,好人拥有它则变成善,坏人拥有它则变成恶。也就是说,钱的善恶,视其所有者的人格而定。我常向人讲昭宪皇太后的一首御歌中说的话:"人心不同各如面,金钱是福又是祸。"

社会上的一些人,往往不善于使用金钱,因此古人也加以告诫,说"小人无罪,怀玉其罪",又说"君子财多损其德,小人财多增其过"。读《论语》也会看到一些类似说法,如说:"富且贵焉,于我如浮云。"(《论语·述而》)"富而可求也,虽执鞭之士,吾亦为之。"(同上)《大学》亦说:"德者本也,财者末也。"这样的格言不胜枚举。我之所以引用,决没有轻视金钱的意思,不过是要说人在处世中,要成为完全的人,首先必须对金钱有所认识。从这些格言中,可以知道在社会上金钱的效力。但应知道,过分重视钱财则是错误的,而过分轻视钱财也不恰当,这也就是孔子说的"邦有道,贫且贱焉,耻也;邦无道,富且贵焉,耻也"(《论语·泰伯》)。孔子绝不奖励贫穷,而只是说"不以其道得之,不处也"(《论语·里仁》)。

孔子的理财富贵观

过去,后儒误解孔子的学说,其中最为突出的是富贵观念和理财思想。在他们看来,《论语》中说的"仁义正道"同"货殖富贵"二者是冰炭不相容的。他们认为,孔子的意思是,富贵者无仁义王道之心,要成为仁者,就得舍弃富贵的念头。但是,遍查《论语》二十篇,这种意思是一处也找不到的。孔子反而对理财、生财作过一些论述，但这是从某一侧面而立论的，后儒不能由此而了解全局，结果向社会传播了错误的观念。

举例来看，《论语》中有一句话说："富与贵，是人之所欲也；不以其道得之，不处也。贫与贱，是人之所恶也；不以其道得之，不去也。"（《论语·里仁》）一般认为这句话的含义是轻视富贵，但实际上只是从一个侧面来说的，仔细考虑一下，就知道完全没有鄙视富贵的意思，只是告诫人们不要见利忘义。由此就认为孔子一味厌恶富贵，是荒谬的，而且言之过甚。孔子要表达的是，如果不是合乎道义的富贵，则宁可贫贱；但如果是沿着正道而求得的富贵，则可泰然处之。以此观之，哪有鄙视富贵强调贫贱之处呢？对于这句话，要作出正确的解释，关键是要好好理解"不以其道得之"这句话。

再举一例，在《论语》中有一句话是"富而可求也，虽执鞭之士，吾亦为之。如不可求，从吾所好"（《论语·述而》）。这句话一般也被解释成鄙视富贵，但如果正确地看，句中丝毫没有鄙视富贵之处。富而可求，虽然卑贱的执鞭之人也可以做，说的是要从正道以求富。也就是说，必须注意到，这句话里面包含着"走正道"的内容。而下半句是说，不以正当的方法致富，则永远不与富结缘，与其用奸恶的手段去积累财富，不如甘于贫贱而行正道。因此，孔子的意思是，人决不能不择手段发横财，并不是说喜爱贫贱。总结这两句的意思就是，由正道而致富，虽当执鞭之士亦无妨；但是，如果采取不正当的手段发财，则宁可贫贱。对这句话的理解，不能忘了其中所包含的正当的方法这一点。孔子为了致富，不避执鞭之士，这大概会使道学先生们瞠目结舌，惊讶不已吧！但事实终究是事实，孔子说的话是没有办法改变的。显然，孔子所说的富是正当的富，对于不正当的富，不合乎道的功名，他是"于我如浮云"。可是后儒不明其间的区别，只要说到富贵，说到功名，不论其善恶，一概视之为恶，这不太轻率了吗？合乎道理的富贵功名，连孔子也会争先求之的。

防贫的根本

我历来认为，救贫事业与其着眼于人道上，还不如从经济上去处理比较合适。到今天，我认为这还有政治上的意义。前些年，我的友人为了解欧洲救济贫民的方法而出国考察，花费了一年半时间才回。在他出国考察时，我曾助以一臂之力，因此，他回国后，我召集了些有共同想法的人，请他在会上作报告。他讲，像英国这个国家为了完成这一事业，几乎花了三百年的心血，至今才走上轨道。丹麦做得比英国好些，至于法、德、美等国也正以各种方式致力于解决贫民问题，毫不含糊。因此，我想，鉴于海外的情况，我们更应该大力去做好我们一向所致力的事业。

在这个报告会上，我也向参加的人谈了谈自己的意见。我说："无论从人道上还是经济上来看，救济弱者都是必须要做的事。而且进一步从政治上来说，也不应该忽视对弱者的保护。当然，这决不意味着让人游手好闲，要讲求尽可能避免直接保护的防贫方法。减轻与一般平民有直接利害关系的税额，无疑是一种方法，此外，像取消食盐专买，也是一个好法子。"这个会是在中央慈善协会开的，所以会员们也都能理解我所说的话。现在，对于这些方法，大家正在从各个方面进行调研。

即使你的财富是你自己千辛万苦积累的，但如果把这些财富视作一人所专有，那就大错而特错了。要言之，人如果只靠自己一人，那是什么事也办不成的，他必须凭借国家、社会的帮助才能获利，才能安全地生存。如果没有国家、社会，任何一个人也不可能圆满地生活。由此来看，财富增加得越多，所受到的社会帮助也就越大。因此，为了报答社会的恩惠，从事像救济事业这样的工作是理所当然的义务，每个人都应尽力为社会添一份助力才行，如孔子所说"已欲立而立人，已欲达而达人"（《论语·雍也》），正因为强烈地爱自己，所以也必须以同样的爱心去爱社会，世上的富豪都应该知道这一点。

今年秋天，天皇陛下以慈悲为怀，史无前例地为贫苦人民颁发救济金，对于这一宏大无边的圣旨，一些还称得上是富豪的人，也都想干些什么以酬答圣恩之万一，这也正是我三十年来一天都不曾忘记的愿望。这一愿望到现在已逐渐有实现之望。因为长期以来始终牵挂在心中的事，在蒙受圣旨后，前途顿感光明，所以内心的愉快实在是难以形容。可同时我也想到救济的方法如何才能恰如其分。救济必须适当，如果采取使乞丐骤然成为诸侯的方法是不行的，这样的话，慈善就不是慈善，救济也不是救济。此外，还要注意的一点是，一些富豪因响应陛下的心意而纷纷出资于慈善事业，但这种有目的慈善，出于虚荣的慈善，都不是我所希望的。这种慈善救济事业，缺乏一种诚实的心理，所以其结果反会成为恶人所求之事。总之，应该想想陛下的慈心，各富豪的出资是在履行自己对于社会的义务，只有这样，才能符合陛下的心意，为维持社会秩序，保卫国家安宁作出贡献。

金 钱 无 罪

陶渊明的一首诗中说："盛年不重来，一日难再晨。"朱熹也有警句说："青年易老学难成，一寸光阴不可轻。"如同所言，青年时代特别容易沉湎于空想，并难以抵挡住诱惑。因而，就让时间像梦一般地过去了。我们的青年时代实在过得太快，正想着还有明天的时候，光阴似箭，不知不觉地过去了，到今天虽后悔也没有用了。青年们必须格外注意这一前车之鉴，切勿重蹈我们那种事后悔恨的覆辙。诸君今天的勤奋，对国家的命运将起深远的影响。历来有一定作为的人，都会在青年时代痛下决心。

说到要下决心，值得注意的方面很多，但特别值得注意的是金钱问题。社会组织越来越复杂，就是在过去，也有人认为无恒产者无恒心，所以在复杂多变的社会上，对于金钱，如果没有充分的认识，就可能导致意外的失败，出现过失。

金钱当然是可贵的，但同时又是卑贱之物。从可贵这点说，金钱是劳动的象征，一般的物品价格都只能通过金钱来结算。这里所说的金钱并不是指金银、纸币等，而是泛指所有能作为代价的物品，而这些物品又都能用金钱来衡量，所以，可以说金钱是财产的代称。

在昭宪皇太后的御歌中，我记得有这样一句：

人心不同各如面，金钱是福亦是祸。

这首御歌中对金钱的评价，十分恰当，是令人钦佩的御歌。从中国人过去所写的著作看来，他们对金钱鄙视的风气，一度是很盛的。例如《左传》中说："小人怀璧有罪。"[①]《孟子》中记

[①] 按，《左传·襄公十五年》所载与此略有不同，"有罪"为"不可以还乡"，意必为盗所害。

载有阳虎所说的"为仁不富,为富不仁"的话。[①]不用说,阳虎是一个有影响力的人物,当时人们都把他的这句话看作是至理名言而流传,由此可以推测风气之一斑了。此外,在书中还能看到像"君子财多损其德,小人财多增其过"这一类的话。由此可知,自古以来,东洋的习俗,对金钱是颇为鄙视的,认为金钱君子不可近,小人也要远避。之所以如此,我认为只是在于矫正世俗贪得无厌的弊病,结果导致了极端鄙视金钱的情况。这一点,希望青年人应加以注意。

我从一生的经验中得到一种看法,就是认为《论语》与算盘应该是一致的。孔子在恳切地传授道德的过程中,对经济也是加以相当注意的,这散见于《论语》的各篇中。尤其是《大学》讲述了生财的正道。治世为政,需要行政费用自不待言,即使是普通的老百姓,其衣食往行也必然要和金钱发生关系,而治国济民需要道德,因此最终必须调和经济与道德的关系。我作为一个实业家,为了使经济同道德一致起来,也常常简单地说明调和《论语》与算盘的重要性,普通的人更应该随时加以注意。

过去,不仅仅在东方,就是西方一般也存在着极端鄙视金钱的风气,这是因为一谈到经济,首先就会考虑得失,于是谦让和清廉等美德,就会受到伤害,一般人往往易于造成过失,所以都严重地加以警惕。出于此种用心,有人也就立以为教,并逐渐成了一般的风气。

记得在一家报纸上看到过亚里士多德的话,说"所有的商业皆是罪恶",我认为这是十分极端的说法。但仔细考虑一下,因为一切商业行为都伴随着得失,人容易为利欲所迷,以致产生脱离仁义之道的情形。他可能是为了防止这些弊害,才使用了这种极端的言词。人类的弱点是容易注重于物质方面。人在忽视精神方面的东西之后,产生过度重视物质的弊端,是必然的。不过,容易陷于这种弊端的人,多数是思想幼稚、道德观念低下的人。可能在过去,因为知识贫乏,道义心淡薄,以致多数人因得失而陷入罪恶之中,所以大力提倡鄙视金钱之风。

[①] 出自《孟子·滕文公上》,原文为"阳虎曰:'为富不仁矣,为仁不富矣。'"

与过去相比，现在的社会中，人们的知识水平有了显著的提高，思想感情高尚的人也增多了。换句话说，由于一般人格的提高，对金钱的认识也有了很大的进步，多数都是用正当的手段获得收入，而以善良的方法使用金钱的人也多了，对金钱也有了正确的认识。但是，如同上述，基于人类的弱点，有些人会从利欲之念出发，往往会产生出先富后义的弊病，从而认为金钱万能，忘却了重要的精神方面，成为物质的奴隶。虽说责任在人，但其结果则是，惧怕金钱的祸害而鄙视金钱。

　幸而，随着社会的进步，一般人对金钱的态度也在改变，生财致富同道德相结合的倾向日见增加。特别是在欧美，所谓"真正的财富是依靠正当的活动而获得的"这种观念，正在进一步的推广。希望日本的青年们也要注意这一点，不要再陷入金钱的祸害中，努力根据道德精神，发挥金钱的真正价值。

误用金钱力量的实例

　在社会上，一提到官倒①，人们都抱着厌恶的感情来看待，认为官倒就意味着罪恶，说此人是官倒，就表示看不起这人。如果我们也被称之为官倒的话，我们的心情也会极不愉快的。也就是说，在一般人的心目中，官倒是用金钱的力量谄媚有权有势者，在经营方面缺乏廉洁诚实品格的那些人。至于商人，据我们所知，不管是海外，还是国内，都是一批具有相当资历的人，他们懂道理，重荣誉，讲信用。这样有自信力的人，一定会明辨是非善恶的。这些人，我以为，即使是官府的人稍微有不正当的要求，他们也不会轻易答应的。当然，也可能由于怕在经营上发生麻烦，而在正当的买卖之外，有极为微小的越轨行为也未可知。但是，像早先发现的海军受贿事件②这种极大的罪恶，如果双方都没有相同的坏念头，也就不会形成。就是说，即使一方行贿，而另一方如果不接受，那也没有办法。所以说，由于官员中有行为不正的人，婉转或露骨地要求行贿，可是，作为实业家，如果能

---

　① 原文是御用商人，指一些与官府勾结，在商业活动中又具有垄断性行为，对官府行贿，而对一般人则欺压，只赚不赔的商人。

　② 指西门子事件，是德国的西门子公司，向日本高级官员行贿，此事于大正三年（1914）一月，在议会被揭露出来。三月，当时的山本权兵卫内阁引咎辞职。

问一问自己的良心,看重荣誉和信用的话,也不会答应这种要求的,不做这笔买卖,就不会发生这种罪恶。我们确信这是商人应该做的事。

但是以海军受贿这件事来看,无论是军舰也好,军需品也好,谁都想做这些买卖,就得行贿,而且不能说只有西门子公司一家有这样的事,几乎在主要物品的采购上,都有行贿行为相随,同时不仅是海军,陆军方面这种事也不少。更有甚者,所采购的物品,同表面的价格相比,质量很低劣,有的还是不合格品,经不起使用。这种现象,实在是令人慨叹。《大学》中有一句话说:"一人贪戾,一国作乱。"这并不是说什么都贪或行贿的意思,而只是说从受贿、贪欲这种个人的细微小事,如果发展下去,就会导致震惊天下的大事,真是可怕。

过去我以为,在海军中虽有行贿的实业家,可在我们日本则不一定有。假使在日本的实业家中也有干这种不正当事的,那实在遗憾之至。所以对三井公司的人因行贿嫌疑而被捕一事感到十分痛心。这种事情的发生,我认为根本上是由于割裂了仁义道德同经济利益的关系。如果依据正道谋取经济利益的观念成为我们实业家们的共同信念,那么外国人暂且不论,可以自豪的是,在日本的实业家中就不会再有这种不正当的行为。

即使对方为贪欲心所驱使,暗地里做这一类的事,显示要报答我的态度,甚至露骨地提出来,但由于这是有悖于正义的行为,我可以断然拒绝。如果能有这种认识来从事商业活动,就一定不会有人来引诱。在此,我痛切地感到,很有必要不断提高实业家的人格。若在实业中无法杜绝这种不正当的行为,就无法指望国家的安全,这点是我深以为忧的。

确立义利合一的观念

社会中的事,有利必有弊。把西方文化输入到我们日本,对我们的文化有很大的贡献,但另一方面就难免蒙其弊害。也就是说,我们日本吸取各国的事物,受其恩泽,获得幸福。但同时有新的世界性思潮的流入,也是不容争辩的事实,像幸德[①]等所抱的

---

① 幸德:指幸德秋水(1871—1911),原名传次郎,号秋水,日本早期社会主义运动活动家,思想家。

那种过激思想，很明显就是其中之一。自古以来，在日本从未有过这样的极端思想。产生现在这种思想的原因，则是由于日本已在世界上奠定了立国的基础，这是件不得已的事，对我国来说也是最可怕、最讨厌的。必须采取治疗的根本对策，这是我们国民的义务。根治的方法，恐怕只有两种：一是直接研究其性质和发生的原因，然后投以适当的药方；二是尽可能使身体的各器官强健，养成一种即使有病侵袭也能立即康复的素质。由我们的立场而论，我们对此两种对策是怎样看的呢？因为我们和实业有关，所以研究这种极端思想的病源病理，采取治疗方法，并不是我们的职责。我们应做的工作在于国民日常的养生方面，也就是要达到一种使全体国民都养成强健的身体机能，无论遇到什么样的疾病，都不会受到侵害。这种治疗法也是防止极端思想的对策。这里我想谈一下我的想法，以促使一般人，尤其是实业家们，就像我平常一贯主张的那样。

仁义道德未能与财富达到充分的结合，所以正像所说的"为仁不富，为富不仁"，就利远仁，据义失利那样，完全对立地解释仁和富，这是非常不恰当的。这种极端解释的结果，使从事生产事业的人，没有兼顾仁义道德的责任。关于这一点，我多年来经常痛惜不已。这是后世儒者误解孔孟原意的例子。如果通读四书的话，就能发现诸如"义利之训"之类的孔孟之训。宋代大儒朱熹在《孟子序说》中说："用计用数，假饶立得功业，只是人欲之私，与圣贤作处，天地悬隔。"这显然是贬斥货殖功利，这句话与亚里士多德所说的"所有的商业皆是罪恶"别无二致。换句话说，就是仁义道德仿佛是神仙所作的事。最后就得到一个结论，即从事生产事业的人，即使置之于仁义道德之外，也无关紧要。这样的解释绝不是孔孟之教的精髓，不过是闽洛学派的儒者所捏造出来的妄说。但是，在日本，自元和、宽永[①]年间起这一学说盛行一时，竟到了一提学问，除此之外，就别无他说的地步。这一学说，给日本的社会带来多少弊病呀！

误解孔孟教义的结果，使得从事生产事业的实业家们的精

[①] 元和，日本年号（1615—1624）；宽永，日本年号（1624—1643）。

神几乎都变成了利己主义。在他们的心目中，既没有仁义，也没有道德，甚至想尽可能钻法律的空子去达到赚钱的目的。因此，今日多数称作实业家的人，几乎都抱了一种只要自己能挣钱，他人和社会都可置之度外的观念。可以预想，如果完全失去了社会的和法律的制裁，那么社会就会陷入弱肉强食的无情状态中。这种状态长此持续的话，日后贫富差别就愈来愈大，社会也将面临悲惨的境地。这完全是误解孔孟教义的学者数百年来飞扬跋扈所造成的余毒。总之，随着社会的进步，在实业界中，生存竞争也会日趋激烈，这是必然的结果。但是，在这种情况下，如果实业家只是汲汲于谋取私利，不问社会如何，只要自己有利，其他都无关紧要，社会就会变得越来越不健全，令人厌恶的极端思想就一定会蔓延开来。果真如此的话，极端思想所酿成的罪恶，就必须由实业家来承担其部分责任。所以，为了健全的社会，必须矫正这一点。此时，我们的工作，就是极力依靠仁义道德来推进生产，务必确立义利合一的信念。富而仁的例子很多，对义利合一的怀疑，今天应该尽快从根本上加以清除。

富豪与道德上的义务

无论是不服老也好，一片婆心也好，我虽已到了这个年纪，但仍在为国家社会朝夕奔波。大家也到我家来讲述各种各样的事，这些未必都是好的。有人来讲些很没道理的话，更有人来请求捐款、借贷资金，或要求提供学费等。但对这些人我都一一接见。社会是广大的，既有很多贤者、伟人，当然也有胡缠的不善良的人。如果对他们因鱼龙混杂而一概拒绝，关上大门，不仅对贤者有失礼节，而且对社会也不能说是完全尽了义务。所以，无论对谁，我都开放门户，以充分的诚意和礼让相迎，但对无理的要求则加以拒绝，而对能做的事则尽力而为。过去的中国古语中说："周公三吐哺，沛公三梳发。"①意思是，周公这位大政治家，正在吃饭的时候，有客人来访，他就吐出口中的食物相迎接，客人走后再去吃饭。又有客人的话，就再吐出食物来接见，

---

① 《史记·周鲁公世家》中有"然我一沐三捉发，一饭三吐哺，起以待士，犹恐失天下之贤士"。此处应是涩泽荣一表述有误。——译者注

以至于一顿饭中如此三次吐饭以接见客人，礼遇来客。沛公是开辟汉代八百年之基（应为四百年——译者注）的高祖，此人亦私淑周公，奉行广交贤者的主张，早上在梳发的时候，有客人来，他就握着头发接见，以至于三次梳发，三次停止下来，接待来访的客人。这都表现了两人殷勤待客的心情。我当然不能和周公、沛公的贤明相比，但在广接贤客这点上，我也是无论对谁竭诚相迎。不过社会上不少人因嫌麻烦而不愿接见客人。在富豪或名士阶层中，厌恶来客的风气尤为盛行。但是，如果嫌麻烦而懒得去做，我认为，对社会、国家就不能真正履行道义上的义务。

前些日子，我会见了某富豪的儿子，他大学刚毕业，请我讲一讲走向社会之后各方面要注意的事。我说：此时，我讲这些话，你的父亲也许会在背后恨我，说涩泽说的话都是废话。讲完这一开场白后，我接着讲了以下的话。

现在的富豪大都只盘算自己，对社会上的事，却极为冷漠，这点实在令人不解。其实富豪并不是只靠自己就能赚钱，而是从社会中赚到钱的。例如，富豪一旦拥有许多地皮，就会说什么，空地多不好处理。但租用土地，交纳地租的则是社会上的普通人。社会上的普通人劳动赚钱，事业兴盛之后，土地就会紧张，地租也会不断上涨，这样，地主就可以赚钱。自己变成这样的富豪，就应自觉地知道这是受惠于社会。所以对于社会救济或者公共事业，也应常领头资助，这样，社会就会日益健全。与此同时，自己的资产的运用也必会更见稳妥。然而有的富豪认为用不着去关心社会，离开社会他也能维持财富，从而对公共事业、社会事业置之不理，那么，就会形成富豪与社会民众的冲突，对富豪的怨声很快就会成为社会主义的浪潮，导致罢工示威，结果就会招致很大的损失。所以，在致富的同时，应经常想到社会的恩义，不要忘记作为道德上的义务而要为社会尽力。

说这些话，也许会受到某些富豪的憎恨。但是，实际上我们只是根据上述的道理去做而已，富豪们有什么可害怕的呢？最近，某富豪说："只要你一谈到要对社会有所关心，我就感到有些麻烦。"他把这单单作为麻烦来对待。但是，如果只有我们奋起的话，实在是无能为力。现在我们发起修建明治神宫外苑①的计划。具体说，就是在代代木或青山一带明治神宫的外苑，建造类似公园的场所，在那里修建将中兴日本帝国的明治先帝的遗德永传于后世的纪念图书馆，或者建造各种教育的娱乐场所，预计需要费用四百万日元。我相信，这一计划从社会教育观点而论，是有价值的事业，只是这笔费用不容易筹措，在这方面，一定要得到三菱财团和三井财团的赞助。同时，我希望社会上的富豪们作为对社会的道德义务，也多为公共事业尽些力。

能挣会花

所谓钱就是现在世界上流通的各种货币的通称，同时又是诸物品的代表。货币之所以特别便利，就是因为能换取任何东西。远古时代物物交换，现在只要有货币，什么东西都能随心购置。货币的可贵在于它所代表的价值，所以作为货币的第一要素，就是必须使货币的实际价值同物品的价值相等。如果只是名称相同，而货币的实际价值下降的话，物价就会高涨。此外，货币便于分割，这里有一个一日元的茶碗，想把它分给两个人，但分不开。把他弄坏变成两半，也无法把它分成各五十分，可货币就能做到这一点。想要一日元的十分之一，就有十日分的银币。再者，货币能确定物品的价格，如果没有货币，就不能确定茶碗和烟灰缸的价格。如果说一个茶碗值十日分，而烟灰缸要一日元，那么茶碗即相当于烟灰缸的十分之一，这就是货币确定了两者的价格。

总之，钱是可贵的，它不仅是青年所希望的，也是老人、壮年、男人、女人等所有人所要求的。如同上述，货币是物品的代称，所以必须同物品一样珍惜它。从前，禹王这个人连很小的东西都很珍惜。另外，宋代的朱熹说："一粥一饭当思来处不易，半丝半缕恒念物力维艰。"这就是说，就是一寸的线头、纸片或是一粒米都不能浪费。关于这一点，还有一个传说。在英格兰银

---

① 明治神宫：位于东京都涩谷区代代木的神社，祭神为明治天皇和昭宪皇太后。内苑约 77600 平方米。

行①有一个很有名的叫吉尔伯特的人，他年轻的时候，曾到银行去试工，下班时见到银行室内的地上有一个别针，他随手就捡起，别在衣襟上，看到这一点的银行考试官把他叫住，问："先生，你刚才在室内好像拾到了什么东西，那是什么？"吉尔伯特毫无怯色地回答道："一个别针掉在地上，是很危险的，我想捡起来还有用，所以就把它拾了起来。"考试官十分欣赏，于是又进一步问了一些问题，感到的确是一个有见地有希望的青年，因而录用了他。他后来成为了一位大银行家。

总之，金钱是表彰社会力量的重要工具，珍惜它是应当的，但在必要的场合，善于利用它也是件好事，能挣会花，就活跃了社会。促进经济的发展，是有为之士的心愿。而真正能理财的人，必须是能挣钱，同时又会花钱的人。所谓会花钱，是指正当的支出，也就是善于使用钱。良医做大手术使用的手术刀，能拯救患者的生命，可是让疯子拿着，就成了伤害人的工具。另外，孝养老母的糖饴，到贼徒手中，就会成为开门关门消声的盗具。所以，我们珍惜金钱又不要忘记善于使用它。实际上，金钱可贵又可卑。使它可贵的是所有者的人格。但是，在社会上，有人曲解了可贵的意思，过分地吝惜钱，这必须认真注意。对金钱力戒浪费，同时应注意切勿吝啬。只知道挣钱，而不懂得花，发展到极端就成了守财奴。所以，今日的青年们要努力别成为大手大脚浪费金钱的人，同时必须注意不要成为守财奴。

（王中江译注）

---

① 英格兰银行：The Bank of England，位于伦敦的世界上最古老的中央银行，1694 年设立。

六、中江兆民

史料简介

中江兆民（1847—1901）原名笃介，1847年11月1日生于土佐藩一个下级武士家庭。是日本近代杰出的唯物主义哲学家、倡导自由民权的政治活动家和理论家。幼年在藩校文武馆学习汉文。青年时代开始学习西方语言和人文科学。1871年至1874年，他作为司法省的留学生在法国留学，专心研究哲学、史学和文学，深受法国18世纪启蒙思想的影响。回日本后，开设法文学塾，讲授政治、法律、历史、哲学等课程，前后受业者有两千多人。1880年他参加了自由党，积极从事政治活动，并主编《东洋自由新闻》，他用汉文译述的卢梭《民约译解》（即《社会契约论》）一书的出版，在知识界影响很大，使他获得了"东洋卢梭"的称号，成为日本公认的自由民权运动激进派的理论家。后来，由于自由民权运动多次遭到镇压，中江兆民便主要从事写作活动。在这个时期，他的著作有：《理学钩玄》（意为哲学概论，1886）、《革命前法兰西二世纪事》（1886）、《三醉人经纶问答》（1886）和《平民的觉醒》（1886）等。译著有：《非开化论》（即卢梭著《论科学与艺术》日译本，1883）、《维氏美学》（1883—1884）和《理学沿革史》（意为哲学史，1886）等。

1887年明治政府为了镇压自由民权运动，公布了"公安条例"，中江兆民等五百多名民权派人物被逐出首都东京。他前往大阪，创办了《东云新闻》，后来又主编《日刊政论》和《自由新闻》，继续倡导自由、民权思想，并为受歧视的部落民争取民主权利而积极活动。1888年他在大阪水平社（争取部落民解放的组织）的支持下当选为议员。不久，由于在预算问题上，议会中自由党土佐派的卖身投靠政府，使他十分失望，愤而退出议会。1893年以后，他决心创办实业，自己筹措政治活动资金，以摆脱政府的控制，结果以债台高筑而告终。这个时期他的著作有：《国会论》（1887）、《选举人的觉醒》（1889）、《忧世慨言》（1889）和《放言集》（1891）；译著有叔本华的《伦理学大纲》（1893）等。

晚年，他虽然再次登上政治舞台，1897年组织过"国民党"，出版了机关刊物《百零一》，但不久也遭到挫折。在政治上失望之余，1900年他不顾学生幸德秋水的劝告，抱着试探的心理，参加过帝国主义者的组织"国民同盟会"。

多年来，他一直想写一部阐述他的政治观点和哲学思想的著作。1900年底他身患癌症，医生宣告他余命只有"一年有半"，他却以惊人的意志和毅力写成了最后一部著作，即以《一年有半》为名，其后又写下他"无神无灵魂"的哲学思想，作为续编，是为《续一年有半》，由他的学生、日本最早的社会主义者幸德秋水整理出版。1901年12月13日中江兆民去世，葬仪遵照本人的遗嘱不采用任何宗教仪式，贯彻了作者作为无神论者的遗志。这里选译的文章是《续一年有半》（东京博文馆1903年版）和《三醉人经纶问答》（东京筑摩书房1974年版）。

续一年有半（节译）

第 一 章

总 论

研究理学，即世间所谓的哲学性事项，如局限于五尺之躯之内，终究是不行的。即便能够做出一些可以做到的东西，其谈论之处，也难免在不知不觉间都会变得缺乏联系。局限于人类之内也是不行的，局限于十八里的大气之内，或是局限于太阳系天体之内也都是不行的。

从前我们谈论空间、谈论时间、谈论世界，这些都是独一无二的东西。不管以多么贫瘠的想象力去想象,这些空间、时间、世界等,也不会有存在起始的道理。又或是在上下或东西方面,也不会有存在极限的道理。然而,局限于或是五尺之躯或是人类或是十八里的大气之中,又被自身的利害或是希望所束缚,疏远、蔑视其他的动物,即禽兽虫鱼等。只从人这种动物来推断来考虑,就得出或是有神存在,或是精神不灭,也就是身死之后仍能保持各自的灵魂,将这些于动物有利的言论列举出来,也就成了一些毫无逻辑、极不哲学的呓语。

柏拉图、普罗提诺、笛卡尔、莱布尼茨,这些都是宏才远志的杰士,且都在不知不觉间思考了自己死后的状况。被和自身同种的动物,即人类的利益所引诱,因而未察觉到天道、地狱、唯一神、精神不灭等,都是如烟一样,不,烟尚且是现实存在的,而这些东西都只不过是语言上的泡沫。于是便风光著书、厚颜论道,真是可笑至极。此外,欧美的大多数学者,都被同母亲的乳汁一道吸收并融入身体和血管的迷信所支配。因而,只要提到无神或是无灵魂,便认为是犯下了大罪一般,真是极其可笑。

诚然肝人之肉、极其暴戾恣睢的盗跖很长寿,而被称作复圣的颜回却早夭。此外,也可见世上往往是,遵循逆取顺守之例的盗贼绅士得到富贵荣华,遵守公正之行的人甚至无糟糠果腹而死。就如未来存在真正公平的审判所的说法,也不过是取悦多数人类的方便之词。特别是对于身患大病,一年、半年或是每日每月都在临近死亡的人们来说,如果存在深仁至公的神,又或是灵魂可以不灭,即死后仍能保有自己的资财,应该是对自身莫大的安慰吧。但这样的话,哲学①的庄严当如何看待?冷然地只承认真理的哲学者的资格又当如何看待?生来五十五年,虽略有读书,对于理义稍有理解,但吐露存在神的灵魂可以不灭之类呓语的勇气,很不幸我是没有的。

我认为哲学家的义务,不,哲学家的根本资格,就是在哲学上抱有极其冷静、极其直率、极其不妥协的态度。因此,我坚决主张无佛、无神、无灵魂,即纯粹的物质性学说。不局限于五尺

---

① 哲学:中江兆民将"哲学"称为"理学",下文皆用"哲学"一词。

之躯、人类、十八里的大气、太阳系、天体，直接置身于时间和空间的正中央（如果无始无终无边无限之物有正中央），不将宗教放在眼里，不理会前人的学说，树立自己独特的立场，并主张此论。

（一）灵　　魂

首先，从灵魂开始审查吧，灵魂是何物？

目之所视、耳之所闻、口鼻所嗅食，手足所捕捉及步行等，想来实在可谓是不可思议，是什么力量在主宰呢？至于想象的力量、记忆的力量，则更加不可思议。此外，今日国家社会的构建又是依靠谁的力量呢？阐发、推进各种学科，脱离野蛮趋向文明者，不得不说都是依靠所谓的精神之力。如果其躯体被限制在仅仅五尺或是六尺，以十三种元素或是十五种元素来塑造，终究不过是一团顽肉。因此，不得不将灵妙的精神当作主人，而这顽肉的躯体则是其奴隶云云。

这种言论正是陷入大谬误的始作俑者。所谓精神不是本体，是由本体产生的作用，是一种活动。本体是五尺之躯，而这五尺之躯的活动，便是精神这种灵妙的作用。就像炭和焰、薪和火一样。漆园叟庄周早已看透此理。也就是这十三或是十五种元素一时所聚合的躯壳产生的作用，即精神，在躯体还原，即分解，即身死之后，这种作用的精神也不得不同时消散之理。炭变为灰，薪化为烬的话，一般来说焰和灰也会同时消散。躯壳即已分解而精神犹在实在是背理至极。如果是未受宗教荼毒的，不考虑自己死后的情况，按理是无法理解这种说法的。没有了辣椒，辣味却单独存在，太鼓破了却独留咚咚声音之类的言论，竟然会是从思考理义的哲学者口中一本正经地说出来的吗？在十七世纪的欧洲，如果主张无神无灵魂之说，便会被处以水火的酷刑，虽不知这是否有不得已的情况。但在被言论自由之理所支配的今天，为何仍会发出这种呓语？

因此，身躯才是本体，精神是其活动，即作用。身躯死去的话，灵魂也就会立刻消散。这对于人类不是极其无情的言论吗？尽管无情，但如果是真理的话，这不也是无可奈何的吗？哲学的主旨就不是权宜性的，不是安慰性的。就算是会显得煞风景，会显得直率，使自己内心的推理不满意的话，也是不能不说的。

　　如果就像被宗教家或是被宗教所荼毒的哲学家，从人类利益所推断出的言论一样，果然有所谓精神之物，处于躯壳之中，且同躯壳相分离，并独立于躯壳，恰如人偶师操纵人偶一般，并将其作为主宰。就算躯壳有一天分解了，即身死，如果这精神可以单独存在的话，那么它存在于躯壳中的期间，是处于哪个部位呢？是在心脏中吗？还是在脑髓中？又或是在胃肠之中？这恐怕是纯粹属于想象的说法吧？由于这些脏腑都是由细胞构成的，那么精神也是分散为数千万亿的碎片，并寓居于这些细胞中吗？

　　有人说，精神是无形的，并非有实质的。这些言论简直是没有意义的言论。但凡无形，都是指我们的耳目无法接触的，不，就算一直有接触，也是我们无法察觉之物，就像空气一样。仅在科学之眼下是有形的，仅在显微镜下是有形的，肉眼看便是无形的。但凡无形都是如此，即使有实质也是极其细微的。尽管我们无法接触察觉它，其本质上终究是我们所谓的有形之物，就像精神。如果不是这样，是单纯的无形且没有实质的话，这不就是虚无吗？如果虚无是躯壳的主宰，这究竟是否是妥当的言论呢？

　　但凡所谓无形之物，都是迄今为止的技术仍未能掌握的吧。又或是虽然在学术上可以把握，肉体也无法感知之物，即如光、温度、电等。学术不断进步之后，究竟能否用显微镜看透，不也是无从可知的吗？就像精神，由于灰白色脑细胞的作用，在每次活动时，可能都会有极其微小的小分子不断飞散，这不也是无从可知的吗？但凡要在学术上的未解之处建立一种想象的学说，自然就应该选择努力去接近真理。就像精神也是，躯壳中的脑神经不断纲缊、摩荡，以此产生视觉、听觉、嗅觉、味觉以及记忆、感觉、思考、决断等活动。假使每次都能看见及其微小的分子，宛若瀑布朝四处喷散出飞沫一样，这大约不一定是违背道理，使人的良心感到愤怒的事情吧。反之，那种认为既无分子又无形质，纯粹、虚无的精神成为一身的主宰并做出各种行为的言论，难道不是极其违背常理的吗？难道不是具有使人的良心感到愤怒的性质吗？

（二）精神死灭

再来思考一下生产育化一事，思索一下关于得失消长的大道理吧。但凡是具有生命的东西，都会在自己身死之后留下子孙。然后这些子孙，会从身为父母者处，分得其自己的躯体以及从这躯体所产生的精神，即孩子是父母的分身。因此，父母死后留下孩子，是符合得失消长之数理的。

看啊，蚕蛾在生下卵之后，不是马上就会死去吗？如果说这卵继承了蛾的躯体和精神，蚕蛾也仅仅是躯体死亡，精神仍然单独存在的话，这在道理上是否妥当呢？即李四张三各自留下了儿子，而这李四张三也在死后灵魂单独存在，不会消失的话，那么灵魂之国的人口就会变得非常充盈。也就是会繁衍到十亿、百亿、千千、万万、十万亿乃至无限，没有一个半个会消失。这究竟能否说符合得失消长之数理呢？

但凡有生气的东西，就算是草木也与人兽无异。凡属父祖者，均借由子孙而实现不朽。因此，既然已经借由子孙实现不朽，自身也还要实现不朽，这种说法也太过恣意了，是毫无哲理的。如果是出自将死的田间老妪之口姑且不论，而以哲学家来标榜自身之人，说出这种毫无哲理的话，简直就是不知人类羞耻为何物。

（三）躯壳不灭

因此躯壳是本体，精神是躯壳的活动，即作用。也就是躯壳一旦停止了呼吸，这种视听言动的作用也会立刻停止。即躯壳死而精神灭，恰如薪化为烬则火灭一样。

由此道理而言，所谓不朽或是不灭，并非是精神所拥有的资格。相反的，是躯体才会拥有的资格。这是因为，躯体是若干元素聚合所形成之物，死也就是这些元素分解的第一步。但即使分解，元素也不会消失。一经分解，即身体腐坏之时，其中的气体元素就会混入空气，那些液体或是固体的东西就会混入土地之中。总之，尽管各种元素相互分离，但都各自存在于这世间的某一处。或是和空气一同被吸收，或是被草木的根叶所摄取，不仅仅是不朽不灭而已，必定会为它所用而循环无穷。

因此躯体，即实质，即元素，是不朽不灭的。正因如此，这种作为一种作用的精神，在朽灭之后才不会留下痕迹。这是显而易见的道理。太鼓坏了之后咚咚之音也就消失了，钟破了的话鏗鏗之声也就停止了。于是这破败的太鼓和钟，无论之后变成何种形状，无论被毁坏的多么零碎，也不会有一分一厘的消失，一定会存在于某处。这是事物的本体和活动，即作用的区别。

孟春路上被南风吹扬的黄尘，无论看上去多么的粗糙，多么的虚幻，也都是不朽不灭之物。或是混入河水，或是附着于店头的物品之上，尽管随着时间而转换地点，也必定存在而不会消失。无论是多么粗糙，终究也是数十种元素聚合而成，和我们的躯体算是同类。与被宗教家或是宗教所荼毒的哲学者所说的虚无的精神，又或是我们所说的作为躯体的一种作用的精神，是不完全同科的。因此尘埃是不朽不灭的，精神却是具有可以朽灭资格之物。

释迦、耶稣的灵魂已经消失很久，而路上的马粪却和世界同样长久。天满宫，即菅原道真的灵魂在身死之后立刻消亡，其喜爱的梅树的枝叶也分散为数千万，现在都各自存在于世界的某处，即不朽不灭的。

不朽不灭的言论，不知在宗教家的心中是何等高尚，何等灵妙，何等不可思议。但在冷静的哲学者心中，只不过是所有实质都会有的一种属性，实物之中没有一物不是不朽不灭的。而像真空一般虚无的灵魂，不仅并非是不朽不灭，而是从一开始便不存在。不过是虚灵派哲学者言语上的泡沫。

（四）未来审判

被宗教家以及宗教所荼毒的哲学者，往往会说，这世界实则是不全不粹之物。行善未必得赏，作恶也未必受罚。甚至恶人尽享荣华富贵，善人却难逃饥寒而死。单说这一点，是无论如何都无法使我们的良心得到满足的，这也是未来世界必定存在的证据。因此，在未来的世界中，会存在完善整备的审判，根据善的大小，恶的轻重，各有赏罚，权衡分寸不错。从而补偿这个世界的不公平，并以此来让不平的良心得到满足。然而，人如果身死之后灵魂随即消散，便无法接受这最后的审判。万能的神之所为，不会如此的不完善。善人必定受赏，恶人必定被罚，必定无法侥幸逃脱。因而灵魂的不朽不灭是必要的云云。

啊！这种言论真是无道理、无哲理至极，只会使得意义愈加纠纷、错杂，宛如踏足古代的迷宫之中。将无意义的语句连接起来，想要产生一些意义，却使其愈加混淆。

所谓现在这个世界的审判是不完备的，正是局限于五尺之躯的言论，是局限于人类之中的论调。善人或被遗漏嘉赏，恶人却多逃脱责罚，究竟是何人所为？不正是我们人类的自作自受吗？不管有谁上诉，只要反驳一句"这是你们自己做的孽，除了你们自己改正之外别无他法"就行了。这是在十八里的大气之外行不通的诉讼，不，就算在十八里大气之内，也是只有在那些特别横目纵鼻的动物之间可以行得通的讨论。盗跖富贵而颜回穷乏，与鲫鱼或鲤鱼没有一点关系；青云直上，侥幸得显贵地位的不义之徒，玩弄天下大权，但对于猪或牛来说，毫无利害关系。

处于这无始无终无边无限的世界，却拿着在人类社会之中都无法和芥菜籽相提并论的小事，去喋喋不休地谈论现世的审判啊，未来之审判啊，神啊，灵魂啊，善人啊，恶人啊之类的。而不是把人类内部的事情放在人类内部处理，努力做到逐渐避免错误和逐渐接近正义，也就是说，不按照用自己的力量处理自己身边事情的原则去加以解决，反而虚构世界上不可能存在的神，幻想事实上和道理上都通不过的灵魂不灭，试图强行掩盖人类社会的缺陷，不能不说是毫无出息的。

看吧！社会的现状就是，不去理会这些人的呓语，将人类之中的事放在人类之中处理。与古代相比，恶人多数无法逃脱惩罚，善人为世间所称赞，这不也就是社会的制裁在逐渐变得有力吗？法律制度逐渐被改正，从野蛮走向文明，这对于大多数人来说不就是在不断进步吗？看来也并不一定就非要去想象有未来的审判，想象有神，想象灵魂不灭。如不打破宗教以及被宗教所迷惑的哲学的呓语，真正的人道就无法得到发展。

这些人总这样说，正是畏惧在未来的至严至密的审判，我们人类的大多数，不，几乎是全部，才会有几分自我警戒与约束，才会去努力从善避恶。但即使有了这份畏惧，也仍然有触犯刑罚之人。况且，现世仅限于现世，取得荣耀就会有相应的利益，逃脱刑罚便会有相应的幸福，为了公正而陷入贫穷简直愚蠢至极之类的言论一旦形成，对道德风俗会造成多大的破坏也就无法估量了。欧美人忌讳无宗教信仰之人，甚至把他们当做盗贼看待，便是此理云云。

啊，这是何等卑鄙的言论啊！但凡因善而行善，因恶而避恶，将一切身外的利害都不置于眼底，也就是没有为了什么目的而做，才是可称赞，可惩罚的。如果是在为了什么目的而做，则是善非善，是恶非恶，善恶便会混淆，导致正邪淆杂而无所适从。此外就宗教的道德来说，力量实在是微弱，其证据就存在于欧洲宗教最兴盛的中世纪时期。此时各国都遵循封建制度，君主和诸侯时常互相争斗，刑罚也实在是苛酷至极。随后到了科学逐渐兴盛，宗教势力逐渐走向衰退的十八世纪，反而在人道方面做到了很大的进步，与中古时候相比，这不是之前所没有的吗？再看看中国和日本！两国都在宗教方面极其冷淡，不被其束缚，人民却是温良的。而那些胆敢做令人发指之恶事之人，与古代欧洲诸国相比，不也是十分罕有的吗？因此，这种对于未来审判的畏惧可以对巨恶大憝起到规制效果的言论，是让我们无法信服的。

并且，为了在这个世界劝善惩恶，而去想象未来的审判，想象有神，想象灵魂，这也太过恣意了。绝不是现代科学性的，而哲学的精神则是，即便对现世不利，如果是真理便要发扬，才可以说是其根本精神。

现如今，英、法、德，也就是在科学最兴盛的欧洲第一流国家，由于其内心相信学术，对于不合理的宗教事项，私底下态度极其冷淡的人也有相当不少。即使在天主教徒最多的法国，在每周三的封斋日，也有很多人毫不畏惧地公然食用牛肉。而普通的道德，与中世纪相比，可以说是有相当大进步了。假使还想另外举出证据，来证明宗教上的权宜性的信条在道德上没有实际效力，那是很多的。

（五）多神论

至于神，无论是唯一还是多数，不得不说都是极其非哲学性的。

首先从多神开始考察，也就是将太阳、太阴、其他山川、云物等当作神，对其崇拜，对其祭祀等，这些都不值一笑，毫无辩驳的价值。如果是古代的豪杰，或是对国家有功的人物，又或是一派的开山祖师，对其祭祀来表达自己的虔诚之意，也没有什么不妥。念祷词以求灵验之流，是最不值一提的。这些人物在身死的同时亦会神灭，就算念了祷词也不可能有些许灵验，难免会成为所谓的淫词。如果是三家村的翁媪，来崇拜这些云物，或是古人即灭的泡沫，尚有情可原。如果是读书明理的五尺之躯的大丈夫，去一本正经地崇拜这些东西，实在是令人无言以对。

然而，这不仅仅是因为违背常理而让人觉得可笑，甚至会对人或事产生实际的损害。也就是患有疾病的人，不去依靠医生进行适当的治疗，反而去叨念祷词祈誓，以致无法治愈的人往往有之。又或是争分夺秒的工商事业，想要出行的人，由于这些神祠的启示，而突然犹豫不决甚至延期，以致无法按期完成者也往往有之。更有甚者藉口祷词，作为男女殷勤互通之媒介，并以此谋利。将鸦片、吗啡之类的毒药放到菓饼之中，以起到一时的效果，或夸耀其止痛的功效，从而蛊惑信徒者也往往有之。这些对于哲学者来说，就算提到都应感到可耻。以哲学为题目的书，就算写到这些都应感到厌恶。而灵魂不灭的呓语之弊病，正是在于此。此外，牛矢的不灭，马粪的不灭，由于是科学上的真理，所以绝看不到这种弊病。

（六）一　神　论

一神论如果与多神论相比，可以看到一些进步的痕迹。但是其源头仍脱胎于多神论，随着时世有了几分进步，具有了几分学术性。其中有高华雄深之才，企图风靡当世，压倒后代者，尽情驰骋其想象的能力，提出厌恶平庸、炫耀新奇之论。同时他们也因人生有限、朝夕难料，而在心中暗自忧愁。希望身后有所依仗的同时，由于自身已经有此弱点，便料想他人也是同样的。纵说横说，玩弄诡辩之论，可见所谓一神论便是由此而成。婆罗门教、佛教、犹太教、基督教、回回教以及从古代的柏拉图、普罗提诺之徒，到笛卡尔、马勒伯朗士、莱布尼茨之属，都是极力主张一神论的，与基督教、僧侣的论调不相上下，让人恍然间觉得他们恐怕不是以推理为根本的哲学者，倒像是以迷信为基础的僧人。

思考之下这种说法，似乎是脱离了飘飘尘寰之表，大大摆脱了世俗纷争，实则是畏死贪生，是在未来仍保有自己独自资格的有利的想象，也就是局限于自我一身，由局限于人类的见解所产生的。其卑鄙之处，与灵魂不灭之说完全相同。

一神论有两种,一种我称之为主宰神论,另一种则称之为神物同体论。

(七)神物同体论

古希腊的学者以及后世荷兰的斯宾诺莎、德国的黑格尔等人,都属于神物同体论一派。

神物同体论主张,世界的真理即是神。一切森罗万象,皆是唯一神的显现,即我们人类也是神的残片。因此,神是统辖世间万物的主宰,即称之为神。但这种说法,虽称之为唯一神,实际上几乎与无神论无异。因为这神无为无我,实则称之为自然之理也不为过。因此,被宗教家以及被宗教荼毒的哲学者,将神物同体论视为邪说,对其痛斥,这就是其中的原因。宗教家的一神论正是下述主宰神论。

(八)主 宰 神 论

有人说,神是智慧和道德均圆满且完美的,无所不知,无所不能,处于真正独立不偏不倚之势,君临世界万类之上;且由于这世间万类皆为其所创造,亦无不可寓于其中。是我们浅薄智慧之思维所无法思议的具有无限灵验与威严的主宰。

又有人说,神创造万物,守护万物。特别是创造了人类,并给予其自由。使得善恶皆可从其自身的衷情之中推断出来。神无始、无终、无限、无极,世界之中无处不在,又将过去、现在、未来相贯穿,无所不晓。也就是说对于神来说,既没有过去,亦没有未来,皆是现在。

又有人说,神预先知晓我们每一个人类,或是为善,或是作恶,不会遗漏一个半个。然而之所以如此放任我们的所作所为,正是因为要给予我们人类意志的自由。我们正是有了这自由,为善便是我们的功,作恶便是我们的过。从而在未来的大审判时,或是得赏或是受罚。

又有人说,神创造了我们人类,其外形也与自身相似,这就是为了使得我们成为万物之灵长云云。如果这种言论是真的的话,就不得不说神也只是横目纵鼻的具体之物。

但凡这些言论,如出自宗教家之口,将其作为济度中等以下根机之人的方便,还稍微可以原谅。对于应该抛弃任何权宜,只承认真理的哲学者来说，鼓吹这种无意义非逻辑的呓语，而这种人，实际上又在该学说方面担当大家之名，真是令人震惊。如果神真的是万能的，没有做不到的，没有无法实现的，那么降临人类社会，实行有善无恶，现世的审判也变得不再必要，又何况是未来的审判呢？因此，将自由的意志赐予人，或是让其作恶，再在之后的未来审判中进行惩罚，这神的心中所构想之事，难道不可谓甚是阴险吗？

这些人又在鼓吹神的造物之说。

（九）造 物 之 说

有人说，这世间的森罗万象，都是神所创造的。其初始的世界实际上是无极的，神发扬了其巨大的威德，施展了其广大的神通，从无极之中创造了太极，由此从其手掌之中捏造出了这宇宙、这世界、山河草木、从人兽虫鱼到土石瓦砾，这一切完备的万物也就得以建立。

从无之中生有，这算是什么言论！这难道是头脑健全的人能够理解的言论吗？无论在何处，无都应该是无，无如果能成为有的话，这无就并非是真正的无。恐怕是包含着什么种子吧？即便把真空钟罩的玻璃钟罩之中的真空状态保持一年，也未必会有什么东西发生改变，这便是无不可能变成有的证据。不管是怎样万能的神，也不可能做出违背常理之事。造物之说有米开朗基罗、拉斐尔之属，将其作为发挥其出众杰出手段的画题，应该是极其合适的吧。但如果是在平静冷淡的，不容许触犯一点非逻辑禁忌的哲学者口中，主张神的造物之说，就让人极其震惊了。

而且假使神的造物之说是真理，那么，则为近期的学术播撒下了巨大混乱的种子。要说是为何，因为由那法兰西的拉马克所倡导，再经由英国的达尔文而集大成的，对近代的科学有大贡献的进化论，它与造物论，是绝对势不两立的。

神造万物，既然是大至天体小到蠛蠓，均创造了一定不可逾越的模型，那么甲物不论什么时候都会保持甲物的形态，并世代相传。乙丙丁均是如此，也就是与我们的远祖有尾巴的说法是不可能共存的；同时与猕猴的某一个分支进化成了人的理论是不可相提并论的。古代学术的初创之世，在现在看来，仿若是经由精神病患者一般人物的想象得来的。完全不符合逻辑的造物论，与超脱寻常的博学俊杰之士，将其依据真理，从学术上进行质询、观察、实验，经其苦心惨淡之努力所得来的进化论相较，究竟是应该相信哪方，应该否定哪方呢？但凡内心毫无私心杂念之人，想必不会在两者之间有所踌躇。

造物之说还有极其谬巧的地方。

有人说，我们在路上捡到的东西，如果是竹片木屑的话尚且不论，如果是经人工巧妙地制成的东西，比如各种器物，又或是有着极其精密机械的钟表之类的东西，毋庸讳言，人们自然明白这一定是人工制成。因为这样的东西不会偶然自己形成，又掉在路上的道理。那么这世间万物又如何呢？其巧妙之处，并非人造的器物钟表所能比拟。鸟在空中飞行，因此有羽翼；鱼潜于深渊，所以有尾鳍；鹤、鹭要落在泥沼吃鳅、鳗之类的东西，因此喙长；鸭、鹅经常在水中游泳，所以脚上有蹼。对于其他的禽兽来说，大的有鹭、鲸之类，小的有蠛蠓之属。蚊子纤细的脚，也是由神经肌肉细胞构成的，而细胞之中又有核。再说人体，其精致又是其他兽鱼所无法比拟的。至于肺的呼吸、胃肠的消化、脾脏的血球、肝的胆液、脑神经的运动感知，以及其他用极其精密的显微镜也无法看到的神经血管的末梢细胞组织等，愈加研究就可以愈加了解到其精致。如果说到天体，日月星辰等庞然大物在空中盘旋回转，各自遵守其轨道丝毫不差，或是一月转一圈，或是一年转一圈，或是十年、数十年转一圈，也未曾逾越其规矩。此等精细至极、广大至极、微妙至极、奥妙至极的世界万物、人兽虫鱼之属，如果说都是没有造物主，而是自然涌现的，实在是让人无法接受的言论。没有守护者仍能保存下来，这也是无法让人承认的言论。连一个钟表在没有造物主的情况下，尚且无法独自造出，这世界万象没有造物主却得以产生又是何道理？

我想进行反驳。无论经由人工做出来的器具如钟表之类是多么精密，将其与天然之物相比，即使是与天然之物中最粗糙的东西，如蛞蝓、水母等物相比，尚远不能及。更何况像人兽的身体结构与组织，像广大无边的星球和天体的环绕与旋转，这得需要何等的神通啊。靠单体的力量创造这些，这才是在逻辑上无法接受的。

依靠自然之理，经缊缊、摩荡、化醇、浸渍之后而产生的说法，不是很有道理吗？

况且，如果真有创造出这世界万象的神灵的话，那么祂居于世界的何处呢？如果神无处不在的话，又在什么时间什么地点，有我们能看到其征兆之物。神的外形既然与我们人类相同，他的面孔有多大，四肢又有多长，他的胸腹又有多大容积呢？宗教家说在某处有神灵显现的事，但也只在他们之间流传，根本不足为信。

（十）遇　　神

据说摩西和亚伦等人，与神相遇在某山之巅，被给予这般那般的垂示。在当时之世尚未开化，并且在宗教上为了济度众生的权宜说出这样的话，也未必要去苛责。但在学术进步的今天，即使是宗教家，荒唐无稽至此也是不能容忍的，更何况，身为哲学家之人主张这种言论，那就更不用说了，就连批判这种言论，其可耻程度让人不堪忍受。

此外，就连钟表之类的日用器具也是一样，如不经由人工尚且不可能自然形成，更何况世界万类就更不可能自然形成，必定是出自造物主之手。这正如我之前所论述的，是局限于人类社会的话语，而不是放眼整个世界，将心放置于尘寰之上的言论。诚然，钟表是经由人工打造而成的，但是其材料的金属宝石之类，都是原本就存在的东西，也就是说，钟表的工序只不过是将这些材料聚集起来，赋予其被称为钟表的一个形状而已，并非真正文字意义上的创造。

神的造物之业则与此不同，并非聚集从前存在的材料，来创造出世界万类。而是从完全的无到有，也就是从真空之中创造出这森然的世界万物。这样的话，就是说事物不被创造便不会自然产生，而是把从无得到有，和仅仅在存在之中变换位置这两者混为一谈。我再说一遍，与其说这广大无边的世界，这森然的万物是经由单个的势力将其一个个创造出来，倒不如说从前具有其他形态的东西，经过自然化醇转变为这万物，也就是自然形成的说法，才更符合哲学思考。具有健全判断力的人，想必在这两种说法之间绝不会有所踌躇。

（范鹏译注　孙彬校）

三醉人经纶问答（节译）

是时南海先生饮尽一杯，云："若概述绅士君之旨趣，即：民主平等之制乃诸制中最完备者，或早或晚，世界万国必将循此制而行。且弱小之邦自始即不应追求富国强兵之策，而当速采此完备之制度，然后撤水陆军备，弃不抵诸强国万分之一之武力。用无形之理义，大兴学术，务使其国似精雕细刻之艺术品，令诸强国爱敬而不忍犯。若概述豪杰君之旨趣，即：欧洲诸国以兵争为事，一旦破裂，其祸将延至亚洲。故弱小之邦于是时应出英明决断，举国中丁壮，荷兵披甲，攻伐周边之一大国，新开博大版图。即不能出此英明决断，而欲专修内治，则妨阻改革事业之保守元素必不能不除，外征之谋划亦终不可止。绅士君之论，醇乎正矣。豪杰君之论，瑰然奇矣。绅士君之论如烈酒，使人目晕头眩。豪杰君之论如毒药，使人胃裂肠败。余老矣，二君之论非此羸萎之脑髓所能咀嚼消化者。二君应各自努力，俟时而试，余将旁观之。"

此二客亦举杯向南海先生云："吾侪已诉尽衷情无所遗，请先生批评、赐教，是为至愿。"

南海先生乃云："绅士君所言，乃欧洲学者脑髓中酝酿、笔舌上发挥，而尚未现当世思想之庆云。豪杰君所言，乃古昔俊伟之士于千百年间一度实现之功业，而不可复行于今日之政事幻戏。庆云为未来之祥瑞，只可乐望其成；幻戏为过往之奇观，只可回顾为快；均于现实无益。绅士君之论，非举国人民齐心协力而不能成；豪杰君之论，非天子宰相默决独断而不能施；恐皆难免于架空之言。且绅士君极力唱说进化神之灵威，夫神之行迹如迂曲羊肠，或登或降，或左或右，或舟或车，或似进而退，或似退还进，绝非如绅士君所言，循人类几何学所划定之直线而行者。要之人类妄图引导进化神之时，或将现不可测之祸患，而仅可随其后而行。

"且所谓进化之理，乃就天下万物发展变动之迹而命其名。故天造草昧之时，世人交斗互争，亦进化之一理。归一君之制，亦进化之一理。赴立宪之制，亦进化之一理。入民主之制，亦进化之一理。君主、总统、贵族、人民，白帆之船、蒸汽之舰、火绳枪、来复枪，佛、儒、耶，举凡人类所经历之过去，皆学者所谓进化神之行迹。欧洲诸国或有废死刑者，自为欧洲诸国之进化。非洲或有食人之族，自为非洲种族之进化。夫进化神乃天下最多情多爱、多嗜多欲者。绅士君，绅士君。君若言进化神爱立宪或民主之制而恶专制时，则土耳其、波斯无进化神哉？若言进化神有好生之仁而恨杀戮之暴，则项羽坑杀赵之降卒四十万人时，无进化神哉？

"封建之世好封建，郡县之世好郡县，锁国之世喜锁国，交通之世喜交通，嗜麦饭，嗜牛肉，嗜浊酒，嗜葡萄酒，好大髻，好披发，爱沈石田①之水墨，爱伦勃朗②之油画。吁嗟，天下最多爱者，进化神也。

"虽然，亦不可不知进化神有一憎恶之物，政治家尤应知之。政治家不明进化神之所憎，实有不可胜数之祸。如吾辈一书生，或有不识进化神之所憎而言行者，为祸仅止于一人。若不识进化神之所憎而著述者，唯其书不得贩售于世而止。若有所图谋，唯其身陷于囹圄若干年，或遇绞首之刑而止。政治家不知进化神之所憎而施政行策，其时将有数千万人实受其祸。吁嗟，诚可畏哉。进化神之所憎者何？即不辨时地而言行者也。余误矣。纵有政治家不分时地施政而致数千万人蒙祸之事，学者见其迹必曰，自有不得已而为之故方致此。若真如其所言，则当为进化神之所好，而非其所憎。故若使学者论王安石之变法，其必曰，此固有其不得不为之理。由是知之，凡古今既成之事业，皆为进化神之所好。然则进化神之所憎者何？即欲于其时其地行决不可行之事也。绅士君，君之所言于今时斯地，为应行之事乎？抑或必不可行之事乎？

"绅士君乃极崇敬进化神者。余请依君之所言，亦据进化之理作评，勿咎为幸。

"绅士君主张平等之制，以五爵之设为进化神之所恶，此念坚若磐石。若进化神真恶五爵之设，何故于旧有五爵之设外，更

---

① 沈石田：沈周（1427—1509），号石田，明代文人画家。
② 伦勃朗：Rembrandt Harmenszoon van Rijn（1606—1669），荷兰画家。

添新贵族？亚洲之进化神，本好五爵之设者也。故旧贵族皆康健善饮食，新贵族亦康健善饮食。炎夏之季，时或有疟疾大流行，街巷遍洒石炭酸水仍传染甚众，以至死尸十万，火海葬身，而新旧贵族均康健无传染。车架连连，送编户穷民之亲子夫妇至隔离所、火葬场，而新旧贵族仍康健居高楼之上，侍姬滕妾于旁挥扬巨扇，以补凉风之不足。余由此考之，亚洲之进化神独爱贵族而恶平民，恰与绅士君所言相反……"

至此，南海先生遽然变色曰：余之所言稍至谐谑，请二君恕之。"

南海先生更饮一杯云："绅士君主张民主制，然恐于政事之本旨仍似有未达之处。政事之本旨谓何？顺国民之意，适国民之智识而保其安靖之乐，使其获福祉之利是也。若骤逆国民之意，行不合其智识之制度，则安靖之乐与福祉之利，将由何得哉？试看今日土耳其、波斯诸国，欲行民主之制，而民众骇愕喧扰，终将至祸乱起，血流国中，可立而待之也。且绅士君所谓据进化之理而得之考量，出专制入立宪，出立宪入民主，正为社会政治旅行之次序也。出专制而一跃入民主，此绝非正确次序。何也？帝王之思想、公侯之意象深嵌于民众头脑之根底，隐然如其司命神、护身符。骤行民主之制，众庶之头脑因之而眩乱，此亦性理之法则。其时独二三人物欣然于制度之合理义，而众民惶惑沸腾莫可奈何，此再明白不过之理也。且世之所谓民权者，本有两类。英法之民权为恢复性民权，自下而上取之者也。另有一可称之为恩赐性民权者，由上惠与下也。恢复性民权乃民自下进取之，故其分量之多寡，随其意而定。恩赐性民权乃由上惠与之，故其分量之多寡非由民定。若得恩赐性民权而欲直变其为恢复性民权，如此岂事理之序哉？

"呜呼，国王宰相恃其威力，敢不还自由权于民，是为祸乱之基，所以英法之民乃有恢复其民权之业也。如若不然，国王宰相者观时察势，顺其民意，务合民智之事，惠与分量合宜之自由权，则官民上下之庆幸，何事能逾之也？犯危冒死以获千金之利比之坐受十金者何如？且无论恩赐性民权之分量如何寡少，其本质与恢复性民权丝毫无异，故吾人民善护持之，珍重之，以道德之元气与学术之津液滋养之，及其时时势益进，世运益转，恩赐性民权乃渐次成长壮大，以至于比肩彼恢复性民权。此正为进化之理。绅士君，绅士君。思想乃种子，头脑乃田地。君若真喜民主思想，则宣之于口，付之笔端，将其种子播撒至民众之头脑，至数百年后芃芃然茂生于国中，或未可知也。方今帝王贵族之草花植根于民之头脑，独君之脑海中有一粒民主种子萌芽，如欲由此遽得丰饶之民主，岂非谬乎？

"民众之头脑贮蓄既往之思想，社会事业亦由此出发。是故若欲建立新事业，不可不使其思想入民众之头脑，成固有之观念。为何？事业常结果于现在，而其思想则造因于过去之故也。绅士君，君请一阅史书。万国之事迹乃万国思想之结晶也。思想与事业迭累相联，以曲线画之，此即万国之历史也。思想生事业，事业又生思想，如此变动不已，此即进化神之行迹也。是故进化神非凌驾于社会之上，亦非潜伏于社会之下，而盘踞于民众头脑之中也。是故进化神与民众之思想相合，而成一整体者也。绅士君，君若欲以己一人所崇奉之思想，而使众人承认其为进化神且亦崇奉之，此恰如滴墨一滴于纸上，而欲使众人承认其乃一浑然之圆也。此乃思想之专制，非进化神之所喜，学者应戒之。

"时世为宣纸，思想为丹青，事业为画作。故一代有一代之画像。绅士君，君若欲以未调制之丹青，而于现世之画布绘未来之图像，岂非类癫似狂哉？君于今日勉力调制思想丹青不怠，百岁之后，其汁液将于社会之砚台汹汹欲溢。于现世绘制现实事业之画卷，则既往思想之色彩粲然夺目，为观者称是，终将成胜于鲁本斯[①]、普桑[②]之美术杰作。

"且二君各执着于积极、消极两极之论，一则向往未生之新思想而欲妄进，一则留恋已逝之幻戏而欲妄退，旨趣看似如冰炭之不相容，但由余之所察，则其病源实一也。其一为何？过虑也。二君皆见欧洲强国养百万雄兵，造千万舰艇，互相噬攫，又时赴亚洲行暴掠之事，因之过虑而以为，彼不日将率百千兵舰来犯。此即二极端之论所出之因由。于是绅士君欲采民主制，撤现敌意

---

① 鲁本斯：Peter Paul Rubens（1577—1640），荷兰画家。
② 普桑：Nicolas Poussin（1594—1665），法国画家。

之兵备，避欧洲人之锋芒。豪杰君欲大兴外征之兵，割取他邦，扩展版图，借欧人扰乱之机收巨利。皆于欧洲诸国之形势思虑过甚之故也。以余之见，方今普法二国大兴军事，其势甚迫。实则不然，彼兵备稍张之时，或可决裂，但因今日兵备大兴之故，当无决裂之事。何也？二君不见冬日童子制雪球乎？初不甚大，可前后左右随意推转，殆渐成一庞然大球之际，极力推之，亦不复动。今普法二童子相竞，唯求其雪球日益增大，胜过他者。普国增一万，法国亦增一万，普国增两万，法国亦增两万，其雪球年益大成。而俄英两国从旁观之，俟此二球之相撞也。然以庭中尚存之残雪为限，二童子唯求雪球之扩大，未曾骤然将其推出门外。想来庭中雪尽之时，二球或皆四分五裂化为虀粉。

"且万国讲和之论虽尚不可实行，然诸国交往之际，道德主义之领土渐扩，尚武主义之封境渐狭，此自然之势，亦绅士君所谓进化神之行迹也。故如俄国之欲宣其威于亚洲，割占便宜之地，英国之欲取印度，尚不至轻易得手。及至诸国外交之策，或虽仍尚武力轻道德，但亦非如世人所想之甚。若普、法、英、俄中有一最强者，远出其他三国之上，专任武力，猖獗恣睢，可置万国公法于不顾。今则不然。四国强弱之势大抵相当，故彼皆无可奈何，不得不稍守万国公法。此即众小邦所赖以免除吞并之虞者也。

"且邦国乃众意之集合，有君主，有百官，有议院，有平民，机构尤为错杂。故其趣向之决，行动之起，又不似一人之便。纵令邦国之行动亦如个体之轻易，则强者常有恣意之暴行，而弱者多蒙祸端。幸实非如此。欲出万兵，遣百舰，其时君主议之，宰相议之，百官议之，议院论之，报纸论之，非似一人之搴衣持棍，徒步赴战也。此正为戈登[①]将军之所以殒命于阿拉伯沙漠，库尔贝[②]提督之所以为安南之瘴烟所取而终。故欧洲诸国之兵如虎狮，

---

① 戈登：Charles George Gordon（1833—1885），英国陆军将领，第二次鸦片战争期间活跃于中国，曾受李鸿章之意组织洋枪队。后至西亚、北非等地活动，亡于喀土穆，阿拉伯沙漠当为著者之误记。

② 库尔贝：Amédée Courbet（1827—1885），史称孤拔，法国海军将领，曾入侵越南，迫其签订《顺化条约》，成为法之保护国。后指挥1884年中法战争，入侵台湾，逝于澎湖，安南亦当为著者之误记。

而其议院、报章如铁网,且各国势均力敌,又有万国公法之约,其手足隐然胶着。夫狞恶之虎狮终岁开口吐舌,亦不能恣意开噬。故余曰,绅士君之民主制度,豪杰君之侵略主义,皆于欧洲强国之形势有所过虑。"

是时二客合其辞曰:"若不日彼悍然来袭,先生将何以待之哉?"

南海先生曰:"彼果不虑他国之评,不惮公法之议,不顾议院之论狡然来袭之时,我等唯竭力以抗,国民皆兵,或据要塞拒守之,或出其不意攻袭之,进退出没,变化莫测。彼客我主,彼不义而我义,我将士卒徒,敌忾之气愈益激扬,何有不能奋起防守之理哉?是任武官之职者,自当献奇计妙策。且我亚洲之兵终不足挡欧洲之兵之际,绅士君之民主国,豪杰君之新大邦,皆将陷落,余亦更无奇策。不独我等,即英法诸国相攻守,亦别无妙法。要之欲以我亚洲之兵行攻伐之事不可,防守则有余。故平时勤于训练集结,以养其锐,何愁不可防守哉?何须从绅士君之计,束手待死?何须循豪杰君之略,招邻国之怨?

"抑豪杰君之所谓非洲或亚洲之大邦,余固不知其所指为何。然若此大邦果存于亚洲,则宜与结为兄弟国,缓急相救,互为后援。如妄动干戈,启衅于邻,使平民之命陨于弹丸之下,实非良计也。若夫中国,以其风俗习尚、文物品式、地势而言,则亚洲之小邦当务求与之敦好,固邦交,勿相怨。国家物产益增,货物益殷阜,中国国土之广大,人口之蕃庶,实为我一大贩路,混混不尽之利源。若不虑此而一时徇扩张国体之念,以琐碎之虚言为名徒求竞争之胜,余尤以其非良策耳。论者或言,中国本欲与我结怨久矣。纵令我等以厚礼求敦睦,因我与他小邦之关系,彼常怀愤愤之念,故一朝有机缘,彼或与欧洲强国同谋立约以排我,以我为强国之饵而谋自利,亦未可知。以余之见,中国之心计,未必至此。大抵国与国之所以结怨,在谣言而非事实。洞察事实则丝毫不足置疑,推想谣言则颇可畏。故各国之相猜疑,乃各国之神经疾患。着蓝色眼镜视物,则所见皆蓝。余常悯于外交家之眼镜非无色透明也。

"是故两国交战,非好战而为之,实因畏战而为之也。若因畏彼之故急增兵备,彼亦因畏我而急增兵备,彼此之神经疾患,日炽月烈。其间又有报章,不加区别并举各国之事实与谣言,甚或挥笔为己之神经疾患更添异色,并使之传播于世。于是彼此相惧之两国,神经愈益错乱,并思先发制人,则不若由我始。于是两国畏战之情绪骤至顶点,战端则自然于其间展开。此即古今万国交战之实情也。若一国无神经疾患,则大抵不至于战,即便开战,其国之战略必以防守为主,得大义名分,存余地,于文明之春秋史册,必不至受讥贬。

"论者又云,中国虽博大,而今逢乱世,临革命。草泽之中必有一英雄起,若不能代行主权,则土崩瓦解之势终不可遏。非是言哉?推中国古来帝王之世数,则今仍在觉罗氏,合于当今之势未尝不当。因以帝王家之世数而言,觉罗氏之业或已老朽腐败,幸而欧洲文明之元气自西方吹来,故枯槁老木之色顿改,枝叶葱葱然,欲再萌四方。且,方今端拱朝堂,执辫发社会之枢机者,皆俊贤之才,尤重海陆军备,藉其富贵之资,购求欧洲文明之果实。船舰日张,堡垒月起,兵制亦将一变而仿行欧洲强国之法。此岂可轻侮哉?要之,不论国别相交好敦睦,及至万不得已,则守防御之战略,避派军出征之劳费,务为民减负,是为外交之良策。我等若去外交之神经疾患,中国岂复敌视我哉?"

洋学绅士曰:"先生之论富于比喻,专于形容,本极可喜,但于主旨之所在则如陷汪洋,难免捕风捉影。但请先生撷高论之要示之。"

豪杰客曰:"吾侪二人之所言于先生之论,得采用者无一。请就国家未来之经纶,述先生之所见而教之。"

南海先生乃云:"唯设立宪之制,上张皇帝之尊荣,下增万民之福祉,置上下两议院,上院议员以贵族充之,世代相继,下院议员则用选举之法取之。若夫详细之规条,则取欧美诸国现行宪法之可取者,此非一时之谈可尽者。至外交之旨趣,则务以和好为主,不至国体损毁,则不为逞威宣武之事。言论、出版诸条规渐次宽之,教育、工商之业,渐次张之,等等。"

二客闻是言笑曰:"吾侪素闻先生多奇论。若仅如此,则不甚奇。于今之世,儿童走卒亦知此也。"

南海先生变色道:"于平日之闲谈,则或斗奇竞怪,作一时之笑柄，固无不可。而论国家百年之大计，岂可专务标新立异以为快？惟余顽放不知时事，所言多不切实，恐不足应二君之所求。"

于是三人一同推杯换盏，洋酒既尽，又取啤酒两三瓶，各医其渴。更待宴语之时，忽闻邻鸡报晓。二客惊曰："请辞。"

南海先生笑曰："公等尚不察乎？自公等辱临，报晓声已两回矣。公等归家，则两三年已过矣。此自为舍下之历法也。"二客亦噱然大笑，遂辞去。后十许日，成经纶问答之书。

二客终不复来。或云，洋学绅士已赴北美，豪杰客则至上海。而南海先生一如往昔，但饮酒耳。

三醉人经纶问答终

（张愉佩译注　孙彬校）

七、村上专精

史料简介

村上专精（1851—1929）是日本明治时期著名的佛教学者。他八岁出家为僧，对印度、中国、日本的佛教教义、历史以及佛教因明学都有相当丰富的知识。1868年明治维新以后，他努力学习西方文化，并且运用西方的历史学和社会学的观点、方法来研究佛教，对日本佛教界产生重大影响。从1887年开始，他先后担任曹洞宗大学讲师、东京大学讲师、东京大学印度哲学科教授，创办过佛教讲话所、《佛教史林》杂志、东洋高等女子学校等，著有《佛教统一论》《日汉佛教年契》《因明学全书》《佛教论理学》《真宗全史》以及《日本佛教史纲》等。村上在日本学术界一直享有很高的声誉，至今仍被誉为日本明治时期"佛教启蒙家""佛教史研究的先驱者"。这里的选文出自商务印书馆1981年杨曾文所译《日本佛教史纲》。

日本佛教史纲（节译）

自　序

社会上研究哲学，研究科学，或研究宗教的人，没有不首先研究其历史的。然而只有佛教家，不仅极为忽视这个方面，而教育佛教子弟的人对于教授自家的教义和佛教史又颇为冷淡，这是我最感遗憾的事。想来佛教传播的地方几乎遍及整个东亚，经过几千年的星霜，同政治、风俗、文学、美术和工艺具有最密切的关系。佛教研究不能只停留在佛教上的事迹，实际上对于解释世界史中的东亚文明，它无疑好像一把钥匙。因此，佛教史的研究，不仅对于佛教徒是必要的，有志于史学的人同样地也应一起进行考察。特别对于专攻佛教的人来说，不言而喻佛教史是一门必修的学科。由于这个缘故，我很早就向社会上呼吁研究佛教史的必要性，并联合两三同辈有志者从事这项研究已经五年。然而上下达几千年之久，浩瀚远达几万里，其研究范围极为广漠，要得到全面成果是一件很不容易的事情。于是乎我打算首先从日本佛教史着手，先出版《大日本佛教史》第一卷。然而写作日本佛教史，也要在几年之后才能完成。一般说要"目张"首先需要"纲举"，我感到先在这里发表其大纲是合适的，便写作《日本佛教史纲》，兼欲为社会上从事佛教教育的人充当教材之用。

我在两三个学校担负教学任务，平日事多，事与愿违，不能如愿以偿地专心写作。幸而多年来得到和我同室从事佛教史研究的境野哲海君和鹫尾顺敬君的大力帮助，才终于能够出版此书，荒木鼎君又担任本书编辑工作，付出了辛劳。所以我在说明编写本书的原委之后，特向境野、鹫尾、荒木三君表示深切的感谢。

著者识
明治三十一年（1898）九月

总 论

佛教传到日本以后，已经有一千三百余年的历史，虽然它在各个时代有不同的盛衰变化，从而对国家的利弊也不尽一致，然而它对国家进步具有伟大的力量，本来是无可争议的。在古代，朝鲜、中国以及远如印度的文化传到了我国，当时许多高僧大德为了弘布佛法托身万里波涛来到我国；此外的高僧也很少不是外国移民的子孙。这些人亲自承担社会教化的责任，致力于移植外国的文明，直接影响到建筑、绘画、雕刻、医术、历算等方面，并且间接影响到政治，从推古朝的制度设施直到"大化革新"，无一不是佛教影响的结果。此外，如建筑道路，架设桥梁，开凿池塘，开辟山岭，也都由僧侣亲自担当；而且在这些物质效果之外，佛教教理对于人们内心的感化，也是极大的。我国人在过去仅提出如正直、清静等几条道德规范，还没有形成超出祭祖的幽玄的思想，然而在佛教传入以后，也得以养成颇为形而上的观念。

  远古时代，我国人民与其他民族相比，是多少有点缺乏宗教思想的。但作为人类发展的道路，各国都经历了相同阶段，走过了相同过程。因此虽说是日本人，当然也不是完全缺乏宗教思想。在宗教发展还处于初期阶段的时期，人们接触到天地间变化的现象，面对着现实的事物，便会产生敬畏的念头。或在早晨面对煌煌的旭日，晚上仰望皎皎的明月；或看到狂风折树，电闪雷鸣，呼云降雨，洪流滚滚，山峦昏暗：这都会给幼稚蒙昧之民以奇异之感，灵妙之念。因此，日月是神，山川也是神，以致其他一切不可思议的天变地异现象，无一不有神灵存在。想来"神"与"上"是同义词，人们用以称呼尊长或伟人；由于他们有令人敬畏的神灵般的威力，以致把他们称之为神。随着岁月的变迁，渐渐地把对自然的崇拜和伟人尊长的事迹混同起来，就成了传说；把自然界所发生的怪异现象，与所谓"祖先教"结合在一起，形成了"神道"。神道并不是在佛教传来以前就具有完整的宗教组织，不过是在祖先教之上增加自然崇拜的风气形成的一种神话，经口头相承而传到后代。祖先教的形成中，最主要部分是死后游魂的观念。日本古代人民也确实相信，人死之后，其灵魂与肉体分离，在世上漂游，保卫自己的国土，保佑子孙的幸福。在当时虽然还没有整套的关于来世的思想，但已多少有些痕迹可见，不过对来世与现世的界限还不清楚，因而有幽明两界来回交往的传说。总之，我国人在佛教传入之前所具有的宗教思想，是自然崇拜与祖先教相结合而成的神话传说，这个关于天神地祇，祖先游魂保卫国土子孙的信仰，可以说，也就是一般国民所谓的宗教。佛教是突然来到上述国民中间的。因为佛教教理是由许多方面组成，因此最初传入我国的佛教就是适应当时社会状况的关于现世祈祷的一部分而已。也就是说，佛教的佛陀善神也和神道的神一样，都是现世和幽界的存在者，保护国土和人民的，其唯一差别，只不过一个是"国神"一个是"蕃神"罢了。以后又经过了许多岁月，"蕃神"的观念完全消失了，最后自然而然地走上了"神佛一体"的道路。

从钦明天皇十三年[552]①到奈良朝终了，其间有二百三十余年。当时的佛教，从上面情况看来，按其性质完全可说是现世佛教。作为现世佛教的结果，便是与政治混同，政教不分，因此当时的佛教可称之为政治佛教。其最兴盛时期是在圣武天皇朝代，这个时期的两大事业就是东大寺和国分寺的建立。自此以后，盛极而弊渐生。在奈良朝以前，可以推古天皇的朝代作为一个阶段，以后，佛教才有明确的宗派之名，这时最盛行的是三论和法相二宗。此后虽有华严和戒律二宗的传入，但因为这两宗在本期的势力为时较短，因此特地把这个时期称作三论和法相两宗的时代。尽管如此，当时的宗派决不是如同后代那样壁垒森严，不仅一寺不单布一宗，就是一人不兼二宗、三宗的也很少。因为这些宗派主要是表明在对佛经的学习和解释上所注重的专门方面的不同，而不是信仰宗派的区别。我们称之为"学派佛教"，这实际是平安朝以前值得注意的佛教的特征。

奈良的佛教，由于和政治牵连在一起，所以和争夺政权相纠缠，为此招致了一些挫折。也由于皇室显贵的崇敬，受到过分优厚的待遇和保护，结果使僧尼的行为日益堕落，制度日益颓废。此时更由于桓武天皇迁都平安，政治中心遽然北迁，这使奈良佛教更加不利。法相宗因系藤原氏的家寺，随着藤原氏在朝廷逐渐得势，反而呈现盛况，但其他诸宗如三论宗、华严宗等，则均陷于绝境。然而传教、弘法两位大师却在此时兴起，在平安京城独树一帜，另创新宗。从这时候起到源赖朝在镰仓成立幕府为止，约四百余年间，奈良佛教各宗也并非完全失势，后期又有他力念佛门的宗派兴起，但是，仍可以把这个时期称为天台和真言两宗的时期。奈良朝末年，政教分离的结果，佛教又一次倾向于对现世的祈祷方面，此时在中国恰是密教势力逐渐扩张的时候，所以其潮流也波及日本。像传教大师那样，开始时用天台一乘教和圆顿大戒来与奈良佛教对抗，但其目的仍不外乎是镇护国家。弘法大师以密教最充分地具备关于现世祈祷的仪式，专门传播密教而风靡一时；因此后来睿山也完全密教化，以至分成了台密和东

---

① 凡正文中用方括号［ ］标出的，和正文下的脚注，都是译者所加。

密两派。所以平安朝的佛教，实际上是密教的事相极盛时代。而且这个时代在政治上是藤原氏得势的时期，社会风俗颓废，人情流于柔弱淫猥，地方豪族则逐渐扩张势力。密教事相的盛行，正与这种贵族风习互成因果。甚至要弄佛法的功德效验，形成"僧兵"跋扈，连朝廷也难以制服的局面。到后来藤原氏衰落、平氏灭亡、源氏兴起的时候，他们党同伐异，既穿法衣又披甲胄，以三世诸佛的幢相和袈裟裹着剃除须发的头顶，攻伐无宁日，惨叫声不绝，此已属魔道而非佛教了。然而佛教的一个分期，正划到这个时候。

平安朝末年，眼看到佛法堕化为魔道，高僧们从四方奋起，企图挽回这种颓势。法相宗的解脱上人、华严宗的明慧上人、律宗的大悲菩萨和兴正菩萨，以及俊仍等人，还有法然上人、亲鸾上人、荣西禅师、道元禅师、日莲上人等著名高僧，都以正法兴隆为己任。从平安朝末年到镰仓时代初期，他们努力于出世的宣传，从而震动了整个社会。自佛教传入日本以来，佛法未有如平安朝末年那样遭到玷污，而一时的盛观，实际也未见有像镰仓初期那样兴旺。不过这时奈良佛教已奄奄一息，以后的声势全让位于净土、禅、日莲三宗了。特别是临济禅宗，由于中国宋末①时社会混乱，这一宗的高僧为避乱而逃到日本的很多，北条氏对此宗深为皈依，因而此宗广泛传播于上流社会，经南北朝而室町幕府，它愈益兴盛，其间对日本武士道的形成影响不小。足利氏末期"应仁之乱"后，文化典籍不受重视，使文学命脉得以延续到后代的，可说是"五山"禅僧的功劳。临济宗是本期佛教的中心。它所传布的地方主要在镰仓、京都及其附近，而曹洞宗却远达东北和关东，西到中国②、四国以西，教化了各地武士。在这以前，因源氏与平氏之战久未停止，战士远离故乡，生命朝不保夕，看到空幻如露的人世，并且对自身无怨而杀敌，无故而夺去他人生命，犯下如此罪孽感到悲伤，因而使宣传往生西方净土的教义深入人心。净土宗的良忠以后，专在东部地区传教，先是净

---

① 宋末：原文作"明末"，现据正文更正。
② 中国：指日本的中国地方，即现在的冈山、山口、广岛、岛根、鸟取五县。

土真宗的亲鸾上人在常陆成立宗派,日莲上人后来在相模布教。政治权力中心转到镰仓以后,佛教在关东地区大为盛行。经过南北朝到了室町幕府时期,将军在京都追求安乐,禅宗就成为其伴侣,短时期沉醉于五山十刹的虚名,但不久京都再次成为兵马蹂躏之地,寺院颓废,僧侣逃散。到了织田、丰臣二氏时代,战云蒙蒙迄未平息,佛教各宗虽均衰落,唯净土、日莲、真宗却在此时奠定了基础。从镰仓武家执政到德川氏在江户建立幕府,有四百余年时间,在政治上形成极复杂的历史,但南北二京的佛教古宗虽曾留下了一些伽蓝名寺,但到织田、丰臣时代巨刹大寺一朝化为灰烬,因此就佛教来讲,最后没有留下值得一顾的东西。总的说来,我们把这个时期称为净土宗、禅宗、日莲宗的时代。真宗本是作为净土宗的一派兴起的。时宗以及天台宗真盛派虽然也是这时候兴起的,但仍然不出净土宗的一派或其分支的范围。

从德川氏掌握政权以来到"王政复古"①为止约二百六十余年间,天下民心厌乱思治,不少僧侣以兴隆文教为己志,且有人还俗归儒,讲论治国平天下。更有如天台宗的天海、禅宗的崇传等直接参与政治,对幕府的帮助很大。由于寺院当时与公家[朝廷]、武家[幕府]处于鼎立的状态,德川氏对寺院与公家同样看待,也给以虚位,制定法度,包括寺院、僧侣逐级升进程序在内的各种制度,奖励学业;褒其名称,增加寺田和寺领地,俾使其沦于柔弱境地,以利于武家长期统治。而且在织田氏时期,天主教大举传入日本,宣传"天主如来"的功德,教会声势逐渐盛大,达到动辄可能违害国家的地步。所以到了德川家光以后,便制定了所谓以"西佛"制"南佛"之法,颁布"改宗"法令,让僧侣掌管户籍,国民必须挂籍檀那[施主]寺,严格寺院与檀那的隶属关系,借以防备耶稣教的蔓延。与此同时,神道也很兴盛,"唯一神道"采用许多佛教教义附会神典,后来吉川惟足到会津,创立"宗源神道";转而形成山崎闇斋的"垂加神道"派,则把神典牵强地附会于朱子学。这虽然显得偏执可笑,但对于"神国思想"的兴起是有很大贡献的。神国思想兴起的结果,也影响到佛教,整个社

---

① 王政复古:指明治维新。

会上的大儒都排斥佛教，无不崇神，有人指出借寺院与檀那这种关系强迫人家奉佛以兴隆佛教，在古代是未曾有过的。特别是会津的保科正之和水户的德川光国倡导的学风，更成为排佛之源，排佛气焰日见高扬；但由于僧侣已部分地参与到俗政之中，恣于衣食之享受，而对佛教之盛衰，本不介意。因此这期间虽有不少高僧辈出，如泽庵、白隐、月舟、卍山、慈云、运敝、普寂、凤潭、灵空以及隐元、木庵、铁牛等，但对这种局面也无可奈何。天台宗、真言宗依靠公家，禅宗依赖武家，净土宗流行于武家和平民，真宗和日莲宗得到下层信仰，各在固定的地盘进行割据，长期停留在沉滞的境地。所以我们把这个时期称为各宗持续的时代。总之，德川幕府时期，神、儒、佛、耶稣各教互相交错，佛教起到压制耶稣教的作用，儒教独自与当时的政治结合，处于培养人才和立言的地位，大儒四方辈出，各自分立学派门户。幕府与朝廷之间的矛盾由德川初期就已经积累下来，所谓"神国思想"早已在人心内部弥漫，终于兴起了国学羽仓派①，贺茂真渊、本居宣长、平田笃胤的学说接连出现，最后以浩荡的气势提出尊王之大义，是理所当然的。

神国思想的兴起，打倒了幕府而使政权得以复归朝廷。加上采取开国进取的新方针。佛教终于受其余势的压制，一方面遭到"排佛毁释"之难；另一方面又受到破坏旧势力的新潮流打击，以至于一时失却生气。而且本来德川时期近三百年的佛教，在朝廷、幕府支持下得以恢复势力并逐渐深入社会，现在一旦遭到这种政治激变，原来的寺院与檀那的关系就完全分离，寺院的维持和僧侣的生活，几乎陷于绝路。而且像天台、真言等宗，由于接受了"神佛分离"的命令，把佛陀菩萨的尊像从神社内殿搬出，或加捣毁，或予出卖，甚至让身披袈裟的僧侣转入神社去当祠人。由此迄今，明治时代已三十几年，情况虽不无小变，但僧侣腐败之声独高，大法坠落之悲日深。

现依上述的顺序，将日本佛教史的变迁划分为以下几个时

---

① 羽仓派：日本德川幕府时期国学的"正统派"，因创立者荷田春满曾是伏见的羽仓氏养子而得名。其后有贺茂真渊、本居宣长、平田笃胤等，以研究《古事记》《日本书纪》《万叶集》等，鼓吹复古神道、皇权至上主义而著称。

期。可以说佛教的变迁毕竟是经常与政治的变迁互相伴随而发展到现代的。

第一期：三论宗和法相宗时代（从佛教传入到奈良朝末年，有二百三十年[552—784]）。

第二期：天台宗和真言宗时代（从平安时代初期到结束，约四百年左右[784—1192]）。

第三期：净土宗、禅宗、日莲宗时代（从镰仓幕府初期到丰臣氏末期四百余年[1192—1603]）。

第四期：诸宗持续时代（从德川时代初期到结束，二百六十年左右[1603—1867]）。

第五期：明治维新以后的佛教[1868—1898]。

（杨曾文译注）

八、井上哲次郎

史料简介

井上哲次郎（1855—1944），原姓富田，号巽轩。生于筑前国（今福冈县）太宰府。幼年好学，八岁起随当地儒者中村德山学习汉籍，聪颖过人，被誉为秀才。在村野学习已感不足，井上遂游学博多、长崎，始学英语，1871年（明治八年）入长崎广运馆，跟美籍教师通过英文学习数学和历史等。在广运馆成绩优秀，从学生班长被提升为助教；1875年又被选拔入东京开成学校，两年后毕业，入新设的东京大学文学部哲学科。据《井上哲次郎自传》所述，当时之所以选哲学科，是因为抱有"总觉得想学哲学"的希望。在大学期间，跟美籍教师菲诺罗撒学哲学，跟中村敬宇学汉学，跟横山由清学国学，跟原坦山学佛学。这时入嗣井上家，成为井上铁山养子，改姓井上。1880年大学毕业进文部省编辑局，参加"东方哲学史"的编辑工作。一年后退职，入东京大学编辑所任副教授，继续编辑"东方哲学史"。1884年由文部省派往德国研究哲学，滞德六年。期间他一面听菲哈尔、冯特等人的课，一面与哈特曼相交，向他学习形而上学及黑格尔中央学派的哲学。同时他还受聘在柏林东方语学校任教，应邀在世界东方学会上讲演。1890年10月回国任东京大学教授，翌年获博士学位。1897—1904年出任东京大学文科大学长，并在学习院大学、东洋大学、立正大学等校讲授哲学。1923年（大正十二年）退职，为东京大学名誉教授。此后历任大东文化学院院长、哲学会会长、斯文会副会长、贵族院议员等职。1926年9月因《我国国体与国民道德》一书招致笔祸，被革去一切公职。以后专事著述。1944年（昭和十九年）去世。

井上哲次郎的代表作主要有《哲学字汇》（1881）、《伦理新说》（1883）、《敕语衍义》（1891）、《教育与宗教的冲突》（1893）、《哲学丛书》第一卷第一至三集（编，1900—1901）、《日本阳明学派之哲学》（1900）、《伦理与宗教的关系》（1902）、《日本古学派之哲学》（1902）、《日本朱子学派之哲学》（1906）、《哲学与宗教》（1915）、《明治哲学界的回顾》（1932）等。这里选译的《明治哲学界的回顾》是井上为岩波讲座"哲学"所写的论文，作为其中的一册于1932年公刊。井上作为近代日本学院派哲学的创始人之一，其回忆录对于我们了解明治哲学界的主流思潮以及井上本人的哲学立场，具有重要的参考价值。本文依据筑摩书房1965年《现代日本思想大系》之第二十四卷而译。

明治哲学界的回顾（节译）

序　论

一

我国自古以来实行神道、儒教、佛教哲学，但随着西洋文明的传入，明治年间又出现了另一系统的哲学思想。也就是说，在西洋哲学思想的刺激下，也促进了我国各种各样的哲学思考。其结果，自然产生了与传统东方思想不同的哲学思想潮流。西洋思想中首先输入的是宗教思想（即基督教），之后又输入了医学、化学、物理学、植物学、兵学等，到了明治初年，又输入了哲学、逻辑学、心理学等，这些新思想、新学问成为先觉者首次注意到的地方，在思想界唤起了清新的气息。

明治初年的思想家中，与哲学及其他精神科学相关的主要人物首推西周，还有西村茂树、加藤弘之、外山正一、中江笃介等。在此期间，我也出版了哲学、伦理学、心理学等方面的著述或翻译，并对宗教等思想问题发表了种种意见。另外，三宅雄二郎、井上圆了、有贺长雄、大西祝、清泽满之、高山林次郎等人虽然是我的后辈，但也与哲学思想的兴隆有着不小的关系。其他如福泽谕吉、中村正直（号敬宇）等人也不能说毫无关系。福泽这个人并没有什么哲学著作，也没有任何哲学思考的痕迹，但他作为西方文明的输入者，且作为当时社会的广泛先觉者，对思想界产生了很大影响。因此，即使从哲学史的角度来看，他也是一个不容忽视的人物。特别是福泽谕吉和加藤弘之，是当时值得注意的对立学者。在这里只能说个大概，加藤这个人颇有学究的性质，对哲学问题研究总是打破砂锅问到底，始终期望自己成为一个哲学家，即使我们不认为他是哲学家，但回想明治时代的哲学，无论如何都不能忽视他。但福泽氏不是从专业的角度，而是从广泛的立场来看，是无论如何都不能忽略的存在。特别是他率先输入了英、美文明思想，并努力批判儒教等东洋思想。换句话说，他努力从根上彻底推翻当时还具有相当势力的中国文明，以英、美新文明取而代之。因时势所致，当时正值社会迫切要求尽快学习西洋的长处，在反省攘夷是错误的时候，福泽的苦心没有白费，其影响形成了波澜壮阔的浪潮。自古以来就有"有智慧不如乘时势"的说法，可以说福泽正是乘着时势实现了自己的志向。与哲学有关的事情以后再谈，我想就中村正直这个人说几句话。此人以敬宇先生之名为人所知，但他向来不太注意哲学、逻辑学之类的东西，也不喜欢，尤其讨厌逻辑学。不过，我想他本人似乎并不清楚这一点。但他是侧重感性的人，是一个以道德为主、崇尚宗教的人，与其注意中村与哲学的直接关系，莫如更多的注意其另一方面的成就。不过，他的翻译作品被世人广泛阅读，所以无论从社会教育方面，还是从输入西方思想的立场来看，他都对明治文运做出了巨大贡献，我认为他在明治思想史方面是绝不应忽视的人。

也就是说，明治初年出现了新的哲学，这也是时势变化促进的结果。德川幕府倒台，明治维新兴起，急速引进西方思想的时候，随着社会整体的大变化、大刷新，哲学也随之兴起，这些变革并不是依靠两三个或四五个人的力量就可以完成的。但是，列举其中的主要人物，首先是前面提到的那些人，正是基于他们的苦心和努力，才给社会带来了广泛而巨大的影响

其次，明治初年，佛教、儒教等传统哲学思想仍颇有势力。佛教既是宗教又是哲学。本来维新时期，佛教受到"排佛毁释"

的影响遭受沉重打击，但仍有一些有势力的人活跃在各自的范围内。例如福田行诫、原坦山、岛地默雷、南条文雄、村上专精、森田悟由、释云照、胜峰大彻、织田得能等人，这些人都在天子脚下拥有一定势力。地方上有今北洪川、西有穆山、由利滴水、桥本峨山、新井日萨、七里恒顺等人。还有岛田蕃根、大内青峦、鸟尾得庵等居士，都是佛教方面的人。特别是研究西洋哲学的佛教人士，与他们的关系就更加密切了。另外，儒教在今天已经相当衰弱，被称为其代表的人只有极少数，但在明治初年还出现了相当多学识渊博的人，如安井息轩、元田东野、重野成斋、川田瓮江、大槻磐溪、鹫津毅堂、冈松瓮谷、阪谷朗庐、根本通明、竹添井井、岛田篁邨、三岛中洲等人。此外，还有相当数量的儒者，直接或间接地涉及各种思想问题。因此，也有像川合清丸那样站在神儒佛三教一致立场上立论的人，思想界并不那么单一。然而，随着时势渐变，研究、考证的方法都必须改变，所以一切都随着时间的推移而面目一新。但是，我们必须思考的是，明治初年的这种状况与今天的情况是完全不同的。

另外，有一点值得注意的是我国哲学与欧美学者的关系。明治十年（1877），随着东京大学的创立，哲学学科也应运而生，不久便聘请了欧美的专业学者来讲授哲学。明治十一年八月从美国聘请了哈佛大学的费诺罗萨（Fenollosa）担任哲学教师。接着从英国请来了库珀（Cooper），从德国请来了布塞（L. Bysse），之后聘请了克贝尔（Koeber）作为布塞的继任者，这些都必须纳入考虑之中。除了这些哲学专门教师之外，在社会上，外来的基督教传教士、基督教信徒以及受到这些熏陶的内地牧师的影响，亦与哲学思想的产生不无关系。

二

回顾明治时期的哲学，更广泛地说，明治时期的思想潮流，我认为至少可以分为三个阶段来思考。第一阶段从明治初年到明治二十三年（1890），第二阶段从明治二十三年到日俄战争结束，即明治三十八年（1905）。从明治三十八年到明治四十五年（1912），可以称为第三时期。当然，第三期的思想潮流一直持续到大正年间（即第一次世界大战）。第一阶段以哲学为中心的思想潮流主要为启蒙主义思想，其中英、美、法思想占据优势。这些思潮不是单纯的优势，而是如澎湃洪水般侵入日本。也就是说，英、美的自由独立思想，法国的自由民权思想等被纵横交叉地介绍、主张、倡导、宣传，在社会上掀起相当大的浪潮。英、美学者主要有边沁、穆勒、斯宾塞、西奇威克、刘易斯、贝奇、巴克尔、拉巴克。法国学者主要引进了卢梭、孟德斯鸠、基佐、孔德、托克维尔等人的思想，自然科学方面则大力推崇达尔文、赫克斯利、廷德耳等人的思想，给社会的形势带来巨大的变化。

但正因为如此，日本在知识、学问、教育、美术、文学等方面都取得了飞速的进步。然而，另一方面，传统的道德、宗教遭到严重破坏，一时又无取而代之的思想，在善恶正邪之间迷失的人很多，出现了不少社会问题。明治二十三年二月十一日纪元节那天，宪法得到颁布，立宪政体终于在此确立下来，第二年召开了帝国议会，多年来国民的要求得到了相当满足，但国民在道德风尚方面有很多遗憾之处。因此，明治二十三年十月三十日，《教育敕语》得到颁布。正是在《教育敕语》出台之际，我从德国回到离别六七年的日本，有幸在不久之后，为《教育敕语》作出注释，并以《敕语衍义》为题公诸于世。从那以后，正好在教育敕语焕发力量时，我开始在东京大学担任教授，执教三十三年。在此期间，关于宗教，我以佛教为中心，讲授比较宗教；在哲学方面，讲授东洋哲学史，同时也讲授西洋哲学史。特别是讲解康德（Kant）和叔本华（Schopenhauer）的哲学思想。这样，我在西洋哲学的研究和教学中主要以德国哲学为主。为了哲学和其他精神科学的研究，我建议去西方的留学生主要去德国。德国哲学之所以在我国受到重视，与我们自己的努力有很大的关系。当然，明治二十年来日的佛塞等也发挥了推动作用。我国思想界以英、美哲学为本位的形势发生了很大的变化，在大学及各类讲坛中亦是如此。因此，从各个方面来看，明治二十三年可以说是哲学史上的分水岭。

因此，在明治哲学的第二时期，研究哲学的国内学者都以研究德国哲学为主。主持哲学课程讲席的外国教师佛塞、凯贝尔等人都是德国人，这一现象与哲学界的倾向有着密不可分的关系。

大家都承认把德国哲学作为西方哲学的主要内容来研究，至今仍然是学界的现状。甚至会发现哲学界被德国哲学占领，无法摆脱。换句话说，这是一种拘泥于德国哲学并醉心于德国哲学的极端状态。这是非常遗憾的事情。为了避免这种情况发生，我从一开始就不断地教授东洋哲学，努力保持东西哲学的教学平衡，但遗憾的是，能够很好地领会这种精神的人非常少。但我相信（大家）早晚一定会醒悟的。

明治三十八年后，约是日俄战争的结果，形势发生了很大的变化。虽然在此之前发生了甲午战争，但与此相比，日俄战争的影响更大，其结果甚至波及思想界都不足为奇。大正年间发生了世界大战（一战），这也带来了很大的变动。在世界大战之前，日俄战争给我们日本留下了深刻的印象，对思想界产生了很大的影响。因此，在日俄战争后，个人的自觉变得显著，狭隘的爱国心忽然觉醒，关注世界的博大精神骤然勃发，有人开始对社会问题进行深刻的关注。因此，有一种看法认为以明治三十八年为标志，思想又进入另一个时期。从大的方面来看，这些小的区分或许并不重要，但为了方便起见，我想暂时以这三阶段区分来论述明治哲学。

三

明治时期的哲学思想之后是大正时期的哲学思想，有两大不同的系统存在于这两个时期的哲学思想中，而在明治以前这两大不同的系统并不明显甚至还没出现，明治以后确实可以鲜明地分别并且流传下来。一个思想系统是物质的、经济的、客观的、实际的以及功利的系统，即威廉·詹姆斯（W. James）所谓的"粗犷情绪"。这一思想倾向在社会上总是占优势的，经常走到很极端的境地。另一方是唯心的、超绝的、主观的、道德的、宗教的思想系统。与前者相比，它显得深邃、微妙、幽奥，但也不是没有偏离世间、迂回微弱的倾向。这是詹姆斯所谓的"精细情绪"。关于这两个系统的相互关系如何，其利害得失如何，以及将来的发展如何等问题，本论将继续深入讨论，总之，过去大约五六十年的历史，可以很明显地证明这两个系统的思想潮流存于历史的事实。尽管如此，我们也不能忽视以这两个思想系统为核心，存在着两个思想系统各占不同比例和程度的思想。本论文虽然不可能将这些点全部论述完毕，但要弄清其大略也绝非不可能，所以在此尝试对此进行论述。

结论——本人的立场
一 作为理想主义者

接下来，我想稍微谈一谈自己在明治年间的立场，大体来说，我是站在理想主义一边，不断地与主张唯物主义、功利主义、机械主义的人作斗争。最激烈的对手是加藤弘之博士。元良勇次郎虽然是我的朋友，但我们在学说上却时常发生冲突。明治十四年初，我在大学以《伦理的根本原则》为题，发表了关于伦理的见解，并将其写成一部著作，题为《伦理新说》，于明治十六年出版。我在伦理学上的理想主义应该已经在那本书中已露端倪。我是明治十三年大学毕业的，所以毕业后不到一年就发表了自己对"伦理的根本"的看法。之后在明治十五年，摘译了贝恩（Bain）的 *Mental Science*，题为《心理新说》，并于明治十五年发行。这是继西周译海文（Haven）的《心理学》之后的第二部心理学著作。明治十六年，我出版了《西洋哲学讲义》一书。这本书讲的是古希腊哲学，本应逐渐涉及近世哲学，但由于翌年去德国留学，就以此三部书结束了。后来，有贺长雄又增加了中世纪哲学，扩为五册。有关西洋哲学的著作，这在我国完全是首例。

我在东京大学时，除了德国哲学之外，还曾受到进化论和佛教哲学的影响，而进化论者往往有唯物的倾向。特别是加藤博士等人，更是极端的唯物论者。虽然我和加藤博士一样也是进化论者，但无论如何也没能走向唯物主义。这一点在斯宾塞的进化哲学中也是如此，从开篇就强调不可知性这一点来看，斯宾塞也绝非彻底的唯物主义者。而且进化论不应该只满足于物质方面的进化。必须考虑精神方面的进化。很多进化论者满足于自然科学的进化论，倾向于物质主义，但我并不止步于此，我认为如果不采取哲学方面的精神进化主义，进化论就会变成十分偏颇不完整的进化论。因此，我反对流行的唯物主义、机械主义、功利主义等，始终站在理想主义一边进行斗争。

二　现象即实在论

在哲学方面，我倡导"现象即实在论"，并经常在《哲学杂志》上对此进行论述。实在论的种类自古以来各式各样，这些暂且不提，关于作为本体的实在的见解，其发展大致经历了三个阶段。我认为第一个阶段可以命名为一元性表面性实在论。这是将现象本身原封不动地视为实在的立场，朴素实在论就属于这一立场。这是实在论中最低级的立场，因不能满足于此，所以不久就把现象和实在分割开来，现象是表面的，实在是里面的，采取把实在作为现象的彼岸的立场。正像舞台和后台一样，从表里两个方面进行阐释。如果说现象是舞台，那么实在就是后台。如果将此称为二元实在论就好了。这种看法与前面的一元表面的实在论相比，是在分析上领先得多的看法，但在从空间上考虑实在这一点上有非常大的谬误。从空间上考虑现象是没有问题的，但把超越现象的实在和现象一样拉到空间内来考虑，是非常矛盾的。但是，不知不觉陷入这种谬误的思想家很多。德国哲学家称其为"现象之后"（hinter den Erscheinungen），英国哲学家亦称之为"现象之后"（behind the phenomena）。

与这种实在论不同，我采取融合性实在论的立场，将其命名为"现象即实在论"。所谓"现象即实在论"，与将现象本身直接作为实在的第一阶段的实在论截然不同，绝不是将两者混为一谈。"现象即实在论"是融合的实在论。那么，这种融合的实在论是哪一种实在论呢？现象和实在分析起来是两种不同的概念，但事实上二者绝不是空间上分离的东西。避免这种概念上的分析和事实上见到的事实的统一的混淆，对于理解世界的真相是非常重要的，但这被一般的思想家完全忽视了。有时偶尔有思想家会注意到这种情况，但从整体上来说数量极少，总之被混淆了。然而，现象与实在的关系，换句话说，就是差别与平等的关系。世界的差别方面称为现象，世界的平等方面称为实在，差别即实在就是这种现象即实在的想法。简单地说，现象是通过差别而成立的，只要有差别之处就可以区分，因世界上所有的现象都有各自的特殊性，作为两种现象是不可能完全相同的。首先可以在空间上或时间上进行区分，而且还具有各种特殊性，尽管弄清这种差别是认识的作用产生的一个重大效果，但世界上的一切现象又有平等的方面。任何现象都有其特殊性，但并不完全与其他现象不同。换句话说，不能说在所有方面都有根本性的区别。从综合一切现象这一点来看，不仅可以预想到一切现象都有共通性，而且在现象中也有很多共通性。这些被分类并统一起来，就会形成特殊的科学组织。所有现象都有共性，就是在平等方面。虽然从单方面看是千差万别的，但从其他方面看，都有共同的、平等的方面。任何东西如果是物质性的东西，就一定是由元素构成的。元素由原子组成，原子由电子组成。物质性的东西呈现出复杂的现象，究其源，没有什么不是由元素构成的，没有什么不是由原子构成的，没有什么不是由电子构成的。但是，如果进一步扩展到精神现象来看，也有平等的一面。一切现象都是活动的。如此看来，既有复杂的区别性方面，也不能否定单纯的平等方面。现象和实在是一体两面，在事实上决不是分离的，现象与实在同在，实在透过现象，现象不离开实在，有现象的地方就有实在，有实在的地方就有现象。尽管如此，主张实在存于现象的彼岸，这就是人们误解世界真相的原因。另外，不承认实在、以现象为实在、现象以外无实在等俗见，从哲学的角度来看是非常幼稚的。因此，第三实在论的立场超越了现象和实在这两种对立，即通过扬弃达到真实一元观，这应该称为圆融相即的见解。

如科学的进化论那样，我们也视其为真理，但不能遮蔽哲学的全部。因为科学进化论仅限于现象界。进化本来就应该先预测动态状态，所以哲学必须追溯到进化以上的根本原理。这种第三融合的实在论作为终极实在论，不管怎样，实在论不得不至此。但是，就连康德也把现象当作存在于实在的彼岸，把应该只应用于现象界的空间图式应用于现象界的彼岸，认为实在是多数，将物自体（Dinge an sick）的分量范畴应用于此，不得不说这确实是矛盾的。现象是活动性的东西，但活动性的东西不只是活动，它必须按规律活动。除按规律活动别无可能。它的规律性是永久不变的，即常住的，有古今贯通、东西交融的方面。这是根本原理，也就是应该说是绝对的。这个根本原理是静止的，此即实在。实在是静态的,现象是动态的。动态的方面是现象,静态的方面是实在,所以动静不二,两者不过是全然统一体的两个方面,但有的思想家只强调动。像克罗齐(B. Croce)那样用绝对运动来看待世界,这是来自黑格尔的想法,黑格尔也同样认为绝对理性是能永久发展下去的,但作为绝对应是没有发展余地的。有动必有静。作为概念不能只有一方,而否定其相反一方。这种一般法则状态即被称为"逻各斯",从世界经营的角度来看,可以说是"睿智",从目的行动的角度来看,可称其是"应该"(Sollen),也可以说是人类最终的理想。

认识只能针对这种现象而成立,但那是经验性认识。先验性认识就是关于这种实在的认识。毕竟认识也必须成为超认识的认识,即睿智。经验性的认识始终是离不开差别性的。因此,当我们从对现象的角度看待实在时,就会在不知不觉中区别实在。实在是超越经验认识的东西,即不可知性的。世界的真相在于超越了现象与实在的差别观。真正的认识,即睿智,超越其界限,达到悟的最高境界。

三 人 生 哲 学

如下所示,接下来从人生哲学方面加以考察。进化论者从两个角度,设定两种根本欲望。这两种根本欲望是求生欲和生殖欲,这可以应用于动植物。人本来也无出其范围,但在这一点上,我却持有不同的想法。在这一点上,进化论并没有解释人之所以为人的原因。也就是说,无法明确人类不同于其他动物的特色。进化论者的学说在学术界影响相当广泛,形成了物质主义、功利主义、机械主义、本能主义等主张。我认为无论如何也要有一个与此不同的根本欲望。因此,若把生存欲和生殖欲称为自然欲望(Naturtrieb),另一个就叫做智能欲望(Intellektueller Trieb),它也应该被认作是一种根本欲望。这是与自然欲望相对的精神欲望。这种精神欲望暂时称为智能欲望,但也可以称为发展欲或完成欲。也就是说,人类具有实现精神发展的本能。然而,由于知、情、意这三方面的精神作用,理智方面得以发展,学术也得以兴起。学术包括自然科学、哲学,学术以揭示真理为目的。阐明真理的整体是智的理想。情的满足是美的整体表现,如果达不到至美即绝对美，情是无法满足的。艺术即起于此。艺术的目的在于实现美的理想。意以实行善为目的，因此在道德行为方面，最高善或至善是其最终的目的。知、情、意三方面均有理想、目的。知以真为理想，情以美为理想，意以善为理想。但真善美的理想终究是一种理想，即人生最终的理想，是因"应该"（Sollen）而产生的。这种最终目的大理想没有把实际存在作为说明原理，而是把它抛到未来，成为人类行动的目标，所以，应该把它看成是彼此一体的。关于此事，我曾在《哲学杂志》予以某种程度的论述。

四　道　德　论

道德是由如前所述的智能欲望产生的，其本源是与生俱来的。但当然可以通过各种经验教养等促进发展。由智能欲望而产生的道德要求，归根结底在于人格的完善，而人格的完善，是通过道的体现而成为可能的。道是逻各斯。道是无形的，是形而上的。永远无穷而又绝对。这永恒无穷之道的体现与否，产生了圣与凡的差异。不失圣人人格的永恒价值，体现了永恒不灭之道。道即理想。人是在实现理想的过程中前进的，要完全实现其理想是很不容易的。某些人在极其罕见的情况下，几乎完全实现了这个理想，达到了绝对无限的意识状态。他们是孔子、佛陀、耶稣、苏格拉底等垂范后世的圣人。即使是圣人，其人格是否绝对完整，似乎还有研究的余地。但是，它比较好地体现了道，完善了人格，应该说长期为后世楷模。从此观点出发，孔子、佛陀、耶稣、苏格拉底都是人格修养上最好的实例，值得景仰。

应该看到伦理有普遍的一般性方面和特殊的差别性方面。明治以来，讲伦理的人往往只着眼于一般的、普遍的方面，而忽视特殊的、差别的方面，从实践道德上看，这是极不合理的。于是我开始强调国民道德。国民道德从明治初年就有了，但必须把它作为一门学问来讲，是从明治末年开始的。主要与我有关，其要旨在《国民道德概论》中有总结。特别是像中岛力造那样翻译性地介绍西洋伦理，讲的完全是一般的普遍的伦理，而完全不讲东洋伦理，特别是我们日本的国民道德，这是不符合实际的做法，无论如何伦理都要综合实施东西洋的伦理。我主张国民道德，弥补学界的缺陷，十分努力使伦理变得实际平均化。那么，国民道德是理想主义还是功利主义呢？在利用福利这一程度上，它与功利主义并不矛盾，但它不仅限于此，还远远突破功利主义而向上发展，所以当然是理想主义。

五　宗　教　观

关于宗教，我经常在《哲学杂志》和《东亚之光》等刊物上发表论文，尽管现在没有时间详细讨论，但我始终主张理想的伦理的宗教是最进步的宗教。宗教的发展过程可以分为三个阶段。第一阶段的宗教是原始的幼稚的东西，道德观念十分贫乏，从伦理上看可以说毫无价值。不如说它是违反伦理道德的，存在残酷的一面。它经过进一步发展，就成为民族宗教，增加了很多伦理道德的要素。然而，与伦理道德无关的事情仍占绝大部分，伦理道德的要素仅占十之三四。但是，随着宗教进一步发展，进入第三个阶段，成为世界性的宗教，伦理道德的要素占比发展到十之七八。宗教的进化发展主要在于伦理道德要素的增进，所以今天作为文明教最有势力的佛教、基督教等宗教就是第三阶段的宗教，也有人称之为伦理教。但是，无论是佛教还是基督教，都伴随着许多迷信，所以从哲学上来看，作为今日以及今后的宗教，他们有很多不足之处。因此，从历史角度考察宗教时，宗教有三个阶段，而考察将来的宗教时，则必须出现纯然的普遍的世界性的理想教或伦理教。有人把佛教、基督教称为伦理教，但将来的宗教必须是摈除一切迷信的纯粹伦理教。换句话说，即要求纯粹的普遍的世界性的理想教。康德在宗教哲学方面提出了三个阶段。第一个阶段是根本恶的时代，其中有向善倾向的素质（Anlage），但恶更胜一筹。接下来是善恶混战的时代。接下来是善战胜恶，成为纯粹善的时代，如果将其命名为"纯善时代"就更确切。康德的"纯善时代"即理想教或伦理教的时代。我对佛教也有很大的兴趣，受其影响也不少。对基督教的道德思想也怀有崇敬之情。因此，从各个层面来说，我并不反对佛教和基督教。但是，从整体上来说，我既不是纯粹的佛教徒，也不是纯粹的基督教徒。从哲学上来看，处于一般的普世宗教的立场。

因此，无论是佛教、基督教，还是其他任何宗教，我相信一切符合理想教的伦理教的宗旨，但完全排斥带有巨大迷信的过去的遗物。神道固然是我国的民族教，但在另一方面能否将其纯粹化、深刻化、广大化，真正成为最后的伦理理想教呢？这是属于今后研究的问题。

本来，将伦理和宗教这两种约束人的东西并立，是过渡时代的另一种形态，这两种东西最终应该在理想教的伦理教中统一，即一直把今天的伦理宗教化，一直把今天的宗教伦理化，最终回到比今天的伦理和宗教更先进的立场的话，自然就会成为理想教的伦理教。今天的伦理之所以不枯竭，是因为它太缺乏宗教情操了。虽然伦理有一定的知识，但在情意方面却毫无势力，因为它的宗教色彩极其贫乏。

六　教　育　论

关于教育，总而言之，教育的目的在于培养有道德人格的人，但这绝不是与国家、民族的要求无关的。人格实现不可能离开其特殊的国家民族关系，还必须要采取适应特殊境遇的实现方法。因此，虽说是为了塑造道德人格，但绝不含有个人主义的意义。教育必须与国家、民族关系密切相关，更广泛地说，必须是社会关系的体现。

教育和宗教的关系是教育上相当重大的问题。今天的教育之所以总是流于形式，没有动人的力量，是因为缺乏宗教情操。那么，佛教、基督教等宗教是否应该应用于教育呢？特殊关系的学校另当别论，如果在普通学校里加入特殊的历史宗教，必定会造成偏袒和混乱。学生中有的是佛教徒，也有基督教徒，还有神道教徒，也有不信教的人。如此复杂。因此，必须有超越特殊宗教的普遍性宗教，这样的宗教只有伦理教以外别无其他。在这一点上，教育大有改造的余地。

教育的目的在于陶冶人格，要陶冶人格，必须采取能够适应被教育者所面临的特殊环境的方法。因此，在教育我国子弟时，不应立即采用与我国境遇不同的欧美方法。在我国，无论到哪里都必须以传统的日本精神作为指导原理进行教育。但对欧美的方法应慎重取舍，以期对本国有所帮助。

七 艺 术 论

接下来，关于艺术，一言以蔽之，艺术在于人为地实现美的理想，所以对于自然美而言，其进步是比较迅速的。无论是艺术美还是自然美，美都是主观的，绝不是客观的。但如果美仅仅停留在主观层面，艺术则不成立。在借用各种材料客观地表现美的过程中，艺术得以成立，但艺术并不仅仅是快感的客观化，必须有超越快感的要素。所以艺术当然要具备崇高、深远、幽邃、宏大、典雅等诸性质，也必须具备超快感的气韵情调的观感。也就是说，艺术必须有吸引人进入彼岸理想境界的底层魅力。但是，有一派以功利的眼光看待艺术的原理，根据其说法，艺术是受功利限制的。根据社会的要求，因受经济状态的限制，艺术家也会采取适应该要求的态度，向该要求的方向发展。有人认为，艺术终究是受功利限制的，是受客观规定的，所以无论主观上有多么高尚的理想，艺术都无法得到发展，这种观点并不是真正理解艺术的观点。单纯被功利限制和规定的东西绝不是崇高的真正的艺术。艺术的原理必须从主观上寻求，艺术的上乘之作则是超越了快乐主义和功利主义的。

八 法 理 论

对于法理，一言以蔽之，法理要根据哲学上的根本原理来解释，而不是单纯从经验上、归纳上进行解释，就能令人满意。有些人认为法理应该从进化论的角度来解释，但这只是探究法理变迁、推移的痕迹，而不是对法理本身的根本解释。追溯法理的根本原理，必须基于逻各斯这样的哲理。世界的所有方面都有规律样态的出现，在管理、统治人类社会时，需要法律制度等各种规定，而法律制度的修正，则需要随着世代境遇的变化而变化。其根本原理不应该在法律制度本身中寻求，不应该仅仅作为社会现象来理解，而应该通过广泛的哲理性思考达到其根本原理。换句话说，绝不是通过派生枝叶的解释就能得到满足的，必须追溯到最终的根本原理，才能得到彻底的法则概念，所以不应该像进化论那样依据预测运动来对现象界的科学法则进行解释。如果仅从进化论的角度来理解，那么必须说，这种法则只能停留在超运动的现象界层面。

九　哲学方法论

最后，关于哲学的方法论，我想补充一句，在西洋研究哲学的时候，惯有模式是把希腊以来的哲学纳入思考范畴。而在日本，明治以来引进西洋哲学，之所以也采用这种研究方法，是因为我们总是采用西洋风格的考察方式。说到哲学，就是把从希腊到中世纪再到近世欧洲特别是德国为止的哲学作为哲学来研究，并以其延伸或继续的想法来进行研究。认为与西洋哲学无关的东西就不是哲学。这种方法论是非常错误的。西洋哲学家只把希腊以来的哲学作为哲学来思考是错误的。印度和中国的哲学也必须考虑在内。因此，叔本华、爱德华·冯·哈特曼、尼采、多伊森等人都十分重视东洋哲学。特别是多伊森，主要研究东洋哲学，努力发挥其价值。然而，我们日本作为东方国家，虽然深受中国和印度哲学的影响，却忽视甚至无视中国和印度哲学，不知不觉地模仿西方哲学，只是作为西洋哲学的延伸，只从属于该系统，对东洋人来说是公平的立场吗？该怎么样呢？从方法论上来说，是正确的吗？我绝不这么认为。

有些人不好好研究东洋哲学，认为东洋哲学似乎除了考古学、文献学的价值之外，就不值得关注，这应归罪于不好好研究东洋哲学之故。研究东洋哲学，与西洋哲学进行比较对照，从而形成更先进的哲学思想，这是东洋人最好的方法。特别是印度哲学，其中中国、日本发达的佛教哲学中，有很多值得在哲学上考虑的东西。另外，我认为不应该疏远我国的传统精神，即神道。然而，不咀嚼东洋哲学而单纯照搬西洋哲学，尝试翻译式、介绍式地罗列烦琐的哲学，鹦鹉学舌般地重复，在这种状态下，我们不得不惊讶地发现，日本哲学界严重缺乏真正活跃的哲学精神。特别是在宗教和伦理的范围内，我们更要关心东西洋的哲学史实，咀嚼它、消化它，必有进而发展的前途。因此，我在钻研西洋哲学的同时，也不放松对东洋哲学的研究，努力谋求两者的融合统一。因为此方法论是自己极力向思想界主张的一点，故综合论述其大略。

（史冰容译　孙彬校）

九、井上圆了

史料简介

井上圆了（1858—1919），幼名岸丸，后改袭常、圆了，号甫水。生于越后国三岛郡浦村（今新潟县来迎寺村）真宗大谷派的慈光寺。幼时入村里汉学塾学汉学，十七岁入长冈中学，后又转入新潟英文学校学英语。1879年以东本愿寺留学生的身份入东京大学预科，翌年转入哲学科。在校时对康德、黑格尔、孔德的哲学感兴趣，还组织文学会、哲学会等研究社团，1885年从东京大学哲学科毕业。1887年参与创办《哲学会杂志》，并在其上发表论文。同年开设哲学馆。之后他还创设了"哲学研究会"（1890），后改"东方哲学会"（1894）、妖怪研究会（1891），创建京北中学，并任校长（1899），1904年哲学馆改为哲学馆大学（东洋大学前身），就任校长。井上圆了一生曾三次留学，历访欧、美、澳及亚洲各地。1906年因病辞去一切职务，在全国各地巡回讲演五千余场，听众达数百万。1919年6月5日在中国大连幼儿园讲演时病倒，第二天去世。

井上圆了著书达一百二十余种，其主要著作现均收入《井上圆了选集》（共十一卷，东洋大学井上圆了学术中心编，东洋大学1987—1992年出版发行）。井上圆了著述范围极广，涉及佛教、哲学、伦理学、心理学、教育学、通俗讲话等。仅就哲学而言，其主要著作有《哲学一夕话》（1886）、《哲学要领》（1886）、《纯正哲学讲义》（1891）、《哲学新案》（1902）等。井上圆了从青年时就致力于批判基督教，改革佛教，开创佛教哲学化的道路。他还研究印度哲学、阿拉伯哲学和中国哲学，成为日本的东方哲学研究开创者之一。为普及哲学，井上圆了积极组织各种学会、研究会，创办期刊，开设哲学馆。晚年，他潜心构建独自的哲学体系——纯正哲学。这里选录的两篇就是从其代表性哲学著作《哲学新案》和《纯正哲学讲义》中节译的。译文依据《井上圆了选集》第一卷。

哲学新案（节译）

自　序

我国自解除国禁，输入西方文物以来，至今已经度过了四十个春秋，国运骎骎风靡世界，俨然而有压倒东方之势。我国哲学界的现状，依然是附于西人之骥尾，安心于欧美之糟粕，勤勉于西学的翻译套用，而不曾见独成一家之学说。为何国人竟是如此缺乏魄力？我虽是一个鄙陋浅薄之人，却内心深藏着愤慨，自二十年前就立足于自己独到的见解，欲图研究西方人所未曾涉及的学术领域。经历了多年钻研，终于揭示了一个哲学新案。也就是本书提到的轮化说、因心说、相含说等学说。我自信这是西方人所未曾阐发之处。其中，轮化说的一部分，已经在多年前出版的《破唯物论》（1898年2月）之中进行了阐述。尔后，更是为此经历了一番深思熟虑，时至今日终令我充满了自信，将其大要公之于众。在此，我期望得到各方的批评，以使我再度思索，加以改正。

近年来，我患上了神经衰弱症，好长一段时间皆没有读书著述，也曾一度从我自己创建的东洋大学与京北中学引退。据说旅行对于身体疗养最有功效，所以我决心周游全国，以十年为期，山隅海角，无畏而行。所到之处，宣传御昭圣旨，修养精神，矫正风俗，奖励改良社会之急务。自此，南船北马，朝讲夕话，终年未有安宁的日子。然而，今年秋天慈母不幸去世，丧礼期间，我谢绝了地方的演说邀请，独自端坐于幽室之中。回想往事，追念慈母之余，我立志将自己的宇宙观、人生观公诸于世。仓促执笔，起草了本书。时日不足，所以就依照自己的信念一气呵成地记述下来。考据不足，逻辑不精自不必说，作为一篇哲学著作，也存在着煞风景的地方。我也自知一见之下，必然会有见柱而无壁、见骨而无肉的空洞之感。令我惶恐不安的是，或许会令人产生空想之骸骨，理想之幽灵的感触。即便如此，如能得到诸位大家赐予高批明评，也会令我感到无比荣幸。更为祈求的是，诸位能给与这篇著作以一棒猛喝。若是如我所愿，诸位将批评发表在杂志新闻之上，我不敢奢望您赐予大作，唯求赐告书名号名，至为感激。

我决心在自己的有生之年，抱着这一方针继续进行研究。在此，不辞表白平素的信念，明言哲学上的根基，以此来期待诸位贤明博雅之高教。因此，书中也不乏过于热衷自己的思索，言辞过于自负，偏重于排斥他人之处，故对于古人先辈欠缺了敬意。在此，我谨先以谢罪，还请读者予以谅解。

明治四十二年（1909）十月上旬著者题

绪　　论

第一节　学术界的现状

一犬吠虚，百犬吠实；一鸡鸣晨，百鸡和之。哲学界的现状，与此类似。一经康德阐述认识论，诸哲人皆与此雷同；一经达尔文提倡进化论，百科皆与此应和。自此经历了五十年、一百年的岁月，未曾见到一人站在这一地平线上崭露头角。学术界的风景不觉走向寂寥。如果康德、达尔文九泉之下得以目击如今哲学界的现状，不难想象他们也必然会发出耻笑后人的叹声。

将视野转向东方的天地，更会发现它有过之而无不及。犹如国势委靡不振，思想界亦缺乏一种独立心。有识之人无不大为惊诧。追其言行，其一是模仿西方，其二是仿效西方，其三还是模拟西方，彼笑我也笑，彼哭我也哭，不用说一颦一笑，就是一举手一投足，也是如此。孜孜夙夜，谨守的也只是彼所说的，慎学的也不过是彼所作的，日日皆是一种不知满足的样子。因此，概而言之，哲学界呈现出一种凄风苦雨、满目凄凉的景象，岂不令人长叹之至。

吾之帝国，兵力压倒亚洲，皇威远被北洋，堂堂屹立在太平洋之上，而成列国望之仰叹之势。既为呼吸国家空气，浴泳国家恩泽的人，岂能默然坐视于此？我国学术界的济济之士，必将愤而继起，猛然前进，而具有睥睨东西方思想界的气概。鄙人虽然脑力枯瘦，终究难以担当这一重任，但是，在此吾亦强力支撑，以树立些许独立见解，而拔取西方人之头角。更何况才学超越了吾辈的诸位俊杰，更应感奋而起，唾手高呼，使我们的哲学界呈现出"猛虎一声山月高"的壮观景象。在此，我提出自己的愚案，诉之以先贤，而期待后学之士。

第二节　哲学的进步

哲学存在广义与狭义的见解。其中，狭义的哲学即纯哲学的目的，在于通过各方面的观察，来研究、揭示宇宙的真相。参照以往的哲学史，这一定义也不失偏颇。因此，就研究的方法而言，不仅是东方，即便是在西方，近世数百年来几乎都是在同一条道路上左旋右回，东来西往。立足于局外来看，也不禁令人怀疑是否有所前进？尤其是近年来的哲学，大多只是对前人的学说施上一层粉，或涂上一层漆，百般润色，装扮成一家新学。岂不令人可笑之至。

近来，日复一日的哲学讨论，由细入细，由微而微，使人感觉哲学犹如针一般。即便是今日的进步，也不免流于以针切鸡，偏于细微的弊端。更为甚者，既有将一枚小针吹捧成了大棒，自鸣得意，几近儿戏；也有夸大琐碎之处，排斥其他，犹如女人。至于看破宇宙大观之力这一方面，反而呈现出一种日渐衰退的景象，恰如使用显微镜来观察事物的人成为了近视，因而失去了望远的视力一样。如今的哲学界，没有树立什么空前崭新的真知灼见，这难道不是东西方走向衰运的征兆吗？

第三节　学海之新航路

一经达尔文提出进化学说，甲也唱，乙也和，靡然而成倾倒学术界之势。如果我们达观明彻宇宙发展的初期、中期、后期，则明了进化不过是一个阶段而已。而且，康德证明认识论以来，哲学诸家皆沿其轨迹，而只停留于在批判哲学这道山坡忽上忽下，而没有觉悟到在其之外，还存在有哲学的高峰。我虽才疏学浅，但却期望能够进入西方哲学所没有提及的学术领域。多年探讨追寻的结果，终究在遥远而渺茫的学海一隅，找到了西方人所未曾发现的新航路。"进化"竿头进一步，"认识"城外试前驱。故在此，我将它称之为《哲学新案》，阐述了自己发现这一航路的过程。

第四节　观察的方面

如今，要通过哲学来开启宇宙的真相，就其观察的方面而言，分为了表里两观。其中，表观分为内外两观，外观可以分为纵观与横观。在此，我就先叙述一下纵观。所谓纵观，就是指贯穿古今历史，观察客观世界的一个过程。

以往的唯物论、唯心论、独断派、经验派等彼此之间论争起伏不断，至今还没有出现结论，我认为其缘由在于彼此固执一方的偏见。唯物也不过是一方之偏见，唯心也不过是一方之僻说。只有将唯物论、唯心论等各个方面所观察到的结论悉数加以综合，才能开启宇宙的真相。或许有人说，必须立足于经验；或许有人说，必须以思想为论证的基础，这一切皆不过是井底之蛙的愚见，并不知晓哲学的本来要领。例如，要观测富士山，既可以站在大宫口，也可以站在吉田口，也可以站在须走口。将各方面的所见加以综合，才会知晓富士山的真相。由此，为了综合多个方面的观察，就必须设置多重的起点。图示如下：

第五节　逻辑的自杀

我在哲学的大海之上发现了新的航路，这也不过是综合了各个学术研究、诸家的论断而已。这原本不是什么新的见解，但是以往的哲学家，出于一种只顾自己的弊端，而没有着眼于这一综合之处。正是这一迷失于小径，陷入穷谷的状态，才使我的综合大观得以出现在哲学界之中。

仔细想来，将哲学的根基设定在经验之上，也不得不予想到在这一经验之中，物与心的共存。而且，如果将它的起步设定在思想之上，思想本身也不免成为了经验的结果。因此，它的结论，或者是拒绝物界，或者是否定心界，犹如以自己的剑来刺杀自己，也难免是一种自杀的逻辑。这岂是探寻真理的哲学之路？所以，我所进行的综合，是认为物界是实在的，心界也是现存的。以物心两界为起点，向绝对前进发展，其结果是论证绝对的实在。与此同时，物心两界得以体现，达到物心的实在是绝对现存的根源、绝对的实在是物心现存的根源这一结论。这不是逻辑的自杀，而是它的一种自活。

第六节　综合的大观

哲学是综合之学，先贤早已倡导，这也不是我所提出的新案。但是，先贤口中虽然强调综合，实则是固执于局部的偏见。这也决不是完成哲学的方法。以建筑房屋为例证，唯有综合了柱、基石、屋、壁、栋、梁等，才能建起房屋。仅以柱子来建设房屋，或者仅以墙壁来打造房屋，那么就不可能竣工。因此，哲学必须是名副其实地以综合之大观作为自己的基础。

对古往今来的诸学说加以综合，自然也就会发现前人所未发的思想。因此，综合不是限于西方，也不是局限于纯粹的收集。必须参照东方的所见，必须将它提炼为一粒药，锻造成一丸丹。我依据这一方法，从而着力于西方人的所见之上。这就是我称之为新见新案的理由。

第七节　哲学与科学的异同

哲学之中存在着形式与实质。我所思索的哲学的形式，可以说几百年、几千年来的研究业已尽数提出，没有留下一点余地。而究其实质，则必须仰仗无数科学研究的支撑。在此，科学作为宇宙一个领域的局部性研究，而哲学则是宇宙万事万物的综合性研究。也就是说，将科学的成果集以大成，就是哲学。通过集大成所得到的，也就是宇宙整体的真相真理。这一真理真相，决不是如同科学这样的通过某一个领域的研究就可以窥知的，必须要靠哲学的综合大成。然而，往往也存在以一个局部的科学之所见，来试图论述宇宙真相的人。这就犹如人以五官之中的一官来判断物界的真相，谁不会笑话他的愚蠢呢？

科学与哲学（纯）之间的差异已经阐明。若是这样，两个学问之间的关系，也不外乎是攫取日新月异的科学研究所供给的资料，来充实哲学的内容。哲学的形式业已是一定的，若是它的实质也由于以往的供给而大致充实的话，那么今后也不过是通过资料的供给或多或少地进行一下改正而已。不过，东方哲学与西方哲学，不仅在实质上，就是在形式上也存在有大相径庭之处。因此，若是将二者加以综合，则必然在哲学的舞台上演出一幕新的戏剧。而我在此只不过是扮演一个小角色而已。

（吴光辉译）

纯正哲学讲义（节译）

本　论

第一节　诸学的问题

现在开始讲述正题。首先必须说明两三个哲学上所使用的术语。我们存在于宇宙间，只要睁开眼睛，就能看到呈现在眼前的森然万象。我们把这称为物质。所谓物质，是一种赋予有形有质物体的名称。如果闭上眼睛，脑海里就会出现各种绵绵不断的想象，我们把这称为心性。心性是赋予没有形质物体的名称。因此，眼前的物质环境也就被称为物质世界或者外界；脑子里的心性环境就被称为心界或者内界。假如这里有一个人，看到花草，他就联想起了悲欢之情，那么花草就成了外界的物质，悲欢之情也就成了内界的心性。现在，我们所说的学问，不是存在于外界的物质这一方面，而是存在于内界的心性这一方面。不过，就如同悲欢之情是由外界的花草所引发的一样，内界的学问思想也是通过外界的事物而产生的。譬如，外界若有动物，就有与此对应的动物学；外界若有天文，就有与此对应的天文学。所以，形成学问的能力是存在于内界，而使它形成的材料则是存在于外界。换言之，学问的思想在于内界，而所研究的事物则存在于外界。因此，要想了解学问是什么，首先必须要了解外界的事物。如果想知道学问的种类，那么首先就必须要知道事物之中存在着哪些种类。

由此我们来探求外界的种类，在天有日月星辰，在地有山川草木，只要这些都是有形有质的，就可称之为物质。然而，我们进一步加以分类时，则有禽兽，有人类。其中，人类不仅是有形有质的肉体，还具有指挥控制其肉体的能力，这就是所谓的心性。所以，外界不只是存在着物质，还可以发现与物质共存的意识。对这一切加以概括，则统称为事物，由此这个世界也就被称为事物世界。与此相对，学问的部分也就被称为学问世界。学问世界研究的物体，一定存在于事物世界。事物世界呈现出物质与心性即有形象与无形质的二者并存，与之相对，学问世界也必然是二种学问即理学和哲学的并存。

其中，理学是研究具有形态与实质的物质的学问，而哲学是研究没有形态与实质的心性的学问。这就是理学与哲学的区别之一。我们进一步来探讨事物的起源以及物与心的关系，物质一开始是如何形成的？意识一开始是由哪一方所产生的？物、心二者如何相互契合而发挥作用呢？而且，至于它们是如何彼此分离，从而失去了生命等一系列问题，无论是从物质方面，抑或是从意识方面，都无法对此进行解释。如果界定是意识产生了物质，那么就难以解释无形态物质之中是如何产生了有形态物质的道理；如果界定是意识从物质之中表现出来，也难以了解有形物质之中如何出现了无形态物质。而且，即便是站在物、心二者契合地存在这一观点，也无法得知是根据何种道理使得二者彼此分离而失去生命的缘由。如果二者原本就是彼此分离地存在，那么就必须指出究竟是什么使它们相互结合而产生生命这一道理。就此而言，也就牵引我们在自然的运动、物心二者之外，去寻找存在的另外一种东西，这就是世间所谓的神。在此，我们把它命名为天神。天神是物、心二者的本源，而且具有了契合二者的力量。在此，也就产生了天神创造主宰的学说，这是当时的哲学研究尚未穷尽之处。以神为基础而形成的，就是通常所说的宗教。但是，宗教与学问只要存在着不同的性质，学问世界这一名称也就变成了教学世界。那么，上述图表也就应该变成如下的图式。左图为事物世界的三要素，右图为教学世界的三要素。

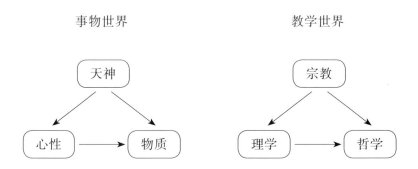

接下来我们要思索的是，天神究竟是有形抑或是无形？不言而喻，它的"体"是无形的。如果视之为无形，那么如何来界定天神与心性之间的差异呢？如果必须将天神视为无形，而且与心性同一，那么就必须区分无形之中的有象（有现象）与无象（无现象）二者。因而也就必须是以心性为有象，以天神为无象。不管如何，若是有象被定义为直接向外界显现一种作用，而心性则是我们人显现于外界的一种作用的话，这也就属于有象；而天神并非如此。只要我们人不能直接地看到这一作用，那就必须把它视为无象。例如，喜怒爱恨的心性作用，是我们能直接看到的它的表象，天神的性质作用是我们人必须直接领悟的，所以天神应该说是无形质，而且是无现象的。

然而，世间存在的一般的天神说，或者说神是有现象的，或者说神是有形质的。野蛮人所信仰的众神，是有手足，有耳目，有形质的天神。人的智慧不断进步，终至想象到了无形质的天神，达到了一神教的境界。即便如此，天神依然难免有现象。也就是说，所谓天神，是一个有意志，有智力，有爱憎之情，把自己的作用显现于世界的存在。这就是如今普通的耶稣教徒所提倡的观点。这一学说存在着不尽完善的地方。所以要进一步地将天神定义为纯粹的无现象之体，到了这一地步，也就是到了佛教的真如学说这一地步，便可见天神这一名称是并不恰当的。在此，我们必须选择理想，或者是理性，或者是理体的名称。如果对这两种天神加以区别，那就应把有现象的天神定名为神象，把无现象的天神取名为神体。耶稣教至今依旧是提倡神象的宗教，如果今后进一步地树立了神体，那就与佛教回归到了同一境界。因此我认为耶稣教的发展是首先变为一神教，然后再由一神教变为佛教。

更进一步地考虑这一问题，体与象之间的不同不仅存在于一个天神之中，而且还存在于物质心性之中。也就是说，物质之中存在着物体与物象之别。心性之中存在着心体与心象之别。因此，前文所述的物质心性，仅指物象而已。如果那样，一切事物就都成了物体，一切体就都成了心体。这是一个哲学的问题。根据我们通常的解释，象和体是同一的，外物显现于我们的眼前，既是物象，也是物体。树叶所显现的绿色是现象，椭圆的叶子是它的实体。人的肤色黑白分明，面貌大小不同，这是人的一种现象。人体的重量尺寸如何？即腰围几尺，身高几尺，体重多少，这是人的实体。然而，就学术的角度来考虑这一问题的时候，重量、尺寸、形状、颜色皆成为现象，也就是被称之为物象，物体被界定为存在于这一物象之外。但是，假若象是描述显现我们人的感觉之中的一种性质的名称，那么眼睛所感觉的颜色，耳朵所感觉的声音，身体所感觉的形态和性质，鼻舌所感觉的香味，皆是现象而不是实体。因此，如果外界的万物万象皆不过是显现在五感中的色、声的各个形态性质的话，那么所谓的物质，就必须要称之为物象。换言之，物质映照到了我们的心，由此而显现的影像，与浮现于镜面的山水的影像是一样的。如果站在心性的角度来加以解释的话，为心灵之光所照射而显示出来的外物的表象，就如同受到日光照射而显现出颜色的草木是一样的。由此，我们可以设想在物象之外存在着物体。也就是说，通过我们人的体验得知，只要有现象就必然有实物，只要有影像就必然有真体。物体尽管不为我们人所知，但是人唯有通过物象，才可推测到它的体。在此，也就产生了物象与物体的不同这一问题。这就好比在虚空之中确定实，在无之中设想有一样，虽说不管是相信也好，不相信也罢，但是绝对不可以与探寻山中不死人，寻求海外不死药一样的空想等同视之，也不可以与听到雷声，就想象雷神敲击鼓声的妄想一概而论。但是，见到了物象就想到了体，如同见到了实数就假设了虚数，知道了有限就界定了无限，从相对涉及绝对，从部分推测全体一般，必须按照逻辑的方法来进行设想。不过，这一设想也与看到了结果，尽管还未知原因，却断定它必然存在着原因不同。所以，这一设想不能与寻常百姓的假设等同视之。

其次，将心性分成体、象，通过同一个例证也可以加以推测。前文所述的所谓心性，是赋予我们闭上眼睛并在脑子里所产生的各种想法的一个名称，这皆可以称为心象。无论如何，它也不过是与外界、外物相互联系而表现出来的各种想法而已。例如：检测我们闭上眼睛，由此而联想到的一系列想法的时候，无一不是一种外界的现象，或者是事情的影像反射。对此，我们可以断然地称之为心象。而且，就心象和物象之间的差别而言，也不过是我们人在自己心之外所看到的东西被称为物象，在内心所看到的东西被称为了心象而已。换句话说，心光映照物理而显现出物象，物象集中于心面就产生了心象。若是果真如此，那么心性也必然是有本体的。不管怎么说，有象必有体这一道理，与物象之于物体的道理是一样的。例如，在界定水为体、波为象的时候，只要有波，就一定有水。在这里，物心都具有体、象的不同，由此可知前文所述的物质心性皆具有了物象、心象二者之义。如下图所示：

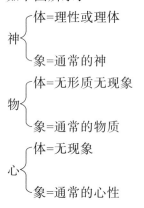

根据形质现象的有无来加以配置,如下图:

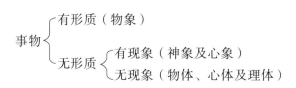

上文所述的所谓事物世界的三要素,在此发生了变化。以此为问题来研究它的道理,就是理哲诸学的范畴。所以,诸学所要研究的问题,应该说就是宇宙万般的事物。

第二节　理哲的区别

理哲的区别,通过前文列举的宇宙的三要素与学界的三要素之间的搭配,即可见一斑。至第一节结尾对于事物的有形质与无形质的划分,可知理学与哲学之间的显著差别的缘由。也就是说,理学是研究有形质的学问,哲学是研究无形质的学问。就作为研究目的的事物而言,二者也存在着显著的不同。而且,由于哲学涉及有现象与无现象,所以也应该存在有象哲学与无象哲学。有象与无象的名称,乃是我赋予它们的。就传统哲学而言,则以实验哲学与纯正哲学这一用语来加以区分。即如下图:

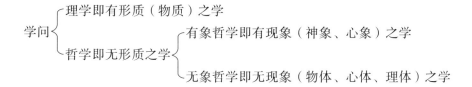

进行如此划分,尽管能看出理哲两学之间存在的显著差异,但并没有能够划分出二者的界线。大概不管是什么,确定它与他者之间的区别,也不过是一种臆断猜测,不足以真正地寻求到物自体的性质本身。例如,春天与夏天之间所存在的明显分界,也不过是百花烂漫与三伏之日的比较而已。如果询问何时春去夏来的话,或许谁也无法回答这一问题。假如以四月三十日为春天之结束,以五月一日为夏天的开始,那么四月三十日与五月一日的差异又存在几许？如果三十日毕竟还是春天，那么接下来的一日也可以是春天。无论如何，气候风景也绝不是一夜之间就突然地发生变化，也绝无由此而出现的春夏之别。若更进一步论述的话，到四月三十日午夜十二时之前属于春天，由此一分一秒地推移，一刹那，进入了五月一日的区域，属于夏天，气候岂会在一瞬一息之间就有了如此的变更？总之，气候并不存在着春夏秋冬显著的划分区域，只不过是我们人的思想所假设的分界而已。换言之，客观上并不存在什么分界，只是主观上存在这一分界而已。将动物与植物加以比较，即便是处于它的中间位置，也难以区分二者之分界。同样，对白种人与黄种人加以比较，我们也知道同样是难以区分的。所以，理学也好，哲学也罢，也不过是一个大致的区分。至于细微之处，也是绝对不可以一概而论的。而且，作为学问之目的的事物，也并不属于绝对不同的区域。无论区别有形质与无形质，还是区别有现象与无现象，都不可避免地存在着困难。总之，学问之间的难以区别，岂不就是理所当然的吗？

以上的论述涉及的是理学与哲学之间的区别，并没有涉及宗教。但是，如上所述，宗教作为一个要素，树立起了教学的三大要素，因此，也必须对宗教与理哲两学的区域加以进一步的论述。

一言以蔽之，宗教是以信仰安住为目的，与理哲两学的性质存在着巨大的不同。宗教是教，而理哲两学则是学。因此，研究作为宗教之目的的"体"，它就是哲学而非宗教。也就是所谓的宗教学。然而，宗教学也可分为解释性的与研究性的两种。所谓解释性的，是指对于宗教经典的字句加以训读、解释的研究方法，这样一来，也就不能归纳为哲学的范畴。与此相反，所谓研究性的，是指从理论上来研究作为宗教基本的天神的有无，灵魂的生死等问题。这也必然会成为哲学的一门学科。它所研究的体，也就如同天神的灵魂一样，是无形质的而非有形质的。如果进一步论述宗教学的类别的话，也就涉及要界定它是属于哲学中的有象哲学还是属于无象哲学这一问题。在此，容许我将它放在哲学的类别这一条目下来进行论述。

第三节　哲学的类别

如同树有乔木灌木，马有肥马瘦马，人有贤人笨人，梦有吉有凶，色有五色，一周星相有七，孔门有十哲，国有八十四州，病有四百零四种，东京有八百零八街，烦恼有八万四千种一样，哲学也有各种各样的类别。有纯正哲学、心理学、逻辑学、伦理学、美学、教育学、宗教学、社会学、政治学、经济学、历史哲学、文章哲学、言语哲学，恰似理学中有物理学、化学、动物学、植物学、生理学、人类学、天文学、地质学一样，各个学科以研究对象的事物无形质而划分，构成了哲学的类别。其中，根据有现象、无现象进行划分，纯正哲学以研究物体、心体、理体的无现象之体，而称之为无象哲学；心理学、逻辑学、社会学等进行的是有现象的研究，所以称之为有象哲学。然而，心理学的研究不在于心体而是心象。因此，心体的研究完全属纯正哲学，是处于心理学之外的范畴。

若是把心理学作为有象哲学，那么逻辑、伦理怎样成为有象哲学？若是把它视为有象哲学，那么该如何区别它与心理学的差别呢？在此，对于这一理由也必须加以阐明。简单地说，心理学是心象的理论学，而逻辑学、伦理学则是它的应用学。在这里，必须了解理论学与应用学之间的区别。理论学局限于研究事物的道理规则。道理既然如此，那么规则也唯有如此，决不涉及实际的应用如何。相反，应用学则是立足于实际来思索根据理论学所阐明的道理规则，是既然道理规则如此，就必须实际照之去做的一种命令、指挥人的学问。如今，若心理学是研究心象的三类别，即情、知、意三大作用的性质与道理的学科，那么就可将它视为有象哲学之中的理论学。若逻辑学是对三大作用之中的知识道理加以实际运用，判断这样的推论法正确与否并命令、指挥人的学问的话，那么它也就属于有象哲学中的应用学。若伦理学是对三大作用之中的意志作用加以实际应用，判定行为的善恶正邪的学问的话，那么它也是属于应用学的一种。美学是界定美的学问，广义地说是研究美的原理的学问。特别是作为研究美术原理的学问，美术是属于心象中情感作用的东西，因此它的学问也就是情感的应用学，即它不外是对心理学所研究的情感道理加以实地应用的一门学问。所以，它也是有象哲学之中的应用学。因此，心象的三大类别，即情感、智力、意志（情、知、意）的性质关系皆成了心理学的问题，在此不予赘述。概括说来，以上各个学问之间的关系如下图所示：

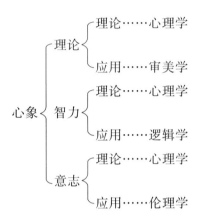

第二，教育学作为一种应用学，是研究心象的应用，以心性的发展提高为目的的学问。现把教育学的分类揭示如下：

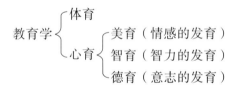

其中，与其说体育与哲学相关，不如说其是一门与理学密不可分的学科，它的学理必须以生理学为基础。然而，教育的目的纯粹在于心育的发展，体育只不过是为了达到这一目的而提供的一种方便而已。无论如何，要期待心性的发达，就必然需要身体的发育。

以上所列举的各个学问，主要是与个人相关的学问，而没有涉及与一个国家、一个社会相关的学问。在此，如果列举对百姓相集、结成社会这一方面的现象加以研究的学问，那么也就是社会学、政治学、经济学。社会学是研究社会现象，揭示其规律的学问，所以是一门理论学。政治学是研究国家政治组织的学问，它属于应用学。既然如此，在思索政治学及社会学究竟是有形，抑或是无形这一问题的时候，可以说在组成一个国家、一个社会的方面皆是就一个人的体而言，它既是有形的，同时它的现象也是无形的。也就是说，它必须是属于无形之中的有象。所以，在此也必须将它们归入哲学之中的有象学这一部分。经济学作为有象哲学，它的一半属于理论学，另一半则是属于应用学。

以上的各个学问，即心理学、社会学等，都属于哲学。但是，将它们与纯正哲学相比，则不是实体的学问，而是现象的学问。而纯正哲学则是实体的学问，即物体、心体、理体的学问。所以，如上所述，为了将二者加以区别，我就将现象的诸学归纳为有象哲学，将纯正哲学归纳为无象哲学。因此，无象哲学即纯正哲学之中，包含了物体哲学、心体哲学和理体哲学。以上诸学的分类如下所示：

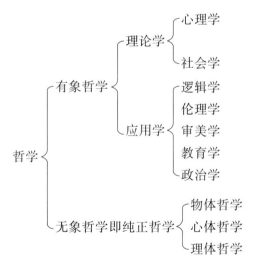

这一分类绝不是精密的分类。作为应用学，其中也包含了理论学的一半；作为理论学，其中也兼顾了应用。在此，理论学和应用学都不可完全地加以区分，或者说无象与有象也不能完全地加以辨别。尽管如此，我也只是就主要的问题点，对以往的各个学问进行了这样的一种划分。

其次，如上所述，站在理论的角度来研究宗教学，必然会成为哲学中的一种。因此，宗教学也就区分为两大类。其一是研究神的现象，其二是研究神的本体。前者是神象之学，后者是神体之学，即理体之学。理体之学是纯正哲学，然而将它作为宗教来进行研究的时候，就成为应用学。不管怎么说，宗教是以应用为目的的。所以，神象之学也理应属于有象哲学之中的应用学。其理由可以参阅《显正活论》中"哲学总论"。此外，研究历史原理的学问被称为历史哲学，研究法律原理的学问被称为法理学即法哲学。

进一步把心、物、神三者分为体、象二种，由此可以列出与它相关的各个哲学名称。

以上即是哲学的分类法。针对于理学，我们对这一学问进行了释义，或许可以称其为结合之学。以下章节，我将论述其理由并阐明理哲两学之间的关系。

第四节　理哲的关系

前文中我们在与理学相对的角度对哲学加以解释，称其为结合之学，那么理学就应该称为部分之学。例如，物理学、化学、生物学、天文学、地质学、生理学等属于理学的范畴。这几门学问只不过是研究宇宙事物的一个部分，考证一个部分的规律而已。也就是说，生物学是揭示生物的规律，而不是揭示天文的规律。天文学是研究天文的理法，而不是研究地质的理法。物理学研究其专业方向学问之学问，化学亦是以其研究目的为主的学问。各个学问都承担了不同的分工与专业方向，所以也就不足以称之为一门统辖综合的学问。若非如此，那么只要了解事物的部分真理，就可以了解到宇宙整体的真理。而哲学则是以宇宙整体作为目的的，是研究存在于宇宙之中的万物的真理与原则的学问，所以它既不是生物的学问，也不是物理的学问；化学、天文、地质由此而揭示的规律，也全都是哲学的规则，由此所给与的材料，也全都是哲学的材料。哲学就是把这各个规则材料作为基柱，完成万学诸理，以此来构筑宇宙整体的学问。因此，才将它称之为综合的学问，或整体的学问。对此，理学也不得不称之为部分的学问。哲学就如同中央政府，而理学则是地方政府。

以上所述之哲学即统合之学，主要是指哲学之中的纯正哲学。心理学、逻辑学、社会学研究的只不过是心理的、逻辑的、社会的单方面的学问，也就应该归入到理学之中。如果把这作为理学的话，那么理学之中也就应该分为有形与无形两大类。也就是说，物理、化学等是有形的理学，而心理、逻辑等则是无形的理学。然而，如今我国称之为理学的，只是指有形的理学，而所谓无形的理学，则归入哲学之中。哲学之中的纯正之学，如同中央政府之中的内阁，而心理、逻辑等则是中央政府之中的八省（这一章在《佛教活论》第二《显正活论》"哲学总论"中有详细论述）。

结　　论

根据前文所述，哲学实可称为诸学之王。之所以称之为王，是从哲学统辖主宰诸学之角度而得名。提及哲学的应用，可以说它是学问世界中的水和空气。一切学问都是以吸收与摄入哲学之原理而存在。因此，无论怎样评价哲学地位之高、用途之大也不为过。如何来比拟它呢？我欲将其比喻为太阳。就我们眼前所能见到的东西，比房屋高、比树木高、比山脉高甚至比空气、比月亮还要高的是太阳。太阳是如此之高，而且离我们人又是如此之远，但是它的光线、温度与热量，却恩泽我们人以及众生万物，广大无边。这就是我所谓的地位之高，用途之大。这也正是密教真如学说之中所提到的，"山不因其高而显其贵，因其有树而令人尊崇"，就是指有其用途方有其价值。因此，我借助这一段话来对它加以评价："学不因其高深而显贵，而因其有用受人尊崇。"哲学既高且有用，就如同山高且有树一样。世之文盲将"哲学"称为"铁学"。或许，这是来自"铁"与"哲"的发音（tetsu）相同的缘故吧。但这并不是说哲学就如同铁一样坚固，不能以超凡的智力而加以破解，它不过是说哲学难以了解而已。然而，我认为也不需刻意地纠正世人将哲学称之为铁学的这一错误说法。无论如何，铁是金属之中用途最为广泛的一种，将哲学称为铁学，也是意味着哲学的用途之广。人们嘲笑哲学家，认为他们的研究无异于剥去葱皮寻找果实。剥去了第一层皮，里面还有第二层皮；剥去了第二层皮，里面还有第三层皮；剥去了第三层皮，还会看到第四层皮；剥去了第四层皮，还可看到第五层皮。依此类推，还有第六层，第七层……一层层剥下去的话，最后却发现内中空无一物，一直到了最后依旧没能找出它的果实。哲学的研究恰好如此，刨根挖底得不到一事一物，致力于它的研究可以说完全是徒劳。在此，我们就假设哲学的研究如同剥去葱皮一样，但是，对于采集果实而做出的努力却并不完全是徒劳的。如果不通过实践，也就不会了解到葱只有皮而无果实这一事实。经过不断地考察与实践，最终明白它并没有果实，这难道不是得到了一个知识吗？古代流传着神农氏为寻草药而尝百草的故事。百草之中，混杂了草药和不是草药的东西。因此，神农氏为了知道它的药用，以致品尝了无用之草，但是谁能说这完全是徒劳的呢？哲学的用途不仅多而且大，正因为其大，所以人们才意识不到；正因为其多，所以人们才忽略了它，正如我们忽视了水火日光的用途一样。在此，我谨以为祝贺《哲学会杂志》的发行而作的论文中的一段话来结束这篇文章。

　　站在月球上俯瞰整个地球，可以知道三分之二以上都是覆盖着海洋江湖等的水域，陆地仅占三分之一。但是，这不过只是表面的景象而已。如果进入水底进行体验的话，就会发现其实全部是陆地。由此看来，陆地成了海洋江湖的根底，以此来保证它们的区域，并让它们安于其位。如今，学问的世界也与此相同。人如果站在世俗社会来观察整个学术界，哲学只不过占其中的一小部分，大部分则是理学、工学、文学、史学、法学、政治学等各学科所构成的。但是,这只不过是一种表面的、肤浅的见解。如果进入到它的深层加以体验的话,哲学则是理、文、政等各科的基础,以此来保持它们各自的领域,并确定了各自所处的位置。各门学科与哲学实际上存在着非常密切的关系。哲学通常分为理论与实用两大门类,但就总体而言,哲学是一门理论的学问,是探究思想法则与事物原理的学问。所以,思想所涉及的,乃至事物所存在的地方,无一不与哲学密切相关。研究政法原理的是政治哲学,研究社会原理的是社会哲学,研究道德原理的是伦理哲学,研究美术原理的是审美哲学,研究宗教原理的是宗教哲学,界定逻辑法则的是逻辑哲学,界定心理法则的是心理哲学。历史有历史哲学,文学有文学的哲学,教育学依据的是哲学理论,理学百科也是建立在哲学的规则之上。因此,我试图强调的,就是只有明了哲理,才会有诸学科的进步,由此才可知推动哲学研究的必要性。

(吴秀红译)

十、冈仓天心

史料简介

冈仓天心（1863—1913）是日本明治时期著名的美术教育家、日本画评论家，一生培育多名优秀的日本画家，为日本画的改革创新做出过重要贡献。他以英文撰写的著作《东洋的理想》（1903）、《日本的觉醒》（1904）和《茶之书》（1911），在国际上享有盛名。

天心，幼名角藏，后名觉三，号为天心。1862年（文久二年）生于横滨，为福井藩士勘右卫门的次子。1872年入布朗（荷兰传教士）私塾习英文，由于该塾采用直接教学法，听、读等能力均得到良好训练；1873年，全家迁东京，入东京外国语学校。两年后入开成学校（同年并入东京大学文学部）攻读政治学。该年暑假，师从女画家奥田晴湖习日本画（南画）。时与毕业于美国哈佛大学哲学系并在波斯顿美术馆东方部工作期间来东大哲学系任教的恩内斯特·费诺罗萨（Ernest Fenollosa, 1853—1908）熟识，一方面师从其学习黑格尔哲学；另一方面常在假日同去博物馆、美术馆、神社参观东方艺术和传统日本绘画。这一交往，为冈仓天心日后从事美术事业奠定了重要基础。

1880年，冈仓天心毕业，由于他在保护国画的爱国活动中的才艺学识表现，为文部省任用并担任美术教育计划方面职务，且一再升职。不久还被派去欧美考察西方艺术（1886），归国后与费氏共同做访问报告。1888年先任帝国博物馆学术委员，次年升为该馆理事兼美术部长；1890年，又任国立东京美术学校教授和校长。当时他才二十八岁，被公认为最年轻的美术教育家、评论家，相继被早稻田大学、庆应大学、高等师范等名校聘为教授，讲授东洋美术史课。这一年他开始使用天心作为笔名。组成日本青年绘画学会，办豪华的《国华》杂志。

1898年3月，冈仓天心辞去国家博物馆所兼各职，接着文部省解除他的日本美术学校校长（时年三十六岁）职务。

根据近年材料，冈仓天心于1902年1月2日到达印度加尔各答市，他拜会了印度著名佛教学者斯瓦米、威维科南达等人，并在后者陪同下参观了著名古寺别纳列斯。离开加尔各答后，继续西行，参观著名的美术遗迹阿旃陀石窟后，到达喜马拉雅山脉最北部城市马亚巴奇。

返日后，冈仓天心于1903年出版《东洋的理想》一书。1904年2月，任美国士斯顿美术馆任东洋部（中国日本部）顾问。冈仓天心晚年数次往还于日、美美术界进行文化交流，并在1911年写出《茶之书》，1913年因肾病逝世。

这里据1972年日本中央公论社版《日本名著》第三十九卷节译其《东洋的理想——关于日本美术》。

东洋的理想——关于日本美术（节译）

第二节　日本的原始艺术

为了建设日本帝国，大和民族把土著民阿伊努族驱逐出虾夷之地以及千岛列岛，其起源遂消失在大海的云雾之中。所以，要推测他们艺术本能的源头，就成为不可能的事情了。他们是阿卡头族的幸存者，该民族在东南亚沿岸和各岛屿往来之际，也许是与印度、鞑靼等族混了血；或许是经满洲、朝鲜去往太平洋、印度定居的土耳其游牧民族的分支；也有可能进入喀什米尔山脉与乌拉尔、阿尔泰各族杂处在一起，形成了藏族、尼泊尔族、暹罗族、缅甸族，给扬子江沿岸之子孙们带来了印度象征主义之力的雅里安人移住民的后裔。究竟是哪一个，在考古界现在依然是一个不明的问题。

在历史的黎明中，大和民族在战斗中勇猛，在和平的艺术中温雅，被太阳之子孙的传说和印度神话所培育，表现出对诗歌的爱和对女性的尊重，并成为一个密切团结的民族。神道即作为神之道而为人所共知。他们的宗教是祖先崇拜的一种朴素仪式。祭祀以高天原的太阳女神为主神——类似奥林匹斯这一神秘的山上群神之中的祖先之灵。在日本，无论哪个家族都是该太阳之孙从八重云路降临这一岛屿时产生的诸神之后裔，以此来加强以万世一系的皇位为中心的民族精神。我们虽然常说"我们是从天而降的天孙民族"，可是该"天"的概念指的是天空还是大海抑或是喇嘛国呢？除了木、镜、剑①这一朴素的古老仪式之外没有什么东西能表述这个问题。

在风中起伏的稻田之海，使个性得到发展的富于变化的群岛的轮廓，柔和的四季的变迁，银色天空的微光，碧绿的群山，在海岸松林中回响的海神之声——从所有这些东西中产生的是祥和的朴素、浪漫的纯粹，这是日本艺术之魂，同时也是同中国艺术单调的雄伟的倾向、印度艺术过度的华丽倾向之相互区别之处。虽然它有时有欠缺雄伟壮大之感，但我国工艺的装饰艺术的精致和与生俱来的爱洁净之心，恐怕在大陆作品中是看不到的。

作为洁净的、祖先崇拜的、神圣的神社——伊势神宫和出云大社②，具有与印度的多浪（佛寺仪式用门）相似的鸟居和玉垣，并保留着其原始姿态。这是因为它每二十年就照原型不加装饰地重新建造。

古坟，由于它的外形与原始的斯慈乌帕（收藏神圣遗物的圆形筑山）的关系而具有深刻的意义，作为林伽（作为湿婆神的象征而崇拜的男根像）的原型而富于暗示性。古坟内部用石和瓦砌成，往往深藏着绘有很高艺术价值的图画的美丽的棺椁。棺内有

---

① 木：即神木，可以将锦、绢、麻、棉挂在神木上。镜：是太阳女神之孙降临在日本之时，天照大神赐予他的东西，成为天皇象征的一部分。剑：是从被暴风神素笺明尊杀掉的龙的尾巴上掉下来的东西，被人们在热田祭祀。

② 伊势神宫：是天照大御神的神社，它位于日本中部的伊势之国的山田。出云大社：是天照大神之孙降临之前的日本的主权者——暴风神的后裔们的大神社，位于日本北部海岸的出云国。这两个神社全是木结构，都是在两块基地里交替建造，每过二十年，其中一个就完全按照原形再造一个。其样式是由东南亚海岸地方现仍可见到的竹屋或木屋发展而成，不是受帐篷启示的建筑。

祭祀用品和个人装饰用具，都是用青铜、铁器或是各色各样的石块制作的，表现出高超的技术。坟墓周围放置陶制的"人偶"。使人想到原始大和民族古时殉死的遗风，这种陶土人偶屡屡证明原始大和民族的艺术能力。不过，早在这一时期就传入的中国汉朝成熟的艺术以其丰富的先进文化战胜了我们，使我们在吸收了自身美的能源的同时，朝向另外一种更高层次做出新的努力。

如果我国文明不受汉代影响以及后来传入的佛教影响的话，日本艺术会成为什么样，是很难想象的。如果希腊没有埃及或波斯文化的背景的话，即使他们具有活泼的艺术本能，最终能达到什么程度，任何人也推断不出来吧。还有，如果没有同基督教和地中海各民族拉丁文化相接触，条顿民族艺术将会多么贫乏？我们只能说我们原始艺术原有的精神决不会死去，这就是奈良时代将中国建筑式样中的倾斜屋顶依据春日式优美的曲线做了修正；也是给藤原时代的制作加进阴柔的洗练；也是足利时代严肃的艺术被烙上了纯粹的剑魂，于是像在堆积的落叶下的水流那样，现在仍然时而现出光辉，时而培育着遮蔽自己的植物。

如果对这些换个角度看，那么就是日本逃脱不了的命运是它的地理位置。可以说，从文化上可以将日本看做中国的一个省，或起着印度殖民地的作用吧。可是，和我们民族的骄傲有机结合的岩石，尽管承受着从亚洲文明两个伟大的高峰那里蜂拥而至的波涛，另一方面却历经各个时代而如磐石般稳固。民族的天性从没有被压倒过，模仿从未取代自由创造。无论外来影响多么巨大，都接受并加以改进的丰富的活力永远存在。亚洲大陆与日本的密切接触．总是有助于孕育新的生命和灵魂，这是亚洲大陆的光荣。所以，不光是在政治意义上，而是更深入地作为鲜活的自由的精神，在生活、思想以及艺术中都不容许被他人所征服，而这正是天神的民族最神圣的荣誉。

那使得勇敢的神功皇后的心燃烧起来的、那为了与大陆王国相对抗并保护朝鲜附属王国而跨越大海的，就是这一种意识；把权势盛极一时的隋炀帝称为日不落的天子，让人们瞠目结舌的也是这一点；对于跨过乌拉尔山脉到达莫斯科，达到其胜利和征服顶点的忽必烈汗傲慢的威胁毫不惧怕的，也是这种东西。所以，日本人自身决不能忘记的是今日日本直面的新问题，是这同样来自于英雄的精神的问题，对此，日本必须要更加深自尊的观念。

第三节 儒教——北方中国

在佛教传入日本以前的6世纪，对日本原始艺术产生最初影响的大陆思潮是中国汉代以及六朝的艺术。汉代艺术是公元前1122年至前221年的在周王朝达到顶点的、中国古文化自然形成的结果。这一文化理念可以用体现着中华民族的根本思想的伟大圣人之名来命名，称之为孔子的（儒教）。

但是，正如鞑靼人是游牧民族中的中国人一样，中国人也是从事农耕的鞑靼人。在遥远的古代，他们定居在肥沃的黄河流域，开始发展与正在蒙古大草原放牧的兄弟们的文明完全不同的宏大的共产主义体系。即使是最初时期，在高原诸王国的都市间，也无疑存在着很适合儒教发展萌芽的某种同质的要素，所以从已消失在有史以前的黑暗中的那时起，一直到今天，黄河流域人民所发挥的作用一直是相同的。在他们自身的进步发展中，要周期性地迎战鞑靼人一次次的入侵，并把他们置于农耕体系中加以同化吸收。

这就是把游牧民的剑打造成农民的锄头，削弱新的市民的反抗力，把曾是外来侵入者变成在"长城后面"迎战入侵者的过程中，中国的王朝在漫长的历史中总是发生如下情况，即某一新种族兴起，成为国家的支配者，不久又再次重复这一模式，被其他种族所取代。

可是，在定居平原后一个相当长时期内，中国的鞑靼人继续保持着牧人的政治观念。古时的中国分为九州，各州长官称为"牧"，即为牧人之意。他们信仰"天"所象征的家长一样的恩情深厚的神，以数学的秩序把各种各样的命运降临人间。汉语的"命运"一词，"命"即"命令"的意思，恐怕也是由鞑靼人而传入阿拉伯，并成为回教的宿命论根源的观念吧。他们拥有对看不见的世界、游魂野鬼的恐惧和后来发展为东方妇女家居生活的对子女的理想主义。他们拥有在高原深草中间流浪之际，和印度、阿尔泰语族的二元论神话一起收集起来的关于星辰的知识。

尤其是拥有在阿穆儿和多瑙河之间徘徊的所有游牧民族不可剥夺的遗产，即千万同胞的巨大的观念。在中国，在农民以前有牧民这一事实，就表现在他们的神话中。据此，最初的皇帝伏羲，即是教诲畜牧之君，继承他的神农即神圣的农民。

可是，在悠久和平静发展的农耕共同体，逐渐产生了基于土地和劳动的伟大的伦理的宗教的体系，而且这一体系如今构成中华民族无穷的力量。中国后代是高度遵从这一组织，保持高度的社会主义的。尽管政治上混乱，却在今日世界上继续到处展开着产业的征服。

对值得现代所有社会学者研究的这一综合性的劳动性的伟大体系加以研究和总结的是周朝末年出生的孔子（前551年—前479年）。他献身于把人神圣化的伦理的宗教的实现。他认为，人性是神，人生的调和是最终极的东西。上升与无限的天空融合，是印度的灵魂的任务；探索地上的和物质的秘密是经验主义所在的欧洲的任务；在现世乐园梦见浮在空中是基督教徒和闪族的任务。上述所有这些都被赋予给别人，而儒教由于拥有广大的智慧的综合，对庶民无限同情之魅力，故它必然拥有伟大之心。

《易经》，即变化之书，是可以称作中华民族《吠陀》的著作，事实上其中许多涉及牧人的生活。中华民族虽然依靠《易经》来接近"超越理解"之物，可是在"不知生，焉知死"的不可知论者孔子看来，无疑等于禁书。根据中国伦理，社会单位是构筑在对秩序的服从体系之上的家族，农民也有与帝王同样的重要性。在这里帝王根据互相负有义务的巨大共同体的同意和选择，是因其德而就首长之位的像父母一样的专制君主。

人生的最高规范，是个人对共同体的牺牲，艺术由于有助于社会道德存在之必要而被尊重。值得注意的是，由于音乐被置于艺术的最高位置，所以调节人与人、共同体与共同体的利益就成为它的使命。因此，音乐研究也就成为周朝贵公子的第一教养。

孔子传记中有怀着爱之情感的关于音乐之美的对话，比如，"子在齐闻《韶》，三月不知肉味"，为了观察韵律对人的影响，（孔子）曾追踪敲土壶孩子的脚步，为了倾听太公望时代流传下的古曲，（孔子）甚至到齐国游历等。

同样，诗歌也被看做是调和政治的手段。王侯的职分不是下达命令，而是示范；臣下的愿望并非是抗议，而是拐弯抹角地向君主奏陈事情。而诗歌则被认为是从事这类事的媒介。总之，一般说来，诗歌的形式同中世纪欧洲一样，包括歌颂爱情的重任、劳动或大地之美的农村民谣；反映刀光剑影、战马嘶鸣的边疆战争故事诗；跪拜在无限之前的歌颂神秘事物的歌咏等。关于诗歌的这一看法是在拥有以上丰富要素的时代，而且被那些创作还不具有显示自我的诗歌的人民所创造的。古代诗歌经孔子删定是否是显示夏商周三代即中国黄金时代的风俗，那个时代的歌谣都是判断国家政治是非的试金石。

即使是绘画，由于它是教诲道德的实践，故为人们所尊重。孔子在《孔子家语》中讲到访问周朝诸主宗庙之事，他描述了在壁上的抱着幼小成王的周公的身姿，并与另外一幅描绘昔日暴君桀纣沉溺于淫乐的绘画相对照，阐述各幅绘画上的荣光与丑恶。

关于周朝的壶，虽然和其他的青铜器遵从不同的规则，但可以说与希腊的壶不相上下。不过二者完全就像用温和纤细的玉与具有光辉的个人主义的钻石在作比较一样，这是东方和西方装饰的冲动之理想的对立，并形成二者的极致。在这里也已看到金属和玉石工艺家们为了实现征服了这一时代歌者、画家所调和的理想与热情的努力。

强大的周朝势力大约持续了五百年，由于强有力的封建诸侯的抬头而衰落。但是，这些封建诸侯在公元前221年按照中国永恒的宿命，被一个叫做秦的从外域来的种族征服，并被完全吞并。秦约在六百年间势力逐渐强大，他们曾是蒙古游牧民，是周朝最初的皇帝手下的养马者和御者，但现今他们已成为从沙漠来的最后统治者。横亘在帝国边境上他们的领土之名成为外国人指称中华的名称。

对于秦的专制君王们的所为，过去儒者们大多把所有能想象出的丑行和恐怖都归结于此，可是实际上他们正是完成周朝制度的不可或缺的要素。他们修筑道路、建造长城，设立如波斯太守制的郡县制，发明全国统一的文字体系。正确地说来，采用这许多使中国强大的措施的，不是别人，正是他们。在国内没收武器的是他们，开始设立皇帝称号和体制的也是他们。这些事情都可说是遵循着帝国主义的共同传统的。帝国主义虽为实现自己的目的而拥有中央集权制，但是后来也正因此而被打倒推翻。

他们对于学问的反对和迫害，也不一定是冲着儒者，勿宁说是针对着周朝后期封建诸王国中存在的危险因素。有人认为，这是为了压制政治上的自由思想。在秦代，国家开设了学校，在那里由政府任命的"博士"作为教师授业。

这个时代是世界范围内哲学思想广泛传播的时代。佛教正成为社会意识；雅典正产生着活跃的影响；基督教在亚历山大的人类的上空出现了曙光；在大山的东侧，在秦代君王的治下出现许多学派，他们虽然发动了"焚书坑儒"，可是后世人们感到，实际上相比于此次对书籍的破坏更令人可悲的是内乱。这个帝国从立国到它被推翻，内乱持续了二十年。

秦以后的汉王朝（前202—220年）虽大体继承了秦的政策，但有一个区别，就是从汉朝第三代皇帝开始把儒教的知识作为文官选拔考试的必要科目。今日仍沿用的这一制度对一个国家选拔人才很有作用，但是因为考试标准过于因循守旧，阻碍了人才的成长和发展，儒教逐渐显现出僵化的倾向。

实际上，这时儒教影响已非常强大。公元1世纪，宰相王莽因为顺应儒教的传统，被当时贤人推举，靠儒教的权威而登上帝位。

值得注意的是，王莽是非常著名的天才。他建立了"新"王朝，在位短短的十四年中就使他的货币到达了当时世界所有地方，可以想象"新"（China）国这一名称开始出现正是这个时期。但在这以前这一称号在印度文献中也出现过，王莽恐怕只是强化了它的使用吧。作为历史上最早发出废止奴隶敕令的君主，他的功绩显著。他的没落也是由于受儒教本能的驱使。他宣称人人可以均分土地，事变就是在将要实行这一法令之际发生的。此事促使反对他的贵族集结起来，导致他在公元23年被杀。

王莽被杀的故事是符合儒教精神宿命论的典型。他拿着玉杖。眺望星辰，在宫殿中坐着，宫殿外战事正酣。"天意假如如此，我当死；如不是这样，谁也杀不了我。"他安静地这样说，这时，刺客袭来将他杀死，他没做任何抵抗，原地不动地坐在那里，犹如被他迎接外国使臣的香气所笼罩。

正如罗马人推广了古希腊文化一样，传播儒教理想的汉代艺术，在形式上则是周代式样。正是它构成了广大的统一和豪华的汉代精神的不可或缺的部分，亦伴随着更加丰富的色彩和壮丽的表现。在文学上值得注意的是，作者总是努力探求对于他们所热衷的华丽色彩的伦理的基础，而且是从显赫的社会精英的见地出发。提到汉朝学者，无论是谁都会想到司马相如、宋玉的诗赋吧。他们描绘了帝王游猎的情景和光鲜的车马，从远方而来的狮虎以及盛宴、舞伎，并写上这样的话："天下如此太平，众臣大喜，天子欢心。"他们还描述帝国主要都市的繁荣，并在文章结尾处说，与其说城市真正的美在于塔和建筑的装饰，不如说在于人民幸福的笑脸。

这一时代建筑的特征是装饰有女人像柱以及主要表现道德生活的众多雕刻的宏大的宫殿、高塔、木材和砖瓦创造的巨大建筑。郡是秦代真正后继者所建成的，也就是说，这一时代是军事城墙时代。如同后来罗马人所做的那样，秦代皇帝们把从潼关到黄海之滨的万里长城，作为他们留给后代的纪念物。同时也可以说在这一全盛时代，政府已把财力和威信用尽了，他们开始衰落。但秦以后的很多王朝又继续这一工作，当然这一时代其他建筑成就，如同文献上常提到的青铜和铁铸的塑像一样今天已散佚不见了。其中之一是因为中国皇帝失败之际，将全部财产和自身都付之一炬，另外还有伴随王朝交替时的对文物的破坏。

汉代绘画样式除了从属于汉代后期地方某名门的墓葬和山东省武梁祠的岩画来想象其丰丽圆熟以外，不用说是不可能复原了。这一岩石壁画包含着中国的神话和历史，显示着古代中国的生活和习惯。

为欣赏这一时代极为优秀的工艺品样本，我们不得不把眼睛投向日本的皇室御物、神社宝物、古坟的出土文物。这是因为日本接受了中国的汉代艺术，而且在朝鲜学者王仁博士来到日本讲儒学经典的很久以前，日本就已熟悉了中国文字。根据王仁来日后不久写的无数汉字碑铭，显示出汉语易于学习，可以证明已经受到了来自中国的影响。这样一来，在日本也和在中国一样，儒教为后来的佛教的种子准备好了土壤。

中国、朝鲜大批移民中的美术家、工人，从他们制作的铜镜、马具、刀剑的装饰、青铜和金属的美丽的甲胄，就可了解到他们是按汉代式样制作的。如此一来，日本的艺术教育在佛教方面在飞鸟时代追求新的雄大的表现时就已接近完成。我国伟大的雕刻家止利（鸟）法师，并非一夜而成的天才，这是长期以来各种原因的结果，而且不过是他长期耕耘的最初的收获。

可是，由于儒教把从二元论产生的平衡和作为部分对全体的本能的从属的结果的静谧作为理想，所以必然会束缚艺术的自由。受到为伦理服务的局限，艺术自然成为了工艺。实际上，道教精神赋予中国艺术意识以活泼的个人主义，还有后来传入的佛教，虽然没有上升到堂堂的理想，但就像纺织品和陶器的异常发达所显示的那样，无疑总是倾向于装饰的方向。可是它即使停留在装饰上，也决不会堕入资产阶级之境地，因为普遍无我的广大生命永远都能把亚洲艺术从缺少共感的危险中挽救出来。

第十五节　展望

我们没有必要为亚洲的简朴生活同今日使用蒸汽和电力的欧洲形成的明显的对比而感到耻辱。古老的交易世界、工匠和游商的世界、村镇的市场和庙会的世界、小船满载土特产在大河里漕运而来，在大宅第的院落里游商把纺织品和宝石陈列出来，深窗里美丽的妇人们能够观赏和购买这些货物的世界——不管形态上发生怎样变化，这些世界并未完全衰败，仅在发生巨大损失的情况下，亚洲才能够允许这一精神灭亡。因为几个世纪中从父祖一辈传下来的作为财富的工艺和装饰艺术，都是仰仗这一精神保存下来的。在失去这一精神的同时，亚洲不仅将失去物品的优美，还必将失去制作者的愉悦、他们想象力的个性以及长年累月亚洲劳动的教化。因为穿上用自己双手织的针织品、住进自己的家居，是为了精神需要而创造他们自身的领域。

亚洲虽然不知道由争分夺秒的交通工具带来的强烈喜悦，但是拥有巡礼、遍历修行等有深刻意义的旅游文化。而向乡村主妇乞讨，或黄昏时分在某棵树下歇脚，同当地百姓吃烟谈笑的印度行者才是真正的旅行家。在他们看来，某一乡村不单由自然地形构成，它还是由习俗与社会、人与传统的结合而成的，是充满了在短暂的时间里与当地人一起分享发生在他们身上的喜与悲这种关怀和友情的。我国各地旅行的人以漂泊之身，在离开名胜之地时也必须吟诗做句，无论多么没学问的人也会以尽可能的艺术形式留下短诗。

依据这种见闻方法而培养出了拥有成熟而生动的知识、坚强而温厚的人们、和谐的思想感情的东洋之个性。这一交流方法使人与人之间的交流这一东洋的观念不是作为教条的指针，而是作为真正的教化的手段而得以维系下来。

反措定①之锁是能够无限延长的吧。可是，亚洲的光荣与它们比较是更为绝对的东西。亚洲的光荣是寓于所有人心中和平的脉动之中；是在天子与农民结合的和谐之中；或者是在促使所有同感、所有礼让之念兴起的那一崇高的一体化的直感之中。我国高仓天皇（也可能是醍醐天皇之误）由于在冬夜之霜，于贫苦的农民的炉边脱掉睡衣；唐太宗见到臣民挨饿自己也减食。亚洲的荣光还在于，菩提萨埵只要宇宙之尘最后一粒沙子尚未投入到至上的幸福中自己就不能进入涅槃这一大悲之梦中；还在于印度王侯穿上简朴的衣服，在贫困的周围投放灿烂的光环；坐在帝王宝座之上者于这一伟大现世统治者唯独他一人决不佩剑这一对自由的崇拜之中。

正是这些事物是亚洲的思想、科学、诗歌、艺术之中秘藏的力量。被从本国传统分离出去的印度抛弃了作为国民性精髓的宗教生活，变成卑贱的和虚伪的东西、新事物的崇拜者；面临取代精神文明而投身物质文明的中国，正在用古代商人的语言缔结西方式的契约，并且以农民之名讲出繁荣的同义语，正挣扎在的传统的尊严和伦理之死的苦恼之中。

作为"上天"之民的祖国的日本正在暴露出使精神之镜的纯洁蒙上阴云、使剑之魂由钢铁堕落为铅的破灭。所以，今日亚洲所应

---

① 反措定：Anti-thesis，与特定的肯定主张相对立的、否定主张。

做的事情是保持亚洲的样式，并恢复这一样式。可是，为了做这件事，亚洲自身首先必须确认这一意识，并去发展它。因为过去的影像是未来的保证，无论什么树木都不会比它的种子的力量更强大。生命总是在于回归自我，有多少福音书都讲述了这一真理。"认识你自己"，这是德勒弗欧伊（阿波罗神殿）根据神谕传达的最大秘密；"万物皆备于我"，是孔子（疑为孟子之言）的谆谆教导。更为明显的是佛教徒讲的一个例子，有一次弟子们围着老师集会时，突然在他们所有的人［除了修行有年的跋阐罗波腻（金刚神）外］的视力都丧失了，并且伟大的神湿婆①在他们面前圣身燦然而现，其他人由于看不见，这时跋阐罗波腻便询问老师："我曾经遍寻过像恒河的沙子那么多的星辰和众神，我怎么没有看到过这一光辉的身姿呢？这位到底是什么人呢？"佛陀这样回答道"这就是你自己"，于是跋阐罗波腻立即顿悟。

使日本再生，使日本成为日本，使东洋世界平安地闯过如此众多的暴风雨的就是这一自我认识。把亚洲重建成昔日那样固若金汤的国家也必须依靠同样的自觉的再生。时代为前途可能发展的多样性所困惑，就连日本在明治的一团乱麻中也找不到解明自己将来的线索。我国的过去是同水晶念珠那样澄明而且连绵的，国家的命运由大和之天才们所创造，在飞鸟时代第一次成为印度理想和中国伦理的接受者、汇集者；经过奈良、平安时代的准备期，我国强大的实力体现在藤原时代的无限忠诚或是镰仓时代英雄们的反抗精神，更是在达到顶峰的以严峻热诚英勇赴死的足利武士强烈的热情和崇高的努力之中。经过上述时期，我国的发达是明朗清晰、毫不混乱的。通过丰臣、德川时代，学习东洋礼仪，我们伟大理想的民主化达到小康，完成了一个成长。一般的民众和下层阶级外表虽然不够活泼，看似平凡，但那种武士献身精神、诗人哀愁之情、圣人的神圣的自我牺牲精神等都成为他们独特的东西。事实上，他们正在被解放并继承了国民的遗产。

可是在今天，西方思想这一庞然巨物却使我们感到困惑，或许大和之镜已被蒙上阴云。诚然，我们在维新的同时正在使日本

---

① 湿婆：siva 的音译，印地教三大神之一，与破坏神俱为创造神。

返回到过去的日本,在那里寻求日本所需的新的活力。与所有真正的复古一样,明治维新也是具有某种不同点的一种反动,即足利时代开始的艺术向自然的献身,在今天成为向民族和人类的奉献。我们本能地知晓我国历史隐藏着未来的秘密,就像盲人一样热切地尝试找到那一线索。可是,如果这一想法正确的话,如果过去隐藏着新生之泉,那我们就必须承认一种强化的必要,因为现代这一充满着庸俗和丑恶的如火的旱魃正在使生命和艺术的源泉枯竭。

我们正在期待着那一柄刺破黑暗的宝剑的出现。因为这一可怕的寂静必须被打破,在新的花草开满一片大地之前,含有新的生气的雨滴必须使它们清新。可是这一伟大的声音必须是追寻这一民族千古的道路,是从亚洲那里听到的。

这是来自内部的胜利呢,还是来自外部的强大的死亡呢?

(李今山译　王青校)

十一、森鸥外

史料简介

森鸥外（1862—1922）是日本著名的小说家、评论家、翻译家和军医。生于石见国（今日本岛根县）津和野，是藩主侍医森静男与妻子峰子的长子，原名林太郎。他自幼聪明过人，五岁开始学习汉学，九岁随父学习荷兰语。1872年去东京，学习德语和医学，1881年东京大学医学部毕业，同年从军，成为陆军军医，服役长达三十五年。鸥外进入陆军后不久，从1884年到1888年被陆军选派留学德国，学习卫生学，这期间他亲近文学、哲学，广泛涉猎古今东西的名家名著。

归国后在医学和文学两方面加入启蒙运动，与妹妹和友人一起翻译了西方诗集《于母影》（1889），第一次用日语表达西欧诗的精神和感情，给日本近代诗坛带来了新鲜的感受和自由的空气。同年10月，创办了日本最早的杂志《醒草》，并以此为阵地广泛介绍西欧美学，进行文艺批评活动，提倡近代文学和近代诗歌、戏剧的改良，开始他的近代文学启蒙活动。同时创作了《舞姬》（1890）等德国留学纪念三部曲，翻译安德森的《即兴诗人》（1892）等，成为享有盛名的青年文学家。

但是他这种陆军军医和文学家的二重生活在陆军内部引起了许多冲突。再加上他因医药行政问题批评上司，导致1899年在三十八岁时从第2军兵站部军医部长被降职到九州小仓的第12师团军医部长。这期间他暂时停止了文学创作，完成了《即兴诗人》的翻译，并专心于《战争论》的译述、美学的体系形成、学习法语、研究佛教等，直到1902年成为第1师团军医部长而回到东京。1907年四十六岁时晋升陆军军医总监、陆军省医务局长，成为陆军军医最高阶位者。

1910年发表了随笔《沉默之塔》，从自由主义的立场批评明治政府的专制主义。日俄战争后森鸥外的文学活动再次活跃起来，他翻译了很多欧美作家的小说戏曲，而且创作了与充满浪漫主义的前期作品迥异的《半日》《青年》《妄想》《食堂》等小说，1912年发表了历史小说《与津弥五右卫门的遗书》，后来又发表了《涩江抽斋》等史传。晚年从事考证学传记研究，1917年被任命为帝室博物馆总长兼宫内省图书头。1922年因病去世，享年六十一岁。

1892—1899年相继发表《审美论》到《审美纲领》，成为哈特曼美学的记述者乃至编述者，1901—1902年发表的《审美假象论》则超越了哈特曼的范畴，参照康德以后的诸学说而树立了自己的美学理论。

总的来说，鸥外在日本近代文学史上做了大量的工作，他将西方近代的文学理念和方法引进到日本，并谋求在文学评论、美学研究乃至小说、诗歌、戏剧等文学创作方面，努力尝试在日本文学近代化过程中创造性地发挥这种理念和方法。他对推动日本文学近代化方面贡献颇丰，在文学史上，森鸥外与夏目漱石的名字被作为近代日本两大文豪而载入史册。这里依据岩波书店1973年版《鸥外全集》第二十一卷节译其《审美论》。

审美论（节译）

美 之 所 在

在问美为何物之前，有一个很重要的问题就是美在于何处。

认为美存在于意识之外，存在于外界事物之中的想法是最幼稚的，我们称之为幼稚的实际主义。是把意识中视为客观的东西当成实物。这种认识的谬误无须通过哲学，通过自然科学便可以知晓。颜色、声音等仅仅是主观感觉，而与此相对的实在乃是分子和极微粒子的运动。假使美是由声音、颜色等相结合而产生的话，它也是存在于主观感觉之中，而不会是存在于意识之外的客观实在之中的。既然存在着意识之外的世界，在那里也没有颜色，没有声音。假使现在的理学家之言正确的话，这个意识之外的世界应该是由极微粒子构成的。而这种极微粒子如果不是无外延的点的话，在与其相互之间的距离相比较的时候，它们就像是无外延的力点一样。这些粒子的大小和它们相互之间的距离的关系至少应该像星星之间的距离和星星的大小之间的关系一样。这时这个外界不应被认为是什么连续的东西，只是我们的意识无法观察到其中的罅隙而已。

作为极微粒子而依然存在的美，只是于搭配和变化中产生的几何学上的美，连这个都不可能连续的话，星图之美也不会比在房檐下上下飞舞的蚊群之美更美，但如果不是意识中认为应是美的话，那么在遵循那些应上升到意识的、观赏原则的时候，这些星图之美、蚊群之美也将会消失。无论如何，假使形成分子的那些微小粒子是实在的无延伸的点的话，它们绝对不会存在于意识中的；假使那些微小粒子虽有外延，当它们间的距离俨然如那些相隔遥远的星星一样的时候，无论是人的官能还是光学器械都不可能认识它们。至于那些并不认为时间、空间以及运动属性乃是客观事物的存在状态的人，大概丝毫不认为实在的事物中存在着美吧。总而言之，在客观事物中是不可能有美存在的。

关于实在的心也是同样的道理。即实在的心这一个体或者假如果真有这种东西的话，无质量的灵魂也可以同样成为反证。在说美的心灵的时候，我们借用了美这个词。这是在亲自认真调查的基础上，即作为整个世界中的一个个体，在经过认真调查其地位之后，就如同那些艺术家一般，无论面临什么境况都无须考虑就可做出恰当的东西。那就让我们认为存在着受精神活动影响的实物界吧，认为这个实物界是存在着美的。在这个基础上追求美的心灵的时候，其实是等待能够将自身的影像尽量很美地显示出来的一个绝妙的保证。仔细分析一下诗人们写下的那些美好的心灵。他们所描写的不过都是把那些美好的心灵表达出来的想象上升到人的意识而已。心灵就是意识感觉不到的、不能浮上心目的、有质量的分子和别的什么其中之一吧。如此说来心灵从一开始就在于语词的本义上，就在美的对立面。不仅如此，那些表现在感情与思考之外的行为前的原始冲动、抵抗及经过等也是在美的范畴之外。艺术家将这些引入美的范畴，将这些表现为不完全的或有意的行为。这是依靠媒介的表现方式，诗人通过将内心所思所想的用语词表现出来，使之上升到意识的外在替身。而直接用语言表达出来的是心理学家，前者是艺术，而后者则是学问。

因此意识中实物之美实际上仍存在于外界。如果外界的美消失殆尽的话，心中的美也将变得没有意义。我们不得不说无论有质量的实物还是意识中的实物都存在于美的范畴之外，除了通过幻觉的力量以心传心之外，心灵总是以实质的东西为中介来相互传达的。如果美的拥有者与对其的认识相去不远的话，那么有质量的实物应该比较接近美，而心里的实物则与美相去甚远。

这种幼稚实际主义一旦被打破，马上就会走向另一面，容易招致认为美在于主观、只存在于主观意识的主观理想主义的麻烦。那些似乎非常自如的艺术家的空想也是由没有上升到意识的法则和内在的需要创作出来的，与那些极随意的梦境毫无二致。因此，可以说外界也是应内在的要求，抛开意识创造出来然后又被带入到意识里的。认为实物完全不存在也是可以的，也可以将其作为不具影响的隐蔽的意义。可以说美存在于主观的想象，艺术家的作品是无意识的主观空想的结果，当我们认为自然上升到了意识的时候，那也主要是由不相干的无意识的法则形成的，但一方面它也是使用了创造美的力量的。与幼稚实际主义认为美只是客体相反，主观理想主义认为美是主观。前者认为美是原本就有的、是被接受的，而后者认为美是新创造出来的、是产生出来的。只是这些生产美或者抛开意识的伎俩不过是后来被认为原本就有而被后者接受了而已。

主观理想主义似乎要优于幼稚实际主义，但是主观理想主义会遮蔽美的客观性，即会遮蔽人人都认为是美的东西，这种弊端与幼稚实际主义会遮蔽美的主观性，就好像会遮蔽美存在于想象之中的弊端。艺术家内心的作品驱使他们将其作为客观表现出来，不是依附于可以永久保存的材料，而是依附于可以永远延续的标志。这不仅是因为一个人要向他人表现自己，艺术家也正是这样使各自的空想图上升到各自的意识，接受世人的批评，使其孕育成长为一件展示于世人的艺术品，这已不仅是主观理想主义了。可以这么说吧，至于从成就艺术品的艺术家以外的有意识的主观事物中也能感受到美，从外在于艺术家的有意识的主观事物中感受到美，主观理想主义越发词穷了。这种尴尬已经在自然美的问题上发生了，虽然不存在牵动万人的客观的真实的自然，但关于自然所有人都有同样的感觉，认为这全是万物之主的伪自然原本本来具备的调和，不是太可笑了吗？大家在看了一个艺术家创作的作品以后都认为它是美的，并不是因为作品本身，而是因为大家偶然会产生同样的美，这种想法就越发可笑了。无论如何，艺术家用几个月的时间完成一件作品，而来观赏这件作品的人们在面对这个作品的瞬间，就可以产生与人家用几个月时间产生的同样的美，严肃地说实在是件很难的事。在自然中都很可笑的固定的调和，在这儿就更加可笑了。尽管这样还要强烈地维护这种固定的调和的话，这种调和如果不是以神为媒介的从一种意识变成另一种意识，就是在幻术中从彼意识走向此意识。

这两种看法的谬误还产生出了第三种看法。这种看法是摒弃了前两种看法的偏颇之处并综合了二者中的正确之处的产物。能创造作品的只有艺术家，观众不会创造作品。实际上是客观的作品调动了观赏者的官能，使他们接受了一种记忆的图像。这种图像是附带有美的。由作者将想象的蓝图创作为客观的艺术品不是美，而当观赏者在看到这个作品的时候，作者或者是观赏者的意识中产生的主观现象才是美。这样主观理想主义的正确之处在于美是主观现象，而记忆的灵感、有意识地创造这些记忆的图像，这也是主观理想主义的正确之处。尽管这样，这些有意识地记忆的主观创造出的记忆的图像，只要人的大脑机能和感官机能都健全，它就与其他的记忆的图像不同。主观和无意识的法则无关，这个图像与客观的真实作品相关，是与并不在意人们是否看它的艺术品相关，是与艺术品这一实物相关。

看到客观实在的艺术品，有健全记忆的主观所产生的这种记忆的图像是否是美的，有多美，是什么样的美，这些都与记忆的主体、产生的主体无关，而是与官能被调动而出现的这一行为有关。而作为这一根本原因的感官调动方式又与艺术品这一实物的形态相关。如此说来，人们在感受到美的时候，记忆图像的美正是在于并不美的实物，作者本身并不美，而是创造出了对健全的人来说作为美的记忆图像之因的实物而已。

我们把这个叫做先天（官而上）实际主义。按照这种主义，美作为意识的堆积物，只附属于主观现象。但是，主观现象之美并不是直接与主观的生产方法相关，而是与规定这种生产方法的作品实物形态相关。作为主观现象的美也已经不再是实物的副产品，也不再是观赏者的副产品，而是两者相结合的产物。主观是产品的直接原因，如果主观在官能被调动起来的时候不能健康地作出反应的话，实物将没有任何意义。实物是有媒介的产物之因，不管怎样，实物都不能直接产生美，而只不过是激发主观产生它而已。尽管这样，在审美上实物的外观是很重要的，它会让所有健全的人对同样的实物产生同样的主观现象，主观对实物做出反应后立刻产生美好的主观现象，在审美学里先暂且不谈这个问题．应该把它交给心理学来讨论。

糖这个实物并不甜，但糖这一实物又有使味觉产生甜的感觉并感受到甜的性质。尽管这样，人们在买糖的时候，即便知道这个实物不甜，他还是希望得到糖这个实物，而不希望得到类似于具有上述糖的性质但并不完全是糖的东西。买画的人也是如此，运送到家里的艺术品，都要求它能让每个有健全的官能的人产生凡是具有审美眼光的人都应该认为它是美的印象。糖这一实物的价格因它所引起的甜的感觉之程度不同而有所不同，同样书画雕刻等的价格也因其所能引起的美感的程度不同而有差别。常言道糖愈甜价愈高，画愈美价愈贵，这是来自幼稚实际主义的说法。我们的先人，我们同时代的人还有我们自己，在无法从哲学上思考的时候就会怀念幼稚实际主义，从而会有这样的说法，即使在经过哲学思考之后使用这句话也不会有太大问题。只是我们在使用这句话的时候知道糖本身并不甜，上了色的绢本身也并不美，我们只是为了指出引起甜和美的外因而扩大了甜和美的字意。

承载美的主观现象

无论是创造艺术史的人，还是从事审美批评的人，都可以无须顾忌地使用上面提到的幼稚实际主义一词。尽管这样，还是希望从事审美批评的人清楚平常使用的不是这些词的普通意义，而是它们的广义。糖甜也好，画美也好，这都不是这些词的普通意义，一般意义上被说成是甜和美的只是属于意识的主观现象。这并非是徒劳地分析词义，作毫无意义的游戏，这其实是整个审美学的标志。审美学讨论的对象应该限于那些成为自然客观的实物及艺术品实物的美的主观现象的原因，事物的存在及其相关联的性质都不是审美学关心的事情。不仅如此，从事审美论而不能摆脱事物的存在及其附属性质的话，最终将无法成为审美学。

审美的见地应当脱离实际价值、使用价值，也必须脱离相当于使用价值的实物性质。丝柏的实际价值在于木材的体积、重量及硬度，香炉的实际价值在于它黄金的纯杂和轻重，审美应该脱离这种价值的见解一般的人都知道。那是为什么呢？实物果真美的话决不是因为这个道理。幼稚实际主义并不制造审美上的假象（映象）与事物的实在之间的区别，总之，在幼稚实际主义看来事物的实在一旦被认为可以承载美的话，它就自然应该具有各种与那种美相关的性质。

在幼稚实际主义看来，美在于事物的外观，而不在它的内部，我们应该将这种看法视作毫无道理的遁词，是任性地想引入注目。不仅每个动植物躯体内的美、金属晶体内部的美可以作为颠覆这种见解的材料，发自内心的声音、音乐之中的美、发自内心的诗中蕴涵的美也是可以证明的吧？美不在其里而在其表的见解，将这种原本只有在视觉上才成立的美的见解扩展到一切的美（听觉之美、幻想之美），这种错误之处并不比先天实际主义更难理解。

原本可视的美也是既不在于实物的外表，也不在于实物的整体，而在于眼睛的假象，眼睛的假象是指来自视觉的主观现象。如果追究起来任何实物的所有外延都可以成为审美评论的材料。产生这种眼睛假象的美的原因一定是在当时，在它的表面。光被吸收、被反射、被扰乱、被着色等都是在表面，但是这里的表面并非指几何学上的表面，而应该将它的存在理解为是实物的外壳。只是这个外壳的厚度仅仅是用显微镜才能看到的厚度。落下的白光首先把这个壳里的微小分子从各个方向驱散，尔后才成为各色光散发出来。视觉的美在于眼睛的假象这个事实会让大家明白听觉的美在于耳的假象、诗之美在于幻想的假象的道理。

作为耳朵假象的音乐之美与语音的形式之美一样，本身并没有相应的实物。乐谱跟这二者不是一回事，作曲者和演奏者之间并不一定非要有乐谱，乐谱只是演奏者的依据而已，作曲者让各个演奏者弹奏、歌唱的时候，曲谱就会成为他的累赘（三弦琴直到现在还是没有乐谱而是被传唱的）。再来看歌舞伎的舞蹈还有一般舞蹈，这些到现在都还是没有什么文本，只是模仿师傅而已。将动物的肠搓成弦，将竹子穿孔做成笛子等只不过是搞技术的时候使用的死材料而已；还有雕刻用的大理石、绘画用的颜料、宣纸等。将弦和笛视做艺术品的时候，它们仅仅是制造弦和笛的工人的艺术品，而不是弹弦、吹笛的人的艺术品，我们把它们叫器械。而这个器械发出的声音无论多么令人愉快，细说起来，这些都还不能进入艺术美的范畴。这种声音是能为艺术服务的感官的愉悦。肉声也是感官上的愉悦，被用于艺术美。音乐的艺术品不在于弦，不在于笛，不在于肺，不在于喉。它也不在于弹弦人手的挥动、不是唱歌吹笛的人的呼吸肌肉的运动。手的挥动、呼吸肌肉的运动虽然不同，但音乐的声音是相同的。比如说画工的手的动作方式虽然不同，但图画是相同的。

那么音乐之美应该在于演奏它的人吗？不，伶人不过是自动交替的人才而已。虽然艺术品是借人才之作用而成就的，但不能说艺术品就是人才。无论伶人是良民，还是不良的歹徒，是孝子还是不孝之子，行为放荡还是端正，都与其艺术丝毫无关。伶人作为人才之所以被使用于技术上，只是因为他们的手、他们的嗓子具有如作曲者所想的将其乐曲复写出来的能力。人才利用器械这个死材料进行的创作，根据他发出的音波在听众耳中的作用而得到评价。这个音波不是单一而是复合的，是音波的增大。在这个音波的增大产生之前，是不会有作为音乐的客观实物的，由于音波的增大，这种空气的震动让耳朵感觉到特定的声音。

由此类推，作为雕刻的客观实物的艺术品、作为绘画的客观实物的艺术品，都不在于那个实物，而在于光线落到实物上产生的以太①的运动。观众的感官和听众的感官都同样因为空间的填充物的运动而被调动，只是前者的填充物是以太，而后者的填充物是空气而已。虽然二者中实物都与其填充物的运动有关，但不是实物直接调动人的感官。如此说来，艺术品中永存的实物，用以使空气运动的东西是不存在的，造型艺术（雕刻、绘画统称为造型艺术）中虽然存在永存的实物，存在用以产生以太运动的东西，但造型艺术中有这样的东西几乎是很偶然的，显然很难因为美而将这些排到首位。

表演艺术也是如此，不应该从进行表演的人的自然的美丽形体或其人的表演所产生的美的运动中，去寻求作为客观实在的表演艺术品，因这两者而产生以太的运动之后，艺术品才开始存在。

常人这样认为：造型艺术品是静态的，音乐艺术品是动态的。但我们想说：造型艺术品和音乐艺术品同样并非是静态的，二者都是空间填充物的运动。我们说造型艺术品和自然风景是静态的，说音乐和表演艺术是动态时，这种动静之别不在于客观真实的艺术品，而在于人们对这些艺术品的主观印象。以太或是空气的运动，与前文引用的蚊群的比喻一样，原本它就不是美的，就更不能从主观印象之外去追求美了。参考下面要讨论的诗，这个道理就更加明白了。

从造型艺术进入音乐艺术，我们看到了实物的脱落；现在我们再从音乐艺术进入诗的艺术，我们将看到空间填充物的脱落。听诗歌的时候，我们感受到了吟诗者的语言和表演的艺术，我们被诗歌语音的形式之美所打动，这跟我们在前面论述音乐的时候是一样的。虽然二者都有助于诗歌对人的打动，但这二者并不是诗歌发挥作用所必不可少的。无论语音的形式美有多完备，也有诗歌的作用不充分的情况。纯粹的诗歌之美是什么，这完全是上升到意识即附属于观赏的东西，如诗人期望的那样，能够让人观赏，是因为诗人所使用的语言有通用的意义，并以此为媒介。

---

① 以太：古希腊哲学家首先设想出来的一种媒质，17世纪后为解释光的传播，以及电磁和引力相互作用的现象而又重新提出。

诗歌艺术品之美也是依附于幻想的假象的，语意仅仅是观赏的媒介，语音仅仅是产生语意的媒介，如果不听诗而读诗的时候就能够摆脱语音，在诗歌中空间填充物的运动就相对不那么重要了。

读诗就是看诗里边的字，看诗之字的人原本内心能够唤起那些语音的图像、能受觉到形式之美，就如同演员默诵乐谱一般。但是读诗之字的人，有意识地不考虑语音，直接由字到意切换自如。在这里我们再向前推进一步，显示一下可以不通过字而获得其意义，那就是回忆起自己熟悉的诗的时候。在这里就像不通过字就回忆起诗一样，画也可以被回忆起来，音乐也可以被回忆起来。但是，在音乐中不能不将音乐图像上升到意识，而在诗歌中语音的图像可以不上升到意识。

要追求美好的诗歌艺术的美的客观性的话，那纯粹在于想象吧，纯粹是想象这一语意的客体成为它的媒介。如果纵观艺术理论，可以推断出美的音乐艺术品的客观之处仍旧在于想象，作为艺术家的演员面对每一首曲子总会有相同的意图，并以此为媒介。我们还可以推定美的造型艺术的客观也是在于想象，只是恰好存在永存的实物这一中介而已。诗之美不应该从空想的假象之外去求得。我们由此推定，音乐之美不在于空气的真实运动，而在于听觉的假象；造型艺术之美不在于以太的实际运动，山不在于实物，而在于视觉的假象。

美在于假象，在于主观现象，在于想象。实物中不存在美，空气或者以太的运动中不存在美。只是在想象中为了想要把握客观，而在雕刻中使用了金石这种实物，在绘画中使用了宣纸这种实物，在音乐及诗赋中将符号印到了实物上。这其中雕刻成的金石和有绘画的宣纸，我们一看到就马上可以产生视觉的假象。而音乐和诗歌的符号只不过是为了得到艺术品的支票而已。就好像普通人常指着画卷说，这个应举①是幽灵；或指着书卷说，这个

---

① 圆山应举：1733—1795，日本江户时代中期的画家。受外来的写实画法的影响，在精细的自然观察基础上，开创新画风，长于画山水、花鸟、人物等，并以幽灵画而著称。

马琴[①]是《八犬传》。这是追求诗歌或是音乐中的客观实物时，就好像画中有客观真实的图像一样，只不过是得到了书本这支票而已。哲学家已经允许将比较接近美丽的假象（真正的艺术品）的画幅作为艺术品，他们这次又不得不把离美丽的假象比较远的书册作为艺术品。试想一下，即便画幅与视觉的主观现象多么接近，两者之间除以太的运动外，还有眼睛里光的反射、眼底的化学反应、视神经的运动以及控制视觉的大脑的运动。

如上所述，我们认为美在于主观现象。如果这样，只有像视听这样被认为是高级感官的才被认为是美，像嗅觉、味觉这样被认为是低级感官的则被认为是快乐，但最终我们无从知道它不被认为是美的理由。在视听觉中可以将主观现象作为原因的客观从实物中分离，这就是它能成为美的原因。盲人雕刻的时候与肉体器官共同发挥作用的触觉也属于此列。嗅觉和味觉则不同，它能够被认为是美的，只有在它成为空想的产物之后。

世界上那些从别处寻找低级感官无法进入美之领域的人，都是错误的。有人说低级感官的快乐因为其范围很窄而无法进入美的领域，知味术（美食家）和闻香术其范围也很窄，理应和观画读诗一样都进入美的领域。然而我们却认为嗅觉和味觉是不美的，其理由是快乐的实感淹没于色彩的视觉中，产生了对画的美丽的审美性假感；快乐的实感淹没在声音的听觉中，产生了音乐的美好的审美性假感，但是滋味和香味却不能超出快乐的实感。

使假象脱离实在

考察主观现象的时候，从审美的角度看与从通常学问的角度或者实际的角度看，两者区别很大。从审美角度看，是将形成主观现象之原因的实物置之度外的，只是考察成为美的主观现象；从通常学问上或是实际的角度看，是回顾作为到达实物的桥梁的主观现象，是回顾代替被存入我们意识中的实物的（代表实物的东西）主观现象。从学问的角度考察，是想要知道作为主观现象对立面的实物；从实际的角度看，则是对主观现象对立面的实物

---

① 泷泽马琴：1767—1848，江户时代后期的小说家。代表作有《南总里见八犬传》等。

施加作用并接受其反作用。

最容易做到把实在置之度外的是诗歌，在这里看不到亵渎假象纯粹性的实物，音乐次之。在音乐中只要忘记张开的嘴、鼓起的脸颊、游走的指尖、颤动的蛆肠、震动的猫皮是原因就足够了，忘记这些的最方便的方法是闭上眼睛。但是，正是认为每个人都具有忘记这些的抽象能力（从主观现象中抽出实物的能力），在欧洲的剧院设计了可以看见的池座（相当于日本戏剧观览席前排的部分，设置了栏杆，让乐人待在里边）。至于表演艺术，忘记实在把握假象稍微有些难，当然假如有教育素养的人是应该会无视真实的。扮演坏蛋的角色无论多么像真的，都不应该跳上舞台去鞭打演员。即使听说了那个演员是男妓的谣言，也不应该贬损演员的艺术；实际上就算让老人扮演年轻女孩子的角色，也不应该拒绝这个角色。就算是被讥为河原乞丐①演员也可以扮演至尊的角色。

再进一步到造型艺术，想脱离实在就更加难了。但是画（上了色的画）由于将立体变成了平面，将本应双眼观看的东西变成了一只眼观看的东西，观赏者被迫忘记了实物。大理石像的没有色彩，泥偶的袖珍也都是同样的道理。无论是雕塑还是绘画，想要使主观现象脱离实在，需要多少费些周折，制作这些作品的作者已经放弃了技术的特权，与自然实物的竞争就是从这一时刻开始的。这种竞争在审美上没有任何益处，这种竞争最终归结为自然实物的胜利。

大概美的假象背后的实在是很容易脱离的。无论怎么说，实物除去了美的假象之后，如果没有成为没有任何意义的死材料的话，肯定与作为美的假象表现出来时是完全不同的。大概假象与实在之间的差距越大，也就越容易使假象摆脱实在。在自由艺术中，假象和现实的差异很大，因此，自由艺术的假象很容易凸显出来。我们可以给这样的假象取名为自由假象。羁绊艺术品和自然品的美的假象是相对不自由的，想使它摆脱实在，这在一瞬间人们是可以做到的，但最终假象还是会与实在结合在一起。在羁

---

① 河原乞丐：对歌舞伎演员的蔑称。

绊艺术品和自然艺术品中，假象出现的地方即是想要表现实在的时候。画中的山只是一堆颜料而已，自然的山才是实在的山。这两者在主观现象中虽然是相同的，而在客观实在中是不同的。

酒神巴克斯神像拿在手里的大理石酒杯不过是酒杯的图像，不是真正用来盛酒的，作为装饰的酒杯一面能产生酒杯的图像，同时也有作为酒杯的实用性。如果使画中山、石以及酒杯的假象摆脱真实的颜料或石材是很容易的话，而使实在的山和杯盏成为纯粹的主观现象是需要观赏者费些周折的。

在忘记了使艺术品摆脱与之不相应的实在的时候，就算侥幸，也会陷入奇怪的滑稽之中，而表演艺术也会沦为可鄙的后台的闲话，这很无聊，这对于发掘美感享受美感的人来说大概就像感觉被非礼。忘记使自然品摆脱实在，就会陷入幼稚实际主义，将假象和实在混为一谈，而且会使主观现象沦为实在的代表。总之，在这里产生了人与实在的各种关系，因而妨碍了单纯美好的外观。这种脱离实在的艰难，就是因为人们从懂得欣赏画到懂得欣赏风景，是需要一些时间的。也是因为如果人的主观感觉发展进化的话，是不至于从风景中看出这些相应的分子的。

让我们试着倒过来看一下我们已经看惯了的风景。试着弯腰从胯下看一下风景，这时就可以意外地发现美好的地方。这在我们正常观看的时候，只不过是把视为实物（作为官而上的实在的客观、作为在官而上的实物与官而上相关联的假象）的东西，突然作为清晰的图画被看到、作为纯粹的主观现象被看到而已。正视和倒视刺激视网膜的不同之处，会看到习惯的模样和不习惯的模样，这里无须细说，在这里只以一个比喻让大家想象一下：倒着看的人，就像盲人，眼睛被医生割开了一样，把什么都视为主观现象，而不是官而上的真实的客观，我们应该知道能够欣赏自然美的人，是无须倒着看就能感受到风景之美的人。即使倒着看小的自然物或是家里的风景，其功效也是很小的，其道理已无须在此详述。

摆脱实在的训练，没有什么能比得上观赏纯粹的视觉现象的绘画。即使是一幅无趣的山水花鸟，在绘画者的眼里，也看到从未发现的自然之美栩栩如生。这到底是为什么呢？这只不过是将以前一直视为实在的东西视为主观现象了，视为浮现于空气中的图像了。这样看的时候，注意到光和影的作用和各种色彩组合的主观的人，就应该能感觉得到超越色彩的美；注意到形状排列的人就应该能感觉到超越平面图形的美。能够这样看的人，无论是进入鞋店的作坊，还是船夫出入的小酒馆，都可以看到一幅风俗画。

使自然物品的形体之美脱离出来要比脱离上述的视觉现象的美要难。这种脱离归根到底是从静态的物品所不可能得到的，就如同为了脱离视觉现象需要画家般的观赏力一样，在这里也需要雕塑家般的观赏力。在这里不仅要摆脱实在，还必须摆脱视觉现象，而且这两种脱离是相互干扰的。为了得到纯粹的视觉现象就要努力忘记第三维（厚度、深度），使立体形象不要成为立体；而要得到纯粹的立体假象，就不得不存在第三维。在这里主要的是要摆脱颜色，脱色在艺术品中，纵使是加了色彩的艺术品也还容易，但在自然物品中由于色彩发挥着非常重要的作用，就颇困难了。在自然物品上，只要想让立体形象和色彩并存，脱离实在就不可能奏效。虽然没有活动，但可以知晓仅仅通过上述两者的并存，假象和实在是永远结合在一起的。能够得到纯粹的视觉现象的人很多，但能够得到纯粹的立体形象的人很少。

在艺术品中立体形象的脱离有一点比在自然物品中容易，那就是实物的实用性在艺术品中比在自然物品中小。而艺术品又有比天然物品难的地方，那就是实用与美丽的假象是紧密地联系在一起的（与脱色是正相反的）。一方面器皿的装饰为主，器皿成为了施加装饰的地方（实用不重要）；另一方面器皿的功为主，人们因为其功用而制造了它们，知道了这个，就忽略了它的美（实用是关键）。

这里有既实用也美观的器皿，比如像酒杯，我们在欣赏它的美的时候，绝不是在使用它的时候，也不应是在把酒倒在杯中喝酒的时候。欣赏酒杯之美一定是在使酒杯脱离实在的时候，一旦口衔酒杯，留在心里的就只是曾经认为它是美的纪念。我们邻席的客人举杯饮酒的时候也是如此，若在这个时候，还能欣赏酒杯之美的话，那只有是在让连举杯的人也一起摆脱实在并让杯子成为图像的时候。如果绘画是视觉现象的艺术，它的主题就要求它是与在官而上的实在相应的东西，它的功劳在于使观赏者忘记摆脱实在的辛苦。这样强迫画家捕捉一个已经摆脱了实在，成为假象的东西，并且使用摆脱实在的技术，就只能是徒劳的，是无的放矢。这就是自由艺术品不作为绘画的主题，而羁绊艺术品和自然艺术品会成为绘画题材主题的原因。

脱离实在发生在幼稚实际主义与主观理想主义所不知道的地方。幼稚实际主义是将意识接受的东西直接视为是实在的，这样至少在自然美之中，幼稚实际主义不能使主观现象脱离出来，这种幼稚实际主义不明白与实在脱离的主观现象；主观理想主义是将意识接受的东西当作假象，但是因为假象就是我们所能知道的实在，最终模糊了与实在的区别。主观理想主义者从审美的角度观看事物和从学问或者是实际的角度看事物并没有区别，只是官而上实际主义表明了摆脱实在。假如理解从审美角度观看事物，即使平时不采用官而上实际主义，最终也会不知不觉进入官而上实际主义，最终甚至会与自己所持的观点相背离。

美的假象之真实与纯粹

美好的假象并不是人为的，它既然被放入意识中，是实际存在的东西，那它就是想象的实物。我们原本只是想让美的假象显现但并不希望它存在。幼稚实际主义也抛弃了实在，官而上实际主义也对实在不屑一顾，总而言之，假象从一开始就是脱离了实在而显现的东西，而且假象也抛弃了实际主义意义上的真实，实际主义的真实可以说是与相应的实在相吻合的。假象已经不再求真，因此它让人们认为它是真的，不用担心会成为赝品，我们把这个叫不伪，这就是它诚实而从不欺人的原因。

哲学的经验派和主观理想派，无论是在讨论的时候还是在真实的世间，总是想以"纯粹的经验"作为立脚点，却做不到。而我们从审美的角度可以使脱离有而显现、脱离实在而成立的主观现象确立。我们的本能让我们认为感觉和实在理所当然是一定相互关联的，这个会不会成为心理上不得已的麻烦呢？如果不是的话，那它是不是真实呢？决定这个的是认识论，审美学只是将脱离实在的主观现象作为它的讨论材料，但无法回答这个问题。

　　假象被放在一个特殊的地位，但是为了能保住这个地位，就需要进入学问的知识和实际的生活中，既不脱离美的世界，又丝毫不与实在的分子相交，玷污假象的纯粹性。画在画上的村落是假象但不是赝品，但是在俄罗斯，为了向来旅行的王妃显示村民富庶，他们会画一个村子贴出来，以代替实际的村子。这个时候，假象也被拉回到真实的世界，成了欺诈的媒介。演员站在舞台上，将自己所有的演技使出来追求女人的时候，这是艺术上的真实而不是赝品，但是一旦走到真实的世界尝试使用同样的伎俩时，谁不指责他骗人呢？在剧中所必需的道具中，让人看画在画上的院子以代替实际的院子，这也不是赝品。但是在西方的夏日剧场，将舞台的后方打开，让人看真实的院子，这就玷污了假象的纯粹性。在木版上作油画，在画面上相当于房子窗户的地方让人看到木纹，也是犯了同样的错误。应该与真实的院子、真实的木纹脱离的假象和从油画中的房子、道具中的布景中脱离的假象不管有多么相似，如果传达给心理的感受是不同的东西，那么就不可能使其融合。

　　绘画的视觉现象和雕刻的立体现象也是是同样的。在画面中出现立体的凸起，将很多颜料堆积形成阴影，不用金色描画而是放上金箔，在雕塑作品中画上阴影，这些在审美上都是失去了纯粹性的做法。无论如何，对于视觉现象的主体也好，对于立体现象的主体也好，都难免从不是视觉现象的地方或从不是立体现象的地方看出其破绽。大凡审美上的享受，都需要忘记美好假象的来历。观看戏剧道具的人，要忘记用前后排列的板或者是幕布而形成的远近形状；观看绘画的人要忘记是光和影的排列而将平面表现为立体；观看雕塑的人要忘记所有玷污立体现象纯粹性的东西，才能实现各自的享受。将实物用于道具，在画面上制造凹凸，在雕塑中画上阴影，会妨碍我们的抽象能力，阻断我们审美的享受。

　　在此，我们可以将用抽象能力澄清出来的美的假象（抽假象）称做艺术上的官错（错觉）。但是这种错觉不是认识论上的错觉，这是审美上的错觉。不是对与相应的实在的关系的干扰，而是纯粹假象的干扰，假象纯粹就会产生这种错觉。当有异质假象相搀杂，妨碍我们的抽象能力的时候，这种错觉就会停止。

虽然如此，异质的假象相搀杂则背离了美，这是由于某种心理的介入使得另一种心理的介入或是被妨碍或是被阻碍。虽然有异质的假象相搀杂的情况，当我们的感官虽然倾注于一种假象，又对另外一种假象倾注不严重，使两种假象的介入不至于相互干扰的时候，它的合象还是美的。特别是当感官的倾注不充分，被异质现象之美的共同作用所埋没或者是被打消的时候，又有谁能说合象是不美的呢？这种合象不仅是在不同性质的艺术和现象相合的时候才出现，艺术现象和天象（自然现象）相合的时候也会看到。在表演艺术和舞蹈艺术中，演员和舞者的自然的美，会为表演艺术锦上添花。

美的假象之幻想

我在前面已经论述了假象是幻想不是实在，可以说美的假象都是主观的幻想。无论如何，美的假象在意识之中，在主观上不能与你的实在相联系。假象又是客观想象，无论如何，感官与意识相接触而表现出来的假象的所有（所包含），就是抽去了实在，权且如此的东西。假象所包含的客观想象重不重要，在此不做讨论。在此，我们只能说，既然所有存在于假象里，就只能说所有是想象，不是实在。从审美角度看，要知道虽然从主观想象会到达客观现象，即作为表现出来的东西中内在的被表现的东西，但重要的是它决不会到达实在。在没有相应的实在的诗歌音乐的假象中，这种看法从一开始就是很清楚的，而在造型艺术中这层含义需要思考之后才能明白。

在实在的世界对待事物的时候，只要跳过主观现象，将客观现象所包含的东西也看作是在日常用途上与实在无关，那么就会即使有也看做是没有而一味地追求实在。这样所追求的非实在的东西，就成了被置之不理的废物。在实学界对待事物的时候，虽然会跳过主观现象，一味地追求实在，但是要得到实在，或是只满足于此，或是进一步要捕捉隐藏在内部的客观幻想所蕴涵的东西。审美的人与这些不同，他首先追求的是主观现象。要得到主观现象，要跳过其背后的实在，直接把握客观现象所蕴涵的东西。要说乐曲或是抒情诗中表现出的趣味和感觉其实是由音乐人或是诗人引发的，这就不是审美。追问诗歌之中的事件的真实性，这也不是审美。在审美上，一面看假象和假象所蕴涵的东西，一面又多多少少想追求实在，这还是没能充分地学会审美。这就是审美的眼光和现实社会的眼光和实学界的眼光相混淆的地方。

就像美的假象（主观想象）和它所有（作为客观想象所蕴涵的东西）都是纯想象一样，审美学也需要它必须是纯粹理想主义。就像试图建立纯实际主义的审美学是徒劳的一样，把理想主义和实际主义折中，或使其成为兼有实在的理想主义，或使其成为兼有理想的实际主义，最终总免不了成为无聊之举。哲学体系中有认识论，有官而上论，也有道德论。认识论、官而上论以及道德学越接近实际主义，试图与这些理论一同进入哲学体系的审美论就越接近理想主义。无论如何，随着认识论等理论接近实际主义建立想象的境界和实际的境界的区别，这是必至的趋势。

在这儿有本质（体），在自我表现或自己表达与本质相应的想象上，应该是在客观实在的现象中进行自我表现或自己表达与之相应的想象。美的假象则与此不同，它作为主观的想象，完全脱离了实在。且不说特别强调主观想象的时候，单说像（显像）的时候，大抵习惯理解为客观实在的像。在审美学上说实在的时候，与其单说像，更应该说主象或主观想象或假象。黑格尔已经使用假象这个词了，无须再讨论为什么使用这个词的原因。

美的假象，在将实在的分子引入其中的时候，会失去其本性，这在上面已经讨论过了。这会迷失方向，陷入实际主义，但是迷失美的假象的方向所堕入的不只是实际主义，如果假象接触感官，失去其作为假象的状态，从具体进入抽象，分散成官而上的想象的时候，就会迷失方向，陷入抽象理想主义。从审美学的演变来看，这比陷入实际主义更加危险。抽象理想主义是从脱离了接触感官的假象的想象中追求美的真正所在，抽象理想主义认为美在于官而上的想象世界。采取抽象理想主义的立场，会认为接触感官的假象的美不过是进入了内部的官而上的想象的影子而已。

（王青译注）

十二、大　西　祝

史料简介

　　大西祝（1864—1900），字操山。元治元年八月七日生于冈山藩（今冈山县）的士族家庭，原姓木全，十五岁时过继给叔父，改姓大西。1877年入京都同志社大学，1884年毕业于该校神学科。1885年入东京大学哲学科，1889年毕业后，继入该校大学院作研究生。1891年至1898年曾在东京专门学校（今早稻田大学前身）讲授哲学史、伦理学、逻辑学等。1897年被聘为东京高等师范学校讲师。此间，他还从事《六合杂志》的编辑工作。1896年他与姊崎正治一同组织了"丁酉伦理会"。1898年留学于德国耶拿大学和莱比锡大学，后因病于1899年归国，同年被日本博士会授予文学博士学位。1900年11月2日于家乡冈山不幸病逝，时年仅36岁。

　　大西祝是明治时代著名哲学家，其主要著作有《良心起源论》（1890）、《西洋哲学史》（上下卷，1895）、《伦理学》（1896）、《逻辑学》（1893）以及论文、时评等，全部收录在《大西博士全集》（共七卷，1903—1904，警醒社）中。本书选译的《批评论》（1888）和《当今思想界的要务》（1889）译自《大西博士全集》第六卷，《良心起源论》节译自《大西博士全集》第五卷。

批评论（节译）

创作与批评

　　得名评之难几乎不亚于得名作之难。歌德评"哈姆雷特"，其批评至妙，使得麦考利（Th.B.Macaulay）只剩下赞叹与绝望，但是莎士比亚却等待了将近二百年才等到歌德。文学与美术的创作主要在于其结构的作用，用理解的慧眼看穿其结构的妙处，这是批评家的本领所在。由于批评家与创作家所要求的才能大不相同，所以一个人兼达批评与创作的顶点几乎是不可企及的难事。从古至今，兼具此两种才能之人，例如歌德和莱辛，是非常罕见的。拜伦赋诗时，其音调之爽快，其词句之有力就像一种魔术，但他一旦潜下心来做起诗文批评时，其语言极其拙劣，与他的诗歌创作大相径庭。拜伦的诗像天使，而他的思考则相当于三岁孩童。诗人由于诗才涌动、诗兴大发而作诗，但他自己不一定知道其诗兴的由来；诗人能直觉到美妙，而理解美妙的则是批评家；诗人如同通神明的人，虽然自己不能解明理由却总能开辟出天地的美妙，总能指出其真理，而为诗人解明理由的则是批评家；诗人得到美妙的东西，把它放到自己的作品中，他当然知道作品中的美，但是却不一定能够解释它之所以美的缘由，对此作出解释的是批评家。如此，也可以说诗人是解天然者，批评家是解诗人者。从上述例举的诗人和批评家的关系，大概可以类推出其他创作家与批评家之间的关系。

　　批评家处于给创作家殿后的地位，但同时批评家还肩负着先驱者的荣誉。名评不仅只是出于名作之后，它经常具有指引未来名作的力量。批评不仅仅限于回顾往时，它还具有指挥将来的力量。批评家虽然自己不创作，但他们教导后世的创作家，使其走上前途有望的创作之路。由于文学史上的创作时代和批评时代的主旨很不相同，一个国家的文学如果正处于批评的时代，那么就不可能是创作的时代，而是为创作而作准备的时代。创作的时代不是招之即来的，而是深深地因缘于这个国家的各方面情况。像英国文学中的"伊丽莎白时代"、德国文学中的"歌德、席勒时代"的例子能有几个？虽说创作时代的根源不可能只有一个，但如果一般的普通国民都在呼吸新鲜的思想，开始进行充满活力的精神运动，那么这个国家的文学就有望接近于创作时代。在这个时候，判别、批评充斥于社会的纷繁复杂的各种思想，明确其真正的价值，站在思想界的最前端的人是批评家；在这个时候，开垦土地，播下种子，实现将来的文化繁荣的人还是批评家。即将到来的文化繁荣的快慢以及其情形与先于它的批评有着很大的关系，我们应该了解这两者的密切联系。

如上所述，创作的时代不应与批评的时代相分离，试图跨越批评家而得到创作家实在是一件难事。但是，若论其技能的高下，前者比后者差一步则是不容置疑的。在文学的世界中，获得最高勋章的是创作家，而授予勋章的是批评家。

批评的任务

知道了批评与创作的关系后，我们就可以推知批评的任务。一言以概之，批评的任务就是如实地看待事物。这看起来似乎是件易事，但当你深入地去思考某一事物究竟是什么时，就会认识到这是件极难的事。总之，就像创作事物需要一种才能一样，观知其创作的真相也必须一种才能。认识事物的真相就像镜面映照物像，只有没有遮蔽、没有凹凸的镜面才能够照出此物的真像，同样，只有智力发达圆满、心情感应宽宏的人才能够认识事物的真相。而且因为事物的真相往往并不出现在表面，而是埋伏在内部的，所以如果没有慧眼是无法发现它的，眼睛在看穿事物的整个表面的同时，还必须到达事物的根底。因此，批评家品评文学创作，明了其真相、发现其妙处确实是件难事，名评之难得也就不足为怪了。

那么，批评家怎样才能发现文学创作的真相呢？有以下两个步骤：第一，与创作家感同身受。第二，把创作家的所作与自己的最高标准相对照。人们常说批评应当由局外人来担当，因为当局者很容易偏向其中一方而有失判断的公平。然而这只不过是说对了真理的一半，因为不是当局者而很难通达内实的细微之处，只能得出皮毛的见解，这是常有的事。因此，想成为批评家的人首先应置身于创作家的地位，更进一步地去思考创作家的思考，更进一步地去感觉创作家的感觉，完全与创作家感同身受，也就是说，他必须先变为创作家，才能毫无遗漏地到达创作家的思想和感情的隐秘之处。然而，置身于创作家的位置之后又必须要振翅高飞至理想的境界，必须按照最高的标准对创作家的创作给出绝对的批评。即必须一度靠近，一度远离，一度是亲密的朋友，一度是完全无关的他人。没有自在之心的人岂能当批评家？而且不仅是自在之心，如果不是兼具非凡的智力和感应的人，就不会懂得文学的最高标准，不会最广泛地与创作家感同身受。

批评的范围

以上所论专指文学批评，但批评是广泛的，并不仅限于文学，美术有美术的批评，哲学有哲学的批评，只要有创作就有批评。历史不外是一种批评，国家的历史，文学的历史，学术的历史，都可说是对以往事实的批评。即将在社会上流行的思想，最不可或缺的就是批评，其思想如果具有真实的价值的话，可以盖上印章作为思想界的货币，而在它上面盖印的工作就是批评。批评的任务因批评的对象不同，其内容应相应有所差异，文学著作的批评家与哲学或者其它学术著作的批评家之间自然有差别，但是，凡批评家均与上面所论不相违背。

应该批评什么

现在我国刚从隐遁的睡眠中醒来，正需呼吸新鲜的思想，西方的思想如波涛汹涌般地在我国迅速传播，国人正要进行有活力的精神运动，我国的文学正如前途无量的青年人。在这种时候，世人稍许感到批评之必要本来也理所当然，但这一二年间使报刊杂志的纸面完全改变的，恐怕不能算是批评的文字吧。每逢有小说的翻译，诸报刊杂志就没有不多少作一些批评的，即使是那些朝生夕死如蜉蝣一般短命的小册子，也还有对它认真地作出批评的报社，甚至在每月出版的杂志中出现了专门从事批评的杂志。随着批评的流行，也出现了靠速成的魔术而摇身一变成为批评家的人。我当然希望想成为批评家的人越来越多，只是我想问问他们，他们想要批评什么？他们指责那些对于人或者报刊杂志的批评，认为那些批评都是些老掉牙的固定词句，但是，我们在指责这些批评之前必须先找出被批评著作的价值。在今天的著作中有几本是值得细密而严肃地加以批评的呢？我国文学尚未振兴，纵有想以批评来一鸣惊世的俊才，其慧眼无用武之地又奈何？未有名作怎会有名评呢？！

那么，想成为今天的批评家的人应该批评些什么呢？是每有小说的译书出版，便对之呈上数言的爱憎吗？是对私塾的文字作出吹毛求疵的批评吗？或许那样的批评也是有益处的吧。但这只是低劣的批评。如果他们仍不满足于对政治经济、诗文小说、历史哲学的近作都只是草草地给予只知皮毛的肤浅批评，难道还想品评数学书籍吗？这种才能宽泛的批评家或者会博得世间"多才多艺"的好评，其批评的效能也许至少也会有万金油那样的效果吧。但是，所有这些种类的批评家都不是我所说的批评家。要想成为我国文化的先导者的那些批评家，请睁大双眼，洞察今天的思想界吧，能够真正看破其真相的人才是我所说的批评家。

我国的思想界

能够成为今后我国文化的基础，成为文化动力的思想有三种，其中两种是过去已经发达过了，还有一种是过去发达、现在发达、未来仍会发达的。过去发达的思想是中国和印度的思想，虽然人们往往用"东洋的思想"一词来合称这两种思想，但这大有失当之嫌，这两者之间存在着截然不同的差别：中国思想的精髓是儒教，儒教完成了对我国的感化之后，其感化力已经没有剩余；印度思想对我国影响最大的是佛教，虽然佛教好像也已经用尽了其感化力，但还剩下几分，它所剩下的就是其哲学思想。可以说，自古以来识字的人没有不读四书的，而至于佛书，除了专门的僧侣之外，即使是学者也很少有通其教理的，因而虽然实践层面的佛教对我国已经感化至极，但理论层面上的佛教仍然被搁置在思想界的一隅。"自从西洋思想感化我国以来，虽然时日不多，却有不少令人惊叹的成果，将来我国必定会永远受到其感化吧。"今天的西洋文明以希腊及罗马的文化为基本，位于其思想界最高地位的哲学是希腊学问与犹太思想相结合而产生的结果，最近好像又有印度思想加入其间，叔本华的哲学可以说是最显著地受到印度思想的影响，至于今后印度思想的影响在西洋的思想界将呈现怎样的现象，虽然现在在这里还不能预言，但西洋一定还会多少受到东洋的一些感化吧。然而，其感化若与东洋的仰慕西洋者相比，则其大小强弱不言自明。

现在我们这个东洋孤岛外有西洋思想的侵袭，内有中国和印度的思想仍在固守其城壁，这三者或者已经融和，或者完全不相容，它们之间的斗争及其调和就是我国将来的思想界的历史。如若在我日本开创某种特别的新思想，那也必定是在斗争与调和之间完成。就如我国今天的外交上的政治家看着英法俄向东洋所示的一举一动，暗自思虑日本的将来如何、东洋的命运如何那样，我国今日之学者要弄清中国思想、探究印度思想、通晓西洋思想，以此为我国之将来着想。政治家的思虑在彼，学者的思虑在此。

需要批评的东西

需要批评的东西有很多，概言之有以下三种：第一是我国已有的中国和印度思想及其融合而产生的文学等，第二是西洋的思想，第三是西洋的思想与已有的思想相结合在今天所表现出来的现象。其中，第一种虽然是我们一直以来所拥有、所使用的东西，但我们大概还没有批评性地去论述它、判定其价值、认识其真相，而要做到这些必须先借用西洋的思想、模仿西洋的批评方法。第三种只不过是些出自西洋思想的东西，熟知西洋思想的人就能很好地作出批评。今天的批评家最应该用心的是第二种即西洋的思想。对此，人们或许会认为在西洋学盛行的今天这不会有什么问题，认为是我多虑了。然而，在今天，我国被称作学者的人中，有对西洋的思想很好地作出批评的人吗？如果有人知道什么是对西洋思想的真正批评，那么他必定能认识到这并非是我多虑。

批评西洋思想实际上是非常困难的事，首先必须认识西洋思想的真相，而要认识其真相就必须站在与西洋学者同等的位置上，这岂是容易做到的？今天从事批评的人一碰到稍微绵密的论述，就借口"要批评它就等于要正确地评论西洋的大家，不是一朝一夕所能做到的"，因之而后退的不是有很多吗？其次，要批评西洋思想，不止一国一代，而必须对属于其批评范围内的所有情况，都作广泛且具体的研究，当然一个人不可能批评西洋的百般思想，但在所选择的范围内做广泛且具体的研究是非常必要的。例如，要批评英国文学，就不能只停留在英国文学层面，至少也应涉猎德、法文学，而且必须多少略通一些希腊和罗马古代的文学。总之，批评是在比较的基础上进行的，要想成为批评家的人必须做好为了这个目标牺牲一生的精神准备。今天，在我国能称为学者的其实大多就是介绍西洋思想的人，是想成为西洋思想批评家的人，有人对此感叹道"现在的日本人有忘却自己祖国而只知道外国的倾向"，我却不得不感叹我国的人对外国的了解还很不充分。当然，诸如俾斯麦的攻略、法兰西内阁的更迭是最容易引起注意的事件，世间不乏评论之士，但对于作为西洋文化内核的思想界的大势，能充分了解、作出很好的批评并能介绍它的人又有多少呢？如果有在这些方面都做得很好的人，那真应该敬仰为我国的先师、大家。谁说介绍西洋思想很容易？当然我说的不是那种肤浅的介绍。

介绍的谬误

介绍西洋思想决不是件容易的事，介绍的谬误之多更不足为怪，纵观我国的思想界，其谬误数不胜数。这里仅举一例。随着英国学问的兴盛，学习西洋思想的人均推崇穆勒、斯宾塞，以他们作为西洋学问的标准，作为西洋学者的代表。现在的书生中被这种谬误支配的人仍有不少。像这样的谬误究竟从何处来？难道不是来自对西洋思想的错误的介绍吗？至于近来在著书和小册子中介绍的谬误之多更无必要一一论证。在此我只想举出其中最严重的一例：有一本称为某人著述的题为《哲学管见》的小册子，本来既然叫做"管见"，那么内容中有标新立异之处亦是与"管见"不相违背的，但我还是因为它太"管见"了而大吃一惊。这本书如果是以敷衍蒙混为主旨的话，那么本来是没有什么可指责的，但是，既然是严肃地论述哲学的书，是严肃地讲事实想以之教化人的书，那我就不能不对之加以一些笔伐了。其书中题为"哲学史大意"的一项，纸面不过区区十六页，其中记述希腊哲学史的有八页，在这仅有的八页中一目了然的谬误至少也有七八处之多。例如记述泰勒斯时说"几何学、天文学是此人最初发明的"；又如论及柏拉图时说他的哲学的基本在于坚信宇宙的第一原因，还说柏拉图认为物体只是神的观念，又说他把天地万物只看成是唯心的，甚至论述了天地万物是虚无的。像这些是读过一遍哲学史的人决不能忽视的谬误。再如在他论述近世哲学史的一段中，只是奇怪地把培根和柏拉图加以比较就完了，既没有提到布鲁诺和笛卡尔，也没有提斯宾诺莎、莱布尼茨，也看不到康德、黑格尔的名字。竟然有人写出这样的哲学史！而著者自己却说"天未绝吾著述，吾生命必存，吾志必成"。我国今天的所谓作家、学者动不动就爱作这样的发言，动不动就喜欢自称为"老师"吧。他们的所作所为就像市井中的孩童相互自夸：我是将军，我是拿破仑。我把这称为著书的不道德，他们应该学习的道义首先是暂时沉默。

我国的面貌正一天天地在改变，文学也呈现出有进无退的景象，试取十年前的报纸与今天的报纸相比较就足以知其进步了。然而，我国的文学还只是所谓小人国的文学，学者的思考、作家的著述以及批评家的批评中又有多少是宏大深远的呢？学者摘录洋书，作家改编西洋小说，批评家作出模仿的批评，他们不管这样写出来的作品多么粗糙肤浅，对他们来说重要的是无须花费工夫。不管事实如何，夸大地写出来是最方便保险的，如果不这样写就得不到公众的喜爱。然而，我国今天的文学是与我国今天的国情相适应的文学，我们又怎能胡乱责怪作家，着急指责公众呢？我们不应忘却公众或作家经过三年就会长三岁，我国的文学还需要再等些年月吧！因此，我并不是一味地责怪今天的时代，只是主张要了解它，人知己者少，在今天的时代完全了解今天的时代的人又有几个？不了解今天的时代就不能超越它，要超越它首先必须通晓进步的西洋思想，想超越它、想了解它、想成为教导者的人，必须认真、细致地研究西洋的思想而去批评它，我相信这足以作为当今我国思想界的方针。

（明治二十一年五月发行，《国民之友》第二十一号）

（刁榴译注）

当今思想界的要务（节译）

公元1781年康德在其大作《纯粹理性批判》发表时，在序文的补记中写道：

> 现代尤为批判之时代，一切事物皆须受批判。宗教由于其神圣，法律由于其尊严，似能避免批判。但宗教法律亦正以此引致疑难而不能得诚实之尊敬，盖理性惟对于能经受自由及公开之检讨者，始能与以诚实之尊敬①。

我相信康德的这段话正好能应用于我国今天的现状。当今我国的思想界多少已经开始进入批评的时代，而且要求进入批评的时代已经渐渐成为有识之士的共识。十八世纪在欧洲诸国出现了将人们一直以来赖以安身立命的东西全部从其中心乃至根基上动摇的时代，而我国今天的时代与之颇为类似。人们虔诚地尊信祖先遗物的日子现在已经成为过去，在今天，人们对于他们所遭遇的事物必定会问：这果真有益吗？这果真有理吗？昔日的安心变成今天的怀疑，旧物已失去其地，新物还未获得其所，这正是我国思想界的现状。在这个时候，我国思想界最初的要务应该是使所有的事物都经历"自由及公开之考验"。

我国虽然很小，但思想种类之多绝无不及他国之处。自从开国以来，东西两洋的思想在我们这个东洋的孤岛中结合，使得我们既有只知跪木祈祷冥福的愚民，也有已在探究西洋学术之内蕴的学者，南洋群岛的蛮人与巴黎伦敦的绅士共存的封建时代还恍如昨日，今日却已迎来民主政治的黎明。其实，我国可以说是东西文明的市场，我国混杂的思想界就像一个杂沓的市场。东西两洋的思想在我国思想界的互相冲突就好像"亚马逊"河口中河水与涨潮的互相冲突一样，或者试图飞奔去追求新奇，或者试图逆流去守旧复古，既有凡日本之物皆尽量保存之的日本主义，也有凡西洋之事皆尽量吸取之的西洋主义，这些都是我国今天混杂的思想界所不可避免的现象。所谓的西洋主义和日本主义、激进和

---

① 此段中译转引自蓝公武译，康德著《纯粹理性批判》第4页，商务印书馆2002年版。——译者注

保守都只是偏执于一方，思想界如果没有一种超越并统合所有这些主义的思想是不行的，我想把批评主义放在这个位置上。我国思想界最初的要务是对东西的各种思想进行比较、判别、批评，认识其倾向及其价值。这并不是说非要激进、非要保守，非要保存日本的旧思想、非要仿效西洋的新思想不可。保存日本的旧思想，仿效西洋的新思想不是不可以，只是不可不首先进行批评，即康德所说的不能不使它经历我们的理智检验就模仿它或者保存它。

也许有人会说，激进或保守都是极端之论，都违背了自然的进化法则。依照自然进化的法则，只有渐进才是避免极端的中正之论。那么，我国今天的方针只能是徐徐渐进的进步。这看起来好像是避免极端论的妥当之言，但所谓的激进和渐进其实只有程度之差，从何处开始称为激进，又从何处开始称为渐进呢？这几乎不能明确地规定其界限吧。例如从"变形虫"开始，从最简单的生物开始最终进化成我们人类，这中间必然经过无数星霜。然而，我们一个人在母胎内从最简单的胚胎开始发育生长，直至成人，这与生物界全体的进化相比不得不说是激烈的激进。因而我们必须记住，一个种族的进化需要经历无数的星霜，但其种族中一个个的生物则以少数的年月就能完成其进化。社会的进化也同样如此，一国一民的进步不一定非要全部经过人类社会全体的所有的进步阶段，而且各国的进化速度不一定同一，甲国需要很长的岁月才能达到的进步，乙国利用前者的经验用很短的年月就能达到，这丝毫也不违反进化的法则。前者的进步叫渐进，但后者的进步却不叫激进。总之，我们必须记住社会的进化是可以省略进化阶段的。我觉得所谓的激进和渐进只是比较性的词语，当比较的东西不同时，我很怀疑能否用同一个进步之名来分别称之为激进或渐进。渐进或激进这两个词对于显示我国本地的进步方针有什么裨益呢？我特别想以此作为这篇文章的主题，我认为我国思想界最初的急务，既不是激进，也不是渐进，而是批评。

也许人们会说，批评东西两洋的思想，首先要定下比较的基准。那么应该以什么为批评的准绳呢？当然各人的尺度都不相同，很难达成一致，但是这种难以一致毕竟也有一个大致的方向。我认为批评的准绳只有一个，那就是我们的理智。如果由于有时不十分明了、有时会判断错误而认为我们的理智不可依赖，那么世间有何物是可以依赖的呢？在其他的事情上也许有其他我们应遵从的东西，但在思想的世界中我们的理性就是我们的至尊，不经过这个至尊承认的东西，就不足以接受康德所说的"诚实的尊敬"。

今天的批评的目的在于，收集古今东西的各种思想，用我们的理性来发现其价值。在多种繁杂的思想相互混合动摇的我国当今的思想界中，必须从根基、从中心来重新研究、判别各种思想，以此作为思想界最初的急务。以批评为我国思想界最初的急务的论述并无新奇之处，只是这实行起来需要有新鲜的活力和坚韧的忍耐力，并非容易之事。我国今天的思想界还处于混沌之中，那么如何开拓这个混沌的思想界呢？今天的有识之士应该使用批评之矛来探究此混沌的思想界，希望从其矛头所滴下而形成的是井然有序的思想新世界[①]。

如上所述，当今我国思想界的要务是批评，但这只是最初的要务，并不是说不管到什么时候我们只要有批评就足够了。批评是分析性的而且大多是破坏性的，如果在分析之后没有合成，在破坏之后没有建设的话，那么批评毋宁是有害的而决不是有益的。也就是说，在判别、批评我国今天的混沌思想之后，必须建设一个思想的新世界。在批评性的要务之后没有建设性的要务是不行的。而要知道我国思想界的建设性之要务的中心是什么，首先要把眼界转向西洋的思想界，我国如果继续一味地盲目前进的话，那么，成为当今西洋思想界的大问题的矛盾迟早也会成为我国思想界的重大问题，不，现在已经成为我国思想界的重大问题了。我国的思想界现在也已经感觉到有解决这个问题的必要了。

从费希特的绝对唯心哲学到后来严谨的黑格尔哲学，实际上已经登上了绝对唯心论哲学的顶点，他们的时代是唯心哲学全盛的时代。当时黑格尔被尊为整个欧洲思想界的帝王，从他的头脑中所构思出来的都是看破宇宙奥义的东西，是到达了绝对真理的东西，他的哲学被认为是终极完美的哲学。然而，从本世纪中

[①] 日本的创世神话《古事记》中，记载了两位神用矛搅动一片混沌，提起矛后其矛头所滴下之物形成了现在的日本列岛。——译者注

叶开始，欧洲思想界出现全面背离了黑格尔的趋势，尤其在其祖国德国，黑格尔的哲学全军覆没，人们只是在缅怀往时的兴隆。近来欧洲的思想界之所以放弃黑格尔派唯心哲学而趋于唯物的方向，一是因为对黑格尔的空想哲学的逆反，一是因为物质学说的令人惊异的进步和与之相伴的物质技术的进步，这些物质开化的进步使这个世纪的人们留恋于：天地间的事物皆是能够被物质性地解释的、必须对此作唯物的思维这样一种思想。这种唯物的倾向已经到达了极点。不过，这种唯物的倾向并没有长久地支配欧洲的思想界，在现在的德国，虽然黑格尔的哲学颠覆了，但倡导回归康德的人却不少，还有在苏格兰、美国的学者中近来也不乏奉崇黑格尔之人，而且虽然不主张回归黑格尔或者康德，但对唯物论哲学怀有不满者也不少。也就是说，现在唯物论哲学已经到达其顶点，由此出现反方向的想取代它的东西，但又不能完全复归往时的唯心论哲学。这样既不能像往时那样完全舍弃一方而单独采取相反的一方，想两者兼取但这两者却水火不相容。我们该如何是好？这是当今欧洲思想界迫在眉睫的问题。这个问题的影响极其广泛，各种思想都多少会受到它的影响，而受到最重大、最显著的影响的大概是宗教与学术的关系。

也许有人会说，欧洲的学术将驱逐宗教。近来欧洲宗教的衰微是不可遮蔽的事实，之所以会出现认为欧洲宗教终于衰退不能再复兴的论调，我认为大概是由于上述的唯物论倾向在本世纪欧洲思想界所取得的重大显著的进步之缘故。然而，只看见这一方面的倾向，不注意前后的关系，只看见本世纪后半的状况就说欧洲的宗教已经完全衰退了，这是不懂得欧洲思想界之大趋势的言论，欧洲的学术使欧洲的宗教多少改变了其形态但决不能完全驱逐它，宗教对学术也同样如此，现在和今后的问题是如何使这两者得以调和。

如果说某一宗教是得不到所谓绝对的真理的，那么，不管它完不完善，可以说宗教都是用来显示不可磨灭的人性的需要，就如学术能够显示人性某方面的需要一样，宗教不外是显示其他方面需要的东西。如果有人只认识某一方面的需要而抛弃其他方面的需要，那只是因为其所见其所感还不圆满。读过近世第一流学者达尔文在其自传中所写的叹息之辞的人，就能察觉达尔文希望自己能满足于只拥有学术但却做不到的苦恼。因为我们在有头脑的同时还有心情，我们在想知道鸟类进化的同时，还想弄清它们鸣叫的意思，我们不单想知道花草的构造，而且有时还想与诗人一起吟诵：

To me the meanest flower that blows can give
Thoughts that too often lie too deep for tears.

我们的心性有两个需要，必须设法使它们得到调和，得到满足。出现两者相背而弛的倾向是由于双方都不够完善吗？有没有可以使两者永久相调和的另外的第三方呢？像西方人通常所说的"学术与宗教的和合"那样的弥补性的、重复涂抹的手段决不是可以满足两者的真正的调和。至于有部分学者将学术和宗教分别放在完全不同的两个世界中，认为两者毫无关系，这也不过是一时之策而绝不是永久的解决方法。

在近来的欧洲学者中，不乏尝试互相调和欧洲思想界的两种倾向、两种需要的人，其鄙陋肤浅的手段在这里就不说了。在从事物的根底来探讨研究、深入论述事物的中心，真正尝试哲学上的调和的人中，R. H. 洛采的哲学是最稳当又最应该看的东西之一。不仅洛采的哲学，就连仇视一般宗教的斯宾塞哲学亦是试图调和学术和宗教的哲学。斯宾塞的所谓"不可知的"东西不外是要调和这两者的东西。我不是想用洛采的哲学来给予当今思想界的重大问题以一个完善的解决，也不是对斯宾塞的哲学给予特别的信任，然而，在尝试解决上述问题时，洛采的哲学无疑具有特别值得细读的地方。

通过以上论述，我们确认了当今欧洲思想界的迫在眉睫的问题，在于唯心论倾向与唯物论倾向的调和，尤其在于发现宗教和学术之间新的而且优于往时的调和。我国也越来越感到了解决这个问题的必要。如果我国放任现今唯物论的倾向，满足于物质性的文明，而没有认识到另外的高尚的人性需要，那么，这实际上就是我国最大的不幸。为了避免这个不幸，上述欧洲思想界的问题也必定是我国思想界的问题。近来，有一些人强调物质开化的危害，主张能够从其危害中救济我国的是与物质开化相背的佛教，这好像有几分注意到了上述问题需要解决的必要性，然而，我认为用佛教来解决却不能使人信服。那么，以什么来解决，又如何来解决呢？这既是我国思想界建设的关键问题，亦是其中心与焦点。

也许有人会告诫我，请您放弃这个问题吧，前人所建设的东西今人来破坏，今人所建设的东西后人必定来破坏。请停止吧！您的辛劳只能是无效的。我本来就知道这个问题的至难，我经常与雅各一起叹息："光在我的心性中，然而当我要把它移到我的知性中去时，它立即就熄灭了。在这二者中哪个才是真正之光，是知性之光吗？确实，它表现在我们身上时，具有坚固的形态，然而其后边的无底的洞穴该如何解决呢？那么，是心性之光吗？确实，若把它放射向上天就会有更加想要照亮的地方，然而它却不能给予我以明确的知识，这该如何是好呢？如果不把这两者和合成唯一的光，就无法得到真理吗？而如果这样的和合得以成功地进行，那么如果不将其看作奇迹，难道还能有别的选择吗？"我不得不发出这样的疑问。然而，我并不因此就认为这是不可解决的，因为我找不到尝试去解决是无用的的理由。难道因为惧怕后人的破坏就有理由现在不去建设吗？我们所建设之处如果胜过前人的建设，那么岂能将我们的辛劳归于无效？尤其在东洋思想的基础上用西洋思想来深刻地、明确地判别、比较它，回应我国思想界的批评要务，以此作为回应建设性要务的阶梯，这岂能说我们没有希望呢？

（刁榴译注）

良心起源论（节译）

以上所论是对于迄今为止的很多学者为了说明良心的起源所提出的论说的价值评判，但依我所见，其中没有一个是充分说明了良心起源的。自古以来很多学者对于这个问题所提出的论说数量虽然不少，但究其所依据的根本思想，总的来说（据我所知）不外是上述所辩驳的论说以及我后面要说的我自己的论说。由于使用了不同的用语或不同的陈述文体，好像是各种各样的论说都展现出来了，但若论其根本的思想，则完全独立的观点数量并不多。

如果上面所辩驳的关于良心起源的论说还没有一个能作最后的

终极说明，没有一个能捕捉到最重要的要点，那么，我对于这个问题究竟应该采取怎样的立场呢？作为我自己的论说应该提出怎样的见解呢？这是下面将要论述的，但我觉得在进入这个最后的论述前必须先剔除关于说明良心起源时所出现的错误的混杂的思想。

　　有的论者认为，应该先揭示出所谓的廉耻心或惜名之心，指出他们与良心之间的类似点和关联，从而说明良心的起源。然而这只不过是没有透彻地分析产生所谓的廉耻心或惜名之心的复杂的心识作用的一种混杂思想而已。所谓惜名之心，其来源有两个，一是源于对他人的毁誉褒贬的感应，一是源于对自身的品位价值的重视。先来看看他人的毁誉褒贬。我们有感应他人的毁誉褒贬的心识无疑是刺激我们行为的一大动力，如果没有此动力的话，世人的行为将会失去很多光彩。然而他人的毁誉褒贬是什么呢？那其中不是已经多少含有良心的作用了吗？若问为何褒或贬某个行为？难道不是因为这个行为多少带有些在道德上应该为之或者不可为之的善或恶的性质吗？如果把这些良心作用的因素从他人的毁誉褒贬中去掉的话，那么，毁誉褒贬也不过是强力者因为他具有强力之故（换言之，因弱者遵从其意或者不遵从之故），为了他的私利对弱者作出赏或罚的所为而已。但是，仅从这样的赏罚中是不能产生出良心这个心识的，这一点在前面已经详述过。而且，对于接受他人的毁誉褒贬的人来说，如果没有重视自身品位的心识，如果没有依据自身品位而判别出这是该做的，若不做的话自身应保有的品位不允许的心识，又如何能产生惜我之名，以不符合自身品味的卑劣行为为耻的心识呢？然而，在像这样以卑劣的行为为耻、重视自身品位的心识中，不是已经假定有我们所谓良心的心识了吗？做某个行为被他人说不好，如果自身并没有也同样认为不好的心识，那么如何能产生以之为耻的心呢？如果一个人完全没有好坏的判别，那么即使他人贬他的行为为恶，他也不能理解其意。即，他并不认为被他人毁坏名誉就等于名誉被毁[①]。例如，试想有一个人在某项仪式上突然做出了无礼的举动，那个人一定会感到羞耻吧。因为他一开始就知道即使是失误但这也是由于自己的过失而造成的，即，因为自己的疏忽而做了不该做的事，他在道德

[①] 通常有廉耻之名的人，与其说他们看重的是以遭到他人毁贬为耻之心，倒不如说他们看重的是做某个行为而自己感到羞耻的心。

上有几分自责之心。当然也有这样的情况，曾经被他人毁责，当时感到很羞耻，但后来省察到没有丝毫应该羞耻的理由，就知道他人的褒贬是错误的，自己并不需要内疚。然而，后来的这个清楚省察之心，在被他人毁责而感到羞耻时并不存在。如果在当时知道的话，恐怕萌生的不是羞耻之心而是忿忿之心吧。

总之，称作廉耻之心、惜名之心、羞恶之心的东西已经多少假定了道德之心识的存在，据此来说明良心的起源，只能暴露出思想的混杂而已。当然，因长期的经验和长期的遗传，羞恶之心几乎是自动地、无意识地起作用的情形也不是没有，但决不能说其起源是不包含丝毫的对道德之心识的毁誉黜陟（即强者为了达到私自的目的，为了指使利用弱者的方便）的东西。对于强者只是为了便于达到一己之私的毁誉黜陟，弱者只会生出恐怖之念而不会生出羞辱之心。羞辱之心的产生，不在于他人的命令强迫，而在于自己或明或暗地承认、诚服的自身品位之理想。当自觉自己做了不符合其理想或其理想所不允许的事情时，就会产生包含廉耻之心或者羞恶之心的羞耻的心识。

论述至此，已有暗露我自己的主张的意思。某位学者认为，理想①形成我们的心识，是良心的起源。我没有什么理由指责这种说法②，但如果只是停留在揭示出理想这个词上，不作进一步论

---

① 这里所说的理想是英语的 ideal 的意思。

② 我想赫夫丁（H. Höffding）、保尔逊（F. Paulsen）以及冯特（M. Wundt）的主张均可归于这种说法。赫夫丁说"良心是由理想与现实的区别而产生的、尤其是赋予某种形的感觉的瞬间"（《伦理学》第56页，1886年版），保尔逊反复列举风俗仪式的影响、祖先的命令等，有想以此来说明良心起源的倾向，他后来主张即使违反社会的制裁、风俗仪式的规定，也必须做某事的心识，揭示出理想这个词。他说"起初只依照世上的风俗仪式来度量我们的生活行为的价值，但是发展到现在这个阶段则按照我们各自特有的理想来批判实际的生活"（《伦理学概论》第287页，1889年版）。冯特论良心的起源，揭示了外界的强迫、内部的强迫等四个渊源，其中若问形成良心这个心识的最紧要、最高等的是什么的话，他回答说是道德生活的理想的观念。他说"在命令的动机中，到了这最后的一步，即道德的生活的理想的观念，可以说良心就完成了其作用"（《伦理学》第421页，1886年版）。如果这些学者不更进一步说明我们创造出理想的观念的经过，在我看来，这决不能说是解明了良心的起源。冯特所说的无穷的目的与我后面的陈述在某点上多少有些类似的地方。

述的话，我想这仍然免不了会招致这样的议论，即这并不能说明良心的作用之起源，只不过是给其作用附上了新名称罢了。不管怎么说，在问及理想是什么意思时，如果我们只能回答理想是指感到非这样不可，只有这样才是善的话，那么，这种回答只是使语言更进了一步，却不能说明良心这个心识的起源。要说明良心的起源，不能只停留于揭示出理想这个词，而必须进一步说明理想这个观念的存在理由。所以，把理想这个观念的产生看作良心起源的论述，还不能真正说明其起源，不过却足以指示开启良心起源的一个论说的方向。下面，我想究明理想这个观念产生的经过，尝试建立一个论点，用以说明良心的起源。

在说明理想这个观念产生的经过时，我用来作为说明之根据的思想是自古以来东西方哲学家大多数都倡导的观点，是我在这里用来论述良心之起源的。我下面的论述也许让人有一种一跃进入纯理哲学境界的感觉，也许有人会因此而止步不前，但是如果想知道我的论述的归结点的话，请暂且忍耐，听我细说。

我们的生活行为的理想不仅是虚构的想象，它与通常所说的想象之区别是我们对这样做是善或者不这样做不行的心识。那么，理想是怎样产生的呢？因为我们要以它来达成我们的本来的目的，所以就产生了理想。所谓本来的目的决不是虚构的想象，而是在各人的实践中有其依据的。排斥目的这个观念就不能说明人事发生的经过。我们具有揭示出一定级别的目的并使其达成的力量。虽然以何事为目的因人而异，但不能不以某事为目的并使其实现。也许某些目的其首尾并不一致，它的内容会因时因地而不同，但我们肯定有想着某事而实行它的机能。想着目的并使它实行，这是形成人类社会千姿百态的现象的原动力。社会的事情不能脱离于目的这个观念之外，伦理道德的事情也是如此。

可以说我们不仅拥有目的并且朝着它而行动，在广义上，万物都具有各自的目的。组成自然界的诸物不是各自独立的，而是相辅相成的。自然界是各个部分互相关联的一个整体，使一个部分动的话其他部分也不得不动，使一个部分以某种状态存在的话，则其他部分也不得不以某种状态存在。虽然我们不知道宇宙为什么会存在，但它既然存在了，那么组成它的诸物对于全体来说就都具有各自的应当占据的位置。具有应当占据的位置是说，如果不占据这个位置，那么其他各部分就不可能存在。不是一个部分为了其他部分而存在，它们的存在是相对的。这个部分的存在需要那个部分，那个部分的存在需要这个部分。虽然我们不知道为什么会有由这个那个的各个部分组成的自然界，但它既然存在了，那么各个部分在全体之中就有应当占据的位置。那个应当占据的位置是该组成部分的目的。各个部分的目的不是各自独立的，而是与由各个部分相互关联而组成的自然界的存在有着密切关联的。如果没有各个部分当然就没有全体，同时没有全体就没有各个部分。全体不先于各个事物，各个事物也不先于全体。因此，在这个意义上，烟向上升，水向下流都有着其目的。

目的在生物界中有着更加重要的丰富的意义。生物有其生长的机体，其生长的某个阶段是到达下一个阶段的准备，同时又具有到达它的倾向。桃的种子生长成桃树，开桃花，结桃子。桃有桃所具备的生长状态和阶段，与其他事物的生长状态是不相同的。即桃的种子在形成它的物质和其物质结合的内容上有着特殊的地方，当遇到某种境遇时就有取得一定的形状且经过一定的生长阶段的倾向，这就是所谓的桃的本性。因此，遇到适当的境遇，经过生长的阶段，它的本性就得以实现，而其生长的一个阶段就以实现要到达的下一个阶段为其目的。这样，在现在这个意义上，桃子的目的是成为桃树。可以说所有的一切生物在现在这个意义上都有其目的吧。这里所说的目的是比上面所说的更进一层意义上之目的。

人类是一种生物，但它是一种与草木之类不同的、具备心识、具有自觉的生物。可以说这种有自觉的生物也有其相应的特殊的生长阶段，就如桃子有其特殊的生长阶段一样。只是我们具备心识，具有自觉，能够预想我们要实现的生长阶段。并且我们不仅有作为一个人的生长阶段，而且还有作为人类全体的生长阶段。一个社会的发展的主旨与一个机体成长的主旨是相似的。人类是一个整体，除去个人当然没有人类，同样，看不到人类全体就不能解释个人。即人类具有作为一个整体的生长阶段，社会的兴败、邦国的盛衰、文明的进步，一言以蔽之，世界的历史就是人类成长的历史。

我们将如何生长，这不到生长之后是不能完全知道的，就如桃的种子自己不知道将来会长成桃树一样。然而，我们并不是不能对将来有任何想象而只能自然地生长，而是可以臆测、预想还没有到达的阶段，向着它而进展的。对我们来说这种臆测、预想是生长进步的一个动力。我们不同于无心识、无自觉的生物的地方就在于此。在广义上我们本来也不外是自然界的一物。然而我们的目的之达成，至少也有几分是与我们自己的臆测、预想有关，不像草木禽兽那样只是自然的生长，我们自己创造自己的命运，说的就是这个意思。

把桃的种子种在土中，就使它以一定的倾向生长，但若遇到他物的妨碍，它也会不经过生长的诸阶段就终止于此。我们人这种有自觉的生物也同样如此，尤其因为我们的生长与预想将要到达的状态（至少也有几分）有关，所以预想的错误就不能不波及现实的生长状态。现在的我们已经因为预想的失误向本来不存在的目的行动了。虽然因为我们是以不完善的知识来臆测还未到达的阶段，所以臆测出现错误是不可避免的，但是，根本的、大体的倾向常常是向着本来的目的而前进的。自身出现错误而又不断地修正自身出现的错误，这就是我们所说的根本的倾向是向着本来目的的含义。

像这样，我们自己预想我们的生长进化的目的，就产生了理想这个观念。直到能够预想我们自己本来的目的为止的这段心识的发展时期，就是产生理想的时期，同时又是良心产生的时期。我们的心识并不是在人类产生之初就已经是这样的状态，它必定是在人类发展的某个时期到达如此程度的。但是，不论是一个人，还是人类全体，要明确地指出那个时期的起止是很困难的。我们只能说在到达那个时期时，我们的良心已经产生了。而之所以能到达那个时期，是由于我们有向着自己本来的目的前进的倾向，就如种在土中的桃的种子具有按一定的状态生长的倾向一样，而且，我们的智力知识的进步也使我们能很好地预想将来。我们之所以是道德的生物，缘于我们臆测、预想自己本来目的的机能。即使是禽兽草木，如果很好地臆测、预想其生长的阶段并以其预想为目标来生长的话，那么它们也是道德性的生物，它们也有理想、有良心。理想产生于我们预想的自己本来之目的，我们之所以能预想本来之目的，是因为我们本来就具备作为自然界之一物的本性，具体说来，就是作为生长进化的活物的目的，有向着实现这个目的而前进的根本冲动倾向。在没有达到本来的目的之前，我们经常会有找不到自己的位置的感觉，就像铁屑被磁铁吸引但又未附在磁铁上那样，像孩子寻找父母但又未会面那样，我们的这种思想就是我们朝向理想的心识。

社会组织是让我们的生活理想得以实现的东西，各种制度、风俗、习惯都是我们用以使生活的理想成为现实的机制。家族制度、各种政体、社会阶级、国家习俗、职业、文学，这些都是我们的生活理想表现出来的形式。制度、风俗是形骸，理想是其精神。而制度风俗的变迁正是理想的变迁。一旦理想采取制度风俗的形式来实现，只要理想不变，其制度风俗就是我们的最高的权威。对于此时的社会上普通人来说，其行为的标准在于社会的制度和风俗，所有人都必须根据社会的制度和风俗来约束自己的行为。然而，我们的理想不是永久固定在同一状态上的，理想一旦变动或前进，风俗、习惯、制度、法律也会随之变迁，因而曾经具有最高权威的习俗、制度亦会失去其权威。总之，习俗、制度的变迁表示理想的前进。并不是法律习惯产生理想，而是理想采取有形的表现形式而成为法律习惯。

（刁榴译注）

十三、夏目漱石

史料简介

夏目漱石（1867—1916）是日本近代文学史上著名的批判现实主义作家。生于日本江户（今东京），本名金之助，是父亲兵卫直克在五十岁时和四十一岁的母亲千枝所生的小儿子。漱石生下来就被送到别人家寄养。十岁时由于养父母离婚而回到父母身边。十五岁时母亲去世，二十二岁时恢复夏目家户籍。

漱石自幼喜爱汉文学，汉诗文造诣颇深。1884年进入东京大学预科，1890年考上东京帝国大学文科大学英文学科，学习英国文学。毕业后进入研究生院深造，同时在东京高等师范学校教授英文。1895年赴偏僻的四国松山中学任教，翌年转任教于熊本第五高等学校。1900年9月（三十四岁）前往英国留学。

1902年，漱石成为第一高等学校和东京帝国大学的讲师，1905年三十九岁时发表了《我是猫》第一编，引起了强烈的反响，相继写作《少爷》《草枕》。1907年4月进入朝日新闻社，后来又于1910年主动辞退博士称号，一直坚持走一条自食其力的职业作家的道路。

此后漱石进入了旺盛的文学创作时期，接连发表出版了《虞美人草》《坑夫》《梦十夜》《三四郎》《永日小品》《从那以后》《门》《回忆》《过了彼岸》《行人》《心》《玻璃窗之中》《路边草》等一系列作品，1916年（五十岁）连载《明暗》未完，因胃溃疡大出血，于12月9日死去，享年五十岁。

文艺的哲学基础

在此，我想就上述内容作一小结。（一）人们总是被求生的想法所支配，从意识的角度来讲，意识总是具有连续的倾向。（二）由此倾向产生选择。（三）选择孕育理想。（四）为了实现理想，意识采取特定的连续方向。（五）作为其结果，意识产生分化，变得明了，并被统一。（六）将一定的关系统一起来，并给时间以客观的存在。（七）统一于一定的关系，给空间以客观的存在。（八）为了使时间与空间都具有意义，将数字加以抽象化并使用。（九）将时间之中发生的规律性连续统一起来，并赋予因果之名，从而抽象出因果法则。

在这一发展的作用下，人们区分物与我，把物分为自然与人类（被视作物的人类）与超感觉的神（指脱离我而承认神的存在）；把我分为知（智慧）、情（感情）、意（意志）三个方面。如果把这种构成我之三作用与我之外的物结合起来的话，便会出现以下三种情况：这就是针对物去运用智慧的人和针对物运用感情的人，以及针对物运用意志的人。当然这三种作用原本是独立的，这里所说的运用智慧、运用感情、运用意志，虽然运用是重点，但也不能完全排队其他作用。其中，运用智慧的人是判明物之关系的人，这一类人一般被称为哲学家或科学家；而运用感情的人则是品味物之关系的人，这一类人常被称为文学家或艺术家；运用意志的人，则是改造物之关系的人，这一类人一般称为军人、政治家或做豆腐的、木工等人。

如此一来，识的内容发生分化，内容的连续就变得多种多样。因此，如前所述的理想，即用何种意识的连续来构成自己的生命这一选择的范围也较为宽泛而自由。有人希望运用智慧来得到意识的连续而生存，那么他将会成为学者；而有人想运用感情得到意识的连续，以此来作为生活的内容，那么他会成为文人、画家，或者音乐家；有的人希望靠多运用意志而得到意识的连续，那么他将会成为农民、车夫之类，当然，也有可能会去从军、去冒险、去闹革命。

这样把人类的理想分为三大类，在座的各位以及作为演讲者的我的理想应该属于第二类。虽然这并不意味着仅靠运用感情而不用智慧与意志而活着，但我们的理想是不想离开感情而生活。不过说只是"感情等于理想"也欠妥，为了使大家理解，我想有必要详细说明一下什么叫"以感情为理想"。

我在前面提到过，运用感情的人是玩味物之关系的人，而玩味物之关系之人，必须明了物之关系。同时，在某种情况下，因为不改造物之关系，就无法品出味来。因此，感情之人还应兼为智慧、意志之人，即他既是文学家，又是哲学家，同时还是实际行动的人（创作家）。然而，专门从事弄清关系的人为了使其关系简单化，也许会把这种关系抽象到不能玩味的地步，如同有三只苹果，常常是只弄清"三"的关系而忽略"苹果"这一事物之本身，即只重视"三"这个数字。对于文学艺术家来讲，为了比从前能更好地玩味这种关系，虽有必要弄清其关系，但如果将这种关系弄到无法玩味的地步，我想那会是毫无意义的。因此，试图了解"三"这个关系是完全可以的，但要忘记"苹果"这一事物，作为文学艺术家是行不通的。运用文学艺术家的意志时亦如此，因为改造物之关系并非目的，而是为了更好地运用感情才去改造。因此把关系改造到违反感情的活动，这绝非文学家的所为。文学家有可能会在松树旁放些石头，但如果不是贫困之极，绝不会砍掉松树作柴卖给开澡堂的。因为如果将好不容易长大成材的松树化为一片烟云的话，就会失去运用感情的余地，大家多少明白了文学家是所谓"玩味物之关系之人"的意义了吧。总之，为了玩味物之关系，这种物必须是具体的，智慧与意志的作用，不管是否会破坏具体的东西，作为文学家就不可能玩味这种关系。因此，必须就具体的事物来运用感情，在不破坏其性质的前提下去运用智慧和意志。

因此，文学家的理想脱离了感觉上的东西就不能成立（如果详细讨论这个话题，疑问会接踵而来。现在没有这个时间，在此不加陈述，在一般情况下，可认为此提法是有根据的）。总之，当想到要描写无形无味的神灵时，如果不借助某种感觉的东西，就写不出文章，画不成画。因此，《旧约圣经》上的神灵以及希腊的神灵，都具有某种声音与形状或其他感性的力量。所以我认为我们文学家的理想应该是通过某种感性的东西，去表达某种感情。这就出现两大问题，其一，何为感性之物；其二，所谓某种感情，是根据感觉之物的哪一部分，如何来表达的？或者所谓"通过感觉之物"，就是利用感觉来表达这一作为工具之方便的感情吗？抑或感觉的东西，其自身就是表现这种感情的目的呢？阐明这两大问题，就能大致预测到文学艺术家的理想发展的情况。在此，虽不按第一问、第二问的顺序去回答，但为了使问题思路清晰、浅显易懂，仍按一、二之顺序来进行说明。

（一）刚才我从空间、时间的建立方面讲述了物与我的两个世界。这所谓的物就是自然、人类（仅视作物的）、神灵（假设为我以外的存在）。这其中神灵不属于感觉类的东西，故可以除外。如果文学作品中出现神灵，则是通过某种感觉的东西而来的，即使出现，因为属于与其他相同的分类，所以没必要将此作为一大问题，这样的话，剩下的便是自然与人类。我们对于自然与人类，有一种感情，换言之，我们对于感性的自然和感性的人类这两种东西的色调、线条的搭配、大小、比例、质地的软硬、光线的反射情况、声音等感觉上的东西都有兴趣即好恶，也就是感情，因此能够玩味这些感觉之物间的关系。不仅如此，我们还想把握这其中最合适的关系，实现这一理想的一种方法就是做诗或者绘画。我们称这种对理想的感情最为显著的东西为美的情操（实际上，在美的理想之外，还会有各种理想。如将一种关系冠以高尚之名，而另一种关系冠以飘逸之名。也可以创造一种高尚的情操、飘逸的情操。分化作用如果发达的话，这类东西会自然产生，由西方人倡导的美或美学，确实给我们添了许多麻烦）。利用自然物之关系来实现美的理想的人，便可成为山水画家，或成为喜好咏叹天地景物的中国诗人或者日本俳人。同时将这种美的理想实现于人物关系时，便会成为喜欢咏叹美人的诗人或是优秀出色的画家。目前，在西方及日本都引起轰动的裸体画等，就是一些画家将局部理想作为毕生的目标来奋斗的。这在技术上可能相对较难，但作为文学艺术家的理想，只不过是其中的一小部分。有的人鼓吹只要会画裸体，就掌握了绘画艺术。本人对绘画一窍不通，无意反驳，但那难道不是法国现代时尚东移的结果吗？总之，绘画、诗歌、文章都一样。被视为感觉物的人类，只不过是感觉物的一部分。而且所谓美的情操，既然已经明确只不过是对于这种感觉物的人类情操的一部分，那么裸体美这种东西，也许是崇高的，但无疑它是狭隘的。

美的也好，高尚的、飘逸的也罢，它都是我们人类玩味物之关系的一种方法而已。选择其中的哪一种，是以文学艺术家的理想来决定的，所以其分化的结果带来理想的增加，只是不知它能分化到哪个程度。不过，不管怎样分化，这里所说的理想，是将感觉物作为感觉物来看待时从其关系中产生的。总而言之，此时的情操是将感觉物本身作为目的来看待时产生的。因此，不可将此与作为工具并通过其媒介对感觉物以外的东西而产生的情操混为一谈。

（二）通过以上论述，我想各位已经理解了对于物我之中的"物"的理想与情操。下面将着重说明这个"我"。

（1）如前所述，可将"我"的作用分为智慧、感情、意志三个方面。智慧的作用主要用于辨明"物"之关系，这类人是哲学家或科学家。确实如此，从辨明关系这一点上来看，它无疑属于哲学科学领域，但如果为了辨明其关系，而产生某种感情的活，在产生感情这点上，尽管其中也不排除智慧的作用，我想还是应该称之为文艺的作用。然而为了运用智慧而得到感情的满足，正如前面所述的那样，不可抛开感性的东西，而只是把物之关系抽象化。换言之，为了艺术地使用智慧，就必须借助感性的具体方能成立。如果借助感性的具体，以其为媒介的话，即使称之为智慧的作用，也应该将此文艺化。这样一来，又会出现新的文艺上的理想，即将"物"作为工具来使用，运用智慧，辨明其关系，而得到感情的满足的理想。我将这种理想称之为对于"真"的理想。因此，这种理想既是哲学家、科学家的理想，同时又是文学艺术家的理想。但是后者与前者不同，它受到通过具体来表现"真"这一条件的制约。这样的话，这种"真"的表达方式，即运用智慧的情况也将分化成各种各样，但主要用于人们的精神作用〔此时，不把（一）中所述的那种人类看做是纯感觉物〕预先与我们预想的因果律相一致或者顺应、在这种因果律上又加入进一步发展的新意义而分化时。比方说,写这样一篇小说,父子俩正在激烈地争论一件什么事时,突然发生火灾,整座房子全被烟雾所包围,一直在争吵着的父子俩,突然将此忘记而相互帮助逃到户外。于是作者自不用说,连读者也觉得很靠谱。也就是说,该小说弄清了父子俩的关系,在这一点上,运用了作者以及读者的智慧,使其得到了对于"真"的感情上的满足。或者与此相反,另一小说里描写了平时关系很好的夫妻,在饥荒年代,却忘记平素的恩爱,本该是妻子吃的粥却被丈夫抢走。这个情节在阐明这对夫妇关系这一点上,也许作者和读者同样得到了满足(从人类的精神作用上来说,所谓"真"有多种多样。有时,尽管相反,但双方仍然是"真"),我们把爱好描写那一类事情的文学艺术家称之为把"真"作为理想的文学艺术家。

(2)我们所拥有的第二精神作用是感情,在前面我们已讲过,将把感情作为理想来运用的人称之为文学家。为了避免混乱,在此稍作解释。如果只谈感情,难免有些抽象,为什么呢?因为我们为了得到感情的活动,就有必要区别完成文学上的作品或者是在欣赏这些时所运用的感情与作品中作为材料所使用的感情。我们将感觉物作为感觉物来看待时,就会产生一种感情,这种感情即文学家的理想之一;我们通过感觉物来运用智慧时,便产生一种感情,这种感情也是文学家的理想之一;然后,我们通过同样的感觉物,去运用感情时,也应该得到一种感情,这两种感情在其内容上即使彼此一致,但将它作为同体同物,在讨论中仍会产生混乱。比如通过某种感觉物来表达发怒这种情形,通过这一作品,我们的感情也可能达到同样性质的愤怒(有时当然也会产生不同性质的感情)。但两者不是同一物,前面的愤怒为原因,后面的愤怒为结果。如果用最简单的话来讲,前者是附在感觉物上的一种愤怒(即使这种根源是我所有的作用中的愤怒向我以外扩散而产生的东西也罢),后者是在我这一自身中而产生的愤怒。因此,为了防止混乱,将上述两点区别开来再进行论述。然而这种论法与一般在(1)的情况下,即我们喜欢智慧的作用,便赋予一种感情来说明没什么差异。我们内心的喜怒哀乐本身,不仅构成人们意识的大部分,而且将这种发现客观化,将其放到所谓的物（在大多数场合是人类）中去认识时，它又会大大地刺激人们的感情。然而这种刺激，根据前面所述的条件，通过某种具体特别是人类而产生感情时，我们才能享受到它。虽然对感情感兴趣，但如果像心理学家那样，只将这种感情抽象化，将其作为死物来对待的话，就难以形成文学。不过，只要本身是感情，比起智慧与意志来，即使比较抽象，也不见得不行。由于时间有限在此省略。

即使有这种理想，在发展的过程中也会发生各种变化。首先所谓标准，通过物——由于人比物更容易理解，在此就用人吧——通过人来表达爱的关系，这十有八九大都是小说家的理想。这种爱的关系发展后会变成多种多样：由于相爱而成为夫妻，或由于爱情而患病等。不过，最近的小说里这类古典式的浪漫并不多见。还有一种已经结了婚，却爱着其他男子，好容易达到与那人在一起的目的却开始吵架，各种理想（说理想可能有点可笑）总而言之可以任意去编。然后所谓忠、孝、侠义、友情主要的德义的情操，与分化的变形一起皆成为标准，可将这种德义性的情操作为标准，总称为善的理想。本想再详细地说一说，但由于时间关系，在此省略。

（3）我们所拥有的精神作用的第三点是意志，为了把此意志用文艺形式表达出来仍需根据上述条件，通过感觉物来具体化。于是感觉物成为一种工具，因为这种工具，意志的作用清楚地表现出来。然而，工具毕竟是工具，意志表现出来后工具方能变得重要起来。比如说酒壶，酒壶本身不一定是贵重的陶器，但如果壶底坏掉，不能装酒拿去给客人倒酒的话，也就无法使主人满意。现在假如要描写炮弹在空中飞舞的情形，这样一来就有两种看法。第一种就是单纯的感觉性的，属于第一种所述的情况。而另一种就是通过这种感觉物，可以描绘出一场非常猛烈的气势。这样的话，弹丸为客体，而真正的目的是表现弹丸的威势，这虽是自然的、机械的，也是一种意志的作用。看到有人在冬天去登富士山，会被人说成是疯子，或许确实如此。但是，如果通过这种行动而发现一种意志的话，就没有必要对这件事本身进行探查，只是看这种意志的表现，即具有文学性的一面就行。诸如将宝贵的生命作为赌注而去横渡海峡、穿越沙漠的那类人，为了得到运用意志的意识的连续，往往会牺牲其他。因此，将其用文学形式表现出来，不能断言它不能成为文学。所谓为了国家、为了道义、为了他人，如果发现与（2）中所述的德义之理想相吻合的意志，就有可能出现极为高尚的情操。所谓懦夫之奋起（《孟子·万章下》）讲的就是如此。英语中称之为Heroism，我们对Heroism所引起的情绪实际上是很伟大的。今天我来这里时，途中看到炮兵工厂的高大烟囱不断地吐出滚滚黑烟时，就获得了某种感觉。想起来，煤烟本是非常平常的东西，如果要问这世界上哪种东西最脏的话，肯定要数烧煤了，如果再想到那黑黑的东西都喊着要钱要钱，烟囱就是吐出的呼吸的话，则更令人不快，而且那黑烟对肺病不好。但是我却忘了这个而得到一种感觉，这感觉就是对于意志的发现而出现的感觉的一部分，连兵工厂的黑烟都这样，所以要达到真正的Heroism，实际上恐怕需要有一种壮烈的感觉。在文学家中，将这种情绪作为理想的在现代几乎没有。这种理想当然会产生发展，楠公（楠木正成，日本南北朝时代的武将，楠公为其尊称）希望来世仍托生为人来消灭敌人，在摄津凑川作战身亡的典故就是一例。由于双腿瘸了而不能结跏趺坐的大灯法师，在临终将不听使唤的脚折断，尽管鲜血长流，染红了袈裟，仍毫不犹豫地打坐而故去也是一例。分化可以有各种各样，但是其标准我想应该说是一种庄严的情操。

　　以上就文学家的理想种类做了一番说明，概括起来：其一是对感觉物本身的感情（其代表就是美的理想）；其二是通过感觉物在智慧、感情、意志三方面发挥作用，可以分为（1）智慧起作用时（其代表是对真的理想）；（2）感情起作用时（其代表是对爱的理想以及对道义的理想）；（3）当意志起作用时（其代表是对庄严的理想）。尽管有必要论述从联想而产生的情绪是如何掺杂进这四个方面的问题，但由于时间的关系，在此省略。

　　在这里，我们把文学家的理想分为四种，该分类方法与我在《文学论》中的划分法多少有些出入，但这里的划分法我认为比较明了、贴切。两者即使不同，对各位也无妨。如我前面所讲的那样，尽管我们的精神作用可以区别为智慧、感情、意志，但并不是互相毫无关系的。不但如此，文艺这东西，大都是通过感觉物来表现其作用的，对于这四种理想的情操也就互相混合，事实上其界线不可能那样明显地区分出现在作品中。尽管如此，理想有四种，不可能是四种以下，而且取出某个特别的作品来检查，四种中的某一种会很明显。因此在某种程度可以说该作品是属于哪种理想。这样，这四种理想无疑将受到时代和个人以及在其势力的盛衰中而受其影响。在某个时代若不满足美的要求的话，也有可能不被承认为文艺作品。而在下一个时代，就可能随着理想的推移，若不表现美还好说，但若没有"真"的话，就无资格冠以文学二字。同时还可能有人断言，在某个地方没能满足道义心的作品，会不想去写，不想去读。而有的人也许会主张，如果不能得到伴着意志的发现而产生的庄严情绪，就不会被认为是欣赏文学。这些时代、这些人全都非常正确，当然如果有对这四种都无所谓的人的话，我想也可以认为这种人的兴趣更广、更正确。这四种中哪一种流行于什么时代，哪一种更受到什么人的欢迎，这是一个非常有趣的问题。因无时间，在此省略。由于如同名称所示是四种，它们相互间有其成为文学的思想的相应的主张，因此无法找到以甲而隶属于乙的理由。这四种理想中，如果要从其重要程度来打分的话，我想没几个人会去做；如果有人会做的话，这与不看答案就打分的不负责任的教员差不多，真是荒谬绝伦的轻率。当然，如果说本人受时代潮流的影响，喜欢属于某种理想是可以的。作为个性，如果要选择某种理想的话，也可以谅解。由于爱憎不能成为理由，讨厌或是喜欢都无妨，但因为羞于发表没有根据的爱憎，就在毫无道理的地方找理由去辩解，就如同说因为不好消化，所以我讨厌章鱼；而如果喜欢，就不管怎么地不消化，都会全吃下去的道理一样。

因此，这四种理想是相互平等的，是不能相互侵犯的标准。所以用只坚持美的标准而去批判真的理想，就是不分青红皂白的做法，也就像将早起作为标准去评论一个人的食欲一样，指责别人因为睡了懒觉，所以才这样贪吃。这样说，谁也不会心服口服。看着温度计就推测山高度的人不妨用体温计来代替温度计，去测量愤怒的程度。所谓最错误的批评并非是看到美的作品却因为该作品没有体现真而加以否定，而是强调没有"真"就不能成为作品的这种主张。也许其中的确没有"真"，但没有就没有，我想谁都不会强求将没有的东西说成有的吧。然而如果不看现有的美的话，费劲写出来的作品也将失去生命力。运庆（日本镰仓时代的著名雕刻家）的金刚力士表现了意志的发动，但它的体格却不合乎解剖学。如果说它因为缺乏"真"而不行，这种说法也欠妥。米勒的《晚祷图》就有一种幽远的情绪，欣赏这个就足够了，如果说这幅画里没有意志的发动，也还可以耐着性子听，但是如果说因为没有发动就不成其为画，就如同从发动的管道来看文艺世界的青蛙一样。

然而，只描写一种理想却欠缺对其他理想的描写，这与积极地去挫败其他的理想是有差别的。所谓欠缺只是没有包含，而如果是捣毁的话，很明显是违背这种理想的。所以这只能是作家的写作手法高妙之处，即作品中以其标准来规定的理想足以使人忘却其他一切东西。然而即使是天才，做起来也相当难，因此一般情况下功过相抵。不管是多么好的藤村羊羹，如果把它放到便器里，恐怕也会令人反胃，对此还能狼吞虎咽地大吃特吃的人应该是异常喜欢羊羹之人，否则是做不到的。某人有才学，非常适合做教师，但如果他行为不检，无论如何都不可能让他任教。如果只是品行不正还算好，但若是花天酒地，怀里装着二尺长的料理店账单，喝得酩酊大醉，蹒跚而来地去上课的话，当然会关系到他所在学校的名声问题。因此无论多么优秀的作品，如果其中的长处不能够遮盖其中的短处的话，尽管非常可惜，这部作品还是会令人不满的。我尤其想说"尽管非常可惜"，所谓可惜是在已经认可了其长处之上的批评，同时也是熟知其短处后的判断。

现在话题终于移到现代文艺理想上来，先高谈阔论吧。现代文艺理想是什么呢？是"美"吗？不是美。画家以及雕刻家也许认为不是单纯的美，我对此是外行，请诸位自己去思考。现在说文学，那么它不一定就是美。把美作为唯一的生命的恐怕只有短诗，当然这在小说里没有，剧本中更没有。由于时间关系，这个话题到此为止。现代的理想如果不是美的话，是善或者爱吗？这种理想，在众多的作品中，无疑会作为重要的经纬编写进去，但如果称其为现代理想，就显得太单薄。那么就是庄严吗？如果庄严就是现代理想的话，好像勉强站得住脚，但事实正好相反，简直没有比现在更缺乏heroism的时代了，没有比现代文学更不发扬heroism文学了，我们知道，现在的时代没有一个能够唤起庄严之感的悲剧。现代文艺的理想在不是美、不是善，也不是庄严的情况下，其理想就只有"真"一个字。在此引经据典比较麻烦，暂且就以"真"这一概念来代表现代文学艺术特别是文学之理想，希望诸位暂时承认这个事实。然而这种"真"，经过所谓的分化作用，无疑会有许多种类及程度，如果浏览一下英法德俄各国的书籍，便可找出其主要的变形，本人对此并无不平之意。正如前面所提到的，真为四大理想之一，这个"真"字占了上峰，而其他三种理想势力减弱，随着时代的推移，如同妇女的双发髻过了时，现在流行西式发型一样，是没有办法的事。不过，作为参考意见在此我想谈谈自己的看法。

人类的观察这东西，愈深反倒变窄。如果说世上什么是窄，应该没有比专家更窄的了。或许有人会认为所谓窄并不包含贬义，所以没关系。但窄就有不好的地方，好比医生，如果他整日废寝忘食地研究其狭窄领域的话，说不定会干出让妻子喝毒药来观察其实验结果的荒唐事。世界很大，就好比在广阔的大地上划一条细线，全神贯注并小心翼翼地在上行走，然后就认为这是整个世界。这就是一个非常令人遗憾的笑话，但如果只是令人遗憾，而并没给别人添麻烦的话，也就算了；但如果这样执迷不悟地走下去，给周围制造了麻烦，就不太好了。再举一个例子，任凭交警怎样大声地"向左、向左"地指挥，但往东西南北行走的人不可能全部朝着同一条线路、同一个方向、同一速度行走。生活在这广阔世界的人用随意的步伐、自己喜欢的方向行走于广大的世界，当双方相遇快要发生碰撞时，如果没有什么特殊理由的话，双方应该相互让路。人生中四种理想也都具有同等的权利。走路是自由的，但如果权利是平等的话，在即将发生冲突时，就需要相互协调，适当地进行妥协，为了进行妥协，就不可能一个人独来独往。总之，上上下下来来往往的人，都有相应的道理与理由，这就要求世界更宽广一些，如果过于狭而深的话，就像前面所提到的医生那样就不行。抽出法就是只着眼于自己所关心的事，而将其他所有东西抽出在外，这样的话，对自己确实有利，而对其他人即不朝同一方向前进的人则会造成妨碍。倘若明白造成妨碍，也可能会改正，但自己的世界很窄，又认识不到这狭窄世界以外还有别人的话，那就毫无办法了。现代文艺中只注重"真"的弊病，是否会变成这样呢，我认为实际上目前已开始朝这方面变化了。

　　注重"真"的结果，就是认为只要能达到真，写什么都行。发挥真的结果是美、善以及庄严都无所谓。但如果再超过一步，为了真而伤害美、损害善、践踏庄严，"真"派的人或许认为感觉良好，然而"美"党、"善"党、"庄严"党却不可能苟同。所谓由于目的各异，所以互相无可奈何，只能是指在不影响其他人这一前提下的说法。但如果根本就没认识到有影响其他人的因素的存在，就大喊"这就是真的世界""这就是真的世界"，就好比电车铃声大作"这就是交通便利的世界""这就是交通便利的世界"，毫无秩序地横冲直撞一样。必须乘电车的人，也许愿意这样，但对于那些乘人力车、自行车或步行的人来说，就极为不方便。文艺这东西，无论是在欣赏上，还是创作上，多少都含有"抽出法""的成分（关于"抽出法"本人曾在拙论《文学论》中有所论述，请参阅），如果过于极端的话会产生一种奇妙的现象。比如说一幅裸体画，公然地在光天白日之下展出。作为一般社会风俗，裸体仍是有伤大雅，我相信西方也如此，然而为了体现人体的感觉美，就必须使用裸体而冒犯体面，这就出现了矛盾。此矛盾随着文明的进程变得更为激烈，以至于决不妥协。为了协调，或是改变社会风俗或是放弃人体的感觉美，二者必须取一。然而双方都很固执，必须将原本不好解决的问题强行解决，便制定了一种规则，这规则便是"在陶醉于肉体的感觉美时，必须忘记社会的不体面"，用刚才所讲的话来说就是裸体画是必须抽出不体面的感觉去欣赏的，有了这个规则，裸体画才终于延续下来。这并不是像一些画家及文艺批评家所想的那样，因为社会开化了，裸体画有了名分。同样电车是危险的，但对交通极为方便，只要限定一定的路线，抽出危险之念，在以步行为条件的前提下，东铁公司、电铁公司才能存在。不管是裸体画也好，东铁、电铁也罢，如果太傲慢的话，也可以剥夺其存在的权利，但是只要抽出的规则一旦成立，便无问题。"真"亦是如此。对于发挥了"真"的作品，只要忘记其所抽出的其他全部理想，这个条件成立的话，也是可以的。所谓可以，不是让你摆架子，只是说可以存在，是说对于有其他理想的诸位，可能有些不太公平，但我也有些为难，所以，请忍耐一下吧。但这必须要达到对于"真"而产生的情绪必须充分发挥到强烈得忘却其他理想的程度才行，当今的作品是否能达到这一点值得怀疑。

如上所述，文艺中存在四种理想，而此四种理想分别进行各种分化与发展。这四种理想既是文学艺术家之理想，从某种意义上讲也是一般人的理想。在这四个方面具有最高理想的文学艺术家作为人，同时也是一个具有最远大崇高理想的人。只有具有远大崇高理想的人才能够去感化其他，因此文学不是单纯的技术。没有人格的作家作品，只能写一些浅显的理想或者无理想的内容，其感化力十分薄弱。只有当为发挥伟大的人格而使用的技法惠及他人时，文学的功劳才会显著地体现，并保持光耀长久。这种光耀并非是把某个作家的名字流传开，或者是被社会热烈追捧，而是指作家伟大的人格深入读者、观众、听众的心灵，变成其血与肉，并由子子孙孙传承下去。从事文学创作的人如果不这样向后世传承的话就无任何价值。这并不是指在人名辞典中记录那么两三行来流传，不是指自己去传播，而只是指用活字的传播，在"真"的意义上传给下一代，再传给后世。这样一来，我们才会自觉到所从事的文学不是一种无聊的工作，才能意识到自己不是一个人，而是社会整体精神的一部分，才能明白文学对于世道人心关系重大。我们从生的愿望出发，把发展的理想持续到今日，用某种手段来实现这个理想，有助于使我们的生存目的更为高尚。充分实现最伟大的理想最有助于我们的生存目的。文学的同仁们在这个意义上绝非闲人，不管是像芭蕉那样创作消极俳句的俳人，还是像李白那样创作奔放诗篇的诗人，都决不是闲人，他们比普通的大臣豪族更有意义地生活过，都为人生的大目标贡献过。

所谓理想不是别的，不过是对如何去生存这个问题的一种解答，画家的画、文人的文章，都是这个答案。文学家将此问题呈现于世，他们从各种角度作出了解答。为了使答案有力，就必须明了，如果答案不明了的话，双方的意志就不会疏通，被称为所谓技巧的东西，就是文学家为了使答案更明了而利用的工具，但工具并不是本体。

　　……我们期待意识的连续。而其连续的方法与意识内容的变化，会给予我们一个选择的范围，此范围又给予我们理想。这样一来，可以说实现此理想就是接触人生，除此以外，即使想接触人生也难以实现。而且由于此理想可以分为真、美、善、壮四种，能够实现这四种理想的人，在同等程度上，就是接触人生的人。能够表达真之理想的人，他与能够表达美之理想的人具有同等权利去接触人生；而表达善之理想的人，他与能够表达壮之理想的人具有同等权利去接触人生。不管是表达哪种理想，都是接触人生。但只接触其中之一，而不能接触其他的观点，在逻辑上是被证明为不能成立的谬论。"真"是一个广而深的理想，但是说只有"真"才能接触人生吗？认为其他的理想不能接触，就如同不承认"真"以外世上还有其他道路的色盲一样。东西南北的道路，全都应该能够通行，如果说重要这些全部都重要。

　　四种理想进行分化，随着分化而产生变形，发生变形会使得进步的机会更早到来。在这些变形中，将人生中实现新理想的人可以称之为认识新意义的人；将实现最深刻理想的人称之为深刻接触人生的人（毋庸讳言，所谓深刻，应该是涉及真、善、美、壮四个方面的形容词，所谓因为太悲惨所以才深刻或太黑暗才深刻这些都属无意义之语言）；将实现最博大理想的人称之为广泛接触人生的人；将兼有这三点并用完美的技巧来实现这个的人称之为理想的文学家，即文学的圣人。同时只有具有技巧的文学家方能称之为圣人。说起圣人之理想也没别的，只是解释应该如何生存的问题而已。

　　当发达的理想与精湛的技巧相结合时，文学艺术才能达到极致（文学的极致，可以解释为由于时代的进步而推移，是最合逻辑的东西），文学达到极致时，如果在机缘成熟时接触它的话，就能受到还原的感化。这种还原的感化会给予我们至大至高的感化。所谓机缘成熟，就是当文学的极致中呈现出的理想与自己的理想相符合时，或是被其吸引的自己的理想在新的方面、在深度上或者在广度上，在受到启发的那一刹那大彻大悟。所谓无缘的众生难以超度，不光是指佛法，如果双方理想悬殊太大，即使想去感化或接受感化都难以达到目的。

还原的感化这一说法较奇特，可能不太好懂，我想在此说明一下。文学家就像刚才所说的那样，将自己通过修养得到的理想用语言或者色彩来表达。而被表现的这种理想不过就是将某种意识形成的某种连续真实地表现出来，因此所谓对此达到欣赏的境界，就是伴随着文学家所表现的意识的连续。如果我们的意识的连续与文学家的意识的连续在一定程度上达不到一致，就不可能去进行欣赏。所谓还原的感化，就是在这种一致的情况下方能出现的一种现象。

一致的意思本来是明确的，这种一致的意识之连续深深地沁入我们心底，即使离开作品仍留有痕迹，这就是感化。这样的话，需说明的就只有还原二字，然而这两个字又包含在一致的字面上。所谓一致，就是说我与他的意识这两个东西合二为一的意思。这应该是指在未达到一致前就已经达到一致了的意思，应该既没有一，也没有二，一旦达到此境界，那么就脱离了普通人的状态，超越了物与我。然而所谓超越物我的境界，就是今天讲演的出发点。也是所有思索的根本源泉。因此对于文学作品，忘记我与他，无意识地（并非反省之意）尽情欣赏的时候，没有时间空间，只有意识的连续。不过这里所说的无时间空间的意思，并不是指在作品中没有，而是指忘却自己对于作品的时间，以及自己所占有的空间，就如同花了多少时间去读，在什么地方读，是书房、郊外或是床上都忘记了一样。本来在一般情况下不可能忘掉这些，因为有时虽与作者的意识之连续相一致，而有时又离开，我依然是我，彼依然是彼。就如同被跳蚤咬了一口，突然回到自我；或是闹钟响了，突然使其回到自我一样，不能尽情享受由完全一致而产生的乐趣。就这样，当自己的意识与作者时离时合的时候，无论是读书还是欣赏美术作品，都不可能达到纯一无杂的境界。有的人一生中没有一次达到无我的境界、逍遥而心旷神怡的境界，这种人被俗称为为物所累的人，这样的人一旦由于某种因缘突然得到还原的一致，就会像丑男人爱上绝代美女那样欣喜。

在"意识之连续"中，主要以比较的连续来表达理想的话，则是文学；而以比较的意识的内容为主来表达理想的话，那便是绘画。前者的理想，主要是靠意识的推移来体现，这种用推移法进行的作品使读者较容易受到还原的感化，称之为动的还原性感化；而后者的理想主要靠意识的停留来表达，如果较好地应用了停留法，就是估计意识想停留的地方，捕捉那一刹那，则比较容易使观众得到还原的感化，这是静的还原的感化。然而这只是从主要的倾向来区分文学与绘画，实际上二者不可能有截然的区别。如果将这两个要素往文学方面靠的话，推移的法则应作为文学的力学来论述的问题，而停留的状态是应作为文学的材料来加以考虑的问题。这两点在评论学尚不发达的今天，还无人去做，因此具有较大的研究空间。我在《文学论》中论述了自己尚不完善的看法，请各位参考。这是一块刚开拓的领域，也许无多大参考价值，但是试图在这个领域往前冲刺的人应不断地积累新知识，如果能补充我的疏漏，修正我的错误的话，那么批评理论作为一种学问，在未来也可能会成立。由于某些原因，我主要是考虑创作方面的内容。我不知道自己将能作出多大的贡献，如果有比较务实认真的学者不断进行进取性的开拓的话，我相信学术界可以有人而为此受益匪浅。

（明治四十年四月在东京美术学校的讲演）

（王蜀豫译　王青校）

十四、北村透谷

史料简介

北村透谷（1868—1894），本名北村门太郎，透谷是笔名。明治时期著名的诗人、评论家、哲学家。

北村生于神奈川县小田原一个没落士族之家，后因其父供职于大藏省，1881年全家移住东京，当时正值自由民权运动高涨之时，透谷和正冈子规（著名短歌、俳句作家）、田冈岭云（著名评论家）等受此风潮影响，立志成为政治家，进行演说练习。1882年初，十四岁的透谷小学毕业，在毕业典礼上作"空气及水的构成"的讲演，受到好评，被《明治日报》称为奇童。是年，他不幸患忧郁症。

1883年，北村透谷曾做神奈川县议会临时书记员、宾馆服务生。同年得到民权运动领导人之一、自由党政治家石坂昌孝的知遇，并与其子石坂公历结为至交。这段时间是透谷政治热情高涨、热心于自由民权运动的时期。1885年，开始把兴趣和精力转向文学活动，并决心以笔耕来影响政治运动。

1887年，北村透谷与石坂昌孝之女石坂美那子相恋，于翌年结婚。美那子于1886年接受基督教会洗礼，受其影响，透谷于1888年3月受洗入会。此后，透谷一直热心于宗教活动，做教会的文字与口头翻译工作，并参与组织日本和平会，任《和平》杂志和《圣经之友》杂志的总编。

1890年，北村透谷以教书、翻译、编辑、著述为业，过着繁忙而清贫的日子。1893年1月，透谷与诗人、作家岛崎藤村创刊《文学界》，同年4月，透谷主持女学杂志社创刊的《评论》之文学评论栏目。但繁重的工作严重损害了北村透谷的身心健康，使他精神紊乱，病魔缠身。1893年12月28日，透谷在家中割喉自杀未遂，半年后，于1894年5月16日拂晓在家中自杀，时年二十七岁。

北村透谷的一生像一颗耀眼的流星，在日本文学、思想的天空匆匆划过，但却留下了丰富的文化遗产。他是日本新体诗的开创者，日本和平运动的先驱，日本文学评论界的斗士。1889年他自费出版有长诗《楚囚之诗》、诗剧《蓬莱曲》，1892年初在《女学杂志》上发表的《厌世诗人与女性》评论，引起较大反响。在随后的两年里，他以异乎寻常的精力开展评论活动，写下了一百几十篇文章。下面译介的《万物之声与诗人》《内部生命论》和《人生相涉论》三篇便是其中富于思想性的代表作。身后留下的作品有：星野天知编《透谷全集》、岛崎藤村编《透谷全集》、胜本清一郎编《透谷全集》和小田切秀雄编《北村透谷集》等。

万物之声与诗人

万物自有声。万物自有声则又自有乐调。蚯蚓乃动物中丑陋且笨拙者。然当夜深人静凭窗聆听其断续之音时，不禁令人感悟造化具有调理生物妙机的惊人之处。自然于不调和中设置调和，于悲哀中设置欣悦，欣悦里设置悲哀。命运胁迫人而驱人做下怯懦卑劣之行为。情欲诱惑人而率人做下任意妄为之事。自然乃广漠之大海而人生似廷廷之浮岛。风浪常袭四围而罕有宁静之时。四季不追而如骏马奔驰，草木枯荣无轮而如旋转之车。自然常变，无有须臾停滞；自然常动，无有须臾寂静；自然常为，无有须臾为无。其变、其动、其为，各自立于一个定法之上，而又可见有根本之法支配之。临渊静观水流之动静，可知去者必返，返者必去。少者必老，生者必死。苦中有乐，乐中有苦。造化偏颇而非偏颇，私而无私。差别之底无差别。不平等之怀有平等。然造化之妙机隐秘而存其最深处。人类之最深处称之为人类之空，造化之最深处称之为造化之灵。造化之最深处！造化之灵！其中有大平等之理也。其中有天地至妙之调和也。无论人类如何卑鄙拙劣，天地至妙之调和不会因之而稍受毁损。于此至妙之调和中，万物岂非皆放出某种声音乎！

观外形之美丑而擅决其美丑，并非判断美丑之最后标准。有外极丑而内极美者。有外极美而内极丑者。判断美与丑未必与其形象相关。判断现于形体之美丑者独眼眸，但眼眸未必是判断美丑之唯一判官。鼓膜亦具有相关之能力。否！否！眼眸、鼓膜均未必是真正判断美丑之物。凡形之美出自心之美。形乃心之现象耳。知形者形也，视心者又不可不为心。造化以神奇之力，使万物各自发声，以之使其心聊现于形状之外，以之使语其情，以之使言其意。无弦之大琴悬于宇宙之中央。万物之情、万物之心，无不触此大琴，无不成为此大琴之音。情及心，虽其轨各不相同，然其不同不过如琴之音色不同而已，就其作为悬于宇宙中心之大琴之音来说实乃均等。个别特殊之悲苦悦乐，不过乃此大琴之一部分。悲时虽似独悲，然非也，乃万物之悲也；喜时虽似独喜，然非也，乃万物之喜也。"自然"不许万物有"私情"，不使私情在大法之外纵行。私情之喜乃无故之喜，私情之悲乃无故之悲，因彼无涉大琴，故如无根之萍漂浮大海耳。情及心，个个特立，而个个以其中心，与宇宙大琴之中心相连。海、陆、山、水，皆我心之一部分，而我心亦彼之一部分。彼我亦皆某物之二部分而所归乃一也。四季之更迭，与少老盛衰之理果有几许差异？树叶之凋落，与老衰之末又有何种差别？花笑时我亦笑，花落时我亦落。果实熟时我亦熟，果实坠时我亦坠。支配其引力之法即支配我的引力之法。支配其生命之法即支配我的生命之法。其与我在"自然"面前无甚相异。法者一也。顺法者亦一也。法与顺法者之关系亦一也。情及心，似乎漠然不可捕捉之情及心，亦在法之中，亦在法之下。法之重如斯。于此可见所有声音，情及心之回响等所有声音之一致，无论其高低，无论其清浊。然有此一致。观此一致而后观诸多不一致，是诗人也。观此大平等，大无差别而后观诸多不平等与差别，是诗人也。取天地而为一美术者以之也，取所有声音而为音乐者以之也。在诗人面前，凡物、凡事悉为诗者以之也。只知于众多不一致中取一不一致，于众多不平等中取一不平等，于众多差别中取一差别而执着之，不能悟人彼之大一致、大平等、大差别者，是未知天地之大诗也。诗人之业难哉！

论道德之书众多。设宗教之名及其教法者众多。然道德尚未低至任人制作之程度。宗教亦未卑至使人随意炒作之程度。道德之底有一道德，宗教之底有一宗教，此与美术之底有一美术无所相异。要之道德一耳。政治上所谓道德者，例如儒教，尚不足以谓为道德之本然。宗派上所谓道德者，尚不足以谓为道德之本然。可作为宗教中之宗教者，其多有与人性人情相感应者也。道德亦然。美术亦然。毕竟无论宗教抑或美术，就其为人心之上大感化力而言则无所相异。然而，如拉斯金所言，美术虽有使道义圆满之力，却不能如宗教一样创制道义。如同宗教为天启一样，美术亦为一种天启。如同宗教带有高尚之使命一样，美术亦带有高尚之使命。人性乃其唯一之目的。并非无中生有，而是取其有并完善之。并非从劣等动物创造出高级动物，而是以高级动物自觉其高级之所以，成就其高级之职责。宇宙之存在，立于微妙之阶级之上。伤之一分则必有作为其责罚之不调和。此即所以存在调和中之不调和之原意也。微妙之阶级、微妙之秩序，有此而万物适得其所。吹向东方之风再向西吹来，气燥处云自簇，云为雨，雨为云，此等无一不是为宇宙之大调和所蕴之小不调和。万事皆空而唯法独实，唯法独实而遵法之万物皆可得实。自然常变而不变，常动而不动，常为而无为，于法亦然。

宗教完美而美术亦完美，美术与宗教相距不出数步。然而，宗教永远为枯燥之神学论据所笼罩。美术亦会倾向于自恃，此乃当然之势。宗教之度与美术之度殆为一种比例，一国民之美术根本乃其伦理之表象。卑贱之国民甘于卑贱之美术，高尚之国民求其高尚之美术，勇敢之国民出勇武之故事，淫逸之国民有其淫逸之史乘。总而言之，万物成其自然之声，美术乃其声之具体体现，无论其形状如何，如以其声为主之心卑贱，则其美术必然卑贱，此乃至当之理。宇宙之中心有无弦之大琴，所有之诗人皆来其旁，为自己代表之国民、为养育自己之社会，而作千姿百态之音。人性之各种变状因之发露。真实而无修饰的人生说明者，在此弦琴之下，分明吐其至情，其声之悲、其声之乐，深贯于人心之奥。诗人并非为己而生,而是为围绕自己的谜而生,其声非己声,乃环绕自己之小天地之声,其诱惑无先于人,迷途无后于人,其无言而常语,无力而常为,围绕其小天地无不通过其而发露悲喜。其乃神圣之蓄音器,万物自然之声,为其所蓄而启示于世。秋虫传其悲于诗,飞鸟告其自由于诗人,牢狱,诗人不辞之;碧空,诗人亦不远之。天地乃一美术,若无诗人,谁人能阐此妙机而语之于人耶?

（原载明治二十六年十月七日《评论》第十四号）

（陈化北译　王青校）

内部生命论

人类毕竟不是枯燥之物,宇宙到底不是无味之存在。一朵鲜花,如详察之,亦应有万古情思。造化虽长久不变,但与之对应的人心却千差万别。

造化不变,但因与之相对的人心有异,故造化亦会呈现不同的意趣。佛教的厌世诗人眼中的造化尽是无常的、厌世的。基督教的乐天诗人眼中的造化,全是有望的、乐天的。以彼为非,以此为是,不是我今天讨论的题目。如果将这种没有变化的造化作为有如此变化的东西,确为人心使然,那么,我们岂能不对人心做认真的研究呢?

造化(Nature)支配人类,但人类亦支配造化。人类中存在的自由精神是不肯默从于造化的。造化之力甚大,但人类之自由亦甚大。人类岂能满足于归顺迎合造化呢?但造化亦是宇宙精神的一种表现,是神的形象之显现,其中包含有至大至粹之美,这是毋庸置疑的事实,人心对它自然发生敬畏之念,自然生出精神上的体验,又岂有不当呢?这种场合,即使是我也不能不生出些许万有之情趣。

人类果真有生命吗?所谓生命,并非是指这五十年的人生。人们所说的生命的源泉,果真是我们人类享有的东西吗?这种疑问是人们经常想到而又经常忽略的。苦心经营五十年的人生,最终不如不去经营它;不知有明日而谋划今日之事,最终不能真正谋划好今日之事;为五十年的人生去谋划五十年,无论其谋划如何之大之密之妙之精，最终不如没有谋划。假如劳作二十五年，享乐其余二十五年的话，也应是极为有趣的想法，大多数人都是如此梦想而消磨时光的，但现实世界决不会提供如此容纳梦想的余地。假如我心告诉我五十年人生之外皆为梦的话，那么我宁愿省去勤劳，废止事业，以逸乐宴眠了此残生。

我相信人类是有生命的。与其说当今思想界是佛教思想与耶稣教思想之间的竞争，毋宁说是生命思想与非生命思想之间的战争。我欲向思想界尽献微薄之力，既不是想以耶稣教的用语剥夺佛教的用语，也不是想以耶稣教的文明（外部的）推翻佛教的文明，更不是想以耶稣教的知识破除佛教的知识，我是想以生命思想消灭非生命思想。至于其用语、其文明、其学艺，这些外部之物，应以自然淘汰经由自然进化，我所关心并非在此。生命与非生命，此乃东西思想之一大冲突。

仔细探寻在明治思想界开拓新领域的耶稣教派前辈们的事业足迹，用宗教上的语言来讲，除了在人们心中植入所谓的生命之树外，他们还成就了什么事业呢？穿西服、戴礼帽之类，是不需要劳动思想界的人而自然为之的。大凡补益外部文明之事，是无须劳烦思想界之达士的。外部文明是内部文明的反映，而东西两大文明的要素，只是存在着有宣讲生命之宗教和无宣讲生命之宗教的差异。优胜劣败的起因便存在于此。平民道德的先驱者、社会改良的先觉者、政治自由的倡导者，有哪个不是向斯民宣讲生命的人？有哪个不是使斯民知晓有明日的人？有哪个不是警醒斯民不要忙忙碌碌忧心忡忡为今日所局限的人？作为宗教的宗教是何物？作为哲学的哲学又是何物？即便不讲宗教而讲生命，也已是出色的宗教，即便不谈哲学而谈生命，也已是出色的哲学。有不懂生命而懂信仰的人吗？有不懂信仰而懂道德的人吗？宣讲生命之外，有道德的源泉吗？大凡宣讲生命的人，已不是功利派；大凡宣传生命的人，已不是暧昧派；大凡懂得生命的人，已不是高调派。危言流行的今天，愿世人都能够保持清醒的头脑。

下面让我论述一下文艺上的生命之动机。

文艺无须像宗教或哲学那样从正面论说生命，而且也不能如此。文艺是思想与美学的结合，有思想而无美学不是文艺，有美学而无思想也不是文艺，唯有华文妙辞难以达到文艺之上乘，同样，唯有思想也决不能称为文艺。在这点上我不能同意非文学党的非文学观（指山路爱山的观点——译者注）。先觉者（暗指德富苏峰——译者注）不知，末派（暗指山路爱山——译者注）的实证哲学，由于过于把文学作为现实的事业（详见《人生相涉论》），因此恐怕会重犯清教徒的谬误。

戏文世界的文学，不包含有价值的思想，这点我也并非没有看到，然而，戏文就是戏文，何需拿它来责备今天的文学呢？以我看来，过去的戏文之失于华文妙辞，并非华文妙辞之罪，而是由于文学中不具备宣讲生命的途径。下面请让我就德川时代的美文学稍作论述。

所有伦理道德必然或多或少地与人的生命有关。与人的生命关系大的东西多有益于人；而与人的生命关系少的东西则少有益于人。在德川时代，与人的生命关系最密切的是儒教道德，这是毋庸置疑的。然而，儒教道德是现实性的道德，并未能阐明人的生命。它设定了繁杂的礼法，完备了种种仪式，结果难免陷于形式主义和流于贵族化。总之，它的说教并未触及人根本的生命之弦。观察德川时代的所谓美文学，我更见其甚，像他们那样愚弄人的生命的根本，每每令我痛惜。他们流于仪式，就连儒教道德都很少具备。他们中的多数是下流人情的写实家。作为人的生命的东西，在他们那里，不过是用于戏谑的目的物。他们描写爱情，但他们并不崇尚爱情。他们笔下的爱情都是肉欲式的爱情，除了从肉欲进入恋爱外，别无谈情说爱的其他途径。柏拉图式的爱情、但丁式的爱情、拜伦式的爱情，对于他们来说是难以想象的。他们主张忠孝，但他们的忠孝，只是因为有忠孝的教理所以才主张有忠孝，他们与当今的僻论家（暗指井上哲次郎——译者注）一样，因为有敕语所以才主张忠孝差不多，他们不能从人的根本生命出发而主张忠孝。他们主张节操道义，宣讲善恶，但他们的节义，他们的善恶，都不过像是在摆木偶，均未能触及人的根本的生命之弦。所谓劝善惩恶，也是事先规定此为善、彼为恶而对之加以劝惩，还不能说是真正的劝惩。真正的劝惩不可不立于心灵的经验之上，即不可不立于内部的生命（Inner life）之上。

因此，不承认内部生命的劝惩主义，最终不能称为真正的劝惩。他们宣讲世道人心，主张写文章应有所作为，应有益于社会。但他们的世道人心主义，最终也难免犯有狭隘的实证主义的谬误，他们还不能知晓根本的生命，还不能得到有益于世道人心的真谛。总之，他们的谬误起因于不承认人的根本的生命。读者啊，请勿责备我不把重点放在五十年的人生上，而去探寻人的根本的生命；读者啊，请勿责备我不专心于眼前的事业，而重视摸索人的根本的生命；读者啊，请勿责备我身上或有倾向于唯心的或有倾向于万有的东西，我是把重心放在人的根本的生命上。而我不顾不肖，欲对明治文学尽献微薄之力也是在这一范围中的，希望大家能够记住这一点。

明治的思想不可不经过一场大革命，不可不打破贵族的思想，而创立平民的思想。我所敬爱的前辈思想家们业已在此般事业上振臂高呼，我以低微的身份力图推行此事，其实是沿着他们走过的道路前进，并非是要远离人情而建筑巴别塔。如果探寻人的根本的生命，或传授平民道德，或图谋社会改良，称得上是在沙丘上建筑巴别塔的话，那么，我也甘愿成为建筑巴别塔之一员。

文艺非评论，屡言皆同。在评论之领域，传授根本的生命，是握评论之笔者的使命；在文艺（亦可称纯文学）之领域，传授根本的生命，是文艺从事者的使命。如果说纯文学不评论故无纯文学，那么，谁不笑其极端呢？在评论之领域，宣讲善恶，是从表面谈之；在文艺领域，宣讲善恶，是从里面谈之。

"人性无上下，人情无古今"，这是《观察论》的作者（德富苏峰——译者注）的名言。诚然，如诗人、哲学家所言，不外是人情自行执笔而描写万人之心。显然，善也好，恶也好，原本不是道德学上的制作物。善恶正邪的区别毕竟不能脱离人的内部生命而独立存在。内部的自觉也好，内部的经验也好，虽然其名各异，但总不外乎是对根本之生命而言。诗人、哲学家的高尚事业，实在不能游离于讲述此内部生命之外。内部生命千古不易，非神不能使之动摇。诗人、哲学家所为并非剥夺神业，他们不过是观察内部生命之人（参见《国民之友·观察论》）。然而，他们观察内部生命,并非是观察沉静不动的内部生命,他们除了观察内部生命的百般表现外再无可看之事,即除了观察人性人情的百般表现外再无可看之事。观终究是观,但在此场合观中有知的意思,即,观之终归于知之,而观之始亦出于知。观察人的内部生命,乃是观察其百般表现。以此可知,灵知灵觉与观察是相即不离的。由此可见,没有灵知灵觉的观察不是真正的观察。

所谓人性人情,意指人的特有性。诗人、哲学家当然必须是人性人情的观察者。然而我所担心的是,在民友子(德富苏峰——译者注)《观察论》的读者中,或许有人会把诗人、哲学家误解为仅仅是人性人情的观察者。读过民友子的《观察论》的人又不可不读民友子的《灵感》(Inspiration),否则我会担心对民友子产生误解。诗人、哲学家最终不外乎是人的内部生命的解释者。而人的内部生命,我无论如何去思考它,都不能不相信它不是人为造作的东西;同时我不能不相信,人性人情之所以区别于其他动物的固有性之根源即在于此。生命啊!此语中包含有何等深奥的意义!宗教的源泉就在于此,没有它便无从有教,没有它便无从有道,没有它便无从有法。真理啊!世上所谓的真理到底意味着什么?即便是苏格拉底,若不主张灵魂不朽,便不能摆脱其为一个功利论者;即便是孔子,若不主张道在,也不过是一个头痛医头、脚痛医脚的庸医。所谓道在迩,即是承认生命的源泉不是人自造的。若无内部生命,天下怎么会有人性人情呢?若不相信灵感,又岂知真正的人性人情?以五十年的人生作为解释人性人情之唯一舞台的论者的谬误,是不言而喻的。

就文艺而论,所谓写实派,应是客观地观察内部生命者,亦是客观地观察内部生命之百般现象者。此目的之外并无值得称颂的写实派之目的。主张有益于世道人心的写实论一派(指山路爱山等人——译者注),若离开此目的,也不会有任何功益;以劝善惩恶为目的的写实派,若离开此目的,也不会有任何劝惩。主张有为,主张益世,也都不外乎为了真正达到此目的。所谓理想派,应是主观地观察内部生命者,亦是主观地观察内部生命之百般现象者。无论如何倡导高大的极致,无论如何歌颂美妙的理想,此目的之外并无值得称颂的理想派之目的。

理想是什么？理想派又是什么？我在此小论文中，不可能阐明理想是什么。然而，这里不可不一提的是，文艺上所说的Idea，与形而上学中所说的Idea，是名同而实异的。形而上学所说的Idealist（唯心论者），与文艺上所说的Idealist（理想主义者）也是完全不同的。

文艺上所说的理想派，是在观察人的内部生命上时，将终极在事实上形成的具体形态。把理想（Idea）进行绝对化的研究，是形而上学的唯心论；但把理想置于事实之上，则是文艺上的理想派。因此，在文艺上，堪称理想（Idea）的东西几乎没有。其所有者，乃存在于理想主义者暂离人生与人生的事实现象而同某种存在冥交契合之时。而且此乃瞬间的冥交契合，如果此瞬间成了连续的瞬间，那么，诗人已不再为诗人，而必然成为研究系统性学问的哲学家。诗人岂能成为这种人呢？

瞬间的冥交契合是什么呢？是灵感（Inspiration）。具有瞬间冥合者我们称之为被赋予灵感的诗人。而且我相信，真正的理想主义者，除了被赋予灵感的诗人之外是不存在的。也许有不知何为灵感的理想主义者，也许有不明确宗教为何物的理想主义者，但我认为，在各种理想主义者中，只有那些接受了灵感的人才是最为纯粹者。灵感（Inspiration）是什么？我指的不是宗教意义上的，它既不是某一宗教（作为组织）的灵感，也不是某一哲学的灵感。总之，所谓灵感，只不过是宇宙精神即神圣的东西，对人类精神即内部生命的一种感应。我感之如同感应电流一般。如果没有这种感应，哪里会有纯粹的理想主义者？

这种感应是再造人之内部生命的东西，这种感应是再造人的内部经验与内部自觉的东西。在这种感应下的瞬时之间，人的目光离开了现实世界（Sensual World），也就是说离开了肉体，忘掉了现实。但并非像梦游症患者那样忘掉"自我"出走，而是始终以生命之眼观察超自然的东西，并且是以再造的生命之眼。

以再造的生命之眼观察时，造化万物无不具有终极。但其终极并非是绝对的理想（Idea）。在某种事物上表现出具体形态的即是其终极，万有的眼光可以在万有中见其终极，心理的眼光可以在人心上见其终极。

(原载明治二十六年五月三十一日《文学界》第五号）

（陈化北译　王青校）

人生相涉论（节译）

纤巧细弱的文学无端招致江湖上的嫌弃而表现出一种怪异的反动势力。爱山先生①承袭德川时代的文豪遗风，挥舞名为"史论"的铁槌，也应视之为其中一种现象。民友社②起用爱山，与江湖欢迎爱山，都应视为这种反动势力兴盛的体现。

反动载着爱山先生奔走，而今爱山先生却要载着反动奔走。他用名之为"史论"的铁槌将所要击碎的目标扩大，频繁地试图袭击纯文学的领地。对于以反动而纵容反动的声势，我并无异议，只是当我看到已发展到载着反动而又引起其他反动时，我不能不对把从反动漂向反动的命运加诸我们文学而感到悲哀。爱山先生认可文章即事业的说法，并在《赖襄论》开篇加以宣讲。为什么文章即事业呢？爱山先生解释道：第一因为有所为；第二因为益于世；第三因为涉及人世（人生）。

而他又指出不得为事业之文章的条件，即，第一，如击空之剑者；第二，空之又空者；第三，华辞妙文而与人生不相涉者。他在此开篇结尾道："因为文章为事业故应尊崇，我论赖襄③即论其事业。"

大丈夫立于世必有所抱，然所抱者未必是要建立有形之功绩。建筑家兢兢业业，费去几多岁月后，确可建起巍峨的楼阁。然而，对于建筑人类灵魂的工程师来说，其所费的劳动并不能立即成为有形的楼阁，而如尼古拉教堂那样引人注目。没有惊动众人的事业也许会极大地震撼世界。

天下有极其沉默的东西，山岳即是如此，然而它们却是伟大

---

① 指山路爱山。
② 德富苏峰于1887年（明治二十年）创立的出版社，发行《国民之友》杂志。1890年创刊《国民新闻》。成员有德富芦花、山路爱山、竹越与三郎、国木田独步等人。
③ 赖襄：号由阳，1780—1832年，江户后期儒学家、史学家、诗人、书法家，主要著作有《日本外史》《日本乐府》《山阳诗抄》等。

的雄辩家。如果以言之有无而争辩其有无，那么，一切自然万物都应成为极其可怜的哑巴了。然而，没有比自然更加无言而雄辩的东西了。人类如果有像自然那样沉默的人，爱山派的论士们难道还会来到其旁边，嘲笑"尔何不能言"么？！

人类所为亦是如此。极拙朴的生涯中会有特别高尚的事业，极高尚的事业中亦会有特别拙朴的生涯。肉眼可见的外部难以表示其不可见的内部，以盲目的世眼凝视盲目的世界，将真挚的灵剑投向长空的勇士，就如同人类从未表达感谢却蒙其恩泽的神灵。天下有这样的英雄，无所为而终，未留下像样的事业而逝去，但他们甘于斯满足于斯，对他们我不能不表示更多的同情。

我记得这样一句话——"人为战而生"。战非为战而战，而是有当战之事故战。战有以剑以笔之别，战时必先确认敌人而后战，以笔以剑于战无异，然而根据敌人的种类而采取不同的战法乃理所当然。战法不同，胜利的乐趣亦不同。战士临阵胜敌，高唱凯歌返乡时，朋友们祝贺胜利，评论家评之为事业。事业诚可尊，胜利诚可贵。然而，伟大的战士未必如此携胜利而归，其一生不以胜利为目的而战，而是另有更大的目的。他们击空狙虚，成就空之又空的事业，常于战争中途消失踪迹，不知去向。

如此战法，乃文士之所好。此类文士乃委命运于此类战争。文士面前的战场，不是局部的原野，而是广大的原野，他不是为建功立业而赴战场，而是以必死的决心和甘为野露的决心走出家门。出入如此战场进行如此战争，乃文士与沙场英雄之不同，二者事业的结果，当然也会大相径庭。

爱山先生宣称文章即事业不无不可，然而，称文章与事业像都市的房屋那样相近则不可。为什么说不可呢？因为圣洁不可犯的文学的威严，如果与"事业"这一俗界之"神"相接近便会受到损害，在八百万神灵中，事业之神的地位并不甚高。文学之女神，即使作为老姑娘度过一世，也不肯许配于卑野之神。

爱山先生评论京山[①]、种彦[②]、马琴[③]三文士而独赏京山，其

[①] 京山：指山东京山（1769—1858），江户后期的通俗小说家。
[②] 种彦：指柳亭种彦（1783—1842），江户后期的大众插图小说作家。
[③] 马琴：指曲亭马琴（1767—1848），江户后期的传奇小说家。

故如何？马琴歌颂自己的理想不过是炫耀马琴的文学，种彦人品高尚却疏于民情，读马琴无助于了解当时的社会，种彦因疏远平民故不可取。唯独京山，即使毛头小伙也照实描写，无所遗漏，因此应当推崇。这便是爱山先生的说法。天下众生如果都成为像爱山先生那样的史论家的话，那么都会重视了解当时的社会，从而把京山、西鹤①作为最上乘的作家予以敬畏了。天下众生如果都成为像爱山先生那样的平民论者的话，山东家②的小说势必得以凌驾于其他所有小说之上。

然而，文学并不以事业为目的；文学无须像京山的写实主义那样涉及人生问题；文学无须像山阳的勤王论那样击向敌人；最后，文学未必要求瞄准一个或数百个敌人而击，"击"字只对山阳之流的文士有用，对爱山所谓的猛击空之又空的文士来说又有何用？山阳能击，山阳所击之战今日人们依然记得，然而，其所击正如爱山所言直接涉及人生，因为涉及人生，所以脱离人生亦速。源赖朝③善击，然而，其所击早已逝去，他虽是一位伟大的战士，但他的战场实在是有限的战场。西行④亦善击，莎士比亚亦善击，华茨华斯⑤亦善击，曲亭马琴亦善击。他们也都是伟大的战士，但他们与前者所不同的是不像前者那样瞄准直接的敌人在有限的战场战斗，换言之，他们是击向无限的神秘的天地，因此被爱山先生称之为击空之又空的东西，即击空之又空的天空直达星际。请到镰仓山看看赖朝墓，能否知道他欲言何事？再请到《山家集》上看看西行的容姿。那么，他们谁能言谁又不能言呢？

然而，文士不可不益世，爱山先生或许会问：西行、马琴之徒何益之有？

文学的有用（Utility）论并非始于今日，我们的祖先有过劝善

---

① 西鹤：指井原西鹤（1642—1693）江户前期的浮世草子（江户时代小说的一种形态）作家、俳谐师。

② 山东家：指山东京传、山东京山两兄弟。

③ 源赖朝：1147—1199，镰仓幕府的创建人，首任将军。

④ 西行：1118—1190，平安末期至镰仓初期的诗僧。俗名佐藤义清。二十三岁出家，曾游历日本各地。著作有：《新古今集》《山家集》《西公谈抄》等。

⑤ 华茨华斯：William Wordsworth，1770—1850，英国浪漫派代表诗人。

惩恶之说，我们同时代的爱山先生成为平民评论家的活用论者也绝非偶然。玻璃与水晶相比更有活用之便，可以装窗户，可以作灯罩。其活用之便得到天下人的普遍认可。然而，为何天下的愚人面对水晶这种缺乏活用之便的东西也会出高价呢？如果有人创造出让买水晶的人拿出数十金买下街头小店的玻璃球这样的神学的话，我敢肯定参拜水天宫的众生必会争相来听其讲法。如果把京山、山阳作为这一神殿的偶像的话，卡莱尔①当会在地下后悔他的英雄崇拜论缺了一题。

……

自然命我服从，作为"力量"（Force）的自然肆无忌惮地压制我，使我面对"诱惑"，面对"欲望"，面对"空想"，几乎使我处于孤城落日的境地，而我在某种程度上被我必须服从的"命运"——悲惨的"命运"所包围。项羽虽能别姬，而我却不得与此悲惨"命运"一刻相别。然而，自然并未让我困窘到"失魂落魄"之极，我亦遂甘心服从于自然之力的地步。此处尚有活路，活路未必与活用同趣，让我模仿虚无的英雄，在作为力量的自然面前豪言壮语，并非我说的活路，而是我以我的灵魂，面对其他大自在的灵魂世界，得以操纵我作为肉体所失去的自由。自然不同于暴虐的沙场英雄，它一方面驱使风雨雷电使我受困，另一方面，它呈现出美妙绝伦的东西使我愉悦。对风造户，对雨葺屋，对雷霆建造避雷柱，人类虽然可以这样尽可能地以物质之力抵挡自然之力，但此乃以有限之力抗击无限之力的行为，最终不如放弃有限之力而投入自然的怀抱。

……

造化主许我以意志自由。我于现象世界烦闷苦战之际，利用造化主赋予我的悟性，得以弱化猛虎之牙，坚固悬崖之根。在我面前敞开超乎现象之外、到达最终理想之道路。传播大自在的风雅亦即传播这种悟性，何须英雄挥剑？何须于有为之处作为？何言不可不涉及人世（人生）？击空之又空的天空可期达于星

---

① 卡莱尔：Thomas Carlyle，1795—1881，英国的评论家、史学家。著有《衣裳哲学》《法国革命史》《过去与现在》等。

际，可使俗世笑俗世之所笑，济度俗世并非为了讨俗世欢喜，无论肉剑如何锐利，以肉击肉并非文士最后的战场，请抬眼看一看广大的虚界，请登攀彼处而捕抓清凉宫，若抓到清凉宫请带回，并给俗界众生饮一滴水，他们将会活命。啊！其所需的又只是活命耶！

纵以自然之力缚住我的腿脚，然我的头部却可以强大勇猛之力挺立于现象之外的另个乾坤，并可在那里与大自在的风雅相逍遥。那些物质论者，把世界变作狭小的房屋，把整顿其房屋内部作为一世之能事，并甘于臣服其中。而当风雨自外犯、雷电自上袭时，却栗然恐惧并以此作为自身命运而心灰意冷。逍遥于灵性的求道心者，承认世界是世界大①的东西，而不以世界大的世界作为可以心满意足的住宅，而是不断地脱离世界大的世界而于现象世界以外探求大而又大的实在。在物质性的英雄挥着明晃晃的利剑在狭小的房屋中与仇敌接战之际，他却胸怀自在的妙机而静坐不语。可悲的界限在人的四面设下铁壁，使人不能摆脱某种卑微的生涯。以鹏之大或以蝉之小，均不能破此界限。而以蝉之小不自知其小，以鹏之大不自知其大，皆不知为界限所缚，而欣然自足者，是可怜的自足；以此可怜的自足处于现象世界，而自信快乐、幸福无所缺者，是浅薄的乐天家。他在狭小的房屋中与物质论者同坐共唱太平。唱吧，去唱你的太平之歌吧！

然而，在如此狭小的房屋中，枯燥的"义务"张开双翼而变得极其得意起来。刚健的"意志"失去其腿脚而化作了幽灵。没有缘由的"利他主义"变成了庄严的金佛而受到礼拜，"事业"这一工匠变成了唯一的甚五郎②。"快乐"这一餐桌变成了最好的哲学家。卖弄学问（Pedantry）这一巨人变成了顶天立地的英雄。所有灵性的生命当辞别此处而去。要把人类悉皆变成木石偶像，华丽的神社殿堂应为此狭小的房屋。在此狭小的房屋里，菅公③成了失败的做官者，桃青成了没有志气的遁世家，马琴成了微不足

---

① "世界大"是本文原文，指的是人们所感知的物质世界。
② 甚五郎：江户时代有名的工匠，以技艺高超闻名。
③ 菅公：指菅原道真（845—903），平安前期学者，政治家。官至右大臣。编辑《类聚国史》，参与编纂《三代实录》。诗文集有《菅家文草》《菅家后集》。

道的非写实文人，西行成了无欲的闲人，而如白石①、如山阳、如足利尊氏②，他们可景仰之处无外乎是事业的成功者。

请把头抬起来，去看吧，寻求吧，以高远的遐想去看，去寻求真正广阔的房屋。去看真正美好的境地、真正伟大的事业！把你的渴望（longing）投向天际，从天际捕捉人类当为之天职。呜呼文士，何须追求其与局促的人生之相涉哉？！

（原载明治二十六年二月二十八日　《文学界》第二号）

（陈化北摘译　王青校）

---

① 白石：指新井白石（1657—1725），江户中期的儒学家、政治家。著有《读史余沦》《占史通》《西洋纪闻》《采览异言》等。
② 足利尊氏：1305—1358，室町幕府首任将军。

十五、幸德秋水

史料简介

幸德秋水（1871—1911）本名幸德传次郎，1871年11月5日生于高知县幡多郡中村町。幸德家经营造酒和药材，幸德秋水出生的第二年父亲就得急病去世，家道贫苦。幸德秋水自五岁开始先后入中村小学、木户明舍、中村中学、游焉义塾、高知中学、东京的英学馆读书。他在很小的时候，就表现出对政治的敏感，他十五岁时（1886），就和林有造、板垣退助等当时自由党著名人士交游，参加自由民权运动。十六岁时因触犯所谓"保安条例"被逐出东京。1888年在大阪经友人横田金马介绍，拜当时著名的自由民权运动理论家中江兆民为师，"秋水"之名即是中江兆民起的，从此受到兆民思想的决定性影响。

1893年9月，幸德秋水参加中江兆民主办的自由新闻社并发表最初的署名文章《豪杰近咏》，1895年曾一度去广岛加入广岛新闻社，后又于同年5月回到东京，参加中央新闻社。自1898年2月进入万朝报社开始，他接触到社会主义思想，结成社会主义研究会（后来改为社会主义协会）。1901年与片山潜、安部矶雄、木下尚江、河上清、西川光二郎五人结成社会民主党（即日遭到禁止），出版最初的著作《二十世纪的怪物——帝国主义》。1902年发表了《长广舌》《兆民先生》《社会主义与国家》《社会主义与公民立法》《社会主义与国体》《社会主义与商业广告》《社会主义与妇女》等多篇研究社会主义的论文。1903年出版了他研究科学社会主义的重要论著《社会主义神髓》，在对待日俄战争的态度上与万朝报社社长发生分歧，便和堺利彦、内村鉴三一同退社，建立平民社，创刊《平民新闻》。1904年秋水的社论《呜呼！增税》被禁发，作为《平民新闻》创刊一周年纪念号，印发了秋水与堺利彦合译的《共产党宣言》，亦被禁发，社会主义协会也被当局勒令解散。1905年《平民新闻》被迫停刊，幸德秋水被拘禁五个月，11月14日幸德秋水从横浜出发去美国西雅图、旧金山等地旅行。1906年1月22日在美国奥克兰举行的纪念俄国革命的集会上发表题为《喋血的星期天》的演说，6月1日临回国前，与岩佐作太郎、冈繁树等日本社会主义活动者五十多人，组成社会革命党。6月底从美国回来后，在日本社会党主持的欢迎会上，幸德秋水作了题为《世界革命的动向》的演说，8月发表《革命奇谈神愁鬼哭》。1907年2月5日在日刊《平民新闻》上发表《我的思想转变》即《平民主义》，否定了普遍选举和议会道路，主张把工人的直接行动作为实现社会主义的手段。1908年12月发表《夺取面包》一文。1909年创刊《自由思想》，即日被禁止，并被罚款。1910年以信州明科的宫下太吉制造炸弹被发现为导火线，日本当局蓄意把事件扩大化，制造所谓"大逆事件"，6月1日幸德秋水在汤河原被捕，在监狱完成了重要遗作《基督抹杀论》。另外，他在狱中给三律师写的长篇申辩书，义正辞严地申明了自己的立场，揭露了当局捏造事实进行迫害的真相。1911年1月18日幸德秋水等人被判处死刑，六天后1月24日被绞死。

这里节译的《社会主义神髓》，是幸德秋水研究社会主义理论的代表作。幸德秋水是在阅读了《共产党宣言》《资本论》第一卷、《社会主义从空想到科学的发展》等著作的基础上，1903年7月撰写了这部著作。

神会主义神髓（节译）

第一章 绪论

如果有人问我谁是古今最伟大的变革者，我一定首推詹姆斯·瓦特，而不是人们常说的克伦威尔、华盛顿和罗伯斯庇尔等人。因为，当瓦特用他卓越的头脑抓住大自然的机理并把它应用于人类生活带来产业革命时，人类社会的物质生产就一变进入全新的时代。产业革命的贡献真是伟大！

现在的纺纱、织布、铸铁、印刷行业，以及集中了多种技术的铁路、轮船等交通工具，远观像妖怪一样，近看像大山。这些机器之所以能够自如地运转，都是以蒸气蓬勃的一吹之力，可见其技术应用何等精妙，产生的能力是何等巨大！假如十八世纪中叶的人看到这些景象，必然为之惊骇绝伦。何况接着又有电力的发现和发明，其发现之奇，其应用之妙，日新月异。人类不可限量的智慧在这里得以充分体现，"人为万物之灵长"这一说法由此更加让人信服。

以精妙的技术带来的机械发明和改进不仅仅促成了产业革命这一重要贡献，它同时还促进了生产的繁荣和交易的便利。

现在，生产力发展的水平，由于涉及不同的产业种类，很难做出精确的统计。但对于机器代替人力所产生的生产力提升，是毫无疑问的。据伊利教授所述，有些产业提高了十倍，有些提高了二十倍，布匹的产量提高超过百倍，书籍出版的数量超过千倍。早在上个世纪初，罗伯特·欧文就曾宣称，五十年前需要六十万人才能生产的财富，现在只要二千五百人就可以。而在一百年后的现在，无疑又有持续的进步和提升。有学者说，现代机械时代一家五口生活日用所需，在古代要六十个奴隶才能生产出来。所以，人们可以毫不犹豫地断言，近百余年，世界的生产力水平至少提高了十倍以上。

把如此多的物质财富运送到世界各地并进行交换，也极其快捷便利。蜘蛛网般的铁路和航线，把世界缩小了；像人的神经系统般的电线，把各国联成一体。澳洲屠宰的羊肉，可以直接摆到英国的餐桌上；美国种植的棉花，成为亚洲各地人们穿着的衣服。有史以来，人类的缓急相依和有无相通从未达到今天这样的水平。

这就是所谓现代文明的特质：华美、光辉、灿烂。我们能够生在这个文明之中，仰望这一空前的伟大和壮观，似乎可以私下庆幸并自豪了。

然而，我们生在现代文明之中，真的可以庆幸，真的可以自豪吗？不，这是一个问题，一个巨大的问题。

试想一下，借助机械的力量，人类的生产力提高了十倍、百倍，有时甚至千倍，如此，世界上多数劳动者应该比产业革命以前大大减少劳动时间和劳动量。而现实恰恰相反，他们依然每天要用十一二个小时甚至十四五个小时从事苛重的劳动，这是为什么？

再想想，现代社会生产出千百倍的物质财富，且交通运输已经可以迅捷地完成世界任何两个角落之间的贸易和物资分配，那么，当今世界应该是多数人衣食富足到只剩下歌颂太平盛世了。而事实上，他们仍然连糟糠都不得一饱，父母饥寒、兄弟妻子离散者日益增多，这又是为什么？

人力的必要省减了，而劳动的需要却没有减少。财富的生产增加了，人类的衣食却并未增加。既不堪劳动的苛酷，又苦于衣食的匮乏。学校虽然增加了，而人并没有受教育的自由；交通工具虽然便利了，而人却没有旅行的自由；医术虽然进步了，而人没有疗愈的自由；虽然有民主制，而人没有参政的自由；文艺美术虽然发达了，而人没有娱乐的自由。这样看，所谓现代文明的特质——华美、光辉、灿烂等等，对于多数人类的幸福、和平、进步，到底有多大价值呢？

不用说，人单靠面包无法生活，但是，面包还是必须的。如果没有衣食，能有什么自由呢？能有什么进步呢？能有什么道德呢？能有什么学术呢？管仲说：仓廪实而知礼节。生命的第一基础是衣食。然而现代社会的多数人，不正是每天忙着解决衣食之忧吗？

我们都认为，劳动创造了衣食。可是，你看劳动者的儿女，他们生下来从八九岁一直到衰老病死，一生辛辛苦苦如牛马般被驱使，勤勤恳恳如蜂蚁般奔波劳碌，极尽节俭和勤勉。可是，他们之中因为滞纳租税而遭受拍卖处分的，每年数以万计；而衣食常有余裕的，却不是经常劳动的人，而是些游手好闲的懒汉！

苛重的劳动至少还可以忍受，如果连一个可做的工作都找不到，人生的惨事就莫过于此了。他们有健壮的身体，有明敏的头脑，有可用的技术，他们有足够的能力生产出比自己衣食所用更多的财富，却因为没有工作机会，终身苦于穷困，辗转沟壑，世界上真不知有多少万这样的人！

现代人可以靠高利贷，靠股票收入，靠地租，靠租金生活。

但处于今日所谓文明社会却不能依靠这些来生活的人,只有长时间的劳动、痛苦、贫困、失业以至饿死。如不愿饿死,那么,男人只能去做强盗,女人只能沦落,只有罪恶。

现代文明一方面放射着灿烂的华美光辉,另一方面又隐藏着黑暗的贫困和罪恶。在灿烂天空翱翔的,千万人中不过一人,而在阴暗沟壑翻滚的,却是世界上的大多数。这难道是我们人类值得自豪的吗?

世界人类的痛苦和饥寒,日增月益。人类的大多数为了争取生活的自由和衣食的平等,不得不牺牲一切和平、幸福和进步。所谓人生就是如此吗?非如此不可吗?这是因为基督教所说的原罪?还是佛教所说俗世之苦?难道,这就是真理?这就是正义?这就是人道?

唉,伟大的产业革命的成果竟不符合人道、正义和真理吗?所谓现代文明果真不能实现人道、正义与真理吗?这就是站在二十世纪路口的斯芬克斯之谜。能解答的就生,不能解答的就死,人类的命运完全系在这个谜语上面。

谁能解答这个谜语呢?是宗教吗?不是!是教育吗?不是!是法律吗?不是!是军备吗?不是!不是!不是!

宗教能令人想象未来的天堂,但不能为我们解除现在的痛苦。教育能给予我们大量的知识,但不能为我们生产一日的衣食。法律能惩罚人,而不能给人快乐。军备能杀人,而不能救人。呜呼!到底谁能解答这个谜语呢?

> 以货财害子孙,不必操戈入室。
> 以学术杀后世,有如按剑伏兵。

第四章 社会主义的主张

现代生产和交换的方式,即所谓资本主义制度,已发展到了极点。势极则变,花朵总有一天要凋谢,蛋壳总有一天要破裂。唯其凋谢,故有新果,唯其破裂,故有新雏。社会产业制度难道不受这个规律支配吗?

阐明这个发展规律,指出它的必然方向,促进人类社会进步,就是我们科学社会主义的主张。那么，社会主义将给我们带来什么新果和新雏呢？它认为什么样的新时代会代替私有资本的旧制度呢？

伊利教授分析了社会主义的主张，认为它包括四个要件，归纳得很恰当。四个要件是哪些呢？

第一：物质生产资料即土地资本归公有。

前章已经谈到，今日社会各种问题的根源，在于社会生产资料私有。由于生产资料个人所有，一些人可以游手好闲却掠夺了社会生产的大部分财富，使多数人越来越贫穷，这是我们所不能忍受的。而救治的方法不能靠枝枝节节性的策略奏效，必须彻底消除根本矛盾，重组整个产业组织，把生产资料收归公有。

土地是未有人类以前就存在的，并不是由地主创造出来的。资本是社会共同劳动的成果，并不是由资本家创造出来的。它们的存在是为了全体人类，而不是为了某些个人或少数阶级。所以，地主、资本家本来没有权利把它们占为己有，但如果能使社会分享其利益，那还可以接受这种分配。现在既然他们利用这种占有来掠夺全社会的财富，牺牲全社会的福利，阻碍全社会的进步，那么，社会可以直接把土地和资本从他们手中夺取回来，如马克思所说，"剥夺剥夺者"[①]，自然，这是合理的。

所以，社会主义主张土地归全体人民共有并分享由此产生的利益，还主张废除具有经济属性的地租和利息。

不要认为这种主张有什么奇怪的。看看，世界上很多国家现在不是已经把一些事业归公共所有了吗？邮电，除美国以外，其他文明诸国都是国有；铁路，在德国、奥地利、丹麦是国有；森林、矿山、部分耕地、烟草、酒类的经营，在大部分国家都是国有。当然，现在所谓国有，往往意味着中央政府所有，还不是完全归社会公用。尽管如此，在摆脱个人或少数阶级因私利而垄断这一点上，目标是一致的。

社会主义决不主张完全的中央集中控制，而是主张按照组织和事业的性质，或归国有，或地方所有。现代的公共事业，如自来水、

---

① 马克思：《资本论》，第一卷，北京：人民出版社1975版，第260页。

电灯、煤气、电车等归城市所有，就是一个例子。关键是把生产资料从为个人谋私利变成为公共利益服务。

现代经济学家认为，带有垄断性质的事业，必须收归国有或地方公有。而不具有垄断性质的行业，可以通过个人自由竞争促进其发展。可是，随着产业制度的发展，以前不具有垄断性质的行业，不也都变成垄断行业了吗？请看美国，钢铁被垄断了，石油被垄断了，煤炭、纺织也都被大公司、大托拉斯垄断了，没有人能够再参与竞争。个人竞争的基本趋势，就是资本的持续集中合并。资本集中合并的结果，就是使各个行业都被大企业垄断。这样看来，期望通过自由竞争促进经济进步，只是曾经的梦想。现在的问题是，让这些垄断企业仍归少数阶级私有呢，还是把它们统一收归社会公有呢？二者必居其一。这是社会发展的必然结果。而社会主义的首要任务就是要把它明确地宣告出来。

第二个要件是：生产的公营。

作为生产资料的土地资本，虽归社会公有，但其事业的经营多数都掌握在个人手里。例如：铁路、电车虽归社会公有，而其经营管理却委托给私营公司；酒类、盐业、烟草等虽为政府专卖事业，但生产或交换的某些部分仍属个人的事业；以及公有耕地委托给私人耕种等。这些私人或私营公司经营的目的，总是为了他们自己的利益，一旦无利可图，事业就被废弃，这是资本主义制度下不可避免的现象。所以，如果要真正使社会产业不是为了私人利益，而是为了供整个社会的消费，不是为了市场交易，而是为了满足整个社会的需要，其经营就绝不能委托于私人，必须实行公营。社会不仅要对生产资料实行公有，还要公选代表进行经营，而这种经营一定要对社会全体尽责。

有人说，事业的经营只有私有才能高效，如果不是自家私有，还有谁肯辛辛苦苦地忠于职守呢？可是，看看现在三井家族[①]的经营者，对其事业的经营究竟付出了多少辛劳呢？再看看岩崎家族[②]的管理者，对其事业的管理究竟展示了多少必要的才能呢？

---

① 三井家族：日本当时的财阀之一，三井集团背后的财团。
② 岩崎家族：日本当时的财阀之一，三菱集团背后的财团。

至于生产机构的扩大，事业的发展，生产的增长达到高水平时，其经营管理决非个人才力所能胜任，需要多数人共同协作。低能懒散的资本家，这个时候根本不起作用。事实上，现代大规模企业的管理经营，没有一个是由其所有者的资本家本人自己独立操作的，而是依靠他们的职员或雇员来做。社会主义就是要用社会公选的代表来代替这些世袭的所有者，用负责的工作人员来代替懒散的资本家，用公共任命的职员来代替私人的雇员，而其企业的发展并不只是为了所有者的利益，整个社会都将获得它的利益。那么，我看不出有任何理由，人们会不比今天更尽职尽责忠于职守。

而随着生产机构的扩大、事业的发展，当生产的增长达到一定高度时，其经营管理决非个人能力所能胜任，于是便需要多人的共同协作，而非平庸懒散的资本家所能为。事实上，现代各种大规模的企业，无一是由其所有者的资本家亲自经营管理的，而是依靠并非所有者的职员或者下属的力量来进行的，其成果有目共睹。社会主义就是要用社会公选出来的代表，来替代世袭罔替的所有者；用有责任感的行政公务人员，来替代毫无顾忌为所欲为的资本家；用公共任命的职员，来替代私人雇佣的职员或下属，其产业进步所带来的利益并非由其所有者所独享，整个社会都将受到其恩惠。如此一来，我想不出有任何理由，人们对其职业的忠诚度会不如现在。

一旦社会将一切生产机构收归公有，对一切产业进行统一管理，那么全体社会成员就既是股东，又是劳动者。社会分配给他们适当的职业，他们用自己的劳动回馈社会。他们的生产已经不是为了市场交换，而是为了满足全社会的消费。生产越多，社会的需求就越能得到满足。既无需担心物价的低落，也无需担心生产的过剩，劳动者的失业问题亦能得到完全解决。若真的出现生产超出消费的情况，那么只需缩短劳动时间即可，难道还会有人不得其所吗？

不！不但没有失业者，从某种程度上说，这还意味着所有人都必须参与劳动。因为在共同生产的情况下，没有利息，没有地租，游手好闲者没有任何手段来剥夺他人的劳动成果。菲普德说："不劳动者，就没有衣食的权利。"这是真理，也是正义。社会主义就是要让真理正义得以实现。

第三个要件是：实现收入分配的社会性。

共同生产的收入，当然要归社会公共所有，不允许个人擅自独占。社会公选出来作为代表的职员，应首先将总收入的一部分，留作生产机构的维持、扩张、改良，以及备荒之用，其余部分应分配给全体社会成员，供他们消费。这样的分配，不但直接参与生产的人有份，老幼及失去劳动能力的人也有份。因为财富既然归社会公有，每个人又是社会组织的一员。在这一点上，社会主义的主张是完全的社会保险。在社会主义制度下，每一个人从出生到死亡，其生、老、病、死，甚至教育、娱乐等其他一切需求，都应保障得到满足。对于具有劳动能力，却不肯履行劳动义务的人，应严厉加以制裁。我深信，随着社会组织的改善，生活痛苦的减少，这类不道德之人必将最终绝迹。

至此，我们遇到了一个重大的问题，即分配是否公正。公正的分配是倡导社会主义的最主要动机，是社会主义要件中的基础，是产业组织发展进步的主要目的。那么，采用何种方法及标准，能保证分配公正得以实现呢？

关于分配的标准，虽然社会主义者的主张，从古至今并不一致，但大致可归为四种。其一，主张所分配物品的数量和质量，两者都必须平均，持这种主张的是巴贝夫；其次，主张按技能、贡献的多少，给出不同的报酬，持这种主张的是圣西门；第三，是基于个人的需要给予分配，这是路易·勃朗的理想。而在近代的社会主义者中，大多主张每个人的分配额度不以其质量，而以其价格作为平等的依据。

由于每个人的身心条件各不相同，嗜好各异，因此对于生活的需求不同，如强求其平等，反而会造成公正的缺失。分配的数量和质量，是无法做到完全平均的，这一点毫无疑问。

根据技能的高下，获取不同的报酬，似乎稍稍接近公正。但如此一来，丧失劳动能力的人便会挨饿，这难道就符合社会道德的本意吗？况且，技能的高低未必与消费的多少挂勾。举个例子：甲创造的财富是乙的两倍，难道甲的食量就一定是乙的两倍吗？不仅如此，在社会主义制度下，其生产多为社会性的生产、多人协作的生产，而非完全依靠个人的特种技能。即使偶尔确有依靠个人的特种技能，也是整个社会感化、教育、熏陶、启发的结果。既然从社会中受到恩惠，多回馈社会也是理所应当的，又有什么理由贪图更多的物质财富呢？

如果社会生产、分配的真正目的，是为了满足社会全体成员的需求，促进社会进步，那么我们就应当把按需分配作为最高理想。举个例子，一个家庭中，各子女的才能有高有低，有优有劣。如父母对才能高的子女给予锦衣玉食，对才能低的孩子以粗茶淡饭，这样的分配方式，我们的良心真能过得去吗？一家之中的子女，虽长幼强弱各有不同，但对于其衣食分配的标准，决不能按照他们技能、贡献的大小，而应按照其需要，这难道不是人类道德的基本要求吗？社会主义的主张是，社会就像一个大家庭，社会是父母，每个人是同胞。父母在向子女分配物资时，先从最急需的开始，例如食物、衣服、住所，以及教育资源等等，然后逐渐扩大到不那么急需的物资。其数量和质量可能会有较大差异，但在充分满足各自生活需求这一点上，却是完全一致的。

至于按照价格的平等，以及按各自需要分配，这两种说法，结果是完全相同的。因此这样的分配，决不意味着分配到的物品是相同的，而是各人在其价格范围内，可以自由取用自家必要的，或是能满足自己嗜好的物品。其难点只在于其价格的制定。

第四个要件是：社会收入的大部分，分配到个人。

人们常说，财产的私有，对于保持个人自由，以及心智、道德的提高，极为重要，为什么社会主义竟然要将其废除呢？财产的私有是必要的，说社会主义要将其废除，则完全是对社会主义的污蔑。社会主义要废除的是现今的经济制度。试看在当今的经济制度下，社会的财富总是集中在一部分地主资本家手中。能保持个人自由，并足以提高心智和道德的财产所有权，并没有在全体社会成员手中。相反，他们中的大部分人，渐渐变得一无所有，勉强度日，沦落到所谓"工资奴隶"的境地。

社会主义制度则正相反。社会收入的大部分分配到个人，成为他们的私有财产。而随着公共生产的发展，社会性收入的增加，个人的私有财产也日趋富足，能够按照各人的需要进行消费或储蓄，无需因匮乏而依赖他人，也无需担心受制于他人。如此一来，社会主义事实上是扩大了财产的私有制，保障了社会全体成员的自由，促进了社会的向上发展。

但需要指出的是，社会主义虽然增加了私有财产，但这些财产仅是满足个人消费的财产，决不意味着土地资本，即生产资料。如前所述，生产资料必须归公有，其生产的成果必须一度归于社会总体收入。

又有论者说，私有财产富足到一定程度，节俭的人会将其储蓄起来，作为资本加以使用。如此一来，又会出现资产阶级，接下来同样会造成贫富差距的扩大。然而，随着产业的方法、规模日渐壮大，唯有依靠共同经营方可维持，决不是靠个人的力量就能达到的，现今的情况便可证明。即便不是这样，因为一切生产资料已经收归公有，重要的产业都由社会公共管理，因此个人是没有机会将私有财产作为资本去投资的。即使投资了些许微小企业，又怎能与社会公共的大企业抗衡呢？这无疑像铁牛角上的一只蚊子，对整个社会来说，毫无损伤。

还应该知道的是，我们只说把社会性收入的"大部分"归私有，没有说将其全部归于私有。社会生产的目的，是为了满足我们的需要。但满足我们的需要，并非一定要将其私有。现在，诸如学校、公园、道路、音乐会、图书馆、博物馆等，都作为共有财产，可自由使用，以满足各人的必须及爱好。将来，随着经济组织更加统一，社会道德更加完善，社会性收入会更多地用于谋求公共利益，进步、快乐的风气会更加高涨，可以预见，各种收入的财富作为共有的情况，会比现在有显著地增加。

伊利教授的所谓社会主义的四个要件，大体如上。相信可以由此略知社会主义的基本主张。社会主义就是将这些要件的实现看作社会产业历史性进化的必然趋势。

因此，穆勒给社会主义下了这样的定义："社会主义的特点在于，生产资料和生产工具作为社会全体成员所共有，因此其生产成果的分配，也应作为公共的事业，按其社会的规定来进行。"

柯卡普在《大英百科全书》中这样写道："现今私人资本家通过雇佣工资劳动者所经营的工业，将来必然作为联合或共同的事业，由所有社会成员共有的生产机构来经营。无论从理论或是从历史上来看，都必须承认这是社会主义最基本的原则。"

马克思的女婿，法国马克思主义学派领袖保尔·拉法格说："社会主义并不是任何一个改良家的计划。现在的组织已经面临重大的经济性的发展，而这种发展的结果，使人们相信，资本私有制将会发生变化，它将被劳动者团体的共同所有制所代替。因此，社会主义的特质是其具有历史性的发现。"

恩格斯说："一旦社会占有了生产资料，商品生产就将被消除，而产品对生产者的统治也将随之消除。社会生产内部的无政府状态将为有计划的自觉的组织所代替。个体生存斗争停止了。于是，人在一定意义上才最终地脱离了动物界，从动物的生存条件进入真正人的生存条件。"[①]

如果真如此，资本家就可以被消灭，劳动者就有可能摆脱工资的桎梏，每个人为社会提供力所能及的劳动，社会为每个人生产必要的衣食。有分配而无商业，有计划而无投机，有协作而无斗争。如此，又怎会有生产过剩，又怎会有恐慌袭来？人，决不被财富所支配，而能自由地支配财富，那么，现今由经济制度的矛盾而产生的一切危害，就将被彻底清除，从而达到自然的和谐。

杖底唯云，囊中唯月，不劳关市之讥。

石笥藏书，池塘洗墨，岂供山泽之税。

第五章　社会主义的成果

谈到这里，一团疑云自然涌上大家心头。是什么呢？

这就是说，自古以来，人们之所以能够奋发努力，磨练智能，提升人格，不正是因为有生存竞进在驱动吗？如果人类无衣食之虑，无求进富贵之心，贤愚强弱都安享平等的生活，那么什么能鼓舞我们竞进呢？没有竞进的社会，就没有勤勉。没有勤勉的社会，就没有生机和进步。没有生机和进步的社会，就只有停滞、落后、腐败。实现社会主义的结果，不是要落到这种境况吗？

不只普通人抱着这种杞忧，著名学者斯宾塞说："社会主义

[①] 恩格斯：《马克思恩格斯选集》，第三卷，北京：人民出版社2012年版，第815页。

制度完全是奴隶制度。"本杰明·颉德也在他的巨著《社会进化》中说:"个人的生存竞争,不是自有社会以来,实际是自有生物以来,就是进步的源泉,然而社会主义的目的却要禁绝它。"而且,那些谄媚地主、资本家以求利之人,也一起夸大这种言论,成为抗拒社会主义大势的唯一武器。

社会主义的所为,果真如他们所说,要剥夺个人自由阻止社会的进步吗?如果确是如此,当然应该加以唾弃。然而,这完全是误解,是诬蔑。

所谓生存竞争是社会进化的根本动力这一点,难道还需要他们来说明吗?自古以来,社会组织形态在不断变化,刺激和推动社会变化的竞争也要相应地改变性质和方式。请看:膂力的竞争变成了智术的竞争,个人的竞争变成了团体的竞争,武器的竞争变成了辩论的竞争,掠夺的竞争变成了贸易的竞争,侵略的竞争变成了外交的竞争。生存竞争的性质和方法,随着社会的进步而不断改进的痕迹是非常明显的。

然而,看看经济上的自由竞争,在产业革命前后,确实大大促进了世界工商业的发展,但是,需要这种竞争的时代已经过去。在今天,自由竞争的结果是什么呢?难道不是少数阶级的横暴,多数人的痛苦,贫富的悬殊,不断的恐慌,财政的无政府状态吗?难道这不只是无助于社会的进步,反而助长了社会的堕落吗?既然这样,我们还有什么理由把它保持下去呢?

在原始野蛮时代,暴力斗争是社会发展的唯一动力,然而在今天,它仅仅是一种罪恶。如果有人认为竞争是进步的必须,所以暴力不应禁止,那么,有谁不嘲笑这种荒谬呢?认为自由竞争仍有必要的人,其愚蠢不正与此类似吗?

而且,要实行真正的竞争,就必须先使竞争者处于平等的起点。而今日的竞争又怎样呢?一面是富贵人家的孩子,生来富贵,衣食充足,充分的教育,还拥有父祖传承的地位、信用和资产;另一面是贫贱人家的孩子,在冻馁穷苦中成长,没有教育,没有资本,没有地位,也没有信用,徒有赤条条的五尺之躯。使这两方径直互较短长,看到胜败的结果,就喝彩道:这就是优胜劣败!这难道不是残酷暴虐的行为吗?这算什么竞争呢?

是的，今日的自由竞争绝不是真正公平的竞争，今日的祸福决不是勤惰的应报，今日的成败决不是智愚的结果。只是命运，只是偶然，如同抽彩票一般的随机。

现在，不仅这种所谓的自由竞争不公正，甚至就连这种不公正的竞争也几乎难以保持了。看吧，世界上大部分的产业，已经被偶然侥幸的资本家所垄断；世界上大部分的土地，已经被命运恩宠的大地主所兼并。而没有资本没有土地的人，除了去做他们的奴隶之外还有什么路可走呢？自由竞争，名义上很美，而事实上，经济的自由竞争已经接近绝迹，难道还需要社会主义把它废除吗？

所以，生存竞争的性质和方法，需要做出进一步的发展。社会主义就是相信这个进步的规律，并使社会全体遵循这个规律，变今日卑劣的竞争为高尚的竞争，变不公正的竞争为公正的竞争，换言之，就是摆脱衣食的竞争而实现智德的竞争。

试想，假如人生的进步向上仅仅局限在激烈的衣食竞争，那么，古今出类拔萃的人物都应该出身于靠近衣食生产的底层民众。而事实上却相反，那些大人物多数出身在富贵人家，极少出自贫穷家庭。原因无非是，富贵阶级生长在阿谀奉承的环境中，养成志骄气馁，成为快乐之奴；而穷乏之人则终生为了衣食惶惶终日，也仅仅只免除了饥寒。

当然，高尚的品性和伟大的事业，决不产生在贫富的两个极端，而是出现在中间阶层。因为中间阶层虽有资财，但不足以腐蚀其志气，虽然必须勤劳，但不至困顿其躯体，他们有历练智能的余裕，有振奋志气的机会。试看封建时代的武士阶级，他们之所以具有高尚的品格、旺盛的精力去维持道义，根本上是因为他们不用为衣食劳心，有着一心为名誉、道德、真理、技能而勤奋斗争的条件和机会吗？如果他们生下来就为衣食而竞争，便只有立刻陷入"素町人根性"之中，怎能承担起所谓"日本武士道"的荣誉呢？

基督教谴责富人，说他们难以进入天国，而说贫者有福了。然而要知道，当时所说的犹太贫民主要是从事渔业或以手艺过着独立生活的中等阶级，决不是当下人数众多拿着工资的奴隶们。

社会主义的目的，正是让整个社会变成这种中等阶级。

比如有人，不是因为害怕雇主的责骂，不是为了金钱的酬劳，而只是为了热爱而从事建筑，凭借灵感挥动画笔，他们的艺术将达到什么程度的真、善、美呢？其他与此类似，对深奥哲理的探讨，对精密科学的研究，难道不同样是由于这种状态才大放光彩的吗？

再从另一方面来看，今日社会的堕落和罪恶，大半是由于衣食的匮乏和财富的竞争导致。家庭的稳定被破坏，妇女的节操被玷污，士人的名誉被损坏，而国家社会的风俗、道德也被败坏。我国监狱里有囚徒七万人，他们的犯罪有七成与金钱有关！古人说得好，"金钱就是敌人"，假如社会上没有金钱的竞争，社会人心将是多么纯洁啊！至少今日罪恶的大部分是可以消除的，而能为我们消灭金钱这个敌人，摆脱为衣食而竞争的野蛮境地的，难道不是社会主义吗？威廉·莫里斯说："人只有到了不为财货劳其身心的时候，技艺、物质、恋爱才会带给人趣味和活力。"这种趣味和活力，将能够为人类带来更加公正、更加高尚自由的竞争，以促进社会的发展。

并不是衣食无忧的人就不勤奋了。难道只有财货能够使人勤奋吗？人类的性情并不这样卑下呀！请看那些对深山大海的探险、学术上的发明、文学艺术上的创作以及其他那些从其所好施展才能的人，心中必然会涌现出莫大的快乐。何况还有盛大的荣誉，谁会不欣然地从事自己喜欢的工作呢？学生孜孜不倦地学习，决不是为了衣食；战士慷慨赴死，也决不是为了衣食。

现在的工人大都厌恶劳动，往往贪图安逸，这种情况我确实也认同。可是，这难道是他们的原因吗？就算是看戏，欣赏摔跤，时间久了，也会感到厌倦。何况恶衣恶食一天十几个小时的劳动，自少壮以至衰老，没有希望，没有变化，没有娱乐。而且这些职业也未必是他们所喜爱的，只是为了衣食而供人驱使罢了。他们劳动的成果，又大部分被他人所掠夺，他们所得到的，仅够维持活命。怎能不疲劳厌倦呢？今日的劳工为了衣食而受人奴役，有如牛马，他们的身心已不胜鞭挞之苦。他们以偷懒为乐，完全是由于社会制度的弊病所造成的。

人受不了长时间的劳苦，同样也受不了长时间的安逸。如果马上向工人宣布，从现在起，无偿供应你们衣食，以后你们可以不用那么辛劳了，他们起初会感到高兴，甚至大睡懒觉。可是，这样过了几天、十几天以至于几月之后，他们一定受不了这种无所事事的生活，而必然会找些工作来做。

所以，在社会主义制度下，有衣食，有休息，有娱乐，然后再按照每个人的爱好和条件，每天运用其强健的身心为社会劳动三四个小时甚至四五个小时，就会成为一种满足。只要是具有人心的人，有谁会逃避呢？这样，"劳动神圣"这句话在这里才真正具有了现实的意义。

如果说社会主义抹煞了个人的自由，那才是莫大的虚妄。我想首先反问这样说的人，现在果真有所谓个人自由吗？

也许有宗教自由，也许有政治自由，可是信教自由和政治自由，在遭受冻馁的人们看来，难道不仅仅是空话吗？归根到底，经济自由是自由的前提，衣食自由是一切自由的根本。而现在果真有这种自由吗？

在美国工联第十三次代表大会上，亨利·劳埃德的一段讲演，对于这个问题作了最恰当的回答，他说："美国的《独立宣言》，在昨天意味着'自治'（self-government），在今天则意味着'自业'（self-employment）。真正的自治必须是自业。……可是现在到处可以看到，工人没有合适的工作，需要得不到满足，他们希望八小时劳动却不得不工作十四个小时甚至十八个小时。他们希望把子女送进学校，却不得不把他们送进工厂。他们希望把妻子留在家中管理家务，却不得不把她们送到机械工具面前。当他们生病希望疗养时，却不得不从事劳动；而当他们希望劳动的时候，却又遭到解雇而落入失业。他们求职而不可得，他们得不到公平的分配。他们不得不为他人的私欲和野心而牺牲自己的、妻子的、子女的身体、健康甚至生命。"这种情况难道只限于产业工人吗？现在世界上没有生产资料的人，难道不同样遭受着生活的痛苦和不安吗？尽管这样，他们却叫嚷什么自由竞争呀，自由契约呀。这只是强制的竞争，压迫的契约，哪里还有自由可言呢？

社会主义的主张，就在于摆脱这种强制，解除这种压迫。1891年在爱尔福特召开的德国社会民主党代表大会的宣言有这样一句话:"这个社会革命,不单意味着工人的解放,而且意味着在今日社会制度下苦恼着的全体人类的解放"。试想,社会主义一旦实现,社会上就没有受雇主驱使的雇工,没有受权力压制的学者,没有受金钱束缚的天才,没有因为财富而结婚的女性,没有因贫穷而不能上学的儿童,到那时,个人的品德将会进步到何种程度,技能将会提高到何种程度,自由会扩大到何种程度呢!

穆勒说:"共产主义的约束,对多数人说来,比今日的状态是更自由的。"他所说的共产主义,就是现在所说的社会主义。

是的,宗教改革为我们解除了信仰的桎梏,法国革命为我们解除了政治上的束缚。而为我们解除衣食上的桎梏、经济上的束缚的,将是什么革命呢?恩格斯把它叫做社会主义革命,并且说:"这是人类从必然的王国进入自由王国的飞跃。"

是的,这是"自由的王国"。所以,社会主义不依靠国家的保护和干涉,不仰赖少数阶级的慈善施舍。这样的国家是全体人民的国家,政治是全体人民的政治。从一方面说,社会主义是民主主义,是人民自治。

现在的国家只是代表资本,代表土地,代表武装。今日的国家只是为掌握这些东西的地主、资本家、贵族、军人的利益服务,而不是为全体人民的和平、进步、幸福服务。如果国家的任务仅仅是这些,那么,社会主义就必须把削弱今日所谓"国家"的权力,作为它的首要任务。在封建时代,是人类统治了人类。在今日的经济制度之下,是物质统治着人类。在社会主义社会,就必须让人类支配物质,让人类做万物的主人。不会有人对人的奴役,不会抹煞个人,只有到了这时,人的真正价值才能实现。

社会主义不只不承认今日国家的权力,更进一步坚决反对军备和战争。军备和战争是今日"国家"用来保卫资本主义制度的"铜墙铁壁",人类的大多数为此付出了巨大的牺牲。今日世界列强为了军备背负了二百七十亿美元的国债,仅仅为支付利息,就需要每年三百万人以上的劳动来偿付。而且,还要让几十万青壮服兵役,学习杀人技术,忍受着没来由的辛劳。据说在德国,多数青壮年都被征入伍,以致在田里耕作的,只有头发斑白的老人和妇女。唉,多么悲惨呀!而且,战争一旦爆发,就要耗费若干亿资费，牺牲千万生命，国家社会的伤痕短时间很难得到平复，只"赢得"少数军人的功名和投机者的利益。人类的灾害罪过，还有比这更甚的吗？

如果世界各国没有地主和资本家阶级，没有贸易的竞争，物产丰富，分配公平，人人各自安居乐业，还要为谁扩充军备，为谁发动战争呢？这些悲惨的灾难祸害将为之一扫而空，天下一家的理想也将能够实现。社会主义一方面是民主主义，同时又意味着伟大的世界和平主义。

因此，我在这里再说一次，不要以为社会主义要废除竞争，社会主义只是要废除衣食的竞争，而这仅仅是为了开展高尚的智德的竞争。不要以为社会主义阻碍了勤奋和活力。社会主义所要铲除的，不是勤奋和活力，而只是人世的苦恼和灾难。别说社会主义抹煞了个性自由。恰恰相反，社会主义正是要为多数人解除经济的桎梏，使其充分发展个性。不要说社会主义是奴隶制，社会主义国家不是阶级统治的国家，而是平等的社会，不是专制的国家，而是博爱的社会。社会主义要使全体人民结合成友爱的大家庭，从一个地方扩展到一国，再从一国扩展到全世界，以享受世界和平的幸福。

果然能如此，还有谁会怀疑在社会主义制度下人类品性的向上、道德的提升、学术的发达、社会的进步，将会高于今日若干倍呢？

> 议事者，身在事外，宜悉利害之情。
> 任事者，身居事中，当忘利害之虑。

第七章 结论

既然找到了病源，谜语岂有解不开之理？

产业革命宣告社会组织经历了划时代的巨大发展。产业的组织方式，对于允许个人经营来说，已经规模过于庞大了；生产力，对于允许个人私有来说，也显得发展过于迅速。因此，它们被要求承认其性质是社会性的，要求被收归公有，要求统一分配。而这些，没有被社会接受并实行。于是便造成了竞争，造成了无政府状态及弱肉强食,造成了垄断。而社会上的大多数人,成为了垄断事业的牺牲品。

恩格斯说:"社会力量完全像自然力一样,在我们还没有认识和考虑到他们的时候,起着盲目的、强制和破坏的作用。但是,一旦我们认识了他们,理解了他们的活动、方向和作用,那么,要使他们越来越服从我们的意志并利用他们来达到我们的目的,就完全取决于我们了。"① 现在的社会,不但未能从生产资料的发展上得到好处,反而陷入暴虐的痛苦之中,全因违反了社会运行的法则。然而,若能了解其发展趋势并因势利导,它将犹如能劈人的雷电、能焚烧人的火焰一般,转而为人类所用,成为人类所必需的利器。

不要奇怪为什么学术越进步却道德越败坏,生产越发展而人民越贫困,教育越兴盛而罪恶越频繁。殊不知这正是由于当下生产资料私有制造成的!让生产资料归私人所有,犹如让疯子手持利刃,害人又伤己。

其结果,造成了分配的不公,分配的不公则造成了多数人的贫困和少数人的暴富,暴富者骄奢、腐败,贫困者堕落、罪恶。举世滔滔,江河日下,乃是必然的趋势。

因此,要将今日这个社会从痛苦、堕落、罪恶中拯救出来,必须防止贫富差距的拉大。要防止贫富差距拉大,必须做到财富的公平分配。要做到财富的公平分配,唯有废除生产资料的私有制,使其回归社会公众的手中。换言之,即是进行社会主义大变革。它是科学的命令,是历史的要求,也是进化的必然趋势,不是我们想逃避就能逃避得了的。

近代物质文明伟大壮观,唯有如此,方能与真理、正义、人道相符。真理、正义、人道的所到之处,才能实现自由、平等、博爱。自由、平等、博爱显现之处,才会有进步、和平和幸福。人生的目的,如此而已;古来圣贤的理想,如此而已。爱弥尔·佐拉说:"社会主义是应惊叹的救世的教义。"诚不我欺。

---

① 恩格斯:《马克思恩格斯选集》,第三卷,北京:人民出版社1995年版,第630页。

起来！世界上热爱和平、追求幸福、渴望进步的仁人志士们！起来！来做社会主义的宣传和实践吧！余虽不敏，愿与大家一起行动！

　　人生不得行胸怀，虽寿百岁犹夭殇。
　　青天白日持节义，培于暗室陋屋中。
　　旋乾转坤之经纶，炼自临深履薄处。

（李海春译注）

第四编　大正时代、昭和前期

十六、内藤湖南

史料简介

内藤湖南（1866—1934），本名虎次郎，字炳卿，号湖南，生于秋田县。是日本著名的历史学家，东洋史"京都学派"的创始人。他师范毕业后曾任小学教师。1877年去东京，从事杂志编辑工作，1890年参加编辑《日本人》杂志，1894年加入朝日新闻社。1899年来中国旅行，结识了严复、罗振玉、王国维等学者。此后，他曾受日本外务省和大阪每日新闻社的委托，到中国做调查研究，搜集有关中国的文史资料。1907年到京都大学任教，后成为东洋史教授。1924年赴欧旅行，参与敦煌文献的调查活动。主要著作有《中国近世史》《中国论》《中国史学史》《日本文化史研究》等。这里选译内藤湖南的代表作《何谓日本文化》两章（筑摩书房1969年版《内藤湖南全集》第九卷本）。

何谓日本文化（节译）

其　　一

"文化"一词最近流行起来，任何事物附加了文化这两个字，似乎就变得身价百倍了，但一般人对文化本身又有多少了解呢？文化是建立在全体国民的知识、道德和兴趣等基础之上的，但作为基础的知识、道德和兴趣在现代日本发展到怎样的程度？政治、经济和其他源于人民需求的事物都被要求具有民众性，不适合民众的方法都会被视为时代错误被排斥。但作为文化基础的智识、道德和兴趣等果真应该要求具有民众性吗？不具有民众性果真都应该是时代错误吗？那么当考察现代日本人的智识、道德和兴趣的现实时会令人颇感不安。这在我等的专业领域——史学尤其如此。最近有人宣称在富士山的某处发现了神代记录，记载了神武天皇之前几十代的事迹，还有人相信此事。多数人都无法判断这是伪造的历史还是真实的历史。在东京还有一位某某人士，在所谓的上流社会颇具势力，其对《古事记》的非学术性的解释吸引了官吏、军人以及各界人士的信仰。若此乃现代日本民众对于历史、道德方面的知识，那么不得不怀疑明治初年以来这五十年间日本文化的基础——民众的智识是否有所进步。

明治初期大分县某位骗子号称发现神代文字记载的《上记》一书，翻译后欺骗当时的著名报社记者岸田吟香将其出版。此书将神代延长了几十代，一一按编年体捏造了记载。据三浦博士所言，其与神代记录的《上记》几乎一模一样。对本国历史竟到了如此盲目的地步，若将此作为五十年前与今日几近相同的证据，我辈对于日本是否进步的疑问便并不一定是过激之言。是以目前所说的日本文化也许大多数人难以理解，甚至可能还会引人反感。然而近来思想倾向中一点比较好的是对于学者的自由研讨比从前稍微宽容了些许。因此尽管鄙人对于日本大多数人的智识并不抱信心，但希望能历陈愚见，作为自由研讨的开端。

每一个国家，国民都有所谓的国家自豪感，在此种国家自豪感之中，认为本国文化是自发性的这种认知占据了相当大的比重。但是除去少数古老的国家如埃及、中国、印度等，确实有自发性的文化，但在其他大多数国家，持此观点则是一种毫无道理的谬论。例如，儿童出生伊始至智慧逐渐成长的时期，由年长者指导教育打下知识基础，是明确的事实。如果这样的儿童在长大成人后，对于自己的知识来源产生了自豪感，主张自己正因为最初就具有选择他人知识的能力并将长者前辈的知识内化为自己的知识，才得以达到今日的成就，世人不可能不嘲笑其无稽之谈。奇怪的是这样在个人身上众所周知的道理，体现在国民身上时却产生了不合道理的解释。在日本文化的起源上，恰有同样的谬论存在。以国史家为首的多数日本人直到今日仍动辄倾向于肯定日本文化最初的存在，并认为这一最初文化在选择和同化了外国文化之后才有了今日的发展。此等谬论自古有之，可以说在国民自觉性产生的同时，日本人已囿于此谬论。明治维新以前的日本文化起源论几乎都是依据此论成立的。日本吸收中国文化，并依据中国文化取得进步和发展，这一点基本无人有异议。话虽如此，在德川时代中期出现的国学者甚至连这一点都反对，解释说凡采用外国者皆劣于日本固有者，正因如此，使我国固有文化不纯，毒害我国民性。时至今日，虽仍有人心存不服，此观点已无人采纳。但是仍有人坚持认为日本以本国文化为基础，一开始便具有选择外国文化的能力。这种观点颇为盛行。

此处以忠孝为例。忠孝一词自中国传入自不待言。忠孝这一事实也是日本国民本身具有的品质，只是想将自己所有之物用从中国传入的名称来解释。如果从根本上思考此事，既然一方面已有国民具备此德行的事实，另一方面又有固有的国语，那便应该有与事实相对应的名称。当今日本在算数上采用中国传入的文字和语音如一、二、三、四。但现在在外来语之外还有固有的国语如一つ、二つ、三つ、四つ。不过有时也会有类似的例子：朝鲜关于东南西北的表达几乎失去了国语，只使用外来语的变形词，从语言学的角度来考察的话，从前曾有一段时间"南北"与"前后"都用同样的词汇表示，直到近代也能从方言中发现其遗留的形态。然而"忠孝"这样的词汇几乎很难发现日本民族在中国词汇传入之前是用何种词汇表达的。"孝"作为人名读作"よし""たか"，有"善""高"这样的意思，并不特指子女对父母的善。"忠"读作"たゞ"时是"正"的意思，读作"まめやか"时则是亲切之意，也不是特指臣下对君主的至诚。除去一般所说的善行正义之外，作为特别表示家族或君臣关系的词汇"忠孝"若在古代没有与之对应的词汇，难道不足以大为怀疑其思想是否存在过吗？此处仅举了目前易于理解的例子，但不由产生怀疑，所有的文化现象是否都存在着一些关联？从近年发展起来的史学考古学等的智识来说，此类疑问逐渐增多。日本历史一般以神武纪元为开端，其后数百年间仍是传说的时代，没有记载。但是无论如何神武之后，神代之事多属于神话，从其中拾取历史事实颇为困难。与此不同的是，我们可以知道民族的团体如何形成，其地方的传说如何产生，又是从何地以何种顺序而来的。关于其年代，近来多数历史学家大体定在耶稣纪元时期，此绝非空谈。因为随着考古学的发展渐次被了解的遗物至少是在那之前的，并且其中很多当时的遗物已经被认定为是中国文化遗物的变形。

最近对铜铎和古镜相关的研究急速发展起来。一般认为铜铎一物大体上由中国的钟变化而来，加入了土著民族的设计而非中国人所制。铜铎的范本——中国器物，从先秦时代开始就由中华民族所使用，由土著民族变形的时代已在耶稣纪元之前，此事可以举出许多证据。接着比较著名的遗物便是古镜。在发掘出的古镜中，现在被认为是西汉时期即耶稣纪元之前的古镜是在九州北部、畿内部分地区被发现的。东汉时代畿内地区发现的多为已完成了变形并由日本民族制作的古镜。其文化移动的地理路径逐渐清晰明了，日本民族的一部分居住在朝鲜南部，他们已经将中华民族的器物不断日本化，其后在日本内地完成了更大的变化，这一点也已经逐渐变得明了。考察西汉时期已完成变形的铜铎由日本民族所制作的证据，可以推断其尚未变形仍取自于中国制作品的时期一定是在西汉时期之前。那时，至少在战国时代末期，中国文化已经在日本民族中传播，这一点必须关注。日本的历史、传说中几乎没有与这一时期相对应的事实。可以断言，中国文化最初影响日本民族的时代，日本民族尚未形成类似国家的团体。这一点不仅能从日本民族中了解，还能从周边民族作进一步的了解，他们几乎都是选择了同一道路——接受中国文化影响，这是非常有力的旁证。

例如，高句丽、三韩都是如此。高句丽国在形成之前，其所在地区首先接受的是中国行政上的统治。高句丽国是在辽东的部分地区即今日的"满洲"兴京地区首先建立国家，在其国家成立之前，汉已在其地区设置玄菟郡高句丽县。西汉末期，中国的统治力一度衰弱，在中国行政区域内开始出现了半独立的土著民族部落，王莽时期逐渐发展成为后来的高句丽国。尽管如此，高句丽国是朝鲜民族中最早成立国家的，当时三韩地区尚未完全形成国家。三韩诸国最初形成国家大约在东汉中期之后。当时汉把朝鲜整体作为郡县纳入其行政区域内。东汉中期以后，由于统治力量衰弱，所谓三韩七十余国的多数小部落开始形成。不过据说在此之前，即汉没有把朝鲜作为郡县之前，已经有来自中国的（政治）逃亡者成立的朝鲜国，甚至在此之前还有过被称为箕子的朝鲜。但是有关箕子的传说在西汉时期的中国历史上记载得不甚明确。继承了箕子体系的国家长时期延续下来的事实直到三国时代才开始出现在记载中。即便如此，此乃受到战国时期燕国文化的刺激才兴起的传说，而不是在此之前朝鲜民族已存在的祖先传说，这与中国内地的吴、燕等地区的传说十分相似，归根究底是战国时代受到中国文化影响之后产生的。

日本民族被认为几乎与高句丽同时建立，因此早于三韩时期，但无论如何，他们形成国家的路径几乎是相同的。当然，日本并不像高句丽、三韩那样一度是中国的领土之后才开始产生的民族自觉性，只是在中国人移居到日本内地，或是在民族形成之前，具有特殊技能的日本民族通过海上交通方式，在朝鲜、中国的沿海地区接触到中华民族，从他们那里学到民族形成的方法，或多或少自发地创建了类似国家之形态。因此，可以认为从民族的摇篮时期开始日本民族的素质就比朝鲜人优秀。打个比方，历来日本学者对日本文化的由来的解释方式是，其如同树木的种子最开始就存在，依靠中国文化的养分才被栽培起来。而鄙人认为，其如同制作豆腐，在豆子磨成的液体中已经有了变成豆腐的素质，但因为需要加入外力才能使其凝固，而中国文化就如同可以使其凝固成为豆腐的盐卤一样。如果再举一例，就如同儿童一样，天生具备掌握知识的能力，但到能将知识为其所用还是要在年长者的教导之下才能实现。

如前所述，日本依据中国文化形成日本文化的时期相当漫长，政治、社会上的进步是徐徐完成的。国民即便继承了某种外来文化，到了一定时期，一般都会迎来一种自觉，不仅是日本，中国邻近的后进民族，如汉代的匈奴在中国文化的刺激下形成了民族，产生了民族独立的自觉性。换句话说，在汉朝初年，匈奴人已经向汉朝皇帝鼓吹自己是"天子所在，日月所照，匈奴大单于"。日本圣德太子时期，首次对中国自称"日出之处天子"，使用了对等的语汇。如上所述，国民的自觉往往是在政治上最早产生，而真正的文化思想方面的自觉通常要晚很多。不过有些国家最终并未产生过这种自觉，如同朝鲜一样。日本民族到底是在某一时期已产生了思想上的自觉。鄙人看来，蒙古人的入侵是最大的推动因素，从南北朝时期开始，他们逐渐缓慢形成了文化和思想上的自觉，在最近采用了中国以外的文化和思想后，在思想上完全独立于中国。然而，即使在今天，真正的日本文化是否已经完全形成也是非常值得怀疑的，虽然思想上几乎已努力摆脱了中国思想的束缚，但它仍然处于西方思想的束缚之下。文化的极端性在艺术上也有显著的体现，日本的绘画一百多年来一直在努力挣脱古中国绘画的束缚，但即使它真的挣脱了中国艺术的束缚，也没有达到能与之抗衡的高度，只不过在中国艺术上增加些地方色彩而已，很难说是真正自觉且独立之物。日本的写生派艺术就是这样。尽管如此，最近有一种倾向是日本艺术动辄囿于西洋画的拘束，不禁担心日本艺术的真正独立仍前途缥缈。然而，一个民族并非不可能改善本民族的生活，激励其他低等民族，甚至激励更先进的民族，只是因为他们没有摆脱其他民族文化的束缚。有时人们会认为这是自己民族的文化，但严格来说，这很难说是民族自发的文化。

这样历史地考察日本文化的由来甚是沮丧，但考虑到这个民族还较为年轻，将来一旦进入成熟期，未来前途还是有很大的希望。然而，如上所述，各民族从童年到老年并不总是按部就班地顺利发展。曾有民族苗而不秀，秀而不实。我们有责任确保日本民族免遭这种不幸的命运，顺利发展，成为应该为世界文化作出贡献的重要力量。

（1922年1月5—7日《大阪朝日新闻》）

其　　二

由于时间紧迫，我想用二十分钟左右的时间给大家简要介绍一下我要说的内容。

我想探讨的话题是"何谓日本文化？"首先日本文化现在一定是存在的。但其现状是怎样的呢？当今所谓文化包括社会组织、文学艺术等诸多方面，但问题是其中又有多少是日本独有的呢？这是一个复杂的问题，需要用很多种研究方式解决。我相信会有许多讨论，但我只说结论，如果要研究日本文化中源自日本之物，那么大部分都不起源自日本。

举个非常简单的例子，这里有一些日本文化的古老产物，例如《万叶集》——一本和歌集，还有《源氏物语》——一本用古日语写的书。读这些书和读今天我们用汉文写的《论语》，哪个更容易理解？对于我们现代日本人来说，易于理解并留在脑海中的是这东洋普遍存在的中国文化，而非日本的固有文化。这是目前的现状。接下来的问题是日本文化作为一种俨然的存在是如何形成的。

要解释这个过程，就好像植物是从一粒种子中诞生的，得到养分然后发芽生长。或者可以简单地将其解释为制作豆腐的过程，例如，当豆腐的形态几乎快要出来时已经有了形成豆腐的成分，然后加入盐卤，这些成分被聚集到一起，形成豆腐。问题在于在这两种成长方式中，日本文化采取的是哪一种。这是一个非常困难的问题，我认为应是后者。在日本，文化的种子并不是自己产生的，而是有能成为文化的成分，这个成分依靠其他国家的文化力量逐渐聚集，最后形成了所谓的日本文化的形态。

总之若日本文化是以这种方式形成的，那么接下来的问题在于它是以何种顺序形成的。所谓日本文化，若仅考虑日本，则容易陷入日本中心论。任何人都很容易以自己所居之处为中心来考虑问题。从前，当太阳系的理论还没有被完全理解时，人们认为地球是中心，因此过去是天动说而非地动说，认为所有的天体都围着地球转。随着太阳系理论的发展，他们逐渐意识到自己所居之处并不是宇宙的中心。对日本文化的看法也可以用这种方式来描述。如果从日本来看，日本是中心，但如果我们从整个世界的角度来看自不必说，从东洋整体来看，我们可以明白日本文化的起源是从何处开始又经过了何种顺序才到达了当今的日本文化的高度。

我认为，东洋文化自古以来就是以中国为中心的。当然也有印度，但就日本而言，印度文化并没有直接从印度传到日本，大部分是经过中国传播的。例如佛教原本起源于印度，今天的日本佛教并不是印度原本的佛教，而是经过中国传来的佛教，它不仅经过了中国的土地，还经过了中国文化的影响，是被中国文化所洗练的佛教。

关于印度暂时只谈到这里，那么中国的文化又是如何发展起来的呢？中国幅员辽阔自不待言，国家文化的形成很难一气呵成。在我看来，例如，文化从黄河沿岸萌芽，首先向西或向南传播，然后逐渐向东北方向传播，最后到达日本。这样向各方逐步扩散，刺激了各处民族，每刺激一次，就会在那个地区形成一种新的文化，最后传到了日本，这就是日本有今日的文化的原因。

说起来，文化是一种从中心到末端的运动，也是一种从末端到中心的反向运动，反向运动中有来自权力关系的运动以及来自纯粹文化的运动。例如，中国最早在夏商周三代兴起的势力是以现在的黄河流域为中心的，但它刺激了长江沿岸，在那里形成了一个新的势力，如汉高祖等从此区域起势并统一全国。其后刺激到北方匈奴游牧民族之沙漠地带，那里出现了一股强大的势力，它经常入侵中国国土并建立了国家。至于日本权利如何对中国产生影响，由于相距较远，在权力方面的关系影响是缓慢的，但至少在明朝时，已经有倭寇侵袭明朝沿海地区，这是日本的权力对中国影响的开始。最近，经过日清战争和许多其他事件，现在中国人称日本为军国主义并表示十分担心，我认为这是由于日本的势力对中国产生了影响。

此等皆为权力关系所造成，但就纯粹的文化而言，中国的文化中心屡屡转移。最早起源于黄河沿岸地区，但今天中国的文化中心位于长江下游，及至广东等边远地区，其处人才辈出，文学艺术繁荣。虽然有人说日本近年来受到了西方文化的影响，但许多中国学生都来日本留学，他们阅读日本的书籍，接受日本的思想，甚至是西方的思想，这些都是经由日本人之手获取的。与传播到中国各地区的文化逐渐向中国中心反向运动一样，现在日本的文化逆流正向中国涌来。这就是日本文化在东洋的真正价值，只有达到这一点，日本文化的真正价值才会显现出来。因此，即使日本文化的起源是中国，也不意味着日本文化毫无价值。从整体的角度来看，日本文化是东洋文化的局部发达部分，但由于这部分对整个东洋有很大的影响，我认为日本文化这一脉是东洋文化的一部分。

我曾经提到，有人说要从中学课程中取消东洋史，我听说这在中学历史和地理教师的会议上也是一个问题。当我被邀请在这些教师的会议上做演讲时，我告诉他们，日本这个国家一产生就有了日本文化这种想法是错误的。所谓日本文化，用今天的话来说就是东洋文化、中国文化的延伸，是中国古代文化的延续。因此，想要了解日本文化的起源及其本根，必须首先了解中国文化。正因如此，如果只关注日本的历史，而不了解在此之前的中国历史，根本无从了解日本文化的起源。现在在欧洲，历史不叫欧洲历史，叫世界历史，但如果一个人读历史，只读自己国家的历史，完全不了解之前的例如古希腊、古罗马等古代文化史，他能说自己读过历史吗？因此，我认为把东洋史当成日本史以外之物是完全错误的，东洋文化和日本文化之间是相互融合的关系。

这就是日本文化大体的从出现到今天的价值的由来，但这是过去的事情了，将来如何是一个很难的问题，因为是对将来的预言，是否能言中还尚未可知。但如果从世界上各个民族的历史来看，他们以辉煌的方式创造了自己的文化，只是到了最后，他们的民族走向终结，国家也被摧毁，例如希腊、罗马等国。然后，新的国家出现了，延续了前一个国家的文化——被从前的文化所感化的民族兴起，吸收了古老文化，形成了自己的文化，这就是到今天为止的顺序。

问题是，当东洋文化出现后，东洋将不复存在，东洋民族在完成了自己的使命后注定走向灭亡。然后，是西方人将吸收这种东洋文化，并形成一种新的文化，还是东洋人将吸收西方的文化，将东洋文化和西洋文化合二为一，就像刚才某位博士所说的那样，使其成为自己的文化，从而使民族永久存续呢？这是一个颇为困难的问题，很难作出预言。今日现状下，不满足于自己的文化，保持谦逊的态度，有非常强烈的意愿吸收其他文化的，究竟是东洋民族还是西洋民族呢？我认为是东洋民族。在我看来，西洋民族有些厌腻自己的文化，但又过于自负自尊，相当程度上减低了他们吸收其他文化的能力。在这点上，东洋民族有很大的希望和决心吸收任何文化，无论多么晦涩或高尚的文化，都想努力吸收并与自己的文化相结合。这种情况下，我相信东西方文化融合的希望将得到实现。这只是一个预测，无法知道是否言中，但我认为可以说目前的趋势或多或少是在朝着这个方向发展。为了形成世界上最完整的文化，有必要充分认识到我们一直拥有的文化的价值，并保留其优势，充分采纳其他文化的长处。沉迷于自己的文化而完全排斥其他文化并不是最好的办法。以上只是个人想法的一个简单概述。

（1921年某月某次讲演）

（罗诺译　孙彬校）

十七、西田几多郎

史料简介

西田几多郎（1870—1945）是日本近现代最著名的哲学家，他的哲学在日本思想界被认为是"独创的哲学"。西田哲学是以东方佛教思想为基础，以西方哲学思想为材料，而融合东西方思想的一种哲学。1911年，西田几多郎出版了《善的研究》一书，该书出版之后，即被高桥里美评价为"明治以后，国人著述的最初的，也是唯一的哲学书籍"。不过，西田几多郎的哲学被称为"近代日本的独创哲学"，则是到1926年《场所》这篇论文发表之后。针对这篇论文，经济哲学家左右田喜一郎发表了批评性文章——《关于西田哲学的方法》，一方面对于西田的立场展开批判，一方面也指出西田几多郎的哲学思想已经具备了"一个体系"，并将之称为"西田哲学"。也就是说，正是通过《场所》这篇论文，才使近代日本的独创哲学——西田哲学得以确立下来。这里依据岩波书店2004年《西田几多郎全集》第三卷摘译其代表性论文《场所》。由于其代表作《善的研究》商务印书馆已有译本，不再另外译介。

场所（节译）

现代的认识论将对象、内容、活动三者加以区分，由此来论述彼此之间的关系。然而，我认为之所以如此，是因为它在根本上只考虑到了随着时间而推移的认识活动与超越了这一活动的对象的二者之间的对立关系。对象与对象彼此关联，构成一个体系，由此来维持自我本身，但是，我们不仅要考虑到究竟是什么在维持这一体系本身,同时还必须要考虑正是它才使这一体系得以成立,而且也使这一体系存在于它之中。"有"必然是存在于某一事物之中,否则就无法将它与"无"区别开来。站在逻辑的角度,关系的选项与关系本身之间应该可以区别开,而统一关系的事物与关系自身之所在,二者之间也是应该可以区别开的。即便从活动这一方面来考虑,作为纯粹活动的统一,可以考虑到如同"我"这样的个体;同时,"我"也可以考虑为是相对于"非我"而言的,那么,这一(根本的)事物也就必然是包涵了"我"与"非我"之间的对立,使所谓意识现象得以成立的事物。这样一个事物,可以说令我们联想到"理念(Idea)"这一概念,在此,我仿效柏拉图①的"空间"(Timaios)这一用语,将它命名为"场所"。不言而喻,我并不认为柏拉图所谓的"空间"或"采纳之场所",与我命名为"场所"是完全一致的。

虽然这不过是一个极其简单的构思而已,但是,我们认为物体是存在于空间之内,在空间之内相互作用的。即便是过去的物理学也一直这样认为。或者大概也可以这样认为,没有物体就没有空间,空间不过是物体与物体之间的关系。进而,也出现了洛切②一样的哲学家,他们认为空间存在于物体之中。但是,如果这样考虑的话,那么相关的事物与关系就必然是一致的,从而构成如同物理的空间一样的东西。但是,促使物理的空间与物理的空间之间发生关系的,并不是物理的空间本身,而必然是它们所存在的场所。换言之,存在于关系之中的事物被还原到关系之体系内部之际,我们可以认为它是一个通过它自身而得以成立的完整之物,而不需要去考虑它所存在的场所一类的对象。但是,严格地说,不管是什么样的关系,只要是作为关系而成立的话,那么就必然会出现一个作为关系的选项而得以出现的事物。例如,针对知识的形式,内容必不可少,即便可以设想二者合一,形成一个完整之物,也必然会存在着一个它自身得以表

---

① 柏拉图:Platōn,前427—前348,古希腊哲学家。该文出自 *Timaios* 52A。

② 洛切:Rudolf Hermann Lotze,1817—1881,德国哲学家(今译鲁道夫·赫尔曼·洛采——译者注)。该文出自其《形而上学纲要》(第三版,44节)。

现出来的场所。或许这一概念会被认为是一个主观性的概念，但是，如果考虑到对象超越了主观的活动而独立存在的话，那么，客观对象得以成立的场所也就不可能是主观的，场所本身必须是超越性的。当我们将活动的事物当作对象来看待的时候，也就是把它们反映到这样的思维对象的场所之中来加以观察。若是我们把意义本身也考虑为是客观的话，那么，它们得以成立的场所也就必然是客观的。或许这样的东西会被认为不过是单纯的"无"而已，但是，处在思维的世界之中，"无"也具有客观性的意义。

我们考虑事物的时候，必然存在着反映它的场所。首先，我们可以将它考虑为"意识领域"。既然意识到了什么，那么也就必然会反映到意识领域，而且被反映的意识现象与反映的意识领域也必然会区别开来。可以说，除了意识现象的持续本身之外，就没有可以称之为意识领域的东西。但是，对于时刻不停地推移下去的意识现象而言，必然存在着不变的"意识领域"，由此意识现象才会彼此产生关联，联系到一起。或许这会被认为是一种如同"我"这么一个点的东西，但是，我们在区别意识之内外的时候，我的意识现象必须是在我的意识范围之内。这一意义下的我也必然会将我的意识现象内在地包涵起来。这样一来，我们从意识的立场出发，就会承认意识领域的存在。思维活动也就是我们的意识活动。思维的内容首先会反映到我们的意识领域，我们可以根据思维的内容来表现意识的对象。现代认识论者将内容与对象区别开，虽然承认内容是内在的，但是认为对象是超越性的，认为对象完全超越了活动本身，是依靠自身而成立的。在此，我们站在意识领域的外部，认为对象之中不会存在所谓的意识领域。但是，既然意识与对象彼此相关联，那么就必然存在着某物，可以将二者内在地包容在一起，也就是说必然存在着二者彼此关联的场所。那么，使二者相互之间产生关联的究竟是什么呢？如果说对象超越了意识活动，对象完全站在意识之外，那么就存在于意识内部的我们而言，我们就无从想象意识的内容是否足以反映对象，也不能说对象超越了意识活动。康德学派认为，与认识的对象界不同，我们可以主观地想象到超越性的主观即普遍意识①。但是，就认识的主观而言，是否可以说我们能够超越意识，走到意识领域的外部呢？也许我们可以达到意识领域的极限，但这并不是说意识领域就消失了。心理学领域所考虑的意识领域，是已经被思考过了的东西，它不过是一个对象而已。意识到这样的意识领域的意识领域，即便已经达到了一个极限，我们也不可能超越它。而且，即便是我们将意识领域考虑为现实性的存在，它的背后也总是存在着超越现实的东西。所谓的实验心理学也曾设定意识领域的存在，但是它不过是单纯的可量化的感觉之范围而已。但是，意识必须包含意义，想到了昨天这一意识，其意义也必须涵盖昨天。因此，可以说意识是"普遍存在"的自我限定。尽管它是感觉性的意识，但是只要它包含了后来的反省的可能性，也就可以确认它是意识现象。如果说"普遍存在"作为一个极限难以达到的话，那么这一极限也必然是"个体"不可抵达的极限。

康德学派认为，所谓认识是依靠形式来统一质料。但是，在这一思考的背后，必然是不得不假定了主观的形成活动，并认为形式是为主观所具有的，否则也就无法形成认识的意义。单纯地通过形式而形成的事物，不过是一个超越了对立的对象。不仅如此，如果说客观的形式形成了客观的质料，那么它就是客观的活动，并不能产生认识这一层意义。（我们）不能将形式与质料之间的对立同主观与客观之间的对立等同视之。构成了判断活动之对象的事物，必定被附加了一种不同于形式与质料之间的对立的意义性的对立。形成判断之直接内容的，必须是真与伪这样的东西；使形式与质料之间的对立得以成立的场所，使真伪的对立得以成立场所，二者绝对不可能一致。在认识得以成立的场所之中，形式与质料不仅是分离的，而且二者的分离与结合也必须是自由的。由此我们可以认为，所谓主观性，不同于超越了对立的对象，乃是从外部附加的结果。拉斯克也认为如此，针对根本的

---

① 该文出自〔德〕李凯尔特（Heinrich Rickert, 1863—1936）：《认识的对象》（四、五版），第99、134、135页。李凯尔特是德国哲学家，新康德学派的代表人物。

逻辑形式，他将完全非逻辑性的体验对象视为根本的质料[①]。但是，也正如其自身所承认的，所谓知，也必须是体验之一[②]。即便是将体验之内容视为非逻辑性的质料，但是也不可把它与所谓的感觉之质料等同视之。体验之内容与其说是非逻辑性的，不如说是超逻辑性的；与其说是超逻辑性的，倒不如说是一种包逻辑性的。即便是对于艺术与道德的体验，我们认为也是如此。所谓认识的立场，必须是"体验"在自己之中来反映自己的一个态度；所谓认识，也不外乎是"体验"在自己之中形成自己。形式与质料的对立关系，唯有处在"体验的场所"才会成立。这样，在自己之中无限地反映自己，其本身成为了无，从而包含了无限的有。而且，作为"真我"，它在其自身之中形成了所谓的主客对立。它既不可以称之为同，也不可以称之为异，也不可以说是有或者无，是所谓的逻辑形式不可限定的，恰恰相反，它是使逻辑形式得以成立的场所。不管我们将形式推演到了一个什么程度，也不可能超越所谓的形式框架。真正的形式之形式，必然是形式的场所。在亚里士多德的"物活论（The anlma）"之中，也曾效仿学院派（Academia）将精神视为"形相的场所"[③]。这一可以称之为反映自我本身之镜子的东西，不仅是知识得以形成的场所，同时也是感情与意志也得以生成的场所。我们提到体验之内容的时候，大多数场合下是已经将它知识化了的，因此才称其为非逻辑性的质料。真正的"体验"必须是完全的无的立场，必须是脱离了知的自由的立场。在这一场所之中，情、意的内容也将反映出来。知、情、意之所以皆被认为是意识现象，其根源即在于此。

如果我们按照如上所述来思考场所的话，那么所谓活动，我认为也就是处在被反映的对象与反映的场所之间所体现出来的关系。如果只是单纯地考虑被反映了的事物，那么它也不过只是没

---

① 该文出自〔德〕拉斯克（Emil Lask，1875—1915）：《哲学的逻辑学与范畴论》（*Die Logik der Philosophie und die Kategorienlehre*），1911 年，第 55 页。

② 〔德〕拉斯克：《哲学的逻辑学与范畴论》，第 192—193 页。

③ 该文出自〔希腊〕亚里士多德（Aristotle，前 384—前 322）：《灵魂论》，429a27—28。

有任何活动的纯粹的对象而已。但是，在这一对象的背后，也必然存在着反映这一事物的镜子，必然存在着对象所在的场所。显而易见，这一场所不过是纯粹的反映事物的镜子而已。如果只有对象存在于它之中的话，那么也就不可能发现真正的"活动者"（働く対象）。我们之所以认为在一个完全掏空自己、可以反映所有事物的"普遍的意识领域"之中，所有的事物皆会成为纯粹的认识对象，且完全超越了活动本身，也正是因为如此。但是，意识与对象如果完全没有任何关系的话，也就不可能去反映它，也就无法提到存在于此。因此，判断活动才被视为二者之间的联系纽带之一。一方面，对象超越了活动；另一方面，意识领域也必然会超越活动本身，内在地将之包容起来。而且，一旦普遍的意识领域被认为包容了对象且会无限发展下去的话，我们就可以认为对象在普遍的意识领域之中可以选择各个不同的位置，可以在各种不同的形式下得以展现出来。在此，对象经过了各种各样的分析并被抽象化，所谓意义的世界也就由此得以形成。与此同时，站在不同的位置，站在各种各样的关系下来反映这一对象的行为，我们也可以从另一角度来把它视为判断活动。因此，在超越的对象与普遍的意识领域彼此分离，活动皆不会属于哪一方的时候，我们才可以考虑作为活动的统一者的所谓的认识主观。依循常识而言，物体存在于空间之中，只要我们认为物体与空间是不同的，那么物体在空间之中就可以通过各种各样的关系而得以确认，也可以呈现出各个不同的形状或者位置。在此，我们不得不考虑物体与空间之外的也就是"力"这样的实在。而且，如果我们可以认为物体是"力"的本体，且拥有了"力"的话，那么也就可以认识到使"力"从属于空间的所谓的物理的空间。在此，我想将"知"这一行为置于意识的空间来对它加以考察。

过去的认识论从主客对立的思维出发，认为所谓知，就是通过形式来构成质料。与此不同，我试图从自觉的立场，也就是从我在自我之中反映自我的立场来加以思索。我认为知这一行为的根本意义乃是在自我之中反映自我；从认识自我的内部开始，推及认识自我的外部这一行为。对于自我而言，被给与的事物，首先必须处于自我之中。或许有人认为它也就是将自我视为一个统一点，认为在所谓自我的意识之内，知与被知即主观与客观、形式与质料彼此对立。但是，这样的如同统一点的东西，不可以称之为知。它不过是被对象化了的被知的事物。反之，即便我们认为它是指向了一种无限的统一，也会陷入同一个结论。所谓知，首先必须是内在的包容。但是，如果被包容者对于包容者而言，是属于外在性的存在的话，也就不外乎如同物体处于空间之中一样，乃是一种单纯的存在。包容者与被包容者被认为是一体的时侯，也就会出现无限的对立组概念。进而，这个唯一的事物在自我本身之中无限地包含了质料的时候，我们也就可以考虑到无限的"活动者"（働くもの）或者是纯粹的活动。但是，如此尚不足以称之为知。唯有这一存在于自我本身的事物再进一步地被加以包容了的时候，才可称之为知。就形相与质料之间的关系而言，单纯的形相的形成还不足以称为知，必须内在地包含形相与质料之间的对立，这才是知的行为。如果将质料也视为低层次的形相，那么所谓知，也可以称之为形相的形相，它必然是超越纯粹的形相或者纯粹的活动，并使它们在自己的内部得以成立的场所。拉斯克①之所以认为主观是客观对象的破坏者，也是来源于此。正如同物体处于空间之中被认为是可分的一样，思维的对象处于思维的场所之中也被认为是可分的。正如物体处于空间之中，在各种不同的意义上皆可以无限地可分下去一样，位于思维场所的思维对象也是无限地可分下去的。或许人们会认为，若是如上所述的话，就会失去主客对立的意义，主观丧失了统一或者活动的意义，甚至主观的意义也会被认为消失了。在此，我无法深入探讨这一问题，但是仅就物体存在于空间这一情况而言，空间与物体彼此互为外在，空间不包含主观这样的意义。但是，在物体的本体性转换为其所处的场所的关系之际，物体就还原为了"力"。但是，就"力"而言，必须考虑到"力"之中存在的"力"的本体，关系之中必然存在着关系项。究竟应该到何处去寻找这一本体呢？如果求之于原物，也就意味着这一事物不管如何都无法还原为"力"。如果将它归结为空间，我们也只能认为

---

① 该文出自拉斯克：《判断论》（*Die Lehre vom Urteil*），1912 年，第 160 页。

是作为空间关系项的点一类的东西。但是，若是成为关系之本体的仅仅是点一类的东西，那么也就必然会存在"力"这样的东西。真正地内在地包含了"力"的关系的，必然是"力"的场。而且，在"力"的场，所有的线必然带有了一种方向性。即便在被认为是内在地包含了纯粹活动的认识的场所，所有现象必然都带有一种方向性。通过将"知者"（知るもの）考虑为"包含者"（包むもの），主客对立的意义也就消失了。之所以如此，是因为它针对被包含的事物而设定了一个外在的场所。所谓纯粹的虚空，并不真是内在地包含了物理现象的空间，应该说真正地将各种对象内在地加以包含的东西，正如同各种各样的"形"在空间得以成立一样，它必然是一种在自己之中来反映自己本身之形的东西。如果是这样的话，或许可以说"存在"的意义由此也就消失了，也可以说包含了对象的、无限扩展下去的场所的意义也就消失了。不过，在内在地包含了所有认识对象，同时也远离了它们的意识领域这一方面，我们认为这两种内涵是结合在一起的。

所谓知，是指在自我之中反映自己的行为；所谓活动，也就是在被反映物与反映之场所的关系所体现出来的活动。如果是这样的话，那么，完全超越了活动的、拉斯克所谓的"没有对立的对象"（Gegensatzloser Gegenstand）①究竟是指什么呢？这样的对象必然存在于某物之中。我们既然要承认"有"，那么它也就是针对"无"而得到承认的。但是针对"有"而被承认的"无"，仍是一种对立的"有"。真正的"无"必然是包涵了"有"与"无"，必然是使"有"与"无"得以成立的场所。否定了"有"与"有"处于对立的"无"并不是真正的"无"，真正的"无"必然是作为"有"的背景的东西。例如，相对于红色的非红色，也是一种颜色。带有色彩的东西或色彩的存在之所必然是非色彩的，不仅红色存在于此，非红色的颜色也必然存在于此。既然我们将它限定为认识对象，我认为也可以将之推演到有与无之间的关系。这样的"存在的场所"，也可以如同色彩

---

① 拉斯克：《判断论》，第136页。

一样，考虑为一种物，可以说也正如亚里士多德所说的性质在于物①。但是这样一来，也就失去了场所的意义，物开始具有一种属性。与此相反，在物不管到了什么地方都融入一种关系之中的时候，包含了"有"与"无"的，也就是活动。但是，在活动的背后，还必然会考虑到潜在的"有"。所谓没有本体的活动或者纯粹的活动，尽管是针对本体而言的，但是如果只是从活动出发来排除其潜在性，那么也就不是活动了。在这样的潜在的"有"得以形成的背后，还必然要考虑所谓的场所。物被认为具有了某种性质的时候，与之相反的性质也就不可能包含在物之中。而且，活动者必然是在其自身之中包含自己的对立面。所谓变化，也就是朝着它的反方向而变化。因此，包含了"有"与"无"的场所，大概可以直接地认为就是活动吧。但是，既然是活动，那么在它的根本之处也就必然会被限定为一个类的概念。只有在类的概念之中，我们才会看到与之相反的东西。存在于活动背后的场所并不是真正的场所，——它不过是单纯的场所而已——而应该说是带有一定内容的场所或者说被限定了的场所。在活动之下，"有"与"无"结合在一起，但是不能说"无"就包含了"有"。在真正的场所之中，事物不仅向它的反方向发展，而且朝着它的矛盾发展下去也绝不是不可能的；超出类的概念也绝不是不可能的。真正的场所不单是变化的场所，同时也是生存与死亡的场所。在超越了类的概念而进入生存与死亡的场所的时候，所谓"活动"（働く）已丧失了自身的意义，唯一留下的只是"观看"（見る）。在将类的概念视为场所之际，我们无法消除潜在的"有"，而不过只是"观看"所谓的活动者而已。在反映了类的概念的场所之中，体现出来的并不是活动者，而是内在地包含了"活动"的存在。真正的纯粹活动并不是活动者本身，而必然是内在地包含了活动的事物。一开始就存在的，并不是潜在的有，而是现实的有。在此，我们才能看到使形式与质料融合在一起，且没有了对立的对象。

可以说，这种可被称为没有对立之对象的东西，是完全超越

---

① 亚里士多德：《范畴论》，4b14—18。

了意识领域的。但是，如果它完全是存在于主观之外的话，那么它又是如何必然地反映到主观之中，成为意识活动的目的呢？我认为它虽然是一个对象，但是，它并非是存在于场所意义下的意识领域的外部。不管如何，它都是以场所为背景而成立的。当场所被视为单纯地否定"有"的对立的"无"的时候，我们也就不得不认为这一对象超越了意识领域，而站在了它的外部，对象也就被认为是为了自身而独立存在的事物。我们一般所提及的意识领域，即如同我们所说过的，是与"有"对立的"无"的立场。与"有"对立的"无"，作为一个类的概念包摄了所有一切的时候，"无"也就成了一个潜在的"有"。站在无限地否定了一切有的无之立场，也就是针对有、无而独立存在的时候，也就出现了所谓的意识的立场。不仅如此，我们也可以认为，在超越了一切有的立场之际，一切的有皆可以被反映、被分析。但是，真正的无不是这样的对立结构下的无，而必然是包摄了有与无。虽然它否定了一切的有，但只要它还是处在对立结构下的无，那么它也就必然还是一种有。它虽然超出了被限定了的类的概念，但是作为一种被思考的事物，还不能脱离类的概念的限定。因此，在这里我们只能承认一种潜在的有的意义，唯心论的形而上学也是由此而形成的。真正的意识，必然如上所述，也必须是反映意识的东西。所谓意识，只不过是被对象化了的东西而已。所谓真正的无的场所，必然是超越了任何意义上的有无之间的对立，使它们得以内在地形成的场所。不管如何，只有打破类的概念，才会发现真正的意识。即便是没有对立的超越性的对象，在这样的意义下，我们也不能说它是超越了意识之外。恰恰相反，只有通过反映到这样的场所之中，才会看到没有对立的对象。所谓没有对立的对象，也就成了我们的当为性思维的对象，也就成了我们统一性地决定所谓判断内容的根本标准。若是我们站在相反的立场来考虑，那么我们的思维也就只会陷入矛盾之中，思维也就会破坏思维本身。离开了这一意义，也就无从考虑所谓的没有对立的对象。我们观察这样的对象的时候，大概也可以认为我们超越了对立的内容所衍生出来的主观性的意识之野，走到了它的外部。但是，这也就只能是从对立的无的立场进入了真正的无的立场，也就是从单纯反映事物影子的场所进入到事物存在的场所。这一立场不是抛弃所谓意识的立场，而是将这一立场加以彻底化。真正的否定必然是否定之否定。如果不是这样，普遍意识也就与无意识没有什么差别，意识的意义也就消失了。可以说，在我们不得不这样考虑、否则就会陷入矛盾的时候，这样的意识领域必然会内在地反映所谓的超越性的对象。正因为这样的立场作为否定之否定而成为了真正的无，所有对立的无的场所所反映的事物也就能够得到否定了。在这一状况下，或许对象也可能被认为是存在于它自身之中，但是，如果对象只是存在于它自身之中的话，也就不可能成为所谓的意识内容的标准。对象存在的场所，必然也是意识存在的场所。我们在看对象本身的时候，或许也可以称之为直觉。但是，直觉也必然是意识。所谓直觉，也不能离开观察矛盾自身的意识领域。一般来说，直觉与思维完全不同，但是直觉的东西如果要维持它自身，还是不能缺少"存在的场所"。而且，这一场所与思维存在的场所是相同的。直觉的事物被反映到它存在的场所的时候，就成了思维的内容。我认为，在所谓的具体的思维之中，必然包含直觉的事物。意识无论如何也不会脱离一个普遍概念的背景。作为一个普遍概念的存在，不管在什么时候，它都扮演反映对象之镜子的角色。即便是我们进入一个被认为是主客合一的直觉的立场的时候，意识也不会离开这一作为普遍概念性的事物。相反，它会走向这一事物的极致。我们意识到了矛盾的存在，站在这一立场，打破普遍概念性的事物而走到它的外部，也就意味着它被赋予了对象化。这样的事物，只不过是一种被限定了的事物、特殊的事物而已，这也并不具有所谓"知"的内涵。反映直觉的事物的场所，必然是直接地反映概念之矛盾的场所。

　　直觉的背后存在着意识领域或者场所，对此或许会出现诸多异议。但是，如果直觉只是意味着既没有主观，也没有客观的话，那么它也不过是一个单纯的对象。所谓直觉，必然是知者与被知者区分开来，且二者必然是合一的状态。进而，知者并不是意味着单纯的形成或者活动，它必然包含了被知者，不，必然是内在地反映被知者。主客合一或者既没有主观也没有客观的状态，也就意味着场所成为了真正的无，成为了一面纯粹反映的镜子。尽管特殊的事物被认为是客观的，普遍的事物被认为是主观的，但是，特殊的事物也可以作为知识的内容而被认为是主观的。如果针对特殊，我们承认它是一种客观的存在，那么针对普遍，也可以承认它是一种客观的存在。康德哲学之中，它被单纯地解释为了先验的形式，但是在这一思索的根本之处潜藏了一个前提，即主观根据形成活动而形成客观的存在。但是，所谓形成，并不等同于知这一行为。所谓知，必然是在自我之中反映自我。真正的先验性必须在自我之中形成自我的内容。因此，我们不仅要考虑到形成的形式，也要考虑到拉斯克曾提到的"领域的范畴"（Gebietskategorie）①这一概念。我们正是通过场所的自我限定，才会认识到我们的认识对象世界中的、被限定了的普遍概念。场所的自我限定或者赋予自己以对象化，也就会转换为普遍概念。在柏拉图的哲学之中，普遍的事物被认为是客观的实在。但是，柏拉图还没有认识到真正包含了所有一切的普遍者必须是使它们得以成立的场所。因此，场所反而被认为是一种非实在之物②，被认为是无。但是，在"理念"（Idea）本身的直觉的根本之处必然也存在着这样的场所。即便是柏拉图标榜的最高"理念"，也不过只是一种被限定了的特殊之物而已。即便强调所谓善的"理念"，也不可避免其自身的相对性。我们将纯粹的对立的无的场所考虑为意识的场所的时候，也许会认为在直觉这一层面这样的场所消失了，也许会进而认为直觉存在的场所是不会得到承认的。但是，我认为这样的场所不是潜藏在直觉之内，恰恰相反，它是将直觉包容在了自身之内。不仅直觉存在于此，意志或行为也存在于此。意志或行为之所以被认为是意识性的，也正是因为如此。笛卡尔将广延和思维视为第二层次的本体，一方面将运动视为广延的形态；另一方面将意志视为思维的形态③，但是，这一意义下的真正的广延不仅类似于物理的空间，而且，这

---

① 拉斯克：《哲学的逻辑学及范畴论》，第 70 页。
② 柏拉图：*Timaios*，51A—B。
③ 该文出自笛卡儿：《哲学原理》，1644 年，第一部，第四十八节。笛卡儿（René Descartes，1596—1650），法国哲学家，近代思想之父。

一意义下的真正的思维也必然是前文所提到的场所。这样一来，意识行为本身，与反映知识的对象世界的行为，也就会被认为是一个行为。不过，按照严格的意义来说，知识的对象世界不能反映情、意的内容。知识的对象世界不管什么时候都不可能脱离被限定了的场所。反映情、意的场所，也必然是更为深刻广泛的场所。情、意的内容被人们意识到了，并不是说它就被知识化地认识到了。贯穿知、情、意的意识之野，不仅是不可能属于它们之中任何一个的，而且也必然是包含了所谓的直觉且无限伸展扩大的意识之野。最为深刻的意识，必然是真正的无的场所；而反映概念性知识的，则难以避免地会陷入相对的无的场所。处于所谓的直觉之中，尽管也是站在了真正的无的场所，但是，更为深刻、更为广泛的无的场所，则必然是情、意得以成立的场所。因此，在我们的意志的根本之处，才可以考虑没有任何拘束的无。

（吴光辉译注）

十八、津田左右吉

史料简介

津田左右吉（1873—1961），日本历史学家，思想家。生于岐阜县。毕业于东京专门学校（早稻田大学前身），曾接受白鸟库吉的指导，深受白鸟库吉的西洋文献批判与实证方法的影响。后任早稻田大学教授，讲授东洋哲学。其学术倾向是对日本国民思想史进行实证性的考察与研究，他关于古代史的论考，反对所谓国体思想，因此于昭和五年（1930）被问以"不敬罪"，其否定神话的"津田史观"成为二战之后日本历史学的主流思想，被尊为日本古代史研究第一人。1947年当选帝国学士院会员，1949年获日本文化勋章。著有《古事记及日本书纪新探》《关于日本思想》以及《日本人的生活与中国①思想》等。这里选译《日本人的生活与中国思想》部分内容。

日本人的生活与中国思想（节译）

如果提到被日本人所吸取的中国思想，人们的脑海里总会立刻浮现出儒家的道德及其政治主张。从大体上来讲，这虽不是一个很深的误解，但实际上最初进入日本人的知识领域并占主要地位的却并不是儒教。作为历史故事，人们都知道应神天皇②之时《论语》与《千字文》等经由百济传到日本的传说。但这并不是历史事实，而是儒家经典被人们广泛阅读，《千字文》也被人

---

① 在对中国的称呼上，原文为"支那"，译者将其译为"中国"；将"支那人"译为"中国人"。——本文中所有注释均为译者注。

② 应神天皇：在日本记纪神化故事中出现的天皇之一，推定年代为5世纪前后。

们所熟悉之后被杜撰出来的故事罢了。可以想见，当中国的书籍被大量传入日本之时，儒家经典肯定也夹杂在其中，但是当时的人们最初接触中国文字之时，却并没有理解其深刻思想含义的能力。因此，当时的人们首先接受的应该是各种民间传说以及与神仙或道教相关的神话故事。从魏晋南北朝时代的思潮来看，也能容易地想见这些民间传说以及神话故事当初从吴（今南京附近）等地区经由百济传入日本的情形。还有许多具体事例可以证明这一点，比如，天皇这一称号有来于道教中"玉皇大帝"的尊称；日本的神话故事中附会了中国式的开天辟地的传说；日本人还创造了"常世之国"①这一标志长生不老的神仙仙境的词汇等。作为中国民族宗教而形成的道教，虽然并没有像佛教那样作为宗教传到日本，但是无可置疑的是与其相关的书籍或知识却的确传到了日本。然而，随着时间的推移，当日本人逐渐对中国书籍中的知识产生亲近感，并开始能或多或少地理解其含义，并且当那时的人们面临着不得不对现实的政治进行反思的时局的时候，儒家的那种关于政治、道德的教化便开始逐渐引起了当时日本人的注意。可以认为，这种倾向是从与中国开创了直接交流的推古天皇②时代开始逐渐出现的。

  作为大化改新的首要措施，由于近江令③的推行，日本模仿唐朝的律令制度创造出颇具规模的新制度的模型范本。毋庸讳言，其制度的思想根据就是儒教的政治学说。虽然我们无从得知当时的为政者或令的制作者在多大程度上理解其真正意义，但可以肯定的是以维护当权者的权威为基础的儒教不仅在中国被当权者所采用，在日本也是备受当权者的欢迎的。通过如下情况可见一斑，当时制定出了在思想意识上以儒教的礼的学说作为根本的标志为权者权威的位阶服色等制度以及朝廷的礼仪；并且据史书记载，就在大化新令推出不久之后，就出现了白雉的祥瑞传说。当

---

  ① 日文原文为"常世の国"。
  ② 推古天皇：554—628，日本最初的女天皇，592—628 年在位。圣德太子辅佐其制定了"官位十二阶"，发布了"十七条宪法"，并向中国派遣了第一批遣隋使。
  ③ 近江令：天智天皇之时制定，668 年完成。作为日本最初的有体系的法典，与"飞鸟净御原令"共同成为后来的"大宝令"的基础。

然，由于儒教还主张"帝王之德"，所以奈良朝代的官府文书中时常有关于此方面的言论，与帝王之德的主张相伴随，提倡"教化学说"也有其重要的意义。对于日本来说，儒教为外来思想。而这种外来思想首先需要当政者的承认，所以，将其普及到普通百姓的任务则必须由政府来完成。因此，借助儒家的学说向百姓普及其教义的做法，对于当时的日本来说具有特殊的意义。而通过如下事例可以看出教化的观念在当时政令上的体现。例如：在天平十五年（743）的"宣命"①里用"礼乐"等文字记录皇太子行"五节之舞"，并且记录说其行为的目的是以"君臣祖子之理教化天下人"；而在天平宝字符年发布命令说，由于孝为百行之本，因此令百姓每家必藏《孝经》并且要求其精勤诵习，在"大宝令"②与"养老令"③中对于地方官有教化百姓的任务这一规定也是其中一例的体现；并且在户令的婚姻规定中记录了"七出之法"等情况也说明日本法令具有教化百姓的意味。然而，这些规定或者是直接照搬书本知识，或者是中国法令的照搬模仿，或者是《孝经》中所规定的原本就无法实现的理想。由此可以推想，当时的法令起草者们对于将这样的知识表达成文字本身就会产生一种光荣自豪感；而从当时的当权者的心理上来说，发布法令本身就相当于法令的实行，因此才会有上述的关于《孝经》中的理想状态的规定。官制也是同样，例如给太政大臣赋予阴阳变理之任务的情况，也是一种对于唐令的单纯模仿，然而制定这种规定的人却并非将其视为一纸空文，而是认为这种纸上规定就是实际上的任务的赋予。当时的法令制定者们认为只要将其作为法令的形式公诸于世就万事大吉了。实际上，当时的当权者好像也并

---

① 宣命：意为宣读天皇的诏命或指天皇的诏书。奈良、平安时代在重大朝廷仪式上使用，使用该种文体所制定的诏书称为"宣命体"。

② 大宝令：日本古代的法典，分律与令两部分。律六卷，令十一卷。以中国唐朝的永徽律令为范本，701年（大宝元年）完成之后并开始施行。成为日本古代7世纪后半期以来律令的大成法典。

③ 养老令：日本古代的基本法之一。律十卷十二编，令十卷三十编。其中对于"户令"的修订是以往所没有的内容。718年（养老二年）开始编撰，757年（天平宝字元年）开始施行。

没有将这一法令贯彻实施，换言之，他们根本就没有使用官府的权威及其强制力使日本人的道德儒教化的意图。这一点对于日本人来说既是非常自然的，同时也是幸运的。这是因为从中国人的特殊生活方式、特殊的家族制度以及社会组织中产生出来同时作为该种特殊生活方式、家族制度与社会组织的规范的儒教的道德信条，是不可能强制当时家族制度与社会组织完全不同的日本人实行的，而且，（即便强制实行）那种表面上对于权力的强制所表现出来的服从会滋生出不平、反抗与欺瞒，而这却只能使人们的道德更加颓废而已。比如，"七出之法"原本就不适合于日本人的婚姻习惯或夫妻关系的状态，即便其适合于日本人的生活状态，如果强制将其贯彻实行的话，我们会很明确的想见那将会给日本人的家族生活带来什么样的混乱。然而，统治者的这种态度却并不意味着他们认为儒教道德不适合于日本人的生活，他们自始至终都认为儒家的教化是完美无缺的，日本人也是应该遵守实行的；并且从知识的层面上来考虑的话，由于这是中国典籍所规定的，具有无上的权威，所以应该无条件的服从。然而，这却仅仅限于知识层面上的理解，却悖离于百姓的实际生活。即，文书典籍所规定的知识与实际的生活是互相悖离的。对于这种矛盾，当时的统治者认为知识作为单纯的知识只应在知识的世界中保有权威，并且他们也满足于这一解释。当然，对于与实务相关的情况，统治者也懂得文字上的知识不能完全套用于实际生活的道理，因此，当时律令的制定者与修改者也对于作为范本的唐朝律令进行了或多或少的修改，然而，他们却不具备对其政治或道德思想进行批判性的思考能力，这也是无可奈何的。

能够从另一方面证明上述说法的根据是，作为实际生活的表达方式之一的日本文学并没有受到中国思想的影响与束缚，无论是文学总的发展变化还是各种具体文学形式的确立，虽然会或多或少地受到中国文学的启发或影响，但是其表现出的日本人的生活形态却与儒教政治或道德思想几乎没有任何关系。虽然当时的文学者们也试图尽量吸取中国的知识，但是其表现出来的却完全是日本人的生活状态、生活感情与生活意识。这一点从《万叶集》①的和歌中可以得知。例如赞美皇室的几首长歌中虽有来源于中国思想的词藻，但这却只是照搬表面知识的结果，实际上却并没有将日本天皇与中国帝王混为一谈，作为诗歌，仍然继承了神代物语传说的精神。另外，从皇室与朝廷官吏之间的关系来看，虽然很早以来就开始使用诸如"君臣"之类的称呼（最早见于大化新政的敕诏即所谓的"宪法十七条"，在上述"宣命"中也有记录），但是当时朝廷的官僚与中国官僚却有本质上的不同，儒教所提倡的"臣之道"与其对于日本皇室的思想感情完全不同。在《万叶集》中不乏大伴家持②的歌颂"家族"精神的喻族歌那样的诗句，但从中却完全找不到儒家关于"忠"的教化的方面的诗句。歌颂个人生活感情的和歌尤其如此。一方面诸如爱子、思子的哀切的和歌屡见不鲜，另一方面却完全找不到儒家关于"孝"的教化方面的诗句；而恋歌则更是完全无视儒家的家族道德等方面的教化，对此采取不屑一顾的态度。这是因为产生出这些恋歌的日本家庭生活及婚姻习俗与构成儒教道德基础的中国的家庭生活及婚姻习俗大相径庭的缘故。关于这一点，通过如下情况也可见一斑。即，从中国传来的牛郎织女传说及仙女的神话故事虽然也作为文学素材在日本文学中出现，但却不是原封不动的照搬，而是按照日本人的生活方式做了许多改动。因此，可以说日本人虽然表面上将记录于儒教经典中的知识作为知识吸收接受下来，但其实际生活却完全不受其影响。换言之，当时的日本人的生活之中存在着产生于这种生活并支配这种生活的道德因素。从漫长的民族生活历史中产生发展的社会组织培养出与此相适应的社会道德，因此日本人的生活一方面受到宗教信仰的支配，另一方面，社会道德意识也得到长足的发展，形成了一定的道德观念。从知识的层面来看，中国方面典籍所带来的种种知识对其产生了

---

① 《万叶集》：奈良时代编撰的日本最早的和歌集，享有"日本《诗经》"的美誉。全书收录了从公元四世纪到八世纪六十年代末四百五十年间长短诗歌、旋头歌等四千五百余首，共二十卷。

② 大伴家持：717—785，奈良时代的歌人，日本三十六歌仙之一。是《万叶集》中收录和歌最多的歌人，相传他为《万叶集》的编撰者之一。其细腻感伤的歌风为万叶后期的代表。

一定的助长作用，但这仅仅意味着智能的发展会导致道德意识的提高与道德观念的增强，却并不说明儒教所主张的实践道德的规范得到了日本人的遵守与实行。只不过由于原有的道德没有形成一个完整的思想体系，因此儒教的道德学说才会作为知识被日本人奉若至宝。

这种情况一直延续到平安时代以及此后的朝代。这期间，儒家经典一直被人们所研习，其政治主张作为政治与道德规范在知识阶层中倍受推崇。但是在实际生活中却从未被付诸实施过。这种情况在文学上有明确的体现。从平安时代的"物语"①到镰仓时代、南北朝时代的"战记文学"②等文学形式是中国所没有的，完全是根据日本人自身的生活所创造出来的独特文学形式，并且其中所描写的生活与其中所反映出来的道德也与中国思想毫无关系。"孝"这一词汇在《源氏物语》③中多次被提及，但个中含义却与儒家的主张并不一致。这是因为当时贵族的家庭生活状态及其家庭生活在人们的整体生活中所占的地位与中国的情况有所不同。而在"战记文学"中所描写的作为武士道德的"忠"也与儒教中所提倡的"忠"的意义有所不同。在武士的生活中虽然也使用类似"君臣"之类的词汇，但其本来的称谓则是"主从"。这也充分说明武士"主从"之间的道德绝不是从儒教的教义而来的。从总体上来讲，武士的道德产生于战场，心理上来源于战斗的体验；从社会上来讲其主从关系以代代相传为基础，因此与中国人所谓的君臣间的道德存在着根本上的不同。虽然日本人在使用文字表述武士道德观念时，使用"忠"或"孝"之类的词汇，

---

① 物语：日本文学的一种形式，指从平安时代到室町时代的以作者的见闻或想象为基础的记录人物活动或叙事的文学作品。大致分为传奇物语、写实物语、歌物语、历史物语以及军记物语等类别。

② 战记文学：也称"战记物语""军记物语"等，是以描写战争为主的文学形式。镰仓时代是其大量创作的时代。主要作品有《保元物语》《平治物语》《平家物语》《太平记》等。

③ 《源氏物语》：平安时代中期的长篇物语，女作家紫式部创作。全篇以宫廷生活为中心描写了平安时代前期与中期的贵族生活。以贵族男子"光源氏"的活动为主线，叙述了其光彩华丽的一生。它是日本最早的长篇小说，被译为多国文字。

但其所表述的绝不是中文中"忠"或"孝"一词的原意。在对比父子关系与君臣关系之时，儒教的道德思想认为父子关系为基本，君臣关系为其次；而日本的武士思想则提倡父子为一世，夫妇为二世，主从为三世的说法，即主从关系重于父子关系。因此与提倡孝为百善之首的儒教道德相反，日本人则提倡忠重于孝的说法。这是由于武士生活的基础存在于主从关系之中的缘故。这种产生于源平时代①武士之间的特殊道德，随着时代的变化而发生变化与消长，到日本战国时代末期开始以训戒的形式出现并被提倡，而到了江户时代则作为一种思想体系开始了对"武士道"的提倡与发挥。然而，正因为如此，从那时起出现了对儒家用语或其学说进行附会的倾向，比如，像山鹿素行②那样给武士道赋予儒教色彩的情况不在少数。然而，由于儒家所宣扬的道德与武士道德的根本性质不同，因此，许多儒者批判武士道德，认为其背离了道德之本。与此同时，提倡武士道的人则常常攻击儒家道德，但由于其思想中大量吸取儒家教化中的种种说法，所以他们在批判儒教的时候却不得不面临借用儒教用语的尴尬。在和平时代将武士道作为一种知识提倡宣扬出来，是一种不得已的做法，这种提倡及宣扬与现实生活中活生生的武士道——即外化于战国武士生活中的武士道德是有所不同的。在将其仅仅作为一种知识进行宣扬的同时，就产生出了试图脱离中国思想又脱离不了的二律背反的情况。这充分体现了江户时代这种思想家的矛盾性及不彻底性（顺便说一下，认为禅宗在武士道的形成上发挥了作用的说法也与事实不符。这是因为首先武士道成立于禅宗作为一个宗教派别传入日本之前的源平时代，而且，即使在禅宗传入日本之后，大多数武士与禅宗的修行完全没有任何关系。武士将生死置之度外是基于他们的战争体验，而产生于其战争体验的武士社会风尚又成了武士成长的土壤。道德对于实际生活产生作用的同时，实际生活又促进了道德的形成。那种认为武士道源于儒教或禅宗的

---

① 源平时代：指源氏与平氏两大武士集团登上历史舞台并互相争斗的时代。具体时代为平安后期，11世纪末到12世纪末期间的一个世纪。

② 山鹿素行：1622—1685，江户前期的儒学者、兵学者，古学派的创始人。著有《武教要录》《配所残笔》《山鹿语类》《武家事纪》等。

想法，是极其错误的）。

毋庸讳言，日本普通百姓的道德与儒教毫无关系。大致来说，普通百姓与贵族或知识分子有所不同，他们的生活中保留着浓厚的民族特色，又因为他们并不掌握知识，无从获取中国的道德学说，所以仅从这点就可以推断出他们的生活与儒教并无关系。而从其生活状态来看，由于其家庭状态大多为小家族制度，所以家族的统治比较容易实行。而且由于日本多山并且有水田耕作的需要，因此，地区性集团得到巩固，村落的共同生活的精神理念得到了发展。而当时日本百姓的这种生活状态与家族本位的儒教道德截然不同。随着武家政治[①]时代的到来，封建社会制度逐渐形成，百姓与武士都被卷入这一时代洪流，与此同时，构成武士生活核心的主从关系，即武士的主从道德开始现身于百姓的生活之中，进而产生了与百姓、町人的身分相适应的特殊道德观念。这种情况在没有形成封建制度的中国社会是完全看不到的；同时，这种情况在将百姓视为卑贱之品的儒教道德学说所产生的中国人的生活中也是完全见不到的（"封建"一词原为中文，指的是给诸侯分封领土的意思。这里所说的"封建"与上述原义稍有不同，指的是江户时代所形成的那种政治制度以及社会组织）。而江户时代平民的这种道德观念通过"净琉璃"[②]"浮世草子"[③]以及其他的文学作品得到了充分的体现。

另外，值得一提的是，儒教思想并不提倡父爱子这种道德价值，反而认为这是对于众德之首的"孝"的妨碍，认为这是应该摒弃的情感；而日本人的思想与此完全不同，日本人不仅认为疼

---

① 武家政治：又名幕府政治，是日本封建武士通过幕府实行的政治统治。从征夷大将军开创幕府以来的镰仓时代（1192）开始，经室町时代，到江户时代为止（1867）的期间。

② 净琉璃：起源于室町末期，兴盛于江户时代，以日式三弦伴奏为主的木偶戏剧。在江户后期产生出数十种流派，其中以竹本义太夫、近松门左卫门等人的人形净琉璃"义太夫节"为主要代表。因此净琉璃也被称为"义太夫节"。

③ 浮世草子：江户时代小说的一种，是从1682年井原西鹤的《好色一代男》的刊行开始持续了将近八十年之久的町人文学，主要以描写盛世百姓情色生活为主。代表人物为井原西鹤。

爱子女、抚育子女是人生最大的乐趣，而且将其提升到道德义务的高度，并且把扶助子女建功立业当作父母的责任。这种道德观念对武士和普通百姓来说都是共通的，并且非常明确地体现在文学作品之中。作为被世人所公认的日本文学贯穿古今的一大特色就是对于"对子女的无限之爱"与"父母的责任"等词汇的大量使用以及由此所表达出来的父母的责任感。这种特色不仅适用于战记文学，即使在"谣曲"①或以近松门左卫门②等人为代表的净琉璃中也同样如此，这充分表明儒教思想在实际生活中并没有被日本人所接受（这一点通过中日儒者的态度也可见一斑。古代中国儒者在倡导"孝"的时候，绝口不提"父母之恩"，而日本的儒者则有将"孝"的基础置于"父母之恩"之上的倾向）。而在儒教的"礼"中，被祭奠的死者往往都是户主的父母及其直系祖先，这就是以家长为主的祖先崇拜，而日本人的情况却与此不同，他们将所有的死者一视同仁的祭拜，就连死去的子孙也会得到他们的祭奠从而表达一种深切的思慕之情。因此，文学作品中常常会描写失去子女的父母的悲切之情，而且通常日本人在处理与死者的关系和感情时往往和其活着的时候采取同样的感情和态度。失去子女的父母之情便是其中的一个例证。这与将死者之灵作为单纯的抽象化的祭祀对象或神灵的中国人有着很大的区别。在中国礼典中经常可见如下记载，即，当父母病危之时，将其移入正寝，而这种仪礼对于日本人来说是不忍心去做的。甚至就连日本的儒者也没有遵从这一礼仪的记载。

综上所述，日本的学者虽然常常研讲儒家道德，但儒家道德却完全没有支配影响过日本人的实际生活。如果说有影响的话，也只能说了解儒家学说与主张在知识的层面上对日本人的道德生活产生了一定的影响而已。而对于普通百姓来说文化的发展在总体上促进了道德水平的提高，而这种文化的发展又在直接或间接上受到了中国典籍所带来的知识的影响，而这种知识又或多或少

---

① 谣曲：日本能乐（日本曲艺的一种形式）的词章，或对能乐词章进行的唱诵。
② 近松门左卫门：1653—1725，江户中期的净琉璃、歌舞伎脚本作家，本名为杉森信盛。创作狂言二十余篇，净琉璃一百多篇。代表作有《景清出家》《国性爷合战》《曾根崎情死》《天网岛情死》等作品。

地与儒教有所关联。因此，在这个意义上可以说，日本人的道德生活与儒教之间存在着极其微小的间接的关联。但也仅是如此而已。而由于我们无法从以传播中国道德学说为主要工作的学者的学说中得知日本人的道德生活状况，所以我们主要借助于文艺作品来了解这一情况。

儒教的政治思想对于日本人的政治生活也几乎没有带来什么影响。模仿中国制度创立的令这一制度的形式与外壳又因为日本人自身的活动遭到了破坏，经过漫长的历史过程演变为新的政治形式。最初为"摄关政治"①，之后便是武家政治，而江户时代的政治形式则是集武家政治之大成的结果，这一政治形式极大地发挥了日本人的政治能力，值得日本人为此骄傲和自豪。后来这种政治形式束缚了国民生活并抑制了其自由发展，不过日本人事实上通过各种方式缓和了其束缚，并从这种政治形式内部将其逐渐瓦解。这堪称日本人自身生活力量的体现。上述的政治形式的形成以及与之相应的国民活动，丝毫没有受到中国典籍所带来的中国思想的影响。而且上述的政治状态在中国是不可能存在的，也不会存在于中国的政治思想之中。可以说，日本人开启了与中国完全不同的精神能力的发动。江户时代的儒者正是由于不了解这一点，才会提倡在日本建立以儒教思想为本的礼乐制度。创建礼乐制度对于巩固以当权者为基础的贵贱尊卑关系所形成的政治秩序有一定的意义，然而当时的政治秩序却是由与儒教思想截然不同的理念所创建并维持的，后来由于该种秩序束缚了国民的生活，因而当时的日本人采取了上述的缓和其束缚等行动。并且，作为中国政治思想核心的"天命革命说"与日本政治形态的基础存在着矛盾。由于这一问题曾被众多学者所提及，因此在这里就不再进行说明了，但是这一问题反映出一个本质问题，即日本人的生活和政治形态之间的关系与中国的情况大相径庭。诸如北畠

---

① 摄关政治：是日本平安时代（794—1192）中期的政治体制。具体指藤原氏以外戚地位实行寡头贵族统治的政治体制。"摄关"是摄政和关白的合称。天皇幼时，由太政大臣代行政事称摄政。天皇年长亲政治，摄政改称关白，辅助天皇总揽政事。类似中国汉代的外戚干政。后被政院取代。

亲房①在《神皇正统记》中所阐述的"君德论"以及江户末期的儒者为了调和此二者（生活与政治形态）之间的关系所作的种种努力。然而这些探讨和努力并没有思考日本人的政治活动应该以何种形式采取何种方向这一根本问题，而不过是将其作为抽象的观念进行把握，其实质就是一种对于不可调和的矛盾试图进行调和的尝试而已。另外，与上述情况相关联，我们应该注意到贺茂真渊②以后的所谓国学者们在努力论述日本政治形态的特色的同时，将其作为一种可以调和的东西或者是其中的一种表现，对当时的幕府政治的存在进行完全肯定，对于德川家族奉上无限的溢美之词。他们的这种做法是因为在当时的时代局限下，他们还认识不到德川家族权力的动摇。但我在此想说的并不是这一点，而是他们所采取的这种态度充分说明了日本政治形态的基础与儒教的革命学说有着本质的差异。对于国学者是否意识到这一问题，我们不得而知，但是，从他们的言行中我们可以做如上的推论。

让我们把目光从儒家思想转向道家，通过《怀风藻》③的记载我们可知老庄之书早在奈良时代就被人们所熟悉，甚至在天平宝字符年的敕诏中还引用了《老子》之中的词语。从养老五年的敕诏以及《经国集》④中记录的试题来看，当时有"李释"或"释老"的称呼。而这一称呼正是相对于"周礼"而提出来的，从这一点可以看出，当时的人们是知道老子是道教的教主的。但是，由于道教并非作为宗教传入日本，因此当时的人们从老庄的典籍中所获取的知识有可能并不是这一情况。从魏晋文学对《怀

---

① 北畠亲房：1293—1354，镰仓后期、南北朝前期的公卿。曾辅佐后醍醐天皇，后辅佐村上天皇。著书有《神皇正统记》《职原抄》等。

② 贺茂真渊：1697—1769，江户中期的国学者、歌人。师从和田春满，致力于日本古典的研究与古道的复兴，著有《万叶集考》《歌意考》《国意考》《古今和歌集打听》等。

③ 《怀风藻》：日本现存最早的汉诗集，一卷。相传为淡海三船所编撰。其中按年代顺序收录了从天智天皇时代开始直到奈良时代的六十四位诗人的一百二十篇诗歌。

④ 《经国集》：平安时代的敕撰汉诗文集，共二十卷，827年编撰。其中收录了从文武天皇开始到淳和天皇为止的从707年到827年之间的作品，是日本最早的一部敕撰汉诗文集。现存六卷。

风藻》中的汉诗、《万叶集》中的和歌的影响来看，当时的人们已经将道家思想与隐逸、闲适、放旷等情趣混合起来进行吸收理解。而这种吸收理解不仅失去了作为道家学说中重要部分的政治上的意义，也偏离了作为道家学说本色的处世哲学。而且，对于日本人来说，道家学说仅仅作为单独的知识而存在，日本人的实际生活并没受到其影响。这种情况到了平安时代也是如此，例如《延喜格》[①]的序中虽然提到了无为之治，但这仅仅是借用道家的语言来描述上古时代没有法律的生活状态而已，当时的人们并没有将道家的见解贯彻到实际政治生活中的意图。但是值得注意的是虽然当时的人们常常在文章中引用道家的学说或与道家有所关联的隐逸思想，但当时日本人的隐居遁世情况实际上却是受到佛教的影响。中国人所说的隐逸指的是不在朝廷为官解甲归田，而平安时代人的隐遁指的则是离开宫廷生活、官场生活以及家庭生活。这其中与佛教的厌世观有着不可分割的关系。而与老庄学说相关联的隐逸思想，虽然与佛教的厌世观完全是两回事，但由于这种思想比较容易被亲近佛教的人们接受，所以从平安时代末期到镰仓时代在知识分子之间产生了不愿入世宁愿出世的倾向。对于这些知识分子来说他们将这种隐逸思想作为自己的思想依据，其主要代表是鸭长鸣[②]与兼好法师[③]，他们的隐遁之中有道家式的思想与佛教思想共同作用的倾向。由于儒家规范的是人们外化的行为，因此对于社会结构与生活状态完全不同的日本人是不适用的；而同样发源于中国的道家式的隐逸思想提倡的却是回归自我的出世生活——即回归到人的内在行为。因此，这种思想日本人接受起来就容易得多。当然，这种思想也不过是为隐遁者提供一个思想依据而已，决定隐遁的真正因素则在于该人的实际生活以

[①] 《延喜格》：所谓"格"指为了修改律令而临时发布的敕诏、官符或将其编撰成册的书，《延喜格》中收录了从贞观十一年（869）到延喜七年（907）所发布的敕诏、官符，908年施行，共十二卷。与《弘仁格》《贞观格》并称为"三代格"。

[②] 鸭长鸣：1155—1216，镰仓前期的歌人。生于下鸭神社的神官之家。1204年出家，后隐居于日野外山的方丈庵。著有《方丈记》《发心集》《无名抄》等作品。

[③] 兼好法师：1283—1352，镰仓末期的歌人。俗名为卜部兼好，也称吉田兼好。曾仕于二条天皇，天皇死后若干年后出家。著有《徒然草》等作品。

及当时的社会状况。然而，到了佛教的权威衰落的江户时代，隐居深山的这种中国式隐逸思想开始成为隐者们生活的指导。当身处俗世之中的人们在思考如何在俗世中安身立命的时候，那虽身处俗世却不拘泥于俗世、明哲保身顺应潮流的道家的处世之术自然地引起人们的注意，从井原西鹤①的著作中可以明确见到这种倾向。这是由于西鹤的那种源于大阪商人生活体验的处世之术与道家学说自然地走向殊途同归的结局。这与上述的武士的情况类似。武士们经过战场的洗礼，他们那种置生死于度外的心境，与禅家们修行目标自然而然的存在契合点。但我们不能因此下结论说武士的心境是受到了禅宗修行的影响，我们也不能说西鹤著作中表现的处世之术是受到道家影响而来的。西鹤只不过在使用文字记录其思想的时候使用了老庄典籍之中的知识和语言而已。

和隐逸思想相关联的风花雪月的情趣，也是很早以来就被日本人所欣赏的。然而，《万叶集》中的对花鸟的赏玩以及平安时代的文学情趣都与中国的情况有所不同。日本人所喜爱的并不是脱离俗世的世外桃源，而是融入尘世生活之中的或者作为尘世生活背景的自然美景。到了平安时代末期，那些有情趣的人②受到厌世潮流以及佛教厌世观的影响，对于风花雪月的赏玩态度有所变化，这其中的代表人物是西行③。我们应该提起注意的是，西行对于风花雪月的喜爱实际上基于其人生的态度。可以说，日本对风花雪月赏玩则是以其漫长历史过程中凝结的特殊情趣为基础的，与中国的情况有所不同。而这还将成为今后的日本人的宝贵的传统。与此相对，中国的风月观在足利时代④经过禅僧们的努力重新

---

① 井原西鹤：1642—1693，江户前期的浮世草子作者，俳人，生于大阪。其作品打破了原有物语的传统，以描写受性欲、物欲支配的人性见长。其作品从类别上来看，分为描绘享乐世界的"好色物"、描绘武士生活的"武家物"、描绘町人的经济生活的"町人物"等。其代表作有《好色一代男》《好色一代女》《武道传来记》《世间胸算用》《日本永代藏》《本朝二十不孝》等。

② 有情趣的人：日文原文为"心のあるもの"。

③ 西行：1118—1190，平安末期到镰仓初期的歌僧，俗名佐藤义清，法号元位。曾作为"北面武士"仕于鸟羽上皇。二十三岁时出家为僧。其和歌创《新古今集》收录总数最多记录，为九十四首。著有《山家集》。

④ 足利时代：室町时代（1392—1573）的别称。

传入了日本,然而能够理解这种情趣的人却仅限于看得懂中国文字的人。例如,江户时代中期开始兴起的南画欣赏风潮,也仅限于中国式文人,并不是日本人情趣的体现。这与上述情况是同样的道理。后来,日本人传统的情趣由于松尾芭蕉①式的俳谐的出现又增添了新的元素,虽然芭蕉经常把李杜与东坡挂在嘴边,但其风雅的境地却与中国文人的完全不同,这与他放浪形骸的生活与中国式的隐逸之不同是同样的道理。

另外,在日本人身上也找不到中国人的那种追求肉体生命无限延长的欲望。早在上古时代日本就传入了中国的神仙思想,但是,日本人所喜闻乐见的却是仙女的传说,并不是追求长生不死的神仙故事的中心思想。传说中的神仙会腾云驾雾,日本人并不疑惑其真实性,但他们却并不想成为这样的神仙,他们只是有时喜欢描述通过佛教思想的修行得到神通的神仙的腾云驾雾而已。另外,在日本人的生死观中虽然存在着上述武士那种从生活体验中得来的情况,但思想上受到佛教影响的情况还是居多。

日本人的人生观与世界观是以日本人的生活本身为基础自然地发展而来,或以自身独特的方式表现出来,或者凝结成为其生活的深层。这种人生观或世界观虽然在文艺上有所体现,但思想上却没有形成明确的体系。如果说这其中受到外来思想的影响的话,那么这种外来思想也并非中国思想而是佛教思想,这是因为作为宗教,佛教早已深深地扎根于日本广大民众的心中。但这只意味着,在日本人生活的历史发展过程中存在着能够接受佛教这种意识形态的时代,而适应这个时代的思想又仅限于佛教而已。

以上论述了中国思想与日本人实际生活并没有发生特别的关系的情况。如果说中国思想的特色是关怀人们的生活并对其有着指导作用的话,那么最重要的是我们要了解日本人吸收、接受中国思想究竟有着何种意义。需要注意的是,深深融入日本人生活中的并不是儒家或道家的思想,而是与星象变化相关的占星术之类的诸如周易或占卜之类的迷信思想。这种迷信思想利用人们共

---

① 松尾芭蕉:1644—1694,江户前期的俳人,原名宗房,曾师从北村季吟,后移居深川的芭蕉庵。其俳句赋予了俳谐以很高的文艺性,创蕉风俳谐。游历日本各地创作了很多名句与游记。著有《俳谐七部集》《笈之小文》《更科纪行》《奥之细道》等。

通的弱点或者说应这种人性弱点的要求而进入日本人的生活的，这与日本人喜好佛教所带来的种种祈祷方术相同。只要是自己喜欢的，不管这是何方传来的都可以接受。因此，我们可以说，日本人对于上述迷信思想的吸收接受与中国思想本身并没有多大的关系。然而我们需要思考一个问题，那就是对于日本人来说具有合理主义倾向的佛教思想仅仅在表面上被当作知识来尊重，并没有对于消除上述迷信思想产生任何作用，其原因又是什么呢？

（孙彬译注）

十九、波多野精一

史料简介

波多野精一（1877—1950），日本明治到昭和时期的宗教哲学家。出生于长野县，东京帝国大学文科哲学科毕业。1902年受洗，成为基督教徒。1904—1907年，赴德国留学，先后在东京专门学校（现早稻田大学）、东京帝国大学任教，1917年任京都帝国大学宗教学讲座教授。作为宗教学哲学家，其代表著作为《宗教哲学》《宗教哲学序论》和《时间与永远》。《宗教哲学序论》为其整体宗教哲学概论，选译部分为第三章，1940年第一版，1972年改版由岩波书店出版。

宗教哲学序论（节译）

第三章　正确的宗教哲学

如上所述，宗教的学术研究必须以事实的内在意义为前提。这一内在意义在体验中被赋予以及被感知。与合理主义的宗教哲学不同，正确的宗教哲学是作为对（宗教体验的反省式）自我理解的理论回顾而成立的。站在体验的角度来看，可以知道宗教具有无法与其他事物相混淆的固有意义和内容。说到反省这一意义和内容，将它的理论理解向着原理做深度推进，在达到本质性的关照把握时，方为满足。这一本质的理解正是宗教哲学。

所谓实在，就是指一切"主体"（Subject），动作中核心动作的发出点。主体性是实在性最基本的特征。我们主体性的基本活动是生存。我们既自然性地生存，同时也精神性（人类的文化的）地生存。主体总是存在于与"他者"的交互点上。"实在性"成立于主体和主体（实在的他者）的交互中。单独唯一的实在者如同空想，是不成立的概念。在自然性的生存中，只要活着，那么主体和他者的交互是直接性的。主体一味地向对方、向他者挺进，有紧张感也有束缚感。但是，我们的生存并不只是如此单纯。我们总是在发觉的那一刻产生意识。这里，主体的动作在没有得到反应的情况下则无法进行。我们在感知中活着，也在生存的同时由此获得对事物的认识。这就是体验。所以应该说，体验是人类生存方式最基本的状态。不管人类性的生存主体处在怎样原始与单纯的生存方式中，也不会尽是专注、紧张和束缚。即便已经是多么的微弱，人们也以一种从容的生活方式活着。不管被他者如何地限制和遮蔽，"自我"之光已然照耀。体验已经包含了自我理解的契机。为了使这一自我理解从潜伏状态演变为显现状态，这里必须要有一个生的转机。反省的出现就是这一转机。

"反省"（Reflexion）是人最具有人类特性的活动。对主体而言，意味着自我的解放。他者停止了对主体的束缚。这首先被置于所观照的主体之前。在此，主体从专注于其自身获得的体验中，分出与主体有些距离的对立物——"客体"（Objekt）。主体和客体的这种分离和对立，即是反省。客体分离的反面就是主体分离。这样，主体可以得知自己与他者相对立，而这一他者是从他者分离出来的。自我的自觉意识与客体意识一起浮出表面。即主体既作为"我"成立，又作为"自我"成立。尤其是，人类一切生存方式、一切活动，比如思考分别、计划企图、认识、行为、制作等都是拜这一反省所赐。人类的生存基于这一反省，文化无非是人类的自我实现及其产物。

面对如此的生和体验，"反省"将潜在其中的东西显露出来，形成人性中最固有的特征。但是，关于自然生存的说明，我们可以将其与何种种类、何种阶段的生和体验等同而言。在自然生存的基础之上，生的各种阶段被怎样建立起来，自然·文化·宗教（道德）以及主体·自我·人格有着怎样的关联，虽然目前这些并非是此处应该深入论述的内容，但是宗教体验一旦允许存在，并由此向反省发展，那么这一过程中反省的展开正是人性的必然要求。

但是，哲学成立于这一进路的终点。对体验的学问性理解是从精神科学的考察开始的，通过超越事实性最终达到哲学，这已经论述过了。在此我们必须强调的是，通过朝向反省的立场而获得的认识，在这种情况下并非只是以观念式的存在作为对象（比如，不只是概念的比较、分析、结合等等），而是不把体验内容作为对象，保有体验的自我理解这一意味。所以，这一认识内在于体验自身，同时又是证实生存的知觉以及潜在的自我意识、自我理解的延长和扩展。人类的生存已经内在于哲学的自我理解中。这一内在关联一方面告知我们哲学体验的根据，但另一方面也告知了朝向内在于其中的哲学的必然动向。这样的哲学能够避免堕于浮泛概念的操控和思想的游戏，它是体验的理论回顾，同时也深深地植根于生存内容的要求。没有比认识更能反映"反省"的纯粹姿态了。作为"反省"基本特征的主客体分离，在认识中得到了最为明显的体现。而且，认识的彻底性是在哲学中进行的。这样，作为体验之自我理解的认识乃至学问，是从经验以及事实出发，但其彻底性则是通过超越事实（出发点）的事实性，上升到本质来完成的。对于体验来说，本质正是一切存在和理解的原理。因此应该说，认识的回归点才是自由人性的终极安住场所吧！人类绝不应该止于人性，而是必须进而继续人格性的上升之路吧，而达到人类主义终极的希腊思想在哲学中发现了人生的最高理想和最深的意义，这诚然有其缘故。

如前所述，宗教哲学最先留意，各种概念及学说是体验内容的反省式的、自觉式的展开。不要忘记将其不断地回溯至体验的根源来进行批判。那些绝不是所体验到的内容的重复。所说的重复，内容经由移到反省的阶段，一开始就变得不可能。不管距离体验多远，都能吸纳体验的深度，在自身以及与他者的关联中，明白无余地展现内含的意味。这是一种理想。但是，上面所述的展开不得不在这种理想之外来进行。将所有的概念从赋予其生命的体验根源切割分离出来，作为自由浮游的观念式存在来处理，所以说起来，如果相信人们对上述的概念在仅凭字面意义来评价的同时能理解宗教，那么没有比这更大的妄想了吧！将实证主义与合理主义误入邪路的终究是这一客观主义（Objektivismus）的谬误。将概念从宗教体验中分离出来，想要在自身中理解，这种企图既然超越单纯的形式逻辑，必然难以回避遵循何等的体验的要求，所以任由宗教之外的、更近的、更一般的，但尤其是作为研究者的记得自己最为关心的体验——所以这一场合尤其是理论式体验——的支配，这是当然的结果。宗教或许是幸福欲望的道具，或许成为理论认识的变形，或许还被混同于道德与艺术，如此这般，使宗教概念游离其根源，只在反省的立场，以及只作为纯粹的课题来处理，这样的研究态度是这些广为流传的谬误极为根深蒂固的原因。这一客观主义有着如下的倾向，即对哲学思想（常常从其他动机中产生不过是宗教体验表现而已的概念和教义），或者作为一个例证，或者作为譬喻的表现，或者尤其作为强化其体系意义上便利的道具，来发挥作用。但是，这些在巧妙的大设计下进行的时候，对以无视一切的大胆牵强附会的行为，倒不如说人们常常觉得有种吸引力，且赞叹其思考力。令人可惜的是，关于宗教体验的动机，连显示出深刻洞察的黑格尔，我在其著作中也遇到了这种谬误。如果将这些视为哲学之能事，那么别说是缺乏对宗教的理解，实际上不是对哲学的本质和任务完全地盲目，那又是什么呢？哲学不是通过思索的巧妙操作，不是发挥能力乃至天才的竞技，而是以虚心坦荡谦虚的态度试图观看事物真正姿态的行为，其工作是对"看"与"知"的极尽能事。

如此，宗教哲学必须是体验的反省式自我理解，但那种情况下研究者自身拥有的事实体验与其有着怎样的关系，对其又有怎样的意义呢？既然反省式自我理解以体验的事实存在为前提，那么研究者自身有着怎样的宗教体验，这一点在原理上是必要的。但是，同时宗教的哲学研究绝不是单纯的事实认识。更何况，不是那种动辄陷于感伤式自我陶醉的研究者自身的体验故事。其超越事实性，因此必须同时超越个性，攀登至观念性和普遍性的世界。其对象是宗教体验的普遍性。从一般宗教的本质来看，研究者的体验内容也必然推测出是清晰而优秀的现实形态。且绝非所及。自我理解总是意味着自我的发展成长。单单产生的内容和自觉形成的东西在内容上已经不是相同的了。自觉绝不是作为内容上单纯的形式，进行机械式的附加，而是作为自我更新的内容，对已经存在的内容进行有机的、内在的附加，同时赋予新的关联和新的意义。知道自己的"我"已经不是过去原来的"我"。更何况我们看到，随着理论上、学问上的理解的推进，内容越发明确地展开真正的意味，在此过程中进行整理，依据场合予以修正。研究超越体验的现状，无外乎是朝着获得真的存在，发挥真的面目这一方向跃进。

为了获得这种跃进的成功，要求研究者必须广泛寻求自身体验之外的事实。这在原理上不是必要的，但在技术的方法论上则是无条件必需的。像这样的材料，第一是他人的经验。这是抽象而言的"他人"，古往今来谁人都可，但在宗教的世界中杰出的伟人们作为特别贵重的材料而被选中。其次，在难以找到如此特别优秀的个人的情况下，我们可以举出其他原始民族的或者特殊宗教团体的宗教生活。在这些材料中，体验不是被直接赋予研究者，而总是通过外在的表现来被感知，因此在这种体验的客观化中，以教义、神话、实践教训、仪礼、制度、祭祀供品等宗教行为为主，具有社会特征的各种现象变得有其重要性。关于这些材料的处理方式，似乎产生了种种技术性的问题和疑义，不过从我们当前的课题来看，这些是枝叶问题，也未必是宗教特有的事项，因此现在这方面的考察先予以割爱。然而，此时我们必需特别重复强调的是，我们的目标并非是客观的表现，而是其深处作为源头存在的体验。因此，这里必须提出在方法论上极为重要的事项。在客观表现的世界中，宗教的表现与其他生存领域的表现混合存在。这已经给识别造成了障碍，但这种现象并不限于宗教。在宗教上特有的是，其表现与其他混合在一起，进而内容上难以分清自己与他者。与体验相分离，以及从外面进行考察时，宗教的客观表现作为表象说教制度的动作，内容上也好，构造上也好，不过是单纯的文化产物而已。如果没有被体验之光照射到，那么这一表现的内在宗教意义就完全难以把握了吧！这里，我们发现了毒害及其原因，而这些毒害不涉及上述客观主义的缺陷与宗教的研究。但是，如果将这一事态进而追溯至究极的根源进行探究，那么在宗教层面我们就会直面（特别是承载宗教特征的）表现的彻底象征性了吧！宗教对象的神圣性已经如前所述，不允许表现成为如下的象征，也就是说不允许将体验的内在意义原封不动地、唯一直线地代为表达出来。表现一旦将自身原本具有的意味内容沉入"无"的深渊，那么说起来在复苏后，进而在受到宗教体验的新光照耀的同时，必然反映出新的意义，获得新的生命。我们把宗教的客观表现视为研究材料的时候，这是遭遇到的最大难关。然而，必须借助突破这一难关的力量，这种体验在这样的情况下该如何做，又何时被赋予？这只能是通过表现来被赋予。在其他领域，表现和体验的关联是唯一的、直线性的，因此通过表现达到体验，反过来因体验之光观照表现，这种循环式的工作是可能的，以及理解也因之容易深入；而在宗教领域，表现和体验之间横跨着不连续性的障碍。

　　面对这一困难的局面，前来救助的是研究者自身的经验。一切经验中只有这个是由内在直接被赋予且被感知的。不过正如已经注意到的是，其事实性内容只是单纯作为一项材料发挥作用，并且根据场合而不同，就像价值低的所有者自身也凄惨地自觉到这一点，这也是无法预测的。总之，只有这一体验在技术方法论上，具有其他无论如何多么优秀的体验都难以企及的特权。也就是说，想要扩大和深入体验的理解，此时成为向导和前路的探照灯。宗教的客观表现呈现于包含现代的意义与历史中。因此，对宗教哲学而言，除了极其重要的、研究者的自身体验之外，宗教的历史研究即所谓的宗教史是唯一的材料供给者。然而，就像有着实证主义倾向的学者，如果就此停滞不前的话，那么最终不免是一叶障目了吧！向着体验，但向其本质——这是研究者应该前进的唯一途径。

（朱坤容译）

二十、深田康算

史料简介

深田康算(1878—1927)被认为是奠定了日本美学研究基础的学者之一。1878年(明治十一年)10月出生于山形市,其父深田康守为东京府士族。1899年(明治三十二年)二十一岁进入东京帝国大学文科大学哲学系,师事拉斐尔·开培尔博士(Raphael Koeber,1848—1923)。关于开培尔博士,鲁迅先生曾据深田等人的译文多次翻译并介绍过他的文章。深田康算入学后不久就经常私下里到开培尔先生家里去,追随先生左右。大学毕业后,他干脆寄居在开培尔先生家,朝夕聆听老师教谕。他后来能够精通德语、英语、法语、希腊语、拉丁语,这和开培尔先生的指导是分不开的。深田康算三年后进入大学院,期间先后在明治大学、第一高中等学校任教,讲授"伦理学""逻辑学",并参与编写《帝国文学》。1907年(明治四十年)到欧洲留学,三年后回国,被任命为京都帝国大学文科大学教授,讲授"美学美术史"。1912年(明治四十五年)三十五岁获得文学博士学位。1926年(昭和二年)11月,身体发病,被诊断为湿性肋膜炎,生病期间坚持教学工作。1927年(昭和三年)7月出现腹膜炎并发症,11月不治而逝,享年五十岁。深田康算一生撰写了很多论文,但是遗憾的是,没有留下一部完整的著述。今天的《深田康算全集》(岩波书店),是在他去世之后,由他的学生把他生前发表在学术杂志上的论文整理以后出版的。其代表性的论文有《思想家席勒》《迫迦的舞女》《文艺之真谛》《关于自然美》《罗丹的艺术观》《感情的心理与美学》《美术家与大众》《宗教与美术》《作为艺术哲学的美学》《道德美》等,以上收于

《深田康算全集》的第四卷。其他如《关于"移情"美学》《美的研究》《美的假象》《美的具象性》《艺术批判》《艺术论之种种》等，收于《深田康算全集》第二卷。这里选译的内容，原发表于1918年10月《思潮》杂志，现收录于《深田康算全集》的第四卷。

美的灵魂（节译）

一

如果把我们一生的时光，每十年划分为一个时代的话，那么，就像每个时代都会有一个女性偶像（至少存在于我们自己的幻想世界里）来照耀我们的生命那样，在我们漫无止境亦无间歇的思索的大道上，我们会发现总有不同的"口号"像路标一样指引着我们每一段前进的路途。通常，作为我们思索的阶段性的决算、交替性的目标的这些（被包含或被言及的）"口号"按照辩证法的形式，借助于互相驱逐、互相排斥的力量，在相互延续的同时也遵循着关于梦的逻辑，把悟性中不可追寻的脉络引向或有或无。这些时常作为我们行动的旗帜的"口号"，有时候是充当"口号"的语言本身发生了变化，而有的时候，仅仅是我们把它的内在含义进行了更改而已。当然，人们各有各的信念，每个人树立信念的形式和所树立的信念的内容都会迥然不同。但是，有一点大家都一样，那就是任何人都会有这样或那样的"口号"。"美的灵魂"也不过是这众多"口号"当中的一个而已。

对于我来说，"美的灵魂"这个词，恐怕和对其他很多人来说也一样，或者是因为它所暗示的神秘的、诗一般的甚或是它富于情感的内容，或者是因为它逐渐投映在我们思想上的饶有兴趣的内容变迁而带上的特殊的明朗和温馨味道吧，总之，是很有魅力的一个词。它作为指示我们生活的形式和内容上的极致的东西，成为我们浪漫憧憬的对象。同时，它作为泛美主义人生观而深深吸引我们，它还要求我们在冷静思索时，保持紧张的努力。——这么说是因为，在我看来，这个词语不但拥有丰富的含义，而且在那些赋予了它这些含义的东西里面，最明显地显示了对象的，一个是歌德在《一个美好心灵的自述》，另一个是席勒在《典雅与庄重》中给"美的灵魂"所下的定义。但是前者的描写，主要是主张通过由外而内地解脱一切灵魂与肉体的苦恼，并通过消灭一切的语言和一切的行动，方能在我们心灵的最深处，享受那必须借助于沉潜到无声无色的无限寂静中，通过全神贯注的对神的注视，方能展现的虔诚的圣者的生命。从实证主义中觉醒过来，因难于忍受现实的压迫而感觉痛苦的年青的人们，他们要寻找的浪漫憧憬的对象，也是他们满腔热情想要用心去拥抱的理想。而在"美的灵魂"这里，他们恐怕会找到对自己所追求的理想的最具诱惑力的描述吧。在这个意义上，可以说"美的灵魂"是很多追梦青年的光辉灿烂的梦。而后者在论文里所定义的"美的灵魂"，与前者相比，如果说在内容上只表现了多多少少的旨趣上的不同的话，那么在形式上，可以说表现出了很大的差异。不用赘述，作为理性与本能、道德与自然、强制性的努力和自发性的流动的调和，即作为所谓的"美的生活的理想"，虽然是我们所憧憬的理想目标，然而也就是在这些理想的二律背反的原理的一致或者相互贯通的地方，首先摆在我们的面前的课题，就是要解决其逻辑上的可能性。相对而言，歌德的"美的灵魂"偏向于我们所憧憬的对象的一个形式，而席勒的"美的灵魂"则更像是为我们提供了一个思索的课题。假如可以把歌德所提出的对象说成是"灵魂"的问题，那么席勒提出的就是"美"的问题。

二

我并不敢为歌德的《一个美好心灵的自述》充当"恶魔代言人"[①]角色。圣者菲丽思知道"所有的小事情都是证明我们与神同

[①] 恶魔代言人：在天主教中，某个信徒死后，对他是否可以加入圣者行列，要进行审判仪式。众人会选出一个人来，举出这位信徒的各种缺点和劣迹，进行反对和非难。如果经过这些反对和非难，结论是，这个人是个伟大的人，那么，他就可以位列圣者之列。这位被选出的代表，就被称为"恶魔的代言人"。相反，也会选出一个人对这位信徒极力赞扬，这个角色被称为"神的代言人"。——译者引译自《世界文学大系 20 歌德 乌赫曼·马斯特罗之修业时代·游历时代》，关泰佑编译，筑摩书房 1958 年版，脚注，第 570 页。

在的有力证明，就好像我们的呼吸证明我们的生命存在一样"。针对哈路勒派①极力主张的"罪恶"说，她声称："在我所拥有的罪的意识里，从来没有伴随过任何的恐惧。"我们认为她在《告白》中写下的经验和感想无比的美丽和崇高。她最后这样说道："我从来没有感觉到是被强迫的。任何事情在我面前都不是以法律的形式出现的。一切的发生都是在我的本能的指引下，而且这本能总是正确地指引我。我自由地随着我的思想行动，而且我感觉不到任何的束缚，就像我感觉不到任何的懊悔一样。而幸运的是，（感谢神）我知道这种幸福应该归功于谁，而且可以仅以谦虚的心来审视这种优越。这是因为我知道，当那种崇高的力量不能保护我们的时候，我们的心中会产生多么丑陋的东西，而且我还知道，我也许可以做到能够不陷入那种危险——那种对自己自身拥有的力量心怀骄傲的危险。"——这不正是我们所有人都在憧憬的、并且一直努力追求的境界吗？

然而，就像"罪恶"和"懦弱"一样，在圆满和调和里也存在很多阶段。既有不同种类，更有许多级差。就像我们倾倒、沉醉于某一位女性，或者某一位艺术家，甚至或者某一个人的人格魅力的时候，那种痛苦的经验告诉我们，就算是具备了圆满和完美的太阳，也终究会被发现具有黑色斑点。"真爱"和"溺爱"一样，必须包容所有的缺点。不仅如此，就像人们经常所说的那样，越是优秀的人，其身上的缺点就越是明显。也因为如此，心醉以至于明辨，倾倒以至于反抗，就像不可逃避的命运一样紧密相连。就连里奥纳多·达·芬奇的弟子鲍尔特拉菲奥②，也遵循了这个宿命，一度曾经背离师门。——然而，指出"美的灵魂"菲

---

① 哈路勒派：德国虔诚派之祖肖贝纳（Spener，1635—1705）和他的拥护者们所倡导的一个教派，由于哈勒大学是这一教派的中心而得名。——译者引注自《世界文学大系 20　歌德　乌赫曼·马斯特罗之修业时代·游历时代》，关泰佑编译，筑摩书房 1958 年版，脚注，第 569 页。

② 鲍尔特拉菲奥：约翰邦尼·安东尼奥·鲍尔特拉菲奥（Giovanni Antonio Boltraffio）是里奥纳多·达·芬奇的直系弟子，画家。出身于意大利米兰贵族家庭，一度热衷于学习其他风格的绘画技巧，后来成为达·芬奇最出色的弟子之一。——译者注

丽思身上存在的黑点并不是一件困难的事情。可以说，菲丽思的伯父清清楚楚地明白这一点。这表现在他和菲丽思进行的两次对话中。这两次对话都是发生在她的姐妹的结婚仪式上。他们在欣赏那些由于真正喜好而收集珍藏的绘画的时候，谈论到关于她的伯父的生活样式，接触到了"较高的但亦然仅仅局限于官能的"教养的时候，菲丽思说，当自己感觉出"黄莺那自然的歌声和来自经过正规训练者的歌喉所吟唱的赞美歌之间存在的区别"的时候，就连她本人都很惊诧于那种感觉带给自己的深刻的感动。然而她的伯父却说：

> 在我看来，一个人最大的功绩，莫过于支配自己身边的一切事物，和尽可能不被周遭事物所支配。世间一切万物，对于我们来说，正如石材对于建筑家的关系。……那些置身于我们之外的东西，甚或是那些依附于我们的东西，悉皆不过是赋予我们的"石材"而已。在我们自身，我们心灵的最深处存在着创造适当的事物的力量。而且这种力量促使我们去造就那些我们之外的东西和附属于我们的东西，我们把这些东西造就成他们应该具备的形状。你（菲丽思）为理想而奋斗的力量，使你如有神助般地，在自己身上自然而然地形成了你道德的性情。然而我们和你不同。我们想尽知人的全部官能性，而且我们利用人类具备的诸般能力，试图使这些官能性达到积极的统一，我们认为这些绝对是无可厚非的。

在另一次谈话中，菲丽思的伯父还对他的上述理念进行了更加明确的表述。他说：

> 在我看来，仅仅消极地局限于自身之中试图完成精神道德修养的这种方法，是不可取的。对于有志于精神道德修养的人，极其有必要培养自己"高尚层次的"官能性。因为，如果满足于无聊的嬉戏，或比这些更低级趣味的东西，那就会使修道者本来高尚的情操堕落，也就意味着他从精神道德的高处滑落到低处了。为了避免这种情况的发生，培养"高尚层次的"官能性是很必要的。

用"美的灵魂"这个词语来称呼菲丽思是再适合不过了。然而在这个词语里面却潜伏着一些弊病（如果可以这样说的话）。以上引用的菲丽思的伯父的两段话，就是对这些弊病的最好的指摘。可以说，菲丽思太过专注于自己的精神修养，只为自己的灵魂而活，而拒绝面对自己的感官和通过感官感知外在世界里的自己。甚至可以说，就像她自己也觉察到的，她是无肉体、无躯壳的灵魂。这个"灵魂"拥有保持自身不乱的调和性，与"神"协调一致，拥有不为任何力量所动摇的宁静。但是，这个"灵魂"却没有强有力的"创造理所当然的东西的力量"。这种力量是由官能与外界、自身与自身之外的一切事物之间的不断地对抗和征服过程当中产生的。——本来，从所谓的"德行"和所谓的"事业"和所谓的"积极活动主义"的意义上讲，否定菲丽思拥有的那种"不为任何力量所动的宁静"是不对的。道德的教诲，不论在其严肃主义的形式上还是愉悦官能的自然主义形式上，在菲丽思从与她"看不见的朋友"的神交中得来的经验面前都显得苍白无力。她拥有更坚强的力量，能做到不为任何事物所动摇。就连她自己都不得不承认，这是来自那个借助于通过"神交"来引导她的极高天分的礼物，是只与理性和谐运行的本能和仅与道德协调运动的自然共同赋予她的一种特别的恩宠。作家沃维纳格①总是说，有一种人，"与生俱来"（Bine ne`）就拥有"情操之美"（Beaute` du naturel），可以说菲丽思正是这种人的典型。所以"美的灵魂"完全是自然而然形成的。对她来说，不管是别人还是自己，无论道德还是本能，甚至"神"本身都是自然。"美

---

① 沃维纳格：L.de C.Luc de Clapiers Vauvenargues，1715—1747，法国作家。19岁参加法国军队，因在布拉格附近作战时受冻致残，不得不脱离军籍，于1743年到巴黎定居。后患天花，脸上留下痕迹，几乎失明。他只好深居简出，专心读书和写作，很少和人来往。他写作的手稿获得伏尔泰和经济学家米拉博的赞赏。1746年发表了他的唯一著作《认识人类精神的引论；给一位青年的劝告，对于宗教信仰的沉思；感想录；以及格言集》，几种不同的作品收在一起的这个杂合集共同的主题是应该怎样做人。沃维纳格流传后世的作品主要是他的《格言集》。《格言集》的基本精神表明作者虽然度过不幸的一生，最后默默无闻地死去，可是一种高尚的情操使他对于人生毫无辛酸不平之感，也没有悲观失望的情绪。《格言集》以明朗、坦率的风格见称于世。——译者注

的灵魂"之所以是我们憧憬的对象，就是因为她是灵魂，她是美，——更因为她就是"自然"。

三

不难发现这种"自然"既是"美的灵魂"的神秘芳香的源头，又表现出遏制堕落于感情的沉醉的浪漫主义色彩。在这一点上（也仅仅在这一点上）菲丽思一方面既沿袭了普洛奇努斯的系统；另一方面，又隐隐约约显示了介于卢梭的"朱丽"和奇克的"威廉·洛维"之间的来源于"自然"的血缘的相似之处。

"自然"就像古罗马的门神亚努斯[①]，一前一后长着两张脸。他的长满胡须的丑陋的一面就是毫无规律可言的浪漫主义和感情的沉醉与官能的极尽主义。这一点，从"朱丽娅"和菲丽思都被称作"美的灵魂"（虽然意义不同但在两者都拥有阴影方面却很相似）就能明白。用"柏拉图式"和"卢梭式"给这两张脸来命名，恐怕最恰切不过了。可以说，自然决不用庸俗的粉饰，也可以说，自然就是"心的状态"（États d'âme）。从一方面来讲，自然就是实证了爱默生[②]的柏拉图式的语言"凝望星空的时候人才能真正孤独"，给凝望自己的人们以美和崇高的启示。然而从另一方面来看，正像"崇高"不被自然认可一样，"美"也不被自然承认。有些东西仅仅是我们自己的"心的状态"而已。同样，外部的自然如此，内部之自然亦如是。从这个意义上来讲，自然乃是拥有着"能动自然"和"被动自然"的两面性的。注意到自然含有两面性，就使我们注意到，"美的灵魂"仅仅是立足于这个两面性的东西的表面的一面化基础之上的，具有一定的危险性。朱拜尔批判斯塔埃尔夫人的时候说，"她错把灵魂病中的发烧当成其正常的机能，把酒劲儿当成力量，把误入歧途认为是在前进的道路上取得了进步"。这些话原封不动地拿来形容所有的浪漫主义者或者是"美的灵魂"身上的弊病，恐怕也不会言过其实。浪漫主义者和"美的灵魂"所站的立场是塔索的所谓"合于

[①] Janus，也有音译为杰那斯的。——译者注

[②] 爱默生：Ralph waldo Emerson，1803—1882，美国思想家，诗人。——译者注

心者容"（Erlaubt ist, was gefällt）的思想。然而古典哲学家康德，则是把理性与感性、自然与道德严格地加以区别，把所有的倾向性从义务中排除出去了。大概就是针对塔索的这种思想吧，康德选择了"合于宜者容"（Erlaubt ist, was sich ziemt）这句话来当作口号。

然而，康德还是把自然进行了分类。他认为自然可以划分为两种，一种是由悟性而来的自然概念，另一种是由判断力得来的、加以扩展了的自然概念。所以，在严格区别理性与感性、自然与道德的同时，却不得不承认它们都属于理性这个统一体。如果那样的话，岂不是即使认同康德，也得承认包罗万象的自然吗？（歌德就是经过这样的过程接近康德的）而这岂不是又可以说是自然和道德、官能与理性、必然和自由的统一呢？在这一点上，只有席勒彻底地读懂了康德，并且还能够在对"美的灵魂"的定义上超越康德。席勒阐述的"美的灵魂"论和他的"关于美的客观性理论"一样，对今天的我们来说仍然不失为一个极其有意思的问题。这也是席勒超越康德的地方。后来的黑格尔进一步证明了席勒的这个思想。

四

席勒在他的作品《雅典与庄重》中对康德的严肃主义进行批判。他说：

> 我和康德一样，明确承认"倾向性"（Neigung）对自由行为的任何一种干预都不可能对这种行为的"纯粹义务性"（或者说是"道德价值"）施加任何影响。然而，正因为如此，我才想说，人只有在他的"行为倾向性"干预他的"道德性行为"的时候，才能看到其道德上的全部。人的本分并不是通过他进行的诸多的道德性行为来体现，而在于他是一个某种道德性行为的实施者。体现人的道德规范的也不是他们的诸多德行，而是他们的"某一德行"。

由此可见，席勒在这里所谓的"德行"，除了是来自"义务的倾向性"之外，不能是别的任何东西。因此，源自"倾向性的行为"和来自"义务性的行为"之间，不论在客观上看起来如何明显相悖，主观上则绝对不是这样。所以说，人类不是"可以"把快感和义务相结合起来，而是"必须"把二者协调。人必须使他的欢悦顺从理性。感性如重荷一般压在人身上，是人的纯粹精神为了和更高层次的自己更紧密的结合而配发给人的，而不是让人们像扔掉一件粗重外衣一样摆脱这种感性的重荷。而"自然"，作为创造了人的"兼有理性和感性的存在体"，在创造了人的同时，已经明明白白地向人宣告过他将对自然承担的义务：人不可以离弃自然赋予他的东西，人甚至不可以忘却他"神性部分的纯粹发现"中的感性部分，人更不可以为追求其中的某一方的胜利而牺牲另外一方。当某个人所持有的对道德的理解是来自他的人性整体，是作为两个原理的调和而自然流露的时候，而且是他本性的自然体现的时候，我们就可以说，这个人的道德基础已经坚如盘石了。这样说是因为，之所以道德的精神还依然大显其威，是因为还有而且必须还得有自然的本能在和它分庭抗礼。仅仅被打倒在地的敌人还是可能从地上重新站起来的，双方达成和解才是真正的胜利。

席勒还说过：

> 康德哲学明示我们，义务的理念所拥有的"确实性"和"冷酷性"，足以击退那些优雅的女神，而且很轻易就能诱导那些仅仅拥有微弱智慧的人们，使他们沿着阴郁的禁欲主义追求道德的完美，并最终陷入谬误。当然，康德对自己的道德学说被误解为立足于这种主义而极力辩解过。——其实这在他自己主张的"快活标准"下，在他所有的"主义"当中，投射在他的自由精神上的，无疑是最值得排斥的一种"主义"。但是，把活跃在人类意志中的两大重要原理看作是相互极端对立的两个存在，这一点就是他自己招来上述误解的极大的诱因——从他想达成的目的来看，招人误解恐怕是无论如何也无法避免的。

席勒一方面承认康德的"理性"道德论是不必多加妄议的，他说，与其抛弃这种见解，还不如我们义无反顾地抛弃我们人性的全部要求。在另一个层面上，他还把康德的严肃主义看作是对当时出现在道德学说中的诸种倾向的矫枉过正。然而席勒对康德的肯定，则是出自他的良苦用心。他想通过这种方式拯救康德——通过把学说本身和学说的论述方式区别开来。照他的说法来看，原本并不主张高扬严肃主义而是提倡"美的灵魂"的康德，因为深深憎恶自由主义者（Latitudianrier）们，从而投靠严肃主义者（Rigoristen）阵营的根本原因，并不在于他的学说，而在于他的学说的形式。他想得出的结论是：导致如此结果不是康德之罪，逼迫康德的时势才是罪魁祸首。"康德之所以成为他的时代的德拉格，原因是他认为那个时代还没有力量而且也不配接受索伦的出现。"

然而，是什么罪孽使康德置家里的孩子于不顾，而一心牵挂那些奴婢们呢？不能因为不纯洁的倾向性屡屡篡夺道德的令名而让高贵的心中燃烧的无私的热情遭受质疑。不能因为那些自然主义和本能主义者们对道德法则采取了相当宽松自由的形式就有理由极其严酷地缩小道德法则的范围，更不能拿着没有任何宽容和自由的等同于要求奴隶的尺度来规定道德。沃维纳格曾经说过："安知吾欣然所为之善，未改善之本质，使善不善？"席勒出于和他同样的思想，而且怀着和他同样的热情，指出道德法的命令性的形式本身已经伤害了人的威严，更何况理性和官能、意志和感情、道德和自然都是不可分而言之的。他认为只有在这种一致——"美的灵魂"——的情况下才能谈论道德的极致：

> 所谓"美的灵魂"，是一种道德感情的修养程度。是指当道德感情征服了整个感情的全部领域，意志的指导也安定下来，可以完全顺从感情的发展的程度。而且在这种完全顺从感情的情况下，那种情感和意志的命令发生冲突的危险情况，根本就不会发生。正因为如此，对"美的灵魂"来说，每个"单个的行为"，严格地讲，其实都不是"道德性的行为"，而应该说是"美的灵魂"的"整个性格都是道德性的"。"美的灵魂"的每个单个的行为中的任何一个都不可以说成是它的功绩。因为本能的满足不需要以功绩来形容。

"美的灵魂"除了拥有灵魂的美丽之外，身无长物。

就像"庄重"是表现崇高的心意的词汇一样，"典雅"用来形容美丽的灵魂。

五

从席勒在他的题为《阶级的差异》的两行诗中，表达过一种思想，看起来和以上引用的《美的灵魂》的定义基本一致：

> 道德世界亦存在贵族。那些身为平民的人们，以他们的行为完成某种责任，他们身上拥有的某些东西，使他们自己成为贵族。

而那些"他们拥有的""使他们成为贵族"的"某些东西"，具体指的是什么呢？我们可以通过席勒给他的朋友科尔纳的一封书信中谈到的一段话来获得一个具体的观念性答案（以下引自《席勒书信集》"1793年12月18日"）。

> 一个寒冷的冬日，一个男人遇到拦路抢劫的强盗，他随身携带的财物被洗劫一空，甚至身上还负了伤，倒在路上。这时候有一个男子路过，看见躺在地上的男人，觉得他太可怜了。这个过路的男子还差点流出了眼泪。然而，这个男子是个容易伤感的人，而且还是一个神经脆弱的人，脆弱到不忍心多看一眼负伤者的痛楚。这使他没能伸出手来帮助那个躺在路上的受伤的男人。他只是拿出一些钱来说：那边好像有人走过来了，你让他们来帮助你吧。那个男子说完就走了。从这个男子的这一个行为来看，他是一个缺乏尽义务的勇气的人。他的付出，只是因为他想享受自己表达了怜悯之情之后的美好感觉。他的好意仅仅是发自于感情。
>
> 接下来路过这里的是一个商人。他说，他现在为了做买卖而正急着往集市赶去。如果躺在地上的负伤者愿意付钱给他，来补偿他可能损失的利益的话，他倒是可以带他到有人的地方去。这个商人的行为既不是出于道德的，也不是美的，更不是出于好意的，而是功利的。就像第一个路过的男

人的行为仅是出于妇人般的怜悯，第二个男人的行为只是患得患失的势利眼儿的行为。

第三个路过的，是生着病的男人。这个男人说，我如果把我的外套脱下来，对我的病很不好；我如果从马上下来，走路对我来说很辛苦。然而作为一个人应尽的义务，我又不能不帮助你。所以，我虽然很痛苦，但是我还是决定把我的外套脱下来给你穿上，让你骑在我的马上，我带你到街上去。这个男人对那个躺在地上的男人的遇难经过和他的痛苦程度，进行了反反复复仔仔细细的询问之后，才下了这样的决心。不过躺在地上的男人拒绝他说：感谢您的诚意，不过您看起来也很病弱，所以就不要管我了吧。这第三个人的行为是纯粹道德性的。但是除此之外什么也不是。不过还好，对面好像走来了两个很强壮的男人。

这次走过来的，是和躺在地上的男人有宿怨的两个男人。他们看见濒临死亡的仇敌，并没有趁机落井下石报仇雪恨，反而打算帮助这个人。这并不是说他们的敌意消失了，也不是出于同情，而是因为他们骄傲的心，使得他们即使面对敌人也不允许自己有趁人之危的行为。这种行为毕竟是出于自尊之心和自负之情，是出于意气用事，因而也不能说是出于道德。

最后有第六个路人通过这里。这个男人一看到路上躺着的男人，就马上扔下了背上的行李，救起那个人就把他带到了医生那里。被救的男人问他你自己的行李怎么办呢？那个男人回答说，别管什么行李了，快让我背你走吧。这第五个男人的行为才是出于道德的。而且是美的。

——我们看到，碰巧路过的六个男人都有救人之意。而且都提出了自己的救助方法。有的人甚至表示可以忍受自己的不自由、不方便，甚至打算损失自己的利益。他们显示了莫大的克己为人精神。甚至还有一个人的行动是出于最纯粹的道德动机的。然而只有第五个男人在没有被请求的情况下，没有经过犹豫和苦恼，好像完全基于本能反应就采取了道德行为。对他来说，道德就是自然，道德行为是自然而然发生的。

六

通过以上引用，我们应该已经明白了席勒所谓的"美的灵魂"的含义了吧。义务乃天性，道德即本能，理想就是自然。在这一点上，不仅不是狭义上所谓的"道德"所能到达的境界，可以说是居于我们的道德生活的整个发展过程的最高级阶段，甚至可以说是"道德之极致"，或者直接称其为"Das Reich der Sittlichkeit"吧。在"不以功绩论道德"这一点上，可以说是在道德否定或道德反对的同时，就道德性能力（即道德性人格）的完成状况而言，可以称之为"道德的理想"或"道德的极致"。这样，光从"美的灵魂"在某一方面否定道德，在某一方面又肯定道德的情况看，产生于席勒的立场和康德的立场之间的明显的矛盾和对立就不难理解了。那么，席勒的"美的道德主义"和康德的"严肃主义"之间，到底是对立的吗？是互相矛盾的吗？

如果简单概括两者的立场的话，那就是，康德让"义务"对我们说："尔等须敬畏吾，且只需心怀敬畏之情躬行吾之命令。"而席勒让我们对"义务"说："吾欲顺从汝，唯求允许吾爱汝。"在席勒的一首著名的诗（*Die Philosophen: Gewissensskrupel*）中也很粗犷豪放地表达了他的这种思想。

康德之所以只让人们对义务怀着敬畏之情，是因为他把义务看作无条件的命令，而人们要彻底履行命令就必须排除一切倾向性的干预。席勒希望去爱义务，是因为他认为，敬畏之情近于畏惧，而服从命令，则让人联想到奴隶。如果我们不得不总是畏惧义务，那我们就不能从根本上排除我们性情中的恶。如果我们不得不永远呻吟于奴隶的境遇中，那么设想达到"极致完美道德"的道德发展就是不可能的。如果"本能"和"自然"为了理想不得不经常被打倒的话，那就不得不推翻那种认为"理性统一体理所当然是融合的"这个基础性假设。席勒认为所有这一切的矛盾都源于一个"畏"字，而解决这一切的矛盾，则只需要一个"爱"字。然而，他所说的"畏"，是否必须应该为造成这么多矛盾而负起罪责呢？他所谓的"爱"，如果少了"畏"，还能起到解决一切矛盾的重大作用吗？依我看来，康德的"畏"和席勒的"爱"之间绝不是互相矛盾的。康德的"严肃主义"和席勒的"美的道德论"并不是水火不相容的。相反,我认为,席勒自以为自己的"爱"和"美的道德论"与康德的"严肃主义"和"畏"是互相矛盾的。仅仅因为这个"自以为是"的矛盾,才酿成了"美的灵魂"的一切弊病。

为什么这么说呢?这是因为,如果把所有的倾向性都排除在外的话,那么"爱"也同时被排除了。同样,把所有的倾向性都排除在外的时候,憎恶也将被排除。然而,要求应该"怀着敬畏之心"来看待义务和要求应该"怀着爱之情"来拥抱义务两者并不矛盾。在关于"良心的踌躇"的问题上,席勒认为,当我们要执行义务的对象是我们的朋友的时候,我们因为不得不对朋友怀有"友爱之情",所以可能会使义务不能够道德地彻底执行。如果真是这样的话,解决这个问题的唯一途径就是:我们应当蔑视友人,怀着憎恶之情去执行义务的命令。在这里,席勒无视"蔑视"和"憎恶"正是康德要排除的倾向性(正是因为如此我才认为他的这首诗甚是粗野)。注意到这种意义上的"爱"和"憎恶"同时从义务中排除的现象之后,我们往往会很容易就简单地认为:对义务的"爱"和对义务的"畏"是可以并存而且两者是兼容的。因为,一方面,一旦作为"倾向性的爱"从义务中被排除,就意味着作为"倾向性的憎恶"也被从义务中排除了。而在另一方面,"憎恶"被从义务中排除并不意味着"敬畏之情"也被排除了。就是因为有了敬畏之情不被排除或者叫做"必须拥有敬畏之情"的这种主张,才确证了并非一定得排除一切"情"的主张。然而,对义务的爱并非一定得成为一种倾向性。因为没有理由能够仅仅因为它是一种"情"就可以把它看作是一种倾向性。

在我看来,在谈论关系到"义务"的"爱"的时候,首先要承认这个问题里面存在着必须区别清楚的三种情况。

第一种情况,我们怀着"爱"来看"义务"的时候,当然是带有"倾向性"的情况下,也就是席勒所说的"面对友人执行义务的时候担心掺杂进去的"那种"爱"的感情。这里说的应该是那种来自自然、来自本能、来自感性的爱。简单说就是"爱憎之情"。

第二种情况,就像我们在《罗马书》里看到的,"吾期望之善不行，吾不期待之恶反行"所述说的那样，尽管我们"爱"的是"善"，我们"不作为"时，尽管我们"不作为"，这种感情也是我们所"期望"的时候的"爱"。如果虽然意识到了是"理性的命令"，但仅仅是因为"作为命令"而意识到的，就要被说成是"反抗"和"憎恶"的话，同样的理由，我们虽然不这样做，但是难道我们不能说我们所期望的就是我们所"爱着"的吗？这样的爱不是一种倾向性，不是来自我们本能的爱。然而，谁又能断言，在我们的心中，不存在来自反抗本能的"理性的爱"呢？同时，这种意义上的爱，还能帮助我们解释：为什么我们在"顺从理性的命令"的时候，能够"怀着爱"，换言之，就是能够"踊跃地"去顺从理性的命令。针对席勒在《典雅与庄重》中对自己的"严肃主义"给予的批判，康德在他的《宗教论》的第二版中作了辩解。他说：

> 另外，道德性人格的感性性质——也就是德性的气质——具体是什么样的，是积极进取的、踊跃的，还是战战兢兢的、怯懦的呢？关于这一点根本不必详述。像后者那样的奴隶般的心情，面对如此之道德法终究难免心怀憎恶和反抗。怀着踊跃的心去遵奉义务——不仅仅是在承认义务——就是证明道德性心意的纯正性的有力佐证（Kant Die Religion innerhalb der Grenzen der blossen Vernunft, Reklamausgabe, S.22）。

第三种情况，是既非"承认义务后"的爱，也非"遵奉义务时"的爱，而是"不把义务看作义务的时候"的爱。不能简单认为：我所喜爱的、我所期望的、我所欣然从之的就是义务，就是理性。那种以"自然之我"处于"自然状态"下的"自然所欲"，方可称之为"我的义务之爱"。这应该就是席勒所主张的真正的"美的灵魂"的境界。

区别以上三种意义上的"爱"的时候，我们一方面可以充分承认康德的严肃主义；另一方面也可以保留席勒的"美的灵魂"的全部意义。

（左汉卿译注）

二十一、河　上　肇

史料简介

　　河上肇（1879—1946）是日本经济学家、哲学家。1902年毕业于东京帝国大学法学院政治学科。1908—1928年任京都帝国大学讲师和教授，1913—1915年留学欧洲，回国后获法学博士学位。由于他研究和宣传马克思主义理论，被称为"红色教授"。1932年加入日本共产党。曾被捕，出狱后隐退于书斋。他早年信奉儒教的伦理主义，主张社会改良，20年代转向马克思主义，他自称无神论者，但主张科学与宗教二重真理说。他坚持经济组织的改变决定人的思想改变的历史唯物主义观点，但晚年又提出"小国寡民"的乌托邦主张。河上肇是东方较早对马克思主义做出系统研究的人，他在《马克思主义的理论体系》一文中对马克思的唯物史观做出了系统的描述。这一文献直接影响了中国马克思主义的早期传播者李大钊，以这一文本为基础，李大钊写作了《我的马克思主义观》，成为中国传播马克思主义的重要文献。河上肇的著作有《贫困物语》《社会问题管见》《社会问题研究》《唯物史观研究》《社会组织与社会革命》《关于唯物史观的自我清算》《马克思主义批判者的批判》《狱中日记》《经济学大纲》《资本论入门》等。这里节译的《马克思主义的理论体系》，连载于大正八年一月二十日—十一月二十日《社会问题研究》一—十册（七次连载）。

马克思主义的理论体系（节译）

　　这篇文章的主要部分是我于大正七年八月六日晚上，在京都帝国大学夏期讲习会的课外讲演时所用的稿子。当时讲了大概两个多小时，由于时间关系，有很多内容没有讲，其后我又做了一些增补，就成了现在的文章。全文共分为四个部分，第一部分为绪言；第二部分为马克思的历史观；第三部分为经济论；第四部分为政策论。

（二）

第一，绪言（承前）。第二，唯物史观及唯物史观在经济史观上的解说。

上面我们已经提到了马克思的社会主义经济学，其实马克思的社会主义理论中，除经济学以外，还有一个更加重要的理论论据，这就是马克思特有的历史观，一般人们称之为唯物史观，我根据种种理由，认为可以把它称为"经济史观"。不管名字是什么，总之马克思主义的社会主义有两个根本的理论支柱，第一是他的历史观，第二是他的经济论。他的经济论已经在他的《资本论》中有比较详细的阐述。所以，说他的社会主义学说是以一定的经济理论为基础的这一点比较容易为人们所理解，但是他的历史观，因为没有较好地归纳和整理为一本专门的著作，往往被人们忽视。在我看来，他的社会主义思想，如果离开了特有的历史观是不可能被理解的。马克思根据自己特有的历史观，找到了社会组织变动的根本原因。通过对现实社会组织的观察，马克思预言现有的资本主义社会组织形式不久必然将转变为社会主义的社会组织形式。他之所以在对现实的社会进行观察后能够预言这种社会的必然命运，就是因为有他的历史观。因此可以说，如果离开他的历史观去理解他的社会主义理论，就像不动舌头吃饭一样，是不可能的。

如上所说，马克思的社会主义理论的基础有两个，这两者都是马克思的社会主义理论体系的特色，而且这两个理论不是互相分离、彼此不相关的，而是密切相关的一个有机整体。还有马克思的社会主义理论不只在理论方面，而且也应用于社会改造的实践，这种实践运用的方面也正如他的理论运用方面，是极有特色的，这种理论的实践应用和理论是密切相关的。总之，马克思的社会主义不论是在理论还是在实践上,在所有的方面都是相通的,是一个完整的有机整体。

如果就马克思主义理论的关系谈一下我自己的看法的话,我认为马克思的社会主义理论可以分为三个部分,也就是:关于过去的理论,关于现在的理论,关于未来的理论。第一,所谓关于过去社会的理论就是唯物史观,这是讲过去的社会组织是如何形成的。第二,所谓关于现在的理论,与第一个所说的唯物史观相对来,说可以称作经济论,是对现在的经济组织——资本主义做出的分析和研究,并预言资本主义的命运。如果把第一个理论称为社会组织进化论,那么第二个理论可以称作资本主义经济论(所以关于第二个理论部分的著作被称为《资本论》)。第三个是关于将来社会的理论,就是实现社会主义的手段和方法的政策论。在这里可以说,第三个理论让第一个理论和第二个理论对立起来。这部分理论也称为社会主义运动论,如果以这一政策的内容来命名,也可以称作社会民主主义。

总之,唯物史观、资本论、社会民主主义这三部分构成了从理论到现实的马克思主义原理。而且如此前已经说过的那样,这三个理论是不可分的,而把这三个理论结合在一起的一条金线,就是阶级争斗学说。

我们在后面再做详细的理论分析,在马克思主义的三个组成部分中,都贯穿着"阶级争斗"的思想。在唯物史观的部分作为不可或缺的要素就是"所有以往的历史都是阶级争斗的历史";在《资本论》中,可以说贯通其中的是在现有的社会组织下资产阶级和无产阶级是互相敌视、互相反对的这一基本思想;最后看他的社会主义思想,作为实现社会主义的手段,他认为只能诉之于阶级争斗,这部分也是由阶级争斗的思想而来的。所以,我说马克思主义是由关于过去、现在、将来的三部分组成,这三部分是密切联系不可分的,而贯穿于这三部分中间使其联系成一个整体的就是阶级争斗思想。

绪言部分到此结束。从这里开始对唯物史观做一个大体的阐述。

如前面所说,马克思的经济理论已经在他的主要著作《资本论》中做了比较详细的阐述，关于他的历史观也不是我的凭空推测，并不是在任何作品中都没有相关论述，实际上我们在读《资本论》的时候就可以看到，这本著作彻头彻尾地是以唯物史观为其基础的，《资本论》前后三卷到处都闪耀着唯物史观的火花，但是并没有一本专门论述其历史观的理论著作。对他的历史观稍有阐述的就是在1848年发表的《共产党宣言》，对此做出更进一步的阐释的是在1859年他所写的著作《〈政治经济学批判〉序言》中。

首先就《共产党宣言》做一点简单介绍。这本著作是马克思和恩格斯当时为在伦敦成立的社会主义国际组织共产主义同盟所写的，同盟采用了马克思主义，马克思和恩格斯用这个著作为同盟制定了理论上和行动上的纲领。写这个著作的时候，马克思不到三十岁，恩格斯也不过二十八岁。

为把《宣言》的起草到完成《共产党宣言》的前后过程说清楚，在这里先把当时的"社会主义运动"做一个简略说明。当时的社会主义运动大体分为三个派别：第一派是以卡贝为代表的"空想社会主义"派；第二派是以魏特林为代表的主张阴谋和暴力为手段的"暴力革命派"；第三派没有一个突出的代表，但是不满意前两派的主张。第三派的社会主义者为了在其后的活动中能够保持国际上的联络，在欧洲各国的主要城市设立了支部，总部设在英国的伦敦。早期的社会主义者莫尔（约瑟夫·莫尔——译者注）1840年已经在伦敦组织了社会主义性质的组织——"劳动者教育协会"，1847年摩尔到比利时的布鲁塞尔拜访了马克思（当时马克思因为被普鲁士政府驱逐离开德国到巴黎，后又被迫离开巴黎到了这里），然后又到巴黎拜访了恩格斯，希望用他们的理论把各地的社会主义者统一起来。而这也是马克思和恩格斯所期望的，所以他们很快达到意见上的一致。1847年，在伦敦的劳动者教育协会总部，召开了这一派组织的社会主义总会。

在这次会议上，马克思因为还要对情况的发展做进一步的观察而没有出席，恩格斯代表巴黎的同志出席了会议，同时马克思的朋友沃尔弗也出席了会议。但是，在这次会议上，马克思的思想遭到了魏特林一派的强烈反对。如前面所说，魏特林一派主张的通过阴谋和暴力的手段进行彻底的革命，从而实现社会主义制度，而马克思依据他的历史观，认为依据这种阴谋来实现社会主义只不过是一种空想的社会主义（马克思主义与这种空想的社会主义相对，这是被称作科学社会主义的原因，这一点在前面已经做过说明）。马克思认为社会组织的变革，在其所需的必要的经济条件没有成熟之前是不可能的，所以要想实现社会组织的变革，在那个时期到来之前还必须等待，而这时可以做的只是更加充分地做好准备工作。因为魏特林的思想和马克思的思想在这里存在着严重分歧，对魏特林思想持支持意见的代表在会上对马克思主义提出了强烈反对。可是，经过到会的恩格斯和沃尔弗等人的力争，虽然有强烈的反对意见，同盟最终还是采用了马克思主义作为自己的指导思想，同时同盟正式命名为"共产主义者同盟"。

这样，马克思主义在这次总会上获得了胜利。但是，由于这次会议上所表述的马克思主义还不是十分具体，会议最后决定延期，而且提出要在下一次会议上邀请马克思出席，让他亲自对同盟在理论上和实践上的纲领进行说明。最后议定在同年（1847）的11月召开第二次大会。

但是，在这次会议召开之前，空想社会主义者卡贝在巴黎发表了在美国得克萨斯州建设理想村的构想，广泛征求参加者。当时圣西门和傅立叶的空想社会主义已经失去了信众，所以卡贝的主张一时引起了很多无产阶级的注意，据称在1847年的法国就有四十万人的支持者。于是卡贝在共产主义者同盟第二次会议召开的两个月前，也就是在1847年9月来到伦敦，希望得到"劳动者教育协会"会员的支持。但是，因为马克思主义在这时已经有了相当的影响，协会经过近一周的讨论，决定对卡贝的思想不予支持。

共产主义者同盟的会议在当年的11月末召开，马克思和恩格斯都从布鲁塞尔赶来参加，并且详细阐述了他们的意见。在会上，马克思把自己认为同盟应该采取的理论信条和实际行动的纲领写了一个草稿在会上做了宣读，得到了与会者的赞同，于是总会决定由马克思和恩格斯依据他们的主义写一个正式的宣言。

总会会议结束后马克思再次回到布鲁塞尔，从这次会议开始马克思实际上被看成"共产主义者同盟"的首领了。著名的《共产党宣言》于第二年，也就是1848年1月末用德文完稿并在伦敦印刷，最早出版的一册实际上是在2月24日。也就是在法国二月革命爆发的当天。

《共产党宣言》起草的始末如上所述，以下对其主要内容做一些阐述。《宣言》以下面这样一句话开始："一个幽灵，共产主义的幽灵，在欧洲游荡。为了对这个幽灵进行神圣的围剿，旧欧洲的一切势力，教皇和沙皇、梅特涅和基佐、法国的激进派和德国的警察，都联合起来了。"接着写道：可是现在，这个幽灵站在众人的面前，"向全世界公开说明自己的观点、自己的目的、自己的意图"所以公开发表这个宣言。在最后一节，宣言中写下了著名的一段话："共产党人不屑于隐瞒自己的观点和意图。他们公开宣布：他们的目的就是要通过颠覆现有的一切社会组织才能达到。让统治阶级在共产主义革命面前发抖吧。无产者在这个革命中失去的只是锁链。他们获得的将是整个世界。全世界无产者，联合起来！"

德国社会党的创立者李卜克内西对《共产党宣言》做了如下评述："给予了无产阶级思想上和行动上的指南，并提供了思想和政策的根本原则……即使马克思和恩格斯在宣言之外什么也没有做……他们也会因为宣言而名存青史。"布雷斯特大学的教授（后来转入柏林高等商业学校）则巴鲁特在他的《社会主义与社会运动》中也对宣言做出了如下评述："虽然从事社会现象的研究已经十多年，但是我每次打开《共产党宣言》，都会发现以前不曾发现的真理。我也曾经几百次阅读《共产党宣言》，但是现在每次打开宣言的时候，都可以捕捉到新的东西。"《共产党宣言》在历史上和学术史上有极其重要的价值，通过以上的论述可以得到充分证明。

在这篇宣言中，并没有对我们所说的历史观的直接阐述。只考察了现代资本主义制度的过去以及将来，但是从整体内容上来说是适用于马克思的历史观的，这一点我们应该注意到。下面，我把《共产党宣言》中与历史观相关的部分抄录出来，最重要的

部分在第一节的"资产者和无产者"这部分,开始的部分是这样的:

> 至今一切社会的历史都是阶级争斗的历史。(希腊的)①自由民和奴隶,(罗马的)贵族和平民,(中世纪的)领主和农奴,行会师傅和帮工,一句话,压迫者和被压迫者,始终处于或者公开的或者非公开的争斗,而争斗的最终结果有时是引起全社会的革命性变革,有时是争斗的两个阶级同归于尽,维持这种局面的争斗还在持续。
>
> 在过去的历史中,我们几乎都可以看到社会完全划分为各个不同的等级,看到社会地位不同的阶层。在古代罗马,有贵族、骑士、平民、奴隶,在中世纪,有封建诸侯、家臣、行会师傅、帮工、农奴,而且几乎在每个阶级内部又可以分为各种不同的等级。
>
> 从封建社会的灭亡中产生出现代的资本主义社会并没有消除阶级的对立。它只是用新的阶级、新的压迫手段、新的争斗的形式代替了旧的。
>
> 但是,我们的时代也就是资产者本位的时代,特点是阶级的对立简单化了。全社会日益分裂为两个大的互相敌视的、近距离对峙的阶级,也就是无产阶级和资产阶级。

《宣言》进一步阐述了封建制度是如何灭亡的,资本主义制度是如何建立的,这对社会的各个方面带来了什么样的影响,并总结为:

> 由此可见,资产阶级赖以形成的生产资料和交换手段,是在封建社会里造成的。在这些生产资料和交换手段发展的一定阶段上,封建社会的生产和交换在其中进行的关系,封建的农业和工场手工业组织,一句话,封建的所有制关系,就不再适应已经发展的生产力了。这种关系已经在阻碍生产

---

① 括号内容为原文所有,译时原样译出。河上肇先生原文中的引文,在翻译中结合原文和中译本译出,尽量保留了河上肇先生原文的意思,并没有用中文译本直接替代。全文引文都采用了比原则,不再逐一说明。——译者注

而不是保护生产了。它变成了束缚生产的桎梏。它必须被摧毁，它已经被摧毁了。

起而代之的是自由竞争以及与自由竞争相适应的社会制度和政治制度、资产阶级的经济统治和政治统治。

这样，现在的资本主义制度出现了，这种制度极大地促进了生产力的发展。

资产阶级在它的不到一百年的阶级统治中所创造的生产力，比过去一切世代创造的全部生产力还要多，还要大。自然力的征服，机器的采用，化学在工业和农业中的应用，轮船的行驶，铁路的通行，电报的使用，整片大陆的开垦，河川的通航，仿佛用法术从地下呼唤出来的大量人口，——过去哪一个世纪料想到在社会劳动里蕴藏有这样的生产力呢？

但是，现在资本主义不得不面对封建制度曾经面对的不得不灭亡命运。

现在，我们眼前又进行着类似的运动。资产阶级的生产关系和交换关系，资产阶级的所有制关系，这个曾经仿佛用法术创造了如此庞大的生产资料和交换手段的现代资产阶级社会，现在像一个魔法师一样不能再支配自己用法术呼唤出来的魔鬼了。几十年来的工业和商业的历史，只不过是现代生产力反抗现代生产关系、反抗作为资产阶级及其统治的存在条件的所有制关系的历史。只要指出在周期性的重复中越来越危及整个资产阶级社会生存的商业危机就够了。……资产阶级用来推翻封建制度的武器，现在却对准资产阶级自己了。

而且资本主义不只做着必然走向灭亡的各种事实，更创造出了促使其走向灭亡的一个主动者，一个阶级。"资产阶级不仅制造置自身于死地的武器，它还产生了运用这种武器的力量——现代的工人，即无产阶级。"

这样看来，社会组织的变革实际上是一种必然，正如封建制度曾经成为社会生产力发展的障碍并最终崩溃一样，资本主义制度虽然促进了生产力的发展，现在也已经成为生产力发展的障碍，所以必然在不久的将来面临灭亡的命运。而担当灭亡资产阶级制度任务的无产阶级，是随着资本主义制度自身的发展而发展起来的，现在他们的数量正在不断增加，而且更加团结。总之，从根本上说灭亡资本主义制度的不是别的，而是资本主义制度自身。

以上是《共产党宣言》第一节的根本内容，从中我们可以清楚地看到其根底里是马克思的历史观。那么，马克思的历史观究竟是怎么样的呢，简单点说就是：在任何社会，它的经济组织形式都应该适应社会生产力的发展，经济组织形式必然是随着生产力的发展不停变动的。而对他的思想进行更一般的表述并公开发表的就是《〈经济学批判〉序言》，接下来我们将做进一步的阐述。

附记：北泽先生在近著中对唯物史观提出批评，认为"其颇多谬误已被很多学者批评，结果是现有的社会主义者已经不再坚持纯粹的唯物主义了"。我自从1906年译出塞利格曼①先生的唯物史观到现在，还没有抛弃唯物史观，这样"跟不上时代"的事情，我自己并没有觉得有什么不妥。

（三）

马克思自己发表的关于唯物史观的公开文献（这一篇承前启后）。

马克思的《政治经济学批判》是他计划批判资本主义经济组织著述中的第一卷，1859年（日本安政六年）公开发表，其后马克思觉得这篇著述不能充分表达他的思想，于是就写作并公开发表了《资本论》第一卷。这在他当年一月份所附的序言中有明确的表述。在序言中他首先说明了自己走向经济学研究的经过，并进一步阐述了他在经济学研究中所取得的成果，自称一旦得到这样的结果，就为其后所进行的研究找到了方向。

首先我们来看他自述中关于自己走向经济学研究的经过。

---

① 塞利格曼：哥伦比亚大学教授。——译者注

我放下已经写好的一篇普通序言……在这里就省略不谈。不过在这里谈一下我研究政治经济学的经过，也许是有必要的。

我自己的专业本来是法律，但是我只是把它当作与哲学和历史学相关联的学科放在这两个学科之后来研究。1842—1843年间，我作为《莱茵报》的记者，第一次遇到必须对物质利益发表意见的难事。莱茵省议会关于林木盗窃和地产分析的讨论，当时的莱茵省总督冯·沙培尔先生就摩塞尔农民状况同《莱茵报》展开的官方论战，最后，关于自由贸易和保护关税的辩论，是促使我去研究经济问题的最初动因。另一方面，在善良的"前进"愿望大大超过实际知识的时候，在《莱茵报》上可以听到法国社会主义和共产主义的带有微弱哲学色彩的回声。我曾表示反对这种肤浅言论，但是同时在和《奥格斯堡总汇报》的一次争论中坦率地承认，我以往的研究还不容许我对法兰西思潮的内容本身妄加评判。我倒是非常乐意利用《莱茵报》发行人以为把报纸的态度放温和些就可以使那已经落在该报头上的死刑判决撤销的幻想，以便从社会舞台退回书房。

为了解决使我苦恼的疑问，我写的第一部著作是对黑格尔法哲学的批判性分析，这部著作的导言曾经发表在1844年巴黎出版的《德法年鉴》上。根据我的研究：法的关系正像国家的形式一样，既不能从他们本身来理解，也不能从所谓人类精神的一般发展来理解，相反，它们根源于物质的生活关系，这种物质的生活关系的总和，黑格尔按照十八世纪的英国人和法国人的先例，称之为"市民社会"，而对市民社会的解剖应该到政治经济学中去寻求。我在巴黎开始研究政治经济学，后来因基佐先生下令驱逐移居布鲁塞尔，在那里继续进行研究。我所得到的，并且一经得到就用于指导我的工作的总的结果，可以简要的表示如下，人们在自己生活的社会生产中发生一定的、必然的、不以他们的意志为转移的关系。

（一）马克思在毕业后不久成为《莱茵报》的记者。而且他的才干很快就得到公认并成为《莱茵报》的主编（1842年2月）。可是，他的言论惹起了官方的注意，1843年1月18日，《莱茵报》接到从4月1日起禁止发行的通知。出版商非常吃惊，通过商谈决定以更换主编为条件求得政府解除对报纸的禁令，但是最终无功而返。马克思还是在3月离开了《莱茵报》，该报纸在3月23日发行了终刊号。

（二）马克思离开《莱茵报》以后，为了研究的便利移居巴黎，《德法年鉴》是在他到达巴黎后的第二年，也就是1844年，按照友人的计划创办的。《德法年鉴》不久停刊，接着又创刊了《前进报》杂志。这个杂志主要是以怀着自由的思想住在法国的德国知识分子为对象的，巴枯宁是这个杂志的主编。马克思经常给这个杂志投稿，这个杂志主要是批评普鲁士政府，由于马克思的文章，不久杂志得到普遍的欢迎，发行数量也迅速增加。这引起了普鲁士政府的不快，于是向法国政府提出了抗议。当时的法国总理基佐接受了普鲁士政府的要求，命令禁止杂志发行，同时要求与杂志相关的人离开法国，这是1845年1月的事情。马克思那时从巴黎移居比利时的布鲁塞尔，前后在巴黎住了三年。前面所说的《共产党宣言》就是住在比利时时期执笔的。

在做了以上的说明之后接着在下面发表关于唯物史观的公式。文章与上面的那一部分中间是没有任何间隔的（以下引用的一节，虽然我自己曾经多次译出，但是每次还是想译得更好，这次特意登载了德文原文，为了读者阅读的方便，在几个地方做了小的调整，原文是连续的，正如我前面所说）。

> 人们在自己生活的社会生产中进入一定的、必然的、不以他们的意志为转移的关系，即同他们的物质生产力的一定发展阶段相适合的生产关系。这些生产关系的总和构成社会的经济结构，即有法律的和政治的上层建筑竖立其上并有一定的社会意识形式与之相适应的现实基础。物质生活的生产方式制约着整个社会生活、政治生活和精神生活的过程。不是人们的意识决定人们的存在，相反，是人们的社会存在决

定人们的意识（为了方便，把这里称作公式第一节）。

社会的物质生产力发展到一定阶段，便同他们一直在其中活动的现存生产关系或财产关系（这只是生产关系的法律用语）发生矛盾。于是这些关系便由生产力的发展形势变成生产力的桎梏。那时社会革命的时代就到来了。随着经济基础的变更，全部庞大的上层建筑也或慢或快地发生变革（公式第二节）。

在考察这些变革时，必须时刻把下面两者区别开来：一种是生产的经济条件方面所发生的物质的、可以用自然科学的精确性指明的变革，一种是人们借以意识到这个冲突并力求把它克服的那些法律的、政治的、宗教的、艺术的或哲学的，简言之，意识形态的形式。我们判断一个人不能以他对自己的看法为根据，同样，我们判断这样一个变革时代也不能以它的意识为根据；相反，这个意识必须从物质生活的矛盾中，从社会生产力和生产关系之间的现存冲突中去解释（公式第三节）。

无论哪一种社会形态，在它们所能容纳的全部生产力发挥出来之前，是决不会灭亡的；而新的更高的生产关系，在它存在的物质条件在旧社会的胎胞里成熟之前，是决不会出现的。所以人类始终只提出自己能够解决的任务，因为只要仔细考察就可以发现，任务本身，只有在解决它的物质条件已经存在或者至少在形成过程中的时候，才会产生（公式第四节）。

大体说来，亚细亚的、古代的、封建的和现代资产阶级的生产力方式可以看作是社会经济形态演进的几个时代。资产阶级的生产关系是社会生产过程的最后一个对抗形式，这里所说的对抗，不是指个人的对抗，而是指从个人的社会生活条件中生长出来的对抗；但是，在资产阶级社会的胎胞里发展的生产力，同时又创造着解决这种对抗的物质条件。因此，人类社会的史前时期就以这种社会形态而告终"（公式第五节）。

此处为德文原文部分。

（一）人类"生活的社会化生产"是指人类社会化地生产他们生活中所必须的物质资料。所谓社会化地生产，是指与个人独立地生产相对立的，在结成的相互关系中进行生产。

（二）人类"在自己生活的社会生产中进入一定的、必然的、不以他们意志为转移的关系"这句话所说的是：人类在进行必要的物质资料的社会化生产时，不只结成为了生产的关系，这种社会关系与我们的意识没有关系，而是必然适应于生产力发展的一定形式，并由此决定社会关系。例如在今天这样机械发达的社会中，我们根本不可能再保持以前那种自给自足的自然经济，无论是愿意还是不愿意，根据分工和交换，都不得不保有现在这种社会关系。现在都市中生活的人再也不可能过那种自耕自织的生活，如果他是一个无产阶级，他就不得不把自己的劳动出卖给某个资本家，从而获得一些工资，而且拿这些工资去换取生活必须的衣食住行。也就是说，他不管愿意与否都会进入"一定的、必然的、独立于他们意识的关系"中。

（三）"社会的意识形态"就是社会上出现的思想上、精神上的各种主义风潮。

（四）"不是人类的意识决定存在"是指不是由思想来决定生活状态的意思。"社会存在决定社会意识"的意思就是说由社会的生存状态决定我们的思想感情。

（五）"社会的物质生产力"主要指的是带来社会主要财富的生产力。

（六）马克思所使用的"社会革命"，是指社会组织的变化，如日本的明治维新就是一个例子。所说"革命"主要是指根本性的变化，并不意味着一定要伴随着暴力，同时还强调并不一定是急剧的变化，所以说"或慢或快"。

（七）所说的"我们判断一个人不能以他对自己的看法为根据"，比如说我认为自己是一个非常善良的人，但是我到底是不是一个善良的人，不能依据我个人的看法来决定。

（八）所谓"不是指个人的对抗"，是说不是某个个人的原因而形成的对抗，而是由于社会组织的关系而形成的对抗关系。

（九）"人类社会的史前时期"是指从此以后开始了真正的人类历史。

现在有很多人攻击唯物史观。所以我们在倾听他们的批评之前必须自己先对唯物史观是什么有一个正确的认识，前面所录的公式是马克思自己所发表的书物中最重要的部分。我接触到这个公式已经十几年了，无数次反复阅读，而且不断有更深刻的理解。现在在这里所说的是我最近的理解。

按我自己的理解，包括互相联系的两个学说。

第一，可以说是对人类文化的经济说明，在刚才的公式中所说的："这些生产关系的总和构成社会的经济结构，即有法律的和政治的上层建筑竖立其上并有一定的社会意识形式与之相适应的现实基础。物质生活的生产方式制约着整个社会生活、政治生活和精神生活的过程。不是人们的意识决定人们的存在，相反，是人们的社会存在决定人们的意识。"这一部分，其他的和这一部分类似的部分（公式第二节的最后一句以及公式第三节的全部）也是与此相当的内容。

按我的理解，从来无论是尊信唯物史观的还是非难唯物史观的大概都是从这一部分着眼的。例如在克阿的论著中如下所说："如果用尽可能简单的语言，唯物史观本身可以表述为：人类必须有食物，否则就会饿死。在多数的国家中，人们还必须得有衣服和房屋，不然他们就得冒着严寒和风雨，会被冻死。大多数人都是好生厌死的，为了生存，他们在不同的国家不同的时间，采取不同的方法生产和分配这些生活必需品。而且他们的行动以及相互间的感情、他们的法律以及习惯、应该做什么不应该做什么的想法，总之，所有这些都是随着他们的生产以及分配方式的变化而变化的。"

一般人们对唯物史观的理解都是如此的，我在这里并不想判定他对唯物史观的理解是错误的。但是这种理解还仅仅停留在对马克思的唯物史观的部分理解，还不是对全部的唯物史观的理解。我认为这只是对马克思的唯物史观两个学说中其中之一的理解。我相信马克思主义的唯物史观还有另一个学说存在。

他的第二个学说可以叫做社会组织进化论，在我看来，在马克思的学说中毋宁说这个学说更加重要。在以上所录的唯物史观的公式中，第一节的前半部分，第二节除了末句以外的所有部分，第四节的全部，第五节的全部相当于这一学说。

而这一学说也可以分为两个部分：第一部分就是主张社会生产力和社会组织之间形成密不可分的关系；第二部分就是阐明随着社会生产力的变动，社会组织也必然发生变动。

公式第一节的前半，具体地说就是"人们在自己生活的社会生产中进入一定的、必然的、不以他们的意志为转移的关系，即同他们的物质生产力的一定发展阶段相适合的生产关系"这一句，相当于第一部分。为了对这一句进行解说，我想暂且借用素帕阿高的说法，他对我所说的公式的第一节做了如下说明。

> 社会关系是从人的意志独立出来的而且是不可或缺的，不进入任何社会关系的社会生活，对人类来说是不可能的。但是很清楚，这种社会关系离开一定的经济关系是不可能的。如果说财富的生产和分配是社会的最基本的而且是关系到生死的事情，那么社会的法律制度正是依着重要的、不可或缺的经济机能建立起来而且明显体现出重要的影响，这对我们来说，是可以理解的。特别是我们可以看到在人类总的历史过程中，社会的关系，各种法律和社会制度与经济上的进步有极其密切的联系。比如说封建社会的法律制度是封建社会经济生活的必然结果。带来资本主义制度的各种重大发明，在封建社会的政治、法律以及社会形态中最终是无法发挥出它的作用的。新的经济运行方式要求并产生出与它的性质充分发展相适应的、新的社会以及社会的形态。这是关于历史的不变的一般规律。

总之，第一个要点是社会生产力和社会组织之间有密不可分的关系。这个第一主张必然会合理地推导出第二主张。这里所说的第二个主张的要领就是一定的社会生产力必定产生出与它基本上适应的一定的社会组织，当社会生产力变动的时候，社会组织也必然会随之变动。在公式第二节（除去最后一句）、第四节、第五节都是叙述这个内容的。

根据马克思的想法，可以对生产力和社会组织的关系做进一步的说明。马克思认为，一个社会组织的过程可以分为两个阶段。第一个阶段，是社会组织与其社会生产力相协调的阶段，这个时期社会组织是促进其社会生产力发展的最好时期。然而，社会生产力发展到某种程度以上后，社会组织与社会生产力融洽的关系被打破，以前一直促进生产力发展的社会组织开始成为生产力发展的障碍。这也就进入了第二个阶段。在第二个阶段，社会生产力虽然受着社会组织的束缚，但是还是处在发展之中的。不久，随着社会生产力的越来越发展，社会生产力和社会组织之间的矛盾冲突越来越激烈，最终难免引起社会的革命也就是社会组织改造的势头。于是出现社会的革命，旧的社会组织由此告终，新的社会组织的第一阶段由此开始，如此反复，社会组织不断进化。

　　虽然我们说一个旧的社会组织和新的社会组织之间就像树代替竹子一样是连续的，但是实际上"无论哪一个社会形态，在它们所能容纳的全部生产力发挥出来之前，是决不会灭亡的；而新的更高的生产关系，在它存在的物质条件在旧社会的胎胞里成熟之前，是决不会出现的"。一定社会组织下生产力的发展就像鸡蛋壳里面小鸡渐渐成长一样，在小鸡成长到一定程度之后，鸡蛋壳就必然成了小鸡长大的束缚，所以说"在它们所能容纳的全部生产力发挥出来之前"鸡蛋壳绝对不会由内部的力量而破裂，当然也不可能由外在的人为的力量而破裂。其后，有一天鸡蛋壳破裂，就会产出小鸡，产出的小鸡和以前的鸡蛋已经发生了明显的变化，而且是"新的、更高的"。小鸡存在的条件，在作为"旧社会的胎胞里"的鸡蛋中已经在发展中逐步成熟。又比如，人类的小孩在母亲的身体里要经过大概十个月的时间，在这十个月中，如果母亲的身体内还有可能提供足够他成长的条件时，她就还在母亲的身体内成长，只有在具备离开母亲身体独立生存的能力时，才产出。出产必然伴随着"出产的痛苦"，而且常常会有所牺牲。由此，新的社会诞生，这就是所说的社会革命。

　　社会组织的变革像上面所说。所以如果按照马克思的思想来说，对社会组织的问题"人类始终只提出自己能够解决的任务"。在鸡蛋壳内如果小鸡不获得一定的发展，鸡蛋壳也不会成为发展的障碍，也就不存在打破鸡蛋壳的问题。只有在小鸡成长到一定程度之后，鸡蛋壳开始妨碍小鸡的成长，如何打破蛋壳才开始成为问题。而且，当打破蛋壳成为问题的时候，小鸡打破蛋壳后独立生存的能力已经基本具备，也就是说"任务本身，只有在解决它的物质条件已经存在或者至少在形成过程中的时候，才会产生"。所以，在这种意义上，人类只把自己可以解决的问题作为问题。

如以上所说的社会组织进化论，马克思在其他的著作中也多次提及。我在这里介绍他的著作《雇佣劳动与资本》中的一节，来进一步说明。他说：

> 生产过程不只是对自然的生产，而且也是人们之间相互的合作。正因为他们按照特定的方法劳动，同时交换他们的劳动，才能生产。为了生产，他们就必须处于一定的联系和关联中，而且只有在这种关联的基础上，他们才有可能作用于自然，才开始有生产。
>
> 生产者之间的这种社会关系以及他们所依以进行交换劳动并生产出劳动成果的条件，是根据所据有的他们生产资料的性质有所区别的。
>
> 由此看来，每个人依以从事生产的社会关系也就是生产上的社会关系，是随着生产的物质手段也就是生产力的变化和发展而变化的。这种生产关系的总和，也就是构成我们所说的社会关系，而且是构成处于一定发展阶段上的社会，也就是具有某种特定性质和特定形态的社会。所说的古代的、封建的以及资本主义的社会，就是依据生产关系的总和来划分的人类历史上的特定阶段。

马克思的唯物史观大体如上面所说。而且为了说明的便利，我把他的内容分为两个学说，其中的一个学说又分为两个主张，当然这绝不意味着它们是各自独立的，而是互相联系的整体，从而构成马克思独特的历史观。

（四）

第四、唯物史观和阶级争斗学说的关系。

在前面我已经通过引用在《〈政治经济学批判〉序言》中马克思自己写下的唯物史观的公式，对他的唯物史观作了解说，而且认为马克思的唯物史观由互相联系的两个学说构成，第一个是对人类文化的经济说明，第二个称为社会组织进化论。最后我还附言，把他的唯物史观的内容分为相互联系的两个学说是为了说明的方便，当然，不意味着这两个学说是可以分离独立的，而是相互联系共同构成马克思独特的唯物史观。在这里为了更好地说明，引用一段在《共产党宣言》和《政治经济学批判》之前的初期的作品——《哲学的贫困》中的论述。

> 作为经济学者的普鲁东非常明白人类在一定的生产关系下生产纱、麻布、绢布，但是他却不把这种一定的生产关系也理解为和纱、麻布一样是人类的生产物。社会关系和生产力密切相连。人类在获得新的生产力的同时也改变着他们的生产方式；在改变他们的生产方式的同时也改变着他们获得生活资料的方式——总的来说也在改变着他们的社会关系。手臼生产出了有封建诸侯的社会，蒸汽制粉机生产出有产业资本家的社会。而且，正如顺应他们的物质生产方式建设其社会关系的人类，同时又顺应他们的社会关系生产出他们的主义、思想、范畴。

通过这一段文字我们可以明确地看出这里面包含着以下思想，随着生产力的发展，人类改变着他们的生产方式，随着生产方式变化着他们的社会关系（也可以说是社会组织）——以上的部分相当于我所说的"社会组织进化论"；进一步，随着社会关系的变化而发生的精神文化的变化——这一部分相当于我所说的"对精神文化的经济性说明"部分。总之社会历史行进过程的根本动力可以归结到生产力的发展（所说的经济的变动）。这样的思想在这里还是非常明白的。而且也正是这个思想构成了马克思主义的精髓。

顺便说一下，以上在引用《共产党宣言》的时候，专门引用了与社会组织进化相关的内容，但是在这个《宣言》中并非没有包含与此相联系的可以看作对精神文化的经济说明部分。比如，在《宣言》中有如下的说法："人们的观念、意识、概念，总之一句话，所有的人的意识本身、随着人们的生活关系、人们的社会关系、人们的社会存在的变化而变化，这是不用经过深思熟虑就可以明白的。这种思想的历史除了证明精神的生产随着物质的生产而变化以外，还证明了什么呢？"（注：作为人类的精神产物的是世间的宗教、道德、艺术，马克思把这种精神产物的产出过程称作"精神上的生产"）

以上对马克思的唯物史观或者说是经济史观做了大概的说明，与此相关并需要说明的是马克思的阶级争斗学说，以及这种阶级争斗学说与马克思的唯物史观的关系。

例如，在阅读《共产党宣言》的时候可以看到"至今一切社会的历史都是阶级争斗的历史"，"从来的社会历史最终都是在阶级对立——在不同的时代呈现出不同的形态——上行进的历史"。也就是说，马克思一方面认为社会生产力的发展是社会历史的原动力；另一方面又说至今的一切历史都不过是阶级争斗的历史，在这一点上，看起来他的学说像是前后矛盾的。在这里，如何能够把看上去有矛盾的两个主张调和起来，首先就是一个问题。

但是，如果从马克思的立场来看，这二者应该是有着不可分割的联系吧。为什么这么说呢？按照他的想法，（自远古的土地公有制解体以来）此前的历史上，社会的经济构造都是在阶级对立的基础上建立起来的。——马克思在这里所说的阶级，是指经济上具有对立关系的阶级，更具体地说，是指拥有"土地""资本"等所谓生产资料的人与没有这些生产资料的人的区别，从而在经济上形成压迫、掠夺他人的人和被他人压迫、掠夺的人的区别。本来这样的阶级由于时代的不同而有不同的形式。"大体上来说，我们可以根据亚细亚的、古代的、封建的以及现代的资本家的生产方式的不同来划分社会经济组织的进步阶段，而且这里面，资本家的生产关系是社会生产方法中采取敌对方式的最后形式。"这种阶级的对立虽然在不同的时代各自不同，而且社会的经济结构从来都体现在某种形态的阶级对立的基础上，而且这种社会经济结构本身，如在经济史观（唯物史观）中所说的"有法律的和政治的上层建筑竖立其上并有一定的社会意识形式与之相适应的现实基础"，总之，可以说，所有此前的历史都是阶级争斗的历史。

　　那么，马克思为什么把过去的一切历史只看作阶级对立的历史，进一步说，为什么只看作阶级争斗的历史。如我们在前面反复说的，在马克思的经济史观（唯物史观）看来，社会组织随着生产力的变动而变动是其根本的主张，那么我们反过来想，社会组织本身不过是以社会上多数人的相依相集构成并维持的，假如我们说社会组织随着生产力的变动而变动，为了改造其社会组织，就不得不借助于其社会中多数人的力量。因此，为了变动一定的社会组织，就必须有一群担当这一任务并主动发挥其作用的人群，构成其社会运动的基础力量，就是在那个时代的社会组织下处于不利地位的阶级。在现存的社会组织下处于不利地位的人群，才会赞成对社会组织进行改造，这是理所当然的。但是，同时，在现存的组织下，特别是在现存组织发展状况比较好的情况下的阶级，除了少数一些有志者，作为阶级的全体——是不会赞成对社会进行改造的（这也是自然的事情）。由此来看，社会组织的改造常常是只能通过阶级争斗的形式来进行的。在这种意义上马克思说："没有对立就没有进步，这是支配此前文明的法则，生产力是在阶级对立的基础上发展起来的。"这种阶级竞争的观点是与他的唯物史观密切相连的，——就像一根金线贯穿其间——这就是阶级争斗学说的来由。

　　阶级争斗学说和经济史观（唯物史观）有如前所说的关系，是密切相连的，但是，这两者之间并不是完全不可分的关系。

　　确实，经济史观（唯物史观）对人类社会形态是怎样受外在的物质力量的影响给予了自然科学式的观察和解说。所以说，如果认为这个学说是唯一正确的，那么人类就被看作是生活在一定的物质条件的限制之内，被限定在一种非意识的、无完整人格的限度内，而且可以说如果人类一旦具有了完整的有意识的人格，那么人就已经不是人类而是属于神类了，这是适用于过去、现在、将来的历史观。但是其后的阶级争斗学说，则说明了这种在外在的物质力量影响下的人类社会中，在产生了经济上的阶级区别，出现了生产资料的所有者和无产者，掠夺者和被掠夺者的时候，人们之间的社会关系会呈现为一种什么样的状态；当新的生产力发展带来生产力和社会组织之间既有的和谐状态被打破，这种"物质生活的矛盾"的外在力量在人们的意识中将通过怎样的感情、愿望、主义、主张表现出来；以及新的生产力的发展所必然引起的社会组织的解体，是以什么方式，什么样的形态表现出来的。阶级争斗学说就是对这些问题的回答，从阶级争斗学说来看，由于社会中的一部分人对生产资料的独占，产生出阶级对立的社会组织，同时也产生出阶级的感情和思想，以致产生出阶级争斗。可以说，阶级争斗学说就是把经济史观应用于生产资料私有制的社会中，对私有制社会的一种解释。所以，阶级争斗学说在性质上与经济史观不同，经济史观是可以适用于过去、现在、将来的一切社会形态的，而阶级争斗学说却只能适用于有阶级的社会。所以马克思也明确地说"至今一切社会的历史都是阶级争斗的历史"，也就是说阶级争斗学说并不适用于人类的全部历史。按照他的看法，此前的历史都是阶级争斗的历史，作为社会组织进化的结果，在现在的社会上被掠夺被压迫的阶级——也就是无产阶级，为了自身的解放就不能不把社会全体一起从掠夺、压迫、阶级差别以及阶级争斗中解放出来，所以现在的社会中的资产者和无产者的对立——"社会生产上采取敌对的最后形态"，而且现在人类历史上的最后的阶级争斗将带来以前作为掠夺他人的手段的生产资料归于社会公有，在经济上实现（按马克思所说的意思）完全不认可阶级区别的社会主义的经济组织，阶级争斗的历史作为恶梦被埋葬——"人类历史的前史从现在的社会制度开始终结"，人类的真正的历史将随着社会主义组织的设立掀开她新的一页。由此看来，与其说阶级争斗学说是经济史观的一个要素，不如说看作是对此前历史的一个说明。

注：马克思是在什么意义上使用历史这个概念的，通过《哲学的贫困》的一节我们可以有所了解。

经济学家的论证方式是非常奇怪的。他们认为只有两种制度：一种是人为的，一种是天然的。封建制度是人为的，资产阶级制度是天然的。在这方面，经济学家很像那些把宗教也分为两类的神学家。一切异教都是人们臆造的，而他们自己的宗教则是神的启示。经济学家所以说现存的（资产阶级生产关系）是天然的，是想以此说明，这些关系正是使生产财富和发展生产力得以按照自然规律进行的那些关系。因此，这些关系是不受时间影响的自然规律。这是应当永远支配社会的永恒规律。于是，以前是有历史的，现在再也没有历史了。以前所以有历史，是由于有过封建制度，由于在这些封建制度中有一种和经济学家称为自然的，因而是永恒的资产阶级社会生产关系完全不同的生产关系。

可以想到，马克思是抱着对社会进行改造的志向才去考察过去的历史的。所以，他的历史观是以社会组织进化为中心的，从他的角度看，没有社会组织的变化也就是没有了历史。

进一步说，就社会组织的改造，他的根本着眼点是消除现在资本主义社会在经济上做出的阶级区别。详细地说，在现在的社会，有这样的阶级区分，一方面是一群游乐而且过着富裕生活的人，一方面是终年劳作却过着贫穷生活的人，马克思是把消除这种阶级差别作为自己的着眼点的。所以在观察历史的时候，他也会从自然的阶级的对立着眼吧。总之，他有自己特有的经济史观（唯物史观），而且与此相伴还有独特的阶级竞争说，对作为社会主义者的马克思来说是科学的而且两者是完全相适应的。

经济史观和阶级争斗学说的关系，大致如我们以上所说。接下来我们对阶级争斗说做一点简单的说明（马克思并没有这样明确地表述过他的观点）。按照他的说法，在一种社会中，阶级的发展要经历两个阶段。即对另一个阶级来说，可以说自己已经构成一个阶级，但是从其自身来说还很难说已经"是"一个阶级，这是第一个阶段；如果进入第二个阶段，从他们自身就可以说自己已经构成一个阶级了。所谓"自身可以说自己已经构成一个阶级"就是说他们自己已经有了阶级的自觉，所谓"阶级的自觉"

就是说构成一个阶级的人群已经意识到本阶级和另外一个阶级是对立、不相容的,阶级争斗是自己的阶级无法回避的命运。而且按照马克思的观点,所谓阶级争斗,在第一个阶段只停留在经济争斗,也就是只停留在经济利益的争夺,但是在第二个阶段,这种争斗就进一步发展成为政治的争斗,发展到政治权利的争夺。我在此前分析社会生产力和社会组织关系的时候,为了说明的便利,曾经把二者的关系分为两个阶段,第一个阶段二者是互相协调、共同发展的,第二个阶段二者是互相冲突的,这也正如这里所说的阶级关系的第一个阶段和第二个阶段。

马克思的"阶级"概念为如上所说的意义,然而从社会上来看阶级对立的原因是什么呢?按照马克思的看法,产生阶级对立的根本原因是一个社会集团因为占有生产资料而占有另一个社会集团的剩余劳动。这里所说的剩余劳动,也是马克思自己的一个术语,马克思认为人们的劳动可以分为两部分,一部分是自己生活所必须的,这一部分叫做必要劳动,而在必要劳动之外的部分就是剩余劳动。在原始社会初期,因为经济上的技术还不是很发达,人们的劳动还没有剩余,如果一部分人劳动而另一部分人游玩,那么劳动果实就无法满足全体的生活所需,也就是说,因为社会还没有剩余,也就不会有阶级的差别。但是随着经济的发展,开始有剩余劳动出现,一个人的劳动可以满足几个人甚至几十个人的生活所需,人类的劳动分为必要劳动和剩余劳动,而且属于剩余劳动部分的比例不断增加。由此,一部分人的劳动被另外一部分人掠夺,于是掠夺者和被掠夺者之间产生了冲突,社会便成为阶级社会。

那么为什么由经济的差别而产生的阶级冲突不仅仅停留在经济领域,还要由第一个阶段向第二个阶段过渡,也就是为什么最终采取政治斗争的形式呢?按照马克思的观点来看,社会组织的改造对权利阶级来说是使他们处于不利地位的事情,通过道德的、宗教的说教来打动这些权利阶层,让他们自发地进行社会组织的改造这种想法,不过是缘木求鱼、以杖击月,是根本不可能的。所以,作为被压迫阶级,由于当时社会组织的原因而处于社会不利地位的阶级,必须通过自己发动的政治斗争,使一部分国家的权力落入自己的手中，由国家权力这种外部的强制力量，或急或缓地进行经济组织的改造。这样说来，如果没有阶级的自觉，阶级间的经济上的利害冲突就不会进一步引起政治上的争斗。

以上对马克思所说的阶级和阶级争斗的意义进行了分析。总之，马克思认为，社会的历史进程是以社会组织的变动为中心的，而且其社会组织的变动，在此前的历史上是以阶级争斗的形式实现的，所以过去的全部历史都可以从阶级争斗的角度给予说明，在革命到来之前的这段时期是酝酿革命的时期，也就是可以看作是阶级不断发展逐渐形成阶级自觉的时期，也正是由于这样的考察，对社会历史的进程给予了科学的说明。这也是他主张"以往的历史"不过是"阶级争斗的历史"的原因。

注：阶级争斗说是马克思主义学说中受到非议最多的，我们作为一个社会学者，无论怎样不喜欢这样的说法，对眼前的现实也不能视而不见。现在的社会现实是，工厂主尽可能以廉价雇佣工人劳动，而工人也尽可能地争取更高的报偿，这就是马克思所说的经济争斗的一个例子。而且这种争斗，在现代经济组织下，在许多国家都在不断地进行着。

阶级争斗的"争斗"一词，德语是kampf，英语是struggle，和生物进化论的生存竞争是同样的词汇。正如恩格斯所说的，达芬奇的生物进化论，与马克思的社会进化论有相通之处，前者的生物竞争正如后者的阶级竞争。我认为Struggle of existence 可以译成生存竞争，Class struggle 也可以翻译为阶级竞争，只是从来的经济学上把Competition 翻译为竞争，为了和这样的译法做出区别，在这里暂且用"阶级争斗"这样的说法。

（五）

第五，以唯物史观和阶级争斗学说为根基的马克思的社会观的要点。

根据以上的说明，对与马克思的唯物史观相关的问题做了解答，以下按照他的唯物史观和阶级争斗学说对他的社会观的要点做一个简单的说明。

社会组织变动的根本原因，在于经济上的生产力变动。也就是说在任何时代、在任何社会，社会生产力发展的程度，决定了组织其社会的人们的生产关系，也决定产品的分配关系。而生产关系和分配关系，共同构成社会的经济结构，这种社会的经济结构就是社会的根本基础，并由此决定了这个社会的政治上以及法律上的组织。也就是说，一定社会的政治和法律，不过是经济的实质在社会上的表现形式。这种社会组织或者说社会制度，决定了生活于其中的人们的心理状态、习惯、风俗，人们的心理状态、习惯、风俗互相影响，最终形成这个社会的哲学、文学、艺术、宗教、道德等。所以说，社会财富生产力的发展，引起了社会上人与人之间生产和分配关系的变化，从而变革社会组织以至于变革社会精神文化的性质。

因此，如果就一定的社会组织形式来看，可以区分为两个阶段。第一个阶段，生产力和生产关系相协调的阶段，第二阶段，由于生产力的发展，生产力和生产关系的协调关系逐渐破裂。当第二个阶段发展到最后的时候，生产力和生产关系的不协调到了无法继续的时候，必然会带来社会组织的改造，于是又开始了新的社会组织的第一阶段。而且由于社会组织的变动，社会上的事务最终也都随之发生或急或缓的变化，这也就是所谓的社会革命。日本的明治维新也就是一个最切近的例子。

如历史上所展现的那样，在社会存在阶级的情况下，社会革命主要是由被统治阶级的力量——如日本明治维新之际，长州武装力量的中心，就是由农商学徒们组成的奇兵队——发动阶级争斗来实现的。被统治阶级的成长过程也可以分为两个阶段，第一个阶段就是尚未有阶级的意识，争斗也只是停留在经济利益的争斗，与此相适应，社会组织也处于第一个阶段。而当社会组织的发展进入第二个阶段以后，被统治阶级的成长也进入第二个阶段，开始有了阶级的自觉，明白本阶级的利益和另一阶级的利益最终是无法相容的，本着这种阶级的自觉，向特权阶级进行政治权利的争斗。如果这种争斗获得了胜利，那么旧的社会组织解体，新的社会组织就出现了，与此相随，社会上的诸多事务也最终发生变化，社会革命完成。

通过我们以上所说的，恐怕会有人认为，在支配社会的力量中，物质的力量常常是原因，而精神的力量不过是结果，并不一定是那样的。实际上二者之间常常是互为因果的。也就是说，一定社会的种种思想，常常会给这个社会带来很重要的影响，但是不用说，我们自己应该注意到，这种思想本来源于社会环境，而且持各种思想的人也是处在社会环境中的，而且这种社会环境本来又是社会经济的结果，是社会经济的产物。所以，在一定社会组织的第一个阶段，适应这个社会组织的思想对社会组织的发展是有利的，为社会组织提供理论的论证，同时又以一定的理论形态传播到社会上，支配人们的行为。如果形成这一思想的经济的物质的力量发生了变化，社会组织进入第二个阶段，那么此前的思想，在政治上、宗教上、道德上以及其他的思想领域，必然会相继发生动摇。即使是新的思想被统治阶级视为危险的并对其发展加以阻碍，这种新的思想也会渐渐增强自己的势力。这种情况下，社会上的多数人表面上是以旧的思想为自己的信仰，但是他们所说的和他们内心所想的越来越不一致，到旧的思想已经被社会上的大多数人所唾弃的时候，维持此前的社会组织的精神力量就会消失。这时，就可以说社会革命的时机已经成熟了，不久，新的社会组织就会出现，与新社会相适应的社会思想就会支配这个新社会。

社会组织和社会思想有着密切的关系。如在过去的历史上所显示出来的那样，当社会分为经济利益对立的阶级的时候，其社会的主流思想不仅是社会经济条件的结果，更进一步说，这种思想是适应经济上占优势地位阶级的需要、愿望和野心而产生的。在社会组织的过渡期，会出现几个有力的阶级并存，社会上同时有几种思想互相争夺，而其中只有一种思想占据社会主导地位，支配社会的大多数人。为什么这么说，在所有承认生产资料私有制的社会里，总会有一个掌握和支配生产资料的阶级，而且因为这个阶级掌握着社会的生产资料这种物质的力量，由此左右社会的生产和分配状态，建立一种对本阶级利益有利的制度和习惯，因此，代表这一阶级的思想制约着社会上大多数人的行为。这是一定的社会组织的第一个阶段，也是阶级成立的第一个阶段。

随着社会经济的进步，会出现新的生产资料的发展，而且一旦出现生产资料的发展，据有这一生产资料的阶级就会逐步在政治上得到一定的权利，于是和据有旧的生产资料的阶级发生政治上的争斗。这就是一定社会组织的第二个阶段，也是阶级成立的第二个阶段。被统治的阶级出现阶级的自觉，一方面出现新的思想，另一方面政治运动开始，正是这个时期。而且，争斗的结果当然是经济上新的生产资料的所有者获得胜利，政治上新生产资料的所有者获得胜利。一旦争斗的结果出现，如果新的生产资料和旧的生产资料在性质上有很大的差异，社会就会发生大的变化，面貌一新，新的政治制度，新的宗教信仰，新的道德观念，新的艺术追求，新的哲学思想就会相继出现，这样，社会就完成了一个变化的阶段。从这种立场上来看，以往的历史可以说就是阶级争斗的历史。而且，如果今后实现了社会主义，主要的生产资料都成为社会公有，开始了经济上不存在对立阶级的社会，阶级争斗也就彻底消亡了。从此才开始了真正的人类历史，从这种观点出发，所有以往的历史都只不过是人类真正历史的序幕。

以上所说的是我所理解的马克思的社会变动观的要点，因为是我自己所理解的马克思的历史观——所以有可能会出现误解，所说的并不是马克思的历史观。而且我也没有对自己所理解的马克思的历史观给予积极的评价，因为这里所说的也并不完全是我的历史观。所以在此说明。

我已经反复强调，马克思的社会主义思想有两个大的理论支柱，其一是他的历史观，其二是他的经济论。到此我想结束对马克思的唯物史观的讨论，接下来讨论他的经济论。

（李海春译）

二十二、左右田喜一郎

史料简介

左右田喜一郎（1881—1927），东京高商毕业后留学于剑桥大学，之后赴德国弗莱堡大学、图宾根大学学习。回国后继承父业担任左右田银行行长的同时，历任东京商大、京都帝大的讲师。左右田喜一郎是日本著名的新康德派的哲学家、经济哲学家，他认为人类文化生活有其自身的价值，在其价值实现的过程中证明了人存在的意义，构筑了大正民主的哲学基础。著有《货币与价值》《经济哲学的诸问题》《文化价值与极限概念》等。这里所译《文化主义的论理》，选自大正八年（1919）三月刊行的《黎明会讲演集》之第一集。

文化主义的论理[①]

诸位，在三宅博士、吉野、福田等前辈的倡导下，我国的黎明运动也终于开始了。今晚，奉干事之命，我有幸在黎明会第一次讲演会上与诸位相见，并与诸位前辈为伍，试做一个学术演讲。且作为该运动的首次演讲，与诸君会面，乃是遵从于干事的命令。正如诸位所见，我对自己应该在此次演讲中谈些什么，心里甚是没底。我自己对此也不是十分欣喜，尽管如此，仍然来到这里讲演，乃是因为我坚信黎明运动之于我国不只是十分必要的，甚至是一件急迫

---

① 本文是左右田喜一郎在1919年1月8日举行的日本黎明会第一次会议上的讲演稿。黎明会是以三宅雪岭（Miyake Setsurei，1860—1945）、福田德三（Hukuda Tokuzo，1874—1930）、吉野作造（Yoshino Sakuzo，1878—1933）等文化界名人为中心的团体，旨在促进日本文化的近代化。本文的注释均为译者所加。

的事情。我认为，我的任务并非是给诸君沸腾的青春热血加油，而是想进行如冰一般冷静的论理剖析。或许，我做这样的演讲可能与今晚在座的大多数人的想法迥异，请大家以在学校听一堂三四十分钟课程的心态姑且听之。

一

所谓排除官僚主义、保守主义、军国主义，主张民主主义、进步主义、自由主义，其论据不应在于前者与后者不同。同样，官僚主义、军国主义反对民主主义、自由主义的根据也不应在于后者的主张与自己的主张不同。也就是说，A主义反对B主义的理由不应是B的主张与A不同。仔细思考世间的讨论，大多如此。如果说在此种意思以外就不存在民主主义或民本主义反对官僚主义、军国主义的根基，则不得不说这一理论在论理上是欠缺的。反对A主义采取B主义，或者反对B主义采取A主义，必须站在既不是A也不是B的立场上，同时兼顾考虑A、B。这样的第三立场，自然超越A、B双方，同时又必须与A、B双方有密切关系，不可与两者完全绝缘。换言之，用批判哲学的术语称之为这种立场既是内在的，又必须是超越的。现在，在论及官僚主义、保守主义、军国主义乃至民主主义、进步主义、自由主义时，若是反对一种主义而赞成其他的主义，并且想使其理论成为合乎论理、有价值的理论，则必须如上所述既内在于诸种主义之中，又超越这些主义。否则，理论只是一种没有根据的感情论罢了。也许所谓的世界大势可以是受到强势的感情论的影响，但是，冷静的论理的头脑，即便只有一个也不可以感情论使之改变。

那么，这种第三者的立场具体是怎样的呢？

吾以为，而今吾等在反对一种主义而赞扬另一种主义之际，进行如此价值判断所需要的作为论理的先行的规范、要求必须是这样一个目标，它能够把诸种主义分出上下层次，并且能够使其在同一意义上排列。这个目标也就是从一个确定的观点看待这些主义，并使之不断纯化时，存在于这个纯化过程终极的理念。如果借用我在其他场合的解释来表述的话，这一先验理念即是使各种主义的内容纯化的过程中被作为不断高升的极限概念而认识的

"观念""当为"和"规范"（参见本书后面的《作为极限概念的文化价值》）。在这个意义上说，赫尔曼·柯亨排除古希腊形而上学的倾向，认为柏拉图的"理念论"作为"先验理念"而具有新的意义。柯亨的这一观点是有道理的。故此，确立这种"先验理念"，并以此为标准使所有的文化史上的主义与之参照，从而进行价值判断，根据这一主义是具有实现此种"先验理念"的使命，还是阻碍实现"先验理念"来决定采取某一主义、舍弃某一主义，这样的价值判断其根基才可能是正确的。人们说要消灭一种冥顽思想，其意不可能是永远否认冥顽思想作为一种心理上的事实存在于一部分人身上。即使冥顽思想作为一种心理事实存在，它在文化史上也不可能完成什么使命，只不过意味着另外还存在着不允许它在文化史思想的表面抬头的论据。现今社会上的各种主义均可以上述所言为标准进行其文化史价值的判断，或者因其阻碍我们通向文化的极点而不得不消灭它，或者因其一步步地使我们接近文化的归趣而大力扶持，使我们对二者的取舍选择成为可能，进而使我们明察、参悟人文之趋向之所。反言之，当纯化我们拥有的人文史上的诸种价值，继而把其过程引导向极致的时候，立于穷极之处的人文史上一切努力的目标即是所谓的文化价值。在此，我把为希冀实现这种在论理上有普适性的文化价值而进行的形而上学的努力称之为"文化主义"。

所谓文化是与自然相对应的概念。我们把在某种意义上被赋予的一个自然的事实以一定的规范使之纯化，在其穷极之处实现其理想的整个过程称之为文化。我们把人们在一定范围内、不断努力的过程中所产生的收获根据内容的不同而称之为艺术、学问、宗教、道德、技术、法律、经济。也就是说，这些文化财富是位于整个文化生活之中的不断努力的产物。而这些文化又都是为了实现一定的规范，相互补充、相互配合去完成其固有的使命的，更通俗地说，它们形成了一个有机的组织，因而，我们将这个文化财产的总体称之为文化。文化的全部意义只存在于价值实现的过程中，唯其如此，它才能作为与自然对峙的事物而具有意义。反之，文化的归趣、文化的目标、使文化具有意义的"当为"就是文化价值。一切人格在文化价值实现的过程中，都具有唯一且不能为其他所替代的价值。换句话说，一切人格是因为参与文化的生产、创造的过程，并发扬其自身的重要性和自身的价值才具有它的意义。所谓人格只是在与文化价值相对而言时才有意义。文化价值是一种将其论理蕴含于自身的客观，人格则是使其产生意义的主观。没有人格的文化价值是不存在的，没有文化价值的人格也是不可能存在的。不能与文化价值相对应的只是自然人，人格只存在于文化人当中。具有此意义的一切人格，在文化价值实现的过程中，任何一个都不会埋没于过程的表面之下，均在其表面占有自身固有的位置，以同样的理念和规律排列，而站立在其终极位置的即是作为目标、作为规范的文化价值。对于这一文化价值所拥有的论理的普适性靠所有的人格而获得事实上的实现，这种追求就是我在此处所要提倡的文化主义。换言之，这就是以文化价值哲学为基础，认同一切人格、一切文化的人文主义。

如前所述，使我们能够对各种主义进行取舍选择并且拥有论理之根据的，必须是一种既内在于一切主义之中又超越其上的存在，是一种既能对各种主义从根底上理解、体验，又能超越各种主义的存在。倘若如此，这种立场，这种"先验理念"，除了我在这里解释的文化主义又能求诸何处呢？讴歌或排斥官僚主义、军国主义、侵略主义、帝国主义，赞扬或贬损民主主义、和平主义、自由主义、进步主义、非侵略主义，文化主义内在于这所有的主义之中并且又超越了这一切。我们必须归于文化主义，在这里寻求批判的标准。若是站在这种立场上来看，则道义未必重，艺术未必轻，对经济技术的态度未必要厚，对学问的态度未必要薄。在此我们可以觅得文明批评的根基。例如，从献身于文化的"观念"这一意义上看，可以说乃木将军[①]的死、乃木夫人的死，或者松井须磨子[②]的情死都是最高的人生之美。作为个人人格的绝对主张，剔除关于其自身行为给天下带来的影响的批判，一是为

[①] 乃木将军：指乃木希典（Nogi Maresuke，1849—1912），日俄战争时任第三军司令官，明治天皇去世时，与乃木夫人一同殉死。

[②] 松井须磨子：Matsui Sumako，1886—1919，本名小林正子，日本大正时代的著名话剧女演员，因情人岛村抱月病逝殉情而死。

天皇而殉身，二是为其夫而殉身，三是为其人而殉身，其间尽管有不啻天壤之别，我对他们的行为仍然不能不抱有同样无限的尊敬。从这个意义上看，我认为乃木伯爵家的再兴是一种不懂得武士情义的行为，须磨子最后的希望使我禁不住流下同情之泪。如果那仅仅是为了保存家族制度，我倒宁愿让它崩溃。如果那仅仅是为了维护风教，我倒期冀它发生根本的变革。我们并非仅为道义而生存，我们也不是只为作一个"常识之人"而活着。我们更不是为了所谓的成功而活着。我们向着文化之归趣，为努力实现文化价值的人格而活着。我们人生的全部意义就在于通过在各个有限的范围内创造文化的产物，从而对个人人格的绝对主张赋予普遍意义。这就是文化主义，就是人格主义。

二

于此，我们已看到前途上璀璨的星光，对那些试图阻止我们前进步伐，阻碍我们发展或安于现状的保守主义、退婴主义、凡俗主义、常识主义乃至机会主义，以及那些反对蕴含于和平内部并自由创造价值生活的，以破坏文明为目的且要求对自身绝对服从和牺牲的权力主义、帝国主义、军国主义、侵略主义，还有那些与努力实现具有论理上的普适性的文化价值相反的、适于第三阶级或第四阶级民众的民主主义、社会主义乃至革命主义，以及范围更小的仅限于一部分文化人的试图以其狭隘的人生观向全体人民施以威压的官僚主义、军阀主义、道义主义，误以为物质上的成功就是对文化的贡献，只知道追随繁琐的形式上的生活，而忘记思考人生意义的物质主义、功利主义、纯商人主义等，都必须反对和驳斥。

关于这一点，我想特别阐述自己对于文化主义的民主主义之态度。

如今这种反对军国主义、官僚主义，高扬民主主义的社会风潮，说到底所表达的是无产阶级、无特权阶级反抗资产阶级、特权阶级这一方面的声音。十八世纪末以后，我们看到了反对贵族僧侣的第三阶级革命的成就，十九世纪后半叶以及二十世纪初，我们又看到了第四阶级的反抗。的确这些都不失为文化史上有意义的运动。以往广义上的特权阶级支配着一般民众从日常生活到人生观的所有方面，根据人们是否具有那些表面的特权和差异而决定他们是否具有参与价值生活的资格，甚至决定其生活的文化价值。对于这种状况，无特权阶级谋求解放其本身的确具有正当的、应有的意义，也决不违反文化主义的根本主张。但是，如果在贯彻这一主张时，将特权阶级的优越性取而代之的仅仅是占多数的无特权阶级的优越性，如果不能论证多数通常比少数更接近真理，其运动终究是无意义的。不仅如此，作为实际的结果，只不过是从谬误的经验主义、实证主义的主张出发使文化生活回归到自然生活而已。不承认特权阶级而又承认私有财产制度是一种自相矛盾，因而，如果不承认私有财产制度，则必须在论理上采取平等主义。然而，正如我在其他的场合所说的那样（请参照《国民经济》杂志第二十五卷第六号刊载的拙著《从价值哲学上观察生存权论》），承认平等主义的人事实上各人之间也并非平等，所以，才不得不走向作为结果的平等主义。我们穷尽知识去思考也不得不承认这一点，其主张终将变成我所谓的恶平等主义。如此一来，便沦落到驱使一切的艺术、一切的学问成为供奉民众口腹之欲望的牺牲品。一切文化将被那些不包含柏拉图、歌德、康德、牛顿、伦勃朗、贝多芬、松尾芭蕉①、紫式部②等人的第四阶级的社会民主主义为了其生计而在其脚下惨遭践踏，这终究是我们所不忍看到的。犹如在有利于交通方便的口实下，将江户城三百年的绿树砍伐殆尽一样，实在令人痛心！不！文化主义决不支持如此之民主主义。文化主义对那些将有限的一部分人的人生观强加给所有人的官僚主义、军国主义恶之如蛇蝎，同时也不能不反对那些以一般民众的假面出现，仅仅试图以无特权阶级代替特权阶级的社会民主主义，即便他们可能是大多数人。因而，吉野博士在本黎明会的开幕辞中，福田博士在今年初刊登于报纸杂志的论文中对德国式的社会民主主义所进行的批驳十分符

---

① 松尾芭蕉：Matsuo Bashyo，1644—1694，日本文学史上的著名俳句作家，著有《奥州小路》等。
② 紫式部：Murasaki Shikibu，生卒年不详。日本平安时代中期女作家、歌人。著有《源氏物语》。

合我的观点。

真正的民主主义其主体不仅包括无特权阶级，也包括现在的制度下司空见惯的特权阶级之全部，换言之，一切人格在文化价值规范的实现过程中，在其表面占有它各自应有的位置。即真正的民主主义若是允许Contradictioin in adjecto的话，就必须是立足于差别主义之上的民主主义。在此种情况下，我们的理想必须是：一切人格均要求得到承认，没有任何的人格被埋没于文化价值规范实现过程的表面之下。

具有局限性的民主主义所应批判之处与官僚主义所应批判之处虽有程度上的差别，但在性质上是完全相同的。第四阶级是十八世纪工业革命带来的历史产物。如果说因为恰好生在这一百年来具有第四阶级这一历史产物的时代，就必须以劳动者主义、唯物主义、物质主义、功利主义、平等主义取代官僚主义、权力主义、威压主义、道义主义，那么，恐怕在数千年的人类历史上再没有像我们这么悲哀的了。我们所要求的是人格的自由，是自由人格的自我发展、创造。自不待言，这当然也就是文化本来的意义。文化应该处于人格目的论的原理被完成的位置。当哲人（政治）主义、官僚主义、民主主义被认为是实现这一目的的手段时，它们各自尚具有能够得到认同的原因。不过，这些主义有意识或无意识间使大部分或一部分的人格埋没于规范实现过程的表面之下，这一点是应该批判的。最重要的是，我们需要对文化有广泛而深刻的理解。

三

那么，在这里就只剩下了一个问题。多数和少数相比，多数不一定就是真理。一切人格谋求呈现于价值实现过程的根据是什么？

关于这个问题我找了两个论据。一，文化并非是唯一与人格相关的，拥有此种内在性质的文化归趣是作为一种文化价值、规范、要求而成立的，因而，这正如我在另一篇论文中（《作为极限概念的文化价值》）所阐释的那样，应该把它看作一种极限概念的话，将通向这一极限概念的各成员、各要素一体化的各人格，犹如在数学上为了到达数的极限，其生成数列里的无理数是不可或缺的一样，在到达文化价值的方向可以发现包括各种内容差异的位置。各人格所能考虑到的一切差异的根源即使不认为它是形而上学的"物其自体"，它也是一种非合理性问题。并且，即使把通向文化价值极限的一系列生成看作是合理化的过程，其价值差异仍然内在于合理化过程之中，其所有位置的事物都应得到认同。所谓多数决定的问题，与此相反，只不过是在非合理性的合理化的表面上同价值单位积聚数的多寡而已。那么，可以明白在这种意义上的单位的多数比少数更近乎真理的说法本身显然是没有根据的。我所主张的只有较为表面的、不触及人格核心时作为一种方便且合乎目的的问题才允许由多数决定即为此意。

从以上两个论据及其意义来看，尽管并不能说多数一定比少数更接近真理，但是，一切多数的人格要求参与价值实现的过程其道理则十分明显。

因而，文化主义所追求的是一切人格都可以具有其在文化价值实现过程中特有的意义，通过参与某种文化所产的创造，实现其主张各人格绝对的自由。在这一意义上说，文化主义也就是人格主义。

关于在一定范围内文化所产的重要及其地位以及创造文化价值的各个人格的文化所产相互间的价值批判标准，比如说，重视道义抑或是重视艺术的标准等，我相信如果不思考文化价值普遍性，是不可能发现这种批判标准的。所谓文化价值普遍性即将各个范围的文化过程以及所产调和、整合为一个形成一定结构的整体文化。从每一个体的人格来看，人格自由的自我发展，必然通向追求具有多方面而且又很深刻理解的文化人的人本主义。在这一意义上说，文化主义就是人本主义。即一方面，各人格通过一部分文化所产的创造，发扬了他全部人格，进而，通过一切人格的相互补充、配合，在最大程度上凸显文化普遍性的意义；另一方面，在各个人格的内部，以其对所有的文化种类广泛、深刻的领会，期待文化主义的实现。两者都具有把文化价值作为"演绎"而树立起来的文化价值哲学的基础，而价值哲学则向文化主义、人格主义、人本主义赋予了论理之根基。文化史上的一切思想和主义都必须以此作为其批判的根据。所有文明批评的根据都在于：一切人格均有差别，并且同样都朝向文化的归趣。能经受这种检验的民主主义才是真正的民主主义。

  基于以上理由，我反对军阀主义、官僚主义以一部分人的人生观来强制所有人，同时，也坚信真正的民主主义是没有阶级的，是建立在要求对文化具有广泛、深刻理解的文化主义之上的。我们努力尊奉并实现此种文化主义，正是为了真正理解所有文化人之努力所为的本来的意义。立足于这一主义，一切实际问题才能得到正当的批判。若非如此，一切人文史上的主义、主张终究也只是一番感情论罢了。

（隽雪艳、李会成译）

二十三、阿部次郎

史料简介

阿部次郎（1883–1959）是日本哲学家、美学家和评论家。生于山形县，少年时代饱读东方儒学、西方哲学相关书籍。1904年，阿部次郎考入东京帝国大学，是当时在该校任教的德国哲学家克贝尔、波多野精一等人的学生。1907年大学毕业后，拜作家夏目漱石为师，在夏目漱石主编的《东京朝日新闻》文艺栏（1909年11月–1911年10月）发表若干评论与短文。阿部次郎在《秋窗记》中曾说过"无论是过去还是现在，夏目先生和克贝尔先生都是我的老师"。1917年担任岩波书店出版的《思潮》杂志的主编，成为这一时期思想界的先导。1922年赴欧洲留学，翌年回国，任东北帝国大学教授，在其23年任教期间主讲美学。1945年退休后，致力于日本文化的系统研究，并于1954年创建阿部日本文化研究所，主张以西洋哲学为基础研究日本文化，唤起人们对于日本文化的反省。1959年病逝。阿部次郎的代表作有《三太郎日记》《人格主义》《伦理学的根本问题》《美学》等。

作为大正时期教养主义代表，哲学性散文《三太郎日记》主张通过真诚的内省来认识自身弱点，积极乐观地生活，并且从伦理的要求出发，在考虑到他人的幸福以及同他人的关系中获得幸福。其他主要作品有《德川时代的艺术和社会》《万叶时代的社会和思想》《世界文化和日本文化》《日本文化的责任》《万叶时代的社会和思想》《简述日本文化》，主张在世界文化多样性与自我文化归属性的矛盾之间，深入思考日本文化何去何从的问题。

《人格主义》是阿部次郎以德国哲学家西奥多·利普斯的伦理学为基础，并根据其人格主义创作而成。阿部次郎在该书"序"

中指出"我是为了解释利普斯的《伦理学的根本问题》而写这本书的"。该书第一编为"理想主义",第二编为"人格主义"。阿部次郎认为人格主义的概念是进一步阐释理想主义内涵的词汇概念。这里节译岩波书店1921年版《人格主义》本论中的部分内容,由此可见其主要观点。

人格主义（节译）

作为人生批评原理的人格主义见解

一

正如人人皆有立场,我也有自己的立场。我站在这个立场上观察人生、社会与自己,并对他们进行批评。用一句话来说,可将其命名为人格主义见解。我在此想给此人格主义见解加以概括性的说明。给此立足点赋予深刻的哲学基础,并将其精准地应用在现实生活的具体事情上,这些并不能使拙论更加精彩。因此,对于现在的我而言,这些是难以企及的宏远志向。将人格主义朝向上述两个方向增加深度与广度,是我今后的重要课题之一。然而,就现在来看,既然我的生活是以这一信念为基础的,那么,尝试表明我的根本态度并尽量给予该信条以明了的形态,对于社会和自身而言,并非是无用之功。站在上述立场与现代社会交锋之时,在某些时候,我的思想会与人们所认同的世界大局并驾齐驱,有些时候则与其背道而驰。然而,只要我还有自己想要坚守的立场,与世界大局并驾齐驱也好,背道而驰也好,都不会令我因此或喜或悲,这是无需赘言的。在向人们所认同的世界大局面前表明自身态度这一点上,该论文的写作绝非徒劳。究竟是我的思想有错,抑或是与我思想背道而驰的思想有错,恐怕也只有将其放在永远的真理之法庭等待终极的裁决吧。

二

人格主义是什么？只要其与人生有丝毫相关涉之处,其至高无上的价值就是人格的成长与发展,其他所有价值的意义与等级必须在与此最高价值相关联的基础上来判定。我们不承认取代人格的其他任何事物的价值，与此同时，我们承认那些为人格之价值而奋斗的一切事物之价值。那么，人格究竟是什么？我们的考察必须由此开始。

为了明确人格的概念，我认为此处可以举出四个标识。第一，人格是在与物相区别的基础上才有其意义。第二，人格并不是个别意识经验的总和，构成其基础并对其进行支撑与统一的是自我。第三，人格是不可分裂的意义上的Indibiduum（个体），是一个不可分离的生命。第四，在以先验性要素作为内容的意义上，人格与后天性格相区别。用康德的话来说，人格不是单纯的经验性性格，以拥有睿智的性格为其特质。

精神与物质是不同的存在吗？抑或不过是同一存在的两个方面呢？或者某一方是根本性的存在，另一方只是其派生性的存在呢？此等关于存在的问题无论做何种解释，只要将物质与精神进行区别思考的话，那么此二者必须具有不同的意义。其意义上的区别在于精神为思考、感受与意欲的主体，物质则是思考、感受与意欲的对象。或许可以说，在作为思考、感受与意欲的主体的意义上，一切存在均为精神；然而，在单纯地停留于作为由其他某种精神所思考、感受与意欲的对象，自身并不是思考、感受与意欲之主体的意义上，一切存在均为物质。我们在某种意义上区别精神与物质之时，其区别自然意味着两者间的这种独立。因此，至少在关于价值的问题上，精神与物质的区别就是以精神为主，以物质为客或为辅。物质的价值是由精神赋予的，忽视精神的要求而强调物质价值在根本上是无意义的。因此，所谓人格，在作为精神、作为价值与意义主体的意义上被命名，与作为其对象之物相对立。因为人格是精神，只要我们有人格，我们就是智者、感情家与努力家。然而，我们却不能是金钱、时间与肉体。虽说人身为肉体，但此等之物，却只是我们所拥有之物。人格与物之区别最终是to be之主体与to have之对象之间的差别。我们是某者，拥有某物。在我们的拥有物与我们的精神属性相区别的意义上，人格概念的第一标识得以成立（顺便说一下，罗素所说的to do与to love之间的区别最终亦包摄在to be与to have之间的对立中。to do是to be的发动，因而前者是后者的一种。这种区别至少与基督教相同，毋宁说与苏格拉底或柏拉图时代一样古老。这种区别之所以重要，并不是因其新颖，而是要使这一永远的真理能够延续到现代）。

然而，我感觉有必要从自身的立场出发，对一种表面上看起来与上述说法正好相反的思想加以解释阐明，那就是尼采的《查拉图斯特拉如是说》中的"肉体之蔑视者"一章。其说法是，精神不过是微小之理性，自我不过是由某种意志所操纵的玩具，那隐藏于背后的操纵者是更加伟大的理性、具有威力的指挥者、不为人知的贤者，这就是查拉图斯特拉所说的"selbst"（自己）。并且，由于"自己"最终仍是肉体，因此从根本上支配人的并不是精神与自我，而只能是肉体。"隐藏在你肉体内的理智要多于你的最高理智当中的理智"；"它不会轻言'我'，而是为'我'付诸行动"；"具有创造力的肉体为自己创造了精神，以此作为它的意志之手"。面对上述如此对肉体的赞美与对精神的蔑视，我们该采取何种立场呢？面对这种从正面颠覆我们立场的说法，我们该作何回应呢？然而，答案却是出乎意料的简单。如果查拉图斯特拉的意思在于强调作为自然条件的肉体意义的话，那其思考可以归结为"mens sana in corpore sano"（健全的精神存在于健全的肉体中）这一古谚的同等含义。然而，该古谚的含义仅停留于主张如下内容——人们若追求精神的健全，必须使作为自然条件的肉体达到健全。如果从价值或目的的角度来看，这仍然是以精神为主导的思考。因此，不管该谚语中包含了多少一般性真理，仍不足以颠覆我们一贯的立足点。因此，如前所述，如果查拉图斯特拉的真意不仅在于强调作为自然条件的肉体意义，而是主张肉体价值的优越性的话，那么该主张的根据究竟在何处呢？我认为其根据只能在于肉体是超越精神的伟大理性者、指挥者、智者、不言实行者与创造者。换言之，用日常语言表达的话，就是超越肉体的某种存在；如果用我们的语言表达的话，就是精神。查拉图斯特拉使用诸如"肉体"或"自体"等从动性词汇，其实在于唤起人们对精神世界两种区别的注意。在这个意义上来解读上述说法的话，我们从中能够读取到其关于人格第二标识的意味深长的真理性导向。我们的人格绝不是每个刹那的思考内容、感情内容以及意欲内容的总和或连续，而是使上述内容产生或消长并且连自身都不能充分把握的内在活动之主体，是作为统一原理的生命。人格与外界的关系不单纯是意识与外在因素之间的关系，是创造者与其所使用的材料之间的关系。我们将人格概念作为问题时，特别需要注意到它与意志或生命观念之间的联系。

因此，人格是一个不可分割的整体，并且必须是一个以生命为本质的individuum（个体）。没有被一个生命所支撑的存在绝不是一个完整的人格。若缺乏生命之连续，类似性自不必说，即便完全同一，亦会失去人格同一之根据。在这个意义上来说，人格是个体。因此，人格成为个体的原因并不在于与其他人格的对立或相互制约，而在于其拥有一以贯之的生命。所谓对立或相互制约不过是我们这些特殊人格中所呈现出来的经验性事实。如果允许我们想象不受制约并拥有生命的神灵或宇宙存在的话，那么我们会毫不犹豫地将其命名为个体，并称其为人格。人格不会强调与其他因素的对立，是对自我本质的回归。在这个意义上，人格的第三个标识——即人格主义与普通的个人主义相区别的主要着眼点得以成立。

最后，人格的生活中存在着对自我难以改变的性格进行批判与责难的普遍性先验性原理。无论处于何种境遇、性格与宿命中，决不允许对它的背叛，对于背叛者亦使之不能心安理得，它被赋予了如此决断性的命令。人格不仅作为一个生命拥有自然的统一，而且由一个义务被先验性地统一。这其中存在人格与经验性性格的差别。人格的先验性要素对经验性性格加以鼓舞、激励，使之痛苦、烦恼，并对其加以提炼、净化，对人格进行打磨与锤炼以使之成为人格。在这个意义上，将人格主义与主观主义相区别的人格第四标识得以成立。

三

如上所述，人格主义将人格的成长与发展作为最高价值。因此其必然立于与物质主义完全相反的立场。然而，从人格主义的立场来看，物质亦具有某种程度的价值。对于人格的生活来说，物质的所有与使用究竟拥有何种意义呢？毋庸讳言，对于此问题的解答关联到对物质重视程度的种种差异，然而，只要人格的生活中无法缺少物质的所有或使用，那么在这个意义上，物质就必然存在价值。然而，人格主义之所以在某种程度上如此认可物质具有价值，是因为物质是人格价值增进的条件，换言之，其具有对于人格的价值，此外别无其他。然而，物质的拥有或使用只有在某些条件下才能增进人格的价值，若违反该条件的话，反而会成为人格的拖累。物质所有的过剩如何导致人格的生活堕落，这一现象从所谓富豪尤其是富豪子弟的身上就能反复得到印证。因此，物质自身并不具备价值，一切物质的价值均是其所有者人格的反映。使无言的物质成佛的一定是其使用者的人格光辉。这其中存在人格主义对待物质之意义的根本态度。无论物质生产及其分配的问题在现代社会占据何种重要地位，亦只是在作为条件意义上的重要，而不是在作为目的意义上的重要。将条件置换为目的会导致严重的理智丧失，人格主义必须对这种理智的丧失明确地、不断地采取反对的态度。

当然，我的上述说法并不意味着一切作为条件的问题都可以被轻视。当其成为实现人格价值必不可少的条件时，毋庸置疑，条件的问题亦成为关乎生死的重大问题。只不过，将条件置换为目的的危险是将物质的增加作为无条件的理想，因此，对所有者或使用进行限定反而伴随了目的，这一点是常常被遗忘的。只要所有的增加以无条件为目的，即便其中存在获得所有过程中的妥协问题，就不会有任何以其他原理为基础的所有限制问题。然而，关于物质，大有对其问题进行限制的必要。在人格的发展中有害、无用的物质的堆积，或者对所有欲的限制——这一精神的教诲过程中，存有人格主义对现代社会所产生的重大使命。

然而，从概念上与人格主义相对立的意义上来看，物质主义终究是一个妄想。无论是何种物质主义者，实际上给予物质以独立价值的人应该不存在。即便如此，仍对此进行主张之人，是因为缺乏自我剖析，而不知自己的真意。守财奴拥有金钱的目的是拥有金钱的喜悦，而不是金钱这一物质。金钱这一物质，作为这一喜悦的条件是必不可少的，因此是有价值的。因此，拥有金钱的喜悦，最终可以归结到从对它的使用产生出来的享乐与便捷以及保证享乐与便捷得以实现的安心感所带来的喜悦。物质的拥有所能够保证的是官能享乐的喜悦，或者通过给予他人官能享乐所带来的自身权势欲望的满足。而且，此等享乐与物质上的拥有成正比，拥有越多越会得到保证。因此，物质主义者终究还是官能享乐主义者。他们以官能的享乐为条件，认为物质存在价值。他们的目的是官能享乐这种精神状态。因其存在于这一状态，物质上的丰富拥有成为了不可或缺的条件。为了达成这一目的，他们追求物质的拥有多多益善，因而，他们最终以物质的所有为唯一关心的事情。在这个意义上，享乐主义者最终的归结就是物质主义者。

一切物质的价值均在于它对人所具有的价值。对人来说，所谓有价值的东西就是能够提高人自身价值的东西。事实上，所有的物质享乐主义者亦是在这一原理上评价物质价值的，在这一点上和我们并无任何不同。然而，人的价值究竟是什么？享乐主义者将其标准放在官能享乐的程度之上，拥有最多享乐的生活是最具意义的生活。因而，他们为了攫取享乐的机会与便利，会放弃所有的东西对此进行追求。他们对人格价值的不清醒正是由此开始的。而这种思考方式的谬误将由这种生活的最终结果所明确证明。在这种情况下，所谓享乐，是将我们的人格放在消极的态度上，由对此发生作用的外界印象所左右的过程中所产生的的身心舒适感。因此，这种生活的结果就是被动方面所产生出来的神经过敏，面对外物上的人格的奴性臣服。人贪美衣之时，美衣则成为其主人，人不过是美衣的奴隶，这时并不是人穿着美衣，而是人被美衣所穿着。人贪美食之时，美食则成为人的君主，人不过是美食的臣仆，这时并不是人在进食美食，而是美食在吞噬其人格。作为生活的最终结果，让人格之所以成为人格的人格的能动方面被逐渐消磨殆尽。创造的乐趣、劳动的喜悦、与困难斗争的勇气，腐蚀上述人格特有生活的，除了物质享乐主义之外再无更甚者。现代社会因如此的生活态度落入何种危机之中，对于饱受物质主义余毒的我们来说，一定难以理解。举个例子，毫无疑问的，我就是那个惧怕在最血腥的方面，将现代社会的重大问题，即经济生活的不安在冥冥中建立在物质享乐主义的根本假定之上的人。诚然，我深知，现在经济生活的问题均根植于现代社会的深刻缺陷之中，并与人格生活的根本问题相纠缠。

然而，我们必须严密地区别此方面的人格权利与物质享乐欲之间的正面冲突，并加以思考。作为实际问题，此二者经常有被混淆的危险，因此我们更加有必要对此进行明确的区别。如果不知道俄罗斯与英吉利的话，至少在现今的日本，就会出现如下风险：在此方面的争斗中有人不惜践踏他人的生存权来沉迷于自己的奢侈生活；在羡慕别人的奢侈生活的同时主张自己亦享有被赋予此种奢侈的权利——面对上述两种阶层的攻击，不会作出防御战，或者随时冒着落入这种战争的危险。给经济生活的问题理所应当地赋予其应有的意义，并防止其超出一定的范围，是人格主义对现代的使命中特别重要的方面。我们的社会问题应该是在衣食住的奴隶中所出现的奢侈争夺问题，正可谓饿鬼道之问题。

（孙彬译）

二十四、九鬼周造

史料简介

　　九鬼周造（1888—1941），东京帝国大学（今东京大学）哲学系毕业，1921年至1929年欧洲留学八年，直接师从于李凯尔特、海德格尔、伯格森等哲学大家，形成了自己独特的哲学思想。他把不断阐释自己与他者的二元关系和探究个体实存生命的哲学作为自己一生的思想追求，其中偶然性哲学作为九鬼周造哲学的核心思想，为日本现代哲学的多元化发展做出了重大贡献。同时他又是诗人和文学评论家，他一生的主要论著有《"粹"的结构》和《偶然性问题》，此外他还留下了大量关于日本文学、文化和思想方面的论文以及大量的随笔。本译稿依据《九鬼周造全集》第一卷节选（岩波书店1980年版）。

"粹"的结构（节译）

一、序

　　"粹"这一现象有什么样的构造呢？首先我们应该用什么样的方法能阐明"粹"的构造、把握"粹"的存在呢。毋庸置言"粹"构成了一个意义。而且"粹"作为语言能够成立也是事实。如果这样，"粹"一词有没有在各国语言中都能够找得到的普遍性。我们应该首先要搞清楚这个问题。这样，如果"粹"只在我们国家的语言中存在，"粹"就带有特殊的民族性。如果那样，应该用什么样的方法论对待带有特殊民族性的意义即特殊文化存在呢？在明示"粹"的构造之前，我们应该先回答这些先决问题。

首先一般的语言与民族有什么样的关系呢？语言的内容与民族存在有什么样的关系？意义的妥当问题对意义的存在问题并不是无用的。而且正相反，存在问题往往是根本性问题。我们应该首先从被给与的具体出发来分析。我们直接被给与的首先是"我们"，此外还有我们称之为综合的"民族"。这样的民族的存在状态，对其民族来说是核心性的存在时，就会作为一定的"意义"显现。同时，一定的"意义"通过"语言"打开通路。所以一定的意义或者是语言，正是一个民族的过去以及现在的存在状态的自我表明，是拥有历史特殊文化的自我展示。所以意义及语言与民族的意识存在的关系，不是前者的集合形成了后者，而是民族的活生生的存在创造了意义及语言。两者的关系，不是部分先于整体的机械的构成关系，而是整体规定部分的有机的构成关系。所以一个民族拥有的某个具体的意义或者语言，作为这个民族的存在，带有民族体验的特殊色彩。

日语中"粹"是带有明显民族色彩的词汇。现在我们先假定在欧洲语系中存在与其意义相同的词汇，然后我们再尝试探寻现实中是否存在合乎其意义的词汇。首先，英语和德语中与其相似的词汇几乎都是法语的借用。那么法语中能否找到与"粹"意义相当的词汇呢？首先出现的是Chic①一词的问题，英语和德语在使用中对这一词都是直接引用，在日本则经常翻译为"粹"。原本关于这一词汇的词源有两种说法：一种说法是Chicane②的简略，意思是善于使用诡计让对方卷入官司。另外一种说法Chic的原形是Schick③，即从Schicken④一词而来的德语，这样就与Geschickt⑤相同具有诸事都很巧妙的的意思。法语引用了这一词汇，在使用过程中逐渐变得与Élégant⑥意义接近。后来作为带有新的意义Chic即法语又重新被德国引用。如果那样这一词汇现在所表达的意义

---

① Chic：形容词，时髦的、时尚的。名词，漂亮、时髦、雅致。
② Chicane：对……施诡计或玩花招，用圈套。
③ Schick：漂亮、雅致、有魅力。
④ Schicken：顺从、符合、合乎礼仪。
⑤ Geschickt：灵巧、巧妙、精明、符合。
⑥ Élégant：优雅、高贵、漂亮、灵巧。

具有哪些意义绝不是"粹"的意义所局限的，比外延有更为广泛的意义。也就是说，包括了"粹"和"高雅"均有的要素，表明了相对于"低级"和"庸俗"的"纤巧""高雅"的情趣。接下来分析一下Coquet①这一词汇。Coquet是由Coq②发展而来的，原意是形容一只雄鸡被数只母鸡包围为条件而展开的情景，即意味着"媚态"。英语和德语都照搬了这一词汇。德国在十八世纪针对Coquetterie③创造出了Fängerei④这一新的词汇，但是没有被推广使用。这个特别是带有法国特征的词汇的确形成了"粹"的一个本质特征，但是如果不加上其他的特征就不能产生"粹"的意义。不仅如此根据特征组合方式的不同会转换成"低俗"或"浅薄"。卡门哼着哈巴涅拉⑤向多恩·约瑟献媚的态度正是Coquetterie所表达的意思，而不是"粹"。此外法语中还有另外一个词汇Raffiné⑥，是从Re-affiner即"使更为精细"一词发展而来的，意味着"洗练"，英语和德语也引用了这一词汇，而且它也是"粹"的特征之一。尽管如此，完成"粹"的意义还缺少一个重要的特征，而且当它与某些特征相结合的时候还有可能会出现"涩味"的意思，"涩味"在某些意义上是相对立的。简而言之，在欧洲语系中只有与"粹"相类似的词汇，而不存在完全同样意义的词汇，所以可以说"粹"是东洋文化、大和民族特殊存在状态的一个显著的自我表现。

其实，在西方文化中探寻与"粹"相类似的意义，根据形式化抽象找出几个共同点也不是不可能的，但是这不是正确理解作为民族存在状态的文化存在的方法论态度，自由变更规定民族历史存在的现象，在可能的领域内进行所谓的"理想模式化"，只能得到包含此现象的类概念。理解文化存在的要点是不损害事

---

① Coquet：卖弄风情、调情，轻率的处理、虚度。
② Coq：公鸡。
③ Coquetterie：好打扮、卖弄风情、妖冶、狐媚、装腔作势。
④ Fängerei：卖弄风情、妖冶、狐媚、好打扮。
⑤ 哈巴涅拉：法国作曲家比才（Georges Bizet，1838—1875）于1873—1874年创作的歌剧《卡门》中卡门向情人献媚时哼的歌曲。
⑥ Raffiné：讲究的、高尚的、有教养的、精致的。

实的具体性，在实事求是的真实再现形态中把握文化存在。伯格森认为闻到玫瑰花的香味而回想起过去的时候，不是由于玫瑰的香味所给与的过去的联想，而是在玫瑰的香味中闻到了过去的回忆。玫瑰的香味这一不变的、对万人来说共通的类概念在现实中不存在，只有内容相异的各个不同的味道。玫瑰的香味这一一般事物与回想这一特殊事物结合而说明具体体验，与排列各国家语言中的字母表中的几个字母而形成具有各国特色的发音是同样的行为。对"粹"进行形式化抽象，在西洋文化中探寻语系相类是现象的共同点也是此类行为，我们在考察关于把握"粹"的现象的方法论时，一般都会面临Universalra①的问题。安赛姆斯（Anselmus）②站在类概念就是实在的立场，拥护"三位一体"的神的正统派信仰。与此相反罗瑟林③则站在类概念只不过是名目而已的唯名论立场，认为父与子与圣灵三个是独立的神，甘愿忍受三神说的责难。我们在理解"粹"的时候应该具有把universalra的问题向唯名论方向解决的异端者的觉悟，也就是说单纯把"粹"作为准概念，纵观包括这些的类概念的抽象普遍即追求"本质直观"是不可以的，理解作为意义体验的"粹"必须是具体的、事实的、特殊的"存在理解"。我们在追问"粹"的Essentia④之前先要解决"粹"的Existentia⑤。简而言之"粹"的研究不是"形式的"而应该是"解释的"。

那么作为民族具体形式而被体验的意义的"粹"有着什么样的结构呢？我们首先来理解在意识现象的名义下成立的作为存在样态的"粹"的意义，然后再进行作为客观表现的存在样态的"粹"的理解，忽视前者或者颠倒前后顺序去把握"粹"都只能使意图落空，但是我们在尝试着阐明"粹"的时候经常会陷入这种谬误，把客观表现作为首先研究的对象在其范围内寻求一般

---

① Universalra：普遍。
② 安赛姆斯：Anselmus, 1033—1109, 经院哲学早期的代表者, 出生于意大利, 后任英国坎特伯雷大主教, 以证明神的存在而著名, 著作有《关于真理》等。
③ 罗瑟林: Roscelinus, 约 1050—1112, 法国经院哲学家, 中世纪唯名论创始者。
④ Essentia：拉丁语，本质。
⑤ Existentia：拉丁语，存在、实存。

特征局限于客观表现,也不能把握"粹"的民族特殊性。此外,把对客观表现的理解直接看作是对意识现象的理解,说明作为意识现象的"粹"时仅流于抽象形式,而不能具体解释民族历史所规定的存在状态,我们必须与此相反从具体的意识现象着手进行考察。

二、"粹"的本质结构

阐述在意识现象的形态中作为意义的"粹"的第一个课题是,首先要从本质上识别形成"粹"的意义内容的本质特征,明确其意义。然后是第二个课题,从外延上分析类似的意义与此意义的区别,从而使此意义更为明晰。这样通过同时分析"粹"的内涵结构和外延结构,我们就有可能完全理解作为意识现象的"粹"的存在。

先从本质的角度出发,"粹"的第一个本质特征是针对异性的"媚态"。与异性的关系形成了"粹"的最原本存在,"粹事"意味着"情事"也能说明这一点。"粹闻"则意味着是关于与异性交往的话题,而且说到"粹闻"和"粹事"的时候则往往意味着与所交往的异性关系非同寻常。近松秋江的短篇小说《粹事》[①]就是关于蓄妾的问题,这种异性间非寻常的关系,如果没有媚态的前提是无法想象的,也就是说"粹事"的必然性规定在某些方面就是媚态,那么媚态是什么呢?所谓的媚态是指一元的自己假想与自己相对的异性、在自己与异性之间结成可能关系的二元态度,如此"粹"中表现出的妖冶、娇艳、魅力等都是以这种二元可能性为基础的紧张。所谓的"上品"(高雅)缺乏这种二元性,这样这种二元可能性是媚态的最根本存在规定,当和异性达到完全合同而紧张性消失的时候媚态也会自行消失。媚态以征服异性为假象目的,其命运是随着目的实现而消失。永井荷风

---

① 近松秋江:1876—1944,小说家,惯于以自然主义手法描写男女间的爱欲,主要作品有《黑发》等。《粹事》:收于《近松秋江全集》(八木书店)第五卷(1993年出版)。

在《欢乐》①中说"没有比一直想得到的、最后得到了的女人的命运更悲惨的",这里所说的就是在异性双方之间活跃的媚态在自己消失之后随之而来的"倦怠、绝望、嫌恶"之情。如上所诉,媚态的本质是保持二元关系的持续,即维护可能性的可能性,这也是"欢乐"的要点。但是也不能说媚态的强度随着异性间距离接近而减弱,距离的接近反而会增加媚态的强度。菊池宽在《不坏的珍珠》②中有一章题为"媚态",其中有这样的描写,"片山氏……为了与玲子拉开距离,想尽量快步走开。但是玲子那修长的双腿……片山氏越想拉开距离却反而越贴近了距离,紧贴着她走着"。媚态的要领是在可能的限度内使距离接近,却不达到距离差的极限,作为可能性的媚态实际上是作为动态可能性的媚态,阿基利斯"用他修长的双腿"无限的迫近乌龟,但是不能忘记芝诺③(Zenon)的反论说的成立。但是媚态在其完全的形式中异性间的二元动态可能性必须是绝对化的可能性的原样。继续"被继续的有限性"的放浪者、喜欢"恶性无限性"的水性杨花者、"无穷的"追踪而不倒地的阿基利斯,只有这种人才知道真正的媚态,这种媚态规定了"粹"的基调是"妖媚"。

"粹"的第二个本质特征是"义气"即"自尊",作为意识现象存在状态的"粹"鲜明地反映了江户文化的道德理想,包含了江户人的气概,地道的江户人以粗人和野人不住在箱根以东为自豪。"江户之花"尊崇不惜生命的消防员、灭火夫在寒风中只

---

① 永井荷风:1879—1959,小说家,曾翻译介绍左拉的《地狱之花》,作品具有明治末期的耽美作风,表现出对现代文明的厌恶,多描写花柳界等下层人的风俗生活。主要作品有《美国物语》《隅田川》《墨东奇谈》等,曾获文化勋章。《欢乐》收于岩波书店1992年出版《荷风全集》第六卷。

② 菊池宽:1888—1948,作家,与芥川龙之介等人创刊《新思潮》,在长篇通俗小说方面取得巨大成功。并创刊杂志《文艺春秋》,在培养作家、普及文艺方面做出了巨大贡献。《不坏的珍珠》:收于高松市菊池宽纪念馆1994年出版的《菊池宽全集》第八卷。

③ 芝诺:Zenon(约前490—前425年),希腊哲学家,埃利亚学派的代表,以出示反论而著名。其中之一有"阿基利斯与龟"的反论,大致的意思是,速度极快的阿基利斯如果在乌龟之后出发与乌龟赛跑,当他到达乌龟出发点的时候,乌龟已经离开了这一点,所以阿基利斯永远也不会追上乌龟。

穿白色袜靴、披着一片号衣的"大丈夫气概","粹"必须含有"江户的张显自尊""辰巳的侠骨"①,必须具有与"豪迈""侠义""豪侠气"等共通的气质品格。"俗客尽退红墙外,红粉三千竞妖娆……"②,"粹"是媚态的同时也表现出对异性的反抗意识。《钵卷江户紫》中象征"粹缘"的助六向别人挑战说"臭小子,快快过来向我叩拜"③。被誉为"粉红色薄花樱"的三浦屋的扬卷对大胡子义休说"冒犯了,在下就是扬卷,即使在黑暗中也能够分辨出助六君和你……"④,表现了一种顽强的气概。"色与自尊坚持到最后、粹的性情"说的就是这种事情。这样高尾和小紫⑤也出现过。"粹"有着活泼泼的武士道的理想,"武士没有饭吃也要剔牙"发展为以"没有过夜的钱"而自豪,最后又发展到鄙视"妓女""娼妓"的凛然志气。"金钱买不到倾城……"是廓的成规。"鄙视金钱,连手都不碰,不知物价,不诉苦,就像公家大名家的千金小姐"⑥是江户时代对太夫(高等妓女)的赞美。在"不为五丁町之辱、不折吉原之名"⑦的动机下,吉原的艺妓"多次拒绝粗俗的大财主"⑧。"稍有堕落就不能立名……"⑨妓女们严守者信义。自尊得到了灵化是"粹"的特征。

"粹"的第三个本质特征是"断念",是对命运的智慧的认识脱离执着的无关心的态度,"粹"必须是脱俗,必要有淡泊、畅快、潇洒的心态。这种解脱是从何产生的呢?作为异性间的通路而设置的社会的特殊存在有太多的机会体验爱情幻灭的苦恼的机会,"偶尔见面还说要分手,表面正襟危坐,内心却难以

---

① 辰巳:指江户时期的妓馆区深川,因其位于江户城(东京)的东南方,故称辰巳。侠骨:是指性格豪爽富有侠义之心。
② 引自三弦曲《对编笠》。
③ 净琉璃·河东节《助六由缘江户樱》男主角助六的台词。
④ 净琉璃·河东节《助六由缘江户樱》中的名妓扬卷的台词。
⑤ 高尾和小紫:都是吉原(江户妓馆区)三浦屋(妓馆)的名妓,二人的事迹经常被作为歌舞伎和净琉璃的题材。
⑥ 斋藤隆三著:《近世日本世相史》,日本博文馆1925年版,第481页。
⑦ 斋藤隆三著:《近世日本世相史》,日本博文馆1925年版,第475页。
⑧ 斋藤隆三著:《近世日本世相史》,日本博文馆1925年版,第483页。
⑨ 净琉璃·河东节《松内》中的台词。

琢磨，到底是薄情鬼还是善良的人呢"①，这一感触并不是十六夜里一个人的叹息。注入全部身心的真情几度被残酷的背叛，遍尝苦恼而锻炼出来的心不再在意甜言蜜语的目的，失去对异性纯朴的信赖彻底断念的心态的形成绝不是无代价的，"所想之事不能实现才是浮世，总是断念而不可强求"，这里含有"薄情、见异思迁，总之男人都是心辕意马"②的烦恼体验，隐藏着"缘份是比丝还要细的东西，总是容易断裂"③的万法命运，在此基础上得出了"人心是飞鸟川、流转易变"④的怀疑态度和"像我这样的身份没有人觉得我可爱，为我着想的客人在广大的世界也不存在"的厌世的结论。正因为这样，"粹"在年轻的艺妓中不容易看到，而多见于年长的艺妓。总之，"粹"起源于"漂浮不定、随波逐流"的"苦界"，这样"粹"所表现出的"断念""毫无关心"是经历过世事艰辛人情淡泊的浮世的洗练之后完全脱俗的心，是对现实脱离执着毫无依恋潇洒的恬淡无碍的心，"粗俗之人经过磨炼而变得粹"所说的就是这一点。妩媚的淡淡的笑容中凝结着真挚的滚烫的泪痕，这种时候才能真正把握"粹"的真相，"粹的断念"可能是从极度颓废中而产生的心绪。此外，其中所包含的体验和批判性的见解与其说是个人的所得莫不如说是社会性的继承，不过，哪一方面都无所谓，不管怎样"粹"表现了对命运的"断念"和在"断念"基础上的恬淡和事实性。而且以佛教的世界观擘缘说明"断念"提倡对命运静观的宗教人生观为背景，把流转无常作为差别相的形式，空无涅槃作为平等相的原理，而且毫无疑问"粹"强调并纯化了这一契机。

综上所述，"粹"的结构表现出"媚态""自尊""断念"的三个契机。而且第一个"媚态"构成了它的基调，第二个"自尊"和第三个"断念"规定了其民族的历史的色彩。其中第二及第三个特征仿佛与第一特征"媚态"不相融，果真如此吗？如前所述，"媚态"的最根本的存在规定在于二元可能性，然而第二

---

① 净琉璃·清元节《梅柳中宵月》中的台词。
② 三弦曲《京鹿子娘道成寺》中的台词。
③ 净琉璃·清元节《重襟闺的小夜衣》中的台词。
④ 净琉璃·义太夫节《夕雾伊左卫门曲轮文章》中的台词。

特征"自尊"所带来的理想主义的内心坚强为媚态的二元可能性提供了紧张和持久力，始终保持可能性的可能程度。即自尊强调"媚态"的存在性，增加其光泽使其立场更为鲜明。媚态的二元可能性受"自尊"的限制，说到底不外乎是拥护自由的倡导。第三特征"断念"也绝不是与"媚态"不相融的，"媚态"在达到假象目的这一点上是忠实于自己的，所以"媚态"对目的有"断念"不仅不是不合理的，反而能够提示"媚态"最根本最原始的存在性。"媚态"与"断念"的结合，意味着命运强行要求对自由的顺服，必然性规定了假象可能性，也就是说其中表现了否定的肯定。总而言之，在"粹"的存在状态中，在以武士道理想主义为基础的"自尊"和以佛教非现实性为背景的"断念"自始至终限定了"媚态"的存在完成，所以"粹"是"媚态"的"粹"。"粹"无视廉价的现实存在，对现实生活施以的大胆"引号"，一边呼吸超然的综合的空气一边做着无目的无关心自律的游戏。简而言之，就是为媚态的媚态。对恋爱的认真和迷惑因为其现实性和非可能性与"粹"的存在相背离，"粹"必须是超越恋爱束缚的自由的轻浮之心。"黑暗比有月光透下要好"所说的是迷惑于恋爱的暗沉的心，"月光很好的说法"是对恋人生气的"粹心"。"留恋粹世、活的俗气乃由心而起"鲜明表现了恋爱的现实必然性和"粹"的超越的可能性之间的对质。"漂浮不定的粹一族"①"从单恋的轻浮"曾几何时失去恬淡洒脱之情的时候，还必须要借口"爱恋之情累增，还像粗俗之人"②，"莲花轻浮稍微神往"③的时候依然属于"粹"的领域，"俗人愿作比翼鸟不分离的一对"④的时候已经远离了"粹"的境界，这样就会甘受嘲笑被认为是"与粹一族们不合流或是生活在粗俗的武士家里

---

① 净琉璃·清元节《重襟闺的小夜衣》中的台词。
② 净琉璃·清元节《重襟闺的小夜衣》中的台词。
③ 净琉璃·清元节《梅柳中宵夜》中的台词。
④ 三弦曲《教草吉原雀》中的歌词。

的粗人"①。"胸中的烈焰胜过砖窑灶膛的火"②都不如"小梅"（女孩的名字）这两个字。司汤达所说的Amour-passion③的陶醉是与"粹"的完全背离。"粹"的拥护者必须是在Amour-goût④的淡淡的空气中采摘蕨菜达到解脱。但是"粹"也不是洛可可时代那样"连影子都是玫瑰色的画"。"粹"的色彩恐怕应该是"远古的侠义之士的褐色苎麻绔"⑤的浅褐色。

总之，"粹"就是在带有我国文化特色的道德理想主义和宗教非现实性的形式下，作为质的"媚态"完成自己存在的实现。所以"粹"无视无上的权威发挥了巨大的魅力。"最终被粹心所诱惑，明知是谎言却还接受了"就说明了这一情况。凯尔曼在他的著作《在日本的散步》中写到某个日本的女性说"有着欧洲女人从来不曾有过的娇媚，表现出一种媚态"，恐怕在这里他所感觉到的就是"粹"的迷人魅力吧。最后我们来定义一下这个有着丰富特色的意识现象的"粹"，根据理想性和非现实性实现自我存在的媚态的"粹"是可以这样说，是"脱俗、自尊、媚态"。

四、"粹"的自然表现

以上考察了作为意识现象的"粹"，此外还要理解客观表现形式的"粹"的存在样态。把握作为意义的"粹"要以意识现象的"粹"为基础，同时又关系到把握整体的构造。那么"粹"的客观表现可以划分为作为自然形式的表现即自然的表现和作为艺术形态的表现即艺术表现两种。这两种表现形式究竟有什么截然不同的区别，即自然形式结果是不是艺术形式的问题是个很有意思的问题，但是在这里我们暂且不讨论这个问题。只是从通俗

---

① 净琉璃·清元节《贷浴衣汗雷》中的歌词。

② 为永春水《春色梅儿誉美》第二编第九节。为永春水（1790—1843），江户后期小说家，确立了爱情小说的作风。主要著作有《春色梅历》《春色辰巳园》等。后因败坏风俗的罪名被处罚。

③ Amour-passion：冲动恋爱，无视一切利害关系的恋爱。九鬼在这里参照了司汤达的《恋爱论》第一卷第一章。

④ Amour-goût：情趣恋爱，富有才气和品位的高尚的恋爱。九鬼在这里参照了司汤达的《恋爱论》第一卷第一章。

⑤ 三弦曲《对编笠》中的歌词。

的方法上划分为自然形式和艺术形式。首先来看一下作为自然形式的表现。自然形式意味着以所谓"象征性感情移入"的形式看自然界的自然象征,如柳树、小雨等,这些都给人以"粹"的感觉,在此我们特别考察一下属于"本来感情移入"范围的身体表现的自然形式。

作为身体表现的"粹"的自然形式,从听觉的角度来说首先是语言的使用,即表达事物的说话方式。"对男人说话的方式不啰而具有魅力"①"用语不俗气"②等的说法就是这个意思。这里所说的"粹"是指单词的发音方式和词尾的抑扬顿挫,即发音比普通说话方式要慢,音调拉长,而且最后要以突然的抑扬顿挫结束,这种说话方式是"粹"的基本。这样说话的时候前半部分的故意拖长音调与结尾的抑扬顿挫形成鲜明的对比,在语言的旋律上形成了二元的对立,这里的二元可以解释为"粹"的内涵结构中"媚态"中的二元性的客观表现。从音声学的角度来讲,略带寂寥的次高音比高亢的高音要"粹"。次高音形成的语言的二元对立,把"粹"的质料因和形式因完全客观化了。但是作为身体表现的"粹"的自然表现形式,在视觉中的表现是最明了和多样的。

关于视觉自然形式的表现是指姿势、身体语言以及包含其他的表情以及支持表情的基体。首先就全身来说略为倾斜的姿势是"粹"的表现,鸟居清长画中的男姿、女姿、站姿、坐姿、背影、前倾、后倾等在所有的意义和细节上,这一表情有极强的感受性。媚态作为"粹"的质料因的二元性,通过打破一元的平衡表现了对异性的能动性和迎接异性的被动性。但是作为"粹"的形象因的非现实性的理想性却在抑制打破一元平衡,防止放纵的二元性假想。"在白杨树枝上扭动圣体的"塞壬③的妖态、"深

---

① 引自为永春水的《春告鸟》第三编第十四章。
② 引自为永春水的《春告鸟》第三编第十七章。
③ 塞壬: Seiren,希腊神话中出现的海上的妖怪,上半身为女体,下半身为鸟形,通常以歌声引诱过往船只上的人弃船登岛,使之困在岛上而死。

受萨提洛斯①们欢迎"的俄狄尼索斯祭尼②的狂态,即左右扭动腰肢在现实中进行露骨表演的西方式的媚态与"粹"相差甚远。"粹"是向异性隐隐的暗示,在姿势的对称性被打破的时候,中央的垂直线向曲线推移,其间自觉到非现实的理想主义,这是"粹"的表现中比较重要的。

此外,就全身来说身着薄纱是"粹"的表现,"透过模糊的绯红明石缩缅"说的就是穿着明石纱的女人看到里面穿的汗衫。浮世绘经常把薄纱衣作为主题,在这种时候,"粹"的质料因和形相因的关系表现在透过薄纱的向异性开放和通过薄纱的通路封锁上,维纳斯在全裸的身体的某个部位用双手挡住的姿态虽然也很媚态,但表现的方式因为过于露骨而不是"粹"的表现,更不用说巴黎的裸体更是对"粹"没有任何的关心。

"粹"的姿势还有刚刚出浴的姿势,浴后的姿态带有让人回想起裸体的过去,随意地穿着素气的浴衣和服,完整的表现了媚态的形相因。"浴后归来的姿态总是如此的粹"③并不是《春色辰巳园》中米八一个人的想法吧。"净身"刚洗完澡的姿态是浮世绘中比较多的画面。春信④也画了不少出浴的姿式,不仅如此在红绘时代⑤奥村政信⑥、鸟居清满⑦等人也画过,所以这里有很特殊的意义。歌摩在《妇人相学实体》也没有忘记画出浴后的女人。但是在西方的绘画中往往仅限于画正在入浴的裸体,没有看到过出

---

① 萨提洛斯:希腊神话中跟随酒神狄俄尼索斯的山野之精,身体为半人半兽之身。

② 祭尼:根据希腊神话,酒神狄俄尼索斯在周游世界后,从亚洲带回来一批跳祭舞的女人,据说狄俄尼索斯让她们进入恍惚状态后,她们就会疯狂地跳舞,故称祭尼。

③ 引自为永春水的《春色辰巳园》初编第六回。

④ 春信:铃木春信(1725—1770),江户中期浮世绘画师,开发了多色版的木版画技术,在美人图的绘画方面有自己独自的技巧与境地。

⑤ 红绘时代:指初期的浮世绘时代,因为当时浮世绘的红色颜料是从红色花瓣中提取的,故称红绘时代。

⑥ 奥村政信:1686—1764,江户中期的浮世绘画师,开创了奥村画派,作品有人物画、花鸟画等。

⑦ 鸟居清满:1735—1785,活跃于江户中期至后期的浮世绘画师,鸟居派的第三代代表。

浴后的姿态。

关于表情支持者的身体，细长姿势的柳腰是"粹"的客观表现之一，在这一点上歌摩表现了几乎是狂热的信念，此外，文化文政时期的美人与元禄美人相比也特别强调这一点。《浮世澡堂》中有一连串的形容词"修长、美丽、粹"等，"粹"的形相因是非现实的理想性，一般来说要想客观表现非现实性、理想性势必会采用修长形体。修长的身体表现了肉体的衰老，也说明了灵的力量，歌莱格画的都是表现精神自体的修长身材的画，格西库的雕刻也是以修长为特征。我们想象中的幽灵也是修长型的，只要"粹"是被灵化的媚态，"粹"的形体就是修长的。

以上是关于全身的"粹"，此外关于面部的"粹"表现在作为其基体的面部和面部的表情两方面。从其基体的面部即面部构造上来说，一般来说鹅蛋脸更适合"粹"，与井原西鹤①所说的"当世的美女面稍圆"的元禄时期②丰满的圆脸相比，文化文政时期③崇尚鹅蛋脸，无需多言，其理由的根据和姿势全体的根据是同样的。

面部表情的"粹"要求眼睛、口部、脸颊的松弛与紧张，这一理由也可以认为与破坏全身姿态的平衡必要的理由是一致的。关于眼睛，流盼是媚态的最普通的表现，流盼即通过视线和瞳的运动向异性送媚，其样态有侧视、偷看、低眉顺眼等，把异性置于侧面对之侧目而视是媚，偷偷抬头看正对面的异性也媚，低眉顺眼也是在向异性暗示色情的羞耻，在这一点上也是媚的手段。这些的共同之处是为了向异性表示运动而打破眼睛平衡的姿

---

① 井原西鹤：1642—1693，江户前期浮世草子、俳句的作者。作品风格雅俗共享，打破了传统的故事叙事风格，描写了当时被物欲、性欲等支配的人性，也反映了武士町人等的经济生活。主要作品有《好色一代男》《好色一代女》《好色五人女》《武道传来记》《日本永代藏》等。

② 元禄时期：指1688年—1703年的元禄时代，是德川幕府鼎盛时期，经济繁荣，工商业发达，市民阶级（町人阶级）兴起，被誉为日本的"文艺复兴"时代。

③ 文化文政时期：亦称化政时代，是江户时代的宽政改革和天保改革之间的时期，即1804—1830年间的日本，实际统治者为德川家齐。因跨越文化、文政两年号，因此称此繁荣年代为文化文政时代。

态。但是只有"秋波"还不是"粹",此外眼睛还需要带有一种光泽能让人想起过去的情趣,眼睛能在无言之中表现出一种断念和凛然的张力。嘴具有向异性通路开放的现实性和很大的运动可能性,所以它能够以极度明了的形式表现"粹"的迟缓和紧张。"粹"的无目的的目的被双唇的微动的旋律客观化,所以口红显示了嘴的重要性。双颊掌管着微笑的音节,在这一点上它在表情上显得极为重要。与快活的长音节相比略带悲情的短音节更能表现微笑的"粹",井原西鹤重视双颊的"薄樱花"的颜色,但是"粹"的双颊则是带有秋色的悲情,正如吉井勇所说的"美丽的女人小夜子像秋天般凄艳"[①]。总之,"粹"的表现与西方的眨巴单只眼睛、突出嘴部、"用双颊演奏爵士"的俗气是截然不同的。

此外关于脸部的化妆,一般认为淡妆是"粹"的表现,江户时代京阪流行浓妆艳抹,江户人认为这是低俗而不齿。江户的游女和艺妓崇尚她们称之为"婀娜"的淡妆,春永认为"淡淡的粉底扑上仙女香的淡妆,看上去更为优雅娴静"[②]。此外,西泽李叟关于江户的化妆这样评价说"没有像贵族那样涂抹很厚的粉,而是轻施薄粉,此原本是女性吸引男性之气性"[③]。"粹"的质料因和形式因,在化妆的媚态表现和止于暗示化妆的理想性假象中被表现出来。

发型的简略也是"粹"的表现。文化文政时期当时的发型是圆髻和岛田髻[④],而且岛田髻也仅限于文金高髻。与此相反,"粹"的发型是银杏髻、乐屋结[⑤]等简略的发型,要不然就是溃岛田、投岛田等破坏了原来正型的岛田髻发型。此外在特别标榜

---

① 引自新潮社 1916 年版《东京红灯集》中所收的吉井勇的歌。吉井勇(1886—1960),歌人、剧作家,与北原白秋等共创杂志《昂》,歌风热情、耽美,关于祗园(京都有名的艺妓馆区)的歌最为有名。主要作品有《午后三时》等。

② 引自为永春水的《春色梅儿誉美》第三编第十四章。仙女香,粉的名称。

③ 引自西泽李叟《皇都午睡》。西泽李叟(1801—1852),江户后期歌舞伎剧本作者,主要作品有《传奇作书》《皇都午睡》等。

④ 圆髻:已婚女性的发型。岛田髻:未婚女性的发型。后文出现的文金高髻是从当时极有人气的净琉璃中流传开来的发髻。

⑤ 银杏髻:发髻盘成银杏叶状的发型。乐屋结:又称乐屋银杏髻。

"粹"的辰巳风俗中，多崇尚不用头油只是沾水梳头的做法。《船头深话》中写道"向后束发发束向上、沾水梳头使发髻蓬松"的样子"出入其他地方亦被允许的辰巳的装束"①。通过破坏正式的平衡、稍微的弄乱发型而表现向异性运动的二元的媚态。而且在破坏方式的微妙地方表现了"脱俗"。"没有梳好的发髻"和"隔夜的乱发"所包含的"粹"也源自同一理由。但是梅丽桑德②把长长的头发甩出窗外投向佩利亚斯的动作则没有任何"粹"的感觉。此外与金发的花里胡哨的金黄色相比，黑发的墨色更符合"粹"的表现。

作为"粹"的表现，江户时代露出颈部的穿和服法在除了贵族阶层之外的社会中很是流行。露出后颈是一种媚态。喜田川守贞③在《类聚近世风俗志》写道"扑了白粉的颈项号称一条玉腿，甚是显眼"，特别是关于游女和艺妓的白粉，她们的"脖颈都是化浓妆"的。这样脖颈的浓妆强调了露出后颈的和服穿法的媚态。露出后颈的和服穿法之所以能表现出媚态，是因为通过打破穿法的平衡表现了一种向异性开放身体的暗示。与此相反，西方的吊带裸露了整个前胸和后背，这样则陷于低俗，只露出后颈的和服穿法则是脱俗的"粹"的表现。

提左襟④也是"粹"的表现，"随着走路的步子可以隐约看见红色的细筒裤和浅黄绉绸的内衣"⑤，"雪白的肌肤和白色的夏衣之间能看到粉红皱绸的浴衣的美丽"⑥是最符合"粹"的条件的。《春告鸟》中写道"进来的婀娜者""提着左襟露出白色的玉

---

① 引自式亭三马的作品《船头深话》。式亭三马：日本江户时代后期"滑稽本""草双纸"作家。

② 莫里斯·梅特林克（Maurici Maeterlink，1862—1949，比利时诗人，诺贝尔奖获得者。主要作品有《温室》《青鸟》等）的作品《佩利亚斯与梅丽桑德》中的主人公。德彪西曾把这一戏曲改编为歌剧。

③ 喜田川守贞：（1810—？）是出生于浪速的商人，创作了《守贞漫稿》（手稿），1908年国学院大学以《类聚近世风俗志》的名字出版了该书。

④ 提左襟：左襟，和服的左侧，艺妓习惯手提和服左襟行走，故提左襟成为艺妓的代名词。

⑤ 引自江户时代洒落本（日本古代的游冶文学）《大通俗一骑夜行》第四卷。

⑥ 引自为永春水《春告鸟》初编第六章。

足"，浮世绘画师也通过各种方法露出胫骨，所以提左襟的处理方式就成为表现媚态的一种象征性做法。现代的西方流行把裙裾做得很短，直到露出膝盖，同时穿上肉色的长筒袜以造成预期的错觉效果。与此相比，"轻巧的手提左襟"①的动作才是表现了媚态的纤巧。

素足有时也是"粹"的表现，虽然"素足也想俗气的袜子，寒冷也很难过"②，江户的艺妓还是努力习惯冬天也素足，于是粹者也竞相模仿，不穿袜子的人很多。被和服包裹的全身和露出的素足确实是表现了媚态的二元性，和服与素足的关系，与赤裸全身只穿袜子或者鞋子的西方的露骨形成鲜明的对比，采取了相反的方式，这里也包含了素足的"粹"。

手也与媚态有很深的关系，"粹"的无关心的游戏迷惑男性，"手管"仅存于"手的动作"的情况也不少。"粹"的手姿在轻微反转或者弯曲的细节中表现出来。歌麿③的画中有把全身的重心都放在手上的画面。更进一步，手仅次于脸部，能表现一个人的性格，说明了过去的经验。我们应该考虑一下罗丹为何有时会异常局限于手的制作。手判断绝不是毫无意义的事情，通过指尖的音韵判断一个人的灵魂并不是不可能的，这样手能表现"粹"也在于这一点。

以上通过从视觉角度考察全身、颜面、头部、颈、足、手等方面分析了"粹"的身体表现，一般来说作为意识现象的"粹"通过理想主义的非现实性完成了对异性二元假象的媚态，作为其客观表现的自然形式的要点是采取巧妙的打破一元的平衡暗示二元性的形式，我们已经阐明了这里一点。这样，在打破平衡假定二元性的时候表现了媚态这一"粹"的质料因素，在打破方式的性格中承认了形相因的理想主义非现实性。

六、结　　论

在理解"粹"的存在阐明其构造的时候，期待着作为方法

---

① 引自为永春水《春色辰巳园》初编第二回。
② 引自为永春水《春色梅儿誉美》第三编第十四章。
③ 歌麿：即喜多川歌麿（1753—1806），日本浮世绘大师之一。

论考察的预先意义体验的具体把握，但是作为所有思索的必然制约，除了依据概念分析之外没有别的方法。然而在另一方面，民族的特殊体验与个人特殊体验同样，即使作为一定的意义存在成立，仅通过概念也不能做到完全的解释。富有具体性的意义从严格意义上来说只能通过领悟的形式来体会。麦农德皮朗认为对天生的盲人解释色彩只能用语言，对天生的小儿麻痹患者等从来没有过自发动作的人解释什么是努力，也只有一个方法，即通过语言，我们在解释情趣的意义体验时恐怕也只能是谓语性的解释。"情趣"首先是从"玩味"体验开始的，正如文字所说"感觉味道"（味觉），并在感觉到的味的基础上进行价值判断，但是味觉是纯粹味觉的场合极少，"味道"除了味觉自身之外还暗示着一种通过味觉嗅到的味道，是一种难以捕捉到的淡淡的香气，不仅如此有时还有触觉的加入，味道中有舌头的触觉。所以"触"与心思相系，是一种不可言说的运动。"味觉""嗅觉"和"触觉"在最原始的意义上形成"体验"。所谓的高等感觉则发展为远官（视觉和听觉），把物与自己分离，使物与自己形成客观的对立。这样听觉就能明确的听清音的高低，但是陪音（泛音）却以音色的形式企图违背简明的把握，视觉也将色彩成立一个系统从色调上进行分色，但是不管如何分色在色与色之间总会有难以把握的颜色存在。这样在听觉和视觉中恰得发现这些容易被漏掉的音色和颜色，这种听觉和视觉的体验就是感觉上的趣味。一般所说的趣味与感觉上的趣味相同都与物的"色彩"相关。即在进行道德性的以及美学的评价时所能看出的人格以及民族色彩就是情趣（趣味）。尼采问道："不爱的东西就要诅咒吗？"并接下来回答说"这是恶俗的趣味（情趣）"，并认为那是"下品"。我们不怀疑趣味在道德领域中所具有的意义。此外在艺术领域中，正如维拉涅所说的"不在求色，只在色彩"，我们也相信色彩情趣的价值，"粹"也是民族规定下的趣味（情趣），所以"粹"必须在本已的内部感觉中去理解和体会。分析"粹"所得到的抽象概念契机只不过指出了具体的"粹"中的某几个方面而已。通过分析可以得出"粹"的单个概念契机，相反，分析得到的单个概念契机却不能构成"粹"。"媚态"也好，"义气"

也好,"断念"也好,这些概念不是"粹"的某个部分,而是契机。所以概念契机集合的"粹"和意义体验的"粹"之间有着不可逾越的距离,换言之,"粹"的潜势性(被体验过但未被概念化)和现势性(概念化)之间有着截然的区别,我们结合分析得到的几个抽象概念契机构成"粹"的存在的想法,已经带有了意义体验的"粹"。

既然意义体验的"粹"与概念分析之间存在着这种背离关系,那么从外部理解作为意义体验的"粹"的结构时,可能会得不到提供把握"粹"的存在地位和机会以外的实际价值。如果对某个对日本文化一无所知的外国人说明"粹"的存在为何物时,只有通过"粹"的概念分析把他放在一定的位置,这样他只能以此为契机通过自身的"内官"体会"粹"这一存在。对"粹"的存在理解的概念分析在这一意义上只不过是"机会原因"[①]。不过概念分析的价值能否穷尽实际的价值呢?保持体验逻辑表达的潜势性不被转化为现势性的概念的努力,是否应该受制于实际价值的有无或者多少,这种评价立场是功利性立场,我们不应该从这种功利性的立场出发进行评价。意义体验在导入到概念自觉的时候与知性存在者的全部意义有关,实际价值的有无多少并不是问题。明确意识到意义体验与概念认识之间存在着不可通约的不尽性的同时,"无穷"的追求理论表达现势化的课题中存在着很有意义的学问。相信在理解"粹"的结构的意义也是很有意义的问题。

不过前面也已经提到过,在"粹"的客观表现的基础上理解"粹"的构造是很大的谬误。"粹"在其客观表现中并不能表现出自己所有的细腻之处,客观化是在种种的制约下成立的,所以客观化的"粹"很少能在广度和深度上从整体上具体表现意识现象的"粹",客观表现只不过是"粹"的象征而已。所以仅从自然形式或者艺术形式方面不能完整理解"粹"的构造。与此相对,这些客观形式只有通过移入个人的或者社会的作为意义体验

---

① 机会原因:Cause occasionnelle,起因为非根本、非本质原因,而是偶然的某个契机,故称机会原因。

"粹",才能够被产生和理解。追问接触客观表现的"什么"之前,应该先追问的隐没入意识现象中的"谁",理解"粹"的构造的可能性就存在于这一追问之中。一般说来,艺术形式如果不在人性一般和异性特殊存在样态的基础上理解,就不能真正掌握。我们来分析一个作为体验的存在样态客观化为花纹的例子。德意志民族的一种内在不安被表现为一种不规则的花纹样式,早在民族迁徙时代就表现出来了,在后来的哥特时代和巴洛克时代的装饰中也有明显的反映。所以不能否认建筑中体验与艺术形式的关系。保罗·瓦雷里①在《尤帕利诺斯的建筑家》中写了一段出生于麦伽拉的建筑家尤帕利诺斯②的话,"我为赫米斯建筑的小小的神殿,就在那里的那个神殿对我来说是什么,(你们)肯定不会知道,路人只不过是在看优美的殿堂——它很小,四根柱子,极为简单的样式,——但是我把我一生之中最明亮的一天的回忆都建在了里边。啊!甜蜜的化身!没有谁会知道,这个别致的神殿,是我热爱的一个克朗少女的数学形象。这个神殿忠实的体现了她独一无二的魅力"。音乐在浪漫派和表现派等的总体倾向也是以体验形式的客观化为目标的。法国中世末期诗人、作曲家莫扎特对他的恋人拜伦娜告白说,"我的一切都因你的感情而来"。此外肖邦自己也说过,"e"短调伺伴乐第二乐章美妙的慢调(慢一拍)也是对自己对古洛克斯科感情的旋律化。体验的艺术客观化不必转化成意识性的,艺术的冲动在无意识中活动的时候更多,而且这些意识的创造也不外乎是体验的客观化。即个人的或者社会的体验选择了无意识的、自由的形成原理,完成了自我表现的艺术化。自然形式也是同样的,身体语言等其他的自然形式经常在无意识中被创造出来。综上所述,不管在什么条件下只有在意识现象的"粹"的基础上才能真正理解"粹"的客观表现。

(徐金凤译注)

---

① 保罗·瓦雷里:1871—1945,法国象征派诗人,法兰西学院院士。
② 尤帕利诺斯:公元前 6 世纪希腊的著名建筑家,以爱琴海萨默斯岛上巨大的地下水道工程而闻名。

二十五、和辻哲郎

史料简介

和辻哲郎(1889—1960),日本近现代史上的文化哲学家和伦理学家。1889年出生于日本兵库县农村的一个中医家庭,1912年从东京帝国大学哲学科毕业,是日本从西方引介存在主义的先驱者之一;此后,他又陆续从精神史、文化史角度发表了一系列关于日本民族文化与民族精神的著作。代表作有《古寺巡礼》《日本古代文化》《日本精神史研究》等;1927年,和辻赴欧洲游学,归国后著成《风土》一书,出版后引起轰动,成为文化哲学的名著之一,同时为其伦理学体系奠定基础,这部著作与另一代表作《人学伦理学》相结合,创建了人学的伦理学体系。这是和辻的代表性学术功绩。1931年和辻成为东京帝国大学教授,并在1937年担任文部省教育部的顾问,1942年、1943年和1949年他分别三次担任天皇侍讲,1950年和辻创建日本伦理学会并任会长直至1960年去世。其去世后著作整理后由岩波书店出版的全集1961—1963年版共二十卷,1991—1992年版为二十五卷,此外补遗一卷,别册两卷。今选录《风土》第一章和第三章(陈力卫译注,商务印书馆2006年版)。另外,《孔子》选自《和辻哲郎全集》1962年版第六卷。在《孔子》一书中,和辻提出了孔子教化中所具有的人伦之道的绝对意义,并指出了生活的最重要构成即为人伦;此书后两章着重论述孔子及《论语》,但与汗牛充栋的《论语》研究相比,和辻在第一章提出的"人类导师"的概念更具方法论意义;此外在该书中和辻虽然简要的涉及人以及人的空间性(地理性)和时间性(历史性)的二元结构,但这一观点是其文化哲学和伦理学的理论基础所在,故选而译之。

风土（节译）

第一章　有关风土的基础理论

一、何谓风土

我们所说的风土是对某一地方的气候、气象、地质、地力、地形、景观等的总称。过去亦称之为水土。古代那种把人的生存环境视作地、水、风、火的自然观隐含在这些概念后面。但在此我们不把它当作"自然"的问题，而作为"风土"问题来考察，这当然是有其理由的。为了说明这一点，首先要澄清什么是风土现象这一概念。

我们都生存在某一块土地上，不管情愿与否，这块土地的自然环境总是"包围"着我们，这一事实从常识上看显而易见，于是便有人将这种自然环境当作自然现象逐一加以考察，进而论及该现象对"我们"的影响等问题。其中有的把"我们"作为生物学或生理学上的对象；有的则是作为国家形成这实践运动的参与者。这里关系错综复杂，需要分别进行专门研究。我们现在的问题是与日常生活密切相关的风土能否原模原样地看作自然现象。从自然科学的角度来看，当然是毋庸置疑；但从根源上来看，风土现象本身是否属于自然科学的对象却是另一回事。

这里，我们想通过一个简单的常识性的气候现象——寒冷，来考虑这个问题。我们感到冷，这是任何人确切无疑的事实。那么，什么是冷呢？一定温度的空气，即物理上客观的寒气，刺激我们身体的感官，并在主观心理上将其当成一种心理状态来体验。如果是这样，"寒气"与"我们"都是各自独立存在的，只有当"寒气"从外界向我们袭来时，才会形成一种"我们感到冷"的意向关系。这当然可以看作是寒气对我们的影响。

然而，果真如此吗？在感到冷之前，我们无法确认有寒气这么一种物质的独立存在，只有在感到冷时，才会从中发现它。那种认为寒气是从外界袭向我们的看法，是对意向关系的一种误解。本来这种关系就不是由客观外在才得以形成的。仅就个人意识而言，主观本身有其内在的意向结构，它已带有"某种倾向"。"感到冷"这一"感觉"与寒气相关的不是一个"点",而是"感到……"本身已构成一种关系,在其关系中寒冷被发现。所以,这种关系结构下的意向性正是有关寒冷的一个主观结构。"我们感到冷"首先就是这种"意向体验"。

但如果是这样,寒冷只不过是主观体验的一个契机吗?于此发现的寒气才是"我们"圈内的寒气。而我们所说的寒气是自己以外的超客观的存在,不单是自身的感觉。主观体验如何才能关系到这种超客观的存在,也就是冷的感觉怎样才能关系到外界寒气?——这一设问在意向关系中含有一种对被意向者的误解:意向的对象并非心理内容,因而客观存在的寒气和独自体验的冷,不能成为意向对象。我们感到冷时,并非感到是冷的"感觉",而是直接感到"外界的寒冷"或"寒气"。也就是说,在意向体验中,作为"感觉到"的寒冷不是"主观的",而是"客观的"。所以,感到冷这种意向的关联,可以说已经涉及外界的寒冷,超越存在的寒气在这种意向中才得以成立。因此冷的感觉与外界寒气如何关联这类问题本是不存在的。

这样看来,主观客观的区别,即各自独存的"我们"与"寒气"之别是一种误解。感到冷时,我们已置身于外界寒气之中。我们自身感觉到寒冷无非是因为我们自己已来到寒冷之中。在此意义上,我们自身的存在,正如海德格尔强调的那样,是以"站出来"(exsistere)即意向性为特征的。

于是,我们自身要站出来面对自己。不是以瞻顾自己的这种方式,即用不着反省,自己要对我们自己袒露无遗。反省只不过是把握自己的一种形态,而作为自我表露的方式,也并非是本源的(当然,如果将Reflektieren解释为一种视觉意义,即光照到某种物体后反射过来,或某一物体在反射中展现自己的话,那也可视为一种表现方式:自己于自身中袒露自己)。我们感到冷,也就是我们来到寒冷之中。所以,我们在感到冷中发现此中的自己。但这不是将自己置身于寒冷中,然后才从中发现置身于此的自己。寒冷最初被发现时,我们自身已置于寒冷之中。所以,从根源上看,"在外界"的不是寒气这类"物质""对象",而是我们自己。"站出来"是我们自身结构的根本规定,意向性也是基于此的。感到冷虽是一种意向体验，但我们在此已发现了走到外界寒冷之中的自己。

以上是从个人意识的角度来考察寒冷的体验。但是，正如可以说"我们感到冷"一样，体验寒冷的是我们，而不仅仅是个人。我们共同感受同样的寒冷，所以才能把表现寒冷的词用于日常寒暄中。我们之间所以对寒冷可以有不同形式的感觉，也是因为有共感寒冷这一基础，否则就不会有彼此的寒冷感觉的认识。这样看来，走到寒冷之中的不是一个人，而是我们大家。既是我们中的个人，又是个人之上的我们。将"站出来"作为根本制约的是我们，而不单纯是个人。所以"站出来"这种结构，在走到寒气这一"物质"之前，已存于走向其他的自我之中。这不是意向关系，而是一种"相互关系"。所以，于寒冷中发现自己的，从根本上看是相互关系的我们大家。

通过上述分析，我想大体可以明了什么是寒冷。但是，我们并非孤立地体验寒冷，而是在与温暖、暑热的关联中，在风吹、雨雪、阳光等各种关联中去体验。寒冷仅仅是各种气象现象组成的整个系列中的一环。当我们顶着寒风进入温暖的房屋，或度过严冬迎来和煦的春风，或烈日炎炎下逢上一场沛然骤雨时，都不是于我们自身所处的气象中来了解我们自己，而是在气候的变之中首先了解我们自身的变化。但是，这种"气候"也并非是孤立的体验，仍然要在当地的地力、地形、景观的关联中才能体验到。说起寒风便是"落山风"或是朔风凛冽的"干冷风"；提到春风则是花瓣飘舞之风或轻抚海波之风；夏天的暑热、苍翠茂盛的草木萎缩，又使孩子们云集海滩喧闹玩耍。正如我们在风吹花落之中领会悲欢一般，在酷烈的阳光直晒草木时，会感到内心的衰惫。我们是在"风土"中发现自己、寻找相互连带的自己。

这种自我发现并不是去理解"主观"上那种感受冷热或赏花悦心的"自我"。我们在这些体验里并不关注"主观"。觉得冷的话，我们会紧缩身体、增添衣裳、靠到火炉旁；或更为关心的是让孩子多穿衣服，让老人靠近炉旁；或去劳动以购得衣裳和木炭。山里在烧炭，工厂在织布，在与寒冷的"关联"之中，我们从个人、社会两个方面都想方设法地投入到御寒防冷中去。同样，在赏花悦心时，我们也不是着眼于"主观"，而是倾心于花卉。或邀友赏花，或在花下同饮共舞，都是在春风骀荡中，通过个人和社会来实践种种玩赏春色的方法。炎暑、暴风、洪水也都一样，面对这些"自然的淫威"，我们首先要采取全方位的防御手段来对付之。风土中的自我发现正是反映在这些手段、方式的发现上，而不是去理解"主观"。

这样藉以发现自我的种种工具、手段，比如衣服、火盆、木炭、房屋、赏花、名胜、堤坝、水渠、通风构造的房屋等，都是由我们自由创造出来的，而这种创造与寒冷、暑热、潮湿等风土现象不无关系。我们是在风土中发现我们自身，在自我了解中完成自己的自由形成。而且，寒暑、暴风、洪水，不单是我们现在所要共同防御的，我们的祖先亘古以来为之积累的智慧也化作我们的力量。房屋的样式是盖房子的一种固定方式，这种方式离开风土便不复成立。房子既要御寒，又要避暑。哪种功能更为重要便决定其房屋的样式。另外还要抗得住暴风、洪水、地震、火灾等。屋顶太重不利于防震，却可抵御暴风和洪水，它必须适合各种各样的条件。潮湿在很大程度上限定了房屋的居住性能，因此要尽量保持通风，要用防潮的最佳建材：木头、纸、泥等，可它们对火灾却无能为力。各式各样的制约按其轻重缓急构成一种秩序，最终成为某一地方的房屋样式。所以房子的固定盖法不正是人们于风土中的自我表现吗？服装式样同样如此，也是长期以来固定于社会生活中的，制约其式样的依然是风土。某一地区独特的服装式样，会因其文化上的优越性，而移植到其他风土不同的地方。这种移植房屋更为容易。但无论被移植到何处，其式样仍然受产生它的风土所制约。西装流行了半个多世纪仍旧是西装。这一点在"食物"上反映得更为显著。与粮食生产关系最大的是风土。人们不是因为想吃鱼、肉，才选择了畜牧或捕鱼，而是因风土决定之后，才会想要吃鱼或肉。同样，吃素抑或吃荤也是决定于风土，而非出自某种素食主义者的意识形态。我们的食欲也并非笼统地什么都吃，而是倾向于自古以来约定俗成的、按一定方式制成的食品。吃面包还是米饭？吃牛排还是生鱼片？这些都是肚子饿时想吃的东西，而它们的制作及烹调方式表现了一个民族长期以来在风土上的自我总结。比如,我们的祖先早在掌握农耕技术以前就已盛行吃鱼贝和海藻了。

我们还可以在文艺、美术、宗教、风俗等所有人类生活的表现中找出风土的现象来,这本是理所当然的,只要风土是人类自我发现的一种方式。我们这样看风土现象,就会明白它与自然科学的对象迥然不同,我们将用海藻做菜视为风土现象来考察,本身就不是单纯地将风土看作自然环境。更何况从风土上理解艺术形式,愈加真切地表明风土离不开历史。对风土现象最为常见的误解就是前面提到的那种看法,认为风土影响自然环境和人的存在。这其实是从具体的风土现象中洗涤了人之存在或历史的契机,单纯地将之看成自然环境。那些认为人不该仅为风土所制约,反过来应该作用并改变风土的想法都是基于这一立场。这表明其尚未真正看透风土现象。我们已阐述了风土现象是如何作为人类自我发现的一种方式。人,具有个人和社会双重性的人,其自我发现同时也是带有历史性的。所以,既没有脱离历史的风土,也没有脱离风土的历史。然而这些只有通过人之存在的根本结构才能加以阐明。

二、风土对人之存在的制约

上一节里我们把风土现象看作人们发现自我的一种方式。这里不打算去深究什么是人这一问题(大致的框架已在《以人为中心的伦理学》中描述过,详细可参阅近作《伦理学》)。但如果说风土是人之存在的一种制约的话,我们首先要弄清这种制约在人之存在中占有何种地位。

(一)我们所说的人,不仅是单纯的"人"(Anthrōpos,homo,homme,man,Mensch),而且是人的集合或某一共同体社会。这两方面是人的根本特性。所以,只单纯研究"人"的人类学和只片面注重"社会"的社会学,都未能抓住人的本质。要真正从根本上把握住人,就必须抓住人之存在的根本结构:既是个人,同时又是整体。用这一观点分析人的存在,就会明白它是一种否定之否定的运动。人之存在正是这种否定运动的体现。

(二)这种人之存在是一种运动,它经过分化成无数个人,再形成各种聚合或共同体。这种分化和统一说到底是主体的实践活动，但若无主体的躯体便不会发生。也就是主体意义上的空间和时间构成了这一运动的根本结构。于是，空间和时间同时被捕捉在其根本形态中，两者相即不离。仅拿时间来把握人之存在，会导致片面地只从个人意识的深层去寻找人之存在。如果认为人之存在的两面性是人的本质的话，就必须同时找出与时间相对的空间才行。

（三）当人之存在的空间和时间结构得以阐明时，人的连带结构也就表露出来了。人的种种共同体、聚合体在一定秩序下自然调节形成体系。它不是静止的社会结构，而是一种活跃的运动体系，是否定运动的表现。所谓历史就是这样形成的。

（四）人之存在的空间和时间结构在此表现为风土和历史。时间·空间的相即不离是历史和风土密切相连的根本支柱。没有主体的人的空间，一切社会结构便不可能成立；没有社会存在，时间也构不成历史。历史是社会存在的一种结构，其中显然含有人之存在的有限和无限的双重性。人要死去、人世间在变化。而人活着、人与人关系的持续都是朝着死的方向在变，是在不断完结中不断延续的。从个人的角度来看是"向死而生"；从社会的立场来看则是"向往生的存在"。人的存在具有这种个人与社会的双重性。然而，并非只有历史才是社会存在的一种结构，风土也是社会存在的一种结构，而且不能与历史相脱离。只有在两者的结合上，历史才能获得完整的姿态。如果"精神"与物质相对立，历史决不会单在精神上自我展开。只有当精神成为能将自我客体化的主体时，也就是具有主体性的肉体时，才能创造出自我发展的历史。这种被称为主体性的肉体正是一种风土，人的有限、无限的双重性最为显著地反映在人的历史和风土结构上。

这便是风土的所现之处。人们在此不仅背负着一种普遍的"过去"，而且是一种特殊的"风土的过去"。一般的、形式上的历史通过这种特殊的实质成分得以充实。由此，人的历史存在才可能成为某一国度、某一时代的存在。但是，这种特殊的、实质上的"风土"并非孤立于历史之后才实质进入到历史中去的，而是自始就是"历史的风土"。一言以蔽之，在历史与风土的双重结构上，历史就是风土的历史，风土也是历史的风土。各自孤立的历史和风土只不过是出自具体地盘的抽象物。我们所要讨论的风土正是这种被抽象化以前的本质性的风土。

以上简述了风土的制约在人之存在中所占的地位。由此可见，自古以来风土问题就与人类学的肉体问题有一定的相似之处。人类学在个人和社会的双重性上仅抽出个人的特性来研究，试图从身心两方面把握脱离了人际关系的"人"。但是，这种努力想要明确身心之差异，却最终迷失了这一差异中的统一。其最重要的原因是将身体从具体的主体性中分离开来，与"物体"等同而视。于是，人类学便分为精神论和体魄论。前者从心理学向哲学认识论方向发展；后者则朝动物学上的一分科——"人类学"的方向或生理学、解剖学方向发展。而现代哲学上的人类学在克服了这一分裂后，试图再次返回到从身心两面来分析"人"的这一层次上来。问题的核心是，肉体不单纯是一种"物体"，而是有主体性的肉体。但是，只要固守人类学的传统，那就始终只是"人"的学问，而不是"人文"的学问。这里，我们想把个人和社会的双重性作为人的最根本问题，基于这一立场再来探讨一下同样的问题。肉体的主体性得以成立的基础是人之存在的时空结构。所以，主体性的肉体不是孤立的，而是具有运动机制的。它时而孤立，时而合一，在其运动中展开的种种连带，便形成了历史、形成了风土。风土也曾是人的肉体。正如个人的肉体被视为单纯的"物体"一样，风土也只被客观地看作单纯的自然环境。那么，在主张应该恢复肉体的主体性的同时，风土的主体性也应当强调出来。这样，身心关系中最为根本的意义就存在于"人文"的身心关系中，也可以说存在于蕴含着历史和风土关系的个人和社会的身心关系之中。

风土问题所负载的这一重要意义，对分析人之存在的结构确立了决定性的方向。从存在论上看人之存在，只凭时间轴的超越是无法实现的。第一，超越首先必须是于他人中发现自我，在自他的统一中回到绝对否定中去。于是，人与人之间的"关系"也应该是一种超越，这种关系本身作为发现自他的基础，本来已是"站出来"的了。第二，超越作为时间结构，原本就带有历史意义。它不是仅在个人意识上走向未来的，而是在群体意识上走向未来。个人意识中的时间只是以群体的历史性为基础，并从中分化出来的。第三，超越是风土的表现，即人在风土中发现自我。从个人的立场上看，那是身体的自觉，但对于更为具体的基础——人之存在来说，它表现为共同体的形成方式、思维方式、语言表达方式以及生产方式和房屋建造式样。所有这一切都是作为人之存在的超越所必须包括的。

这样看来，具有主体性的人将自己客体化的契机存于风土之中。风土现象反映出我们是如何发现外在的自己的。冬天，我们用服装、房屋这些工具来保护自己，进而当我们自身也进入其中后，风土本身也成为"可用"的工具。例如，"寒冷"使我们注意多添衣服的同时，又可借制作出冻豆腐来食用；"酷暑"令我们手挥扇子的同时，也带来了稻香。"风"让我们祈祷二百一十天的平安[①]，同时又鼓帆助航。我们正是在这些关系中接近风土，并由此认识我们自己，了解作为使用者的自己。换言之，就是风土中的自我认识，使我们发现适应自己的工具。

人之存在中，最容易于身边发现的就是工具。这一洞察使我们受益匪浅。本来，"工具"的本质是"用于什么的"。比如榔头是"用于敲打的"；鞋是"用于穿的"。这种"用于什么的"与"为什么目的而用的"又有内在的联系。比如，榔头是做鞋的工具，而鞋又是走路的工具。一方面既要标明"为何而用的"，另一方面又是"用于什么的"。工具的本质结构就存在于这种"为何的关联"中，这种"为何的关联"都是由人的存在所决定，如果追溯这种"关联"的始源，我们必然能够看出风土对人之存在的制约。鞋虽然是行走的工具，但多数人没有它也照样行动。需要鞋的时候是严寒和酷暑。衣服是为穿的，可穿衣首先是为了御寒。由此可见，"为何的关联"其最终目的总是带有对风土的自我认识。比如我们在严寒酷暑中认识自己的同时，又按自己的意志做出"为防御之"的选择。没有严寒酷暑这一契机，是不可能自发地制作出衣服的。当我们指示自己从"为防御"什

[①] 从立春数起的第二百一十天，即9月1日左右，在日本时值晚稻开花期，台风灾害特别令农家担心。——译者注

么到"拿什么"来防御时,其中已反映出我们在风土上的自我认识。正因为如此,或暖或凉、或厚或薄的服装被制成各种式样,羊毛、绵、丝绸这些衣料也为社会所开发。显而易见,工具与风土的制约有着密不可分的关系,而风土对我们的制约,就是我们身边最为常用的工具得以产生的最初契机。

于是,风土便成了人之存在将自己客体化的契机,恰恰于此,人也认识了自己。所谓风土中的自我发现正是指这一点。我们平常在某种意义上发现自己,或心情愉快,或寂寞无聊。这种心情、情绪、态度不应只视为单纯的心理状态,而应看成我们的存在方式。这种存在方式不是由我们自由选择的,而是"早已约定"好的、负载于我们身上的。这种既定性及心情未必仅受风土的制约,我们的存在,作为个人和社会已有的关系,限定了个人存在的从属方式,并赋之以一定的心情。或作为已存在的历史情况,赋予社会一定的气氛。但与此同时,在这些相互错综的聚合中,风土的负载仍是极为显著的。我们在某一清晨,于"爽快的心境"中发现自己。这种现象一般说来,是外界的气温和湿度在特定状况下影响我们并引发了内心的爽快。但在具体的体验中情况则迥然不同,所体验的并非心理状态,而是空气的清爽。而作为气温和湿度来认识的对象,又与这种爽快本身大相径庭。爽快是一种"存在方式",既非"物质"又非"物质的性质"。虽然它属于空气的一种,但既非空气本身,亦非空气的性质。所以,这种特定的存在方式不是由空气这一物质带来的。空气所具有的"清爽"状态,无疑是我们自身的爽快。也就是我们于空气中发现我们自己。然而空气之清爽并非心情之爽快,最能显示之的例子是早上爽快的心情直接表现为我们之间的寒暄问候。我们于清爽的空气中认识我们自身。清爽的是空气,而不是我们自己的心理状态。正因为如此,我们才可以不必介意他人的心理状态,直接相互问候:"天气不错啊!""大好天啊!"我们一起来到早晨的空气中,共同担负着特定的存在方式。

这种风土的负荷在我们的存在中随处可见。晴天的爽朗、梅雨的阴郁、新绿的朝气蓬勃、春雨时的恬静、夏日晨曦的清新、暴风雨天的震悚——举尽俳偕中的所有季语①，恐怕也表不尽这些心理负荷。就是这样，我们的存在在风土上可以有无比丰富多彩的形式。我们不光背负着历史的沉淀，还背负着风土的重荷。

当然，我们的存在不仅有负荷的一面，同时也有自由的一面。既是已存的，又是预料中的；既受负荷，又享自由。在这种双重性中可见我们存在的历史，但这种历史与风土又是相即不离的，因而负荷的不仅仅是历史，也是风土。若如此，风土的制约当然也赋予人的自由愿望以一定的特征。衣食住作为工具无疑都带有风土的特性，而进一步从根本上看，如果说，当人们发现自己时就已置身于风土的制约下的话，那么风土的类型将会成为自我认识的类型。从存在论来看，显然各种风土类型中形形色色的人们在其存在的表现形式中会各具特色。如今这一探索在存在论上已达成一种共识：风土的类型就是人类自我认识的类型。因此有必要去发现和寻找这种类型。

那么，我们怎样才能发现风土的类型呢？

上述风土对人之存在的制约，是人类历史、风土结构上的普遍问题，不是对具体个人存在方式的考察。因为具体个人必须存在于某一国度、某一时代以及特定的方式上，不管它是多么特殊。所以从存在论上分析人之存在，并不是为了去直接理解特殊存在的类型，只是以这种理解为媒介，从方法论上引导出存在论的分析方式而已。

于是，为了充分把握具体个人的存在方式，也就是其特殊性，我们必须面向存在论的认识观，即对历史的、风土的现象的直接理解。但如果仅将其视为客观对象，那就无法理解上述的风土意义。所以，我们对历史的、风土的现象的理解，必须严格依靠存在论上的定义，即必须认定这些现象是人的自觉存在的表现，风土是这一存在的自我客体化，是自我发现的契机，因此风土的类型作为主体性的人的存在类型，只有通过风土的、历史的现象才能得到解释。所以，只要面向特殊性存在的，便是一种存

---

① 俳偕，日本江户初期（17世纪初）形成的一种韵文诗，本为连歌，首句称为"俳句"，只有十七个音拍，后发展为独立的诗歌形式，其中必含有表示季节的语词，即是季语。——译者注

在意识，而只有将这种特殊方式作为人的自觉存在的样式来理解，才是存在论上的认识。这样来把握人的历史、风土的特性，就成了存在论的存在认识。只要风土的类型成为问题，就只能如此。

我们的考察从直接观察特殊的风土现象出发，进入到人之存在的特殊性中。本来风土就是历史性的风土，所以风土的类型同时也是历史的类型，我们毫不回避这点，也无法回避。但我们在此是想做一个尝试：从风土方面着重分析人的历史及风土结构。原因之一是这方面的考察较之历史方面显然不被重视，从学术上分析这一问题也是十分困难的。赫尔德[①]曾企图从"活现的自然"的"解释"中来创建"人类精神的风土学"，但却正如康德所批判的那样，它并非学术上的严谨探求，而只是一种类似诗人想象的产物。要想从根本上考察风土的人们总是伴随着这一危险。尽管如此，风土问题却必须从根本上去研究，真正要想进行具体性的历史考察，就必须从根本上搞清楚风土特性的问题。

昭和四年（1929年）初稿、
六年（1931年）改稿、十年（1935年）补写

第三章 季风型风土的特殊形态

一、中　　国[②]

广义地看，季风地带也包括中国大陆。如果说季风是由热带海洋将湿热吹向大陆，那么受太平洋影响的中国大陆当然应属于季风地带。不光是东南沿海一带直接受其影响，而且内陆也有波及。最能反映中国风土特色的首推长江和黄河，而至少长江可以说是季风在大陆的具体表象，这是一条什么样的江呢？

对日本人来说，长江的第一印象实在是出乎意料，当轮船接近上海时，首先令人惊讶的是时速十三四海里的轮船整整一天居

---

① 赫尔德：Johann Gottfried von Herder,1744-1803。德国文艺理论家，学术研究范围很广，试图从历史观点说明文学的性质和宗教的起源，并运用比较语言学方法解释语言和思想的关系。——译者注

② 中国：近代日本通称中国为"支那"，此书亦同，这里直接改称"中国"，另将原文"扬子江"改称"长江"。——译者注

然一直航行在一片泥海之中。吞吐泥水的长江全长约6300公里，是莱茵河的四倍半，比整个日本列岛还要长。这样一想也就不足为奇了，可亲眼目睹这一景观，还是不禁感到奇异。因为我们心目中的"海"并不包含这种茫茫无际的泥海，而长江河口与这泥海又交汇相融，形成一片汪洋。尽管有人告诉我说船已在上溯长江了，可视野中只有地平线遥遥在望，只不过比海上时略显粗壮些。而且这条地平线只勾划出河口的崇明岛和长江右岸一边，左岸根本不在视野之内。这样一来，我们固有的海与河的概念便一举崩溃。比如我们在明石海峡①看到了"海"，而"长江"却有大阪湾那么宽，而且大阪湾可以从须磨海滨看见和泉的山峰②、从堺海滨望见淡路岛③的群山，而长江则只有对岸的地平线依稀可见。

当然这是长江河口的情形，或许不能代表整个长江，但其江面之宽或十几公里或七八公里，对我们来说仍是令人惊叹不已的了。我们的"海"——明石海峡宽不过四五公里，两岸为山岩所环抱。而长江则滚滚流泻在广袤的原野上，不像是一条为陆地相挟的河。换言之，长江正是君临在整个流域的平原之上。

这也说明了长江流域平原的特征，船溯江而行靠近岸边时，可以见到树木、田野，但从船高处望去，一片漠漠平坦的原野却也望不见多远，顶多只能瞭望到两三公里远的地方。其余全是一片天色。哪怕这原野延伸几千公里，尽收眼底的只不过一公里左右。我们很难留下"遥望广阔平原"之感。因为我们已习惯眺望远山而感平原之广，哪怕远山只隔七八十公里，就我们的直观能力来说那便是十分辽阔的了。尽管长江流域是名副其实的大平原，可望不见远山，它的广袤便没法印在我们的记忆中。这就是长江造就的大平原的景观，在另一意义上，它打破了我们所持有

---

① 明石海峡：位于兵库县南部的明石市和淡路岛之间的海峡，紧扼大阪湾的西口，约4公里宽。近年新建的明石大桥是沟通本州岛与四国的要道。——译者注

② 须磨：神户市西部地名，临大阪湾，自古以来与明石并称为胜景地。和泉：大阪府南部地名，与须磨隔湾相望。和泉山脉为东西走向，最高峰岩涌山海拔898米。——译者注

③ 堺：大阪府中的南部一港口城市，临大阪湾，曾作为日本与明朝贸易的中心。淡路岛：濑户内海最大的岛屿，面积593平方公里，靠近兵库县南部。——译者注

的大平原的观念。

长江流域的平原是水的造化，而这水又多是由季风从太平洋携来，所以我们说长江流域是季风在大陆的具体表象似乎并不过分。那么，我们前面提到过的季风型性格在此又是如何表现的呢？

长江及其平原的景象给我们的直接印象其实并不是大陆特有的那种伟大，而只是单调和广漠。茫茫的泥海没有给我们以大海翻腾跃动的生命感；比我们的海还要宽阔的泥河也缺乏大江特有的那种"漫然流动"之感。同样，平坦的大陆在我们心中也够不上伟大的形象。我们明知长江、黄河之间的大平原要比我们的关东平原[①]大出几百倍，但置身其中，只能望见平原的一小部分，不管你走到哪儿都只是同一局部的重复。也就是说中国大陆的广袤给我们的感觉是缺少变化、广漠而单调。换言之，我们在与"大陆"的交流中，已经发现出自己身上单调而广漠的因素。然而在这种风土中代代繁衍的人们经常只能找出这种自我，却没有机会去发现这以外的自我要素。因此，忍辱负重的季风型性格在此便体现为持久的意志和感情的抑制，得以与其单调和广漠相抗衡，进而也就是对传统的执着和强烈的历史观。这种性格与印度人恰成对照。如果说印度人的性格特征是感情的流溢，那么中国人的特征则是无动于衷吧。

我并不是认为只有长江能代表中国的风土。中国大陆的另一半是由黄河来表现的。但我对黄河及其流域没有什么直观印象，而考察风土，直观又是极为重要的。所以，对黄河我不好积极地阐述自己的看法。这里只凭些间接的知识来补充一下前面的观察。

自古就有"南船北马"之说。长江流域是水乡，黄河流域多旱地。"南船"这一特色到现在也依然如故，如眼前长江上的轮船和军舰，而黄河居然与水运发展无缘。再者，长江平原种的是稻米，而黄河平原种的则是小麦。这些特点可以概括为黄河是源自沙漠之河，也就是连系沙漠和季风的河。

从构成黄河平原的黄土土质也可窥见这一特点。黄土中极为

---

① 关东平原：日本最大的平原。地处本州岛东部，以东京为中心占据了关东地区的大部分。——译者注

细小的土粒本是由沙漠的寒气所制成，它被风吹水冲，或被风卷来堆积后再被水冲卷走。而这水若是来自太平洋上的话，那黄土地带就等于是沙漠和季风合作的产物，具体体现这一合作的就是黄河。

如此看来，中国人与沙漠人的特性也并非无缘，他们明显保持着一种紧迫感，在忍耐的深处蕴藏着一股斗志。这也说明季风性格和沙漠性格的相互融汇，但它只构成季风性格的一种特殊形态，并不表明中国存有沙漠性格，在中国人身上根本找不出沙漠人特有的那种绝对服从的态度。所谓中国人的性格正是"不甘于服从"，他们除了受血缘和乡土关系的约束外，不肯受任何其他的拘束。"不肯交税、不愿服兵役、不服从命令、无视法规、热衷赌博吸大烟。他们总是千方百计地想逃脱国家的束缚，随心所欲，自己愿干什么就干什么。"（小竹文夫《近世中国经济史研究》[①]15页）当然在那种无法抗拒的强大的力量下只好忍受。但是"表面上唯唯诺诺，露出一副惟命是从的样子，而内心里绝不会轻易认输。正如成语'面从腹背、两面三刀'一般。"（同上。29页）这种决不低头的忍受与他们无动于衷的性格密切相关。只有无动于衷才能做得到这一步，而同时，在这种态度中又培养了无动于衷的性格。

我曾在香港和上海目睹过中国人的这种性格。

那是昭和二年（1927）左右，我从停泊在香港九龙的船上看见许多中国人的帆船围聚在外国船旁装卸货物。小船上像是住着几户人家，四五岁的孩子在甲板上玩耍，很是可爱；还有年轻妇女和老太太围着帆绳在干活，一眼看上去真是一幅和蔼相处的情景。可就在同一条船上，竟有几门旧式大炮装备在船锋、船侧。这当然是为了防范海盗，因为海盗也以同样装备来袭。也就是说，凭着这条单薄的帆船既要装货运输，还要准备着与海盗交锋。我为此震惊不已，设想到有炮战的运输非平时可为，而中国的劳动人民竟当作家常便饭，携带妻儿，泰然处之。世上还有哪个国家能找到这种人民呢？

在这种劳动人民身上，我看出了中国人的本色。他们生活

[①] "中国"，原作"支那"，今改。下同。——译者注

在密切的血缘关系中，甚至在有炮击的危险下也不分离，周围还有同样紧密团结的乡亲作壁垒，他们相互协作相互帮助，但除此之外他们没有更高超的办法来保护自己。在中国领海内对付海盗只能凭他们自己的力量，指望不上国家。所以，他们过着彻底的无政府主义生活，根本不依靠国家的保护，这是他们重视血缘关系和乡土关系的原因。而另一方面，对于超出这种关系的强大力量，他们又老老实实地放弃抵抗，一忍到底，摆出一副"没法子"的态度。尽管是忍气吞声，可心底里却蕴藏着一股旷达不羁的劲头，拖家带口怡然生活在备有火炮的船上便是这一态度的表现。因为有全家覆灭的危险，才备上大炮，而整天提心吊胆害怕危险是无法过日子的。反正再动用"感情"也丝毫减轻不了危险，无动于衷反倒是最好的防御法。同时，这种危险必然要带来丰厚的报酬，攒钱也是积蓄一种自我防卫的能力。所以冒着危险本身也就是最好的防御法，"没法子"的态度里总是含有这种打算和不动声色的意志，这正是无政府保护下的生活的强处。

昭和二年（1927）二月，在上海我更直接目睹了中国人的这种韧劲。当时正值俄国的普罗势力在中国高涨，蒋介石军开始席卷长江流域，北伐军已逼近上海几公里处，郊外的住宅区日夜炮声隆隆。此时上海的工人们与蒋介石军相互呼应，全面罢工，邮局关闭、火车停止，风传水电也即日将断。共产党乘机在全市展开宣传鼓动，民众也为之所动。除俄国人外，其他外国人不到万不得已时绝不会走近中国人居民区。在这种情况下，守卫上海的北军开始使用非常手段镇压共产党，抓住嫌疑犯就杀头示众，也不知要杀到什么时候。而外国人最为恐惧的当然是留守上海外围的北军，他们一旦被蒋军追赶逃回上海后不知会造出什么样的骚乱。那样，问题就不是军队归属于哪方了，武装起来的游民苦力便会大肆掠夺、强奸、杀人，扰乱市区。外国人越想越恐怖，一心只期望得到本国势力的保护。于是，外国军舰陆续驶入上海港，陆战队开始登陆，至少租界内的安全可以确保了，但还顾及不到租界外的住宅，外国人商量着得当晚赶快就把家属们转移到租界内港口附近的安全地方，对他们来说，国家力量是唯一的靠山，最后一着儿就是逃离这块恐怖之地，奔回到受政府保护的本国内去。为此，已有巨轮在港口等候，外国人就是这么惊慌失措，他们惯于依靠国家的保护，要是得不到这种保护的话，便会感到强烈的恐惧和不安。

可是，中国人毫无退路，严格地说，靠着那支随时可能化为武装掠夺之徒的军队，他们又能干什么呢？的确有不少商店关门，但这和工人总罢工一样，也是一种同情蒋军的表现。在这种消极对抗中，中国人都没有流露出任何反映目前"恐慌"的表情，站在街头环视一下，找不见什么兴奋的征候。面色茫然的中国人从容不迫，慢悠悠地走在街上，或继续做着自己的买卖。据说那时在左右日元汇率的外汇交易所里，依然有许多中国人云集一起，热衷于买进卖出。或许马上就要遭到抢劫或失去性命之际，而他们脸上一点儿也没有流露出不安。在他们看来，只要有机会攒钱，就还没到非走不可的时候。一旦那一刻来临就尽量躲藏起来，或撒腿逃跑。他们认为对尚未发生之事劳心费神岂不是无益之举吗？若动辄浪费感情，在中国是活不下去的，他们的表情是这么告诉我们的，他们原本就没指望国家保护，所以也就根本谈不上担心能否受到保护之事。

我在这种强烈的对比下感到震惊，离开了上海，尔后，除了电线杆上的首级外，上海没有发生过什么更令人惊骇的事，事态的发展正合着中国人的那种无动于衷的态度。如此看来，那些为城外炮声一惊一乍、整日焦虑不安的外国人确实是"徒劳无益了一场"。不依靠政府而生活的强处正在于此，对我们这些一切都靠国家的人来说，这种事态完全是无法预料的。

中国人的无动于衷并不是说他们缺少感情生活，而是感情生活的形态之一就表现为无动于衷。人们于广漠单调中发现自我，没必要去追求变化或感动。在这一点上日本人正好与中国人相反，常在富于变化的多样性中发现自己。在日本人眼里，那些手提鸟笼、终日仰望天空的中国人真是不可思议，从前就说过，这种长幅度波长中的节奏对我们来说看不出什么感动。但是，从好的一面来看，这种不动声色就是一种"从容不迫"的态度。对总像是被什么所追赶的日本人来说，这种态度甚至可以作为一个修炼的目标。在中国，不管是农民还是商人都很自然地流露出这种态度。因此可以说，相对日本人的小里小气，中国人总是从容大方，但这不是超越细腻的感情和敏捷的举动后所达到的境地，即不是临危不动的那种镇定，而是因为他们本来就不动摇。所以这种态度并不伴随着什么人格上的评价。

从中国的文化遗产中我们也能发现同样的特征。中国的艺术一般气势雄伟宏大、统领大局并紧切要害，但同时又令人感到内容的空疏，难以找见细致入微之处。它典型地表现在近代中国的宫殿建筑上，其规模庞大，给人的印象很宏伟，而细部空洞，几乎不堪入目，虽然远看上去给人的印象不错，但作为艺术不能只是远看而不顾细节，忽视细节也是缺乏感情流露的一种表现吧。

当然，用这种近代建筑来代表两千年来的中国艺术或许有些勉强，乐浪出土的汉代文物告诉我们中国艺术中也有纤细入微之作。特别是玳瑁小盒上的图画之细腻，足以改观我们想象的那种汉代画像石艺术。收藏在伦敦的顾恺之的画卷也给人以细腻之感。再后一些，大同云岗和龙门石窟中也不乏那种丰醇之极、细腻入微的石雕艺术。这一特征在唐代艺术中极为显见，到了宋代也仍未消失。可是，在回味这些杰出艺术时，我们不能忘记两点：一是这些艺术作品都是黄河文明的产物，要是单独地考察黄河风土时，恐怕必须改变我们的看法。二是上述艺术特征在宋元以后，特别是明清至近现代的中国已荡然无存了。尽管如此，从先秦的古铜器到汉唐艺术再到明清以后，显然有另一种特性一脉相承。人们从中国近代的家具和室内装饰中不也感到先秦古铜器的传统吗？或在汉代画像石的抽象性中以及云岗龙门石佛的巨大形象中不也感到有某种空疏性与适于远看的宫殿建筑相通吗？唐代丰硕的雕刻中也有不少粗略乏味之作，除去特别优秀的作品外，只要看看这些平庸之作，就知其与明清作品之间也相差不远。反之，若着眼于两汉至唐宋间的那些细腻而纤微的艺术，在现代中国中我们恐怕找不出与之相近的风格。由此看来，我们举出感情平淡作为贯穿中国文化的一大特征似乎也还说得过去吧。

同样，中国独特的大型编纂事业，如《大藏经》《四库全书》等也都如此。这种浩瀚的丛书集成功德无量，既保护了古文献，又得以留传后世。但这一伟绩并不意味着工作内容的细致。

比如《大藏经》，最初是将印度传来的佛典按各个时代包揽无遗地收在一起，并未进行批判、取舍、整理。后来连中国人自己的著作也收在内，对此倒是经过了严格筛选，但也是尽可能囊括了译经方面的所有文献。到了唐代便初成规模：大小乘经律论传七目共一千零七十六部、五千零四十八卷、四百八十帙。最初刻于宋代，当然其中也采用了一定的经典分类法，但那如同系在外表的绳索一般，不是一种玉石分明、内部结构完整统一的体系，与其外表的排列有序相反，内容上则杂乱无章，只是材料的堆积，到了《四库全书》，这种倾向更是走向极端，难以发挥丛书应有的机能。

这一特征更为鲜明地表现在中国不断出现的统一的大帝国上，欧洲能与之抗衡的只有鼎盛时期的罗马帝国。中国则自秦汉以来一个接一个地出现，最后的大清帝国一直维持到最近。单看这点，中国人就像是优秀的政治家一样，但这种大帝国并不是将每一块土地都治理得井然有序，外表上虽然是一个完整的大帝国，而民众却生来就不靠政府，国内的匪贼竟常有一百万至二百万，这便是中国本来的面目。

据前面引过的小竹文夫的著作中说，中国的平原地带交通方便，相互间经济沟通、交往频繁，自秦汉时已在大片地区实现了经济上的统一。这是中国风土环境的必然趋势。古代那种封建割据状态本是不自然的。其证据是诸侯国开始都是各自围筑城墙，人为地筑造长城以保卫领土。这就是说，中国的国土若不是强行圈划，本不会允许小国林立的。特别是宋以后，整个中国经济相互渗透已成整片格局。民众可以不凭借国家权力，仅靠同乡关系就能巧妙地展开大范围的交易，即不靠政府也并不妨碍经济上的统一。所谓国家就是凌驾于民众之上的官僚组织，本不是国民的国家组织。官僚自古出自贵族，宋以后通过科举平民也可以选拔上来。他们都是读书人，是知识分子，而不是武官。在君主制下他们得以大施权势。因此官僚通常藉权谋私。"宋代，除国家专卖外，政府及官僚各自也都从事经商，明清时代的文官们嘴上说看不起商人理财，而实际上却将其积蓄投入经商和土地。令人吃惊的是现在不光中国的官僚，连称为学者的人也多有经商者在。"（《近世中国经济史研究》30页）这样看，其国家及政府本身也可以说是一种无政府状态。

最后的大清帝国崩溃之后，官僚分化为军阀和财阀，与外国资本相勾结发财致富。一直到二次大战爆发为止，上海、香港实际上是中国的心脏，这一事实也正暴露了其国家的无政府性。摆动中国的政治势力就在上海和香港的银行里，而这银行即便不是外国银行，也是受外国势力保护的，这就是说，中国这个国家是从外面凌驾于民众之上的，民众对此并不介意，他们本来就不服从国家。偶尔有孙文这样的先觉者痛感于此，他认为1920年左右的中国在列强的经济压迫下完全变成了一种殖民地，甚至处于比真正的殖民地更为不利的地位。然而一般的中国人对这种经济上的压迫不觉痛痒。孙文的主张完全正确，但与他共事的人们不仅没有将中国从这一桎梏中拯救出来，反而更进一步地与外国资本勾结在一起，使中国终于成为世界资本主义竞争的对象。这一倾向虽然对启迪中国人的民族自觉有过几分贡献，但只要有背后势力企图强化中国的殖民地，其民族自觉便无法引上正确的方向，也就是将中国从殖民地中解放出来的方向。这样看来，中国人的无动于衷最终是将自己引向了不幸的深渊。

认清自己，就是超越自己摸索一条前进的道路。理解与己不同之处，取人之长补己之短就会开拓新的路子。

明治维新以前的千百年间，日本人尊崇中国文化，撇开自我致力于摄取中国文化，直到衣食住等生活细节部分。但日本人的衣食住仍与中国迥异，日本人摄取的中国文化的养分已不再是中国的了，日本人崇尚的不是大而空，而是小而细；不是外观的完善，而是渗透于内部每个角落的醇化；不是形式上的体面，而是发自内心的感动。日本人无论将中国文化汲取得多么彻底，也不会导致上述所说的那种中国特性。但尽管如此，日本文化还是吸收了先秦至汉唐宋的中国文化精髓，并将之融汇于自己的体内。通过理解这点，中国人反倒能重新认识现代中国已失去的、过去的辉煌灿烂的文化的伟大力量，而且可以从中探出一条路子，打开现在停滞不前的状况。

中国必须振兴，必须恢复汉唐文化的伟大之处，从世界文化的发展来看，中国文化的复兴也是必不可少的。那些顽固闭守殖民主义方针的财阀、军阀只是中华民族的罪人，中华民族只有站稳自己的立场，才能有伟大的中国的复兴。

昭和四年（1929年）初稿、昭和十八年（1943年）改稿

二、日　　本

1.台风的影响

人之存在具有历史的、风土的特殊构造，这一特殊性由于风土的局限性而被明显划分为几种类型，本来风土就是历史的风土，所以风土类型同时也就是历史的类型。所谓"季风型"是指生活在季风地带的人的存在方式。我们的国民在这种特殊的存在方式上是属于"季风型"的，即感受性强、善于忍耐。

但是，我们不能仅因此而拘囿我们的国民性。只抽象地考虑风土的话，那么无垠的海洋、充足的阳光、丰盛的水源、茂盛的植物等都与印度极为相似，但印度北面有高山屏障，有定期来自印度洋上的季风。日本与之不同，地处蒙古、西伯利亚广袤的大陆和浩瀚无际的太平洋之间，常受变化无常的季风影响。虽然两国同是直接沐浴着海洋上卷来的充沛水量，但在日本，这水表现为两个方面，一是以"台风"的形式出现，它季节性强、具有突发性，在其辩证法式的性质上和猛烈程度上都是世界无与伦比的；再是以大雪的形式出现，其积雪量也属世界罕见。在这种大雨与豪雪的双重现象下，日本属于季风地带中最为特殊的风土，具有热带和寒带的双重性。温带地区在某种程度上总是兼容这双重因素的，但哪儿也找不到像日本这样表现得如此显明的地方。这种双重性首先明确地反映在植物上，以强烈的日光和丰沛的湿润为基本条件的热带草木在这里繁茂生长，盛夏的景物与热带地区相差无几，代表性的农作物都是水稻。另一方面，以寒气和少量湿气为条件的寒带作物也同样生长旺盛，小麦就是其典型的代表。这样，冬天被小麦和冬草铺盖的大地，夏天又被水稻和夏草所覆盖，而这种难以交替的草木本身各自带有双重性：本是热带植物的竹子，其雪压竹叶之景却常常作为日本独特的风光来介绍，而惯于承受积雪的竹子也就与热带竹林有所不同，成了更有韧力、更能弯曲的日本式竹子了。

只抽出风土考察时，我们所能发现的这些特征具体地说就是

人的历史生活的写照。水稻及种种热带蔬菜、小麦及各类寒带蔬菜，都是由人亲手种植的，也就是于此所必需的雨、雪、日光都将反照到人的生活中去。台风吹开稻花，同时又威胁人的生活。所以，台风的季节性、突发性也就构成人的生活本身的双重性。丰沛的湿润在惠与人们以食物的同时，又化作暴风、洪水向人们袭来。这种季风型风土，在我们感受性、忍从性的存在方式上，又加上了热带性和寒带性、季节性和突发性这种特殊的双重性。

首先，季风地带特有的感受性在日本人身上表现得极为特殊。第一，它是热带性和寒带性兼而有之。既非热带的那种单纯的感情流溢，又非寒带的那种单调的感情持续。它是一种沛然涌出而又于变化中宁静持久的感情，正如四季变化显著一样，日本人的感受性也随之而变。所以，没有大陆特有的沉着，却也活泼、敏锐。正因为如此才易疲劳、难以持之以恒。而恢复这种疲劳不是靠静心养神，而是靠新的刺激以及心情的转换。这样，感情不因其变化而成为完全不同的感情，依然是固有的感情。所以，不具持久性的背后实际上是存有一种持久性，即感情于变化中而悄然持续。第二，它是季节性与突发性的并存。在变化中悄然持续的感情，一面不断地转变为其他感情，一面却以同一感情持久，因此不只是季节性、规律性的变化，也不单是突发性、偶然性的变化，而是于变化的各个瞬间含有突发性并转化到前一感情所规定的另一感情中去。恰如季节性的台风带有突发的强度一样，当感情从一处转向另一处时，也容易露出突发性的剧变。日本人的感情激昂常常是在这种猛烈的突发性中迸发而出，它不是那种感情的执着和持久中的迸发，而是像飓风般猛烈呼啸而去。因此，有时甚至制造出一种特殊的历史现象：不去进行顽强的斗争而要全面变革社会；而且还造就出一种日本气质：十分崇尚感情的激昂却忌讳执着不已。在深远意义上，拿樱花来象征这一气质是极为贴切的。它开得匆忙、灿烂、竞相怒放，但不是一直开下去，落也落得同样匆匆、恬淡。

另外，季风地带特有的忍从性在日本人身上也表现为一种特殊形态。因为首先它兼有热带和寒带的两种性质，既不是热带那种不抵抗的达观，也不是寒带那种坚持不懈的忍耐，而是在达观中试图反抗，通过变化来暂且忍耐屈从。暴风骤雨的威力最终能使人屈服，而台风式的性格则容易掀起内心中战斗的火焰。所以日本人尽管没想去征服自然，也不愿与自然为敌，但却在战斗性的反抗精神上，达到一种难以持久的谛观。自暴自弃作为日本的特殊现象很清楚地表明了上述的这种忍从性。其次，这种忍从性又是兼有季节性和突发性的，忍耐屈从中含有反抗。因此，不是单纯按季节性、有规律地重复忍耐和屈从，也不是突发的、偶然的忍耐和屈从，而是在忍耐屈从反反复复的每一瞬间中内藏着突发性的要素。忍耐屈从中的反抗常常突然爆发燃烧，犹如台风般的猛烈，但在这感情风暴过后，却又倏然袭来一股寂静的达观。感受性上的季节性与突发性的特征，直接与忍从性上的特征相辅相成。反抗及斗争越猛烈就越令人赞叹，但同时又不能太执着。潇洒地放弃反倒会使得人们更加赞美猛烈的反抗和斗争，也就是倏然转为忍耐屈从。换言之，果断利索、淡泊忘却才是日本人的美德，至今仍如此。日本人的气质如同樱花，也就是基于上述的突发性和忍从性。其最显著的表现方式就是淡泊轻生。这一现象曾令欧洲人惊叹不已，当日本的基督教徒遭到迫害时，殉教者的态度是那么从容不迫，而前不久的日俄战争又给他们以强烈的震惊。反抗和斗争的根底里蕴藏着对生命的执着，而当这种执着最为强烈地表现在客观现实上时，这一执着中最为突出的态度竟是对生命的全盘否定，日本人的斗争至此达到一种极致。剑道的极致就是剑禅一体，也就是将斗争从对生命的执着追求上升到超越生命的高度。我们称此为台风式的忍耐屈从。

　　于是，日本人独特的存在方式可以归纳为以下两点：一是丰富流露的情感在变化中悄然持续，而其持久过程中的每一变化的瞬间又含有突发性；二是这种活跃的情感在反抗中易沉溺于气馁，在突发的激昂之后又静藏着一种骤起的谛观。这就是深沉而又激情[①]、好战而又恬淡。日本的国民性正是如此，它形成于历史

---

　　① 深沉的激情：以此形容爱情的只有日本人，它表达了一种浓情中的平静和谐的融合。所谓"深沉的激情"就是指由沉郁平静能一下子转化为奔放激烈的感情。即它既不像热带式的感情，一味持续着横溢的激情最终堕为感伤，又不似那种阴悒沉闷缺乏激动的感情（原注）。

中，除了历史的产物以外哪儿也没有表现的场所。因此，我们必须在客观的表现中去追究其特性。

人的定义首先既是个人又是社会，即人是处于"关系"中的。因此，那种特殊的存在方式也应反映在这种关系上，也就是反映在共同体的构筑方式上。

人的关系最为突出的例子，正如亚里士多德所指出的那样是男女关系。男女有别已经是对这一关系的把握，关系中的一方为男、另一方为女，不扮演这一角色的"人"是尚未成为男人或女人的人，将这种人不管怎样结合在一起，都不会成为"男女关系"。所以，我们在说男人、女人时，已经给人扮好了关系中的角色。因此，"人"尽管可以是独身①，但"男女"之间相互缺少任何一方，其关系便不复存在。

这种"男女关系"在日本是怎样特殊地形成的呢？从《古事记》和《日本书纪》②中的恋爱谭中，以及各个历史时期的史料中，我们可以找出比任何话题都丰富的材料来回答这一问题。由此，我们显然可以发现日本恋爱的一种类型，即"内含激情而又恬静的情爱、充满斗志而又恬淡放弃的恋爱"。《古事记》里的一些朴素的悲恋故事，其恬静的情感很难在《旧约圣经》或希腊神话③中找到雷同之例；而那种台风般的激情和强烈的斗志也不是中国或印度故事中所能找见的。特别是在"情死"上，④这种恬淡宁静的达观表现得更为明确和具体。随着时代的变迁，这种纯真虽然有所消失，但在后来的时代中仍可显明辩论出上述恋爱的类

---

① 独身：原本的用义并非指真正独立的人，而是指没有配偶。即本质上应与对方相依并存者在实际上缺少对方的状态（原注）。

② 《古事记》：现存日本最古史书。太安万侣撰，公元712年成书。以皇室系谱为中心，记日本开天辟地至推古天皇（约592—628年在位）间的神话传说与史事。也是最古的文学作品。《日本书纪》：日本古代史书，以汉文本纪体撰写。公元720年成书。共三十卷。记日本开天辟地至持统天皇（约690—697年在位）间的神话传说与史事。——译者注。

③ 作为典型例子可取特洛伊战争的诱因海伦与《古事记》中的佐保姬相对照。海伦的恋情是一种调情。希腊人在《伊利亚特》及《奥德赛》中描写了夫妇之间的浓情，却没有描写可以命相赌的恋爱（原注）。

④ 参照《日本古代文化》（《和辻哲郎全集》第三卷）249页以下（原注）。

型。比如平安朝①恋爱中流露的"物哀"②，镰仓时代③里恋爱与宗教的结合，以及足利时代④所赞美的恋爱的根本动力。佛教决没有贬低恋爱的地位，反倒拿烦恼即菩提的思想来防止灵与肉的背离。到了德川时代⑤情死则成为文艺创作的题材，但并不是单纯地依据精神上的那种"西天"信仰，它是由否定生命来肯定恋爱，愿恋爱永存之心化为瞬间的激昂，因男女各自的职责而践踏了其他所有的职责，在这一意义上哪怕它是悖逆人道的，也仍然表现了日本恋爱的特征。

这样看来，在日本的恋爱类型上，首先恋爱要比生存的欲望更占优势，恋爱并非欲望的手段，而欲望才是恋爱的手段。人们向往那种不为个人欲望所分隔的关系，即男女之间毫无间隙的结合。我们说的恬静的情爱正是这种全身投入的结合。但其次，恋爱又常是肉体的，不单纯是灵魂的结合。⑥恋爱不可缺少肉欲作为手段。于是，内心恬静的情爱会同时变为激情。毫无间隙的结合必须通过分离的肉体才能得以验证。灵魂永在的欲望在肉体中瞬间爆发，于是便去勇敢地恋爱，不惜生命。但其背后又有突发的绝望，也就是在不可能达到肉体上的恋爱开始淡泊地否定肉体。且不必扩大到情死现象，只要看看日本人常从肉体上理解恋爱，却又在肉体上最为淡泊这点就可明白。因此，日本的恋爱类型较之那种视恋爱为灵魂并执着于肉体的其它类型，则保持着更高的品位。

但是，仅限于恋爱关系的"男女"之间，其实是很抽象的。

---

① 平安朝：始于公元794年恒武天皇迁都平安（今京都），至1192年源赖朝开创镰仓幕府，平安朝四百年的历史告终。——译者注

② 在这里，人世一词首先意味着男女关系（原注）。

③ 镰仓时代：自源赖朝在镰仓建立幕府后，京都朝廷与之并存，遂酿成后乱。至1333年足利尊氏攻下京都，新田义贞攻下镰仓，镰仓时代由此终结。——译者注

④ 足利时代：即室町时代。自足利氏在京都室町开创幕府（1336）至十五代义昭为织田信长所放逐（1573年）的238年。——译者注

⑤ 德川时代：即江户时代。自德川家康在江户（今东京）开创幕府（1603）至德川庆喜奉还大政的（1867）265年间。——译者注

⑥ 所谓的柏拉图式恋爱是英国式的，并非原本的希腊式恋爱。在日本也是经英美人传入之后才有了柏拉图式恋爱的（原注）。

它既是一种"鸳鸯之情",同时又是夫妻关系。因而还应包括"父子关系"。但父子之间又不只是夫妻对其子女的关系,对孩子来说夫妻是父母,而在自己的父母面前夫妻又是孩子。所以,人是男女,同时又是夫妇、父母、子女,绝对不存在没做过孩子的男女。因而男女之间归根结底是基于父母、亲子间的关系,这就是"家族"共同体。所以,人在家庭这一整体中才会扮演各自的角色,成为夫妇,成为子女,成为男女。反之,并不是由于这些人的集合,家庭才得以成立。

家族间的人际"关系"按照牧场型、沙漠型及季风型,其区别十分显著。牧场型文化始于希腊人海盗式的冒险,离开故乡的牧场前去冒险的男人们征服多岛的爱琴海沿岸各地,开始建设原始的城邦国家,他们同时娶了被征服地妇女作为妻子。也就是说,脱离了家族的男人与家族被杀戮破坏了的女人在那里结成了新的家族。在古希腊的传说中有许多残酷谋杀丈夫的故事,据说就是根据这种历史背景而来的。所以希腊人虽然原先具有很强的祖先崇拜意识,而且保存着对赫斯提①的牢固崇拜,但在城邦国家形成以后,家的意义与城邦国家相比显得微不足道了。家族一般意指夫妇,从血统上说谁家的儿子时,顶多只提及他的父亲。与此相对,沙漠型家族则作为传统存在,肩负着祖先传下来的血统。②甚至连由处女分娩而生的耶稣还是"亚伯拉罕③的后裔""大卫④的子孙"。但是沙漠型的存在使家族把优势让给了"部族"。游牧生活的基本单位是部族而不是家族,在部族团结的严格制约下家族共同生活的意义被削弱了。把最大的重心放在家族共同生活的是季风型家族,特别是中国与日本的"家庭",他们与沙漠型家族同样属于血统型存在,但他们没有因部族而消解。

---

① 赫斯提:Hestia,希腊神话中的灶神或家室女神,传说为家庭的创立者。阿波罗和波塞冬曾向她求婚,但赫斯提立誓终身不嫁,永远保持少女的纯洁。——译者注

② 在现代欧洲明显做到孝顺父母的只有犹太人(原注)。

③ 亚伯拉罕:Abraham,《圣经》中希伯来人的始祖。——译者注

④ 大卫:Dawid,古以色列王国国王(公元前11世纪-前10世纪)。据《圣经·塞缪尔记》记载,大卫统一犹太各部落,建立王国,定都耶路撒冷。——译者注

"家庭"意味着家族全体，它由家长来代表，但其存在并非依靠家长的意志，相反它作为一个整体使家长成其为家长，尤其构成"家庭"本质特征的是对于这一整体的历史把握。现在存在着的家族承担着"家庭"的整个历史，所以它必须对整个"家庭"的过去和未来都负责。"家庭"甚至可能让家长成为牺牲品。因此所谓家属除了亲子、夫妻之外，还意指对祖先而言的后裔和对后裔而言的祖先。家族的整体位于单个成员之先正是通过这样的"家庭"反映出来的。

　　像这种"家庭"方式在日本人的生活中显得尤为突出，这从人们把家族制度强调为日本的淳风美俗这点也可知道。但是，其特殊性究竟何在呢？并且这种特殊的存在方式是否会随着家族制度的废除而趋向消亡呢？

　　我们对于日本式恋爱的特殊性的论述同样也可搬来用于家族的存在方式上。这里的问题当然不是关于男女关系，而是指夫妇关系、亲子关系、兄弟姐妹关系，但这些"关系"首先是期求亲密无间的深厚情爱。古时候质朴的人们在讲述夫妻吵架、嫉妒吃醋等事时已经显示了这种亲密无间的家族情爱，[1]更有万叶歌人山上忆良[2]的绝唱"金银宝玉诚可贵，吾家儿子世无伦"，它道出了日本人的真情，成为长期以来脍炙人口的名句。忆良的这种对家族的情爱在他的罢宴歌中表现得更为直率。"忆良将罢宴，去去上归途，吾子行将哭，吾妻正待吾。"像这样深沉细腻的爱情在引起巨大社会变革的镰仓武士身上也能见到，比如熊谷莲生坊的转念便是出于对其子的爱情，[3]还有足利时代的谣曲更是把亲子之

---

[1]　可把日本描写最原始的夫妇生活的诺册二神造国土故事与亚当夏娃的故事相比较。前者当中，夫妇生活并非始于原罪，而是始于"相互补充"的目的。妻子的死并不表示对其罪行的报应，而只是引起其夫强烈悲叹的原因。这种强烈的悲伤甚至能驱动丈夫亲赴黄泉之国。在黄泉之国两神的争论其实是关于生与死对立的故事，并非关于夫妇生活本身的。——关于嫉妒可参看八千矛神及盘姬的和歌（原注）。

[2]　山上忆良：660—733，日本奈良前期的官人、歌人，曾为遣唐使赴唐，回国后历任东宫侍讲、筑前守等，与大伴旅人交往从密。汉文学素养深厚，多咏人生、社会性题材之歌。《万叶集》里收录其和歌多首。此处所引其两首和歌分别出自《万叶集》卷五、卷三。译文参照杨烈译《万叶集》（湖南人民出版社1984年版）。——译者注

[3]　《长门本平家物语》（原注）。

情描写为最坚贞的力量，德川时代的文艺为了勾出人们的眼泪自然也利用了这种亲子之情。所有时代的日本人在家族"关系"上都以牺牲利己心为宗旨。自他不分的理念在这种场合被表现得淋漓尽致。因此其次，那种深厚的情爱同时也是热烈的，情爱的深厚并不专指沉郁绵密的感情融合，它还通过变化悄悄使横溢的感情保持良久。强烈的感情往往流露得比较含蓄而平静，所以追求亲密无间结合的力量表面平静而底下却极为激烈。利己心的牺牲也不只停留在顺便必要的程度上，而是需要彻底实行的。这样，一旦遇到妨碍，那种深厚的情爱便会变得热烈激越，它具有为家庭全体而完全压抑个人的强大力量。所以最后，家族"关系"还体现为一种不惜生命的勇敢态度和战斗精神。这通过《曾我物语》①可以看出，其中为报杀父之仇的信念不知沸腾了多少日本民众的热血。为了双亲，为了家名，一个人可以牺牲他的一生，而且这种牺牲对他本人而言是具有最高人生意义的。为维护"家名"勇猛直前的武士皆是如此，家庭整体的分量通常要重于个人。因此，人们往往非常淡泊恬然地舍弃自己的性命。为了父母或为了孩子宁愿以身体性命相赌，或者为了"家族"抛舍生命，这些都是我们历史上最为突出的现象。那种深厚的情爱中既已包括了牺牲利己心的内容，那么也就不难理解人们为了家族奋不顾身，且不执着求生的行为了。

这样，日本人生活中的"家庭"方式正是在家族方面体现了深沉而激情、战斗而恬淡的日本式"人际关系"。而且正是这种关系的特殊性又成了"家族"显著发展的根据。为何这么说？这是因为深厚的情爱不允许人们从人工的、抽象的角度看待人的生活，因此它不适合于在个人自觉基础上形成的更庞大的人类共同体。于是，"家庭"在日本作为共同体中的共同体便带有特别重要的意义。正是它反映了日本人存在方式的特殊性，而且比以此为基础的家庭制度这类意识形态问题更具有深远的根本意义。

谁都承认家族制度在现代不如德川时代那么显著了。但是现

---

① 《曾我物语》：日本小说，约成于14世纪末。描写曾我兄弟二人的成长及报杀父之仇的经过。后世的文艺作品多从中取材加以改编成能、幸若舞、净琉璃、歌舞伎等。——译者注

代日本人的生活已经摈离"家族"了么？欧洲近代资本主义欲把人看作个体，家族也被理解为按照经济的利害关系结成的个体组合。但是，日本人吸收了资本主义以后，是否不再从"家族"出发看个人，而开始把家族看作个人的集合了呢？对这点我们无法作出清楚的回答。

不过常见的是，日本人对于"家庭"的意识就是"内"，而家庭以外的世界则是"外"，并且在"内"部个人区别基本消失。对妻子来说，丈夫是"家里""家里的人""当家的"；对丈夫来说，妻子便是"家内"。家庭成员也属于"家里的人"，与外面的他人分得相当清楚，但到了内部就不分彼此了。即，作为"家"正是对"亲密无间的关系"这一家族整体性的把握，这与"外"面的世界是有间隔的。像这种"内"与"外"的区别在欧洲的语言中是找不到的。房间内外，家庭内外，这些说法都有，但人们不说家族关系的内外。① 与日语的内外具有同等重大意义的是：第一，个人心理的内与外；第二，住房的内外；第三，国家或者城镇的内外。② 也就是说，精神与肉体、人生与自然以及大的人类共同体之间的对立是他们关心的主要对象，那里不存在以家族关系为基准的看法。因此，可以说内、外的用法表现了日本人对生活方式的直接理解。

这样通过语言表现出来的内容同时也反映在"家"的构造上。即作为人际关系的家庭结构③直接体现在作为住宅的房屋构造上面。首先第一，"家"在内部结构上表现了"亲密无间的结合"，任何一个房间都不会使用锁或门闩来表示与其他的区别，即单个房间之间是不存在区分界限的。即使拉门与隔扇分隔了空间，那也只是在相互信任之上的划分而已，它并不是表示拒绝打开的意思。但是，在亲密无间的结合中又要求有分隔，这在另一方面正反映了亲密无间的结合中包含着激情。因此，拉门与隔扇

---

① 最强调家庭的当数英国人，但是home一词本来只有"住家""土地"的意思，与"内部"的意思并无关系（原注）。

② 在英国更甚，他们称执政党为ins，在野党为outs（原注）。

③ 这个构造当然是具有风土性的。我们正是把人类存在的风土特性来作为问题提出的（原注）。

既表示了家庭内部的对抗性，同时一旦把它们全部卸掉，又能实现浑然一体的恬淡的开放性。

第二，"家庭"对外区分明显。房间的门上可以不上锁，但对外的屋子大门上肯定要上锁。不仅如此，外面还有篱笆还有围墙，更甚者还打上鹿砦桩挖好濠沟。外出归来在门口脱下木屐或鞋子，这便是外与内截然分开来了，并露骨地表现出对外保持的距离。

像这样的家在日本依然存在着，而且不光在外形上，甚至连生活方式也恪守着陈规。①这种生活方式有多么特殊，我们只要通过与欧洲的比较就能清楚地知道。欧洲家庭的内部一般分隔为若干个独立的房间，而且房间之间有厚实的墙壁和牢固的门挡着。每扇门都可以用一把精巧的锁锁住，所以只有持钥匙者才能自由出入。②这从原理上讲，可称之为个体相距构造。内外首先意味着个人心理的内外，这句话若反映到房子构造上便是个别房间的内外。所以，步出房门便与日本人步出家门具有同样的意思。一室之内，即为个人的天地，即便赤条条一丝不挂也无妨。但是一旦走出房间加入到家人中间时就必须衣着整齐了。只要跨出房间一步，那么在自家的餐厅和在街上餐馆并无多大区别了。也就是说，他们的自家餐厅已经具有日本"外"面的意义了，同时公共的餐馆、剧场等地则起到了起居间或客厅的作用。所以说，他们一方面把相当于日本一个家庭的感觉通过给房门上锁缩小到个人的寝室，另一方面又把相当于日本家庭团聚的娱乐活动扩展到城镇的全部区域。那里没有"亲密无间的关系"，而是相互保持着一定距离的社交活动，尽管它对于室内来说算是外面，可在共同生活的意义上还是属于内部，街上的公园和马路都是"内"部。所以，相当于日本家庭的围墙与篱笆的部分，一方面缩小为房间的门锁，另一方面又扩大为城市的城墙与护城河。城门则相当于

---

① 比如可以不脱鞋就进的地方不会给人以"内"的感觉。所以在公共建筑物中人们穿着脏鞋子就往里踩，更甚者套着木屐就进（原注）。

② 锁与钥匙在欧洲与日本的发达程度是有天壤之别的。欧洲即便还在中世纪时，他们制造的锁及钥匙的精巧程度已远远超过了现代日本。与它们相比，日本的门闩和土墙仓房的锁钥可以说是近乎原始的了（原注）。

日本的家门。①因此，存在于房间与城墙之间的家便并不具有那么重要的意义。人们都极为个人主义，因而产生了距离，与此同时，他们又有极端的社交爱好，都习惯于把握距离中的共同之处。也就是说他们缺少的正是"家庭"的制约。

日本人也许在外表上已学到了欧洲的生活。可是在受到家庭制约、不擅于个人主义式的公共社交这一点上，可以说压根儿没有欧化。尽管路面铺了柏油，可谁会以为那里光穿着布袜子也能走呢？或者譬如大家都穿着鞋子，可谁会穿着它踏上榻榻米呢？也就是说，把"家里"与"城内"一视同仁的人哪儿也找不到。只要觉得城里的街道毕竟是自己的家门以外，那么他便不是属于欧洲式的。只要还能住在开放式的日本房子里，他们依然是要受"家庭"制约的。

这样我们必须承认"家庭"的存在方式尤其显著地反映了国民的特殊性。不过，日本人对其整体性的自我认识其实是通过家庭的整体性来实现的。把人类的整体性首先视为神来把握，但是这个神正是代表着整个"家庭"历史的"祖先神"。这是古代对整体性的最朴素的把握，而令人不可思议的是这种朴素的活力通过历史的展开一直存活着。明治维新是以尊皇攘夷的形式表现出来的国民自觉意识，但这一国民自觉意识是建立在神国日本的神话精神复兴的基础上，而这种复兴则扎根于对民族神的本宗即对伊势神宫的崇拜之中。原始社会里对人类整体性的宗教式把握在高度文明时代依然成为促进社会变革的动力，这种现象在世界上也是独一无二的。所以，针对明治时期同他国的战争中勃发起来的国民自觉意识，学者们甚至也没有就其本身加以理论化，而依然是从家庭的类推角度来进行解说的。其理由为，日本国民是以皇室为本家的一个大家族，国民的整体性就是出自同一祖先的该大家庭的整体性。于是，国家就是"家之家"。家周围的篱笆即扩大为国境。与家庭内部一样，国家内部也必须实现亲密无间的团结。从家庭立场上称作"孝"的德行，在"家之家"的立场上

---

① 这在现代已演变为国境了，但是虽称作市镇城门，其意义还没有完全丧失。意大利的市镇有些地方甚至还在城门处设置收税关卡监视与郊外的来往交通（原注）。

便被称为"忠"。所以忠孝在本质上是一致的，无论哪一方都是在全体制约下的个人的德行。

可忠孝一致的主张无论从理论上还是从历史上看都明显存在着行不通的地方，家庭的全体性决不可能直接等于国家的全体性。家族拥有直接的共同生活，是人类共同体的最初状态，而国家则作为精神的共同体是人类共同体的最终状态。前者是最低层次的整体性，后者则是最高的人类全体性。两者在连带性构造上是有区别的。所以，作为人的构造把家族与国家视为一体是个错误。另外，从历史上来讲，江户时期极力提倡的"孝"也未必尽数表现了家族的整体性对个人产生的制约。在中国，父子关系以"孝"字概括，而在江户时期的日本，所谓"孝"仅仅意味着子女对父母的尽心奉养关系。同样，忠也只是表示一种封建君主与其臣下之间的个人关系，与国家的整体性没有关系。所以，意味着向国家整体性归属的尊皇在本质上与江户时期的忠是不同的。①因此，对父母的奉养关系与对封建君主的效劳关系相吻合，并不能证明尊皇意义上的忠（即非指个人关系上，而是指个人对整体性的归属意义上的忠）与家族整体性制约个人而产生的孝是一致的。

尽管如此，我们还是承认通过家庭的类推以求认识国民整体性的忠孝一致观点具有充分的历史意义。因为它正是日本人通过其特殊的生活方式把握人类整体性的特殊手段。而且这种特殊手段既然是可行的，便说明了日本的国民特殊性以家庭这种存在方式得到了最大的体现，②同时作为国民的存在方式本身也具有同样的特殊性。

在日本，国民整体性也首先是在宗教意义上被认识的，这是唯有通过神话才能理解的原始社会的事实。那时候人们还不曾怀着个人意识去感知事物。人的意识就是指团体的意识，对团体生

---

① 所以有学者就极力论说德川时代的忠的概念是错误的，只有对天皇尽忠才是真正的忠（原注）。

② 在个人与全体的关系上，家尤其强烈地体现了个人归属于全体的关系。如果说在家庭里特殊性得到了最大表现，那么这特殊性便意味着个人对于全体的格外明显的归属。相同特性在作为国民的存在方式中也能发现（原注）。

活有害的东西便作为禁忌束缚了个人。在这样的社会里，人类的整体性是被当作神秘的力量为人们所意识到的。所以，对神秘力量的归顺正是对全体的归顺，而举行某种宗教祭祀则正意味着用仪式来表现这一整体性。于是主持祭祀的人便作为整体性的表现者带上了一种神圣的权威色彩。Rain maker变成了Zeus，这是原始宗教的一般倾向，但在我们国家体现得尤为典型。天照大神不仅凌驾于众神之上，而且还掌管着祭祀大事。祭祀活动后来渐渐具有的政治意义正是最明白不过地显示了这一点。

这样看来，原始社会中的日本人就仿佛是一个通过上述祭祀活动得以保存的宗教团体。他们甚至在武力上、经济上尚未充分组织的情况下，紧密团结，把大量的军队派往了朝鲜。能做到这种程度靠的就是上面所说的那种宗教纽带。这也可从全国各地发掘出来的古坟时代的文物均反映了对镜、玉、剑的崇拜这一点上得以了解。另外，这种宗教组织形式的人类共同体正好与家庭共同体一样，是不需要个人自觉意识的感情融合共同体，因而它才成为能明显反映日本人存在方式的场所。

我们的神话虽然显现了各种各样原始信仰的痕迹，但是却牢固地统一在一种祭祀活动上，这一点与希腊神话、印度神话相比显得最为特异，能与之相提并论的只有《旧约》神话。可是在《旧约》神话里神与人是截然分开的，而日本的众神与凡人之间的关系极为亲密，甚至可以从血缘上来理解。前者的人类整体性是带着严厉、坚强意志的威严君临于人的，而后者则从来不按自己的意志发号施令，往往带着和蔼的、感情般的慈爱降临到人们面前。人们对天照大神的描写正反映了这一点，这简直就是一个证据，即证明了作为宗教团体的人际关系是以"亲密无间的结合""深厚的情爱"为特性的。希腊诸神亲近人类这一点与日本相似，但他们反映了一种理性的、具有共和政治性质的相互关系。这也表明了希腊民族是没能团结在一种统一的祭祀活动上的。

虽说亲密无间的结合表现在统一的祭祀活动中，但它并不是像基督教堂中所说的只是灵魂的结合。它既是宗教意义上的，同时又是血肉之躯的人们相互的结合。所以，它并不是以超国民的神的教堂这种形式，而是以国民团结的形式来实现的。在神的教堂里，"祭祀"说到底还是与灵魂相关，并没有演变成现实生活中的"政治"。但在国民的宗教团体里，祭祀的另一面就等于政治。天皇与法王一样高踞在整体性表现者的位置上，但同时又与法王不同，他还是国家的主权者。这样，宗教团体式亲密无间的结合，作为血肉之躯的人们之间的结合，最终是要在距离之上得以实现的。因此那里必然会表现出富有激情的性格，和蔼慈爱的天照大神同时也是雷厉风行的愤怒神，于此便映示了国民这一存在方式的双重性格，即"深沉而激情"。

虽属于宗教团体式的结合，却没有超越人世间，即最终还是属于人世间的这种亲密无间的结合在距离上得以成立。它意味着这种结合经常是包含对抗，即具有战斗特点的。争斗在诸神之间进行，神话中便充斥了战斗故事，宗教团体式的结合决不是没有对抗的融合，我国国民被称为"尚武精神"的国民，就是出自这一战斗性性格的实质。

但是，这种战斗性性格并不会让日本人分裂成若干个城市国家。正如通过战争能实现统一的祭祀一样，战争本身是通向亲密无间结合的途径。这是由于战斗性格的反面存在着恬淡性才使之成为可能。神话描述的战争基本都是恬淡的。所谓"恬淡"，并非意指战斗不激烈，而是表明激烈的战斗后会突然转变成融合。这里我们就能发现日本人的存在方式中"既好战又恬淡"的双重性格了。

如上所述，古代宗教团体式的人民结合具有可用家庭观念类推来解释的特殊性。它既是激情式的，又包含着深厚与绵密；既是好战的，又在其中融合了恬淡。在这种特性作用之下，便会表现出极其人道的态度，比如即使在相当激烈的战斗中明显对立，可他们仍然会把敌人视为同胞，对敌人的彻底憎恨并不是日本式的做法。这里我们就能看到日本人道德思想产生的基础。在这里，道德尚未形成"思想"，但是人们的行为与心情已经用"高尚""磊落"或者"龌龊""卑鄙"等来评价了。

我们可以从这些特殊评价中选出以下最为重要的几点：第一，使国民存在转化为宗教存在的宗教信念。高贵首先从掌管祭祀的神那里得到承认。这便意味着对国民整体性的归依是一切价值的根源。我们可以把它表述为一种尊皇意识。第二，是尊重人们亲密无间的结合。平和的心境、深厚的情感均为英雄所不可缺少的条件。它不光作为家族间的直接亲情，还可从一般国民间的相互关系上来把握。所以，它一方面是尊重人类的慈爱，另一方面是尊重社会的正义。第三，是尊重植根于既好战又恬淡中的"高贵"。勇敢是高贵美丽的，怯懦是卑劣肮脏的。但是光凭强悍也不光彩，残虐甚至是极度的丑陋。为何这样说，是因为其中除了勇敢之外还存在着固执的利己主义欲望。勇敢的可贵之处在于能超越自身，雄壮的战斗性格必须同时伴随着自我放弃。从这种意义上而言，高贵与卑劣是比生命还要重大的价值判断。

通过神话传说等材料可以证明以上三点是古代的主要德行，然而古代的这一特殊性是在宗教团体结合这种原始信仰上形成的。这在后来文化飞速发展的时代还同样能发展么？在人们强烈意识到个人存在之后，那种亲密无间的国民结合还会存在么？

上文提及的神话传说时代我们一般认为是古坟时代，那是在古坟建筑与对朝鲜军事关系上达到辉煌顶峰的时代，而且那个时代，全部国土上的人民通过统一的祭祀，以宗教形式被强有力地统一在一起。①这样，我们对于以后的时代也能以巨大的社会变革为中心来考察了。第二次巨大变革是大化革新。第一次变革即统一的祭祀在全国范围内的实现，带来了具有宗教性的封建社会组织。封建君主依靠天皇的宗教权威，继而依靠镜·玉·剑的权威来表现出各个地区民众的整体性。但是由于同在朝鲜的中国人及中国文化的接触，原始信仰的新鲜活力渐渐衰退了，武力及经济的权力替代宗教权威，变成了地方君主的统治力量。这种情况下祭祀的统一必然要包括政治的统一，皇族亲王家的增设引起的中央集权运动是这种政治统一的前驱。这样，威胁了宗教权威的中国文化自身便被利用作为新的政治统一的武器，有了它，才会实现封建社会的初次颠覆，而中央集权的国家便由此形成。大化革

---

① 参照《日本古代文化》（《和辻哲郎全集》第三卷中的《上古史概观》）。古坟时代意指从公元2世纪开始到接受佛教影响为止的时期（原注）。

新带来的是基于土地公有制的国家社会主义式的社会组织。而且像这样果断的改革是借助了拥有经济后盾的宗教权威的势力，甚至在没有引起什么小内乱的情况下便得以实行了。

第三次大变革是因镰仓幕府的建立而开始的封建组织的复兴。以土地公有制为基础的社会组织开始满足不了人们的私有欲。有实力者以及上等人物便隐蔽在庄园这一"公有制度的癌细胞"中悄悄地发展私有制，蓄养在庄园中的武装力量便终于带来了由将军及其属下的守护、庄头们组织的第二次封建制度。因此，基于土地公有制的国家法律至此虽然没有被废除，但实际上将军的命令已开始具有法律作用了。

第四次大变革是战国时代。封建制度本身虽还没有覆灭，但统治阶级在实质上已经覆灭了，而且被起义中出现的民众势力所取代。与此同时，城市渐渐发展，商人的经济实力开始悄悄地压倒武力。

第五次大变革是明治维新。那时封建制度再次被颠覆，中央集权国家再次形成。这一切清楚地说明了在长期的封建统治下作为无实权权威的天皇依然处在将军权力之上，仍然是国民整体性的体现者。原始信仰根本没有死亡。

通过这些大变革来考察各个时代，我们就会了解前面所举的国民特殊性及以此为基础的道德思想在历史上是如何被有效地实现的。体现了宗教团体式结合的尊皇意识正是第五次大变革明治维新的动力。在它的作用下，保持着武力对抗的封建君主甚至还没来得及分裂①便在国民整体性面前消解了。再者，古代对"高贵"的认识在第四次变革的战国时代时，被从民众中涌现出来的武士道表现得犹为显著。武士道的根本精神是知廉耻，即以卑下（卑怯、卑劣、卑屈）为耻，那里没有善恶，只以尊卑作为道德典范的标准。另外，古代对于人类慈爱的尊重在第三次变革的镰仓时代，即在强劲兴起的镰仓佛教中体现为慈悲道德。慈悲行为的实践目标就是要实现绝对的自他不分，以把握亲密无间的

---

① 德国在60年前还是各个封建领主分别支配独立王国的时代，至今余风尚存（原注）。

结合，甚至可以恬淡地舍弃生命。与尊重慈爱同根同源的尊重社会正义早在第二次变革的大化革新中便反映在土地公有制上了。这是宗教团体式的人民整体性得到新传来的佛教及儒教理想的支持，并欲将此理想实现在现实的人民身上。

我们应该特别重视如上所说的道德思想才是。因为它在本质上决不是日本特有的东西，可在日本它显得特别强大有力并为人们所自觉，而且这种自觉的特殊性正是以深沉而激情、战斗而又恬淡等国民特殊性为基础的。

昭和六年（1931年）完稿

2. 日本的奇特之处

如果有人问我第一次游览欧洲有没有什么觉得"稀奇"的印象，我只会明确地回答"没有"。那里倒有不少让自己深受感动的东西，可要说"稀奇"，则没有一个比得上途中见到的阿拉伯和埃及的沙漠。不过，谁知旅行结束回到日本一看，竟不由得深感日本的稀奇并不亚于阿拉伯沙漠，简直可称世界少有的了。至于究竟是怎样的稀奇？为什么稀奇？便是这里要探究的问题。

本来"稀奇"一词据说来自"赞赏"的意思，可是从日常会话的用例来看，赞赏之意并不在该词的意思之内。比如我们说"冬天稀有的暖和"时，确实会伴随着对暖和的喜爱赞赏之意，可是说"出奇的寒冷"时决不会有赞赏寒冷的心情。所以稀奇与赞赏应该从本质上加以区分。稀奇的本义是"非人世之常""稀有"等等。它是以"世间之常或者惯例"为前提，在此基础上表现出来的"非常、非惯例"，即"稀有"的存在。通常与惯例若还没有在一定程度上被理解，那么我们便看不到稀奇，同时，即使已经理解，但若只是在按照常见惯例方式存在的东西身上，我们还是发现不了稀奇的。所以对于认为山野的常态就是草木覆盖的人来说，沙漠是极为稀奇的。同样，对于从日本大城市的洋式建筑认识了西洋建筑常例的人来说，按此格式存在的欧洲城市便算不上稀奇了。换句话说，也就是我们尽管在地理课本上学到沙漠里不长草木，可其实并没有真正理解沙漠的状态。反过来，日本城市的洋式建筑却给了我们对欧洲城市模样的具体印象。那么，说到从欧洲归来看日本便感到异常稀奇，其原因必不外乎下面几种情况：要么是长年居住司空见惯了的日本具有了某些异样，即不同于自己至今视作惯例常识的东西；要么就是日本本身没变，而一直把它按惯例来理解的自己在不知不觉中改变了；或者也有可能并不是其中一方，而是自己和日本双方都发生了变化。这就是说，可能是一年到头居住其中见怪不怪，而其底层至今未被认识，一旦其犹为根本的存在被显露出来，它与原来已经了解的惯例相对比，便属于非惯例的，属于稀有的了。

让我们拿身边的例子来说明一下。比如平时在日本我们看惯了汽车和火车。它们最初的确是从西洋进口或者模仿西洋产品制成的，可是我们日本人今天在这些东西上面很少感到有什么稀奇之处了。因此到了欧洲对那里的汽车、火车也根本不会有稀奇感。我们倒是十分惊奇他们的出租车是如此之脏，火车是如此之小。无论哪个城市的火车，除了车窗玻璃的优良性能之外，与我们在日本熟悉的火车相比，只会显得"寒酸"得多。地铁列车也同样，与省际线上的列车相比，给人以微不足道的感觉。其尺寸与重量实际是否真的又轻又小（恐怕实际上的确又轻又小，因为欧洲的哪一个市镇里都看不到像我们街上那种转向车，而且他们火车的车厢顶又十分低矮）并不是这里要研究的问题。总之我们是这么"感觉"到的，而且那种感觉里面自然没有"稀奇"。不过，回到日本后再看街上的汽车、火车，发现它们简直就好像是麦田中四处乱窜的野猪。火车气势汹汹地冲驰过来时，左右两边的房舍就像大名队列①通过时匍匐在地的平民们一样，卑躬屈膝低声下气。火车的高度超过一层楼房，宽度超过一间房的门脸，又那么坚固结实，甚至让人担心它一旦脱轨狂奔，房舍将会被撞得稀巴烂，更何况它飞驶而过时往往挟带着欲压垮木造房屋的气势，像这样的火车当然会给人以上述的印象。火车从身边通过时我们就看不见对面的房舍了，只能看到火车顶上的天空。有时甚至连低矮的汽车也会表现得如同庞然大物一般。在一条小巷里，汽车犹若闯进了运河的鲸鱼横亘其中，而且它的确要宽于一家门

---

① 大名队列：大名，日本江户时代的大领主，以领地年收万石以上的武士为大名。当其往返于江户和领地时，按其规格配备相应的仪仗和警备浩荡而行，故名大名队列。——译者注

脸，高于它们的房檐。在欧洲城市里，这些交通工具要比房屋矮小得多，它们看起来就像是为交通服务的"工具"，因此也就像为城市、人们服务的侍仆，给人的印象就与它们本身具有的意义十分贴合。然而在日本这些"工具""侍仆"却以专横的气势压过人类、压过房屋、压过城市。汽车、火车本身基本上是形状相同、大小相同的，可正因为如此，这些与欧洲相同的东西同日本的房屋、市镇街道等之间产生的奇妙平衡，其实是不平衡，便给人带来了格外稀奇的印象，我们以前没有感到这种不平衡。甚至在欧洲真正的平衡中看那些交通工具时，也只觉得它们比较窄小，而没注意到那里发生了根本性的平衡变化。这便说明了自己从前没有意识到司空见惯者中的不平衡，同时又把它当作本该如此的平衡来理解了。然而如今既已发现了这种不平衡，并认为它是稀奇的，这便等于说从前虽然理解本该如此的平衡，却没意识到自己眼前就缺少这种平衡，而现在才在真正的平衡基础上看到了这一明显的欠缺状态。

　　这里发现的不平衡是日本城市的实际情况，这一点其实早已存在于我们以往痛感的日本现代文明之杂乱不统一当中。但是我们还真是没注意到它竟是如此直接地、以近乎滑稽的稀奇模样出现在每个城市角落中。我们只从方便的角度来看待道路，拓宽它以便汽车、火车的运行，可实际上这正是将汽车、火车和房屋、街道之间的不平衡扩展到道路、房屋与街道之间。新的"城市规划"不断地带给我们新式的气派的道路，其路面宽度、其铺装材料均不亚于欧洲的大城市。不过在欧洲城市，同样的道路两边是高耸对峙的长列房屋。五十米宽的马路两侧有将近一百户人家，故人均拥有的道路面积极少。而要是在日本的城市中，相同宽度门脸的房屋在道路两侧仅有十几家。而且房屋一般都是平展式的紧趴在大地上，只剩下道路兀自向着天边宽阔地伸展。这便为风做了一条极好的通道，于是它最显著的特征就是尘土漫天飞扬。像这样的道路，如果想把它搞得同屋内的走廊一样清洁，这在风少雨少尘土不扬的欧洲城市，而且在人均道路面积极少的情况下也是一笔相当的经济负担。而要是在日本，多雨、多泥，且因湿度关系盛产尘埃，城市的人均道路面积又多出欧洲的数倍，如果还想做与欧洲相同的尝试的话，那么恐怕要付出十倍的经费才行。像这样极尽奢侈的道路只是宽宽地向着天边展开，左右两边排列着比欧洲寒碜数倍的人家，——这就是日本城市气派的、恐怕是气派过度的道路。道路已不再是为人们服务的交通"工具"，它成了一种奢侈品，强迫人们过着艰苦的生活去努力建设之，而对建设的理由却不明不白。

之所以会产生这样的道路，究其根本原因，恐怕还在于日本城市那宽旷、平坦的构造上面。如果纽约是城市中因高度而弊病百出的国际性例子的话，那么东京大概称得上是因广度而问题丛生的城市了。东京的房屋密集处的面积据说相当于巴黎的几倍。其实哪怕面积相同，仅从降雨量关系而言，巴黎的下水道设备是不够东京使用的。而从面积角度计算，则更需要好几倍的设备才行，这样一来，为了让东京拥有现代城市的一个基本资格，人们非得付出异常的奢侈不可。换言之，这种宽旷的构造与现代城市成立的必然条件是背道而驰的。这当然不仅限于下水设备，公路与铁路线的超常延长，电线及煤气管道等设施数量的异常增加，在交通上必需的时间与精力的耗费，可以说这一切都是由于宽旷而产生的。也就是说，日本越向大城市发展，人们的生活将越不方便。尽管经济上和心理上都付出了巨大的浪费，可生活上一点都不会变得舒适。这一现象归根结底还是由于城市与房屋建筑间的不平衡所造成的。

那么为什么像这种与汽车、火车、道路以及城市本身都难取得平衡协调的房屋——真是小得出奇的房屋——依然紧贴着地面出现在城市的正中央呢？人们大概会把这归结为经济理由。他们可能会说日本不如欧洲富裕，所以盖不起高层建筑。可是想一想日本的城市由于宽旷的构造而浪费的金额，我们对这一理由就很难首肯了。如果把数十家趴在地上的小房子的建筑费加算起来，并计入占地费用，另外再加上前面列举的种种浪费，然后与一座正规的钢筋混凝土高层建筑相比，价格孰高孰低就很难断言了。之所以不曾建造这样的高层建筑，并非因为缺乏经济实力，而正是因为人们没有共同营建公共城市的理念，那么为什么人们不想共同营建自己的公共城市呢？为什么不愿选择这一既方便又舒适同时还能真正发挥城市意义的办法呢？

我认为他们不选这个办法的理由正表现在日本的"房屋"建造上。所以这里要探讨的问题就是房屋的状况。

欧洲城市里的人家，除了富豪之外，并不是人人都占居一处"建筑"的。进入一幢建筑后，左右两边各有一户人"家"，爬上楼梯，那里左右两边也各有一户，到第五层便有十户了，到第六层就有十二户了，都面向走廊。或者从入口穿过中庭来到另一个入口，那里也有连着楼梯的相同格式的走廊通向同一建筑物的内部。这条走廊可以说是道路的延长，不，本来就是一条马路。这样，通过这条马路就能进入某"家"的门口。那里有"家"内走廊，每个房间的门向着这条走廊，但是，房间的门都可以用锁封闭起来，而房间之间的通路也可以封闭起来。因此，只需举手之劳，各个房间就能独立自成一"家"。不属于该家庭的人可以不烦扰该家庭，就能在一个房间住下一个"家"。因此，"家"内走廊也能获得马路的资格。比如邮递员为了把挂号信件送到房客手中，他要穿过该建筑中的走廊，再穿过"家"内的走廊，然后来到收信人的门前。这便清楚地显示了走廊的马路意义。不光是邮递员，还有书店的学徒、搬运工人、百货店的办事员都是这样来往。日本家里的"大门"在这里已移进了个人的室内。这样一来便意味着马路一直通到个人的房间前。个人则直接与马路进而言之即与城市相接触。

不过，也可以反过来考虑。一个人往往以呆在自己房间或自己家里时的通常装束走到走廊上，在那里就往头上扣一顶帽子（不戴也可以）便走到了外面另一条走廊。然后下楼梯直接以这副样子走到楼房外的又一条——"走廊"。这是因为那里有一条铺着柏油的通道，常被水冲洗，并不比楼房里面的走廊更脏（相反，楼房里的走廊有时要比这条柏油路更脏）。唯有一点与楼房内走廊不同的是那里能看见头上的天空并且冬天没有暖气。人们经过这条马路去饮食店吃饭，或者到咖啡店叫上一杯咖啡边听音乐边玩纸牌。这与在一个大家宅中穿过长廊去餐厅或去客厅并无相异之处，而且这还不仅限于以一室为家的单身者，一户家族平常也是这样活动的。正像日本家庭的成员们聚在起居间里聊天听收音机一样，他们则去咖啡店听音乐玩纸牌。咖啡店就是起居室，马路就是走廊，从这点上讲，整个城市就是一个"家"。个人只要带上钥匙跨出把自己与社会相隔的一道门关，那里就有共同的餐厅、共同的起居室、共同的书斋和共同的院子。

这样一来，走廊就是马路，马路就是走廊。两者之间根本不存在截然区分的界限。就是说，"家"的意义一方面缩小成了个人的私室，另一方面则正是扩大到了城市的整个范围。即"家"的意义已经消失。家消失了，只剩下个人与社会。

在日本却明显地有着"家"。走廊从未变成马路，马路也从未变成走廊。作为界限的"玄关"①或者大门入口严格地分隔着走廊与马路、里面和外面。我们走进"玄关"时需要"脱"鞋，走出玄关时需要"穿"鞋。邮递员、办事员们不能进入这道关口。咖啡店和饮食店都属于"别人家"，人们决不会有把它们当作自家餐厅和起居间的意思。家里的餐厅与起居室终究是私人所属，不带有公共性质。

日本人就想住那样的"家"，只有在那里才能得到放松。不管它多么狭小，只要具有那种"家"的资格的住房，就必然成为人们追求的目标。那么它让人们如此执着不已的魅力究竟何在呢？"家"截然分开了外面的城市与自我的世界，但在它的内部却全然没有房间的独立分隔。纸隔扇和拉门分隔着房间，但它们从不上锁，即它们从来不曾具备有意识地表现防御、对抗"间距"的性质，而且也没有这种可能性。因为在想打开它们的人面前，它们是根本无力抗拒的。更何况它们在某种意义上发挥的"间距"作用也是建立在相互信赖的基础之上的，即通过关闭体现的"间距"意思经常得到他人的尊重。也就是说，在一"家"之中，人们不会有必要觉得应保护自己对抗他人，换句话说，即自己与他人之间没有"间距"。门锁体现了针对他人而欲保持"间距"的意志，而纸隔扇和拉门则毋宁说既表现着"无间距"的意志，又在"无间距"之上担当着分隔房间的作用。可以说，它具有的意义只相当于一个西式房间中置放着的屏风。用锁进行

---

① 玄关：房屋或寺院的外门。日本通指房屋的正门或大门。——译者注

防卫的个人在"家"中便被消解了。像这样,一方面包含着内部"无间距",同时又通过各种变成的锁钥(其中还包括高围墙和吓人的倒权桩等等)来对抗外部,这正是日本式的"家"。如果说它有魅力的话,那么这种魅力恐怕正是那个小世界内部的"无间无隔"吧。

但是可能有人会问,这种小世界不也可以存在于西洋式的长排房屋中吗?可是那种西洋式的长排房屋不但建造时需要共同合作,其存在还要考虑到房客的共同态度。即使在邻居之间隔着走廊互不往来的情况下,它仍然是一个组织,人们免不了经常要共同使用暖气设备、热水设备和电梯等等。像这样的"共同"正是令日本人最为不安的,其明显标志就是总的看来日本最不可逾越的"距离"在于家与外面世界之间。在欧洲最坚固的"距离"过去是围绕市镇的城墙,现在是国境,而在日本这两者都不存在。桃山时代前后各地的城下町①开始在周围建造壕沟和堤防,但那是一部分武士估计到其他武士的攻击而作的防御工事,而不是该市镇向他者表示的自我保护意志。在日本,相当于欧洲市镇城墙的正是住宅四周的篱笆、围墙和门锁。因此,欧洲人是在城墙以内长期接受的训练,日本人则是在篱笆以内更小的范围里接受的。城墙内部,人们团结一致共同对敌,联合一切力量保卫自己的生命。危及公共利益不仅意味着对邻近的人们有害,而且也意味着危及自身的生存,于是公共便规定了所有的生活方式成为大家的生活基调。义务意识在一切道德意识的最上面。同时覆盖了个人的这一共同性又唤醒了强烈的个性,个人权利便作为义务的另一半与义务同样处在意识的前面。所以,"城墙"与"锁"是这种生活方式的象征。然而,在篱笆墙内部的小世界里,那里的共同性并不是用来对抗危及生命的敌人,而是建立在能轻易引起献身精神的自然情爱之上的东西。夫妇、亲子、兄弟——这些关系中爱情要在义务意识上面,个人心甘情愿地抹杀自己而在那里感到生活的满足。如果说共同性是在有了"个人"以后才会初次发挥其意义,那么在个人心甘情愿抹杀自己的这个小世界里,共同性

---

① 城下町:以封建制领主的城楼为中心而发展起来的市镇。——译者注

自然不会得到发展。因此人们既没开始主张个人的权利，也不曾自觉到对公共生活应负的义务，而是发展了一些符合这个小世界的纤细心情，诸如"体贴""谦让""关照"之类。这些都只在小世界内部通用，面对外部世界时它们都显得软弱无力，所以其另一面伴随着一种认定一出家门便四面临敌的非社交型心情，因此说"家宅"四周的篱笆墙正相当于城墙和锁。于是，对"家"内的"无间无隔"要求越强对共同性的嫌恶也就越大的理由便明显可见了。

　　日本社会的欧美化现象的确十分显著，可是不管它有多么显著，只要那个"家"还顽强地紧趴着城市的地面存在时，即世上少有的那种不平衡还存在的时候，它还不会从根本上脱离过去的基础。有人身着"洋装"，穿着"鞋"走在"柏油马路"上，行动有"汽车""火车"，工作在"洋式建筑"某层的办公室内。那里有"洋式家具""电灯"和"暖气空调"，他也许会反问，这哪里还有日本的影子呢？可是，等他在那里用"钢笔"写字，在"洋式账簿"里记下一些东西之后，不还得回"家"吗？什么呀，家也是洋式建筑，也许他会说。确实如此，那外形是西洋风格的。然而，那里不是还有门、有篱笆、有玄关，更滑稽的是在玄关不还得"脱鞋"吗？日本式"家"的资格在那里一样不缺。问题不在家的大小，而在于存在方式。人们如果在欧洲城市里想住一个有这种资格条件的家，那他首先得是个富豪。若欧洲城市里一个人的收入可以支付居住在长排房屋中不算上等的一间，那么他在日本便能够不很费劲地拥有一所具有上述相同资格的家宅。这是什么原因呢？这是因为名曰西洋建筑的这种日本式的"家"从根本上丝毫没有发生欧化。

　　再进一步追究一下这个穿着"洋装"住在"洋馆"里的人吧。他在他家的洋房前园植上草坪铺上花坛，时时还叫来花木店的人作一些整修，这样好让他与他的家人在那里观赏享受。然而他对街上的公园却一点也不关心。公园在"家"之外，所以是别人的。几乎所有的人都把它当作是"别人的东西"而不会作为"自己的东西"来加以爱护。说是市政府经营，那便意味着除了被委托经营的管理人员之外，谁也不会对此表示出义务感。于是，城市的公共事业因受不到一般市民的关心，便任由少数不诚实的政治家来插手，这样一来，便出现了各种各样的违法行为。但是住在洋房里的人因为那是自己的"家外事"而决不认为与自己有关，他作为住上了洋房的新现代人，对孩子的教育是热心的，如果孩子满不在乎地干了坏事，就会全力以赴地去解决；然而对于政治家在公共事务中干下的坏事，他则不会表示出百分之一的关注。甚至，即使他看到由上述政治家统治的社会因经济弊病而导致危机正在逼近时，他也会觉得那是"家外事"，还认为大概会有什么人对此负责的，从而便连一丝明确的态度也不表示，即社会的事情不关己事，这就说明此人的生活其实压根没有被欧化。

与洋装同时出现的日本议会政治依然是滑稽之极，其原因也要归结到人们不把公共问题作为自身问题来关心这点上。因为他们尽力要模仿出自西欧城墙内部共同生活训练下的政治模式，而又缺乏其最基础的训练。对于只知守"家"的日本人来说，不管谁当领主，只要不威胁到他的家，便是个无关痛痒的问题。好吧，即便受到威胁，这种威胁也是可以通过顺从忍耐来防止的。也就是说，不管被迫从事何种奴隶式劳动，也不可能从那里把"家"内部亲密无间的生活夺走。与此相反，城墙内部的生活如果屈从于威胁往往意味着人们将被夺走一切，所以只能走联合起来斗争防御的道路。这样，前者伴随着对公共事务的不闻不问，具备着较强的顺从与忍耐的性格，而后者在对公共事务上显示出强烈关心和参与的同时，发展了尊重自我主张的意识。民主在后者才能真正成为可能。不光是议员选举在那里才具有意义，而且通常说的民众"舆论"也在那里才得以存在。共产党的示威运动日从一个窗口挂出红旗，而国粹党的示威运动日则从旁边的窗口悬上帝国旗，明确表明其态度；或者在示威运动之际常能欣然以一兵一卒的身份参与其中，并将此视作公共人的义务，这些都是民主主义所不可缺少的东西。然而在日本，民众间没有这种关心。而且政治只化作某些为统治欲所驱动者的专业。尤其突出的奇特现象是，所谓的无产阶级大众运动其实只是"领导者"群体的运动，被领导者基本不参加或者说只有极少一部分。当然，这并不意味着该运动空洞无物，但由此可以明白，正如日本民众在公园被人破坏时所采取的态度一样，他们把公共事物只看作"别人的东西"，因此对于像经济制度改革这一类公共问题也不会由衷地表示关心，他们所关心的只是如何把"家"的内部生活搞得更加丰富多彩。所以，同议会政治没有真正反映出民众舆论一样，无产大众的运动严格地讲是无产运动领导者们的运动，也没有反映出无产大众的舆论。它之所以体现了显著的俄国性格，是因为俄国的今昔都为专制国家，事实上从未实现过民众参与的政治。它与日本民众对公共的不关心以及非共同生活的态度之间极为相似。所以，这里我们也可以说只有领导者参加的运动这一日本特有的稀奇现象其发生的基础就在于"家"与外部世界的分隔之上。

我们应该还能举出许多根源于"家"的"稀奇"现象。不过它们最终都要归结到那最最平凡的街景，即蹲伏在野猪似的火车面前、又奇特又矮小的"家"上面。我想这正是诸位在日常生活中目击到并能在心中感觉到其可怜的东西，不管你当时是否有明确的意识。

昭和四年（1929年）

（陈力卫译注）

孔 子（节 译）

第一章　人类的教师

释迦牟尼、孔子、苏格拉底和耶稣，这四人被誉为世界的四圣，这一称谓大致很久以前就已经开始了，流传至今。我想这一说法多半是由我国明治时代的学者提出来的吧！但这里就没必要对其考证了。总之，"四圣"这一理念包含的态度是，目光不是只局限在西方文化，而是广阔地展望于世界文化。印度文化以释迦牟尼为代表，中国文化以孔子为代表，希腊文化以苏格拉底为代表，征服欧洲的犹太文化以耶稣为代表，而且人们公认他们具有相同的崇高价值。那么，为什么这些人物能够代表各自不同的文化大潮流呢？任何一种文化都拥有非常丰富的内容，并非是一人就可以代表了的那种单纯的东西。但是人们选择了这些人物作为各自不同文化潮流的代表，而且其他人也感到这样的选择是恰当的，其因何在呢？在我看来，其原因就在于人们发现这些人物是"人类的教师"。

这一回答，乍一看可能有些矛盾。因为这些人物被视为各自不同文化潮流的代表，所以必须表现出不同文化潮流的各自特殊性，然而他们成为代表的原因是由于人类教师的共性，而不是其特性。但是，这绝不矛盾！感到这里有矛盾，是因为自己受缚于这样一些抽象假想，比如无论怎样的特殊文化内都存在质朴的、具有普遍性的人类教师；又比如存在着完全不具备普遍意义的特殊文化。在现实历史中，被某种文化传统严格限定的人类教师，以前未曾有过，今后也不可能出现吧！还有，正是因为表现普遍意义而作为文化存续下来，像这样难言的特殊文化，以前未曾产生，今后也无法形成吧！最特殊的东西具有最普遍的意义价值，这一点并不限于艺术作品。人类的教师也是如此。

我们在这里使用"人类的教师"这一用语，但并非由此同意和承认"人类"是一个统一社会。即使像现代这样世界交通发达的时代，我们离地球人全部联成一个统一体的状态仍然极遥远。更何况在上述"四圣"出现的时代中，他们眼中的人们只是地球上全体人群中的一部分而已。孔子教化过的地区是黄河下游流域，教化的人群相当于半个日本；听闻释迦牟尼说法的信众不过是恒河中游的狭长地带；至于苏格拉底，其对象仅仅是雅典市民；耶稣的活动范围则是纵四十里横二十里的小片地方。尽管如此，我们仍然将他们称为人类的教师。这里的人类既不是指所有居住在地球上的人，也不是指作为生物种类之一的人。进一步来说，相对于作为"封闭社会"的人伦社会，他也不是指"开放社会"。如果不把各种不同的小人伦组织视为内容，那么人类生活也就不可能存在了。实际上，人类教师的说教也主要是人伦之道法，而非人伦社会之外的情况。他们之所以是人类的教师，是因为不管何时何样社会的人，都能从他们那里接受教导。虽然事实上，他们教化的人限于一个狭小的范围内，但是在可能性上他们可以对所有的人施行教化，在这里我们可以发现他们作为人类教师的资格。因此，这种情况下的"人类"不是指事实上的某些人，而只能指地理上和历史上可能存在的所有人。故而，有人认为人类不是事实而是"理念"。

人们通常认为，人类教师具有上述普遍性是基于教师的人格和智慧。如果是那样的话，那么在亲眼目睹这些教师活动的人们之中，当然存在能够直接洞察并将其视为人类教师的人。所以，这些教师传记的讲述者是一群少数人，即便在教师们不被周围认同，遭受迫害和污蔑最厉害的时候，也已经承认他们是人类的教师。但是，在只有少数人认可，大众尚不认可的时候，那样的教师果真能成为人类的教师吗？不管在何时何样的社会里，都存在被少数狂热的信众簇拥的教师。在我们当前社会里，那样的例子也可以举出很多吧！在世界史上这样的人成千上万地出现过，但随之像泡沫一样地消失了。所以，诸如少数人洞察这类情况，也有很多是不正确的。

那么，在大众开始直接赞美眼前教师的人格和智慧的时候，情况是怎样的呢？在那种场合下，这不是变成了他们生前就已经是人类教师了吗？但事实并非如此。大众未必会歌颂优秀的事物。堪称天才的人在生前就受到大众欢迎，这样的例子倒不如说很少见，何况堪称人类教师的人受到其时代大众的认可，像这样的例子完全不存在！身为人类教师所具有的智慧之高深和人格之伟大，并不容易为大众所意识到。因大众的赞美而在生前就确立起伟大地位的人，不是"人类的教师"，倒不如应该称之为"英雄"吧！当然，在这种情况下受到大众赞美的人也并非全都成为英雄。大众也经常颂扬人偶。但是，也不存在生前未能获得大众礼赞的英雄。在这一点上，人类教师和英雄显然是不同的。是否是人类的教师，并非由同时代的大众承认与否决定。

那么人类的教师达到被认可的程度，要经过怎样的过程呢？换句话来说，人类的教师是如何获得普遍性的呢？

根据普通传记所述，我们可以发现人类的教师都拥有优秀的弟子。其中有被称为"十哲""十大弟子""十二使徒"等优秀人物。而且这些弟子坚信其师尊真的是道体的达者、仁者和觉者。不管同时代的大众对其师尊怎样迫害和污蔑，这种信赖决不动摇。但是，如果仅仅如此的话，那么他与前面讲的被狂热信徒簇拥的教师就没什么不同之处了。重要之处在下面这一点。在师尊被处以服毒的死刑或被钉上十字架之后，或即便生涯未尽亦满足死于信任的两三个弟子之手（"无宁死于二三子之手"，《论语·子罕》——译注）之后，弟子们努力地宣扬传播其师尊的道法与真理。这一努力立即开花结果的情况可以在苏格拉底身上看到。弟子柏拉图和徒孙亚里士多德迅速完成了其师的工作，创立了西方思想的源流。假如这些伟大弟子的工作得到了人们的认可，那么作为弟子工作中的灵魂而继续存在的苏格拉底，不可能不被认为是更伟大的教师。就这一例子而言，弟子们的努力不会在一两代后就终结。现在保存下来的最古老的资料均被认为是再传弟子所作。就释迦牟尼来说，《阿含经》中最古老的部分也是如此。关于耶稣方面，保罗的书信和《福音书》也都如此。和孔子有关的材料，也可以说是同样的情况吧！《论语》内未含有比再传弟子的记录更早的内容。而且，再传弟子为进一步教授他们的弟子，全都编写了记录。所以，即使想通过最古老的记录接近这些教师，人们也不可能超越其徒子徒孙的立场。这意味着教师们的人格和思想经受住了时间的考验，历经几个世代持续发挥着影响。而且，他们的影响越持续，其感化力也越来越强。哪怕他们生前只是感化过少数人，但随着时间的延伸，接受感化的人数逐渐增多。因此，没能触动同时代大众的教师们，却在历史的进程中触动了规模庞大的大众。就这样，他们的伟大教师的地位获得了不可动摇的承认。

　　不过，这些伟大的教师要获得人类教师这一普遍性，还必须有一个重大的契机。那就是，孕育这些伟大教师的文化作为一个整体是之后文化的典范。反过来说，这些古老的文化孕育出了她的伟大教师，与此同时也达到了顶峰而暂告终结。就孕育苏格拉底的希腊文化来说，在其弟子和再传弟子无所争议地树立其师之伟大时，也已经拉上了终结的帷幕。此后，希腊文化在世界各地传播，即希腊精神的时代依然持续，接着在此文化的教育下，形成了新的罗马文化。在被东方宗教征服后，基督教会内部的哲学思考也是在苏格拉底的弟子和再传弟子的指导下进行的。甚至在打破西方宗教专制的近代欧洲，人们不仅认为哲学的典范是苏格拉底的弟子和再传弟子，而且认为新文化的灵魂在于希腊文化的复兴。在这样的情形下，身为雅典伟大教师的苏格拉底获得了人类教师这一普遍性。同样地，孕育耶稣的犹太文化也是如此。保罗在构建其神学的时候，将犹太文化的影子隐藏于罗马的世界帝国里。那是一种不可思议的文化，一方面销声匿迹了，另一方面则并未丧失。然而，当时处于正在创作各种《旧约》文艺的时代，总之如果与死海岸边为中心的时代相比，那么就会发现它呈现出这样一种局面，即保罗之后的犹太文化已经完结，但是得以保存于《旧约》之中。而且，这一犹太文化与耶稣福音相联合，征服了罗马帝国。进而发展至中世纪，征服了整个欧洲。而且这一文化令各欧洲民族舍弃了其传承的传统，深信只有《旧约》传说才是唯一正确的人类历史。在一种民族文化教育其他民族的情况下，能给与如此程度的彻底感化，这样的例子唯有此处可见。发展至近代，这种感化在希腊文化复兴之后也未轻易地衰落。或许也可以说，世界的其他地方只是在恢复欧洲已经衰落的文化吧！在这样的情形下，身为犹太人救世主的耶稣获得了人类救世主这一普遍性。

那么，释迦牟尼的情况如何呢？孕育释迦牟尼的印度文化在其之后不是暂时落下帷幕了吗？我的回答是，"然也"。为此，我们必须反思一下何谓"印度"这个问题。所谓印度并非希腊、罗马这样的国家名称或文化圈名称，它和欧洲一样都是地域名称。在这一地域内居住着各种民族，各种不同的国家兴衰演变，各种不同文化在此形成。在印度地区，西方的雅利安人入侵，流落到恒河流域，释迦牟尼的出现是在从《吠陀经》到《奥义书》的文化形成之后。那里实行牢不可破的四姓制度，由贵族统治的众多小国处于分立状态。释迦牟尼作为这一古老文化传统的革新者挑战婆罗门的权威，排斥"我"（ātman——译注）的形而上学，尝试从内部打破四姓制度。在此，我们不得已地发现释迦牟尼是作为长久古老文化的否定式结晶出现的。果然在他死后五十年（也许一百五十年吧）左右，在亚历山大大帝的影响下，印度地区建立了前所未有的大帝国，这是对长期压制古代武士阶级的婆罗门权威的颠覆。印度社会和释迦牟尼以前的那个社会相比，变得不一样了。其后，希腊人入侵印度西北地区并建立了希腊风格的城市和国家。进而其后，斯基泰（Skythai）人从北方进入，建立了广至恒河上游的强大国家。我们不得不认为，到释迦牟尼为止的古老文化在这些时代里一度被中断了。然而，作为古老文化结晶的释迦牟尼的教义教育了这一新的国家。以弘扬佛教而闻名的阿育王是如何沉醉于深邃的佛教之中的呢？在他遗留下来的碑文中对此有着明确的表示。那就是试图打破四姓差别，通过政治来实现慈悲。进而，随着希腊人进入印度，他们也被佛教化了，有名的《弥兰陀王经》（即《那先比丘经》）佐证了这一点。接下来斯基泰人佛化的情况，如果看一下迦腻色迦（Kaniska）王的事迹，就可以清楚。话虽如此，但佛教通过教化新国家和民族，自身也得以更新。在教化大帝国时，创造出超越释迦牟尼时代想象的"转轮圣王"这一理想。在教化希腊人和斯基泰人时，开始制作超越印度人想象的佛像雕刻。在《吠陀经》和《奥义书》中，在表现思想的形式上只使用抒情诗风的印度人，这个时期之后也开始创作具有戏曲结构的宏大佛教经典。就这样，佛教内部生气勃勃的大乘佛教兴起，开展出华丽的艺术和深远的哲理。而且，大乘佛教从印度往北发展，繁荣于中亚，进而向东扩至中国，延及日本。在这些情况下，身为四姓制度社会中的觉者释迦牟尼获得了人类觉者这一普遍性。

如此一来，最后我们来看孔子的情况又是怎样的呢？说孕育出孔子的中国文化在孔子之后拉上了帷幕，这一点谁都不会认同吧！印度在中世纪以后遭遇穆罕默德的蹂躏，佛教被扫地出门。佛教的印度完全成为了一种过去。但是在中国，人们可能会说孔子的教化不是繁荣于汉代、唐宋、明清吗？但是以我所见，并非如此。孕育孔子的先秦文化在战国时代一度拉上了帷幕。这里，我们也不得不记住一点，那就是"中国"和印度一样只是一个地域名称，既不是国名也不是民族称谓。在这片地域中，各种民族融合更替，不同的国家交替兴衰；而恰好在欧洲，希腊和罗马交替兴衰，各种民族交融，各个近代国家兴起，两者几乎没有什么不同。先秦文化完成的是传说中的周文化，到了其末期的春秋时代人们开始反省，接着通过战国时代的混乱与破坏，其让位于接下来的新文化，这一点不得不使我们理解到这恰好与希腊转变为罗马的情况有着相同的意味。与战国时代的夷狄交融混杂，这是明显的事实。而且，在最后的结局中，成功大一统中国的秦是土耳其族和蒙古族融合最为显著的国家。继承这一统一事业的汉也是兴起于异民族混杂而著称的山西。也就是说，黄河流域的民族在这里焕然一新了。而且，社会结构也全然为之一变。当然，即使在汉代，先秦的文化也被继承了下来。但是，人们认为罗马是通过征服希腊而变成文化上被希腊反征服。先进文化教化后进民族，举世皆同。同样，如同罗马文化不能被视为希腊文化的一个发展阶段，秦汉文化也并非先秦文化的一个发展阶段。如同罗马文化在被希腊文化教化的同时也形成了作为罗马文化的特征，同样秦汉文化在被先秦文化教化的同时，也形成了作为秦汉文化的特征。假如正视这种关系，那么把孔子视为一种文化结论出现的说法也是不容疑问的。

中国民族经常被称为"汉人"。但是，汉是中国地区内一个时代的国名，不应是中国地区内民族的名称。汉代黄河流域的民族虽然有创造周文化的民族与周边的异民族混合的趋势，但是这也只持续了四五百年。在汉末到隋唐之间，再次遇到大规模的民族融合。蒙古族、土耳其族、藏族等都融入了进来。此时不同于往日，异民族自己在黄河流域建立了国家。就像五胡十六国，更替频繁，而蒙古族的鲜卑人建立的北魏则相当强大。这样的状态持续了二三百年，所以民族不可能不发生新的变化。故而，在随之而来的隋唐统一时代，中国从文化上而言当然与汉文化有着明显差异。美术和文艺的风格着实彻底不同。这个统一的时代持续了三百年后，唐末五代时土耳其民族再次进入黄河流域并建立国家。接下来到了宋代，北边的蒙古族契丹国甚为强大，乃至中国因此被西方称为契丹（kitai-cathay）。这一情势使得满族崛起，最终建立了从满洲到黄河流域的强大金国，将满族人的血液注入中国北方。宋王朝在长江流域遭受压制的同时，努力与各南方民族同化，于此也产生了有力的民族融合。在这样的情势之后，成吉思汗统率的蒙古人开始从北方进逼，最后消灭了金国和南宋，在全中国建立起强大的元朝统治。在入侵中国后实行统治的情况下，不被中国文化同化，而是无论如何想将自己的风俗习惯强加于中国民族，这种情况第一次出现是在蒙古人身上。元朝的统治不过百年，但是人们认为彻底地压制了中国原有的知识阶层，或者说令其毁灭了。元末兴起的反抗运动全部是经本土人民之手发起的，在野之人则一个都没有参加。这样连续的异民族入侵持续了大约三百年后，到了明朝再次确立统一，此时其文化当然又与唐文化明显不同了。唐朝的制度虽然长时间内被作为典范使用，但是明朝对其进行了根本性的改变，创立了极端的君主独裁制度。修订了律令和兵制，还更新了社会组织。现代存续下来的乡党制度据说是建立在这个时期振兴的基础上。进而，与唐宋华丽的诗文相对照的是，明代文学以《水浒传》《西游记》《金瓶梅》这类作品为特征。与唐宋醇美的雕刻绘画相对照的是，明代工艺以宣德嘉靖万历的陶瓷、剔红、填漆之类为特征。只有在学术上，与唐宋佛教哲学与儒学的发达相对照的是，明代应该说是以创造力的空疏为特征吧！这种倾向贯穿于清朝并延及现代。

　　如以上述情况来看，那么即使在同一个中国地域里兴起的国家，比如秦汉、唐宋和明清之间的差异程度就像罗马帝国、神圣罗马帝国和近代欧洲诸国之间的差异一样了。虽说拉丁文在欧洲长期用作书面语言，但这并不意味着罗马文化是一以贯之地存续下来；同样，虽说古代中国的古典阅读并未中断，古典汉文的使用也未中断，但也不能直接说先秦文化和汉文化是一以贯之地存续下来。尽管如此，人们还是认为先秦、秦汉、唐宋、明清展示了一个文化的相异时代，这一观点的理由可以说主要归结于"汉字"这一不可思议的文字形式。文字原本作为"书写语言"是与"口头语言"相对而存在的，在用视觉形象表现语言方面，如果人们能够直接使用表达意思的形象，那么也可以使用表示音声（用于表达意思）的记号。现代世界中运用最广泛的是始于腓尼基的表音记号，逐个的文字不过是表音，互相靠近表示一定的音的关联时，所说的语言表现于此初次成立。所以，即使逐个的文字是共通的，但是由此表现出来的语言也可以完全不同。不仅如此，而且为了发音的忠实，甚至具有可以令同一语言分化的倾向。例如，同样的拉丁语因地区不同而带来不同的讹误。假如按照发音标记，那么像不同于拉丁语的意大利语和法语也能成立。不过，这样的分化倾向不便保存古代文化传统，为此在原样保持先前文化语的文字表达同时，也存在着逐个文字的表音作用继续演变的情况。就像法语，为了保持从拉丁语发展而来的特质，在原样袭用拉丁语拼音的同时，开始通过这一方法表示不同的音之间的关联。近代之初，在盼望从拉丁语中解放出来，开始用本国语言书写文章时，法国人曾经试图使用忠实音声的拼写。不过，那样呈现的状态就几乎脱离了作为自身文化根源的拉丁文化。所以，这一运动很快发生了逆转，变成了尽可能忠实地保持拉丁语的拼写。例如下面这种情况。拼写上，一方面有与tempus大致相同的temps，另一方面则出现了タン（音tan——译注）这样的法语。所以，虽然是拼音文字，但是在音声的表示上并非完全不变。文化传统阻碍了这一彻底性。而且恰好在此，文字的其它形式，即直接表达意思的形象也存在着可以保存独特生命的缘由。作为这类文字的形式之一，靠近腓尼基的埃及自古就存在象形文字。不过，其遭到腓尼基的拼音文字驱逐，成为了死文字。在实用上而言，埃及的象形文字到底不是腓尼基文字的对手吧！但是汉字也许原本发端于象形文字，不久克服了象形文字直观上的烦杂性，相当程度上发挥了表音文字的作用，同时作为一种直接表达意思的形象，显得异常发达。这也与创造中国文化的民族的语言是单个表记字有关吧！不过，我认为最有力的原因在于文字的本质是通过视觉形象表达意思。语言未必一定要通过音声来表达。因此只表示音声的记号不是文字。即使不经过音声媒介直接表达意思，也同样不乏作为文字的资格。这样的形象如果在使用上没有大的不便而被创造出来，那么我们不得不说作为文字倒不如说其忠于本质。汉字通过直观性和抽象性的适度交错，恰好作为这样的形象获得了成功。而且，一旦随着这样的文字形成，它就立即开始发挥与拼音文字大为不同的效用。那就是，同一种文字在音声上可以表现不同的语言。不论语言因为地方的因素而带有怎样不同的讹误，但在文字表现上可以一直是同一的。另外，即便由于时代的缘故发音产生变化，文字也能够做到毫不改变。

因为汉字有这样的功能，所以中国地区内方言的显著差异以及时代产生的显著语言变迁可以说在很大程度上被隐藏起来了。在现代中国，如果按上述所说用表音文字来表达，那么其语言的多样性是现代欧洲所无法相提并论的吧！还有，如果中国的古语是用表音文字记载，那么先秦、秦汉、唐宋等语言就与现代语言不同，其程度不亚于希腊语、拉丁语、日耳曼语和现代欧洲语言之间的差异吧！然而，汉字贯穿了这一切的差异，成就了一种共通性存在。即"书写语言"在地区和时代上是同一的，换言之，在中国地域内，二千数百年间是受同一种语言统治的。作为显示一个文化圈统一的现象，看得出这是无法忽视的有力存在。在这里，我认为我们可能发现了先秦文化与汉文化是一种文化的不同时代这一观点的究极依据。但是，这样一种文字的同一性归因于汉字的文字样式，未必表示出上述文化圈的紧密统一。就像我们不能说袭用腓尼基拼音文字的各个文化国家被统一于腓尼基文化圈内，同样地，袭用汉字的我国文化也并非被统一于中国文化圈内。汉字甚至能够表现语言性质上完全不同的我国国语。诸如用"山"来表现"ヤマ"（音yama——译注），用"河"来表现"カワ"（kawa——译注）。不过，这些情况并不直接表示我国文化和中国文化的统一。与此相同，文字的同一也不能直接消除先秦、秦汉、唐宋等文化的异质性。

为了理解孔子获得作为人类教师的普遍性，我认为有必要正视上述情况。孔子一方面是作为先秦文化的结晶出现，另一方面在异质的汉文化中存续并起到教化作用，进而又在与之异质的唐宋文化中存续并起到教化作用。当然，汉代人所理解的孔子与宋代人所理解的孔子并不相同。还有，汉代儒学通过对孔子的理解创立了汉文化，宋学也通过对孔子的独特理解创建了宋文化。不过，通过这些历史发展，身为鲁国一夫子的孔子获得了人类教师这一普遍性。在这一点上，他与其他人类教师并无不同之处。

（朱坤容译注　孙彬校对）

二十六、三　木　清

史料简介

　　三木清（1897—1945）是日本近现代著名的哲学家，而且在日本思想史上也占有相当重要的地位。他出生于日本兵库县，1920年毕业于京都帝国大学哲学系，大学毕业后继续留校攻读研究生。1922年留学德法两国，1925年回国，1927年到东京任法政大学教授。1930年因"为共产党提供资金"被日本当局拘捕，半年后获释。此次事件使三木清失去教职，此后便专事著述。1945年由于帮助一个逃亡的共产党员，再次被日本当局拘捕，并最终死于狱中。

　　三木清把人作为哲学研究的主题，认为人是世界和历史的主体。他早年主要研究历史哲学，留欧期间受到存在主义的影响，回国后看到国内蓬勃发展的共产主义思潮，开始研究唯物史观。他提出"无产者的基础经验"这一概念，认为它必然产生"无产者人学"即"马克思主义的人学"，唯物史观就是建立在这种"无产者人学"的基础之上的。在唯物史观研究之后，三木清主要致力于历史哲学、"构想力的哲学"等研究，并发表了大量评论文章。还出版有随笔集。岩波书店出有十九卷本《三木清全集》。此处选译的《人学的马克思形态》所据版本为《三木清全集》第三卷，岩波书店1966年12月版。

人学的马克思形态（节译）

一

　　人类生活中的日常经验经常为语言所引导。通常情况下，逻辑处于预先支配人类生活的位置。我们通常从我们既有的逻辑角度与存在发生关联。就像我们所经历的事情能够用语言表达出来并通过语言加以解决那样，我们正是在这些方式中体验着存在。通过所经验的那些方式，我将我所称作"基础经验"的东西与其加以区别。与日常的经验受逻辑支配相反，基础经验不受逻辑驱使，而是自发地来指引逻辑、要求逻辑和产生逻辑的经验。它是从语言的支配中独立出来的一种完全自由的、根本性的经验。而且，经验通过在逻辑的体现而被解放出来，获得了公共性，并被稳定下来，因此我们的经验是建立在逻辑的指引基础之上，并且只要能够建立起来，我们就不会产生丝毫的不安。它是最具公共性的逻辑，在这一常识基础上与所有的存在发生关联，正如常识能够通过语言解决那样，与所有的存在关联的普通的"生"中，自然没有属于"不安"的东西。基础经验其本来的性格就是不能通过既存的逻辑得到救赎与扬弃，因此那就是在其存在中的不安。

逻辑具有使经验固定、停止的作用，逻辑不能支配的根源性的经验，只能作为动性而存在。不安的动性必须是基础经验最根本性的规定。语言拯救了经验，并通过将其公开使其绽射出所谓的光辉，因此拒绝以原有的语言来表现的根源性的经验相对语言而言，是作为谜被体验着的。基础经验作为现实的经验就是一个谜（参见拙稿《解释学的现象学基础概念》，收录于《思想》第六十三号）。

我并非借基础经验之名，意图将它表现为神秘的、形而上学之类的东西，实际上恰恰相反。那是一种针对完全单纯的、原始的事实的概念。我存在，我与他人共同存在，我存在于其他事物中。当把这些看作是经验的最基本的形式时，我之外的事物以及人的存在本身就都依存于我的意识，我并不这样认为。世界的存在本来就与我本身的存在是同样的，是根源性的。但是，我不想用基础经验的概念将我从朴素实在论的思想中明确地、决定性地分离出来。我们周边世界的存在，例如那些物体自身，并非完全独立于我们的关联，其自身中保存有完整的存在，相反只有置身于我们的关联中其存在性才被显化。人在其他存在中的存在方式，与植物为其他植物所包围的关系并不相同。人随时都处在与其他存在的关联关系中，正是因为这种关系，而且正是在这种关系中，存在对于它而言才是有意义的，而且存在所担负的意义，正是在与它的交往方式相对应时，才能被具体地限定。存在在与它的交往过程中体现出意义，而且作为关联事物具有现实性。不仅如此，人类自身这种存在，实际上也只有在这样的关联关系中才能自身独自地具有现实性，在这种关联过程中逐渐地实现自我的现实性。简而言之，人类处于与其他存在动态的双关关系中，其他存在和人类在动态、双关性的意义上实现其存在的意义。存在通过与我们的关联具有了现实性，而且据此确立了我们的存在的现实性。具有关联关系，正是人类的根本性的规定，因此人类是拥有世界的存在①。如我们曾多次所述，人类是"世界之中的存在"，相反，植物那样存在，我们就不能称其拥有其世界。而经验就是上述动态、双关关系的结构的总称，基础经验是特殊的东西，即相对于存在的人类的关联方式并未被某种逻辑预先强制。

　　对于基础经验，在逻辑中我希望区别两个种类和阶段。第一层次逻辑，在其直接性中表现出了基础经验。人类学最初且原始期，就是属于第一层次逻辑。在这里，人类学指的是人类的自我解释。人类在其生活过程中，关于其自身的本质不得不在各种方式中进行解释。这种解释的方式本身，就是通过其基础经验经常且必然的被确定了方向。因此，其基础经验也原本就被限定为历史性的、社会性的，人类的自我解释无疑就是建立在历史性的、社会性的这一限定之上。正因为如此，人必须像人类学在抽象的一般的形式中仿佛永远存在的体系那样进行思考。存在的东西不过是具体的历史性的人类学。属于各个时代的人只有在其特有的方式中，才能够对存在进行根源性的关联。正是在其关联的方式

---

① 关于这点，我们所说的基础经验和伯格森的纯粹经验的异同意义深远，利益多多。伯格森也认为，他的纯粹持续并未被语言所支配，相反，日常的经验被语言分离、固定。与我们的根本的差别就是，我们主张基础经验的历史性，伯格森则通常欠缺历史性的思想。

　　马克思也这样阐述道："（相对于我的环境的我的关系——［交往的关系］——就是我的意识）关系的存在，对于我而言就是存在，动物不与其他东西关联，而且一般也不发生关系。对于动物，相对于其他事物，他的关系作为关系而言，是不存在的。"

中，存在对其才具有现实性，而且同时才能在其存在中觉知并把握其存在。例如，假设通过具有特别的感性活动特点的关联方式不断地与存在进行关联，那么他就是在这种关联中，将自我的存在理解为感性的实践性的存在。人类学从"生"的根源性的具体的关联中直接孕育出来的逻辑，我将其命名为第一层次逻辑的理由就在于此。而且，一旦这种逻辑产生，它就独自地成为主角，支配并指导人类生活的所有经验。它融入我们活生生的现实之中，我们的行动、制作也都被这种逻辑赋予了意义，得到实行，更进一步，我们的生的表现和生产也只有通过这种逻辑观点被认识和评价。也就是说，人类如何解释其存在以及本质，是对他的"生"中的实践以及生的认识方法进行规定时最根本的根源。但是，与人有关的逻辑那样的支配性力量，当然也存在着边界。从生的基础经验产生、作为对它的把握、表现、有利于活用发展这一基础经验的逻辑，它通过绝对的、专制的地位，如今已然对生产生了抑制和压迫。变化运动着的"生"之中的基础经验达到某种强度和扩延时，他就无法承受逻辑的压迫，对这种旧逻辑产生反对和抵抗，独自要求新的逻辑。我们在这里能够发现一种辩证法的关系。作为基础经验的发展形式，不能促进其发展的逻辑，当基础经验发展到一定阶段时就会转化成其发展桎梏[①]。逻辑和基础经验之间的矛盾，伴随着人类学的变革，于是就在某一时点逐渐萌生并在其他时间急剧产生。我将这一过程称作第一层次变革过程。

  关于第二层次逻辑，我运用意识形态的概念对其进行概括。所有种类的精神科学以及历史的、社会的科学均包括在内。意识形态与第一层次逻辑的区别在于，后者是基础经验通过直接性表现出来，与之相反前者则是通过媒介者予以把握。这些媒介就是该时代的学问的意识、哲学的意识，就是我所说的Par excellence"公共圈"。拯救经验这一逻辑的课题，只有通过获得客观的公共性才能得到满意的解决，对于此种公共性的逻辑冲动，只有通

---

① 我在这里使用的发展形式这一用语，是从马克思规定其唯物史观的语句中转用的。

过当时的学术或哲学意识来"确立基础"以及"被客观化"。因此，与人类自我解释（Selbstauslegung）——"人类学"相对立，我们可以将"意识形态"规定为人类的自我了解（Selbstverständigung）。在意识形态中，经验的表现通常以各时代的学问或哲学为媒介，通过他们得以客观地限定。与之相反，第一层次逻辑是从生的根源性交往中直接产生并进行直接反映，对于自身的确立基础与被客观化这些要求并不明显。

（刁榴译注）

二十七、户　坂　润

史料简介

　　户坂润（1900—1945）是日本著名的马克思主义哲学家、评论家。生于东京，1921年考入京都大学文学部哲学科，跟从西田几多郎学习哲学。后曾在法政大学任教。他开始研究西田哲学，后来转向研究唯物论哲学，以马克思主义及技术论、技术史的研究著称。1932年与三枝博音等创建唯物论研究会，1938年唯物论研究会被迫解散，他亦因此事被拘捕，1945年8月9日被日本法西斯当局迫害死于狱中。其主要著作有《技术哲学》《日本意识形态》《现代哲学讲话》《作为思想的文学》等。这里从日本图书中心1992年3月发行的《作为思想的文学》中选译两节，以见其辩证唯物论思想与应用。

作为思想的文学（节译）

唯物论与文学

一

　　对于唯物论这个词语，我们深深感到，在我国（不止在我国）尚有相当多的误解或不理解。有一位无政府主义者这样问我：我们无政府主义者的目的是推翻资产阶级统治与压迫的现实，实现一个没有强制的自由的社会。这样的理想，与唯物论或者观念论，与那些形而上学的假说没有多大关系，世界最初究竟是物质的还是精神的，这种理论到底有何用处呢？我是这样回答他的：所谓唯物论，决不是离开我们现实生活需要（像他所说的"形而上学"那样)的教条。物质在精神之先,这是真理,但这不是形式的、空洞无物的理论,如果把这个命题变成僵死的说教,那就和唯物论的真理一点也不沾边。唯物论的真理在于用唯物论的观点来把握现实(世界、生活等),通过唯物论的方法观察和处理现实,这才是唯物论。因此,唯物论决不是形而上学的说教或僵死的教条。换句话说,没有单纯的唯物论的世界观,唯物论是方法论。

然而,在这样的场合,有必要明确世界观与方法论的关系。世界观,顾名思义,是对世界的直观(Weltanschauung)。直观这个概念,在一般的场合历来是指直接被给与的受动的观念活动的意思,尤其是所谓直观主义者(例如马里旦、柏格森、西田几多郎等),他们主张直观是能动的东西的本质。这种主张即使正确,直观也还是直接的、所与的,也就是说,虽不是以直接所与为媒介而加工的东西,它不包含主体的创造、劳动(一般称为实践),仍未免其受动的性质。如果世界观就是这种意义上的对世界的直观观照,那么实际上就如许多哲学者或一般人所想象的那样,世界观不外乎是我们与生俱来的对事物的看法。如此一来,所谓世界观,就被认为是某种通贯科学、哲学、艺术、道德、宗教意识以及其他意识形态并超越它们的最后的非合理的关键,事实上,很多人就是这样使用世界观这个概念的。然而,世界观从实质上说,并不是什么横贯在诸意识形态底部的最后的关键。对意识形态的各个方面以及各个发展阶段这样简单的统合,把各种各样的具体的规定性笼统化、形式化,所得到的不过是个方便的概念。因此,这种对世界观的解释,使世界观自身成了问题,实际上什么也不能说明。那些开口闭口即称世界观的人,对世界观这个概念没有丝毫批判的理解。正因为如此,世界观这个词就成了人们随时随处信口谈论的术语。

二

世界观决不是单纯的直接或所与。而且应该注意,直观自身本来就决不是单纯的所与或直接。对于直观,真正的唯物论的概念是,我们所持的任何直观,都已经经历了概念的媒介,这一点最为重要。如果把概念与直观简单对立起来,不用说,直观就置于与概念对立的直接所与的地位。然而，即使这样的直观，事实上也不外是从此时以前而来的一个历史的结果，这是很重要的。真正的唯物论是历史的唯物论（但不一定限于"史的唯物论"），即辩证法的唯物论。即就这里所说的直观而言，其认识论的成立的历史也成为重心，这是显而易见的道理。那么，直观就不过是在与概念的关联上来把握直观自身的。因此，对于世界的直观即世界观，也是以此为基准才可以说是唯物论的（辩证法的唯物论的）根本概念。

与直观相比较，世界直观即世界观，则是直观的一种复合体（直观的体系），因此与世界观、直观相对的概念所对应的，是概念的复合体（概念的体系）。概念由直观而生，同时又是新一阶段的直观之因，新一阶段的直观是它的结果，就概念在这个过程中的机能、它所起的作用来说，概念复合体已不是单纯的体系，它恰恰变成了方法。方法从世界观而生，并且又以新阶段的世界观为其结果。与方法脱离的世界观，不是真正的唯物论的世界观。

不过，当我说"方法"时（"世界观"自不必说），它是理论乃至科学的方法，抑或是一般意义上的艺术的方法呢？对此尚未作任何区别。不用说，这样的区别是必要的。但这里我想要说明的是，尽管两者有区别，仍然有一般性的共通点，这是与唯物论的世界观和方法论的根本关联点（理论乃至科学与艺术乃至文学，是方法的最后两类，其理由在此无暇赘述）。

整体世界观（唯物论将其称为"自身唯物论"）是（用唯物论的方法）对现实的把握。然而，在这种场合，唯物论的方法是理论乃至科学的，还是艺术乃至文学的，这显然是不完全相同的，不过，包含着区别的这种"方法"，姑且放在背后，从世界观的方面说，理论的也好，艺术的也好，并没有什么区别。换言之，所谓世界观，从其自身的立场说，理论乃至科学，或艺术乃至文学，可以说都是共通的，只有其自身转化为方法时，才发生方法（从而又反过来成为世界观）的区别。从这种意义上说，在世界观中，不管是理论还是艺术，都是合而为一的。为了发现两者的结合点，首先还是回到这里为好。之所以这样说，是因为唯物论的世界观是现实中最正确、客观的，是根本意义的反映。理论和艺术等，由这同一现实的同样客观的根本意义的反映，才成为真正的——唯物论的——理论和艺术。只不过，其反映的方式、方法，在理论乃至科学，与艺术乃至文学中，有类别不同。从世界观角度考虑两者的不同，也只是在这种意义上。

三

那么，唯物论的理论（科学）的方法与唯物论的艺术（文学）的方法之间有什么根本的类别不同呢？这是一个很大的历史性的错综复杂的问题，在这里我不想作简单的概括，但至少下列方面是应该指出的。

最重要的是，主题的终结性方面的区别。理论乃至科学的创作，不用说，其主题的选取有一定的客观性的要求，要对这个主题进行充分的分析归纳，但这个主题自身并非由此便终结了。例如"帝国主义"这个主题，列宁在这个主题之下作了相当充分的分析归纳，尽管如此，"帝国主义"这一主题自身，在自己的分析中必然引出其他的主题（例如战争、军需工业、机器、战时经济、法西斯主义等诸多独立的命题），这个主题由于自己的分析，就会意识到它的未完成性，论者会感觉到有必要对相关联的一个一个的主题照计划进行论述（试图把所有的主题都列举殆尽，用这样的形式来表述所主题的完结性，这是"教科书"。可是一般说来，理论不是如教科书那样缺乏命题的创造性与积极性的东西）。

然而，艺术的情况多少有些不同。例如"战争与和平"这个题目，是托尔斯泰笔下的主题，写得好像很成功，但最后就那样结束了。托尔斯泰在其描写的过程中，并没有规定还要描写其他命题，而且也没有感到有这种规定的必要。列宁在论"帝国主义"时，明确涉及了战争、机器等，即是说，这类的命题是不得不涉及的。而在托尔斯泰的《战争与和平》中，例如像18世纪19世纪的法国人与俄国人的比较这一类历史的课题，也包涉在内，这只是批评家的见解，不是作者的自觉。对于艺术作品，会变成艺术教科书（？）一类的担心恐怕没有吧。然而，理论乃至科学终结于教科书式的糅合的情况何其多，却是值得注意的。

理论乃至科学尽管有均衡周密的分析，其进行抽象、制造公式并运用公式的过程，还是会表露在成果本身中的。这样，理论乃至科学就能够把其他理论乃至科学的成果中的外在形式（公式等）抽取出来，而且必须抽取出来。因此可以说，理论乃至科学的成果，正由于其总是被解体，反倒才能实现其本来的使命，所以它不能有终结的"形象"。

艺术则不然。当然，即便是艺术，如果是唯物论的，它如果不经过现在所说的分析、公式等，就不成其为艺术。但是，在其作品上、在其成果自身上，这样的分析、这样的公式制作与运用过程应该是隐而不显的，否则，艺术作品就不可能"形象化"。诚然，艺术作品特别是具有古典资格的艺术作品，被分解的事情是常有的，如果能够从中抽取出典型的公式来，恰能说明它是古典的。然而这样的解体过程，是艺术理论——批评——的事情，而不是艺术自身——制作——的事情。世界观的表现形态，或现实的摹写形态，在理论乃至科学与艺术乃至文学中，至少有上述这样的类别之分。

四

在艺术（乃至作为思想的文学）之中，与理论乃至科学的关系最为错杂复杂的是文艺。文艺是通过语言概念来表达的，就这一点说，它与理论乃至科学是相同的，但是在文艺中，理论乃至科学中的世界观——方法论的关系，与艺术（乃至文学）中世界观——方法论的关系，是一种平行的联系，可以说这是最大的特征。刚才我们说过两者的类别之分，然而不管两者有怎样的类别不同，两者之间仍然有一种重要的同一性、平行性、等质性等等。在文艺（一般艺术）的创造过程中，唯物论发挥着怎样的作用，这正是问题所在。

世界观通常同时又是生活意识。文学是从生活意识出发的，这大概谁也没有异议。那么，我们就可以看到，辩证法的唯物论（真正的唯物论）作为世界观，事实上是无产阶级的世界观，并且越来越是如此。由此便可以说，唯物论的文学（权且如此称呼）是从无产阶级的生活意识出发的，这是理所当然的事实。也许有人认为，世界观乃至生活意识既然是现实的忠实反映，那么是不是无产阶级的，就不是本质性的问题。这种观点闭眼不看面前活生生的现实，只不过是搬弄可能性原理进行诡辩罢了。

五

世界观只有与方法论联结起来才是世界观，这从方法论的角度说同样也是真理，若是把两者割裂，两者就都丧失了生命。我们已经说过世界观与方法论的不同，而现在需要引起人们注意的是两者之间的必然联系。唯物论（辩证法的唯物论）如果是无产阶级的世界观，那么，与之有必然联系的无产阶级的文学创作方法就也应是唯物论。唯物论（其内容以后再论）的创造方法是唯一真实的文学创作方法。因此，所谓"是不是无产阶级的不是根本问题"的论调，忘记了一个显著的历史事实：真正新鲜生动的真理的代表者是无产阶级。

无产阶级的创造方法，与辩证法的唯物论的即"唯物辩证法的"创造方法是同义的。它既然是无产阶级实践活动的一个组成部分（一般说来，文学乃至艺术的创作，与理论乃至科学的创作一样，都是自身的一种实践，又是以实践活动为媒介才能够成立的），就有必要对应于无产阶级政治活动的历史诸阶段广义的政治纲要，而决定其内容。而以唯物辩证法为属性的无产阶级文学创作方法的内容，作为对应于政治情势的艺术的形象化的诸方针，既有具体的指向，又必须遵循其自身必然的前进路向而发展变化。因而，唯物辩证法的创作方法，就是认识到自己在各个阶段的内容特征，而顺次提出不同的标语口号。

正因为如此，无产阶级文学的创作方法，曾经以"无产阶级、现实主义"为口号，不久则代之以"唯物辩证法的创作方法"。最近在苏联，有些人（柯尔普钦等）提出要用"社会主义的现实主义""革命的浪漫主义"的口号代替上述后者的口号。在马克思主义文学理论形式上比较进步的我国，此时这样的题目似乎也成了热点。

"无产阶级现实主义"—"唯物辩证法的创作方法"—"社会主义的现实主义"（或革命的浪漫主义）这样的推移，不仅与无产阶级阵营的历史必然的量及质的前进相对应，同时也是对文学真理的把握（对现实摹写）的必然的进步。本来，"唯物论辩证法"（即唯物论）在文学中也与在理论或科学中一样，绝不是单单作为暂时的方针口号，它是文学创作中的本质内容（对此下面将加以论述）。其内容对应于某个阶段，曾经有过作为口号的"唯物辩证法的创作方法"，现在亦应如此。

六

那么，作为文学创作本质内容（不是作为口号）的唯物辩证法的创作方法是什么呢？这可以有各种各样的说法，而且事实上也有各种各样的解释，但至少唯物辩证法的原理必须贯穿在其题材、命题及手法之中。用什么样的题材，选什么样的题目，以什么样的方式表现其主题使其形象化，在这些方面，其创作方法理应与唯物辩证法的认识（理论和科学的东西）有内在的联系，与之并行不悖，与之有同一性。基于唯物辩证法的理论性认识，仅此并不具有什么文学的真理内容，然而为了使文学的内容（但是不要忘记，所谓内容，已经是与形式和力量结合的了）成为真理，基于理论的认识所达到的理论性真理应转换成文学的形象，至少要有与文学的形象相应的内容。这种转换的程序，不外乎是题材、命题、手法等的处理方式，而这就是"唯物辩证法的制作方法"。可是这不是作为口号的"唯物辩证法的创作方法"（这是历史的、有一定的细微差异的方法，作为口号的方法被认为导致了文学的形式化、概念化、偏狭化）。况且，"资本论"的戏曲化等是不可想象的。就是说，主题与题材自身必须转换为文学的。否则，即使能成为理论，也不能成为文学。

七

我没有做好就材料逐一说明的准备，所以不能进一步具体的论述，但对于以上的制作方法，我们最后还应该谈到唯物论的文学批评问题。唯物辩证法不仅是创作方法，同时也应该是批评方法，人们所说的"科学的批评"，就是由此才能成立。科学的批评是什么呢，它具有怎样的基本结构呢？另外，一般说来，（基于唯物论的）制作与批评的关联如何呢？对于这一连串的问题，我在其他场合已多次论述过，今天不再赘言。科学的批评有必要用于文学方面，同样也有必要用于科学（以及理论），这我也已经写过了。

运用唯物辩证法（真正的"唯物论"）我们就可以明白，文学（以及艺术）也好，科学（以及理论）也好，尽管它们之间有根本差别，但它们之间仍具有几乎完全平行的共通的关联结构，这就是我想从普遍化的角度所得出的一般性的结论。

1933年8月
（魏常海译）

科学道德的创造

一

道德在某方面说是一种习惯。个人从个人生活或社会生活的需要中获得的习惯，一旦在社会生活中得到公认，它就成了习俗。若抽掉一定的习惯习俗，道德的内容就不存在了。例如，在无轨电车的自动门一齐关闭之前，人们不慌不忙的上车下车，这似乎只不过是一种习惯，但对于着装不便、在交通感觉方面无知的妇人们，毋宁说是一种不愉快的感觉吧，因为这不外乎是接触到"交通道德"意识的末梢的东西。横过马路的道德，上下车不拥挤的道德，并不是学校的修身里规定的责任，而是现代都市生活自身所教育的道德。

像在交通道德中所看到的那样的习俗，会随着社会生活的发达而发达，不必担心它固定不变。而从这样浅近的习俗渐渐到高层次的习俗时，尽管社会生活发达或趋向发达，停止在旧态的惯性却依然表现出来。习惯和习俗本来就具有那种浓厚的固定不变的要素，这是不待言的，其最顽强的场合，就体现在家族主义的家庭生活和资产阶级社会的生活中。在那里，习俗固定不变，成了像某种实体那样的东西横在面前。

习俗一旦固定，植根于这固定习俗中的道德意识也即成为国民道德、阶级道德等所谓"道德"或修身而固定下来。

可是，道德的另一面，存在于理性、人性、良心、良知等名称所体现的某种意识机能之内，而与那种作为生活感触的感觉运动的习惯、习俗一起固定下来的道德律相对立。当然，只要不是站在思潮中特别的立场上就能明白，理性、人性、良心、良知等等也都是历史的产物，而且是从历史上被固定的习惯、道德意识中发展出来的，但毕竟有独自的机能，能够发挥独自的作用，由此便从习惯、道德意识的历史消长中脱颖而出，所以，理想的声音，人性的呼唤以及其他等，就被看作是道德的能源。

道德的这个方面既不发达也不固定，却被视为历来无时不有、属于道德的先验性的东西。它没有历史上特别规定的内容，但它并不是单纯的形式，一旦说到良心、人性等等，却反而觉得其中含蓄着无限丰富的内容。

我想可以把道德的前一方面叫做道德的习俗性，把后一方面叫做道德的心情性。简单地说，前者是人的习惯，后者是人的心事。

现在如果把问题简便化、极抽象地预设其方向，那两者各自内部所具有的矛盾就是重点。习俗应该固定，但又必须改革；心情有无限丰富的内容，但实际发动时却不过是发挥表面的抽象的功能。道德的习俗性与心情性作为实际问题如何结合，则是一个大问题，因为为了对抗固定习俗的道德律而召唤出来的，正是良心、人性等心情的权威。

二

我以上所说并不是什么特别新鲜的事情，可是，我们有必要清楚说明在现在的日本两种良心、两种道德意识的对立。

最近最刺激大众道德意识的东西，莫过于治安维持法的"改正"吧。这种改正在法律程序上说，仅仅是把此前当局一直使用的不法手段合法化，但是除此之外，还有一个更重要的方面，那就是，这个法律实际上是企图使最近假借国民道德之名炮制出的一种道德律越来越固定化，为此，便尽可能拉大私有财产的否定与国体否定的距离，超越这种距离即称为"转向"，即受到奖励，由此一步步成为国民道德的法律，这就是"改正"的意义所在。

然而与之并行，缓慢而更大规模的触动大众道德意识的，就是那接连不断的国粹法西斯运动吧。这也是企图借国体观念的权威，把过去日本民族的生活意识与做招牌的一切东西，都作为国民道德而加以固定化。诚然，这样的国粹法西斯运动，毋宁说是遭到了今日有代表性的资本家们的反对，而与之相反，治安维持法的改正，恐怕受到了一切资本家的欢迎。我们不能无视这点区别，可是在把国粹主义的国民道德固定化的企图中，两者是建立在完全相同的道德意识之上的，对此我们不能不加以注意。

毋庸讳言，道德意识会通过各种各样的社会政治运动表现出来，而与此同时，其最明显的表现则是通过文学的形式。我们若想了解某一个人、某一社会群体或某一时代的道德意识，最好莫过于先了解其文学。的确，被称为没有道德内容的文学也有一些，可是没有道德内容这一说法本身，就不外乎是一种道德意识的表现。那么，现在所说的国粹法西斯主义的道德意识，自然也是最明显的表现在其文学与文学运动中的。在文部省不知情的情况下，成为当时的警保局长个人恳谈场所的帝国文艺院（后改文艺恳谈会），及其第二流阵等，恐怕就是其真实面目的表现。

相对于这种国粹分子的道德意识，在道德方面反弹最敏感的是自由主义者们。不用说，具有左翼意识的人在国粹分子的道德意识中发现了最深甚的对立物，而自由主义者的特征是，专从道德的根据方面进行反驳，只在道德意识中产生意识。他们只是从心情方面对国粹法西斯主义反动的道德意识表示不满。对于他们自由主义者来说，这种心情是道德意识的全部，所以当道德摆脱心情时，他们却依然跟随心情的脚步前进，这是其危险性。

三

自由主义者是什么，或者应该是什么，此前我已经有过论述，这里就不谈了。这里要说的是，作为所谓"自由主义者"的自由主义者。这样的自由主义者道德意识的肤浅性，在其应对实际问题时的态度中显而易见，他们的道德尽于心情，所以在跨出心情的实践的世界，他们不可能有任何的道德方针，即使他们的善良意识招来相反的结果，遭到背叛，他们的道德意识也不会感到任何的痛苦。

如此看来，在自由主义者的道德中，即或有心理的内容，却不存在真正的道德，因为它不存在于现实的世界，不能通贯在外界的现实之中。这种情况，在今日号称自由主义者的一众文人、评论家所酝酿出的所谓"文艺复兴"中亦可见到。他们到处高唱现实主义，而其口号却没有任何实际意义，现实主义的内容被歪曲、被稀释了，这里表现出来的道德意识与实践的对象——外界现实脱节，实际上是非现实的东西。在这样的文学中有丰富的心理学，而最缺少的倒是道德理论。

感觉到国粹法西斯主义道德意识极空疏粗杂的人，恐怕在"自由主义者"的道德意识里也得不到太多的满足。诚然，在所谓心情这样的内部意识的前景和背景下，也有明朗、深刻的东西，但仅此就认为这接近于道德的现实主义的想法，未免太过天真。

在这两种道德意识中所欠缺的东西，是道德的科学性。由于缺乏道德的科学性，国粹法西斯主义者不可能同意习俗的合理进步，而自由主义者则耽于心情，不可能对事物有抽象的认识。前者没有合理性，而后者没有实际性。

思想的画面到处可见，道德的画面其事例也极丰富，看一看最近师范教育制度调查委员会制作的师范大学纲要就可以明白，对这画面是做了多么认真的描绘，似乎是在强调师范大学要"特别注重教育者的人格及观念的涵养"。自由主义者对如此造就出的人格者当然会表示反感与轻侮吧，可是对此，如何依靠这种自由主义者的心情而进行实际的处理呢？这只有去问自由主义者才能明白。

新的道德，要清算习俗的不合理性，淘汰心情的非实际性，非如此则教育不能进步。也就是说，唯物主义的道德，合理而实际的道德，在这种意义上的科学的道德，今后将成为唯一的理念而被世人普遍接受，我们期待着这个时期的到来。并且，探索、开拓这新的道德，正是今后无产阶级文学的最重要的任务。

1934年2月
（魏常海译）